주희
평전

장리원 지음
장세후 옮김

주희 평전

朱熹評傳

연암서가

옮긴이 장세후(張世厚)

경북 상주에서 태어나 영남대학교 중어중문학과를 졸업하고, 같은 대학 대학원에서 석사학위와 박사학위(『주희 시 연구』)를 취득하였다. 영남대학교 겸임교수와 경북대학교 연구초빙교수를 거쳐 지금은 경북대학교 퇴계연구소의 전임연구원으로 재직하고 있다. 2003년 대구매일신문에서 선정한 대구·경북지역 인문사회분야의 뉴리더 10인에 포함된 바 있다. 2018년 『주희 시 역주』가 한국대학출판협회 학술부문 최우수 도서로 선정됐으며, 2022년 『퇴계 시 풀이』로 제5회 롯데출판문화대상 번역출판 부문 본상을 수상하였다.

저서로는 『이미지로 읽는 한자 1·2』(연암서가, 2015, 2016)가 있고, 주요 역서로는 『한학 연구의 길잡이(古籍導讀)』(이회문화사, 1998), 『초당시(初唐詩, The Poetry of the Early T'ang)』(Stephen Owen, 中文出版社, 2000), 『퇴계 시 풀이·1~9』(이장우 공역, 영남대학교 출판부, 2006~2019), 『고문진보·전집』(황견 편, 공역, 을유문화사, 2001), 『퇴계잡영』(공역, 연암서가, 2009), 『당송팔대가문초·소순』(공역, 전통문화연구회, 2012), 『춘추좌전(상·중·하)』(을유문화사, 2012~2013), 『도산잡영』(공역, 연암서가, 2013), 『주자시 100선』(연암서가, 2014), 『사마천과 사기』(연암서가, 2015), 『사기열전·1~3』(연암서가, 2017), 『주희 시 역주·1~5』(영남대학교 출판부, 2018), 『국역 조천기지도·홍만조 연사록』(공역, 세종대왕기념사업회, 2019), 『도잠 평전』(연암서가, 2020), 『공자 평전』(연암서가, 2022), 『사마천 평전』(연암서가, 2023), 『사기세가 1·2』(연암서가, 2023) 등이 있다.

주희 평전

2024년 12월 25일 초판 1쇄 인쇄
2024년 12월 30일 초판 1쇄 발행

지은이 | 장리원
옮긴이 | 장세후
펴낸이 | 권오상
펴낸곳 | 연암서가

등록 | 2007년 10월 8일(제396-2007-00107호)
주소 | 경기도 고양시 일산서구 호수로 896, 402-1101
전화 | 031-907-3010
팩스 | 031-912-3012
이메일 | yeonamseoga@naver.com

ISBN 979-11-6087-134-0 03990
값 45,000원

역자 서문

1

나는 대학원에서 『주희 시 연구』로 박사학위를 취득하였다. 학위논문을 준비하면서 당연히 관련 자료를 있는 대로 수집하였다. 당시 주희의 전기와 관련된 것으로는 수징난(束景南)의 『주자대전(朱子大傳)』이 있었다. 학위를 받고 난 후에도 주희 관련 자료가 보이면 꾸준히 사 모았는데 대표적인 것이 이 책의 원본인 장리원(張立文)의 『주희 평전』이다. 두 책의 차이는 책 제목에서 주희를 부르는 호칭에서 보인다. 수징난의 책은 주희의 경학인 민학(閩學)의 본거지 복건교육출판사에서 출판해서인지 존칭을 써서 주자(朱子)라 하였고, 장리원의 책에서는 중국사상가평전총서의 기본 방침을 따라서 그냥 이름 그대로 주희(朱熹)라고 하였다. 이로써 두 사람의 생각이 은연중에 드러나는 것 같다. 수징난은 다소 주관적인 입장에서 경도된 자세로 접근하는 듯한 인상을 풍기고, 장리원은 객관적인 입장을 견지하여 그 학문적 성과를 조목조목 파헤치리라는 듯한 느낌을 보여주는 것 같았다. 『주자대전』은 1992년에 출간되어 국내에서 『주자 평전』이란 제목으로 2015년에 번역 출간되었고, 1998년에 출판된 『주희 평전』은 이제야 졸역으로 국내에 번역 소개되는 것이다.

위에서 말했듯이 나의 전공은 주희의 문학 가운데서도 시(詩)였다. 그래서인지 논문을 쓰기 전에 구한 『주자대전』이나 논문을 쓰고 난 후에 구하게 된 『주희 평전』은 사실 논문을 쓰는 데는 큰 도움이 되지 않았다. 그러다가 2002년부터 7년간 주희의 학문과 사상을 파헤치는 데 가장 중요한 1차 자료가 되는 『주자대전(朱子大全)』과 『주자어류(朱子語類)』의 번역에 참가하게 되었다. 이 책은 저자인 장리원이 『주희집』(四川敎育出版社판인데 곧 『朱子大全』)과 『주자어류』를 철저하게 분석하고 파헤쳐 집필을 했기 때문에 다시 펼쳐보게 되었다. 이 책에 본격적인 관심을 갖게 된 것은 2012년부터 유림단체와 도서관 등에서 일반인들을 대상으로 『사서집주』를 강의하게 되면서부터이다.

2

이 책의 저자는 장리원(張立文)이다. 그는 교수이면서, 저명한 철학자이자 철학사가이기도 하다. 1935년에 저장성(浙江省) 원저우(溫州)에서 태어났다. 중국인민대학 명예교수와 박사과정 지도교수, 중국인민대학 화합(和合)문화연구소 소장, 중국인민대학 공자연구원 명예원장, 학술위원회 주석, 중국 주역연구회 부회장을 지냈다. 수많은 저술을 남겼는데 주요 대표작으로는 『화합학개론—21세기 문화전략의 구상(和合學槪論—21世紀文化戰略的構想)』, 『중국철학범주발전사·인도편(中國哲學範疇發展史·人道篇)』, 『주역사상연구(周易思想硏究)』, 『주희사상연구(朱熹思想硏究)』, 『송명이학연구(宋明理學硏究)』, 『중국철학범주발전사·천도편(中國哲學範疇發展史·天道篇)』, 『전통학개론-중국전통문화의 다차원적 성찰(傳統學引論-中國傳統文化的多維反思)』, 『주역백서금주금역(周易帛書今注今譯)』, 『심학으로 가는 길-육상산사상의 발

자취(走向心學之路-陸象山思想的足迹)』 등이 있다. 이 가운데 『주희사상연구』는
바로 이 책 『주희 평전』의 모태가 되는 책이다.

　위의 내용은 장리원에 대한 일반적인 소개에 지나지 않는다. 본인의
술회에 의하면 1949년 신중국이 건립되기 전까지 읍의 수재(秀才: 書生)로
부터 방학 때마다 한학을 배웠다고 한다. 그러다가 1960년에 중국인민
대학교를 졸업하면서 같은 학교의 철학과 중국철학사 교학연구실로 배
정되어 주희의 사상을 연구하기 시작하였다. 그의 이 선택은 「후기」에서
직접 밝히지는 않고 완곡하게 표현을 하였지만 그에게 적지 않은 고초를
겪게 한 것 같다. 당시 거의 모든 지식분자들처럼 그도 문화혁명 기간인
1964년에 인민공사로 하방(下放)을 당하여 농사를 짓다가 1972년이 되어
서야 베이징으로 돌아왔다. 그때는 인민대학교가 없어져서 베이징사범
대학으로 옮겨야 했다. 그는 학계로 복귀를 한 후에도 여전히 주희의 사
상 연구에 천착했다. 이로 인해 일찍부터 자연스레 한국의 철학계와 활
발한 교류를 하게 되었다. 한국에서 연구비를 받아 『퇴계철학입문(退溪哲
學入門)』(李允熙의 번역으로 출간)을 짓기도 하고, 『퇴계서절요(退溪書節要)』의 주
편을 맡기도 하는 등 심도 있는 조선 성리학 연구로 초창기 한중 학술교
류에 큰 역할을 하였다. 이 외에도 『주희와 퇴계 사상의 비교 연구(朱熹與退
溪思想比較研究)』, 『이퇴계 사상 연구(李退溪思想研究)』 등 퇴계 관련 책을 많이
저술하였다. 이는 이 책의 마지막 장인 한국과 일본에 끼친 주희 사상의
영향을 서술할 때 드러나기도 한다.

3

　이제 이 책의 내용에 관하여 약간의 소개를 할까 한다. 앞에서 밝혔
듯 이 책의 모태가 된 책은 『주희사상연구』다. 『주희사상연구』는 초판이

1981년에 중국사화과학출판사에서 나왔고 거의 700쪽에 근접하는 거작이다. 주희의 사상을 여러 범주로 나누어 깊이 있게 분석하고 서술하였다. 차례를 살펴보면 다음과 같다.

괄호 속의 숫자는 이 책 『주희 평전』의 내용과 일치하거나 해당 관련 내용을 다루고 있는 장을 나타낸 것이다. 두 책 공히 주희의 사상을 장으로 나누어 설명하고 있다. 『주희 평전』과는 목차가 완전히 일치하지는 않지만 대체로 같은 내용을 가지고 순서를 바꾸어가며 보완하고 다듬었다는 것을 알 수 있다. 다만 이 책의 제5장 「상수와 의리, 변역과 교역(象數義理 變易交易)」은『주희사상연구』에서 보이지 않는다. 이는 아마 장리원이『주희사상연구』외에『주역사상연구』라는『주역』관련 전문저작을 저술하였기 때문이 아닌가 여겨진다.『주희사상연구』는 마지막 장은 장 표시를 하지 않고 「끝이 없는 결어(沒有結束的結束語)」라 하였다.『주희 평전』에서는 「조선과 일본의 관학에서 주자만 높이다(朝日官學 獨尊朱子)」라는 마지막 장으로 대체하였다. 이 장은 주희 사후 중국에서 현재에 이르기까지 주자학의 연변 과정을 서술하고, 나아가 주자학이 가장 큰 영향을 끼친 조선과 일본의 주자학 도입과 발전 과정을 언급하고 있다. 저자의 조선과 일본의 주자학에 대한 언급은 그 깊이에서 확연히 차이가 느껴진다. 위에서 언급했듯이 한국의 주자학에 정통해서인지 저자는 조선의 주자학을 언급할 때는 퇴계 이황－고봉 기대승에서 율곡 이이－우계 성혼에 이어지는 2차에 걸친 사칠논변까지 소개하고 있다. 저자가 그만큼 조선의 성리학을 깊이 연구하였고 그 방면에 해박한 지식을 갖고 있음을 반영하고 있다. 반면 일본의 경우에는 구체적인 언급 없이 주자학이 유입되는 과정과 근대까지의 흐름만 소개하는 정도에 그치고 있다. 그의 조선과 일본의 주자학에 대한 이해도의 차이를 느낄 수 있는 것 같다. 간략한 내용 소개는 두 책의 목차에 나타난 표제어를 비교하는 것만으로 충분한 것 같아 이쯤에서 줄인다.

한편『주희사상연구』는 인터넷으로 검색해보면『주희 평전』이 출판된 후에도 여전히 출간·판매되고 있다. 역자가 번역했던 같은 중국사상가 평전총서의『공자 평전』과『사마천 평전』도 기존의 저작을 더 다듬고 손을 보아서 총서로 펴낸 것이다. 약간 다른 점이 있다면『공자 평전』은 총서가 나온 이후 원본이 되는 책은 더 이상 출간되지 않고 있으며,『사마천 평전』은 총서로 나온 책을 일부 수정한 후『장다커 문집(張大可文集)』에 넣어서 별도로 판매하고 있다는 점이다.

이 책의 후기에서는 『주자대전』과 관련된 저자의 일화도 밝히고 있다. 그의 『주희사상연구』는 1979년에 탈고하여 1981년에 출판되었으며 중국계 미국 학자인 천룽제(陳榮捷, Chan Wing-tsit)와 각국의 언론을 통하여 호평을 받았다. 그러나 나중에 『주자대전』의 서평을 쓴 사람이 『주희사상연구』를 『주자대전』의 아류라고 깎아내린 일이 있었다. 이에 대해 고령으로 손과 팔이 떨려 반박할 글을 쓰지 못하였다는 장리원의 반응이 있었다. 사실 두 책은 성격이 좀 다르다. 수징난의 책은 주희의 사상을 다루고는 있지만 그의 생애를 따라가며 서술을 하였다. 반면 장리원의 책은 제1장에서만 생애를 다루고 나머지는 그의 사상을 카테고리로 분류하여 집중적으로 다루는 형식이다. 두 책 모두 훌륭하고 장점이 있는데 『주자대전』의 서평을 쓴 사람이 제대로 살피지를 못하고 지나치게 수를 옹호하느라 그런 해프닝이 일어난 것이다.

이 책의 의의에 대해서는 홍콩의 페이원(非聞)이 「중년의 학자 대륙에서 굴기하다-『주희사상연구』의 작자 장리원을 찾다(中年學者在大陸崛起-訪 『朱熹思想研究』作者張立文)」라는 글에서 잘 지적하였다. 「후기」에 보이는데 여기서 잠시 인용해 보겠다. "(신중국 이래) 30여 년 동안 대륙에서는 주자의 연구에 관한 전저가 한 권도 출판된 적이 없을 뿐만 아니라 보편적으로 주자를 논술한 소책자조차 한 권도 찾아보기 어렵다. …… 장리원의 50여만 자에 달하는 전문저작 『주희사상연구』는 대륙의 주자에 대한 연구가 결코 중단되지 않았다는 것을 설명한다." 이는 비단 중국의 현실만을 지적한 것이 아니라 같은 기간 우리나라에 적용해도 크게 틀린 말이 아닐 것이다. 근자에는 주희 관련 연구 저작이 그런대로 나오고 있는 편이지만 아직까지도 이 책의 수준을 뛰어넘을 만한 책이 없다는 것이 역자의 생각이다. 만시지탄이 있기는 하지만 이 책이 지금이나마 국내에 소개되는 것이 참으로 다행한 일이 아닐 수 없다.

4

　이 책이 나올 수 있도록 도움을 준 사람들에게 감사를 표한다. 늘 그렇듯 메이저급 출판사도 꺼리는 두꺼운 인문학 서적 출간을 기껍게 결정한 연암서가의 권오상 대표께 심심한 감사를 드린다. 그리고 이제 어느새 내 책의 전문 윤문 담당이 된 누나이자 동화작가인 장세련 작가에게도 권 대표 못지않은 고마운 뜻을 표한다. 본의 아니게 갈수록 번역하는 책이 두꺼워지게 되었고, 이번에는 특히 더 그렇다고 하소연 내지 푸념까지 할 정도였다. 책의 내용과는 상관없이 무이산(武夷山)과 여산(廬山)을 중심으로 한 중국의 주자 관련 유적지를 함께 여행을 한 적이 있었는데 그나마 언급된 곳이 몇 군데 나와서 위로가 되었다고 한다. 그리고 희생이라기엔 그렇지만 책이 출간될 때마다 가족의 관심과 배려가 항상 뒤따랐다. 특히 이 일에만 전념할 수 있도록 늘 신경을 써준 아내에게도 큰 고마움을 전한다. 부족한 사서 강의를 재미있게 들어준 모든 수강생 역시 내가 이 책의 번역을 마칠 수 있게끔 알게 모르게 큰 힘이 되어주었음을 밝힌다. 작업이 완료되고 나면 이 책이 나올 수 있도록 내게 힘이 되어준 사람을 가능한 한 규합하여 무이산을 다시 한번 더 다녀오고 싶다는 바람으로 역자의 글을 맺는다.

2024년 성하의 계절에
대구 매호동에서

자서

　나는 35년 넘게 주희(朱熹)의 사상을 연구하였다. 그 사이에 정신적으로
교유하는 기쁨이 있었다. 해를 당한 비통도 있었으며 또한 번뜩이는 계
발이 있었고 정신적인 격려도 있었다. 이것이 내가 끊임없이 주희의 사
상과 인연을 맺게 된 까닭이다.

　주희의 사상은 역사적인 맥박과 시대적 정신을 체현했다. 이로 인하여
그의 사상은 사회적 수요에 적응하여 그 영향이 오래도록 지속되었다.
이렇게 된 까닭은 그가 성공적으로 당시 사회 각 방면의 도전에 응하였
고 아울러 각 층면의 갈등을 융해하였기 때문이다. 이러한 갈등과 도전
은 다음과 같이 표현된다.

　첫째, 가치(價値) 이상(理想)의 도전이다. 당말(唐末) 번진(藩鎭)의 할거, 황
소(黃巢)의 기의 및 오대십국(五代十國)의 장기간에 걸친 혼전은 사회에 장
기간의 동란과 분열을 조성하고 윤상(倫常)이 파괴되게끔 하였다. 도덕이
가라앉고 이상이 실추되었으며 정신이 미혹되게 하였다. 사회의 질서를
안정시키기 위해서는 사회의 응집력을 강화해야 한다. 송대의 도학가들
은 윤리 강상과 도덕 규범을 재정비해야 했다. 가치 이상과 정신의 동산
도 재건해야 했다. 주희가 구축한 "지극히 광대하고 매우 정미로우며 백

대를 망라한" 도덕 형상학의 철학적 논리 구조는 재정비와 재건의 책임을 담당하였으며 절실하게 이 도전을 융해시켰다.

둘째, 외래 문명의 도전이다. 한(漢) 이래 인도의 불교가 중국에 전래되어 중국의 전통적인 유가의 윤리도덕, 사회심리, 사유방식, 생활습관에 격렬한 갈등이 발생하였다. 비록 "삼무멸불(三武滅佛: 北魏의 道武帝와 北周의 武帝 및 唐武宗 등 세 武의 묘호를 쓰는 임금이 불교를 탄압한 일―옮긴이)" 운동이 있기는 하였으나 사상 방면에서 불교의 신앙을 깨끗이 없앨 수가 없었다. 불교의 사변적인 철학은 유교에 비하여 정치하다. 동시에 도교가 불교의 사상을 흡수하는 과정에서 또한 우주의 화생 이론을 더욱 보완시켜 유교는 쇠퇴하고 불교가 성행하게 되는 상황이 출현했다. 관방 의식 형태로서의 유교는 외래의 불교와 본토의 도교로부터 도전을 받았다. 어떻게 유·불·도 삼교(三敎)의 사상적 갈등을 융합시킬 것인가? "하나의 도덕"적 수요에 도달하는 것은 당시의 학술사상계가 추구한 것이다. 수당에서 삼교를 두루 수용하여 받아들이는 정책의 실행을 제기한 이래 송초에 이르기까지 결코 유·불·도 삼교를 두루 수용하여 받아들이지 못했다. 송초의 손복(孫復)과 이구(李覯) 등이 한유(韓愈)의 불교와 도교를 비판하고 유학을 흥기하는 정신을 계승하였다. 이때 불교의 존속이 야기하는 10가지 해악과 불교를 제거하면 생기는 10가지 이점에 대한 주장을 제기하기는 하였으나 불교를 제거할 수도 없었고 해악을 제거할 수도 없었다. 정호(程顥)는 "나의 학문이 비록 받은 곳이 있으나 천리(天理) 두 글자는 나 자신이 체득(體得)해 낸 것이다."[1]라 제기하였다. 천리 두 글자가 비록 옛날부터 이미 있어왔지만 "나 자신이 체득해낸 것이다"라는 것은 유·불·도 삼교를 융합하여 하나의 이학 체계로 창조하여 이학의 시대를 개창시켰다는 것을

---

1 『하남정씨외서(河南程氏外書)』 권12, 『이정집(二程集)』 중화서국(中華書局) 1981년판, 424쪽.

가리킨다. 아울러 유·불·도 삼교의 문화를 두루 수용하여 받아들인 정합 방법을 현실적 위치에 이르게 하였다. 외래의 인도 불교 문화에 대한 도전에 성공적인 반응을 만들어냈다. 중국의 전통문화는 유·불·도 삼교의 문화를 융합하는 과정에서 중국 문화사상 발전의 최고봉에 도달하였을 뿐만 아니라 국경을 초월하여 한국과 일본, 베트남까지 전파되었다. 아울러 해당국의 전통문화와 결합하는 과정에서 관방 의식 형태를 이루었다. 장재(張載)와 이정(二程)이 터를 다진 이학은 주희(朱熹)가 집대성하여 유·불·도 삼교의 문화가 통합되어 더욱 완비되었다. 이후로 삼교의 갈등은 사상 철학의 영역에서 당과 송초처럼 격렬하지 않았다.

셋째, 이론 형태의 전환이라는 도전. 송의 통일은 사회의 안정과 경제 발전, 자연과학이라는 3대 발명의 완전함이 사회 생산력의 발전과 경제의 번영을 촉진시켰으며, 특히 성진(城鎭) 상품시장의 발달이 이론 형태의 전환을 배태하였다. 다만 이 전환은 전통 경학의 도전을 받았으며 아울러 한당 경학과의 엄중한 갈등을 발생시켰다. 한유(漢儒)의 경학은 주해(注解)와 명물(名物)의 훈고에 편중되었다. 당유(唐儒)의 경학은 위로 한유를 이어받아 한대의 주(注)에 의거하여 소(疏)를 지었다. 『오경정의(五經正義)』는 "소(疏)는 주(注)를 깨뜨리지 않는다"는 것을 원칙으로 삼았다. 말류가 미친 곳은 "복건(服虔)과 정현(鄭玄)의 잘못을 말하기를 꺼리는(諱言服·鄭非)" 상황에 이르렀다. "경을 의심하는 것"을 배치되는 것이라 생각하였을 뿐만 아니라 "주를 깨뜨리는 것"을 법도가 아니라고 생각하여 엄중하게 사상계를 구속하고 속박하였다. 송유부터 시작하여 한당의 "전주(傳注)"를 크게 깨뜨렸으며 경을 의심하고 주를 깨뜨리는 금고를 타파시켰다. "전(傳)을 버리고 경(經)을 구하였을" 뿐만 아니라 "경을 의심하고 경을 고쳤으며" 사상방면이 눌려 있는 첩첩의 큰 산을 완화하였고, 훈고의 학문에서 의리의 학문을 지향하는 전환을 실행하였다. 주희는 『주역』을 복서(卜

筮)의 책으로, 『시경』을 남녀를 이야기한 일로, 『상서』를 역사 문헌기록으로 생각하는 등등 『오경』을 성인이 말한 각종 후광과 권위로 생각하는 것을 일소하여 사상적 해방을 실현시켜 중국 사상사에서 드물게 보이는 각가의 이설이 출현했다. 학파가 매우 많아 아름다움을 다투며 번영하였다. 이런 국면이 비로소 수당의 유·불·도 삼가 학문이 송명이학의 이론 형태의 전환으로 향하였다.

송명이학은 상술한 세 방면의 도전과 충돌을 반응하고 용해시키는 과정에서 그 생명의 지혜와 활력을 부각시켰다. 서방의 학자들은 송명이학을 신유학(新儒學, New-Confucianism)이라 일컬은 적이 있는데 일리가 있다. 원전유학(元典儒學)과 한당의 경학유학(經學儒學)과는 대조적으로 송명이학은 확실히 새로운 특징을 가지고 있고 새로운 정신을 가지고 있다. 송명이학이 신유학이 된 까닭은 전통 유학 내부의 논리적 결구와 가치 결구, 도덕 결구 등이 이 조정을 거쳐 새로운 생명을 얻었기 때문이다. 외래의 인도불교 문화철학과 본토의 도교 문화철학 및 가치 이상과 이론 형태의 전환이라는 도전 아래 원전유학을 윤리도덕 층차 심성의 학문으로 남아 있도록 하는 것을 가리킨다. 형상학 본체론의 층차에서 주는 관조는 전통 유학의 심성을 핵심으로 하는 윤리도덕과 가치 이상(사회 이상과 인격 이상을 포괄함)이 이성의 힘을 갖춘 형상학 본체론의 사유에서 구축되도록 한다. 심성과 본체, 이론과 천도의 연결 및 사람과 생존 세계, 의의 세계의 해석을 통하여 가능한 세계의 관계가 유가 도덕 학설로 하여금 형상성과 정체성이 설명되게끔 한 것이다.

송명이학 신유학의 새로움(新)은 일련의 동적이고 중요한 문화 역사적 가치를 가지고 있는 학술 정신을 통하여 충분히 생동적으로 열리어 드러나게 되었다. 송명이학의 정신은 또한 중화민족 정신의 총체적인 체현이다. 주희 사상은 의심할 바 없이 이런 민족정신의 체현이며 또한 당시 시대 정신의 정화이다.

첫째, 이를 추구하는 정신. 송명이학, 특히 정주이학은 이성주의의 특성을 갖추고 있다. 송명이학의 가장 친근한 학술목표는 "격물궁리(格物窮理)"이다. 『속자치통감(續資治通鑑)』 권155에서는 말하였다. "그 학문은 대체로 이치를 궁구하여 앎에 도달하였고 자신을 돌이켜 실천하였으며 거경(居敬)을 주로 하였다." 이 이(理)는 형상학의 본체일 뿐만 아니라 보편적인 존유(存有)의 근거이자 또한 가장 심층적인 가치 원천이다. 정주이학은 일종의 원인을 끝까지 파헤치는 이성주의 철학이며, 이를 추구하는 정신은 가장 기본적인 학술 정신이다. 이런 이를 추구하는 정신은 송명시기 사회문화 사조와 민족 시대 정신의 현저한 표지이다. 그것은 중화민족의 가장 심층적인 생존 방식과 문화 핵심 및 이런 생존 방식과 문화 핵심에서 전환된 자각적인 생존 지혜와 가치 관념을 체현하였다. 주희의 사상 관념 중에서 이는 사물의 "소이연(所以然)"과 행위의 "소당연(所當然)"의 화합체이며, 선험적인 가치 원칙과 경험적인 조리질서를 통섭하는 융회관통이다. 이 이의 "격치(格致)"와 궁구에 대한 최종 목적은 이성적 원칙의 지도아래 덕행의 실천을 위한 것이며, 도덕 주체의 자각적인 지조를 통하여 만물이 가지고 있는 가치 및 인생의 의의를 실현하였다. 그들은 이의 정신이나 원칙을 모든 영역에 소급시켰다. 자연과 사회 및 인생 모두 이의 잣대로 소환되었다. "소이연"과 "소당연"이 규명되었으며 합리 아니면 불합리로 판단되어 존재와 그렇지 않은 운명으로 결정되기에 이르렀다. 나아가 유학의 이성 정신을 하나의 극한으로 발전시켰으며 이학의 근본적인 특징을 체현하였다.

후스(胡適)는 주자의 학설은 두 방면이 있다고 말한 적이 있다. 이것은 바로 "정자가 말한 '함양(涵養)은 모름지기 경(敬)으로 하고, 학문에 나아가는 것은 치지(致知)에 있다.'라는 것이다. 주경(主敬)의 방면은 도가의 양신(養神) 및 불가의 명심(明心)의 노선을 답습하여 온 것으로 완전히 내면을 지향하는 공부이다. 치지의 방면은 '무릇 천하의 사물은 이미 알고 있는 이치를 따라 그것을 더욱 궁구하여 지극함에 이르기를 추구하지 않음이 없다.'라 하였다. 이것은 과학자의 궁리 정신이며 이것이야말로 정주(程朱) 일파의 특별한 공헌이다."[2] 이 설은 일리가 있다. 함양은 "존덕성(尊德性)"을 중히 여기고, 학문에 나아가는 것은 "도문학(道問學)"을 중히 여기는데 둘이면서도 하나인 두 가지의 공부이다. 궁리 정신은 현대의 과학에 대한 근본을 추구하고 인문사회과학의 이치를 추구하는 정신으로 전환될 수 있다.

둘째, 주체 정신. 그것은 중화민족의 현실 생존을 기초로 하는 문화의 군체와 주체 정신이다. 그것이 강조하는 것은 사람과 자연이 화해하는 공존이며, 관심을 가지는 것은 문화의 "도통(道統)"이 낳고 낳아서 쉴 줄을 모르는 것(生生不息)이고, 지향하는 것은 "넓고 매우 공정하여(廓然大公)" 모든 사람이 성현인 지극히 덕이 있는 경지이다. 이학가들은 이욕(理欲)과 심성(心性), 이기(理氣) 등 대우(對偶) 범주의 정치한 변석을 빌려서 사람의 도덕 존재와 윤리 특성, 가치 존엄을 우주 본체의 형상학의 높이까지 끌어올렸다. 사람을 천지 만물의 가치 주체로 보았다. 추상적으로 "천지의 본성 가운데 사람이 귀한" 유학의 신념을 실증하였다.

고대 중국 사회는 농업 위주의 종법 사회였다. 사람들은 천지의 변화와 사시의 운행이라는 자연법칙이 제정한 절기에 따라 경작 활동을 맞추어야 했다. 자연환경의 변화는 순조로운 일기로 풍성한 수확의 기쁨을 가져와 사람들을 모두 함께 경사롭게 하기도 하였다. 뿐만 아니라 매우 큰 면적에 가뭄과 홍수라는 재해를 가져와 사람들을 슬픔에 빠지게도 했

---

2 『대동원의 중국철학사에서의 위치(戴東原在中國哲學史上的位置)』, 『독서잡지(讀書雜誌)』 제 17기, 1924년 1월 6일에 수록.

다. 어떻게 사람과 자연의 관계에 협조하여야 천인합일의 상태에 도달하며 전통문화 철학의 가장 중요한 과제를 이루겠는가? 이와 동시에 어떻게 인류 관계에 협조하고 종법 질서를 규범 지으며 군체 의식을 강화하여 군체의 지혜와 역량을 제고시켜 각종 재해에 대응하는가, 모든 사람을 융화하고 화합하는 것을 달성하는가가 전통문화 철학의 기본 문제가 되었다. 송명이학의 주체 정신은 깊숙이 중화민족의 한 생존 환경 및 그 문화 가치의 이상 가운데 뿌리를 내렸다. 주희는 천하를 자기의 소임으로 여겼고 천지를 자기 마음의 정회로 여겼는데, 바로 이학 문화 주체 정신의 체현이다.

셋째, 우환의 정신. 정주의 우환 정신은 사람이 우환에 처한 경우를 가리킨다. 인성에 대한 위대함과 존엄 및 사람이 사람인 존재 의의와 가치의 깊은 체험을 하였다. 사람 자신의 생명 역량을 통하여 우환의 경우를 힘껏 초월하여 진선미의 고도로 화합된 문화 심리상태에 도달하였다. 송초에는 당말 오대의 처지를 당면하여 도덕 문화와 학술사상의 급선무가 거듭 사회 이상과 인격 이상을 구축하였다. 거듭 유가 윤리 규범과 도덕 원칙을 확립하였다. 주희는 "천하의 사람들이 근심하기에 앞서 근심하고 천하 사람들이 즐거워한 후에 즐거워한다.(先天下之憂而憂, 後天下之樂而樂)"는 우환 의식을 품고 사회정치와 경제 개혁에 적극 참가하였다. "옛 성인의 끊어진 학문을 이어주고 만세에 태평 시대를 열어준다(爲往聖繼絶學, 爲萬世開太平)"는 무한한 책임의식과 사명의식을 잊지 않았다. 나의 심령에서 나온 남을 사랑하여 무한히 사물에 미치고, 나로부터 남에게 미치는 비원(悲願)과 동시에 미래 사회에 대하여서도 우환이 충만하였다. 이렇듯 자아의 아름다운 원망(願望)을 현실의 사회 이상으로 끌어올렸다.

자각적이고 침잠된 우환 정신은 주희의 사상 의식을 제련하고 단련시켜, 부단히 처한 시대를 초월하도록 구동시켰다. 형상학 본체론 사유의 고도에서 인류의 존재가치와 문화의 생명 함의와 도덕의 영원한 역량을 돌이켜 생각하여 학술의 파별과 문호를 타파하도록 압박하는 견해를 보였다. 불로를 드나들어 공과 무(空無)에 생각을 노닐며 백대를 망라하여 삼교를 융합하였다. 몇 대에 이르는 사람들의 게을리하지 않는 노력을 거쳐 마침내 유가 윤리로 대표되는 민족문화가 참신한 형상 태도를 펼쳐 보였다.

넷째, 힘껏 행하는 정신. 이는 주희가 세상에 들어가는 품격과 강건한 정신의 부각이다. 현실사회에 투신하고 분발하여 진취하는 것으로 자기의 이상적 가치를 실현하는 정신의 체현을 추구하는 것이다. 주희는 지(知)의 선행성을 강조하여 "지선행후(知先行後)"를 주장하였을 뿐만 아니라 "행중지경(行重知輕)"의 태도를 견지하였다. "격물궁리"의 격물치지의 노선을 따라 내려가면 반드시 지행일여(知行一如)라는 덕행의 경지에 도달할 수 있다. 이는 의심의 여지 없이 하나의 멀고 어려운 점수(漸修)의 길로 "오늘 한 물건을 궁구하고 내일 또한 물건을 궁구하는(今日格一件, 明日格一件)" 지속성이 축적되어야 "시원스레 저절로 관통하는 곳(脫然自有貫通處)"이 있을 수 있다. 다만 정주이학의 관방화에 따라 이학의 말류는 이학을 공명과 이록을 쟁취하는 도구로 생각하여 "격물궁리"를 힘껏 행하는 정신을 잃어버렸다.

다섯째, 실제를 구하는 정신. 정주이학은 불로를 드나들면서 불도 사상의 정화를 흡수하였을 뿐만 아니라 불교의 공(空)과 도교의 허(虛), 노장(老莊)의 무(無)를 비판하여 그 학술의 종지(宗旨)로 삼았다. 주희는 거듭 "석씨는 허무이고, 우리 유학은 실이다(釋氏虛, 吾儒實)"라고 펴서 밝힌 적이 있다. "요컨대 불씨는 편벽되어 그저 이를 텅 비게 한다는 것이다. 이는 실제적인 이(理)인데 그들은 도리어 허(虛)라고 하므로 큰 근본이 서지 않는 것이다." 그는 실학을 이야기하였고 실공(實功)을 추구하였으며 당시의 폐단을 치료하는 데 크게 공헌하였다. 어떠한 정밀한 이론도 교조화로 인하여 공담으로 흐르는데, 이는 학술이 발전해 가는 과정에서 발생하게 되는 보편적인 변화 경향이지 사실 주희의 이학만이 가지고 있는 문제는 아니다. 학술사상의 공담과 공담의 표준을 구분하는 것이 간단하고 직접적인 공리 효과일 수는 없다. 표현 형식의 방면에서 보면 어떠한 이론적인 학술연구와 사상의 쟁론도 모두 이론에만 힘을 써서 실용성이 없는 공담인 것 같다. 그러나 학술사상의 실질은 객관 현실의 이론 실질을 반영하며, 학술 쟁론의 쓰임은 사유 발전의 논리적인 쓰임을 추동한다. 따라서 정주이학에는 담론하는 심성을 가지고 의리를 변석하였다. 그 뜻은 사회 도덕 가치 이상과 윤리 생활 질서를 중건하는 데 있다. 이로 인하여 현실을 겨냥한 실학을 가지고 논리적이고 개괄적인 실리의 일면을 가졌다. "실리"의 범주는 정주 등이 최초로 천명한 것일 뿐만 아니라 "실학"이라는 개념의 이론 함의는 정주 등으로부터 반복적으로 창도되었다. 실학은 "의론 사설에 얽매이는" 학문이 없으며 실질적인 학문이며 사실 곧 "명도(明道)"의 학문이다. 실학을 이야기하고 실리를 추구하는 것은 이학 사조의 처음과 끝을 관철하고 실질을 추구하는 정신의 체현이다.

여섯째, 도덕 정신. 윤리를 중시하고 덕행을 숭상하는 것은 정주이학 도덕 정신의 중요한 특징이다. 눈 깜짝할 사이에 사라지고 마는 현상과는 상대적으로 주희는 항상성이 있어 불변하는 본질을 더욱 중시하였다. 그는 이를 가지고 사물이 사물이고 사람이 사람인 내재적 근거와 궁극적 원인을 설명하였다. 아울러 사람의 심성의 본체 및 그 도덕 가치의 형상성과 영원성을 논증하였다. 공리와 이상, 이익과 공덕(公德), 공과 사의 충돌 가운데서 이상과 도덕 그리고 공의 지위를 제고시켰으며, 공으로 사를 멸하고 이로 욕망을 통제할 것을 주장하였다. 그들은 유가의 인의예지신 등의 도덕 규범을 추상화하고 본체화하여 "절대로 뒤엎을 수 없는"

가치 원칙이 되게 하였다. 동시에 이런 이상화한 원칙에 의거하여 실제적인 인륜 관계를 처리하여 "천리를 보존하고 인욕을 멸하는(存天理, 滅人欲)" 수양의 준칙을 제기하였다. 이 주장은 금욕의 색채를 띠고 있다. 그러나 그것을 완전한 금욕주의로 간주하여 부정한다면 지나치게 편파적일 것이다. 여기서 이욕(理欲)의 사이를 어떻게 경계 짓는가 하는 것을 명백히 해야 한다. 이를 보존하고 욕망을 없애는 실제가 가리키는 것은 무엇인가? 주희는 음식의 도를 예로 든 적이 있다. 이욕(理欲)의 분계를 설명하면서 "음식은 천리이고 훌륭한 맛을 요구하는 것은 인욕이다."라 하였다. 일률적으로 음식남녀 따위의 인생의 기본적인 욕구를 결코 부정하지 않았다. 이를 간직하고 욕망을 없애는 실제가 가리키는 것은 사치하고 무도한 소수의 관리임을 알 수 있지만, 역사의 발전은 왕왕 일이 뜻대로 되지 않는 배치됨에서 출현한다. 이욕의 변에 대한 초심은 통치자를 규간할 것을 생각하는 것으로 인주(人主)의 마음 씀을 단정하게 하여 사회의 화해와 도덕 교화를 이롭게 하는 것이었다. 그러나 사실은 오히려 통치자가 손에 닿는 대로 넘겨받아 이욕의 변이 도덕을 수양하는 성현의 공부가 전환되어 정치 노역의 성격을 띤 잔혹한 도구가 되게 하였다.

주희의 도덕 정신은 형상학적인 품격의 이상 경계의 함의를 갖추고 있다. 유가적인 이론 가치 체계를 중건하기만 하면 심성이라는 이 뿌리에서 당말오대 이래의 도덕이 함몰된 상황을 바로잡아 사회윤리를 다시 삼대의 "천리가 유행하는" 지선(至善)의 경계로 되돌리게 하였다.

일곱째, 개방 정신. 주희의 철학은 심흉을 활짝 열었을 뿐만 아니라 유·불·도 각가의 장점을 흡수하여 우리의 쓰임이 되게 하였다. 불로(佛老) 사상에서 가치가 있는 이론 학설은 사유방법과 논리적인 결과 도식으로 극대의 두루 수용하는 마음가짐과 개방 정신으로 표현된다. 그는 이미 "백대를 망라하는" 학술을 펼 수 있었고 개방하지 않는 정신은 근본적으로 "망라"할 수 없었다. 바로 그가 개방 정신을 가지고 있었기 때문에 이학의 집대성자가 될 수 있었다.

역사의 발전에 따라 주희의 사상이 의지한 것은 발생한 시대 배경 때문에 이미 소실되었다. 그 구체적인 학술 주장과 사상 관점 또한 원래 가지고 있던 의의와 가치를 거의 잃어버렸다. 그러나 이 사조에 내포된 구리(求理)와 구실(求實), 주체(主體), 우환(憂患), 역행, 도덕(道德)과 개방(開放) 등 생생한 학술 정신은 여전히 뿌리 깊이 민족문화의 전통 가운데 존재하며, 민족 심리의 결구에서 자라고 있다. 주희의 도학과 송명이학이 체현한 이런 정신이 중국 현실의 국가 정세 및 세계의 발전추세와 서로 결합하여 체인(體認)과 창신을 진행한다면 이는 의의가 심원한 학술문화 사명이다.

주희 사상은 일종의 전통문화 현상으로서 어떻게 현대화할 것인가? 현대화의 관계와는 어떻게 해석할 것인가? 필자는 이른바 전통문화와 현대화의 관계는 실질적으로 문화 정신의 환생 문제이지 모종의 문화형태(유가의 현대화, 도가의 현대화 혹은 이어서 송명이학을 이야기하는 것 등)나 정태적인 전통문화(生成物)가 현대에서 존재가치가 있거나 아니거나 하는 문제는 아니라고 본다. 문화 정신의 환생은 바로 현대사회와 이어진 것으로 현대 사회생활 속으로 스며들었으며 아울러 현대 사회생활에 필요하게 되었는데 이것이 바로 전통문화 정신이 현대문화 정신으로 바뀐 것이다.

1997년 9월 10일

장리원(張立文)

차례

일러두기

- 번역문은 한글 전용을 원칙으로 하였다.
- 혼동의 우려가 있거나 이해를 돕는 데 도움이 된다고 판단될 경우에 한자를 병기하였다.
- 고유명사는 매 장의 처음 나오는 경우에만 한자를 병기하였다. 다만 특별한 주의를 요구하는 경우에는 처음이 아니더라도 병기하였다.
- 지명의 경우는 청대 이전의 경우는 우리 음으로, 현대 이후는 중국어 음가로 표기하였다.
- 인명의 경우는 민국 이후의 경우 현대 중국어 음가로 표기하였다. 다만 관용적으로 우리 음으로 알려진 경우에는 우리 음을 그대로 썼다.
- 철학적 개념으로 쓰인 한자의 경우 풀이를 하지 않고 한자를 그대로 썼다.

  예) 인(仁), 의(義), 체(體), 용(用), 변(變), 화(化) 등등. 다만 필요한 곳에서는 ( )로 보충 설명을 하고 이후로는 개념어를 그대로 썼다.

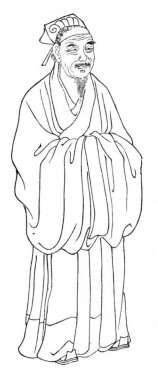

朱文公

先生自題畫像曰從容乎禮法之場沉潛乎仁義之府是予蓋將有意焉而力莫能與也佩先師之格言奉前烈之遺矩惟闇然而日修或庶幾乎斯語

청나라 상관주(上官周)가 그린 주희상

거울에 비친 주희상.
1974년 6월에 건구(建甌)의 한 농가에서 발견되었는데 90년대 화재로 훼손되었다.

주희는 백록동서원을 수복하였다.
그가 정립한 「백록동서원 원규」는 전국 서원이 표준이 되었다.

주희의 『역(易)』「계사(繫辭)」진적

주희의 「성남창화시(城南唱和詩)」필적

탄생지 우계현(尤溪縣)에 조성한 주희 동상

만년에 강학하면서 보낸 고정서원

주희가 생애 대부분을 강학하면서 지낸 무이정사

건양(建陽) 당석리(唐石里) 대림곡(大林谷)에 있는 주자 및 부인 유(劉) 씨의 묘소

제1장

선에서 유학으로 돌아와
이학을 집성하다

○

由禪返儒 集成理學

　주희는 공자의 뒤를 이은 대유의 하나로 그의 사상은 "주자학(朱子學)"
으로 높이 일컬어진다. 그의 학설은 유학과 이학이[1] 송 이후 관방 의식
형태가 되고 아울러 독존적 지위에 처하게 하였다. 그뿐만 아니라 조선
과 일본 및 베트남 등의 나라에 영향을 끼쳐 한동안 이들 국가의 관방철
학이 되거나 주류 지위를 차지한 의식형태였으며, 아울러 그들의 추숭과
신봉을 얻었다. 주자학은 국경을 초월하여 세계를 향하여 뻗어나갔다.

1. 학문을 배워 참선하여 관리가 되다

　주희의 아명은 우랑(沈郎)이고, 소자(小字)는 계연(季延)이며 나중에 자를
원회(元晦)라고 하였다가 다시 중회(仲晦)로 고쳤다. 호는 회암(晦庵)이며

1　중국의 유학은 4기를 거치는데 공맹이 원전유학(元典儒學)이며, 양한은 경학유학(經學儒
　學), 송명은 이학유학(理學儒學), 근대 이래는 신학유학(新學儒學)이다.

60세 후로는 회옹(晦翁)이라 일컬었다. 만년에는 호를 둔옹(遯翁)이라 하였으며, 또한 호를 운곡노인(雲谷老人) 창주병수(滄州病叟)² 등이라 하였다. 조적(祖籍)은 무원(婺源, 옛날에는 安徽 徽州에 속하였으며 지금은 江西 婺源縣에 속함) 송암리(松巖里)이다. 그는 복건(福建) 남검(南劍, 지금의 福建 南平) 우계현(尤溪縣) 성 밖에 있는 육수봉(毓秀峰) 아래의 정 씨(鄭氏)의 관사에서 출생하였다. 남송 고종(高宗) 조구(趙構) 건염(建炎) 4년(1130)에 태어나 남송 영종(寧宗) 조확(趙擴) 경원(慶元) 6년(1200)에 죽었다.

주희의 문인인 황간(黃榦)이 지은 『주자행장(朱子行狀)』의 기록에 따르면 주희의 가세(家世)는 "무원의 저명한 성으로 유학으로 이름난 가문"이지만 『송사』 「주희전」에는 실려 있지 않다. 청나라 사람 왕무횡(王懋竑)은 『주자연보(朱子年譜)』를 지을 때 이 설을 채택하였다. 이 때문에 『무원현지(婺源縣志)』 「주자세가(朱子世家)」에서는 이렇게 묘사하였다.

> 당말에 주고료(朱古寮)가 있었는데 무원진장(婺源鎭將) 벼슬을 하면서 그곳에서 눌러앉아 살았다. 쭉 전해져 내려와 삼(森)에 이르러 아들 때문에 승사랑(承事郞)에 추증되었다. 삼은 송(松)을 낳았는데 자는 교년(喬年)이고 호는 위재(韋齋)이며 관직은 이부(吏部)였다. 약관이 넘어 상사(上舍)로 등제하여 건주(建州) 정화위(政和尉)에 제수되었다. 부친이 돌아가시자 가난하여 귀장할 수가 없어 이에 정화에 승사[森]를 장사지냈다. 상기를 마치자 검주(劍州) 우계위(尤溪尉)로 선발되었다. …… 어사중승(御史中丞) 상동(常同)이 공에게 대사를 맡길 만하다고 천거하여 다시 불렀는데 대답하는 말이 지극히 간절하였다. 저작랑(著作郞)으로 옮겼으며, 상서탁지원외랑(尙書度支員外郞) 겸 사관교감(史館校勘)을 지냈으며, 사훈이

---

2 『송사』 「주희전」에 보인다. 『주자세가(朱子世家)』, 『무원현지(婺源縣志)』 권18, 왕무횡(王懋竑)의 『주자연보』, 『송인일사회편(宋人軼事滙編)』 하책 『다여객화(茶餘客話)』.

부양조(司勳吏部兩曹)를 역임하고 예전처럼 영사직(領史職)을 겸하였다. 봉의랑(奉議郞)으로 옮겼다가 다시 승의랑(承議郞)으로 옮겼다.[3]

주희의 조상들은 "오군 주 씨(吳郡朱氏)"의 한 갈래에서 나왔다. 이 갈래는 한영제(漢靈帝) 때 청주(靑州)에서 장강을 건너 일부는 고소(姑蘇)에서 살았고 일부는 단양(丹陽)에 살았는데, 주희의 선조는 단양의 지파에 속한다. 주고료가 비로소 무원으로 옮겨 살아 무원 주 씨의 조상이 된다. 자산이 부유해서 "망족저성(望族著姓)"이 되었다. 주희의 조부 주삼과 부친 주송에 이르렀을 때 가세는 이미 쇠락하였다. 조부가 죽었을 때 가난해서 무원의 고리로 귀장을 할 수 없었다. 주희의 부친인 주송이 죽었을 때 가사를 벗인 유자우(劉子羽)에게 부탁하였는데 숭안현(崇安縣) 오부리에 살았으며, 주희는 부친의 명을 받아 호헌(胡憲)과 유면지(劉勉之), 유자휘(劉子翬)에게서 수학하였다. 주희와 모친은 고아와 홀어머니로 남의 집에 기탁하여 정신적으로 압박을 받기는 하였지만 생활 방면에서는 그럭저럭 살아가 독서에 전념하며 학문을 추구할 수 있었다.

주희의 사업과 구도하는 마음의 역정에 의하면 그의 일생은 세 개의 시기로 나눌 수 있다. 첫 번째 시기는 고종 건염(建炎) 4년(1130)에서 소흥(紹興) 31년(1161)까지의 주희의 청소년 시기로, 학습에 종사하고 과거시험과 초기의 정사 참가 및 사상의 활약 단계이다. 둘째 시기는 소흥 32년(1162)부터 광종(光宗) 소희(紹熙) 5년(1194)까지다. 중년에서 만년에 이르는 시기이며, 정치에 참여하고 강학하고 문도를 가르치며 책을 짓고 학설을 세우는 등 이학을 집대성한 단계이다. 소희 5년 7월 영종(寧宗) 즉위년부

---

3 『주자세가(朱子世家)』, 『무원현지(婺源縣志)』 권18, 청 건륭(乾隆) 갑술년(1754)본. 민국 『중수무원현지(重修婺源縣志)』. 『주자세가』 제20권. 『무원다원주씨세보(婺源茶院朱氏世譜)』 「녹증조부작시후서(錄曾祖父作詩後序)」, 『위재집(韋齋集)』 권10.

터 경원(慶元) 6년(1200)까지는 주희의 만년으로 학술이 더욱 높은 경지에 이르렀으며 도학이 금지된 단계이다.

1) 어린 나이에 부친을 잃고 선학에 마음을 두다

주희가 출생하던 그 해에 이미 종상(鍾相)이 이끄는 농민 기의군이 발발하였고, 또한 금나라가 항주(杭州)로 진공하는 난리를 만났다. 진회(秦檜)가 금의 파견으로⁴ 송나라 조정으로 돌아왔다. 우계에 우거하고 있던 주송은 범여위(范汝爲)의 농민군을 피하려고 온 집안이 피난을 떠났다. 주희가

---

4 "처음에 진회는 두 임금을 따라 연(燕)에 이르렀으며, 금나라 임금이 진회를 달라(撻懶, 金나라의 軍事首腦)에게 내렸는데 그가 임용되어 달라는 그를 신임하였다. 남쪽으로 쳐들어갔을 때 참모군사(參謀軍事)가 되었으며 또한 수군전운사(隨軍轉運使)가 되었다."(『秦檜主和』, 『宋史紀事本末』권72) 1127년 진회는 금의 노예주 귀족의 포로가 된 후 조길(趙佶)을 위하여 여진(女眞)의 귀족통치자에게 편지를 올린 적이 있는데 송나라의 신하를 파견하여 조구가 무릎을 꿇고 번신(藩臣)을 일컫기를 건의하였다. 진회는 이 역할을 맡을 의사가 있음을 나타내어 금의 노예주 귀족의 신임을 얻었다. 1129년 진회는 달라의 군사참의(軍事參議)를 맡았으며 달라를 따라 회동(淮東)에 이르렀다. 금이 초주(楚州)를 공격하였으나 함락시키지 못하여 진회가 달라 대신 격문을 지어 초주의 군민에게 투항하라고 권하였다. 진회가 적에게 투항하여 공을 세웠기 때문에 여진의 귀족은 그를 내부의 간첩으로 조발하여 남송으로 파견했다. 그러나 진회는 오히려 자기가 적에게 투항한 죄행을 감추고 "스스로 말하기를 자기를 감시하는 금나라 사람을 죽이고 배를 빼앗아 타고 왔다."고 하였다.(위와 같음) 당시 많은 사람들이 진회의 거짓말에 의심을 품었다. "조사(朝士)들은 거의 그가 하작(何㮚) 손부(孫傅) 등과 함께 잡혀갔는데 진회만 돌아왔으며, 또한 연(燕)에서 초(楚)까지는 2,800리인데 강을 건너고 바다를 넘는데 어찌 심문하는 자가 없었으며, 어찌 감시하는 자를 죽이고 남으로 왔는가? 달라를 따라 종군하였으니 금나라 사람이 풀어주었다고 하더라도 반드시 처속(妻屬)을 인질로 잡혔을 것인데 어찌 왕씨(王氏)와 함께하겠는가? 의심하였다. 범종윤(范宗尹) 및 이회(李回) 두 사람만이 평소에 진회와 친하여 뭇 의심을 다 깨뜨리고 그 충성을 극력 추천하였다. 진회는 입대하여 먼저 달라에게 화친을 구하는 편지의 초안을 올렸다. 임금이 보신(輔臣)에게 말하기를 '진회는 소박하고 충성스러움이 남보다 뛰어나 짐이 그를 얻고서 기뻐서 잠을 이루지 못했다. 이미 두 황제와 모후의 소식도 듣고 훌륭한 사(士)까지 얻었다.'라 하였다. 이에 앞서 조정에서는 비록 수차 금으로 사신을 파견하였지만 지키기도 하고 강화도 하면서 오로지 적과 원한을 풀고 전쟁을 그친 것은 진회로부터 비롯되었다."(『宋史紀事本末』권72, 中華書局 1977年版 735~736쪽)

2세 때 진회는 고종 조구(趙構)의 신임을 얻어 투항하려는 행동을 진행했다. 3세 때 범여위의 군사가 패하자 주송은 우계로 되돌아왔다.

주희는 어려서부터 매우 총명했다. 4세 때 주송이 하늘을 가리키면서 말하기를 이것은 "하늘이다"라 하자 주희는 "하늘의 위에는 무엇이 있습니까?"라고 물었다. 이런 근원을 꼬치꼬치 캐묻는 질문은 주송을 매우 경이롭게 했다. 그리고 이 문제는 무수한 사람을 괴롭힌 적이 있다. 하늘이라는 현상의 배후가 무엇인가 하는 문제는 확실히 4세의 아이를 초월한 총명한 수준이었다. 5세 때는 천지사방의 바깥이 무엇인가 하는 문제로 번뇌하였다. 천지사방에는 끝이 없는 곳이 있으며 다한 곳은 무엇인가 하는 등의 문제를 사고하였다. 이 해에 주희는 소학(小學)에 들어갔다. 6세 때에는 아이들의 무리와 함께 모래사장에서 논 적이 있었는데 홀로 단아하게 앉아서 손가락으로 모래사장에 무언가를 그렸는데 바로 팔괘여서[5] 사람들을 놀라게 하였다.

소흥 7년(1137) 주희는 8세로 스승에게 나아가 정규의 육경 훈몽교육을 받기 시작했다. 그는 "성현의 학문에 힘껏 뜻을 두고" 개연히 분발하여 『효경』을 읽고 "이와 같이 하지 않으면 사람이 아니다."라고 적었다. 매일 『논어』와 『맹자』 등을 읽기를 잠시도 그치지 않았다. 『맹자』를 읽을 때 그는 매우 감응을 받아 말하기를 "나는 열 살 때 『맹자』에서 말한 '성인도 나와 같은 부류의 사람이다.(聖人與我同類者)'는 것을 읽고 기뻐서 이루 말할 수가 없었다."[6]라 하였다. 그는 모든 사람이 다 요순이 될 수 있다는 뜻에서 "성인도 나와 같은 부류"임을 체득하였으며 이에 그는 성인이 되는 것을 자기의 이상적인 목표로 삼았다.

주송은 장자와 차자가 일찍 죽어 모든 희망을 주희에게 기탁하였다.

---

5 「주희전」, 『송사』 권429.
6 『주자어류』 권104.

그가 임안(臨安: 지금의 杭州)에서 관직 생활을 할 때 임안에 주희를 데려간 적이 있는데, 주희로 하여금 도학의 선배인 윤돈(尹焞) 등과 같은 사람에게 귀동냥을 하여 익히게 하였다. "내가 아이 때에 아버지께서 비서성(秘書省)에 벼슬했는데, 이때 화정(和靜) 선생은 소감(少監)이었다. 나는 일찍이 무리들 가운데서 그분의 도덕군자다운 모습을 멀리서 바라보고 또 그 글을 얻어 베꼈다."7 왕덕수(王德修)는 윤돈의 제자로 주희는 윤돈의 『논어해(論語解)』를 베꼈다. 이로부터 시작하여 이정의 문인이 남긴 글을 두루 읽었는데 그가 나중에 『논어상설(詳說)』을 쓰는 기초를 다졌다.

소흥 8년 금에서는 임안으로 사신을 파견하여 강화조약을 체결하자 조야에서 반대하였다. 추밀원 편수관 호전(胡銓) 등의 반대가 가장 심하여 진회를 참해야 한다고 하였다. 그 결과 호전은 "소주(昭州)의 호적에 편입되어 제약을 받아 영원히 서용되지 못하는" 운명을 만났다. 주송과 호규(胡珪), 장확(張擴) 등은 연명으로 상소하여 금에 맞설 것을 주장하고 강화의 추구를 반대하였으나 조구와 진회는 고집대로 강행하였다. 이 일로 주송은 조정에서 배척되어 지요주(知饒州)로 나갔다. 소흥 10년 주희는 임안에서의 독서 생활을 끝내고 부친과 함께 복건(福建) 건구(建甌)로 돌아갔다. 그러나 국가의 치욕과 부친의 좌천은 그의 어린 마음에 지울 수 없는 영향을 남겼다. 주희가 죽기 한 해 전에 그는 회상하여 말하였다. "일찍이 10세 때의 일을 기억해보니 선군께서 개탄하시면서 나를 돌아보고 말씀하시기를 '태조께서 천명을 받으신 지가 지금 180년이 되었다.'라 하시고 오랫동안 탄식하셨다. 선고의 가르침을 명심하여 지녔는데 지금 갑자기 또 한 바퀴 돌아 쇠하고 병들어 쇠락해지도록 끝내 조금도 신하의 책무를 채울 길이 없다. 이에 이 시에 화답하고 아울러 그 말을 적어 아이들에게

7 「답왕덕수(答王德修)」, 『주희집』 권55, 꿔치(郭齊), 인뿨(尹波) 점교(點校), 사천교육출판사(四川教育出版社) 1996년판, 2807~2808쪽.

보이니 그것 때문에 슬피 눈물이 흐름을 느낀다."[8] 비록 60년이 지났지만 남송의 북벌은 희망이 없고 주희는 이에 슬픈 탄식을 그치지 못하였다.

이 해는 주희 11세로 부친의 엄격한 교육 아래서 "10년 동안 쓸쓸히 경서를 끌어안고 지내는(十年寂寞抱遺經)" 생활을 하면서 각고의 공부를 하였을 뿐만 아니라 어떻게 하면 사람의 도리를 하는가를 가르쳤다. 그러나 이런 과정지훈(過庭之訓: 부친에 의한 가정교육)의 시간은 결코 길지 않아 소흥 13년(1143) 주희 14세 때 주송은 병사했다. 임종 전에 그는 가사를 유자우에게 당부하였고 아울러 주희에게 말하였다. "적계(籍溪) 호원중(胡原仲, 憲)과 백수(白水) 유치중(劉致中, 勉之), 병산(屛山) 유언충(劉彦冲, 子翬) 이 세 사람은 나의 벗이다. 그들의 학문은 모두 연원이 있어 내가 경외하는 바이다. 내가 죽거든 너는 그분들을 찾아가서 아비처럼 섬겨라. 네가 그분들의 말씀을 경청한다면 나는 죽더라도 여한이 없을 것이다."[9] 소년 시절에 부친을 여읜 것은 주희에게 큰 타격을 주었지만 발분하여 고학하려는 뜻을 더욱 격발시켰으며 사상적으로도 매우 성숙해졌다. 아울러 부친의 유훈을 따라 호헌(胡憲)과 유면지(劉勉之), 유자휘(劉子翬) 세 선생에게서 배웠다. 세 선생은 이정을 신봉하는 도학가로 『논어』와 『맹자』, 『대학』, 『중용』에 치중하였다. 그러나 세 선생의 도학은 주안점이 조금씩 달랐다. 호헌은 사량좌(謝良佐)와 호안국(胡安國) 및 호상파(湖湘派)를 중시하였다. 유면지는 주로 장재와 초정(譙定), 양시(楊時)의 설을 취하였다. 유자휘는 주로 호안국 등의 설을 취하였다. 이들은 이정의 학문과 통일될 수 있다. 세 선생은 정치 태도 방면에서 주로 주전파로 강화를 반대하였고, 주희의 도

---

8 「임금의 허락을 받고 마침내 벼슬을 그만두게 되었는데 진소원 어른께서 시로써 축하를 보이심에 이미 화답하여 드렸는데 다시 한 수를 읊었다(蒙恩許遂休致遠丈以詩見賀已和答復賦一首)」, 『주희집』 권9, 400쪽.

9 「병산선생유공묘표(屛山先生劉公墓表)」, 『주희집』 권99, 4585~4586쪽.

학적 성격을 양성하였으니 곧 성인이 되는 인격 이상과 금나라에 항거하는 정치 입장이었다.

도학에 잠심하면서 주희는 말하였다. "나는 열네다섯 살 때부터 지금까지 40여 년 동안 (張載와 二程) 두 사람의 글을 읽었다. 다만 그들의 심원한 의미와 심오한 가르침을 깨닫는 것만으로 근세의 문장이니 의론이니 하고 어지럽게 떠드는 것들이 눈길 한 번 주기에도 충분치 않다는 것을 알게 되었다. 참으로 맹자 이래로 한 사람이 있을 뿐이다."[10] 장재와 이정의 저작을 깊이 탐구하였는데 이런 깊은 탐구는 사서학(四書學)에 대한 깊고 절실한 깨달음과 밀접한 관계가 있다. "나는 15, 6세 때 『중용』의 '남이 한 번에 하면 나는 백 번을 하며, 남이 열 번을 하면 나는 천 번을 한다.(人一己百, 人十己千)'는 장(章)을 읽고 여숙(與叔)이 이 장을 매우 시원하게 해석한 것을 보게 되었다. 그것을 읽고 오싹하게 놀라 매우 분발하지 않은 적이 없었다."[11] 여대림(呂大臨)이 『중용해(中庸解)』에서 계발한 것을 깊이 받아들인 이 시기에 그는 『대학』에도 마찬가지로 전념하고 있었다. "대체로 15, 6세 때에 글(『대학』을 가리킴)을 알았는데 격물(格物)의 뜻을 깨닫지 못하여 마음속으로 오락가락한 것이 30년이 넘었다."[12] 17, 8세가 되어서는 매일 일찍 일어나 『대학』과 『중용』을 10번씩 송독하고 수시로 그 안에 담겨 있는 원리를 체인(體認)하였다.

주희는 유가경전을 배워 익히는 외에 불학과 도가의 설까지 섭렵하지 않은 것이 없었다. 이는 세 선생이 불로의 학문을 좋아한 것과 관계가 없지 않다. 그는 말하였다. "처음에 병산(屛山)과 적계(籍溪)를 사사했는데, 적계는 문정(文定, 胡安國)에게 배웠고 불교와 노자를 좋아하였다. 문정의 학

---

10 「답송심지(答宋深之)」, 『주희집』 권58, 2966쪽.
11 『주자어류』 권4.
12 「답강덕공(答江德功)」, 『주희집』 권44, 2114~2115쪽.

문을 치도(治道)에 대해 논한 것으로 여기는 것은 괜찮지만 도(道)가 지극하지 못하였다. 그러나 불교와 노자에도 식견(識見)이 있지 못했다. 병산은 어려서부터 능히 과거 공부를 하여 보전(莆田)에서 관리가 되고 탑 아래에서 한 스님을 만나 능히 여러 날 동안 입정(入定)하였다. 뒤에 늙었음을 보고 집으로 돌아와서 유학의 책을 읽고 불교와 더불어 합치한다고 여겼기 때문에 『성전론(聖傳論)』을 지었다."[13] 호헌과 유자휘 모두 불·로를 좋아하였으며, 유 씨는 유·불의 융합을 시도하여 『성전론』을 지었다. 그는 성전의 도통은 요(堯), 순(舜), 우(禹), 탕(湯), 문왕(文王), 주공(周公), 공자, 안자(顏子), 증자(曾子), 자사(子思), 맹자(孟子)이며 밀접하게 계합하여 성심을 서로 전하였다고 생각하였다. 아울러 유·불·로는 성인의 길에서 각기 얻은 것이 있으며 또한 치우친 것도 있지만 세 도는 근본이 하나라고 생각하였다. 유자휘와 유자우는 묘희(妙喜) 종고(宗杲)와 관계가 매우 밀접하여 『속전등록(續傳燈錄)』에서는 유자우를 종고의 "법사(法嗣)"로 간주한 적이 있으며 속가(俗家)의 제자로 쳤다. 종고는 "언충(유자휘)은 수행은 하지만 선(禪)을 모르며, 보학(寶學: 劉子羽)은 선(禪)을 알지만 수행을 하지 않는다."[14]라 말한 적이 있다.

이때 주희는 학문을 하기는 하였지만 아직 전문적인 공부는 아니었다. 젊은이의 기이함의 추구와 광범한 지식욕은 그로 하여금 석·로와 관계를 발생시켰다. "나는 과거에 뭐든지 다 배우려고 했다. 선(禪)·도·문장·『초사』·시·병법 등 모든 일을 다 배우려고 했다."[15] 불학에 대하여서는 더욱 마음에 두고 연구를 하였다. "나는 나이 15, 6세 때에 또한 여기(禪學)에 마음을 둔 적이 있었다. 하루는 병옹(病翁: 유면지)이 있는 곳에서 한

---

13 『주자어류』권104.
14 『주자어류』권126.
15 『주자어류』권104.

스님을 만나 함께 얘기를 나눴다. 그 스님은 다만 서로 호응하고 화답하면서 말할 뿐, 옳은지 옳지 않은지에 대해서는 말하지 않았다. 오히려 유(劉)와 말을 나눴는데, 나 또한 소소영령(昭昭靈靈) 선에 대해 이해할 수 있었다. 유는 뒤에 내게 말을 해주었고, 나는 드디어 이 스님에게는 더 묘처가 있는 것이 아닌가 하여 마침내 그에게 질문을 했고, 그의 설명이 극히 뛰어나다는 것을 알게 되었다."[16] 유자휘가 있는 곳에서 만난 선승은 도겸(道謙)으로 종고의 제자이다. 도겸의 "주오(主悟)" 법문과 자휘의 "주정(主靜)" 법문은 차이가 있으니, 임제중(臨濟重)이 깨달은 간화선(看話禪)과 조동(曹洞)의 정(靜)을 주로 하는 천동묵조선(天童默照禪)의 차이이다. 유자우는 종고의 간화선을 믿었고 유자휘는 천조선(天照禪)을 하였는데, 유 씨 형제는 주희에게 고루 영향을 끼쳤다.

소흥 16년(1146) 유면지는 주희에게 딸을 아내로 주었으며, 불학 방면에서 유면지는 종고의 간화선을 믿었는데 주로 상수역학(象數易學) 사상이 주희에게 비교적 큰 영향을 끼쳤다. 주희는 다음 해(1147)에 건주(建州)의 "향공(鄕貢)"에 참가하였다. 시험관인 채자(蔡玆)는 말하였다. "내가 취한 가운데 한 후생은 세 편의 대책이 모두 조정을 위해서 큰일을 조치하려고 하니 훗날 반드시 비상한 사람이 될 것이다."[17] 향공에서 높은 점수로 합격한 일은 그의 과장(科場)에서의 자신감을 증강시켰다. 소흥 18년(1148), 19세가 된 주희는 대나무 상자에서 종고의 『대혜어록(大慧語錄)』을 지니고 임안으로 응시하러 갔다. "주문공은 어렸을 때 시문(時文)읽기를 좋아하지 않았으며 일존(一尊)의 숙설선(宿說禪)을 듣고는 바로 본심을 알아 마침내 소소영령(昭昭靈靈)을 한번 환하게 깨달았다. 18세의 청거(請擧: 곧 鄕薦) 때 유병산을 따랐는데 병산은 그가 반드시 거업(擧業)에 유념할 것이라 생각

---

16 위와 같음.
17 왕무횡『주자연보』권1 상.

하여 그 상자를 뒤졌으나 다만 『대혜어록』 1권뿐이었다."[18] 주희는 예부의 시험 때 바로 선학의 의미를 가지고 『역』과 『논어』, 『맹자』의 뜻을 대답하여 마침내 진사에 좋은 성적으로 합격하였다. 그는 이렇게 대답한 적이 있다. "이때의 문자는 지금의 세밀함과는 달라서 사람에 따라 거칠게 말하였는데 시관(試官)이 나의 설에 마음이 움직여 마침내 천거되었다."[19] 이는 당시 주고관(主考官) 주집고(周執羔)와 초고관(初考官) 심해(沈該), 복고관(覆考官) 탕사퇴(湯思退) 등이 모두 불로를 좋아했던 것과 관련이 있다.

2) 처음으로 벼슬길에 오르고 이동(李侗)에게 배우다

주희는 진사에 합격하면서 가장 높은 학위를 취득하여 선비들의 일생의 꿈을 실현하였다. 그러나 그는 학문을 하는 노선에서 멈춤이 없었을 뿐만 아니라 또한 오히려 이제 막 첫걸음을 떼었다. 19세의 주희에 대하여 말하자면 이지(理智)와 침중(沉重)으로 표현할 수 있겠다. "나는 옛날에 문자를 볼 때 쭉 보아가면서 여러 권을 한 번에 보고 자세히 본적이 전혀 없었으며, 의리(義理)의 문장에서도 그러하였으니 병폐가 지극하였다. 지금 『중용』을 보는데 단지 한 부분만을 볼 뿐이다."[20] 또 말하였다. "나는 10세부터 20세까지 읽었는데, 다만 각 구절마다 이해했을 뿐 관통해서 꿰뚫지를 못했다. 20세가 넘어서야 이렇게 읽어서는 안 된다는 것을 알았다. 원래 많은 긴 문단들은 모두 처음부터 끝까지 서로 살펴보고, 맥락들을 서로 관통해서 단지 이렇게 익숙하도록 읽기만 한다면 저절로 뜻을 알 수 있다. 이런 방식을 따라서 『맹자』를 보면 뜻이 극히 통쾌하다는

---

18 우육(尤焴)의 「제대혜어록(題大慧語錄)」, 『불씨역대통재(佛祖歷代通載)』 권30.
19 『주자연보』 권1 상.
20 『주자어류』 권104.

것을 깨닫게 되고 또한 이로 인해 글을 짓는 방법도 깨닫게 된다."[21] 그는 자기의 학습이 많은 것을 탐하였다는 경험에서 얻은 교훈으로 총결하였다. 20세 이후에는 주요 정력을 의리를 생각하는 것과 융회관통하는 데 두었다. 이는 학습하는 방법상 커다란 진보이다. 때때로 일단의 문자의 의리를 세세히 체득하기 위하여 왕왕 침식을 잊기도 하였다. 그는 말하였다. "나는 지난해 의리에 대한 생각이 투철하지 못하여 곧바로 잠을 이룰 수가 없었다. 자하(子夏)의 '먼저 전하고 나중에 쉰다.(先傳後倦)'는 문자를 처음 보고 무릇 사나흘 밤을 궁구하고서야 분명해졌는데, 밤새도록 두견새 우는 소리가 들렸다."[22] 이런 고심하여 체득하는 정신이야말로 바로 그가 전인을 초월하여 창신을 하게 된 까닭이다.

소흥 20년(1150) 봄 휘주(徽州) 무원으로 돌아가 조부의 묘소에 성묘를 하고 아울러 6곳의 조상의 묘소에 가토와 표식을 하고, 외조부인 축확(祝確)을 찾아뵈었다. 또한 흡현(歙縣) 무원의 유명한 유학 선배 및 신안(新安)의 학생들과 시를 강하고 문장을 담론하였다. 도를 논하고 뜻을 말하였는데 자못 서로 얻은 것이 있었다. 소흥 20년(1151) 봄에 입경하여 전시(銓試)에서 중등을 차지해 좌적공랑(左迪功郎) 천주(泉州) 동안현(同安縣) 주부(主簿)에 임명되었다. 이 두 차례의 외출로 고향의 부로와 유학의 선배들을 예방한 것 외에도 불교와 도교의 인물도 찾아보았다. 그로 하여금 유교 경전과 불전, 도교 서적에 침잠하게 하였는데 그 즐거움이 무궁하였다. 소흥 23년(1153) 가을 24세의 주희는 동안(同安)으로 부임하는 도중에 이동을 찾아뵈었다. "병산은 먼저 죽었고 적계는 살아 있었다. 나는 스스로 이 도에서 얻은 것이 있지 않았음을 알고 곧 연평(延平)을 만났다."[23] 연평

---

21 『주자어류』권105.
22 『주자어류』권104.
23 위와 같음.

은 주송과 동문수학한 벗으로 주희가 앙모해 온 지 이미 오래되었다. 이 때의 주희는 세 스승의 가르침을 받아 불·도의 뜻이 매우 농후하였는데 이는 "순유(醇儒)"인 이동의 눈으로 보면 길을 열어줘야 할 필요가 있는 후배였다. "연평선생이 일찍이 '도리는 반드시 낮에 이해해야 하고 밤에 는 도리어 조용한 곳으로 가 그 자리에서 생각해야 비로소 얻음이 있다.' 고 말하였다. 내가 이 말대로 실천해보니 참으로 같지 않았다."[24] 이 "낮 에 이해하고(日中理會)"의 "낮에(日中)"는 대낮을 가리키는 것이 아니다. "도 는 현묘함이 없으며, 단지 날로 사용하는 사이에 착실하게 공부하는 곳 에서 이해해야 스스로 이해할 수 있을 뿐이다."[25]라는 것을 가리킨다. 이 는 석가(釋家)의 "허공에 뜬 이해"의 폐단을 바로잡아 주희가 유·불·도의 세 도가 동일한 학문으로 생각할 수 없도록 이끌었으며 주희의 사상을 뒤흔들었다.

주희가 동안 주부로 재임하고 있는 기간 동안에 그는 "관직에 임해서 는 부지런하고 민첩하였으며 매우 작은 것까지 반드시 친히 하였다."[26] 그 자신도 이렇게 말하였다. "내가 저번에 동안현의 주부가 되었을 때, 많은 부세들이 오가는 장부를 날마다 점검 대조하고 서명을 함으로써 서 리[吏人]들이 폐해를 저지르지 못하게 했다."[27] 일 처리가 매우 공정하고 진지하였다. 소흥 25년(1155) 여름 동안현의 "굶주린 백성들"이 폭동을 일으켜 현성(縣城)을 포위하자 주희 등은 적극적으로 방비하여 지켰다. 그 는 말하였다. "현에 경계가 있자 승상이 하부의 이사(吏士)로 하여금 성을 나누어 지키고 조후(曹侯)와 나(주희)는 서북쪽을 수비하였다. 이전에 도적

---

24 위와 같음.

25 『이연평집(李延平集)』 권3.

26 『주자연보』 권1 상.

27 『주자어류』 권106.

이 이르러 항상 서북쪽을 함락하였다. 그렇다면 조후와 내가 지키는 것은 도적과 충돌한 것이다. 조후가 하루는 나와 함께 성에 올라가서 사방을 바라보며 강개하게 말했다. '이것을 지킬 수 없다면 우리의 무리가 죽어도 처할 곳이 없을 것이니 부지런히 힘쓰지 않을 수 없다.' 곧 길을 달리하여 행소부(行所部)로 가서 돌아다니며 독려하고 위안하며 정돈하여 이사(吏士)들에게 그 뜻을 효유하였다. 이사들이 모두 감격하고 분발하여 마음을 썼다."[28] 그리하여 현성을 지켜 현성의 백성들이 약탈을 당하는 괴로움에서 벗어나게 하였다. 굶주린 백성들에 대해서는 오히려 구휼이 필요한 조치를 취하여 구학(溝壑)에서 굶어 죽는 것을 면하게 하였다.

주희는 예교를 수호하기 위해 동안의 가난한 백성들이 혼인의 빙례(聘禮)를 감당할 수 없어서 "인반위첩(引伴爲妻: 반려자를 끌어들여 처로 삼음)"을 이어온 풍속습관에 대하여 "예의의 법도를 어그러뜨리고 국가의 법도를 모독하는 것"으로 깨우쳐 금지해야 한다고 하였다. 뿐만 아니라 "『정화오례(政和五禮)』에서 사대부와 일반 서민의 결혼과 관련된 의식을 검토하여 내려보내 준수하게 하고 엄격히 시행하게 하도록"[29] 하였다. 그는 혼인의 예법이 실행될 수 있는가의 여부는 "남녀를 구별하고 부부 사이의 도리를 확립하여 풍속을 바르게 하고 화란의 근원을 막기 때문"[30]인 것과 연관이 있다고 생각하였다.

주희는 동안에서 또한 "경사각(經史閣)"을 건축하고 "학궁"을 마련했다. 그는 "학교에는 스승과 학생이 송독하며 말하지만 경적(經籍)은 구비되지 않는"[31] 어려움을 해결하기 위하여 대도독부의 연수(連帥) 방공(方公)에게

---

28 「사포기(射圃記)」,『주희집』권77, 4014쪽.
29 「신엄혼례장(申嚴婚禮狀)」,『주희집』권20, 801쪽.
30 위와 같음.
31 「천주동안현학궁서후기(泉州同安縣學宮書後記)」,『주희집』권77, 4013쪽.

격서를 보내어 무부(撫府)의 책 985권을 현학(縣學)에 보내달라고 청구하였다. 아울러 다시 『주례』와 『의례』, 『당개원례(唐開元禮)』, 『소흥사령(紹興祀令)』을 가져다 서로 참고하여 예의의 기용과 의복 등의 그림을 그려 풀이하고 식별하여 밝혀 학생들에게 아침저녁으로 열람하게 하여 "일에 임하여 어그러짐이 없게"[32]하도록 하였다. 주희는 친히 강학하였는데, 유가의 도에 뜻을 두고(志道) 덕에 의거하며(據德) 인에 의지하고(依仁) 예에 노니는 것(游藝)을 학문을 하는 종지로 삼았다.

처음으로 정치에 종사하였음에도 주희는 독서를 잊지 않았다. 소흥 26년(1156) 동안에서 임기가 만료되어 군에서 비서(批書)를 기다리고 있었는데 신변에 자신의 책이 없었다. "관인(館人)에게서 『맹자』를 빌려서 숙독하고서야 바야흐로 '양기(養氣)'장(章)의 문맥을 깨달았으며"[33] 나중에 비록 고치기는 하였지만 "큰 뜻이 당시의 소견에서 벗어나지 않았다."[34] 12월에 호남(湖南)에서 감담주남악묘(監潭州南岳廟)가 되었다. 봉급의 반을 가지고 숭안에 살면서 강학하였다.

이 기간에 주희는 여러 차례 이동에게 가르침을 청하였지만 정식으로 배운 것은 소흥 30년(1160)이 되어서였다. 이동은 정이(程頤)의 재전제자 나종언(羅從彦)의 제자였으며, 나종언은 이정의 직전제자인 양시(楊時)의 제자였다. 양시와 유작(游酢), 사량좌(謝良佐)는 이정의 수제자였다. 유작과 사량좌는 북송 때 죽었으며, 남송 초에 양시는 남방에서 명망이 매우 높았다. 나종언은 양시가 하남(河南) 정 씨의 학문을 얻은 것을 흠모하여 "마침내 발걸음을 옮겨 가서 배웠다." 이동은 나 씨를 몇 년간 좇아 『춘추』·『중용』·『논어』·『맹자』 등을 배우고, 조용히 침잠하여 완색하니 마음에 깨우

---

32 『주자연보』 권1 상.
33 『주자어류』 권104.
34 위와 같음.

치는 것이 있어 전하는 심오한 의미를 모두 얻을 수 있어"[35] 나종언의 "칭찬을 자주 받았다."

주희는 이동을 예방하여 스승으로 삼은 후에 학술사상에 큰 변화가 생겼다. 처음 이동을 뵈었을 때 "소소영령(昭昭靈靈)"의 선학을 가지고 질문을 하였다고 한다면 이때는 유학으로 전향을 하였다. 그는 말하였다. "이 선생은 사람됨이 장엄하고 중후해서 오히려 깊이 있게 말씀하지는 않으시고 다만 성현들의 말을 보라고 하실 뿐이었다. 나는 드디어 저 선학을 잠시 밀쳐 두고 중도(中道)에 뜻을 두었으나, 선학의 기풍 또한 그대로였다. 그리고 우선 성인들의 글을 가져다 읽었다. 이리저리 읽고, 하루하루 반복하게 되자 성현들의 언어에 점점 의미가 있다는 것을 깨닫게 되었다. 그러고서 고개를 돌려 불교의 학설을 살펴보게 되자 점점 온갖 약점들이 틈을 비집고 다 드러났다."[36] 또 말하였다. "내가 젊었을 적에는 아는 것이 없었기 때문에 선학을 배운 적이 있었다. 그런데 이 선생만이 극단적인 어조로 (선학이) 옳지 않다고 하셨을 뿐이었다. 나중에 고찰하고 연구하면서 오히려 이쪽(유학을 가리킴)의 의미가 자라나기 시작했다. 그래서 이쪽이 한 치 자라면 저쪽은 한 치가 줄어들었으며, 지금은 완전히 녹아 없어져 버렸다. 결국 불학(佛學)은 옳은 곳이라고는 없는 것이다."[37] "소소영령의 선"을 이해한 데서부터 "불학이 옳은 곳이 없는" 것을 알 때까지는 "온갖 허점이 있는 대로 드러났다." 주희 사상의 중요한 전환이라고 말하지 않을 수 없다. 이후로 주희는 학문에 전공이 있기는 하였지만 불학의 연구는 그가 유학을 핵심으로 삼은 이후로 불·도의 사상을 흡수하고 융합하여 이학 철학의 논리 구조를 건립하는 데 사상적 자료를 제공

35 「연평선생이공행장(延平先生李公行狀)」, 『주희집』 권97, 4984쪽.
36 『주자어류』 권104.
37 위와 같음.

하였다. 그는 말하였다. "불교의 학설에 대하여 저는 일찍이 그분(도겸)을 스승으로 삼고 그분의 도를 존중하였으며 불도를 구함이 간절하고 지극했었지만 불도에서는 얻은 것이 없었습니다. 그 후 선생과 군자의 가르침으로 선후와 완급의 순서를 바로잡고, 따라서 잠시 그 학설을 제쳐놓고 우리 학문에 종사했습니다. 처음에는 불교 학설이 하루라도 마음에 드나들지 않는 날이 없었습니다. ······ 그런데 한두 해가 지나면서 마음이 저절로 편안해지니, 비록 곧바로 자기가 있는 경지에 나아가지는 못했지만, 다시 외학(불교)을 탐구하여 애초에 마음먹었던 것을 이루려고 하는 마음은 갖지 않게 되었습니다."[38]

주희가 불학에 "입문하여" 선승인 도겸을 사사하면서 불·도를 존숭하여 그것을 추구함이 지극히 절실하였다. 따라서 그는 나중에 불학에서 "나와" 유학을 가지고 불·도를 융합할 수 있었다. 주희 자신의 회고에 의하면 그는 "석·로에 드나든 것이 10여 년"[39]이었는데 이는 그가 나중에 이학을 집대성하는 데 견실한 기초를 다져주었다.

주희는 이동의 가르침 따라 오직 "성현의 언어"만 보았다.[40] 이동은 주희를 "이단"(佛·道)과는 다른 "이일분수(理一分殊)"의 학설로 가르쳤다. "이는 동일하지 않은 것을 근심하지 않으며 어려운 것은 나뉘어 달라지는 것일 따름이어서" "이일"과 "분수", "한 가지 이치"와 "만 가지 문제"의

---

38 「답왕상서(答汪尙書)」, 『주희집』 권30, 1265~1266쪽.

39 「답강원적(答江元適)」, 『주희집』 권38, 1727쪽. 청나라 왕무횡의 고증에 의하면 주희가 석·로에 출입한 10여 년은 15, 6세에서 26, 7세 사이를 가리킨다. 그는 말하였다. "주자는 일찍부터 병산과 적계 두 공을 좇아 석·로에 출입한 것이 10여 년이었으며, 연평의 가르침을 받은 후로는 단연코 석씨가 그릇되었음을 알았다. ······ 『학부통변(學蔀通辨)』에는 강원적의 편지가 수록되지 않았다. ······ 그러므로 단적으로 의거할 수 있으니 주자가 40세 이전에도 석·로의 학문에 출입하였다고 하는 것은 큰 잘못이다."(「朱子答江元適書薛士龍書考」, 『白田草堂存稿』卷七)

40 『주자어류』 권103.

관계에 관한 문제를 해결하여야 한다고 생각하였다. "성경(聖經)에서 의를 구하는" 것에서 곧 "실리(實理)"를 미루어 보아야 한다. 그리고 "이"의 방법을 구하는 것은 바로 정좌(靜坐)이다. "이른바 정좌라는 것은 다만 마음에 일이 없도록 정돈하는 것이니 도리가 비로소 나오고 도리가 이미 나가면 마음이 더욱 밝고 조용해질 것이다."[41] 조용한 가운데 천리(天理)를 체인하는 공부는 찰식(察識)과 함양(涵養), 지언(知言)과 양기(養氣)의 회통(會通)이다. 조용한 가운데 중화의 큰 근본이 도에 이르는 것을 체인할 뿐만 아니라 조용한 가운데 희로애락이 미발하였을 때의 기상을 체찰한다. 묵묵히 앉아 마음을 깨끗하게 하고 천리의 진로를 체인하여 본체와 공부의 격리를 통하게 하면 "일용(日用)"에서 공부를 해나가 천리를 체인하는 것과의 융합으로 이일과 분수에 대하여 원융하는 이해이다.

소흥 31년(1161) 가을 민족 간의 갈등이 첨예해져 금의 완안량(完顔亮)은 군사를 네 갈래로 나누어 대거 남침하였다. 완안량이 친히 주력군을 거느리고 회수를 건너 남하하여 빠르게 장강의 북안으로 밀고 나아갔다. 소식이 전하여지자 조야에서는 깜짝 놀랐다. 고종은 금에 항거할 준비가 조금도 되어있지 않아 "백관을 해산하고 바다로 가서 오랑캐를 피하려고"[42] 하였다. 우상(右相)인 진강백(陳康伯)의 결연한 만류로 잠시 임안에 머물며 관망하기로 했다. 11월 완안량은 화주(和州, 지금의 安徽 和縣)에 도달하였으며 군사를 몰아 장강 북안의 양림도(楊林渡)에 도달하여 강을 건너 채석(采石)을 공격하려고 하였다. 이 백척간두의 지경에서 우윤문(虞允文)이 채석에 이르러 군사를 호궤하고 흩어진 군사를 정돈하여 사기를 격려하여 금군을 쳐서 무찔렀다. 다른 세 갈래는 유기(劉錡)와 오린(吳璘), 이보(李寶)의

---

41 「연평이선생답문후록(延平李先生答問後錄)」, 『주자유서(朱子遺書)』 어아여씨보어당(御兒呂氏 實語堂) 간본 영인본.

42 우윤문신도비(虞允文神道碑)」, 『양성재집(楊誠齋集)』 권120.

저항과 의군(義軍)의 협동으로 금군을 좌절시켜 등(鄧)·채(蔡)·진(秦)·조(洮) 등 10여 주를 수복하였다. 이런 형세는 금 통치자 집단 내부에 변고가 발생하도록 격발시켜 완안옹(完顔雍)은 황제로 자립하였으며, 완안량은 군중에서 부장에게 피살되어 금군은 회수를 건너 북으로 물러났다. 금에 대항하여 승리한 것에 주희는 기쁨을 주체하지 못하여 "회수를 건넌 여러 장수가 이미 다투어 달리니, 토끼가 도망치듯 매가 날듯 때를 만나지 못하네. 남은 오랑캐들을 모두 죽여 바야흐로 기치를 되돌리니, 향리에서는 원래 아는 사람이 없었다네."(渡淮諸將已爭馳, 兎脫鷹揚不會期. 殺盡殘胡方反斾, 里閭元未有人知)[43]라는 구절을 지었다.

금에 맞서 이긴 형세에 직면하여 북상을 하여 중원을 수복할 것인가? 아니면 화친의 길로 들어갈 것인가? 주희는 주전반화(主戰反和)의 입장에 기초하여 당시 송과 금 쌍방의 실력에 대하여 이지적으로 따져보았다. 우리 쪽에서 말하면 무오화의(戊午和義, 紹興 8년) 이래 20여 년간 조정이 기강이 서지 않고 군사적 대비가 느슨해져 국세가 쇠약하여 안팎이 공허해졌다. 비록 근년 들어 조금씩 정리가 되기는 하였지만 오래된 폐해가 이미 심하다. 현자를 등용하고 간신을 물리치고 정체된 것을 가다듬고 폐해를 고쳐 큰 변화를 일으킬 필요가 있는데 그래야 가능성이 있었다. 금의 입장에서 말한다면 비록 이번에는 실패하였지만 군사와 말이 정예롭고 강하여 실로 축난 것이 없으며 지금 실패한 것은 완안량 한 사람일 따름이다. 만일 몇 달 내로 군대를 정돈하여 임금을 잃은 치욕을 끼고 남으로 쳐들어온다면 조정에서는 어떻게 막아야 할지 계책을 알지 못할 것이다. 주희는 "내 생각에 중원의 사람들로 수비하고, 중원의 양식으로 군량을 공급해서 동남 지방의 형편이 어려움을 겪지 않게 해야 하고, 그런 다

---

43 「28일의 소식을 듣고 기뻐서 시를 짓다, 일곱 수(聞二十八日報喜而成詩七首)」, 『주희집』 권2, 95쪽.

음에야 근본이 견고하고 요동하지 않게 된다. 반드시 (남송으로) 돌아와 새 삶을 살려는 소망을 크게 위로하고 함께 구제하려는 마음을 굳게 맺으면 서북 지방의 정세가 더욱 견고하게 되고, 그런 다음에 국경의 요새들이 믿을 만하고 짜임새 있게 구축된다. 반드시 오랑캐들이 훗날 자신들의 힘을 완전히 회복한 다음에라도 우리 노룡(盧龍)의 요새를 엿볼 수 없게 해야 한다. 그런 다음에야 조정이 능묘에 배알하고 옛 수도를 돌려받는 일을 말할 수 있을 것이다."[44]라고 생각하였다. 자기를 알고 저를 아는 근본을 든든히 하여 회복을 도모하는 계책을 제기했다.

2. 이학을 집대성하다

금에 대항하여 거둔 승리는 조야와 군민(軍民)을 고무시키긴 하였지만 결국 조구와 진회는 굴욕적인 투항을 헌납하는 예를 이루었다. 이는 조야를 분개하여 격양시키지 않을 수 없었다. 조구는 조야에서 화의에 반대하고 금에 항거할 것을 주장하는 소리에 퇴위하였다. 효종(孝宗) 조신(趙昚)은 제위를 이어받은 후 금에 항거하는 것을 지지하였다. 그는 진회의 무리를 파면하고 장준(張浚)을 기용하고 악비(岳飛)의 관작을 복권시키고 관직에 걸맞은 예법으로 이장하였다. 이는 투항파에게 타격을 입혔고 항전의 형세에 큰 전기가 되었다.

---

44 「여황추밀서(與黃樞密書)」, 『주희집』 권24, 1013쪽.

1) 화의를 반대하고 전쟁을 주장하고 장식(張栻)을 방문하여 배우다

주희는 소흥 32년(1162) 봄 건안으로 가서 이동을 배알하여 연평을 모시고 면전에서 "응사쇄락(應事灑落)"의 가르침을 배워 즉사궁리(卽事窮理)의 생생한 경지를 체득하여 알았다. 이해 6월 막 즉위한 효종이 조서를 내려 직언을 구하였다. 8월에 주희는 감담주남악묘(監潭州南岳廟)의 직책으로 조신에게 「봉사(封事)」를 올렸다. 「봉사」는 이동의 화의에 반대하는 주장을 받아들여 세 방면의 건의를 제출했다.

첫째, "제왕지학(帝王之學)"을 상세히 강론하지 않으면 안 된다." 이른바 "제왕지학"은 바로 "옛 성제(聖帝)와 명왕(明王)의 학문이다." 그는 말하였다. "대체로 치지(致知)와 격물(格物)은 요순이 이른바 정일(精一)입니다. 정심(正心)과 성의(誠意)는 요순이 이른바 집중(執中)입니다. 예로부터 성인들이 말과 마음으로 전해준 내용이 일과 행실에 드러나는 것은 오직 이것뿐입니다."[45] 효종 조신에게 "격물치지"와 "정심성의"로 시작하여 "사람의 마음은 위태롭고 도심은 은미하니, 오직 정하고, 오직 한결같이 하여 진실로 그 중을 붙잡으라(人心惟危, 道心惟微, 惟精惟一, 允執厥中)"는 16자를 가지고 마음으로 전하고 실천하여 구습을 버리고 부화한 문자를 쓰지 않으며 사이비의 설을 물리치게 하였다. 그런 다음에 "참된 학자를 찾아서 곁에다 두어 묻고 질문하는 데 대비하게 한다."[46] 이렇게 해야 나라를 다스리고 천하를 평정할 수 있다.

둘째, "내수 외양(修攘]의 계책을 빨리 정하지 않으면 안 된다." 이른바 "수양지계(修攘之計)"라는 것은 바로 "정사를 닦고 이적을 물리치는" 것을 가리킨다. 그는 명확하게 말하였다. "금의 오랑캐가 우리와 불구대천의

---

45 「임오응조봉사(壬午應詔封事)」, 『주희집』 권11, 441쪽.
46 위와 같음, 441쪽.

원수라면 강화가 불가능하다는 의리는 분명합니다." 또 말하였다. "신이 생각하기에 '강화'란 백해무익한 것인데 어찌 실로 반드시 그렇게 하려는 것인지요? …… 그러므로 오늘날 강화하자는 주장을 깨뜨리지 않으면 폐하께서 힘쓰시려는 뜻은 반드시 약해지고, 대신들이 떠맡은 책무도 반드시 가벼워질 것이며, 장군과 사졸들이 공업을 쌓는 것도 느릿느릿해지고, 궁인과 온갖 서리들이 (윗사람을) 받들어 섬기는 것도 몸과 마음을 다 바쳐 위에서 하려는 일을 따르려 하지 않을 것입니다."[47] 화의를 반대하고 금에 맞설 것을 주장하였다.

셋째, "본원적인 것들에 뜻을 두지 않으면 안 된다." 이른바 "근원지지 (本原之地)"라는 것은 조정을 가리킨다. 현재의 "병민(病民)"이라는 것은 모두 그런 재집(宰執)과 대간(臺諫)의 친구 및 빈객들이다. 그는 "사해(四海)의 이해[利病]"는 "백성의 척휴(戚休: 화와 복)"와 연관이 있고, "백성의 척휴"는 "수령이 현명한가의 여부"와 연관이 있다고 생각하였다. 그러나 "감사는 수령의 강령이요, 조정은 감사의 근본이다."[48] "학정을 베풀어 백성을 병들게 하는" 관리 곧 재집과 대간의 "친구 및 빈객"에 대해서도 배척하여 물리쳐야 한다고 하였다. 이에 그는 "조정을 바로잡고", "기강을 세우며", "풍속을 진작시키고", "수령을 가려 뽑아야 한다"는 주장을 제기하였다. 여기서 주희는 화의의 해로움과 복수의 이로움을 자주 말하였는데 화의를 반대하고 전쟁을 주장하는 자세가 매우 뚜렷하다.

융흥(隆興) 원년(1163) 효종은 사호(史浩)를 파면하고 장준(張浚)을 지지하여 군사를 내어 금에 맞섰다. 장준은 호주(濠州)의 이현충(李顯忠)과 사주(泗州)의 소굉연(邵宏淵)을 파견하여 나누어 공격에 나섰지만 이현충과 소굉연의 불화로 협동작전을 펼치지 못해 부리(符離)의 패전을 초래했다. 효종

---

47 위와 같음, 442쪽.
48 위와 같음, 445쪽.

이 즉위한 후 첫 번째 출격은 실패로 끝났고, 이 실지회복에 의욕적이었던 황제에게 찬물을 끼얹어 항전의 결심이 흔들리게 되었다. 이후 효종은 장기간 망설이며 관망하는 처지에 빠져들었으며, 전쟁과 화의 사이에서 우왕좌왕하는 상태가 되었다. 이 때문에 금에 대항하여 회복하는 일은 시종 큰 진전이 없었다. 이때 효종은 다시 진회의 잔당인 탕사퇴(湯思退)를 우상으로 기용하고 10월에는 왕지망(王之望)을 금의 조정으로 파견하여 화의를 협의하게 하였다. 11월 6일에 주희는 조서를 받고 수공전(垂拱殿)에서 일을 아뢰었는데 그는 강개한 필치로 연이어 세 번이나 글을 올렸다. 그 주요 내용은 「여위원리서(與魏元履書)」에서 말하였다. "처음에 '격물치지의 도'에 대해 강의하니 임금의 얼굴빛이 환하여 좋아하더니, 두 번째 '복수(復讐)의 의미'에 대한 것과 세 번째 '언로가 막히어 아첨이 들끓는다'는 것에 대해 말씀드리고 난 후에는 더 이상 성지를 듣지 못하였습니다."[49] 그는 두 번째 아뢴 글에서 복수를 논하여 말하였다. "군부(君父)의 원수는 한 하늘 아래서 살 수 없습니다." "그러니 오늘날 해야 할 일은 전쟁이 아니면 복수할 수 없고, 지키지 않으면 제압하여 이길 수 있는 길이 없습니다. 이들은 모두 자연스러운 하늘의 이치인 것이지, 사적으로 원한 맺힌 사람의 욕심에서 나온 것이 아닙니다. 폐하께서도 이미 어떻게 해야 할 것이란 뜻은 가지고 계실 것입니다. 근간에 어떤 사람이 갑자기 못된 의론을 주창해서 폐하를 미혹시키고는, 조정의 신하에게 국서를 들려 오랑캐 장수에게 회답하는 글을 보내어 강화를 꾀하는 지경에까지 이르렀는지 모르겠습니다. 내가 속으로 한스러워하는 것은 폐하께서 해서는 안 되는 일을 멈추도록 하지 못하고 거듭 이런 잘못된 선택을 한 것입니다."[50] 그는 엄정하게 화의를 논하는 것은 "이치를 거스르는" 것이며

---

49 「여위원리서(與魏元履書)」, 『주희집』 권24, 1019쪽.
50 「계미수공주차(癸未垂拱奏箚) 2」, 『주희집』 권13, 508쪽.

"이치를 거스르는" 것은 장차 "삼강과 구법(九法)을 무너뜨려 자식이면서 아비가 있는 줄을 모르고, 신하로서 군주가 있는 줄을 알지 못하게 하는데"[51] 이는 인심에 위배되고 천지를 꽉 막아 "이적이 더욱 성하여지고", "금수가 더욱 번성하게 하는" 일이라고 지적하였다. 이런 직언은 면전에서 효종이 이치를 거스름을 비판하였으며 첫 번째 차자에서 효종이 불·로에 빠진 것 및 세 번째 글에서 효종이 영행(佞幸)을 총애하고 신임하는 것을 비평하는 등과 함께 효종을 결코 기쁘지 않게 하여 주희는 무학박사에 임명되어 4년 동안 발령을 기다렸으나 의심의 여지 없이 임용되지 못하였다.

부리의 군사가 궤멸된 후 왕지망(王之望)과 용대연(龍大淵)은 화의를 추구하는 활동을 진행하였다. 유기(劉琪)와 주조(周操)는 전쟁을 주장하였고, 진강백(陳康伯) 등은 지킬 것을 주장하였다. 의론이 분분한 가운데 화의는 이루어지지 못하였다. 융흥 2년(1164) 10월에 금군은 탕사퇴의 밀고를 받고 송군이 방비가 없는 틈을 타서 진공을 개시했다. 전쟁으로 화의를 억박질렀으며 이때 태학생이 몇 차례나 궁궐 앞에 엎드려 글을 올려 탕사퇴와 왕지망, 윤색(尹穡), 홍괄(洪适)의 "사호(四好)"를 파면할 것을 청하였는데 효종는 다만 탕사퇴만 파면할 수 있었다. 12월에 "융흥화의"가 체결되어 금과 송의 군신 관계를 숙질 관계로 고치고, "세공(歲貢)"을 "세폐(歲幣)"로 고쳤으며 은과 비단 각 25만 냥과 필을 20만 냥과 필로 고쳤다.

건도(乾道) 원년(1165) 진준경(陳俊卿)의 추천으로 주희는 4월에 임안에 이르렀지만 주화파 재상 전단례(錢端禮)와의 충돌로 다시 사(祠)를 청하여 5월에 다시 감담주남악묘(監潭州南岳廟)가 되었다. 주희는 전단례가 선양한 "의화(議和)"와 "독단(獨斷)", "국시(國是)"의 세 설을 감안하여 반박을 진

51 위와 같음, 509쪽.

행하였다. "대체로 조종(祖宗)의 원수는 만세의 신하가 반드시 복수하고 잊지 말아야 할 것으로" 강화할 수 없으며, 이른바 "독단"의 설은 "경의 가르침을 견강부회하고 글로 간사한 말을 만들어 임금이 하고자 하는 것에 깊이 호응하지만 속으로는 자기의 사사로움을 의탁하는 것이며", "국시"의 설은 또한 "하늘과 사람을 기만하고, 음험하고 사특한 계책을 품고 있는 것이다."[52] 아울러 「무오설의서(戊午說議序)」에서 "소흥화의(紹興和議)"를 비판하는 것을 빌어 "융흥화의(隆興和議)"를 규탄하면서 진회를 통렬하게 배척함으로써 탕사퇴와 전단례 등을 꾸짖었다.

건도 3년(1167) 7월 복건 숭안에 홍수가 발생하여 주희와 현의 관리들에게 "진휼"의 일에 참여하라고 격서를 보내어 그는 각 산골짜기 사이를 두루 돌아다니다가 열흘 후에 돌아왔다. 연도에는 사상자가 널브러졌으며 슬피 애통해하는 소리가 사람의 심금을 울렸다. 그로 하여금 "지금 고기를 먹는 높은 벼슬아치들(肉食者)은 멍하니 백성들의 일에 뜻이 없으니 정말 함께 일을 도모하기 어려운"[53] 감이 들게 하였다. 아울러 "이 학문이 분명하지 못하면 세상의 일에 대해 결코 아무것도 할 수가 없다는 이치를 알게 하는"[54] 탄식을 하도록 하였다. "육식자(肉食者)"는 곧 "지위에 있는 관료"를 가리킨다. "이 학문(此學)"은 곧 도학(道學)을 가리킨다. 관리가 도학에 밝지 못하면 백성을 사랑하고 대중을 구제하려는 마음이 없다. 이는 함께 일하기 어려운 것으로, 당시의 관리들이 이미 매우 부패하여 근본적으로 재해민에게는 관심이 없음을 알 수 있다. 이에 이듬해의 춘궁기인 봄과 여름이 교차하는 때가 되자 숭안에는 대기근이 발생하였다. 그에 따라 굶주린 백성의 기의가 폭발하여 민심이 크게 흔들렸다. 주희는 지현

---

52 「여진시랑서(與陳侍郎書)」, 『주희집』 권24, 1022~1023쪽.

53 「답임택지(答林擇之)」, 『주희집』 권43, 2026쪽.

54 위와 같음, 2026쪽.

제갈정서(諸葛廷瑞)와 함께 지주들에게 곡식 창고를 열어서 백성들을 진휼하고 구제하기를 권했다. 그는 말하였다. "건도 무자년(1168) 봄과 여름의 교차기에 건녕부(建寧府)의 사람은 크게 굶주렸다. 나는 숭안 개요향(開耀鄕)에 거처하여, 지현 제갈후(諸葛侯) 정서께서 서한을 보내 나와 그 고향의 노인 좌조봉랑(左朝奉郞) 유후(劉侯) 여우(如愚)에게 부탁하여 말하기를 '백성이 굶주리고 있으니 어찌 호민에게 권면하여 저장한 곡식을 풀어 그 값을 내려 빈민을 구제하지 않겠습니까?'라고 하였다. 유후와 내가 서한을 받들어 일에 종사하니 마을 사람들은 바야흐로 다행히 굶주리지 않게 되었다."[55] 나중에 또 지부(知府) 서공(徐公) 가(嘉)에게 "곡식 6백 곡(斛)" 풀어 굶주린 백성을 진휼하고 구제할 것을 청하여 갈등을 완화시켰다. 이렇게 숭안의 굶주린 백성을 안정시켰을 뿐만 아니라 또한 "포성(浦城)의 도적들로 하여금 더 이상 수후와 화씨의 보물(隨和)이 있어도 손을 묶고 사로잡는 일이 없게 하였다."[56] 백성들이 구휼되어 유리하는 괴로움에서 벗어나 안심하고 생산 활동을 하였기 때문에 추수를 한 후 백성들은 "곡식을 관청에 갚기를 원하고, 마을 민가의 곡식 창고는 모두 가득하였다."[57]

건도 3년(1167)에 주희는 38세였다. 8월에 담주로 가서 장식을 방문하였으며 도중에 벗을 방문하여 학문을 논한 것이 근 한 달이었다. 장사(長沙)에 이른 후에는 "성남서원(城南書院)"에 머물면서 아침저녁으로 장식과 도를 논하였다. 그들은 "성남서원"과 "악록서원(嶽麓書院)" 사이를 왕복하면서 반드시 거쳐야 하는 옛 나루를 나중에 주장도(朱張渡)로 명칭을 바꾸었다. 서로 더불어 미발과 이발의 중화(中和)[58] 및 "태극무극(太極無極)" 문제를 탐구

55 「건녕부숭안현오부사창기(建寧府崇安縣五夫社倉記)」, 『주희집』 권77, 4051쪽.
56 위와 같음, 4051쪽.
57 위와 같음, 4051쪽.
58 졸저 『중론(中論)』과 『미발이발론(未發已發論)』, 『중국철학범주발전사·인도편(中國哲學範疇發展史·人道篇)』, 중국인민대학 1995년판, 169~171쪽, 453~460쪽을 참고하여 보라.

하고 토론했다. 이 전에 주희가 융흥 2년에 예장(豫章)의 풍성(豐城)으로 가서 (장식의 부친) 장준을 제사 지낼 때 장식과 함께 학문을 논하였으며 중화의 문제에 대하여 이미 사고가 있었다. 주희와 장식 두 사람은 "경(敬)"에서 착수하여 "인(仁)"에까지 미쳤다. 장식은 먼저 살펴 알아 인을 체찰할 것을 주장하였고, 주희는 인이 곧 성(性)으로 성은 선하지 않음이 없다고 생각하였다. 『맹자』의 도성선(道性善)과 구방심(求放心)의 문제에까지 미쳤으며 『중용』에 대하여서도 탐구 토론을 진행하였다. 함께 형산(衡山)에 올라 산을 유람하며 창수(唱酬)하였으며, 사역(思繹)과 토론을 하면서 함께 매우 기뻐하였다. 이번 2개월 반 동안의 학술 사상 교류는 주희로 하여금 호상학파(湖湘學派)의 사상에 대하여 완전히 이해하게끔 하였다. 또한 그의 "중화"와 "인설(仁說)"에 대하여 진일보한 탐구토론을 계발하도록 하였다.

이해 12월에는 추밀원편수관(樞密院編修官)에 임명되어 발령을 기다렸다. 건도 5년(1169) 9월에는 어머니인 축 유인(祝孺人)의 상을 당하였다. 이듬해에 건양(建陽) 숭태리(崇泰里) 뒷산 천호(天湖) 북쪽의 한천오(寒泉塢)에 있는 무덤 곁에 한천정사(寒泉精舍)를 세워 교학과 저술의 장소로 삼았다. 그는 주돈이(周敦頤)의 『통서(通書)』를 편집하고 「태극도설해(太極圖說解)」와 「서명해(西銘解)」를 지었다. 건도 7년(1171)에는 오부리(五夫里)에 "오부사창(五夫社倉)"을 창립하였다.[59] 나중에 복건 건양과 절강(浙江) 금화(金華) 등지까지 확충되었다. 주희는 또한 "사창"법과 왕안석(王安石)의 "청묘법(靑苗法)"을 비교하여 "사창"법이 "청묘법"보다 더 우월하다고 생각하였다. 그는 이렇게 썼다. "내가 선현의 의논을 살펴보고, 오늘날의 일로 체험해

---

[59] "송 건도 4년 현에 대기근이 들자 주문공 희는 군의 곡식으로 진휼할 것을 청하였다. …… 백성들이 관가로 돌아가는 것을 즐기어 공이 다시 각 리에 남아 사창을 세울 것을 청하여 여름과 겨울에 거두고 해마다 일상화하여 순희(淳熙) 8년에 공이 그 법을 상소하여 천하에 행할 것을 청하였다. 그것을 따랐는데 나중에 조금씩 폐하여졌으며 지금도 유지가 남아 있고 조약이 갖추어져 있다."(「창(倉)」『숭안현지(崇安縣志)』 권2)

보니, 청묘라는 그 입법의 본래 의미는 선하지 않은 것이 아니었다. 다만 그것을 공급하면서 곡식으로 하지 않고 금으로 하고, 그것을 처리하면서 향(鄕)으로 하지 않고 현(縣)으로 하고, 그 직책의 담당자를 향(鄕)의 선비와 군자로 하지 않고 관리로 하였다. 그것을 실행할 때 놀라고 슬퍼하면서 충심으로 이롭게 하려는 마음이 아니라 빨리 모으고 저장하려는 의지로만 하였다. 이 때문에 왕 씨는 한 고을에서는 행할 수 있었지만, 천하에서는 행할 수 없었다."[60] 주희는 이따금 왕안석의 변법을 혹독하게 비판하였지만, 여기서는 오히려 왕안석의 "청묘법"의 본의는 좋은 것이라고 수긍하였다. "사창법"이 곡식을 빌리고 금전을 빌리고, 향과 현 등의 문제에서 "청묘법"과 차이가 있기는 하지만 실질적으로는 비슷한 곳이 있다. 흉년을 만나면 이자의 반만 거두고 대기근이 들면 전액을 면제하는 것은 일종의 향민이 자치하고 자구하는 방법이다.

2) 아호(鵝湖)의 회합과 절강(浙江)의 구휼

　　건도 9년(1173) 주관태주숭도관(主管台州崇道觀)이 되었다. 순희(淳熙) 2년(1175) 3월에 여조겸(呂祖謙)이 동양(東陽, 지금의 浙江 金華)에서 복건 건양의 한천정사(寒泉精舍)로 와서 약 1개월간 묵으면서 함께 주돈이와 이정, 장재의 글을 읽고 622조목을 모아 이를 14권으로 나누어 『근사록(近思錄)』을 편집하여 이루었다. 『근사록』의 지도사상에 대하여 탐구 토론하여 주돈이와 이정, 장재의 네 사람을 체득하는 계제로 삼았으며 또한 이학을 체인하는 입문서이기도 하다. 5월에 주희와 여조겸은 강서(江西) 상요(上饒)에 있는 아호사(鵝湖寺)에 이르러 육구연(陸九淵) 형제 및 강절(江浙)의 벗들에

60 「무주금화현사창기(婺州金華縣社倉記)」, 『주희집』 권79, 4116쪽.

게 모임에 모이도록 요청하였는데 바로 학술사상 유명한 아호지회(鵝湖之會)이다.[61] 이 모임은 여조겸이 처음 제안한 것으로 주희와 육구연의 학문을 하는 방법의 불일치를 조화, 화합시키려는 의도였지만 토론의 결과는 오히려 그들 사이의 상이점을 일치시킬 수 없다는 것을 명확히 하였다. 주희의 "격물궁리"는 육구연에 의해 "지루한 사업(支離事業)"이라는 조롱을 받았으며, 육구연은 "본심을 발명"할 것을 주장하였는데, 자칭 "쉽고 간단한 공부"라 하였다. "지루한 사업"은 오래갈 수 없으며 "쉽고 간단한 공부"는 끝내 더욱 확대 발전할 것이다. 이 외에도 『주역』 괘의 순서 등의 문제에도 변론(辯論)을 진행하였다.

아호지회 후에 주희는 자기에게 큰 계발이 있었다고 생각하여 육구연에게 편지를 써서 "절실하게 깨우쳐준 가르침을 마음에 새겨 감히 잊지 않겠다."[62]고 하였다. 자신의 경에 대한 이해는 장구를 가장 잘 지켜 "지붕 밑에 지붕을 가설한 것"을 면치 못하여 의미가 담박하게 말하여 "지루하게 보아 본래의 의미는 전혀 알 수 없게"[63] 하였다는 것을 인식하였다. 자기의 경을 이해하는 방법에 대하여 반성을 진행하였으며 경학의 저작에 대하여 수정과 개작을 진행하였다. "사서학(四書學)"을 진일보하여 탐구 토론하기 위하여 그는 여조겸과 함께 순희 3년(1176) 3월에 개화현(開化縣) 왕관국(汪觀國) 형제의 청우헌(聽雨軒)에서 『시경』의 「모서(毛序)」에 대한 독실한 믿음은 아무래도 회의적인 논쟁이라고 하였다. 달리 『역』학과 『상서』학, 『춘추』학 방면에서도 불일치가 발생하였다.

순희 5년(1178) 사호(史浩)의 추천으로 주희는 지남강군(知南康軍, 지금의 江

---

61 아호지회의 경과 및 탐토한 문제에 대해서는 졸저 『심학을 향한 길―육상산 사상의 종적(走向心學之路―陸象山思想的足迹)』, 중화서국 1992년판 212~225쪽을 참고하여 보라.

62 「연보」, 『육구연집(陸九淵集)』 권36, 중화서국 1980년판, 491쪽.

63 「답장경부(答張敬夫)」, 『주희집』 권31, 1330쪽.

西 星子縣)에 임명되었으며, 이듬해(1179) 3월에 부임하였다. 주희는 1153년 동안현 주부에 임명된 때부터 이 시점까지 이미 집에 머물며 저술하고 강학한 것이 20여 년이었다. 그는 남강에 이른 후 「방문(榜文)」을 내붙였는데 규정은 다음과 같다. 첫째, 본 군은 땅이 척박하고 백성은 가난한데 부역은 번거롭고 세금은 중하여 "백성의 힘이 날로 곤란해져서 다시는 이 땅을 편안히 여기고 삶을 즐기는 마음이 없게" 하였다."[64] 이제 관하의 사인(士人)과 부로, 승도(僧道), 백성에게 병을 이롭게 하는 근원을 알게 하여 상세히 갖추어 나열한다. 둘째, 관하의 사민과 향당의 부로들이 해마다 때때로 모여서 자제들을 가르치고 타일러 "효제충신의 행실을 닦아 들어가서는 부형을 섬기고 나가서는 그들의 장상을 섬겨서 친족들을 돈독하고 두텁게 한다. 향린(鄕隣)과 화목하게 해서 있고 없음을 서로 통하고 근심과 어려움을 서로 구휼하게 하여"[65] 풍속의 아름다움을 이룬다. 셋째, 향당의 부로들이 자제들을 선발하여 학교로 들어가 경을 읽게 한다.

이해에 남강군에는 흉년이 들었다. 주희는 한편으로는 「권유구황(勸諭救荒)」문을 발포하여 "상호(上戶) 중에 힘이 있는 집에 권유해서 간절히 본가의 나그네들을 구휼하고 보존하게 해서 식량을 넉넉히 하는 데 힘쓰게 하고 유리걸식에 이르는 것을 면하게 해주어서" 남은 식량이 있으면 공평한 가격과 충분한 양식을 가난한 백성들에게 공급하여 하호(下戶)가 "유리하고 기아에 허덕이는 근심"이 없게끔 하였다. 백성들에게는 향리를 떠나 유리하지 않고 "각자 본분에 의거하여 모든 일이 순리대로 되도록" 하였다. 상호에게도 쌀을 내도록 알리어 "망령되게 거두어들여 다투어 대중들이 소란을 피우지" 않게 하였다.[66]

---

64 「지남강방문(知南康榜文)」, 『주희집』 권99, 5052쪽.

65 위와 같음, 5052쪽.

66 「권유구황(勸諭救荒)」, 『주희집』 권99, 5066쪽.

한편 그는 두 번째로 상소하여 성자현의 세금을 감면시켜달라고 요구하였다. 그는 말하였다. "본 군의 여러 현을 가만히 살펴보건대, 대개가 황량하고 논밭에는 잡초만 무성하며, 인가의 연기가 드문데, 성자현이 더욱 심하다. …… 관리들이 점점 부세의 액수를 증가시키고, 또 화매(和 買)와 절백(折帛)의 명목과 액수가 커서, 백성들이 힘을 다해 운반해 바치려다 바치지 못하게 되면, 다시 유망하는 처지로 되돌아간다."[67] 백성들로 하여금 고향을 그리워하지 않게 하면 자손들의 장기적인 계획에 안정을 깨뜨리게 된다.

또 한편 그는 정부에서 돈과 쌀을 풀어 장강을 따라 돌 제방을 수축하여 공사로 취식하게 하고 굶주린 백성이 먹을 것이 부족한 문제를 해결해 줄 것을 청하였다. 그는 말하였다. "소흥 연간 이래로 수리할 겨를이 없어서 매년 바람과 풍랑의 충격으로 쌓아 올린 돌들이 손상되고 무너지는 데다 (상공을 마치고) 돌아오는 빈 운반선들이 종종 돌을 배에 잔뜩 싣고 운항하는 경우가 많아서 …… 큰바람이 일어날 때마다 사람과 배가 물에 빠지는데도 구할 수가 없어서, 앞뒤로 잃어버린 관공서와 민간의 돈과 물건이 헤아릴 수조차 없다."[68] "본 군의 상해가 매우 중하여 가난한 백성들이 끼니를 거르니" 돌 제방을 수축하여 "굶주린 백성들이 나아가 일하게 하여 끼니를 거르는데 이르지 않도록 한다."[69] 이는 굶주린 백성들이 끼니를 거르는 문제를 해결할 뿐만 아니라 돌 제방을 수축하는 문제까지도 해결하여 "실로 공적으로나 사적으로나 영원히 이로운 혜택이 될 것이다."[70] 이로써 보건대 한 사람의 관원으로서 주희는 안목이 있으며 훌

67 「걸견감성자현세전(乞蠲減星子縣稅錢) 제2장」, 『주희집』 권16, 622쪽.
68 「걸지전미수축석제자(乞支錢米修築石堤子)」, 『주희집』 권20, 812쪽.
69 위와 같음.
70 「걸최수석차자(乞催修石劄子)」, 『주희집』 권20, 814쪽.

륭한 일을 하였다.

주희는 남강군에서 임직하는 동안 구휼과 구제하는 일에 힘쓰고 부세를 경감하였으며 돌 제방을 수축하였고 적극적으로 학문에 힘써 "이학"을 선양함으로써 사풍을 바로잡았다. 순희 7년 그는 여산(廬山)의 당대(唐代) 문인 이발(李渤)이 은거했던 곳에 "백록동서원(白鹿洞書院)"을 수복하였다. 주희는 동주(洞主)를 자임하였으며 양일신(楊日新)이 서원의 당장(堂長)이었다. 「백록동서원학규」에서 그는 "부자유친과 군신유의, 부부유별, 장유유서, 붕우유신"을 "다섯 가르치는 조목"으로 삼았다. "널리 배우고 상세히 묻고 신중하게 생각하고 밝게 변별하고 독실하게 행하는 것(博學之, 審問之, 愼思之, 明辨之, 篤行之)"을 "학문을 하는 순서"로 삼았다. 아울러 "말이 충성스럽고 신실하며, 행실이 독실하고 공경스러우며, 분함을 징계하고 욕심을 막으며 선으로 옮겨가고 허물을 고치는 것(言忠信, 行篤敬, 懲忿窒欲, 遷善改過)"을 "몸을 수양하는 요점"으로 삼았다. "그 뜻을 바르게 하며 이익을 도모하지 않고 도를 밝히며 그 공을 따지지 않는 것(正其義不謀其利, 明其道不計其功)"을 "일을 처리하는 요점"으로 삼았다. "자기가 하고 싶지 않은 것을 남에게 베풀지 않으며, 행실에 되지 않는 것이 있으면 자신에게서 돌이켜 구하는 것(己所不欲, 勿施于人, 行有不得, 反求諸己)"을 "사물을 접하는 요점"으로 삼았다.[71] "백록동서원"은 전국의 저명한 4대 서원 중의 하나이며[72] 그 「학규」 또한 각 서원의 본보기가 되었다.

순희 7년(1180) 주희는 「봉사(封事)」를 올려 "백성을 구휼하고(恤民)" "부세를 줄일(省賦)" 것을 제기하였다. 그는 말하였다. "천하 국가의 가장 큰 일은 백성을 구휼하는 것보다 큰 것이 없다. 백성을 구휼하는 실제는 세

---

71 「백록동서원게시(白鹿洞書院揭示)」, 『주희집』 권74, 3893~3894.

72 등봉(登封)의 숭양서원(嵩陽書院), 장사(長沙)의 악록서원(岳麓書院), 상구(商丘)의 응천서원(應天書院).

금을 줄이는 데 있으며, 세금을 줄이는 실제는 군대를 다스림에 있다."[73] 남강군 같은 경우에는 토지가 척박한데 "부세가 편중되어" 풍년이면 그 럭저럭 당장은 편안한데 "한번 수재나 가뭄이 있으면 늙은이를 부지하고 어린애를 끌고 사방으로 유리해 옮겨가니" 세금을 줄여야 한다. 아울러 재해의 구원을 진행하여 남강군이 난관을 헤쳐나가도록 하였다. 이해에 장식이 죽어 주희는 연회를 그치고 애도하였다. 순희 8년 성자현에 사창 7곳을 설치하고, 도창현(都昌縣)에 11곳을 설치하였으며, 건창현(建昌縣)에 17곳을 설치하여 구휼미를 내는 것을 시작하였다. 굶주린 백성으로 하여금 세모와 춘궁기를 넘기게 하여 "정치의 명성이 청백으로 조정에 가장 잘 보고되었다(政聲報最惟淸白)"는 훌륭한 평판을 얻었다.

순희 8년(1181) 2월에 육구연이 남강으로 와서 방문하였다. 아호의 회합 후로 주희와 육 씨네와의 사이는 상호 서신 왕래를 통하여 정감상 차츰 융화되어갔다. 순희 6년 육구령(陸九齡)은 주희가 남강으로 부임해 가면서 신주(信州)를 지날 때를 틈타 연산(鉛山)의 관음사(觀音寺)에서 만났다. 사흘간의 학문 토론에서 육 씨는 공소(空疏)함을 버리고 실(實)로 나아갔으며 주희 또한 지루한 병폐를 인식하고 간략한 쪽으로 나아가 공부를 했다. 사상은 점점 근접해갔다. 순희 7년 9월 육구령은 세상을 떠났다. 육구연은 이런 상황에서 남강에 이르렀고 주희는 그를 백록동서원의 강학에 청하였다. 육구연은 "군자는 의에 밝고, 소인은 이익에 밝다."(君子喩於義, 小人喩於利)" 장을 강하였다. 주희와 청강자들을 크게 감동시켜 눈물을 흘리는 자가 있을 정도였다. 아울러 육구연에게 「강의(講義)」 자를 써달라고 청하여 백록동서원에 그 글자를 새긴 비석을 세웠다. 주륙(朱陸)의 학술 종지는 비록 달랐지만 상대적 측면에서 상호 보충을 할 수 있었다. 이

---

73 「경자응조봉사(庚子應詔封事)」, 『주희집』 권11, 451쪽.

해 3월에는 제거강남서로상평다염공사(提擧江南西路常平茶鹽公事)에 임명되어 남쪽으로 돌아가 발령을 기다렸다. 7월에는 직비각(直秘閣)에 임명되었고 같은 달에 여조겸이 병사하여 "내 도가 쇠퇴함이 이 지경에 이르렀던가"라는 슬픈 탄식을 하였다. 9월에는 제거양절동로상평다공사(提擧兩浙東路常平茶公事)에 임명되었다. 당시 절동은 기근이 들어 즉시 홀로 수레에 올라 길을 나섰으며 구(衢), 무(婺), 소흥(紹興)을 거쳐 임안에 이르러 효종에게 직접 7통의 차자를 아뢰었다. 첫 번째 글에서는 하늘의 권위를 빌려 기근이 매년 이어져 백성들이 유리하고 주려 죽는 재이(災異)가 많아 황제에게 "안팎에 포고하여, 자신에게 허물을 돌이켜 스스로 새로워지기를 도모하도록"[74] 경계하였다. 두 번째 글에서는 효종에게 천리를 보존하고 인욕을 없애도록 하였다. "신이 듣건대 임금이 천하의 일을 제어할 수 있는 것은 한마음에 근본을 두고 있으며, 마음을 주재하는 것에는 천리와 인욕의 다름이 있습니다."[75] 삼가 16자의 마음으로 전한 것(人心惟危, 道心惟微;惟精惟一, 允執厥中)을 지켜 마음을 바르게 하고 뜻을 성실히 하며 힘껏 시폐(時弊)를 이겨내게 하여 조정을 흔들었다.

이해 12월 절동에 이르러 시찰하였는데 "경내를 순행할 때는 홀로 수레를 타고 수행원이 따르는 것을 물리쳐 가는 곳을 사람들이 알지 못했다. 군현의 관리들은 그 풍채를 꺼려"[76] 사적으로 방문하는 방법으로 민정을 이해하였다. 아울러 "백성 가운데 은자를 찾느라 침식을 폐하기에 이르렀다."[77] 이로 인하여 그로 하여금 시폐와 탐관오리의 악행을 분명히 알게 하였다. 그는 소흥부 지사(指使) 밀극근(密克勤)이 관가의 구휼미를 훔

---

74 「신축연화주차(辛丑延和奏劄) 1」,『주희집』 권13, 513쪽.
75 위와 같음, 514쪽.
76 「주희전(朱熹傳)」『송사(宋史)』 권429.
77 『주자연보』 권2 하.

친 것을 탄핵하였다. 밀극근은 평강부(平江府)에서 이재민을 호송하는 과정에서 4,160석을 훔쳐 "쌀겨와 진흙을 뒤섞어" 결손을 채웠다. 그러나 "신이 보기에 승현(嵊縣) 일대의 굶주린 백성들은 야위고 수척하여 길가에서 나뒹굴며, 울부짖는 소리는 차마 들을 수가 없었습니다. 또한 죽음을 면치 못한 사람들도 이루 다 헤아릴 수 없었습니다."[78] 이런 상황에서 밀극근은 감히 구휼미를 훔쳤으니 "정리를 심히 해쳐 용서할 수 없습니다."[79] "소흥부에 첩지를 보내 감옥에 안치하고 기소장과 죄의 실상에 따라 법대로 조치하도록 하였습니다. 그 외에 바라건대, 폐하께서 먼저 밀극근에게 중하게 조치를 취하여, 소흥부에 안치하라는 명령을 조속히 내리시고, 도둑질한 쌀을 추징하여 관으로 보내 납입하게 하시면, 거의 구휼에 부응하게 될 것입니다."[80]

그는 또 재해의 실정을 속여 정적(政績)을 보고하고 부세를 횡령한 절강 구주(衢州) 수신(守臣) 이역(李嶧)과 원차감(元差監) 주고(酒庫) 장대성(張大聲) 등을 탄핵하였다. 구주에서 홍수를 당한 후 백성들에게 기아와 추위가 번갈아 닥쳐 "고사리와 뿌리를 채취하여 주린 배를 채워 얼굴색이 파리하고 시들어 누렇게 떠서 인간의 모습이 아니었다. 작년 비와 추위에 사망한 사람이 이미 많은"[81] 상황에서 "오로지 가리고 숨기는 데에만 힘써 사실대로 알리지 않았으며", "구황의 정치에는 전혀 뜻을 두지 않았을" 뿐만 아니라 "오직 하현에 관리를 파견하여 세금을 심하게 재촉하여 화급하기가 마치 성화와 같았다."[82] 그는 이런 "병폐로 혼미해져 직무를 제

78 「주소흥부지사밀극근투도관장(奏紹興府指使密克勤偸盜官狀)」, 『주희집』 권16, 657~658쪽.

79 위와 같음, 658쪽.

80 위와 같음, 658쪽.

81 「주구주수신이역불류의황정장(奏衢州守臣李嶧不留意荒政狀)」, 『주희집』 권17, 665쪽.

82 위와 같음.

대로 수행하지 못하는" 관리에 대하여서는 탄핵하여 알려 그 직위를 빼앗아야 한다고 생각하였다.

이뿐 아니라 그는 또한 토지를 겸병하고 구휼미를 내는데 승복하지 않은 호족 주희적(朱熙績)도 탄핵했다. 주희는 주현위(朱縣尉, 熙績)는 평상시에 "권귀와 결탁하여 주현을 업신여기고 오만방자하여 하지 못하는 일이 없었으며"[83] 아울러 제멋대로 토지를 겸병하고 재산을 병탄하여 "본 고을에서 생산된 쌀은 부호인 주현위에게 다 팔아", "저당 잡은 땅을 사들일 때 해마다 화리(花利)를 거둬들여" "전답과 재산이 온 고을에서 으뜸인" 대지주가 되었다고 지적하였다. 그는 구휼미를 낼 때 "되와 말을 줄였다." 주희는 "주희적을 중벌로 물리쳐 견책하고, 시골에서 세도나 떨치면서 교활하게 이웃 백성을 구휼하지 않는 것의 경계로 삼으라고"[84] 주장했다.

주희는 절동에서 탐관오리의 징벌을 청하여 검방(檢放)의 부실함을 탄핵하여 "이 시간 이후로 부화뇌동하여 폐하의 뜻을 저버리고 법을 어겨 백성들을 해롭게 하는 경계로 삼아야 한다."[85]고 생각했을 뿐만 아니라 효종황제에게 "내고(內庫)의 돈을 다 내어서 대례(大禮)의 비용에 이바지하게 하여 쌀을 사들이는 근본으로 삼도록" 청하였다. 호부에 조칙을 내려 부족한 옛 세금을 감면하고 직책에 어울리지 않는 관리를 바꾸어서 "유능한 인재를 골라 황정(荒政)을 책망하게끔" 청하였다. 그가 이렇게 한 것은 "아래로 사람의 마음을 결속시키고, 그 틈을 타서 난리를 일으키려는 뜻을 없애기" 위해서다. 그렇지 않으면 "신이 근심하는 것은 백성들이 굶주려 죽는 데 그치지 않고 장차 도적이 일어나게 될 것에 있으며, 그 피

83 「주상호주적불복진조장(奏上戶朱績不伏賑糶狀)」, 『주희집』 권16, 661쪽.

84 위와 같음, 661쪽.

85 「주장대성손자검방한상불실장(奏張大聲孫孜檢放旱傷不實狀)」, 『주희집』 권17, 668쪽.

해를 입는 자는 관리에 그치지 않고 위로 나라에까지 미치게 될 것입니다."[86] 그 목적은 사회의 질서를 안정시켜 "위에서 난을 일으키는 것을" 방지하는 데 있다. 태주지부 당중우(唐仲友)의 탐오(貪汚)와 불공정, 불법 행위 등에 대하여 잇달아 여섯 편의 글을 올려 당중우의 온갖 비행을 폭로했다.[87] 당중우에게 조정에 뒷배가 있어서 탄핵에는 실패하였지만 백성들에게는 환영을 받았다. 주희가 절동에서 구휼을 성공시키고 당중우를 탄핵한 일은 주학(朱學)의 절동에서의 영향력을 빠르게 확대시켰다.

순희 9년 8월에는 강남서로제점형옥공사(江南西路提點刑獄公事)에 임명되었으나 사절하고 숭안으로 돌아왔다. 당중우의 뒷배인 왕회(王淮)가 정병(鄭丙)을 사주하여 도학을 "세상을 속이고 명성을 훔쳤다"고 상소하게 하여 도학을 공격하기 시작하였는데, 실은 주희의 학문을 가리킨다. 이듬해에 왕회는 진가(陳賈)를 감찰어사(監察御史)로 발탁하여 도학을 거짓 이름으로 거짓을 이룬다고 상주하였다. 2월에는 주관태주숭도관(主管台州崇道觀)으로 차출되었다. 4월에는 무이정사(武夷精舍)가 낙성되어 주희가 도학을 강하는 곳이 되었다. 순희 12년(1185) 4월 주관화주운태관(主管華州雲台觀)에 차출되었다. 순희 14년(1187) 임기가 끝나자 주관남경홍경궁(主管南京鴻慶宮)으로 바뀌어 차출되었다. 이 몇 년 동안 주희는 진량(陳亮)과 왕패의리(王霸義利)의 변을 진행하였고, 여조검(呂祖儉) 등과는 이욕의리(理欲義利)의 변을, 아울러 육구연과의 사이에서는 태극의 변을 진행하였다. 주희는 이(理)―수(數)―점(占)의 역학체계를 건립하여 『역학계몽(易學啓蒙)』을 완성하였다. 주희는 강서제형(江西提刑)에 임명되었다.

순희 15년(1188) 왕회가 재상에서 파면되자 주희는 "입대(入對)"의 기회

---

86 「주희전」, 『송사』 권429.

87 「안지태주당중우(按知台州唐仲友) 제1장」에서 「안당중우(按唐仲友) 제6장」, 『주희집』 권16, 17, 725~772쪽을 참고하여 보라.

를 빌려서 "정심(正心)과 성의(誠意)"를 크게 강의하고, 아울러 「무신연화
주차(戊申延和奏箚)」 5편을 올렸는데, 남송 사회의 현실에 처한 부패현상에
대하여 폭로하고 또한 천리와 인욕의 문제로 귀결지었다. 병부낭관에 임
명되었는데 족질(足疾)로 사(祠)를 청하여 주관서경숭산숭복궁(主管西京嵩山
崇福宮)이 되었다. 11월에 "봉사(封事)"를 올렸다. 그는 말하였다. "천하의
큰 근본은 폐하의 마음입니다. 오늘날의 급한 일은 태자를 보필하고, 대
신을 가려 뽑고, 기강을 진작하고, 풍속을 변화시키고 백성들의 힘을 아
껴 기르고, 군정(軍政)을 밝게 닦는 여섯 가지입니다."[88] 임금의 마음이 바
르지 못하면 천하만사가 바르게 될 길이 없으리니 반드시 "마음을 바르
게 하고 뜻을 성실히 해야 합니다."라 하였다. 구체적으로 여섯 방면에서
개혁을 진행하려 하였다. 다만 이 여섯 가지 일의 실행 가능성 또한 "근
본이 폐하의 한마음에 있으며" 만약에 "인심(人心)과 사욕이 그 사이에 끼
어든다면" 아무리 정력과 노력을 다하더라도 또한 소용없을 것이다. 아
울러 우국(憂國)과 우민(憂民)의 강렬한 책임의식을 가지고 당시 사회의 위
기를 지적하였는데, 사람의 중병이 이미 심장을 거쳐 사지에 이른 것과
같다고 하였다. 상소가 들어갔을 때는 한밤중인 7각(刻)이라 효종은 이미
잠자리에 들었는데 즉시 일어나 촛불을 잡고 끝까지 읽었다. 다음날 주
관서태을궁(主管西太乙宮) 겸 숭정전설서(崇政殿說書)에 임명했다. 설서는 사
퇴하였다.

순희 16년(1189) 정월에 비각수찬(秘閣修撰)으로 바꾸어 임명되었고, 옛
주관서경숭산숭복궁직은 그대로 유지했다. 2월에 효종이 선양하여 광종
(光宗) 조돈(趙惇)이 즉위하였다. 8월에 강남동로전운부사(江南東路轉運副使)
에 임명되었다가 11월에 지장주(知漳州)로 바뀌어 임명되었다. 소희(紹熙)

---

88 「무신봉사(戊申封事)」, 『주희집』 권11, 461~462쪽.

원년(1190) 4월에 장주에 이르렀는데 이 해에 주희는 이미 61세였다. 그는 장주에 있는 기간에 몇 가지 개혁적인 일을 하였다. 첫째는 경총제전 (經總制錢)을 경감한 것이다. 『송원학안(宋元學案)』 「회옹학안(晦翁學案)」과 「행장」 및 『송사』 「주희전」에서는 말하였다. "속현의 명목 없는 부세 칠백 만을 상주하여 없애고 경총제전 사백 만도 경감하였다." 『문집』에 「걸견감 장주상공경총제액등전장(乞蠲減漳州上供經總制額等錢狀)」과 「우주걸계약주현 과경총제전급제활허액주수장(又奏乞戒約州縣科經總制錢及除豁虛額州數狀)」 등의 글이 있다. 둘째는 장주에서 『사경(四經)』(『易』, 『書』, 『詩』, 『春秋』)과 『사자(四子)』 (『論語』, 『孟子』, 『大學』, 『中庸』)를 간행하여 유가 사상을 선양했다. 셋째는 풍속 습관을 바꾸어 "그 지방의 습속이 예를 알지 못하였으므로 옛날의 상장 례와 혼례를 채택하여 게시하고 원로들에게 해설하도록 하여 자제들을 가르치도록 하였다. 지방 풍속이 불교를 존숭하여 남녀가 절에 모여 불 경을 전하는 모임을 갖고 시집가지 않은 여자들이 암자를 지어 거처하므로 주희가 이를 모두 금지시켰다."[89] 가장 중요한 것은 "경계(經界)"를 행할 것을 주장한 것으로, 전무(田畝)의 실태를 조사하고 지도를 제작하였으며 서류를 작성했다. 그는 이렇게 썼다.

> 호구 장부가 바르지 않고, 농토에 대한 세금이 고르지 않은 것은 비록 작은 일인 것 같지만 실제로는 공사 양면에서 가장 커다란 피해를 끼치는 것이다. 대개 가난한 사람이 생업이 없는데도 세금을 납부하게 되면, 개인 가정에는 세금의 납부와 연체, 독촉과 옥살이를 하는 고충이 있게 되고, 부자가 생업이 있는데도 세금을 내지 않게 되면 국가로서는 은닉되고 누락되며, 한 해의 재정이 부족해지는 우환이 있게 된다.[90]

---

89 「주희전」, 『송사』 권29.
90 「경계신청사장(經界申請司狀)」, 『주희집』 권21, 870쪽.

가난한 백성들이 생업은 없어졌는데도 세금은 그대로 떠안고 있으니 그 고통은 참으로 말할 수 없으며, 주현에서는 가만히 앉아 정상적인 세금을 잃어버린다. 나날이 줄어드는 이 형세는 어디쯤에서 그치겠는가? 이 법의 시행을 통해 거두는 이익은 관부와 가난한 백성에게 있으니, 지방의 토착 재력가나 문벌, 교활한 관리와 간사한 백성들은 모두 불편하게 여기는 제도이다. 때문에 과거에 의신(議臣: 항상 정론으로 건의하는 신하)들이 여러 차례 시행을 요청하였지만 문득 교묘한 말에 막혔다.[91]

농민의 토지는 비록 호족과 교활한 이민(吏民)에게 겸병되어 갔지만 생산량과 세액은 결코 수지를 맞추어 나가지 못하여 "생업은 없고 생산만 남았다." 이는 가난한 자들에게 "생업이 없는 세금"을 납부하고 호족과 간사한 백성은 오히려 "생업이 있는데도 세금이 없는" 일이 출현하게끔 하였다. 이는 농민들로 하여금 감독 구금되는 등의 고통을 부르짖게 하였을 뿐만 아니라 아울러 국가 또한 가만히 앉아서 일정한 부세를 잃어 세수가 부족해지는 병폐를 조성하였다. 주희는 이런 "전세(田稅)가 고르지 않은" 현상을 바로잡기 위하여 "호적을 바로잡고" 전무의 실태를 조사하고 전세를 고르게 하여 "전무에 따라 고르게 생산할" 것을 주장하였다. 이는 의심의 여지없이 호족의 대성(大姓)을 불편하게 하고, 정부와 "세민(細民)"의 개혁조치에 유리할 터였다. 나중에 왕부지(王夫之) 또한 긍정적인 평가를 내렸다.[92] 그러나 호민(豪民)의 이익을 촉범하여 "재상 유정(留正)은 천주(泉州) 사람인데 그 마을의 당파에서 또한 거의 행할 수 없다고 생각

91 「조주경계장(條奏經界狀)」, 『주희집』 권19, 780쪽.
92 왕부지(王夫之)는 말하였다. "주자가 지담주로 경계법을 행할 것을 청하니 따르라는 조칙이 내렸다. 그 법이 모두 고르고 상세하여 천하에 행하여 다 나아갈 만하였다."(『송론(宋論)』 권12, 중화서국, 1964년판, 216쪽) 왕부지는 주희가 담주에서 "경계"의 일을 행하기를 청한 것을 가리켰다. 다만 또한 전체 "경계법"에 대한 평가이기도 하다.

하였다."[93]한 것과 "지방의 토호세력들이 빈약한 자들을 침탈하는 것을 불편하게 여기어 저지하여"[94] 실행되지 못하는 사태를 초래했다. 따라서 그는 소희 2년(1191) 3월에 비각수찬에 임명되었으며 주관남경홍경궁이 되었다. 4월에는 장주를 떠나고 수찬을 사절하여 장자의 상사를 정리하였다. 9월에는 형호남로전운부사(荊湖南路轉運副使)로 차출되었다. 그는 사면장에서 "경계"가 행하여지지 않은 것으로 스스로를 탄핵하였다.

> 제가 보건대 본주의 소흥 연간의 경계(經界)를 정하는 훌륭한 법이 바야흐로 갑자기 폐지되어 가난한 백성들이 생산은 없고 세액만 존재하여 호령하는 우환을 감당하지 못하며, 부유한 집안은 생산은 많고 세액은 적어 겸병의 세력이 더욱 커지니 뒤에 조정이 절차대로 다시 거행하고자 하지만 모든 호우들이 뜬구름 같은 말로써 막고 어지럽혀 그치게 할 것이고, 지금에 이르기까지 쌓인 것은 고락이 균등하지 못하고 공사가 폐단을 얻었으며, 국가에서 정치를 하고 어짊을 베푸는 실상에 해로움이 있습니다. …… 저의 어리석음으로 말미암아 사려 깊게 살피지 않아 위로 조정을 그릇되게 했습니다. …… 실로 다시 힘써 나아갈 마음이 없으며 하급관리와 백성을 볼 면목이 없고 당연히 맡아야 할 마땅함이 없어서 문득 만 번 죽을 것을 무릅쓰고 스스로 탄핵하여 아룁니다.[95]

이는 주희가 모종의 사회적 병폐를 간파하여 개혁조치를 제기할 수 있었더라도 저지를 당하면 실행할 길이 없어 스스로 탄핵할 수밖에 없었다는 것을 설명한다.

---

93 「주희전」, 『송사』 권429.

94 위와 같음.

95 「사면호남운사장(辭免湖南運使狀) 2」, 『주희집』 권23, 962쪽.

소희 3년(1192)에 건양의 고정(考亭)에 집을 지었다. 12월에는 육구연이 형문군(荊門軍)에서 병사하여 주희는 문인을 거느리고 조문하러 갔으며 "애석하게도 고자(告子)가 죽었구나."라 하였다. 이듬해 12월에는 지담주 형호남로안무사(知潭州荊湖南路安撫使)에 임명되었다. 소희 5년(1194) 5월에 장사에 이르렀다. 한편 부장(部將) 전승(田升)에게 항복할 수 있는 기한을 주고 그렇게 하지 않으면 "너를 참수할 것이다."[96]라 하였다. 한편으로는 초무(招撫)의 방법을 채택하여 의군(義軍)의 수령 포래시(蒲來矢)가 항복하였다. 그는 말하였다. "신이 지난번에 불러낸 요적 포래시 등은 이미 안무사에게 알려 공참(公參: 관리가 부임한 후 상사가 있는 곳에 가서 참배하는 것)하게 했습니다. …… 지금 이미 항복했으니 사리에 비추어 목숨을 보존해주고 불쌍히 여기지 않을 수 없습니다. 바라건대 천자께서는 본사에 명을 내려 항상 간절하게 살피면서 큰 믿음을 저버리지 않게 한다면 훗날에 다시 이런 무리가 있더라도 쉽사리 불러서 항복 받을 수 있을 것입니다."[97] 끝내 같지 않은 의견을 배제하였으며 포래시는 죄가 사면되어 벌을 받지 않았다. 주희는 해이해진 군비(軍備)와 무능한 장병(將兵), 관리의 다스림이 청명하지 못한 등의 폐단을 개혁시키기 위하여 이런 일련의 조치를 취하였다. 첫째는 "비호군(飛虎軍)"의 조발을 상주한 것이다. 금군(禁軍) 여덟은 지휘가 부패하여 쓸모가 없어 비호군에 희망을 걸었다. 이 군은 원래 수신(帥臣) 신기질(辛棄疾)이 처음으로 설치하여 "모집한 병사들도 정예이며, 장비도 갖추었는데"[98] 당시 이 군을 설치한 것은 바로 "호남의 도적을 억눌러 전적으로 본로의 수사(帥司)에 예속시키고자 한"것이었다. 이로 인하여 "수년 동안 도적들이 일어나지 않았고, 오랑캐들도 순종해서, 한 로가 그에 의지해서 편

---

96 「주자세가(朱子世家)」, 『무원현지(婺源縣志)』 권18.

97 「행관편전주차4·첩황(行官便殿奏劄四·貼黃)」, 『주희집』 권14, 551쪽.

98 「걸발비호군예호남안무사차자(乞撥飛虎軍隸湖南安撫司劄子)」, 『주희집』 권21, 881쪽.

안해졌다."⁹⁹ 나중에 형악부도통(荊鄂副都統)에게 예속시키고 본로(本路)의 수사에 예속시키지 않고 지금 돌려보낼 것을 청하였는데 "이 군대에 힘입어 기세를 드높일 수 있었다." 둘째는 "무비(武備)를 엄하게 한 것"인데, 지방의 무장을 편성하고 훈련시켰다. 그는 각 현에서 "무예에 정통하고 익숙한" "궁수와 토군(土軍)"을 선발하여 전문적인 훈련을 진행하고 주의 합동훈련에까지 이르러 "도둑을 탄압하여 잡는 것"에 대비하려고 하였다. 셋째는 악록서원을 수복한 것이다. 주희는 「백록동서원학규」를 원규로 삼고, 『사서집주』를 주요 교과서로 삼아 친히 서원에 이르러 강의하여 삼상(三湘)의 사자(士子)가 도를 묻는 곳이 되게 했다. 밤에는 생도들과 강론하면서 물음에 따라 답하고 몸에 절실하고 실제에 힘쓰며 비근한 것을 싫어하지 않도록 가르쳤다. 주희의 학설이 전파되었다. 이 백일 가량의 날 동안 낮에는 군의 일을 다스리고 밤에는 생도들과 강론을 하는 것이 65세의 대유에게는 비록 힘든 일이었지만 또한 매우 기쁜 일이기도 하였다.

3. 이름이 위학의 역당에 놓이다

순희 5년(1194) 7월에 광종이 양위하여 영종(寧宗) 조확(趙擴)이 제위를 이어받았다. 주희는 영종 즉위 대사령이 도달하기 전에 담주에서 "중범죄자" 18명을 죽였다. 『장사현지(長沙縣志)』 「습유(拾遺)」에는 이렇게 기록되어 있다. "주회 옹이 담주의 수령으로 있던 날 조승상(趙丞相)의 서신을 받았는데 이미 가왕(加王, 寧宗)을 임금으로 옹립하였으며 먼저 경연관으로 공을 불렀다. 회옹은 소매에 서신을 감추고 마침내 옥으로 들어가 중범죄자

---

99 위와 같음.

18명을 끌어다 즉시 참수하였다. 끝이 나니 즉위 사면령이 이르렀으며, 회옹은 사면이 이르러 중범죄자들이 법망에서 벗어날까 두려워했다."[100] 이해 8월 조여우(趙汝愚) 등의 추천을 거쳐 주희는 환장각대제 겸 시강(煥章 閣待制兼侍講)에 임명되어 행재(行在)로 가서 일을 아뢰었다. 주희는 사면장을 올렸는데 두 번째 사면장에서 기회를 봐서 한탁주가 권력을 농단한 위기를 말하였다. "가만히 생각건대 폐하께서 왕위를 잇는 처음에는 바야흐로 한결같이 여러 정치를 새롭게 하여 포상과 관직을 아끼는 것이 마땅하니 사람들에게 주는 것을 가볍게 할 수 없습니다. 만약 요행의 문이 한 번 열리게 된다면 그 폐단을 어찌 다시 막을 수 있겠습니까?"[101] 주희의 이 근심은 근거가 있었으며 또한 나중에 그대로 들어맞았다.

1) 군부(君父)의 도는 큰 근본과 큰 인륜

주희는 영종을 처음 알현하고 곧 「행궁편전주(行宮便殿奏)」 5편을 올렸다. 그는 "임금과 신하, 아비와 자식이 지위가 정해져서 바뀌지 않은 것은 세상일의 떳떳함입니다. 임금은 명령하고 신하는 실행하며, 아비는 물려주고 자식은 이어받는 것은 도의 원칙입니다."[102]라고 생각했다. "큰 근본"과 "큰 인륜"은 바꿀 수 없다. 조확에게 "마음을 분발시키고 성질을 참아가면서" 덕음(德音)을 내어 통렬하게 스스로를 책망하고, 우위(羽衛: 임금의 호위와 의장)를 엄하게 신칙하도록 하였다. 10월 14일에는 『대학』을 진강하고 아울러 크게 강론하였다. "군주는 군주의 도를 알지 못하고, 신하는 신하의 도를 알지 못하고, 아비는 아비의 도를 알지 못하고, 자식은 자

---

100 또한 『경원당(慶元黨)』, 『사조문견록(四朝聞見錄)』 정집(丁集)을 보라.
101 「사면환장각대제대강주장(辭免煥章閣待制待講奏狀) 2」, 『주희집』 권23, 975쪽.
102 「갑인행궁편전주차(甲寅行宮便殿奏劄) 1」, 『주희집』 권14, 543쪽.

식의 도를 알지 못합니다. 이 때문에 천하가 다스려지던 날은 늘 적고, 어지러운 날은 늘 많으니, 이는 모두 이 학문을 강론하지 않았기 때문입니다."[103] 이로 인해 천하를 다스리려면 "군도(君道)"와 "부도(父道)", "신도(臣道)"를 밝혀야 한다고 하였다. 이를 버리고 다른 것을 구하면 곧 틀린 것이다. 23일 저녁 경연이 끝난 후에는 남아서 대면하고 네 가지를 아뢰었다. 첫째, "먼저 동궁을 증축하는 공사를 중단하고 …… 이 백성들이 굶주리며 떠도는 고난을 위로할 것", 둘째, "스스로를 책망하는 조칙을 내리고, 수레와 호위를 줄일 것", 셋째, "조정이 존엄하게 되면 기강이 진작되고 …… 가까운 측근들이 조정의 권세에 간여하지 못하게 하고, 대신도 자신의 사적인 견해로만 결정하지 못하게 할 것이며", 넷째, "수황(壽皇)의 유체가 안에서 편안하게 되고 종사의 생령들도 모두 밖에서 복을 누리게 될 것"[104]이라는 것이었다. 아울러 한탁주를 질책하는 언론도 있었다. "하물며 안팎에서 전해오는 소식마다 의혹이 없는 것이 없고, 모두가 말하기를 '천자의 주변에서 누군가 그 권세를 훔친 것 같다' 하고, 그 행하는 것도 또 모두 공의에 들어맞지 않는다고 하는 지경이겠습니까? 이 폐단을 혁파하지 않는다면 저는 명목상으로는 폐하의 독단이라고 하지만, 중요한 권위는 아래로 옮겨가는 것을 면치 못하고, 다스림을 추구하지만 거꾸로 난리를 초래하는 결과를 벗어나지 못하게 될까 두렵습니다."[105] 이는 영종의 불만을 야기시켰다. 주희의 수차에 걸친 진언은 조확의 입장에서 보면 월권행위이자 조정의 일에 간섭하는 것이었다. 이해 윤10월에 영종은 주희를 시강의 직위에서 면직시켰다. 나중에 이지(李贄)는 이 일에 대하여 이렇게 기록하였다. "탁주는 스스로 정책을 세운 공이

---

103 「경강의(經講義)」, 『주희집』 권15, 573쪽.
104 「경연유신면진사사차자(經筵留身面陳四事劄子)」, 『주희집』 권14, 559~565쪽.
105 위와 같음, 562쪽.

있다고 생각하였으며 또한 종실의 근친에 의탁하여 궁액을 드나들며 궁내에서 권세를 잡았다. 주희가 나아가 뵙고 답한 것 또한 매번 이것을 말하였다.(李贄는 '화의 근본'이라 평하였다) 하루는 주희가 강을 마치고 이어서 소장을 올려 탁주의 간사함을 극력 꾸짖었다.(李贄는 '매우 잘못되었다'라 평하였다) 소장이 들어가자 갑자기 비답이 나와 희를 궁관에 임명했다."[106] 조여우가 글을 올려 힘껏 간하여 주희를 머물도록 요청했지만 영종은 듣지 않았다. 이 외에 "중서사인 진부량(陳傅良)이 녹황(錄黃)을 되돌려 보냈으며, 기거랑 유광조(劉光祖), 기거사인 등역(鄧驛), 어사 오렵(吳獵), 이부시랑 손봉길(孫逢吉), 지등문고원(知登聞鼓院) 유중홍(游仲鴻)이 번갈아 글을 올려 주희를 남게 하였지만 모두 답을 하지 않았다."[107] 나중에 공부시랑 황애(黃艾)가 영종에게 왜 주희를 쫓아내느냐고 묻자 영종은 말하였다. "처음 희를 경연에 임명하였을 뿐인데 지금은 사사건건 참견하려 한다."[108] 곧 사사건건 조정의 정치에 간여하며 "주 아무개가 말한 것은 거의 쓸모가 없다."는 것이다. 이렇게 주희는 조정에서 파면되었다.

이해 윤10월 26일 주희는 제자들과 함께 돌아왔다. 11월에는 옥산현(玉山縣)에 이르렀는데 읍재인 사마매(司馬邁)가 현의 제생들에게 강학을 해줄 것을 청하였다. 이번 강학은 그의 이학 사상에 대한 총결이라 할 수 있다. 첫째, 서로 체와 용이 되어 이를 밝히고 실제로 쓰임이다. 인과 의의 체와 용을 논하여 "인과 의가 서로 체와 용이 되어" 인으로 측은에 상대하고 의로 수오에 상대한다면 하나의 이 가운데 "미발과 이발을 서로 체와 용으로 삼는다."[109] 인(仁)은 생(生)의 뜻으로 인·의·예·지 네 가지의 가운데

---

106 「유신전·조여우(儒臣傳·趙汝愚)」, 『장서(藏書)』 권35.
107 『속자치통감(續資治通鑑)』 권153, 중화서국 1964년판, 4118쪽.
108 위와 같음, 권153, 4119쪽.
109 「옥산강의(玉山講義)」, 『주희집』 권74, 3897쪽.

를 관통한다. 둘째, 힘껏 행함을 독실히 믿어 성실함과 밝음이 둘 다 나아
는 것이다. 인성은 본래 선하지만 기품에 맑고 흐림, 밝고 어두움의 구별
이 있어서 "날로 쓰는 사이에 인욕을 제거하고 천리를 회복하는 것은 모
두 우리 분수 내에서 마땅히 그러한 일이다." "기품이 어둡고 어리석으며
물욕이 매우 굳기"[110] 때문에 독실히 믿고 힘껏 행하기만 하여 통절히 공
을 더한 다음에야 그 처음을 회복할 수 있고, 성명(誠明)이 함께 정진하게
된다. 셋째, "존덕성(尊德性)"과 "도문학(道問學)"이 서로 번갈아 불어나 더해
지고 서로 발명하는데, 이것이 바로 도체의 온전함이다. 주희 사상의 진
로는 이미 원융통투(圓融通透)가 화하는 경지에 이르렀다. 11월에는 고정
으로 돌아왔으며, 12월에는 조칙으로 환장각대제(煥章閣待制) 제거남경홍
경궁(提擧南京鴻慶宮)이 되었다. "죽림정사(竹林精舍)"를 짓고 또 "창주정사(滄
洲精舍)"로 고쳐 만년의 강학하고 저술하는 곳으로 삼았으며 자호를 창주
병수(滄洲病叟)라 하였다.

영종 경원(慶元) 원년(1195)에 우정언 이목(李沐)이 글을 올려 조여우는
"(왕실과) 동성(同姓)으로 재상의 지위에 있어 사직에 이롭지 못할 것"이라
하였다. 조여우는 조정에서 파면되었으며 태부시승(太府寺丞) 여조검이 조
여우를 변호해주었으나 소주(韶州, 지금의 廣東韶關)로 폄적되었다. 4월 6일
태학생 양굉중(楊宏中)과 임중린(林仲麟), 서범(徐范), 장도(張衜), 장부(蔣傅), 주
단조(周端朝)의 "여섯 군자(六君子)"가 대궐에 엎드려 글을 올렸는데 그 결
과 "국시를 선동한" 것으로 체포되어 5백리 바깥의 편관(編管)으로 보냈
다. 주희는 분개해서 「봉사(封事)」를 써서 "간사함이 임금을 가리는 화를
극력 펼치면서" 조여우를 변호해주었다. 주희의 제자들은 이렇게 하면
화를 야기시킬 수 있을 것이라 했으며, 문인 채원정(蔡元定)은 시초(蓍草)

---

110 위와 같음, 3898~3899쪽.

로 괘를 뽑아보았는데 "둔(遯,☶)이 가인(家人,☲)으로 바뀌는" 괘가 나왔다. 「둔」이 「가인」으로 바뀌는 괘[111]는 초효(初爻)가 음에서 양으로 바뀌고, 넷째 효가 양에서 음으로 바뀌는, 곧 "둔미(遯尾)", "호둔(好遯)"의 점이다. "은둔하면서 뒤에 있음은 꼬리의 상이니, 위험한 길이다.(遯而在後,尾之象,危之道也)"[112] 주희는 상주하려는 원고를 태우고 호를 "둔옹(遯翁)"으로 고쳤으며 아울러 글을 올려 스스로 탄핵했다.

2) 도학이 금지당하고 위학(僞學)의 역당이 되다

경원 2년(1196) 정월 조여우가 유배 도중에 병사하자 주희는 그의 사위 집에 가서 제사를 올렸다. 3월 지공거(知貢擧) 섭저(葉翥) 등이 상소하여 주희의 도학을 "위학"이라 하며 "대체로 내용이 없고 비루한 학문에 선어(禪語)를 섞어 마침내 사람을 속일 것이다."[113]라 하였다. 유덕수(劉德秀)는 직접 주희를 가리키면서 "'위학의 괴수가 필부로 임금의 권세를 훔쳐 천하를 흔들어 문풍이 변하지 않을 수 없다. 청컨대 어록의 유를 모두 없애고 허물어야 한다.' 그래서 과거에서 사(士)를 취함에 조금씩 의리를 섭렵한 사람은 모두 쫓겨나 탈락하였다. 『육경』과 『논어』, 『맹자』, 『중용』, 『대학』 같은 책은 세상에서 크게 금지되었다."[114] 도학가의 책을 없애려 하였으며, 심지어 『육경』과 『사서』까지도 모두 금서가 되어 유가와 철저히 결별된 소서(燒書)라는 의미가 있다. 의리를 강론하는 것 또한 과거에서 채택되지 않는 이유가 되었으며, 또한 문화 전제라는 측면의 의미도 어느 정도 있다.

---

111 졸작 「주희 복서의 계의 고석(朱熹卜筮之繼的考釋)」, 『주희와 퇴계 사상의 비교 연구(朱熹與退溪思想之比較研究)』, 문진출판사(文津出版社) 1995년판, 243~250쪽.

112 주희의 『주역본의(周易本義)』 권2.

113 「선거(選擧)」 5, 『송회요집고(宋會要輯稿)』 109책.

114 『속자치통감』 권154, 중화서국 1964년판, 4137쪽.

이해에 한탁주의 지지 하에 반도학의 분위기가 높이 고조되었다. 감찰어사 호굉(胡紘)이 주희를 탄핵하는 상주문을 새로운 귀관(貴官)인 심계조(沈繼祖)에게 주었다. "계조는 즉시 부귀를 이룰 수 있겠다고 말하고" 마침내 주희를 논핵(論劾)했다. "바탕이 본래 사벽한 데다 시기심이 있고 잔인하여 장재(張載)와 정이(程頤)가 남긴 것을 표절하였습니다. 채소 먹는 것을 기탁하여 마귀의 요술(妖術)을 일삼았습니다. 후진들을 미혹시키고 황당하고 허탄한 말로 부풀리고 사사로이 품제(品題)를 세워 사방의 의를 행하지 않는 무리를 거두어 도당을 늘려 서로 더불어 옷을 헐렁하게 입고 큰 띠를 매었습니다. …… 형체와 자취를 숨기어 귀신 같고 도깨비 같습니다. 사대부들이 명예를 탐하고 이익을 좋아하며 돕는 자가 또 따라서 기리고 추천을 합니다."[115] 주희에게 큰 죄 여섯 가지가 있다고 무고하였으며 구체적으로 열 가지가 있다고 말하였다. 1) 모친에게 좋은 쌀을 먹도록 하지 않아 "어버이에게 불효하며", 2) "임금에게 불경하고", 3) "나라에 불충하며", 4) "직함을 버리고 조정을 업신여겼고", 5) "조여우가 죽어 조야가 모두 경하하는데, 주희는 곧 무리 백여 명을 이끌고 들에서 곡을 하였고", 6) "주희는 요사한 채원정의 사악한 설을 믿어 …… 풍교(風教)에 해를 입힘이 크며", 7) "비구니 두 사람을 꾀어서 총첩(寵妾)으로 삼아 관직에 나아갈 때 함께 가니 몸을 수양할 수 있겠는가?", 8) "며느리가 지아비도 없이 홀로 아이를 배고 자식들이 소를 훔쳐 잡아먹으니 집안을 가지런히 다스린다 하겠는가?", 9) "수장사(帥長沙) 때는 사면하는 문서를 숨기고 도형자(徒刑者)를 처단한 것이 매우 많았고, 수장주(守漳州) 때는 고서를 찾아 경계(經界)를 행하고 …… 절동제거로 있을 때는 조정의 구휼미를 많이 풀어 모두 그 무리에게 나누어주고 백성에게는 미치지 못했으니

---

115 위와 같음, 4145쪽.

백성을 잘 다스릴 수 있다고 하겠는가?", 10) "범염(范染)의 조상이 경영하던 산을 차지하여 거처를 넓히고 도리어 그 몸에 죄를 덮어씌웠으며, 숭안 궁수(弓手) 부모의 무덤을 파헤쳐 그 어미의 장사를 지내고도 그 폭로를 근심하지 않았으니 포용력이 남에게 미쳤다고 할 수 있겠는가?"[116] 이런 공격은 두말할 것도 없이 과장된 말인데 참으로 죄를 덮어씌우려 한다면 무슨 구실인들 없겠는가? 심계조가 진언하였다. "희는 크게 간사한 악인이오니 (공자가) 소정묘(少正卯)를 죽인 죄를 적용하여 임금과 세상을 기망하고 부도덕한 행실과 명예를 도둑질한 경계로 삼아야 합니다. 그 무리인 채원정은 또한 주희를 도운 요괴로 다른 고을로 귀양을 보내야 합니다."[117] 선인(選人) 여가(余嘉)가 글을 올려 "주희를 참수하여 위학을 끊기를 바랍니다."[118]라 하였다. 12월에 주희는 벼슬이 떨어지고 궁사(宮祠)에서 파직되었다.

주희는 이런 공격적인 무함에 대하여 아무런 대꾸를 하지 않았고 오히려 그대로 받아들였다. 그는 경원 2년 12월과 이듬해 정월에 두 차례 사례하는 표장을 올려 말하였다. "신은 머리털을 뽑아서 세어도 부족할 만큼 죄가 많사오니 분수로 보아 양관(兩觀: 형과 법이 집행되는 곳)의 베임을 달게 받아야 하는데, 넓은 도량으로 거친 무리를 포용하여 짐짓 짤막한 말로 견책함을 보이셨습니다." "과연 대간의 탄핵이 빗발치면서 음험한 사심을 다 드러냈습니다.", "모두 불충하고 불효한 죄과입니다. 여러 가지 악이 신에게 한꺼번에 돌아오니 또한 많은 사람이 다 신을 버린 것입니다."[119] "심지어 친구의 재산을 사사로이 취하고 그 이녀(尼女)를 들이

---

116 이상 모두 「경원당」, 『사조문견록』 정집에 보인다.

117 『속자치통감』 권154, 4145쪽.

118 위와 같음.

119 「낙직파궁사사표(落職罷宮祠謝表)」, 『주희집』 권85, 4401~4402쪽.

게 했다 하며, 학관(學官)의 땅을 취하여 승방(僧坊)으로 고쳤다고 합니다. 참으로 모두 사실을 조사하여 무함이 아니라면" 자기를 책망하여 "초야의 미천한 선비로 장구(章句)나 따지는 썩은 유자입니다. 오직 위학(僞學)의 전파를 맡았으니 어찌 시국을 밝히는 쓰임에 적절하겠습니까?"[120] 주희가 이렇게 한 것은 필경 어째서일까? 어떤 변호할 권리마저 박탈당하였는데 또한 하필이면 왜 「사표(謝表)」를 올렸을까? 초월적인 관용과 심태로 무함을 받아들여서일까? 또한 하필이면 역사의 혼란을 조성하였을까? 역사로 남겨두어 공정한 평가를 받도록 해서일까? 아니면 임금의 권위를 두려워하고 제자들의 일신과 생명이 연좌되는 것을 두려워해서였을까? 아니면 이 「사표」가 제자들에 의해 고쳐져서 전혀 다른 모습일 것이다. 그렇게 된 원인은 더 깊이 고찰해보아야 한다.

주희가 궁사의 직책에서 탈락하고 채원정이 도주(道州)로 폄적되었다는 조서가 이르자 제자가 점을 쳐서 괘를 얻었는데 「소과(小過)」의 "공이 저 구멍에 있는 것을 쏘아서 잡았다.(公弋取彼在穴)"라 한 것이었다. 채원정은 반드시 상해를 당할 것이며 주희는 근심할 것이 없다는 뜻이 함축되어 있었다. 주희는 제자 100명을 좌우로 대동하여 영주(瀛洲)의 정안사(淨安寺)로 가서 채원정을 전별하였다. 막내아들인 채침(蔡沈)이 채원정을 모시고 폄적지로 갔는데 이듬해에 폄적지에서 병사하였다. 경원 3년(1198) 주희는 68세였다. 12월에 지면주(知綿州) 왕연(王沇)이 위학의 문적을 설치하자고 상소하여 "지금부터 위학의 천거를 받아 승진한 적이 있는 사람 및 형법과 염리(廉吏)로 스스로 대신한 사람을 모두 성부(省部)에 장부를 만들어 성명을 기록하게 하여 함께 한만하게 파견하였다."[121], "위학당적(僞學黨籍)"을 세웠다. 위학은 역당이 되었는데, 집계해보면 재집(宰執)

---

120 「낙비각수찬의전관사표(落秘閣修撰依前官詞表)」, 『주희집』 권85, 4402~4403쪽.
121 『속자치통감』 권154, 4153쪽.

이 4인, 대제(待制) 이상이 13인, 나머지 관직에 있는 자가 31인, 무신이 3인, 사인이 8인으로 모두 59명이었다.[122] 몇몇 주희의 "문인과 옛 벗들은 그 문을 지나친 적이 있는데도 두려워하며 감히 들어가지 않았다."[123] 심지어 "다른 스승에게서 배웠다고 이름을 바꾸고 …… 의관을 바꾸고 저자에서 노닐면서 스스로 그 도당이 아니라고 구별하기까지 하였다."[124] "바야흐로 이때 선비로 거동에 법도가 있고 조금이라도 선비로 이름이 난 자들은 그 몸을 둘 곳이 없어서"[125] 감히 유자로 자인하지 않았다. 그러나 주희는 이런 사정을 대하고서도 여전히 "날마다 여러 학생과 강학하기를 그치지 않았으며, 혹자가 생도들을 사절하라고 권하기라도 할라치면 웃으면서 대답하지 않았다."[126] 주희는 두려워하지 않고 태연자약하게 처하였다.

---

122 「위학역당적(僞學逆黨籍)」 재집(宰執) 4인: 조여우(趙汝愚, 右丞相), 유정(留正, 少保·觀文殿大學士), 왕린(王藺, 觀文殿學士·潭州帥), 주필대(周必大, 少傅·觀文殿大學士). 대제(待制) 이상 13인: 주희(煥章閣待制), 서의(徐誼, 權工部侍郞), 팽귀년(彭龜年, 吏部侍郞), 진부량(陳傅良, 中書舍人), 설숙사(薛叔似, 戶部侍郞), 장영(章潁, 兵部侍郞), 정식(鄭湜, 刑部侍郞), 누약(樓鑰, 吏部侍郞), 임대중(林大中, 吏部侍郞), 황유(黃由, 禮部尙書), 황보(黃黼, 兵部侍郞), 하이(何異, 禮部侍郞), 손봉길(孫逢吉, 吏部侍郞). 여관(餘官) 31인: 유광조(劉光祖, 起居郞), 여조검(呂祖儉, 太府寺丞), 심유개(沈有開, 起居郞), 증삼빙(曾三聘, 知郢州), 섭적(葉適, 太府卿), 양방(楊芳, 秘書郞), 항안세(項安世, 校書郞), 이식(李塾, 校書郞), 유중홍(游仲鴻, 軍器監簿), 오렵(吳獵, 監察御史), 이상(李祥, 祭酒), 양간(楊簡, 國子監博士), 조여당(趙汝讜, 監太藏庫), 조여담(趙汝談, 淮西府干), 진현(陳峴, 校書郞), 범중보(范仲黼, 著作郞), 왕규(汪逵, 司業), 손원경(孫元卿, 國子博士), 원섭(袁燮, 太學博士), 진무(陳武, 國子正), 전담(田澹, 宗正丞), 황도(黃度, 右正言), 첨체인(詹體仁, 太府卿), 채유학(蔡幼學, 福建提擧), 황호(黃顥, 浙西提擧), 주남(周南, 池州敎授), 오유승(吳柔勝, 加興敎授), 왕후지(王厚之, 江東提刑), 맹호(孟浩, 知湖州), 조공(趙鞏, 知揚州), 백염진(白炎震, 成都通判). 무신 3인: 황보빈(皇甫斌, 池州都統), 위중임(危仲壬, 知金州), 장치원(張致遠, 江西兵馬鈐轄). 사인(士人) 8인: 양굉중(楊宏中), 주단조(周端朝), 장도(張道), 임중린(林仲麟), 장부(蔣傅), 서범(徐范, 모두 太學生), 채원정(蔡元定), 여조태(呂祖泰).(明郞瑛의『칠수유고(七修類稿)』권16. 또『속자치통감』권154, 4153~4154쪽에도 보인다.)

123 「경원당」,『사조문견록』정집.

124 「주희전」,『송사』권429.

125 위와 같음.

126 위와 같음.

경원 4년(1199) 이미 "위학당적"을 세웠음에도 불구하고 여전히 가볍게 도학가에게 타격을 입히지 못하였으며 5월에 요유(姚愈)가 상주하였다. "근세에 위험한 짓을 행하면서 요행을 바라는 무리가 다만 도학을 한다는 명분으로 정호와 장재의 설을 절취하여 펼치어 크게 하고 귀머거리와 장님처럼 풍속을 어리석게 만들었습니다. 권신이 극력 그 설을 주장하여 사력을 다하는 당파를 결성하였으며 폐하께서는 죄수 가운데 환히 드러난 자를 취하여 따르기를 멈추고 숨어서 면하여 내가 모두 묻지 못하니 온전함을 보존하는 뜻이 지극하다 하겠습니다. 깊이 습관이 된 자는 잘못을 저지르고도 뉘우치지 않으며 날로 원망을 품고 도리어 원우당적(元祐黨籍)으로 스스로 견주고 있습니다."[127] 내외로 포고하여 원우당적과 경원당적(慶元黨籍)의 다름을 깨끗이 나누어 빌려서 세상을 속이고 명성을 도둑질하는 것을 면하게 하였다. 가일층 도학가를 박해할 준비를 하였다. 다음해 정월에 추밀원직성관(樞密院直省官) 채련(蔡璉)이 조여우(趙汝愚)가 정책(定策: 대신들이 모의하여 천자를 세우는 것) 때 다른 계책이 있었다고 무고하여 팽귀년(彭龜年), 증삼빙(曾三聘), 심유개(沈有開), 섭적(葉適), 항안세(項安世) 등을 체포하여 대리시(大理寺)로 보내어 치죄하기로 결정했다. 중서사인 범중예(范仲藝)가 한탁주에게 말하였다. "장돈(章惇)과 채확(蔡確)의 권세가 성하지 않은 것이 아니지만 지금 청의(淸議)에 죄를 지은 것은 문자옥과 같기 때문일 따름입니다." 역사를 거울로 삼아 한탁주가 수렴하는 것을 면하지 못하게 하였다. "탁주는 자신은 처음에는 이럴 마음이 없었는데 제공(諸公)의 다그침을 받아 다만 그만두지 못하는 것이라고 하였다."[128] 한 차례 문자옥을 모면하였다.

경원 6년(1200) 3월에 주희는 이미 병환이 중하여졌는데도 여전히 제

---

127 『속자치통감』 권155, 4160쪽.

128 위와 같음, 4164쪽.

생과 『태극도』와 『서명』을 강하였고, 『대학』「성의장(誠意章)」 등을 수정하여 고쳤다. 3월 8일에 사위인 황간(黃榦)에게 편지를 써서 도(道)를 기탁하였다. "내 도를 기탁할 사람이 여기에 있으니 내 유감이 없겠다." "훗날 제자들과 자손들이 직경(直卿: 황간의 자)에게 간절하게 가르침을 바라거든 하나하나 정성껏 가르침을 내려 주어서 그들이 내 문호의 큰 수치가 되지 않도록 해준다면 매우 좋겠네."[129] 3월 9일 병으로 돌아가시니 사방의 도학 제자들이 11월 신상(信上)에 모여 장례를 치를 준비를 하면서 애도의 뜻을 나타내었다. "장례를 거행하려는데 우정언(右正言) 시강년(施康年)이 '사방의 위도(僞徒)가 위사(僞師)인 주희를 송장하려고 합니다. …… 모인 사이에 망령되이 세인의 장단을 이야기한 것이 아니면 그릇되이 시정의 득실을 논한 것이니 수신(守臣)으로 하여금 단속하게 하기를 바랍니다.'라 말하자 그대로 따랐다. 이에 문생과 옛 벗이 감히 송장하지 못하였다."[130] "세인"이 단점이 없고 "시정"이 실책이 없다면 또한 무슨 "망담(妄談)"과 "유의(繆議)"가 두렵겠는가? 단점이 있고 실책이 있다면 또한 어찌 "망담"과 "유의"라 이르겠는가? 11월 20일 주희를 건양현 당석리(唐石里)의 후당(後塘) 구봉산(九峰山) 아래의 대림곡(大林谷)에 장사지냈다.

가정(嘉定) 2년(1209) 조칙으로 "문(文)"의 시호를 내렸는데, 세칭 "주문공(朱文公)"이라고 한다. 이듬해에는 중대부(中大夫)로 증직하고 특별히 보모각직학사(寶謨閣直學士)에 추증하였다. 가정 5년(1212)에는 "국자사업(國子司業) 유약(劉爚)이 주희의 『논어집주』와 『맹자집주』를 태학에 세울 것을 청하여 그대로 따랐다."[131] 1년 전에 저작랑(著作郎) 이도전(李道傳)이 이렇게

129 「여황직경서(與黃直卿書)」, 『주희집』 권29, 1257쪽.
130 『속자치통감』 권155, 4176쪽.
131 위와 같음, 권159, 4316쪽.

아뢴 적이 있었으나 서부(西府)에 도학을 좋아하지 않는 자가 있어서 시행되지 않았는데 이제 마침내 받아들여져서 도학이 명예를 회복하게 되었다. 보경(寶慶) 3년(1227)에 이종(理宗)이 조칙을 내렸다. "짐이 주희의 『논어』와 『중용』, 『대학』, 『맹자』의 주해를 볼 때마다 성현이 온축한 것을 발휘하고 사문(斯文)에 도움이 되며 치도(治道)에 도움이 된다. 짐은 바야흐로 강학에 힘을 쓰고 있어 전형(典刑)을 아득히 생각해보니 매우 감탄하고 그립도다! 특히 태사(太師)에 증직할 만하고 신국공(信國公)에 추봉하노라."[132] 얼마 후 휘국공(徽國公)으로 바뀌었다. 이종은 자각적으로 주희 사상이론의 가치를 체인한 한 사람이다. 그래서 주희의 아들인 공부시랑(工部侍郎) 주재(朱在)가 입대하였을 때 이종은 말하였다. "경의 선경(先卿)의 『사서』 주해는 치도에 도움이 되어 짐이 읽으며 손에서 놓지 않고 있으니 동시대에 살지 못한 것이 한이다."[133] 이종은 "치도(治道)에 도움이 된다는" 각도에서 주희 학설의 가치를 이해하였으며, 또한 바로 이 방면의 가치로 말미암아 후대의 통치 집단에 의하여 관방철학으로 세워졌다. 순우(淳祐) 원년(1241) 이종은 조칙을 내려 말하였다.

> 짐이 생각건대 공자의 도가 맹가(孟軻) 후로 전하여지지 않다가 우리 조대의 주돈이와 장재, 정호, 정이에 이르러 참으로 힘껏 실천함을 보았고 성인의 영역을 깊이 탐구하여 천년 동안 끊어졌던 학문에 비로소 주지(主旨)가 있게 되었다. 중흥 이래 또 주희를 얻었는데 정밀하게 생각하고 분명하게 분별해서 표리가 혼용되어 『중용』과 『대학』, 『논어』, 『맹자』가 본말이 환하게 통하도록 했다. 공자의 도는 세상에 더욱 크게 밝아졌다. 짐이 오신(五臣)의 논저를 볼 때마다 계도됨이 실로 많았다. 학궁에 종사

---

132 위와 같음, 권164, 4458쪽.

133 위와 같음, 권164, 4459쪽.

되도록 하여 높이고 장려하는 뜻을 보이노라.[134]

주희가 처음으로 공묘에 종사되었다.

『속자치통감』에서는 주희에 대하여 평가하였다. "주희는 어려서부터 성도(聖道)에 뜻을 두었으며, 그 학문은 대체로 궁리에서 앎에 이르고 자기의 몸에 되돌려 실천하며 거경(居敬)을 주로 한다. 성현의 도통이 전하여지는 것은 책에 흩어져 있으며 경의 뜻이 밝지 않게 되면서부터 도통의 전하여짐이 비로소 어두워졌다고 말한 적이 있으며 이에 정력을 다하여 성현의 경의 뜻을 연구하였으며, 지은 책은 학문을 하는 자들의 종지가 되었다."[135] 주희의 학문을 하는 종지가 학술사상의 내포와 그 공용임을 설명한다. 주희는 71세로 죽었으며 고종과 효종, 광종, 영종의 4조를 섬겼는데, 조정에 선 것은 겨우 46일이며 관직 생활을 한 것은 10년이 되지 않고 나머지 40년은 모두 강학과 저술에 종사하였다.

4. 저작 연대 고석

주희가 남긴 저작의 풍성함은 중국 철학사상 드물다. 지금 그 주요 저작 연대를 아래와 같이 고석(考釋)해본다.

『**사상채선생어록(謝上蔡先生語錄)**』(『上蔡語錄』) 3권. 소흥 29년(1159)에 교정.

---

134 「이종이 순우 원년(1240) 정월에 손수 조칙으로 주희에게 공자묘에 종사하라는 조칙을 내리다(理宗淳祐元年正月手詔朱熹從祀孔子廟)」, 『무원현지(婺源縣志)』 권64. 『속자치통감』 권170, 4630쪽에 보인다.

135 『속자치통감』 권155, 4176쪽.

『**논어요의(論語要義)**』. 먼저 고금 제유(諸儒)의 설을 두루 구하고 다음에 또 두 선생(程顥, 程頤) 및 문인과 붕우 여럿의 설을 단독으로 취하여 보충하여 엮고 정정(訂正)하여 융흥(隆興) 원년(1163)에 완성하였다.

『**논어훈몽구의(論語訓蒙口義)**』. 『논어요의(論語要義)』의 기초에 계몽이 필요한 사람을 살펴 산록(刪錄)하여 이루었다. 융흥 원년(1163)에 완성.

『**연평답문(延平答問)**』.

『**곤학공문(困學恐聞)**』은 주희가 동안주부로 임직하는 기간 및 이후 몇 년간 의 시문을 모아서 편집한 것으로 융흥 2년(1164)에 완성되었다.

『**정씨유서(程氏遺書)**』는 주희의 집에서 소장한 몇 편에 나중에 찾아다니며 구하여 25편으로 이루었으며 건도 4년(1168)에 완성했다.

『**가례(家禮)**』는 명분을 삼가고, 애경(愛敬)을 높이는 것을 근본으로 삼아 건 도 6년(1170)에 완성했다.

『**논어정의(論語精義)**』 20권. 『맹자정의(孟子精義)』 14권. 9가(家)의 설을 채택하 여 덧붙여 건도 8년(1172)에 완성하였다.

『**자치통감강목(資治通鑑綱目)**』 59권. 이 책은 심력을 매우 기울여 여러 차례 수정과 개정을 거쳤고 채원정과 조사연(趙師淵)의 도움을 받았다. 건도 8년(1172)에 완성하였다.

『**팔조명신언행록(八朝名臣言行錄)**』. 주희는 「서」에서 "실려 있는 국조 명신 의 언행의 자취는 세교(世敎)에 도움이 많이 된다."라 하였다. 건도 8년 (1172)에 완성되었다.

『**서명해의(西銘解義)**』 1권. 주희가 정이의 "「서명」은 이치는 하나이나 나뉘 어 다르게 된 것인데 전성(前聖)이 밝히지 못한" 사상을 발휘하였으며 건도 8년(1172)에 완성되었다.

『**태극도설해(太極圖說解)**』 1권은 "무극이면서 태극(無極而太極)"을 형체가 없으 면서 이치가 있고, 음양이 기가 되며 태극과 음양이 이와 기의 관계가 된다고 해석하였으며 건도 9년(1173)에 지었다.

『통서해(通書解)』 40권. 명리(明理)와 음양의 두 기, 오행의 관계를 미루어 기강과 도체의 정미로움으로 합쳐 도의와 문사, 이록(利祿)의 취사를 결정하였다. 건도 9년(1173)에 완성하였다.

『정씨외서(程氏外書)』 12권. 『유서』 이외의 잡되거나 그 유래를 살필 수 없는 편장을 모아서 외서로 엮었으며 건도 9년(1173)에 완성.

『이락연원록(伊洛淵源錄)』 14권. 주돈이, 소옹(邵雍), 장재, 이정 이래 도학가의 언행을 전수 계통을 따라 보계(譜系)로 편정했다. 건도 9년(1173)에 완성.

『고금가제례(古今家祭禮)』 16권. 순희 원년(1174)에 편성.

『근사록(近思錄)』 14권. 여조겸이 절강(浙江) 동양(東陽)에서 복건에 있는 주희의 "한천정사(寒泉精舍)"에 이르러 함께 주돈이, 정자, 장재의 책을 읽었다. 14개의 전제(專題)로 나누었는데, 1) 도체(道體), 2) 위학대요(爲學大要), 3) 격물궁리(格物窮理), 4) 존양(存養), 5) 개과천선(改過遷善), 극기복례(克己復禮), 6) 제가지도(齊家之道), 7) 출처진퇴사수지의(出處進退辭受之義), 8) 치국평천하지도(治國平天下之道), 9) 제도(制度), 10) 군자처사지방(君子處事之方), 11) 교학지도(敎學之道), 12) 개과(改過), 13) 이단지해(異端之害), 14) 성현기상(聖賢氣象)이다. 순희 2년(1175)에 편성하였다.

『음부경고이(陰符經考異)』 1권. 순희 2년에 완성되었으며 『연보』에는 실려 있지 않다. 주희는 「서(序)」에서 말하였다. "『음부경』 삼백언(言)은 이전(李筌)이 석실(石室)에서 얻었다. …… 나는 사람들이 그 갈래만 보고 그것이 하나임을 보지 못하고, 그 어두운 것만 보고 그 밝은 것은 보지 못하며, 나 또한 알지 못하게 될까 걱정하였는데 과연 그러하였으니 이 책이 책이 된 것은 나의 설을 억지로 맞춘 것이다."[136] 대요는 무(無)를 종

---

136 「주자음부경고이」, 『주자유서(朱子遺書)』.

지로 하고, 천지문리(天地文理)를 수(數)로 하였다.

『논어집주』 20권, 『맹자집주』 14권, 『논어혹문』 20권, 『맹자혹문』 14권. 순희 4년(1177)에 완성되었다. 그는 먼저 『논어집의(論語集義)』와 『맹자집의』를 편집하고 그 가운데 "정수"만 뽑아 『집주』를 완성시켰다. 또한 왜 이렇게 취사하였는가 하는 도리 및 제자들의 문답을 『논어혹문』과 『맹자혹문』으로 엮었다.

『시집전(詩集傳)』 8권. 『시』의 대소서(大小序)를 모두 없애고 후인이 지은 것이라 생각했다. 305편 중 24편은 남녀의 애정을 읊은 것이라 생각하였다. 순희 4년(1177) 완성했다.

『주역본의』. 순희 4년(1177)에 완성했다. 여조겸이 교수하고 정한 고문 『주역』 경전(經傳) 12편에 의거하여 지었다. 첫머리에 "서의(筮儀)"와 "괘가(卦歌)" 및 구도(九圖)가 있다.

『역학계몽』 4권. 의리(義理)와 상수(象數)의 융합을 주장하였으며, 본 경전에서 미루어 상수의 설을 강하였다. 순희 13년(1186)에 완성되었다.

『효경간오(孝經刊誤)』. 순희 13년(1186)에 완성되었다. 주희는 사람들이 부회한 것에서 많이 나왔다고 생각하여 간오(刊誤)를 가하고 아울러 해석하였다.

『소학』 6권. 순희 14년(1187)에 완성되었으며, 아동을 "어버이를 사랑하고 어른을 공경하며 스승을 높이고 벗과 친하게 지내는 도"로 교육시켰다. 내편은 4편으로 「입교(立教)」, 「명륜(明倫)」, 「경신(敬身)」, 「계고(稽古)」이고, 외편은 2편으로 「가언(嘉言)」과 「선행(善行)」이다. 경사자집(經史子集)의 32가 386조목을 찾아서 엮었다.

『대학장구』와 『중용장구』는 순희 16년(1189)에 개정했다. 홍본(洪本) 『연보』에 따르면 "두 책은 확정되어 지은 것이 이미 오래되었는데도 오히려 때때로 개찬을 그치지 않았다. 이때에 이르러 온전히 마음에 들어서 비로소 서문을 지었다."라 하였다. 「대학장구서」는 순희 기유년(1189) 2월에 지은 것으로 되어 있다. 「중용장구서」는 같은 해 3월에 지은 것으로 되어 있다. 수정하여 고치고 「서」를 지은 것을 원고를 확정한 때로 본다.

『대학혹문(大學或問)』과 『중용혹문(中庸或問)』이 이 해에 이루어졌다. 「중용장구서」에서는 "또 일찍이 논변하여 취사한 뜻을 모아 별도로 『혹문』을 만들어 그 뒤에 붙였다."[137]라 하였다. 상략(詳略)이 서로 따르고 거세(巨細)를 다 들게 만들었으며, 제가들의 설에 대한 이동과 득실에 대하여서는 각기 분별을 지극히 했다. 『대학혹문』과 『중용혹문』은 같은 해에 이루어졌다.

『중용집략(中庸輯略)』 2권. 순희 16년(1189) 석벽(石壁)에서 모은 주돈이와 장재, 이정의 『중용』에 관한 논술을 다시 새롭게 산정하였다. 처음에는 『집해(集解)』라고 하였으며 주희가 서문을 지었다. 이 해에 다시 새롭게 산정하고 『집략』으로 이름을 고쳤으며 서문은 옛날 그대로이다.

『맹자요략(孟子要略)』은 소희(紹熙) 3년(1192)에 완성되었다. 『맹자지요(孟子指要)』 혹 『맹자요지(孟子要指)』라고도 한다. 이미 일실되었다.

『의례경전통해(儀禮經傳通解)』 37권, 속(續) 29권. 경원 2년(1196) 편성. 『가례(家禮)』 5권과 『향례(鄉禮)』 3권, 『학례(學禮)』 11권, 『방국례(邦國禮)』 4권, 『왕조례(王朝禮)』 14권을 포괄한다. 상제(喪祭) 2례는 문인 황간(黃榦)이 이어서 수찬.

『한문고이(韓文考異)』 10권. 경원 3년(1197)에 완성되었으며, 뭇 판본의 이동을 모두 고찰하여 증명된 것을 모두 남겼다.

『주역참동계고이(周易參同契考異)』 1권. 같은 해에 완성. 채계통(蔡季通: 채원정의

---

137 「중용장구서(中庸章句序)」, 『주희집』 권76, 3996쪽.

자)이 편찬하여 도주(道州)에 두었는데, 주희가 정안사(淨安寺)에서 채원 정을 전별하면서 서로 함께 바로잡아 정하였다. 주희는 "공동도사추흔 (空同道士鄒訢)"으로 이름을 바꾸었다. 「고이」에서는 말하였다. "추흔 2자 는 주자가 빌려서 가탁한 것이다." 추는 본래 춘추 주자(邾子)의 나라로 『악기(樂記)』에 천지가 흔합(訢合)한다는 말이 있는데, 정운(鄭雲)의 주에 서 말하기를 "흔(訢)은 희(熹)가 되어야 한다."[138]라 하였다. 추흔은 곧 주 희이다.

『**서집전(書集傳)**』6권. 경원 4년(1198)에 완성했으며, 주희는 「우모(禹謨)」와 「금등(金縢)」, 「소고(召誥)」, 「낙고(洛誥)」, 「무성(武成)」 등 여러 편을 지었으 며, 나머지는 모두 채침(蔡沈)이 구술한 것을 받아 적었으며 채침이 정 리하고 보충하여 완성하였다.

『**초사집주(楚辭集注)**』8권. 경원 5년(1199) 완성. 죽기 사흘 전에도 한 단락을 수정하여 고쳤다.

『**주문공문집(朱文公文集)**』(『晦庵集』, 『朱子大全』이라고도 함) 100권. 민(閩)과 절(浙)에 각기 판각본이 있다. 절본(浙本)은 명 홍무(洪武) 초년에 판각되었으며, 민 본(閩本)은 주재(朱在)가 편찬했다. 현재 보이는 것은 명 성화(成化) 19년 (1483)에 복건(福建) 보전(莆田)의 황중소(黃仲昭) 보교본이다.

『**주문공속집(朱文公續集)**』11권, 『주문공별집(朱文公別集)』10권. 명 성화 19년 황중소 보고본(補校本).

『**주자어류(朱子語類)**』140권. 여정덕(黎靖德)이 송 함순(咸淳) 6년(1270)에 편 찬했다. 그는 『지주소간어록(池州所刊語錄)』43권과 『속증장흡록(續增張洽 錄)』1권, 『요주소간어속록(饒州所刊語續錄)』46권, 『요주소간어후록(饒州所 刊語後錄)』26권, 『건녕신간별록(建寧新刊別錄)』20권, 『촉중소간어류(蜀中所

---

138 『주역참동계고이(周易參同契考異)』, 『주자유서(朱子遺書)』.

刊語類)』140권, 『휘주소간어속록(徽州所刊語續錄)』40권 등 지주와 요주, 건녕, 촉중, 휘주 등의 3록(錄)과 3류(類)에 근거하여 서로 참고하고 교감하여 이동을 고찰하고 남은 옳고 그른 것을 수집하여 중복되는 것은 삭제했다.

『**주자전서(朱子全書)**』60권. 이광지(李光地)가 강희(康熙)의 명을 받들어 『문집』과 『어류』에서 가려 뽑아 문(門)을 나누고 유(類)를 달리하여 강희 52년(1713)에 편집하여 이루었다.

『**주자유서(朱子遺書)**』는 『근사록(近思錄)』과 『연평답문(延平答問)』, 『중용집략(中庸輯略)』, 『논맹혹문(論孟或問)』, 『이락연원록(伊洛淵源錄)』, 『사상채어록(謝上蔡語錄)』을 포괄한다. 서목만 있고 글은 없는 것으로는 『논맹집의(論孟集義)』와 『소학』, 『역학계몽』, 『시서변(詩序辨)』, 『의례경전통해(儀禮經傳通解)』가 있다. 『주자유서이각(朱子遺書二刻)』에는 『논맹정의(論孟精義)』와 『역학계몽』, 『시서변』, 『효경간오(孝經刊誤)』, 『주역참동계주(周易參同契注)』, 『음부경주(陰符經注)』가 있다.

제2장

이기와 도기가
다르게 나뉘어져 유행함

○

理氣道器 分殊流行

주희의 학술 사상은 중국 철학사상 지극히 광대하고 매우 정미로우며 백대를 망라하였다. 주희는 의심의 여지 없이 전체 인류사와 발전사상 위대한 사상가이자 철학가다. 공자의 뒤를 이어 유학 발전사상 또 하나의 이정표가 될 만한 인물이다.

1. 철학의 논리적 구조

양송(兩宋) 이학의 발생과 형성은 우연이 아니다. 당 중엽 이래 유학 부흥의 연속으로, 북송 초년 이래 사상 해방의 산물이다. 유·불·도 3교(敎)의 장기적인 갈등으로 융합하고 화합한 성과이기도 하다. 이로써 도덕적 형이상학을 재건하고 윤리 질서 및 가치 규범의 필요성을 수립하였다.

주희의 사상은 양송의 도학을 집대성한 것으로, 도학을 체계화하였고 이론화를 완성하였다. 그 철학의 논리적 구조의 최고 범주는 이(理)이다.

상황에 따라 도(道)와 태극, 천리, 성(性) 등으로 일컬어지며, 그 핵심 범주는 이와 기이고 또한 음양(陰陽) 혹은 기(器)라고도 일컫는다. 이와 기는 상호 충돌하고 융합하여 서로 충돌한다. 융합의 동태 과정 중에서 화합하여 새로운 사물과 새로운 생명이 된다. 주희는 말하였다. "처음에는 하나의 이(理)를 말하였고, 중간에서는 흩어져 만사가 되었고, 끝에서는 다시 합하여져 하나의 이가 되었다."[1] "음양은 기이니, 이 이가 있으면 곧 이기가 있고 이 기가 있으면 곧 이 이가 있다. 천하의 온갖 사물과 온갖 이 중에서 무엇이 이 이를 벗어나며, 무엇이 음양을 벗어나는가?"[2] 이→만사→이, 혹은 이→기→만물만화(萬物萬化)의 이런 두 가지 형식이다. 이 두 가지 형식은 모두 이를 최고의 범주로 삼는다. 이와 기의 관계는 떨어지지도 않고 섞이지도 않는다. 결코 시간적으로 선후가 있는 것이 아니라 논리적인 관계이다. 이와 기가 화합한 물질에서 "나와" 비로소 시간상의 차서와 선후를 갖춘 것이다. 그래서 그는 말하였다. "아래로부터 미루어 위로 올라가면 오행은 단지 두 기일 뿐이고, 두 기 또한 하나의 이일 뿐이다. 위로부터 미루어 아래로 내려가면 다만 하나의 이일 뿐이다. 만물이 나누어 받아서 체(體)로 삼으니, 만물 가운데서 또 각각 하나의 이를 갖게 된다. 이른바 '건도가 변화하여 각각 성과 명을 바르게 한다'는 것도 총괄하면 또한 단지 하나의 이일 따름이다."[3] 이 아래에서 위로 미루는 것과 위에서 아래로 미루는 것은 주돈이(周敦頤)의 『태극도』에 대한 해석이다. 앞의 것을 가지고 말하면 오행(物)→음양(氣)→이이며, 뒤의 것을 가지고 말하면 이→기→물이다. 따라서 주희의 철학사상을 구성하는 논리적 구조는 곧 그 세계에서 발생하여 발전하고 쇠락하는 세계의 도식이다.

---

1 「서설(序說)」, 『중용장구(中庸章句)』 제1장.

2 『주자어류(朱子語類)』 권65.

3 『주자어류』 권94.

이(理)는 주희 철학의 논리적 구조의 시발점이자 종점이다. 논리적 구조는 일종의 사유 형태를 띤 구조가 된다. 그것은 존재적 구조, 구조 층차 관계 및 구조의 동시태(同時態)와 공시태(共時態)의 통일된 표징이다. 사물에 내재한 여러 가지 요소의 활동형식 및 각 요소 간의 상대적으로 안정적인 배열순서나 혹은 결합방식의 현현이다. 그것은 철학의 논리적 구조 내의 각 층차, 요소, 부분 사이에서 상호 충돌하고 융합되어 화합된 표현 형식으로, 사물 내부의 각 부분과 요소가 융합 충돌하여 화합한 사유 형식이다. 그것은 중국의 철학 범주가 일정한 사회경제, 정치, 사유의 구조라는 상황에서 구축한 상대적으로 안정적인 융합과 충돌로 화합한 체계 혹은 결합 방식이다. 따라서 이 자신이 조작이 없고 계탁(計度)이 없으며 정의(情意)가 없는 특징을 갖추고 있더라도 순수하고 절대적이다. 속세와는 다른 깨끗하고 공활한 세계이지만 진정 논리적인 결구 관계를 벗어날 수 없다. 곧 범주에 의해 짜인 "그물" 및 그 상호 관계이다. 이 관계는 두 방면이 있다. 첫째, 이는 기와 사물이 의지하여 존재하는 근거 혹은 본체로 소이연(所以然)이라는 것이다. 둘째, 기와 사물은 이가 의지하여 안돈(安頓)하고 괘탑(挂搭), 부착하는 곳으로 기를 빌려서 존재하며, 아울러 그것을 전개하는 철학의 논리적 구조이다.

이와 기의 이런 관계는 주희 철학의 논리 구조가 전개 가능한 근거이며, 또한 그 핵심이다. 기(陰陽)는 관계에서 하나의 활활발발한 것으로, 그것은 취산(聚散)과 조작(造作), 발육유행(發育流行) 등의 특징을 갖추고 있다. 기와 이의 충돌과 융합 및 기 자체의 동정의 변화가 하나에서 둘로 나누어졌다가 합침으로 해서 주희의 철학이 생명력과 변증적인 사유를 갖추게 하였다. 화합하여 만상의 세계가 되었는데 사물이라 일컫는다. 기는 이와 사물 사이에서 일정한 장력을 유지하도록 한다. 아울러 양자를 소통시켜 통합적인 결구를 이루게 한다. 이른바 오행(五行)과 기(器)는 자연적, 사회 인사를 가리키는 사물이면서 또한 의식과 정신, 심리를 가리키는 사물이기도 하다. 정치와 경제, 문화적, 윤리도덕적인 지(知)와 정(情), 의(意)의 활동이다. 주희는 무릇 이런 각종 사물은 모두 이를 가지고 있는데, 곧 사람이나 사물마다 하나의 태극을 가지고 있다고 생각하였다. 사람은 "격물궁리"나 "즉물궁리"의 방법을 통하여 물리 사이의 장애 혹은 폐색(閉塞)을 해소할 수 있으며 "이일(理一)" 곧 형상학(形相學)적인 이(太極, 道, 天理)를 체인하여 깨달을 수 있다. 쓸 만한 도식을 다음과 같이 나타낸다.

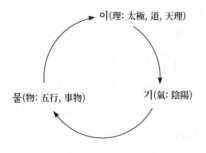

주희의 이─기─물─이의 논리적 구조로부터 다음 사실을 알 수 있다.

첫째, 이(太極, 道, 天理)는 주희 철학의 논리적 구조의 본체 범주로 천지만물의 본원이거나 근거일 뿐만 아니라 또한 인류사회 최고의 윤리도덕 원칙이거나 규범이다. 그것은 기의 도움을 빌려 만사 만물로 변이한다. 하늘에 있는 하나의 달("理一")이 강하(江河)와 호수, 바다의 각양각색의 달("分殊")로 변하는 것과 같다. 이는 만물 가운데 비쳐 "만물 가운데 각기 하나의 태극을 가지고 있다."[4] 만물 중에 모두 이를 온축하고 있기 때문이

---

4 「통서·이성명장주(通書·理性命章注)」, 『주자전서(周子全書)』 권9.

다. 주체의 이에 대한 체인은 바로 매 한 가지 일, 한 가지 사물의 이에 대한 궁격(窮格)을 통하는 것이다. 아울러 얕은 데서 깊은 곳으로, 거친 데서 정한 곳으로, 쌓인 데서 활연히 관통하는 곳으로, 곧 이른바 "격물궁리"로 이로 회귀하였다.

둘째, 기는 이의 괘탑처(掛搭處: 걸려 있는 곳)이며, 안돈처(安頓處: 머무는 곳), 부착처이다. 이와 기는 서로 의지하여 떨어지지 않는다. 이와 기의 융합과 충돌, 화합이라는 의미에서 말한다면 이와 기는 이 논리적 구조의 핵심적인 범주이다. 기가 부단히 동정(動靜)과 변화를 일으키어 하나가 둘로 나누어지기 시작하는 동시에 "이가 기를 타고 행하여지거나" "발육하고 유행하여" 자연히 이 또한 기를 타고 동정하고 변화하며 둘로 나누어진다. 이 하나가 둘로 나누어지는 것을 이에 대하여 말하면 하나의 "이는 하나인데 다르게 나누어지거나" "달이 모든 내에 비치는" 과정이지 통일될 물질이 둘로 나뉘어 서로 상대적인 물건이나 일반과 개별, 서로 다른 관계는 아니다. 이와 기의 동정변화에서 말미암아 그것과 서로 대칭되는 태극과 음양, 도와 기의 관계를 가진다. 이는 사람의 성을 구성하며 성은 곧 이이다. "성은 곧 나한테 있는 이이다."[5] 이를 갖춘 성만이 "천명지성(天命之性)"이며, 이와 기가 섞인 성은 기질지성(氣質之性)으로 도심과 인심, 성과 정의 관계이다.[6] 이[天理]는 바로 의리(義理)이며 기(氣質)에는 곧 공리(功利)가 있다. 이것이 바로 천리와 인욕, 하늘과 사람, 의리와 공리, 덕(德)과 형(刑), 왕도와 패도가 충돌과 융합 및 선(善)과 미(美), 이(理)와 시(詩)를 대하는 미학사상이다. 이는 바로 이기로부터 전개되는 인성론과 윤리론, 도덕론, 가치론, 심미론, 정치론, 경제론 및 역사론과 교육론의 논리적 구

---

5 「이(理)」, 『북계자의(北溪字義)』 권 하.

6 졸저 「심성론(心性論)」, 「성정론(性情論)」, 『중국철학범주발전전사·인도편(中國哲學範疇發展史·人道篇)』, 중국 인민대학출판사 1995년판, 124~134, 502~510쪽을 참고하여 보라.

조이다. 이 구조는 하나의 전체적인 구조이다.

셋째, 이—기—물—이의 철학의 논리적 구조에서 주희는 "일이관지(一而貫之)"의 사상적 이로(理路)를 가지고 있었다. 그것은 상술한 여러 범주와 범주 사이를 중시하는 것에 대한 상호 관계망의 분석이다. 그뿐만이 아니라 여러 범주 자체가 그 같지 않은 상황 아래 각층의 뜻이 내포된 것을 중시하는 것에 대한 분석이기도 하다. 범주 해석학에서의 구체적인 해석[靜態解釋], 의리 해석[動態解釋], 진실 해석[哲學解釋] 같은 것이다.[7] 이와 기·물·성 등의 범주의 뜻이 내포된 분석은 결코 단독적인 분석이 아니다. 논리적 결구의 높고 큰 시각 아래서의 자세한 시각과 관조가 있어야 좀 더 분명하고 명백하게 볼 수 있다.

2. 형상학의 추구

주희 철학의 논리적 구조는 이성 사유의 결과로 이성 사유의 사변성을 갖추고 있다. 주희 철학의 논리적 결구를 고찰하려면 반드시 그 대상성 이론이 전제되는지의 성립 여부에 대하여 어떻게 성립되는가 그 스스로 고찰을 진행하여야 한다. 그렇다면 이 사변적이고 추상적인 이는 무엇인가? 그 이론적 전제는 무엇인가?

1) 이기의 추구와 기혈의 화합

어떤 사람이 주희에게 물었다. "'대체로 입고 먹으며 일하고 쉬는 것, 보

---

7   졸저 『중국 철학의 논리적 구조론(中國哲學邏輯結構論)—중국문화철학발미(中國文化哲學發微)』, 중국사회과학출판사 1989년판, 70~92쪽.

고 들으며 움직이고 실천하는 것은 모두 물건이며, 이와 같은 의미의 준칙이 되는 까닭이 곧 도이다.'라는 구절의 뜻이 무엇입니까?" 주희가 대답하였다. "입고 먹는 것과 동작은 단지 사물일 뿐이고, 사물의 이가 곧 도이다. 사물을 곧 도라 부르는 것은 안 된다."[8] 이곳의 "물"과 "물의 이치"는 분별된다. 물은 구체적으로 드러나는 층면(層面)으로 주체적으로 느낄 수 있는 것이다. 물의 이는 물 현상 배후의 물이 그렇게 되는 까닭으로 느낄 수 없는 층면을 감추고 있지만 체득하여 깨달을 수는 있는 것이다.

주희의 형상학으로써의 이에 대한 추구는 격물치지의 이론적 실현에서 말미암는다. 다만 체득하여 깨달을 수 있는 것이 아니라 주체적으로 깨달을 수 있는 사물로부터 시작된다. "또한 이 부채라는 물건은 곧 부채의 도리가 있다. 부채가 이와 같이 되려면 마땅히 이와 같은 쓰임에 부합해야 한다. 이것이 곧 형이상의 이이다."[9] 부채는 "이렇게 쓰이는" 가운데 주체적으로 부채의 기물성(器物性)과 접촉하게 되는데 부채가 "이렇게 쓰이기" 때문에 부채라는 기물의 실재성에 의지하게 된다. 그러나 즉각적인 부채의 묘사와 해석에 대해서는 결코 부채의 부채로서의 성질을 설명할 수 없다. 부채의 "이렇게 하는" 것에 대하여 고찰할 수 있다 하더라도 또한 부채의 부채로서의 성질에 대해서는 진실한 대답을 할 수 없다. 이는 부채라는 "이 물건"에 대한 묘사이기 때문에 부채의 물리적 측면에 속하는 이해는 형이하학적 층차에 귀속된다.

부채가 존재하는 참은 결코 부채의 현상이 아니며 초월적인 부채의 이(理)이다. 부채의 이는 결코 부채를 제작하는 재료와 형상, 자획에 따라 변하지 않는다. 부채가 반드시 갖추어야 할 가장 기본적이고 가장 일반적인 규칙, 원리적인 화합으로 곧 "이렇게 해야 이 쓰임에 합당한" 규칙, 원

---

8 『주자어류』권62.

9 위와 같음.

리적인 총합이다. "이 의자는 네 개의 다리가 있어야 앉을 수 있으니, 이것이 의자의 이이다. 다리 하나를 없애면 앉을 수 없어서 곧 그 의자의 이를 잃게 된다."[10]는 것과 같다. 네 다리는 의자의 안정을 유지하고 압력을 받아들이기 위해서 필요하다. 의자의 기능과 효용성의 측면이지만 네 다리를 가진 것이 곧 의자가 아니며 탁자도 다리가 네 개이다. 네 다리 탁자는 앉기 위한 것이 아니며 네 다리 의자라야 앉을 수 있다. 의자의 이(理)의 진실성은 의자의 네 다리와 앉을 수 있는 것을 통해서 나타난다. 부채의 이와 의자의 이는 부채와 의자의 전 과정을 관통한다. 부채와 의자의 어떤 한 부분은 결코 필연적으로 부채와 의자를 구성할 수 없다. 부채와 의자는 다만 부채의 "이렇게 해야 이 쓰임에 합당한" 것과 의자의 "네 다리는 앉을 수 있다"는 부채의 이와 의자의 이에 비추어보아야만 부채의 참과 의자의 참이 될 수 있다. 부채의 참과 의자의 참은 부채의 이와 의자의 이는 부채, 의자에서 실현되기 때문에 부채의 이는 부채의 세계를 가지며 의자의 이 또한 의자의 세계를 가진다. 이 부채의 세계와 의자의 세계는 부채 세계의 화합 및 의자 세계의 화합이다. 한 방면의 구성요소와 화합만 결여되어도, 이를테면 다리가 결여되면 앉을 수가 없어서 의자가 될 수 없다. 또한 의자의 이와 의자의 참이 없게 된다. 이것을 가지고 말하면 부채의 참과 의자의 참의 요지는 바로 화합에 있으며, 부채의 이와 의자의 이 자체는 바로 화합이다.

부채와 의자 및 사람의 생명은 그 중의 자연과 사회의 각종 사물에 생존하며, 모두가 형이하의 기(器)로 또한 기(氣)라고도 일컫는다. "하늘과 땅 중간이 있으니, 위는 하늘이고 아래는 땅이며, 중간에는 많은 해와 달, 별 그리고 산과 내, 풀과 나무, 사람과 사물, 날짐승과 길짐승이 있다. 이

---

10 위와 같음.

것은 모두 형이하의 기이다. 그러나 이 형이하의 기(器) 가운데는 곧 각각 저절로 이가 있으니, 이것은 곧 형이상의 도이다."[11] 형이하의 기(器)는 운용되고 활짝 열리는 과정 중에 주체가 기물성을 만날 수 있다. 그러나 반드시 형이하의 기의 기성(器性)이 나타나는 것은 아니며 심지어 기물성은 결코 기성(器性)이 아니라고도 말할 수 있다. 이미 형이하의 기를 초월하면서도 내재된 이로, 이 이는 곧 형이상의 이로 그것은 혹 형이하에 내재된 기 가운데 깃들어 있다. "이 형이하의 기 가운데 곧 저 형이상의 도가 있음을 말한다. 형이하의 기를 형이상의 도로는 삼을 수 없다."[12] 형이상과 형이하에는 도와 기(器)의 구별이 있다.

형이상의 도와 형이하의 기 사이는 일종의 융합하고 충돌하며 화합하는 관계이다. "'형이상의 것을 도라고 하고, 형이하의 것을 기(器)라고 한다.' 이는 사람에게서 비로소 알 수 있다. 기를 가리켜 도라고 하면 사실 옳지 않지만, 그렇다고 기가 도에서 분리되는 것 또한 옳지 않다. 그리고 이런 불[火]은 기이므로 본래 도가 그 안에 있다."[13] 또 말하였다. "사람의 몸은 기이며 말과 동작은 곧 사람의 이이다. 이는 다만 기 위에 있고, 이와 기는 서로 떨어진 적이 없다."[14] 사람의 몸은 물질과 형체의 존재형식이 되는데 기(器)이다. 사람의 몸은 기로 결코 사람의 근본적인 속성 곧 인성을 나타내지 않는다. 사람의 본성은 곧 그 다른 동물과 구별되는 말을 할 수 있고 사회 실천 활동에 참여할 수 있는 동물에 있다. 사람과 동물은 모두 감수계통과 반응계통을 가지고 있다. 군거(群居) 동물 사이에는 교제가 있을 뿐 아니라 유기체와 서로 적응하는 교제 도구를 가졌다. 이는 바

---

11 위와 같음.
12 위와 같음.
13 『주자어류』권75.
14 『주자어류』권77.

로 신호이다. 동물은 미세한 신호의 변화에 대해 반응을 나타낼 수 있다. 그러나 의미가 있는 음절이나 성음(聲音)이 있는 언어는 말할 수 없다. 언어는 사람이 사상과 정감, 소식을 교환하는 도구로 사람이 동물과 구별되는 주요 표지이다. 이 때문에 중국과 서방의 철학가들은 모두 사람을 "언어를 구사할 수 있는 동물"로 규정한 적이 있다."[15]

주희는 사람은 언어 외에 동작도 추가하여야 한다고 생각했다. 사람은 자신의 생명과 존재의 실천을 다투는 활동 과정에서 부단히 자아를 발전시키고 개조하고 완전하게 하고 있기 때문이다. 언어는 바로 사람과 사람의 교왕 활동이나 동작 가운데서 발생하며 교왕 활동의 빈번함에 따라 부단히 풍부해진다. 이는 또한 주희가 중국과 서방의 철학가와 다른 점으로 사람이 사람인 표지로서의 본성인 언어와 동작은 인의 이(理)인데, 사람의 이 자체는 언어와 동작의 화합이다. 사람의 이의 화합은 사람의 몸인 기물을 기초와 저장 장치로 사람의 몸이라는 기물을 떠나지 않는다. 사람의 몸이라는 이 기물을 떠나면 언어는 사람의 언어가 아니며 동작 또한 사람의 동작이 아니다. 이 의의에서 말한다면 사람이 사람인 까닭은 사람의 이와 사람의 기의 화합이다. "사람이 태어나는 것은 성(性)과 기(氣)가 합하여지는 것일 따름이다."[16] 여기서 말한 성은 이를 주로 하며 형체가 없는 것 곧 사람의 이를, 기(氣)는 형(形)을 주로 하며 질(質)이 있는 것 곧 인의 기(器)를 가리킨다. 사람의 기(器)를 가지고 말한다면 "또한 기와 피가 화합하여 이루어진 것이다.(선생이 손으로 몸을 가리켰다)"[17] 기와 피가 화합하여 이루어진 사람의 마음은 곧 사람의 기(器)의 마음이며, 그것이

15 졸저 『신인학도론(新人學導論)─중국의 전통적 인학 성찰(中國傳統人學的省察)』 직공교육출판사(職工敎育出版社) 1989년판, 2~18쪽을 참고하여 보라.

16 「답채계통(答蔡季通)」, 『주희집(朱熹集)』 권44, 2057쪽.

17 『주자어류』 권78.

천리의 도심과 화합하여야 비로소 완전무결한 마음을 이루게 된다.

주희는 부채와 의자, 사람과 부채의 이, 의자의 이, 사람의 이의 추구를 통하여 그 대상성 이론의 전제의 성립 여부 및 어떻게 성립하는가에 대하여 고찰을 진행하였고, 형상학 본체의 이 자체는 무엇인가 하는 데 대하여 가다듬고 대답을 하였다. 이는 곧 융합하고 충돌하는 화합이다.

2) 이는 근거이며 형상의 주재이다

이에 대한 추구는 아래에서 위로 향하며 또한 위에서 아래로 가다듬는 것인데, 그 이론적 전제는 합리적인 것으로 천지만물이 존재하는 근거와 담당인 까닭은 형이상의 이의 가치와 의의가 된다. 주희는 이런 규정을 한 적이 있다.

첫째, 이는 천지만물의 본원이거나 근저이다. 주희는 말하였다. "내가 가만히 생각해보니 천지가 사물을 냄은 하나의 근원에 근본하며 사람과 짐승, 초목이 남에 이 이를 갖추지 않음이 없다."[18] 천지가 사물을 내는 "근본"은 하나의 근원적인 것에 근본한다. 이것은 보편적인 특성을 갖추고 있으며, 사람과 짐승, 초목은 모두 이것에 근본하며 그것은 곧 사람과 짐승의 통일성으로 이것이 곧 이(理)이다. 이 이 또한 바로 천지만물의 "근저"이다. "이른바 무극이면서 태극이라 한 것은 태극도의 강령으로 도가 만물이 아직 존재하기 이전의 것이며 실제 만물의 근저라는 것을 밝힌 것이다."[19] 저(柢)는 곧 나무의 뿌리로 곧 사물의 본원과 근원이라는 뜻이다.

이왕에 이가 천지만물의 본원이거나 근거인 바에야 본원은 논리상 만

---

18 「연평답문(延平答問)」, 『주자유서(朱子遺書)』.
19 「소주주학염계선생사기(邵州州學濂溪先生祠記)」, 『주희집』 권80, 4143쪽.

물에 앞서 존재하며 이것이 없으면 근저가 없다. "서(徐)가 물었다. '하늘과 땅이 나누어지기 전에도, 하늘 아래에 수많은 것들이 이미 있지 않았습니까?' 말하였다. '단지 늘 이가 있었기 때문에 오랜 세월 동안 천지가 사물을 만들어 낼 수 있었으니, 예와 지금이나 다만 수많은 것들로부터 떠나지 않았다.'"[20] 천지만물이 아직 태어나기 전에 이미 이가 먼저 있었다. "천지가 생기기 이전에는 틀림없이 이만 있었다. 이가 있으면 천지가 있게 된다. 만약 이가 없었다면 역시 천지도 없었을 것이고 사람도 사물도 없었을 것이니, 실을 것이 전혀 없었을 것이다."[21] 이가 천지에 앞서 있는 것은 가능하지 않지만 필연적이다. 이런 필연은 천지 인물이 "실을 것이 전혀 없었을 것이다"라는 말로 설명이 된다. 이와 같은 것으로 말미암아 이는 천지 인물에 외재하는 성격을 갖추었으며 아울러 이의 천지 인물의 생멸을 따르지 않는 영원성을 드러내었다. "가령 산과 강, 대지가 모두 무너져 내려도 틀림없이 이는 여기에 있을 것이다."[22] 이는 예로부터 지금까지 늘 불멸의 사물에 있으며 사람과 만물은 모두 생멸이 있으나 이는 생멸을 초월하여 사람과 만물에 외재한다. 바로 이런 외재성은 이로 하여금 사람과 만물에 앞서는 선재성(先在性)을 갖추게 할 뿐만 아니라 또한 후재성을 갖추는데 곧 사람과 만물이 모두 무너져 내려도(사라져도) 그것은 의연히 존재하고 있다. 이것이 바로 이로 하여금 시공이라는 유한성을 초월하게 하여 무한성을 내포하고 있는 것이다. 무한성은 유한적인 인물의 본원과 근저를 이룬다.

둘째, 이는 사람과 만물의 주재자이다. 이가 비록 사람의 관념이 창조한 것이기는 하지만 이의 변화는 관념을 창조한 사람의 지배자와 주재

---

20 『주자어류』 권1.

21 위와 같음.

22 위와 같음.

자가 되게 하였다. 정호(程顥)는 "천리(天理)" 두 자는 그가 세세히 체득해 낸 것이라고 하였지만 결코 천(天)과 이(理)를 두 가지 사물로 보지 않았으며 천이 곧 이라고 생각하였다. "천은 이이며, 신은 만물을 묘용(妙用)하는 것으로 말한 것이다. 제(帝)는 일을 주재하는 것으로 말한 것이다."[23] 이런 천과 이가 합쳐져 하나가 되었다. 이 하나로 합친 것에서 하늘이 원래부터 가지고 있던 주재의 함의 또한 이의 내포 쪽으로 전이되어갔다. "이른 바 '하늘이 창창(蒼蒼)하다.'고 할 때의 하늘은 형체를 말한 것이고, 이른바 '오직 황상제(皇上帝)만이 하민에게 충(衷)을 내린다.'라고 한 것은 제(帝)를 말하면서 이 이(理)를 부여했으니 주재의 뜻이 있다."[24] 천(天)과 제(帝), 이(理) 셋은 모두 주재의 의미를 갖추고 있다.

주희의 제자 진순(陳淳)은 『어류』에 기록하였다. 어떤 사람이 상제가 백성들에게 선함을 내리고, 하늘이 장차 사람에게 큰 임무를 내릴 것이며, 하늘이 만물을 낳고 아울러 인민을 보우하여 재능 있는 사람을 임금으로 만들었는데 "대체로 이런 말들은 저 위에 있는 창창한 하늘에 정말 주재자가 있어서 그런 것입니까? 아니면 하늘에는 마음이 없는데, 단지 그 이치를 근원적으로 따져보니 그렇다는 것입니까?"라 물었다. 주희가 대답하였다. "그 세 부분은 다 같은 뜻일 뿐이다. 그것은 단지 이가 그렇다는 것이다."[25] 그는 이와 천, 제에 마찬가지로 인물을 주재하는 성질과 공능을 부여하였다. "제(帝)는 이(理)를 주로 하며"[26], "천리(天理)의 주재"[27]이다. 이가 주재의 뜻을 갖추었다면 주재 되는 인물과 더불어 주인과 종, 명령자와

---

23 『하남정씨유서(河南程氏遺書)』 권11, 『이정집(二程集)』 중화서국 1981년판, 132쪽.

24 『주자어류』 권68.

25 『주자어류』 권1.

26 위와 같음.

27 「태극설(太極說)」, 『주희집』 권67, 3537쪽.

피명령자, 재제자(宰制者)와 피재제자의 관계를 구성한다. 주인과 명령자, 재제자는 절대 권위와 권세를 갖춘다. 이에 "이 이(理)는 천명(天命)이다."[28] 이렇게 이의 주재성은 결코 일종의 의지가 있는 인격신의 주재가 아니라 일종의 초인물(超人物)이자 초자연적 객관 필연성으로, 인물은 그 제재를 받으며 도전을 할 수 없다. 이런 필연성은 또한 일종의 절대성이다.

셋째, 이는 형기(形器)를 초월한 형이상자이다. "이(理)는 이른바 형이상자이다."[29] "형이상자는 곧 명리(名理)의 말이다."[30] 주희는 일의 이와 명리의 이가 모두 하나의 이로 두 개의 이가 없으며 "아래위로 관통하여 하나의 이일 따름이니 그래서 다만 이 이(理)이다."[31]라고 생각하였다. 형이상의 이는 형체가 없고, 형이하의 형기(形器)는 형체가 있다. 형이상과 형이하의 구별은 곧 도와 기(器), 이와 기(氣)의 차이이다. "형이상자는 형체도 그림자도 없는 이 이(理)요, 형이하자는 정도 있고 형상도 있는 이 기물(器物)이다."[32] "그러나 이는 형체가 없고 기는 오히려 자취가 있다."[33] 형이상과 형이하는 서로 상대적인 성질로 삼아 말한 것으로 "형(形)"의 방면에서 구분할 수 있다. 형체가 없고 그림자가 없는 것은 이(理)이고, 정이 있고 형상이 있고 자취가 있는 것은 기(器)이거나 기(氣)이다. 이로부터 "무릇 형체가 없는 것을 일러 이(理)라고 하며"[34], "형이상의 도는 본래 방소(方所)와 명상(名狀)이 없는 것을 말할 수 있다."[35]라는 말에 수긍할 수 있다.

---

28 「명도논성설(明道論性說)」,『주희집』권67, 3539쪽.

29 「답강덕공(答江德功)」,『주희집』권44, 2115쪽.

30 「공야장(公冶長)」,『논어혹문(論語或問)』권5,『사서혹문(四書或問)』.

31 위와 같음.

32 『주자어류』권95.

33 『주자어류』권5.

34 『주자어류』권3.

35 「태극도설해(太極圖說解)」,『주자전서(周子全書)』권1.

바로 "이 이는 형체가 없기"[36] 때문에 초월적이고 매우 감지하기 어렵다. "사물은 볼 수 있지만 그 이는 알기 어렵다."[37] "알기 어렵다"는 것은 결코 알 수 없는 것과는 같지 않으며 주희 철학의 논리적 구조에서 이는 격물을 통하여 궁리, 곧 이를 체인할 수 있다. 격물(格物)은 한 건 한 건의 격(格)을 필요로 하며 누적된 것이 많아지면 "환하게 관통할" 수 있는데 이것이 바로 "알기 어려운" 것이며, 그것은 유형적인 사물과는 달리 한 번만 보면 명료해질 수 있다.

이(理)는 형체가 없고 그림자가 없으며 방소(方所)가 없고 명상(名狀)이 없지만 결코 존재하지 않는 것이 아니다. 비록 초월적이고 감지할 수 있는 것은 아니지만 오히려 존재하지 않는 곳이 없으며 없는 곳이 없다. "어디를 가더라도 있지 않은 곳이 없다."[38] 이(理)는 실리(實理)가 되어, "고금에 두루 미치어 뒤집어지거나 깨어질 수가 없는 것"[39]으로 영원히 실존하는 것이다.

넷째, 이(理)는 "그래야 하는 법칙(當然之則)"과 "그렇게 되는 까닭(所以然之故)"이다. 주희는 말하였다. "대체로 천하의 일에는 이가 없는 것이 없다. 인군과 신하 사이에는 군신 간의 이가 있고, 아비와 자식 간에는 부자 간의 이가 있으며, 부부, 형제, 벗에서부터 드나들고 기거하며, 일에 호응하고 외물을 대하는 데에 이르기까지 제각각 이가 있다. 이것을 탐구하면 크게는 인군과 신하로부터 미세한 사물에 이르기까지, 그 소이연(所以然)과 소당연(所當然)을 알지 못함이 없다."[40] 이는 형이상학의 본체로 천지만

36 『주자어류』 권101.

37 『주자어류』 권75.

38 「독대기(讀大紀)」, 『주희집』 권70, 3656쪽.

39 「답육자미(答陸子美)」, 『주희집』 권36, 1567쪽.

40 「갑인행궁편전주(甲寅行宮便殿奏)」, 『주희집』 권14, 547쪽.

물의 "그렇게 되는 까닭", 곧 만물의 근거이다. 이(理)는 형이하의 백성이 날로 쓰는 학문의 그래야 하는 원리, 원칙이 되는데 곧 그것은 사물의 그래야 하는 법칙이다. 이는 그래야 하는 법칙과 그렇게 되는 까닭의 통일이다. "천하의 사물에 이르러서는 반드시 각기 그렇게 되는 까닭과 그래야 하는 법칙, 이른바 이(理)를 가지고 있다."[41]

"그렇게 되는 것"은 사물"이" 무엇인가를 설명한다. "그래야 하는 것"은 사물이 "응당" 어떠한가를 말한다. "이다"와 "응당"은 사물이 존재하는 현실 상황이다. "그렇게 되는 까닭"의 "까닭"은 사물이 무엇인가에 대한 원인이며 근거의 추구이다. 이 "까닭"의 추구는 곧 이(理)이다. "그래야 하는 까닭은 또한 다만 이(理)이다."[42] 이를테면 크게는 천지가 높고 두꺼운 원인이며, 작게는 하나의 사물이 그렇게 되는 근거 등이다. 그러나 사람들이 때때로 사물과 접촉하여 습관이 되어 정밀하게 그렇게 되는 까닭을 살피지 않거나, 아니면 사물의 원인을 추구하는 자각이 없기 때문에 "그 이(理)를 구하지 않고", "그 극(極)을 궁구하지 않아" 사람들에게 무시되었다.

"그렇게 되는 까닭"은 유가 윤리도덕에서 말하면 곧 "어버이를 모실 때 마땅히 효도하고 형을 모실 때 마땅히 공경하는 것은 곧 그렇게 되는 까닭이다."[43] "어떻게 반드시 그렇게 되는가?" 바꾸어 말하면 곧 왜 반드시 효도를 하고 공경을 해야 하는가? 곧 "어버이를 섬길 때는 효도를 해야 하고", "형을 섬길 때는 공경해야 하는" "응당" 효도하고 공경해야 하는 원인은 무엇인가? 미루어 말하면 임금이 인자한 까닭과 신하가 공경하는 까닭, 아비가 자애로운 까닭, 자식이 효도하는 까닭은 바로 "그렇게

---

41 『대학혹문』 권1, 『사서혹문』.

42 『주자어류』 권49.

43 『주자어류』 권18.

되는 까닭"을 가리키는데, 그 궁극적인 "까닭"은 바로 이(理)이다.

주희의 천하 사물과 유가 윤리도덕이 "그렇게 되는 까닭"에 대한 추구는 천하 사물과 유가 윤리의 형상근거에 대한 탐구 토론과 논증이다. "곽형(郭兄)이 물었다. '그렇게 되는 까닭과 그래야 하는 법칙을 알고 있지 않음이 없습니까?' 말하였다. '그렇게 되는 까닭은 곧 다시 위의 한 층이다. 군주가 인을 행하는 것과 같으니, 대개 군주는 하나의 중요한 머리[主腦]이고, 백성과 토지는 모두 그의 관리에 속하니, 그는 저절로 인애(仁愛)를 쓴다. 시험 삼아 인애하지 않는 것으로 보면, 곧 행동할 수 없다. 군주를 위해 말한 것이 아니니, 어쩔 수 없이 인애를 쓰는 것이 저절로 이와 같이 이에 부합한다.'"[44] 일가(一家)를 가지고 논하면 가장(家長)은 일가를 사랑하는 사람과 일가를 아끼는 사람을 쓰니 또한 이가 이렇게 합치됨이 마치 하늘이 그렇게 되도록 시킨 것과 같다. "이처럼 이에 부합하고", "천리(天理)가 이와 같이 되도록 하는 것"은 모두 국군(國君)과 가장이 인애를 해야 하는 까닭은 근거가 이렇게 되도록 한 것을 말한 것이며, 유가의 윤리 강상이 도덕형상학의 이의 지탱을 얻게 하였다.

"그래야 하는 법칙"은 비록 "그렇게 되는 까닭"에 비해 낮은 층차지만 주희의 도덕형상학의 이(理)는 반드시 안돈과 괘탑이 현실의 사람과 사물에 있는 실존 층면이다. 이 때문에 응당에 있는 층면은 반드시 일정한 규범과 도리, 원칙, 곧 이(理)가 있어야 하는데, 이것이 곧 "마땅히 그러한 법칙"의 "칙(則)"이다. "대체로 '하늘이 백성을 낼 적에 사물이 있고 법칙도 있었다.' 하였으니, 사물이란 형체이고 법칙이란 이이다."[45] "천하 만물의 그렇게 되어야 하는 법칙은 이이다."[46] "칙(則)"은 바로 천

---

44 『주자어류』 권17.

45 「답강덕공(答江德功)」, 『주희집』 권44, 2715쪽.

46 『주자어류』 권117.

하 만물이 내포하고 있는 고유의 법칙이거나 원칙이다. 이(理)는 천하 만물의 법칙이 되며 또한 유가의 윤리강상이 모든 사람에게 준수하기를 요구하는 법칙이기도 하다. "군신, 부자, 부부, 장유, 붕우의 떳떳함은 모두 반드시 그렇게 되어야 하는 법칙이 있어서 스스로 그만두고자 하는 것을 용납지 않는 것이 이른바 이(理)이다."[47] "오륜"이라는 이 사람과 사람의 가장 기본적인 관계는 반드시 "그렇게 되어야 하는 법칙"을 가지고 있어서 이 다섯 가지 기본적인 윤상관계로 하여금 타당하게 처리되게 하고 아울러 그것이 안정되게 한다. 이를테면 "어버이를 모실 때는 효도해야 하고 형을 모실 때 공경해야 하는 부류는 곧 마땅히 그러한 법칙이다."[48] 효제(孝弟)는 곧 어버이를 섬기고 형을 섬기는 "그렇게 되어야 하는 법칙"이며, 이 "그렇게 되어야 하는 법칙"이 있어야 부자와 형제의 윤상 관계가 영원히 유지되고 합리적으로 처리되게 할 수 있다.

"그래야 하는 법칙"은 선험적이고 천생적이다. "'하늘이 백성들을 내었으니 사물이 있는 곳에 법이 있다.'의 '칙(則)'자는 오히려 '충(衷)'자와 비슷하다. 하늘이 이 사물을 냄에 반드시 그렇게 되어야 하는 법칙이 있으므로 백성들이 그것을 잡고 상도(常道)로 삼는다."[49] 그래야 하는 법칙은 백성이 반드시 준수하여야 할 "상도"로, 이런 "상도"는 이미 규정되었으며 현실사회의 인류의 교왕 활동 및 백성이 날로 쓰는 수요이다. "이가 그래야 하는 것은 이른바 백성이 떳떳함을 잡는 것이고 백성이 날로 쓰는 것이다."[50] 이것이 바로 그렇게 되어야 하는 법칙이 되는 이로 백성이

---

47 『대학혹문』 권2, 『사서혹문』.
48 『주자어류』 권18.
49 위와 같음.
50 『논어혹문』 권8, 『사서혹문』.

날로 쓰는 상도에서 이탈할 수 없다.

다섯째, 이는 사물의 법칙이다. "실로 이(理)가 있으니, 이를테면 배는 물에서만 갈 수 있고, 수레는 뭍에서만 갈 수 있다."[51] 배와 수레는 각자 물과 뭍에서만 가게 되어 있으니 이는 배와 수레의 특성이며 또한 그 제작 원리이다. "하늘은 붓을 만든 적이 없는데 사람이 토끼털을 가지고 붓을 만들었다. 붓이 있으면 곧 (붓의) 이가 있는 것이다."[52] 이는 자연계의 구체적인 사물의 이를 가리킨다. 모든 사물은 다 고립되어 존재하지 않으며 보편적으로 연계된 가운데 처하여 있다. 사물 가운데는 반드시 연계되는 것 및 사물이 변동하여 거처하지 않는 기본 질서가 있는데 이것이 바로 "이(理)"이다. "이를테면 삼·보리·벼·기장은 어느 때 씨를 뿌려야 하고 어느 때 거두어야 하며, 땅의 비옥함과 척박함은 두터움과 얇음이 같지 않으니, 여기에 어떤 식물을 심어야 하는가는 모두 이가 있다."[53] 농작물을 언제 파종하고 수확하며, 토지가 비옥하고 척박함에 따라 무슨 작물이 잘 맞는가 하는 것은 모두 이가 있다. 이 이는 농작물과 시공(時空) 및 토지가 연계된 데서 필연적으로 준수해야 할 일종의 법칙이다. "천하의 모든 사물은 다 정해진 이가 있다는 것을 알 수 있다. 정(定)이라는 것은 예컨대 추울 때는 옷을 입어야 하고, 배고프면 먹어야 하는 것처럼 다시 생각할 필요가 없는 것이다."[54] 사물의 운동은 반드시 일정한 질서를 준수해야 하는데, 그것은 일종의 상대적으로 안정되고 공고한 연계로 이것이 곧 이이다.

이런 안정적이고 공고한 연계는 임의로 바꿀 수가 없다. "이를테면 풀

---

51 『주자어류』 권4.

52 위와 같음.

53 『주자어류』 권18.

54 『주자어류』 권14.

한 포기 나무 한 그루, 짐승 한 마리에도, 모두 이가 있다. 초목은 봄에 생
장하고 가을에 죽는데(시드는데), 생장을 좋아하고 죽음을 싫어한다. 음력
5월에 양목(陽木)을 베고, 음력 11월에 음목을 벤다 하니, 모두 음양의 도
리를 따르는 것이다.(砥의 기록에는 '모두 자연의 도리이다.'라 되어 있다.)"[55] 이런 자연
의 이는 자연계의 만물이 생멸하는 법칙으로, 사람이 태어나면 반드시
죽어야 하는 한도 같은 것으로 위배할 수 없는 법칙이다.

주희는 이는 같지 않은 언어 환경과 장소에 있다는 데 대하여 다원적
으로 규정하였는데, 다방면에서 체인해나가야 한다. 위에서 말한 다섯
방면은 기본적인 규정과 내포이다.

3) 태극과 이는 형상에서 지선(至善)이다

"태극"은 『주역』 경부(經部)와 『상서』, 『시경』, 『노자』, 『논어』 등에 보이
지 않으며, 장자(莊子)는 말하였다. "대체로 도는 …… 태극에 앞서 있으나
높지 않다."[56] 이는 도가 존재하는 상태나 성질을 가리킨 것이며, 그 이해
가 실체성이라는 개념을 가지고 있다. 주희의 제자 진순은 태극은 오직
『역』 「계사전(繫辭傳)」의 "역에는 태극이 있다"라는 데서만 보이며, 또한
진한 이후 태극에 대한 해석은 모두 차이가 있고 오직 주돈이가 지은 「태
극도」만이 "바야흐로 비로소 명백하게 말하였다."[57]라 생각했다. 주희는
주돈이를 계승하여 태극이 형기(形氣)의 유에 속한다는 데 동의하지 않았
으며, 또한 태극에 앞서 별도로 사물이 있다는 것도 부정하였다. 그는 태
극이 곧 이라고 생각하였다. 그는 말하기를 "태극은 다만 하나의 '이(理)'

---

55 『주자어류』 권15.

56 「대종사(大宗師)」, 『장자집석(莊子集釋)』 권3 상.

57 「태극」, 『북계자의(北溪字義)』 권 하.

자이다."⁵⁸ "그러나 이른바 태극은 또한 이라고 할 따름일 것이다."⁵⁹라 하였다. 태극은 주희 철학의 논리적 구조에서와 그 범주의 망상(網狀) 관계에서 이와 함께 동등한 지위와 작용에 처하여 있으며, 그 형이상학의 본체가 되는 성질 또한 서로 비슷한 곳이 있다. 이는 그 기본적인 품격이지만 표현상 또한 미세한 차이가 있다.

첫째, 태극은 모든 천지만물의 이이다. "모든 천지만물의 이가 곧 태극이다."⁶⁰ "대체로 그 이른바 태극이라고 하는 것은 천지만물의 이를 합쳐서 하나로 부른 것일 따름이다."⁶¹ 천지만물을 총합한 이가 태극이다. 태극은 이의 총칭이며, 이의 대전(大全)이라고 생각하였다. 그러나 이 총칭한 이의 태극과 모은 인물이 "하나씩 가지고 있는 태극"의 구체적인 태극 양자는 결코 전체와 부분, 일반과 개별의 관계가 아니다. "하나의 이"와 "만 가지 이", "이는 하나"와 "나누어져 달라지는" "달이 모든 내에 찍히는(月印萬川)" 관계이다. 이것이 바로 "모든 사물이 각기 이를 가지고 있는데 모으면 다만 하나의 이"⁶²라는 것이다. 천지만물의 이를 모은 것은 사물이 각기 가지고 있는 이를 모은 것과 같으며, 곧 태극과 "하나의 이"이다. 다름이 있다고 하나 사실은 마찬가지이다.

둘째, 태극은 이의 지극한 것이다. "태극은 다른 하나의 사물이 아니어서, 음양에 나아가면 음양에 있고, 오행에 나아가면 오행에 있으며, 만물에 나아가면 만물에 있으니, 단지 하나의 이치일 따름이다. 지극한데 이르므로 이름하여 태극이라 한다."⁶³ 태극은 음양과 오행, 만물에 깃들어

58 『주자어류』권1.
59 「천문(天問)」, 『초사집주(楚辭集注)』권3, 50쪽.
60 『주자어류』권94.
61 「융흥부학염계선생사기(隆興府學濂溪先生祠記)」, 『주희집』권78, 4085쪽.
62 『주자어류』권94.
63 위와 같음.

있는데 이의 지극한 것이다. 이른바 "지극하다"는 의미는 "태극이라는 것은 집에 용마루가 있는 것과 같으니, 하늘에 극(極)이 있어, 여기에 이르면 갈 곳이 없어지게 되니 이의 지극한 것이다."[64] 하늘에 극이 있고 집에 용마루가 있는 것이 바로 극에 이른 것이다. 극에 이르면 갈 곳이 없다. 태극은 바로 극에 이른 것이고, 극에 이르거나 최상에 이르는 것은 이의 최상에 이르는 성질과 극에 이르는 성질을 설명한 것이다. 곧 태극과 이의 형상학적 형상성(形上性)이다.

셋째, 태극은 음양과 대칭되고, 이는 기와 대칭된다. "대체로 태극은 이이며 형이상의 것이다. 음양은 기이며 형이하의 것이다."[65] 이런 상호 대응관계는 주희가 중국의 전통적 범주의 대응계통을 계승한 것이기 때문에 표현 면에서 차이점이 있지만 실질적으로는 같다. "태극은 다만 하나의 이로 구불구불 나뉘어 두 개의 기가 되는데, 내면에서 동하는 것은 양이고 정한 것은 음이다."[66] 이와 서로 대응되는 기는 곧 음양의 두 기이므로 태극과 이는 또한 융통성이 있다.

주희는 태극에 이런 규정을 내렸다.

첫째, 태극은 천지만물의 근저이자 근거이다. "성인이 태극이라고 이르는 것은 저 천지만물의 뿌리를 가리키는 것이다."[67] "천지만물의 뿌리"의 "근(根)"은 근원과 근저의 뜻을 가리킨다. "그 이른바 무극이면서 태극이라고 하는 것은 또한 전체 그림의 강령으로 도가 만물이 아직 존재하기 이전의 것이며 실제 만물의 근저라는 것을 밝힌 것이다."[68] 태극은 천지

---

64 위와 같음.
65 『주자어류』권5.
66 「태극도설·집설(太極圖說·集說)」, 『주자전서(周子全書)』권1.
67 「답양자직(答楊子直)」, 『주희집』권45, 2154쪽.
68 「소주주학염계선생사기(邵州州學濂溪先生祠記)」, 『주희집』권80, 4143쪽.

만물의 근저라는 뜻이 되어 그가 육구소(陸九韶), 육구연과의 "태극이면서 무극"의 변론 가운데서 진일보된 논술을 남겼다. "그러나 특히 무극을 말하지 않으면 태극은 하나의 사물과 같아져서 모든 조화의 근거가 되기에 부족하고, 태극을 말하지 않으면 무극은 공적(空寂)에 빠져서 모든 조화의 근거가 될 수 없다는 것을 끝내 알지 못하는 것이다."[69] 또 말하였다. "내가 앞의 편지에서 이른바 '무극을 말하지 않으면 태극은 한 사물과 같아서 만화의 근본이 되기에 부족하고, 태극을 말하지 않으면 무극은 공적에 빠져서 만화의 근본이 될 수가 없다.'라 한 것이다."[70] 주희는 "무극이면서 태극"을 "형체는 없지만 이는 있다."로 해석하였다. 태극이 하나의 사물과 서로 같다면 모든 사물이 다 만물화생(萬物化生)의 근원이 되는데 이는 불가능하다. 따라서 "모든 사물은 사물이 아니며", 한 사물과 같은 태극은 만물화생의 근원이 되는 자격을 갖추기에는 부족하며, 반드시 무극을 가지고 태극을 규정하여야 태극이 한 사물과 혼동되지 않게 하며 하나의 사물을 초월한다. 가령 태극을 가지고 무극을 규정짓지 않으면 무극은 곧 공적(空寂)에 빠지게 되어 불교와 서로 뒤섞여 충분히 만물화생의 근본이 될 수가 없다. 이 때문에 반드시 "무극이면서 태극"을 말해야 한다.

"무극이면서 태극"은 이미 "태극을 하나의 형상이 있는 사물로 볼까 걱정하여 또 무극이라고 말한 것이니, 단지 이러한 이를 말했을 뿐이다."[71]는 것을 피하였으니 태극이 이이다. 만약 "형상이 있는 사물로 본다면" 곧 형이하의 기물이며 형이상의 이가 아니다. 동시에 또한 "아마 배우는 사람이 태극(太極)이 하나의 사물(事物)인 줄로 잘못 알까 걱정하였으

69 「답육자미(答陸子美)」, 『주희집』 권36, 1567쪽. 졸저 『심학을 향한 길―육상산 사상의 족적(走向心學之路―陸象山思想的足迹)』, 중화서국 1992년판 226~232쪽을 참고하여 보라.

70 「답육자정(答陸子靜)」, 『주희집』 권26, 1576쪽.

71 『주자어류』 권94.

므로 '무극(無極)' 두 글자를 붙여서 그것을 밝힌 것이라고 하였다."[72]는 것도 피하였다. 이렇게 쉽게 "태극의 위에 다시 이른바 무극이라는 것이 있다고 생각하는"[73] 오해를 낳고, 이를 옳다고 한다면 태극은 곧 형상학의 본체가 아니며 또한 지상성(至上性)을 갖추지도 않는다.

둘째, 태극은 초월인인 "형이상"자이다. "태극은 형이상의 도이며, 음양은 형이하의 기(器)이다."[74] 태극과 음양은 도와 기의 형이상과 하의 구분과 같다. "대체로 태극은 형이상자이며, 2·3·4·5는 형이하자이다."[75] 태극이 비록 형이상자로 형기와 구체적인 수를 초월하여 형이하와 섞이지 않지만 또한 형이하를 떠나지 않으며, 혹 형이하"에서 벗어나지 않는" 음양오행에 깃들기도 한다. "대체로 태극은 비록 음양오행을 벗어나지 않지만 그 본체는 또한 음양오행에 섞이지 않는다."[76] 태극과 음양의 형이상·하의 관계는 떨어지지도 않고 섞이지도 않는 관계이다.

셋째, 태극은 초감각, 초형상적인 무형·무상·방소가 없는 것이다. "태극은 방소가 없고 형체가 없으며 둘 만한 지위가 없다."[77] 그 형상이 없고 방소가 없는 것으로 인하여 곧 구체적인 형상이 있거나 일정한 공간을 점유하고 있는 물체가 아니다. "태극은 오히려 하나의 사물이 아니며 둘 만한 지위가 없으며 무형의 극이다."[78] 하나의 사물이 아닌 까닭은 "태극

---

72 「답육자미(答陸子美)」, 『주희집』 권36, 1568쪽.

73 「소주주학염계선생사기」, 『주희집』 권80, 4143쪽.

74 「태극도설해(太極圖說)」, 『주자전서(周子全書)』 권1.

75 「답조자흠(答趙子欽)」, 『주희집』 권56, 2818쪽.

76 위와 같음. "其體亦有不雜乎陰陽五行" 구의 "雜"은 『사부총간(四部叢刊)』 본에는 "離"로 되어 있다. 청(淸)의 하서린(賀瑞麟)이 지은 『주자문집정와(朱子文集正訛)』에는 "雜"으로 되어 있는데, 지금 이를 근거로 고쳤다. 이 네 구의 "太極雖不外乎陰陽五行"의 "不外"는 곧 내포하여 떨어지지 않는다는 뜻이며, 아래 구에서 다시 "不離"라 하였는데, 뜻이 중하다.

77 『주자어류』 권94.

78 『주자어류』 권75.

은 곧 양의(兩儀), 사상(四象), 팔괘(八卦)의 이이며, 없다고 할 수 없으나 다만, 말로 표현할 수 있는 형상이 없을 뿐이다."[79] 태극은 양의, 팔괘의 이가 되는데 실존의 이이지 무는 아니다. 달리 형상이 없고 방소가 없는 것 또한 바로 무라고 할 수 없다. 실존하는 이는 존재이지 허무가 아니다.

태극은 감각을 초월하여 소리가 없고 냄새가 없기 때문에 듣고 맡을 수가 없다. "태극이 되는 까닭에 이르러서는 또한 애초에 소리도 냄새도 없다고 말할 수 있는데, 이는 성(性)의 본체가 그런 것이다."[80] 태극은 소리와 냄새가 없는데, 이는 태극의 본연지성으로 귀로 듣고 코로 맡는 감각을 뛰어넘은 것이다. 그러나 초감각은 결코 체득, 체인할 수 없는 것과 동등하지 않다. 태극은 소리와 냄새가 없는 천지만물의 근저가 되어 "하늘이 하는 일은 소리도 냄새도 없으며 실로 조화의 추뉴(樞紐: 관건)이며 품휘(品彙)의 근저이다. 그래서 태극이면서 무극이며 태극의 바깥에 다시 무극이 있는 것이 아니라고 하였다."[81] 태극은 천지만물 조화의 총 추뉴이며 총 근저이다.

넷째, 태극은 "지극히 선한" 도덕이다. "태극은 다만 지극히 좋고 지극히 선한 도리일 뿐이다. 사람마다 하나의 태극이 있고 사물마다 하나의 태극이 있다. 주자(周子)가 말한 태극은 하늘과 땅의 사람과 사물이 지닌 모든 선의 지극히 좋은 것이 드러난 덕이다."[82] "도리"와 "드러난 덕"은 모두 태극이 인물을 통해 체현해낸 일종의 매우 좋거나 지극히 좋은, 만선(萬善)이나 지극히 선한 것을 통한 덕성이며 성질이다. "중리(仲履)가 말하였다. '태극은 바로 인심의 지극한 이입니다.' 말하였다. '사물마다 모

---

79 「기임황중변역서명(記林黃中辨易西銘)」, 『주희집』 권71, 3691쪽.

80 「태극도설해」, 『주자전서』 권1.

81 위와 같음.

82 『주자어류』 권94.

두 극(極)이 있으니, 도리의 지극함이다.' 장원진(蔣元進)이 말했다. '군주의 어짊과 신하의 공경이 바로 극(極)입니다.' 말하였다. '이것은 하나의 사물의 극이다. 천지간에 만물의 이치를 총괄하는 것이 바로 태극이다. 태극은 본래 이러한 이름이 없으니, 단지 다른 드러난 덕이다."[83] 이런 "드러난 덕"은 윤리도덕의 의의에서 말하면 곧 임금은 어질고 신하는 공경하는 등이며, 천지만물에서 말하자면 지극히 선한 덕성이다.

태극의 규정과 내포는 그 기본적인 방면에서 말한 것이지만 주희 또한 이따금 "태극은 다만 하나의 기이다."[84]라 하였다. 이는 또한 "태극은 다만 하나의 이(理)이다."라는 말과 상충한다. 이 때문에 다만 "태극"을 주희 철학의 논리적 구조에 집어넣어야 정확하게 그 성질과 내포를 파악할 수 있다.

4) 도는 곧 이이며 무형의 자연

도는 주희 철학의 논리적 구조에서 이와 태극에 상당한다. 주희는 말하였다. "괘와 효, 음양은 모두 형이하자로 그 이는 도이다."[85] "음양은 기이며 형이하자이다. 따라서 한 번 음이 되고 한 번 양이 되는 것은 이이며, 형이상자이며 도는 곧 이를 이른다."[86] 주희가 육구연과 도기(道器)의 문제를 변론할 때 육구연은 도기합일론을 주장하면서 주희의 병폐는 도와 기를 상대적으로 본 데 있다고 생각하였다. 「계사(繫辭)」에서 "한번 음이 되고 한번 양이 되는 것을 일러 도라고 한다", "형이상자를 도라고 한

---

83 위와 같음.
84 『주자어류』 권3.
85 「계사상전(繫辭上傳)」 제5, 『주역본의』 권3.
86 「통서·성상주(通書·誠上注)」, 『주자전서』 권7.

다"라 강하였는데, 음양은 곧 형이상자이다. 주희는 형이상·하의 도기(道器)의 구분을 견지하였으며, 음양은 도가 아니며 음양이 되는 것이 도라고 하였다.[87] "음양은 도가 아니며, 한번은 음이고 한번은 양이 되는 순환이 끊이지 않는데 이것이 도다. 단지 한번은 음이 되고 한번은 양이 된다고 말했다면 음양의 왕래와 순환이 그치지 않는다는 뜻을 보인 것이다. 이 이치가 바로 도이다."[88] 음양이 왕래하고 순환하여 그치지 않는 도리가 바로 도이다.

도와 이는 함께 한번은 음이 되고 한번은 양이 되는 도리로 형이상자이며, 아울러 기(器)와 기(氣) 등이 형이하인 것과 대응을 구성하는 범주이다. 이것은 바로 도와 이를 원융(圓融)시킨 것으로 그 철학의 논리적 구조를 구성하는 엄밀성이다. 그러나 도와 이의 원융은 결코 그 미세한 차이를 소홀히 여기지 않는다. 이런 차이는 다음과 같다.

첫째 "도는 굉대(宏大)하고" 이(理) 자는 정밀하다. "말하기를 '도(道)라는 것은 포괄하는 의미가 크며, 이(理)는 도의 이면의 많은 무늿결이다.'라 하고, 또 말하였다. '도는 굉대하고, 이는 정밀하다.'[89] "도"의 "굉대"한 층면에서 말한다면 "도"는 포괄하지 않는 것이 없고 없는 곳이 없다. "대체로 도는 포괄하지 않음이 없고"[90], "도의 전체는 실로 갖추지 않은 것이 없다."[91] "도의 바깥에 사물이 있으면 실로 도라고 하기에는 충분치 못하다. …… 대체로 도는 어디를 가도 있지 않은 곳이 없다."[92] "도"가 있지 않은

87 졸저 『심학을 향한 길─육상산 사상의 족적(走向心學之路─陸象山思想的足迹)』, 중화서국 1992년판, 233~236쪽을 참고하여 보라.

88 『주자어류』 권74.

89 『주자어류』 권6.

90 『주자어류』 권63.

91 「태백(泰伯)」 제8, 『논어집주』 권4.

92 「여왕상서(與汪尙書)」, 『주희집』 권30.

곳이 없고 도의 바깥에 사물이 없기 때문에 도체는 모든 것을 갖추고 있다. "도체의 온전함은 혼연히 일치되며 정조(精粗)와 본말, 내외, 빈주의 구분이 그 안에서 찬연하여 조그마한 차이도 있을 수 없다. 이는 성현의 말이기 때문에 혹은 가지런하고 혹은 합쳐지며 혹은 달라졌다 혹은 같아지는데 이것이 곧 도체가 온전해지는 까닭이다."[93] 도체(道體)의 온전함은 "혼연히 갖추지 않은 것이 없으며"[94], "도"는 갖추지 않은 것이 없을 뿐만 아니라 "도"와 "이"를 서로 비교하면 "도는 통명(統名)이고 이는 세목(細目)이라는"[95] 구별이 있는 것 같다. 이런 대소와 통명, 세목의 나눔은 결코 도가 이를 초월하지 못한다. 진순은 해석하여 말하기를 도와 이의 상대적인 의의 상에서 말한다면 "도(道) 자는 비교적 너그럽고 이(理)자는 비교적 실하며, 이에는 확실히 쉽지 않은 뜻이 있기 때문에 만고에 통행하는 것은 도이고, 만고에 바뀌지 않는 것은 이이다."[96] 다른 시각에서 본다면 양자는 같지 않은 기능과 작용이 있다.

둘째 도의 체용과 이의 체가 선이고 용은 후. "도의 체용은 크기는 천하가 다 실을 수 없고, 작기는 천하가 절대로 깨뜨릴 수 없다."[97] 도의 체용은 천하가 실을 수 없고 깰 수 없는 성질을 가지고 있는데 이런 성질은 무한성을 가지게 하였다. 도의 체용은 상대적으로 떨어지지 않는다. "체와 용은 원래 서로 떨어지지 않으니, 마치 사람이 가고 앉는 것과 같다. 앉으면 이 몸이 완전히 앉은 것이니 곧 체이다. 가면 이 몸이 완전히 가는 것이니 곧 용이다."[98] 가는 것과 앉는 것으로 체와 용을 비유하였는데 뜻은

---

93 「태극도설해·부변(太極圖說解·附辯)」, 『주자전서』 권2.

94 「답여백공(答呂伯恭)」, 『주희집』 권33.

95 『주자어류』 권6.

96 「이(理)」, 『북계자의(北溪字義)』 권 하.

97 『중용혹문』 권2, 『사서혹문』.

98 『주자어류』 권16.

완전히 앉고 완전히 가는 데 있으며 반만 앉고 반만 가는 것이 아니며, 체와 용은 상대적으로 서로 나누어지는데, 앉는 것을 체로 하고 가는 것을 용으로 한다면 떨어지지 않는 것을 비유하는 것이며, 가는 것을 체로 하고 앉는 것을 용으로 하면 떨어지지 않음이 무슨 불가함이 있는가 비유하는 것이다.

　도의 체용은 결코 도가 체용을 겸한다는 뜻이 아니며 도 자체가 곧 체용을 갖추고 있다. 묻기를 "하늘과 땅 사이를 두루 살펴보면, '해가 지면 달이 뜨고, 추위가 가면 더위가 오며,' '사 계절이 운행하여 만물이 생겨나니' 이것이 도의 작용이 유행하여 발현되는 것입니다. 이런 점에 나아가 총괄해서 말한다면 그 가고 옴과 생겨나 변하는 것이 한 순간도 중간에 끊어짐이 없으니 바로 도의 본체입니까?"라 하였다. 말하였다. "본체와 작용으로 설명한 것은 옳다. 다만 '총괄한다'는 표현은 타당하지 않으니, 총괄이란 표현은 작용을 겸하여 말해야 한다. …… 예를 들어 이 몸은 본체이며, 눈으로 보고, 귀로 들으며 손과 발로 운동하는 것은 곧 용이다. 이 손이 본체라면 손가락이 움직이고 물건을 끌거나 집는 것은 용이다."[99] 이를테면 손을 체라고 한다면 손 자체는 바로 운동과 드는 공용을 갖추고 있으며 결코 운동과 드는 공용을 "겸"한 것이 아니다. "겸(兼)"은 바깥에서 가한다는 뜻이 있는 것 같다. 손에 운동과 드는 공용이 없다면 손은 손을 이루지 못하는 것은 발에 걷는 공용이 없다면 발은 발이라고 칭하지 못하는 것과 같다. 따라서 체와 용은 떨어지지 않는다.

　이의 체가 선이고 용이 후라는 것은 도의 체용은 선후로 나누어지지 않는다는 것과 차이가 있다. "이를 말할 경우 체를 먼저 하고 용을 나중에 하는데, 대개 체를 들면 용의 이치가 이미 갖추어 있는 것이니, 이래

---

99 『주자어류』 권6.

서 한 근원이라고 하는 것이다. 일을 말할 경우 현(顯)을 먼저 하고 미(微)를 나중에 하는데, 대개 일에 나아가서 이(理)의 체를 볼 수 있는 것이니, 이래서 간격이 없다고 하는 것이다. 그렇다면 이른바 일원(一原)이라는 것은 어찌 이른바 '일원(一源)'이 함부로 말할 만한 정(精)과 조(粗), 선과 후가 없다고 하겠는가? 하물며 이미 체가 선 다음에 용이 행하여진다고 말하였으면 또한 먼저 이것이 있고 뒤에 저것이 있는 것을 싫어하지 않을 것이다."[100] 체와 용에는 선후가 있는데 결코 체와 용이 둘로 떨어지는 것이 아니다. 체와 용이 둘로 분열된다면 이는 일종의 오류이며 바로잡을 필요가 있다. 이 때문에 그는 또한 "체와 용은 근원이 하나이며 드러남과 은미함은 간격이 없다(體用一原, 顯微無間)"는 것을 강조하여 둘이 서로 의존하여 떨어지지 않는 관계를 설명하였다. 다만 "일원(一原)"과 "무간(無間)"을 강조하는 것은 바로 체와 용, 현(顯)과 미(微)의 차분(差分)이 있기 때문이다. 이것이 바로 주희가 사유를 변증하는 표징이다.

"도"는 "이"일 뿐 아니라 또한 "태극"이다.

한번 음이 되고 한번 양이 되는 것을 도라고 하는데, 태극이다.[101]

묻기를 "'한 번 음이 되고 한 번 양이 되는 것을 일러 도라 한다.'는 것은 태극이 아닙니까?"라 하자 말하였다. "음양은 단지 음양일 뿐이고, 도가 태극이다. 정자(程子)는 '한 번 음이 되고 한 번 양이 되는 까닭이 도다'라고 말했다."[102] 도는 모든 천지만물의 이로 확정하였다. 주희는 말하였다. "태극은 상수(象數)가 아직 형체를 갖추지 않았지만 이(理)가 이미 갖추어진 것이다. …… 소자(邵子)는 말하였다. '도는 태극이다.'"[103] 진순이 해

---

100 「태극도설해, 부변(附辯)」,『주자전서(周子全書)』권2.
101 『주자어류』권74.
102 『주자어류』권94.
103 『역학계몽』권2,『주자유서(朱子遺書)』.

석하여 말하였다. "도가 태극이라는 것은 도는 곧 태극이며 두 이가 없는 것이다."[104] 도는 태극과 하나의 이, 곧 도와 태극은 실로 이름은 다르지만 같은 체이거나 같은 이라는 것을 뜻한다. "도체의 지극함을 말하면 태극이라고 하고, 태극의 유행을 말하면 도(道)라고 한다. 비록 두 가지 이름이 있지만 처음부터 두개의 체(體)는 아니다."[105] 이렇게 도와 태극, 이 삼자는 원융하여 막힘이 없다.

주희는 도에 대하여 규정하였다.

첫째, 도는 형기를 초월한 형이상의 이이다. "음양과 태극은 두 이가 있다고 말할 수 없는 것이 필연적이다. 그러나 태극은 형상이 없고 음양은 기가 있으니 또한 어찌 상하의 다름이 없을 수 있겠는가? 이것이 도와 기(器)의 구별이 있는 까닭이다. 그러므로 정자는 말하기를 '형이상은 도이고 형이하는 기(器)이니 모름지기 이렇게 말해야 한다.'"[106] 태극은 형상이 없으며 도이고, 음양은 기(氣)가 있어 기(器)인데, 도기(道器)와 태극, 음양은 형이상하(形而上下)의 구분이 있다. 도는 형기(形器)를 초월한 형이상으로 도는 음양과 동등할 수 없으며, "한번 음이 되었다가 한번 양이 되는 것을 도라고 하며" 결코 음양이 곧 도는 아니며 음양이 그렇게 되는 까닭이 도이다. "'한번은 음이 되고 한번은 양이 되는 것을 도라고 한다'에서 음양은 기이고 도가 아니다. 음양이 되는 까닭이 바로 도이다."[107] 한번 음이 되었다가 한번 음이 되어 순환을 그치지 않는 것은 도체의 표현이다.

둘째, 도는 형체가 없고 소리와 냄새가 없다. "도는 형체가 없고 다만

104 「태극」, 『북계자의(北溪字義)』 권 하.

105 「답육자정(答陸子靜)」, 『주희집』 권36, 1575쪽.

106 「태극도설해·부변(太極圖說解·附辯)」, 『주자전서』 권2.

107 『주자어류』 권74.

성(性)이 곧 도의 형체이다."[108] "성"은 여기서 도대체 무엇을 가리키는 가? 도의 속성(屬性)과 작용을 가리킨다면 일정한 합리성이 있으며, 사물 의 성질과 특성을 가리킨다고도 말할 수 있을 것이다. 인의예지를 성이 라고 생각한다면 이 성을 통하여 표현된 도의 형체는 그렇다면 타당치 못한 곳이 있을 것이다. 인의예지는 도덕의 심성이 되기 때문에 일종의 의식 현상이며 형체가 없는 것이니 도가 어찌하여 이것을 형체로 삼을 수 있겠는가? 형체가 없으면 자연히 소리와 냄새도 없다. "도는 본래 형 체가 없다. …… 그 '소리가 없고 냄새가 없는 것'이 곧 도이다."[109] 이렇게 도는 곧 초경험적이고 초감각인 관념의 실존이지 그냥 없는 것이 아니 다. 주희의 제자 진순이 이해한 바에 따르면 주희와 불(佛)·노(老)의 구별 은 바로 여기에 있다. 노장(老莊)은 도로 천지의 형기 바깥을 뛰어넘어 천 지의 앞에 있어 공허한 도리를 가지고 있다고 말하였다. 불교에서는 도 를 논하여 공(空)을 조종으로 삼고 천지만물이 모두 환화(幻化)한다고 생 각하였으며, 천지보다 앞섬이 없는 것을 나의 진체(眞體)라 하였다. 한번 참된 공으로 돌아가면 곧 도를 얻게 된다. 진순은 그들을 "도는 다만 인 사(人事)의 이일 따름이라는 것을 알지 못한다."고 비판했다. 도는 인사의 일용을 떠나지 않으며 인사의 일용을 떠나면 도가 없다. "도는 사물을 벗 어나 공허함이 있는 것이 아니며 사실 도는 사물을 떠나지 않는데 사물 을 떠나게 되면 이른바 도가 없다."[110] 이는 곧 사물 안에 있는 것이 곧 도 라는 것을 말한다.

도는 사물을 떠나지 않고 또한 사물과 섞이지도 않으며 초감각적이고 초경험성을 갖추었으며, 이 의의에서 말하면 도는 상존성(常存性)을 갖추

---

108 『주자어류』 권4.
109 『주자어류』 권36.
110 「도(道)」, 『북계자의』 권 하.

고 있다. "옛날부터 지금까지 항상 존재하여 없어지지 않는 것이니, 비록 천오백 년 동안 사람들에 의해 훼손을 당했어도 끝내 다 없애지 못했을 따름이다."111 도는 영원불멸한 것이다.

셋째, 도는 자연적이고 사회적인 필연의 법칙이다. "무릇 도라고 하는 것은 모두 사물의 그렇게 해야 할 이(理)이니, 사람이 함께 말미암는 것이다."112 사물의 그렇게 해야 하는 이는 사물의 필연성을 함유하고 있으니 곧 이렇게 되어야 하는 도리와 법칙이다. 이를테면 농작물을 언제 파종해야 하고 언제 수확해야 하는가는 그렇게 해야 할 이가 있으며, 아울러 사람들이 공동으로 따라야 하는 것이다. 이런 자연적이고 사회적인 공동의 필연적인 법칙은 "도체의 본래 그러한 것", 곧 본연적으로 그러한 것이다. 진순은 말하였다. "사실 도가 이름을 얻은 것은 모름지기 사람이 통행하는 곳을 가지고 말하였으며, 다만 일용의 인사가 마땅히 그러해야 하는 이와 예와 지금이 함께 경유하는 길이기 때문에 도라고 하는 것이다."113 도(道)의 본뜻은 길(路)로, 길은 사람이 걸어 나오면 사람들이 걸어가게 해주며 예와 지금에 함께 경유하는 길은 바로 자연과 일용의 인사가 마땅히 그러한 원칙이다.

넷째, 도는 인륜(人倫)이다. "사람이 태어남에 모두 이 성을 가지고 있으며, 모두 이 성을 가지고 있기 때문에 모두 이 인륜을 가지고 있으며, 모두 이 인륜을 가지고 있기 때문에 모두 이 도를 가지고 있다. 그러나 성인만이 그 성을 다할 수 있기 때문에 인륜의 지극함이 되고 경유함에 그 길을 다하지 않음이 없다."114 사람이 있으면 인성이 있고, 성이 있으면 인

---

111 「답진동보(答陳同甫)」, 『주희집』 권36.
112 「학이(學而)」 제1, 『논어집주(論語集注)』 권1.
113 「도(道)」, 『북계자의』 권 하.
114 『맹자혹문』 권7, 『사서혹문』.

륜이 있다. 사람들이 공동으로 이행하는 이 공동의 윤상(倫常)이 바로 도이다. 인륜의 지극함이 되어 인륜의 일용으로 체현된다. "도는 바로 인륜이 날로 쓰는 사이에 행해야 하는 것이다."[115] "소당행(所當行)"은 곧 행하여야 하는 것으로 "천하의 도는 그 실질적 근원이 천명의 성에 있고, 군신과 부자, 형제, 부부, 붕우 사이에서 행하여진다."[116]는 것을 가리킨다. "오륜"에서 "행하여져야 하는" 사이의 도가 곧 일종의 실제의 이이다. "내가 이른바 도는 군신, 부자, 부부, 형제[昆弟], 붕우의 마땅히 그러한 실제의 이이다."[117] 오륜의 사이에서 행하여지는 그렇게 되어야 하는 실제의 이는 바로 "아비는 자애로워야 하고 자식은 효성스러워야 하며 임금은 인자해야 하고 신하는 공경해야 하는 것 같은 것이 바로 이 뜻이다. 인자하고 효성스러워야 할 까닭, 인자하고 공경해야 하는 까닭이 곧 도이다."[118] 도는 곧 행하여야 하는 자애와 효성, 인자와 공경의 그렇게 되는 실재 이이다.

다섯째, 도는 곧 성(性)이다. "도는 곧 성이고 성은 곧 도로 실로 다만 하나의 사물이지만 모름지기 무엇을 성이라 하며 무엇을 도라 하는지 알아야 한다."[119] 이 의의에서 말하면 도와 성은 명칭은 다르지만 실질은 같다. "도는 포괄적으로 말한 것이고, 성은 자기 몸에 나아가서 말한 것이다. 도는 사물 사이에 있는 것인데 어떻게 알 수 있겠는가? 단지 여기에 나아가서 검증할 따름이다. 성이 있는 곳에 곧 도가 있다. 도는 사물에 있는 이이고 성은 자기에게 있는 이이다. 그러나 물의 이는 모두 내가 이 이

---

115 「술이(述而)」, 『논어집주』권4.
116 「휘주무원현학장서각기(徽州婺源縣學藏書閣記)」, 『주희집』권78, 4066쪽.
117 『논어혹문』권4, 『사서혹문』.
118 『주자어류』권52.
119 『주자어류』권5.

가운데 있는 것이며, 도의 골자가 성이다."[120] 도와 성은 나누어서 말하기도 하고 합하여 말하기도 한다. 나누어서 말하는 것은 같지 않은 대상과 범위를 가리켜 일컬은 것이고, 합하여 말한 것은 성과 도가 떨어지지 않고 함께 있는 것인데, 성은 도의 골자로 성은 도 가운데 함유되어 있다.

　도는 섞여 아직 나누어지지 않은 성(性) 안의 조리이다. 주희는 『중용』의 "성을 따르는 것을 도라고 한다(率性之謂道)"라는 말을 해석하여 말하기를 "성을 따라가기만 하면 모두 도이다."[121]라 하였다. 사람은 사람의 성을 가지고 있고, 사물은 사물의 성을 가지고 있다. "성을 따라가면", 인성을 따르면 곧 인도이고, 물성을 따르면 곧 물도이다. 성을 따라가면 인도와 물도가 나누어진다. 이는 성으로부터 말한 것으로, 성은 도의 골자이며, 도로부터 말하면 "성은 섞여 있는 것이고, 도는 성 가운데서 갈래지어진 조리이다. 성이 가지고 있는 것을 따르면, 그 가운데 많은 갈래의 조리가 곧 도이다."[122] 성은 조리가 갈라져 나누어지지 않은 것이고, 도는 성에서 조리가 갈래져 나누어진 것이다. 사람의 성과 말·소의 성은 곧 사람의 도와 말·소의 도로, 가령 그 성을 따르지 않고 "말이 밭을 갈고 소를 달리게" 하여 말의 성과 소의 성을 따르지 않으면 곧 말의 도와 소의 도가 아니다. 이 도는 이미 보편적이고 일반적인 조리와 도리 그리고 법칙을 가리킬 뿐만 아니라 또한 구체적이고 개별적인 조리와 도리 그리고 법칙을 가리킨다. 이를테면 물도(物道)와 인도(人道)는 전자이며, 마우(馬牛)의 도 및 사람의 인의예지의 도는 후자이다.

　이와 태극, 도 삼자의 상호 연계와 상호 규정 및 그것이 규정한 내포에서 말하면 세 범주는 서로 같은 성질과 특징을 가지고 있으며, 주희 철학

---

120 『주자어류』 권100.

121 『주자어류』 권62.

122 위와 같음.

의 논리적 구조의 연결망에서 서로 동등한 지위와 작용 그리고 기능을 갖추고 있다. 주희 철학의 논리적 구조의 연결망은 활짝 열려 있다. 아울러 활짝 열린 가운데 더욱 풍부하고 더욱 생동적인 내용을 포용한다. 그의 개방성은 그의 철학의 논리적 구조로 하여금 더욱 큰 포용성과 원융성, 곧 화합성을 갖추게 하였다는 것을 설명한다. 당연히 이 개방성은 결코 세 가지 사이의 차이를 말살하는 것은 아니다. 주희는 "완전히 정미(精微)한" 철학가로서 삼자(三者)에 대한 세미한 차이를 변별하였다. 이는 주희 철학이 중국 고대에서 분석에 주의를 기울였다는 것을 설명한다. 이런 조목조목 세밀한 분석은 그의 "지극히 광대한" 종합과 서로 결합하여 주희 철학의 논리적 구조가 이론적인 사유의 매력을 갖추게 했다.

3. 이기(理氣) 도기(道器) 체용(體用)

이와 태극, 도에서 서로 대응하는 기와 음양, 기(器)와 관계된 논술을 전개했다. 중국의 철학적 범주는 송명시기까지 발전해오면서 이미 엄밀한 논리적 구조를 드러내었으며 주희는 더욱 정밀하다.

1) 이기의 선후, 떨어지지 않고 섞이지 않는다

주희는 기를 이야기하면서 기는 기를 앙연(盎然)히 내는 것이라고 하였다. 그는 장재와 이정의 기와 이의 범주를 화합시켜 충돌하고 융합된 이기(理氣)의 범주가 그의 철학적 논리 구조의 핵심이 되도록 하였다. 이 때문에 주희는 이와 기의 관계를 논술할 때 그 처한 충돌에 주의하였을 뿐만 아니라 또한 그 통일된 융합에도 관심을 보였다. 이는 논증의 방법일 뿐만 아니라 그 사유의 원칙이기도 하다.

첫째, 이기의 선후. 주희는 같지 않은 상황에서 같지 않은 논술을 한 적이 있다. 주희는 이렇게 설명하였다. 첫째, 이가 먼저이고 기는 나중이다. 천지만물의 근원과 본원에서 말하면 이가 먼저이고 기는 나중이다. "본원(本原)을 논한다면 바로 이(理)가 있어야 기(氣)가 있는 것이기 때문에 이의 치우침과 온전함에 관해 논할 수 없다."[123] 이가 있는 다음이라야 기가 있으니 기는 치우침과 온전함이 있을 수 있지만 이는 치우침과 온전함이 없다. 이는 기의 앞에 있으며 이는 천지만물을 생성하는 근원이다. "태극은 음양을 낳고, 이는 기를 낳는다. 음양이 생겨나면 태극은 그 가운데 있으며 이는 다시 기의 안에 있다."[124] "이 이가 있고 나중에 이 기가 생긴다."[125] 이는 기를 화생(化生)시키는 것으로, 이미 이와 기가 화생하고 화생되는 관계라는 것을 확정하였다면 화생하는 것은 반드시 화생되는 것에 앞서 존재한다. 이 때문에 이와 기는 본래 선후가 없다고 말할 수 있을지라도 본원을 미루어 가면 최종적으로 여전히 이로 귀결된다. "혹자가 물었다. '이 이가 있은 다음이라야 이 기가 있다는 것은 어떻습니까?' 주희가 말하였다. '이는 본래 선후라고 말할 수 있는 것이 없지만 반드시 그것이 온 곳을 미루고자 한다면 모름지기 먼저 이 이가 있어야 한다고 말해야 한다.'"[126] "이와 기는 본래 선후라고 말할 수 있는 것이 없지만 미루어 나갈 때 오히려 이는 앞에 있는 것 같고 기는 뒤에 있는 것 같다."[127] "미루어 나간다"와 "그것이 온 곳을 미루는" 것은 곧 천지만물의 근원과 본원까지 미루어

---

123 「답조치도(答趙致道)」,『주희집』권59, 3078쪽.

124 「태극도설·집설(太極圖說·集說)」,『주자전서』권1.

125 『주자어류』권1.

126 위와 같음.

127 위와 같음.

가는 것으로, 혹 근원과 본원처를 따라 미루어 나오면 모두 이가 앞이고 기가 뒤이다. "필경 먼저 이 이가 있은 다음에 이 기가 있다."[128]

둘째는 기가 먼저이고 이가 뒤이다. 천지만물이 부여받은 것에서 보면 천지만물은 직접 기로 그 형질을 구성한다. "만약 부여받은 것을 논한다면 기가 있고 나서 이가 뒤따라 갖추어지기 때문에 기가 있으면 이도 있고, 기가 없으면 이도 없다."[129] 천지만물은 음양의 두 기를 부여받아 화성(化成)하며 이는 기를 따라 만물에 갖추어지니 기가 있은 다음에 만물의 이가 있다. 이 이는 구체적인 만물의 조리와 원칙을 가리키며, 사물이 있어야 사물의 조리가 있다. 이 의의에서 말하면 기가 앞이고 이는 뒤이다.

이가 앞이고 기가 뒤라는 것은 이에서 본 것과 본원과 근원의 의의에서 말한 것이며, 기가 먼저이고 이가 뒤라는 것은 사물에서 본 것과 현상과 형질의 의의에서 말한 것이다. 바로 이것 때문에 주희는 거듭 "이와 기는 본래 선후가 있다고 말할 수 없다."라 하였다. 선후가 있다고 말할 수 있다 하더라도 논리의 선후에 치중하여 말한 것이지 엄격하게 의의의 선후를 말한 것은 아니다. 이는 주희 철학의 특징이자 또한 주희 철학이 체험의 소재가 필요한 것이다.

셋째는 이기가 있으면 모두 있다. 이가 기에 깃들어 있고, 이가 사물에 깃들어 있고 기는 이가 편안하게 있는 곳이라는 관점에서 보면 이기는 선후를 가리지 않으며 있으면 모두 있다. "이가 있으면 기가 있고 기가 있으면 이 또한 기 가운데 있다."[130] "이는 기에 있다(理在乎氣)"의 "있다(在)"라는 각도에서 살펴보면 이의 존재가 있고 기의 존재가 있으니 이와 기는 모두 "존재(在)"와 "소유(有)"이다. 기의 존재와 소유가 없으면 이

---

128 『주자어류』 권95.

129 「답조치도」, 『주희집』 권59, 3078쪽.

130 『주자어류』 권94.

의 존재와 소유가 없다. "이 기가 없으면 이 이 또한 괘탑(掛搭)할 곳이 없다."[131] 따라서 주희는 이기가 존재하면 모두 존재하고 소유하면 모두 소유한다는 명제를 제기하였다. "물었다. '태극이 동하여 양을 낳고 정하여져 음을 낳는다고 했는데, 이가 앞이고 기는 나중이라는 것을 알 수 있습니까?' 말하였다. '비록 이와 같으나 또한 반드시 이처럼 이해해서는 안 된다. 두 가지가 있으면 모두가 있는 것이다.'"[132] 양자가 이미 모두 소유하고 모두 존재하니, 존재의 각도에서 말하면 선후는 나눌 필요가 없다.

둘째, 이와 기는 떨어지지 않고 섞이지 않는다. 이와 기가 서로 의존하여 분리할 수 없다는 데서 말한다면 "천하에는 이가 없는 기가 없고 또한 기가 없는 이도 없다."[133] 이가 있으면 기가 있고 기가 있으면 이가 있어 "기와 이는 본래 서로 의지한다."[134] 이와 기는 서로 삼투하고 서로 의존하여 나누어 말할 수 없어 "이가 있으면 반드시 기가 있어 나누어 말할 수 없다. 모두가 이이고 모두가 기이다. 어느 것이 이가 아닌가? 어느 것이 기가 아닌가?"[135] 이는 기와 떨어질 수 없으며 기와 떨어질 수 없는 이는 반드시 서로 의지한다. "기가 가면 이 또한 가니, 둘은 언제나 서로 의존하여 서로 떨어지지 않는다."[136]

이런 이와 기는 서로 의존하여 떨어지지 않아 운동과 운행의 측면에서 본다면 인물의 화생으로 표현되니 곧 이와 기가 대처하여 융합하는 것이다. "음양은 기이다. 이 이가 있으면 곧 이 기가 있고 이 기가 있으면 곧 이 이가 있다. 천하의 온갖 사물과 온갖 이 중에서 무엇이 이 이를 벗어나

---

131 『주자어류』 권1.

132 『주자어류』 권94.

133 『주자어류』 권1.

134 『주자어류』 권59.

135 『주자어류』 권3.

136 『주자어류』 권94.

며, 무엇이 음양을 벗어나는가?"[137] 이와 기가 융화하고 부딪치며 화합하면 새로운 사람과 사물을 화생한다. "사람이 생겨나는 것은 이와 기가 합하여진 것일 따름이다. 하늘의 이는 실로 넓고 넓어 끝이 없지만 기가 아니니 이 이가 있어도 모여서 머무는 곳이 없다. 그러므로 반드시 두 기가 교감하여 응결되고 생기어 모인 후라야 이 이에 달라붙는 것이 있게 된다."[138] 이는 기가 응결되어 생겨난 사물에 의뢰하는데, 이는 달라붙는 곳이 있으며 그렇지 않으면 달라붙는 곳이 없어서 공중에 매달려 행방이 없고 담박함이 없다. 따라서 이는 음양의 두 기가 교감하여 사물을 낳을 때 사물의 가운데 있게 된다. "기가 엉기어 모이지 않을 때는 이도 달라붙지 않는다."[139] 이와 기는 서로 의존하여 떨어지지 않으며 함께 사물 가운데 존재한다. "사물을 말하면 기와 이가 모두 그 가운데 있다."[140] 이와 기는 서로 의존하여 떨어지지 않는다.

이와 기가 서로 나누어져 섞이지 않는다는 것을 가지고 말한다면 이는 이와 기가 서로 합쳐져 떨어지지 않는다는 것과 서로 대응된다. 이 나누어지고 합쳐지는 구별이 있는 까닭은 인지된 층면에서 살펴보면 다음과 같다. "이른바 이와 기는 결단코 두 가지 사물이다. 다만 사물의 측면에서 보자면 두 가지 것이 혼륜(渾淪)하여 나누어 벌려서 각각 한 곳에 있을 수 없지만, 두 가지 것이 각기 하나의 사물이 되는데 해롭지 않다. 만약 이의 측면에서 보자면 아직 사물이 있지 않을 때 이미 사물의 이가 있을지라도, 또한 다만 그 이가 있을 뿐이고 실제로 사물이 있었던 것은 아니다. 무릇 이러한 부분을 분명하게 이해하고서 처음과 끝을 겸하여야 어

---

137 『주자어류』 권65.
138 『주자어류』 권4.
139 『주자어류』 권1.
140 『주자어류』 권68.

긋나지 않는다."141 한편 이의 방면에서 관찰해보면 이와 기는 서로 나누어져 섞이지 않는다. "이는 이이고 기는 기여서"142 이와 기는 각자 이와 기가 되며 양자는 두 가지 사물로 흐릿하게 서로 섞일 수가 없다. "기는 기이고 성은 성이며 또한 본디 서로 섞이지 않는다."143 "섞이지 않는" 것은 바로 이기가 각자 그 독립적인 성질과 특징, 곧 사물을 구별하는 자성(自性)을 가지고 있다는 것을 가리킨다. "겸지(謙之)가 물었다. '천지의 기는 그 어두움과 밝음이 어지러이 섞여 있을 때는 그 이 또한 따라서 어두움과 밝음이 섞여 있는 것 아닙니까?' 답하였다. '이는 다만 그대로이고 다만 기가 이러할 따름이다.' 또 물었다. '만약 기가 이러하고 이는 이렇지 않다면 이와 기는 서로 떨어져 있겠군요.' 답하였다. '기가 비록 이가 낳은 것이긴 하지만 이미 생겨났으면 이가 상관할 수 없다.'"144 이가 기를 낳았다는 것을 긍정하는 상황에서 이가 상관할 수 없다는 것을 인정하였다. 바꾸어 말하면 기는 그 자신의 독립성과 자주성을 가지고 있으며 결코 완전히 이에 굴복하여 이의 노예가 된 것이 아니다.

달리 물이라는 측면에서 관찰하면 이와 기는 뒤섞여 나눌 수가 없다. 곧 이와 기는 서로 의지하여 떨어지지 않는다. 주희는 인지의 측면에서 이와 기의 떨어지지 않고 섞이지 않는 관계를 증명하였다. 그것은 다만 직각(直覺)의 체험에 기대는 것이 아니라 인지의 감성에서 이성에 이르는 것에 의지한다. 물의 측면에서 관찰했을 때 이는 이미 기를 따라 물에 발을 들여놓았기 때문에 "이 기가 있으면 도리는 (그에) 따라서 안에 있고, 이러한 기가 없으면 도리는 안돈할 곳이 없다. 마치 물 가운데 달과 같으

---

141 「답유숙문(答劉叔文)」, 『주희집』 권46, 2243쪽.
142 『맹자혹문』 권3, 『사서혹문』.
143 「답유숙문」, 『주희집』 권46, 2243쪽.
144 『주자어류』 권4.

니, 반드시 이러한 물이 있어야 비로소 하늘 위의 달을 비출 수 있다. 만약 이 물이 없다면 결국은 이 달도 있을 수 없다."[145] 물(物)의 측면에서 보는 것은 바로 물[水]에서 보는 것으로 이때 "하늘의 달"은 이미 물에 비치는데 오히려 이가 이미 기에서 편안하기 때문에 이와 기는 뒤섞여 나누어지지 않는다.

셋째, 이와 기의 본말. 이와 기는 떨어지지도 않고 섞이지도 않지만 양자에는 본말의 구분이 있다. 첫째 이와 기는 본체와 작용의 관계이다. "하늘과 땅 사이에는 이가 있고 기가 있다. 이는 형이상의 도이고 만물을 낳는 근본이다. 기는 형이하의 기(器)이고 만물을 낳는 도구이다."[146] 이는 형이상자가 되어 사물을 낳는 본원과 근거, 곧 본체이다. 기는 사물을 낳는 재료가 되는데 형이하의 작용과 효용이다.

둘째 이는 본이고 기는 말이다. "이 이가 있으면 곧 이 기가 있지만 단이가 근본이며 지금은 우선 이로부터 기를 말하는 것이다."[147] 이의 방면에서 말하면 이가 선이고 기가 후라는 사유 모식인데, 이런 모식은 이는 본원과 본체 혹은 근본이며, 기는 그 표현과 현상이다. "본체를 가지고 말하면 이가 있고 그런 다음에 기가 있다."[148] 여기에서 이는 본이고 기는 말이며, 본말을 가지고 대응해서 말한다면 이 본은 본연의 뜻이 아니라 근본과 지엽의 뜻이며 지엽은 근본에서 생겨난다. "이기(二氣)와 오행은 하늘이 만물을 부여받아 생겨나는 것이다. 그 말에서 본을 따르면 오행의 다름은 이기(二氣)의 실질에 근본한다. 이기(二氣)의 실질은 또한 일리(一理)의 극에 근본하며 만물을 합쳐서 말한 것으로 하나의 태극이며 일이

---

145 『주자어류』 권60.

146 「답황도부(答黃道夫)」, 『주희집』 권58.

147 『주자어류』 권1.

148 『맹자혹문』 권3, 『사서혹문』.

다. 그 본에서 말로 가면 일리(一理)의 실질이며 만물이 나누어져 체가 된다."[149] 말을 가지고 본을 따르면 오행→이기(二氣)→이(理, 二氣는 一理에 근본)가 되며, 본에서 말로 가면 일리(一理)의 실질에서 만물로 나뉘며, 만물이 이를 나누어 이를 본체로 한다.

이는 본이고 기는 말이며 또한 곧 이가 체이고 기는 용이다. 본은 곧 본체이며, 근본과 본원이며, 말은 곧 작용과 지엽 그리고 현상이다.

넷째, 이와 기의 주와 부차적인 것. 이는 주도(主導), 주재(主宰) 그리고 주요 방면이며, 기는 보도(輔導), 주재 받음 그리고 부차적으로 중요한 방면이다. 첫째 이는 주이고 기는 부차적이다. "천도가 유행하여 만물을 발육시키니, 이가 있은 다음에 기가 있다. 비록 동시에 다 있지만, 결국 이가 주가 되니, 사람은 그것을 얻어서 태어난다."[150] "이가 주인데" 이기가 만물을 발육시키는 과정에서 이는 주도이고, 주요 방면이며, 기는 보도(輔導)이며 부차적으로 중요한 방면이다. "기가 모인 곳에는 곧 이가 있다. 그러나 이가 끝내 주가 된다."[151] "이는 기의 주이다."[152] 이 "주(主)"에는 주재(主宰)와 재제(宰制)의 뜻이 있다.

둘째는 이가 주(主)이고 기는 객(客)이다. "또 물었다. '이 이가 있은 다음에 기가 있다. 예컨대 한 바닷물을 어떤 사람은 한 국자를 떠 갖고 가고, 어떤 사람은 한 섬을 지고 가고, 어떤 사람은 한 사발을 갖고 가더라도 모두 그 바닷물이다. 다만 그것은 주인이고 나는 손님이며, 그것은 비교적 오래가고 내가 얻은 것은 오래가지 않을 따름이다.'"[153] 이곳의 "그것(他)"

---

149 『통서·이성명주(通書·理性命注)』, 『주자전서(周子全書)』 권9.

150 『주자어류』 권3.

151 「답왕자합(答王子合)」 『주희집』 권49, 2366쪽. 주희가 왕자합을 찬양한 이 구절은 잘 말하였으므로 주희의 견해로 보고 여기에 전용하여 인용한다.

152 『주자어류』 권94.

153 『주자어류』 권1.

제2장 이기와 도기가 다르게 나뉘어져 유행함 • 139

은 이를 가리키며, "나(我)"는 "사람(人)"이나 기를 가리킨다. 주객(主客)은 상대적으로 일컬은 것으로 주는 주인이고, 객은 손님이다. 주인은 항구한 거주자이며, 손님은 잠시 머무는 여객과 과객이며 일시적이다.

이가 선이고 기는 후, 이와 기는 떨어지지 않고 섞이지 않으며, 이가 본이고 기가 말, 이가 주이고 기가 객이라는 것은 이와 기가 이미 상대적이고 충돌하였다가 또 통일, 융합하는 관계라는 것을 설명한다. 이런 관계는 주희의 철학이 변증사유의 특색을 갖추게 하였다.

2) 태극과 음양은 서로 깃들고 서로 삼투한다

주희는 음양을 이야기할 때 태극과 상대적으로 일컬었으며 아울러 음양을 두 기로 일컬었다. 음은 "구름이 해를 덮으면" 햇빛이 구름에 가리어 덮이며, 혹 산의 북쪽은 볕을 등지는데 곧 음이다. 양은 곧 "높고 밝은데", 햇볕이 비추는 곳을 가리킨다. 주돈이는 「태극도설」에서 『주역』「계사전(繫辭傳)」에 의거하여 "역에는 태극이 있으며 이것이 양의(兩儀)를 낳는다."라 하였는데, "태극이 동하여 양을 낳고, 동이 극에 달하면 정하여진다. 정하여져서 음을 낳고 정함이 극에 달하여 다시 동을 낳는다. 한 번 동하고 한 번 정하여진 것이 서로 뿌리가 되며, 음으로 나뉘고 양으로 나뉘어 양의가 확립되었다."[154]라 해석하였다. "양의(兩儀)"는 곧 음양의 기를 가리킨다.

주희는 태극과 음양을 자기 철학의 논리적 구조에 받아들였으며 아울러 이기와 서로 대응하였다. 그는 말하였다. "태극은 이(理)이다. 양의(兩儀)는 비로소 하나의 획이 음양으로 나누어진 것이다."[155] 주희가 사물을

---

154 「태극도설」, 『주자전서(周子全書)』 권1.
155 「계사상전(繫辭上傳)」 제11장, 『주역본의』 권3.

이야기할 때 태극은 사물에서 음양과 서로 융합하였다. 서로 짝하면서 충돌하였을 뿐만 아니라 또한 통일하고 융합하였다. 상대적인 방면에서 말하였다. "광(廣)이 이어서 말했다. '태극은 하나임이 분명하고, 음과 양이 서로 짝해 있습니다.' 말하였다. '그렇다.'"[156] 서로 짝하면서 떨어짐으로 말미암아 태극과 음양은 다음의 관계를 구성하였다.

첫째, 태극과 음양의 화생(化生). "태극이 처음에 생겨남에 음양도 생겨났으니, 그런 뒤에야 다른 것이 있게 되었다."[157] 태극은 한번 동하고 한번 정하여지는 과정 중에 음양을 낳는다. 낳는 과정은 하나의 동태(動態)의 진화이다. "'동하여서 양을 낳고, 정하여져 음을 낳는다.(動而生陽, 靜而生陰)'고 하여 '생(生)' 한 글자를 말하였으니, 곧 그것이 태극으로부터 왔음을 알 수 있는 것이다. 이제 '이(而)'라고 한 것은 다만 하나의 이일 뿐이다. '무극이면서 태극'은 낳아서 존재할 수 없음을 말한다."[158] 태극은 동하고 정하여져서 음양을 화생하며, "생(生)"자는 음양이 태극의 소생임을 나타낸다.

그러나 태극이 음양을 낳은 이후에 태극은 곧 음양 가운데 있으며 음양의 밖에 있지 않다. "태극은 곧 음양 안에 있다."[159] 이렇게 태극은 곧 하나의 뒤섞인 도리가 되었고 이면에는 음양과 기우(奇偶), 강유(剛柔)를 포함하여 없는 곳이 없다. 이 때문에 "모든 사물이 하나의 태극을 가지고 있지만" 이것은 결코 태극이 음양을 낳는 관계를 부정하지는 않았다. 이런 관계에 대하여 주희는 개괄하여 말하였다. "사물에 나타난 것을 관찰해보면 음양이 태극을 내포하고 있다. 그 근본을 추적해보면 태극이 음

---

156 『주자어류』 권62.
157 『주자어류』 권56.
158 『주자어류』 권94.
159 『주자어류』 권75.

양을 낳는다."[160] 이 "관찰"은 이기 관계에서의 "사물에서 본다(在物上看)"
와 "이에서 본다(在理上看)" 같은 것과 비슷하다. 사물의 방면에서 관찰하
면 이기가 뒤섞여 구분되지 않으며 음양은 태극을 포함하고 있어서 태극
과 음양은 섞여 나누어지지 않는다. 본체의 방면에서 관찰하면 곧 "이에
서 보는 것"으로 태극이 음양을 낳는 것이다.

둘째, 태극과 음양의 본말과 체용. 주희는 「태극도해(太極圖解)」에서 말
하였다. "가운데 ○은 그 본체이다. ◖는 양의 동이며, ○의 용이 행하여
지는 것이다. ◗는 음의 정이며, ○의 체가 서는 것이다. ◗는 ◖의 뿌리이
고, ◖는 ◗의 뿌리이다."[161] 이른바 "가운데 ○"는 ◉의 한복판의 첫 번
째 동그라미로 "태극"을 대표하며, 양이 동하고 음이 정한 것의 본체이
다. 음양은 태극을 상대하여 말한 것으로, 그 작용과 공용 혹은 말(末)이
다. "태극은 실로 치우침이 없어 만화(萬化)의 근본이 된다."[162] 태극은 음
양 만화의 근본이며 본체이다.

태극과 음양이 본말과 체용의 관계이기 때문에 두 가지는 섞이지 않는
다. "○는 여기서 이른바 무극이면서 태극인 것이기 때문에 동하여서 양
이 되고 정하여져서 음이 되는 큰 근본이다. 그러나 음양에서 떨어지는
것이 아니며 곧 음양에서 본체를 가리키는 것으로 음양에서 섞이지 않는
것을 말할 따름이다."[163] 태극은 동하여 양이 되고 정하여져서 음이 되는
큰 근본으로 기가 동하고 정하게 되는 근거가 "이가 그 주재가 된다"는
것과 같기 때문에 태극과 음양은 서로 섞이지 않으며, 당연히 또한 서로
의존하여 떨어지지 않는다.

---

160 위와 같음.
161 「태극도해(太極圖解)」, 『주자전서』 권1.
162 「답육자정(答陸子靜)」, 『주희집』 권36.
163 「태극도해」, 『주자전서』 권1.

셋째, 태극과 음양의 선후. "오행이 음양이고 음양이 태극이라고 한 것은 태극 뒤에 따로 음양과 오행이 생겼다거나 태극 위에 먼저 무극이 있다는 것이 아니다. 남자를 이루고 여자를 이루고 만물이 변화되어 생겨남에 이르러서는 무극의 묘함이 대개 처음에 여기에 있지 않은 것이 아니다."[164] "이(二)"는 음양의 두 기를 가리키며, "오(五)"는 오행을 가리킨다. 음양과 오행의 위에 먼저 "태극"이 있다. 그것은 음양과 오행의 앞에서 독립적으로 존재하며 아울러 남녀와 만물이 화생하는 묘한 곳이 있는 곳이다.

태극과 음양의 화생과 본말, 체용 그리고 선후는 양자의 상대와 상대적 대처, 충돌 방면을 가리켜 말한 것이다. 이는 주희 철학의 논리적 결구의 필요성이자 형상학 본체를 구축하는 필요성이다. 그러나 또한 상호 관계와 상호 삼투라는 떨어지지 않는 방면도 있다. 이것은 곧 태극과 음양의 통일과 융합이다.

첫째 태극과 음양의 서로 의존하여 떨어지지 않음. "다만 오로지 이를 가지고만 말한다면 태극은 또한 음양과 서로 떨어진 적이 없으며", "이른바 태극이라고 하는 것은 음양과 떨어지지 않는다고 말한다."[165] 태극은 음양이 없으면 두거나 붙일 곳이 없으며, 음양은 태극이 없으면 근거와 원천이 없다. 어떻게 한쪽이 상대적인 다른 한쪽을 잃어버리면 자신의 존재가치를 잃는다. "태극을 말하면 곧 음양을 지니며, 성을 말하면 곧 기를 지닌다. 음양과 기를 지니지 않는다면 태극과 성은 그 안에 거두어들이는 것인가?"[166] 음양은 태극이 거두어들이고 붙이는 곳이어서 태극은 음양과 떨어질 수 없다. 음양은 태극이 화생되는 곳으로 음양 또한 태극과 떨어질 수 없다.

---

164 「답양자(答楊子)」, 『주희집』 권45, 2154쪽.
165 『주자어류』 권4.
166 『주자어류』 권94.

둘째 태극은 음양에 있다. 주희는 말하였다. "태극은 음양에만 있어서 음양을 떠날 수 없다."[167] 태극은 형이상자와 초월적인 본체가 되어 반드시 음양에 발을 들여놓는다. "대체로 태극은 곧 음양에 존재한다. '역에 태극이 있는데, 태극이 양의(兩儀)를 낳는다.'라 하였으니, 먼저 실리를 따른다는 설과 같다. 만약 그 냄을 논한다면 함께 내는 것이며, 태극은 여전히 음양에 존재한다."[168] 태극은 음양과 떨어지지 않고 "음양에" 있으며 동하여서 양을 낳아 태극이 곧 양에 있으므로 "동할 때는 곧 양의 태극이다"라 하였다. 정하여져서 음을 낳아 태극이 곧 음에 있으므로 "정할 때는 곧 음의 태극이다"라 하였다. 양의 태극과 음의 태극은 동정과 음양에 깃든 태극을 가리킨다.

셋째는 태극과 음양의 상호 삼투이다. 주희는 말하였다. "내가 전날 말한 것에서, 단지 음양의 측면에서 보면, 이른바 태극이란 음양에 있는 것이며 이른바 음양이란 것은 다만 태극에 있을 뿐이다. 그런데 지금 사람들은 음양 위에 별도로 있는 형체도 없고 그림자도 없는 것이 태극이라고 말하는데, 잘못이다."[169] 그는 음양 위에 하나의 음양을 벗어난 태극이 있다는 것을 반대하였으며 태극은 음양에 포함되어 있고 음양은 태극에 포함되어 있다는 것을 창도하였다. 태극과 음양은 상호 삼투하니 곧 네 안에 내가 있고 내 안에 네가 있다.

태극과 음양의 이렇게 서로 의존하여 떨어지지 않고 서로 나뉘어져 섞이지 않는 관계는 태극과 음양의 관계가 충돌 융합하고 상대적으로 통일시키는 곳에 처하게 하였는데, 이기(理氣)와의 관계와 비슷하다.

---

167 『주자어류』 권5.
168 『주자어류』 권75.
169 『주자어류』 권95.

3) 도기(道器)의 체용(體用), 본말과 선후

도와 기의 관계는 태극과 음양의 관계와 같다. "태극은 형이상의 도이고, 음양은 형이하의 기(器)이다."[170] 기(器)는 결코 모종의 구체적인 사물이 아니라 하나의 추상적인 사물로 이는 기와 음양과 같다. 이 때문에 주희는 말하였다. "무릇 태극이 태극인 까닭은 양의, 사상(四象), 팔괘를 떠나지 못하기 때문이다. 마치 '한번은 음이 되고 한번은 양이 되는 것을 도라고 한다.'는 말이 한번은 음이 되고 한번은 양이 되는 것을 도라고 하면 옳지 않듯이, 도는 음양과 떨어지지 않는다."[171] 태극은 음양과 떨어지지 않으며 도는 음양과 떨어지지 않는 것은 도가 기를 떠나지 않는 것과 마찬가지 뜻이다. 여기에서 음양과 기는 원만하게 통한다.

도기의 통일, 융합과 상대, 서로 나누어지는 측면에서 본다.

첫째, 도와 기는 떨어지지 않고 섞이지도 않는다. 떨어지지 않고 상호 존재한다는 측면에서 말하면 사물의 측면에서 말한 것으로 도기(道器)는 사물에서 기와 서로 의지하여 떨어지지 않는다. "'형이상의 것을 도라고 하고, 형이하의 것을 기물이라고 한다.'에서 도는 도리이다. 모든 사물에는 모두 도리가 있다. 기물은 형체와 자취인데 모든 사물은 역시 모두 형체와 자취가 있다. 도가 있으면 모름지기 기물이 있고, 기물이 있으면 모름지기 도가 있다. 사물마다 반드시 법칙이 있다."[172] 모든 사물에는 도리가 있고 형적이 있어야 도기가 서로 필요하여 떨어지지 않음을 구성한다. "도는 기(器)와 떨어진 적이 없으며, 도 또한 다만 기의 이일 뿐이다."[173] "기가 곧 도이고 도가 곧 기여서 도와 떼어놓고 기를 말할 수 없다

---

170 「태극도설해」, 『주자전서(周子全書)』 권1.

171 『주자어류』 권75.

172 위와 같음.

는 것을 알아야 한다."[174] 도는 곧 기이고 기는 곧 도여서 도와 기는 서로 의존하여 떨어지지 않는다. 그는 예를 들어 말하였다. "무릇 모든 사물에는 다 이 이가 있다. 또한 예컨대 여기에 있는 대나무 의자는 본래 하나의 기물이지만 맞추어 쓰는 데 이르면 곧 그 가운데 도가 있다."[175] 대나무 의자는 기물로 구체적인 사물을 기라고 할 수 있으며, 기는 결코 구체적인 사물이 아니며 구체적인 사물의 추상(抽象)이다. 도는 기와 떨어지지 않으며 이는 기와 떨어지지 않는다. 도와 기가 서로 의존하여 떨어지지 않는 것은 결코 양자의 구별을 부정하지 않는다.

섞이지 않고 서로 나누어진다는 측면에서 말하면 도와 기(器)는 형이상하(形而上下)의 구분이 있다. "'형'은 형질이며, '이상'은 곧 도이고, '이하'는 기물이다. 이러한 분별이 가장 친절하다. 그러므로 명도 선생이 말하기를 '오직 이 말씀이 위아래를 가장 분명하게 구분하였다.'고 하였다. 또 말하였다. '형이상의 것은 텅 비었고, 혼연한 것은 도리이다. 형이하의 것은 실이며, 바로 기물이다.'[176] 도와 기는 형질 이상과 형질 이하의 구분이 있을 뿐만 아니라 또한 허와 실을 구분한다. 이런 분별은 도와 기 양자의 성질과 기능을 언급할 뿐만 아니라 양자의 작용과 영향까지 설명한다. 주희는 기(器)의 형이상하의 "경계가 분명하다"는 것을 거듭 강조하였다. 곧 양자의 독립성과 자주성을 지키려고 하였다. 이 경계가 분명하지 않으면 그 형상학의 본체를 구축할 수 없다.

도와 기의 떨어지지 않고 섞이지 않는 관계에 대하여 주희는 이렇게 설명하였다. "이천(伊川)이 말하기를 '형이상의 것을 도라고 하고, 형이하

173 『주자어류』 권77.
174 『주자어류』 권94.
175 위와 같음.
176 『주자어류』 권75.

의 것을 기(器)라고 한다.'를 모름지기 이렇게 말해야 합니다. 대답하였다. '이것은 이천이 분명하게 본 것이다.' 그러므로 모름지기 이렇게 말해야 한다고 하였다. '형이상자'는 이이고 '형이하자'는 물(物)이다. 이렇게 설명하면 분명하게 알 수 있다. 이렇게 말할 때 도는 기를 떠나지 않고, 기는 도를 어기지 않는 곳을 말할 수 있다."[177] 도와 기는 형이상하로 나뉜다. 형이상은 도가 되고 이가 되며, 형이하는 기가 되고 물이 되는데 이렇게 나누어져 섞이지 않는다. 나누어져 섞이지 않아야 서로 의존하여 떨어지지 않을 수 있다. "기를 가리켜 도라고 하면 사실 옳지 않지만, 기가 도에서 떨어지는 것 역시 옳지 않다."[178] 전자는 섞이지 않는 것이고, 후자는 떨어지지 않는 것이다.

둘째, 도와 기의 체와 용. 주희는 말하였다. "'형이상의 것을 도라고 한다.'는 단락은 다만 하나의 도리이다. 그러나 형(形)과 기(器)의 본체로서 형과 기에서 떨어지지 않으니 이것을 도라고 하고, 형과 기를 가지고 말하면 이것을 기라고 한다."[179] 도는 형이상의 도리인데 그것이 형과 기를 떠나 형과 기의 본체가 되기 때문에 도라고 일컫는다. 형과 기는 곧 기이며, 도의 작용과 표현이다. "물었다. '형과 기를 어떻게 구분합니까?' 대답하였다. '형이상의 것은 이인데, 작용이 있으면 바로 형이하이다.'"[180] 형과 기가 되는 본체인 도는 형과 기를 떠나 독립적으로 존재하며 그것은 형과 기의 이를 포함하고 있다. 형이하인 형과 기는 형이상인 도의 작용과 표현이다.

형이상인 도는 빈 것이며 천지가 만 가지로 달라지는 근본이다. "대체로 지극히 성실하여 쉼이 없다(至誠無息)는 것은 도(道)의 체(體)이니 만 가

---

177 위와 같음.
178 위와 같음.
179 위와 같음.
180 위와 같음.

지로 달라짐이 근본이 하나인 것이요, 만물이 각기 그 있을 곳을 얻음은 도(道)의 용(用)이니, 한 가지 근본이 만 가지로 달라지는 것이다."[181] 천지 만물은 천차만별인데 하나의 본체와 근본으로 귀결되는 까닭은 지성무 식의 도체에서 말미암는다. 천지만물의 천차만별은 각기 그 있을 곳을 찾는데 만 가지로 달라지는 까닭은 도의 작용이다.

　도의 체라는 측면에서 본다면 형과 기를 떠나며 형과 기를 초월한다. 도의 용이라는 측면에서 말하면 도는 형과 기를 떠나지 않으며 기의 가 운데에 있다. 주희는 말하였다. "내 생각에 도와 기는 하나이니 사람들에 게 보여준다면 도는 그 가운데 있다."[182] 도가 기 안에 있으면 이미 도를 따르며, 기의 각도에서 보면 도는 다만 기를 통하여 체현된다. "'형이상 은 도이고 형이하는 기이다.'라는 것은 이 형이하의 기 가운데 곧 저 형이 상의 도가 있음을 말한다."[183] 기의 도가 없으면 나타날 수 없고 또한 부 착하거나 괘탑할 곳이 없다. 이 때문에 도는 기에 깃들며 기에 도가 있다. "기 또한 도이며 도 또한 기여서 분별이 있지만 서로 떨어지지는 않는 다."[184] 도와 기의 상호 삼투라는 이런 뜻에서 말한다면 "내가 말하는 도 와 기의 이름은 비록 다르지만 사실은 하나의 사물이다."[185] 도와 기가 하 나의 사물이라는 것은 도와 기가 뒤섞여 사물 가운데 있다는 것을 말한 다. "도 밖에 사물이 없고, 사물의 밖에 도가 없다. 이제 '도와 사물이 접 한다'고 하니 이것은 도와 사물을 둘로 만들어 각자 한 곳에 있도록 단절 시켜 버리고 여기에 이르러서야 비로소 서로 접한다고 하니 또한 잘못이

181 「이인(里仁)」제4, 『논어집주』권2.
182 「잡학변·소황문노자해(雜學辨·蘇黃門老子解)」, 『주희집』권72, 3766쪽.
183 『주자어류』권62.
184 『주자어류』권75.
185 「잡학변·소황문노자해」, 『주희집』권72, 3766쪽.

아닌가?"[186] 도는 물을 벗어나지 않고 물은 도를 벗어나지 않으니, 곧 도는 물 가운데 있고 물은 도 가운데 있다. 양자는 서로 내포하고 있는데 도밖에 사물이 있다고 말한다면 "도 밖에 물이 있어서 실로 도가 되기에 충분치 못하다."[187] 도와 기, 도와 물의 상호 포용, 상호 삼투의 관계를 강조한다.

셋째, 도와 기의 본말. 주희는 말하였다. "대체로 도에는 본말이 없다고 하는 것은 본말이 없는 것이 아니라 본말을 가지고 하나(의 도)로 관통하는 것을 이른다. 하나의 도로 관통하였다면 본말이 없었던 적이 없다. 곧 본은 위에 있고 말은 아래에 있는데 그 나누어 지킴이 실로 같지 않을 것이다."[188] 도는 본질이고 본체이며, 기는 현상이고 표현이다. 도와 기가 그로 말미암아 아래위로 나누어진다. 도와 기는 본질과 현상, 본체와 표현의 관계를 체현하였다. 이는 도와 기가 서로 나누어져 섞이지 않는 것이다.

도와 기의 본말은 체용과 연관이 있으며 또한 체용, 본말은 근원이 하나로 도와 기는 서로 의존하여 떨어지지 않는다. 주희는 말하였다. "체와 용은 비록 두 글자이지만 본래 서로 떨어진 적이 없다."[189] 그는 예를 들어 말하였다. "체와 용은 서로 떨어질 수 없다. 또한 예컨대 몸이 체라면 일어나 행하는 것이 곧 용이다."[190] 몸은 체이고, 길을 걷는 것은 용이다. 또한 희로애락 같은 것은 용이 말한 것이기 때문에 희로애락은 체이다. 사람의 신체 및 신체가 갖추고 있는 기능이나 사람의 심령 정감 및

---

186 「잡학변·소씨역해(雜學辨·蘇氏易解)」, 『주희집』 권72, 3762쪽.

187 「답왕상서(答汪尙書)」, 『주희집』 권30.

188 「태백」, 『논어혹문』 권8, 『사서혹문』.

189 『주자어류』 권42.

190 『주자어류』 권17.

정감의 발용을 막론하고 모두가 체와 용이 떨어지지 않은 것이다. 체와 용의 본말은 떨어지지 않을 뿐만 아니라 상호 전환되기도 한다. "물었다. 어젯밤에 '체와 용은 정해진 자리가 없다고 하셨으니, 이것은 상황에 따라 그렇게 말한 것입니다. 만약 만사를 합하여 하나의 큰 체와 용으로 삼는다면 어떻습니까?' 말하였다. '체와 용도 정하여진다. 지금 있는 것은 바로 체이고 뒤에 생겨나는 것은 용이다. 이 몸은 체이고 동작하는 곳은 용이다. 하늘은 체이고 만물이 의지하여 시작하는 곳은 용이다. 땅은 체이고 만물이 의지하여 생겨나는 곳은 용이다. 양에서 말하면 양은 체이고 음은 용이며, 음에서 말하자면 음은 체이고 양은 용이다.'"[191] "지금 있는 것"은 먼저 있어 온 것이 체이고 나중에 생긴 것은 바로 용임을 가리킨 것으로 이런 체와 용의 관계는 확정적이다. 다만 체와 용은 생동적인 것으로 가리키는 대상과 서로 연결되어 있는데 이는 곧 가리키는 사물을 가지고 확정하려는 것이다. 이를테면 천지는 반드시 하늘이 체이고 땅이 용은 아니며 하늘과 땅이 각자 체가 될 수 있다. 그 바탕으로 삼아 시작하고 바탕으로 삼아 생겨나는 것이 용이다. 달리 음양 또한 각자 체가 될 수 있는데, 다만 하늘과 땅이 각기 그 기능을 가지고 용이 되는 것 같지는 않으며 상대적인 방면을 자기의 용으로 삼는 것이다. 주희 철학의 논리적 구조에는 이 두 가지 체와 용의 형식이 모두 존재한다.

넷째, 도와 기의 선과 후. "이제 이를 풀이하여 '반드시 체가 서고 용이 행하여진다고 하였는데, 무엇 때문입니까?' 말하였다. '체는 저절로 먼저 존재한다.'"[192] 도의 체가 서고 기의 용이 행하여지며 도의 체가 선이고 기의 쓰임이 후이다. 이렇게 기에 앞서 이미 도가 있지 않다. 그러나 기의

---

191 『주자어류』 권6.
192 『주자어류』 권94.

측면에서 보면 도와 기는 선후를 나누지 않으며 모두 기에 있으며, 기가 있어야만 도가 있고, 도는 기에 있고 기가 존재하면 도가 존재하며 기가 없어지면 도 또한 없어져서 이른바 선후의 다름이라는 것이 없다.

　이와 태극, 도와 기, 음양, 기의 관계는 기본적으로 두 가지 층면이 있다. 첫째 서로 분리되어 섞이지 않는다는 관점에서 말한 것이다. 곧 이와 태극, 도의 시각에서 관찰한 것이다. 또한 곧 체와 본, 형이상, 먼저 있다는 방면으로 본다면 곧 이가 체가 되고 기(氣)가 용이 되고, 태극이 체가 되고 음양이 용이 되며, 도가 체이며 기(器)가 용이다. 이는 형이상이고, 기는 형이하며, 태극이 형이상이고 음양이 형이하, 도가 형이상이고 기(器)가 형이하이다. 이가 본이고 기가 말이며, 태극이 본, 음양이 말이며, 도가 본이고 기가 말이다. 이가 선이고 기가 후이며, 태극이 선이고 음양이 후이며, 도가 선이고 기가 후이다. 경계가 분명한데 모름지기 이렇게 말하여야 한다. 이는 주희가 그 철학적 논리를 구축하는 데 필요한 것이다.

　둘째 서로 의지하여 떨어지지 않는다는 관점에서 말한 것이다. 곧 기(氣)와 음양, 기(器)의 시각에서 관찰하였다. 또한 곧 용, 말, 형이하, 후의 방면에서 보면 이기는 떨어지지 않으며, 태극과 음양은 떨어지지 않고, 도와 기는 떨어지지 않는다. 이는 기에 깃들어 있고, 태극은 음양의 가운데 있으며, 도는 기에 깃들어 있다. 이기는 선후가 없고, 태극과 음양은 선후가 없고 도와 기는 선후가 없다. 따라서 이와 기는 한데 뒤섞여 있고, 태극과 음양이 한데 뒤섞여 있다. 이 떨어지지 않고 섞이지 않는 것은 이와 기, 태극과 음양, 도와 기의 관계를 시종 관통하는 것이다.

4. 기(氣)와 기(器), 음양의 기능

주희 철학의 논리적 구조인 이(理)—기(氣)—물—이(理)에서 이미 이(太極, 道)—기(陰陽, 器)의 관계를 분석하였다. 현재 다시 이 철학적 논리 구조의 하위 카테고리를 분석할 수 있는데, 곧 기(陰陽, 器)—물(物)의 내포 및 그 관계이다.

주희 철학의 논리적 구조의 이의 노선. 첫째는 밑에서 밀고 올라가는 것으로 이는 천지만물 현상의 배후인 형이상의 본체에 대한 추구, 곧 부채와 의자의 배후인 이에 대한 추구이다. 아울러 이 형이상의 본체인 이의 합리성과 성립 여부에 대한 추구이다. 이는 형이하에서 형이상에 이른다. 둘째 위에서 밀고 내려오는 것으로 곧 형이상에서 형이하로, 형상학의 본체에서 형하학의 사물로, "이는 하나"에서 "만 가지로 달라지는 것까지"이다. 기—물은 이 이의 노선상에 있는 범주에 속한다.

기(陰陽, 器)는 주희 철학의 논리적 결구에서 특수한 작용과 지위를 갖추고 있다. 그것은 이(太極, 道)의 편안하고 붙어 있고 쾌탑한 곳이며, 기(陰陽, 器)와 이(太極, 道)가 없으면 공중에 매달려 의지할 곳이 없어서 이른바 "실리(實理)"가 없어지게 된다. 그것은 이(太極, 道)—물을 통하게 하는 중개자로 기(陰陽, 器)가 없으면 이(太極, 道)가 막히어 이른바 "발육하고 유행함"이 없으며, 그것은 만물의 질료를 구성하여 기(陰陽, 器)가 없으면 이(太極, 道)가 화합할 길이 없어 이른바 만 가지로 달라지는 사물이 없다. 이 의의에서 말하면 이(太極, 道)가 있으면 기(陰陽, 器)가 있고, 기(陰陽, 器)가 있으면 이(太極, 道)가 있다. 무엇을 일러 기(器)와 음양, 기(器)라고 하는가?

1) 기화의 생생함과 기질, 혈기

기(氣)는 중국 철학사에서 매우 오래된 범주로[193] 거의 각가(各家)와 각파의 철학가가 모두 이 범주를 운용하여 자기의 철학 체계를 구축한 적이 있다. 주희는 중국 고대 기의 사상을 흡수하였는데 가장 직접적인 것은 장재의 기 사상 자료를 계승하고 개조하였다. 개조라는 것은 "이천(伊川)이 이른바 '횡거(橫渠)'의 말은 실로 지나침이 있는데 곧 『정몽(正蒙)』에 있다.'"[194]한 것을 가리킨다. 또 말하였다. "『정몽』이 논한 도체(道體)는 근원에 옳지 않은 곳이 있음을 알 수 있다."[195] 여기서 말한 "지나친 것", "옳지 않은 것이 있는 것"은 "도체"와 "근원[源頭]"를 가리켜 말한 것이다. 주희가 보기에 형상학의 본체가 된 체를 기나 태허(太虛)로 간주하였는데 곧 형이하를 형이상으로 삼은 것이다. 그는 말하였다. "태허와 태화를 도체로 삼는 것 같은 것은 단지 형이상을 말하는 것이니 모두 '발하여 모두 절도(節度)에 맞는 것을 화(和)라 이른다.'는 곳이다."[196] 도체는 미발(未發)인 중(中)의 성(性)일 것이고, 이발(已發)인 화(和)의 정(情)은 아닐 것이다. 도의 체는 성이고, 도의 용은 정이다.

주희는 장재가 말한 기화, 취산(聚散), "발하여져 절도에 맞는 것을 화라 이른다"는 것은 모두 현상 세계의 기를 가리킨다고 생각하였다. "'태화(太和)'와 "태허(太虛)", "허공(虛空)'이라 하는 것 같은 것은 다만 기를 가리킨다. 취산을 말한 곳은 그 흐름이 곧 대윤회(大輪回)이다. 대체로 그 사려가 탐색하고 연구하는 것이 이르는 곳은 본성이 자연히 아는 것이 아니다. 도리라

---

193 장리원(張立文)이 주편한 『기(氣)』, 중국인민대학출판사 1990년판을 참고하여 보라.

194 『주자어류』 권99.

195 위와 같음.

196 위와 같음.

고 말하는 것이라면 오직 주자(周子)가 말한 '무극이면서 태극'이 가장 좋다."[197] 장재는 기를 형상학의 본체로, 만물이 취산하는 본원과 근거라고 생각하였고, 주희는 기를 형이하의 현상세계이지 만물이 취산하는 본원과 근원은 아니라고 생각하였다. 이는 장재와 일치되지 않은 것의 하나이다.

둘째, 장재의 "다만 기를 말하였다"의 기는 태허이며, 그 자체는 하나의 "안에 부침과 승강(升降), 동정(動靜), 상감(相感)의 성을 포함하고 있으며, 이는 인온(絪縕)과 상탕(相蕩), 승부(勝負), 굴신(屈伸)의 시작을 낳는다."[198] 상대적으로 통일된 체는 음양이 한데 뒤섞여 아직 나누어지지 않은 기이다. 이 상대적인 통일체의 상대적인 방면으로 말하면 "이미 허(虛)라고 말하였다면 실(實)과는 반대이고, 이미 청(淸)이라 말하였다면 탁(濁)과 반대이다."[199] 허와 실, 청과 탁은 상대적이다. 통일의 방면에서 말하면 "청한 것은 탁한 것을 갖출 수 있고, 허한 것은 실한 것을 갖출 수 있다."[200] 청한 것은 탁한 것을 포함할 수 있고, 허한 것은 실한 것을 포함할 수 있다. 주희는 장재가 여기서 말한 상대적인 통일은 음양 사이의 관계이며, 형이상과 형이하의 이기, 태극음양의 상대적인 통일이 아니라고 생각하였다. "태허"를 "이(理)"로 풀이한다고 해도 또한 될 수 없다. 『어류』에는 "또 물었다. '횡거가 태허는 즉 기(氣)이다고 말한 것은 곧 이(理)를 가리켜 허(虛)로 여긴 것이지 형이하가 아닌 것 같습니다.' 말하였다. '이가 허라고 멋대로 지적하였으니 또한 어떻게 기(氣)를 끼고서 한 곳으로 만들 수 있겠는가?'"[201]라는 말이 수록되어 있다. 이를 태허로 생각하고 또한 이기를

197 위와 같음.
198 「정몽·태화편(正蒙·太和篇)」, 『장재집』, 중화서국 1978년판, 7쪽.
199 『주자어류』 권99.
200 위와 같음.
201 위와 같음.

'한곳으로 삼는' 혐의가 있기 때문이다. 주희는 이를 가지고 기를 통일하고 기를 주재하려고 하였다.

장재의 기에 대한 비평을 토대로 주희는 "기"는 철학의 논리 구조의 지위에 있다고 확정하고 다시 기는 바로 파악하고 적절할 수 있다고 규정하였다.

첫째, 천지간에는 기가 아닌 것이 없다. 주희는 기는 우주 사이에 충만해 있어 일체의 사물을 관통하여 "천지의 사이는 하나의 기일 따름이다."[202]라 생각하였다. 또 말하였다. "움츠리고 펴고, 오고 가는 것은 기이다. 천지 사이에 기가 아닌 것은 없다. 사람의 기와 천지의 기는 항상 서로 연결되어 끊어지지 않지만, 사람들은 스스로 알지 못한다."[203] 기(氣)는 사람과 사물을 구성하기 때문에 사람의 기와 천지의 기는 서로 소통하며, 중간에 끊어지지 않아 온 천지 사이가 모두 기로 충만해 있으며, "천지 사이는 다만 하나의 기일 뿐이며"[204], "천지는 단지 많은 기운을 그 안에서 나오지 못하도록 감싸고 있으니, 한 번 솟구치면 한 번 사물이 생겨난다."[205] 기가 충만한 우주에서는 결코 고요하게 멈추어 움직이지 않음이 없으며, "기가 유행하여 우주에 꽉 차 있다."[206] 기가 유행하여 쉬지 않음으로 말미암아 한 번 솟구치면 한 번 사물을 낳아 "마치 하나의 기운이 하늘과 땅 사이를 골고루 채우고 있으니, 온갖 사물이 서로 다르게 흩어져 있어서 비록 같지 않은 것들이 있기도 하지만 애초부터 기의 하나에서 떨어진 적은 없는 것과 같다."[207] 이는 기의 보편성과 주편성(周遍性)을

---

202 『역학계몽(易學啓蒙)』권1, 『주자유서(朱子遺書)』.
203 『주자어류』권3.
204 『주자어류』권65.
205 『주자어류』권53.
206 「천문(天問)」, 『초사집주(楚辭集注)』권3, 상해고적출판사(上海古籍出版社) 1979년판, 54쪽.
207 『주자어류』권27.

말하였다. 이곳의 "기의 하나(氣之一)"의 "일(一)"은 일반적 개념이다.

둘째, 기는 변화가 무궁하다. 기화(氣化)는 사람을 낳고 사물을 낳아 결코 머물러 쉼이 없다. "하나의 근원적인 기가 두루 흐르고 통하여 끊어지지 않으니, 수많은 만물을 만들어 낼 뿐이다."[208] 또 말하였다. "이 기의 유행이 그치지 않는다면 저절로 사물을 낳는다."[209] 기화는 "쉬는 사이가 없고", "유행하여 쉬지 않는데", 모두 기의 운동 변화의 영구성(永久性)과 무간단성(無間斷性)을 설명한다. 기는 운동하고 변화하는 과정에서 각종 다른 형태를 띤다. 첫째 기는 오르내리어 멈추어 쉴 때가 없으며 상승과 하강의 형식을 드러내는데, 종(縱)의 형태이다. 둘째 "굽히고 펴며 오고 가는 것이 기이다."[210] 사람의 기와 천지의 기가 서로 소통하기 때문에 머물러 쉬지 않으며 사람이 직접 보지는 못하지만 사람의 마음이 일단 움직였다 하면 반드시 기에 달하며 기는 곧 오고 가며 굽히고 편다. 가고 오는 것은 횡(橫)의 방향이며 굽히고 펴는 것은 종의 방향이다. 따라서 가고 오고 굽히고 펴는 것은 종횡이 교차한다. 셋째는 취산(聚散)과 생사의 변화 형태이다. "기가 모이면 살고 기가 흩어지면 죽는다."[211] 기가 모이면 살고 흩어지면 죽는 것은 생물의 기본 운동 형태이다.

기는 어째서 변화가 무궁할 수 있는가? 이는 기 본체에 상대적인 통일성이나 아니면 충동하는 융합성이 존재하기 때문이다. 이것은 곧 기 본체가 상대적으로 통일된 음기와 양기를 포함하고 있는 것이다. 음양의 두 기가 서로 감응하면 운동하고 변화하는 동력을 낳는다. "천지는 단지 하나의 기여서 저절로 음양으로 나뉜다. 음양 두 기가 서로 감응

---

208 『주자어류』 권1.
209 『주자어류』 권95.
210 『주자어류』 권3.
211 『주자어류』 권39.

하여 만물을 낳으므로 만물은 짝이 없었던 적이 없다."[212] 기는 음양으로 나뉘고, 음양은 기 고유의 성질이니 상대적인 통일 또한 기 본체가 본디 가지고 있는 것이다. 음양의 두 기는 천지며 남녀와 같아 성질이 달라지면 충돌이나 상대성을 발생시킨다. "천지의 조화는 포괄하여 벗어남이 없고 운행함이 끝이 없으나 그 실질이 되는 것은 한 번 음이 되고 한 번 양이 되는 두 단서에서 벗어나지 않을 따름이다. 그 동정과 굴신·왕래·합벽(闔闢)·승강·부침하는 성격이 비록 하루라도 상반되지 않은 적이 없으나, 또한 하루라도 서로 없을 수 없다."[213] 바로 음양의 변화가 무궁하기 때문에 만물이 그것을 얻어 생생하다. 만물의 생장은 곧 음양의 소장(消長)으로 도리는 하나이다. "음양은 비록 두 글자이지만 오히려 하나의 기가 소멸하고 생성하는 것이다. 한번 나아가면 한번 물러나고 한번 소멸하면 한번은 생장하니 나아가는 곳이 바로 양이고 물러나는 곳이 바로 음이며, 생장하는 곳이 바로 양이고 소멸하는 곳이 바로 음이다. 단지 이 한 기의 소멸과 생장이 예로부터 지금까지 천지 간의 무한한 일을 만들어낸다."[214] 상대적인 진(進)과 퇴(退), 소(消)와 장(長)은 모두 음양의 기능의 표현이다. 여기서 음양은 음기와 양기일 뿐만 아니라 두 가지 상대적인 통일, 서로 반하고 서로 이루는 속성, 동정과 굴신·왕래·합벽·승강·취산·진퇴·소장·침부 등의 상대적인 통일성과 상반되고 서로 이루어지는 현상을 포함하고 있는데 모두가 음양의 속성과 기능이 드러난 것이다.

셋째, 기는 응취(凝聚)하고 만들어낼 수 있다. "대체로 기는 응결하고 만들어 낼 수 있다", "기는 점차 변화하고 응취하여 만물을 만들어 낼 수 있

---

212 『주자어류』권53.
213 「금화반공문집서(金華潘公文集序)」, 『주희집』권76, 3984쪽.
214 『주자어류』권74.

다."[215] 기가 응결하여 만들어냄으로 말미암아 사람을 내고 사물을 내는데 인물을 내는 것은 일종의 창조적인 만들어내는 활동이므로 주희는 만들어내는 것을 강조하였다. 사람과 천지만물의 응취하여 만들어내는 것은 창조적인 활동이기 때문에 주희는 그것을 두 단계로 나누었다. "인물의 시작으로 기화하여 생겨나는 것이다. 기가 모여서 형태를 이루면 형태와 기가 교감하여 마침내 형태로 화하며 인물은 생생하여 변화가 무궁하게 된다."[216] 첫째는 비로소 생겨나는 단계로 곧 기화의 단계인데 기화가 형성되지 않으면 형태가 없다고 이를 수 있으며 "처음에 응결이 되어 절로 하나의 사물이 된 것이 아닌" 혼륜(渾淪)이다. 둘째는 형화(形化)의 단계, 곧 기가 흩어져 형태를 이루는 단계로 사물을 이루어 형태가 있다고 할 수 있다. 이렇게 기는 곧 무형과 유형을 겸하고 있다.

기화와 형화는 모두 기가 변화하는 전체 과정 중의 같지 않은 단계이다. 인물이 화생하는 것이 다르기 때문에 품기(稟氣) 또한 다른데, 사람은 정(精)한 기를 부여받았고 사물은 거친 기를 부여받았다. "사람이 태어나는 것은 정과 기가 모이기 때문이다. 사람은 많은 기를 가지고 있지만, 반드시 다하는 때가 있다. 다하게 되면 혼과 기는 하늘로 돌아가고, 형과 백은 땅으로 돌아가서 죽게 된다."[217] 기가 다하면 사람이 죽고 혼과 기는 하늘로 돌아가며 형과 백은 땅으로 돌아간다. 여기에서 혼과 기는 영혼이 형백을 떠나 존재한다는 의미를 가지고 있다. 이는 주희가 전통적인 사람이 죽으면 영혼이 있다는 사상의 영향을 받은 것이다.

넷째, 기는 기질이다. 주희는 말하였다. "사람과 동물이 태어날 때에 똑같이 천지의 이를 얻어 성으로 삼았고, 똑같이 천지의 기를 얻어 형체로 삼았

---

215 『주자어류』 권1.
216 「태극도설주」, 『주자전서(周子全書)』 권1.
217 『주자어류』 권3.

으니, 그 같지 않은 점은, 오직 사람은 그 사이에 형기의 올바름을 얻어 본성을 온전히 보존할 수 있는 것, 이것이 조금 다를 뿐이다."²¹⁸ 사람은 형기의 올바름을 받았으며 형기의 치우침을 받은 것이 아니다. 그 성(性)을 온전히 한 것이지 그 성을 잃은 것이 아니다. 다만 사람이 부여받은 기에 청탁과 혼명(昏明)이 있기 때문에 성스럽고 어리석은 차이가 있다. "성(性)이라는 것은 만물의 근원이며 품부받은 기에는 맑고 흐림이 있기 때문에 성스럽고 어리석은 차이가 있게 된다."²¹⁹ 품부받은 기가 같지 않아 두 가지 후과를 낳게 된다. 하나는 사람과 사물의 다름이고, 하나는 성스럽고 어리석음의 다름이다. 전자는 기의 정수와 찌꺼기라는 다름이고, 후자는 기의 청명함과 혼탁함의 다름이다. 이는 모두 기의 품성에서 말미암는데, 곧 기질이 그렇게 되도록 만든 것이다. 『맹자혹문』에서는 말하였다. "말하기를 '그렇다면 고자(告子)는 기질을 가리켜 말하였습니까?'라 하자 말하였다. '고자가 이른바 성은 실로 기질을 떠나지는 않지만 그것이 기임을 안 적이 없고 또한 청탁과 현부(賢否)의 구분이 있는 것도 알지 못하였다.'"²²⁰ 기질에는 청탁과 현부의 구분이 있으며, 청탁은 기의 속성(屬性)이고, 현부와 성우(聖愚)는 기질의 구성물이나 후과이다. 현부가 그리되는 까닭은 곧 인성과 서로 연관되어 천명지성(天命之性)과 기질지성(氣質之性)의 구별을 구성한다.

품부받은 기와 기질이 다르기 때문에 사람과 사물은 일단 이루어지면 모종의 고정된 범위 내의 활동에서 벗어날 수 없다. "음과 양으로 나뉘어 양의(兩儀)가 세워진다는 것은 자리가 정해진 것으로, 천지와 상하, 사방이 이것이다."²²¹ 이는 『주역』「계사전」의 하늘은 높고 땅은 낮은 존비사

---

218 「이루(離婁) 하」, 『맹자집주』 권8.
219 『주자어류』 권4.
220 『맹자혹문』 권11, 『사서혹문』.
221 『주자어류』 권65.

상에 의거하여 지위가 정하여진 것으로 주희가 이런 사회지위와 자연질서를 가지고 기질이 그렇게 되도록 하였다고 말한 것에 지나지 않는다. "저것이 천하여 사물이 된 것은 이미 형기의 편벽되고 막힘에 구속되어 그 본체의 온전함을 채울 길이 없어서일 것이다. 사람이 나는 것만이 곧 그 기의 정통한 것을 얻어서 그 성(性)이 가장 귀하다."[222] 사물은 천하고 사람은 귀한데, 사물은 천하여 형기의 편벽됨에 구속되었으며 사람은 귀하여 기의 올바름과 통함을 얻었다. 이런 귀천의 정하여진 지위는 모두 미리 정하여진 것이다.

다섯째, 혈기와 호연지기(浩然之氣). 사람과 사물을 가지고 말하면 혈기가 구성하는 것으로 "혈기(血氣)는 형체가 의지해서 살아가는 것이다."[223] 호연지기는 혈기와 도의가 서로 결합한 기를 가리키며, "호연지기는 다만 이 기는 원래 도와 의에 짝하여 이루어지고자 한다."[224] 이 두 기는 다름이 있을 뿐만 아니라 같음도 있다. 같은 것은 혈기와 호연지기로 모두 하나의 기이다. 다른 것은 혈기는 사람과 사물을 내는 기로 일종의 사람과 사물을 내는 질료(質料)이다. 호연지기는 혈기와 도의의 화합으로 질료와 도덕 정신의 결합이다. "물었다. '호연지기는 사람이 천지의 바른 기를 받은 것입니까?' 말하였다. '그렇다.' 또 물었다. '혈기와는 어떤 관련이 있습니까?' 말하였다. '단지 하나의 기일 뿐이다. 의리가 그 속에 부여되면 호연지기이다. 만약 의로부터 나오지 않는다면 혈기일 뿐이다.'"[225] 의리 혹 도의는 혈기에 붙어 있으며 혈기는 곧 호연지기로 전환된다. 도의가 부착되지 않으면 다만 혈기일 뿐이다. 이 의미로부터 말하였다. "호

---

222 『대학혹문』 권1, 『사서혹문』.

223 「계씨(季氏)」, 『논어집주』.

224 「답여자약(答呂子約)」, 『주희집』 권48.

225 『주자어류』 권52.

연지기는 혈기의 기일 뿐이니, 두 개의 기로 나눠서는 안 된다. 사람이 말하고 움직일 때 한 몸 속에 충만한 것이 이 기이다. 의를 모아서 누적하여 충만함에 이르러 우러러 부끄러움이 없고 숙이어 부끄러움이 없으면 기가 호연할 수 있다."[226] 기와 도의의 결합은 하나의 의를 모으는 누적 과정이다. 의가 모여 충만해진 곳에서는 우러르거나 숙임에 부끄러움이 없으며 기는 곧 변하여 호연지기가 된다.

주희는 기와 도의 사이의 형이상하의 구별을 보았다. 그는 "기는 형이하자이고 도의는 형이상자인데 어떻게 합할 수 있겠는가?"[227]라는 의문을 제기하였다. 그는 비록 기와 도의가 나누어져 같지 않다고 생각하였지만 "기는 몸 안에 있고 도의는 바깥에 있는 것을 이르는 것이 아니라" 도의는 "만약 이 기가 없다면 체(體)가 충족되지 않아 굶주리게 될 따름이다."[228] 따라서 그는 기와 도의는 합하여질 수 있는데 기와 이가 합하여질 수 있는 것과 마찬가지라고 생각하였다. 그래서 혈기와 호연지기 또한 하나의 기로 합쳐질 수 있다. "기는 다만 하나의 기일 뿐이다. 곧 호연지기 또한 다만 이 기일 뿐이다."[229] 이로써 주희 철학의 논리적 결구 안의 기는 다만 사물을 구성하는 질료만 가리키는 것이 아닐뿐더러 또한 모종의 도덕 정신과 정신적 요소를 포함하고 있다는 것을 알 수 있다.

기의 보편성과 미만성(彌漫性), 유행성(流行性), 조작성(造作性), 기질성(氣質性) 등의 규정은 기와 이로 하여금 규정성에서 다름이 있고 같음이 있게 하였는데, 같은 것은 보편성과 일반성, 미만성 같은 따위이고, 다른 것은 조작성과 유행성, 기질성 같은 따위인데 이는 조작이 없기 때문이다. 그

---

226 위와 같음.

227 「답여자약(答呂子約)」, 『주희집』 권48, 2348쪽.

228 위와 같음, 2329쪽.

229 『주자어류』 권46.

스스로는 유행성이 없어서 기에 의탁하여 유행하며, 이는 기질적인 것이 아니다. 그러나 기는 필경 이와는 떨어지지 않고 섞이지 않는 관계이며 아울러 주희 철학의 전체 구조로 전개되었다.

2) 음양의 실존은 선악으로 유행한다

음양의 개념이 언제 시작되었느냐 하는 것은 논쟁이 다분한 문제이다.[230] 주희는 고대의 『좌전』과 『국어』 그리고 『주역』 「계사전」의 음양의 개념 및 한(漢) 이래 음양 사상의 자료를 흡수하였으며 또한 주돈이와 장재의 기 사상을 개조하였다. 음양의 두 기가 서로 바뀌는 것을 가지고 자연현상과 사회현상 및 사람의 생명현상 등을 해석했다. 그가 각종 자연현상의 해석에 대하여 당시 자연과학의 성과를 채택하기는 했지만 그가 음양의 두 기를 이와 태극을 만물을 화생시키는 재료라고 생각하였을 때 음양은 곧 이와 태극이 화생한 것이 되었다. 그러나 일단 음양이 화생된 이후에 이와 태극은 또한 어찌할 수 없이 독립성을 갖추었다. 이때 그것은 자연계와 사회계 본래의 정경에 따라 자연과 사회현상을 해석하였으며 자연과 사회 고유의 변화를 가지고 그 운동 변화를 설명할 수 있었다.

음양은 주희 철학의 논리적 구조에서 중요한 범주인데 그는 이렇게 규정하였다.

첫째, 천지만물은 다만 하나의 음양이다. 주희는 "천지간에는 다만 하나의 음양이 있을 뿐이다."[231]라 하였다. 천지만물은 그 성질을 가지고 말

---

230 졸저 『주역사상연구(周易思想研究)』 호북인민출판사(湖北人民出版社) 1980년판, 113쪽과 『중국철학범주발전사·천도편(中國哲學範疇發展史·天道篇)』, 중국인민대학출판사 1988년판, 261쪽을 참고하여 보라.

231 『주자어류』 권74.

하면 모두 음양으로 규정할 수 있으며, 음양은 천지만물을 규정하면서 자신의 규정 또한 드러낼 수 있었다. "그대들이여! 한번 보시게나. 하늘과 땅 사이에 별다른 무엇이 있는가? 단지 음과 양 두 글자만 있으며, 보이는 모든 것이 음양을 떼어 놓을 수 없다. 우리 몸을 보더라도, 눈을 뜨면 음 아니면 양이며, 여기에 빽빽하게 붙어 있는 것은 모두 다른 것에 붙어 있는 게 아니다."[232] 천지 사이의 모든 사물은 모두 음양과 떨어질 수 없다. 사람이 눈만 떴다 하면 곧 음양이다. 이를테면 하늘은 양이고 땅은 음이며, 남자는 양이고 여자는 음, 남편은 양이고 아내는 음, 앞은 양이고 뒤는 음, 왼쪽은 양이고 오른쪽은 음, 위는 양이고 아래는 음, 기물의 바깥은 양이고 안은 음인 것 등과 같다. 이 때문에 주희는 말하기를 "하늘과 땅을 포괄하여 망라한 것도 또한 이 음양이다."[233] 음양은 천지만물을 포함하여 덮을 수 있다. "내 생각에 음양은 천지 사이를 가득 채우고 있다. 그것이 늘었다 줄었다, 열렸다 닫혔다 하면서 만물의 시작과 끝이 되니 눈으로 접하는 것들은 형체가 있든지 없든지 이것이 아닌 것이 없다."[234] 그는 무형 또한 음양 내에 포괄하여 망라하였다. 이는 음양이 무한성과 미만성 그리고 보편성을 갖추게 하였다.

둘째, 음양은 실존이다. 실존은 보고 들을 수 있는 일면이 있으며 주희는 이렇게 생각했다. "소씨(蘇氏)는 '형상이 확립되면 음양은 숨어버려 볼 수 있는 것은 모두 사물이며 음양이 아니다'라 생각하였으니 그 이치를 잃어버렸다. 음양의 근본에 통달한 것은 실로 살아 있는 물체를 가리켜 음양이라 하지 않고, 또한 음양을 사물의 형상과 보고 듣는 것의 밖에서 찾지도 않는다."[235] 음양이 교감하여 사물을 낳으며, 사물을 낳으면 상이 생긴

---

232 『주자어류』 권65.

233 『주자어류』 권63.

234 「잡학변·소씨역해(雜學辨·蘇氏易解)」, 『주희집』 권72, 3761쪽.

다. 상이 서면 음양이 숨어서 보이지도 않고 들리지도 않아 물상이라고 할 수 있으며 음양이 아니다. 주희는 이 관점은 이치를 잃은 것이라고 비평했다. 그는 음양의 본질에서 보면 실로 구체적으로 형상이 있는 생물을 가리켜 말한 것이 아니라 다만 또한 물상은 보고 듣는 것 바깥에 있는 것이 아니라고 생각하였다. 이 의의에서 말하면 음양은 보고 들을 수 있는 것이다. 이는 주희 철학의 논리 결구에서 음양은 형이하자이기 때문에 음양에 숨고 드러남이 있고 상이 있고 상이 없는 다름이 있지만 총체적으로 말하면 형이하자인 음양은 형적(形迹)이 있고 형상은 보고 들을 수 있다.

셋째, 음양은 유행하여 끝이 없다. "음양의 변화는 유행하여 시작이 없고 끝이 없다."[236] 음양이 변화가 무궁한 까닭은 음양 자신의 충돌 때문이며 상대적으로 외재적 역량이 변화시키는 데 있다. "천지의 조화는 포괄함에 밖이 없고 운행함에 끝이 없으나 그 실질이 되는 것은 한 번 음이 되었다가 한 번 양이 되는 양끝을 넘어서지 않을 따름이다."[237] 한 번 음이 되고 한 번 양이 되는 상호 작용은 그것이 변화하고 운동이 되게 하였다. 천지간의 모든 변화 운동은 음양으로 포괄할 수 있어서 "음양은 하루도 변하지 않음이 없고 한시도 변하지 않음이 없다."[238] 음양은 변하지 않는 날과 때, 시각이 없으며, 음양의 유행과 유변(流變)은 음양으로 하여금 정하여지지 않은 상태에 처하게 하였다.

주희는 음양의 변화는 곧 기의 변화라고 생각하였다. "음양이 번갈아 운행하는 것은 기이다."[239] 음양 본체는 바로 음양의 두 기이고, 두 기는

---

235 위와 같음, 3761쪽.
236 「태극도설해·부변(附辯)」,『주자전서』권2.
237 「금화반공문집서」,『주희집』권76, 3984쪽.
238 『주자어류』권74.
239 「계사상전(繫辭上傳)」제5장,『주역본의』권3.

곧 하나의 기이다. 음양은 유행이 끝이 없는 가운데 같지 않은 형태를 드러낸다. 첫째는 음양의 승강과 왕래이다. "다만 마땅히 말한 것은 음양오행이 순환하고 뒤섞이며 승강하고 왕래하여 사람과 사물의 다양함을 만들어내기 때문이다."[240] 승강은 상하로 종의 방향을 띠는 형태이며, 왕래는 좌우로 왕래하는 횡의 방향의 형태이다. 둘은 한번 동하고 한번 정하여지는 것으로, "세상천지에 어디를 가더라도 음양이 아닌 것이 없으니, 한 번 동하고 한 번 정하여지며, 한 번 말하고 한 번 침묵하는 것 모두가 음양의 이치여서"[241] 동정과 어묵(語默)이 순환하고 왕복하는 형태를 갖추고 있다. 셋째는 굴신합벽(屈伸闔闢)으로 음양은 "동정굴신·왕래합벽·승강부침하는 성격이 비록 하루라도 상반되지 않음이 없으나 또한 하루라도 서로 없을 수 없다."[242] 천하의 만물과 만사는 예로부터 지금까지 다만 음양의 소식(消息)과 굴신(屈伸)이다. 음양은 여러 가지 변화하는 형태를 갖추고 있는데, 이것은 음양 자체가 갖추고 있는 특성이며 각종 운동형태로 표현된다. 음양은 운동과 함께 변화하면서 분리되지 않는다.

넷째, 음양은 생물을 응취(凝聚)할 수 있다. 음양은 "두 기가 교감하여 응결함으로써 생기어 모이는데" "음양오행은 교감하여 변화가 무쌍하므로 사람과 사물이 생겨남에는 정하고 거칢의 다름이 있는"[243] 데서 말미암는다. 또 말하였다. "두 기의 교감은 만물을 화생시켜 조화의 후자에서 유행하는 것으로 이의 떳떳함이다."[244] 이른바 "교감"이라는 것은 바로 상대적인 쌍방의 상호감응으로 서로 번갈아 대응하여 따라서 운동을 형성하는

---

240 『주자어류』 권98.

241 『주자어류』 권65.

242 「금화반공문집서」, 『주희집』 권76, 3984쪽.

243 『주자어류』 권4.

244 「천문(天問)」, 『초사집주』 권3, 53쪽.

데, 또한 바로 『주역』에서 말한 "음양이 서로 간다(陰陽相摩)"는 의미이다.

음양이 교감하면 응결하고 조작하여 만물을 화생한다. "천지와 음양의 기가 서로 합하여져 사람과 사물을 이룬다."[245] "서로 합하여지는 것(交合)"은 바로 교감, 곧 교접한다는 의미이다. 따라서 주희는 "사물은 모두 그 음양에서 만들어져 나온다."[246]라 하였다. "교합"은 또한 "양이 변하고 음이 합쳐지는 것(陽變陰合)"이라고도 일컬을 수 있는데, 금목수화토(金木水火土)의 오행을 화생한다. 이렇게 자연의 사물은 모두 한번은 음이 되었다가 한번은 양이 되는 교합의 응취로 말미암아 화생하였다.

다섯째, 음양은 선악(善惡)이다. 음양이 교합하여 사물을 낳으며 사람과 사물이 부여받은 음양의 기의 차이는 선악과 관련이 있으며 음양으로 하여금 선악을 내포하게 한다. 주희는 말하였다. "음이 있으면 양이 있고, 선이 있으면 악이 있으며, 양이 사라지면 음은 자라고, 군자가 나아가면 소인은 물러난다. 이런 순환은 끝이 없지만 처음부터 상대할 것이 없게 되는 것을 해치지 않는다."[247] 음양과 선악으로 군자와 소인의 진퇴를 논하였으며, 또한 군자와 소인의 분별이기도 하다. "강유(剛柔)는 진실로 음양으로 크게 나뉘는 것인데, 그 가운데 또 각각 선과 악의 구분이 있다."[248] 음양은 사람의 선악과 도덕행위의 가치 평가일 뿐만 아니라 또한 군자와 소인의 윤리 가치의 향방이기도 하다.

음양의 선악도덕을 가지고 말하였다. "천지에는 단지 선과 악의 두 가지만 있을 뿐이다. 비유컨대 음양이 천지 사이에 존재하는 것처럼 바람이 온화하고 해가 따스하여 만물이 생기는 것이 바로 선의 의미이다. 수

---

245 『주자어류』 권101.

246 『주자어류』 권74.

247 「답여백공(答呂伯恭)」, 『주희집』 권33, 1411쪽.

248 『통서(通書)』 「사주(師注)」, 『주자전서』 권8.

많은 음의 기운이 무리지어 작용할 때는 만물이 시들어 버린다. 악이 사람에 있어서도 역시 그렇다."[249] 자연과 사회현상을 가지고 음양과 선악의 관계를 설명하였다. 선의 표징은 바람과 해가 따뜻하여 만물이 발생하는 것이며, 악의 표징은 음의 무리(小人)가 권력을 잡고 만물이 시드는 것이다. 자연과 사회현상으로 음양과 선악의 속성(屬性)을 부여하였으며, 주희 철학의 사유(思惟) 방식이다.

음양과 군자 소인의 윤리를 가지고 말하였다. "양은 군자이고 음은 소인이라고 하는 경우는 강유(剛柔)와 선악으로 추론하여 그 덕의 차이를 말하는 것일 뿐이다."[250] 이 덕은 군자와 소인이 따르는 음양과 선악의 윤리 도덕이다. "양은 항상 왼쪽에 있으면서 생육하고 자라고 기름을 그 공으로 삼으니, 그 유형은 강함이 되고 밝음이 되고 공정함이 되고 의로움이 되어, 무릇 군자의 도가 여기에 속한다. 음은 항상 오른쪽에 있으면서 상처 내고 참혹하게 죽이는 것을 일삼으니, 그 유형은 부드러움이 되고 어두움이 되고 사사로움이 되고 이로움이 되어 무릇 소인의 도가 여기에 속한다."[251] 양은 왼쪽에 자리 잡아 생장 양육시키는 기능을 가지고 있는데 강(剛)과 밝음, 공(公), 의(義)로 군자의 도덕에 속한다. 음은 오른쪽에 자리 잡아 상처 내고 참살(慘殺)하는 것을 일삼고, 유(柔)와 어두움, 사(私), 이(利)로 소인의 도덕에 속한다. 그렇다면 양은 어째서 강(剛)하고 밝게 되며, 음은 어째서 유(柔)하고 어둡게 되는가? 그는 말하였다. "양(陽)을 군자로 삼아 이끌어 돕고 붙잡고 오직 성대하지 못할까 두려워하고, 음(陰)을 소인으로 삼아 물리치고 억눌러 오직 쇠하지 않을까 두려워한다. 그것은 무엇 때문인가? 대개 양의 덕은 강하고 음의 덕은 부드럽다. 강한 것은

---

249 『주자어류』 권12.

250 『주자어류』 권65.

251 「부백공자서(傅伯拱字序)」, 『주희집』 권76, 3962쪽.

항상 공정하고 부드러운 것은 항상 사사로우며, 강한 것은 항상 밝고 부드러운 것은 항상 어둡다. 강한 것은 바르지 않았던 적이 없고 부드러운 것은 사특하지 않았던 적이 없으며, 강한 것은 광대하지 않았던 적이 없고 부드러운 것은 협소하지 않았던 적이 없다. 공명정대한 사람이 세상에 채용되면 천하는 그 복을 입고, 사암사벽(私暗邪僻)한 사람이 그 뜻을 얻으면 천하가 그 재화를 받는다. 이것은 이치의 필연이다."[252] "양"의 덕은 강하고 음의 "덕"은 유하다. 양은 군자가 되고, 음은 소인이 된다. 이는 바로 군자의 덕은 공(公), 명(明), 정(正), 대(大), 강(剛), 의(義)하게 되며, 소인의 덕은 사(私), 암(暗), 사(邪), 벽(僻), 유(柔), 이(利)하게 되며, 이 때문에 양은 떠받치고 음은 억누르며 군자는 떠받쳐 장려하고 소인은 억눌러 폐출시켜야 한다. 사회의 올바른 기를 앙양하여 사회생활의 질서를 안정시킨다.

음양의 보편성과 미만성, 감지성, 변역성, 교합성, 선악성은 음양이 객관질료와 운동의 함의를 갖추게 하였을 뿐만 아니라 또한 윤리도덕 정신을 갖추게 하였으며, 음양이 이원화되게 하였는데 이는 주희가 음양으로 자연과 사회의 각종 현상을 해석하기를 기도했기 때문이다. 이는 주희의 철학이 두 가지 어려움에 빠져들지 않도록 하였으며, 중국의 전통철학, 자연과 사회, 하늘과 사람, 존재와 사유에서 본래 바로 원통적이고 막힘이 없는 것이다.

3) 기(器)는 형상이며 실로 자취가 있다

기(器)와 음양, 기(氣) 세 가지는 주희 철학의 논리적 구조에서 서로 원융하는 것으로 그 지위와 작용 또한 서로 비슷하다. "음양은 형이하의 기

---

252 「금화반공문집서」, 『주희집』 권76, 3984~3985쪽.

(器)이다"253, "음과 양이 비록 기(器)이긴 하지만 도(道)와 애초에 서로 떨어지지 않는다."254 음양이 도를 떠나지 않음은 기(器)가 도를 떠나지 않음과 같다. 이에 의거하여 주희는 기(器)에 대하여 규정하였다.

첫째, 기(器)는 형이하의 형상적인 것으로 "형이하자는 정이 있고 형상이 있는 것은 기(器)이다."255 정이 있고 형상이 있는 기(器)로, 곧 듣고 볼 수 있는 대상성(對象性)의 사물이다. "나의 견문대로라면 모든 형상이 있는 것은 다 기(器)이다. 이 기(器)의 이가 되게 하는 까닭은 곧 도(道)이다. 그렇다면 보내온 편지에서 이른바 시종(始終)·회명(晦明)·기우(奇偶)에 속하는 것은 모두 음양이 만든 기(器)이다."256 기(器)는 형상이 있는 것으로, 시종(始終)과 회명(晦明), 기우(奇偶)는 기(器, 陰陽)의 속성(屬性)이다.

형상이 있게 되면 정상(情狀)이 있으며, 곧 형적(形迹)이 있게 된다. 주희는 말하였다. "기(器)는 형적이며, 모든 사물 또한 모두 형적이 있다."257 이를테면 "이 교의(交椅)는 기이다", "사람의 몸은 기이다", "이 대나무 의자는 실로 하나의 기이다"라 한 따위는 모두 형상이 있는 사물을 가리킨다. 이렇게 인지한 것에 기초를 두고 그는 말하였다. "형기(形器)를 가지고 말한다면 기라고 한다."258 주희의 제자인 진순 또한 말하였다. "드러나 볼 수 있는 것은 기라고 한다."259 "사람의 일 가운데 형상이 있는 곳은 모두 기라고 한다."260 이는 곧 "기"는 형적이 있는 것이라는 말이다.

---

253 「태극도설해」, 『주자전서』 권1.

254 『주자어류』 권99.

255 『주자어류』 권95.

256 「답육자정(答陸子靜)」, 『주희집』 권36, 1580쪽.

257 『주자어류』 권75.

258 위와 같음.

259 「도(道)」, 『북계자의(北溪字義)』 권 하.

260 위와 같음.

둘째, 기는 실제[實]이다. 그것은 불·노(佛·老)가 만상이 허공이라고 한 것에 대하여 상대적으로 말한 것이다. "석씨는 도리를 공허하며 실제가 아닌 것으로 보기 때문에 현세에서 초탈하여 사물에 얽매인 것을 모두 제거하여 바야흐로 빠진 것이 없어야 부처의 경지가 된다고 본다. 그 이외의 것은 악에 물든 부분이 있어서 모두 중생과 아귀이다. …… 우리 유자들은 도리를 실제로 보기 때문에 처음부터 끝까지 그들과 부합하지 않는다."[261] 불교는 만상이 모두 허환하며 도리는 공허하여 실하지 않다고 생각하였다. 주희는 불교의 실하지 않다는 것을 비판하여 "실리(實理)"와 실기(實器)를 제창하여 모두 공허가 아니며, "형이하의 실은 곧 기(器)이다."라 하였다.[262] 기를 형상이 있고 정상이 있으며 형적이 있는 속성으로 본다면 의심할 바 없이 실한 것이다.

주희의 기(氣)와 음양, 기(器)는 모두 생기발랄한 범주로 우주에 꽉 차서 없는 곳이 없다. 모였다 흩어졌다 동하였다 정하였다 유행하여 쉬지 않으며, 형상이 있어 귀로 듣고 감지할 수 있고, 두 기가 교합하여 생물을 만들어내며, 기질을 받아서 이어 윤리와 선악 등이 모두 삼자의 공통점이다. 삼자의 다른 점은 위에서 말한 세 가지 규정에서 이미 알 수 있었으므로 덧붙여 말하지 않는다.

4) 사물을 내어 천지인물을 만들어낸다

기(氣)와 음양, 기(器)는 주희 철학의 논리적 구조에서 이(理) 한 사물의 중개이고 이 한 사물을 소통시키는 교량이다. 아래에서 이(理)─기(氣)─물(物)의 "물(物)"의 범주를 분석하겠다.[263] 주희는 물에 대하여 규정하였

---

261 『주자어류』 권126.
262 『주자어류』 권75.

다. "천도는 유행하고 조화 발육하여 모든 성(聲), 색(色), 모(貌), 상(象)의 천지에 차 있는 것이 모두 물이다. 이 물이 있으면 이 물이 되는 까닭은 각자 마땅히 그러한 법칙이 있어서 스스로 자기를 용납하지 않음이 없는데 모두 하늘이 부여한 것에서 얻는 것이지 사람이 할 수 있는 것이 아니다."264

이 말에는 이런 몇 가지 층차의 뜻이 있다. 첫째 자연계는 모두 물의 현상으로, 그것은 천지 사이에 꽉 차 있다. 물이 물로 불리는 까닭은 그것이 소리와 색, 모습, 형상의 특징을 갖추고 있기 때문이며, 충분히 들을 수 있고 볼 수 있으며, 충분히 남들에게 느껴지고 인지될 수 있다. 둘째 물은 객관성을 갖추고 있다. 물은 성, 색, 모, 상을 갖추면 주체를 떠나 독립적 객체가 되며, 그것은 주체인에 의해 감지되는 객체 대상물이며, 그것은 결코 사람의 주관적인 바람에 의거하는 것이 아니며 스스로 천도가 유행하고 조화 발육되는 법칙이 있다. 셋째 물은 자연이 부여하였다. 이곳의 "하늘에서 얻었다(得于天)"의 "천(天)"은 자연의 뜻이며 사람에 의해 구성되지 않고 또한 사람의 능력에 의해 좌우되지 않는다.

이런 규정은 일정 정도는 자연계 사물의 몇몇 특징과 본질을 반영하였다. 그러나 주희는 물이 되는 까닭을 탐구하면서 "마땅히 그러한 법칙"이 있다고 생각하였는데, 이 "법칙[則]"은 바로 이(理)이고 또한 바로 "그 물이 되는 까닭"의 도리와 원리, 법칙이다.

그러면 "기(氣)" "음양(陰陽)"는 어떻게 생물을 인온(氤氳)하게 하고 응취(凝聚)시키며, 조작하는가? 주희는 노자를 계승하여 도교의 "도는 1을 낳고 1은 2를 낳으며 2는 3을 낳고 3은 만물을 낳는" 생성론의 전통에 이르

---

263 졸저 「물론(物論)」, 『중국철학범주발전사·천도편(中國哲學範疇發展史·天道篇)』, 중국인민 대학출판사 1988년판, 204~260쪽을 참고하여 보라.
264 『대학혹문』, 『사서혹문』.

렀으며, 한 폭의 우주, 자연계 생물 및 인류 생성의 도식을 묘사했다. 그는 이렇게 말한 적이 있다.

> 또한 천지 사이에 사람과 사물, 초목과 짐승 등이 생겨날 때는 모두가 종자를 가진다. 종자가 없는 맨땅에서는 결코 어떤 것도 생겨날 수 없으니, 이것은 모두 기이다.[265]

만물을 생성하는 데는 하나의 "종자"가 필요하며, 이 "종자"는 바로 기(氣)이다. 기 혹은 음양의 두 기는 오행(五行: 金·木·水·火·土)을 낳으며, 음양오행의 7은 생물을 혼합하여 구성하는 "재료(材料)"이다.

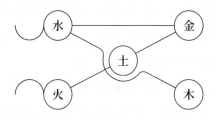

> 이 양이 변하고 음이 합하여 수화목금토를 낳는다. ⌒◯는 음이 변하는 것이고, ⌒◯는 양이 합하는 것이다.[266]
> 음양은 기이며 이 오행을 낳는 바탕이다. 천지가 사물을 낳음에 오행이 홀로 앞선다. 천지 사이에 무슨 일이 오행이 아닌가. 음양오행의 7이 혼합하면 곧 생물의 재료이다.[267]

---

265 『주자어류』 권1.
266 『태극도해(太極圖解)』, 『주자전서』 권1.
267 『태극도설해』 「집설(集說)」, 『주자전서』 권1, 『주자어류』 권94에도 보인다.

대체로 하늘과 땅이 사물을 낳을 때, 그 가볍고 맑은 것을 먼저 하여 무겁고 흐린 것에 이르렀다. "하늘은 하나로 물을 낳고, 땅은 둘로 불을 낳는다" 하였으니, 두 사물이 오행 가운데서 가장 가볍고 맑으며, 쇠와 나무는 다시 물이나 불보다 무겁고, 흙은 또 쇠와 나무보다 더 무겁다.[268]

양이 변하고 음이 합하여 오행을 낳는다. 음양은 기(氣)이고 오행은 질(質)이며, 음양오행이 뒤섞이면 곧 이오(二五: 陰陽五行)의 정(精)이 되며, 묘하게 합하고 엉기면 또한 곧 기와 질이 교합하여 천지만물을 화생한다. 주희는 물을 낳는 처음과 음양의 정(精)한 것은 모두 두 개가 응결되어 이루어진 것이라고 생각하였다. 이를테면 초목과 우양(牛羊)은 모두 암수가 있어서 하나는 양이 되고 하나는 음이 된 다음에 이로 말미암아 두 개가 점점 생겨간다. 이는 중국의 전통적인 "조화에서 실상 사물이 생육되고, 부화뇌동해서는 이어지지 못한다" 및 "천지의 기가 서로 엉키어 만물이 형성되며 남자와 여자가 정기(精氣)를 합하여 만물이 화생(化生)한다"는 사상과 서로 일치하는데, 곧 만물은 모두가 두 개나 두 개 이상의 상대적으로 충돌하는 인소로 말미암아 인온하고 정기를 얽어서 이루어진다.

이를 기반으로 주희는 이런 만물을 화생하는 과정을 묘사하였다.

"기"("음양") → "오행" {
 → 가볍고 맑은 것은 하늘
 → 무겁고 탁한 것은 땅
 → 정화와 정수인 것은 사람
 → 찌꺼기는 사물
}

---

268 『주자어류』 권94.

인류의 기원에 관하여서는 비록 현대에 와서도 여전히 하나의 논쟁이
되는 문제이며, 상이한 종교 신앙에서는 또한 상이한 관점을 가지고 있
지만 주희는 1000년의 때에 인종설을 제기했다. "하늘과 땅의 시초에 어
째서 인간이라는 종(種)을 찾았는가? 저절로 기가 증결(蒸結)하여 (다른 판본
에는 '凝'으로 되어 있다.) 두 사람을 이룬 뒤에야 비로소 만물을 낳았다. 그래서
먼저 '건의 도가 남자를 이루고 곤의 도는 여자를 이룬다'고 말하고, 그
뒤에야 비로소 '만물을 낳았다'고 말했다. 애당초 만약 그 두 사람이 없
었다면 어떻게 지금과 같이 많은 사람이 있겠는가? 그 두 사람이 그랬던
것처럼 요즘 사람들의 몸에 있는 이는 자연스럽게 변화하여 나온 것이
다."[269] 기독교에서는 하느님이 아담과 하와 두 사람을 창조하였다고 설
정하였는데 곧 주희가 논한 인종이다. 그러나 주희의 두 사람은 기가 응
결하여 이루어진 것으로 하느님이 창조한 것이 아니다. 아울러 사람의
몸에 있는 이[蝨]는 부지불식중에 자연적으로 생겨난 것으로 사람이 창조
한 것이 아니고 또한 신령의 의지도 아니라고 생각하였다. "물었다. '최
초의 사람은 어떻게 생겼습니까?' 대답하였다. '기의 변화로 이루어졌다.
2(음양)와 5(金·木·水·火·土)의 빼어난 기가 모여서 형체가 만들어지는데, 불
가에서는 이것을 화생이라고 한다. 요즘 화생을 통해 만들어지는 것이
매우 많은데, 이[蝨]가 그런 것이다.'"[270] "자연히 변화하여 나온" 것을 곧
"기화(氣化)"라 하며, 인종이 있고 난 다음에 많은 사람이 나왔는데 "형생
(形生)"이라고 한다.

기화는 당초 인종이 없는 것이며 자생되어 나온 것으로 이를테면 사람
의 몸에서 이가 생겨나는 것 같은 것이다. 형생은 인종이 있게 된 후에 끝
없이 계속 나는 것이다. 기화 또한 바로 기가 응결된 것이며 또한 기가 모

---

269 『주자어류』 권94.
270 『주자어류』 권1.

여 형체를 이룬 것이다. "물었다. '기가 변화하고 형체가 변화하니 남자와 여자가 태어나는 것은 기의 변화가 아닙니까?' 말했다. '(기가) 엉기어 뭉쳐서 남자와 여자가 이루어지니 무엇 때문에 이처럼 되는가? 모두가 음과 양이다.'"[271] 음양이 응결되어 남녀의 두 사람이 이루어졌는데 이것이 최초의 인종이다.

주희의 인종에 관한 관점은 주희가 『성경(聖經)』에서 도움을 받은 것이 아니라 불교에서 계발되었다. "『능엄경』의 뒷부분에 말하기를, 아주 긴 시간이 지난 뒤에 세상 사람들은 모두 죽고 다시는 인류가 없었다. 도리어 곡식이 나서 한 자 남짓 자랐는데, 하늘의 선인이 내려와 먹어보니 맛이 좋아 자꾸 내려와 먹게 되었다. 먹다 보니 몸이 무거워져 마침내 하늘로 올라갈 수 없게 되어 바야흐로 세상에 또 인종이 있게 되었다. 이 이야기는 본래 우스갯소리이지만, 나[某]는 이로 인해 세상에 최초로 인종이 존재하게 된 사연을 그런 식으로 설명하는 것을 알 수 있었다."[272] "모(某)"는 주희 자신을 가리킨 것이며, 그는 이로 인하여 세상에 처음에 인종이 있음을 알게 되었는데, 이는 불교가 그를 계발시킨 것이다.

인종을 기화(氣化)함이 있은 이후에 인류가 태어났을 뿐만 아니라 만물을 기화하고 형화(形化)하였다. 기(陰陽)의 같지 않은 재료를 얻어야 인물의 차이가 있다. "'무극과 음양 오행이 오묘하게 합하여 엉긴다.'고 하였는데, 엉김은 단지 이 기가 모여서 뭉쳐 자연스럽게 사물을 낳는 것이다. 만약 이처럼 모여서 뭉치지 않는다면 어떻게 조화(造化)하여 만물을 얻겠는가? 무극은 이치이고 음양과 오행은 기다. …… 음양 두 기(氣)와 오행이 그 사이에서 씨줄과 날줄이 되어 섞여 모인다. 그 기의 깨끗하고 빼어난 것을 얻어서 사람이 되고, 기의 더러운 찌꺼기를 얻어서 사물이 된다.

---

271 『주자어류』 권62.
272 『주자어류』 권94.

생생한 기가 유행(流行)하여 한줄기로 뒤섞여 나오는데, 처음에 사람에게
는 온전한 기를 부여하고 한 단계 낮추어 사물에 부여했다고 말하는 것
이 아니다."[273] 이른바 "정영(精英)"은 "정기(精氣)"를 가리키며, 찌꺼기[渣
滓]는 거친 기를 가리킨다. 부여받은 기가 다름을 인물이 다름의 근거로
삼았다. 주희는 기의 유행의 변역성을 부여한 것으로 말미암아 사람을
낳고 사물을 낳는 것이 "한번 뒤섞여 나올" 수 있었다. 그는 남방의 농가
에 있는 수차(水車)를 예로 들었는데, 수차처럼 흐르고 굴러 "부지불식중
에 한 사람을 낳으며, 부지불식중에 또 하나의 사물을 낳는다."[274]

　이렇게 주희는 그 철학의 기이한 자취를 완성시켰다. 천차만별한 우주
의 거시적 세계와 미시적 세계 및 생동적인 인물과 인류사회는 모두 이
(理: 太極, 道)가 기(氣: 陰陽, 器)의 도움을 받음으로써 함께 오행을 통하여 만들
어내었다.

5. 이일분수(理一分殊)의 원융(圓融)

　정의(情意)가 없고 계탁(計度)도 없고 조작도 없는 이(理)가 어떻게 기(氣)
위에 타고 앉았을까? 정결하고 공활한 세계의 이가 어떻게 기(陰陽, 器)에
깃들게 되었는가? 모든 사물이 다 하나의 이(理: 太極, 道)를 가지기에 이르
렀다. 이에 주희는 한 걸음 더 나아가 "이일분수(理一分殊)"와 "이의 유행(理
之流行)", "태극의 동정(太極動靜)", "도의 유통(道之流通)" 등의 명제를 제기하
여 이(理) 일물(一物)로 말미암은 논리 구조가 더욱 완선(完善)함으로 나아
가게 하였다.

---

273 위와 같음.
274 『주자어류』 권98.

1) 이일분수 원융관통(圓融貫通)

장재(張載)는 「서명(西銘)」(곧 『正蒙』「乾稱篇」)에서 결코 직접적으로 "이일분수"의 명제를 제기한 적이 없다. 그러나 정이(程頤)는 「서명」이 "이는 하나인데 나뉘어 각기 다른 것이 되는(理一而分殊)" 것이라고 생각했으며, 주희는 말하였다. "「서명」은 구절구절이 이는 하나인데 나뉘어 각기 다른 것이 되는 것으로 이해해야 한다."[275] "『서명』은 전체가 하나의 '이일분수'이며, 한 구절이 하나의 '이일분수'이다."[276] "이일분수"는 정주(程朱)의 『정몽(正蒙)』「건칭(乾稱)」에 대한 해독과 이해로, 이런 해독이 장재의 「서명」의 본뜻이든 아니든 이는 별도의 문제임을 알 수 있다. 정주는 아울러 설명을 진행하지도 않았고 아울러 "이일분수"는 바로 「서명」 본래의 뜻임을 매우 긍정하였다. 어째서 "이일분수"라고 하는가? 주희는 이렇게 해석한 적이 있다.

> "'이일분수'는 천지 만물을 합하여 말한다면 다만 하나의 이가 있을 뿐이지만, 사람의 경우에는 제각기 하나의 이를 지니고 있다."[277]
> 천지의 사이는 이일 따름이다. 그러나 건의 도는 남자가 되고 곤의 도는 여자가 되며, 두 기가 서로 교감하여 만물을 화생하니 그 대소의 구분과 친소의 등급은 십, 백, 천, 만이 되어도 나란해질 수 없다. …… 「서명」을 지은 뜻이 아마 이럴 것이며, 정자는 "이는 하나인데 나누어져서 달라졌음을 밝혔다."라 생각하였으니 한마디 말로 포괄하였다고 하겠다.[278]

---

275 『주자어류』 권98, 「서명주(西銘注)」, 『장자전서(張子全書)』 권1.
276 『주자어류』 권98.
277 『주자어류』 권1.

이곳에서 말한 "이일분수"는 대략 두 가지 뜻이 있다. 첫째는 윤리철학 방면에서 말하였다. "대체로 건을 아버지로 삼고 곤을 어머니로 삼는 것은, 생명이 있는 것은 모두 그러하지 않음이 없으니, 이른바 '이일(理一)'이다. 사람과 만물이 태어남에 있어 혈맥을 지닌 무리는 각각 그 어버이를 어버이로 하고 그 자식을 자식으로 하니, 분수가 어찌 다르지 않겠는가!"[279] 인물은 천지를 부모로 하고 천지는 인물을 자녀로 한다. 따라서 건도를 아비로 하고 곤도를 어미로 하는데, 이는 이(理)가 하나인 것이다. 사람마다 제각기 그 어버이를 어버이로 여기고 각자 그 자식을 자식으로 여기니 이것이 바로 "분수(分殊)"이다. 그는 말하였다. "천지의 사이에는 인물이 많은데 그 이는 본래 하나이며 나뉨이 달라지지 않은 적이 없었다. 그 이가 하나이므로 자기를 미루어 남에게 미칠 수 있고, 나뉘어 달라지기 때문에 사랑을 세움은 반드시 어버이로부터 시작한다."[280] 그 이가 하나임을 알았으므로 인(仁)이 되어 자기를 미루어 남에게 미칠 수 있고, 나뉘어 달라짐을 알았으므로 의(義)가 되며, 따라서 사랑을 세움을 반드시 어버이로부터 시작한다.

둘째는 자연철학의 의의에서 말하였다. 천지만물의 이를 모두 합하면 단지 하나의 이인데 곧 "이일(理一)"이며, 모든 사물이 각각 하나의 이를 갖고 있는데 곧 "분수(分殊)"이다. 그러나 각 사물 중의 이는 모두 그 "이

---

278 「서명해」, 『장자전서』 권1. 「서명해」는 『주문공문집』과 『속집』, 『별집』에 모두 수록되지 않았으며 주희가 순희 무신년(1188) 2월에 기록한 바에 의하면 다음과 같다. "처음에 내가 「태극」과 「서명」의 두 해설을 지었는데 감히 꺼내어 남에게 보여준 적이 없다. 근자에 유자들이 이 두 책이 망실되었다고 많이 논하는 것을 보았는데 아마 곧 그 문의에 통달한 적이 없어 망령되이 멋대로 비난한 것일 것이다. 내가 가만히 슬퍼하여 이에 풀이하여 학도들에게 보여주어 널리 전하게 하였으니 독자들은 말에서 뜻을 얻을 수 있을 것이며 뜻을 가볍게 여길 수 없음을 알 것이다."(『張子全書』 권1)

279 「서명해」, 『장자전서』 권1.

280 『맹자혹문』 권1, 『사서혹문』.

일"의 체현과 표현일 뿐 달리 하나의 이가 있는 것은 아니다. 주희는 말하였다. "만물은 각기 하나의 이(理)이며 만 가지 이는 함께 하나의 근원에서 나온다."[281] 그는 예를 들어 말하기를 하늘 위아래의 빗물이 지상의 큰 움집에서는 큰 움집의 물이 있고, 작은 움집에는 작은 움집의 물이 있다. 나무에는 나무의 물이 있고 풀에는 풀의 물이 있어서 곳에 따라 각자 달라지는데 모두 하늘 아래위의 그 빗물이다. 하늘 위아래의 빗물은 "이일(理一)"이고, 크고 작은 움집과 초목의 물은 바로 "분수(分殊)"이다. 이 "나뉘어 달라진" 빗물과 하늘 위아래의 빗물은 완전히 마찬가지로 성질상이나 분자구조에서의 차이는 없다. "예를 들어 이 판자는 다만 하나의 도리지만 이 무늿결은 이리 가고, 저 무늿결은 저리로 간다. 하나의 집도 하나의 도리이지만 대청이 있고, 당이 있다. 풀과 나무도 다만 하나의 도리이지만, 복숭아나무가 있고 오얏나무가 있다. 일반 사람의 경우도 다만 하나의 도리이지만 장 씨네 셋째가 있고, 이 씨네 넷째가 있으며, 이 씨네 넷째는 장 씨네 셋째가 될 수 없으며, 장 씨네 셋째는 이 씨네 넷째가 될 수 없다. 음양은 「서명」에서 이는 하나이지만 나누어지면 달라진다고 하였으니 또한 이와 같다."[282] 이곳에서 말한 "하나의 도리", "일반적인 물"은 결코 특수와 상대적으로 말한 "일반"을 가리키는 것이 아니다. 헤겔이 인정한 "일반과실"과 사과, 배의 관계는 일반과 특수의 관계이다. 펑유란(馮友蘭) 또한 이와 사물의 관계를 일반과 특수의 관계로 이해했다.[283] 그러나 주희는 이일과 분수가 일반과 특수라는 관계를 부인했다. 그는 "이일"의 완정성과 지상성(至上性)을 유지하기 위하여 이(太極, 道)를 분할할 수 없는 절대적인 것으로 삼았다. 이(太極, 道) 본체로 삼는 것을 가

---

281 『주자어류』 권18.

282 『주자어류』 권1.

283 펑유란(馮友蘭) 『중국철학사신편(中國哲學史新編)』(제5책), 인민출판사 1988년판, 161~164쪽.

지고 말하면 그것은 완전무결한 것으로 만리(萬理)는 다만 이 "이일"이 각 사물에서 완정하게 체현할 수 있는 것으로 터럭만큼의 흠결도 없다. "일 사일물(一事一物)이 각자 이 이를 충분히 갖추고 있으니 이 '일(一)'자를 드러내야 모자람이나 남음이 없다는 것을 바야흐로 알 수 있다."[284] 이것을 가지고 말하면 특수한 사물에 체현된 이는 결코 특수 사물 본체가 가지고 있는 특수한 이가 아니며 그 "공공(公共)의 이"나 "이일"의 이이다.

"이일분수"의 "분(分)"은 "분유(分有)"인가 아닌가? 주희는 부정하였다. 그는 "분(分)"은 "이일(理一)"의 같지 않은 작용과 효용을 가리킨다고 생각하였다. "이른바 '나눔(分)'이란 것은 이치는 하나지만 그 용이 같지 않다."[285] 주희는 이 질문에 대하여 동의를 나타내고 아울러 설명한 적이 있다. "그 체는 이미 대략 같지 않다. 임금과 신하, 부모와 자식, 백성들은 체이며, 어짊, 공경, 사랑, 효도, 믿음은 용이다."[286] 분(分)은 이의 용일 뿐만 아니라 또한 지위를 나누어 갖는 같지 않음이다. "만물은 모두 이러한 이가 있고 이는 모두 함께 하나의 근원에서 나온다. 다만 처한 위치가 다르면 그 이의 쓰임도 한결같지 않다. 예컨대 군주는 어질어야 하며, 신하는 공경해야 한다. 자식은 효도해야 하고, 부모는 자애로워야 한다. 갖가지 물건이 각기 이러한 이치를 갖추었으되 물건마다 각기 그 쓰임은 다르다."[287] 주희는 근본적으로 "분(分)"이 바로 분할이나 부분의 뜻이라는 것을 부인하였다. 주희는 "체용(體用)" 관계를 운용하여 "이일분수"의 "분(分)"을 설명하였는데, "분수"는 사물 사이의 본질적인 차분(差分)이 아니라 다만 처한 지위와 수량의 많고 적음, 작용과 장소의 같지 않음이다.

---

284 「답장경부(答張敬夫)」, 『주희집』 권31, 1308쪽.

285 『주자어류』 권6.

286 위와 같음.

287 『주자어류』 권18.

주희는 또 현학(玄學)과 불교의 "일(一)"과 "다(多)"에 관한 관계를 가지고 "이일분수"를 설명하였다. 현학가는 "일(一)"은 본체이며, "다(多)"의 근원이라고 생각하였으며, "일(一)은 수의 시작이며 사물의 지극함이다. ……사물은 각기 이 일(一)을 얻어서 이루어진다."[288] "다(多)"는 "일(一)"로 돌아가 통할(統轄)하려고 하며, 세계의 "만유(萬有)"("多")는 모두 "일(一)"로 돌아가려 한다. 불교 화엄종(華嚴宗)은 "일과 다[一多]가 서로 상섭(相攝)"하는 것이라 하였다. 그것은 "일은 곧 많으며 많은 것은 곧 일(一卽多, 多卽一)"[289]이라는 일다상즉(一多相卽)을 통하여 사물의 차이와 충돌을 부정하고, 피차 간의 차이와 독립의 자성(自性)이 있음을 부인하였다. 아울러 "월인만천(月印萬川)"의 불교적 비유를 가지고 형상적으로 "이일분수"의 성질과 함의를 해석하였다. 주희는 별들이 드문 저녁때 사람들은 항상 하늘에 밝디밝은 달("一理") 하나만 있는 것이 보이는데 모든 강과 호수, 강, 바다에 또 각기 하나의 달("萬理")이 있지만 모든 강과 호수, 강, 바다의 달은 모두가 하늘의 그 달이 아래로 비춘 것으로 하늘에 있는 달의 그림자라고 생각하였다. 달의 그림자가 천변만화하여 "만리(萬理)"가 천차만별이긴 하지만 그 본체는 다만 하나의 "이(理)"(하늘의 달)일 뿐이다. 강과 호수, 강, 바다의 달("多")은 결코 하늘의 달("一")을 "나누어 가진 것"이 아니며, 또한 하늘의 달("一")이 부단히 분할한 것도 아니며 "하나하나가 완전하고", "만 개가 하나이며 하나가 만 개인"[290] 것이다. 이렇게 일(一)과 다(多), 이일(理一)과 만수(萬殊)의 관계는 바로 완전 원융의 관계다. 이런 관계는 일반과 특수, 전체와 부분의 관계에 관심을 가지는 것이 아니라 "이일"이 어떻게 "만수"로 체현되는가?, "만수"의 근거가 무엇인가에 대한 논증이다.

---

288 왕필(王弼)의 『주역약렬(周易略列)』 「명단(明象)」.
289 「화엄일승교의분제장(華嚴一乘敎義分齊章)」.
290 『주자어류』 권94.

화엄종에서는 이(理)와 사(事)의 관계를 이야기할 때 이(理)는 "전편(全遍)"이지 "분편(分遍)"이 아니라고 생각하였다. "하나하나의 일에서 이(理)는 모두 전편(全遍)이며 분편(分遍)이 아닌데 어째서인가? 저 진리를 나눌 수 없기 때문이다."[291] 주희는 결코 그의 일(一)과 수(殊), 일리(一理)와 만리(萬理)의 관계에 관한 이론이 불교에서 연원하였다고 말하기를 꺼리지 않았다. "석씨는 '하나의 달이 모든 물에 두루 나타나고 모든 물의 달이 하나의 달에 매였도다.'라고 하였다. 이것은 석씨가 이러한 도리를 살펴서 깨달은 것이다."[292] 석씨가 살펴서 안 것을 주희도 살펴서 알았는데, 곧 이일(理一)과 만수(萬殊)는 "하나의 달(一月)"과 "모든 물의 달(一切水月)"의 관계와 같다.

불교는 흙먼지 한 알갱이에 곧 불국이 있다고 설명하였다. 주희는 모든 인물이 모두 "각각 만족하는" 이를 갖추고 있다고 설명하였다. 모든 인물이 체현한 이는 모두 이의 전체로 완전무결함을 충족하였다. 그가 일리와 만리가 차이가 없음을 이야기할 때 형상학 본체의 이와 인물의 이(萬殊)는 완전히 서로 같다. 이는 곧 보편성을 띤 형식을 이루어 모든 사람과 모든 일이 반드시 이를 준수하여야 한다. 다만 어째서 형이상의 이(理一)와 인물의 이(萬理)는 서로 같으며, 어째서 인물은 오히려 천차만별일까? 이 하나가 나누어 달라지는 것은 어째서 같지 않게 나누어 이루어질까? 주희는 기의 범주를 받아들이고 끌어들여 이 차이를 설명하였다. "천하의 이는 하나가 아니었던 적이 없으며 그 나누어짐을 말하면 달라지지 않았던 적이 없는데 이는 자연의 형세이다. 대체로 인생과 천지 사이에 천지의 기를 부여받았는데 그 체는 곧 천지의 체이고 그 마음은 천

---

291 「화엄발보살심장(華嚴發菩薩心章)」.

292 『주자어류』 권18. 원래 인용한 말은 선종(禪宗) 영가(永嘉) 현각(玄覺)의 『영가증도가(永嘉證道歌)』에 보인다.

지의 마음이다. 이를 가지고 말하면 이 어찌 두 가지이겠는가!"[293] 이(理)를 가지고 말하면 이(二)가 없고, 기를 가지고 말하면 이(二)가 있으니 이(二)는 곧 차이와 충돌이 있다.

이러한 인지를 감안하여 주희는 "이는 같고 기는 다른(理同氣異)" 명제를 제기하였다. "만물의 동일한 근원을 논하면, 이는 같지만 기는 다르다. 만물의 서로 다른 형체를 살펴보면, 기는 오히려 서로 가깝지만 이는 결코 같지 않다. 기가 다른 것은 순수하고 잡박함의 같지 않음이 있기 때문이고, 이가 다른 것은 치우치고 온전함에 혹시라도 다름이 있기 때문이다."[294] 기가 다르기 때문에 인물은 화생하는 과정에서 천차만별이다. 곧 주희가 앞에서 들어서 말한 것처럼 하늘에서 내린 빗물은 큰 움집과 작은 움집에 있는 것이 있으며, 풀과 나무에 있는 것이 있어서 이에 물은 같지 않다. 그 같지 않은 것은 크고 작은 움집과 초목에 있는 까닭이며 이 크고 작은 움집과 초목은 "기가 다른" 것과 같아 인물은 절로 같지 않다.

"이일분수"로 사회현상과 인류의 관계를 해석할 때 중국 종법사회의 특징을 분명하게 체현하였다. "「서명」의 대강(大綱)은 이치가 하나이면서 나누어져 저절로 달라지는 것이다. 하지만 두 가지 설이 있다. 천지로부터 말하면 그 가운데 진실로 분별(分別)이 있고, 만 가지의 다름으로부터 관찰해보면 그 가운데 또한 분별이 있다. 하나의 이치로 인식할 수 없는데 단지 뒤섞어 하나로 보았을 뿐이니 이것은 각각 저절로 등급과 차별이 있다."[295] 사회와 가정의 등급 차별을 이의 작용과 체현으로 간주하였다. 이렇게 이는 당시 사회에 한 개개인의 지위와 등급이 같지 않은 사회의 인류 관계를 마련해주었고 인물이 각자 그 분수를 편안히 여기고 원

---

293 『중용혹문』 권3, 『사서혹문』.
294 「답황백(答黃伯)」, 『주희집』 권46, 2222쪽.
295 『주자어류』 권98.

래 가진 지위와 등급의 차별을 편안히 여기도록 요구하여 사회 질서의 안정을 추구하였다.

　주희는 "이일분수"의 논증을 통하여 "이일"을 각 인물에게 찍거나 흩어지게 하였다. 여기에 비록 기(陰陽, 器)가 중간 고리가 되도록 하는 것이 있지만 이미 "달이 모든 하천에 비추는(月印萬川)" 것을 "달이 이미 나누어졌다고 말할 수 없는" 것처럼 곧 인물이 그 형이상의 이를 완전히 갖추어서로 동등한데 또한 어찌 하필 나누어 달라지겠는가? 어떻게 하여 나누어져 달라지는가? 더구나 "이"가 나누어져 달라질 수 있는 것이어서 그 나누어짐을 긍정한다면 또한 어찌 "이가 하나일" 수 있겠는가? 이가 하나임이 어떻게 성립하는가? 이는 "이일분수"를 두 가지 어려움에 빠뜨린다. 이 두 가지 어려움을 어떻게 해결하는가에 대하여 주희 자신은 결코 보다 완전하게 논증하지 않았다. 왕부지(王夫之)는 오히려 이를 해결하고자 도모하였다. 그는 "'분(分)'이라는 것은 이(理)가 나누어진 것이다. 그 나누어 달라진 데 미쳐 이가 어찌 다시 하나가 되겠는가! 다시 하나가 되지 않는다면 달라짐을 이루겠는가!"[296]라 생각하였다. 논리상으로 "이일분수"의 상호모순을 비판하였다. 그는 이기의 관계를 전도시킬 것을 주장하여 "기(氣)는 이(理)가 의지하는 것이다."[297]라 하였다. 기는 이가 의거하거나 근거하는 것이며, 이는 기의 무늬나 조리(條理)라고 하였다. "이는 기와 다르며 기는 반드시 이가 있으니 이가 이미 다를뿐더러 기 또한 같지 않다."[298] 이가 다름을 긍정하여 주희의 "이일(理一)"이라는 주장과는 의미를 달리했다.

296 『맹자』 「진심(盡心) 상편」, 『독사서대전설(讀四書大全說)』 권10.
297 『사문록(思問錄)』 「내편(內篇)」.
298 『맹자』 「진심 상편」, 『독사서대전설』 권10.

2) 이의 유행이 관통하고 쓰임이 흩어지다

"이일분수"는 "이일(理一)"과 "만수(萬殊)"의 관계, 이가 어떻게 만물의 가운데 이르렀는가를 설명하였다. 이(理) 스스로 유행하여 천지와 인물에 이를 수 있는가? 주희의 대답은 이로 유행할 수 있다는 것이다. 그는 말하였다.

> 천지 사이에서 음양이 교차하여 실리가 유행하니, 대체로 도와 더불어 체가 된다. 한서와 주야, 합벽과 왕래는 실리가 이에 그 사이에서 유행하니, 이것이 아니면 실리가 편안히 있을 곳이 없다.[299]
> 예컨대 군주가 되어서는 반드시 어질어야 하며, 신하가 되어서는 반드시 공경해야 하고, 자식이 되어서는 반드시 효도해야 하고, 부모가 되어서는 반드시 자애로워야 한다. 갖가지 물건이 각기 이러한 이치를 갖추었으되 물건마다 각기 그 쓰임은 다르지만, 하나의 이치가 유행하는 것이 아님이 없다.[300]

음양 두 기의 교차와 한서(寒暑) 주야의 왕래는 그 사이에서 실리가 유행하며, 이런 유행을 또한 이가 스스로 인물에 놓이게 한다. 이를테면 임금은 인자하고 신하는 공경해야 하고, 자식은 효성스럽고 아비는 자애로워야 함을 갖춘 이는 곧 이가 유행하여 군신부자에게 체현된 것이다.

주희는 이의 유행에는 두 가지 형식이 있다고 생각하였다. 첫째는 관통이다. 그는 말하였다. "이른바 '일(一)'은 이(理)일 뿐이다. 그것이 관통하는 것은 이가 사물 사이에 행하여지는 것으로 통하지 않는 것이 없

---

299 『주자어류』 권95.
300 『주자어류』 권18.

다."³⁰¹ 관통은 곧 사물 사이에 유행하는 것으로 혹자는 이가 인물 사이에서 유행하고 주입하는 것이라고 한다. 이가 나누어 달라지는 가운데서 일관되므로 양자는 서로 의존하여 떨어지지 않는다. 꿰뚫어 통하지 않는 곳이 없기 때문에 관통이라 일컫는다. "성인께서 발용하고 유행하는 곳은 모두 이 하나의 이(理)이다. …… 또 예를 들어 임금을 섬김에 충성스러운 것도 이 이이고, 어버이를 섬김에 효성스러운 것도 이 이이며, 벗들과 사귐에 우애가 있는 것도 이 이이니, 나아가 정밀하거나 거칠거나, 크고 작은 일에 이르러서도 모두 이 이로 관통하는 것이다."³⁰² 임금을 섬기고 어버이를 섬기며 벗을 사귀는 크고 작은 일인 충효의 이는 모두 이 이가 유행하여 관통하는 것이다.

둘째는 쓰임이 흩어지는 것이다. "그 큰 것을 지극히 하면 천지의 운행과 고금의 변화도 여기서 벗어나지 않으며, 작은 것을 지극히 하면 아주 작은 티끌 하나, 한 번 숨 쉬는 순간에도 이치를 빠뜨릴 수 없는 것이다. …… 이(理)가 비록 만물에 흩어져 있으나 그 용(用)의 미묘함은 실로 한 사람의 마음을 벗어나지 않는다."³⁰³ 이가 만물에 흩어져 있는 것은 천상의 달이 강과 호수, 하천과 바다에 흩어져 있고, 천상의 비가 크고 작은 움집과 초목에 흩어져 있는 것과 같은데, 이런 흩어지는 효용은 미묘하여 무궁하다.

이가 유행하여 관통하고 흩어져 쓰이는 두 가지 형태는 이가 갖지 않는 사물이 없게 하고 존재하지 않는 곳이 없게 하였다. "이 도리는 크게는 건곤을 포괄하여 조화를 이끌고, 작게는 지극히 미세한 것 안에까지 들어가니, 아무리 멀거나 작은 것이라도 두루 미치지 않음이 없다."³⁰⁴ 거

---

301 『논어혹문』 권15, 『사서혹문』.

302 『주자어류』 권27.

303 『대학혹문』 권2, 『사서혹문』.

304 『주자어류』 권23.

칠고 가늚, 크고 작음이 이르지 않는 곳이 없으며 멀리 두루 미치지 않음이 없다. 날로 쓰는 사이에 모두 이 이가 유행하고 운행하고 있다. 이것이 바로 "드러남과 은미함이 간격이 없다(顯微無間)"는 뜻으로, 곧 "지극히 두드러진 상을 가지고 말한다면 일에 나아가거나 물에 나아가거나 이 이치가 있지 않은 곳이 없다."[305] 이는 보편적으로 가지고 있는 성질을 갖추고 있다.

이(理)는 기를 빌려서 만물을 조작하고, 이 또한 기를 빌려서 "화육(化育)하고 유행(流行)하는데" 도리가 모두 기(氣)에서 유행한다. "그 조화를 이루게 하는 것은 음양오행일 뿐이다. 그런데 음양오행이라는 것은 또 반드시 이 이가 있은 다음에 이 기가 있게 되는 것이다. 사물을 낳을 때는 또한 반드시 이 때문에 이 기가 모인 다음에 이 형(形)이 있게 된다."[306] 음양오행의 기는 만물을 조작하고 화육하는 질료로 이가 기를 따라 건순(健順)과 인의예지의 성(性)을 이룬다. 인물을 화육하는 과정에서 이른바 이의 유행은 기를 따라 유행하는 것으로 곧 음양오행을 따라 유행하는 것이다. "기가 화하여 유행함이 끊어졌던 적이 없었으므로 밤낮으로 모든 물건이 다 생장함이 있다."[307]

기가 변화하고 유행이 변화하여 이가 유행하게 되었는데, 그렇다면 이 기가 동정하여 이가 동정하게 되었는가? 주희는 말하였다. "이는 형체가 없으며, 기는 오히려 자취가 있다. 기에 이미 동과 정이 있으니 싣고 있는 이에 또한 어찌 동과 정이 없다고 하겠는가!"[308] 기는 이를 싣고 있어 기의 동정이 싣고 있는 이에도 동정이 있다. "물었다. '동정이라는 것은 타

---

305 『태극도설해』「부변(附辯)」, 『주자전서』 권2.
306 『대학혹문』 권1, 『사서혹문』.
307 「고자(告子) 상」, 『맹자집주』 권11.
308 『주자어류』 권5.

는 기틀입니다.' 말하였다. '이는 기를 타고 가는 것이다.'"[309] 여기서는 이기와 동정에는 두 가지 관계가 있음을 이야기하였다. 하나는 "실음(載)"을 가리킨다. 이는 기가 이를 실음을 가리키며 기를 주체로 하여 기가 이를 실어 동정이 있다는 것이다. 다음으로 가리키는 것은 "탐(乘)"이다. 이는 이가 기를 타는 것을 가리키며 이를 주체로 하여 이가 기를 타고 동정이 있다는 것이다.

이가 기를 타고 동정이 있다는 "탐[乘]"에는 두 가지 형식이 있다. 첫째는 이가 직접 기를 타고 동정이 유행하는 것이다. 둘째는 이와 기가 서로 의존하여 떨어지지 않는 것으로 기가 가면 이 또한 간다는 것이다. "물었다. '동정은 기틀입니까?' 말하였다. '태극은 이이고 동정은 기다. 기가 가면 이도 또한 가는 것이니, 이와 기 둘은 늘 서로 의존하여 서로 떨어진 적이 없다.'"[310] 탐[乘]은 타고 싣는다는 탐으로 이해할 수 있다. "탄다는 것은 타고 싣는다는 탐과 같으며, 그 동하고 정한 것은 곧 기 위에 타고 싣는 것으로 동하면 정하여지고 정하여지면 또 동한다는 것을 깨닫지 못한다."[311] 이렇게 사람에게 하나의 감각을 준다. 이는 동정이 없고 기를 타고 움직이면 동정이 있다.

사실 주희는 이곳에서 이와 기의 관계를 이야기하면서 동정의 문제를 언급하였다. 여기에는 결코 직접적으로 기가 동정의 근원이며 근거라고 추구(追究)하지 않았다. 주희의 철학 논리에서 이는 형상학 본체이고 계탁이 없고 조작이 없는 정결하고 공활한 세계이므로 이의 동정에 대한 이해에 의견의 차이가 나타났다. 나중에 조단(曹端)과 설선(薛瑄)은 주희의 이는 "죽은 이(死理)"라고 비판하였고, 조선조에서는 이황(李滉)과 이이

---

309 『주자어류』 권94.

310 위와 같음.

311 위와 같음.

(李珥)의 이기호발(理氣互發)과 기발이승(氣發理乘)의 논쟁을 야기시켰다.[312] 주희는 이는 결국 스스로 동정할 수 있느냐는 힐난에 대하여 대답할 때 말하였다. "이(理)에 동정이 있기 때문에 기(氣)에 동정이 있는 것이니, 만일 이에 동정이 없다면 기가 무엇에 근거하여 동정이 있겠는가?"[313] 당시 정자상(鄭子上)은 형(形)이 있으면 동정이 있고, 형이 없으면 동정이 없으며, 태극과 이는 형이 없으므로 동정이 없다고 생각하였다. 주희는 그의 견해에 동의하지 않았으며 이에는 동정이 있다고 생각하였다. 나중에 이황(李滉) 또한 이 말에 대하여 인증하면서 이는 살아 있는 이[活理]라고 생각하였다. 주희는 진순(陳淳)의 질문에 대답할 때 말하였다. "아직 동(動)하지 않았는데 동할 수 있는 것은 이(理)이고, 아직 동하지 않았는데 동하려고 하는 것은 뜻이다."[314] 이는 동적일 수 있고 당연히 또한 정적일 수 있다.

3) 태극의 동정은 본연의 묘함이다

태극은 동(動)하고 정(靜)할 수 있는가? 주희의 「태극도설」에 대한 전석(詮釋)에 의거하면 문제가 없는 것 같다. 그는 말하였다. "태극이 동하여 양을 낳고, 정하여져 음을 낳는다."[315] "태극에 동정이 있는 것은 천명이 유행하는 것이다."[316] 태극이 스스로 동정이 있을 수 있다고 한다면 태극

---

312 졸저『이퇴계사상연구(李退溪思想硏究)』, 동방출판사(東方出版社) 1997년판과 또 졸저『주희와 퇴계의 사상 비교 연구(朱熹與退溪思想比較硏究)』, 대북(臺北), 문진출판사(文津出版社) 1995년판, 304~329쪽을 참고하여 보라.

313 「답정자상(答鄭子上)」,『주희집』권56, 2871쪽.

314 「답진안경(答陳安卿)」,『주희집』권57, 2902쪽.

315 『주자어류』권94.

316 「태극도설해」,『주자전서』권1.

은 형이상자이고 동정은 형이하자인데, 이 양자가 어떻게 함께 흐르게 되었는가? 태극이 동하여 양을 낳고 정하여져서 음을 낳는데 태극과 동정은 결국 선후가 있는가?

주희는 태극이 동하고 정하여져서 음양을 낳는데 동한 다음에 양이 있거나 정하여진 후에 음이 있어서 자른 듯이 두 단계가 있는 것이 아니며 선후의 구분이 있는 것이 아니라고 생각하였다. 이미 선후의 구별이 없으면 또한 어떻게 낳고 낳음이 있겠는가? 낳고 낳음이 없는데 어떻게 생겨나겠는가? 이에 그는 태극과 동정을 체와 용으로 해석하였다. 태극은 본체로 "무극이면서 태극이기 때문에 동하여 양이 되고 정하여져 음이 되는 본체이다."[317] 또 말하였다. "태극으로부터 만물이 변화하여 생기는 데 이르기까지 …… 통섭하는 것은 하나의 큰 근원이고, 본체로 말미암아 작용에 이르니, 은미한 것으로부터 지극함이 드러날 뿐이다."[318] 태극은 동정과 음양의 본체이면서 형이상자이고, 동정과 음양은 태극의 작용과 표현이면서 형이하자이다. 이런 체와 용의 관계는 결코 태극과 동정의 관계를 완전히 해결할 수 없어서 주희는 자신의 고뇌를 토로한 적이 있다.

제가 지난번에 태극을 체(體), 동정을 용(用)이라고 하였는데 그 말에 본래 잘못이 있어서 뒤에 이미 고쳐서 '태극은 본연의 묘함이고, 동정은 (태극이) 타는 기틀'이라고 하였으니, 이렇게 한다면 거의 (본래의 뜻에) 가깝게 될 것입니다. 보내온 편지에 체용이라고 한 말에 의문이 생긴다고 한 것은 대단히 타당합니다. 다만 의심하는 이유를 말한 것은 제가 고치려 한 뜻과 서로 비슷한 것 같지는 않습니다. 대체로 태극이 동정을 품

317 「태극도해」, 『주자전서』 권1.
318 『주자어류』 권94.

고 있다고 한다면 옳고,(본체를 가지고 말하였다) 태극에 동정이 있다고 한다
면 옳으며,(流行하는 것을 가지고 말하였다) 만약 태극이 곧 동정이라고 한다면
이것은 형이상과 형이하를 나눌 수 없게 되고 '역에 태극이 있다'는 말
또한 군더더기가 될 것입니다.[319]

태극과 동정을 체와 용으로 삼았는데 병폐가 생기고 보니 "본연의 묘함"
과 "타는 기틀"의 관계로 고쳤다. 그가 이렇게 수정하여 고친 것은 태극
이 곧 동정이라 말할 수 없는 고려에 기반을 두고 있다. 본체를 가지고 말
하면 태극이 동정을 포함한다고 말할 수 있으며, 유행하는 것을 가지고
말한다면 태극이 동정을 가지고 있다고 말할 수 있다. 그러나 태극이 바
로 동정이라고는 말할 수 없으니, 이렇게 말하는 병폐는 첫째 형이상과
형이하를 나누지 않은 것이고, 둘째 "역에 태극이 있는데 이것이 양의를
낳는다"는 이 구절의 뜻이 낳고 낳는다는 것을 이해하지 못하였다.

　이른바 "타는 기틀(所乘之機)"은 『어류』에 다음과 같이 기록되어 있다.
"물었다. '동정은 타는 기틀입니까?' 말하였다. '태극은 이이고 동정은 기
이다. 기가 가면 이 또한 가는 것이니, 이와 기 둘은 언제나 서로 의존하
여 서로 떨어지지 않는다. 태극은 사람과 같고 동정은 말과 같다. 말은 사
람을 태우는 것이고 사람은 말에 타는 것이다. 말이 한 번 나가고 들면 사
람 또한 덩달아 한 번 나가고 든다. 대체로 한 번 동하고 한 번 정하여지
는데, 태극의 오묘함이 거기에 있지 않은 적이 없다.'"[320] 사람은 말을 타
고 말은 사람을 태워서 말이 한번 나가고 한번 들어오면 사람도 함께 한
번 나가고 한번 들어오는데 이것이 바로 타는 기틀이다. 주희는 한 걸음
더 나아가 해석하였다. "기틀은 장치[關捩子]이다. 동이라는 기틀을 밟는

319 「답양자직(答楊子直)」, 『주희집』 권45, 2154쪽.
320 『주자어류』 권94.

것은 곧 그 정한 것을 돋우어 일으키는 것이고, 정한 기틀을 밟는 것은 그 동하는 것을 돋우어서 일으키는 것이다."[321] 기(機)는 곧 기관(機關)으로 사람이 기관을 밟아 동정이 일어나도록 충동하는데, 이것이 바로 "타는 기틀"의 뜻이다. 사람이 태극으로 환원시킨다면 태극이 동정을 밟는 기관이 동정이 일어나도록 충동한다.

이른바 "본연의 묘(本然之妙)"라는 것은 사람이 말을 타고 한번 나가고 한번 들어오는 것을 가리킨다. 태극이 동정을 타고 한번 동하였다가 한번 정하여졌다가 하는 것은 바로 태극의 본연의 묘한 쓰임이다. "태극은 본연의 묘함이고, 동정은 타는 기틀이다. 태극은 다만 이일 뿐이니, 이를 동정을 가지고 말할 수는 없다."[322] 이는 이미 동정으로 말할 수가 없고, 본연의 묘함은 바로 동정을 타고 동정이 있는 것이다.

태극과 동정은 결국 무슨 관계인가에 대하여서는 당시 이런 몇 가지 견해가 있었다. 첫째는 태극이 동정을 겸하는 것이며, 둘째는 태극과 동정이 음양을 낳는데 "이가 먼저이고 기가 나중이다"라는 것, 셋째는 "태극이 동정을 가지는 것은 정이 먼저이고 동은 나중이다."라는 것이다. 이런 문제에 대하여 주희는 대답한 적이 있다. 첫째, 태극은 동정을 겸하지 않으며 태극은 동정을 가지고 있다. 이를테면 희로애락이 아직 발하지 않았는데 태극이 있고 이미 발하고서도 태극이 있으니 다만 하나의 태극이 이미 발하지 않았을 때와 이미 발하였을 때 유행한다. 둘째, 태극이 먼저이고 동정과 음양이 나중인가? 하는 문제에 주희는 "이와 같기는 하지만 또한 이와 같이 이해할 필요는 없다."고 생각하였다. 동한 다음에 비로소 양이 생겨나는 것이 아니므로 동하면 양에 속하고 정하여지면 음에 속한다. 동정은 끝이 없고 음양은 비롯함이 없다. 셋째, 정하여짐이 먼저

---

321 위와 같음.
322 위와 같음.

이고 동함이 나중인가? 한번 동하고 한번 정하여져서 순환이 끝이 없어 정이 없으면 동을 이루지 못하고 정이 없으면 동을 이루지 못한다. 코로 호흡을 하는 것과 마찬가지로 날숨이 먼저니 들숨이 나중이니 나눌 수 없으며 반대로 하여도 그렇다.

4) 도의 유행은 용으로 이를 체득한다

이(理)와의 유행 등이 서로 연계되어 도는 유통을 하는가 하지 않는가? 이 또한 주희에 의하여 탐구되고 토론된 문제이다. 그는 말하였다. "도의 유행은 천지 사이로 발현되어 존재하지 않는 곳이 없다. 위에 있으면 하늘에서 솔개가 나는 것이 바로 이것이며, 아래에 있으면 연못에서 물고기가 뛰는 것이 바로 이것이다. 사람에 있어서는 날로 쓰는 사이와 인륜의 사이에 부부가 알 수 있고 할 수 있는 것이지만, 성인이 알 수 없고 할 수 없다고 한 것이 또한 이것이다. 이는 유행하여 상하의 사이에서 발현하는 것이 뚜렷하다고 할 만하다."[323] 솔개는 하늘을 날고 물고기는 연못에서 뛰는(鳶飛戾天, 魚躍于淵) 것은 상하의 공간적 의미에서 도가 유통됨을 말한 것이다. 인륜과 일용, 어리석은 부부가 알고 잘하는 것과 성인이 알지 못하고 잘할 수 없는 것은 사회 인륜과 사람 사이의 관계라는 의의에서 도의 유통을 말한 것이다. 이러한 유통은 이미 보편성을 갖춘 데다 항구성도 갖추고 있다. "도의 체용이 유행하고 발현하여 천지에 꽉 차 예로부터 지금까지 이어진다."[324] 유행을 도의 영원한 속성으로 간주하는 데 합리성이 있다.

도의 유행은 도체의 유행인가? 아니면 도의 작용인가? 주희는 자연계

---

323 『중용혹문』 권2, 『사서혹문』.
324 위와 같음.

만물의 번성과 물이 흘러 쉬지 않는 등의 변화와 유행은 도체가 아니라고 생각하였다. "대체로 사물이 태어나고 물이 흐르는 것은 도의 체가 아니라 곧 도와 함께 일체가 되어 드러나는 것이다."[325] 도를 그 체로 삼아 사물이 태어나고 물이 흐르는 자체는 도의 체가 아니라 도의 작용과 표현이다. "천지와 일월, 음양과 한서는 모두 도와 더불어 체가 된다."[326] 여기에서 이른바 도의 체(道體)와 도의 용(道用)이다. 주희는 하나의 해석을 내놓았다. "체(體)는 이 도리이고 용(用)은 그 쓰이는 곳이다."[327] 용처(用處)와 작용(作用)은 "용(用)은 곧 체(體)가 유행하는 까닭"을 가리킨다. 이를테면 하늘은 체이고, 만물이 시작되는 바탕은 용처이다. 땅은 체이며, 만물이 태어나는 바탕은 용처이고, 시작되고 태어나는 바탕은 천지의 체의 용처이다. 천지만물이 유통되는 체는 도에 있으며 사물 자체에 있지 않다.

도는 어떻게 해야 유통으로 체현될 수 있는가? 도는 형체가 없어 볼 수 없으므로 이에 다만 유행을 통하여 자신을 현현시키며 도체를 체현한다. "도는 볼 수 없으나, 그 위에서 흘러나온다. 만약 허다한 물건이 없다면 또 어떻게 도를 볼 수 있겠는가? 바로 허다한 사물과 그 도가 일체가 되는 것이다."[328] 도는 볼 수 있는 형체가 없는데 어떻게 도로 볼 수 있는가 하는 것은 하나의 난점이 되었지만 도 또한 표현하지 않을 수 없으니 표현을 하지 않는다면 또한 도체의 존재가 없게 된다. 이미 존재하지 않는다면 또한 탐구하고 토론할 필요도 없다. 이 때문에 도체는 반드시 각종 사물을 통하여 인류과 일용, 자연현상으로 드러나게 된다. 일월과 한서, 왕래, 물이 흐르고 사물이 태어나기를 쉬지 않는 등은 "현저하게 드러나

325 「답진안경(答陣安卿)」, 『주희집』 권57, 2924쪽.
326 『주자어류』 권36.
327 『주자어류』 권6.
328 『주자어류』 권36.

는 것이 바로 도와 일체가 되는 것이다."[329] "위에서 흘러나오는 것"은 매우 형상적으로 도는 비록 형체는 없지만 유통 작용과 기능은 있다고 설명한다.

　주희는 용을 통하여 그 체를 체인하고 파악할 수 있다고 생각했다. "대체로 이 용을 살펴보면 곧 그 체를 알 수 있는데, 대체로 용은 곧 체가 흘러나오는 것이다."[330] 용으로 체를 아는데 체가 흘러나오는 것이 용이다. 이런 지는[眞] 체인 방법은 용에서 구하고 유출된 용으로 유출되는 체를 추구하는 것이다. "천지의 조화는 가는 것은 지나가고 오는 것이 이어져서 한순간의 그침도 없으니, 바로 도체가 본래 그러한 것이다. 그러나 그 지적하여 쉽게 볼 수 있는 것으로는 시냇물이 흐르는 것만 한 것이 없다. 그러므로 여기에서 이것을 말씀하여 사람들에게 보여주었다."[331] "시내가 흐르는 것"에서 도의 본체가 본연적으로 흘러나오는 도리임을 가장 쉽게 이해하였다.

　"도체의 본연"은 결코 도체 자신이 본연적으로 유통된다는 말이 아니다. "'도와 일체가 된다(與道爲體)'는 이 넉 자는 매우 정미롭다. 대체로 만물이 생겨나고 물이 흐르는 것이 도의 본체가 아닌 것이 없으니 바로 도와 일체가 되는 것이다."[332] 이곳의 "여(與)"자에 주희는 하나의 해석을 하였다. 『어류』의 기록에 의하면 "'여(與)자의 의미는 어떻습니까?' 말하였다. '이런 것이 요긴(要緊)한 곳이다. 도와 일체가 된다고 하는 것은 그 도와 일체가 되는 것이다.'"[333] "사물이 나고 물이 흐르거나" 물이 흘러 쉬

329　위와 같음.
330　『주자어류』 권42.
331　「자한(子罕)」, 『논어집주』 권5. 또 『주자어류』 권95에도 보인다.
332　『주자어류』 권36.
333　위와 같음.

지 않음을 이야기하였는데 그 도를 본체로 삼은 것은 도체가 바로 물이 흐르듯 쉬지 않는 것이 아니다. 그러나 도의 체와 용은 분리할 수 없다. 도가 없으면 도의 유통과 사물이 나고 물이 흐르는 등은 곧 근거와 근원이 없게 된다. 사물이 나고 물이 흐르는 등의 유통과 작용이 없으면 도체는 곧 허공에 걸린 것으로 현현하고 체현되지 못하며 양자는 서로 의존하여 떨어지지 않는다.

주희는 "이일분수"와 "이의 유행", "태극과 동정", "도의 유통" 등의 논증을 주희 철학의 논리적 구조에서 가장 생동적인 화면과 가장 현실성을 띤 층면으로 명시하였다. 이는 바로 이(太極, 道)의 초월성과 지상성(至上性)이 다시 현실성과 세속성으로 회귀되도록 하였다. 세속의 모든 인륜과 일용, 자연적이고 현실적이며 알 수 있는 모든 상태는 모두 이(太極, 道)의 나누어져 달라짐과 유행, 동정에서 두드러지게 드러나며, 아울러 스스로 곳에 따라 유행하고 관통하여 사이가 없고, 존재하지 않는 때가 없고 있지 않음이 없는 품격과 기능을 얻게 하였다.

제3장

우주 천문과
기상 자연

○

宇宙天文 氣象自然

중국 고대에서는 철학을 "하늘과 사람의 사이(天人之際)"를 궁구하는 학문이라 생각하였다. 하늘은 사람의 자연현상에 대한 사고와 회답으로, 그것은 사람에게 하나의 생존세계를 제공하였다. 이런 의미로 말한다면 하늘은 나를 낳아주고 길러준 부모이다. 이 "나(我)"는 우리 인류로 이해된다. 인류는 하늘이 없으면 생존할 길이 없고 하늘은 사람이 없으면 그 가치와 의의를 체현할 길이 없게 된다. 이 때문에 먼저 주희의 천(天)에 대한 사상을 탐구한 다음에 사람을 탐구하고 사람으로 말미암아 그 철학사상까지 언급하겠다.

1. 우주 구조의 진화

자연철학은 자연계나 자연현상에 대한 원인으로 근거가 되는 설명이 존재하는데, 철학과 자연과학의 관계이다. 이왕의 중국철학 연구에서는 왕왕 중국의 철학은 윤리이자 자연과학이라고 생각하였으며 아울러 송명이학가가 더욱 심하였다. 사실 어떠한 대철학가나 일종의 철학 사조도 모두 사회과학지식과 자연과학지식의 개괄이거나 총결이며, 중국 고대 철학 또한 예외가 아니다. 중국과 서방의 철학이 각기 치중하는 방면이 있고 또한 그 도리가 있다고 말한다면 중국 철학이 자연과학을 경시한다고 단언하는 것으로 필시 사실에 부합하지 않을 것이다.

송대는 중국 과학기술이 번성한 시대로, 사람들은 천체운동의 규율과 우주의 구조, 물질의 구조 및 물질 사이의 관계와 형식 등의 문제에 대한 인식에 큰 걸음을 깊이 내디뎠다. 동시에 또한 고대에서 양송에 이르는 자연과학의 성취와 과학기술 성과를 총결하는 과학 저작이 출현하였다. 자연과학의 발전은 중국철학의 발전에 심원한 영향을 끼쳤다. 동시에 송 태조(太祖) 조광윤(趙匡胤)은 비석을 세워 사대부를 죽이는 것을 불허한 적이 있다. "우문(祐文)" 정책을 추진하여 송대에 비록 "오대시안(烏臺詩案)"과 진회(秦檜)가 조서(詔書)를 가탁하여 악비(岳飛)를 죽인 일이 있기는 하였지만 전반적으로 말하면 그래도 "가법(家法)"을 삼가 지켰다고 할 만하다. 이로 인하여 사대부들은 과감하게 시폐(時弊)를 지적하였고 과감하게 창조적인 사유를 하였다. 주희는 이런 토양과 환경에서 우주와 천문, 기상 등 자연학설을 발전시켰다.

근대 서방에서는 우주에 관한 진화 이론을 우주론(Cosmology)이라 일컬으며 우주의 구조와 우주 생성의 학설을 포괄하였다. "이(理)"가 주희 철학의 논리적 구조의 핵심 범주라고 한다면 우주론은 "이"를 "기(氣)"에서 빌려와 천지만물의 중요 방면을 화생시킨 것이다. 주희의 철학은 본체론과 우주론의 결합으로 중국 철학의 특징을 체현하였다.

1) 우주(宇宙)의 구조 환칙구중(圓則九重)

『진서(晉書)』「천문지(天文志)」에는 기록되어 있다. "옛날에 하늘을 말한 것으로 삼가(三家)가 있는데 첫째는 개천(蓋天)이고, 둘째는 선야(宣夜), 셋째는 혼천(渾天)이다."[1] 중국에는 한(漢) 이래 우주의 구조에 관한 학설로 삼가(三家) 육설(六說)이 있다. 이 삼가 육설을 제외하고도 우희(虞喜)의 안천설(安天說)과 우용(虞聳)의 궁천설(穹天說), 요신(姚信)의 청천설(聽天說)이 있다.

이 몇 가지 우주구조론 및 그것들 사이의 논쟁은 줄곧 이어져 왔다. 송대의 장재는 당시 자연과학의 발전과 선야설이 계발한 것에 근거하여 왕충(王充)이 제기한 "하늘이 어떻게 수중에서 행하겠는가? 절대 그렇지 않다."[2]라는 문제에 대답하였다. 그는 지구는 수면에 떠 있는 것이 아니라 공기 중에 떠 있다고 생각하였다. "땅은 공기 중에서 비록 하늘을 따라 왼쪽으로 돌지만 거기에 매인 신상(辰象)이 따른다."[3] 땅은 대기 중에 매달려 떠 있고 또한 부단히 운동하고 있다는 것으로, 장재의 우주 구조 이론은 혼천설과 선야설을 결합시킨 것이다.

주희의 우주 구조론은 장재를 계승하여 창조하고 발전시켰다. 그는 말하였다. "다만 하늘의 형태는 탄환처럼 둥글고 아침저녁으로 운행하며, 남북 양단은 뒤는 높고 앞은 낮아 곧 그 추축(樞軸)이 움직이지 않는 곳이다." "황제(黃帝)가 기백(岐伯)에게 물었다. '땅에 의지하는 것이 있는가?' 기백이 말하였다. '대기(大氣)가 들고 있습니다.' 또한 이를 이른다."[4] 하늘이 탄환처럼 둥글다는 것은 혼천설의 하늘이 달걀 같다는 것과 비슷한데

---

1 「천문지(天文志) 상」, 『진서(晉書)』 권11.

2 「설일(說日)」, 『논형교석(論衡校釋)』 권11.

3 「정몽(正蒙)」「삼양편(參兩篇)」, 『장재집(張載集)』, 중화서국 1978년판, 11쪽.

4 「천문(天問)」, 『초사집주(楚辭集注)』 권3, 상해고적출판사 1979년판, 51쪽.

궁륭형의 덮개는 아니다. 땅은 혼천설에서 말한 것과 같이 수중에 떠 있는 것이 아니라 선야설과 비슷하여 기(氣) 가운데 있다. 그러나 중국 고대의 기는 기체를 모형으로 사유를 진행하여 고대 그리스 로마의 고체를 모형으로 사유하는 것과는 그 지향(指向)이 크게 다르다. 고체는 들어갈 수 없는 성질이 있고 기체는 들어갈 수 있는 성질이 있으며, 고체는 다른 한 부유체 물질을 만들 수 있어 떨어지지 않게끔 한다. 기체는 옛사람들이 보기에 다른 한 사물을 실을 수 있는 물질이 될 수 없었다.

이와 같은데도 기는 어떻게 땅을 들고 떨어지지 않게 하는가? 이 문제는 주희 앞에서는 결코 완전하게 해결되지 않았으며 장재에 이르러서도 명확하게 설명되지 못하였다. 주희는 기를 부단히 운동하는 물체로 기의 신속한 운동은 일종의 땅을 받쳐 드는 에너지를 낳아서 충분히 땅이 떨어지지 않게 한다고 상상하였다. "땅은 기의 찌꺼기로 형질을 밀집시키는 것이지만 강한 바람이 회전하는 데 묶여 있어서 우뚝 공중에 떠 있게 되었으며 아주 오래되어 떨어지지 않을 따름이다."[5] 기는 강한 바람이 부는 것 같아 땅을 떠받침에 의심의 여지가 없다. 여기에서 주희는 전체 우주를 동태적인 구조이며 정태적인 구조가 아니라고 설정하였을 뿐만 아니라 아울러 "그 기(氣)가 지극히 견고하기 때문에 능히 땅을 들 수 있다. 그렇지 않으면 (땅이) 떨어질 것이다."[6]라 하였다. 주희의 상상은 과학적 합리성을 띠고 있다.

주희는 개천과 혼천의 두 설을 모두 개선시켰는데, 이 개선은 이 두 설에 대한 자기모순을 기반으로 한다. 뚜껑 같은 하늘은 어떻게 땅을 붙이고 있는가? 결코 논증을 하지 않았다. 그는 옛 개천설에는 취할 수 없는 곳이 있다고 생각하여 선야설과 서로 결합하여 하늘을 덮고 있는 것은

5 위와 같음.
6 『주자어류(朱子語類)』 권100.

기로 구성되어 있다고 주장하였다. "하늘을 덮고 있는 것은 다만 기일 뿐이니, 홀로 높은 것이 아니다. 다만 지금 사람들은 땅에 있어서 이처럼 높게 보일 뿐이다. 요컨대 그것들이 저 땅 아래에 이어진 것도 하늘이다. 하늘은 단지 돌아서 오고 가는 것을 돌보는데 하늘은 크기 때문에 수많이 떠도는 찌꺼기들은 가운데 있다. 세상에 어떤 사물도 이렇게 큰 것은 없다. 그러므로 땅은 이렇게 크지만, 땅은 단지 기의 찌꺼기이기 때문에 두텁고 깊다."[7] 사람이 땅에서 하늘을 보면 높아서 그것이 회전하는 것이 보이지 않지만 사실 하늘을 덮고 있는 것은 기이고 땅 또한 기의 찌꺼기이다.

하늘은 기이고 땅도 기가 구성하여 하늘과 땅은 곧 동질의 동일한 구조이다. 이런 동질의 동일한 구조는 하늘과 땅이 운동 중에 서로 의탁하고 서로 삼투하도록 하여 분리되거나 떨어지지 않게 하였다. "하늘은 땅을 둘러싸고 있는데 그 기는 매우 팽팽하다. 시험 삼아 아주 높은 곳에 올라가 그것을 경험해 보면, 육체가 죄어들어 단단히 묶여서 (하늘과) 몸체를 이루는 것을 알 수 있다. 다만, 중간의 기는 조금 느슨하므로, 여러 가지 사물들을 많이 담을 수 있다. 만약 똑같이 그렇게 기가 팽팽하다면, 사람과 사물들은 모두 닳아 소모될 것이다!"[8] 주희가 보기에 하늘과 땅의 기는 모두 매우 팽팽하고 치밀한데 중간만이 비교적 느슨하여 많은 사람과 사물(동물과 식물을 포괄)이 존재하며 그렇지 않으면 또한 모두 닳아서 소모된다.

주희는 개천과 혼천설 모두에 비판을 가하고 또한 완전히 혼천설을 채택하지는 않았지만 기본 모식은 혼천과 선야의 결합이다. 그는 이렇게 묘사하였다. "하늘은 기가 쌓인 것인데, 위쪽은 단단하고 중간만 비어 있어서 태양과 달이 운행한다. 땅은 하늘의 한복판에 있는데 그리 크지 않

---

7 『주자어류』 권18.
8 『주자어류』 권2.

으며 그 사방은 텅 비어 있다."⁹ "하늘은 사방과 위아래가 두루 차서 빈 곳이 없으니, 꽉 차 있는 것은 하늘이다. 땅의 네 모퉁이 아래는 오히려 하늘에 의지하고 있다. 하늘은 땅을 감싸고 있고, 그 기가 통하지 않는 곳이 없다."¹⁰ 하늘은 땅을 싸고 땅은 하늘의 한 물질이다. 이는 "혼천설"의 하늘이 달걀처럼 뒤섞여 있고 땅은 노른자 같다는 모식에 의거하여 말한 것이다.

하늘과 땅의 중간은 비어 있고 해와 달, 별이 운행하여 왕래한다. 땅은 하늘에 있으며 사방이 비었지만 하늘에 기대어 있다. 하늘에 기대었다는 것은 사실 기를 가리켜 말하였으며 하늘은 운동하는 기로 땅이 떨어지지 않게 한다. "하늘은 기이지만 형체가 있는 땅에 의지하고, 땅은 형체가 있지만 기인 하늘에 매달려 있다. …… 기인 하늘은 밖에서 운행하기 때문에 땅은 중앙을 차지하고 유유히 움직이지 않는다. 하늘의 운행이 잠시라도 멈춘다면 땅은 반드시 아래로 떨어질 것이다."¹¹ 이렇게 주희는 그의 우주구조 이론으로 하늘이 어떻게 땅에 붙어 있고 땅은 기 가운데 떠 있어 어째서 아래로 떨어지지 않는가 하는 난제를 해결했다. 이렇게 말한다면 그는 중국 고대 우주 구조 이론에 공헌하였다. 이런 우주 구조의 가상(假想)은 엄밀한 과학실험으로 증명되지는 못하였지만 그는 우주 사이에 꽉 찬 기(공기)에 의거하여 가상하고 아울러 그것을 동태적 구조로 묘사하였다. 이는 어느 정도 합리적이고 과학적이다.

하늘의 형태는 결국 어떠한가? 주희는 굴원(屈原)이 지은 「천문(天問)」의 "구천(九天)" 설에 의거하여 전통적인 『여씨춘추(呂氏春秋)』, 『회남홍렬(淮南鴻烈)』, 안사고(顏師古)의 『한서(漢書)』 「교사지(郊祀志)」 주 등과는 해석을 달리하

---

9   위와 같음.
10 『주자어류』 권1.
11 위와 같음.

였다. 그들은 기본적으로 굴원의 "구천의 경계는 어디에 위치하고 어디에 속하는가?(九天之際, 安放安屬?)"를 팔괘의 방위에 의거하여 중앙에 구천을 더하였다. 주희는 "구천"은 "환칙구중(圓則九重)"이라고 생각하였다. 그는 말하였다. "구중(九重)이라는 것은 땅의 바깥에서 기가 돌아 멀어질수록 더 커지며, 맑아질수록 더욱 강하여져 양의 수를 궁구하면 구(九)에 이르니 지극히 맑고 지극히 강하여 더 이상 끝이 없을 것이다."[12] 구천은 결코 아홉 개의 하늘이 아니며, 또한 구방(九方)의 하늘도 아니고 하늘에 아홉 개의 층차가 있는 곧 구환(九圜)이다.(오른쪽 그림과 같다)

구천도(九天圖)

무엇 때문에 구천이 있는가? 주희는 하늘은 양이고 땅은 음이며 양의 수는 9에 이르고 9는 노양(老陽)의 수이므로 하늘에 구중(九重)이 있다고 생각하였다. 『역』의 상수(象數)를 가지고 구천을 해석하였으며 방위에 의존하지 않았다.

하늘은 주희가 보기에 결코 달걀 같은 실체가 아니었으며, 이 의의에서 말하면 "하늘은 체(體)가 없다." 이는 기(氣)를 물질적인 고체와 서로 비교하여 말한 것이다. 그는 하늘은 맑고 가벼운 "기"로 구성되었으며 "28수(宿)는 곧 천체이다"라는 가설을 세웠다. 또한 체가 있는 존재를 인정하였는데 이 체는 기체에 지나지 않는다고 하였으며, "기"는 형체가 없고 소리가 없고 냄새가 없기 때문에 무체(無體)라 일컫는다고 하였다.

---

12 「천문(天問)」, 『초사집주(楚辭集注)』 권3, 51쪽.

2) 우주의 진화는 모였다 흩어졌다 나누어졌다 합쳐진다

우주의 구조가 우주의 구조를 탐구 토론하는 모형과 양식, 형식이라고 한다면 우주의 진화론은 우주가 어떻게 생겨나고 형성, 발전되었는가를 탐색하는 것이다. 선진(先秦) 시대에 노자는 "도는 1을 낳고 1은 2를 낳으며 2는 3을 낳고 3은 만물을 낳는다"는 우주만물 생성론을 제기한 적이 있다. 『주역』「계사전(繫辭傳)」에서는 또 "역에 태극이 있으니, 이것이 양의를 낳고, 양의는 사상을 낳고, 사상은 팔괘를 낳는다.(易有太極, 是生兩儀, 兩儀生四象, 四象生八卦)"는 우주의 생성, 진화 이론을 제기하였다. 양한 때는 노자와 『계사』의 사상을 결합시켜 우주 생성 모형을 구축하였다. 『회남자(淮南子)』에서는 우주의 진화가 허확(虛霩) → 우주(宇宙) → 원기(元氣) → 천지(天地) → 사시(四時) → 만물(萬物)의 이런 여러 단계를 거쳤다고 묘사하였다. 원기는 천지가 아직 형체를 갖추지 못한 데서 천지를 형성해가는 과도적인 매개체이다.

나중에 『역위(易緯)』「건착도(乾鑿度)」에서는 『회남자』「천문훈(天文訓)」보다 상세하게 논술하였다.

태역   태초   태시   태소   혼륜 〈 천(天)
(太易: 아직 氣가 보이지 않음) → (太初: 氣) → (太始: 形) → (太素: 質) 〉(渾淪) 〈 지(地)

이 우주 진화 과정에서 태초와 태시, 태소는 기(氣)와 형(形), 질(質)의 단초이긴 하지만 모두 아직 분리되어 구체적인 형질이 있는 만물을 이루지는 않았으며, 하나의 혼륜한 상태로 혼륜에서 맑고 가벼우며 무겁고 탁한 것으로 분리되어 형질을 갖춘 천지가 되었다. 이곳의 우주 진화의 단계성은 모든 단계에 내포된 특수성이 모두 맑고 밝으며 명확하게 드러났다. 『효경(孝經)』「구명결(鉤命訣)」에서는 「건착도」의 "혼륜"을 "태극"으로 고쳤는데, 곧 태역(太易: 아직 나누어지지 않음) → 태초(太初: 元氣가 비로소 싹틈) → 태시(太始: 氣形의 단서) → 태소(太素: 形質이 변함) → 태극(太極: 質形이 이미 갖추어짐) 인데 이를 일러 오운(五運)이라 한다.

태역과 태초, 태시, 태소 등의 범주는 도가와 관련이 있다. 북송 주돈이 (周敦頤)의 「태극도」에 이르러 도사인 진단(陳摶)에게 전수한데 의거하여 그 우주 진화 이론은 곧 무극 → 태극 → 음양 → 오행 → 남녀 → 만물의 서열이 되었다. 노자에서 주돈이까지 그 우주가 진화해온 여정의 특징은 이렇다. 첫째는 무형에서 유형으로인데, 어떤 사람은 "유형은 무형에서 생겨난다"라 했다. 둘째는 우주의 진화는 부단한 "나눔(分)"의 여정으로 기본적으로 합(合)의 과정을 취하지 않아 「계사하전(繫辭下傳)」의 "천지의 기운이 얽히고설켜 만물이 화하여 엉기고, 남녀가 정을 맺어 만물이 화생한다."는 "합(合)"의 여정과는 취향을 달리한다. 장재는 "분"과 "합"을 통하게 하여 "취"와 "산"을 "분"과 "합"으로 대체하였지만 의미가 비슷하다. "기가 모이지 않으면 만물이 될 수 없고 만물이 흩어지지 않으면 태허가 될 수 없다."[13] 이곳의 "취(聚)"는 곧 취합이고, "산(散)"은 곧 분산이다.

주희의 우주 진화 학설은 도가와 도교의 우주 진화 사상을 흡수하였으며, 또한 장재의 취산의 사상을 계승하였다. 곧 나누어지는 가운데 합하여지는 것이 있고 합하여지는 중에 나누어짐이 있으며, 모이는 가운데 흩어짐이 있고 흩어지는 가운데 모임이 있다. 그는 말하였다. "하늘과 땅이 처음 생겨날 때는 음과 양의 기뿐이었다. 이 하나의 기가 운행하여 이리저리 갈리다가 빠른 속도로 갈리면 수많은 찌꺼기가 짜이듯 눌리는데, 안에서 밖으로 나갈 곳이 없으면 속에서 굳어져 땅이 된다. 맑은 기는 바

---

13 『정몽』 「태화편(太和篇)」, 『장재집』 중화서국 1978년판, 7쪽.

로 하늘이 되고 해와 달이 되고 별이 되니, 단지 밖에서 항상 빙빙 돌면서 운행할 뿐이다. 땅은 다만 하늘 중앙에서 움직이지 않고 있으니, 하늘 아래 있는 것이 아니다."[14]

『회남자』「천문훈」에서는 "하늘과 땅의 정기는 겹쳐져서 음양이 되었다"라 하였는데, 주희는 천지는 애초에는 음양의 두 기이며 양자는 서로 비슷한 곳이 있다고 가정했다. 천지가 혼돈 상태로 아직 나누어지지 않으면 음양의 두 기는 큰 맷돌 같아 맷돌이 부단히 돌며 급하게 갈면서 많은 찌꺼기를 떨어뜨리는데 그 가운데는 거친 것도 있고 고운 것도 있기 때문에 구성된 만물 또한 천차만별이다. "조화의 운행은 마치 맷돌을 돌리는 것과 같아서 윗면은 항상 돌면서 그치지 않는다. 생겨나는 만물은, 마치 맷돌에 갈려서 흩어져 나올 때 거친 것, 미세한 것이 있듯이, 원래 고르지 않다."[15] 기 가운데 맑고 가벼운 것은 상승하여 하늘과 해, 달 그리고 별이 되었으며, 기 가운데 무겁고 탁한 것은 응결되어 땅을 이루었다. "따라서 '맑고 강건한 것은 하늘이 되고, 무겁고 탁한 것은 땅이 된다.'라 하였다."[16]

이런 천체의 진화 학설은 비록 한 이래 기의 가볍고 맑은 것과 무겁고 탁한 것이 천지를 이룬다는 영향을 받았지만 독창적인 견해가 없지 않다. 그는 "음양"의 두 기가 부단히 회전하며 운동하여 마찰과 충돌을 낳으면 응결되어 지구를 중앙에 있게 하고 지구의 주위에 하늘과 해, 달, 별을 형성하여 아울러 쉬지 않고 운동하는 과정에 놓인다고 생각하였다. 또한 쉬지 않고 마찰하고 충돌하여 삐져나온 찌꺼기에 거친 것이 있고 고운 것이 있어 세계의 만물 또한 거칠고 고움, 크고 작은 등의 다름이 있

---

14 『주자어류』권1.
15 위와 같음.
16 위와 같음.

다고 하였다. 그는 심력(心力)을 떠난 물리 현상을 추측하였다. 천체의 시작은 한 덩이의 혼돈하여 나누어지지 않은 음양의 기이다. 음양의 기가 격렬하고 급속하게 회전운동을 한 결과로 가볍고 맑은 것은 바깥으로 던져져 상승하여 해와 달, 별을 형성하였고, 무거운 것은 중앙에 남아 땅을 형성하였다. 최초로 던져진 기의 덩어리는 부드러웠는데 나중에야 단단하게 변하였다. "처음에는 아주 부드러웠다가 나중에야 단단하게 굳어졌다." "산과 강과 대지가 처음 생겨날 때는 틀림없이 부드러운 상태였을 것이다."[17] 모름지기 부드러운 데서 단단해지는 응결과정이 있었다.

지구와 일월, 성신이 부드러운 데서 단단하게 변하였다는 추측은 비록 직관적인 관찰에서 온 것이기는 하지만 하나의 소중한 사상을 내포하고 있다. 그것은 바로 음양의 두 기가 부단하고 급격하게 마찰하고 운행하는 가운데 높은 에너지를 생산하여 모든 물체를 있는 대로 융해시켜 거듭 조합을 하는데, 어떤 것은 맑고 가벼워서 상승하고 어떤 것은 무겁고 탁하여 땅이 된다는 것이다. 마찰하고 운행하여 에너지를 생산한다는 데 대한 사상은 확실히 전인을 초월한 곳이 있다.

이는 주희의 우주 진화에 대한 총 구상으로, 천체와 지구가 어떻게 형성되고 진화했는가에 이르러서 그 또한 구체적으로 논술하였다. "천지가 최초에 나누어지지 않은 혼돈 상태일 때는 단지 물과 불 두 가지만 있었을 것이다. 물의 찌꺼기가 곧 땅이 되었다. 지금 높은 곳에 올라가 바라보면, 많은 산이 파도치는 모양을 하고 있는데, 바로 물이 넘쳐서 그렇게 된 것이다. 다만 언제 굳어졌는지를 모를 따름이다. …… 물은 매우 탁하여 땅이 되고, 불은 매우 맑아 바람, 우레, 번개, 해와 별 따위가 된다."[18] "아마도 다섯 행성은 모두 지상의 목·화·토·금·수의 기가 위에서 결합

---

17 위와 같음.
18 위와 같음.

하여 이루어진 것일 것이다."[19] "오행"은 천체가 기원하는 질료이며, "오행"의 기가 "오성(五星)"을 이루며, 물은 탁해서 땅을 이루고 불은 맑아서 해와 별, 우레와 번개 등을 이룬다. 아울러 천체의 기원 및 지각과 산맥의 기원과 지질의 변천에서 오곡(五穀)이 나는 것까지 모두 "오행"과 불가분의 관계가 있다. "음양은 기이고, 오행은 질(質)이다. 이 질이 있기 때문에 만물이 생겨난다."[20] 오행이라는 이 질(質)은 매우 중요한 작용을 한다.

주희가 이렇게 이야기한 것은 "음양" 이기가 서로 번갈아 천지 우주를 형성하는 것과 상호모순이 있을까? 아니다. 주희 철학의 논리적 구조에서 "음양"과 "오행"은 통일되었다. 그는 늘 이렇게 말했다. "오행은 하나의 음양이다."[21] "음양 밖에 따로 오행이 있는 것은 아니다."[22] "음양"과 "오행"이 실제로는 하나임을 알 수 있어서 "천지가 물질을 생성하는 원리는 음양오행에 지나지 않는데, 오행은 실은 하나의 음양이다."[23] 음양의 두 기는 번갈아서 천지와 우주를 구성하는데, 바로 오행이 천지와 우주를 구성한다. "음양이 있으면 한 번 변하고 한 번 합하여 오행이 갖추어진다. 그러나 오행이라는 것은 질은 땅에 갖추어지고 기는 하늘에서 운행한다.

질을 가지고 태어나는 순서를 말하면 수·화·목·금·토인데 수·목은 양이고 화·금은 음이며, 기를 가지고 운행하는 순서를 말하면 목·화·토·금·수인데 목·화는 양이고 금·수는 음이다. 또 통합하여 말하면 기는 양이고 질은 음이다."[24] 물은 탁하여 땅을 이루고 불은 맑아서 하늘을

19 『주자어류』 권2.
20 『주자어류』 권1.
21 「답진기지(答陳器之)」, 『주희집』 권58, 2977쪽.
22 『주자어류』 권1.
23 『맹자혹문』 권1, 『주자사서혹문』.
24 「태극도설해(太極圖說解)」, 『주자전서(周子全書)』 권1.

이룬다. 물은 양에도 속하고 음에도 속하며 불은 음에도 속하고 양에도 속하므로 물과 불은 "각기 또 하나의 음과 하나의 양을 가지고 있다."고 말하였다. 오행과 음양이 서로 통일되었다고 하지만 "음양이 변하고 합하여" 오행을 낳는 관계가 될 수는 없다. 주희는 주돈이의 「태극도설」 첫째 구절을 "무극이면서 태극"으로 정하였는데, 형체는 없지만 이는 있다는 의미를 가리킨다. 우주가 진화해온 각도에서 말하면 그것은 하나의 혼돈하여 나누어지지 않은 상태이며, 음양과 감리(坎離)가 오행을 화생한 후에 남녀와 만물을 화생하는 것이다.

2. 천체의 운행과 역법(曆法)

중국의 천문학은 선진시대에는 점성술과 서로 결합하여 발전되었다. 농업 생산의 수요로 말미암아 천문학의 관측을 촉진시켰다. 사람들은 천상의 모든 변이는 모두 직접적으로 인사 정치와 서로 대응되고, 사회정치의 득실과 상관있으며, 군신의 행위의 선악과 서로 연관되어 있다고 생각하였다. 이 때문에 움직이고 변이하는 가운데 천문에 대하여 충실하게 기록할 것을 요구하였다. 특별히 태양의 흑점을 기록하였다. "해의 흑점이 측면에 있었는데 크기가 탄환만 했다.", "해가 노랗게 뜨는데 동전 크기의 검은 기운이 있었으며 해의 중앙에 자리 잡았다."[25] 서방에서는 807년 8월 19일에 흑점을 발견하기는 했지만 또한 감히 믿지 않았다. 이는 중국과 서방의 문화 관념의 차이 때문이다. 서방에서는 태양은 절대적으로 완벽한 것으로 생각하였지만 중국에서는 결코 군주를 상징하

---

25 「오행지(五行志)」, 『한서(漢書)』 권27.

는 태양에 과실이 없다고 생각하지 않았다. 천상을 관측할 때 좌표로 천체의 방위를 나타내고 운동을 보기 위하여 하나의 "천구(天球)"를 필요로 했다. 주희는 이에 가정하여 말하였다. "항상 보여서 숨어있지 않는 것은 하늘의 덮개이고, 항상 숨어 보이지 않는 것은 하늘의 밑이다."[26] 또 말하였다. "천문의 반쪽은 위에 있고, (나머지) 반쪽은 아래에 있어야 한다."[27] 이를 가지고 해, 달, 별이 자리 잡은 좌표와 천체가 운행하는 대조표로 삼았다.

1) 천체의 운행은 왼쪽에서 오른쪽으로 돈다

주희는 천체는 운동하는데 하나의 추뉴(樞紐)가 있으며, 이것이 곧 남극과 북극이라고 생각하였다. "남극과 북극은 하늘의 추뉴로 이곳만이 움직이지 않으며 맷돌의 축과 같다."[28] 북극은 또 북신(北辰)이라고도 일컬으며 "북신은 곧 북극이다. 그것은 가운데 자리하여 움직이지 않는 것으로 말하면 하늘의 추뉴이다."[29] 남북극은 "천환(天環)"의 가운데 축을 구성하며, 천체의 운행은 이 가운데 축을 둘러싸고 회전하며 운행에 궤적이 있다는 견해를 부정하였다. 주희는 사량좌(謝良佐)가 북극을 하늘의 기틀로 간주하고, 북신이 12진의 숙사를 주건(周建)한다고 간주하는 것에 동의하지 않았다.

주희는 몇 곳에서 모두 추뉴가 되는 극성은 한가운데 자리 잡고 움직이지 않는다고 말하였다. 그렇다면 결국 움직이는가, 아닌가? 그의 제자

---

26 『주자어류』 권2.
27 위와 같음.
28 위와 같음.
29 『주자어류』 권23.

인 황의강(黃義剛)이 의문을 제기하였다. 『어류』에는 기록되어 있다. "의강이 물었다. '극성은 움직입니까? 움직이지 않습니까?' 대답하였다. '극성역시 움직인다. 다만 그것은 저 진(辰)의 뒤 근방에 있어서 움직이지만 알아차리지 못한다.'"[30] 그는 예를 들어 말하였다. 이를테면 사탕반자(射糖盤子)와 같다. 북신은 바로 중심의 말뚝과 같으며 극성은 말뚝에 가장 접근한 점으로, 비록 반자를 따라 돌기는 하지만 말뚝에 더욱 가까워 사람들이 그것이 도는 것을 깨닫지 못한다. 송대에 이르러서야 어떤 사람이 "바야흐로 사람들이 북극이 다만 북신의 부근에 있으며 극성 또한 움직인다고 추론하게 되었다."[31] 주희의 이 견해는 감각적인 직관을 초월하였으며 이성적 인지의 특징을 갖추었다.

천체가 무엇 때문에 운행을 해야 하고, 어떻게 운행을 하는가는 역사상 논쟁이 그치지 않는 문제이다. 개천설에서는 항성(恒星)이 하늘의 궁륭에 상감(象嵌)되어 하늘의 궁륭이 운행하면 항성이 따라 돌지만 해와 달그리고 오성은 하늘에 상감되어 있지 않아 하늘의 궁륭을 따라 돌며 움직이지 않는다고 생각하였다. "하늘의 곁이 도는 것이 맷돌질을 하면서 왼쪽으로 가는 것과 같다. 해와 달은 오른쪽으로 가며 하늘을 따라 왼쪽으로 돌기 때문에 해와 달이 실제로는 동쪽으로 가지만 하늘이 그것을 끌어 서쪽으로 진다. 비유컨대 개미가 맷돌 위를 가는데 맷돌은 왼쪽으로 돌고 개미는 오른쪽으로 가면 맷돌은 빨리 돌고 개미는 느려 맷돌을 따라 왼쪽으로 돌 수밖에 없는 것과 같다."[32] 하늘은 왼쪽으로 돌고(동에서 서로), 해와 달, 오성은 오른쪽으로 돈다.(서에서 동으로) 다만 하늘이 왼쪽으로 도는 속도는 빠르고 해와 달, 오성이 오른쪽으로 가는 것은 느려, 개미

---

30 위와 같음.
31 위와 같음.
32 「천문지 상」, 『진서』 권11.

가 맷돌 위에서 오른쪽으로 가는 것과 같은데 빨리 돌지 않기 때문에 보기에 왼쪽으로 도는 것 같다.

혼천설은 개천설과 마찬가지로 하늘은 왼쪽으로 돌고 해와 달, 오성은 오른쪽으로 돌며 땅은 정지하여 움직이지 않는다고 주장하였다. 다만 유향(劉向)은 "열수(列宿)와 해, 달은 모두 서쪽으로 움직인다고 생각했다. 열수가 가장 빠르고 해가 다음이며, 달은 늦다."[33] 비록 해와 달, 별의 운행의 속도는 빠르기가 다르지만 모두가 동에서 서쪽을 향하여 왼쪽으로 움직인다. 이것으로 말하자면 왼쪽으로 돌고 오른쪽으로 돈다는 논쟁은 문제점의 소재가 하늘이 왼쪽으로 돈다는 데 있지 않고 해와 달, 오성의 왼쪽으로 도는 것과 오른쪽으로 도는 데 있다. 동한(東漢)의 황헌(黃憲)은 이렇게 대답한 적이 있다. "하늘이 회전하는 것은 왼쪽인가? 오른쪽인가? 맑고 밝아 움직이지 않는 것은 하늘이다. 움직인다는 것은 해와 달, 별이 운행하는 것일 것이다. 그런 까닭에 하늘이 움직인다고 말하는 것은 틀렸다." 하늘은 결코 회전하지 않으며 회전하는 것은 해와 달, 별이다.

왼쪽으로 돌든 오른쪽으로 돌든 간에 그들의 공통점은 정지하여 움직이지 않는 지구가 중심이고 해, 달, 별이 지구를 둘러싸고 돈다는 이 직관을 바탕으로 하여 사고해왔다는 것이다. 그 차이는 오른쪽으로 돈다는 설은 해의 주년과 달의 주월시(周月視) 운동을 근거로 하였다. 왼쪽으로 돈다는 설은 해와 달의 주일시(周日視) 운동을 근거로 하였으며, 이를 해와 달의 실재운동으로 삼았다는 데 있다. 사실 두 가지 모두 실제에 부합하지 않는다. 그러나 일식과 월식으로 관측하고 역법을 제정한다는 실용적인 측면에서 말한다면 오른쪽으로 돈다는 설이 왼쪽으로 돈다는 설보다 가치가 있으며 일반 역법가들은 대체로 오른쪽으로 돈다는 설을 취하고 있다.

---

33 「천문지」, 『송서(宋書)』.

송대의 장재는 좌선설(左旋說)을 주장하여 해, 달, 오성의 칠요(七曜)가 하늘을 따라 왼쪽으로 도는데 운행이 느려서 하늘에 미치지 못하여 사람들이 보기에 칠요는 후퇴하는 것 같아 오른쪽으로 돈다고 하였으므로 하늘을 거슬러 운행하는 것 같다고 주장한 적이 있다. 그러나 장재는 역법가의 규격화를 돌파하여 땅도 하늘을 따라 왼쪽으로 돈다는 관점, 곧 지동설을 제기하였는데 이는 적극적인 의의가 있다.

주희는 장재의 좌선설을 계승하여 해 달 오성이 오른쪽으로 운행한다는 설을 반대하였다. "태양과 달과 다섯 행성은 오른쪽으로 돈다는 학설이 있으나, 사실 오른쪽으로 도는 것은 아니다. 횡거(橫渠) 선생은 다음과 같이 말하였다. '하늘은 왼쪽으로 돌고, 그 안에 있는 것은 하늘을 따라가지만, 조금 느려서 오히려 오른쪽에 있게 된다.' 이 설명이 가장 좋다. …… 심괄(沈括)의 「혼의의(渾儀議)」는 모두 참고할 만하다."[34] 장재의 견해를 칭찬하고 좌선설을 주장하였다. "하늘의 길은 태양과 달, 다섯 행성과 함께 모두 왼쪽으로 돈다."[35] 어째서 태양과 달, 다섯 행성은 왼쪽으로 돌고 오른쪽으로 돌지 않을까? 『어류』에 하나의 해석이 있다. "내가 보기에 하늘 위의 태양과 달과 행성들은 일찍이 오른쪽으로 돈 적이 없으며, 단지 하늘을 따라 돌 뿐이다."[36] 이런 직관적 관측에 의거해 왼쪽으로 돈다는 결론을 도출해냈는데 명백히 과학실험의 기초는 없다.

직관적 관측은 칠요의 주일시 운동만 관측할 수 있어서 주년시 운동은 말할 수 없었고 역법의 제정에 대하여 결코 가치 있는 근거를 제공하지 못했기 때문이다. 바로 주희가 직관적 관측에 의거했기 때문에 혼란이 나타나게 되었다. 그는 이렇게 말한 적이 있다. "하늘의 형태는 탄환

---

34 『주자어류』 권2.

35 위와 같음.

36 위와 같음.

처럼 둥글고 밤낮으로 운행한다. …… 낮에는 왼쪽에서 돌아 오른쪽을 향하고, 저녁 무렵에는 앞에서 내려가 뒤로 돌아가며, 밤에는 오른쪽에서 돌아 다시 왼쪽으로 가고, 아침 무렵에는 뒤에서 올라 앞으로 향하여 끝없이 돌고 오르내리기를 쉬지 않는데 이것이 천체이다.”[37] 한낮에는 왼쪽에서 오른쪽으로 돌며 야간에는 오른쪽에서 왼쪽으로 돌아 낮과 밤의 회전 방향이 같지 않아 결코 좌선설과 우선설의 논쟁에 조화를 이룰 수가 없다.

주희는 장재의 회전의 속도가 다르다는 사상에 대하여 구체적으로 발휘하였다. “아마도 하늘의 운행은 매우 강건해서 하루 동안 365와 1/4도를 돌고 다시 1도를 초과한다. 태양의 운행은 빠르지만 하늘 다음으로 강건하여, 하루 동안 365와 1/4도를 정확하게 돈다. 하늘이 1도를 더 나아가는 것에 비하면, 태양은 1도 뒤진 것이다. 이틀 동안 하늘이 2도 더 나아가면, 태양은 2도 뒤처질 것이다. 쌓여서 365와 1/4일이 되면, 하늘이 초과하여 나간 도수는 회전한 본래의 수치와 맞을 것이다. 그리고 태양의 뒤처진 도수도 다 물러난 본래의 도수와 맞게 되어, 마침내 하늘과 만나서 1년을 이룬다. 달의 운행은 느려서 하루 동안 365와 1/4도를 다 가지 못하니, 하늘보다 13도 남짓 뒤지게 된다. 나아간 수치는 하늘을 따라 왼쪽으로 간 것이며, 뒤진 수치는 하늘과는 거꾸로 오른쪽으로 계산한 것이다.”[38] 주희는 태양과 달의 주일에서 운행이 태양과 달의 진실된 운동임을 보았고, 태양의 주일로 운행 도수의 진퇴가 본수와 서로 부합함을 보았다. 달의 주일로 운행 도수의 진퇴에 차이가 있음을 보고 하늘을 따라 왼쪽으로 가고 하늘을 거슬러 오른쪽으로 가는 문제를 낳았다.

이에 의하여 주희는 또 하늘은 “땅을 두르고 왼쪽으로 도는데, 항상 하

---

37 「천문」, 『초사집주』 권3, 51쪽.
38 『주자어류』 권2.

루에 한 바퀴 돌되 1도를 초과한다. 태양은 하늘에 걸려 있지만 조금 느리므로, 태양의 운행은 하루에 역시 땅의 둘레를 한 바퀴 돌지만 하늘보다 1도 미치지 못한다. 365와 235/940일이 지나면 하늘과 만나니, 이것이 1년에 태양이 운행하는 날수이다."[39]라 추산해내었다. 이는 곧 양력은 1년이 365여 일이지만 음력은 매월이 29일이나 30일로 다르며 12개월은 "354와 348/940일이 1년"이라는 말이다. 이렇게 "태양이 하늘과 만나되 남는 수치인 5와 235/940일은 기영(氣盈)이라 한다. 달이 태양과 만나되 부족한 수치인 5와 235/940일은 삭허(朔虛)가 된다. 기영과 삭허를 합쳐서 윤(閏)이 생겨난다. 그러므로 1년의 윤율은 10과 827/940일이 된다. 3년마다 윤달을 한 번 두면 32와 601/940일(=윤율×3)이 된다. 5년마다 윤달을 두 번 두면 54와 375/940일(=윤×5)이 된다. 19년마다 윤달을 일곱 번 두면 기영과 삭허의 수치가 같아지는데, 이것을 일장(一章)이라 한다."[40] 심괄과 위박(衛朴)이 지은 『봉원력(奉元曆)』은 365.243,585,00일을 회귀년(回歸年, 곧 태양력. 현재의 정확한 수치는 365.242,193일)으로 하였다. 삭책(朔策, 朔望月)은 29.530,590,71일(정확한 수치는 29.530,588일)이라 하였으니 당 개원(開元)의 『대연력(大衍曆)』의 삭망월인 29.53059일과 근사하다. 주희는 365와 235/940=365와 1/4이나 365.25일을 1년으로 하여 『봉원력』보다 크다. 그러나 『봉원력』은 18년(1074~1092)만 실행되었고 남송 때 실전되었다고 한다. 따라서 주희의 계산 및 윤월의 배치는 여전히 가치가 있다.

2) 일식과 월식, 황도(黃道)와 백도(白道)

주희는 당시 자연과학의 성과에 의거하여 "음양"("氣")의 학설을 운용

---

39 위와 같음.
40 위와 같음.

하여 각종 자연현상을 해석하였다. 그는 이미 달은 발광체가 아니고 태양은 발광체이며, 달은 태양이 쏘는 빛을 받아 빛을 낸다는 것을 인식하였다. "달의 형체는 항상 둥글고 이지러지지 않으며, 다만 늘 태양빛을 받아서 밝다."[41] 달이 이지러진다는 견해에 동의하지 않고 심괄의 달이 이지러지지 않는다는 설을 채택하였다. 달은 어떻게 해야 태양의 빛을 받을 수 있는가? "바야흐로 그믐(合朔)에 태양은 위에 있고 달이 아래에 있다면, 달의 표면에서 하늘을 향한 면은 빛이 있고 땅을 향한 면은 빛이 없을 것이므로 사람들이 볼 수 없다. 보름이 되면 달에서 사람들을 향해 있는 면은 빛이 있고, 하늘을 향한 면은 빛이 없게 되므로 달이 둥글게 보인다. 만약 상하현 때가 되면 이른바 '(상하현 때 달과 태양의 각도가) 가까운 거리는 1/4이요, 먼 거리는 3/4인 경우이니, 마땅히 많은 빛이 있어야 할 것이다."[42]

이른바 "합삭(合朔)"이란 것은 태양과 달이 만나는 것을 가리키는데 옛날 사람들은 초하루(朔日)를 한 달의 시작, 곧 음력 초1일이라고 생각했다. 이때는 태양이 위에 있고 달이 아래에 있으며 땅은 또 달의 아래에 있어서 햇빛의 뒤쪽을 받아 땅을 향하므로 지상의 사람들은 달을 보지 못한다. "망(望)"은 한 달의 가운데(음력 15일)로 지구가 해와 달 사이에 있어서 달이 빛의 정면을 받아 지구와 서로 마주함으로 사람들은 만월을 보게된다. 현(弦)에는 상현(上弦)과 하현(下弦)의 구분이 있는데, 상현은 황도상의 달이 태양의 동쪽 90도에 있으며 음력 초8일 전후로 달 표면의 서쪽이 반은 밝고 반은 어두워 지상에서 보이는 달이 활 모양의 반원과 같다. 하현은 황도상의 달이 태양의 서쪽 90도에 있는 것으로 음력 23일 전후이며 달의 표면 동쪽이 반은 밝고 반은 어두워 지상에서 보면 흡사 활 모

---

41 위와 같음.
42 위와 같음.

양의 반원과 같다.

달은 투명하지 않고 빛을 발하지 않는 구체(球體)로 태양광이 빛을 비치는 데서만 검은 그림자가 있게 되고 이 검은 그림자에는 각종 신화 전설이 있다. 『어류』에서는 기록한 적이 있다. "누가 물었다. '달 안의 검은 그림자는 땅의 그림자 아닙니까?' 대답하였다. '이전 사람들 중에 그런 설명을 한 사람이 있는데, 보아하니 이치상 혹 그럴 수 있을 것이다. 그러나 땅의 그림자는 아니고, 땅의 형체가 오히려 그 빛을 가로막는 데 지나지 않는다. 예를 들어 거울은 하나의 사물에 의해 그 빛이 가로막히므로, 그다지 잘 보이지 않는 것이다 생각건대 태양은 그 빛을 달의 몸체에 비추는데, 중간의 땅은 한 덩어리의 꽉 차 있는 물체이므로, 빛이 통하지 않아서 그런 검고 흐린 부분이 있게 된다.'"[43] 땅의 그림자가 달에 들어간 것이 아니라 땅의 형체가 태양광을 막아 검은 그림자가 생기는 것이다. 이런 해석이 현대의 천문학과는 합치되지 않지만 각종 신화전설에 비하면 매우 고명하며 적어도 주희는 과학적 사고를 하고 있는 것이다.

태양, 달, 땅의 삼자가 빛을 발하고 빛을 받아들이는 것 및 삼자의 운동 관계에 대한 탐구로부터 일·월식의 원인에 대한 해석으로 진입한다. 달이 지구를 따라 공전하는 궤도의 평면이 천구와 서로 교차하는 큰 원을 백도(白道) 곧 월도(月道)라 한다. 지구가 태양을 따라 공전하는 궤도의 평면이 천구에서 잘라내는 큰 원을 황도라고 하는데, 일·월식은 황도와 백도가 교차할 때만 나타날 수 있다. "일식은 태양과 달이 만나 합치는 것이다. 달은 마땅히 태양 아래 있어야 하고, 간혹 거꾸로 위에 있기도 하므로 식이 된다. 월식은 태양과 달이 서로 정면으로 비추는 것이다. 이천(伊川) 선생은 '달이 태양빛을 받지 않는다.'고 하였는데 그 뜻도 이와 비슷하

---

43 위와 같음.

다. 아마도 음이 성해서 양에 대항하여, 양에 조금도 양보하지 않기 때문일 것이다."[44] "일식은 (태양이) 달에 가려지는 것이고, 월식은 (달이) 태양과 다투며 대적하는 것이다. 달이 태양과 떨어져 있으면, 그때는 식이 일어나지 않는다."[45] 태양과 달이 운행하여 동일한 도수(度數)에 이르러 서로 만나 달이 태양과 지구 사이에 놓이어 일직선을 이룰 때 달이 태양을 가리면 일식이 발생한다.

지구가 태양과 달의 사이에 놓여 지구가 태양이 달을 비추는 햇빛을 가리면 월식이 발생하는데, 이를 일컬어 "일월교식(日月交蝕)"이라고 한다. 그러나 초하루와 보름 때라도 황도와 백도가 만나지 않거나 황도와 백도가 만난다 하더라도 초하루와 보름이 아니면 모두 월식과 월식이 발생할 수 없다. 초하루와 보름으로 마침 황도와 백도가 서로 만나고 태양과 달, 지구가 일직선상에 놓이며 초하룻날 달이 태양과 지구 사이에 놓이고 달이 해를 가려야만 일식이 발생하며, 보름에 지구가 태양과 달 사이에 놓이고 지구의 그림자가 달을 가리면 월식이 발생한다. 태양과 달이 황도와 백도가 교차하는 곳에 있으면서 또 초하루와 그믐날에 있으면 일식과 월식이 발생한다. "그믐에는 태양과 달이 그 황도와 적도 십자로의 교차점에서 서로 부딪쳐 만난다. 보름에는 달과 태양이 똑바로 마주 보게 된다. 예를 들어 한 개는 자(子: 북쪽)의 방향에 있고 한 개는 오(午: 남쪽)의 방향에 있다면, 모두 도가 같을 것이다. 예를 들어 달이 필수(畢宿)의 11도에 있고, 태양도 필수의 11도에 있다고 하자. 비록 이 도수(11도)가 같지만, 도리어 남북으로 마주 보고 있다. 태양이 초하루에 식이 되는 경우, 달은 항상 아래에 있고 태양은 항상 위에 있어서, 만날 때 달이 아래에서 태양을 가리기 때문에 일식이 된다. 보름일 때 월식이 일어나는 것은, 진실로

---

44 위와 같음.
45 위와 같음.

음이 감히 양과 대적하는 것인데, 역가(曆家)들은 또한 그것을 암허(暗虛)라고 부른다. 생각건대 불과 태양은 밖으로 빛나지만 그 안은 실제로 어두우니, 보름이 되었을 때 그 안의 어두운 곳과 정확히 마주 보게 되므로 월식이 되는 것이다."[46] 여기서 이른바 "적도(赤道)"는 "월도(月道)", 곧 "백도(白道)"가 되어야 한다.

주희의 이런 논술은 심괄과 비슷하다. 그러나 그의 "음양"학설과 결합한 것과 "식이 되는 수치"를 지적해낸 것은 얼마간 남들보다 뛰어난곳이 있다. "혹 태양이 달의 옆을 지나가거나 달이 태양의 옆을 지나가서 서로 가리지 않는 것은 모두 식이 되지 않는다. 오로지 달이 태양 바깥을 운행하여 안에서 태양을 가린다면 일식이 된다. 태양이 달 바깥을 운행하여 안에서 태양을 가린다면 일식이 된다. 태양이 달 바깥을 운행하여 안에서 (암허가) 달을 가린다면 월식이 된다. 식이 되는 수치(所蝕分數)또한 가려진 것의 정도를 미루어 계산할 뿐이다."[47] "식이 되는 수치(所蝕分數)"는 곧 "식분(食分)"을 가리켜 말한 것이다." 황도와 백도는 포개어합쳐지지 않으며 둘의 경사각은 평균 5° 9′이다. 초하루에 태양 황·백도의 교점(交點)이 15° 21′ 이내에 있게 되면 일식이 발생하게 되고, 서로간의 교점이 18° 31′ 이상이면 발생하지 않는다. 보름 때 달이 황·백도 교점 3° 45′ 이내에 있으면 개기월식이 발생할 수 있으며, 교점 거리가 12°15′ 이상이면 발생하지 않는데 이것이 "식의 한계(食限)"이다. 이 "식의한계" 내에서 "식의 분수"에 의거하면 식의 정도를 추산할 수 있다. 이것이 곧 개기일식, 개기월식, 부분월식, 부분일식, 금환일식 등 각종 상황이다.

---

46 『주자어류』 권2. "황도(黃道)"는 곧 지구상에서 매년마다 보이는 태양이 가는 궤도이다. "적도 (赤道)"는 "백도(白道)"가 되어야 하는데, 지구상에서 매월마다 보이는 달이 가는 궤도이다.
47 『주자어류』 권2.

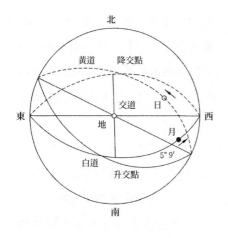

그러나 주희는 결코 이런 깊은 인식을 갖고 있지 않았으며 또한 정확한 수치를 들지도 않았지만 그는 태양과 달이 떨어진 거리를 가지고 식분(食分)의 크기나 일식의 정도를 설명하였으니 천문학의 원리와 서로 일치한다. 일식과 월식은 태양과 달, 땅의 삼자가 운행하는 필연적인 규율로 계산하여 예측할 수 있으며 무슨 재이(災異)가 아니다. "일식과 월식은 모두 음과 양의 기가 쇠약한 것이다. 휘종(徽宗) 때 조정에서 일찍이 조서를 내려 '이는 정해진 수이니 재앙이나 이변이라고 할 수 없는데, 옛사람들이 (그렇게 여긴 것은) 모두 역에 밝지 않았기 때문이다.'고 하였다."[48] 이 점에서 오히려 신학의 재이(災異)를 타파하는 사상을 가지고 있다.

3) 세차(歲差)의 역법 기삭(氣朔)에 윤달을 설치하다

고대 천문학의 종지 중 하나는 역법을 제정하는 것으로 역대 왕조에서는 모두 이 일을 매우 중시하였다. 주희는 말하였다. "역법(曆法)은 옛날의 매우 중대한 일이었기 때문에 염제(炎帝)는 새로 벼슬 이름을 정하였으니, 첫째로 '봉조씨는 역정이다.(鳳鳥氏, 曆正也)'라 하였다. 세월과 시간이 이미 정해져 있다면, 백공(百工)의 일은 성공을 살필 수 있을 것이다."[49] 전설에

---

48 위와 같음.
49 『주자어류』 권78.

의하면 희화(羲和)는 역상(曆象)을 주관하여 줄 때 희화의 네 아들 희중(羲仲)과 희숙(羲叔), 화중(和仲), 화숙(和叔)도 역법을 관장하였다고 한다.[50] 아울러 동서남북에 천문을 관측하는 측경대(測景臺)를 설치하였는데 "양곡(暘谷)과 남교(南交), 매곡(昧谷), 유도(幽都)는 햇빛을 측량하는 곳이다."[51] 중국 고대에서 천문 관측을 매우 중시하였을 뿐만 아니라 사방에서 관측하여 같지 않은 데이터를 가져다가 참조하여 비교 감별하였음을 알 수 있다. 당연히 햇빛을 관측한 목적은 역법을 제정하기 위한 것으로, "사방에서 햇빛을 재어 역법을 만들었을 따름인데", 이는 중국의 농업을 근본으로 하는 농업사회와 서로 잘 맞았다.

주희는 사람들의 우주에 대한 인식의 심화와 관측된 데이터의 누적 및 관측기구의 개량에 따라 역법 또한 갈수록 정밀해졌다고 생각하였다. 이를테면 「월령(月令)」에 기재된 역상은 요의 시대와 다르며, 현재 말하는 역상은 「월령」과 또 다르다. 맹자 때 말한 7, 8월은 곧 지금의 5, 6월이고, 11월, 12월은 지금의 9월과 10월이다. 세차(歲差)가 완전히 해결되지 못하였으므로 이런 절기와 맞지 않는 현상이 발생하였다. "요임금 시대에 동지에는 해가 허수(虛宿)에 있고 해 질 무렵의 중성은 앙(昴)이었는데, 지금[동지]은 해가 두수(斗宿)에 있고 해 질 무렵의 중성은 벽(壁)에 있어서, 중성이 예전과 지금이 똑같지 않은 것은, 천체(天體)는 365와 1/4도이며, 1년은 365와 1/4일이기에 그렇다. 하늘의 도수는 4분의 1도에 남음이 있고, 1년의 일수는 4분의 1일에 부족하다. 그러므로 하늘의 도수는 항상 고르게 운행하여 펴지고, 해의 운행은 항상 안으로 돌아 위축된다.

---

50 『수서(隋書)』 「천문지」에서는 『춘추(春秋)』 「문요구(文燿鉤)」를 인용하여 말하였다. "당요(唐堯)가 즉위하자 희화는 혼의(渾儀)를 세웠다." 또 왕번(王蕃)의 말을 인용하여 말하였다. "혼천의(渾天儀)는 희화의 옛 기물로 대대로 전하여졌으며 기형(璣衡)이라고 한다."
51 『주자어류』 권78.

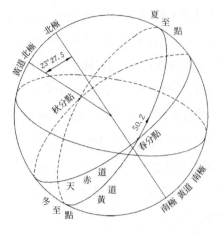

하늘은 점점 차이가 나서 서쪽으로 가고, 해(歲)는 점점 차이가 나서 동쪽으로 간다. 이것이 세차(歲差)가 생기게 되는 까닭이다."[52] 약 기원전 1800년에는 동지에 해가 북방 현무성좌(玄武星座)의 허수(虛宿)에 있었는데, 지금은 동지에 해가 현무성좌의 두수(斗宿)에 있다. 세차를 해결해야 이런 현상이 출현하지 않게 된다. 태양과 달, 행성의 인력으로 인해 지구 자전축의 방향에 완만한 변화가 발생하였으며 이 때문에 적도의 위치에도 변화가 있었다. 이렇게 적도는 황도의 교점(交點, 곧 春分點)과 매년 황도를 따라 서쪽으로 50.2각초(角秒) 이동하는데, 이를 세차(歲差)라 한다. (위의 그림과 같다)

매년 3월 21일 태양이 적도 이남에서 춘분점을 거쳐 적도 이북으로 진입한다고 치자. 6월 22일 태양은 가장 북쪽인 하지점에 도달하고, 9월 23일에 추분점을 거쳐 적도 이남에 이르며, 12월 22일에는 가장 남쪽인 동지점에 이른다. 그러나 중국 고대의 음양력에서 양력의 해는 365.243,585,00일이고, 음력의 달은 29.530,590,71일이다. 주희는 1년을 365와 235/940=365와 1/4로, 달을 10과 399/940으로 생각하여 세차가 10과 827/940일이며, 3년이면 곧 32와 601/940일이 된다. 이렇게 첫 1, 2, 3월이 봄이라면 3년 후에는 곧 2, 3, 4월이 봄이 되어 반드시 윤달을 가지고 조정을 해야 한다. 세차는 진(晉)의 우희(虞喜)가 가장 먼저 발견하였다. 주희는 말하였다. "당

---

52 『상서』「요전(堯典)」, 『주희집』 권65, 3411~3412쪽.

(唐) 일행(一行)의 이른바 세차라는 것은 바로 해가 황도가 함께 차이가 나는 것이다. 옛날의 책력은 간이(簡易)하여, 차이가 나는 법(差法)을 세우지 않고, 다만 때에 따라 기후를 점쳐서 개정하여, 하늘과 합하게 했었다. 동진의 우희에 이르러, 비로소 천(天)을 천(天)이라 하고 세(歲)를 세(歲)라 하여, 차이가 나는 법을 세워서, 그 변함을 추적해보니 대략 50년에 1도가 물러났다. 하승천(何承天)은 이것이 너무 과하다 여겨, 그 연수(年數)를 배로 하였으나, 또한 도리어 미치지 못했다. 수(隋)의 유작(劉焯)에 이르러, 두 사람의 중간 수인 75년을 취하였는데, 근사하지만 또한 정밀하지는 못하다."[53] 3년에 하나의 윤달, 5년에 두 번의 윤달, 19년에 일곱 번의 윤달이 오는 방법을 채택한다면 세차의 문제를 해결할 수 있다.

어째서 역법에 대소의 구분을 두도록 규정하였는가에 대하여 주희는 합삭(合朔)과 관련이 있다고 생각하였다. "단지 매월 29일 반을 29/640일로 계산하여 그 초하루 때 어떠한지를 본다. 만약 전달이 컸다면(30일) 그 다음 달에는 초이틀에 달이 빛을 낸다. 전 달이 작았다면(29일) 그다음 달에는 초삼일에 달이 빛을 낸다."[54] 앞의 일월이 회합하는 것과 다음 달이 회합하는 간격의 시간을 한 달로 정하면 곧 일월의 황경(黃經)이 서로 같은 시간 간격이 평균 29.5306일이 된다. 이렇게 하면 큰달 30일은 대진(大盡)으로 하고 작은달 29일은 소진(小盡)이 되도록 결정하여 다음 달에는 초 2일에 달이 빛을 내는 등이다. 그러나 결과는 여전히 남은 수가 있기 때문에 심괄은 더 이상 달의 운행을 근거로 삼을 필요 없이 12개월로 정하고, 12기(氣)를 1년으로 하여 입춘 날을 1월 1일로 삼고 경칩 날을 2월 1일로 삼는다. 큰달은 31일로 작은달은 30일로 하자고 제안한 적이 있는데 이렇게 하면 매년의 날수가 가지런해지고 윤여(閏餘)의 날수가 출현하

---

53 『상서』「요전」, 『주희집』권65, 3412쪽.
54 『주자어류』권2.

지 않는다. 이 제안은 진보적이다. 그러나 주희는 결코 심괄의 제안을 받아들이지 않았다. 삭(朔)과 기(氣)에 모순이 있다는 것을 알기는 하였지만 여전히 옛 국법(國法) 대로 조절하였다. "윤여는 초하루가 주천(周天)의 기를 다하지 못해서 생긴다. 주천의 기란 24절기를 말한다. 달에는 큰 달과 작은 달이 있으므로, 초하루가 이 기를 다하지 못하고 1년의 날수는 남기 때문에 윤달을 둔다."[55] 두 절도의 시간적 길이는 약 30여 일이다. 두 초하룻날 사이의 시간 길이는 29여 일로 둘이 서로 같지 않다. 시간의 추이에 따라 기와 삭은 차이가 갈수록 커졌는데 이 또한 윤달을 두는 원인이 있는 곳이다.

3. 기상 음양 조석(潮汐)

주희 철학의 논리적 구조에서 보면 이(理)는 기(氣)의 도움을 빌려 우주 만물을 낳으며 자연계의 각종 현상은 모두 음양의 두 기가 인온(氤氳)하고 응집하고, 충돌하고, 분산된 결과이다. "천지는 전체가 하나의 커다란 음양(의 기)이다."[56] 우주에는 음양이 아닌 것이 하나도 없어 "음양과 건곤을 가지고 있지 않은 것이 하나도 없다."[57] 이 때문에 음양은 자연계의 가장 보편성을 띤 범주이며, 만물을 구성하는 가장 기본적인 요소다. 또한 가장 활발하고 생기 있는 성분이다. 따라서 그것은 가장 큰 해석의 기능을 갖추고 있다.

---

55 위와 같음.
56 『주자어류』 권1.
57 『주자어류』 권65.

1) 기후와 기상 뇌전(雷電)과 운우(雲雨)

    기후와 기상은 기가 우주 사이에서 운동하고 변화하여 드러낸 각종 다른 형태와 형상이다. 기후로 볼 때 "천지의 중간에서 이 기가 아래위로 오르락내리락하는데, 여섯 층으로 나누어질 것이다. 11월 동지에는 아래의 첫 번째 층에서부터 생겨나 곧바로 여섯 번째 층에 도달하는데, 위로 하늘에 도달하면 4월이 된다. 양기가 이미 생겨나 풍족해지면 소멸하고 아래에서 음기가 생겨난다. 단지 이 기가 오르락내리락 순환하기를 그치지 않으며 여섯 층의 가운데를 왕래한다."[58] 기를 여섯 층으로 나눈 것은 『주역』의 육효(六爻)를 비유한 것 같으며, 육효는 기의 왕래운동을 구성하였는데, 이런 기후는 확실히 다르다.(아래 그림과 같다)

    지역별로 계절이 같지 않으며 기후 또한 차이가 있다. 북방은 건조하고 남방은 습하다. 봄과 여름에는 계절의 기후가 모호하며, 가을과 겨울의 기후는 청명하다. 그 원인은 하늘의 운행이 완만하고 긴박한 데 있다. 이 해석은 부정확하기는 하지만 또한 하늘 자신의 원인을 가지고 해석하기를 기도하였으며 신비주의적인 색채가 없다.

```
 5월 ——— 4월        ↑
 6월 ——— 3월        |
 7월 ——— 2월        |
 8월 ——— 1월        |
 9월 ——— 12월       |
 ↓                 |
10월 ——— 11월 동지  |
```

---

[58] 『주자어류』 권74.

무엇 때문에 어떤 지방에서는 4, 5월이 되어도 눈이 아직 녹지 않는가? 이는 "해가 그곳에 이르렀을 때 정오를 지날 때조차 양기가 그리 두텁지 않기 때문에 이렇게 되는 것이다."[59] 양기가 뜨겁게 올라가면 눈이 녹을 수 있는데 양기가 부족하여 눈이 녹지 않는 것으로 이는 "이른바 그림자가 동쪽으로 치우쳐 있고 바람이 많은 곳"과 또한 관계가 있다. 바람이 많은 원인에 관하여 주희는 자신의 복건(福建) 장주(漳州)와 천주(泉州)에서의 경험으로 알 수 있었다. 이곳에서는 일반적으로 모두 아침이 되면 바람이 발생한다. 정오가 되면 가장 성하고 오후에는 바람의 힘이 점점 약하여져 저녁이 되면 아예 한 점의 바람도 없다. "대체로 바람은 양기를 따라 발생한다. 해가 올라오면 양기가 발생하여 정오에는 양기가 성하여졌다가 오후가 되면 양기가 약하여진다. 그러므로 바람 또한 따라서 성하여지기도 하고 약하여지기도 한다."[60] 주희는 바람이 양기의 성쇠에 따라 그렇게 되도록 한다고 생각하였다. 다른 원인은 동쪽은 바다에 가까워 바람이 조금 많기 때문이다. "지금 동쪽에 가까운 땅은 당연히 바람이 많다. 마치 해변에 있는 여러 고을에 바람이 극히 많은 것과 같다. 매년 때가 되면 불어오는데, 봄에는 반드시 동풍이 불고, 여름에는 반드시 남풍이 분다."[61] 이런 해석은 직관적 경험의 관찰에서 오긴 하였지만 또한 자기의 학설을 짜 맞춘 것일 수도 있다.

음이 많고 양이 적은 것에 관한 원인. "이를테면 서북쪽은 음이 많은데 다만 산이 높고 숲으로 막히지 않아 확실히 양기가 그곳 쇠미한 곳에 이를 것이다. 대체로 해가 그곳의 정오에 이르면 그곳은 이미 매우 늦은 때가 되어 머지않아 지고 만다. 그러므로 서쪽은 해를 오래 보기 어렵다. 옛

---

59 『주자어류』 권138.

60 『주자어류』 권86.

61 위와 같음.

말에 '촉나라의 해, 월나라의 눈'이란 말이 있는데 해를 볼 일이 적음을 말한다."[62] 해는 양인데 서북쪽은 한랭하여 양기가 쇠약하므로 음이 많다. 주희는 사천(四川)을 서북쪽으로 생각하였다. 이는 남송의 지리적 위치를 가지고 말한 것이며 진정한 중국의 서북쪽은 아니다.

기상에 관하여 주희는 또한 "기(氣)"("陰陽")의 개념을 가지고 우레와 번개, 구름과 비, 서리와 눈, 우박과 무지개가 생기는 원인을 해석하였다. 아울러 전인의 신비주의적 착오를 비판하였다. 이를테면 우레와 번개는 폭죽과 같은 것으로 터지면 소리가 나는데 이렇게 되는 까닭은 "양기가 음기의 안에서 엎드려 나아갈 수 없기 때문에 터져서 우레가 된다."[63]라 하였다. 음기가 응집하면 양기를 핍박하고, 양기가 뭉쳐 극도에 이르러도 나올 수가 없어 이에 폭발하여 터져 음기를 돌파하여 우렛소리를 내는 것이다.

번개가 번쩍이는 원인에 관하여 주희는 우렛소리가 되기 전에 발생하는 일종의 현상이라고 생각하였다. 『어류』에서는 이렇게 기록하였다. "물었다. '천둥과 번개에 대해 정자는 단지 기운이 서로 부딪쳐 마찰하는 것일 뿐이라고 하였는데, 옳습니까?' 대답하였다. '옳다.' '어떤 사람은 (거기에) 신령한 것이 있다고 합니다.' 대답하였다. '기가 모이면 반드시 (신령한 것이) 있지만, 그러나 지나가자마자 흩어진다. 천둥 번개 같은 것도 역시 기가 모여서 이루어진 것이다.'"[64] 음양의 두 기가 서로 부딪쳐 마찰하여 극도로 쌓인 다음에 파열하여 터져 번개의 빛이 나타나는 것이지 무슨 귀신이 하는 것이 결코 아니라는 것이다.

구름과 비에 관하여서는 뇌우가 오기 전에 왕왕 먹구름이 뭉게뭉게 일고, 평상시의 맑게 갠 날에도 흰 구름이 뭉실뭉실 핀다. 주희는 이렇게 해

---

62 위와 같음.
63 『주자어류』 권99.
64 『주자어류』 권2.

석하였다. "음기가 바로 올라가 갑자기 양기를 만나면 날아올라 구름이 되도록 돕는다."[65] 구름은 본질적인 측면에서 말하면 음기이다. 다만 응집 밀도가 팽팽할 때가 있고 느슨할 때가 있으며, 운행 속도가 느릴 때가 있고 빠를 때가 있으므로 구름이 변하는 것을 예측할 수 없다. 비와 우레가 서로 모이면 "음양의 기가 막히고 뭉친 것이 극에 달하면 홀연히 흩어져 저 우레와 비를 만든다."[66] "모두 음기가 성대해져 응결함이 조밀해져야 비로소 축축하게 비가 되어 내리는 것이다. 또한 밥을 찌는 시루와 같이 압력이 높아지고 기운이 막혀서 통하지 않아야 둘레에 따뜻한 수증기가 맺히는 것이다."[67] 밥을 짓는 것은 100℃로 가열하여 수증기가 나오게 하는 것인데, 냉기를 만나면 물방울이 생기게 되며 이를 가지고 음기가 응결되어 비가 된다고 설명하였는데 어느 정도 과학성을 갖추고 있다. 음양의 두 기가 서로 증발하면서 비가 되기 때문에 "양기가 바로 올라가 갑자기 음기를 만나면 서로 버티면서 비가 되어 내린다. 양기는 가볍고 음기는 무겁기 때문에 양기는 음기의 압박을 받아 떨어져 내린다."[68] 음양의 두 기가 서로 버티고 서로 마주하고 서로 압박하여 비가 되는 것이지 결코 "용이 가면 비가 내리는" 것이 아니라는 것이다.

서리와 눈에 관하여서는 "서리는 다만 이슬이 맺혀서 된 것일 뿐이다."[69]라 하였다. 그러나 서리와 이슬은 같지 않아 "이슬에는 저절로 맑고 정숙한 기상이 있다. 옛날 말에 '이슬이 맺히면 서리가 된다'고 말했는데 지금 살펴보니 실로 그러하다. 이천은 그렇지 않다고 말했는데 무엇 때

65 『주자어류』 권99.
66 『주자어류』 권70.
67 위와 같음.
68 『주자어류』 권99.
69 『주자어류』 권2.

문인지 모르겠다. 대체로 이슬과 서리의 기운은 달라, 이슬은 만물을 불어나게 할 수 있고 서리는 만물을 죽일 수 있다."[70] 정이가 말한 "이슬이 맺혀 서리가 된다는 말 같은 것은 틀렸다"라 한 결론에 동의하지 않고, 전통적인 견해를 채택하였으며 아울러 관측을 통하여 서리는 이슬이 맺혀 된 것이라 검증하였다. 또한 정이의 이슬은 별과 달의 기라고 한 것에도 동의하지 않고 "옛날 사람들은 이슬이나 별이나 달의 기라고 말하였는데, 그렇지 않다. 지금 높은 산의 꼭대기에는 비록 맑지만 이슬은 없다. 이슬은 다만 아래에서 증기가 올라오는 것이다."[71] 주희가 보기에 이슬이 별과 달의 기라고 한다면 높은 산의 정상에는 이슬이 있어야 하는데, 지금은 없다면서 땅의 음기가 증발되어 올라서 이루어진 것이라고 설명하였다. 어째서 높은 산에는 서리와 이슬이 없는가? 이는 바람이 세차게 몰아쳐 이슬과 서리를 흩어버리기 때문이다.

눈은 서리와 이슬이 맺혀져 된 것이 아니라 "비가 맺혀서 된 것이다." "눈 같은 것은 다만 비가 찬 기운을 만나 응결하므로, 고지대의 추운 곳에는 눈이 먼저 생긴다."[72] 비는 냉기를 만나게 되면 응결되어 눈이 된다. 눈은 바람이 불어서 흩뜨리지 못하며 반대로 바람과 눈은 서로 연계되어 풍설(風雪)이라 일컬어진다. 동시에 그는 바람을 가지고 눈꽃이 육각형이 되는 원인을 해석하였다. "눈꽃이 반드시 육각형인 까닭은, 아마도 싸라기눈이 내릴 때 강한 바람이 불어쳐서 육각형이 될 것이다. 예를 들어 한 움큼의 질척한 진흙을 땅에 던지면, 진흙은 반드시 퍼져서 각진 꽃잎 모양이 된다."[73]

---

70 『주자어류』권100.

71 『주자어류』권2.

72 위와 같음.

73 위와 같음.

서리와 눈은 물이 일정한 온도의 조건 하에서 이루어지게 되며, 이 때문에 주희는 서리는 이슬이 맺혀져 된 것이라든가 눈은 비가 맺혀져 된 것이라고 설명을 하였는데 조금도 틀리지 않는다. 그러나 눈꽃이 여섯 개의 꽃잎임을 해석한 것은 과학적이지 못하니, 그것은 결코 강한 바람이 몰아쳐서 그런 것이 아니라 기온이 영하 23도 이내에서는 눈꽃이 가는 침모양이 되었다가 영하 23도를 초과하면 육각형이 되는데 이는 물의 결정체 분자의 배열 규칙의 결과이다. 『주역』의 수리로 해석하면 더욱 견강부회하게 되어 "6이라는 숫자는 음의 수이니, 태음현정석(太陰玄精石) 역시 육각이다. 아마도 천지자연의 수이기 때문일 것이다."[74]라 하였다. 6은 짝수로 음이며, 음은 부드럽고 물이 된다. "물의 수는 6으로 설화(雪花)가 6에서 나오는 것과 같으니, 억지로 하는 것이 아니다."[75] 6은 천지자연의 수로 눈꽃의 6이 이 자연에 부합하는 데서 나오는 것으로 주재자의 의도가 없다. 다시 말해 『주역』의 서의(筮儀)는 6, 7, 8, 9가 사영(四營)인데, 6은 노음(老陰), 곧 태음(太陰)으로 가변의 수여서 모두 천지자연의 뜻에 부합한다는 것이다.

　우박무지개와 우박은 음양이 번갈아 다투어 이루어진다고 하였다. "지금 우박의 양 끝은 모두 뾰족하여 모서리가 있다, 아마도 처음에는 둥글었는데, 위에서 음과 양이 서로 부딪쳐 그렇게 바스러졌을 것이다, 박(雹)자는 우(雨)자와 포(包)자로 이루어지니, 이는 기가 (비를) 감싸서 우박이 된다는 뜻이다."[76] "바로 음과 양이 서로 부딪칠 때이기 때문에 우박이 내릴 때는 반드시 춥다." 이것을 가지고 말하면 주희는 음양이 서로 다툴 때 음이 우세하고 양이 쇠퇴한 결과라고 생각하였다. 음이 우세하여 응집되

---

74 위와 같음.

75 『주자어류』 권65.

76 『주자어류』 권2.

어 우박이 되기 때문에 우박이 내릴 때는 반드시 음침하고 춥다.

무지개는 빗기가 해에 비쳐져서 이루어진다. 또 체동(蝃蝀)이라고도 하는데, "체동은 본래 다만 옅은 비가 해에 비쳐져서 그림자가 된 것일 뿐이다."[77] 무지개는 비를 그치게 할 수 없으며 왕왕 비가 지나간 뒤 맑게 갠 하늘에 나타나는데 빗기가 이미 엷어지고 햇빛이 빗기에 흩어져서 쏜 결과이다. "체동은 무지개이다. 해가 비와 겹칠 때 갑자기 질(質)을 이루어 혈기(血氣)가 있는 유(類)와 같으니, 이는 바로 음양의 기운이 사귀어서는 안 될 때에 사귀는 것이니, 천지의 음기(淫氣)이다. 동쪽에 있는 것은 저녁 무지개이다. 무지개는 햇빛이 비추는 곳을 따르기 때문에 아침에는 서쪽에 있고, 저녁에는 동쪽에 있다."[78] 무지개를 혈기가 이루었다고 말하는 따위는 명백한 견강부회이다. 그러나 주희는 무지개에 대한 총해석에서 심괄을 계승하여 일정 부분 과학적 도리에 부합하였지만 정확할 수는 없었다. 무지개는 태양의 빛이 공중의 빗방울을 투과하면서 두 차례의 굴절과 몇 차례의 반사를 거쳐 색을 산란시키며, 무지개는 둥근 호형(弧形)으로 둥근 호의 둥근 복판은 곧 보는 사람의 눈의 "그림자"에 있다.

운석(隕石)은 "별들 중에는 땅에 떨어지면서 하늘을 밝히며 흩어지는 것이 있고, 변하여 돌이 되는 것이 있다."[79]라 하여 주희는 신학과 미신의 제한을 받지 않았다. 유성이 떨어진 상황을 실제대로 기록하여 불빛이 하늘을 밝힌 후에 땅에 떨어져 흩어져 돌이 되었다. 이런 우주의 생성과 진화의 이론은 많은 자연과학의 성과를 이용하였을 뿐만 아니라 많은 창조적 견해가 있어 자연과학 사상의 발전을 촉진시켰다.

---

77 위와 같음.

78 「국풍·용·체동재동(國風·鄘·蝃蝀在東)」의 주, 『시집전(詩集傳)』 권2.

79 『주자어류』 권2.

2) 조석(潮汐)의 크기는 초하루 보름과 하나의 선상

중국의 옛사람들은 일찌감치 조석(潮汐)이 달의 운행과 관련이 있다는 것을 알았다. 송대의 심괄은 조석은 일출과 일몰이 자극을 주어 이루어진다는 관점을 비판하고 달의 조석에 대한 작용임을 견지하였다. 주희는 심괄의 사상을 계승하여 "조수의 속도와 크기에는 자연히 일정함이 있다. 옛날에 명주(明州) 사람이 달은 자(子)와 오(午)의 방위에 오면 조수가 찬다고 설명하는 것을 들었는데, 이런 이치가 있다. 심존중(沈存中: 沈括)이 『필담(筆談)』에서 설명한 것도 그와 같다."라 하였다. 또 말하였다. "육자정(陸子靜)은 자와 오에 달이 있을 때 조수가 찬다고 하였다. 심존중의『속필담』의 설명도 그러하다. 달이 땅의 자와 오의 방위에 있음을 말하니, 달초의 1일에는 묘의 시각(5~7시)에, 15일에는 유의 시각(17~19시)에 그렇게 된다."[80] 지구와 태양의 인력의 작용으로 해양의 수면에는 주기적인 간만의 차이가 발생하는데, 조석의 크기와 간만의 시각은 날마다 같지 않다. 그러나 달이 마침 상중천(上中天)이나 하중천(下中天)에 있을 때마다 해조(海潮)가 발생하게 된다. "조(潮)는 바닷물에 달이 자오에 있을 때 하루에 두 번 이르는 것이며, 아침에는 조(潮)라 하고 저녁에는 석(汐)이라 한다."[81] 조수가 발생하는 시간에 따라 나뉘는데 (한낮에 발생하는) 조조(早潮)를 조(潮)라 하고, (밤중에 발생하는) 만조(晚潮)를 석(汐)이라 한다. 매일 한 번의 조와 석이 있으며 양자 사이의 시간적 간격은 평균 12시간 25분이며, 연속으로 두 번의 조조와 만석의 시간 간격은 평균 24시간 50분으로, 곧 매일의 조조나 만석은 전날 밤과 낮에 조나 석이 발생한 시간에 비해 평균 50분이 뒤진다. 연속 두 차례의 조조와 만석의 간격 시간은 달이 연속으로 두 번

---

80 위와 같음.
81 「비회풍(悲回風)」,『초사집주(楚辭集注)』권4, 103쪽.

아무 지점의 자오선(子午線, 곧 통과하는 해당 지점의 經線)을 지나는 시간과 합치
된다.

주희는 심괄의 사상 자료를 흡수하였을 뿐만 아니라 아울러 여정(余靖, 1000~1064)의 조석설을 매우 칭찬하기도 했다. "조수에 관한 설은 여양공(余襄公)이 말한 것이 아주 상세하다. 무릇 천지의 사이는 동서가 씨줄이 되고, 남북이 날줄이 된다. 그러므로 자오묘유(子午卯酉)는 사방의 정위(正位)요, 조수의 진퇴는 달이 이 위치에 오는 것을 절기로 삼는다. 기의 소식(消息)으로 말한다면 자는 음의 극처이자 양이 시작이며, 오는 양의 극처이자음이 시작이다. 묘는 양의 중앙이며, 유는 음의 중앙이다."[82] 여정의 조석설에 관하여서는 『주자전서』 권50에서 인용하였다. "조수가 불어났다가물러나도 바다는 더하여지거나 줄어들지 않는다. …… 저것은 다하고 이것은 차고 왕래하여 끊어지지 않는 것은 모두 달과 관계가 있다. 어떻게그런 줄 아는가? 밤낮이 운행하는 데에 있어서 해는 동으로 1도를 가는데달은 13도 좀 남짓하게 가기 때문에 태음이 서쪽으로 들어가는 시기는언제나 태양의 그것보다 3각(刻) 남짓 늦으니 조수 시각이 오는 것도 역시이와 같다. 초하루부터 보름까지는 언제나 하룻밤 조수가 늦고, 보름에서그믐까지는 다시 하룻낮 조수가 늦다. 초하루·보름 전후에는 달 가는 것이 좀 빠르기 때문에 그믐 전 3일에는 조수의 세력이 길고, 초하루 후 3일에는 조수의 세력이 커지며 보름에도 역시 같다. 반달이 될 때에는 달 가는 것이 좀 더디므로 조수가 오가는 데 세력이 역시 좀 작아진다. 차고 비고 사라지고 생김이 달마다 한결같은데 음양이 나눈 것이다."

지구의 아무 지점(地球의 自轉軸 포함)을 통과하는 평면(子午面)과 천구가교차하는 선을 일러 해당 지점의 자오권(子午圈)이라고 한다. 달이 자오

---

82 「답장경지(答張敬之)」, 『주희집』 권58, 3001쪽.

에 임했다는 것은 달이 자오권에 있다는 것을 가리키며, 지구가 자전하기 때문에 달은 매일 두 차례 자오권을 통과한다. 달이 천정(天頂)의 반권(半圈)에 있을 때가 월정오(月正午)이며, 달이 천저(天底)의 반권에 있을 때를 월정자(月正子)라고 한다. 무엇 때문에 조석이 발생하는가? 주로 달의 인력이 조석을 일으키며, 태양의 인력도 작용을 한다. 지구와의 거리가 태양이 달에 비해 멀기 때문에 작용하는 힘은 달의 1/2.2밖에 안 되며 이에 따라 태양이 일으키는 조석은 달이 일으키는 조석에 묻혀버리고 말았다. 초하루나 보름 때는 태양과 지구 그리고 달이 하나의 선상에 근사하고 태양과 달의 인력이 함께 더하여져 대조(大潮)가 발생한다. 그러나 상현(음력 초7, 8일)과 하현(음력 22, 23일) 때는 태양과 달의 인력 방향이 상반되어 달의 일부 인력이 상쇄되어 소조가 된다. 주희와 심괄 등은 당시 과학기술 수준의 한계로 인하여 태양의 인력이 조석의 간만에 끼치는 작용을 인식하지 못하였으며 이로 인해 이런 작용은 틀린 것이라 부정하였다.

4. 실리(實理) 실학(實學) 실험(實驗)

주희가 곳곳에서 심괄을 찬양한 까닭은 자연과학을 중시하고 아울러 꾸준히 노력하여 탐색하고 연구했기 때문이다. 이는 그의 다른 철학 체계 및 위학(爲學) 방법인 "도문학(道問學)"과 불가분의 관계가 있다.

무엇보다 실리와 실학을 강구하여야 허리(虛理)와 허학(虛學)을 반대할 수 있다.

주희는 자기의 철학과 불로를 구별한 적이 있다. 그는 말하였다. "석가는 다만 공(空)을 말하고 유가는 실(實)을 말하며 석가는 무(無)를 말하고 유가는 유(有)를 말한다."[83] 불교는 "공"과 "무", "허"를 이야기하고, 유가는 "실"과 "유"를 이야기한다. 유석(儒釋: 유가와 석가)의 허실과 유무의 변론은 곧 "그 이를 실하게 하는 것"과 "그 이를 허하게 하는 것"이다. "그 이를 허하게 하면" 물(物)도 없고 이도 없어 모두가 비어, 보이는 것이라곤 "공허적멸(空虛寂滅)"뿐이라 "종일토록 밥을 먹어도 한 톨의 쌀도 씹은 적이 없는" 경지로 이끈다. "이를 실하게 하면" 물이 있고 이가 있어 모든 이가 다 실하게 된다. 모든 사물, 이를테면 풀 한 포기, 나무 한 그루, 곤충 한 마리 같은 것을 주시하면 모두 이를 가지고 있다. 따라서 책 한 권을 읽지 않으면 책 한 권의 도리가 결핍되고, 한 가지 일을 궁구하지 않으면 한 가지 일의 도리가 결핍되며, 하나의 사물을 격(格)하지 않으면 한 사물의 도리가 결핍된다. 하나하나씩 격해 가면 하나씩 따라 이해를 하게 된다. 이렇게 주희는 자기 철학의 논리적 구조를 이의 최고 범주에 올려놓았는데, 실리라 일컬었고, 또한 자기의 학설을 실학이라 일컬었다.

이른바 실학이라는 것은 곧 실리적인 학문을 가리킨다. 그는 말하였다. "처음에는 한 이를 말하였고, 가운데에는 흩어져 만사가 되었고, 끝에는 다시 합하여 한 이가 되었으니, 이것을 풀어놓으면 육합(六合: 宇宙)에 가득하고, 거두어들이면 물러가 은밀한 데 감추어져서 그 맛이 무궁하니, 모두 진실한 학문이다."[84] 실리와 실학은 곧 그가 자연과학을 연구하는 지도 사상이 되었는데, 바로 이런 실(實)을 구하는 정신이 그로 하여금 자연과학 영역에서 풍부한 성과를 거두게 하였다.

다음으로 실제 조사와 관측을 강구해야 인습과 억측을 반대할 수 있다.

주희는 실지 조사를 중시하여 높은 산의 돌 속에 굴껍질이 있는 것을 보고 "지금 높은 산 위 돌 위에 굴껍질 같은 것이 많이 있다는 것은 낮은

---

83 『주자어류』 권126.
84 『중용장구(中庸章句)』 제1장 제해(題解).

곳이 높게 되었다는 것이다. 또 굴은 반드시 진흙과 모래 속에서 생겨나는데, 이제 돌에 있다면 부드러운 것이 변하여 강(剛)한 것이 된 것이다. 하늘과 땅은 변하고 바뀌는 것이니, 어찌 항상 그대로 있겠는가?"[85]라 하였다. 그리고 바다와 뭍이 변하고 푸른 바다가 뽕나무밭으로 변한다는 결론을 내었다. 그는 또한 관측에 치중하였는데 "역법은 아마 또한 다만 대강의 규모만 대략 논의할 수 있을 뿐이니 대개 상세하게 알고자 한다면 모쪼록 우러러 살피고 굽어 관찰해야 경험할 수 있을 것이다. 지금 그 도구가 없으니 아마 다 궁구하기는 어려울 것이다."[86]라 하였다.

역법 문제를 분명하고 매우 상세하게 하여 관측을 필요로 했을 뿐만 아니라 천상을 관측하는 기계와 기구를 만들 필요성을 느꼈다. 그러나 "정강(靖康)의 변란으로 측량 실험기기는 모두 금(金)의 사람의 수중에 들어갔다."[87] 남송 초에는 관측용 의기(儀器)가 없었으며, 소흥(紹興) 13년(1143)이 되어서야 태사국(太史局)에서 새로이 혼의(渾儀)를 제작하게 되었다. 그러나 주희는 다리의 통증으로 고생하여 늘 관측을 하러 갈 수가 없었다. "기형(璣衡)의 제작과 관련해서는, 경도(京都)에 있은 지 얼마 되지 않았고 또 다리의 통증 때문에 아직 가서 보지 못했다. 그러나 들은 바가 매우 소략하다."[88] 그는 실제 천문을 관측하려는 강렬한 희망을 가졌다. 연구를 관측할 필요성 때문에 집에다 혼의를 설치한 적도 있으며, 『송사』「천문지」에서는 이렇게 기록하였다. "그 후 주희의 집에 혼의가 있어서 수운(水運) 제도를 자못 고찰하였는데 끝내 얻을 수가 없었다." 이것이 곧 그의 연구에 편의를 제공해주었다.

85 『주자어류』권94.
86 「답채계통(答蔡季通)」, 『주희집·주희속집』권2, 5158쪽.
87 「천문지 1」, 『송사』권48.
88 「답강덕공(答江德功)」, 『주희집』권44, 2132쪽.

주희의 집에 혼의가 있었는가의 여부를 『송사』의 기록으로 믿을 수 있겠는가? 필자는 그렇다고 생각한다. 이는 주희 자신의 서신과 어록에서도 방증을 얻을 수 있다. 『어류』에는 기록되어 있다. "개천설(蓋天說)을 설명할 수 있는 사람에게 개천의(蓋天儀)를 만들게 한다면 할 수 있을지 모르겠다." "혼천설의 경우는 반드시 혼천의를 만들 수 있다."[89] 사람에게 개천의나 혼천의를 만들 부탁에 조급해했다. 그는 개천의는 만들기가 좋지 않다고 생각했으며 이어 또 하늘을 어떻게 땅에다 부착하느냐 하는 문제도 해결할 수가 없어서 "혼천의를 만들 수 있음만 못하다."고 하였다. 이에 사람에게 혼의를 만들게 할 생각을 했다. "혼상(渾象)에 대한 설명은 옛사람들도 이미 생각이 여기에 이르렀으나 다만 어떻게 운행했는지를 말하지 않았을 뿐이다. 지금 마땅히 작은 책을 지어 대략 그 형제(形製)를 보이더라도 거장(車匠)을 얻기는 어려울 것이다."[90] 나중에 마침내 하나를 만들었다. "형(衡)으로 기(璣)를 살피고, 우러러 실제 천상을 관찰하여 헤아리는 것도 자체로 하나의 기구요, 오늘날 사람들이 만든 작은 혼상도 자체로 하나의 기구이다."[91] 이로써 관측이 매우 편리해졌다. "'하늘이 회전하는 것은 동에서 서로 회전하는 것도 아니고 순환 마전(磨轉)하는 것도 아니며, 도리어 측전(側轉)한다.' 의강(義剛)이 말하였다. '누각 위의 혼의(渾儀)에서 볼 수 있습니다.' 말하였다. '그렇다.'"[92] 혼의가 곧 주희의 누대에 놓여 있었음을 알 수 있다.

주희는 실제로 실제 관측을 중시하여 전인의 착오를 바로잡을 수 있었고, 간단하게 옛 견해를 따르거나 주관적인 사상에 의존하지 않았으며

---

89 『주자어류』 권2.

90 「답채백정(答蔡伯靜)」, 『주희집·주희속집』 권2, 5202쪽.

91 「답강덕공」, 『주희집』 권44, 2132쪽.

92 『주자어류』 권23.

따라서 비교적 실제에 부합하는 결론을 도출해내었는데 동시대 및 후래의 많은 철학가들이 모두 해내지 못한 것이다. 거듭 사물을 인식하는 객관적 규율을 강구해야 신비주의를 반대할 수 있다.

주희는 자연 사회의 마땅히 그러한 규율에 대한 탐구 토론을 매우 중시했다. 그는 우주의 구조에서 우주의 진화 및 천문의 기후 기상, 천체의 운행에는 모두 일정한 규율이 있으며 그렇지 않으면 혼란하여 질서가 없게 될 것이라 생각하였다. 특히 자연계의 괴이한 현상에 대한 해석에서 그는 모두 사물 자체나 음양 두 기의 운동 변화에서 해석하고 결코 유가의 전통적인 "천인감응" 목적론은 채택하지 않았으며, 귀신에 대해서조차 굴(屈)과 신(伸)으로 해석하였고, 동시에 또한 참위나 미신 같은 것은 함께하지 않았다. 그는 우주학과 천문학에 대한 연구 관측과 계산에 기반하여 자연계의 기이한 현상에도 모두가 천상의 자연 변화라고 생각하였다. 일식은 개가 해를 무는 것이 아니고 재이(災異)도 아니며, 비가 내리는 것은 용이 하는 일이 아니고, 우레와 번개는 신물(神物)이 하는 일이 아니다.

주희는 사물의 본질을 떠나 사물의 규율을 찾지 않았으며 사물의 운동 변화하는 본질의 연계와 필연적인 추세에서 구하여야 한다고 생각하였다. "예컨대 삼·보리·벼·기장은 어느 때 씨 뿌리고 어느 때 거두며, 땅의 비옥함과 척박함은 두터움과 얇음이 같지 않으니, 여기에 어떤 식물을 심어야 좋은가는 모두 이치가 있다."[93] "눈앞의 모든 사물에는 모두 지극한 이치가 있다. 예컨대 풀 한 포기 나무 한 그루, 짐승 한 마리에도, 모두 이치가 있다.(砥는 모두 '자연의 도리이다.'라고 기록하였다.)"[94] 이런 자연의 도리는 곧 자연계 사물의 필연적이고 상대적으로 안정된 관계, 곧 규율을 가

---

93 『주자어류』 권18.
94 『주자어류』 권15.

리키는데, 여기에는 무슨 신비주의 따위는 아예 존재하지 않는다.

그러나 주희 철학의 논리적 구조에서 "이(理)"는 최고의 범주이며, 세계 만물의 본체이다. "이"가 만물을 화생할 때 사물의 "이"가 되어 본체의 "이"를 표현하게 되는데, 이는 곧 일리(一理)와 만리(萬理)의 관계를 구성한다. 주희의 실수는 다음에 있다. 규율(萬理)은 "일리"(본체의 "理")가 되어 자연만물에게서 강화되며, 먼저 그들의 개괄로부터 나오는 것이 아니다. 그렇다 하더라도 주희의 풍부한 자연과학사상 및 그가 대자연과학에 제기한 정밀한 견해는 양송 시대 과학지식 시대의 정화가 되는 결정체라 말하지 않을 수 없으며 과학연구 성과의 승화이다.

주희는 과학성과와 과학지식에 대해 폭넓게 다 받아들이고 널리 흡수하는 개방적인 태도를 취하였다. 그는 실리와 실학으로 출발하여 실지로 조사하고 관측하는 과학 정신을 갖추었다. 그는 『황제내경(黃帝內經)』과 『영헌(靈憲)』 및 역대 「천문지」에 대하여 광범한 연구를 하였고, 송대의 저명한 과학 저작인 『몽계필담(夢溪筆談)』과 『정몽(正蒙)』의 과학지식에 대한 천착에 더욱 부지런하였다. 그는 교학하면서 경학과 철학, 문학, 사학, 악률 그리고 불학, 도학 등의 지식을 교수하였을 뿐만 아니라 아울러 우주학과 천문학, 지리학, 기상학, 동물학, 식물학, 의약학 등 자연과학의 지식도 갖췄다. 이로써 중국은 명청 이래로 자연과학이 서방보다 낙후되었고, 특히 근대 이래로 중국 과학기술은 낙후되어 끊임없이 얻어터지면서 허물을 주희의 사상으로 돌렸으며, 경제적 기초와 정치제도로부터 찾지는 않았음을 알 수 있는데 이는 편면적이고 얕은 생각일 것이다.

형신과 혼백 귀신의
굴신

○

形神魂魄 鬼神屈伸

하늘의 자연현상은 이가 기의 도움을 받아 화생하며, 자연현상 배후의 그리되는 까닭은 이(理)로 곧 "천리(天理)"라 일컬어진다. 하늘로 말미암아 사람에게 미치며 사람의 형체와 몸 전체는 기로 말미암아 화생하고, 사람의 정신 의식의 근거는 이이다. 바꾸어 말하면 이와 기가 응집하여 만물을 화생하는 가운데 기는 형질이 있는 형상을 구성하는 데 치중하고, 이는 형체가 없는 정신현상을 구성하는 데 치중한다. 하늘의 자연현상은 기의 진화이고, 사람의 형신현상은 이가 있고 기가 있어서 천인과 이기의 관계를 구성하였다.

1. 형체 신지(神知) 음양

형체와 정신의 관계는 중국의 철인(哲人)들이 오랫동안 탐색해왔다. 형체는 사람의 정신과 대응되는 육체를 가리킨다. 주희는 순자(荀子)의 "형체가 갖추어지고 정신이 생겨난다(形具而神生)", 왕충(王充)의 형신(形神)은 횃불과 같다는 것 및 범진(范縝)의 "형은 질이고 신은 용(形質神用)"의 사상 등을 흡수하여 형신의 관계에 독특한 견해를 내놓았다.

형신은 사람을 구성하는 요소로 천상(天相)과 대응하며 주희 철학의 논리적 구조로 이기의 핵심 범주의 전개이다. 그는 말하였다. "형체가 이미 생겼다.'라 하였는데, 형체는 음이 하는 것이며, '신(神)이 지각을 발한다.'라 하였는데, 신의 지각은 양이 하는 것이다. 대체로 음은 화합하는 것을 주로 하여, 대체로 거두어 모아 성취한 것은 음이 한다. 양은 여는 것을 주관하며 대체로 드러내어 펼치고 휘둘러 흩뜨리는 것은 양이 한다."[1] 음기는 화합하고 거두어들이는 기능을 가지고 있으며 형체로 성취된다. 양기는 벽화발양(辟和發揚)하는 기능을 가지고 있으며 흩뜨려져서 신지(神知)가 된다. 형신(形神)은 음양의 두 기가 된 것이다. "기 가운데 맑은 것은 기가 되고, 탁한 것은 질이 된다.(明作은 '맑은 것은 양에 속하고, 탁한 것은 음에 속한다.'고 기록하였다.) 지각하고 움직이는 것은 양의 작용이고, 형체(명작은 '뼈·살·피부·털'로 기록하였다.')는 음의 작용이다."[2] 여기서 그는 또 기를 청탁(淸濁)으로 나누었다. 청기는 양이고 양기가 발하여 퍼져 지각운동이 된다. 탁기는 음으로 거두어들여 형체의 질료가 된다.

여기서 주희가 이른바 "지각운동"은 눈, 귀, 코, 혀, 몸 같은 감각기관의 지각운동을 가리키며 감각기관과 떨어질 수 없는 지각 경험에 속하기 때문에 청기나 양기에서 형성되는 것을 강조하였다. 결국 형체가 앞에 있는가 아니면 정신 지각이 앞에 있는가? 그는 말하였다. "사람이 처음 태어날 때는 먼저 기가 있다. 형체가 이루어지고 나면 백(魄)이 앞에 있다. '형체가 생기면, 신이 발동하여 지각한다.'는 것은 형체가 생긴 후에야 비로

---

1 『주자어류(朱子語類)』 권94.
2 『주자어류』 권3.

소 정신의 지각이 있는 것이다."³ 직관적 경험에서 출발하면 기가 앞에 있어서 형체와 체백(體魄)을 이루어 형체가 앞에 있다. 형체와 정신 지각은 무엇이 앞이고 무엇이 뒤인가? 형체가 앞에 있다. 이 "가까이 몸에서 취하였다"는 각도로부터 말하면 이런 해석을 할 수 있고 또한 합리적이다.

그러나 바로 주희가 선후(先後)를 가지고 형신을 논하여 형신이 상이하게 서로 떨어지게 되어 형신이 이원화한 경향이 있었다. 그래서 그는 이렇게 말하였다. "사람이 태어나는 것은 정과 기가 모이기 때문이다. 사람은 많은 기를 가지고 있지만, 반드시 (그 기가) 다하는 때가 있다. (기가) 다하게 되면 혼기(魂氣)는 하늘로 돌아가고, 형백(形魄)은 땅으로 돌아가서 죽게 된다. 사람이 막 죽으려고 할 때는 뜨거운 기가 위로 나오니, 이른바 혼이 올라가는 것이다. 아래로는 몸이 점점 차가워지니, 이른바 백이 내려가는 것이다."⁴ 기가 모였다 흩어지는 것은 사람이 죽고 태어나기 때문이다. 태어나면 형신이 합하여지고 죽으면 형신이 오르고 내려가서 서로 떨어진다. 이는 형신의 이론에 허점을 남겼다. 환담(桓譚)과 왕충(王充)이 촉화(燭火) 혹은 신화(薪火)의 비유로 실수한 것을 답습한 것으로 신불멸론(神不滅論)으로 발붙일 여지를 남겨놓았다. 이 또한 주희를 두 가지 어려운 경지로 빠뜨렸다.

한편 주희는 귀신의 존재를 부정하였지만 사람이 죽으면 과연 귀신이 되는가에 대하여 묻고, 신은 불멸의 존재라는 것을 모종의 상황에서는 또 인정을 하였다. "사람이 죽으면 비록 결국은 흩어지지만, 곧바로 다 흩어지지는 않기 때문에 제사 지낼 때 감응하여 이르는 이치가 있다. 세대가 먼 선조는 그 기가 있는지 없는지 알 수 없다. 그러나 제사를 지내는 사람이 그의 자손이라면, 결국 같은 기이기 때문에, 감응하여 통하는 이

---

3   위와 같음.
4   위와 같음.

치가 있다. 그러나 이미 흩어진 것은 다시 모인다."⁵ 주희는 사람이 죽으면 기가 흩어진다고 인정하여 신귀의 존재가 있다는 것에 응하지 않았지만 그는 "다 흩어지지는 않는다"는 이런 특수한 예를 가지고 신의 존재를 설명하였다. 이런 "다 흩어지지는 않는다는" 이론은 "신도설교(神道設敎)"와 조종(祖宗) 숭배에 이론적 근거를 제공하였는데, 이는 "감응하여 이른 이(理)"이다. 그리고 자기의 조종과 자손 사이에는 한 기가 서로 통하여 또한 "감응하여 통한 이"이다. 게다가 "대개 그 사람의 기가 아직 다할 때가 아닌데, 비명횡사하게 되면 악귀가 될 수 있다."⁶ 백유(伯有)가 악귀가 되었는데 자산(子産)이 백유의 후사를 세워주어 그 귀혼이 돌아갈 곳이 있게 하니 악귀가 되지 않았다. 이 세 가지 상황은 모두 사람이 죽으면 체백(體魄)은 땅으로 돌아가고 영혼과 정신은 체백을 떠나 날아 올라간다는 것을 설명한다. 이 때문에 제사를 지내면 선조가 와서 이르고 감응하여 통하는 상황이 생기는 것이다.

주희의 "신도설교(神道設敎)"는 사회 도덕교화의 작용을 갖추고 있으며, 사람의 정신에 일종의 위로와 궁극적인 배려를 해준다. 따라서 또한 주희와 불교의 "신불멸론"을 같은 차원으로 볼 수 없다. "석씨는 사람이 죽으면 귀신이 되고, 귀신이 다시 사람이 된다고 하였다. 만약 그렇다면 천지간에는 그 수많은 사람이 계속 오고 가기만 할 뿐, 다시는 조화가 이루어지지 못하여 낳고 또 낳는 것이 그쳐 버리니, 결코 그런 이치는 없다."⁷ 그는 생사의 윤회와 귀신이 다시 사람이 되고 환생하는 설에 대하여 반대하였다.

주희는 불교의 생사윤회설을 비판하였을 뿐만 아니라 또한 일정 정도

5 위와 같음.
6 위와 같음.
7 위와 같음.

조건 하에서 귀신이나 영혼의 존재를 인정한 것은 그의 이와 기가 떨어지지 않고 섞이지 않는다는 철학 논리 구조와 연관이 있다. 주희에 의하면 "신지(神知)"와 "정신지각(精神知覺)"은 양기가 된 것이며 기에는 모임도 있고 흩어짐도 있다. 모이면 사람이 되어 정신지각을 갖게 되며, 흩어지면 기 본연의 상태 곧 형체도 없고 지각도 없는 상태로 돌아간다. 모임과 흩어짐, 지각이 있음과 지각이 없음은 모두 기가 현 상태로 변한 일시적인 현상이다. 어째서 기는 흩어졌는데 정신지각은 아직도 남아 있을까? 기는 어째서 다 흩어지지 않는가? 이는 "오로지 기가 아니고 먼저 지각의 이가 있다. 이는 미처 지각을 못하지만 기가 모여 모양을 이루고, 이가 기와 합하면 지각할 수 있기"[8] 때문이다.

지각의 이는 선재적인 것이어서 기가 모여 사람의 형체가 되고 이와 기가 화합하면 사람이 지각의 공능을 갖추게 한다. 이의 관점에서 보면 "이가 있고 난 다음에 기가 있다. 비록 동시에 (이와 기가) 다 있지만, 결국 이가 주가 되니, 사람은 그것을 얻어서 태어난다."[9] 이 "태어남[生]"은 형체 생명을 가리키기도 하고 정신 생명을 가리키기도 한다. 이 "생"은 이가 주가 되는 상황에서의 이와 기가 합쳐지는 것이다. 이는 "지각하는 것은 이다. 이는 지각을 떠나지 않고, 지각은 이를 떠나지 않기"[10] 때문이다. 따라서 지각은 이이며, 바꾸어 말하면 이는 지각이 되는 근거로 지각과 이는 서로 떨어지지 않는다.

지각과 이에 비록 이런 밀접한 관계가 있긴 하지만 결코 기를 배척하지 않는다. 이기와 지각의 관계는 곧 "깨닫는 것은 마음의 이이고, 깨달을 수 있는 것은 기의 영이다."[11] 이는 깨닫는 것이고, 기는 충분히 깨달

---

8 『주자어류』 권5.

9 『주자어류』 권3.

10 『주자어류』 권5.

을 수 있는 것이다. 깨달을 수 있는 것은 기의 모이고 흩어짐을 따라 만나 변화할 수 있고, 깨닫는 이 자체는 모이고 흩어지는 기능을 갖추지 못하며 또한 모이고 흩어짐을 따라 죽고 살지도 않으며 선험적이고 항구한 특성을 갖추고 있다. 이런 의의에서 볼 때 이와 기는 섞이지 않으며 이가 깨달은 정신활동은 기를 따라 흩어지고 사라질 수 없다. 이것이 곧 주희의 "신도설교"의 이론 근거이며 또한 사람과 조종의 귀신이 "감응하여 이르는 이"와 "이에 감응하는 이"가 의거하는 것이다.

2. 영혼과 체백의 관계

주희 형신론의 전개는 한 걸음 더 나아가 체백(體魄)과 영혼, 또한 곧 형체와 의식의 관계에 대한 문제를 논술하였다.

1) 혼백의 합산(合散)과 동정(動靜)의 유무

혼과 백은 중국 철학의 오래된 범주인데 주희는 이런 회고적 성격을 띤 설명을 했다. "어떤 사람이 혼백의 뜻에 대하여 묻자 말하였다. 자산(子產)은 '사물이 태어나 막 화한 것을 백이라 하고, 이미 백(魄)의 양(陽)을 낳은 것을 혼이라 한다.'라 하였다. 공자는 말하였다. '기(氣)라는 것은 신이 성한 것이다. 백(魄)이라는 것은 귀가 성한 것이다.' 정(鄭, 玄) 씨의 『주(注)』에서는 말하였다. '호흡하고 출입하는 것은 기이다. 귀와 눈의 정명(精明)한 것이 백이고, 기는 혼을 이른다.' 『회남자(淮南子)』에서는 말하였다. '천기(天氣)는 혼이고, 지기(地氣)는 백이다.' 고유(高誘)의 『주』에서는 말하였다. '혼은 사람의 양신(陽神)이다. 백은 사람의 음신(陰神)이다.' 이 몇 가지 설은 그 혼백의 뜻이 상세하다."[12] 춘추시대에서 한대까지 각자 장점을 보아 해석이 각기 다르다.

주희는 사람이 막 형체를 받았을 때 정기와 피가 엉겨 모이는데 그 사이에 영명한 이름이 있는 것을 백이라 해석하였다. 백이 있으면 일종의 따뜻한 기가 유행하는데, 그 가운데 신이 있는 것이 혼이다. 혼백이 서로 합쳐지면 물체가 있는데 양자가 떨어져 흩어지면 혼은 올라가 신(神)이 되고 백은 내려와 귀(鬼)가 된다. 아울러 『좌전(左傳)』 주소의 몇몇 해석을 비평하였는데 신령이 음양으로 나뉘어 어떤 것은 호흡의 움직임이 백이 되는 것과 같은 것으로 모두 놓친 것이 있다고 하였다. 주희의 수제자인 진순(陳淳)은 이렇게 해석하였다. "이른바 비로소 화하였다는 것은 태중에서 대략 형체가 이루어졌을 때 사람이 처음으로 막 기를 얻어 배태의 모양을 이룬 것이 백이다. 백을 이루면 점점 움직일 수 있게 되는데 양에 속한 것이 혼이다. 형체가 이미 생성되었으므로 사람의 지각은 혼에 속하고 형체는 백에 속한다."[13] 여기에서 다음과 같은 것을 알수 있다. 첫째 사물이 형성되기 시작할 때 배태의 모양을 결정하는 것이 체백이며 백의 양은 혼이다. 둘째 기의 신이 성한 것이 혼이므로 "하늘(陽)의 기가 혼이다." 귀와 눈의 정하고 밝은 것이 형체이고 백이므로 "땅(陰)의 기가 백이다." 그들의 백에 대한 규정은 기본적으로 확정적인데 곧 사람의 형체를 가리켜 말하였으며 혼의 규정에 대해서는 모호한 곳이 있다.

혼은 결국 무엇인가? 『설문(說文)』에서는 말하였다. "양기(陽氣)는 귀(鬼)

---

12 「구가(九歌)」, 『초사변증(楚辭辯證)』 상, 『초사집주』 상해고적출판사 1979년판, 189~190.

13 『북계선생자의(北溪先生字義)』 권 하.

를 따르며 운(云)의 소리[聲]이다." 주희는 혼에 더 많은 함의를 부여하여 귀납시켰으며 이렇게 규정하였다.

1. 혼은 정신이나 의식 활동을 가리킨다. "생각하고 헤아릴 수 있는 것이 바로 혼이다."[14] 이른바 "생각하고 헤아리는 것"은 바로 사유 활동이다. 사람의 사유 활동은 의식과 정신에 속한다. 주희는 말하였다. "사람이 사려하고 계획할 수 있는 것은 혼이 하는 일이며, 기억하고 판별할 수 있는 것은 백이 그렇게 한다."[15] "사려하고 계획하는 것"은 사람의 의식과 정신 활동이지만 기억하고 변별하는 것 또한 사유 활동이며 여기서는 주희가 그것을 혼합시켰다. 그는 "혼은 정신에 속한다"[16]는 것을 강조하였다. "혼은 곧 신이며 양에 속한다"[17], "아는 것은 신이고 일을 기억하는 것은 백이다."[18] 백(魄)은 신과 상대적으로 응하며 신을 가리킨다. "아는 것"은 곧 의식과 지식을 가리키며, "일을 기억하는 것"은 백을 가리키는데 곧 사유 활동의 기관(器官)이다. 주희가 "기억과 변별"을 또한 사유의 기관, 싣고 있는 몸으로 간주하였다면 혼백의 경계는 분명하다. 사유와 사유기관, 의식과 의식 기관 혼백의 변별 또한 명확하다.

2. 혼은 신령이다. 혼이 정신이라면 사람이 죽은 후에 형(形)을 떠나 올라갈 수 있다. 이 때문에 혼은 영혼의 특성을 갖추었다. "백은 형의 신이고 혼은 기의 신이다. 혼백은 신과 기의 정영(精英)이니, 영(靈)이라 한다."[19] 『초사변증』에서는 해석하여 말하였다. "구설에서는 영을 무(巫)라 하여 그것이 본래 신이 내려와서 얻은 이름임을 알지 못하였다. 대체로

---

14 『주자어류』 권3.
15 위와 같음.
16 『주자어류』 권87.
17 『주자어류』 권63.
18 『주자어류』 권87.
19 위와 같음.

영은 신이지 무가 아니다."[20] 영은 신, 곧 신령(神靈)이며 무가 아니다. "혼 (魂)은 올라가 신(神)이 되고 백(魄)은 내려와 귀(鬼)가 된다."[21] 어떤 제자 가 물었다. "지금 시골의 어리석은 백성들이 허구의 신 앞에서 제사를 지냅니다. 여럿이 모여 기도를 하는데, 그 신이 바로 영인가요?" 주희가 대답하였다. "여러 사람의 마음이 집결된 곳이면 바로 저절로 온화한 것 을 알 수 있다. 그러므로 곧 영의 이치가 있다. 신에게 제사할 때 많은 피 와 고기를 쓰는 까닭은 대개 다른 것의 생명력을 빌리고자 해서일 것이 다."[22] 뭇사람들이 마음속으로 모두 그것을 믿고 우러러 그 신이 신령하 게 하므로 "사람의 마음이 모인 곳에 신이 있다."[23]라 하였다. 이 신령은 실질적으로 사람의 정신적 작용으로 사람의 마음이 모인 곳에서 사람 들 스스로 하나의 신령을 창조하여 자기가 믿는 신앙과 예배로 삼는 것 이다.

3. 혼은 형적(形迹)이 없다. 혼은 정신과 의식의 활동이 되어, 정신현상 과 물질현상의 구별은 형적이 있느냐 형적이 없느냐에 있게 된다. "정과 기가 (모여) 사물이 되는데, 혼은 정기 가운데서 형체나 자취가 없는 것이 다."[24] 이미 형적이 없으면 종잡을 수 없게 된다.

4. 혼은 변동하는 것이다. "그러나 혼의 성질은 움직이는 것이므로 마 땅히 그 펴지는 때라도 백이 없는 것은 아니지만, 반드시 혼을 주로 삼는 다. 백의 성질은 고요한 것이므로 바야흐로 그 돌아갈 때라 하더라도 혼 이 없는 것이 아니지만 반드시 백으로 주를 삼는다."[25] 또 말하였다. "혼

---

20 「구가(九歌)」, 『초사변증(楚辭辯證) 상』, 『초사집주』, 185쪽.
21 『주자어류』 권87.
22 위와 같음.
23 위와 같음.
24 『주자어류』 권3.
25 「답왕자합(答王子合)」, 『주희집』 권49, 2367쪽.

은 동적이고 백은 정적이다."[26] 이른바 혼이 동적이라는 것은 운동을 하거나 변화시키는 작용을 할 수 있다는 뜻을 가리킨다. "운용하고 움직이는 것은 혼이다."[27] "움직이는 것은 혼이고, 고요한 것은 백이다. '움직임과 고요함' 두 글자는 혼과 백을 다 포괄한다. 일반적으로 운용하고 움직이고 활동할 수 있는 것은 모두 혼이고, 백은 그럴 수 없다. 지금 사람이 활동할 수 있는 것은 모두 혼이고, 백은 그럴 수 없다. 지금 사람이 활동할 수 있는 것은 모두 혼이 시키는 것일 따름이다."[28] 운동을 할 수 있고 행위를 할 수 있는 것은 혼이다. 혼의 동적인 특성은 없는 곳이 없고 없는 때가 없으며 소멸하여 없어지지 않게 하였다.

이런 규정으로 보건대 주희는 혼은 정신과 의식, 영혼, 신령 등을 가리키며, 그 특성은 형적이 없고 운동을 잘하며 작위적인 정신에 뛰어나다고 생각하였다. 그러나 주희가 혼에 내린 규정에 존재하는 자기 상충에서 그는 이미 혼을 정신과 의식현상으로 생각하였으며, 이는 형적이 없고 오히려 또한 혼을 기로 삼았다. "혼은 기이고 백은 정(精)이며, 혼은 양이고 백은 음이다."[29] "기는 혼이므로 정이라 하고, 피[血]는 백이므로 질(質)이라 한다."[30] 기를 혼의 기본적인 함축으로 삼았는데 이렇게 정신현상과 물질현상을 혼합시켰다. 당시에 양문숙(梁文叔)이 의문을 제기한 적이 있다. "체와 백이 이미 두 가지 사물이라면 혼과 기도 두 가지 사물이 아닐까요?" 주희가 대답하였다. "혼과 기에 대해 자세히 헤아려보면 역시 거기에도 정밀함과 조야함의 차이가 있습니다. 다만 그 정밀함과 조

26 「구가(九歌) 제2」, 『초사집주』 상해고적출판사 1979년판, 47쪽.
27 『주자어류』 권87.
28 『주자어류』 권3.
29 「구가(九歌) 제2」, 『초사집주』 47쪽.
30 『주자어류』 권83.

야함의 차이가 미세하여 체와 백이 현격히 다른 것과 같지 않습니다."[31]

정밀함과 조야함이 혼과 기의 본질적인 특징을 구별하기에 부족하므로 진안경(陳安卿)이 계속하여 의문을 제기하였다. "선생님께서 「답양문숙(答梁文叔)」에서 '코가 냄새를 알고 입이 맛을 아는 것은 백이다. 눈과 귀의 따뜻한 기는 혼이다'라고 했습니다. 저는 혼은 기와 분리되지 않고, 백은 신체와 분리되지 않는다고 생각합니다." 주희는 이렇게 대답하였다. "왕승(王丞)은 혼은 곧 기이고, 백은 곧 체라고 하는데, 이것은 옳지 않습니다. 혼은 기의 신령함이요, 백은 체의 신령함이라는 것을 알아야 합니다."[32] 혼과 기를 직접 동등하게 보는 것에 동의하지 않았으며, 혼과 백의 구별은 하나는 기의 신(神)이고 하나는 체의 신이라는 데 있다고 지적하였다. 이 신은 신(伸)으로 풀이할 수도 있고 신령이라고 풀이할 수도 있다. 또한 신묘한 작용을 변화시킨다는 함축된 뜻도 가지고 있는데, 혼이 곧 기의 신묘한 변화라는 것을 가리킨다.

먼저 혼의 함축된 뜻을 밝히고 다시 귀의 함축된 뜻을 말하였다. 『설문(說文)』에서는 말하였다. "백(魄)은 음신(陰神)이며, 귀(鬼)를 따르고 백(白)의 소리이다." 단옥재(段玉裁)는 "음(陰)은 음(金)이 되어야 한다. 양을 기라 하고 음을 신이라 하는 것은 음 안에 양이 있기 때문이다."라 하였다. 백은 음기에 속한다. 주희는 한 이래의 사상 자원을 흡수하였을 뿐만 아니라 해석을 부여하기도 하였다. 그는 백에 대해 규정하였다.

1. 백은 형체이다. 주희는 말하였다. "보아하니 백에는 사물의 형상이 그 안에 있으니 아마도 수정과 비슷할 것이다. 그러므로 발현하면 이목의 정하고 밝음이 된다."[33] 백은 일반적인 사물과 다르며 일반적인 사물

31 「답양문숙(答梁文叔)」,『주희집』권44, 2103쪽.
32 「답진안경(答陳安卿)」,『주희집』권54, 2938쪽.
33 『주자어류』권87.

에 있는 결정체로 귀와 눈 등의 감각기관으로 발하여져 감지할 수 있는 기능을 가진다. 사람의 몸을 가지고 말하면 "사지구규(四肢九竅)와 저 정혈(精血) 따위"[34]이다. 이런 정혈은 "달의 어두운 달무리는 백이고, 빛은 혼이다. 생각해보니 인신의 혼백도 이와 같을 것이다."[35]라 한 것과 같다. 어두운 달무리는 곧 달의 검은 그림자이다. 여기서 주희가 말한 것에는 두 층차의 뜻이 있다. 첫째는 사람의 형체를 이루는 사지와 구규, 정혈을 가리켜 말하였고, 둘째는 백(魄)이라는 사물의 특성을 가지고 말한 것으로 그것은 일반적인 물체가 아니라 "하나의 맑고 빛나는 것이 굳게 응결된"[36] 특수한 사물이다.

2. 백은 인신의 감각기관이다. 주희는 말하였다. "귀·눈·코·입 같은 것은 백이 되는데 백은 곧 귀(鬼)이다."[37] 백은 이미 인신의 귀와 눈 같은 감각기관인데 그는 한 걸음 더 나아가 귀와 눈 등 감각기관의 작용과 기능을 설명하였다. "정(精)은 백(魄)이다.(귀와 눈의 정하고 밝은 것이 백이다.)"[38] "선유가 '입과 코로 들이쉬고 내쉬는 것은 혼이고, 귀와 눈이 밝은 것은 백이다.'라고 말한 것도 단지 대강을 말했을 뿐이다."[39] 귀는 잘 들을 수 있고 눈은 밝게 볼 수 있는데 이는 귀와 눈이라는 감각기관의 감각작용이다. 이런 감각작용은 곧 백의 용(用)이며 "눈이 잘 보고, 귀가 잘 듣는 것은 백의 용이다."[40] "백은 물과 같아서 사람이 잘 볼 수 있고, 잘 들을 수 있으며, 잘 기억할 수 있다. 백이 있으면 바로 신이 있는 것이지, 밖에서 들어

---

34 위와 같음.

35 위와 같음.

36 『주자어류』 권3.

37 『주자어류』 권63.

38 「답여자약(答呂子約)」, 『주희집』 권47, 2268쪽.

39 『주자어류』 권3.

40 위와 같음.

오는 것이 아니다."[41] 귀는 들을 수 있어서 잘 듣는 기능이 있고, 눈은 볼수 있어서 밝은 기능이 있다. 바로 백이 귀와 눈의 총명한 기능을 갖고 있어서 사람이 늙고 백이 쇠하면 눈은 침침하고 귀를 먹는다. "백이 성하면 이목이 총명하여 기억을 잘할 수 있다. 노인의 눈과 귀가 어두워지고 일을 기억하지 못하는 것은 곧 백이 쇠하고 줄었기 때문이다."[42] 이는 사람의 눈과 귀가 총명함 등에 대하여 직접적으로 경험한 관찰이다.

3. 백은 사유할 수 있는 기관이다. 사유기관은 사유의 운반체이지만 사유 자체가 아니며 사유에 의해 생긴 형체나 처소이다. "음(백)은 장수(藏受)를 주관하고, 양(혼)은 운용을 주관한다. 무릇 기억할 수 있는 것은 다 백이 수장한 것이며, 운용하여 발현한 것은 혼이다. 저 두 가지 사물은 본래 서로 떨어지지 않는다. 그가 기억할 수 있는 것은 백이다."[43] 백은 장수를 주관하는 기관으로, 그것은 일반적인 장수가 아니라 기억의 장수기관 곧 사유기관이다. 백이라는 이 사유기관에는 두 가지 기능이 있는데 하나는 "장(藏)", 곧 기억을 저장하거나 사유하는 것이다. 『어류』에는 기록되어 있다. "태어난 이래로 경험한 일을 다 기억할 수 있는 사람이 있습니다. 그것은 지(智)가 지나간 일을 간직하기 때문이 아닌지요?' 말하였다. '이는 백이 강하기 때문에 기억을 많이 하는 것이다.'"[44] 백은 기억기관이 되어 어떻게 어떤 사람들은 많이 기억하고 또 어떤 사람들은 기억을 적게 하는가? 그는 백에는 강약이 있기 때문에 저장하는 기억에 많고 적음이 있다고 생각하였다. 둘째 "수(受)"는 기억을 받아들이는 기관을 가리킨다. 맹자가 "마음의 기능은 생각하는 것(心之官則思)"이라 하여 "마음(心)"을 사

---

41 위와 같음.
42 『주자어류』 권87.
43 위와 같음.
44 『주자어류』 권3.

유기관이라 생각한 것이 사람들에게 줄곧 연용되어 왔다면 주희는 백을 사유기관이라 생각하여 구태여 전인과 의견을 같이하지 않았다.

4. 백은 고요함을 주로 한다. 이는 혼이 움직임을 주로 하는 것과 대응되어 "백은 고요함을 주로 하며"[45], "혼은 동적이고 백은 정적이다."[46] 백은 형체이고 작위적이지 않아서 백을 "냉기(冷氣)"라 생각하였다. 냉기는 거두어들이고 고요하여 혼이 온기이면서 발산하는 것과 같지 않아 발산하면서 움직인다.

이런 규정은 백은 물질형체, 사람의 감각기관, 사유기관, 기억저장기관 등으로 백의 기본적인 특징을 두드러지게 했음을 설명한다. 그러나 주희는 혼백의 개념을 운용할 때 정확하지 않고 엄밀하지 않아서 왕왕 사유기관과 기억 저장기관 그리고 사유 활동, 기억 활동 지체를 뒤섞었다. 이를테면 그는 "지각할 수 있는 것은 백이다."[47]라 하였다. 이 백은 이해할 수 있는 것을 지각할 수 있는 기관이며 또한 이해할 수 있는 것을 지각할 수 있는 것, 곧 백은 사유이다. "들을 수 있는 것이 바로 이것이다. 마치 코가 냄새를 맡고, 혀가 맛을 아는 것과 같은 것이 모두 이것이다. 그러나 '지(知)'자를 백으로 볼 수는 없으며, 지를 말하는 것은 바로 마음의 주인이다."[48] 눈, 귀, 코, 혀는 모두 감각기관으로, "마음을 주로 하는" "마음"은 사유기관이다. 냄새를 알고 맛을 아는 것이 코와 혀의 생리적 기능이 된다는 것을 가지고 말한다면 그 자체는 사유가 아니다. "지(知)"가 사유 활동이기 때문에 지는 백이 아니다. 이에 의거하여 말하면 주희는 합리적이고 견해가 있다.

---

45 위와 같음.
46 『주자어류』 권87.
47 위와 같음.
48 위와 같음.

2) 혼백은 교감하여 서로 떨어지면서도 떨어지지 않는다

형과 신, 혼과 백의 관계는 매우 중요하다. 사유와 의식은 자연계의 장기간 발전해온 산물로[49] 자연계에 생명 운동이 출현했을 때 차츰 생명 운동에서 사회운동으로 전환하였고 아울러 사유와 의식을 넣었다. 주희는 전인들이 세운 기초 위에 이에 대한 탐색을 진행하였다.

주희는 혼과 백, 정신과 형체의 관계는 서로 떨어지면서 또한 서로 떨어지지도 않는다고 생각하였다. 서로 떨어지는 것은 혼백이 동질이 아니어서 상호 간에 구별되어 대립되는 것을 가리키며, 서로 떨어지지 않는 것은 서로 믿고 의지하며 서로 삼투하는 것을 가리킨다. "사람이 살 때는 혼백이 서로 교제하고, 죽으면 떨어져서 각각 흩어져 혼은 양이 되어 위로 올라가고 백은 음이 되어 아래로 내려간다. …… 이 두 가지 사물은 본래 서로 떨어지지 않는다. 그가 기억할 수 있는 것은 혼이지만 발하여 나오는 것은 곧 혼이며, 지각할 수 있는 것은 백이지만 지각하여 발하여 나온 것은 백이다. 비록 각자 나뉘어 음양에 속하나 음양 중에는 또 각자의 음양이 있다."[50] 이 논술은 혼과 백, 정신과 형체의 관계를 기본적으로 개괄하였다.

1. 서로 떨어지는 방면을 가지고 말한다면 혼과 백의 특성과 효용은 모두 상대적이어서 다르다. 사람을 가지고 말한다면 혼(精神)과 백(形體)이 서로 교감하고 서로 작용하여 사람을 형성하며, 사람이 일단 죽으면 혼과 백은 서로 떨어져서 "화"하지 않는다. 주희는 말하였다. "혼이 움직일수록 백은 더 고요해지고, 혼이 뜨거워질수록 백은 더 차가워진다. 둘이

49 졸저 『화합학개론—21세기 문화 전략의 구상(和合學槪論—21世紀文化戰略的構想)』 수도사범대학출판사(首都師範大學出版社) 1996년판, 396~404쪽을 참고하여 보라.

50 『주자어류』 권87.

서로 떨어진다면 조화로울 수가 없어서 죽고 만다."⁵¹ 혼의 특성은 움직이고 뜨거운 것이며, 백의 특성은 상반되어 고요하고 차가운 것이다. 움직임(動) — 고요함(靜), 뜨거움(熱) — 차가움(冷)은 상대적이다. 혼과 백의 이런 특성은 서로 협조하고, 화해(和諧)하며, 융합하여 사람의 생명이 이어지게 하고 건강을 발전시킨다. 이런 상대적인 화해와 협조가 파괴된다면 "화(和)"를 얻지 못하게 되어 사람은 곧 죽는다. "혼기(魂氣)는 하늘로 돌아가고, 형백(形魄)은 땅으로 돌아간다."⁵² 혼백이 각자 "떨어져서 흩어져 버리면" 더 이상 서로 의뢰하여 화합하여 살지 못한다. 이런 혼백이 서로 떨어진다는 의론은 "신불멸"론의 이론적 근거이다.

그럼에도 주희는 혼백이론과 기(음양의 두 기)가 모였다 흩어지는 원리를 서로 결합시켜 더욱 복잡함을 드러내었다. 그는 이렇게 말하였다. "사물의 끝과 시작은 음양이 합하고 흩어지면서 하는 것이 아님이 없다."⁵³ "음양이 합하고 흩어짐"은 곧 기가 모이고 흩어짐이다. 모이고 흩어짐은 물화(物化)의 시작으로 "사물이 생겨나 비로소 화하였다고 하는 것은 형체를 처음 받고 정혈(精血)이 모임에 그 사이에 영(靈)한 것이 있으므로 백이라 명명한 것을 이른다. 이미 백의 양을 낳은 것을 혼이라 하는 것은 이미 이 백이 태어나면 따뜻한 기가 있고 그 사이에 신이 있는 것을 혼이라 명명한 것이다. 둘이 합쳐진 다음에 물(物)이 있는데, 『역』에서 이른바 '정기(精氣)가 물이 된다'는 것이다."⁵⁴ 혼과 백 둘이 융합된 다음에 생명이 있는 물이 이루어지고 더 나아가 의식이 있는 물을 이룬다.

혼과 백 두 가지는 떨어져 흩어지는데 떨어져 흩어지면 사람은 죽

---

51 위와 같음.

52 『주자어류』권2.

53 『중용장구(中庸章句)』제16장.

54 「구가(九歌)」, 『초사변증(楚辭辨證)』상, 『초사집주』, 상해고적출판사 1979년판, 제190쪽.

제4장 형신과 혼백 귀신의 굴신 • 255

게 되어 "그것이 흩어지면 혼은 떠올라 신이 되고, 백은 내려가 귀가 된다."[55] "혼은 하늘로 올라가고 백은 땅으로 내려가게 된다는 것이다. 양은 기이자 혼이므로 하늘로 돌아가고, 음은 질이자 백이므로 땅에 내려가는 것을 죽음이라 한다. 생을 알면 곧 죽음을 알게 되는 것은 다만 이 이치일 따름이다."[56] 하늘로 오르고 땅으로 내려가는 것은 혼백이 떨어져 흩어지는 전반적인 추세인데 그 사이에 또한 같지 않은 정황이 있다. 첫째 혼은 흩어지지만 다 흩어지지는 않는다. 혼기가 다 흩어지지 않기 때문에 성심껏 조상에 제사를 지내기만 하면 조상의 다 흩어지지 않은 혼기가 모여서 감응하여 와서 흠향하고 자손의 제사를 향유한다. 둘째 혼기는 일맥상통한다. 『어류』에는 기록되어 있다. "또 물었다. 가령 주 나라가 후직을 시조로 삼고, 제곡을 그를 낳은 임금으로 여겼는데, 자손과 거리가 멀지 않기 때문에 여전히 감응하여 올 수 있었습니다. 성왕과 강왕 때가 되면 이미 천여 년이 지났으니, 어떻게 다시 흩어지지 않고 남아 있어 제사를 받으러 오겠습니까?' 대답하였다. '저 모이고 흩어지는 것은 기이다. 이는 다만 기에 머무를 뿐이니, 애초에 응결하여 사물이 되고 성이 되는 것이 아니다. 다만, 사람으로서 마땅히 그래야 하는 것이 바로 이이다. …… 세대가 멀어지면 기가 남아 있는지 없는지 알 수 없다. 그러나 제사를 지내는 사람이 그의 자손이라면, 결국 같은 기가 서로 전해지므로, 정성과 공경을 극진히 할 수 있다면, 역시 감응하여 통하는 이치가 있을 것이다."[57] 천 년을 떨어져 있어도 혼기가 하나하나 전하여져 절로 감응하여 통할 수 있다. 여기서 말한 혼기는 실은 영혼을 갖추었다는 의미이지 불멸이라는 것은 아니다. 혼이 서로 천여 년을 전할 수 있다면 절로 형백

---

55 위와 같음.

56 『주자어류』 권83.

57 『주자어류』 권3.

을 떠나서 독립하여 존재하는 것이다. 의식의 생성과 발전은 사회운동 형식의 생성 및 발전과 서로 연결되어 있어서 무생명 → 유생명 → 인류 사회의 발전으로 부단히 발전한다. 사람의 사망, 생명의 종지에 따라 사람의 의식과 사유 활동 또한 정지되는데, 이른바 형체(魄)를 벗어난 혼기(精神)는 현실에 존재하지 않는다.

2. 떨어지지 않는 방면에서 말하면 혼백은 서로 상대적이면서 통일되고, 서로 충돌하면서 융합한다. 주희는 혼백이 상대적으로 쌍방 간에 작용을 발생시키는 형식은 상호 교감이라고 생각했다. 기는 혼으로 정이라 일컬어지며, 혈(血)은 백으로 질(質)이라 일컬어진다. "이 두개가 서로 교감을 해야 곧 물체를 이룰 수 있다는 것이다."[58] 혼백이 교감하여 사물을 이룰 수 있는 것은 구성론의 방면에서 말한 것이며, 그것은 "남녀가 정을 통하여 만물이 화생하는 것"과는 다르며 이는 발생론이나 생성론에서 말한 것이다.

구성론에서 보면 "정(精)은 백(魄)이며(耳目의 精明한 것이 魄), 기는 혼인데(口鼻의 호흡이 魂), 두 가지가 합하여져서 물을 이룬다."[59] 정과 기, 백과 혼은 상대적으로 결합하여 인물을 구성한다. 혼백은 떨어지지 않고 서로 교감할 뿐만 아니라 각기 자기의 상대적인 방면을 자기 존재의 전제로 생각한다. "혼이 뜨거워지면 시원함을 낳고, 백이 서늘해지면 따스함을 낳는다. 오직 둘은 서로 떨어질 수 없다. 그러므로 그 양은 마르지 않고 그 음은 막히지 않으니 조화로울 수 있다."[60] 혼은 뜨겁고 백은 차가운데 혼백이 차갑고 뜨거워져 서로 낳고 낳으니 뜨거운 것이 없으면 차가운 것을 낳지 못하고 차가운 것이 없으면 따스함을 낳지 못하여 서로 의존하여

---

58 『주자어류』 권83. 또 『주자어류』 권3에도 보인다.
59 「답여자약(答呂子約)」, 『주희집』 권47, 2268쪽.
60 『주자어류』 권87.

떨어지지 않는데 이로 인하여 "혼이 없으면 백은 자존할 수 없다."[61] 이것이 첫 번째이다. 두 번째는, 혼백의 차갑고 뜨거움은 지나치거나 미치지 못함이 없고 중화의 상태를 유지한다. 이를테면 양은 마르지 않고 음은 막히지 않는다. 뜨겁고 마른 것은 바로 지나친 것이며 차갑고 막히는 것 또한 지나친 것이다. 지나친 것은 혼백의 차갑고 뜨거운 "화(和)"의 상태를 파괴했으며 또한 사물을 이룰 수 없다. "조화로울 수" 있겠는가? 이는 사물을 이루는 표준이나 척도일 뿐만 아니라 또한 사물이 계속 생존하고 발전할 수 있는가의 여부를 결정하는 중요한 원리이다. 이를테면 "수(水)는 1이고 화(火)는 2이니, 백으로 혼을 실으면 2로 1을 지키는 것이다. 수와 화는 진실로 서로 떨어지지 않으니, 영원할 수 있다."[62] 수와 화는 상대적으로 충돌하지만 또한 서로 반대되고 서로 이루어주며 서로 부딪치고 서로 합하여진다. 혼백이 서로 대하고 서로 도우며 서로 의지하여 떨어지지 않아야 사물의 영원성을 유지할 수 있다.

혼백이 정신과 형체의 관계가 되는 것으로 말한다면 정신은 형체에 의존하여 존재하여야 한다. 주희는 이 관계를 "혼으로 백을 지킨다"라 일컬었다. 여도(呂燾)는 이렇게 기록하였다. "『노자』에서는 '백을 실어 경영한다.'라 했다. 그래서 혼으로 백을 지키는 것이다. 대개 혼은 뜨겁고 백은 차다. 혼은 동이고 백은 정이다. 혼으로 백을 지킬 수 있다면 혼은 지키는 것으로 또한 정하다. 백은 혼으로 활기가 있다."[63] "혼으로 백을 지킨다"는 것은 이미 혼백이 떨어지지 않는다는 뜻이 있는 데다가 또한 정신이 형체에 의존한다는 의미를 강조하였다. 혼은 본래 동적인데 지키는 것을 가지고 정하여지며, 백은 본래 정적인데 지키는 것을 가지고 활기찬 뜻

---

61 『주자어류』 권3.

62 『주자어류』 권87.

63 위와 같음.

이 있으니, 이 "생(生)"은 생동과 생명의 의미가 있어 양자가 서로 기다리고 서로 돕는 것이다.

주희는 "혼이 백을 지킨다"는 전제에서 출발하여 도가와 도교의 "혼백과 떨어진다"는 것을 반대하였다. 그는 비평하여 말하였다. "'백을 싣고 혼을 꺼안는데 떨어뜨릴 수 있겠는가? 오로지 기를 부드럽게 한다고 하여 영아(嬰兒)와 같을 수 있겠는가?'라 말한다. 지금의 도가들은 다만 밖으로만 내달리니 어찌 '백을 실어 하나를 지키고 능히 떠나지 못하게 하겠는가?'라는 말을 알겠는가?"[64] 도가의 양생가(養生家)는 감(坎: 坎은 水이며, "魄은 水와 같다")과 리(離: 離는 火로, "魂은 火와 같다")를 말하면서 수화와 혼백을 떼어 놓고 흩어서 양자가 떨어지지 않는 방면을 중시하지 않았다. 사실 "백을 가지고 혼을 싣고", "백을 실어 일(一)을 지켜" 양자는 떨어지지 않는다. 그런 까닭에 그들은 "백을 싣고 일을 지키는" 것을 인식하지 못하여 "바깥을 질주하는" 데 있게 되어 밖에서 해졌다.

혼백의 서로 떨어지면서도 또한 서로 떨어지지 않는 관계는 주희 철학의 논리적 구조에서 이미 충돌하였고 또한 융합하였다. 이런 상황은 그의 이기의 핵심 범주가 떨어지지 않고 섞이지 않는 관계의 발전이다. 섞이지 않는 데서 말하면 사람이 죽는 조건 하에서 혼이 하늘로 돌아가고 백은 땅으로 내려가는 서로 떨어지는 상황이다. 떨어지지 않는 것으로 말하면 살아 있는 사람이 혼백이 서로 교감하고 융합하여 사물을 내는 것을 가리킨다. 여기서 그는 사람들의 사람이 살고 죽는 것에 대한 관심과 중시를 운용하여 혼백이 서로 떨어지고 떨어지지 않는 문제를 비유하여 주희가 생사의 큰 한계를 결코 회피하지 않고 사람에 대한 궁극적인 배려라는 것을 설명한다.

---

64 『주자어류』 권87.

3. 귀신의 실제적인 이치

혼백론이 정신과 형체, 사유와 신체 관계에 대한 논술이라면 귀신론은 정신과 형체의 작용에 치중하여 논술한 것이다. 주희의 귀신론은 한 이래 세속에서 귀신을 미신하는 것을 벗어나고자 시도한 일종의 계승이라 말할 수 있다. 한대에는 귀신을 여러 가지로 해석하였다. (1) "사람이 (죽어) 귀신이 되어 지각이 있으며 사람을 해칠 수 있다."[65] 이는 당시 세속의 유신론(有神論)의 관념이다. (2) "귀신이란 황홀히 보이지 않게 되어 붙은 이름이다. 사람이 죽으면 정신은 하늘로 올라가고 해골은 흙으로 돌아가기 때문에 귀(신)라고 이른다. 귀는 돌아간다는 뜻인 귀(歸)와 같다. 신(神)은 홀연히 형체가 없어진다는 뜻이다."[66] 귀신은 황홀하여 보이지 않는 칭위이지만 정신은 하늘로 올라가고 해골은 땅으로 돌아간다는 것이 한대에 비교적 널리 행해진 설법이었다.

『한시외전(韓詩外傳)』에서는 말하였다. "사람이 죽은 것을 귀(鬼)라고 하는데, 귀(鬼)는 돌아가는 것[歸]이다. 정기는 하늘로 돌아가고 육신은 땅으로 돌아가며, 피는 물로 돌아가고 맥은 못으로 돌아가며, 소리는 우레로 돌아가고 움직임은 바람으로 돌아가며 눈은 해와 달로 돌아가고 …… 호흡하는 기는 다시 사람에게로 돌아간다."[67] 사람의 정(精)과 육(肉), 혈(血), 맥(脈), 성(聲), 동(動), 면(眠)의 각 부분을 서로 대응하여 돌아가는 곳을 찾았는데 이는 곧 사람이 죽으면 돌아갈 곳이 있다는 것이지만 그래도 일종의 혼백이 떨어져 흩어진다는 의론이 있다. (3) "귀신은 음양을 이

---

65 「논사편(論死篇)」, 『논형교석(論衡校釋)』 권20. "죽으면(死)"은 황휘(黃暉)의 『논형교석』에 의거하여 보충하였다.

66 위와 같음. 신(神)은 황휘의 『논형교석』에 의거하여 보충하였다.

67 『태평어람(太平御覽)』 권883에서 인용.

른다. 음기는 만물의 생장을 정지시켜 그 형체를 땅으로 되돌리기 때문에 '귀'라고 한다. 양기는 만물을 이끌어 발생시키기 때문에 '신'이라 한다."[68] 귀신을 음양의 기로 생각하여 전통적인 세속의 귀신을 미신하는 데서 벗어났다. (4) "사람이 죽으면 귀신이 되지 않으며 지각이 없고 사람을 해칠 수 없다. 어떻게 증명하는가? 사물을 가지고 증명한다. 사람은 사물이고, 물(物) 또한 사물이다. 사물은 죽으면 귀신이 되지 않는데 사람이 죽으면 무슨 까닭으로 귀신이 될 수 있는가?"[69] 경험적 증명으로 귀신이 있다는 의론을 반대하였다.

1) 귀신의 기(氣)는 굴신하고 변화한다

귀신론과 혼백론은 서로 연관이 있으며 주희의 제자인 진순(陳淳)은 이렇게 해석하였다. "『회남자(淮南子)』에서는 말하였다. '양의 신은 혼이고 음의 신은 백이다.' 혼백(魂魄) 두 자는 바로 정신(精神) 두 자와 같다. 신은 곧 혼이고, 정(精)은 곧 백이다. 혼은 양에 속하고 신이며, 백은 음에 속하고 귀이다."[70] 혼은 신이고 백은 귀이다. 귀신은 도대체 무슨 의미인가 황자홍(黃子洪)은 『주자어류』를 엮을 때 「주자어류문목(朱子語類門目)」을 지은 적이 있는데 「귀신(鬼神)」을 하나의 문목으로 삼았다. 그는 주희에게 귀신의 의미가 무엇인지를 체험으로 깨달아 말하였다. "귀신은 세 가지 구별이 있다. 하늘의 귀신은 음과 양의 조화이다. 인간의 귀신은 사람이 죽으면 귀가 된다. 제사의 귀신이 있는데, 곧 신시(神示)와 조상이다. 이 세 가지는 비록 다르지만 귀신이 되는 까닭은 같다."[71] 기본적으로 주희 귀신

---

68 「논사편」, 『논형교석』 권20.

69 위와 같음.

70 「귀신(鬼神)」, 『북계자의(北溪字義)』 권 하, 중화서국 1983년판, 58쪽.

론의 함축된 뜻을 개괄하였다.

주희는 귀신이 여러 곳에 있다고 논술하였다. 필자가 그 뜻을 꼼꼼히 살펴 다음과 같이 정리한다.

1. 귀신은 실제의 이치[實理]이다. 『어류』에는 기록되어 있다. "물었다. '남헌(南軒, 張栻)이 귀신은 한 마디로 전체의 뜻을 다 말하여 성(誠)일 따름이라 하였는데, 이 말은 어떻습니까?' 말하였다. '성은 실제로 그러한 이치이고, 귀신 또한 단지 실제의 이치일 뿐이다. 만약 이러한 이치가 없다면 곧 귀신도 없고 만물도 없어서 모두 갖추어서 실을 것이 없다. 귀신이 덕이 되는 것은 성이다. 덕은 다만 귀신의 측면에서 말한 것이고 그 있는 그대로의 상태는 모두가 실제의 이치일 따름이다.'"[72] 귀신의 덕성은 성(誠)이고, 성은 실제의 이치이므로 귀신 또한 실제의 이치이다. 그러나 귀신은 주희 철학의 논리적 구조에서 형이하에 속하여 반신반귀(半神半鬼)이긴 하지만 또한 다만 형이상·하의 사이에 놓일 수 있다. 이는 또 귀신이 "실제의 이치"가 된다는 규정과 충돌이 발생한다. "귀신은 기를 주로 하여 말한 것이니, 단지 형이하자일 뿐이다. 다만 사물에 짝지어 말하면 귀신은 기를 주로 하여 사물의 체가 되고, 사물은 형을 주로 하여 기를 기다려 생긴다. 대체로 귀신은 기의 정미하고 뛰어난 것이니, 이른바 '성을 가릴 수 없다'는 것이다."[73] 비록 귀신이 형이하자이긴 하지만 구체적인 사물에 상대하여 말하면 또한 물체이며, 귀신의 덕에서 보면 "실제로 그러한 이치이다." "물었다. '귀신의 덕은 어떠합니까?' 말하였다. '저절로 이와 같다. 이것은 귀신이 실제로 그러한 이치를 말한 것이니, 사람의 덕을 말한 것과 같다. 사람은 저절로 하나의 사물이 되고 그 덕은 저절로 덕이

---

71 「주자어류 문목(門目)」, 『주자어류』 권수(卷首).
72 『주자어류』 권63.
73 위와 같음.

262

된다고 말해서는 안 된다.'"⁷⁴ 사람의 형체는 사람의 덕과 같지 않지만, 사람의 덕은 또한 사람의 형체를 떠나지 않는다.

2. 귀신은 음양의 기이다. 주희는 말하였다. "귀신은 천지 사이의 하나의 기를 관통하여 말한 것이고, 혼백은 사람의 몸을 위주로 말한 것이다. 기가 펼 때는 정백(精魄)이 진실로 갖추어져 있지만 신이 주재자가 된다. 기가 굽힐 때는 혼기(魂氣)가 비록 보존되어 있으나 귀(鬼)가 주재자가 된다. 기가 다하면 백이 내려 수순한 귀(鬼)가 되므로, 사람이 죽으면 귀(鬼)라고 말한다."⁷⁵ 귀신이 기가 되는 것으로 말하면 기의 정영(精英)이라고 하더라도 형이상자는 아니다. 이는 "하늘과 땅 사이에 다만 하나의 기가 있을 뿐이다. 오는 것은 신이 되고, 가는 것은 귀가 된다. 한 몸에 비유하면 살아 있는 것은 신이 되고 죽은 것은 귀가 되니 모두 하나의 기일 뿐이기"⁷⁶ 때문이다. 귀신은 기가 오가는 운동 상태이며, 사람의 생사가 기의 일종의 변화하는 상태인 것처럼 모두 기가 하는 것이다. 하나의 기의 운동은 곧 음양의 두 기가 된다. "두 기로 말하면 귀는 음의 영험함이고, 신은 양의 영험함이다. 하나의 기로 말하면 펴지는 것은 신이 되고 거꾸로 돌아가는 것은 귀가 된다. 하나의 기는 곧 음양이 운행하는 기이다."⁷⁷ 귀신은 곧 음양 두 기의 영(靈)이다. 귀신이 기가 되고 나면 지각이 없어 사람을 해치지 않고 또한 자연과 사회의 인사(人事)를 주재하지도 않는다. 주희는 이렇게 말하였다. "'귀신은 두 기의 양능(良能)'이라고 한 것은 가고 오고 굽히고 펴짐을 말한 것이니, 바로 이치의 자연스러움이고, 안배하여 배치하여 놓은 것이 아니기 때문에 '양능'이라고 하였다."⁷⁸ 여기서 말한

---

74 위와 같음.

75 「답양문숙(答梁文叔)」, 『주희집』 권44, 2104쪽.

76 『주자어류』 권63.

77 위와 같음.

"양능"은 결코 맹자가 말한 "양지양능(良知良能)"이 아니니 곧 선험적으로 고유한 지식과 재능이 아니라 기의 고유한 굽히고 펴는 운동을 가리킨다. 진순은 말하였다. "양능은 두 기가 오고 감을 말하며 자연이 이와 같을 수 있는 것이다."[79] 귀신은 음양 두 기의 자연적으로 그러한 운동 상태이다.

3. 귀신은 굽히고 펴고 변화한다. 주희는 말하였다. "귀신은 다만 기를 굽히고 펴는 것이다."[80] 귀신은 기의 굽히고 펴는 운동이다. "그러므로 무릇 기가 와서 비로소 펴는 것이 신이 되고, 기가 가서 굽히는 것이 귀가 된다. 양은 펴는 것을 주로 하고 음은 굽히는 것을 주로 하니, 이것은 하나의 기로써 말한 것이다. 그러므로 두 기로써 말하면 음은 귀가 되고 양은 신이 된다. 하나의 기로써 말하면 펴는 기도 또한 폄과 굽힘이 있다. 바야흐로 펴는 것은 신의 신이고, 이미 굽힌 것은 신의 귀이다. 이미 굽힌 기 또한 굽힘도 있고 폄도 있다."[81] 귀신의 조화의 묘용은 볼 수 없으며 다만 기의 오고 가고 굽혔다 폈다 하는 운동형식을 통하여 나타나는데, 이는 음양 두 기의 고유한 운동형식이다. 이른바 편다(伸)는 것은 신장(伸長)하고 생장한다는 뜻이며, 굽힌다(屈)는 것은 굽히어 오그라들고 멈추어 그친다는 뜻이다. 간다(往)는 것은 이미 소멸해 없어지고 가버렸다는 뜻이며, 온다(來)는 것은 오고 복귀한다는 뜻이다. "신(神)은 펴지는 것이고, 귀(鬼)는 움츠러드는 것이다. 바람이 불고 비가 내리고 천둥이 울리고 번개가 치기 시작하는 것은 신(神)이며, 바람이 멈추고 비가 지나가고 천둥이 멎고 번개가 그치는 것은 귀(鬼)이다."[82] 바람과 비, 우레와 번개가 치

---

78 위와 같음.
79 「귀신」, 『북계자의』 권 하, 56쪽.
80 「답여자약(答呂子約)」, 『주희집』 권47, 2279쪽.
81 『주자어류』 권63.
82 『주자어류』 권3.

고 초목이 막 싹을 틔우는 것은 신(伸)이며, 바람과 비, 우레와 번개가 그치고 초목이 시들어 떨어질 때는 굴(屈)이다. 따라서 귀신이 굽히고 펴는 것은 자연계의 자연현상이며, 이런 자연현상은 신령이 지배하고 그리되도록 한 것이 아니며 또한 외재한 귀신이 자연계로 하여금 오가고 굽혔다 펴게 하는 것이 아니다.

4. 귀신은 모든 자연현상의 칭위이다. 주희는 말하였다. "귀신은 음양의 두 기가 오가고 굽히고 펴는 것이다. 천지 사이에 줄어든 것은 귀이고(鬼)이고, 불어난 것은 신(神)이다. 살아 있는 것은 신이고, 죽은 것은 귀이다. 사계절로 말하면 봄과 여름은 신이고, 가을과 겨울은 귀이다. 낮과 밤으로 말하면, 낮은 신이고 밤은 귀이다. 사람을 가지고 말하면 말하는 것은 신이고 침묵하는 것은 귀이다. 동은 신이며 정은 귀이다. 숨을 쉬는 것으로 말하면 날숨은 신이고 들숨은 귀이다."[83] 이는 천지와 사철, 밤낮, 사람을 여러 층면으로 관찰한 것을 말한 것으로, 번식하고 자람, 봄, 여름, 낮, 말[語], 움직임, 날숨 등과 같은 것은 신(神)에 속하고, 사라지고 죽음, 가을, 겨울, 밤, 침묵, 고요함, 들숨은 귀(鬼)이다. 귀신은 여기에서 실성(實性) 범주에서 허성(虛性) 범주를 향하여 전환해 가는 음양과 같으며 하나의 이미 이루어진 틀이다. 무릇 자연과 사회에서 몇몇 상대적인 의의를 갖춘 사물과 개념은 모두 귀신으로 나타낼 수 있으며 아울러 귀신의 함의로 그것이 필요로 하는 대체적인 사물과 관념의 함의를 표현해 낼 수 있다.

귀신의 이런 함의가 황자홍(黃子洪)이 개괄한 하늘에 있고 사람에 있고 제사 지내는 귀신과는 다르지만 하늘에 있는 음양의 조화와는 상통하는 곳이 있다. 귀신이 실재하는 이치이고 음양이고 오가고 굽었다 폈다 하는 운동 상태 등이기 때문에 접근성이 있고 있지 않은 때가 없으며 있지

---

83 『주자어류』 권68.

않은 곳이 없는 특성을 가지고 있다. 주희는 말하였다. "귀신은 음과 양이 줄어들고 늘어나는 것에 지나지 않는다. (천지 만물을) 내고 자라게 하는 것, 바람이 불고 비가 내리고 어두워지는 것은 모두 이것이다. 사람의 경우는 정이 백인데, 백이란 귀가 왕성한 것이다. 기는 혼인데, 혼은 신이 왕성한 것이다. 정과 기가 모여서 사물이 되니, 어떤 것엔들 귀신이 없겠는가!"[84] 어떤 것엔들 귀신이 없겠느냐 하는 것은 그것이 보편적으로 존재하는 것이라는 것을 설명한다.

당시 어떤 제자가 무릇 천하의 만물과 만사가 귀신을 벗어날 수 없는가, 라는 의문을 제기했다. 주희는 이 견해에 동의는 하였으나 이 물건이 있으면 귀신이 있다는 견해에는 동의하지 않았다. 그는 말하였다. "이 물건이 있을 때 곧 이러한 귀신이 있는 것이 아니라면 거꾸로 말한 것이다. 바로 이 귀신이 있어야 바야흐로 이 물건이 있으며, 이 물건이 있는 데에는 또 귀신에 어긋날 수 없다."[85] 귀신과 사물의 관계는 귀신이 먼저 있은 다음에 사물이 있어야 한다. 귀신은 주인이고 주도적인 지위에 있으며 사물은 부차적인 지위, 즉 빈주의 관계이다. "장차 귀신이 주인이라면 사물은 손님이 되니, 바야흐로 볼 수 있는 것은 귀신이 그 사물의 체가 되는 것이며, 귀신이 도리어 주인이 되는 것이다."[86] 여기에서 주희 또한 실수를 하였는데, 귀신이 형체와 정신을 행하거나 백과 혼을 이야기한다면 그것은 사물과 불가분의 관계이며 이른바 선후는 없는 것이다. 귀신이 음양 두 기의 굽히고 펴고 오가는 운동의 형태라면 굽히고 펴고 오가는 것은 귀신과 사물의 고유한 속성이며 선후로 나눌 필요도 없다.

그러나 주희의 귀신론에는 역사적인 가치가 있다. 그는 세속의 귀신이

84 『주자어류』 권3.
85 『주자어류』 권63.
86 위와 같음.

사람을 초월한다는 미신의 외피를 벗어던지기 시작하였으며, 귀신을 자연계의 일종의 운동하고 변화하는 형식이라고 해석했다. 그러나 전통적으로 깊이 뿌리를 내린 귀신 관념을 허무는 것은 매우 어려운 일이다. 이를테면 그는 사람이 죽으면 귀신이 된다는 현상과 조상에게 제사를 지내면 감응하여 이르러 흠향한다는 상황 등은 인정하였다. 이것이 곧 황자홍이 말한 뒤의 두 상황이다.

　귀신의 존재를 인정한다는 상황에서 주희 또한 공자의 "사람을 잘 섬기지 못한다면 어떻게 귀신을 섬기겠는가?(未能事人, 焉能事鬼)"라는 태도를 이어 귀신을 "2차적"인 위치에 놓았다. 『어류』에서는 기록하였다. "의강(義剛)이 귀신의 문목을 올리자, 선생이 말하였다. '이 일은 원래 이차적인 일이다. 사람을 아직 잘 섬기지 못하는데 어떻게 귀신을 섬기겠는가! 이 말이면 충분하다. 지금은 우선 일상적인 일을 이해해야 한다. 귀신의 일은 형체도 없고 그림자도 없으니 헛되이 마음 쓰지 말라. 그런 것을 이해할 경우, 오래되면 내가 착실히 했던 것마저 모두 모를 수 있다. 『시경』과 『서경』, 그리고 예를 지키는 것은 모두 (공자께서) 평소에 늘 하시던 말씀이다"라고 하였다. 이런 것은 모두 다 일상적인 일이니, 한 가지 일을 힘써 하면 바로 그 일의 효과가 있다.'"[87] 그는 눈앞의 일을 착실히 하고 "귀신"을 섬기는 일에는 헛되이 심력을 낭비하지 말 것을 주장하였으며, 귀신에 대하여서는 경이원지(敬而遠之)하는 태도를 취하였다. 아울러 귀신을 미혹하는 것으로 여겼으며 의혹을 푸는 방법은 그것을 한쪽으로 밀쳐두고 뭇 이치를 차츰 밝게 깨우쳐 가면 귀신의 의혹은 절로 풀릴 것이라고 타일렀는데 이는 일리가 있는 말이다.

---

[87] 『주자어류』 권3.

2) 귀신의 효용은 서로 감응하고 상통한다

주희의 귀신설은 형체와 정신의 효용과 묘용(妙用)을 발휘했다. 그는 말하였다. "귀신은 음양과 굴신(屈伸)의 자취에 있으니, 마치 추위가 오면 더위가 가고, 날이 가면 달이 오며, 봄에는 나고 여름에는 자라며 가을에는 거두고 겨울에는 갈무리하는 것이 모두 귀신의 효용이며, 여기에서 모두 확인할 수 있다. 홀연히 왔다가 홀연히 가며, 바야흐로 이와 같다가 또저와 같고, 사람으로 하여금 알아채지 못하게 하는 것이 귀신의 묘용이다."[88] 첫째, 귀신의 효용이라는 측면에서 말하면 귀신의 굽히고 펴며 오가는 등의 운동형식을 가리킨다. 그것은 자연히 그러한 현상이며 볼 수 있는 형체와 자취가 있다. "귀신은 하나의 점차적인 형체와 자취가 있다."[89] 바꾸어 말하면 효용이 귀신이 드러나는 것이라면 드러나면 반드시 형체와 자취를 통과해야 한다. 이것이 하나의 의미이다.

다른 의미는 "효용은 정조(精粗)를 겸하여 말한 것이니 곧 조화를 말한다."[90] "귀신은 조화의 자취이다."[91] 이른바 "조화의 자취"는 바로 만사와 만물을 조화시키는 과정에서 볼 수 있다. "그것이 생겨남은 기가 날마다 와서 성장하여 불어나고, 사물이 생장하여 이미 가득 차면, 기가 나날이 되돌아가 흩어지니 바로 귀신이다."[92] 그는 예를 들어 말하였다. 우주 자연에서 보면 "해와 달, 별, 바람과 우레 같은 것은 모두 조화의 자취이며", 또한 "비바람과 서리, 이슬은 사철 신진대사를 한다."[93] 같은 것은 모두

---

88 『주자어류』 권68.
89 위와 같음.
90 위와 같음.
91 위와 같음.
92 위와 같음.
93 『주자어류』 권3.

귀신의 조화의 자취이다. 사람의 입장에서 보면 "사람은 저절로 태어나고, 하늘과 땅의 기는 다만 몸에 덧붙여져서 점점 커지고 점점 자라서 어른이 된다. 극에 이르면 곧 점점 쇠퇴하고 다하여 점차 흩어진다. 귀신이라고 말한 것은 저절로 자취가 있다는 점에서 말한 것이다."[94] 사람이 생장하고 성숙하며 노쇠화 하는 과정은 또한 조화로 볼 수 있는 형체와 자취가 있다.

다음으로 귀신의 묘용이라는 측면에서 말하였는데, 주희는 이렇게 말하였다. "이른바 '신(神)이란 만물을 신묘하게 하는 것을 말한다.'하니, 묘처(妙處)가 바로 신(神)이다. 그것이 발현하여 효용으로 표현된 것을 일러 귀신이라 하고, 헤아릴 수 없는 것을 일러 신이라 한다."[95] 신의 묘용은 신묘하여 헤아리지 못하는 것을 가리킨다. 구체적으로 말하면 곧 "'묘용으로 말하면 신(神)이라 한다'는 것은 홀연히 이와 같은 것이니 모두 예측할 수 없다. 홀연히 왔다가 홀연히 가며, 홀연히 이곳에 있다가 홀연히 저곳에 있다."[96]는 것이다. 바로 이리저리 떠다녀 안정되지 않기 때문에 "볼 수 있는 자취가 없고" "변하여 알 수 있는 것"[97]이 없다. 형체와 자취가 없으면 또한 알 수가 없으니 효용이 그렇게 되는 까닭인 것 같다. 이런 묘사는 정신을 가리켜 말한 것 같다. 효용과 묘용의 구별은 곧 "효용은 자취가 있는 것이고 묘용은 자취가 없는 것이다. 묘용은 그렇게 되는 까닭이다."[98]라는 데 있음을 알 수 있다. 자취가 있고 자취가 없는 것을 가지고 효용과 묘용을 분별하는 것은 일종의 표층적인 현상이다. 질료의 방면에

---

94 『주자어류』 권63.

95 『주자어류』 권68.

96 위와 같음.

97 위와 같음.

98 위와 같음.

서 보면 효용은 정조(精粗)를 겸하여 "묘용은 그 정밀함을 말한 것으로 그 묘함을 잴 수 없다."[99] 따라서 묘용은 다만 신(神)을 말하고 귀신을 이르지 않는다. 그러함과 그렇게 되는 까닭이라는 방면에서 말한다면 효용은 그러함이고 묘용은 그렇게 되는 까닭이다.

귀신이 효용과 묘용을 갖추고 있는 까닭은 귀신이 충돌하고 융합하여 귀신이 융합 충돌하고 합체되는 두 방면으로서 차분(差分)이 있는 것에 다름없는데 이런 차분은 곧 상대적이며 상대적인 것이 있으면 충돌이 있다. 차분은 또한 "계분(界分)"이라 일컬을 수 있다. 『어류』에서는 기록하였다. "물었다. '선생께서 귀와 신은 원래 경계가 나누어진다고 말씀하셨는데, 어째서 그렇습니까?' 대답하였다. '예를 들어 낮은 신이고 밤은 귀이며, 살아 있으면 신이고 죽으면 귀이니, 어찌 경계가 나누어지지 않겠는가?'"[100] 낮과 밤, 생과 사는 모두 상대적인 쌍방이며, 귀신 또한 상대적인 쌍방이다. 주희는 손을 동그랗게 하여 탁자 위에 올려놓고 그 가운데를 가리키며 말했다. "이러한 도리는 둥글지만, 다만 가운데서는 이렇게 분별한다. 기가 바야흐로 오는 것은 모두 양에 속하니 신이다. 기가 돌이키는 것은 음에 속하니, 귀이다."[101] 이는 모두 나누는 시각에서 그 상호 상대적인 것을 설명하였다.

귀신은 서로 상대적일 뿐만 아니라 서로 감응하여 통하고 삼투한다. "귀신은 단지 기일 뿐이다. 움츠러들고 펴지고, 오고 가는 것은 기이다. 천지 사이에 기가 아닌 것은 없다. 사람의 기와 천지의 기는 항상 서로 연결되어 끊어지지 않지만, 사람들은 스스로 알지 못한다. 사람의 마음이 움직이는 순간 기에 반드시 전해지는데, 저 움츠러들고 펴지고 오고 가

---

99 위와 같음.

100 『주자어류』권3.

101 『주자어류』권63.

는 기와 서로 감응하여 통하기 때문이다."[102] 기가 서로 감응하여 통하면 기의 귀신이 되어 또한 서로 감응하여 통하고, 반드시 감응하여 통하고 연결된다. 이것이 곧 귀신이 서로 융합하는 층면이다.

귀신이 화합하는 각도에서 보면 양자는 삼투하는 것이다. 기는 굽혔다 폈다 하여 굽히는 가운데 굽히고 폄이 있고 펴는 가운데 또한 굽히고 폄이 있다. "하늘과 땅 사람과 사물 모두가 그러하니, 이 기가 오고 가고 굽히고 펴고 합하고 흩어지는 것에서 떨어지지 않을 뿐이니. 이것이 이른 바 '섞여 있다고 말할 수 있는' 것이다."[103] 이런 굽혔다 폈다, 합하고 흩어지는 것에는 두 가지 상황이 있다. 신 가운데 굽히고 펴는 것이 있는데 곧 신 가운데 펴는 것은 신의 신이며, 신 가운데 굽히는 것이 신의 귀이다. 귀 가운데 굽혔다 폈다 하는 것이 있는데 곧 귀 가운데 굽히는 것으로 귀의 귀이다. 귀 가운데 펴는 것은 귀의 신이다. 귀신은 충돌 융합하고 화합하여 새로운 굽혔다 폈다 하는 운동을 발생시킨다.

---

102 『주자어류』 권3.
103 『주자어류』 권63.

제5장

상수와 의리,
변역과 교역

●

象數義理 變易交易

주희의 역학사상은 그의 철학 논리 구조의 중요한 내용이다. 이는 그의 이와 기라는 이 핵심적인 대칭 범주의 전개이며, 태극과 음양, 강유(剛柔), 변화 등의 범주에 대한 구체적인 운용이다. 한 이래, 특히 송 이래 역학사상의 총결로 아울러 상수와 의리 그리고 하락학파(河洛學派, 혹은 圖書學派라고도 함)를 종합한 발전을 활짝 열었다.

1. 상수와 의리를 겸하여 종합하다

『주역』은 말은 간단하나 뜻은 널리 갖추어 발휘하기에 편하다. 역대 『역』의 주는 각자 자기의 견해를 펼쳐 『주역』의 본문에 대한 이해가 상이하여 역학(易學)의 각파를 이루었다. 선진 이래 지역에 따라 나누고 사상에 따라 구별하여 노역(魯易)이니 초역(楚易)이 있는가 하면, 혹 유가역(儒家易), 도가역(道家易), 음양가역(陰陽家易), 참위가역(讖緯家易), 현학가역(玄學家

易)이 있고, 혹은 상수역(象數易), 의리역(義理易) 등등이 있었다. 이에 주희는 다음과 같이 평론하였다. "그러나 진·한 이래 상사(象辭)를 고찰하는 이들은 술수(術數)에 빠져 그 널리 통달하고 간이(簡易)한 법을 이해하지 못하고, 의리를 담론하는 이들은 불교의 공적(空寂)에 빠져 인의(仁義)와 중정(中正)으로 돌아가지 못하였다."[1] 이 견해는 나중의 『사고전서(四庫全書)』의 견해와 비슷하다. "『역』이라는 책은 천도(天道)를 미루어 인도를 밝힌 것이다. 『좌전(左傳)』에서 기록한 점들은 대체로 태복(太卜)이 남긴 법도와 같고, 한유(漢儒)가 말한 상수는 옛날과 거리가 멀다. 한 번 변해서 경(京, 房)·초(焦, 贛)가 되었는데 기상(禨祥)으로 들어갔으며, 다시 변하여 진(陳, 摶)·소(邵, 雍)가 되었는데 조화를 궁구하기에 힘써 『역』은 마침내 백성들이 쓰기에 적절하지 못하게 되었다. 왕필(王弼)은 상수를 모조리 물리치고 노장(老莊)을 가지고 말하였는데 한 번 변하여 호원(胡瑗)과 정자(程子, 程頤)가 되어 비로소 유리(儒理)를 천명하였다."[2] 한대의 경방·초공 → 송대 진단·소옹으로부터 상수학파가 되었으며, 왕필 → 호원·정이로부터 의리학파가 되었다.

송대에는 호원이 의리를 제창하기는 하였지만 『이천역전(伊川易傳)』이 가장 순정하다. 왕필은 상수를 다 물리치기는 하였지만 소옹 등의 창도를 거쳐 상수학이 성행하였고 의리학과 나란히 섰다. 양자 문호의 견해는 자못 깊었다. 정이는 말하였다. "나는 요부(堯夫, 邵雍)와 한 마을의 골목에서 30여 년을 함께 살면서 세간사를 묻지 않은 것이 없는데 수(數)는 한 자도 언급한 적이 없다."[3] 두 사람은 사적인 교분이 매우 깊었지만 여기

---

1 「서이천선생역전판본후(書伊川先生易傳板本後)」, 『주희집』 권81, 4190쪽.

2 「경부·역류(經部·易類) 1」, 『사고전서총목(四庫全書總目)』 권1, 중화서국 1965년판, 1쪽.

3 「강절선생유사(康節先生遺事)」, 『이락연원록(伊洛淵源錄)』 권5, 『주자유서(朱子遺書)』 초각(初刻), 여씨보어당각(呂氏寶語堂刻) 백록동(白鹿洞) 원본.

에서는 이견이 매우 컸다. 주희는 양파의 이해득실을 비추어 평론하여 말하였다. "근래 배우는 사람은 대체로 『역』을 말하기를 좋아하나 이것을 살피지 못하였다. 글의 뜻만 오로지하는 사람은 이미 지루하고 산만하여 뿌리를 내릴 곳이 없다. 상수를 섭렵한 사람은 또 모두 견강부회하여 혹은 성인의 심사와 지려(智慮)가 한 것에서 나왔다고 여겼다. 이와 같은 것은 내가 가만히 병통으로 여겼다."[4] 그는 의리를 말한 것이 "공적(空寂)"에 빠졌을 뿐만 아니라 지루하고 산만하여 인의에 적합지 못한 것을 병통으로 여겼다. 또한 상수를 말하는 것이 "술수"에 빠져 견강부회하여 널리 통하지 못하게 된 것을 불만스럽게 여겼다. 이 양파에 대하여 모두 완곡하게 비평하였으며 이에 그는 스스로 『주역본의(周易本義)』를 지었고, 또한 『역학계몽(易學啓蒙)』[5]을 남겨, 상수와 의리를 하나로 합쳐 집성하였다. 주희의 학설이 원(元) 이후 관방의 의식형태가 되었으므로 주희의 역학 또한 정종(正宗)으로 여겨졌다.

---

4 「역학계몽서(易學啓蒙序)」, 『주희집』 권76, 3987쪽.

5 『역학계몽』의 작자에 대하여 『송사』에는 "『계몽』은 원정(元定)이 기초하였다."(「儒林4·蔡元定傳」, 『송사』 권434, 중화서국판, 12876쪽)라 수록된 바 있지만 주희에 의하면 스스로 『본의』와 『계몽』을 지은 연유에 대하여 말하였다. "보내주신 편지에서 『역』을 읽으신다 하니, 참 좋습니다. 이 책은 본래 점을 치기 위해 만들어졌기 때문에, 그 말이 모두 상수에 근거하여 길흉을 판단하고 있습니다. 현재 그 방법이 이미 전해오고 있지 않기 때문에, 여러 유학자가 말하는 상수는 모두 근거가 빈약하고, 그들이 말하는 의리 역시 매우 아득하게 넓고 커 그 책을 읽기가 어렵습니다. 이것이 『본의』와 『계몽』을 쓴 까닭입니다."(「答劉君房」, 『文集』 권60, 1095쪽) 이 때문에 주희는 『계몽』을 득의한 저작이라고 생각하여 말하였다. "『대학』과 『계몽』을 끝내고 이어서 말했다. '내 일생은 단지 이 두 건의 글을 투철하게 깨닫는 것이었으니, 이전의 현명한 사람들이 깨닫지 못한 곳이다.'"(『주자어류』 권14) 『계몽』을 주희의 저작이라고 볼 수 있다. 그러나 채원정과 왕복하면서 바로잡고 원고를 정한 적이 있다. 주희는 「답채계통(答蔡季通)」에서 말하였다. "『계몽』에서 몇 곳을 고치고자 하여 지금 삼가 보내어 보여드리오니 다시 살펴보시기를 바라고 고칠 수 있으면 훌륭한 저작이 될 수 있을 것입니다."(『朱文公續集』 권2, 1816쪽) "『계몽』을 꼼꼼히 살펴보니 꼭 고칠 필요는 없고 다만 전에 말한 것처럼 한 구절만 고치면 충분하겠습니다."(위와 같음, 1817쪽) 채원정이 『계몽』의 완성에 매우 큰 도움을 주었음을 알 수 있으며, 어떤 것은 또한 채원정의 손에서 나왔을 것이다.

주희는 상수와 의리를 아울러 종합하여 『주역본의』의 첫 권에 구도(九圖)[6]를 실었으며, 『역학계몽』의 구도에서 또 상세히 해석하여 마음을 쓴 곳을 알 수 있다. 청대의 왕무횡(王懋竑)은 "『역본의』의 구도는 주자가 지은 것이 아니다. …… 주자는 『역』에 『본의』가 있고 『계몽』이 있는데 문집과 어록, 강론에 보이는 것이 매우 상세하며, 이 구도에 대해서는 한마디 말도 언급한 적이 없고 구도가 『본의』와 『계몽』에 부합되지 않는 것이 많다."[7]라 생각하였다. 근인(近人)은 글을 써서 왕의 말에 동의하지 않았는데, 나는 왕의 말에 옳은 곳도 있고 타당하지 않은 곳도 있다고 생각한다.

"하도(河圖)"는 『상서』 「고명(顧命)」 편에 처음 보인다. "옥(玉)을 오중(五重)으로 진열하고 보물을 진열하니, 적도(赤刀)와 대훈(大訓)과 홍벽(弘璧: 큰 벽옥)과 완염(琬琰)은 서서(西序)에 있고, 대옥(大玉: 큰 옥)과 이옥(夷玉: 보통 옥)과 천구(天球)와 하도(河圖)는 동서(東序)에 있다." 채침(蔡沈)의 주에서는 말하였다. "하도는 복희(伏羲) 때 용마(龍馬)가 하(河)에서 지고 나온 그림이다. 1·6은 북쪽에 위치하고 2·7은 남쪽에 위치하고 3·8은 동쪽에 위치하고 4·9는 서쪽에 위치하고 5·10은 중앙에 위치하였으니, 바로 『주역』의 「대전(大傳)」에서 이른바 "하(河)에서 도(圖)가 나왔다."는 것이다."[8] 공자도 말한 적이 있다. "봉황새가 오지 않으며, 황하에서 하도가 나오지 않으니, 나는 끝이 난 것 같구나!(鳳鳥不至, 河不出圖, 吾已矣)"[9] 이는 곧 고대의 "하도"에 관한 기록과 기본 도식의 묘사이다.

---

6 구도(九圖): 하도(河圖)와 낙서(洛書), 복희팔괘방위도(伏羲八卦方位圖), 복희팔괘차서도(伏羲八卦次序圖), 복희육십사괘차서도(伏羲六十四卦次序圖), 복희육십사괘방위도(伏羲六十四卦方位圖), 문왕팔괘차서도(文王八卦次序圖), 문왕팔괘방위도(文王八卦方位圖), 괘변도(卦變圖)를 가리킨다.

7 「잡저·역본의구도론(雜著·易本義九圖論)」, 『백전초당존고(白田草堂存稿)』 권1.

8 「고명(顧命)」, 『서경집전(書經集傳)』 권6.

9 「자한(子罕)」, 『논어집주(論語集注)』 권5.

"낙서(洛書)"는 『상서』「홍범(洪範)」 편에서 말하였다. "곤(鯀)이 귀양 가죽고 우왕(禹王)이 뒤이어 일어나자 하늘이 우왕에게 홍범구주(洪範九疇)를 내려 주시니, 이륜(彝倫)이 펴지게 되었다." 채침의 주에서는 말하였다. "우가 물의 성질을 순히 하여 땅이 고르게 되고 하늘이 이루어졌다. 그러므로 하늘이 낙수(洛水)에 글을 내놓자, 우가 이것을 구별하여 홍범구주를 만드니, 이는 이륜이 펴지게 된 까닭이다."[10]

송 전에는 『춘추위(春秋緯)』와 『주비경해(周髀經解)』, 『대대예기(大戴禮記)』「명당(明堂)」 편이 모두 "하도"와 "낙서"의 기록과 관련이 있었으며, 주희가 지은 것이 아니다. 그러나 주자의 『문집』과 『어록』에서는 "구도"를 언급한 적이 없다고 생각하였으니 일이 부합하지 않는다. 『어류』 권65에서는 특별히 "하도"와 "낙서", 복희가 괘를 그린 "선천도(先天圖)", "수(數)" 등의 절목을 열거하였다. 권76에는 복희의 「팔괘차서도(八卦次序圖)」를 그렸다. 『문집』 권38 「답원기중(答袁機仲)」에서는 여러 차례나 "하도"와 "낙서", 문왕 팔괘의 자리 등의 문제를 논급하여 결코 한 마디도 언급하지 않은 것이 아니다.

그러나 『역경』과 "하도", "낙서"의 연관 관계를 진정코 확정시키고 아울러 다른 7도(圖)와 함께 첫 권에 두었는데 주희로부터 비롯되었을 것이다. 당연히 비교적 이른 연관 관계는 이미 『주역』 「계사상전(繫辭上傳)」에 보인다. 그 후 정현(鄭玄)의 『주역』 주에서는 말하였다. "하룡(河龍)이 도(圖)를 발하고 낙귀(洛龜)가 서(書)를 이루었다."[11] 공안국(孔安國)의 「고명전(顧命傳)」에서는 말하였다. "복희가 천하를 다스림에 용마가 하수에서 나와 마침내 그 무늬로 팔괘를 그렸는데 하도라 이른다." 그러나 한의 경방과 초공, 순상(荀爽), 우번(虞翻)으로부터 당의 공영달, 이정조(李鼎祚)에 이르기

---

10 「홍범」, 『서경집전』 권4.
11 호위(胡渭)의 『역도명변(易圖明辨)』 권1에서 재인용.

까지 모두 "하도"와 "낙서"를 첫 권에 실은 것이 보이지 않는다. 『주역집해』만 「괘기도(卦氣圖)」와 「효진도(爻辰圖)」, 「납갑도(納甲圖)」, 「이십사방위도(二十四方位圖)」 등을 실었다. 비록 북송 때 "하도"와 "낙서"의 유전에 주고받는 문제 등이 쟁론이 그치지 않았지만 "하도"와 "낙서"를 『역』의 첫머리에 수록한 것은 주진(朱震)의 「주역도」이며, 아울러 소흥(紹興) 6년(1136)에 고종(高宗) 조구(趙構)에게 진상하였다. 다만 호위(胡渭)는 또한 이렇게 말하였다.

> 『주역』의 고경(古經) 및 『주소(注疏)』에는 앞에 "도(圖)"와 "서(書)"를 나열하지 않았는데 그것이 있게 된 것은 주자의 『본의』로부터 시작되었다. 『역학계몽』은 채계통(蔡季通, 元定)의 초고에 속하는데, 또한 수본(首本)의 "도"와 "서"를 차례로 괘획을 열거하였다.[12]

『본의』는 순희(淳熙) 4년(1177)에 이루어졌고, 『계몽』은 13년(1186)에 지었는데, 주진보다 4,50년 뒤진다. 그러나 또한 구별이 있다. 주희는 이 두 그림을 없앤 외에 다시 권수에 일곱 그림을 더하였다. 주진은 9수(數)를 "하도"로 삼았고 10수를 "낙서"로 삼았다. 주희는 소옹의 설에 의거하여 9수를 "낙서"로 삼고 10수를 "하도"로 삼았다. 이후에 곧 정설(定說)이 되었다.

「역학계몽서」에 "운대진일(雲臺眞逸)"로 서명한 것은 주희가 당시 주관화주운대관(主管華州雲臺觀)이라는 한직으로 파견되었기 때문이다. 「서」는 순희 병오년(13년) 음력 3월에 지어졌으며, 같은 해 7월 7일에 또 "운대외사주희(雲臺外史朱熹)"로 서명하였다.[13] 주희는 순희 을사년(12년) 여름 4월

---

12 『역도명변(易圖明辨)』 권1.
13 「제고사기후(題顧射記後)」, 『주희집』 권82, 4230쪽을 보라.

에 주관화주운대관으로 파견되었다. 맹하(음력 4월)에 "운대은리주희중회보(雲臺隱吏朱熹仲晦父)"로 서명하였으며[14], 심지어 12년이 지난 후인 경원(慶元) 정사년(3년)에도 여전히 "운대자(雲臺子)"라는 이름을 썼다.[15] 이 때문에 주희는 "운대진일"을 쓰는 것을 기이하게 여기지 않았을 뿐만 아니라 『계몽』을 자작으로 삼았다.

　주희가 상수와 의리를 겸하여 종합한 까닭은 그가 『주역』이라는 책의 성질에 대한 인식 및 하락학(河洛學, 圖書學)에 대한 중시와는 상관이 없다. 한 이래 『주역』을 육경의 으뜸으로 삼았는데 유가의 정통으로 간주된 가장 중요한 경전은 성인의 말이다. 주희는 용감하게 『주역』의 겹겹의 베일을 벗기고 곧장 『주역』을 "복서(卜筮)의 책"으로 지목하였다. "『역』은 본래 복서를 위해 지어졌으며", "옛날 사람들은 순박하고 질박하여 어떤 일에 처해도 깊이 생각하지 않고서 이렇게 하려고 했다가 또 저렇게 하려고 하여 적당함이 없었다. 그래서 성인이 『역』을 지어 사람들에게 점치는 일을 보임으로써 천하의 뜻에 통하고 사업을 정하며 의심을 결단할 수 있게 한 것이니, 이른바 '사물을 열어주고 일을 이룬다.'는 것이다."[16] 『주역』이 복서를 위한 책이라는 것 및 왜 복서의 책인가 하는 원인을 확정지었다. 『주역』이 성인이 지은 것이라 한다면 "성인은 다만 복서 때문에 (『주역』을) 지은 것이다."[17] 상고시대의 사람들은 모두 매우 순박하여 모든 일을 이해하지 못하였으므로 복서를 통하여 일의 처리를 결정할 수밖에 없었기 때문에 수도를 옮기고 임금을 세우는 일 등과 같은 나라의 대사에 모두 복서를 통하여 길흉의 여부를 결정하였다. 이를 감안하여 주희는

---

14 「발주원옹첩(跋周元翁帖)」, 『주희집』 권82, 4225쪽을 보라.

15 「발주희진소서도덕경(跋朱希所書道德經)」, 『주희집』 권84, 4329쪽을 보라.

16 『주자어류』 권66.

17 위와 같음.

"지금 사람들은 반드시 복서의 책으로 보아야 비로소 이해할 것이니, 그렇지 않으면 『역』을 볼 수 없다."[18]라 생각하였다.

『주역』이 이미 "복서의 책"인 바에야 상수를 이야기하지 않을 수 없고 또한 복서의 길흉화복의 의리를 말하지 않을 수 없으며, 동시에 "점(占)"을 이야기하지 않을 수 없으니 "점"이 아니면 어떻게 복서의 책이겠는가? "복서하는 자는 그 점을 숭상한다.", "『역』은 다만 점을 숭상하는 책이다."[19] 점을 치지 않으면 소용이 없다. 이 때문에 주희는 "점"을 강조하였다. "만약 점을 이런 식으로만 해석한다면, 사농공상의 계층에 있는 사람들이 일마다 점을 쳐서 활용할 수 있겠는가? 이런 사람이 점을 치면 곧 이렇게 쓰고, 저런 사람이 점을 치면 곧 저렇게 쓰는 것이다. …… 성인이 곧 『역』을 지어 사람들에게 점을 치도록 한 것이다. 점을 쳐서 이러면 곧 길하고 이러면 곧 흉하다."[20] 『주역』의 실용가치는 곧 "점"에 있다. 성인이 『역』을 지은 종지(宗旨) 또한 "점"을 치기 위함이었다. "점"은 보편적으로 적용되는 것으로 "대인을 만나봄이 이롭다(利見大人)" 같은 것은 백성들에게 만나보지 않게 하는 것이나 혹은 군자만이 쓸 수 있는 것이 아니다. 덕이 있는 사람이라면 임금의 아래 지위에 있는 사농공상이라도 모두 쓸 수 있다. 점의 의의에서 괘의 효사(爻辭)를 이해하는 것은 모든 사람, 모든 일에 보편적으로 적용되는 것이다. 바로 「단사(彖辭)」, 「문언(文言)」, 「계사」 또한 "지금 사람들이 그저 『역』을 점치는 책으로 받아들이기 때문에 활용가치가 있는 것이지, 괘나 효를 통해서 이치를 드러내는 것으로 본다면 아마도 쓸모없는 이론이 될 것이다."[21] 이렇게 그는 소옹의 상수

---

18 위와 같음.
19 『주자어류』 권67.
20 『주자어류』 권66.
21 위와 같음.

학과 정이의 의리학을 초월하여 점의 편파적인 점을 이야기하지 않고 그의 "점학"을 건립하였다.

점학을 건립하기 위하여 주희는 춘추 때의 『좌전(左傳)』과 『국어(國語)』의 서법(筮法)를 탐색하면서 『서의(筮儀)』를 정리하고 회복시켜 옛 법이 유전되도록 하였다. 동시에 설시(揲蓍)하는 방면의 오류를 상고하였다. 그는 "『역』을 읽는 사람이 설시하는 방법을 이해하지 못하고서 『역』을 말하면 역시 뜬구름 잡는 것과 같다."[22] "지금 보이는 점치는 법 또한 다만 대개 이와 같을 뿐이다."[23]라 지적하였다. 주희가 말하는 점치는 법은 곧 점서(占筮)이며 서(筮)는 곧 시(蓍)이지 귀복(龜卜)이 아니다. 점이 설시(揲蓍)를 쓰면 곧 설법(揲法)이 있다.

이때 곽옹(郭雍)이 『시괘변의(蓍卦辯疑)』를 지었는데 주희가 논평하여 말하였다. "설시(揲蓍)가 비록 작은 일이기는 하지만 공자 이래로 천오백 년 동안 사람들이 전혀 이해하지 못했다. 당대(唐代) 사람들의 설명이 비록 병통이 있지만 이해한 것이 대체로 옳았다. 근래의 설명은 지나치게 잘못되었는데, 곽자화(郭子和)로부터 비롯되었다."[24] 곽옹은 당인(唐人)의 설시설(揲蓍說)을 부정하였고, 주희는 곽옹의 설이 매우 어그러졌다고 생각하였다. 이에 「시괘고오(蓍卦考誤)」를 지어 "주석가(註釋家)들이 그 뜻을 조금 잃었고, 변론하는 자들이 그 뜻을 크게 잃었다. 그래서 학설이 많아질수록 그 뜻은 더욱 어지러워졌다. 『곽씨변의(郭氏辯疑)』를 읽고 그 잘못을 고찰하고자 한다."[25]라 지적하였다. 당 공영달(孔穎達)의 『주역정의(周易正義)』의 해석은 "대체로 어긋남이 없는데", 곽옹의 『변의』는 그 뜻을 크게 잃었다.

---

22 위와 같음.
23 위와 같음.
24 『주자어류』 권75.
25 「시괘고오(蓍卦考誤)」, 『주희집』 권66, 3475쪽.

두 사람의 차이는 첫째, 곽은 1변은 괘를 쓰고, 2, 3변은 괘를 쓰지 않으며 다만 설수를 쓴다고 주장하였다. 주희는 1, 2, 3변이 모두 괘를 쓴다고 주장하였으며 이에 따라 그는 "이제 제일변(第一變)은 괘(掛)하고 제이변(第二變), 삼변(三變)은 괘(掛)하지 않는다, 라고 하여 드디어 당괘(當掛)의 변(變)으로 괘(掛)를 삼아 윤(閏)을 상징하고, 불괘(不掛)한 변(變)으로 늑(扐)을 삼아서 불윤(不閏)의 해[歲]를 상징하니, 『대전(大傳)』의 '괘일상삼(掛一象三)'과 '재륵상윤(再扐象閏)'과 전혀 상응하지 못한다."[26]라 생각하였다.

둘째, 곽옹은 노(老, 老陰6, 老陽9) 소(少, 少陰8, 少陽7)를 사용하지 않고 36, 32, 28, 24를 책수(策數) 삼아 계산할 때 49-13=36, 49-17=32, 49-21=28, 49-25=24를 채택하여 수를 얻어 책수로 삼고 수를 제거하여 남는 수로 삼았다. 주희의 설시는 노소(老少)를 이야기하고 6, 7, 8, 9를 이야기하였다. "그(郭雍을 가리킴)는 이미 노소가 없다면 7, 8, 9, 6이 모두 무용함을 알지 못하였으니 또 어떻게 괘를 만들겠는가."[27] 실로 괘를 이룰 수 없다. 곽옹의 이런 설법은 "이제 괘륵(掛扐)의 수에 이미 유래한 곳을 알지 못하고 공부할 것이 없다고 여기며, 설시법에서는 한갓 과설(過揲)의 수만을 고집하여 정책(正策)으로 삼으니 또한 정책이 유래한 곳을 알지 못한 것이다. 그 전체의 수[全數: 49]를 더하거나 빼서 괘륵의 수를 없앨 수 있음을 밝히고자 하니, 이는 또 서로 없어서는 안 된다는 이론을 알지 못한 것으로 그 잘못이 더욱 심하다."[28]라 하기에 이르렀다. 곽옹의 괘수는 과설의 수를 써서 과설의 수를 정책으로 삼아 정책의 수가 유래한 곳을 알지 못하였을뿐더러 괘수가 유래한 곳도 알지 못하였다. 주희는 과설의 수를 괘수와 서로 결합시켰다. 49 전수를 가지고 설시하여 앞의 것을 괘로 삼고 뒤

---

26 「시괘고오」, 『주희집』 권66, 3483쪽.

27 『주자어류』 권75.

28 「시괘고오」, 『주희집』 권66, 3485쪽.

의 것은 과설로 삼았다. "괘륵(掛扐)의 수에 4를 곱하면 반드시 과설의 책을 얻고, 과설의 책을 4로 나누면 반드시 괘륵의 수를 얻는다. 그 자연의 묘(妙)가 암수[牝牡]가 서로 잘 어울리고(相銜) 부절이 서로 합치되는 것(契合)과 같아서 서로 상승(相勝)할 수는 있으나, 상무(相無)할 수는 없다."[29] 수리(數理)를 가지고 과수와 과수의 부절이 합치되는 것 같고 서로 어울리는 것을 설명하였다.

주희는 방(方)과 원(圓)의 계산 방법, 곧 원은 둘레가 3경(徑) 1과 방은 둘레가 4와 반을 쓰는 기술을 써서 얻은 78, 96의 음양 노소의 수를 4를 1설로 하는 과설의 책의 설수와 부합시켰다.

셋째, 주희는 하도와 낙서의 수리를 시괘의 상수를 융합회통시켜 역학 중의 하락학(河洛學, 혹은 圖書學이라고도 한다)을 건립했다. 비록 하도낙서가 유전되어온 유래가 이미 오래긴 하지만 모두 설법(揲法)으로 끌어들이지 못하였으며 소옹에 이르기까지도 해낸 적이 없었다. 주희는 하도낙서 중의 수리와 설시 중에서 7, 8, 9, 6과 음양노소가 일치하는 것을 발견하였다. 그는 말하였다. "이전의 7, 8, 9, 6의 설은 (당신의) 뜻에 어떻습니까? 근래에 자세하게 헤아려보니, 하도에서 온 것이다.(곧 老兄이 말한 낙서라는 것이다.) 『역학계몽』의 앞에 이 한 편을 더하여 하도와 낙서를 함께 배열함으로써 그 단서를 열었다."[30] 나중에 그는 『역학계몽』에서 이렇게 설명하였다. "하도가 5와 10을 비운 것은 태극이다. 홀수가 20이고 짝수가 20인 것은 양의(兩儀)이다. 1, 2, 3, 4로 6, 7, 8, 9가 된 것은 사상(四象)이다. 사방의 모여 있는 것을 쪼개어 건곤이감(乾坤離坎)의 괘로 삼고 네 모퉁이의 빈 곳을 보충하여 태진손간(兌震巽艮)의 괘로 삼은 것은 8괘이다."[31] "낙서에 그 가

29 위와 같음.
30 「답채계통(答蔡季通)」, 『주희집』 권44, 2066쪽.
31 「본도서제일(本圖書第一)」, 『역학계몽』 권1. 『주자유서』 본.

운데를 비우면 또한 태극이다. 홀짝이 각각 20을 차지하면 또한 양의이다. 1, 2, 3, 4가 9, 8, 7, 6을 품고, 종횡이 15이고 서로 7, 8, 9, 6이 되면 또한 사상이다. 사방의 바름으로 건곤이감괘를 삼고 네 모퉁이의 치우침으로 태진손간괘를 삼으면 또한 팔괘이다."[32] 하도와 낙서는 모두『주역』「계사 상」에서 이야기한 "역에 태극이 있으니, 이것이 양의를 낳고 양의가 사상을 낳고 사상이 팔괘를 낳았다."는 차서에 비추어보면 서로 부합한다. 하도낙서의 7, 8, 9, 6 또한 설시의 7, 8, 9, 6, 음양노소의 수와 서로 부합한다.

주희는 또 하도낙서의 수리를 설시의 "대연지수(大衍之數)"와 서로 회통시켰다. 그는 말하였다. "하도에서 10을 비우면 낙서 45의 수이다. 5를 비우면 대연(大衍) 50의 수이다. 5와 10을 쌓으면 낙서 종횡 15의 수이다. 5로 10을 곱하고 10으로 5를 곱하면 또한 모두 대연의 수이다. 낙서의 5는 또한 스스로 5를 품어 10을 얻는데 통하여 대연의 수가 된다. 5와 10을 쌓으면 15를 얻어 통하여 하도의 수가 된다. 실로 이것을 밝히면 종횡과 곡직이 통하지 않는 곳이 없다."[33] 이 회통은 그로 하여금 이유가 있게 하고 근거가 있게 하여 역학의 도서학(河洛學) 및 도서 상수의 점학(占學)을 열었다. 주희의 도서 수리 점학이 당시 사람들의 비판을 받아서, 임률(林栗) 같은 사람은『역경전집해(易經傳集解)』를 지어 소옹의 상수학을 크게 질책하였다. 그는 비록 도서 상수학파에 속하지만 선천, 후천 팔괘생성설을 취하지 않고 호체(互體) 팔괘생성설을 제창하였으나,『주역』에서 근거를 찾을 수 없기 때문에 주희의 인정을 받지 못하였다.

주희와 곽옹의 변론은 한 차례 창조하고 개발한 변론이어서 그로 하여금『역』의 이(理)와 수(數), 점(占)에 대한 역학 체계를 한 걸음 나아가 발명하

---

32 위와 같음.

33 「본도서제일(本圖書第一)」,『역학계몽』권1.

게 하였다. 당시 원추(袁樞, 자는 機仲)와의 변론에서 또 한 걸음 더 나아간 발휘가 있었다. 그는 구양수(歐陽修)를 계승하여 하도낙서를 거짓으로 생각하였고 후천학을 주장하고 소옹의 선천학을 반대하였다. 아울러 하도낙서의 수로 대연의 수를 해석하는 것을 반대하였다. "보낸 편지에서 또 '저더러 대연의 수를 「하도」·「낙서」의 수와 합해서는 안 된다'고 하였습니다."[34]라고 한 것 등이다. 주희는 다섯 방면에서 원추의 힐난에 대답하였다.

1. 하도와 낙서는 "그 의리의 오류와 증험의 차이를 지적한 것을 보지 못하였으므로" 거짓이 아니다. 2. 선천은 복희의 『역』이고 후천은 문왕이 부연한 『역』으로 "양자는 본래 서로 방해되지 않지만 서로 섞일 수도 없다." 3. 7, 8, 9, 6은 "이는 곧 천지간에 자연스러운 도리로" 사상이 된다. 4. 64괘의 생성은 8괘에 연속으로 3효를 더하여 이루어져 효와 5효를 더하여 주된 명칭이 없다고 말할 수 없다. 5. 『역전』에서는 8괘를 중복하여 64괘가 되었다고 하여 8괘에 3효를 더하여 64괘가 되었다는 것과 일치하며 "비록 늦고 빠른 차이는 있지만 모두 자연스레 차례대로 생겨 나와 각각 줄줄이 배열된다."[35]

주희는 이 다섯 조목은 "나의 말이 아니라 소강절(邵康節)의 말이고, 소강절의 말이 아니라 진희이(陳希夷, 摶)의 말이고, 진희이의 말이 아니라 공자의 말이다. 다만 당시 여러 유학자들이 제대로 전하지 못하자, 방외(方外)의 무리가 은밀히 서로 주고받으며 단조술(丹竈術)로 만들었다. 그러다가 진희이와 소강절에 이르러 마침내 『역』으로 되돌려 놓고 나서야 그 말이 비로소 다시 세상에 밝혀지게 되었다."[36]라 생각하였다. 자신의 역학이 공자와 문왕, 복희 세 성인을 이었다는 것을 명확히 밝혔고, 비록 그

---

34 「답원기중(答袁機仲)」, 『주희집』 권38, 1677쪽.

35 「답원기중」, 『주희집』 권38, 1682~1686쪽.

36 「답원기중」, 『주희집』 권38, 1686쪽.

사이에 실전되어 방외의 도교에 의해 흡수되었지만 진단과 소옹이 『역』
을 회귀시켜 세상에서 다시 밝혀지게 하였다. 이렇게 주희의 역학은 당
시로써는 가장 완전한 체계였다.

2. 변역과 교역이 회통하다

주희의 이와 수, 점의 역학 체계는 당시의 역학 연구를 집성하였다. 함
축하고 있는 것으로 말하면 "변역"과 "교역" 두 뜻을 아울러 온축하였다.
이와 수를 가지고 말하면 소옹의 『선천도』와 주돈이의 『태극도』를 어떻
게 회통시킬까 하는 것을 섭렵하였다. 두 그림은 비록 진단에게서 나온
것에 의하여 전하여졌지만, 두 사람이 발휘한 결과는 같지 않다. "주자(周
子)는 이가 있는 곳에서 보았고, 소자(邵子)는 수가 있는 곳에서 보았다."[37]
곧 한 사람은 이를 중시하고 한 사람은 수를 중시하였다. 이 때문에 주희
는 상수와 의리를 아울러 종합하여 당시 사람들에게 양자가 이취(異趣)
로 여겨졌던 선천학과 태극학을 소통시켜야 했다. 주희는 말하였다. "『선
천』은 곧 복희의 그림으로 강절(康節: 邵雍) 스스로 지은 것이 아니다. 비록
언어가 없었을지라도 갖춘 내용이 매우 광대하다. 지금 『역』 안의 한글자
한뜻도 본디 그 안에서 흘러나오지 않은 것이 없다. 『태극도』는 염계(濂溪:
周敦頤)가 스스로 지은 것으로 『역』의 대강의 강령과 뜻을 밝혔을 따름이
다."[38] 두 그림의 작자는 다르지만 모두 『역』과 상관이 있어 회통한다.

주희는 선천학과 태극학 양자가 다만 의리상으로만 서로 통하는 것이
아니라고 긍정하였다. "그 의리를 논하자면 『선천』이 『태극』의 정밀하고

---

37 『주자어류』 권93.
38 「답황직경(答黃直卿)」, 『주희집』 권46, 2253~2254쪽.

요약됨만 못하다. 본래 그 규모가 다르지만 『태극』은 결국 『선천』의 범위 안에 있을 뿐만 아니라 『선천』이 자연스럽고 사려에 의지하여 안배하지 않은 것만 못하다."[39] 양자는 비록 정밀하고 요약됨과 자연스럽다는 각자의 장점이 있지만 마침 구성이 서로 돕고 포함되어 있다. 아울러 수의 방면에서도 상통하여 "수(數)를 가지고 말한다면 『선천』의 수는 1에서 2로, 2에서 4로, 4에서 8로 가서 8괘가 된다. 『태극』의 수도 1에서 2(강/유)로, 2에서 4(강선/강악/유선/유악)로 되었다가 1(중)을 더하여 5행이 되어 아래로 만물에 미친다. 대개 사물의 이치는 본래 같고 상수(象數)도 둘로 나뉘지 않지만, 거기에 크고 작고 상세하고 간략한 차이가 있다는 것을 헤아릴 수 있을 따름이다."[40] 양자의 수의 크기는 같지 않지만 다를 바 없다. 양자의 구체적인 융합을 가지고 말한다면 "예컨대 『선천도』의 말도 태극이 흩어져서 64괘와 384효가 되고 1괘와 1효는 하나의 태극을 갖추지 않음이 없으므로, 각기 하나의 태극을 갖추고 있을 뿐만 아니라 많은 도리도 갖추었으니, 상황에 따라서 다 이해해야 한다."[41] 이렇게 소옹의 선천학과 주돈이의 태극학이 융합되게 되었다.

"변역"과 "교역"에다 주희는 소옹과 정이를 회통시켰다. 정이는 「역전서」에서 말하였다. "역은 변역(變易)함이니 때에 따라 변역하여 도를 따른다. 그것이 나옴에 광대하여 모두 갖추어져 있어서 장차 성명의 이치를 순히 하고 유명(幽明)의 원인을 통달하고 사물의 실정을 다하여 사물을 열어주고 일을 이루는 도를 보여주었다."[42] "변역"의 "유행"만 이야기하여 유명을 통달하였기 때문에 "상대적인" "교역"은 이야기하지 않았다.

---

39 위와 같음, 2254쪽.

40 위와 같음.

41 위와 같음, 2255쪽.

42 「역전서(易傳序)」, 『이정집(二程集)』 중화서국 1981년판, 689쪽.

주희는 정이의 이런 설법은 하나만 고집하는 실수가 있다고 생각하였다. 그는 말하였다. "정이가 '역(易)'은 변역(變易)이다'라 한 것은 단지 상대적인 음양의 유행을 말했을 뿐이지 뒤섞고 종합하여 상호작용하는 음양의 이치를 말한 것은 아니다. '역'을 말할 때는 반드시 이 두 가지 의미를 겸비해야 한다."[43] 그러나 소옹이 "상대적인" "교역"을 이야기한 것은 비교적 많다. 이것을 가지고 말하면 주희 또한 정이와 소옹의 "교역"과 "교역"을 집대성한 것이다.

주희의 역학 사상은 광대하면서도 정미롭지만 그 변역사상은 둘이다. 하나는 "유행(流行)"이고 하나는 "대대(對待)"이다. 그는 말하였다. "'역'에는 두 가지 뜻이 있다. 하나는 변역인데, 곧 유행하는 것이며, 하나는 교역인데, 곧 대대하는 것이다."[44]

먼저 "유행(流行)"의 "교역(交易)"을 분석한다.

주희 철학의 논리적 구조에서 "이(理)"는 그의 철학의 최고 범주이며, "태극"과 "도", "천리"는 "이"와 상당하는 범주이며, 혹 "이"가 다른 상황과 장소에 있을 때의 명칭이다. 이는 「태극도」를 그의 이학 철학 체계에 납입할 필요성이 있든 『주역』 「계사전」의 "『역』에 태극이 있을" 필요성을 발휘하든 모두 이와 태극을 형상학으로 간주할 범주가 필요하다. 그는 말하였다. "태극이란 것은 그 이(理)이며",[45] "이른바 태극은 또한 이일 따름이다."[46] "이"와 "태극"은 원융적이다.

태극은 이(理)로서 이와 유사한 특성을 가지고 있으며, 이는 양자가 융합한 특징이기도 하다. 이를테면 그것들은 모두 형체가 없고 형상이 없

---

43 『주자어류』 권65.

44 위와 같음.

45 「계사상전(繫辭上傳)」 제11장, 『주역본의』 권3.

46 「천문(天問)」, 『초사집주』 권3, 상해고적출판사 1977년판, 50쪽.

으며 방소(方所)가 없지만 무는 아니다. 형체가 없고 형상이 없는 것은 다만 보이지 않는 것일 따름이며 혹 형상이 채 형성되기 전의 상태, 혼돈 같은 것이다. 그는 말하였다.

> 태극이란 상수(象數)가 아직 형체를 갖추지는 않았으나 그 이(理)는 이미 갖추고 있는 것을 일컫는다. …… 소자(邵子)는 말하였다. 도는 태극이다. 또 말하였다. 마음이 태극이라는 것은 이를 이르는 것이다.[47]
> 태극은 곧 양의, 사상(四象), 팔괘의 이로 무(無)라 이를 수 없지만 아직 형체가 없는 것을 이를 만하다.[48]
> 태극은 하나의 사물이 아니므로 내려 둘 곳이 없으니, 무형의 극치이다.[49]

"태극"은 형상이 없고 내려둔 곳이 없으니 감지할 수 있는 것이 아니다. 당연히 무형무상은 결코 허무가 아니라 단지 우리의 감각에 의존하지 않고 존재할 뿐 인간의 사고에 의해 체득될 수 있는 실재이다. "태극"은 방위도 없고, 놓을 자리도 없으며, 시공을 초월한다. 또한 존재하는 하나의 사물도 아니고, 사물에 의해서만 나타나는 어떤 정신일 뿐이다. 정신은 결코 무(無)이거나 허(虛)가 아니라, 일종의 실재하는 상태이다.

이 형상학의 실재 상태는 주희의 입장에서 보면 곧 "사물이 있기 전에도 있었고, 사물이 있고 난 후에도 일찍이 서지 않은 적이 없다고 여긴 것이다. 음양의 바깥에 있으면서도 일찍이 음양의 가운데 있지 않은 적이 없다고 여긴 것이기도 하며, 전체를 관통하여 있지 않은 곳이 없으니 또 처음부터 말할 수 있는 소리나 냄새, 그림자나 메아리가 없다고 여긴 것

---

47 「원괘획(原卦畫) 제2」, 『역학계몽』 권2.
48 「기임황중변역서명(記林黃中辨易西銘)」, 『주희집』 권71, 3691쪽.
49 『주자어류』 권75.

이다."⁵⁰ 사물이 있기 전에 음양의 바깥에서 보면 "태극"은 세계의 만물이 생성되기 전, 사물 바깥의 "이(理)"이다. 사물이 선 뒤 음양의 안에서 행하여지는 것으로 보면 "태극"은 음양과 떨어지지 않는다. 이는 곧 "떨어지지 않고 섞이지 않는" 관계로 차분(差分)하고 대대(待對)하면서 또한 융합하고 통일하는 관계이다. 그는 말하였다. "대체로 천지의 사이에 가득 찬 것은 태극과 음양의 묘함이 아닌 것이 없다. 그래서 양의가 나누어지기 전에는 혼연히 태극이어서 양의와 사상, 64괘의 이(理)가 이미 그 가운데서 찬연하며, 태극으로부터 양의가 나뉘니 태극은 본디 태극이고 양의는 본디 양의이다."⁵¹ "음양"의 양의가 아직 나누어지지 않으면 "태극"의 이가 그 가운데서 서로 의지하여 떨어지지 않으며, "태극"은 본디 "태극"이고 "양의"는 본디 "양의"로 둘은 섞이지 않는다.

　"태극"과 "음양"의 이 관계는 "이"와 "기"의 관계와 비슷하여, "태극" 자신은 안치될 수가 없어 "음양"을 빌어서 안치되며, "음양"의 "동정(動靜)"의 변화 때문에 "음이 양을 낳고 양이 음을 낳아 그 변화가 끝이 없다."⁵² 곧 "사상", 이를테면 춘하추동, 금목수화, 동서남북을 낳아 미룰 수 없는 것이 없다. "사상"은 "팔괘", 이를테면 천(天), 지(地), 산(山), 택(澤), 풍(風), 뇌(雷), 수(水), 화(火)를 낳아 이에 곧 자연계와 인류사회를 낳는다. 주희는 『역학계몽』에서 소옹의 말을 인용하여 말하였다. "천(天)은 비로소 생겨난 것을 가지고 말하였기 때문에 음이 위에 있고 양이 아래에 있으며, 교태(交泰: 음양이 조화를 이루어 만물이 태평함)라는 뜻이다. 지(地)는 이미 이루어진 것으로 말하였으므로 양이 위에 있고 음이 아래에 있으며 존비의 지위이다. 건곤이 상하의 자리를 정하면 감리(坎離)가 좌우의 문에 늘어선

---

50 「답육자정(答陸子靜)」, 『주희집』 권36, 1576쪽.
51 「원괘획 제2」, 『역학계몽』 권2.
52 「계사상전」 제5장, 『주역본의』 권3.

다. 천지가 닫히고 열리는 것과 일월이 드나들며 춘하추동, 회삭현망(晦朔弦望), 주야장단, 행도(行度)의 차고 기욺이 여기에서 말미암지 않음이 없다."[53] 이렇게 주희는 그 철학의 논리적 구조에서 출발하여 "태극"과 "양의"(음양)—"사상"—"팔괘"……서열을 통하여 일체의 자연현상과 사회현상의 연계와 변화 및 우주와 사회의 생성을 설명하였다. 하나의 세계의 도식을 묘사하였다.

이 세계의 도식은 자연 세계이기도 하고 사람의 세계이기도 하다. "이"와 "태극"에서 말하면 유행하는 교역 안에서 또 서로 상통한다. 주희는 말하였다. "대체로 역(易)이란 변역이다. 한번 동하고 한번 정함, 이발(已發)과 미발(未發)을 겸하여 가리켜 말한 것이다. 태극이란 것은 본성과 감정의 묘함이어서 한번 동하고 한번 정함, 미발과 이발을 통일하는 이치이다. 그러므로 역에 태극이 있다고 하는 것은 그 동하고 정하며 닫히고 열림에 모두 이 이치가 있다는 것을 말한다. 만약 '역(易)'자가 이발만 가리켜 말한 것이라면 이것은 또한 마음을 이발의 설로 생각하는 것이다."[54] 미발은 성이며 이발은 정이다. 변역의 동정과 미발이발의 유행이 태극과 서로 부합한 것은 성정의 묘용이다. 희로애락과 성정의 미발과 이발은 사람의 정감 생활과 본성의 상태로 그 근거는 태극의 변역과 유행이다.

이제 "대대(對待)"의 "교역(交易)"을 분석한다.

탐구해나가면 주희의 우주와 사회생성론의 "태극"—"양의"—"사상"—"팔괘"……의 무한한 서열은 대대(對待)한 "교역" 곧 "1이 2로 나누어지는" 것을 따르며 이렇게 하나의 규율적이라는 것을 발견하게 된다. 그는 말하였다. "태극이 나뉘어 처음으로 하나의 기(奇)와 하나의 우(偶)를 낳아서 한 획이 된 것이 둘이면 이것이 양의(兩儀)이니, 그 수(數)는 양(陽)은 1이고 음

---

53 「원괘획 제2」, 『역학계몽』 권2.
54 「답오회숙(答吳晦叔)」, 『주희집』 권42, 1964쪽.

(陰)은 2이다. …… 소자가 이른바 1이 2로 나누어진다는 것은 바로 이를 이른다. 양의의 위에서 각기 하나의 기와 하나의 우를 낳아서 2획이 된 것이 4인데 이것이 사상(四象)이며, …… 소자가 이른바 2가 4로 나누어진다는 것은 모두 이를 이른다."[55] 이로 말미암아 "사상"의 위에서 각기 하나의 기와 하나의 우를 낳아서 3획이 되는 것이 곧 "팔괘"인데, 곧 소옹이 이른바 4가 8로 나누어지는 것이다. "팔괘"의 위에서 각자 하나의 기와 우를 낳아서 4획이 되는 것이 곧 8이 16으로 나누어지는 것이며, 4획의 위에서 각자 하나의 기와 우를 낳아서 5획이 되는 것이 곧 16이 32로 나누어지는 것이다. 5획의 위에서 각자 하나의 기와 하나의 우를 낳아서 6획이 되는 것이 곧 32기 64로 나누어지는 것이라는 것을 유추할 수 있다.

주희는 『주역』의 "상(象)"(−, −−)과 "수"(奇數와 偶數)의 관계와 변화를 가지고 우주와 사회 중의 매우 복잡한 모순적인 구조를 제시하고 개괄하였으며 나아가 음양의 충돌 융합과 기와 우의 수율(數律)을 우주 생성의 기본 법칙으로 삼았다. "태극"이 부단히 1이 2로 변천해 가는 과정에서 모두 "음양"의 대대(待對) 통일과 하나의 기 하나의 우의 작용으로 말미암아 1이 2로 나누어지는 부단한 연진을 재촉하였다. 숫자를 가지고 나타낸다면 "태극"은 1이나 2^0이며, 하나의 음과 하나의 양으로 나누어지면 하나의 기와 하나의 우를 낳으니 2나 2^1로 곧 이른바 1획이다. 2^1이 각자 하나의 기와 하나의 우를 낳으면 4나 2^2가 되는데 곧 이른바 2획이라는 것이다. 2^2가 각자 하나의 기와 하나의 우를 낳으면 8이나 2^3, 곧 이른바 3획이라는 것이다. 2^2가 각자 하나의 기와 하나의 우를 낳으면 16이나 2^4 곧 이른바 4획이라는 것이며 이로 말미암아 유추한다. 여기에서 매 한 고리의 1이 2로 나누어지는 것은 모두 음양기우에서 구성되는 것

---

[55] 「원괘획 제2」, 『역학계몽』 권2.

일 뿐만 아니라 1이 2로 나누어지는 등차의 급수 0, 1, 2, 3, 4, 5, 6 또한 하나의 기와 하나의 우로 말미암아 구성되는 것이다. 주희는 이 1이 2로 나누어지고 2가 4로 나누어지며 …… 하나의 무한한 과정이라고 생각하였다. "이는 단지 1이 나뉘어 2가 되는 것이다. 구절마다 이와 같아 무궁한 데까지도 모두 1이 2를 낳을 따름이다."[56]

우주와 사회생성의 1이 2로 나누어지는 법칙으로써 우주와 사회에서의 갈등 충돌 현상을 깊이 반영하였다. 주희는 2로 나누어지는 1의 '1'은 통일물 또는 혼돈이 아직 나누어지지 않은 사물을 가리킨다고 생각하였다. 통일물 중에는 대대(對待)의 두 방면을 포함하고 있다. 1은 하나의 도리로 두 개의 단서를 가지고 있으며 용처가 같지 않다. 이를테면 음양은 음 가운데 양을 가지고 있고 양 가운데 음을 가지고 있어서 양이 다하면 음이 생겨나고 음이 다하면 양이 생겨나기 때문에 신묘한 변화가 끝이 없다.[57] 통일물 가운데는 상호 배척과 상호 대대(對待)라는 두 가지 단서가 존재하고 있다. "음양을 상대적으로 말하는 경우가 있는데 바로 동은 양이고 서는 음, 남은 양이고 북은 음이라는 것과 같은 것이다."[58] 이는 지위이고 위치의 다름이며, 달리 용처가 같지 않은 것이다. "양이 먼저이고 음은 뒤이며, 양은 의(義)를 주로 하고 음은 이(利)를 주로 한다."[59] "양은 생(生)을 주로 하고, 음은 살(殺)을 주로 하니 선악의 구분 같은 것이 있다."[60] 동시에 대대(對待)의 양단은 또 서로 의뢰하고 서로 삼투한다. 대대의 일단은 다른 일단을 자기 존재의 조건으로 삼는다.

56 『주자어류』 권67.
57 『주자어류』 권98.
58 『주자어류』 권65.
59 「곤(坤)」, 『주역본의』 권1.
60 위와 같음.

그는 말하였다. "나는 '역(易)'자에는 두 가지 뜻이 있다고 생각하는데, 바로 변역의 뜻이 있고 교역의 뜻이 있다. 「선천도」의 한쪽에는 본래 모두 양이고 다른 한쪽은 본래 모두 음이다. 양 속에 음이 있고 음 속에 양이 있으니, 양이 가서 음과 교역하고 음이 와서 양과 교역하니, 양쪽이 각각 서로 짝이 된다. …… 성인이 당초 이렇게 생각한 것이 아니고 단지 하나의 양을 그리고 하나의 음을 그렸고, 각각이 곧 둘을 낳았다. 하나의 양 위에서 또 하나의 양과 하나의 음이 생겼고, 하나의 음 위에서 또 하나의 음과 하나의 양이 생겼다. 이렇게 갈 뿐이다. 1이 2가 되고, 2가 4가 되고, 4가 8이 되고, …… 이미 사물이 만들어지면 자연히 이처럼 된다."[61] 양이 교역(交易)하여 음이 되고 음이 교역하여 양이 되며, 양은 음 가운데 있어 "음은 양의 어머니가 되고 양은 음의 아버지가 된다."[62] 음양은 대대하면서 하나의 통일체 가운데 함께 처하는데, 이것이 이른바 "1"이다.

『주역』은 비록 역에 태극이 있고 양의와 음양을 낳는다고 이야기하지만 괘효(卦爻)가 모두 음(陰, --)과 양(陽, -) 이 두 부호의 변화로 말미암아 구성되기 때문에 주희는 『장자』「천하(天下)」편의 "『역』은 음양의 도를 말했다"는 설에 동의하였다. "『역』의 자의(字義)는 다만 음양"이고, "『역』은 다만 음양이라는 두 글자를 다 포괄하여 말하는 것뿐"[63]이라 생각하였다. 음양이 있어야 대대(待對)가 있고, 대대가 있어야 교역(交易)을 구성한다. 그러므로 대대의 교역은 『역』의 기본사상 가운데 하나이다.

이를 바탕으로 "대대"의 "교역"을 "구도(九圖)"와 결합하여 보고 그는 말하였다. "교역은 양이 음과 만나고 음이 양과 만나는 것으로, 괘도(卦圖) 위의 것이다. 이를테면 바로 '하늘과 땅이 자리를 정하고 산과 못이 기

---

61 『주자어류』권65.
62 「원괘획 제2」, 『역학계몽』권2.
63 『주자어류』권65.

를 통한다(天地定位, 山澤通氣)'는 것이다."[64] 이른바 "괘도 위의 것"은 바로 「복희팔괘방위도(伏羲八卦方位圖)」(왼쪽 그림과 같다)를 가리킨다. 건(乾, ☰)과 곤(坤, ☷)은 천지의 대대(對待)이고, 감(坎, ☵)과 이(離, ☲)는 수(水)와 화(火)가 용납지 못하는 것이며, 손(巽, ☴)과 진(震, ☳)은 우레와 바람이 서로 부딪치는 것이며, 간(艮, ☶)과 태(兌, ☱)는 산과 못이 서로 통하는 것이다. 「복희팔괘원도」는 "대대"의 "교역"을 가지고 만들었다. 각각 "대대"하는 두 괘는 수를 서로 더하여 또한 모두 9가 된다. 곧 건곤은 1+8=9, 이감은 3+6=9, 진손은 4+5=9, 태간은 2+7=9이다.

특별히 「문왕육십사괘횡도(文王六十四卦橫圖)」를 가리키는데, 건(䷀), 곤(䷁), 둔(屯, ䷂), 몽(蒙, ䷃)이 상대적으로 배열된 것에서 비롯하여 기제(既濟, ䷾)와 미제(未濟, ䷿)가 서로 "대대"하는 배열로 끝이 나서 전체 「문왕육십사괘횡도」는 모두 "대대"의 "교역"에 의하여 지어졌다. 이런 충돌과 융합 사상은 곧 도식(圖式)에서 관통하고 있으며 그 역학 사상을 구성한다.

주희는 양단을 인정한 데다가 또한 대대가 하나의 통일체라고 인정하였으므로 대대와 통일은 한 사물의 두 방면이라고 생각했다. "천지 사이에는 본래 하나의 기가 유행하면서 동(動)하고 정(靜)하는 것이 있을 뿐이다. …… 동과 정으로 나눈 다음에야 음양과 강유(剛柔)의 구별이 있다."[65] 또 말하였다. "무릇 이것은 음이 양과 함께할 때뿐만 아니라 이미 두 사물이 되어 소장(消長)하며, 그 사물 가운데서 이 두 단서가 또한 각자 스스

---

64 위와 같음.
65 「건문언전(乾文言傳)」, 『주역본의』 권1.

로 하나의 사물이 되어 소장한다."⁶⁶ 음양의 두 단서는 하나의 사물 중의 두 단서로 곧 대대는 통일된 사물 중의 대대로 통일된 사물을 떠나면 또한 두 단서의 대대가 없게 된다. 이 때문에 "음양은 유행하는 것으로 추론하면 하나일 뿐이고, 대치하는 것으로 논하자면 둘이다. 예를 들어 해와 달, 물과 불과 같은 것은 둘이다."⁶⁷ 이른바 "추론하면" 통일된 물체라는 것은 곧 "음양은 비록 두 글자이지만 오히려 하나의 기가 소멸하고 생성하는 것이다. …… 예로부터 지금까지 천지간의 무한한 일을 만들어낸다. 그러므로 음양을 하나의 것으로 말해도 되고 두 개의 것으로 말해도 된다."⁶⁸ 하나로 보면 한 기(氣)의 소장이고, 두 개로 보면 한 기가 음양으로 나누어진 것이다. 따라서 통일에는 대대(對待)하지 않음이 없고, 대대에는 통일이 아닌 것이 없어서 대대와 통일은 분리할 수 없다. 우주 간의 이런 "1"과 "2"의 관계는 자연스러운 것이며 인위적인 것이 아니다. 그는 말하였다. "저 음양은 조화의 근본으로 서로 없을 수 없으며 소장이 상도(常度)가 있어서 또한 사람이 덜거나 보탤 수 있는 것도 아니다."⁶⁹ 대천세계(大千世界)는 바로 "태극"("理")이 "기"("陰陽")의 동정 변화를 빌려서, 1이 2로 나누어지는 형식을 통하여 태어났다. "천지의 사이는 하나의 기일 따름인데 나누어져서 2가 되면 음양이 되고 오행의 조화와 만물의 처음과 끝이 여기에서 관장되지 않는 것이 없다."⁷⁰ 이것이 곧 『역』의 "대대"에 의거하여 지어진 도식이다.

---

66 「명시책(明蓍策) 제3」,『역학계몽』권3.

67 『주자어류』권65.

68 『주자어류』권74.

69 「곤(坤)」,『주역본의』권1.

70 「본도서(本圖書) 제1」,『역학계몽』권1.

3. 하락(河洛)의 기우생극(奇偶生克)

두 단서인 대대와 통일이 갈등을 일으켜 1이 2로 나누어지며, 이로 말미암아 사물의 운동과 변화를 추진하는데, 대대의 "교역"이 있어야 유행하는 "변역"이 있다. 주희는 말하였다. "음양에는 유행하는 것이 있고 위치가 정해진 것이 있다. '한 번 동하고 한 번 정하여짐이 서로 그 뿌리가 된다'는 것은 유행하는 것이며, 바로 한서와 내왕이다. '음과 양으로 나뉘어 양의가 세워진다'는 것은 자리가 정해진 것이며, 바로 천지와 상하·사방이다."[71] 또 말하였다. "변역(變易)은 양이 음으로 변하고 음이 양으로 변하며, 노양이 변하여 소음이 되고 노음이 변하여 소양이 되는 것으로, 이는 점치는 방법이다. 이를테면 바로 주야와 한서, 굴신과 왕래이다."[72] "변역"의 유행은 "구도(九圖)"에 체현되는데 바로 「문왕팔괘방위도(文王八卦方位圖)」이다.(위의 그림과 같다)

괘위(卦位)의 배열 차서는 「설괘전(說卦傳)」의 유행 차서에 의거하였다. "제(帝)는 진(震)에서 나와 손(巽)에서 깨끗하고, 이(離)에서 서로 만나보고, 곤(坤)에서 일을 맡기고, 태(兌)에서 기뻐하고, 건(乾)에서 싸우고, 감(坎)에서 위로하고, 간(艮)에서 이룬다." 또 말하였다. 만물은 진에서 나오는데 진은 동방이며, 손에서 깨끗한데 손은 동남이다. 이는 밝은 것이며 남방의 괘이고, 곤은 땅이며, 태는 한 가을이다. 건에서 싸우는데 건은 서북의

---

71 『주자어류』 권65.
72 위와 같음.

패이고, 감은 물인데 정북의 패이며, 간은 동북의 패로, 만물이 끝을 이루고 시작을 이루는 곳이다. 이 그림은 한서(寒暑)와 방위가 운행하는 순서에 따라 변역하고 유행한다.

달리 「복희육십사패차서도(伏羲六十四卦次序圖)」(大橫圖)는 건(☰), 쾌(夬, ☱), 대유(大有, ☲), 대장(大壯, ☳)에서 시작되며 관(觀, ☴), 비(比, ☵), 박(剝, ☶), 곤(☷)에서 끝이 나는데, 음양 효가 변하여 가는 순서에 따라 배열된 것이므로 유행하여 지어진 것이라 할 수 있다.

주희가 보기에 "교역"의 유행은 두 방면의 의미를 포함한다. 하나는 "동"과 "정"을 가리키며, 하나는 "변(變)"과 "화(化)"를 가리킨다. 그는 말하였다. "태극이 갈라지면서 비로소 하나의 기(奇)와 하나의 우(偶)가 생겨났다. …… 그 수는 양이 1이고 음이 2인데 바로 하도낙서의 기우(奇偶)이다. 주자(周子)가 이른바 태극이 동하여 양을 낳고 동이 극에 달하면 정이되며 정하여져 음을 낳고 정이 극에 달하면 다시 동하니 한번 동하고 한번 정하여져 서로 그 뿌리가 되며, 음을 나누고 양을 나누어 양의가 선다는 것이다."[73] 음양이 갈등을 일으켜 운동하여 사물이 끊임없이 변화하게한다. "천지 사이에 어디를 가더라도 음과 양이 아닌 것이 없으니, 한 번동하고 한 번 정하여지며, 한 번 말하고 한 번 침묵하는 것 모두가 음양의이(理)이다."[74] "동정"은 음양이 운동하는 규율이다.

주희는 동정의 설에 기반하여 나아가 운동이 취한 상대적인 안정과 현저한 변동 두 가지 형태를 논술하였다. 그는 그것을 "화(化)"와 "변(變)"이라 일컬었다. "화(化)"는 곧 "점화(漸化)"로 점변(漸變)에 상당하며, "변(變)"은 곧 "돈변(頓變)"으로 질변(質變)에 상당한다. "동정"과 "변화" 양자의 관계는 "변이란 음에서 양으로, 정에서 동으로 변해가는 것이고, 화란 양에

---

73 「원패획(原卦畫) 제2」, 『역학계몽』 권2.
74 『주자어류』 권65.

서 음으로, 동에서 정으로 점점 화해 가는 것으로 그 자취가 보이지 않는다."[75] "변"은 정에서 동으로 운동하는 것이고, "화"는 동에서 정으로 운동하는 것으로 모두 사물이 운동하는 과정에서 표현된 같지 않은 상태와 형식이다. 이 때문에 그는 "동은 곧 변화이다.[76]"라 말하였다. 운동은 점화와 돈변 두 가지 형태를 포함하였다.

"천하의 모든 이치가 한 번 동하고 한 번 정함(一動一靜)에서 나오고, 천하의 모든 수는 하나의 기수와 하나의 우수(一奇一耦)에서 나오며, 천하의 모든 형상은 하나의 네모와 하나의 동그라미(一方一圓)에서 나오니, 모두가 오직 건·곤 두 획에서 일어난다."[77]고 한다면, "이(理)"와 "상(象)", "수(數)"는 곧 『역』을 구성하는 요소이다. 주희는 "이"와 "수"의 관계는 "기는 곧 수이며, 이 이가 있으면 이 기가 있고 이 기가 있으면 이 수가 있는데 모든 사물이 다 그러하다."[78]라 생각했다. "이"와 "수"의 관계는 "이"와 "기"의 관계에 상당한다. "수"는 다만 하나의 분계처에 지나지 않아 "대체로 수는 그것이 나뉘는 경계지점이다."[79] 그는 예를 들어 말하였다. "천(天)은 1이고, 지(地)는 2이고, 천은 3이고, 지는 4이고, 천은 5이고, 지는 6이며, 천은 7이고, 지는 8이며, 천은 9이고, 지는 10은 자연히 이와 같은 것으로 움직일 수 없는 것이다. 물의 수가 6으로 설화(雪花)가 6에서 나오는 것과 같으니, 억지로 하는 것이 아니다."[80] 또한 "옛날에는 거북을 가지고 점을 쳤는데, 거북 등 위의 무늬가 중간에 5개, 양변에 8개, 뒤쪽으로 24개가 있는 것 역시 자연히 이와 같은 것이다."[81] "수"는 천지

75 『주자어류』 권74.

76 「계사상전」 제2장, 『주역본의』 권3.

77 『주자어류』 권65.

78 위와 같음.

79 위와 같음.

80 위와 같음.

사이의 자연스러운 사물로 자연계 사물의 반영이므로 물의 수인 6과 설화가 6에서 나오는 것은 상응한다.

주희가 보기에 "하도는 상수(常數)이고 낙서는 변수(變數)이다."[82] "하도"와 "낙서"는 『역』이 유행하는 "교역"과 서로 관계가 있으며 음양과 기우(奇偶)의 수율(數律)의 변화를 구성하였다. "하도"는 원(圓)의 상(象)이고 "낙서"는 방(方)의 상이며, "하도"와 "낙서"는 평면의 방형이기도 하고 원형이기도 한 도상이다.

"하도"로부터 보면 "천지의 수는 양기음우(陽奇陰耦: 양은 기수이고 음은 우수), 곧 이른바 하도라는 것이다."[83] 주희는 『주역본의』와 『역학계몽』에서 양웅(揚雄)의 『태현(太玄)』 「현도(玄圖)」편의 구결(口訣)을 인용하였다. 1과 6이 종(宗)을 함께 하여 북쪽에 거하고, 2와 7이 벗이 되어 북쪽에 거한다. 3과 8이 도를 함께 하여 동쪽에 거하고, 4와 9가 친구가 되어 서쪽에 행하며, 5와 10이 서로 지켜 중앙에 거한다. 그 그림은 아래와 같다.[84]

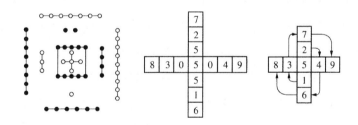

---

81 위와 같음.

82 위와 같음.

83 「계사상전」 제9장, 『주역본의』 권3.

84 조지프 니덤(Joseph Needham, 李約瑟) 교수는 거저인 『중국과학기술사(中國科學技術史)』 제3권, 「수학(數學)」(科學出版社, 127쪽) 권 중에서 하도를 "하나의 간단한 마방진과 하나의 1에서 10까지의 숫자로 조성한 십자 방진(方陣)이다."라 생각하였다.(그림은 301쪽 상단 오른쪽에 보인다) 다만 이 십자진에는 오히려 10의 수를 나열하지 않았는데, 이는 "낙서"와 뒤섞을 뿐만 아니라 또한 원래의 뜻과도 서로 어긋날 것이며 아울러 "간단한 숫자의 배열"이라 한 것도 타당치 않을 것이다.

그 수는 "양수는 기(奇)이므로 1, 3, 5, 7, 9는 모두 천(天)에 속하며 이른바 천수(天數) 5라는 것이며, 음수는 우(偶)이므로 2, 4, 6, 8, 10은 모두 지(地)에 속하며 이른바 지수(地數) 5라는 것이다. 천수와 지수가 각기 무리를 이루어 서로 구하는데, 이른바 5위(位)가 서로 얻는 것이 그렇다."[85]

<pre>
천수(天數, 奇)   1   3   5   7   9   = 25

지수(地數, 偶)   2   4   6   8   10   = 30
</pre>

이것이 바로 "다섯 기수를 쌓으면 25가 되고 다섯 우수를 쌓으면 30이 되어 이 둘을 합치면 55가 되며 이것이 하도의 전수(全數)이다."[86] 1, 2, 3, 4, 5는 생수(生數)인데 가운데 수 다섯을 만나면 6, 7, 8, 9, 10의 성수(成數)가 된다. 1이 9를 얻고, 2가 8을 얻으며, 3이 7을 얻고, 4가 6을 얻으면 모두 10의 수가 된다. 하도의 바깥 둘레 6, 7, 8, 9는 1, 2, 3, 4에 가운데 수 다섯을 더하여 이루어졌다. 그래서 "1, 2, 3, 4, 9, 8, 7, 6이 가장 묘하다."라 한다. "하도 55는 천지자연의 수이다. 대연(大衍) 50은 성인이 이 하도의 이면을 버리고 저 천수 5와 지수 10을 취하여 이 수를 내었다."[87] 하도는 자연적인 수이고, 대연은 설시로 괘를 구하는 수이다.

"낙서"에 대하여 『대대예기(大戴禮記)』「명당편(明堂篇)」에서는 말하였다. "명당(明堂)은 옛날에 있었다. 모두 9실(室)인데 2, 9, 4와 7, 5, 3 그리고 6, 1, 8이다." 북조의 수학자 견란(甄鸞)은 『수술기유(數述記遺)』의 주에서 해석하여 말하였다. "구궁(九宮)이라는 것은 곧 2와 4가 어깨이고, 6과 8이 발이며, 왼쪽은 3이고 오른쪽은 7이며, 9를 이고 1을 밟으며 5는 중앙에 거

85 「본도서(本圖書) 제1」, 『역학계몽』 권1.

86 위와 같음.

87 『주자어류』 권65.

한다." 채원정은『역학계몽』주에서 이 설법을 받아들였으며 그 그림은
이렇다.

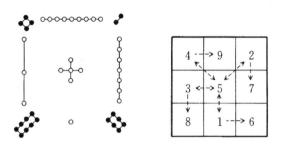

이 마방진의 아홉 격자에서 그 수는 어느 방향으로나 가로 세로 대각선
으로 더하여도 모두 15, 곧 양효9(奇數)와 음효6(偶數) 혹은 음효8(偶數)과
양효7(奇數)의 합과 같으며 설시의 7, 8, 9, 6과 서로 딱 들어맞는다.

"낙서"와 "하도"의 구별은 다음에 있다. "낙서"는 1에서 9까지의 숫자
로 구성되었다. "하도"는 1부터 10까지의 숫자로 구성된다. 하도는 상수
(常數)이고 낙서는 변수(變數)이다.

역대의 많은 지자(智者)들이 모두 이런 마방진 숫자의 비밀을 탐색하
고 있다. 주희는 왜 "하도"와 "낙서"가 모두 5를 가운데 두었는가 제기
하고, 수수께끼를 풀려고 하였다. 그는 말하였다. "천지의 생수(生數)는
5에 이르면 멈춘다." "중앙의 수 5를 늘리어 그 수를 각각 끝까지 하여
10에 이른 것에서", "이 1·2·3·4는 5를 만나 6·7·8·9를 이룬다."[88] 이
를테면 "하도"는 1이 5를 마주하여 6이 되고, 2가 5를 마주하여 7이 되
며, 3이 5를 마주하여 8이 되고, 4가 5를 마주하여 9가 되는데, "낙서"

---

88 위와 같음.

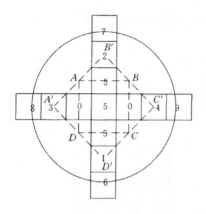

또한 그러하다. 이것이 "가운데 5"의 한 층의 의미이다. "가운데 5"의 다른 층의 의미는 『주비경해(周髀經解)』에서 "하도는 방(方)의 상이며, 낙서는 원(圓)의 상이다"라 한 것과 상반되며, 주희는 "하도"를 원의 상이라 생각하여 "둥근 것은 하도의 수라는 것은 이 사각형이 없으면 그 형체가 곧 원임을 말했다."[89] "낙서"는 방(方)의 상이다. "하늘은 둥글고 땅은 네모지며, 둥근 것은 (지름이) 1이면서 둘레가 3이고, …… 네모진 것은 (지름이) 1이면서 둘레가 4이다."[90] 또 말하였다. "무릇 수(數)의 시작은 일음과 일양일 따름이다. 양의 상은 둥글고 둥근 것은 지름이 1일 때 둘레는 3이며, 음의 상은 네모지고 네모진 것은 지름이 1일 때 둘레가 4이다."[91]

"하도"의 제2층과 제3층은 "네모진 것은 지름이 1일 때 둘레가 4다"로 풀이하면 "둘레가 4인 것은 2를 1로 한다." 지름이 정방형인 변의 길이(L)에서 지름 1이 5라면, $AD = 0$, $BC = 0$, $AD' = 0$, $B'C' = 0$이라면 둘레는 $= AB + DC = A'B' + D'C' = 10$이다. 제1층의 "원은 지름이 1이면 둘레는 3"

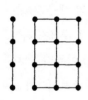

인 옛 원주율을 가지고 풀이하여, 5를 원의 반지름으로 하면 둘레의 길이는 $2 \times 3 \times 5 = 30 = 6 + 8 + 7 + 9$이다. 이 또한 "천원지방"과 하늘이 덮고 땅이 실으며, 원 가운데 방형을 수용하는 관념과 부합한다.

89 위와 같음.

90 『설괘전주(說卦傳注)』, 『주역본의』권4.

91 『본도서 제1』, 『역학계몽』권1.

주희는 「시괘고오」에서 다음과 같이
생각했다. 원이 둘레가 3이고 직경이 1인
괘일(掛一)과 좌일(左一), 우삼(右三), 괘일
과 좌우가 모두 2, 괘일과 좌삼 우일은 모
두 양에 속한다. 괘일과 좌우가 모두 4인
것은 음이다. 오른쪽 그림과 같이 네모난
것은 둘레가 4이며 반을 쓰는 방법이다.

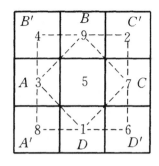

괘일과 좌일 우이, 괘일과 좌이 우일은 양이다. 괘일과 좌삼 우사, 괘일과
좌사 우삼은 음이다.[92] 삼변(三變) 모두 괘(掛)의 법으로 획득했다.

하도는 외층(外層)에서 중오(中五)까지가 4층이다. 제1층은
6+7+8+9=30, 2층은 1+2+3+4=10, 3층은 5+5=10, 4층은 5이다. 중수5를
정사각형 한 변의 길이로 하면 그 둘레는 길이가 5×4=20이며, 2, 3층의
수를 합친 것이며, 면적은 5^2=25로 2, 3, 4층의 수를 합친 것이다. 정사각
형의 변의 길이 5는 지름의 반으로 1층 30의 수이다. 원 안에 네모를 수용
하여 네 변의 형체는 매 변의 둘레가 10×4=40으로 하도의 1, 2층 각 네
모의 수를 합친 것이다.

"낙서"는 "네모난 것은 지름이 1이고 둘레가 4"에 의거한 것과 같이
풀어 지름이 정사각형 한 변의 길이(L)를 직경 5로 하는 것과 같이 하면
둘레는 4L=AB+BC+CD+DA= 1+3+9+7=20으로 곧 기수를 합한 것이
며, 우수를 합한 것은 4L=A'B'=B'C'+C'D'+D'A'=2+4+6+8=20이다.

"하도"와 "낙서"의 변화는 "1이 변하여 수(水)를 낳으면 6이 화하여
이루며, 2가 화하여 화(火)를 낳고 7로 변해서 이룬다. 3이 변하여 목(木)
을 낳고 8이 화하여 이루며, 4가 화하여 금(金)을 낳고 9가 변하여 이루

---

92 「시괘고오(蓍卦考誤)」, 『주희집』 권96, 3492~3493쪽.

며, 5가 변하여 토(土)를 낳고 10이 화하여 이룬다."[93] "하도"와 "낙서"의
구별은 다음과 같다.

> 하도의 1·2·3·4는 각자 5상(五象)의 본방(本方) 밖에 두었고,
> 6·7·8·9·10도 또한 각각 5로부터 수를 얻어서 생수(生數) 밖에 붙여둔
> 것이다. 낙서의 1·3·7·9 또한 각기 5상의 본방 밖에 두었고, 2·4·6·8도
> 또한 각기 그 유에 따라 기수의 곁에 붙여두었다.[94]

"하도"와 "낙서"의 이 변화는 마침 "오행"의 상생(相生)과 상극(相克)의 관
계도를 구성하였다.

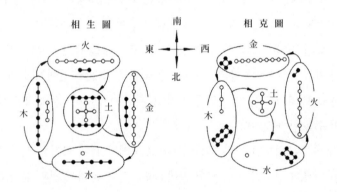

"하도"가 "오행상생"이 되는 것은 목생화(木生火)에서 비롯되었다. 곧 동
쪽에서 운행을 시작하여 "왼쪽으로 한 바퀴 돌아 또 동쪽에서 시작한다."
"낙서"가 "오행상극"이 되는 것은 "오른쪽으로 한 바퀴 돌아 토가 다시

---

93 「계사상전」 제9장, 『주역본의』 권3.
94 「본도서 제1」 『역학계몽』 권1.

수를 이긴다."[95] "상생"과 "상극"은 모두 "변"과 "화"의 일종의 형식이다.

그렇다면 무엇을 일러 "변"과 "화"라고 하는가? 주희는 "화"에는 세 가지 뜻이 있다고 생각하였다.

첫째, "화"는 점점 부지불식 중에 변화하여 가 "화는 점차로 변하여 알지 못하는 사이에 변화하여 가",[96] "무릇 사물의 변화가 점점 진행되어 달로 변하고 날로 변화하니 시(時)도 또한 변화가 있지만, 다만 사람이 알지 못할 뿐이다."[97]

둘째, "화"는 점점 소멸하여 없어진다. "화는 양에서 음으로 변하는 것이고, 점점 닳아 없어지는 것이다. 그러므로 화라고 한다."[98]

셋째, "화"는 흔적이 없이 변화한다. "양이 화하여 부드러움이 되는 것은 단지 이렇게 감소해 가는 것으로 흔적이 없다. 그러므로 화라고 한다."[99] 주희는 예를 들어 말하였다. "화는 하루 만에 갑자기 이뤄지는 그런 일이 아니니 사람의 덕이 나아가는 것은 이와 같은 것이다. 30세에 섰다는 것은 30세가 되자마자 바로 섰다는 것이 아니고 15세 때의 배움에 뜻을 둠으로부터 점점 화하여 가서 바야흐로 도달하였다는 것이다."[100] 바로 화는 일종의 완만하고 점진적이며 드러나지 않는 양적 변화 과정이다.

"화"가 일단 일정 한도를 뛰어넘으면 질변(質變)을 일으키게 되는데, 주희는 이를 돈변(頓變)이라고 하였다. 이른바 "변"에는 세 가지 뜻이 있다.

첫째, "변은 갑자기 변하는 것이다."[101] "변은 음에서 양으로 변하는 것

---

95 위와 같음.

96 『주자어류』 권74.

97 『주자어류』 권71.

98 『주자어류』 권74.

99 위와 같음.

100 『주자어류』 권75.

101 『주자어류』 권74.

이고, 갑자기 변하는 것이다. 그러므로 변이라고 한다."[102] 바로 신속하게
변하고 돌연히 비약한다.

둘째, "변은 작은 것으로부터 드러나는 것이다."[103] "음이 변하여 양이
되는데 그 세가 점점 자라 우뚝하게 머리를 드는 것을 알게 되니 그러므
로 변이라고 한다."[104] 형적이 있고 분명한 변함이다.

셋째, "변"은 연속적인 중단이나 끊김이다. "변은 갑작스러워 볼 수 있
는 곳이 있다."[105] "화는 점점 옮겨 가는 것이고, 절단되는 곳이 바로 변
이다. 그리고 하루는 화이고 삼십일 단위로 잘라 한 달로 만든 것이 변이
다."[106] 점차 화하여 일정 한도에 이르러 절단되면 곧 점차 화하여 돈변으
로 전환하여 화한다.

"변"과 "화"는 서로 대립하고 서로 구별될뿐더러 또한 서로 연결되고
서로 삼투한다. 그는 말하였다. "변은 화가 점차 진행되는 것이고, 화는
변이 이루어진 것이다."[107] "화" 가운데 "변"이 삼투하여 있고, "변" 가운
데 "화"가 삼투하여 있으니 "변(變)은 화(化)가 그 가운데 있는 것이다."[108]
"변"은 "화"에서 일정 한도에 이르러 일어나는 것이며, "변"의 기초에 또
한 새로운 양적 변화 과정이 나타나므로 "화"는 "변"이 이루어진 것이
라고 한다. 이를 기반으로 주희는 "변"과 "화"는 상호 간에 전환될 수 있
다고 생각하였다. 그는 강유(剛柔)를 예로 들었다. "강함과 부드러움, 변
과 화처럼, 강은 화로, 화는 유로, 유는 변으로, 변은 바로 강으로 끊임없

---

102 위와 같음.
103 위와 같음.
104 『주자어류』권75.
105 위와 같음.
106 위와 같음.
107 「건·단(乾·彖)」,『주역본의』권1.
108 「계사상전」제2장,『주역본의』권3.

이 순환한다."[109] 강에서 유로 "변"에서 "화"로, 유에서 강으로 "화"에서 "변"으로 이른다. 유가 극에 달하면 강으로 전환하며, "화"가 극에 달하면 "변"으로 전환하고, 강이 극에 달하면 유로 전환하며, "변"이 극에 달하면 "화"로 전환된다. 양자는 서로 전환하여 순환이 끝이 없다.

당연히 주희의 "변"과 "화"의 사상에는 한계가 있다. 그는 불변의 존재를 인정하였다. "변(變)이란 위에 이르러 멈추는 것이다. 불변이란 아래가 곧 불변의 근본이기 때문에 그것을 주로 하는 것이다."[110] 이렇게 그는 "변"이 일종의 보편적인 현상임을 부인하고 형이상학으로 기울어졌다.

"역"의 대대(對待)의 "교역"과 유행하는 "변역"의 관계를 채원정의 장자 채연(蔡淵, 자는 伯靜)은 『역』에 대하여 "침잠 반복하여 수년간 누적된" 연구를 진행한 후에 『역상의언(易象意言)』에서 말하였다.

> 대대(對待)를 가지고 지으면 대대를 주장할 줄 아는 자이니 반드시 유행(流行)을 용으로 삼아야 하며, 유행을 주장하는 자들은 반드시 대대를 용으로 삼아야 하니 학자들은 살피지 않을 수 없다.[111]

"변역"과 "교역"은 각자가 주가 되고 서로 용(用)이 되며, 서로 주가 되고 각자 용이 되기도 한다. 떨어지지 않고 섞이지 않는 것은 주희의 원의(原意)에 부합한다. 이는 내용적인 것을 가지고 말하였다. 그 형식을 가지고 말한다면 주희는 "상수"를 통하여 "의리"를 밝혔고, "의리"를 가지고 "상수"를 풀이하여 서로 천명하여 서로 더욱 빛을 발하게 하였다.

주희의 역학 사상은 주돈이와 소옹 그리고 정이, 장재의 역설을 계승

---

109 『주자어류』 권74.
110 『주자어류』 권66.
111 「서산채씨학안(西山蔡氏學案)」, 『송광학안(宋光學案)』 권62.

하고 종합하여 발전시켜 새로운 국면을 열었다. 소옹이 송명역학에서 상수학의 규모를 열었다 한다면 정이는 의리학의 기초를 창의하였다. 주희는 소(邵)·정(程)이 각자 한쪽으로 치우친 폐단을 싫어하여 한 도가니에서 "상수"와 "의리"를 녹여 넣고 아울러 상수점학을 창의하였으며 도서학(圖書學, 河洛學)을 발양하였다. 원융회통한 주돈이의 태극학과 소옹의 선천학, 정이와 장재의 의리학과 소옹의 상수학은 이와 수, 점의 역학 체계를 구축하였다. 송·명·청의 역학사상을 진일보 발전시켰다. 그럼에도 불구하고 명·청 교체기의 호위(胡渭)와 황종희(黃宗羲), 황종염(黃宗炎), 주이존(朱彝尊) 등은 소옹에 대하여 비판하였다.

강절(康節)이 이 책을 지은 것은 그 뜻이 고금의 역학(曆學)을 총괄하여 『역』으로 돌리려는 것이다. 『역』이 역(曆)과는 본래 서로 통하지 않는데 억지로 끌어 맞추었기 때문에 그 설이 더욱 번잡해지고 그 법은 더욱 교묘하여져 마침내 뒤죽박죽 흐리멍덩한 역서가 되어 쓸 수가 없다.[112] 곧 소요부(邵堯夫)라는 사람이 황관(黃冠)의 이설(異說)을 취하여 천하를 미혹되게 하고 어지럽혔다.[113]

그러나 일단의 수학을 계승한 자들도 있었지만 주희의 역학 이후로는 역을 말하는 자들 가운데 "상수"와 "의리"를 겸하지 않은 경우가 드물었고, 주희의 역학에 대한 쟁의도 있었지만, 송명이학사에서 여전히 중요한 지위를 차지하고 있다.

---

112 「황극(皇極)」, 『역학상수론(易學象數論)』 권5, 『황종희전집(黃宗羲全集)』 제9책, 절강고적출판사(浙江古籍出版社) 1992년판, 173쪽.

113 황종염(黃宗炎)의 『주역심문심여론(周易尋門尋餘論)』, 조대총서본(照代叢書本).

제6장

1·2의 동정이
중용을 변화시킨다

○

―二動靜 變化中庸

  주희 철학의 논리적 구조에서, 기(氣)를 이(理)의 "물을 낳는 도구"로 삼았을 때, 기―물의 변천 과정에서 기는 활발발한 범주이다. 기의 1이 2, 동정, 변역으로 나뉘기 때문에, 주희 철학의 각 방면과 층차 및 그 기본 범주, 이를테면 이기와 태극음양·도기(道器)·천인·천리인욕·성정·도심인심·천명지성과 기질지성·치지격물(致知格物)·지행(知行)·형신(形神)·왕패(王覇)·의리공리(義理功利) 등은 모두 서로 간의 차이·대대(待對)·충돌을 드러내고 또한 상호 포함과 통일·융합의 관계를 드러내었다. 이런 이미 대대하면서 통일하고 충돌하면서 융합하는 관계는 주희의 철학적 논리 구조에서 하나로 관통하여 곳에 따라 마주치게 된다. 바로 여기에서 주희의 사상은 광휘와 신채(神彩)를 번쩍이며 풍부하고 다채로우며 삼라만상을 포함한 현실 세계를 만들어냈다. 그러나 궁극적으로 말하면 주희의 이―기―물―리는 환도형(圜道型)이다.

1. 1이면서 2이고 2이면서 1이다

기(氣)는 이(理)가 만물을 화생(化生)하는 중개자로 대체할 수 없고 흠결이 있는 작용을 갖고 있다. 기가 없다면 주희의 전체 철학의 큰 건물은 건축하지 못하였을 것이며 그 세계의 도식 또한 설계해내지 못하였을 것이다.

1) 1은 2로 나누어지며 모든 일이 이러하다

기는 어떻게 만물을 화생하는가? 주희는 이렇게 말하였다. "태극은 다만 하나의 기인데 (태극 그림처럼) 맞물려서 두 개로 나누어지며, 기 가운데 동적인 것은 양이고 정적인 것은 음이다. 이것이 다시 다섯 가지 기로 나누어지고, 또다시 만물로 흩어진다(散)."[1] 한 개가 두 개로 나누어지고 점차 흩어져서 만물이 된다. 이곳의 "산(散)" 자는 (기가) 모여서 난다(聚而生)는 것의 상대적인 개념인 흩어져서 죽는다(散而死)는 산(散)을 가리키는 것이 아니며, 위의 문장과 뜻이 이어지는 분수(分殊)라고 할 때의 산(散)의 뜻이다. 따라서 주희는 또 말하였다. "하나의 근원적인 기가 두루 흐르고 통하여 끊어지지 않으니, 수많은 만물을 만들어 낼 따름이다."[2] 기가 만물을 화생하는 과정은 부단한 "분(分)"의 과정으로, 그는 "분(分)"을 "1이 2로 나누어짐(一分爲二)"이라 일컬었다. "천지 사이에는 하나의 기일 따름인데 나누어져 2가 되면 음양이 되어 오행의 조화와 만물의 시종이 그것에 관여하지 않음이 없다."[3] "1이 2로 나누어짐"은 기─물(物)이 논리적

---

1 『주자어류(朱子語類)』 권1.

2 위와 같음.

3 『역학계몽(易學啓蒙)』 권1, 『주자유서(朱子遺書)』.

으로 진화해가는 과정의 중요한 형식이다.

"1이 2로 나누어진다"는 사상은 중국 은주(殷周) 시대의 『주역』에서 이미 싹을 틔웠다.[4] 나중에 『역전(易傳)』에서는 "역에는 태극이 있는데 이것이 양의(兩儀)를 낳고 양의는 사상(四象)을 낳으며 사상은 팔괘(八卦)를 낳는다"[5]와 "나누어 둘이 되어 (天地의) 양의(兩儀)를 상징한다"[6]는 사상을 제기하여 "1이 2로 나누어진다"는 사상적 단서를 열었다.[7] 이 사상은 한·당(漢·唐)의 발전을 거쳐 송대에 이르러 소옹(邵雍)이 "선천상수(先天象數)"를 가지고 태극이 만물을 생성하는 과정을 "1이 2로 나누어지는" 것으로 부연하고, 아울러 "1이 2로 나누어지는" 것을 가지고 "태극이 양의를 낳는다"는 것을 설명 해석하였다. 그는 만물이 취합하면 곧 "1"이고 나누어 퍼져나가면 곧 "만(萬)" 곧 많은 것이라고 생각하였다. "본래 하나의 기인데 태어나면 양이 되고 사라지면 음이 되므로 둘은 하나일 따름일 것이다. …… 그러므로 1이 있으면 2가 있고, 2가 있으면 4가 있다."[8] 1은 2를 가지고 있고 2는 1이니 곧 1이면서 2이고 2이면서 1이라는 뜻이다. "1이 2로 나누어지는" 형식은 하늘이 나누어져서 땅이 되고 땅이 나누어져서 만물이 되는 것, 곧 천지와 만물이 모두 나누어질 수 있다는 것으로 생각하는 것이다.

주희는 전통적인 "1이 2로 나누어진다"는 사상을 계승하고 발휘하였다. 아울러 소옹의 "1이 2로 나누어진다"는 사상을 "선천상수"에서 미루

---

4 졸저 「일이론(一二論)」, 『중국철학범주발전사·천도편(中國哲學範疇發展史·天道篇)』, 중국인민대학출판사(中國人民大學出版社) 1988년판, 498~524쪽을 참고하여 보라.

5 「계사상전(繫辭上傳)」, 『주역본의(周易本義)』 권3.

6 위와 같음.

7 졸저 『주역사상연구(周易思想研究)』, 호북인민출판사(湖北人民出版社) 1980년판을 참고하여 보라.

8 「관물외편·선천상수(觀物外篇·先天象數) 제2」, 『황극경세(皇極經世)』 권7.

어 기의 화생 과정을 해석하였으며, 또한 이정(二程)의 "만물은 짝이 없는 것이 없다"는 사상을 흡수하였다. 장재(張載)의 "일물양체(一物兩體)"와 왕안석(王安石)의 "짝 가운데 또 짝이 있다는" 사상 자료에 대하여 모두 종합적으로 창신하였고 체계적으로 "1이 2로 나누어진다"는 사상을 논술하였다. 그는 말하였다.

> 「선천도(先天圖)」의 한쪽은 본래 모두 양이고 다른 한쪽은 본래 모두 음이다. 양 가운데 음이 있고 음 가운데 양이 있으니, 양이 가서 음과 교역하고 음이 와서 양과 교역하여 양쪽이 각각 서로 짝이 된다. …… 1이 2가 되고, 2가 4가 되고, 4가 8이 되고, 8이 16이 되고 ……[9]
>
> 태극(太極)이 나뉘어 처음으로 한 기(奇)와 한 우(偶)를 낳아서 한 획이 된 것이 둘이면 이것이 양의(兩儀)이니 …… 소자(邵子)가 이른바 1이 2로 나누어진다는 것은 모두 이를 이른 것이다.[10]

주희는 소옹의 『선천도(先天圖)』가 한쪽은 양이고 한쪽은 음인 것을 긍정적으로 인정했다. 음양의 양단이 서로 "교역"하여 이에 따라 음양이 서로 삼투하여, 양 가운에 음이 있고 음 가운데 양이 있게 되었다. 1에서 2가 되고 2가 4가 되며 4가 8이 되어 …… 모두가 "1이 2로 나누어지는" 과정이다.

주희는 "1이 2로 나누어지는" 함의를 논술할 때, 전인을 뛰어넘어 하나의 부단히 "1이 2로 나누어짐"과 끝없이 나누어지는 과정을 다음과 같이 생각하였다.

---

9 『주자어류』 권65.
10 『역학계몽』 권2, 『주자유서』.

물었다. "선생님은 1이 나누어져 2가 되고, 2가 나누어져 4가 되고, 4가 나누어져 8이 되고, 또 더 작게 나누어진다고 생각하십니다. 정자는 '성(性)에는 오직 인의예지 네 가지가 있을 뿐이다.'고 하여, 다만 4로만 나누고 멈추었는데, 무슨 까닭입니까?" 대답하였다. "주 선생(敦頤)도 다만 오행까지만 나누고 멈추었다. 세밀하게 나누려고 한다면 『주역』처럼 나누어질 것이다."[11]

주희는 이정은 4까지만 나누고 멈추어 나누지 않았고, 주돈이는 「태극도설(太極圖說)」에서 5까지만 나누고 역시 멈추어 세세히 나누지 않았다고 비평했다. 그들은 모두 유한적(有限的)이라고 생각했다. 『역경』 또한 8까지만 말하였으며, 「홍범(洪範)」 또한 10까지만 말하고 그만두었다. 주희는 "1이 2로 나누어지는" 것을 무한히 이어나가 무궁한 과정이 되도록 하였다. 이 때문에 주희는 "이는 단지 1이 2로 나누어지는 것이다. 모든 일이 이와 같이 무궁한 데까지도 모두 하나가 둘을 낳을 뿐이다."[12]라는 말로 『주역』 「계사(繫辭)」의 태극이 양의를 낳고, 양의가 사상을 낳으며, 사상이 팔괘를 낳는 함의를 해석하였다. 모든 절차가 다 "1이 2로 나누어지고", "1이 2를 낳는다"고 생각하였다.

　어떻게 "1이 2로 나누어지는가?" 주희는 선진(先秦)의 변론가가 "한 자[尺]의 채찍을 날마다 반씩 잘라가면 만세토록 다하지 않는다"라 한 사상에 의거하여 "1이 2로 나누어지는" 것이 어떻게 나누어지는가에 대하여 구체적이고 형상적으로 설명하였다. 그는 "손가락으로 부채의 중심을 가리키며 말하였다. '다만 하나의 도리이지만 나누면 둘이 된다.' 또 가로로 한 획을 그으면서 말하였다. '두 개가 나뉘어 네 개가 된다.' 다시

---

11 『주자어류』 권6.
12 『주자어류』 권67.

손가락으로 하나하나 나누어진 네 개를 각각 가리키며 말하였다. '하나는 인(仁)이며, 하나는 의(義)이며, 하나는 예(禮)이며, 하나는 지(智)이니, 이 네 가지가 바로 씨앗이다. 측은(惻隱), 수오(羞惡), 공경(恭敬), 시비(是非)는 바로 씨앗에서 생겨난 싹이다.'"[13] 여기서는 "1이 2로 나누어지는" 형식을 가지고 말하였다. 곧 1개가 2개로 나누어지면 2개가 각자 "1이 2로 나누어져" 4개가 되고 ……. 이것이 "1이 2로 나누어지는" 한 층의 의미이다.

다른 한 층의 "1이 2로 나누어지는" 의미는 곧 나누어지는 내용을 가지고 말한 것이다. "물었다. '작년에 선생님께서 다만 하나의 도리이지만 나누면 다르다라고 한 말을 들었습니다. 이른바 나눔이란 것은 이치는 하나지만 그 작용이 같지 않다는 것이 아닙니까? 예를 들어 임금의 어짊, 신하의 공경, 자식의 효도, 부모의 사랑, 백성들과 사귈 때의 믿음 같은 것들이 이것입니다.' 말하였다. '그 체는 이미 대략 같지 않다. 임금과 신하, 부모와 자식, 백성들은 체(體)이며, 어짊, 공경, 사랑, 효도, 믿음은 용(用)이다.'"[14] "1이 2로 나누어지는"의 "2"는 성질과 형태라는 방면에서 모두 같지 않다. 이 같지 않음을 전체적인 면에서 말하여 "나누어짐"의 "체는 하나인데 용이 다른" 차이를 체현하였다. 주희는 용이 다름은 의문이 없고 체 또한 대략 같지 않음이 있다고 여겼다. 여기서 이른바 체가 대략 같지 않다는 것은 군신, 부자, 백성의 같지 않은 체를 가리켜 말한 것이다. 이를테면 꽃나무 한 그루는 모두 인(仁)에 드러나게 되는데 꽃이 열매를 맺으면 한 송이 꽃이 하나의 과일을 맺는다. 꽃이 필 때는 꽃들이 모두 하나의 나무로 성명(性命)을 함께 하는데, 과일이 익은 다음에는 하나의 과일이 하나의 과일 자신의 성명을 갖게 된다. 영아(嬰兒)가 엄마의 뱃속에 있을 때는 자식과 엄마가 성명을 함께 하지만 분만한 이후에는 자

---

13 『주자어류』 권6.
14 위와 같음.

식은 스스로 성명을 이룬다. 여기서 함축된 뜻을 말하면 "1이 2로 나누어 지는" 것은 곧 군신·부자·백성 및 그 인(仁)·경(敬)·자(慈)·효(孝)·신(信) 등 이다.

2) 한 개의 도리인데 양단으로 대대(待對)한다

나아가 "1이 2로 나누어지는" "1"과 "2"의 내포된 뜻을 규명할 수 있다. 먼저 "1"을 말한다. 1은 통일물과 화합물을 가리킨다. 『어류』에는 기록 되어 있다. "무엇을 1이라 합니까? 말하였다. '1은 이를테면 한번 닫히고 한번 열리는 것 같은 것으로 변(變)이라고 한다. 다만 하나의 음이 되었다 가 또한 하나의 양이 되는 것으로 이것이 곧 도이다. 추위지면 또 더워지 고, 더워지면 또 추워지는 것, 이런 도리는 다만 순환하여 그치지 않을 따 름이다. 오직 하늘의 명은 아, 영원하여 그치지 않는도다 하였으니 만고 에 다만 이러할 따름이다.'"[15] 또 말하였다. "1은 하나의 도리이지만 도리 어 양단이 있으니 용처가 다르다. 음양에 비유하건대, 음 가운데 양이 있 고 양 가운데 음이 있어, 양이 극에 달하면 음을 낳고 음이 극에 달하면 양을 낳는 것은 신화(神化)가 무궁하기 때문이다."[16]

이 두 단락에는 이런 몇 가지 층차의 의미가 있다. 첫째, 하나의 도리 라는 이 도리는 바로 "이일(理一)"의 "1"이다. 주희 철학의 논리적 구조 에서는 하나의 형상학의 본체인 이(太極, 道)이다. "1"은 만 가지로 달라지 고, 음양 양의(兩儀) 등의 근거와 본원이며, 나눔의 시작점이다. 둘째, "1" 은 하나의 도리로, 그것은 서로 배척하고 서로 대치하는 양단, 이를테면 열고 닫음·추위와 더위·음양 등을 함축하고 있는데 그들의 작용과 용

---

15 『주자어류』 권77.
16 『주자어류』 권98.

처는 같지 않다. 셋째, 1은 하나의 도리이거나 통일체의 운동 변역으로서 일정한 질서와 규율, 이를테면 한번 닫히면 한번 열리고 한번 음이 되면 한번 양이 되며 한번 추워지면 한번 더워지는 것과 같이 순환하여 그치지 않아 만고에 이러하여 영원성과 필연성을 갖추고 있다. 넷째, 하나의 도리가 함축한 양단은 상호 의존적이고 상호 삼투적이다. 쌍방 간에 대치하여 반드시 자기와 대립되어 있는 일방을 자기의 존재 조건으로 삼으니 곧 음 가운데 양이 있고 양 가운데 음이 있다. 음만 있고 양은 없으며 양만 있고 음이 없는 것은 모두 통일체를 파괴하려는 구성이다.

음양은 서로 대립하면서 하나의 통일체나 화합체 가운데 함께 처하고 있다. "예를 들어 추위의 가운데에는 더위가 있고, 낮의 가운데에는 밤이 있으니 거기에 '1'이 깃듦이 있다."[17] 추위는 더위 가운데 있고 낮은 밤 가운데 있다. 더위가 없으면 추위라는 것도 없고 밤이 없으면 낮이라는 것도 없어 대립하고 충돌하는 양단과 여러 단서는 반드시 서로 통일하고 화합하는데, 곧 "1"이라 일컫는다. 다섯째, "1"은 하나의 도리로 대립하는 가운데 천지만물을 화생하는 작용과 기능을 갖추고 있다. 이를테면 음이 진화하여 지극한 데 이르면 양을 낳으며, 양이 진화하여 지극한 데 이르면 음을 낳는다. 이런 음양이 지극하여져 서로를 낳는 도리는 곧 하나의 도리, 곧 "1"의 함의이다.

주희는 1의 양단을 인정하였을뿐더러 대립과 충돌은 하나의 통일체이자 화합체라는 것도 인정하였다. 이런 통일체와 화합체 자체는 두 방면의 뜻을 함축하고 있다. "무릇 이는 음이 양과 함께 할 뿐만 아니라 이미 두 개의 사물이 되어 번갈아 사라지고 자라니 그 하나의 사물 가운데 이 양단은 또한 각자 하나의 사물이 되어 사라지고 자란다."[18] 음양 두 가지

---

17 위와 같음.
18 『역학계몽』 권3, 『주자유서』.

가 사라지고 자라 음양이 각자 스스로 하나의 사물이 되어 또한 번갈아 사라지고 자란다. 이 때문에 "음양은 하나로 보아도 되고, 둘로 보아도 괜찮다. 음양을 둘로 보는 것은 '음과 양으로 나뉘어 양의(兩儀)가 세워진다'는 것이고, 하나로 보는 것은 단지 하나가 자라나고 사라지는 것일 뿐이다."[19] 하나의 사물 가운데의 양단은 바로 대립은 통일체나 화합체 가운데서의 대립이며 통일체를 떠나면 양단의 대립이 없어지게 된다. 이는 바로 "음양은 미루어 가는 것으로 논하면 하나일 뿐이고, 대치하는 것으로 논하자면 둘이다. 예를 들어 해와 달, 물과 불과 같은 것은 둘이다."[20] 이곳의 "하나의 사라지고 자람", "가는 것을 미루어 논함"은 무슨 의미일까? 주희는 음양은 비록 두 글자가 양단으로 대립하는 것이지만 오히려 하나의 기가 사라지고 자라는 것이라고 해석하였다. 이를테면 한번 나아가고 한번 물러나며, 한번 사라지고 한번 자라는데, 나아가고 자라는 것은 양이고 물러나고 사라지는 것은 음이다. "단지 이 한 기의 소멸과 생장이 예로부터 지금까지 천지간의 무한한 일을 만들어낸다. 그러므로 음양을 하나의 것으로 말해도 되고 두 개의 것으로 말해도 된다."[21] 음양 양단의 양이 자라고 음이 사라지거나 음이 자라고 양이 사라지는 것은 모두 하나의 기로 하나의 기가 사라지고 자라는 것이다. 이는 하나로 보아도 되고 둘로 보아도 되는데 통일에는 대립하지 않음이 없고 대립에는 통일하지 않음이 없다. 이 의의에서 보면 대립과 통일은 분리할 수 없으며 그렇지 않으면 음양이 이 관계를 구성할 수 없다.

이제 "2"를 말해보자. 주희 철학의 논리적 구조에서 "2"는 바로 양단 혹은 대립이라는 의미이다. 그는 말하였다. "천하의 사물은 상대가 없

---

19 『주자어류』 권65.

20 위와 같음.

21 『주자어류』 권74.

었던 적이 없다. 음이 있으면 곧 양이 있고 인이 있으면 의가 있으며, 말이 있으면 침묵이 있고 동이 있으면 정이 있지만, 도리어 또한 하나의 도리이다. 마치 사람이 밖으로 나가는 것도 이 다리이고 돌아오는 것도 이 다리인 것과 같다. 입안의 기(氣)에 비유하자면, 내쉬면 따뜻하고 들이쉬면 차가운 것과 같을 따름이다."²² "짝[對]"은 보편적이어서, 일이 없는 짝이 없고 물건이 없는 짝이 없어서 음―양, 인―의, 선―악, 어(語)―묵(默), 동―정, 거(去)―귀(歸), 허(噓, 呼)―흡(吸), 온(溫)―한(寒), 주―야, 생―사 등등과 같다. 자연에서부터 사회까지 인생은 상대가 없는 것이 없고 있지 않은 곳이 없다.

자연과 사회의 보편적이고 상대적인 현상은 초자연적인 신의 힘이 아니며 인위적인 것도 아닌 자연적인 현상으로 "자연히 그런 것이지 계획이 있는 것이 아니다." 주희는 서로 반대되고 상대되는 것은 결코 다만 짝이 있는 것이 아니라 서로 반대되고 서로 이루어주는 것(相成)이라고 생각했다. 서로 이루어주는 것은 곧 통일과 화합이며 사물의 내부가 상대되고 서로 반대됨으로 말미암아 지극한 곳까지 발전하면 전환하고 변역하여 통일과 화합이 된다. "모든 일은 서로 반대되는 것으로 서로 이루어지지 않음이 없다. 동쪽은 서쪽과 짝이 되고 남쪽은 북쪽과 짝이 되니 한 가지 사물도 그렇지 않음이 없다. 그래서 명도(程顥)는 '세상의 사물은 홀로인 것이 없고 반드시 그 짝이 있다.'라 하였는데, 밤낮으로 생각할 때마다 (기뻐서) 손이 춤을 추고 발을 구르게 되는데, (이는) 실로 볼만하여 모든 일이 이와 같다."²³ 이런 "홀로인 것이 없고 반드시 짝이 있는" 서로 반대되고 서로 이루어주는 현상은 자연스럽게 그런 것이다.

서로 반대되고 서로 이루어주며 서로 충돌하고 서로 융화한다면 「태

---

22 『주자어류』 권95.
23 『주자어류』 권62.

극도설」의 태극과 토(土)는 과연 짝이 있는가, 없는가? 그는 대답하였다. "'태극에는 무극의 짝이 있습니다.' 말하였다. '이는 단지 한 구절이다. 금목수화토와 같으니, 토는 짝이 없는 것 같지만, 모두 짝이 있다. 태극은 음양과 서로 짝이 된다. 이는 형이상자를 일러 도(道)라 하고 형이하자를 일러 기(器)라 한다는 것으로 짝하였지만, 도리어 횡(橫)으로 짝하였다. 토는 금목수화와 상대(相對)한다. 금목수화는 방소(方所)가 있지만 토는 도리어 방소가 없으므로 짝하여 가는 것이다. 호씨(胡氏)는 "선은 악과 짝하지 않는다."고 하였다. 악은 선에 반하는 것으로 마치 인(仁)과 불인(不仁)의 관계와 같으니, 어찌 짝이 될 수 없는가? 만약 상대하지 않으면 천하의 일이 모두 첨예하게 기울어져 옳은 곳이 없게 된다."[24] 태극과 음양이 상대됨은 그 성질이 도와 기, 곧 형이상과 형이하의 관계와 같다. 토와 금목수화가 상대됨은 그 성질이 "방소가 없으며", 선과 악의 상대는 그 성질이 인과 불인이며, 이렇게 천지간의 사물은 각각 상대되며, 상대적인 내용과 성질은 또한 각기 서로 같지 않다.

주희의 철학에서 태극은 이·도에 상당하며 그 형상학의 본체이고, 만물의 근거이자 근원으로 하나의 정결하고 공활한 절대 세계이다. 그렇다면 그것은 짝이 있을까, 없을까? 『어류』에서는 이렇게 기록하고 있다. "'천지 만물의 이는 홀로 있는 게 없고 반드시 짝이 있습니다. 짝[對]은 사물인데, 이(理)에 어떻게 짝이 있습니까?' 말하였다. '고하(高下), 대소(大小), 청탁(淸濁) 따위가 모두 이것이다.' (진순이) 말하였다. '고하, 대소, 청탁도 사물인데, 어떻습니까?' 말하였다. '고(高)가 있으면 반드시 하(下)가 있고, 대(大)가 있으면 반드시 소(小)가 있으니, 모두 이 원리가 반드시 이와 같은 것이다. 예컨대, 하늘이 사물을 낳을 때, 음(陰)만으로는 할 수 없

---

24 『주자어류』 권95.

으므로 반드시 양이 있고 양만으로는 할 수 없으므로 반드시 음이 있으니, 모두 이 짝[對]이다. 이는 짝[對]하는 곳이지 이의 대립이 아니다. 그것이 짝[對]이 있는 까닭은 이가 마땅히 이와 같기 때문이다.'"[25] 여기에는 두 가지 함축적인 의미가 있다. 하나는 사물은 홀로 있는 것이 없고 반드시 짝이 있다는 보편성으로 말하여 태극(理·道)에 짝이 있으니 곧 고하와 소대, 청탁의 상대라는 것이다. 그러나 주희는 태극(理·道) 자신은 고하와 대소, 청탁의 상대가 있거나 태극과 음양, 이와 기에는 고하와 소대, 청탁의 상대가 있다고 진일보하여 설명하지 않았다. 후자와 같다면 해석이 통할 수 있으며, 전자와 같다면 태극(理·道) 자신이 어떻게 고하와 소대, 청탁을 가지겠는가? 고의 태극과 하의 태극이 청한 이와 탁한 이와 상대한다고 말할 수 있겠는가? 이는 곧 이는 다만 하나의 이라는 "이일(理一)"과 충돌이 발생한다. 이 때문에 힐난하는 자가 고하와 소대, 청탁은 사물이며 이(太極·道)가 아니라는 점을 제기하여 주희를 곤란하게 만들었다.

둘째, 주희는 "이일(理一)"의 지상성(至上性)과 형상성(形上性)을 옹호하기 위하여 이(太極·道)를 기, 곧 기의 청탁과 기의 대소 등의 속성과 동일시할 수 없었다. 이에 그는 "천지만물의 이는 홀로 있는 것이 아니라 반드시 짝이 있다"는 것에서 "이 짝하고 있는 곳은 이의 짝이 아니다"라는 입장으로 물러서서, "짝[對]"의 보편성을 두루 미치는 것이 아니라고 말하였다. 태극(理·道)의 짝은 "짝이 있는 까닭", 곧 상대적으로 그러한 까닭을 가리키며 이(理)는 마땅히 이래야 이 자신에 짝이 있다는 곤경에서 벗어난다.

"2"의 양단의 상대적인 존재형식에 대하여 주희는 탐구하였다. "대체

25 위와 같음.

로 천하 사물의 이치는 정당(停當)하고 균등하여 짝[對]이 없는 것이 없으나 도(道)만은 짝이 없다. 그러나 형이상과 형이하로 이것을 논한다면 또한 짝이 없었던 적이 없다. 이른바 '짝'이라고 하는 것은 혹은 좌우, 혹은 상하, 혹은 전후, 혹은 다과, 혹은 유사한 것끼리 짝을 이루고, 혹은 반대되는 것끼리의 짝을 이루는 상대가 있다. 반복해서 미루어나가면 천지 사이에 우뚝 솟아 짝이 없이 고립된 사물은 실로 하나도 없다."[26] 이(太極·道)와 기(陰陽·器)의 상대는 상하가 상대하는 형식에 속하며, 토와 금목수화의 상대는 좌우상대의 형식에 속하고, 선과 악의 상대는 반대되는 것으로 짝을 이루는 형식에 속하는 등등이다. 천지간의 대립하는 보편성은 다양한 상대형식을 통하여 체현된다.

주희는 결코 다만 사물 사이의 상대성만 인정하지 않았을 뿐만 아니라 또한 사물 내부의 상대성, 곧 한 사물 내부에서도 "1이 2로 나누어진다"고 인정했다. 그는 말하였다. "음양을 통틀어 말하면 두 끝일 뿐이지만, 음 가운데서 저절로 음양으로 나뉘고, 양 가운데 또한 음양이 있다. '건의 도는 남자를 이루고, 곤의 도는 여자를 이룬다' 하였는데, 남자는 비록 양에 속하지만 음이 없다고 말할 수 없고, 여자는 비록 음에 속하지만 양이 없다고 말할 수 없다. 사람 몸의 기는 양에 속하는데 기에는 음양이 있고, 혈(血)은 음에 속하는데 혈에도 음양이 있다."[27] 어떠한 사물에도 모두 그 상대적인 양단이 존재하며 상대적인 양단은 또한 각자 상대적인 양단이 존재하는데, 음양과 남녀가 양단으로 음양 가운데 또한 각자 음양이 있고, 남녀 가운데 각자 음양이 있다는 것과 같다.

주희는 "1이 2로 나누어지는" 데 대한 깊은 인식이 있었기 때문에 개괄하여 이렇게 말하였다. "1이라는 측면에서 말하면, 1 가운데는 또 본

---

26 「답호광중(答胡廣仲)」, 『주희집』 권42, 1957쪽.
27 『주자어류』 권94.

래 짝이 있다. 마치 눈앞의 사물에도 앞이 있고 뒤가 있고 위가 있고 아래가 있으며 안이 있고 밖이 있는 것과 같고, 또 둘에도 각자 짝이 된다. 비록 '홀로 있는 것은 없고 반드시 짝이 있다'고 하지만, 홀로 있는 것[獨]에도 본래 짝이 있다."[28] "1" 자신이 짝을 갖고 있으며, "2" 또한 각자 짝을 가지고 있으니 곧 통일물 가운데에 상대적인 양단을 함축하고 있고 상대적인 양단이 또 각자 상대적인 양단을 함축하고 있다. "대체로 천지 사이는 하나의 기일 따름이다. 이것이 음과 양으로 나뉘어 두 사물이 되었다. 따라서 양은 인(仁)이 되고 음은 의(義)가 된다. 그러나 음양은 또 각각 나뉘어 둘이 되기 때문에 양의 처음에는 목·봄·인(仁)이 되고, 양이 성하여 화·여름·예(禮)가 되며, 음의 처음에는 금·가을·의(義)가 되고 음이 극점에 오면 수·겨울·지(智)가 된다."[29] 하나의 기는 "1이 2로 나누어져" 음양이 되고, 음양은 "또 각자 나누어져 2가 된다." 이 "1이 2로 나누어지고" 또 "1이 2로 나누어지는" 무궁한 과정은 멈출 수 없다.

3) 한 물체가 두 개의 체이며 하나가 두 개를 포함한다

"1"과 "2"의 관계에 대하여 주희는 장재의 "일물양체(一物兩體)"의 관점을 찬양하여 "이 말은 매우 정밀하다."[30]라 말한 적이 있다. 아울러 장재의 텍스트에 대하여 해독하였다. 그는 말하였다. "1이기 때문에 신묘하다(一故神)'라는 말에 스스로 주석을 달고 말하였다. '2가 있기 때문에 헤아리지 못한다.(兩在故不測)' 다만 이 1이란 것은 사물 사이에 두루 행하는데, 음양과 굴신, 왕래와 상하에서 십백천만에까지 이르러 이 사물이 아

---

28 『주자어류』 권95.
29 「답원기중별폭(答袁機仲別幅)」, 『주희집』 권38, 1693쪽.
30 『정몽(正蒙)』 「삼양편주(參兩篇注)」, 『장자전서(張子全書)』 권2.

닌 것이 없기 때문에 '2가 있기 때문에 헤아리지 못 한다'라 하였다. '2이기 때문에 화한다(兩故化)'라 한데서는 스스로 주석을 달고 '1로 미루어 행한다(推行于一)'라 하였다. 무릇 천하의 일은 1은 화할 수 없고 2가 된 다음이라야 화할 수 있다. 한번 음이 되고 한번 양이 되어야 만물을 화생할 수 있는 것과 같다. 비록 2지만 요컨대 또한 이 1로 미루어 행할 따름이다."[31] 이 말에는 이런 몇 가지 뜻이 있다.

첫째, "1"과 "2"의 관계는 "천하의 도리는 1이 2를 포함할 뿐이다."[32] 1은 2를 포함하고, 통일물과 화합물은 충돌과 대립의 양단을 포함하고 있으며, 이 양단과 양극은 상호 연관이 있고 상호의존적이다. "1이 아니면 음양과 소장은 저절로 볼 수 없고, 음양과 소장이 아니면 1 또한 볼 수 없을 것이다."[33] 1이 없으면 2가 없고, 1이 아니면 음양과 소장("二")을 보지 못하며, 2가 없으면 1이 없고 음양과 소장("二")이 아니면 또한 1을 볼 수 없게 된다. "1"과 "2"는 서로 존재하고 서로 나타나며 서로 포함하여 이것이 없으면 "1"과 "2"가 없는 관계와 같다.

둘째, 홀로 하나인 것은 자연과 사회적인 사물을 화생시킬 수 없다. "1은 화할 수 없으며" 양(兩. "二")이 있어야 사물이 화생되게 할 수 있다. 이는 곧 사물이 대립하여 쌍방이 상호 인온(絪縕)하고, 교감, 작용함이 있어야 천지만물의 화생과 신묘하여 잴 수 없는 변화를 촉진할 수 있으며, 또한 양(兩)의 존재가 있어야 굴신 왕래하여 만물과 만사 사이를 관통할 수 있다는 것을 말한다. 다만 만물의 화생은 결코 2의 존재에 머무는 것이 아니며 곧 음양이 대립하는 두 단계로 충돌을 통한 융합이며 대립적인 통일이어야 사물이 계속 대립하는 가운데 발전시킬 수 있게

---

31 『정몽』「삼양편주」,『장자전서』 권2.
32 『주자어류』 권79,『주자어류』 권65에도 보인다.
33 『주자어류』 권98.

한다. "이 '1'이 없으면 2는 미루어 나아갈 수 없다. 2는 곧 소장이고 또 화이고 또 미루어 나아가는 뜻이다."[34]

셋째, 1이 2를 포함하는 것은 통일물이 이미 서로 상대적인 것을 포함하고 있으며 또한 상호 의존하는 양단이다. "2는 1로 미루어 나아가는 까닭이다. 장자(張子)가 '1이기 때문에 신묘하다(2가 존재하기 때문에 헤아릴 수가 없으며)는 것은 2이기 때문에 화한다(하나로 미루어 나아간다).'고 말한 것은 이 둘이 있기 때문에 하나가 존재한다는 말이다. 2가 서지 않으면 1을 볼 수 없고, 1을 볼 수 없으면 2의 작용이 멈출 것이라 한 것도 이 뜻이다."[35] 또 말하였다. "2는 1에서 미루어 나아가는 까닭이고 1이 2가 되는 까닭이다."[36] 여기에서 "1"과 "2"는 다음과 같은 공식을 구성한다. "1"—"2"(兩)—"1", 혹은 "2"(兩)—"1"—"2"(兩). 이것은 곧 통일물이 "2"로 분열되고, "2"는 또 조합하여 "1", 혹 대립적인 양단의 통일을 이루며, 통일은 또 2로 나누어진다는 것을 말한다. 바꾸어 말하면 곧 "1이 2로 나누어짐"(1이면서 2)—2를 합하여 1이 됨(2이면서 1), 혹은 "2를 합하여 1이 됨"(2이면서 1)—1이 2로 나누어짐(1이면서 2)이다. 1에서 양(兩)을 파악("1이 2가 되는 까닭", "1이기 때문에 신묘함[一故神]")하고, 또 양(兩)에서 1을 파악— ("1을 미루어 행함[推行于一]")으로, 1과 2의 관계가 변증적인 사유를 갖게 했다.

2. 동정의 대립과 융합

1이 2를 포함하고, 통일물이 대립적인 양단을 포함하고 있으며, 대립

---

34 위와 같음.

35 위와 같음.

36 위와 같음.

적인 양단이 인온하고 교감하여 새로운 통일물을 화생하는데, 이로 말미암아 사물의 변화 운동을 추진한다. 주희는 운동의 동과 정 두 가지 형태를 더 나아가 탐구했다.

동정의 문제는 중국 철학사상 수많은 철학가가 관심을 기울인 문제로 역대로 모두 논술이 있었다.[37] 주희는 노자와 왕필(王弼) 등의 사상을 계승하고 또 철학의 발전과 인류의 인식이 깊이 들어간 것에 근거하여 수정과 보충을 하였으며 아울러 『주역』의 변증사상과 주돈이의 「태극도설」의 자료를 발휘하여 동정학설을 계통적으로 논증하였다.

1) 동정은 끝이 없고 음양은 비롯됨이 없다

동정은 단초가 있을까? 사람들이 우주의 본원과 천지의 단초를 탐구할 때 오랜 기간에 걸쳐 지혜로운 철인들을 곤혹스럽게 한 적이 있다. 우주의 단초가 유무가 있는지와 관련이 있는 것은 동정이 발단과 시작의 유무가 있는가, 하는 문제이다. 주희는 기—물(物)에서 말미암은 과정의 "1이 2로 나누어지는" 무궁성에 의거하여 동정은 단초가 없다고 생각하였다. 주돈이의 「태극도설」에서는 동정을 이야기하였는데 태극의 동정을 말하고 태극의 앞에 동정이 있는가 없는가는 설명하지 않았다. 이렇게 동정은 바로 태극을 단초로 하여 일종의 동정에 단초가 있다는 의론이 있게 되었다. 주희는 "동정은 끝이 없고 음양은 비롯됨이 없다"는 관점을 제기하였다. "동과 정은 끝이 없고, 음양은 비롯됨이 없다. 이제 태극으로 보면, 비록 동하여 양을 낳는다고 했지만, 결국은 아직 동하기 전에 반드시 정하고 정하여지기 전에 반드시 동하는 것이다. 미루어서 위

---

37 졸저 『중국철학범주발전사·천도편(天道篇)』의 「동정론」, 중국인민대학출판사 1988년판, 319~353쪽을 보라.

로 가면 어떻게 그 끝과 시작을 볼 수 있겠는가?"[38] 동과 정의 추궁은 장자의 "처음에는 처음도 있지 않았다(未始有始)"는 힐문과 같다. 동의 앞은 아직 동하지 않음이며, 아직 동하지 않음은 정이다. 정의 앞은 또한 반드시 정하여야 하며 정의 앞에는 또한 반드시 동하여야 "고리처럼 끝이 없는"것을 구성하고, 한번 동하고 한번 정하여져 서로 그 뿌리가 끝이 없고 시작이 없는 상태가 된다.

주희는 운동과 정지에 끝과 시작이 있다는 것을 부정하고 운동과 정지를 모두 '겹겹이 돌고 도는' 끝까지 말할 수 없는 무한한 과정으로 여겼다. 그는 다음과 같이 논증하였다.

첫째, 동정은 시공상으로 무한성이 있다. 주희는 동정이 시작과 단초가 없는 까닭은 동정에서 전후가 생겨나는 것만이 아니라 시간적인 면에서 볼 때 단초가 없으며, 천지사방의 공간상에서 볼 때도 단초가 없기 때문이라고 생각하였다. "물었다. '움직임과 고요함은 끝이 없고, 음양은 시작이 없다"는 것은 무슨 뜻입니까?' 말하였다. '이것은 도에 시작이 있다고 말해서는 안 된다는 것이다. 저 시작이 있기 전은 결국은 무엇이겠는가? 그것은 저절로 한 번 하늘과 땅이 되었는데, 무너진 뒤에 또 그렇게 일으킨다면 그것이 어떻게 다함이 있겠는가? 나는 5, 6세 때부터 도에 대해 고뇌했다. 하늘과 땅 사방 밖에 또 무슨 사물이 있겠는가? 사람들이 사방은 끝이 없다고 말하는 것을 보았는데, 나는 반드시 끝나는 곳이 있다고 생각한다. 예를 들면 이 벽과 같으니, 벽 뒤에 또 반드시 어떤 사물이 있다. 그때는 거의 잘못 생각했었다. 지금도 그 벽 뒤에는 어떤 물건이 있었는지 모른다.'"[39] 주희는 어려서부터 집요하게 천지에 단초가 있는지 없는지의 문제에 대하여 사고했다.

---

38 『주자어류』 권94.
39 위와 같음.

단초가 있다고 한다면 시작의 앞은 무엇인가? 이를테면 천지사방의 바깥은 무엇인가? 벽의 뒷면은 무엇인가? 모두 알지 못하였다. 시작하기 전에 또 시작이 있어 시간상으로 무궁하며, 천지사방의 바깥에 또 천지가 있어 공간적으로도 무궁무진함을 알 수 있다. "동서남북 사방과 위아래를 '우(宇)'라 하고, 가버린 옛날과 다가온 지금을 '주(宙)'라 한다. 어떤 사물도 우(宇)처럼 클 수 없고, 사방을 가도 끝이 없고, 위아래로 가도 끝이 없으니 얼마나 크겠는가? 어떤 사물도 주(宙)처럼 길고 멀 수가 없으니, 옛날에 이르고 지금에 이르러, 오고 가도 끝이 없다. 스스로 마음속에서 반드시 이러한 뜻을 깨달아야 한다."[40] 우주의 시공은 무한하여 대소(大少)와 장원(長遠)을 가지고 천지 우주를 가늠할 수 없다. 그는 육구연(陸九淵)이 우주를 "우주는 곧 나의 마음이고 나의 마음은 곧 우주이다."라 해석한 것을 비판하였다. 이래서야 이면의 많은 박자를 쓰지 못할 뿐만 아니라 또한 "다만 아무것도 없이 텅 빈 것만 지킬 뿐이다." 이 비평은 합리적이다.

시간상 시작이 없으면 공간상으로도 단초가 없다. 그렇다면 동정은 곧 단초가 없는 것이다. 시간은 사물이 운동하는 순서성과 간격성 그리고 지속성을 가리키며, 공간은 운동하고 있는 사물의 신장성(伸張性)과 팽창성을 가리키기 때문이다. 운동은 언제나 시공 가운데서 진행하고, 정지(靜止) 또한 시공 가운데서 진행된다. 동정은 시공을 떠나지 않으며 이렇게 시공의 무한성 또한 동정의 무한성을 증명하였다.

주희는 주돈이(周敦頤)의 동정은 태극을 끝나는 곳으로 삼는다고 비판하였다. 사실 주희는 이를 형상학의 본체로 생각한 것 같았으며, 천지만물의 근원과 근거 또한 정신이 오락가락하며 동정을 끝나는 곳의 곤경에

---

40 위와 같음.

빠뜨렸으며 동정을 형체 없이 단초가 있는 그물로 덮게 하였다.

둘째, 동정의 상관성. 동정이 단초가 없는 까닭은 동하기 전에 정하고 정하여지기 전에 동이 있어서 동정을 두 단계로 나눌 수가 없기 때문이다. "동한 뒤에 양이 있고, 정하여진 뒤에 음이 있다고 둘로 잘라서, 먼저 이것이 있고 뒤에 저것이 있다는 것이 아니다. 다만 태극이 동하는 것은 곧 양이고 정하여짐은 음이다. 바야흐로 동할 때는 정함을 볼 수 없고, 정할 때는 동함을 볼 수 없다. 그러나 '동하여서 양을 낳는다'는 것도 또한 단지 이러한 말에서 생긴 것이다. 양(陽)과 동(動) 앞에는 다시 '재(在)'가 있다. 정자가 이른바 '움직임과 고요함은 끝이 없고 음양은 시작이 없다.'는 것도 여기서 볼 수 있다."[41] 동과 정은 자른 듯이 둘로 나눌 수 없으며 동한 후에 정이 있고 정한 후에 동이 있어서 이것이 먼저고 저것이 나중이라고 나눌 수 있다면 동정은 단초가 있게 된다. 주희는 사람들의 인지상의 습관은 왕왕 눈앞에서 딱 잘라 말하고 사물의 선후의 연속성은 돌아보지 않는다고 지적하였다. 이를테면 동이 극에 달하여 다시 정하여지고 정이 극에 달하여 다시 동하는 것은 동정의 한쪽 방향을 단초로 미리 설정하여 동정의 연계를 딱 잘라 이렇게 하나의 단초를 얻는다. 사실 이 단초는 참된 것이 아니다. 동하기 전에 반드시 정함이 있고 정하여지기 전은 또한 동이기 때문이다. 눈앞의 낮이 하나의 시작이 될 수 없는 것과 마찬가지인데, 낮 이전은 밤이며 밤 이전은 또한 낮으로 밤낮은 단초가 없기 때문이다. 동정의 불가분성과 상관성으로 인하여 동정과 음양은 각자 대립적인 방면을 자기 존재의 조건이나 전제로 삼아 어떤 한쪽이 대립되는 다른 한쪽을 잃으면 쌍방이 모두 존재할 수 없고 또한 존재 가치도 없다. 이에 쌍방의 대립은 불가분성을 구성하였으며 또한 동정이 불가분성을 갖게 하였다.

---

41 위와 같음.

셋째, 동정의 순환성. 주희는 동하면 정하여지고 정하여지면 동하여, 한번 동하고 한번 정하여짐이 순환하여 그치지 않는다고 생각하였다. "동정은 끝이 없고 음양은 시작이 없다. 도가 있다[有]고 말하면, 그 앞에 '무(無)'라는 것이 있고, 도가 없다[無]고 말하면, 그 앞에 '유(有)'라는 것이 있으니, 사물이 순환하는 것이다."[42] 유무가 앞이라고 말하고 무유가 먼저라고 말하여 유무는 순환한다고 한다. 이는 두 방면에서 말하였다. 한 방면은 동정이 상생한다는 것에서 말하여 "이것이 동하는 것 또한 정에서 생긴 것이다. 이러한 이치는 단지 순환하여 생겨나는 것이다."[43] 동은 정에서 생기며 정은 동에서 생기나 동정이 순환하여 서로 생겨난다. 다른 방면은 동정의 선후에서 말하였다. "물었다. '태극에 동과 정이 있다는 것은 정이 먼저이고 동이 나중이라는 것입니까?' 대답하였다. '한번 동하고 한번 정하여 순환하여 끝이 없다."[44] 동정이 상생하든 동정이 선후가 없든 막론하고 모두 동정은 단초가 없다고 설명하였다.

주희의 동정에는 단초가 없다는 설은 추상적인 현상(玄想)에서 건립되었을 뿐만 아니라 또한 실험과 경험을 거친 과학에 대한 증명이다. 그는 말하였다. "정자가 '동정은 끝이 없고, 음양은 시작이 없다.'라 하였는데, 이 말은 분명하게 깨달은 것이다. 이제 높은 산 위의 돌에 굴 껍데기 같은 것이 많이 있다는 것은 낮은 곳이 높게 되었다는 것이다. 또 굴은 반드시 진흙과 모래 속에서 생겨나는데, 이제 돌에 있다면 부드러운 것이 변하여 강(剛)한 것이 된 것이다. 하늘과 땅은 변하고 바뀌는 것이니, 어찌 항상 그대로 있겠는가?"[45] 고대의 해양에서 살았던 굴 등의 생물이 그 단단

---

[42] 위와 같음.
[43] 위와 같음.
[44] 위와 같음.
[45] 위와 같음.

한 껍질이 퇴적되기 시작하여 해류운동과 해수의 압력을 거쳐 이런 고생물이 남긴 껍질을 점점 두터운 석회암으로 변하게 하였다. 동시에 강렬한 지각운동을 하는 가운데 뜨거운 고온 또한 해저의 진흙과 모래를 암석으로 만들 수 있다. 나중에 창해가 뽕나무밭으로 변하는 조산(造山) 운동 중에 해저의 바위산이 융기하여 높은 산을 이루었다. 높은 산의 암석에 굴 껍데기가 있는 따위로 창해가 변천해온 도리를 증명하였는데 동정이 끝이 없고 시작이 없는 것을 실증적으로 논증하기 위함이다.

주희가 동정에 단초가 있다고 생각한 까닭은 사유 과정에서 동과 정을 갈라놓은 결과이기 때문이라고 보았기 때문이다. 이는 사람의 인지상의 한계로 동과 정은 "중간을 딱 잘라 말할 수" 없는 것을 알지 못하고 아무런 의심 없이 단초가 있다고 딱 자른 것이다. 주희의 실수는 동정에는 끝이 없고 음양은 시작이 없다고 주장하는 데 있지만 오히려 운동의 방향을 순환론으로 끌어들였다. 이것이 곧 사물의 부단한 발전과 진화를 돌아서 다시 시작하는 순환으로 본 것이며, 사물이 낮은 데서 높은 곳으로 발전해가고 저급한 데서 고급으로 진화하는 운동 방향을 부인하였다.

2) 동정의 대립이 융합으로 전환하다

이론상 동정이 끝이 없다는 관점은 동정은 통일과 대립하고 충돌하고 융합한다는 사상과 연관이 있다. 동정은 서로 대립, 충돌, 배척하고 또한 서로 연결되어 있고, 의존하며 융합하여 상호 전환하는 단계에 이르는데, 동정이 단초가 없다는 이론의 기초이다. 동정이 통일과 대립하고 충돌하고 융합한다는 것을 부인한다면 동정이 단초가 없다는 이론 또한 건립될 수 없다. 이것을 가지고 말하면 동정이 통일에 대립하며 충돌하고 융합하는 것은 동정학설에서 정화가 있는 곳이자 전인을 초월하는 곳이다.

동정이 통일에 대립하며 충돌하고 융합한다는 내용은 이미 동정의 상호 대립, 배척 그리고 충돌을 포함하고 있으며 또한 동정이 상호 의뢰하고 삼투하며 전환한다는 것을 포함한다.

첫째, 동정이 서로 대립하고 배척하며 충돌하는 것에서 말하였다. "물었다. '천하의 이는 홀로 있지 않고 반드시 짝이 있습니다. 동이 있으면 반드시 정이 있고, 음이 있으면 반드시 양이 있으며, 굴신·소장(消長)·성쇠(盛衰)의 부류에 이르기까지 모두 그렇지 않은 것이 없습니다. 그런데 그것은 본래 이와 같은 것입니까?' 답하였다. '그것은 원래 합하여져서 이와 같다.'"[46] 동—정, 음—양, 굴—신, 소—장, 성—쇠는 모두 서로 대립하고 배척하며 충돌하는데, 이런 대립은 인위적인 것이 아니고 신의 뜻도 아니며 자연스럽게 이와 같이 합하여진 것이다.

동정은 서로 대립할 뿐만 아니라 동하는 가운데 동정이 대립하고 정하는 가운데 동정이 대립하여 대립하지 않는 곳이 없다. 이는 사물 사이에 드러나 있음을 드러낼 뿐만 아니라 또한 심령의 안에도 체현된다. "깨어 있음과 잠듦은 마음의 동정(動靜)이다. 생각이 있음과 생각이 없음은 또한 동(動) 중의 동정이다. 꿈이 있음과 꿈이 없음은 또 정(靜) 중의 동정이다."[47] 동 가운데의 동정과 정 가운데의 동정은 동정 가운데 각자 동정을 가지고 있다. 동정이 철저하게 형상학과 일용지간에 관철되어 사물의 내령(內靈)과 내재하는 것과 외재하는 것과의 한계를 깨뜨렸다.

둘째, 동정이 상호 의존하고 삼투하며 융합하는 것에서 말하였다. 그는 말하였다. "'동하여 양(陽)을 낳고, 정하여져서 음(陰)을 낳는다.'라 하였는데, 동은 곧 태극의 동이고, 정은 곧 태극의 정이다. 동한 뒤에 양을 낳고, 정하여진 뒤에 음을 낳으니, 이러한 음양의 기를 낳은 것이다. '동하여서

---

46 『주자어류』 권95.
47 「답진안경(答陳安卿)」, 『주희집』 권57, 2902쪽.

낳고', '정하여져 낳는다'고 한다면 차례를 따라 진행되는 것이다. '한 번 동하고 한 번 정하여지니, 서로 근원이 된다.'는 것은 동하면서 정하고, 정하면서 동하며, 열리고 닫히고 오고 가서 더는 쉼이 없는 것이다."[48] 동정은 대립하여 절대로 고립되어 홀로 존재할 수 없다. 동과 정은 각자 대립하는 방면을 가지고 자기가 존재하는 전제와 조건으로 삼는다. 이는 동정이 모두 태극의 동정이기 때문일 뿐만 아니라 또한 동정이 "서로 뿌리가 되기" 때문이기도 하다. "음이 정한 가운데 저절로 양이 동하는 뿌리가 있으며, 양이 동하는 가운데 또 음이 정한 뿌리가 있다. 동하되 반드시 정한 까닭은 음(陰)에 뿌리를 두고 있기 때문이며, 정하되 반드시 동하는 까닭은 양(陽)에 뿌리를 두고 있기 때문이다."[49] 정한 가운데 동의 뿌리가 있고 동하는 가운데 정의 뿌리가 있으며, 음의 가운데 양의 뿌리가 있고 양의 가운데 음의 뿌리가 있다. 동정이 서로 뿌리를 이루고 서로 함양하며 서로 삼투하니 이는 동정이 대립하는 상호 의존이며 삼투와 융합이다.

어떻게 해야 동정이 서로 뿌리가 되고 서로 함양하며 서로 삼투할까?

첫째는 동정이 선후를 나누지 않는 것이다. "물었다. 「태극해」에서는 왜 동을 앞에 두고 정을 뒤에 두었으며, 용을 앞에 두고 체를 뒤에 두었습니까? 또 감응을 앞에 두고 적막함을 뒤에 두었습니까?' 대답하였다. '음과 양으로 말하면 용은 양에 속하고 체는 음에 속한다. 그러나 동과 정은 끝이 없고 음과 양은 시작이 없으니 앞과 뒤로 나눌 수 없다. 지금은 다만 일어나는 것으로부터 말했을 뿐이지만, 틀림없이 동하기 전엔 또 정하고 …… 정하기 이전엔 또 동하였을 것이니, 무엇을 가지고 앞과 뒤를 나누겠는가? 따라서 오늘 동한 것이 바로 시작이라고만 하고, 어제 정했던 것에 대해 말하지 않는 것은 안 된다. 이를테면 코로 숨을 쉴 때, 호흡이라

---

48 『주자어류』 권94.
49 위와 같음.

고 하는 것이 순조로운 표현이어서 흡호라고 하지 않는 것이지, 필경 숨을 내쉬기 전에는 또 숨을 들이쉬고, 숨을 들이쉬기 전에는 또 숨을 내쉬는 것이다."[50] 주희는 음양에서 말하고 시작하는 데서 말하였으며 아울러 호흡을 예로 들어 동정은 선후를 나누지 않음을 설명하였다.

둘째 동정은 올라타는 기틀이다. 주희는 말하였다. "'동과 정은 타는 기틀이다.'라고 했는데, 기틀은 기(氣)의 기틀을 말한다. (나의) 시에 '나고 들 때 기의 기틀을 탄다(出入乘氣機).'라 하였다."[51] 그 동하는 기의 기틀을 밟으면 그 정한 것을 돋우며, 그 정한 기의 기틀을 밟으면 그 동한 것을 돋운다. 둘은 동정을 서로 밟고 서로 돋운다. 동정은 분리할 수 없어 "동에 정이 없을 수 없는 것은 정에 동이 없을 수 없음과 같다." 동정은 서로 타서 정이 동을 타는 것이 아니고 동은 정을 타지 않으며 그 반대도 또한 그렇다.

셋째, 동정은 서로 전환된다. 동정은 대립하여 충돌하는 데다가 연결되고 융합되기도 하는데, 양자는 상호 전환하는 관계를 발생시킨다. "동이 극에 달하면 정을 낳는 것 또한 따로 하나의 동이 있어서 이러한 동을 잇는 것은 아니고, 다만 동이 극에 달하면 자연스럽게 정하여지고, 정이 극에 달하면 자연스럽게 동하게 되는 것이다. 미루어 그 위로 올라가면 이해할 곳이 없다."[52] 동이 극에 달하면 정으로 전환되고, 정이 극에 달하면 동으로 전환되는데, 이는 자연스럽게 그렇게 되는 도리이다. 이것은 곧 동정은 각자 전환하여 자기가 대립하는 방면이 되며 그것은 "물이 극에 달하면 반드시 돌아온다는" 의미를 말한다. 이를테면 코로 호흡할 때 날숨을 다하면 들숨이 생기고 들숨이 다하면 날숨이 생기어, 날숨이 생기

---

50 『주자어류』 권1.

51 『주자어류』 권94.

52 위와 같음.

고 들숨이 생기어 서로 전환되는 것과 같다.

　동정은 대립하고 융합하며 전환하는데, 주희는 매우 상세한 논술을 하였다. 주돈이의 『통서(通書)』 「동정(動靜)」의 동정관에 대하여 발휘하고 수정을 하였다. 그러나 또한 주 씨의 몇몇 고정관념에 얽매이기도 하였다. "'동하면 정이 없고, 정하면 동이 없는 것은 사물이다.' 이는 형체를 갖춘 기(器)를 말한다. 형이하의 것은 통할 수 없기 때문에 바야흐로 그것이 동할 때는 그 정이 없고, 바야흐로 그것이 정할 때는 그 동함이 없다. 마치 수(水)는 단지 수일뿐이고 화(火)는 다만 화인 것과 같다. 사람으로 비유하여 말하면 말할 때는 침묵하지 못하고, 침묵하면 말하지 못하며, 사물로써 말하면 날아다니는 것은 (땅에) 붙박지 못하고 (땅에) 붙박고 있는 것은 날지 못하는 것이 이것이다. '동하되 동함이 없고 정하되 정함이 없는 것은 동하지 않거나 정하지 않은 것이 아니다.' 이는 형이상의 이(理)를 말한다. 이는 신묘해서 헤아릴 수 없으며, 바야흐로 그것이 움직일 때도 일찍이 고요하지 않은 적이 없다. 그러므로 '동이 없다'고 말하고, 바야흐로 그것이 정할 때에도 일찍이 동하지 않은 적이 없기 때문에 '정함이 없다'고 말한다. 정 가운데 동이 있고, 동 가운데 정이 있으며, 정해도 동할 수 있고 동하여도 정할 수 있으며, 양 가운데 음이 있고 음 가운데 양이 있어, 뒤섞여 엉클어져 끝이 없는 것이 바로 이것이다."[53]

　여기서 그는 동정에는 두 가지 형태가 있다고 생각하였다. 하나는 물(物)의 형태이다. 물의 동정은 사람과 동물, 식물, 물[水], 불 등 형이하의 형기(形器)를 포괄한다. 그것은 동하면 정이 없고 정하면 동이 없으며, 물은 물이고 불은 불이며 물과 불은 서로 통할 수 없고, 사람이 말하면 침묵하지 않고 침묵하면 말하지 않아 어묵(語默)이 나누어져 갈라졌다. 이런 동

---

53 위와 같음.

과 정에는 대립과 충돌, 배척하는 일면만 있고, 서로 의존하고 삼투하며 융합하는 일면은 없다. 물의 형태로 있는 동정의 대립한 통일과 충돌과 융합을 부정하면 대립한 통일과 충돌과 융합의 보편성과 무궁성을 부정하는 것이다.

둘째는 이(理)의 형태이다. 이의 동정은 물의 동정과 다르지 않으며, 그 것은 물을 초월하여 형이상자를 이룬다. 형이상자가 신묘하여 잴 수 없으면 정의 가운데 동이 있고 동의 가운데 정이 있는 것을 표현하는데, 양 자는 대립한 통일이고 충돌하면서 융합하는 것이다. 이렇게 된 까닭은 "이는 신(神)이 저절로 그 사이에 있으면서 음에도 양에도 속하지 않는 것이다. 그러므로 '음양을 헤아릴 수 없는 것을 신(神)이라 이른다.'고 한 것이다."[54] 이를테면 낮에는 동하고 밤에는 정한 것은 한낮에는 신이 그것과 함께 동하지 않고, 밤에는 신이 또한 그것과 함께 정하지 않으니 신은 절로 신이다. "신은 도리어 낮과 밤을 변화시킬 수 있으나 낮과 밤은 도리어 신을 변화시킬 수 없다. 신은 만물을 오묘하게 한다."[55] 신의 동정은 형기를 초월하며 또한 형기를 떠나지 않고, 동정과 주야를 관통하여 또한 동정과 주야의 물건을 지배하고 변화시킬 수 있다. "이른바 신(神)이라 한 것은 애당초 사물을 떠나지 않는다. 예컨대 하늘과 땅은 사물이다. 하늘도 거두어들이는데 어찌 오로지 움직이기만 하겠는가? 땅도 발생하는데 어찌 오로지 고요하기만 하겠는가? 이것이 바로 신이다."[56] 이 형기에 초연하고 또한 형기를 관통하는 신이 그 성질, 기능과 작용의 의의를 따르면 그것이 곧 이(理)이다.

---

54 위와 같음.

55 위와 같음.

56 위와 같음.

3) 새로움은 옛것을 따라가 새로움과 옛것은 떨어지지 않는다

동정의 대립적인 통일과 충돌하는 융합은 사물의 신생(新生)과 발전을 촉진시킨다. 그렇다면 동정의 전체적인 추세는 어떠한가? 주희는 새것과 옛것의 관계를 탐구했다. 이른바 "새것[新]"은 충돌과 융합을 거친 후에 화생하는 새로운 사물을 가리키며, 또한 신지식을 가리키기도 한다. "옛것[故]"은 구사물과 구지식을 가리킨다. 주희의 새것과 옛것의 관계를 대하는 것은 두 개의 의의에서 이해된다.

"온고지신(溫故知新)"의 의의에서 새것과 옛것의 관계를 이해하는 것은 "옛글을 찾고 새로운 뜻을 아는 것"[57]을 가리키는 것이다. 이곳의 "고(故)"는 예전에 들은 것이고, "신(新)"은 지금 터득한 것이다. "온고지신"은 "배움에 있어 예전에 들은 것을 때때로 익히고, 항상 새로 터득함이 있으면, 배운 것이 나에게 있어서 그 응용이 끝이 없다. 그러므로 스승이 될 수 있는 것이다."[58]는 것을 말한다. "옛글"과 "예전에 들은 것" 양자는 모두 이미 획득한 지식을 가리킨다. "예전에 들은 것"은 책에서 배운 지식과 경험지식(귀로 듣고 눈으로 본 지식)을 포괄하며, "옛글"에 비하여 얼마간 폭이 넓어야 한다. 온(溫)은 "찾고 연역함"을 가리키는데 때때로 익히는 것이다. 때때로 과거에 이미 배웠던 책이나 이미 획득한 지식을 복습하고 실습하면 새로운 체득이 있고 새로운 지식을 얻을 수 있다.

"옛것"은 또한 전통적인 지식을 가리킬 수 있는데, 전통에 대하여서도 다만 때때로 복습하고 실습하는 방법을 채택하여 맛을 들이고 절로 새로운 것을 얻을 수 있다면 전통문화의 보루로 들어가 전통문화를 이해하여 새로운 체득을 얻을 수 있다. "지신(知新)"은 일종의 창조로, 창조만이 새

---

57 『주자어류』 권24.
58 「위정(爲政)」 제2, 『논어집주(論語集注)』 권1.

로운 것에 새로운 생명력을 갖추게 할 수 있다.

"묵은 것을 버리고 새것을 창조하는(革故鼎新)" 의의에서 새것과 옛것의 관계를 이해하였다. "혁고정신"은 개혁을 가리키며, 구사물과 구제도, 구사유를 혁파하고 신제도와 신사물, 신사유를 창건하는 것이다. 새것과 옛것은 상호 대립하는 양단이 되므로 구사물과 구제도가 아직 파괴되지 않았지만 이미 충돌과 모순적인 상태가 충만해 있으며, 새것은 옛것의 통일체와 융합체가 파괴되고 새로운 통일체와 융합체가 화생한 상태이다. 그는 말하였다. "대체로 일에는 새로운 것과 낡은 것이 있는데, 개혁이란 낡은 것을 고쳐 새롭게 하는 것이다."[59] 옛것을 새롭게 변화시킨 것, 곧 옛것을 변화시켜 새것을 창조한 것이다. 다만 혁신만이 옛것을 새롭게 전환시키며, 이런 전환의 동력을 실현시켜 오랜 옛 대립하는 충돌이 개혁을 채택하는 방법을 유도하여야 "변하여 새 일을 하게 될 것이다."

새것과 옛것은 대립하고 충돌할뿐더러 또한 포함하고 융합하기도 한다. "누가 물었다. '새것을 아는 이(理)는요?' 대답하였다. '새것은 옛것 가운데의 일이고, 옛것은 옛날의 것이니, 익혀서 존덕성(尊德性)한 다음에 이면에서 새로운 뜻을 연구하는 것이다.'"[60] 새로운 것은 옛일 가운데의 일로 새것이 옛것을 떠나지 않음을 가리키고, 새것은 옛것 가운데서 북돋아 기르고 선택해낸 것이며, 옛것에서 북돋고 기르며 선택하지 않으면 새것은 그 뿌리가 되는 터전과 내원을 잃게 된다. 그러므로 창신을 찾지 않고 새것으로 전환하면 옛것은 소멸을 향하여 가게 된다. 이 때문에 새것과 옛것은 반드시 대립하고 충돌하는 가운데 새로운 사물로 전환한다.

주희의 동정 이론은 그가 동정은 끝이 없고 음양은 시작이 없다는 것을 논증할 때 동정의 시공상의 무한성과 동정의 불가분성 및 동정 상호

---

59 『주자어류』 권73.

60 『주자어류』 권118,

간의 대립, 배척, 충돌과 상호 통일, 삼투, 융합 관계를 천술하였다. 아울러 동정의 상호 전환 등의 사상을 논증하였으며 주희의 변증사상의 특징을 체현하였다. 그는 전인과 동시대의 사상가를 초월하였을 뿐만 아니라 또한 인류의 인지(認知)에 사상적 자료를 누적시켜주었다. 그러나 주희는 동정이 끝이 없다는 것을 순환론 및 동정 체용론 등으로 이끎으로써 실수를 저질렀다. 나중에 송명이학의 총결자인 왕부지(王夫之)는 운동과 정지(靜止)는 운동의 두 가지 형태임을 설명하였다. "태극이 동하여 양을 낳는데 동의 동한 것이며, 정하여 음을 낳는데 동의 정한 것이다."[61] 운동의 운동 상태와 운동의 정지 상태는 모두 운동 상태이다. "정은 정이 동하는 것으로 동하지 않는 것이 아니다."[62] 운동 중의 정은 운동의 일종의 특수한 상태이다. 이는 주희의 동정관에 대한 수정이다.

3. 점화(漸化)와 돈변(頓變)의 신생(新生)

주희는 동정이론에서 출발하여 운동의 심화와 돌변이라는 두 가지 형태를 천술하였다. 화(化)는 점화(漸化)로 양변(量變)의 상대적으로 안정된 형태에 상당하며, 변(變)은 돈변(頓變)으로 질변(質變)에 상당하며 두드러지는 변동의 형태이다. 동과 정, 화와 변의 관계이다. 『어류』에서는 말하였다. "변은 음에서 양으로, 정에서 동으로 변해가는 것이고, 화는 양에서 음으로, 동에서 정으로 점점 변화해 가는 것으로 그 자취가 보이지 않는다."[63] 동정과 변화는 상호 간에 연관성이 있다. 변은 운동이 정에서 동하

---

61 『사문록(思問錄)』「내편(內篇)」.

62 위와 같음.

63 『주자어류』권74.

는 것, 곧 상대적으로 안정된 것에서 뚜렷한 변동의 형태가 되는 것이며, 또한 곧 음정(陰靜)에서 양동(陽動)의 형태가 되는 것이다. 화는 운동이 동에서 정하여지는 것으로 곧 뚜렷한 변동에서 상대적으로 안정된 형태가 되는 것, 곧 양동에서 음정이 되는 형태이다. "동은 곧 변화이다."[64] 운동은 점화와 돈변의 두 가지 형태를 내포하고 있다.

1) 점화는 자취가 없으며 인지하지 못하고 보이지 않는다

주희는 『주역계몽(周易啓蒙)』과 『주역본의』를 지어 그 "교역(交易)" 사상을 흡수하고 발전시켰다. 그는 『주역(周易)』을 역(易)을 일컫는다고 생각하였으며, 그 본래의 뜻은 "변역(變易)"과 "교역(交易)"을 말한 것이라고 하였다. "천하의 모든 이치는 일동일정에서 나오고, 천하의 모든 수는 일기일우(一奇一耦)에서 나오며, 천하의 모든 상(象)은 일방일원(一方一圓)에서 나온다."[65]고 한다면 변화는 그 사이를 꿰뚫는다.

사물의 운동 과정에서 주희는 변과 화의 두 가지 형태를 탐구하였다. "물었다. '변화(變化) 두 글자의 설명을 예전에 『주역본의』에서 보았습니다. 여기서 이르기를 변(變)이란 화(化)의 점진적인 것이요, 화(化)란 변(變)의 완성이라 하였습니다. 밤에 이 두 자를 말씀하시는 것을 들어보니, 화(化)는 점화(漸化)요, 변(變)은 돈변(頓變)이라 하시니, 조금 다른 것 같습니다.' 대답하였다. '이런 글자들은 정말 해석하기가 어렵다. 변(變)은 화(化)의 점진적인 것이요, 화(化)란 변(變)의 완성이란 것은 실로 이와 같다."[66] 변화의 내포된 뜻과 양자의 관계를 설명하였다.

---

64 「계사상전」 제2장, 『주역본의』 권3.

65 『주자어류』 권65.

66 『주자어류』 권71.

이른바 점화는 주희가 이렇게 규정한 적이 있다.

첫째, 점화는 사람이 지각하지 못하게 화하여 간다. 주희는 말하였다. "화는 점차로 변하여 알지 못하는 사이에 변화해 가는 것이다."[67] 곧 차츰차츰 부지불식중에 화하여 간다. "무릇 사물의 변화가 점점 진행되어 달로 변하고 날로 변하니 시(時)도 또한 변화가 있지만, 다만 사람이 알지 못할 뿐이다."[68] 사물은 부단하게 시시각각 변화하지만 이런 변화는 사람들에게 지각되지 않으며 뚜렷하게 변화하지 않는다.

둘째, 점화는 점점 닳아 없어진다. 주희는 말하였다. "화(化)는 양에서 음으로 변하는 것이고, 점점 닳아 없어지는 것이다. 그러므로 화라고 한다."[69] 점점 닳아 없어지는 것은 천천히 변화하는 것으로 이를테면 "나무가 점점 자라면 산은 점점 높아지기 때문에 점점이라고 하였다."[70] 산이 차츰 높아지고 나무가 차츰 자라 사람들에게 발견되지 않듯이 점점 변화하여 갑작스러운 변화가 아니다.

셋째, 점화는 흔적이 없는 변화이다. "양이 화하여 부드러움이 되는 것은 단지 이렇게 감소해 가는 것으로 흔적이 없다. 그러므로 화라고 한다."[71] 흔적을 남기는 것은 뚜렷한 것이며 형적이 있는 것으로 뚜렷하고 형적이 있으면 볼 수 있으며, 점화는 흔적이 없고 뚜렷하지 않으며 형적이 없는 변화로 이 때문에 그 변화를 볼 수가 없다.

이런 규정은 양변(量變)의 몇몇 기본적인 특징에 상당하게끔 표현되었다. 양변은 일종의 변화로 일종의 점진적이고 드러나지 않는 변화이다. 주

---

67 『주자어류』권74.

68 『주자어류』권71.

69 『주자어류』권74.

70 『주자어류』권73.

71 『주자어류』권74.

희는 예를 들어 말하였다. "화(化)는 조금씩 쫓아가는 것이다. 하루 또 하루, 한 달 또 한 달, 철마다 지나가다 보면 1년이 되니 이것이 화이다."[72] 1년 내내 하루와 한 달이 끊임없이 변화하지만 1년이 끝나도록 이끌지는 않으며 이 1년의 성질은 결코 변화하지 않고, 원래의 충돌은 여전히 상대적으로 안정된 형태에 처한다. 사물을 가지고 말하면 내부가 천천히 변화하고 아마 형식적으로도 변화하여 사람이 나이가 듦에 따라 노쇠하고 두발이 희게 변하긴 하지만 사람으로 결코 죽지 않으며 여전히 점화하는 과정에 속한다. 그는 말하였다. "쇠는 따르면서도 바뀐다(金曰從革)는 것은 한편으로는 따르면서 한 편으로는 바뀌는데, 서로 변하지만 본체는 변하지 않는 것이다. 은(銀)을 예로 들면 두드려 술잔을 만들면 따르는 것이지만 다시 두드려 집안 물건을 만든다면 바뀌는 것이다. 여전히 다만 이 물건은 은이니 본체는 바뀌지 않는다고 말하는 것이다."[73] 은을 두드려 술잔이나 각종 정미한 용구를 만들지만 은의 본질적인 속성은 결코 변화하지 않는다. 이 때문에 다만 여전히 양변하는 가운데 처하여 있다고 말할 수 있다.

점화는 일종의 완만하게 점차 누적되어가는 과정이다. 그는 말하였다. "화는 하루 안에서 갑자기 이뤄지는 그런 일이 아니니 사람의 덕이 나아가는 것은 이와 같은 것이다. 30세에 섰다(三十而立)는 것은 30세가 되자마자 바로 섰다는 것이 아니고 15세 때의 배움에 뜻을 둠으로부터 점점 화하여 가서 바야흐로 도달하였다는 것이다."[74] 이렇게 주희는 나이, 금과 은, 덕으로 나아가는 등의 방면을 가지고 점화는 하나의 연속되어 끊이지 않는 양변 과정이라고 천술하였다. 이 과정은 모두 사람들의 일상적인 생활 활동 중의 사실로 논증을 가하였다. 이 때문에 비교적 큰 현실성을 가

---

[72] 『주자어류』 권98.
[73] 『주자어류』 권79.
[74] 『주자어류』 권75.

지고 있지만 결코 주체적인 사람의 능동성을 홀시하지 않았는데, 은을 두드려 만들든 덕으로 나아가는 수양이든 막론하고 모두 이와 같다.

2) 돈변은 뚜렷이 드러났다가 갑자기 뚝 끊어진다

점화는 일정 한도 내에서 사물이 여전히 자기 본원의 면모를 지키고 원래의 성질을 유지할 수 있어 상대적으로 안정적인 형태에 처한다. 하지만 점화가 일정한 정도로 누적되면 하루아침에 자연이 규정한 한도를 뛰어넘어 질변(質變), 곧 사물 성질의 변화를 일으키게 되는데 주희는 그것을 돈변이라고 불렀다.

이른바 돈변을 주희는 이렇게 규정한 적이 있다.

첫째, 돈변은 갑작스러운 변화이다. 『어류』에서는 말하였다. "어떤 사람이 '변화' 두 글자에 대하여 물었다. 대답하였다. '변은 음에서 양으로 변하는 것이고, 갑자기 변하는 것이다. 그러므로 변이라고 한다.'"[75] "갑자기 변하는 것"은 바로 돌연한 변화로, 혹은 "변은 갑작스러운 변화이다."[76]라고도 한다. 모두 신속하고 돌연히 비약하는 것으로 차츰차츰 점화하는 것이 아님을 가리킨다.

둘째, 돈변은 현저한 변화이다. 『어류』에서는 말하였다. "음이 변하여 양이 되는데 그 세가 점점 자라 우뚝하게 머리를 드는 것을 알게 되니 그러므로 변이라고 한다."[77] 또 말하였다. "음으로부터 와서 양이 되는데 그 세가 점점 자라서 우뚝 머리를 드는 것을 알 수 있다."[78] 우뚝 머리를 드

---

75 『주자어류』 권74.

76 위와 같음.

77 『주자어류』 권75.

78 위와 같음.

는 것은 곧 돌연 발생하여 눈에 보이는 변화, 곧 "변은 작은 것으로부터 드러나는"[79] 현저한 변화로 그 자취가 보이지 않는 변화가 아니다.

셋째, 돈변은 점화의 뚝 끊어지는 것이다. 『어류』에서는 말하였다. "변 (變)과 화(化) 두 가지는 같지 않아서 화(化)는 점차 화하는 것이니 자(子)에서 해(亥)에 이르는 것과 같아 점점 사라져감에 이른다. 오늘로부터 내일에 이르는 것과 같은 것은 변(變)이라고 한다. 변은 갑작스러워 볼 수 있는 곳이 있다."[80] 변과 화의 다른 점은 변은 점화가 일정 한도에 이르러 점화의 연속이 돌연히 중단되거나 뚝 끊어지는 데 있으며 이런 절단은 사물의 변화에 볼만한 자취와 형상이 있게끔 한다. "물었다. '변화하고 재단하는 것을 변이라고 합니다.' 대답하였다. '화는 점점 옮겨 가는 것이고, 재단하는 곳이 바로 변이다. 그리고 하루는 화이고 30일을 재단하여 한 달로 만든 것이 변이다.'"[81] 점화의 절단은 양변이 질변으로 전환되는 특징이다. 주희는 장재의 "화하여 마르는 것을 변이라고 한다."는 이 말이 "잘 말하였다"고 찬양 하였는데 화하여 절단된다는 뜻에 부합시켰다. 이를테면 "초하루로부터 30일에 이르는 것과 같은 것은 곧 화이고 이 30일에 이르러 잘라서 한 달을 만드니 다음날이 곧 뒤 달에 속하는 것은 곧 변이다. 이것이 곧 '화해서 제재한다.'는 것임을 여기에 이르러 바야흐로 알 수 있다."[82] "바야흐로 알 수 있다"는 것은 30일이 되어 절단되면 앞 달과 뒷 달의 구별이 생겨 재단하지 않으면 구별이 없다는 것을 가리킨다.

주희는 이따금 점화의 연속성이 중단되는 것을 "화하는 가운데서 마름질하여 취하는 것"이라 하였다. 그는 말하였다. "화하여 제재하는 것은

---

79 위와 같음.

80 위와 같음.

81 위와 같음.

82 위와 같음.

변에 있다는 것은 다만 그 화하는 가운데서 마름질하여 취하는 것이 곧 변이라는 것이다. 자·축·인·묘 12시와 같은 것은 모두 점차 화하여 그 화한 자취를 볼 수 없다. 해시 뒤의 자시에 이르러서는 곧 잘라놓아 다음 날에 속하니 이른 바 변이다."[83] 화는 그 자취가 보이지 않으며 절단해야 그 자취가 보인다.

주희는 "재(裁)는 말라서 자른다(裁截)는 뜻이다."[84]라 생각하였다. 이를 테면 1년은 사철로 마름질하고 한 철은 3개월로 마름질하며 한 달은 30일로 마름질하고 하루는 12시(辰으)로 마름질하는데, 이것이 곧 변이다. 무엇 때문에 마름질하여 잘라야 하는가? 각 사물로 하여금 "정체(定體)"를 갖게 하고자 해서이며, "또한 음양 두 효와 같이 이것으로부터 저것이 되고 저것으로부터 이것이 된 것은 자르지 않는다면 어찌 정체가 있을 수 있겠는가?"[85] "정체"는 이 사물이 저 사물과 구별되는 특유의 것이나 고유한 성질과 구조, 형상 등을 가리킨다. 이 "정체"가 있어야 그것이 질변임을 확정지을 수 있다.

주희의 돈변에 대한 규정은 일·월·시 등의 경험적 감지에서 이론적 논증으로 끌어올리는 것으로 허기에는 합리적인 내포를 가지고 있다. 그러나 더욱 깊은 자연과학의 예로 논증을 가하지는 않았는데 이는 시대적 한계이며 사람이 초월할 수 있는 것이 아니다.

3) 변화하여 서로 대하여 유무와 소장이 있다

변과 화가 이미 운동의 두 가지 같지 않은 형태라면 변화는 대립적인

---

83 위와 같음.

84 위와 같음.

85 위와 같음.

통일일 것인데, 곧 이미 서로 대립 충돌하는 데다가 서로 연계되면서 전환한다. 『어류』에서는 말하였다. "'변화란 나아가고 물러나는 상징이다'와 '화육하며 마름질하여 자르는 것이 변화에 있다'에 대하여 물었다. 대답하였다. '이 변화라는 글자는 서로 상대적으로 말한 것이다. 화육하며 마름질하여 자르는 것이 변화에 있다고 할 때의 변(變)자는 또 설명하기가 어렵다. 예컨대 그윽하면 귀신이 있다, 라고 할 때 귀신은 본래 모두 어두움에 속하는 것이다. 하지만 귀신이라는 두 글자를 상대적으로 설명하면 귀는 유(幽)에 속하고 신은 또 본래 명(明)에 속한다. 변화를 상대적으로 설명하면 변은 성장하는 것이고 화는 소멸하는 것이다."[86] 변과 화의 "상대설"은 곧 변화의 대립하는 관계를 이야기한다. 주희는 귀(鬼)와 신(神)의 대립하는 통일관계를 가지고 논증하였다. 귀신의 통일설에서 귀신은 모두 유에 속하여 유로 통일되었으며, 귀신의 상대설에서 귀는 유에 속하고 신은 명에 속한다. 유와 명은 대립적이다.

변화는 "상대설"을 따르면 변은 장(長)이고 화는 소(消)로, 소장(消長)을 가지고 변화의 대립성을 해석하였다. "통체(統體)를 가지고 말하면 모두 화인데, 환두처(換頭處)에 도달하면 바로 변이다. 만약 상대적으로 말하면 변은 장에 속하고 화는 소에 속한다."[87] 변과 화는 어떻게 소장하는가? "화는 점점 화를 다하여 무에 이르는 것이다. 변은 갑자기 성장하는 것이다. 변은 무로부터 생겨나는 것이고, 화는 유로부터 무로 가는 것이다."[88] 화에는 무가 됨이 있고 소가 됨이 있으며, 변에는 유가 되고 장이 됨이 없다. 화는 점점 화를 다하는 것이며, 변은 갑자기 자라는 것으로 양자가 내포하고 있는 것과 형식은 모두 서로 대립한다. 화하고 소하며 변하고 장

---

[86] 『주자어류』 권74.
[87] 위와 같음.
[88] 위와 같음.

하는 것은 호흡하는 것과 같아 들이쉬는 것은 소라가 껍질 밖으로 나갔다가 다시 수축하여 들어가는 것과 같다. 만약 다만 나가기만 하고 수축을 하지 않는다면 죽게 된다. 껍질 밖으로 나오는 것은 장(長)이고 수축은 소(消)로 양자는 대립한다. 만약 다만 나가기만 하고 수축하지 않으며, 날숨만 쉬고 들숨은 쉬지 않으면 당연히 사망하게 된다. 이런 변과 화의 대립은 소와 장, 무와 유, 호흡, 출과 축(縮)의 대립이라 할 수 있으며 또한 점점과 절단의 대립이다.

이런 대립은 모두 각자의 대립하는 방면을 떠나 홀로 존재할 수 없으며 대립하는 각 방면은 반드시 서로 의존하고 서로 연결된다. 『어류』에서는 말하였다. "물었다. '변이란 화가 차츰차츰 일어난 것이고, 화란 변의 완성입니다. 어제는 여름이고 오늘은 가을로 변하여 완전히 서늘한 날씨가 되어 조금의 더위도 없는 때와 같은 것인가요?' 대답하였다. '그렇다.'"[89] 주희는 문제를 제기한 사람의 견해에 동의하여 변화는 상반되고 서로 이루어준다고 하였다. 전환하는 가운데 돈변을 삼투하고 있고 돈변하는 가운데 점화를 삼투하고 있다. 돈변(頓變)은 일정한 한도나 단계로 점화하여 재단하는데, 곧 변(變)이며 변하여 "정체(定體)가 있게 되었다. 정체가 돈변하는 기초에 또 새로운 양변의 과정이 나타났으며, 점화(漸化)가 새로운 정체에서 겨우 새로운 점화 운동을 시작하였다. 이것이 곧 "화(化)는 변(變)이 이루어진 것"이라는 것이다.

변과 화는 소와 장이며, 변화는 또한 각자 소장을 가지고 있다. "물었다. '소와 장이 모두 화입니까?' 대답하였다. '그렇다. 모두 변이다.'"[90] 화에 소장이 있고 변에도 소장이 있다. 변화와 대립에 모두 소장이 있다. 바꾸어 말하면 변과 화는 모두 소장에 삼투하여 있고, 소장은 변화를 소통

---

89 위와 같음.
90 위와 같음.

시키며, 변 가운데는 화의 소장이 있고, 화 가운데는 변의 소장이 있다.

점화에서 돈변으로 전환되며, 돈변은 점화가 누적된 것에서 일정 한도에 이르러 일어나는 것으로 우연히 아무 연고도 없이 출현한 것은 아니다. 이를테면 "하나의 기(氣)는 갑자기 나아가지 않고, 하나의 형태[形]는 갑자기 어그러지지 않으니, 대체로 이러한 이치를 볼 수 있다. 음양(陰陽)의 소장(消長) 또한 그러하다. 예를 들어 아이를 잉태한 지 10개월은 되어야 바야흐로 아이가 탄생하는 것과 같다."[91] 사물의 변화는 모두 하나의 점화 과정이며 "갑자기 나아감(頓進)", "갑자기 이지러짐(頓虧)"이 아니라고 생각하였다. 말하는 것이 돈변이라고 하더라도 화가 누적된 데서 오는 것이다. 주희는 형상적이고 통속적으로 10개월이면 배태되고 하루아침에 분만하여 아기가 태어난다고 하였다. 배태된 점화에서 아이를 분만하여 출생하는 돈변은 사물이 발전하고 변화하는 보편적 법칙이다.

열 달 동안 임신하고 분만하여 아이를 출산하는 것을 말하면서 점화에서 돈변으로 향하는 단방향의 전환만 논술하였다면 전환은 쌍방향, 곧 변 또한 점화의 방향으로 전환하여야 한다. 그는 강유(剛柔)를 예로 들어 말하였다. "강(剛)이 화하여 유하여지고, 유함이 변하여 강해진 것이다."[92] 강유는 상호 전환하고, 점화와 돈변은 상호 전화한다. 『어류』에서는 말하였다. "강유의 변화는 강하여지면 화하여지고 화하여지면 유하게 되며 유하여지면 변하고 변하면 바로 강하여져 또한 순환이 끝이 없다."[93] 또 말하였다. "바로 강과 유, 변과 화에 대한 설명이다. 강함이 극에 달하면 유하게 되고, 유함이 극에 달하면 강하여진다. 이 네 가지가 순환하는 것은 마치 봄 여름 가을 겨울(이 순환하는 것)과 같다."[94] 강이 극에 달하면 유로

---

91 『주자어류』 권71.

92 『주자어류』 권74.

93 위와 같음.

전환하고 유가 극에 달하면 강으로 전환한다. 강강(剛强)은 전환되어 점화가 되고, 점화는 전환되어 유순이 되며 유순은 전환하여 돈변이 된다. 돈변은 강강이고, 점화는 유순으로 상호 전환한다. 강유변화 넷은 춘하추동이 서로 전환하여 순환이 끝이 없는 것과 같다.

주희의 이런 점화와 돈변의 사상은 그가 총결하고 연구한 자연과학의 성과와 연관되어 있다. 『어류』에서는 말하였다. "오봉(五峯, 胡宏)은 이른바 '일기(一氣)가 크게 멈추고, 흔들어 움직임이 끝이 없어, 한 나라의 안이 변하여 움직이고, 산이 우쩍 일어나고 내는 잠기며, 사람과 사물이 모두 사라지고, 옛 자취가 크게 없어지니 이것을 까마득한 태고의 세상이라고 한다.'고 하였다. 항상 높은 산에 소라와 조개껍질이 있는 것을 보고, 혹 돌 가운데서 생겼다고 하는데, 이 돌은 곧 옛날의 흙이고 소라와 조개는 물속의 생물이다. 아래에 있는 것이 변하여 높게 되고, 유한 것이 변하여 강(剛)한 것이 되니, 이러한 일은 아주 깊이 생각해보면 증명할 수 있는 것이다."[95] 지구의 대변동이나 빙하 시기에는 지구상의 생물들이 큰 재난을 당하여 바다가 변동을 일으키어 산이 불쑥 솟고 내가 잠겼다. 벽해가 뽕밭으로 변하고 뽕밭이 벽해로 변하였다. 지각이 강렬한 변동을 일으키면서 창해가 높은 산으로 변하였다. 이로 인하여 높은 산에는 원래 바다에서 살던 소라와 조개껍질의 화석이 있게 되었는데 이는 낮은 것이 높은 것으로 전환되었다는 증명이다. 소라와 조개는 흙 속에서 살다가 지금 변하여 돌이 되었는데 이것이 유함이 강한 것으로 전환되었다는 증명이다.

주희는 변화에 대하여 자세하고 상세한 논증을 하였다. 이 논증은 깊이도 있고 검증도 되어 충분한 합리성을 갖추고 있다. 그러나 그는 그것

---

94 위와 같음.
95 『주자어류』 권94.

을 결코 끝까지 관철하지 않았으며 사회의 강상제도를 한번 건드리고 나서야 멈추었다. 그는 말하였다. "이른바 덜고 더한다는 말은 또한 삼강(三綱)·오상(五常)을 부지해야 한다는 것일 따름이다. …… 삼강·오상은 끝내 변화시키지 못하는 것이니 인군과 신하는 예전대로 인군과 신하이고, 아버지와 자식은 예전대로 아버지와 자식이다."[96] 또 말하였다. "삼강과 오상은 예의 대체이니, 삼대가 서로 계승하여 모두 그대로 따라 바꿀 수가 없었다."[97] 군주 전제주의 사회의 삼강오상은 사회질서의 윤상과 도덕을 안정시켰으며 사회제도가 개변하기 전에는 개변시키기가 매우 어려웠다.

4. 중용은 과와 불급이 없다

주희의 점화는 일정 한도 내에서 "도(度)"라는 이 "고비점을" 뛰어넘지 못하였을 때는 돈변을 일으킬 수 없었다. 이 도는 바로 모종의 특정한 점화와 돈변이라는 한계 내에서 사물을 유지해 주었다. 잉태하는 데 일정한 시간적 한계가 있는 것처럼 강함과 유함에는 각자 일정한 극점이 있다. 이렇게 해야 사물은 비로소 상대적인 안정성을 유지할 수 있다. 이는 주희의 철학에서 "중용"에 해당한다. 당연히 중용은 유가의 윤리도덕 학설이자 또한 주희에 의하여 계승되고 발휘되었다. 중용은 전 세계에 대한 인지와 사회 및 사물에 대한 문제를 해결하는 일종의 방법론으로도 가치가 있다.

---

96 『주자어류』 권24.
97 「위정(爲政)」, 『논어집주』 권1.

1) 중용 중화는 공문(孔門)의 심법(心法)

"중용"은 『논어』에 맨 처음 보인다. "중용의 덕이 지극하구나! 사람들이 (이 덕을 소유한 이가) 드물어진 지 오래되었다.(中庸之爲德也, 其至矣乎! 民鮮久矣)"[98] 공자는 중용을 최고의 도덕준칙으로 지명하였는데 이는 도덕수양을 가지고 말한 것이다. 사유방법을 가지고 말하면 "자공(子貢)이 '사(師, 子張)와 상(商, 子夏)은 누가 낫습니까?' 하고 묻자, 공자께서 '사는 지나치고, 상은 미치지 못한다.' 하셨다. (子貢이) 말하였다. '그러면 사가 낫습니까?' 공자께서 말씀하셨다. '지나침은 미치지 못함과 같다.(過猶不及)'"[99] 주희는 주석을 달았다. "자장은 재주가 높고 뜻이 넓었으나 구차히 어려운 일을 하기 좋아했으므로 항상 중도에 지나쳤고, 자하는 독실히 믿고 삼가 지켰으나 기량(器量)이 호좁았으므로 항상 미치지 못하였다."[100] 자장(師)은 재주가 높고 뜻이 높아서 왕왕 중용을 넘었다. 자하(商)는 독실하게 지키고 삼가 지켜 왕왕 중용에 미치지 못했다. 중용을 넘고 중용에 미치지 못하는 것이 곧 "지나침은 미치지 못함과 같다"는 것으로 모두 치우친 과실이다. 그는 중용을 넘어서는 것과 미치지 못하는 사이의 연결에 주의했다.

주희는 공자의 손자 자사(子思)가 『중용』[101]을 지은 까닭이 "자사자가 도

---

98 「옹야(雍也)」, 『논어』.

99 「선진(先進)」, 『논어』.

100 「선진」, 『논어집주』 권9.

101 『중용』의 (지어진) 시대와 작자에 대하여 사마천(司馬遷)은 "자사(子思)가 『중용』을 지었다."(『史記』「孔子世家」)라 말한 적이 있다. 주희 또한 자사가 지은 것일 것이라고 하였다. "『중용』이라는 책은 자사자가 지은 것이다."(『中庸集解序』, 『文集』 권75) 자사가 지은 것이라면 자사 이후의 사맹학파(思孟學派)가 부단히 첨가하고 수정 보완하였을 것이다. 이를테면 『중용』 제28장에서는 "지금 천하에는, 수레는 수레바퀴의 치수가 같으며, 글은 문자가 같으며, 행동은 차례가 같다.(今天下車同軌, 書同文, 行同倫)"라 하였는데 분명히 진(秦)이 통일한 이후의 상황을 반영하였다. 서한의 대성(戴聖)이 그것을 『예기(禮記)』에 편입하고 나서야 주희가 본 모양이 되었다.

학이 실전된 것을 근심해서 지은 것"[102]이라 생각하였다. 공자의 도학을 전하기 위하여 『중용』을 지었는데, 주희는 『중용』에 대한 애정이 각별하였다. 특히 『대학』과 함께 『예기』에서 가려내어 『논어』·『맹자』와 함께 『사서』로 합하였다. 그는 말하였다.

> 옛날 증자(曾子)가 공자에게 배워 그 전함을 얻었다. 공자의 손자 자사는 또 증자에게 배워 공자로부터 그 전해지는 것을 얻었다. 이미 전하는 것이 오래되고 멀어져 간혹 그 참다움을 잃어버릴까 두려워, 이에 그 전하는 바의 뜻을 미루고 들은 말로 질정하여 다시 서로 반복하여 이 책을 지었다.[103]

『중용』으로 공자의 참된 전함을 얻었다. 그러나 맹자 사후에 이 참된 전함은 끊기고 말았다. "맹자의 무리가 실로 그 말을 전수했으나 맹자가 죽자 전하여지지 못하게 되었다."[104] 진한(秦漢) 이후 "유자들이 비록 높이 받들고 암송하기도 하였으나 이미 전하여진 기록 사이에 섞여서 귀하게 여기지도 않았고, 그 전하는 뜻을 밝힐 수도 없었다."[105] 주희의 도를 전하는 안목에서 볼 때 진한에서 송대까지의 천여 년은 도의 전함이 상실되어 밝지 않았다. 사실 서한 중기에 동중서(董仲舒)는 대립적인 양방향과 서로 연결된 방면에서 중용을 해석하고 "중(中)이라는 것은 천하의 종시(終始)이며, 화(和)라는 것은 천지가 생성한 것이다. 대체로 덕은 화보다 큰 것이 없고, 도는 중보다 바른 것이 없다. 중이라는 것은 천지의 아름답고

---

102 「중용장구서(中庸章句序)」, 『주희집』 권76, 3994쪽.
103 「중용집해서」, 『주희집』 권75, 3955쪽.
104 위와 같음, 3956쪽.
105 위와 같음, 3956쪽.

통달한 이(理)로, 성인이 지킨 것이다."[106]라 생각하였다. 도덕은 중화(中和)보다 큰 것이 없고, 중용은 가장 아름다운 도덕이다. 동 씨는 직접『중용』을 추숭하지는 않았지만 다른 역사 시기에서 유가의 중용철학을 발휘하였다. 당대(唐代)의 이고(李翱)는 직접『중용』을 존숭하여 "당의 이고에 이르러 비로소 그 책(『중용』을 가리킴)을 존신(尊信)하여 논설을 지을 줄 알았다. 그러나 그 이른바 '정(情)을 없애 성(性)을 회복한다'는 것은 또 불노(佛老)와 섞어 말하였으니 또한 증자·자사·맹자가 전한 것과 다를 것이다."[107] 주희가 동중서와 이고를 "도통"의 전승자로 인정하지 않았기 때문에 모두 공맹 도통의 "참된 전함"의 바깥으로 배척되었다.

주희는 진정으로 유가 "중용" 철학의 전통을 얻은 것은 주돈이와 이정(二程)이라고 생각하였다. "본조(송나라)에 이르러 염계(濂溪) 주부자(周夫子)가 비로소 그 전하는 요체를 얻어(始得其所傳之要) 책에 드러내었다. 하남(河南) 이정부자(夫子)는 또 그 유지를 얻어 발휘한 뒤에야 그 학문이 천하에 공포되었다."[108] "비로소 그 전하는 요체를 얻어(始得其所傳之要)"의 "시(始)"자는 맹자 이후 유가의『중용』에 대한 해석을 부정하고 아울러 주·정의 도통의 전수에서의 지위를 확정하였다. 북송의 사마광(司馬光)은『중용·대학광의(廣義)』를 지어 이정이『중용』으로 "공문에서 심법을 전수했다."[109]라 하였다. "이 책을 얻으면 죽을 때까지도 다 쓰지 못한다."[110] 주희는 유가의 이정의 도통을 계승하였으며 그 스스로 이렇게 말하였다. "나는 일찍이 연평(延平) 이 선생(李先生)을 좇아 배웠는데,『중용』의 책을 전수하고

---

106 「순천지도(循天之道)」,『춘추번로(春秋繁露)』권16.

107 「중용집해서」,『주희집』권75, 3956쪽.

108 위와 같음, 3956쪽.

109 주희의『중용장구』「제해(題解)」를 보라.

110 「중용집략(中庸輯略)」권 상,『주자유서(朱子遺書)』.

서는 '희로애락(喜怒哀樂)이 아직 발현하지 않는다'는 뜻을 탐구하다가 채 이해하지도 못하였을 때 선생께서 돌아가셨다. 나는 적이 스스로 민첩하지 못함을 슬퍼하여 궁벽한 사람이 돌아갈 곳이 없는 것과 같았다. 장흠부(張欽夫, 栻)가 형산(衡山)의 호씨(胡氏, 胡宏)의 학설을 전수하였음을 듣고서 찾아가 그에게 질문하였다. 장흠부는 나에게 들은 것을 말하였으나 나는 역시 그것을 깨닫지 못하였다. 물러가서 생각에 빠져 거의 먹고 자는 것을 잊었다. 어느 날 아아! 탄식하며 말하기를 '사람은 어려서부터 늙어 죽음에 이르기까지 비록 어묵동정(語默動靜)이 동일하지 않으나 그 대체는 이발(已發)이 아닌 것이 없으니, 다만 미발(未發)이란 것은 아직 발현한 적이 없을 뿐이다.'라 하였다. 이 뒤로부터는 다시는 의심이 없었다.『중용』의 뜻은 과연 여기서 벗어나지 않는다고 생각하였다."[111] 주희는 이동에게 수학하고 장식에게 묻고 배우도록 침식을 그쳐가면서까지 그 요지를 탐구하여 "중화구설(中和舊說)"에서 "중화신설(中和新說)"로의 전변(轉變)을 완성하였다. 그는 이정 이래 도학가들의『중용』에 대한 각종 해석을 모아서『중용집략(中庸輯略)』으로 엮고 또 제자들과의 문답을『중용혹문』3권으로 엮었는데, 충분한 이해와 본문에 대한 체오(體悟)의 기초에서『중용장구』를 완성하였다.

2) 양쪽 끝을 잡고 중용을 헤아리다

"중용"이란 무엇인가? 주희가 이해한 바에 따르면 희로애락이 아직 발하지 않았을 때는 마음이 치우치지 않고 기울지 않았다. 과와 불급이 없는 "중"의 상태에 처하며, 희로애락의 정감이 발하여 나왔을 때는 모

---

111 「중화구설서(中和舊說序)」,『주희집』75, 3949쪽.

두 흡사 그 분수가 일정한 절도에 맞는 것 같아 과와 불급이 없을 수 있다. 이것이 곧 일종의 "화(和)"의 상태이다. 주희는 이정의 "편벽되지 않음을 중이라 이르고, 변치 않음을 용이라 이르니, 중은 천하의 정도이고, 용은 천하의 정리(定理)이다."[112]라는 것을 계승하였다. 치우치지 않고 바뀌지 않는 정도와 정리를 중용의 참된 요체로 삼았다. 아울러 중용과 이(理)를 서로 연관시켜 대립하는 양 끝의 서로 의존하고 서로 삼투하는 방면에서 천술하였다. 그는 말하였다. "중용은 편벽되지 않고 치우치지 아니하여 과와 불급이 없어 평상한 이치이니, 바로 천명에 당연한 정미의 극치이다."[113] 주희는 중용을 "편벽되지 않고 치우치지 않으며", "과와 불급이 없는" 것으로 풀이하여 이정의 "치우치지 않고 바뀌지 않는" 것과 조금 다르며, "평상의 이"가 "정도와 정리"보다 규모가 크다고 해석하였다.

주희는 중(中)에는 두 가지 뜻이 있다고 생각하였다. "'중'은 이름은 하나인데 뜻은 둘로, 정자가 실로 이를 언급하였다. 이제 그 설을 가지고 추론해보면, '편벽되지 않고 치우치지 않은(不偏不倚)' 것이라고 한 것은 정자가 이른바 '가운데 있다(在中)'는 뜻이다. 아직 발현하기 전에 편벽되거나 치우침이 없는 것을 이르는 것이고, '과와 불급이 없다'는 것은 정자가 이른바 '중의 도'이니 행사에 드러났을 때 각각 그 중을 얻은 것을 이른 것이다."[114] 첫째 편벽되지 않고 치우치지 않은 것은 아직 발하기 전의

---

112 『중용장구』제해. 정호(程顥)는 말하였다. "중하면 편벽되지 않고 상(常)하면 바뀌지 않는다. 중만으로는 미진하기 때문에 중용(中庸)이라고 하였다." 정이는 말하였다. "중이라는 것은 다만 편벽되지 않는 것인데, 편벽되면 중용은 다만 상(常)한 것이 아니다. 중이라는 것은 대중(大中)이며, 용이라는 것은 정리(定理)라고 말하는 것과 같다. 정리는 천하의 바뀌지 않는 이이다."(『中庸輯略』卷上, 『朱子遺書』)

113 『중용장구』제2장 주.

114 『중용혹문』권1, 『사서혹문』.

중에 있는 상태이며, 둘째 과와 불급이 없는 것은 이미 행위에 발현되어 중의 화한 것을 얻은 상태이다. 『어류』에서 주희는 두 뜻을 "아직 발현되지 않은 중(未發之中)"과 "때에 따르는 중(隨時之中)"으로 해석하였다. "지지(至之)가 물었다. '중은 아직 발현되지 않은 중과 때에 따르는 중이라는 두 가지 뜻을 담고 있습니까?' 답하였다. '『중용』이라는 책은 본래 때에 따르는 중을 말했을 뿐이다. 그러나 본래 이렇게 때에 따르는 중이 있게 된 이유는 아직 발현되지 않은 중이 있기 때문에 뒤에 비로소 시중(時中)을 말하게 된 것이다.'"[115] 여기에서 "미발지중"은 곧 편벽되지 않고 치우치지 않은 것이며, "이발지중"은 곧 "수시지중"으로 곧 과와 불급이 없는 것이다. "시중(時中)은 곧 그 과와 불급이 없는 중이다."[116]

"미발지중"의 편벽되지 않고 치우치지 않은 것에서 말하면 편벽과 치우침은 곧 바르지 않고 고르지 않다는 의미이다. 편벽[偏]의 대립하는 방면은 정(正)이고, 치우침[倚]의 대립하는 면은 평(平)이다. 편벽되지 않고 치우치지 않은 정(正)과 평(平)을 도량의 표준으로 삼는다면 편벽과 치우침은 모두 정과 평의 표준에 부합하지 않으며 또한 바로 "미발지중"과 "수시지중"의 "중"이란 도(度)를 잃어버린 것이다.

편벽과 치우침의 양 끝을 잡아서 그 중을 취하면 "중"은 곧 편벽과 치우침 양단을 중개하는 연결점이 된다. "이발지중"의 과와 불급이 없는 것에서 말하면 "과하면 중을 잃고, 불급하면 채 이르지 못한다."[117] 과는 "중"

---

115 『주자어류』 권62.

116 『주자어류』 권33. 주희의 제자 진순(陳淳)은 『북계자의(北溪字義)』에서 말하였다. "중(中)에는 두 가지의 뜻이 있다. 이발(已發)의 중이 있고 미발(未發)의 중이 있다. 미발은 성(性)을 가지고 논한 것이고, 이발은 일을 가지고 논한 것이다. 이발의 중은 기쁜 일을 맞아서는 기뻐하고 노함을 맞아서는 노하는데, 그것은 마침 과와 불급에 없는데 처하니 곧 중이다."(「中和」, 『北溪字義』 권 하)

117 『중용장구』 제3장 주.

의 도를 넘고, 불급은 "중"의 도에 이르지 못한다. 중은 과와 불급의 양단을 연결하여 중으로 돌아가게 한다. 주희는 『논어집주』에서 윤돈(尹焞)의 말을 인용하여 말하였다. "과와 불급은 똑같으니, (처음에는) 털끝만 한 차이가 (종말에는) 천 리나 어긋나게 된다. 그러므로 성인의 가르치심은 그 지나침을 억제하고 미치지 못함을 이끌어 중도에 돌아가게 할 뿐이다."[118] "과를 억제하는 것"은 과함이 없게 하는 것이고, "불급을 끌어주는 것"은 미치게 하는 것이다. 이렇게 과와 불급의 양 끝이 중으로 돌아간다.

"용(庸)"자를 이정은 "바뀌지 않는" 것으로 해석하였는데 주희는 "평상"으로 해석하였다. "용(庸)은 평상(平常)이다."[119] 정·주의 해석이 달라서 제자의 질문을 유발하였다. 『어류』에서는 말하였다.

> 물었다. "정명도는 '바뀌지 않음'을 용이라 하였는데, 선생께서는 '평상(平常)'을 용이라 하시니, 두 말은 같지 않은 것입니까?" 답하였다. "용을 평상이라 말하면 바뀌지 않음은 그 가운데 있다. 평상다워야만 바뀌지 않는 것이다. 다만 '불역(不易)' 두 글자라면 일이 그러한 것이다. 이후로 보면 이러한 이치가 바뀌지 않음을 알게 된다. 용(庸)이라 하면 일상적으로 행하는 것이 바로 이것이다."[120]
> 혹자가 물었다. "'중용' 두 글자에 대해, 정이천은 용을 정리라 하였는데, 선생께서는 고쳐서 평상이라 하였습니다. '중'이라는 한 글자가 아주 정밀한 점에 의거하여 만약 평상으로 용을 해석한다면 두 글자는 크게 서로 들어맞지 않습니다." 답하였다. "만약 서로 들어맞지 않는 것으로 보았다면 곧 서로 들어맞을 것이다. 예컨대 지금 이 물건이 하얗다고

---

118 「선진」, 『논어집주』 권6.
119 『중용장구』 제해. 또한 「옹야(雍也)」, 『논어집주』 권3에도 보인다.
120 『주자어류』 권62.

말하면서 (또) 이 물건이 검다고 말하면 곧 서로 들어맞는 것이다."[121]

주희는 자기가 용을 평상으로 해석한 것과 정호가 용을 바뀌지 않음으로 해석한 것, 정이가 용을 정리(定理)로 해석한 것을 통하여 일치되게 하였다. 그는 다음과 같이 생각하였다. 평상(平常)의 상(常)은 바뀌지 않는다는 뜻을 포함하였다. 상(常)은 상주(常住)와 수상(守常)[122] 등의 뜻이기 때문에 바뀌지 않는다는 뜻과 같다, 다만 바뀌지 않는다는 것은 오히려 평상이라는 함의를 포함하였다. "바뀌지 않는다"는 일반적으로 이를 가리켜서 말하기 때문에 평상이 되어 오히려 "날로 쓰고 늘 행하는" 백성의 일용의 방면을 포용하였다.

둘째, 용(庸)을 정리(定理)라 한 것은 용을 평상(平常)이라 한 것과는 양자 간에 설법이 비록 다르긴 하지만 용을 평상이라 하는 것과 중정(中正)을 서로 대립시켜 서로 붙이는 것은 바로 흑과 백을 서로 대립시켜 함께 붙이는 것과 마찬가지이다. 서로 반대가 되는데 서로 이루어주며, 서로 붙

---

121 위와 같음.

122 졸저 「상변론(常變論)」, 『중국철학범주발전사·천도편(天道篇)』, 중국인민대학출판사 1988년 판, 115~135쪽을 참고하여 보라. '평상'과 '불역(不易)'의 일치성에 대하여 주희는 『중용혹문』에서 질문에 답하였다. "'용(庸) 자의 뜻을 정자는 불역(不易)을 가지고 말하였는데 선생님께서는 평상이라고 하였으니 어째서입니까?' 말하였다. '오직 평상하기 때문에 항상성이 있어서 바꿀 수 없다. 세속을 놀라게 하는 일 같은 것은 일시적이어서 항상성이 될 수는 없다. 두 설은 비록 다르지만 이르는 것은 하나이다. 다만 불역이라고 한다면 반드시 오래된 다음이라야 나타나니 평상이라고 하는 것만 못하다. 곧 자금의 궤이(詭異)함이 없다는 것으로 검증할 수 있으니 항구하여 바꿀 수 없는 것으로 겸하여 들 수 있다."(『朱子四書或問』, 『中庸或問』 권1) "불역"은 한참이 지나야 결과를 볼 수 있으나 "상(常)"이라고 한다면 즉시 검증을 할 수 있다는 말이다. 양자의 견해는 같지 않지만 하나로 일치한다. 주희가 그 일치성을 강조하기는 하였지만 차별은 언제나 존재한다. 이 점에 대하여 진순은 『북계자의』에서 말하였다. "정자는 바꾸지 않는 것을 용(庸)이라고 하였는데 잘 말하였지만 뜻에 미진함이 있으니 문공(文公)의 평상의 설이 밝게 갖춤만 못하다. 대체로 평상이란 글자는 불역이란 글자의 뜻을 포함하고 있으며, 불역 자는 평상이란 자의 뜻을 포함하지 못하였는데 사실 하나의 도리일 따름이다."(『中庸』, 『北溪字義』 卷下)

지 않는데 서로 붙이는 것의 양자는 딱 서로 대응된다. 이는 주희 철학 변증사유의 체현이다.

주희는 중과 용은 상대적이면서도 서로 이루어주는 관계라고 생각하였다. 『어류』에서는 말하였다. "광(廣)이 이어서 말하였다. '만약 서로 들어맞지 않는다면 저절로 반드시 서로 짝지어서 말할 필요 없을 것입니다.' 말하였다. '이러한 이치는 말하기 어렵다. 이전에 채계통(蔡季通)과 함께 종일토록 이야기했는데, 와서 듣지 못한 것이 안타깝다. 동쪽과 서쪽, 위와 아래 그리고 한서와 주야·생사에 이르기까지 모두가 서로 반대되고 서로 짝이 되는 것이다."[123] "중용"은 흑백·동서·한서와 마찬가지로 상반되고 서로 대립한다. 중용이 상반되고 상대적이긴 하지만 양자는 또한 서로 의지하며 의존하여 자른 듯이 둘로 나눌 수 없고 서로 갈라질 수 없다. 이 때문에 그는 말하였다. "중(中)이 있으면 반드시 용(庸)이 있고, 용이 있으면 반드시 중이 있으니 두 가지는 (하나라도) 없어서는 안 된다."[124] 또 말하였다. "중에는 반드시 용이 있고, 용에는 반드시 중이 있으니, 이것을 궁구한 뒤에 운용하는 데서 발현될 수 있다."[125] 중과 용은 각자 서로 대립하는 방면을 가지고 자기 존재의 조건과 전제로 삼는다. 중이 있으면 반드시 용이 있고 용이 있으면 반드시 중이 있으며, 중이 없으면 이른바 용이 없고 용이 없으면 이른바 중이 없다. 이렇게 그는 중용을 하나의 경(經)과 하나의 위(緯)로 비유하여 둘은 불가결한 관계라 하였다. "중은 위아래를 곧게 하는 것이고 용은 평평하고 항상적이어서 어그러지거나 기이함이 없는 것이다. 중은 하나의 사물을 세로로 세우는 것과 같고, 상은 하나의 사물을 가로로 두는 것과 같다. 오직 중에 이른 뒤에야 항상

---

123 『주자어류』 권62.
124 위와 같음.
125 위와 같음.

적일 수 있으니, 중에 이르지 못하면 항상적일 수 없다."¹²⁶ 중용은 가로 세로가 서로 대립하는 것과 같으며, 또한 서로 의존하여 중에는 상(常)이 있고 중이 아니면 상이 아니다.

"중용"은 일용 중에서 무엇을 도(度)라고 하는가? 주희는 "아주 적합한 곳에 이르는 것"이 도일 것이라 생각하였다. 그는 말하였다. "중에 있다는 것은 아직 움직이지 않았을 때 적합한 곳이다. 시중(時中)이라는 것은 이미 움직였을 때 적합한 곳이다."¹²⁷ 중(中)과 화(和), 아직 동하지 않음과 이미 동함은 모두 아주 적합한 곳에 이르는 것이다. "아주 적합한 곳"은 결코 아직 동하지 않은 것과 이미 동한 양단을 접어서 중을 취하는 것이 아니라 사물의 모종의 척도(尺度)에서 도(度)를 이야기하는 것이다. 이를테면 이렇게 말하였다. "예컨대 어떤 사람이 공이 있어서 상을 주는데, 어떤 사람은 만금을 상으로 주는 것이 합당하다 말하고, 어떤 사람은 천금을 상으로 주는 것이 마땅하다고 말하며, 어떤 사람은 백금을 상으로 주는 것이 마땅하다고 말하고, 또 어떤 사람은 십금을 상으로 주는 것이 합당하다고 말한다. 만금은 지극히 두텁고 십금은 지극히 박한 것이다. 지극히 두터운 것으로부터 지극히 박한 것에 이르기까지 그 두 끝을 파악하고, 가볍고 무거운 것의 중을 정밀하게 저울질한다. 만약 만금을 상으로 주는 것이 마땅하면 곧 만금을 상으로 주고, 십금을 상으로 주는 것이 마땅하면 단지 십금 만을 상을 주며, 천금을 상으로 주는 것이 마땅하면 곧 천금을 상으로 주고, 백금을 상으로 주는 것이 마땅하면 백금을 상으로 줘야 한다. 만금 십금과 같이 지극히 두텁고 지극히 얕은 설은 버리고 그 중을 취하여 상을 주는 것이 아니다."¹²⁸ 이곳의 양 끝은 곧 만금(萬

---

126 위와 같음.
127 위와 같음.
128 『주자어류』권63.

金)과 십금(十金)으로, 만금은 지극히 두텁고 십금은 지극히 박하여 만에서 십까지는 곧 한 수량의 한계로 이 한계("度") 내를 벗어나지 않아 만금을 상으로 주어야 하거나 혹은 십금의 상이 합당하면 모두 "중"에 부합하는 것이다. 이 "중"은 만에서 십까지의 평균 수치가 아니라 공을 논하여 상을 받는 실제적인 경중에 합당한 수량의 한계, 곧 일종의 도(度)라는 것을 알 수 있다.

　도(度)에 대해 주희는 "양 끝을 잡고 그 가운데를 되고 잰다."라 표현하였다. 어떻게 도(度)를 파악하는가? 첫째는 어떻게 중을 파악하는가? 그는 『중용』의 "양 끝을 잡고 그 중을 백성에게 썼다.(執其兩端, 用其中於民)"를 해석할 때 말하였다. "대체로 모든 사물에는 다 양단이 있으니, 소와 대, 후와 박과 같은 종류이다. 선의 가운데에 또 그 두 끝을 잡고서 헤아려 중을 취한 뒤에 쓴다면, 택함이 분명하고 행함이 지극할 것이다. 그러나 자신에게 있는 권(權: 저울)과 도(度: 자)가 정하고 간절하여 어긋나지 않는 자가 아니면, 어찌 이에 참여할 수 있겠는가. 이는 앎이 과·불급이 없어서 도가 행하여지게 된 이유이다."[129] 대―소, 후―박은 곧 "양단(兩端)"이며 또한 "양두(兩頭)"라고도 한다. "양단(兩端)이란 양쪽 끝이라는 말과 같으니, 시종과, 본말, 상하와 정조(精粗)를 다 말해주지 않음이 없음을 말한다."[130] 대소와 후박·시종·본말 그리고 정조 등 양단을 잡는다는 집(執) 자는 속으로 "파(把)"라 하는데, 곧 양단을 파악하는 것이다. 양단을 파악하는 데는 객관적인 척도의 표준이 있다 하더라도 아울러 주관적인 권도(權度)에 기대어야 정밀하고 절실하여 어긋나지 않을 수 있다.

　두 번째는 어떻게 중을 취하는가? 먼저 관(觀)이 필요한데 곧 관찰(觀察)

---

129 『중용장구』 제6장 주.
130 「자한(子罕)」『논어집주』 권5.

이나 간찰(看察)이다. "이를테면 세상의 일을 한 사람은 동쪽이라 말하고 (다른) 한 사람은 서쪽이라 말한다면 자신이 동과 서를 가지고 짐작하여 중이 어디에 있는가를 본다."[131] 양 끝을 잡고 중에 부합하지 않으면 한 개는 올리고 한 개는 내리거나 하나는 동이고 하나는 서여서 지나친 것이 아니고 곧 미치지 않는 것이라면 모두 행할 수 없다. "중이 어디에 있는가를 보는 것"은 양 끝의 중간인가 아닌가? 주희는 말하였다. "양 끝은 전적으로 중간은 아니다. 예컨대 가볍고 무거움은 혹은 가벼운 곳이 중이고, 혹은 무거운 곳이 중이다."[132] 가볍지 않거나 무겁지 않은 것이 중이 아니라 가벼워야 할 것은 가볍고 무거워야 할 것은 무거워 중을 취하면 "아주 좋은 곳"이다. "양 끝을 가지고 헤아려 하나의 가장 적합한 곳을 취한다. 예컨대 이 사람이 마땅히 백 전을 줘야 하는데, 만약 2백 전을 준다면 지나치고, 오십 전을 준다면 적으니, 다만 백 전이 적당하다."[133] 일백 전이 중이며 이백 전은 지나치고 오십 전은 미치지 못한다. "중"은 절충이 아니며 양 끝의 중간이나 평균치도 아니며 하나의 적합한 곳의 척도나 표준임을 알 수 있다.

3) 중화의 구설과 신설을 탐구하다

"중용"은 편벽되거나 치우치지 않음, 과와 불급이 없음 그리고 도를 헤아려 중을 취하는 것을 의미하지 않을 뿐만 아니라 중화(中和)를 가진다는 의미가 있다. 주희는 "중용의 중은 실로 중화의 뜻을 겸하고 있다."[134]

---

131 『주자어류』 권63.
132 위와 같음.
133 위와 같음.
134 『중용장구』 제2장 주.

라 하여 중용과 중화의 뜻을 같이 보았다. 『중용』에서는 말하였다. "중은 천하의 큰 근본이고, 화는 천하의 공통된 도이다." 중화는 천하의 큰 근본이며 공통된 도이다. 주희는 발휘하여 말하였다. "대본은 하늘이 명하신 성이니, 천하의 이치가 모두 이로 말미암아 나오니, 도의 체요, 달도(達道)는 성을 따름을 이르니, 천하와 고금에 함께 행하는 것으로, 도의 용이다."[135] 중과 화의 큰 근본과 공통된 도의 관계는 체와 용의 관계이다. 큰 근본은 천하의 이가 모두 여기에서 열리어 나옴을 가리키는 것으로 형상학의 근본과 근원이다. 공통된 도는 고금이 함께 경유하는 길이다. 체용은 모두 중을 얻은 다음에 화를 이룬다.

"중화"에 관하여 주희는 장식(張栻)과 한 차례 변론을 하였다. 이 변론은 북송의 정이와 여대림(呂大臨)의 중화의 변에 비하여 범위나 문제의 방면을 막론하고 모두 한 걸음 더 나갔다. 장식은 호굉(胡宏)을 사사하였고 주희는 이동(李侗)을 사사하였다. 양시(楊時)에서 이동에 이르는 도남(道南)의 일맥은 정한 가운데서 중화를 체험하는 것을 학문의 종지로 삼았다. 그것은 체험자 개체의 의식 활동이 심리적인 직감으로 전환될 것을 요구하였다. 극한적으로 잡념을 배제하여 무의식 상태에 진입한 다음에 환하게 주체의식과 외부세계로 하여금 관통하는 체험을 얻게끔 하였다. 이는 심성 수양과 도덕 경계를 제고시키는 방법이다. 그러나 주희는 "미발의 뜻에 통달하기 전에 선생이 돌아가셔서"[136], 곧 내외가 관통하는 경계에 이르기 전에 전환하여 철학적인 면으로 따랐으며 심리 체험적인 면에서 중화의 문제를 탐구한 것은 아니다.

주희는 스스로 중화에 대한 탐구를 "구설(舊說)"과 "신설(新說)"의 두 단계로 나누었다. 중화에 대한 구설은 주희 37세 때 장식에게 답한 편지 네

---

135 『중용장구』제1장 주.

136 「중화구설서」, 『주희집』권75, 3949쪽.

통으로[137] 대표된다. 비록 주희가 『중용』을 논한 것이 장식과는 맞지 않았지만 또한 그 영향을 받았다. 주희는 "심(心)은 이발(已發)이고 성(性)은 미발(未發)이다."[138]라 하였다. 비록 호굉의 "미발은 다만 성이라고 할 수 있고 이발은 곧 마음이라 할 수 있다."[139]라 한 것과 서로 부합하지만 자신의 체험에서 나왔다. 호상학파(湖湘學派)는 "먼저 앎을 살핀 다음에 존양(存養)할" 것을 주장하여 마음의 이미 발한 곳을 따라 노력하였는데, 이는 이동의 "정한 가운데서 미발을 체험하는" 것과는 취미를 달리한다.

주희는 비록 이동과 어긋남이 있고 또한 정이의 "무릇 마음을 말한 것은 이발을 가리켜서 말하였는데 이는 실로 온당치 못하다."[140]라 한 것과 들어맞지 않지만 자기의 주장, 곧 "비록 정자의 말이 부합하지 않은 것이 있더라도 또한 다만 젊어서 잘못 전하게 되어 그것을 믿지 못한다고 생각하였다."[141]한 것을 스스로 믿었다. 이런 이론상의 자신은 체용을 중화와 심성으로 나누는 것에 기초하여 중화를 심체가 유행하는 같지 않은 단계이거나 선후의 설법이라는 것을 부정하였다. 미발의 중을 내재적인 체로 여기고, 이발의 화를 외재적인 용으로 삼아 미발의 중이 이발의 화를 통하여 표현한 필연성을 감추고 있다. 이는 실로 중체화용(中體和用) 혹은 성체심용설(性體心用說)로 정이·호굉과 함께 모두 부합하는 곳이 있다.

중화의 탐구가 깊어감에 따라 주희의 중화관에 변화가 생겼다. 건도 5년 기축년(1169)에 그는 채원정(蔡元定)과 함께 미발의 뜻을 강하였는데

---

137 이 "네 편지"는 『주문공문집』(『朱熹集』) 권30의 「여장흠부(與張欽夫)」 제3, 4서, 『주문공문집』 권32의 「답경부(答敬夫)」 제34, 35서로, 이 네 편지는 건도(乾道) 2년 병술년(1166)에서 건도 3년 정해년(1167)까지이다.

138 「여호남제공론중화(與湖南諸公論中和) 제1서」, 『주희집』 권64, 3383쪽.

139 「여승길보서(與僧吉甫書)」, 『호굉집(胡宏集)』.

140 「여여대림론중서(與呂大臨論中書)」, 『하남정씨문집(河南程氏文集)』 권9.

141 「중화구설서」, 『주희집』 권75, 3949쪽.

갑자기 의심이 들어 "먼저 앎을 살핀 다음에 함양을 한다"는 설을 뒤집고 중화신설을 제기하였다. 그 주요 내용은 이렇다.

첫째, 심의 체용설을 가지고 "마음은 이발이고 성은 미발"이라는 중체화용(中體和用)이나 성체심용(性體心用)설을 부정하였다. "바야흐로 그것(마음)이 정할 때는 사물이 아직 이르지 않았고 사려가 아직 싹트지 않아서 본성이 모두 혼연하고 도의는 모두 갖추어져 있는데 이것이 이른바 중이고 바로 마음의 본체이며 고요하여 움직이지 않는 것입니다. 그것(마음)이 움직일 때에는 사물이 서로 이르고 사려가 싹트게 되며 칠정이 번갈아 가며 작용하여 각각 주장하는 바가 있으니 이것이 이른바 화이고 바로 마음의 용이며 서로 느껴 통하는 것입니다."[142] 미발의 중은 심의 체이고 이발의 화는 심의 용인데 중화와 체용을 모두 주체적인 마음의 의식 속에 포괄시켰다. 비록 주희는 마음의 "지각운용"의 형이하 층면의 기능을 부정하진 않았지만 마음 또한 형이상의 본체라고 생각하였다. 이는 결코 성체심용을 심체성용으로 전도시킨 것은 아니고 심과 성은 둘이 아니고 적연(寂然)한 심체와 혼연(渾然)한 성체는 원융하여 둘이 없다는 것이다.

둘째, 마음을 주로 하여 "성정의 덕과 중화의 묘함"[143]을 관통하였다. 주희는 「이발미발설(已發未發說)」에서 심체가 유행하는 곳에서 보이는 미발의 중과 이발의 화는 심리 활동의 다른 층면이라고 생각하였다. "마음의 체가 유행하지만 고요하게 움직이지 않는 곳이요, 하늘이 명한 본성의 체단(體段)이 갖추어진다. 과와 불급이 없고, 기울어지거나 치우침이 없으므로 '알맞다'고 한다. 그러나 이미 마음의 체가 유행하는 곳에서 보기 때문에 곧장 성이라 해서는 안 된다."[144] 평상시의 함양을 강조하고 호

---

142 「답장경부(答張敬夫)」제49서,『주희집』권32, 1404쪽.

143 위와 같음, 1403쪽.

144 「이발미발설(已發未發說)」,『주희집』권67, 3528쪽.

상 일파의 살피는 것을 먼저하고 동하는 것을 중시하는 것과 이발의 폐단을 부정하였다. 「여호남제공론중화(與湖南諸公論中和) 제1서」를 「이발미발설」과 비교해보면 문구(文句)가 같은 곳이 매우 많지만 심체의 유행은 이야기하지 않았다. 심리활동의 다른 충면을 강조하지 않고, "마음의 조용하게 움직이지 않는 본체이자 천명지성(天命之性)으로, 바로 거기에 본체가 갖추어져 있음"을 이야기하였는데, 성과 정에 대한 체험이 내포되어 있다. 희로애락이 아직 발하지 않은 것이 성이고 이미 발한 것이 정이다. 성이 치우침이 없는 것이 중으로 심의 체이며, 정이 절도에 맞는 것이 화로 심의 용이다. 주희의 「답장경부(答張敬夫)」 제49서에서는 상술한 심이 체와 용을 갖고 있다는 설을 명확히 하였을 뿐만 아니라 "성은 정하지만 움직이지 않을 수 없고 정이 동하지만 반드시 법도가 있으니, 이것이 바로 마음이 고요하면서도 감응하여 서로 통하고 두루 흘러 관철하면서도 체용이 애당초 서로 떨어지지 않는 까닭이다."[145]라 지적하였다. 고요하면서 움직이지 않는 체는 형상학에서 초월한 층면으로 말한 것이고, 감응하여 통하는 용은 형이하의 아래라는 층면에서 말한 것이다. 전자는 심의 체로 성을 말하였고, 후자는 성의 체로 마음을 말하였다. 그러나 고요하여 움직이지 않아도 동하지 않을 수 없어 감응하여 마침내 정하여지지 않을 수 없다. 두루 흘러 관철하여 체와 용이 떨어지지 않는다.

셋째, 마음의 중(中)과 화(和), 미발이발 외에도 성정의 중과 화, 미발이발을 가리키기도 한다. "희로애락은 정이고 이것이 아직 발하지 않은 것은 바로 성이니, 편벽되고 치우침이 없으므로 중이라 이르며, 발함에 모두 절도에 맞는 것은 정의 올바름이니, 어그러짐이 없으므로 화라고 이른다."[146] 성과 정의 미발이발, 중과 화 모두 마음과 서로 이어져 있지만

145 「답장경부」, 『주희집』 권32, 1404쪽.
146 『중용장구』 제1장 주.

마음의 미발과 이발은 결코 성정과 동등하지 않다. 희로애락은 심리적 정감으로 잠재되어 숨어 있거나 밖으로 드러나 있는 것을 막론하고 모두 주체적인 정감의 감수(感受)이다. 주희는 이런 주체 정감의 철학적 사고를 함께 형상학의 본체로 승화시켰는데 현실 주체의 현실적 정감을 초월하였으며 현원(玄遠)한 경계로 진입하였다.

주희의 중화신설은 장식을 뛰어넘어 새로운 지평을 열었다. 중용의 중은 이발을 겸하며, 중절(中節)과 과와 불급이 없는 것이 이름을 얻었다. 중화의 화는 결코 조화나 충돌이 없는 것이 아니며 대립하여 융합하는 것을 가리킨다. "화"의 대립하고 융합하는 뜻을 설명하려고 주희는 화의 교감성을 지적하였다.

> 물었다. "'고요할 때 한 순간도 중에 맞지 않음이 없다면 음과 양, 동과 정이 각각 제 자리에 있어서 하늘과 땅이 여기에서 제자리를 잡게 된다.'고 하였는데, 음과 양, 동과 정은 무엇을 말하는 것입니까?" 답하였다. "하늘은 높고 땅은 낮아, 만물이 흩어져 있어 다르지만 각각 정해진 곳이 있으니, 이것은 만물 사이에 서로 느낌이 있지 않은 것이고, 조화를 이루면 서로 느껴서 만물이 제대로 길러진다."[147]

"교감"은 다른 성질이거나 여러 가지 요소의 충돌과 융합으로 고대에서는 이성(異姓)이 서로 들이쉬고 내쉬어야 비로소 교감할 수 있다고 생각하였는데, 음양과 천지, 남녀 등과 같은 것이다. 오직 "화하면 교감하는데", 교감은 "화"의 속성이며, 또한 화의 활동방식이다. 화가 교감을 해야 비로소 만물을 화육할 수 있다. 이는 "화(和)가 실로 사물을 낳는다"는 이해

---

147 『주자어류』 권62.

가 한 걸음 나아간 것으로, 곧 화(和)가 어떻게 사물을 낳는가 하는 것 및 화가 무슨 통로를 통하여 사물을 낳는가 하는 문제에 대한 대답이다.

화는 생물과 교감하는데, 주희는 교감은 두 층의 의미를 포함한다고 하였다. 교감을 발생시키는 양방(陽方) 대 음방(陰方)을 가지고 말하면 "감(感)"이고, 음방 대 양방을 가지고 말하면 "응(應)"이다. 이 때문에 대립하고 충돌하는 쌍방의 교감작용 또한 곧 감응작용이다. "'감응(感應)' 두 글자에는 두 가지 뜻이 있다. 느낌[感]을 대응[應]에 상대시켜 말한다면 저것이 와서 느낌을 주면 이것이 대응한다는 뜻이다. 오로지 느낌으로만 말한다면 느낌은 또한 대응의 뜻을 겸하고 있으니, 예를 들어 은혜를 느끼고 덕을 느낀다는 따위이다."[148] 화는 생물과 교감하는 가운데 교감과 감응의 대립과 충돌이 교합하고 융합하여 보편성을 갖추고 있다. 『어류』에서는 말하였다. "천하에는 단지 감응만이 있다는 것을 물었다. 말하였다. '모든 사물에는 감응이 있다. 자고 깸(寤寐)·말과 침묵(語默)·동정(動靜) 역시 그렇다."[149] 감응은 모든 사물 및 사람의 생활, 생리활동의 각 층면에 두루 미친다. "명도는 '천지에는 오직 하나의 감응(感應)이 있을 뿐이다.'라 하였다. 음양의 변화, 만물의 생성, 정위(情僞)의 상통(相通), 일의 시작과 끝은 하나가 감(感)하면 한 번 응(應)하여 서로 순환하니 그침이 없는 것이다."[150] 한번 감하고 한번 응하는 것은 음양의 변화와 만물의 생성, 정위가 서로 통함, 일의 시작과 끝의 모든 과정에 존재한다.

대립과 충돌의 융합과 감응은 사물의 내부에도 존재하고 사물과 사물 사이에도 존재한다. 주희는 그것을 "내감(內感)"과 "외감(外感)"이라 하였다. "물었다. '느낌이란 다만 안에서 느끼는 것입니까?' 답하였다. '사물

---

148 『주자어류』 권95.

149 위와 같음.

150 위와 같음.

에는 참으로 그 자체로 안에서 느끼는 것이 있다. 그러나 또한 전적으로 안에서 느끼는 것만은 아니어서 참으로 그 자체로 바깥에서부터 느끼는 것이 있다. 안에서 느낀다는 것은 예를 들면 한 번 동하고 한 번 정하며, 한 번 갔다가 한 번 오는 것과 같으니, 이것은 다만 하나의 사물이 앞뒤로 그 자체로 서로 느끼는 것이다. 예를 들어 사람이 말이 극에 달하면 반드시 (말없이) 조용해지고, 말 없음이 극에 달하면 반드시 (다시) 말하게 되는 것이니, 이것이 바로 안에서 느낀다는 것이다. 만일 바깥으로부터 와서 자기의 것이 되었다고 하는 사람이 있다면, 이것은 다만 바깥에서 느낀 것이라고 할 수 있을 뿐이다. 안에서 느끼는 것은 그 자체로 안이고, 바깥에서 느끼는 것은 그 자체로 바깥이다.'"[151] 이런 내부감각과 외부감각의 형식은 감응과 교감의 형식을 다양화시키고 아울러 각 층면을 관철한다. 이 또한 "화(和)하면 교감하여 만물이 길러진다"는 데 대한 세미한 논증이다. 주희는 교감과 감응을 "화(和)가 실로 사물을 낳는다"는 속으로 끌어들여 화합이 어떻게 사물을 낳는가 하는 문제를 해결하였는데 이것이 주희의 철학적 공헌이다.

---

[151] 위와 같음.

제7장

격치의 심사는
지경과 지행

〇

格致心思 持敬知行

이는 기의 도움을 받아 기의 변화를 통해 작동하여 만물을 화생시킨다. 만물을 화생시킨 다음에 어떻게 사물을 통하여 형상학의 본체인 이를 체인하는가는 결정적인 문제가 되었다. 이 때문에 주희는 격물(格物)과 치지(致知), 지각(知覺), 심사(心思), 지행(知行) 등 일련의 범주를 제기하였으며, 그의 철학적 논리 구조의 체인 활동을 전개하였다.

1. 격치는 천리의 체험

『대학』은 "격물치지"라는 명제를 가장 먼저 제기하였다. 『대학』이 누구에 의해 지어졌는가는 대대로 논쟁이 있어왔다. 주희는 증자(曾子)가 지었을 것이라 인정하였는데 공자의 "3천의 문도가 그 말씀을 듣지 않은 이가 없었으나 증 씨의 전함이 홀로 그 종통(宗統)을 얻었다. 이에 전의(傳義)를 지어 그 뜻을 발명했다."[1] 증자는 공자의 참된 전함을 얻었으며, 서한 때 대성(戴聖)이 『대학』을 『소대예기(小戴禮記)』에 편입하여 후대로 유전되게 되었다. 송대에 도학가들이 "격물치지"를 천리를 체험하는 중요 명제로 삼아 체인 활동을 전개하여 이에 『대학』이라는 책의 지위 또한 점차 높아졌다. 그들은 자기의 텍스트에 대한 해독을 근거로 정호(程顥)는 『개정대학(改正大學)』을 지었는데 원래의 정현(鄭玄)의 주(注), 공영달(孔穎達)의 소(疏)와 달랐으며, 정이(程頤)가 지은 『개정대학』 또한 정호와 달랐다.[2] 주희는 이정(二程)의 『개정대학』을 기초로 하고 또 보정을 하였다. 그는 도통의 계보라는 선입견에 얽매여 『대학』을 추숭한 으뜸가는 공로를 이정에게 돌렸으며 한유(韓愈)는 제기하지 않았다. 주희는 맹자가 죽고 도통이 전하여지지 않았으며 "송의 덕이 융성하여 정치와 교육이 아름답고 밝았다. 이에 하남 정 씨 두 부자가 나오시어 맹 씨가 전한 것을 잇게 되었다. 그리하여 실제로 처음 이 책을 높이고 믿어 표장하시고, 또 이를 위하여 그 간편(簡編)을 정리하여 차서를 매겨 귀취를 밝히시니, 그러한 뒤에야 옛날 태학에서 사람을 가르치던 법과 성인의 경 및 현인의 전의 뜻이 찬란하게 다시 세상에 밝아졌다."[3]고 생각했다.

　주희의 심목에서 위로 맹자와 성현의 전하여지지 않은 학문을 이은 것은 한유가 아니라 이정이었다. 한유가 「원도(原道)」에서 『대학』을 인용하기는 하였지만 "정심·성의"만 이야기했을 뿐 "격물·치지"는 이야기하지 않았기 때문에 주희는 한유는 "그 단서를 탐구하지 않고 그 차서만 급히 말하여" "택함이 정미하지 못하고 말함에 상세하지 못한 병폐로"[4] 흐름을 면치 못하였다고 생각하였다. 그의 제자 진순(陳淳)은 이렇게 해석하였다.

1 「대학장구서(大學章句序)」, 『주희집』 권76, 3992쪽.
2 『명도선생개정대학(明道先生改正大學)』, 『이천선생개정대학(伊川先生改正大學)』, 『하남정씨경설(河南程氏經說)』 권5, 『이정집(二程集)』 1126~1132쪽.
3 「대학장구서」, 『주희집』 권76, 3993쪽.
4 『대학혹문(大學或問)』 권1, 『사서혹문』.

"주자는 그가 『대학』을 인용하면서 치지와 격물에 미치지 못하였으므로 자신에게 되돌려 반성하는 곳에서 특히 세밀한 공부가 없었다."[5]고 비평하였다. 이렇게 심중에 잡고 지키는 것이 없어 이단으로 흐르기 쉬웠다.

1) 격물치지는 사물을 지극히 한다

『대학』의 첫 장에서 말한 "삼강팔목(三綱八目)"을 주희는 "경(經)"이라 하였으며, 공자가 강한 것을 증자가 기록하였다고 하였다. 그 뒤의 전(傳) 10장은 "삼강팔목"에 대한 해석이다. 팔목(八目)의 첫머리 격물과 치지 두 조목에만 전이 없으며 이에 따라 어떻게 격물·치지를 하는가? 하는 문제는 곧 각 가와 각 파의 논쟁의 초점 중 하나가 되었다. 정호는 『개정대학』에서 "후히 할 것에 박하게 하고서 박하게 할 것에 후히 하는 자는 아직 없었다(其所厚者薄而其所薄者厚, 未之有也)"의 구절 아래에 "이를 일러 근본을 안다, 하고 이를 일러 앎이 지극함을 안다(此謂知本, 此謂知之至也)"[6]를 이어야 그사이에는 빠진 문장이 없다고 생각하였다. 정이는 "이를 일러 근본을 안다(此謂知本)" 넉 자는 연문이라고 하여[7] 또한 빠진 문장이 없다고 생각하였다. 주희는 "이를 일러 근본을 안다, 하고 이를 일러 앎이 지극함을 안다(此謂知本, 此謂知之至也)"를 "백성의 뜻을 크게 두려워한다(大畏民志)"의 아래로 옮기고 아울러 이 두 구절 중간에 빠진 문장이 있다고 생각하였다. 그는 말하였다. "생각건대 이는 전의 5장으로 그다음에는 당연히 격물과 치지의 의미를 풀이해야 하는데, 지금은 그 말이 없고 단지 이 한 구절만 남아 있는데, 이 남은 구절은 장의 끝을 맺는 말이다. ……

---

5 「도(道)」, 『북계자의(北溪字義)』 권 하.

6 『명도선생개정대학』, 『하남정씨경설』 권5, 『이정집』 1126쪽.

7 『이천선생개정대학』, 『하남정씨경설』 권5, 『이정집』 1130쪽.

그러나 오히려 정 씨의 말에 의존해서 그 사라진 내용을 보충할 수 있었다."[8] 그는 곧 전을 보충하였으며 크게 나를 버려두고 누가 하겠는가? 하는 개괄이 있었다. 그는 이렇게 말하였다.

이른바 앎을 지극히 함이 사물의 이치를 궁구함에 있다는 것은, 나의 앎을 지극히 하고자 함이 사물에 나아가 그 이치를 궁구함에 있음을 말한 것이다. 인심의 영특함은 앎이 있지 않음이 없고, 천하의 사물이 이치가 있지 않음이 없건만, 다만 이치에 아직 궁구하지 않음이 있기 때문에 그 앎이 다하지 않음이 있는 것이다. 이 때문에 대학에서 처음 가르칠 때 반드시 배우는 자들로 하여금 모든 천하의 사물에 나아가서 그 이미 알고 있는 이치로 인하여 더욱 궁구해서 그 극에 이름을 구하지 않음이 없게 하는 것이다. 그리하여 힘쓰기를 오래 하여 어느 날 아침에 환하게 관통하게 되면, 뭇 사물의 표리와 정조가 이르지 않음이 없을 것이다. 내 마음의 전체와 대용이 밝지 않음이 없게 될 것이니, 이것을 일러 격물이라 하고, 이것을 일러 앎이 지극하다고 이른다.[9]

그는 첫 장에서 분명히 치지격물은 사물에 나아가 이를 궁구하는 데 있으며 격물의 체인하는 방법을 통하여 나의 앎을 획득하여 이를 궁구하는 목표에 이른다고 말하였다. 이는 사물로 말미암아 회귀하는 것이다. 어떻게 격물로 말미암아 이를 궁구하는가, 그는 여러 차원의 논증을 전개하였다.

---

8 「경강의(經講義)」, 『주희집』 권15, 589~590쪽. 오츠키 신료(大槻信良)의 『주자사서집주전거고(朱子四書集注典據考)』, 타이베이학생서국(臺北學生書局) 1976년판, 595~596쪽을 참고하여 보라.
9 『대학장구』 전5장.

즉물(卽物)은 명백히 주체가 떠나는 것을 가리키며, 물은 주체 바깥의 존재이다. 주체가 가서 사물에 가까이 붙는 것, 곧 사물에 나아가는 것은 주체적인 마음을 가지고 가서 나아가는 것이다. 주희는 "인심의 신령함이란 알지 못하는 것이 없어" 주체의 인심은 인지하는 기능을 가지고 있다. 천하의 사물은 모두 사람에게 인지될 가능성이 있는 이(理)를 가지고 있는데 이 객체의 물리(物理)는 주체 인심이 인지하는 객체 대상이라고 생각했다. 인지 주체의 인지 기능은 객체의 물리를 체인할 수 있어 "아는 것은 나한테 있고 이는 사물에 있다."[10] 지(知)와 이, 나와 사물 사이에 주체와 객체의 체인 관계를 구성하였다.

지(知)와 이(理), 아(我)와 물(物) 사이는 또한 주인과 손의 분별(主賓之辨)이라 일컫는다. 주희는 말하였다. "'지'란 내 마음의 앎이고, '이'란 사물의 이이다. 이것으로써 저것을 아는 것에는 저절로 주인과 손의 분별이 있으니, 차(此)자를 피(彼)자의 뜻으로 해석해서는 안 된다."[11] 주(主)는 인지의 주체를 가리키고, 빈(賓)은 인식 주체 상대와의 인지 대상과 객체를 가리킨다. 주체적인 사람의 마음으로 가까이 접근해가서 객체 사물에 나아가면 지극한 이를 궁구할 수 있는데 이것이 바로 이것을 가지고 저것을 아는 것이다. 주인과 손 사이에 이미 차별이 있으면 이것을 가지고 저것을 가르쳐 혼효(混淆: 뒤섞여 한계가 모호함)를 면할 수 없다.

어떻게 "이것을 가지고 저것을 아는가?" 그 사이에는 여러 층차를 연계를 거쳐 주체인 아와 객체인 물을 연결할 필요가 있는데 그 방법이 바로 "격물치지"이다. 객체 사물 가운데 이를 갖추고 있고 주체인심 가운데도 또한 만리(萬理)가 다 포함되어 있기는 하지만 격물치지의 층차를 거쳐 주체와 객체를 소통시켜 마음의 이와 물의 이를 소통시켜 궁리에 이르게

---

10 『주자어류』 권15.
11 「답강덕공(答江德功)」, 『주희집』 권44, 2115쪽.

할 필요가 있다. 주희는 주체와 객체의 연결을 두 층차로 나누었다.

첫 번째 층차는 격물이다. 주희는 "격(格)"을 "지(至: 지극함)"나 "진(盡: 극진함)"의 뜻으로 새겼다. 곧 사물의 지극함에 이르러 사물의 본연적인 이를 끝까지 궁구하려는 것이다. 그는 해석하여 말하였다. "격물(格物), 격(格)은 '~에 이름'과 같다. 예컨대 '순임금이 문조의 사당에 이르렀다.(舜格于文祖)'할 때의 '格'과 같으니, 문조가 계신 곳에 이른 것이다."[12] 또 말하였다. "격(格)은 극지(極至: 최고의 경지)를 이르는데, '격우문조(格于文祖)'의 격과 같으며 궁구하여 그 극처에까지 이르는 것을 말한다."[13] "지(至)"는 극지(極至)를 가리키는데 문조(文祖)가 계신 곳, 곧 그런 소재지에 이르는 것과 같다. "묻기를 "'격물(格物)이라 한다면, 일이 아직 도래하지 않았을 때 격(格)하는 것입니까? 아니면 일이 이미 도래한 이후에 격하는 것입니까?'라하니, 대답하였다. '격이란, 그런 소재지에 도달하는 것이다. 일이 도래했을 때도 격할 곳이 있으며, 일이 아직 도래하지 않았을 때도 격할 곳이 있는 것이다.'"[14] 일이 이르렀을 때와 이르지 않았을 때 모두 격할 수 있으니 주로 그 극지처(極至處)에 있다. 이를테면 남검(南劍) 사람이 건녕현(建寧縣)에 가는데 현의 경계에 이르면 이르렀다고 할 수가 없고 "그 관청"에 도달하여야 비로소 "이른" 것을 말한다. 이미 이르렀거나 이르지 않았거나를 막론하고 항상 그 이를 끝까지 궁구해야 하는데, 이것이 격의 한 방면의 뜻이다.

다른 뜻은 격(格)은 바로 진(盡: 다하다)이란 것이다. 주희는 말하였다. "격물(格物)에서 격(格)은 다한다는 것으로 모름지기 사물의 이(理)를 궁구하여 다하는 것이다. 만약 3할이나 2할만 궁구한다면 격물이라 할 수 없다.

---

12 『주자어류』 권15.

13 『대학혹문』 권1, 『사서혹문』.

14 『주자어류』 권15.

모름지기 10할을 궁구하여 다하는 것이 바로 격물이다."[15] "진(盡)"은 곧 사물의 이를 궁구하여 다하는 것으로, 이에 10할이 있는데 2, 3할만 궁구하면 안 되고, 8, 9할도 안 되며, 꽃잎이 10개인데 아직 5개가 남아 있어도 알 수가 없으니 바로 다하지 못한 것이다. "격하여 사물의 이를 다하면 다 알 수 있다." 이 때문에 "10할을 모두 이해해야 바야흐로 격물이 되는 것이다. 이미 10할을 다 이해했다면, 이것이 바로 지지(知止)이다."[16] "10할을 다 이해했다(見盡十分)"는 것이 바로 이가 다한 곳까지 궁구한 것인데, 이렇게 하면 "하나는 옳고 하나는 옳지 않을 경우 옳은 것은 행하고 옳지 않은 것은 행하지 않는 것"[17]을 분별할 수 있다. 여기에 이르는 것이 곧 "지지(知止)"이다.

"격(格)"의 두 방면의 함의가 명백해졌으면 이제 "물(物)"의 함의를 보도록 하자. 주희는 기본적으로 불교 화엄종(華嚴宗)의 "이사설(理事說)"에 관한 사변을 채택하여 물(物)의 뜻을 새겼다. 그는 "물(物)"은 곧 "사(事)"라고 생각했다. "물(物)은 사(事)와 같으니, 사물의 이치를 궁구하여 이르는 것이다."[18] "대체로 천하의 일을, 모두 물(物)이라 한다."[19] 이것이 바로 천하의 모든 "사(事)"를 모두 "물(物)"이라고 일컬을 수 있다고 하는 것이다. 여기서 말한 사물(事物)은 만상(萬象)을 망라하여 안전에서 응접하는 모든 것이 물(物)이라는 것이다. 그것은 일체의 자연과 사회현상을 포괄할 뿐만 아니라 일체의 심리현상과 도덕행위 규범을 포괄한다.

첫째, 객체 대상의 자연현상을 가지고 말하였다. "위로는 무극과 태극

---

15 위와 같음.
16 위와 같음.
17 위와 같음.
18 『대학장구』 경 1장.
19 『주자어류』 권15.

으로부터, 아래로는 풀 한 포기 나무 한 그루, 곤충 한 마리에 이르기까지, 또한 각기 이를 가지고 있다. 책 한 권을 읽지 못했다면 책 한 권의 도리를 빠뜨린 것이고, 하나의 일을 다하지 못했다면 하나의 일의 도리를 빠뜨린 것이며, 하나의 물(物)에 다다르지 못했다면 그 물의 도리를 빠뜨린 것이다. 모름지기 한 건씩 쫓아가며 다른 것과 함께 이해해 나가야 한다."[20] 이(理)는 어떠한 물(物)에도 존재하지 않는 보편성과 일반성을 갖추고 있다. 그것은 사물이 사물인 근거이며 또한 사물이 존재하는 가치와 의의이다. 이곳의 주체적인 인심을 가지고 책과 사(事), 물(物) 등의 객체적인 대상을 읽고 궁구하고 격해지며 한 건 한 건 사물을 따라 이해하며 물에 이르게 된다. 이것이 곧 사물의 도리와 원리에 대한 체인의 의미를 함축하고 있는 것이다.

주희는 이런 인식에 기반하여 격물의 성질과 공능을 "내외를 합하는 (合內外)" 것이라 규정하였다. 『어류』에서는 말하였다. "'격물은 모름지기 내외를 합해야 시작할 수 있는 것입니까?'라 묻자 대답하였다. '그 내외라는 것은 일찍이 합치된 적이 없다. 자신이 물의 이치가 이와 같음을 알아야, 즉 그 이치로 인해 자연스럽게 응해야, 곧 내외의 이치를 합치했음을 볼 것이다. 눈앞의 모든 사물에는 모두 지극한 이가 있다. 예컨대 풀 한 포기 나무 한 그루, 짐승 한 마리에도, 모두 이가 있다. 초목은 봄에 생장하고 가을에 떨어지는데, 생장을 좋아하고 멸사를 싫어한다. 음력 5월에 양목(陽木)을 베고, 음력 11월에 음목(陰木)을 벤다 하니 모두 음양의 도리를 따르는 것이다. …… 이것이 곧 내외의 이를 합한 것이다."[21] 물을 격해서 지를 획득하는 노정은 "내외를 합하는 것", 곧 주체인심과 객체 사물이 서로 합치는 것이다. 모든 사물에는 모두 이가 있으며 사물의 자연

---

20 위와 같음.
21 위와 같음.

스러운 도리를 따라 주체인심의 감응을 일으키면 이것이 곧 내외의 이를 합하는 것이다.

격물의 "내외를 합하는" 공부는 자연스럽게 그런 것이며 인위적인 것도 신이 시켜서 그런 것도 아니다. 주희는 "내외를 합하는" 공부는 6, 7할은 내면에서 이해해야 하고 3, 4할은 외면에서 이해해야 한다고 생각하였다. 곧 4:6이나 3:7의 비례로 합하고, 공부가 내외가 반반이거나 외면의 공부가 많고 내면이 적다면 모두 안 된다. 주체 공부나 주체 수양이 내외가 합하여지는 것의 중요성을 강조하였다.

주희는 구체적인 풀 한 포기 나무 한 그루 하나의 사(事)와 물(物)을 이야기할 때 결코 상식을 위배하지 않았고 사실과 서로 부합하였다. 이를테면 그는 격물을 과일을 먹는 것에 비유하였다. 먼저 껍질을 제거한 다음에 그 과육을 먹고, 또 가운데의 씨까지 모두 깨물어 먹는다. 씨를 깨물지 않으면 안의 맛을 느끼지 못하여 궁극처에 이르지 못한다. "격물은 사물의 이치에 각각 그 지극함을 다하여, 끝까지 궁구하는 것이다. 만약 안의 씨를 깨뜨리지 않으면 그 지극함을 다하지 않은 것이다."[22] 과일을 먹는 과정은 곧 겉에서 안으로 이르는 것이며 얕은 데서 깊은 곳에 이르는 격물 과정이다. 껍질을 없애고 씨를 깨뜨려 맛을 보는 것 또한 주·객체와 내외가 서로 합하여 과일에 대한 체인을 획득하는 과정이다.

그러나 그는 "격물"을 "접물(接物)"의 뜻으로 새기는 것은 부정하였다. 그는 "격물(格物)의 뜻을 '접물(接物)'이라고 풀이한다면, 끝까지 궁구하는 공부에 밝히지 못한 것이 있다."라 한 아래에 스스로 주를 달고 말하였다. "사람은 사물과 접하지 않음이 없지만, 다만 어떤 사람은 한갓 접하기만 하고 이치를 구하지 않으며, 어떤 사람은 대충 구하기는 하나

---

22 『주자어류』 권18.

끝까지 궁구하지 않는다. 이런 까닭으로 비록 사물과 접할지라도, 이치의 소이연(所以然)과 소당연(所當然)을 알 수 없다. 이제 말하기를 한번 사물과 접하면 이치가 다 궁구하지 않음이 없다고 한다면, 너무 가볍고 쉽게 보는 것이다."[23] 그가 "격(格)"을 "접(接)"으로 풀이하는 것을 부정한 까닭은 다른 책을 고증해보아도 이런 뜻이 없어서였을 뿐만 아니라 주로 사람이 진리를 접하기만 하고 구하지 않거나 거칠게 구하여 지극한 곳에 이르기를 추구하지 않으면 이의 소이연과 소당연의 연고를 획득할 수 없기 때문이다. 이런 물에 "접하는" 설은 불교의 소리를 들으면 도를 깨닫는(聞聲悟道) 데서 나온 견색명심(見色明心: 색을 보고 마음을 밝힌다)의 관념이다.

격물이 풀 한 포기 나무 한 그루에 얽매인다면 오합지졸처럼 각지로 어지러이 달아나 진정한 성과를 내지 못할 것이다. 그는 이렇게 비유하여 말하였다. "부질없이 깊게만 만물의 이치를 살피고자 한다면, 마치 대군의 유기(游騎)가 너무 멀리 나가서 돌아오지 못하는 것처럼 될까, 우려된다."[24] 이렇게 하면 격물은 헛수고만 할 뿐 공로가 없다. 그는 이렇게 지적하여 말하였다. "격물에 대해 이천의 뜻은 '비록 눈앞에 전개되는 것이 물(物) 아닌 것이 없다'고 할 수 있지만 이를 규명하는 데에는 또한 완급과 선후의 순서가 있으니, 어찌 대번에 하나의 초목과 기용(器用)에 마음을 둠으로써 홀연히 깨달을 수 있겠는가? 또 지금 이 학문을 하면서 천리를 궁구하고 인륜을 밝히고 성인의 말씀을 강론하며 세상의 일에 통달하는 것 등에 대해서는 힘쓰지 아니하고 마침내 오뚝이처럼 앉아서 하나의 초목과 기용에 마음을 둔다면 이것이 도대체 무슨 학문이란 말인가? 이와 같이 하면서 얻는 바가 있기를 바란다면 이것은 모래로 밥을 짓고자

23 「답강덕공(答江德功)」, 『주희집』 권44, 2115쪽.
24 『대학혹문』 권2, 『사서혹문』.

하는 것과 같은 것이다."[25] 여기에서 주희는 격물의 목표를 명확히 궁천리(窮天理)·명인륜(明人倫)·강성언(講聖言)·통세고(通世故)의 12자로 규정하고 아울러 이를 격물의 가치 지향으로 생각하였다. 격물을 초목과 기용 사이에 마음을 두는 것으로 생각하는 것을 낮게 평가하고 아울러 이를 헛되이 기력을 쓰고 모래로 밥을 짓는 몽상으로 생각하였다.

둘째, 윤리도덕의 규범을 가지고 말하여 주희는 "격물은 이러한 일은 마땅히 이와 같고 저러한 일은 마땅히 저와 같다는 것을 궁리하여 얻는 것이다. 이를테면 임금이 되어서는 마땅히 인에 머물러야 하며, 신하가 되어서는 마땅히 경에 그쳐야만 하는 것이다. 또한 다시 [그] 위에 하나를 덧붙이자면, 임금이라면 반드시 어떠한 이유로 인에 머무르는 게 필요한가를 궁구하여 알아야만 하고, 신하라면 반드시 어떠한 이유로 경에 그치는 게 필요한가를 궁구하여 알아야만 하는 것이다."[26]라 하였다. 이를테면 군신과 부자·형제·부부·붕우는 모든 사람이 없을 수 없는 것이다. 학자는 모름지기 완전히 궁구하고 격하여 부모를 섬김에 효성을 다하여야 하고, 형제간에 처하여 우애를 다하며, 임금은 인하고 신하는 공경하여 궁구하고 격함에 극진한 곳에 이르지 않음이 없어야 한다. 실 한 오라기만큼의 미진함만 있어도 궁하여 격함이 지극한 데 이르지 않은 것이다.

자연물과 윤리도덕을 "궁격"하는 두 방면의 일에서 말하면 후자는 더욱 근본적이다. "본원의 공을 함양하는 것은 격물치지를 하는 까닭이다."[27] "지경(持敬)은 궁리의 근본이다."[28] 격물의 근본적인 목적은 객체인

---

25 「답진제중(答陳齊仲)」, 『주희집』 권39, 1792쪽.
26 『주자어류』 권15.
27 『대학혹문』 권1, 『사서혹문』.
28 『주자어류』 권9.

자연의 사물을 체인해 나가는 것이 아니라 궁리, 곧 "천리"를 끝까지 궁구하고, "인륜"이 천리의 체현이며, "성언(聖言)"은 천리에 대한 천술이고, "세고(世故)"는 "천리"에 대한 함축임을 궁구하는 것이다. 윤리도덕 수양을 격물의 근본으로 삼았다.

격물을 물(物)의 입장에서 말하고 궁리를 "사물에 다가가 그 이를 궁구하는 것"으로 말하면 격물과 궁리는 모두 사물과 떨어지지 않는다. 사물을 떠나 격물과 궁리를 말한다면 석씨(釋氏)의 오류로 흘러들게 될 것이다. "석씨는 견성(見性)만 말하여 마침내 하나의 황당무계한 것을 찾으니 성 또한 그 설로 말미암아 일에서 더 이상 움직일 수 없게 한다."[29] 불교의 명심견성(明心見性)은 사물에서 떨어지므로 "공동(空洞)"으로 흘러들며, 격물은 사물을 떠나지 않아 "공동무계(空洞無稽)"함을 면하여 그 "실(實)"을 드러내는데, 이는 주희의 "차서 비지 않는다(實而不虛)"는 형상학의 이와 서로 연결된다. 하나의 사물이 각기 갖춘 하나의 이는 실리이기 때문에 격물과 견성은 주희의 심목에서 근본적으로 같지 않다.

그러나 격물이 궁리를 하면서도 사물을 떠나지 않는 것 또한 한계가 있다. 첫째, 그것은 풀 한 포기 나무 한 그루의 이를 궁격하는데, 머물러 이의 "전체의 대용(大用)"에는 여전히 밝지 못하여 만리(萬理)의 한 이와의 사이에는 여전히 격차가 있다. 둘째, 격물에는 주빈(主賓)을 극복하는 차이가 없어 주체와 객체가 스스로 자기와 서로 결합하게 하며, 이로 인하여 만물의 표리와 정조(精粗)가 이르지 못하는 데다 활달하게 관통하는 데 이르지도 못하였다. "전체의 대용"과 "활달한 관통"을 체인하려면 "치지"의 공부를 기다려야 한다.

---

29 『주자어류』 권15.

2) 치지(致知)를 미루어나가 지지(知至)를 유추하다

두 번째 층차는 치지이다. 치(致)는 미루어 이르게 한다는 뜻이고 지(知)는 지식(知識)과 인지(認知)이다. 치지는 바로 내 마음이 원래부터 가지고 있는 지식을 미루어 전지(全知)에 이르게 하는 것이다. 그는 말하였다. "치(致)는 미루어 지극히 함이요, 지(知)는 식(識)과 같으니, 나의 지식을 미루어 지극히 하여 그 아는 것이 다하지 않음이 없고자 하는 것이다."[30] 또 말하였다. "지(知)는 나에게 본래부터 이 지(知)가 갖춰져 있었다. 이 마음은 허명하고 광대하여 모르는 것이 없었으니 마땅히 그 이르기를 궁구하여야 할 뿐이다."[31] 치(致)는 곧 "밀어서 열어" 지극한 곳이 이르는 것이다. 이를테면 암실에서 밝은 곳이 보이면, 이 밝은 곳을 찾아 갑자기 밖으로 나와 크고 작은 광명을 보게 되는데, 사람의 치지(致知)도 이렇다. 무엇을 밀고 나가는가? 확실히 지(知)를 가리키며 이 지는 사람의 마음에 이미 있는 지이며, 치지는 바로 내가 아는 것을 끝까지 미루어 "나의 지가 정밀하고 절실해져 극치에 도달하게 하는 것일 따름이다."[32] 바로 "치지라는 것은 이미 알고 있는 내용을 미루어 나아가 자기가 아직 모르는 것에 미쳐서 지극함을 다하는 것이다."[33] 앞을 미루어 지극한 곳에 이르게 하는 것이 곧 치지이다.

치지가 "지극한 곳에 이르는 것"이 곧 "지지(知至)"이다. "지지는 천하 사물의 이치에 이르지 못함이 없다는 것을 아는 것이다. 만약 하나를 아는데 둘을 모르거나, 큰 것을 아는데 미세한 것을 모르거나, 고원함을 아

---

30 『대학장구』경 1장.
31 『주자어류』권15.
32 「답조가원(答曹可元)」, 『주희집』권59, 3012쪽.
33 「답오회숙(答吳晦叔)」, 『주희집』권42, 1970쪽.

는데 깊숙하고 은미한 것을 모르는 것은, 모두 앎이 지극한 것이 아니다. 반드시 모든 방면에서 모르는 것이 없어야 곧 지극하다고 할 뿐이다."[34] 이를테면 촛불이 온방을 비추면 미치지 않는 곳이 없는데 이것이 곳 지(至)이다. "지지(知至)"는 바로 이 마음이 투철하여 알지 못하는 것이 없고 앎이 이르지 않음이 없는 것이다. 주희의 제자 심간(沈僩)이 『어류』에 기록한 적이 있다. 당시 어떤 사람이 치지에 이르면 천하의 이에 대하여 알지 못하는 것이 없을 것이다. 그렇다면 왜 공자는 하와 상의 예를 증명하지 못하였으며, 맹자는 제후의 상례(喪禮)와 주대의 관작 제도를 배우지 못하였으니 성현의 앎에도 이르지 못한 곳이 있는 것이 아닌가? 하고 제기하였다. 이 힐난은 본래 "나는 본래부터 이 지(知)를 가지고 있었다."는 것에 대하여 말한 것이다. 주희는 대답하기를 '무엇 때문에 모든 것을 알려고 하는가?'라 하였다. "격물"로 이해가 깊어지기만 하면 한두 가지 모르는 일이 있다 하더라도 또한 "그것을 다 알게 되어" "또한 통하게 될 것이다."[35] 이는 유추하는 방법을 가리키며, 유추하는 방법을 통하여 훌훌 관통하는 곳에 이르는 것이다. 그는 말하였다. "격물은 천하의 사물을 다 궁구하려는 것이 아니며 다만 하나의 일을 다 궁구하면 다른 것은 유추할 수 있다."[36] 또 이를테면 "천 갈래 길 만 갈래 길로 모두 도성에 갈 수 있다. 다만 하나의 길을 통해 들어가기만 하면 유추하여 알 수 있다."[37] 이는 모든 길이 모두 도성으로 갈 수 있다는 것이다. 한 갈래 도로로 들어가 그곳에 이르면 유추할 수 있다.

주희의 "이일분수"의 관념에 따르면 몇몇 사물의 이를 다 궁구하기만

---

34 『주자어류』 권15.

35 『주자어류』 권18.

36 『대학혹문』 권2, 『사서혹문』.

37 위와 같음.

하면 그 나머지는 유추할 수 있는데 "만물은 각기 하나의 이를 갖추고 있으며 모든 이[萬理]는 하나의 근원에서 나오는데 이것이 미루어서 통하지 않음이 없는 까닭이기" 때문이다.[38] 사물 중의 이는 그 형상학 본체인 이의 완정함으로 체현되어 털끝 하나의 흠결도 없다. 이 때문에 초목의 이의 지극함과 금수의 이의 지극함은 형상학 본체의 이와 서로 부합할 수 있다. 이것이 바로 형상학 본체의 이가 기화(氣化)를 통하여 만물자연을 낳아 자기를 초목과 금수로 확정할 때 초목의 관념이 또한 금수를 포섭(包攝)하지 않는 관념과 동등하지 않을 뿐만 아니라 반대로 해도 그렇다는 것을 말한다. 이런 사변의 방법은 실로 불교 화엄종의 "일다상섭(一多相攝)"을 계승한 것이다. 따라서 주희의 유추 방법은 실질적으로 형상학 본체의 이의 자아 체인이다.

유추는 직선이 아니며 많은 곡절을 거칠 것을 요한다. "비슷한 것으로 미루어나가야 한다. 이는 본래 하나의 이지만 그 사이에 복잡한 사정이 대단히 많으니, 반드시 이것을 잡아서 모양을 만들어 여기로부터 미루어 가면 비로소 얻을 수 있다. 또 예컨대 어버이를 모시는 일은 진실로 마땅히 그 일의 도를 다해야 하는데, 어버이가 있을 때는 어떻게 하고, 어버이가 없을 때는 또 마땅히 어떻게 해야 하는가? 만약 이것을 군주를 섬기는 데 미루어 가면, 군주를 만났을 때는 어떻게 하고, 군주를 만나지 않았을 때는 어떻게 해야 하는지를 안다. (이것을) 미루어서 어른을 모시는 것 또한 이와 같다. 이로써 미루어 가면 모두가 그렇지 않은 것이 없다."[39] 여기서 유추해나가면 곧 자기가 이미 알고 있는 이에서 유추해나가서 어버이와 임금을 어떻게 대하여야 하고 어버이와 임금을 어떻게 대하면 안 되는지 판단이 설 것이다. 이를테면 어버이를 섬길 때는 효성을 다해야 하

---

38 『대학혹문』권2, 『사서혹문』.
39 『주자어류』권18.

는데, 효도에는 두 차원의 뜻이 있다. 곧 부모가 살아계실 때도 효도를 다해야 하고 살아계시지 않을 때도 효도를 다해야 한다. 이를 가지고 임금을 섬기고 어른을 섬김을 미루어보면 모두 그렇지 않음이 없다.

유추를 통하여 "지지(知至)"에 도달한다. 마음속의 이(理)는 전체가 투명한데, 곧 "네 마음의 전체의 대용(大用)이 밝지 않음이 없는" 경지에 이르렀다.

3) 격물치지는 충돌하고 융합한다

격물과 치지의 함의와 성질 그리고 기능을 밝혔으면 나아가 양자의 관계를 논할 수 있다. 격물과 치지에는 차이와 충돌이 있을뿐더러 또한 통일과 융합도 있다. 양자의 차이와 충돌을 가지고 말하면 그것은 초급 단계에서 고급 단계에 이르는 발전과정의 체인을 표명하였을 뿐만 아니라 또한 다방면의 충돌도 가지고 있다. 첫째는 전체와 영세(零細: 작고 미세함)의 차이와 충돌이다. "격물은 영세한 것을 말하는 것이고, 치지는 전체를 말하는 것이다."[40] "영세"는 하나하나 낱낱이 가리켜 말하는 것으로 곧 한 건 한 건의 격(格)을 말하며, 전체는 객관적으로 고찰한 것을 가리켜 말한다. 둘째는 아(我)와 물(物)의 차이와 충돌이다. "치지는 나의 입장에서 말하는 것이고, 격물은 물(物)에 나아가 말한 것이다."[41] 치지는 내가 알고 있는 것을 끝까지 미루는 것으로 나에게서 출발한다. 격물은 사물로 나아가 이를 궁구하는 것이다. "격물은 사물과 사물에서 그 지극한 이치를 궁구하는 것이다. 치지는 나의 마음에 모르는 것이 없는 것이다."[42] 셋째

---

40 『주자어류』 권15.
41 위와 같음.
42 위와 같음.

는 심(心)과 이(理)의 차이와 충돌이다. "격물은 이를 가지고 말한 것이고, 치지는 심을 가지고 말한 것이다."[43] 주희는 육구연(陸九淵)의 "심즉리(心卽理)"와는 관념을 달리한다. 심은 주체적이고 내재적이며, 이는 객체적이고 외재적이므로 양자는 충돌을 일으킨다. 넷째는 방법의 차이와 충돌이다. "격물은 물을 따라 헤아려가는 것이다. 치지는 즉 미루어 헤아림이 점점 넓어지는 것이다."[44] 격물은 사물에 이르러 이를 다하는 것이며, 치지는 미루어 열고 나아가 점점 광범하게 하는 것이다. 격물의 층차에는 또한 주빈(主賓)의 변별이 있다고 한다면 치지는 내 마음의 앎을 이르게 하여 객체의 대상을 주체의 중(中)과 융합시키는 것이다.

격물치지 양자를 통일과 융합의 측면에서 언급하여 주희는 말하였다. "격물치지는 다만 하나의 일로 선후로 나누기가 어렵다."[45] "치지와 격물은 다만 하나의 일로 오늘은 격물이고 내일은 또 치지이고 한 것이 아니다."[46] 양자는 한 가지 사물의 두 방면이며 또한 한 과정의 두 단계이다. 양자는 이미 하나의 일로 서로 연관되고 의뢰하는 것으로 분리할 수 없다. 이 의의 상에서 말하면 양자는 나란히 나아갈 뿐만 아니라 치지가 격물 안에 있다. "격물과 치지는 피아(彼我)를 서로 짝지어서 말했을 뿐이다. 사물의 이치를 궁구하는 것은 앎을 지극히 하는 것이다. 하나의 사물에서 1분(分)의 이치를 궁구하면 나의 앎도 1분(分)을 알 수 있다. 사물의 이치에서 2분(分)을 궁구하면 나의 앎 또한 2분(分)을 알 수 있다. 사물의 이치에서 궁구한 것이 많아질수록 나의 앎도 더욱 넓어진다. …… 대체로 앎을 지극히 하는 것은 사물의 이치를 궁구하는 데 있으며, 궁구하는 것

---

43 위와 같음.
44 위와 같음.
45 「답이요경(答李堯卿)」, 『주희집』 권57, 2892쪽.
46 『주자어류』 권15.

밖에 따로 지극히 하는 것이 있는 것이 아니다."[47] 치지를 격물의 상대적인 것으로 말하면 자연히 차이와 충돌이 존재하며, 바로 이로 말미암아 양자는 그런대로 융합하고 통일한다고 이야기할 수 있다. 격물은 궁리하여 1분(分)을 얻으면 1분을 알게 되고, 궁리하여 2분을 얻으면 2분을 알게 되어 서로 촉진하고 삼투한다. 치지는 격물 가운데 있으며 아울러 격물을 통하여 자기를 드러낸다.

주희가 "사물에 나아가 그 이를 궁구할" 때 주와 빈과 아(身)와 물을 나누기는 하였지만 결국 이는 자신에게 있는데 자기를 자기와 구분시켜 대립시켰다. 『어류』에서는 말하였다. "물었다. '『혹문』에서 말하기를 마음은 비록 한 몸을 주재하지만 그 본체는 깨끗하고 신령스러워서 천하의 이치를 주관할 수 있다. 이치는 비록 만물에 흩어져 있지만, 그것이 미묘하게 쓰이는 것은 실로 한 사람의 마음을 벗어나지 않는다고 했습니다. 쓰임은 마음의 쓰임이 아닐까요?' 대답하였다. '이치는 반드시 쓰임이 있는데, 하필이면 또 마음의 쓰임을 말하겠는가! 마음의 본체는 이 이치를 갖추고 있으며, 이치는 갖추지 않은 것이 없어서, 하나의 사물도 있지 않음이 없으나, 그 쓰임은 실제로 인심을 벗어나지 않는다. 대개 이치는 비록 사물에 있으나 쓰임은 실제로 마음에 있다.'"[48] 이는 형상학의 본체로 있지 않은 사물이 없으며 보편적으로 사물 가운데 깃들어 있고 사람의 마음 가운데 포괄되어 있다. 이가 비록 주·객체에 깃들어 있기는 하지만 이 주·객체는 이의 자아의 구분과 대치(對置)이다. 이는 본체와 기능, 체와 용을 아울러 갖춘 성질을 갖추고 있다.

비록 주희가 "이의 체는 사물에 있고, 그 용은 마음에 있다."[49]고 말하

<hr>

47 『주자어류』 권18.
48 위와 같음.
49 위와 같음.

기는 했지만 이는 같지 않은 장소와 소재에 의지하여 체와 용이 있으며 이 체와 용은 공능의 의의에 따라 이해할 수 있다. 이렇게 말하는 이유는 "몸을 주인으로 삼고 사물을 손님으로 삼은 것이기 때문에 이와 같이 말했다. 요컨대 이치는 사물에 있고 내 몸에 있으니, 마찬가지이다."[50] 내 몸을 주체와 주인으로 삼고 물(物)을 객체와 객인(客人)으로 삼으면 이는 자연히 주객을 구별하는 것이 있게 되지만 이가 물과 나, 주와 객에게 있는 것은 마찬가지이다. 이런 이를 자기를 자기와 대치, 대립시키고 또 통일, 융합시키는 상황을 주희는 한 사람이 두 아들을 낳는 것을 가지고 비유하였다. "아무개가 항상 말하기를 어떤 사람에게 두 아들이 있는데, 한 아들은 집에서, 다른 한 아들은 밖에서 집안일을 꾸려간다고 하였다."[51] 집에 있는 것은 나한테 있는 것과 같다. 집에 있든 집 밖에 있든 모두가 부모, 곧 이(理)가 낳은 아들이다. 형상학의 이 본체는 둘이 아닌데 드러남과 작용에는 둘이 있다.

주희는 격물과 치지·궁리의 종지는 인·의·예·지를 체인한다고 하였다. 그는 말하였다. "지금 격물을 설명하건대, 다만 새벽에 일어나 눈을 떴을 때라면, 곧 네 가지 물건이 여기[마음속]에 있어, 외부에서 찾을 필요가 없으니 바로 인·의·예·지이다."[52] 인·의·예·지는 비록 내 마음이 본래 가지고 있는 것이지만 격물·치지가 심중의 이 네 가지를 명백하게 하여 안으로 마음에서 구하여 인욕에 가림을 떨쳐내기만 하면 심중의 인·의·예·지는 명백하게 될 것이다. "격물에 정통하고 익숙해야, 바야흐로 여기("盡去人欲, 全是天理"를 가리킴)에 도달하게 된다. 평상시 일이 없으면, 천리는 실제 그대로이나, 가는 터럭만 한 사욕이라도 있으면, 그것(사욕)을

---

50 위와 같음.
51 『주자어류』 권15.
52 위와 같음.

완전히 알아야 예로부터 점검하여 익숙해진다. 이를테면 도적이 오면, 그것을 알아야 그 도적을 잡게 된다. 노력하지 않으면, 도적과 함께 자고 함께 먹으면서도 알지 못한다!"⁵³ 이는 격물이 정통 익숙한 경계에 이른 것을 가리키는데 곧 터럭만 한 사욕이 없으면 온전히 천리의 정경(情境)이다. 격물이 미진하여 인욕을 제거하지 못하면 도적과 함께 자고 함께 먹는 것이다. 이렇게 "격물·치지"의 인욕을 제거하는 공부를 "도적을 잡는" 공부라고 한다면 이는 곧 격물·치지의 체인론을 윤리도덕의 수양공부론과 동일시함으로써 객체 사물에 대한 인지를 홀시하여 중국 철학이 모호성과 호도성을 갖게끔 하였다.

2. 활연관통을 누적시키다

인지 주체와 인지 객체의 경로와 방법을 연결한 것을 "격물·치지"라고 한다면, 어떻게 격물에서 치지에 이르고 또한 "점진적으로 쌓임"에서 "활연 관통"하기까지의 과정은 곧 점진에서 갑자기에 이르는 과정이다.

1) 이해가 많아지면 훌쩍 깨닫게 된다

인류의 인지가 발전해온 역사 과정에서 보든 사람의 인지가 진행되는 과정에서 말하든 모두 하나의 알지 못하는 데서 아는 데로 앎이 많지 않고 깊지 않은 데서 앎이 비교적 많고 비교적 깊은 곳으로 가는 과정이다. 주희의 이런 깨달음은 교학의 실천에서 얻은 것이다. "내가 생각건대 이

---

53 위와 같음.

천 선생은 일찍이 '하나의 사물에는 하나의 이치가 있다. 작은 사물에게 도 이치는 있다.'라 했고, 또 '크게는 천지가 높고 두터운 이유에서, 작게 는 하나의 사물이 그러한 이유[所以然]에 이르기까지 배우는 이는 당연히 모두 이해해야 한다.'고 했다."[54] "이해[理會]"는 곧 체인(體認)과 체회(體會) 이다. 크게는 천지의 높고 두터움까지이든 작게는 풀 한 포기 나무 한 그 루까지이든 모두 이가 있어서 모두 이해해야 한다. "이어서 말씀하시길, '성인께서 격물 두 글자만 말씀하신 것은, 곧 사람들이 사물에 나아가 이 해하기를 바라신 것이다. 잠시 미미한 일념을 지니다가도, 모든 사물에 이르게 되면, (마음이) 정한 듯 동한 듯하니, 무릇 처소에서 음식을 먹거나 말을 하거나 일이 아닌 것은 없고, 각각 천리나 인욕 따위가 내재해 있는 것이다. 모름지기 하나하나 좇아 징험을 거쳐야만 하며, 고요한 곳에서 정좌하고 있을 때라 할지라도, 역시 개개의 경(敬: 경건)과 사(肆: 방동)를 징 험해 봐야 한다."[55] 이는 크고 작음, 생각, 상태에서 모두 하나하나 이해해 나갈 것을 필요로 하여 빠뜨릴 수가 없다. 이런 "하나씩 경험해 가는" 이 해는 바로 격물이 누적되는 공부이다.

　"하나씩 경험해 가는" 누적은 관통과는 전혀 같지 않으며 "이제 정신 을 집중하고 생각을 가라앉혀 오랫동안 그렇게 하더라도, 오히려 단지 오늘 하나를 깨닫고 내일 하나를 깨달을 수 있을 뿐이지 시원하게 하나 로 꿰뚫지 못한다."[56] 이는 곧 관통이 필요한 것이다.

　이른바 관통에 대하여 주희는 말하였다. "일물을 격하여 만 가지 이치 가 통하는 것은 안자(顔子)도 이르지 못하였다. 오직 오늘 일물을 격(格)하 고, 내일 또 일물을 격하여 익힌 것이 많이 쌓인 뒤에야 탁 트여 관통(貫通)

54 「잡학변·여씨대학해(雜學辨·呂氏大學解)」, 『주희집』 권72, 3792쪽.
55 『주자어류』 권15.
56 『주자어류』 권13.

하는 곳이 있을 따름이다."[57] 누적된 과정을 거치지 않고 일물을 격하여
만 가지 이치가 통하기를 구하는 것은 불가능한 것이다. 한 가지 한 가지
씩 격하여 익힌 것이 쌓인 다음이라야 무심결에 관통하게 될 수 있다. 여
기서 "익힌 것이 쌓임"이 많은 것은 곧 "누적됨"이 많음을 가리킨다. "누
적된 것이 많아진 다음에 자연히 훌쩍 깨닫는 곳이 있다."[58] 또한 "이해를
많이 하였다"고 일컫는다. "하나의 몸 가운데서 만물의 이에까지 이르러
이해가 많아지면 마땅히 스스로 환히 깨닫는 곳이 있다."[59] 여기에서 가
리키는 "학습이 쌓임", "누적", "이해가 많아짐"은 모두 격물의 누적 과정
을 나타내며, "탈연(脫然)"과 "활연(豁然)"은 모두 돌연히 관통하는 일종의
상태를 형용하고, "오처(悟處)"와 "각처(覺處)"는 바로 관통을 가리킨다. 누
적을 점(漸)이라고 한다면 활연은 돈(頓)이며, "각(覺)" "오(悟)"는 이에 대한
각오를 가리킨다.

　누적에서 관통에 이르는 과정은 자연적으로 그러한 과정으로 신이 하
는 것도 아니고 사람이 하는 것도 아니다. "이제 격물을 말하자면 한 가
지 두 가지 경우에서 탐구해나갈 뿐이니, 오랜 뒤에 많은 것은 탐구한 후
저절로 꿰뚫어 믿게 될 것이다."[60] 자연히 관통하는 이런 과정은 바로 격
물의 공부가 정통하고 숙련되는 과정이다. 이를테면 독서를 하면서 오늘
한 단락을 보고 다음 날 한 단락을 보는 것은 오늘 하나의 사물을 격하고
다음 날 하나의 사물을 격하며, 길을 가면서 왼발로 한 걸음 내딛고 오른
발로 한 걸음을 내디뎌 이어져 끊이지 않는 것과 같은데 이렇게 해야 자
연히 관통하게 된다.

---

57 『대학혹문』 권2, 『사서혹문』.
58 위와 같음.
59 위와 같음.
60 『주자어류』 권104.

주희의 누적을 통하여 관통에 이른다는 사상은 확실히 불교의 점수(漸修)와 돈오(頓悟)의 영향을 받았다. "석씨가 나무를 찍어 넘기는 것을 말했는데, 오늘 찍고 다음 날 찍어 나무가 넘어지게 되었을 때, 다만 한 번 찍으면 된다."[61] 오늘과 다음날 찍는 것은 점수의 과정으로, 주희는 오늘과 다음날 하나하나 격한 것이 누적되어 "나무가 넘어지게 될 때" 다만 한 번만 찍으면 되는 돈오는 바로 부지중에 깨달음이 있는 곳이다.

주희는 누적을 통하여 관통에 이르려면 반드시 두 가지 조건을 갖추어야 한다고 생각하였다. 첫째, 일물(一物)을 격하거나 한 가지 일을 이해하려면 반드시 "끝까지 궁구하고" 이해를 투철하게 해야 한다. "다만 하나를 이해해서 투철해지면 다른 하나를 이해해서 투철해지고, 쌓인 것이 많아지면 곧 관통하게 되는 것이다."[62] 이해를 투철하게 하는 것은 곧 한 사물에 대한 이를 투철하게 체인하여 실오라기 하나도 미치지 않는 곳이 없어야 한다. 그렇게 궁리가 많아지고 아울러 끝까지 궁구할수록 자연히 관통하게 된다. 부지불식 중에 자연히 깨닫게 되는 것이다.

둘째, 반드시 노력을 기울이고 공부를 깊이 하여야 한다. 격물을 하여 하나하나 궁구하여 천하의 이가 실로 이미 터럭 하나만큼의 미진함까지 없어졌을 때면 "한쪽을 들면 세 가지를 유추하고(擧一三反), 하나를 듣고 열을 아니(聞一知十), 이것이 바로 학자가 깊이 공력을 쓰고 익숙하게 궁리함이다. 그런 뒤라야 능히 융회관통하여 여기에 이른다. 이제 먼저 한계를 세워 두고서 반드시 모든 사물의 사이에서 궁진할 필요가 없다고 하면서, 다만 삼반지십(三反知十)의 효험이 있기를 요행히 바란다면, 거칠고 멸렬(滅裂)하여 끝내 발명한 바가 없게 될 것이다."[63] 공부를 깊이 하여 이

---

61 『주자어류』 권18.

62 『주자어류』 권44.

63 「답강숙권(答姜叔權)」, 『주희집』 권52, 2603쪽.

치를 익숙하게 궁구하고 번거로움을 두려워하지 않으며 성공을 구하는 것에 급급해하지 않고 요행을 바라는 심리를 품지 않아야 "조금씩 쌓여 공부가 이른 다음에 자연스럽게 꿰뚫어 통하게 되는 것이다."[64] 이는 바로 사물에 대한 이해가 투철하지 못하여 헛수고를 하여 공부가 깊지 않으면 오늘 한 건을 격하고 다음 날 또 한 건을 격한다 해도 또한 "관통"을 볼 수 없다는 것을 말한다.

누적과 관통의 관계는 서로 차이가 나고 대립적일 뿐만 아니라 상호 간에 의뢰하고 융합하여 그 사이에는 두 층의 의미를 함축하고 있다. 첫째는 인지의 원근과 심천(深淺), 정조(精粗)의 차이로 인지 과정 중의 같지 않은 단계를 이야기한다. 둘째, 누적은 격물의 차례 곧 선후와 완급의 차서를 이야기하며, 관통은 앎의 극치를 이야기한다. "정자가 '하루에 하나의 일을 궁구한다'고 한 것은 격물공부의 차례이다. '완전히 벗어나서 관통한다'는 것은 '지지' 효험의 극치이다."[65]

누적과 관통의 상호 의뢰, 융합을 가지고 말하면 근(近)과 천(淺), 조(粗)는 원(遠)과 심(深), 정(精)이 되는 준비와 누적이며, 원, 심, 정은 또한 근, 천, 조의 계속과 발전이다. 그는 말하였다. "궁리의 학문은 진실로 갑자기 나아갈 수 없다. 그러니 반드시 점진적으로 이치를 궁구하여 그것이 쌓임이 많아지기를 기다려야 확연히 관통하게 되는 것이니, 바로 대체를 알게 될 뿐이다."[66] 반드시 궁리하여 점진적인 누적 공부가 있어야 돈오의 관통이 있을 수 있다. 점수의 공부가 없다면 갑자기 나아갈 수 없어서 양자는 분리할 수 없다.

인지와 체인의 시각으로 본다면 누적과 관통은 곧 인지와 체인이 가

---

64 『주자어류』 권9.

65 「답황상백(答黃商伯)」, 『주희집』 권46, 2221쪽.

66 「답왕자합(答王子合)」, 『주희집』 권49, 2368쪽.

까이에서 멀어지고 얕은 데서 깊이 들어가고 거친 데서 정밀해지는 과정이다.

2) 가까운 데서 먼 데로 차츰차츰 이해한다

사람의 인지와 체인은 왕왕 "가까이 몸에서 취하는데" 자기와 자기 주위의 일상에서 접촉되는 사물의 경험에서 시작한다. 『혹문』에서 격물을 너무 번거롭게 묻자 주희는 이런 사람을 가장 두려워한다며 말하였다. "인심은 신명이 물사(物事)를 헤아리지 못하는 것이니, 이제 어떻게 이해할 수 있겠는가? 귀·눈·코·입·손과 다리는 어떻게 편안할 수 있겠는가? 부자·군신·부부·붕우는 어떻게 처리할 수 있겠는가? 아주 가까운 것에서 점진적으로 이해해야 한다."[67] 이것은 바로 가까운 곳에서 격하여 가려는 것이다. 눈앞에서 응접하는 사물을 가지고 격해가는 것은 바로 가까운 곳에서 착수하여 먼 곳에 미치는 것이다.

주희 철학의 논리적 구조에서 이른바 근과 원은 모두 이에 대한 체인을 가리켜 말하였다. 그는 말하였다. "그 이해한 것을 따라 이해하지 못한 것을 미루어 간다면, 얕은 것으로부터 깊은 것에까지 이르고, 가까운 것에서부터 멀리까지 이르게 된다. 또 말하였다. 그 이미 아는 이치에 근거하여 더욱 궁구하여 그 지극한 것을 구한다."[68] 이는 "가까이서 멀리까지 미루어 가는데 미루는 일이 세상의 무슨 일인지 알지 못하는 것"에 대한 대답이다. 한 사물의 이를 궁구할 때 이면에서 찬찬히 세밀히 하여 궁구하여 지극한데 이르기를 추구하여 지극히 크고 지극히 작으며 지극히 섬세하고 지극히 갖추어 매우 투철하면 곧 지극한 곳에 도달하게 되고

---

67 『주자어류』 권18.
68 『주자어류』 권14.

사물의 이를 끝까지 궁구하는데, 이것이 곧 멀다는 것이다. 가까운 데서 멀리 이르는 것을 인지의 의의에서 말하면 하나의 심화하는 과정이다.

3) 얕은 데서 깊은 데로 들어가 켜켜이 들어가다

격물이 가까운 데서 멀리까지 이르고 격물로 말미암아 치지에 이르면 이른 앎에는 또한 얕음과 깊음의 차이가 있다. 주희는 말하였다. "내가 생각건대 치지와 격물은 대학의 단서요 처음 배우는 사람의 일이다. 하나의 사물을 궁구하면 하나의 앎이 이르니, 그 노력은 점진적이고, 오래도록 쌓여 꿰뚫은 다음에 마음속에 분명해져 행하는 것을 의심하지 않게 되고, 뜻은 성실해지고 마음은 바르게 된다. 그러니 지극한 앎에도 본시 얕고 깊음이 있는데 어찌 갑자기 요순과 같은 것이 하루아침에 홀연히 드러난다고 할 수 있겠는가?"[69] 이르는 앎이 얕음이 있고 깊음이 있다면 격물은 당연히 얕은 데서 깊은 데로 들어갈 것이다.

어떻게 얕은 데서 깊은 데로 들어가는가? 그는 비유를 들어 말하였다. 이곳에서 나무를 베어 넘어뜨리면 사람들은 그것을 전혀 인지하지 못한다. 먼저 그 껍질을 벗겨야 바야흐로 세세한 것이 나올 수 있다. 알기 쉬운 것과 알기 어려운 것을 한꺼번에 모두 이해한다면 한 겹 또 한 겹을 알게 되고 한 겹이 끝나면 또 한 겹을 보게 되는 것이다. "일의 상략(詳略)으로 말한다면 하나의 일을 이해하고, 또 하나의 일을 이해하는 것이다. 이치의 얕고 깊은 것으로 말한다면 이해가 깊어지고 한층 더 깊어지는 것이다. 오로지 이해는 모름지기 극진할 때에 가능하다. '널리 배우며, 자세히 물으며, 신중히 생각하며, 밝게 분변하는(博學之, 審問之, 愼思之, 明辨之)' 네

---

69 「잡학변·여씨대학해(雜學辨·呂氏大學解)」, 『주희집』 권72, 3791쪽.

절목의 차례를 성취해야 이렇듯이 가능하게 될 것이다."[70] 한 겹 또 한 겹, 한 켜 또 한 켜 이해하여 겹겹이 들어가고 켜켜이 나아가면 이는 곧 얕은 데서 깊은 데로 들어가는 것이다. 이를테면 박학과 심문, 신사, 명변의 네 가지 차례로 나누어 이룸 같은 것 또한 켜켜이 얕은 데서 깊은 데로 들어가는 차서이다.

4) 거친 데서 정밀한 곳까지 다하지 않은 곳이 없다

주체 인심의 객체 사물에 대한 체인은 모두 먼저 사물의 현상 층면을 감지한 후에야 사물의 내재하는 본질적인 층면으로 깊이 들어갈 수 있다. 이것이 곧 인지가 겉에서 안으로 미치고 거친 것을 버리고 정미한 것을 취하는 단계이다. 『어류』의 기록에 따르면 "물었다. '격물장에 대해서 『혹문』 가운데서는 어떻게 안과 겉, 정미함과 거칢을 설명했습니까?' 대답하였다. '이치를 궁구하는 것은 반드시 다 궁구해야 한다. 그 피부를 얻은 것은 겉[表]이고, 깊고 오묘한 것을 얻은 것은 안[裏]이다. 그 거친 것만 알고 정미로운 것은 알지 못하는 것은 모두 격(格: 궁구하다)이라고 할 수 없다. 그러므로 안과 겉, 정미로운 것과 거친 것을 다 궁구하지 않음이 없다고 하였다."[71] 궁리는 모름지기 표층의 피부에서 이면의 심오한 곳에 이르러야 하는데, 이것이 곧 겉에서 안으로 이르고 거친 데서 정미한 데로 이르는 것이다. 거친 것만 알고 정미한 것은 모른다면 격물이라 일컫지 못한다. 격물은 정조대소(精粗大小)를 모두 격한다. "예컨대 독서는 문자방면으로 나아가 격하는 것이고, 남의 말을 들을 때에는 말에 나아가 격하는 것이며, 물에 접했을 때는 접물방면으로 나아가 격하는 것이다. 정밀

---

70 『주자어류』 권15.
71 『주자어류』 권18.

한 것이든 거친 것이든 큰 것이든 작은 것이든 모두 그것을 격하기를 구해야 한다."[72] 이렇게 거친 데서 정미한 데로 미루어 이룰 수 있고 가까운 데서 먼 데까지 미루어 이룰 수 있다.

어떻게 거칢[粗]에서 정미함[精]으로 미루어 이르는가? 그 힘을 쓰는 방식은 무엇인가? 주희는 이렇게 말했다. "일이나 행위의 드러난 것에서 살피기도 하고, 생각과 사려의 미세한 것에서 살피기도 하며, 문자 가운데서 추구하기도 하고 강론하는 사이에서 찾기도 해서, 몸과 마음, 성과 정의, 덕, 인륜 관계와 일상적인 활동에서 천지와 귀신의 변화와 조수와 초목의 마땅함에 이르기까지 그 당연한 것을 알아서 스스로 그만둠을 용납하지 않도록 한 것이다. 또 여유 있게 반복하면서 날마다 그 사이에 종사해서 어느 날 훌훌 관통하는 데에 이르면 천하의 이치에 대해 모두 겉과 속, 정미함과 거칢의 지극함을 탐구하게 되고, 나의 총명함과 예지 역시 모두 그 마음의 본체를 지극히 발휘하여 극진하지 않음이 없다."[73] 환히 드러나는 사물에서부터 미소한 일념(一念)까지 문자와 강론에서부터 윤리도덕, 천지귀신의 변화와 조수초목의 성질에 이르기까지 모두 널리 궁리를 해야 사물의 겉에서 안에 미치고 얕은 데서 깊은 곳에 들어가게 된다. 물을 격하여 앎이 지극함에 이르렀을 때 이의 겉과 안, 정미함과 거칢은 다하지 않음이 없게 된다.

사람의 인지와 체인은 가까운 곳을 거쳐 멀리 이르고, 얕은 데를 거쳐 깊은 곳으로 들어가며 거친 데서 말미암아 정미함에 이름이 반복되는 것을 거치면 사람의 인지는 누적된 데서부터 관통함에 이른다. 도대체 누적이 어느 정도가 되어야 관통할 수 있겠는가? 비록 사람과 사물에 따라서 달라질 수 있겠지만 일반적으로 말하자면 "예컨대 백 가지 일에서 56가

---

72 『주자어류』 권15.
73 「경연강의(經筵講義)」, 『주희집』 권15, 592쪽

지 일을 이해하고 44가지 일은 비록 아직 이해하지 못했다 하더라도 또한 대체로 이와 같은 것이다."[74] 예를 들어 열 가지 일을 가지고 말하면 7, 8건을 이해할 수 있으면 남은 2, 3건은 유추하여 나아가 통할 수 있다. 어떻게 3, 4건 혹은 2, 3건이 이해되지 않은 상황에서 "유추하여 통할 수" 있도록 할 수 있는가? 주희는 그의 경험과 체인에 의거하여 예증을 들어 말하였다. "예전에 내가 아무 곳에 있을 때 밭을 가지고 송사를 벌인 사람이 있었는데, 계약한 수는 10본(本)인데 중간에 1단(段)이 거짓이었다. 숭녕(崇寧)·정화(政和) 연간에서 지금까지 결판이 나지 않았다. 올바른 계약서 및 공안을 감춘다면 모두 밝힐 수 없다. 나는 다만 4반(畔)의 여러 계약을 찾아 비교 검증[比驗]해보고 전후로 정위(情僞)를 판단하니 더는 달아날 수가 없었다. 이치를 궁구하는 것 또한 단지 이와 같을 뿐이다."[75] 비험(比驗), 곧 비교 검증하는 방법은 비교를 통하여 중간의 일단의 거짓으로 단정하여 사실대로 공안(公案)을 단정하였다. 이로 말미암아 그는 결론을 도출할 수 있었다. "사방의 곁[四旁]을 이미 궁구했다면 중앙을 아직 궁구하지 않았다 하더라도 결국은 중간에 있게 되니, 장차 관통하여 저절로 알 수 있을 것이다."[76] 이런 비교 검증을 통하여 유추하여 두루 통하여 거짓을 변별하여 관통에 이르렀다.

"천 갈래 길 만 갈래 길로 모두 도성에 갈 수 있으니"[77] 하나의 길을 얻어 들어가면 본연의 이를 궁구하여 이를 수 있다. "비교 검증"의 방법을 통하여 유추하여 통하여 이를 다 궁구한다. 이미 이와 같다면 하나하나 격을 해나갈 수 있겠는가? 주희는 오히려 한 건 한 건 따라가며 검증해가

---

74 『주자어류』 권18, 또 『주자어류』 권117에도 보임.

75 『주자어류』 권18, 또 『주자어류』 권117에도 비슷한 기록이 보이며, 아울러 명확히 "나는 장주(漳州)에 있었다."고 기록하였다.

76 『주자어류』 권18.

77 『대학혹문』 권2, 『사서혹문』.

는 것을 견지하였다. "하나의 사물이 이르고 모든 이치를 통달한다는 것은 비록 안자(顔子, 回)라 할지라도 이런 경지에 이르지 못했다. 다만 오늘 하나의 사물을 궁구하고, 다음 날 또 하나의 사물을 궁구하여 쌓인 것이 많아진 뒤에 초탈하여 관통하는 곳이 있다고 말한 것과 같다. 이 한 항목은 더욱 의미가 있다."[78] 그는 안연의 고명함으로도 "하나의 사물이 이르고 모든 이치를 통달한다는 것"은 할 수 없다고 생각하였다. 이는 일반인과 현인이 모두 해내지 못하는 것으로 현실인 가운데서 배제하였다. 학문을 하면서 큰 곳만 궁구하면 나머지는 다 통한다는 것은 사실상 존재하지 않는 것이다. 이 때문에 주희는 학문을 하는 것은 오직 점진적이며 급박하게 하는 도리는 없다고 생각하였다. 이런 점수의 격물 공부는 오히려 육구연에 의해 "지루한 사업"이라는 비난을 받았고 아호(鵝湖)의 회합에서 변론을 전개하였다.[79]

객체 세계를 인지하는 과정에서는 가까운 곳에서 먼 곳까지 이르고 얕은 곳에서 먼 곳까지, 거친 데서 정미한 곳까지 이르는 것의 반복, 곧 양의 누적과 감성의 인지에서 활연관통으로, 이성의 인지에서 형상학 본체인 이의 체인에 도달하는 것이 필요하다. 주희는 누적에서 관통에 이르는 탐구 과정에서 많은 합리적인 견해를 내놓아 후인들에게 깨우침을 주었다. 그는 정이의 "궁리는 반드시 천하의 이를 다 궁구하는 것을 이르지는 않는다"라 한 것에 대하여 유보하는 듯한 태도를 지녔다. 그는 즉물궁리(卽物窮理)를 하여 "만리(萬理)를 궁구하려면 끝까지 철저하게 해야 한다"는 것을 강조하여, 모름지기 끝까지 곧장 섬세하게 끝까지 십분 투철하게 하여 다하지 않음이 없어야 한다고 했다. 그러나 사실상 객체 세계의

---

78 『주자어류』 권18.

79 졸저 『심학을 향한 길―육상산 사상의 발자취(走向心學之路―陸象山思想的足迹)』, 중화서국 1992년판, 212-225쪽에 상세히 보인다.

사물들은 "끝까지 궁구할" 수 없으며 끝까지 궁구하는 것은 다만 상대적이다. 사물의 표리정조에 이르지 않음이 없는 것 또한 이르지 않음이 없게 할 수가 없으며 또한 상대적으로 이르지 않음이 없는 것이다. 사람의 인지와 체인은 거울이 사물을 비추는 것과 같이 한꺼번에 다 비출 수 있는 것이 아니라 하나의 무한적인 과정이며 사람의 체인은 유한적이다.

누적에서 관통에 이르는 인지가 진리를 획득할 수 있는 체인이기는 하다. 이를테면 주희는 이렇게 말하였다. "사람은 제각기 지식을 가지고 있는데 반드시 미루어 이르러서 그 지극함을 다해야 한다. 그렇지 않으면 처음에는 열심히 하다 끝을 맺지 못해 마침내 일을 이룰 수 없다. 반드시 참으로 알아야 한다."[80] 참된 지식을 얻는 데 대한 중요성과 필요성을 설명하였다. 그러나 참된 지식의 획득은 "뼛속까지 꿰뚫어 보아야 할 것"[81]을 요구하는데, 이는 곧 끝까지 궁구하고 투철하게 할 것을 요구하여 대충 투철하게 할 수 없을 것을 필요로 한다.

3. 지각(知覺) 심사(心思) 여의(慮意)

주희는 "격물치지", "누적 관통"을 체인하고 인지하는 과정에서 나아가 지식의 내원과 사유의 작용 등에 대한 문제를 탐구하였다.

1) 사람은 나면서 알고 배워서 안다

정이는 사람의 지식에는 두 가지가 있다고 생각하였다. 첫째는 덕성(德

---

80 『주자어류』 권18.
81 『하남정씨유서』 권25, 『이정집』 317쪽.

性)의 지식이고, 둘째는 문견(聞見)의 지식이다. 정이는 말하였다. "문견의 지식은 덕성의 지식이 아니다. 물(物)이 물과 교감하면 그것을 알게 되는데 내적인 것이 아니며 지금 이른바 바로 사물을 널리 알고 다능한 자라는 것이다. 덕성의 지식은 문견을 빌리지 않는다."[82] "문견의 지식"은 사물과 사물이 교감하여 아는 것으로, 첫 번째 물(物) 자는 사람의 감각기관인 눈과 귀, 코, 몸 등을 가리킬 것이며, 두 번째 물 자는 객체 대상 사물을 가리킨다. 물과 물이 교감하는 것은 곧 주체와 객체가 교감하여 지식을 획득하는 것이다. "문견의 지식"과 서로 대립적인 "덕성의 지식"은 물과 물이 교감하는 감성지식에 기반하지 않으며 사람이 선험적으로 본래 가지고 있는 지식이다.

정이가 말한 지식의 두 가지 유형은 장재(張載)도 이미 제기한 적이 있다. 그는 문견의 지식은 안팎이 합쳐져서 얻어지는 것이며 덕성의 지식은 견문에서 싹트는 것이 아니라고 생각했는데, 정이의 뜻과 같다. 사실 정이가 말한 알게 되는 능력과 아는 이(理)는 모두 우리가 본래부터 가지고 있는 것이다. "문견의 지식"이 인지하는 그 이는 내 마음속에 이미 가지고 있는 이를 인증하기 위함이다. 그러나 주희는 문견의 지식과 덕성의 지식의 이원적인 외관을 피하기 위하여 이 두 명사를 비교적 적게 운용하였다. 그러나 주희는 장재와 정이의 이 사상을 계승하였으며 아울러 발휘함이 있었다. "'문견으로 그 마음을 질곡하지 않는다.'는 것을 묻자 말하였다. '이는 성인이 성(性)을 다하는 일을 말하였다. 지금 사람들은 배움을 이해하면서 먼저 견문에서 하여 공부가 이른 다음에 훌훌 관통한다. 대체로 일상에서 한 가지 일을 들으면 다만 한 가지 도리를 안다. 관통에 이르면 모두가 하나의 이(理)이다."[83] 배움은 먼저 문견에서 공부를

---

82 위와 같음.
83 『정몽(正蒙)』「대심편주(大心篇注)」, 『장자전서(張子全書)』 권2.

해나간 다음에야 관통하고 이를 체인할 수 있다.

첫째, 사람은 나면서 지식을 함축함이 있는데 이는 나면서부터 함께 온 것으로 선천적인 지식이다. 둘째, 사람의 감각기관이 사물과 서로 감응하여 얻은 문견지식이라고 주희는 생각하였다. 전자에 관하여 주희는 말하였다. "사람은 태어나면서부터 바로 지식을 갖는다. 사물의 끊임없는 자극에 대응하느라 틈이 없다. 한 생각 한 생각 할 때마다 끊임없이 변화하며 죽을 때까지 지속되는데, 그 중간에는 애초 잠깐이라도 어떤 정지와 쉼이라곤 없으며, 온 세상이 다 그렇다."[84] 이를테면 두세 살 된 아이도 그 어버이를 가까이할 줄 알지 못함이 없다. 자라서는 그 형을 공경하지 않음이 없는데 이는 사람의 양지(良知)와 양능(良能)으로 본래 스스로 가지고 있는 것이다. 사실 어린아이가 그 어버이를 가까이하고 그 형을 공경할 줄 아는 것은 후천적인 교육의 결과다. 그것을 선험적인 것으로 간주한다면 그 어버이를 가까이하고 그 형을 공경할 줄 모르는 것은 또한 어떻게 해석할 것인가?

주희 철학의 논리적 구조에 따르면 주체 인심 밖에 하나의 형상학의 본체인 이가 있는데 그것은 모든 사물이 존재하는 근거로 존재물이 갖고 있는 성질과 공능에 부여한 것이다. 이렇게 사람이 갖추고 있는 선험적인 지식 또한 이가 부여한 것이다. 이가 기를 빌려서 만물과 사람을 화생할 때 "이 이가 내려와 사람에게 있으며, 형기 속에 구비된 것이다."[85] 그러므로 모든 사람의 마음속에는 모두 그 이를 갖추고 있다. "마음은 온갖 도리를 포함하고 있고, 온갖 도리는 하나의 마음에 갖추어져 있다."[86] 주희는 이따금 이런 사람의 마음속에 있는 선험적으로 갖추고 있는 이의

---

84 「여장흠부」, 『주희집』 권30, 1289쪽.

85 『주자어류』 권95.

86 『주자어류』 권9.

지식을 "천부(天賦)"라 일컬었다. "사람과 사물이 생겨날 때 하늘이 이 이를 부여하였다."[87] "이를 일러 하늘이 사람과 사물에 부여한 것이라 하는데, 사람과 사물이 하늘에서 받은 것이다."[88] 지식은 천부에서 왔다는 이런 관념은 절대화하지 않는다면 어느 정도 합리적이다. 이 천부 곧 태어나면서 함께 온 총명함과 지식을 유전된 유전자이며 우생(優生)의 소치라고 이해한다면 현실의 두세 살 된 어린아이에게 존재하는 것이다. 현대의학에서 어린아이에 대해 IQ를 측정하였더니 차별이 존재하였다. 다만이로 말미암아 천부의 결정론을 도출해낼 수는 없다.

주희는 선험적인 천부와 지식을 인정하였으니 덕성의 지식은 이에 또한 "나면서부터 아는 것"을 부정하지 못한다. "나면서부터 아는 사람은 기(氣)가 지극히 청명하고 이(理)에 가림이 없다. 배워서 아는 사람 아래로는 곧 기의 맑고 흐림에 많고 적음이 있어서 이의 온전함과 결핍이 여기에 매여 있을 뿐이다."[89] 나면서부터 아는 것은 곧 나면서 함께 온 선험적인 지식으로 곧 고유의 덕성의 지식이다. 배워서 아는 것은 문견(聞見)의 지식에 속하며 후천적으로 획득한 지식이다.

2) 지각운동은 대립하면서 통일된다

주희는 "문견의 지식"과 배워서 아는 것에서 출발하여 그의 인지의 여러 가지 형식에 관한 탐구를 전개하였는데, 지각과 심사, 여의(慮意) 같은 것 및 그 함의와 성질, 운동, 관계의 여러 학설이다.

"문견의 지식"은 어떻게 발생하는가? 그는 말하였다. "생(生)은 인물이

---

87 『주자어류』 권4.
88 『주자어류』 권94.
89 「답정자상(答鄭子上)」, 『주희집』 권56, 2876쪽.

지각하고 운동하는 것을 가리켜 말한 것이다."[90] "그러나 기를 가지고 말한다면 지각·운동은 사람과 동물이 다르지 않은 것 같으며, 이를 가지고 말한다면 인·의·예·지의 본성을 받음이 어찌 동물이 얻어 온전히 할 수 있는 것이겠는가!"[91] 한편 생명의 존재는 사람과 사물이 지각운동을 하기 위한 전제 조건이며, 생명이 존재하지 않으면 지각운동도 일어날 수 없다. 사람의 생명 존재는 이와 기의 융합이다. 이는 사람의 성(性)을 구성하고 기는 사람의 오관과 체구를 구성한다. 이 의의에서 말하면 지각운동은 기의 활동 범위에 속한다. 다른 면에서 말하면 지각운동은 사람만이 가지고 있는 것이 아니라 사물과 공유하는 것이다. "개와 소와 사람이 모두 지각이 있으며, 모두 운동할 수 있으니, 그 성이 다름이 없을 것이다."[92] 같지 않은 것은 사람은 인·의·예·지의 기품을 갖추고 있지만 사물은 그것을 온전하게 하지 못한다는 것이다.

사람과 사물이 모두 지각운동을 가지고 있는 바에야 이는 공통적인 것인데 그렇다면 차이는 있는가? 『어류』에서는 이렇게 기록하였다. "물었다. '사람과 새와 짐승은 본래 지각이 있으나, 지각에도 통함과 막힘이 있으니 풀과 나무도 지각이 있지 않겠습니까?' 답하였다. '(풀과 나무) 역시 (지각이) 있다. 화분 속의 꽃이 조금이라도 물을 부어주면 무성하게 꽃을 피우는 것과 같다. 만약 꽃피우는 것을 재촉하거나 억누르면 곧 말라서 시든다. 지각이 없다고 할 수 있겠는가? 주렴계가 창 앞의 풀을 제거하지 않고, 내 뜻과 마찬가지이기 때문이라고 말했으니 지각이 있는 것이다. 다만 새와 짐승의 지각은 인간의 지각과 같지 않고 풀과 나무의 지각은 새와 짐승의 지각과 같지 않다. 또한 대황(大黃)은 먹으면 설사를 할 수 있

---

90 「고자장구(告子章句) 상」, 『맹자집주』 권11.
91 위와 같음.
92 위와 같음.

고 부자(附子)는 먹으면 열이 날 수 있다. 다만 그가 지각한 것은 이러한 한 길을 따랐을 뿐이다."[93] 주희는 사람과 조수, 초목에도 다 지각이 있다고 생각하였다. 이는 광의적인 면에서 말한 것이다. 지각이 사람과 사물의 감각기관의 생리적 기능을 말한다면 합리성이 있다. 사람과 조수의 눈은 모두 시각기능이 있고 귀는 청각기능이 있으며 코는 후각기능을 갖고 있는 등과 같다. 초목이 지각을 가지고 있는지의 여부는 아직 입증되지 않은 문제이며, 여전히 생물학적인 연구의 발전이 필요하다. 부패한 사물에는 과연 지각이 있을까? 주희는 있다고 생각하였으나 불이 타서 재가 되고 타고 남은 재의 쓴맛은 그 자체가 물리적인 현상이라고 생각하였다. 재 자체에 지각이 있는 것이 아니라 재의 쓴맛에 대한 인간의 지각이라고 생각한 것인데, 재는 돌과 마찬가지로 지각이나 사상적 메시지를 전달하지 않기 때문이다.

주희는 사람의 지각이 조수 초목보다 높고 초목의 지각이 조수보다 못하다고 관찰하였는데 이는 옳다. 이 때문에 그는 고자(告子)가 사람과 사물이 지각적으로 같은 면에만 착안하고 그들 사이의 구별은 보지 못하였다고 비평하였다. 그러나 이 차이는 인·의·예·지 등의 윤리와 도덕일 뿐 인지의 범주로서의 지각으로써는 이해하지 못하였으며, 조수와 초목은 갖추지 못한 것이다.

지각은 사람에 대하여 말하면 사람의 눈·귀·코·혀·몸 등의 감각기관이 외부의 객관적인 사물과 접촉하는 것이다. 이를테면 외계물체의 진동은 공기가 발생시킨 희소하거나 조밀한 곳에서 음파가 사람의 외이(外耳)와 중이(中耳) 그리고 내이(內耳)로 전입되어 외임파(外淋巴)와 내임파 그리고 기저막 섬유를 자극하여 연속으로 진동을 일으키게 하면 모세포(毛

---

[93] 『주자어류』 권60.

細胞)가 개막(蓋膜)과 서로 접하여 신경을 흥분시키고 청신경의 달팽이관을 거쳐 대뇌피질의 측두엽으로 전하여져 청각을 일으킨다. 물체는 광선(일정한 파장의 전자파)을 통하여 각막과 눈물, 수정체 같은 사람 눈의 굴절 체계를 경유하여 망막에 도달하여 신경 흥분을 일으켜 대뇌피질의 후두엽 부로 전하여져 시각을 생성한다. 이로 말미암아 객체 대상이 사람의 감각기관에 작용하여 감각을 일으킨다. 그러나 감각은 다만 개별적인 사물 현상에 대한 반영일 뿐이며 지각은 각종 감각의 기초에서 객관적 대상의 전체적인 형상을 형성한다.

지각이 내포하고 있는 것은 무엇인가? 주희는 정이의 "지(知)는 이 일을 아는 것이고, 각(覺)은 이 이를 깨닫는 것이다"라 한 데 해석을 하였다. 그는 말하였다. "지(知)는 이 한 가지 일을 아는 것이고, 각은 홀연히 저절로 이해하게 되는 것이다."[94] "지(知)는 사물에 근거하여 모두 알 수 있으며, 각(覺)은 마음 가운데서 깨우쳐 안 것이 있다."[95] 지(知)는 사물과의 접촉을 통하여 이 사물에 대한 이해를 얻는 것을 가리킨다. 각(覺)은 지(知)의 기초 위에 심중에 깨달음이 있는 것, 곧 이 사물에 대하여 이해함이 있을 뿐만 아니라 일정한 견해도 갖고 있어 이 사물에 대한 전체적인 형상을 형성하였다. 이것이 바로 지각이다.

지와 각의 차이는 인지와 체인하는 과정에서의 작용과 공능의 구별을 가리킨다. 지(知)는 사람의 감각기관과 객체의 접촉, 교제 활동 중 이를 아는 것을 가리킨다. 이것은 고양이고 저것은 개다, 라는 등등을 주희는 '지(知)는 식별을 주로 한다.'라고 한다. 각(覺)은 종합적으로 알아서 얻은 감각을 가리키는데 고양이와 개 등이 고양이와 개인 이유를 체인하는 것이다. 이것이 한 층의 구별이다.

---

94 『주자어류』 권58.
95 위와 같음.

다른 한 층의 의미는 체인과 인지의 깊이가 다른 것을 가리킨다. 지(知)는 사물에 대한 표면적인 현상의 인지이고, 각(覺)은 각성과 각오가 있는 것으로 사물 전체에 대한 체인이다.

지와 각의 통일과 융합을 가지고 말하였다. "어떤 것을 알고, 어떤 것을 깨달았다고 하는 것은 예를 들자면 추운 줄을 알고, 따뜻한 줄을 깨달았다는 것과 같으니 이것은 바로 하나의 사물을 지각한 것이다."[96] 그는 사량좌(謝良佐)의 말을 인용하였다. "상채(上蔡)가 이른바 지각이란 바로 추위와 따뜻함 배부름과 굶주림 따위를 아는 것일 뿐이다. 감통하고 조화의 공을 돕는 것 역시 이러한 지각일 뿐이지 다른 것은 없다. 단지 사용하는 것에 크고 작은 차이가 있을 따름이다."[97] 지각을 추위와 따뜻함, 배부름과 굶주림에 국한했으며 또한 좁은 것을 싫어하였다. 당연히 추위와 따뜻함, 배부름과 굶주림을 아는 것은 감각에 속한다. 그것은 지각적인 요소를 구성하지만 지(知)를 "이 일은 마땅히 이러한 것을 아는 것"으로 생각하고 각(覺)을 "이 일이 마땅히 이러한 이(理)임을 아는 것이다."[98]라고 생각하는 해석상의 충돌을 일으켰다. 이 때문에 그는 이에 대하여 수정을 한 적이 있다. "다만 인용한 『맹자』의 '지각(知覺)'이라는 두 글자는 상채가 말한 뜻과 다른 것 같다. 맹자가 말한 '지각'이란 이 일을 알고 이 이치를 깨달아야 배움과 앎이 지극해진다는 것이다. 상채가 말한 지각이란 아프고 가려운 곳을 알고 반응[酬酢]할 수 있는 것이 곧 마음의 쓰임이요 앎의 단서라는 것을 뜻한다. 이 두 가지도 서로 다르지만 그 대체는 모두 지혜의 일이다."[99] 지와 각은 차이가 있을 뿐만 아니라 또한 통일되었다.

---

96 『주자어류』권96.
97 「답장흠부우론인설(答張欽夫又論仁說)」, 『주희집』권32, 1396쪽.
98 위와 같음.
99 「답호광중(答胡廣仲)」, 『주희집』권42, 1956쪽.

내포된 설명에서 사량좌가 이해한 지각과 맹자가 말한 지각은 다르다.

지와 각의 통일은 첫째, 함께 마음을 발하여 쓰는 것이다. 『어류』에서는 이렇게 기록하였다. "물었다. '"마음이 발한 곳이 기 아닙니까?' 답하였다. '또한 다만 지각일 뿐이다.'"[100] 이는 지각은 모두 마음("마음이 주관하는 것은 생각")의 발용(發用)이며, 사유기관이 유발한 것이라는 이야기다. 둘째, 지와 각은 함께 이와 기가 서로 결합하여 생겨난 것으로 지와 각이 "마음의 영(靈)"이 되며, 기로 구성된 것만 있는 것이 아니다. 그는 말하였다. "다만 기가 아니고 먼저 지각의 이가 있다. 이는 미처 지각을 못하지만 기가 모여 모양을 이루고, 이가 기와 합하면 지각할 수 있다."[101] 그는 비유를 들어 말하였다. 촛불은 지각에 비유할 수 있는데 기름을 얻어야 이 불꽃이 있게 되고, "지각"은 이와 기가 합하여져야 지각의 발용이 있다. 이 의의에서 말하면 "지각한 것은 이이며, 이는 지각을 떠나지 못하고 지각은 이를 떠나지 못한다."[102] 지각과 이는 떨어지지 않고 섞이지 않는다.

주희 철학의 논리적 구조에서 결국 지각은 마음의 영이며, 이로 인하여 기의 범위에 속한다. "마음의 지각은 또한 그 기가 허령한 것으로 밝게 보고 들어 운용이 되는데 모두 이 지각이 있다."[103] 또 말하였다. "성과 지각에서 합하여 보면 지각은 혈기가 움직이는 것으로 마음이라고 이르는데 사실은 하나의 이일 따름이다."[104] 지각은 영허(靈虛)한 기로 밝게 보고 듣는 작용을 하며 이로 인하여 그것은 부단히 운동한다. 주희는 정이의 이런 "이미 지각이 있으면 오히려 움직인다."는 말에 동의하였다. 그

---

100 『주자어류』 권5.

101 위와 같음.

102 위와 같음.

103 『정몽』 「태화편주」, 『장자전서』 권2.

104 위와 같음.

는 해석하기를 "지각이 비록 움직임이긴 하지만 움직이지 않은 것에 해를 끼치지는 않는다."[105]라 하였다. 따라서 그는 지각의 이런 연속된 운동을 "지각운동"이라 일컬었다.

주희가 이른바 지와 각은 대체로 감감과 지각에 상당한다. 그것은 감성 인지의 형식에 속하며 그것이 반영하는 것은 객체대상의 외부적 형상으로 "오늘 하나의 일을 격(格)하고" "내일 하나의 일을 격하는" 누적의 단계에 속한다. 지각에서 얻어지는 감성적 재료의 경우 얕은 데서 깊은 데로, 거친 데서 정미한 데로, 겉에서 안까지 이르는 과정도 거쳐야 한다. 이 과정은 지각은 완성될 수 없으며 그것은 반드시 심사에 의존해야 "활연 관통"에 도달할 수 있다.

3) 마음의 기능은 생각하는 것이며 가는 것을 감추고 오는 것을 안다

지각과 심사의 관계에 관하여 주희는 "마음의 기능은 생각하는 것(心之官則思)"을 생각할 때 이렇게 이해하였다.

> 관(官)이라는 말은 맡는다는 뜻이다. 귀는 듣는 것을 맡고 눈은 보는 것을 맡아서, 각기 맡은 것이 있으나, 능히 생각하지는 못한다. 이 때문에 외물에 가리니, 이미 생각하지 못하여 외물에 가리면 또한 한 물건일 뿐이다. 또 외물로 이 물건[耳目]과 사귀게 되면 거기에 끌려가는 것이 어렵지 않다. 마음은 능히 생각할 수 있어서 생각함으로써 직분을 삼으니, 모든 사물이 올 때 마음이 그 직분[맡은 기능]을 잘 해내면 그 도리를 얻어서 물건이 가리지 못하고, 그 직분을 잃으면 그 도리를 얻지 못하여 물건

---

105 『주자어류』 권96.

이 옴에 가린다. (耳·目·心) 이 세 가지는 다 하늘이 우리 인간에게 준 것이다. 그 중에도 마음이 가장 크니, 만일 능히 이 마음을 세울 수 있으면 일을 생각하지 않음이 없어서, 귀와 눈의 욕심이 능히 빼앗지 못할 것이다.[106]

그 뜻은 첫째, 귀와 눈 등의 감각기관은 기능을 나누어 각기 맡은 바가 있으며 아울러 직접 외물과 서로 접촉하여 외물이 귀와 눈의 감각기관을 통하여 사람이 지각을 하게끔 한다는 것이다. "눈과 귀도 하나의 물건[物]이고 외물(外物)도 하나의 물건이다. 외물이 눈과 귀와 같은 물건에 접촉하기 때문에 저절로 그에 이끌리는 것이다."[107] 그는 귀와 눈 등의 감각기관을 사물로 보고 몸과 마음의 차이를 통찰했다. 사물과 사물이 접촉하면서 생겨난 지각은 그의 격물치지가 견지하는 체인의 노선과 일치한다.

둘째, 마음은 사유할 할 수 있는 기관이다. 귀, 눈 등의 감각기관과는 달리 생각을 전문적으로 하며 간접적으로 외부 물질과 접촉한다. 외물이 접촉해오면 귀와 눈 등의 감각기관을 통하여 그 사물에 관한 감성적 인지를 얻고 다시 마음의 사고("마음이 그 직분을 얻는다"는 운용)를 거쳐 그 사물의 이에 관한 체인을 얻는다.

셋째, 귀와 눈을 통하여서는 생각할 수 없고 외물의 선악과 사정(邪正)을 변별할 수 없다. 이 때문에 왕왕 외물에 가리어 외물에 대한 정확한 인식을 얻을 수 없다. 따라서 그것은 외물에 잘 휘둘리어 사욕과 사악함을 낳는 중개자가 된다. 그러나 마음은 생각하여 외물의 선악과 사정을 충분히 변별할 수 있으므로 외물에 의해 가려지지 않을 뿐만 아니라 그 이를 생각하여 정확한 체인을 얻을 수 있다. 생각할 수 있는데 생각하지 않

---

106 「고자장구(告子章句) 상」, 『맹자집주』 권11.
107 『주자어류』 권59.

으면 시비가 전도될 가능성이 있다. "마음이란 기관은 본시 생각을 주로 한다. 그러나 반드시 생각해야만 얻을 수 있다. 만일 생각하지 않는다면 오히려 거꾸로 뒤집혀 올바르지 못한 것을 올바르다고 하게 되고, 올바른 것을 올바르지 않다고 하게 된다. 마음이 비록 생각을 주로 하지만, 또한 반드시 생각을 해야만 그 생각한 내용을 얻을 수 있는 것이다. 만일 생각하지 못한다면 사특한 생각과 잡다한 근심이 그것을 따라 만들어져 나와 도리어 일을 해치게 된다."[108] 마음은 생각을 주관하여 생각을 해나가야 그 생각한 것을 얻을 수 있다. 생각을 하지 않는다면 사념과 잡념이 사람을 이끌어 일을 해칠 뿐만 아니라 옳고 그름이 전도되어 정확한 체인과 판단을 얻을 수 없다.

넷째, 귀와 눈 그리고 마음 세 가지가 감각기관과 사유기관이 된 것을 가지고 말하면 "하늘"이 준 것, 곧 이와 기가 합하여져 이루어진 것이다. 마음을 귀·눈과 비교하면 마음이 중요하다. 지각을 인지의 초급 단계라고 한다면 심사는 인지의 고급 단계이다.

이른바 마음은 그 내포하고 있는 뜻이 풍부하다. 인지한다는 뜻에서 말하면 두 층차의 의미를 가지고 있다. 첫째, 인지의 도구로서의 측면을 말하면 주자는 맹자의 "마음의 기능은 생각하는 것(心之官則思)"이라는 사상을 그대로 따라 마음을 사유기관으로 생각하였다. 주희는 관(官)을 주관[主]으로 풀었다. "물었다. '관(官)이란 글자는 어떻습니까?' 대답하였다. '관(官)은 주관한다[主]는 뜻이다. 마음은 생각을 주관한다.'"[109] 마음이라는 기관은 사상을 주관하여 "마음이란 기관은 본시 생각을 주로 한다. 그러나 반드시 생각을 해야 얻을 수 있다."[110] 생각을 주관하는 바에야 생각

---

108 위와 같음.
109 『주자어류』 권59.
110 위와 같음.

하지 않을 수 없다.

　다른 층차는 마음이 도구를 인지하는 사유기관일 뿐 아니라 또한 허령하여 잴 수 없는 본체라는 것이다. 그는 말하였다. "심은 사람의 신명이니, 모든 이가 갖추어져 있고, 만사를 응하는 것이다."[111] "마음 전체는 깊고 고요하게 텅 비었으며 만리(萬理)에 충분하게 갖추어 터럭 하나의 사욕도 끼어들 틈이 없다. 그것은 두루 유행하며 동정을 꿰뚫고 오묘한 쓰임은 또한 없는 곳이 없다."[112] 또 말하였다. "허령한 것은 절로 마음의 본체이지 내가 비게 할 수 있는 것이 아니다. 귀와 눈이 보고 듣는 것은 보고 듣는 것이 곧 그 마음이기 때문이니 어찌 형상이 있겠느냐. 그러나 귀와 눈으로 보고 듣는 것이 있으면 그래도 형상이 있는 것이다. 마음이 허령한 것과 같은 것이 어찌 일찍이 사물이 있었겠는가!"[113] 여기서 주희가 말한 마음[心]은 아래와 같은 특징을 가지고 있다.

　첫째, 그것은 심(心)·간(肝)·비(脾)·폐(肺)·신(腎) 오장(五臟)의 심(心)을 가리키는 것이 아니라 잡고 놓으며 존망하는(操舍存亡) 마음을 가리킨다. 오장 가운데 하나인 심장은 실제 있는 사물이므로 심장에 병이 생기면 약으로 보할 수 있다. 잡고 놓으며 존망하는 마음은 창포(菖蒲)나 복령(茯苓 같은 약재)으로 보할 수 있는 것이 아니다. 이런 의미에서 심을 성에 대하여 말하면 "마음을 성에 비하면 조금 자취가 있고, 기에 비하면 자연히 신령하다."[114] 이는 곧 심은 성에 비해 조금 약하고 형적이 있으며 기보다는 또 조금 허령하다는 것을 말하는데, 이것이 바로 심, 성, 기 세 가지의 미세한 차이이다.

---

111 「진심장구(盡心章句) 상」, 『맹자집주』 권13.
112 『주자어류』 권5.
113 위와 같음.
114 위와 같음.

둘째, "잡고 놓으며 존망하는(操舍存亡)" 심은 인지 주체를 가리켜 말하였는데 그것은 허령(虛靈)의 본체이다. 허(虛)로 말하면 "심은 형영(形影)이 없어" 형상이 없고 실제로 있는 사물이 아니며, 영(靈)을 가지고 말하면 신명하여 재지 못하는 것을 가리킨다. 주희는 형상적으로 말하였다. "공자께서 말씀하시기를 '심은 잡으면 여기에 있고, 놓으면 잃어버려서 그 출입이 정해진 때가 없으며, 또한 정처가 없음이 이와 같다.' 하셨다. 맹자께서 이것을 인용하여, 심이 신명하고 측량할 수 없음을 밝혔다."[115] 마음은 드나들 수가 있기 때문에 신명하여 헤아리지 못한다. 허령은 바로 "심(心)"(思維)의 기능과 작용을 가리킨다. 그래서 사람의 심의 영(靈)은 알지 않음이 없다고 한다.

셋째, 심의 공용은 "동정을 꿰뚫으며", "지나간 일을 (심중에) 간직하고 올 일을 (미리) 안다." 주희는 말하였다. "심의 이는 태극이고 심의 동정은 음양이다."[116] 이 때문에 그것이 널리 유행할 수 있다. 심의 이와 심의 동정이 태극과 음양이 되는 관계 또한 곧 이와 기의 관계이다. 이는 심이 만리(萬理)를 포괄하고 자연 또한 기를 포괄한다는 이 의의 상에서 말한 것이다. 동할 때도 마음이 주재하고 정할 때도 마음은 또한 고요하지 않다. 사람의 형체가 움직이는 것은 심이 시키는 것과 같다. 희·로·애·락이 아직 발하기 전에 형체는 동하고, 희·로·애·락이 이미 발하였다면 의심할 바 없이 동한 것이며 고요하지 않은 적이 없었다. 동정은 서로 관통하는데, 이는 마음의 일종의 공용이다. 달리 "심이라는 기관은 지극히 신령하여 간 것은 간직하고 올 것은 아는데"[117] 이왕의 지식은 저장하고 미래를 예지할 수 있다. 심이 이미 동하고 정한 데다가 저장하고 예측하는 능력

115 「고자장구(告子章句) 상」,『맹자집주』권11.
116 『주자어류』권5.
117 위와 같음.

도 있다. 이는 장재(張載), 정자(程頤)와 비교하면 깊이 들어갔다.

넷째, 광대함, 유행, 생의(生意)의 각도에서 보았다. "심은 모름지기 광대하고 유행하는 뜻을 겸하여 보아야 하고, 모름지기 낳는 뜻을 겸하여 보아야 한다. 이를테면 정 선생이 '인이라는 것은 천지가 만물을 낳는 마음이다.'라 말한 것처럼 다만 천지가 광대하고 만물을 낳기만 하면 유행하여 낳고 낳아 끝이 없다."[118] 심의 양이 광대하고 마음이 뭇 이를 갖추었다. 크게는 하늘과 땅 작게는 땅강아지와 개미도 모두 마음의 사유 활동 범위이며, 심의 사유 활동은 유행하여 쉼이 없고 생생하여 끝이 없고, 또한 인애의 사물을 낳는 심을 갖추어 심에 윤리도덕의 속성을 부여하였다.

심의 윤리도덕의 속성을 떠나 상술한 이차원적인 면에서 보면 기본적으로 인지·체인과 관련이 있다고 볼 수 있다. 그는 전인보다 인지영역을 확대하였다.

4) 여의(慮意)와 사유 상세히 살피어 판단하다

심(心)과 사(思)에서 출발하여 주희는 또한 여(慮)와 의(意)의 사유 활동 형식도 탐구하였다. 심사가 사람의 뇌를 통해 감각적인 재료의 가공을 진행하는 것이라면, 여(慮)는 뜬 그림자처럼 희미하거나 얕게 맛보다가 문득 그만 두어서는 안 되고 심사가 한 걸음 더 심화하여야 한다.

여(慮)의 내포에 관하여. 『어류』에서는 이렇게 기록하였다. "물었다. '사려에서 나타나면 선과 불선이 있다고 했습니다. 제가 보기에는 불선이 나타나는 데는 두 가지가 있습니다. 사려하는 방면에서 부지불식중에 저절로 나타나는 것이 있고, 바깥의 유혹에 기인한 다음에 이 사려를 이끌

---

118 위와 같음.

어 움직이는 것이 있습니다. 사특함을 막는 방법은 마땅히 그 힘을 쓰지 않는 곳이 없어야 합니다. 사려하는 도중에 나타날 때는 곧 성찰의 노력을 더 하고도 다시 일과 행위로 구체화하도록 해서는 안 됩니다. ……' 답하였다. '나타나는 곳에 두 가지 단서가 있다는 것은 참으로 옳다. 그러나 결국은 사려하는 도중에 나타나는 것도 바깥에서 오는 것일 뿐이다. 천리는 혼연한 하나다. 불선하기만 하다면 바로 천리로부터 나온 것이 아니다. 그리고 천리로부터 나온 것이 아니라면 이것은 바로 바깥에서 나온 것이다.'[119] 여(慮)는 사(思)와 서로 관련이 있기 때문에 사려(思慮)라 일컫는다. 여에는 선과 불선이 있으며 그것은 두 방면에서 왔다. 첫째는 자발적으로 나와서 스스로 알고 깨닫지 못한다. 둘째는 밖, 곧 외래의 유혹이나 미혹에서 말미암은 것으로 사려를 끌어낸다. 전자는 선한 것이며 천리에서 나온 것이다. 후자는 불선한 것으로 천리에서 나온 것이 아니라 외부의 유혹에서 나온 것이다.

주희는 사려는 정(定)·정(靜)·안(安) 등의 조건을 구비해야 한다고 생각하였다. "마치 길을 가는 것과 같다. 만약 저 길로 가야 한다는 것을 알고 가면 마음이 저절로 안정되어 더는 의혹이 없을 것이다. 이미 의혹이 없으면 마음이 곧 정(靜)하게 되고, 마음이 정하면 곧 첩첩(貼貼)하게 되어 편안해진다. 편안해졌으면 자연히 이 마음이 전일하게 되어 모든 사물이 이르러도 사려함이 자연히 통달하여 투철하지 않음이 없게 된다. 만약 마음이 아직 능히 고요하고 편안하지 않으면 모든 것이 생각을 되는 대로 어지럽힐 것이니 어떻게 능히 사려할 수 있겠는가!"[120] 그 길을 따라가면 목적지에 도착한다는 것을 알고 마음을 정하였으며, 잘못된 길로 갈 걱정이 없다. 마음이 정하여지면 의혹이 없다. 의혹이 없으면 마음이

---

119 『주자어류』 권95.
120 『주자어류』 권14.

정하여지고 마음이 정하여지면 편안해진다. 마음이 안정되고 마음이 정하여지며 마음이 편안해지면 마음이 자연히 전일해져서 다른 건 신경이 쓰이지 않는다. 이때는 "일이 이르고 사물이 온다"고 하더라도 여(慮)가 통투하지 않음이 없다. 사려에는 정(定)·정(靜)·안(安)한 마음이나 냉정하고 이지적인 두뇌가 있어야 사려가 정확한 판단을 얻거나 치밀한 계획을 세울 수 있다. 마음이 정(定)·정(靜)·안(安)하지 않고 짜증이 나고 당황하고 초조하다면 생각이 뒤죽박죽이 될 수 있다. 주희는 이것은 여(慮)라고 부르지 않는다고 생각하였다.

이른바 여(慮)는 정상적인 조건 하의 정상적인 사유 활동을 가리킨다. "이미 정해지면 정하여질 수 있고, 정하여지면 편안해질 수 있으며, 편안해지면 생각할 수 있고, 생각하면 그 그쳐야 할 실상을 얻을 수 있다."[121] 이렇게 해야 사려가 정상적인 기능을 발휘하고 사려가 예정된 목표에 도달할 수 있다.

주희는 나아가 여(慮)의 사유 활동에서의 작용을 탐구하였다. 그는 말하였다. "여(慮)는 거듭 생각하여 상세하게 살피는 것이다."[122] 그것은 순환 반복하는 사량(思量)을 말하며, 사량의 대상에 대하여 상세히 살피고 관찰하여 그 본질을 파악한다. "여(慮)는 일을 헤아리는 것을 말한다. 무릇 세상의 일을 생각하면 그 마땅함을 얻지 않은 것이 없는 것이 이것이다."[123] 생각이 감각 재료에 대한 겉에서 안으로, 얕은 것에서 깊은 것으로 가공을 진행하는 것이라고 한다면, 여(慮)는 이러한 가공 과정을 반복적으로 자세히 검토하여 인지의 목적에 도달하는 것이다. "지지(知止)는 모든 사물에 각기 그 이치가 있음을 아는 것이다. 사려한 후에 있을 곳에

---

121 위와 같음.

122 위와 같음.

123 위와 같음.

이를 수 있다는 것은 곧 일을 처리하는 이치를 얻는 것이다. '지지'는 마치 사람이 화살을 쏘아 반드시 과녁에 명중시키기를 바라는 것과 같으니 끝내는 활쏘기를 동쪽으로 하였다가 또다시 활쏘기를 서쪽으로 하려 한다고 말할 수 없는 것과 같다. '사려한 이후에 능히 얻는다는 것'은 곧 활을 쏘아서 과녁에 명중시킨 것이다."[124] 사려하고 획득하는 것은 곧 쏘아서 명중시키는 것이며 여(慮)는 생각을 중복하여 상세히 살피는 것을 강구하는 것이다. 이것이 첫 번째이다.

둘째, 여(慮)는 타당하게 생각한 것이다. 모든 일이 적절하게 이루어지면 "응당"에 부합하게 된다. "자신의 금붙이가 모두 여기에 있는데, 다른 사람이 와서 자신에게 어떤 금붙이인지를 묻고 요구하게 되면 자신은 모름지기 직접 살핀 다음에 그에게 주는 것과 같다. '생각하여 얻으면(慮而得)' 경중에 머묾이 모두 마땅하게 된 것이다."[125] 모든 일은 한 번 살펴봐야 하며, 살피는 것은 살피고 관찰하고 심사하는 것으로 사물의 모든 측면에 대한 인식과 파악이며, 그 기준은 무게를 재보아 무게가 상당하고 모든 일이 적절하다는 것이다. "생각할 수 있다는 것은 이 일엔 이러한 것이 합당하다는 것을 알고 바로 그와 같이 하는 것이다."[126] 이것이 곧 "당(當)"이다.

셋째, 여(慮)는 사려가 주밀한 것이다. "물었다. 「장구」에서 여(慮)는 생각함에 살피지 않을 수 없음을 말한다고 하신 것은 사려함이 익숙해진 것입니까?' 대답하였다. '여는 사(思)가 주밀한 것이다.'"[127] 예를 들어 한낮에는 이 일의 이를 알고 저녁에는 정(定)·정(靜)·안(安)을 한 후, 주밀하고 세세하게 고려해서 처치하지 않으면 유사시에 허둥지둥하게 된다. 이

---

124 위와 같음.
125 위와 같음.
126 위와 같음.
127 위와 같음.

렇게 "여(慮)는 일 처리를 정밀하고 상세하게 하는 것을 이른다."[128] 일 처리를 정밀하고 상세하게 하는 것은 주밀한 사려에 기반하고 그렇지 않으면 정밀하고 상세할 수 없다.

넷째, 여(慮)는 기미[幾]를 연마하는 것이다. 이른바 기미[幾]라고 하는 것은 "그칠 데를 안다(知止)는 것은 자(慈)를 안다는 것이고, 효를 안다는 것이다. 터득함에 이르러 바야흐로 '자'를 깨닫고 효의 도리를 깨닫는 것이다. 여(慮)는 어떤 것이 자인지, 어떤 것이 효인지를 사려하는 것이다."[129] 이는 어떠한 것이 자이며 어떠한 것이 효가 움직이는 기미인지를 쫓아서 탐구하는 것이다.

여(慮)의 네 방면이 내포하는 것 및 그 기능의 규정은 여(慮)가 정(定)·정(靜)·안(安)과 구별되게 한다. 주희는 "정(定)이라는 것은 예컨대 추울 때는 반드시 옷을 입고, 배고프면 반드시 먹는 것은 다시 생각할 필요가 없는 것이다. 소견이 이미 정하여지면 마음은 동요하여 달아나지 않아서 고요할 수 있는 것이다. 고요해지고 나면 처하는 곳에 따라서 편안해진다. 어디서든 평온해서 부귀·빈천·환난에 처해서도 어디를 가든 편안하지 않은 곳이 없다."[130]고 생각하였다. 정(定)은 일종의 필연적인 규정을 가리키는데, 추우면 옷을 입고 주리면 음식을 먹는 것과 같은 것으로 이는 필연적인 것이며 의논의 여지가 없다. 정(靜)은 마음이 안정된 후에 마음이 외물의 유혹을 받지 않으면 그것은 흔들리거나 벗어나지 않는다. 정(靜)은 어디에서나 편안한데, 부귀나 빈천, 환난 등 어디에 있어도 몸이 편안하여 입신할 수 있다. 정(靜)은 주체인심의 정(靜)을 가리킨다. 잡념을 떨쳐내면 마음이 자연히 정하여지기 때문에 주체인심을 정하게 한다. 안(安)은

---

128 『대학장구』경 1장 주.

129 『주자어류』권14.

130 위와 같음.

사람의 몸이 처한 곳을 가리킨다. 부귀와 빈천이 일이기 때문에 안(安)은 몸과 일을 주관하는 것을 말한다. 정(定)·정(靜)·안(安)의 관계를 가지고 보면 나아가는 차서이다. 다만 각자 주된 것이 있어서 차이가 있다. 여(慮)는 앞의 세 가지에 대한 종합적인 사고와 실천이다. "생각할 수 있으면, 앞에서 알았던 일을 얻어서 행할 수 있을 것이다. 평상시에 자식은 효도해야 하고, 신하는 충성을 해야 한다는 것을 알고, 어버이를 모시고 군주를 섬길 때에 이르면 그 곡절을 정미하게 생각하여 그칠 곳을 얻게 될 것이다."[131] 효도해야 하고 충성해야 함을 아는 것 같은 것은 어버이를 섬기고 임금 섬김을 실천할 때 여(慮)는 곧 이 효충(孝忠)의 곡절하고 정미함이 있는 곳을 사려하여 그대로 해나가는 것이다. 이렇게 정(定)·정(靜)·안(安)·여(慮)의 네 가지는 또 사회 윤리도덕과 관련 있다.

여(慮)와 서로 관련된 것은 의(意)다. 의는 의지와 의식 등을 가리킨다. 주희는 의(意)는 마음에 있는 사유활동의 기초에서 나온다고 생각하였다. 그는 말하였다. "의(意)는 심(心)이 발한 것이다."[132] 의(意)는 심에서 발하여 나온 것으로 "심이 발하면 의(意)이다."[133] 의(意)는 심의 지배와 제약을 받는다.

의(意)는 사유 활동 중에서의 내포와 성질 그리고 공용인가? 주희는 이렇게 규정하였다. 첫째, 의(意)는 일종의 의견과 주장이다. 『어류』에서는 기록하였다. "물었다. '의(意)는 심이 운용하는 곳입니까? 발하는 곳입니까?' 대답하였다. '운용이 발하는 것이다.'"[134] 의(意)는 심의 운용이 발하여 쓰이는 것이다. 그것은 지각이 유관한 어느 사물이 누적시킨 풍부한

---

131 『주자어류』 권14.
132 『대학장구』 경1장 주.
133 『대학혹문』 권1, 『사서혹문』.
134 『주자어류』 권5.

감성자료의 기초에서 심사(心思)를 거쳐 어느 사물의 본질을 체인하거나 파악하여 일종의 구상과 방안을 형성시켰다. "이몽선(李夢先)이 정(情)과 의(意)의 구별을 묻자 말하였다. '정은 할 수 있는 것이고 의는 백 가지를 따라 비교하며 해나가는 것이다. 의는 이 정이 있은 뒤에 쓰인다.'"[135] 정(情)이 할 수 있는 것이라고 한다면 의(意)는 곧 사람의 두뇌의 사려를 거쳐 백방으로 비교하고 따져 구상하고 계획을 해야 해나가게 된다. 그것은 모종의 인지적 성과의 결정체 같으며 그런 다음에야 주장과 방안이 생겨나며 아울러 의(意)의 작용을 체현하게 된다.

둘째, 의(意)는 일종의 필연성을 띠고 있는 인지이다. "물었다. '정 또한 발하는 곳인데 어떻게 구별합니까?' 대답하였다. '정은 성이 발하는 것이고, 정은 그렇게 발하는 것이며, 의는 그렇게 되도록 주장하는 것이다. 그것을 사랑하는 것은 정이며, 그 사물을 사랑하게 하는 것은 뜻이다. 정은 배나 수레와 같고, 의는 사람이 그 배나 수레를 부리려는 것과 마찬가지이다.'"[136] 의는 지각 자료에 대하여 가공을 진행하여 개념을 형성한다. 따라서 어떤 사물의 본질과 그 내부의 연결, 즉 필연성을 파악하게 된다. 사람이 배와 수레를 부릴 때, 배와 수레를 부리려면 반드시 부리는 방법을 알아야 하는데, 이 도가 곧 필연성을 띠고 있는 인지를 가리킨다.

셋째, 의(意)는 일종의 판단이다. 『어류』에는 기록되어 있다. "물었다. '정과 의(意)는 어떻게 체인합니까?' 대답하였다. '성과 정은 하나이다. 성은 움직이지 않으며 정은 움직이는 곳이며, 의는 지향하는 것이 있다. 좋아하고 미워하는 것 같은 것이 정이며, 아름다운 여자를 좋아하고 악취를 싫어하는 것이 곧 의이다.'"[137] 개념은 사람이 감성 자료에 대하여 거

---

135 위와 같음.
136 위와 같음.
137 위와 같음.

친 데서 정밀한 곳으로 겉에서 안으로 미치는 제작과정을 진행한 이후 사물의 일반적인 본질을 꿰뚫는 것을 획득하며 나아가 사물의 본질과 내부의 연결 곧 개념적인 전개를 드러내 보인다. 동정과 호오·성정·색취(色臭) 등의 개념이 동정·호오·성정·색취인 까닭은 바로 그 개념 자체의 전개이다. 이로 말미암아 "아름다운 여자를 좋아하고 악취를 싫어하는(好好色, 惡惡臭)"데서 첫째인 호(好)와 오(惡)는 곧 "호색(好色)"과 "악취(惡臭)"에 대한 판단이다. 이것이 곧 의(意)이다. 여기서 의는 사유 활동의 개념과 판단 형식을 포괄한 것 같다.

넷째, 의(意)는 일종의 의지의 경영 도모이다. "지(志)는 마음이 가는 것으로 줄곧 가는 것이다. 의(意) 또한 뜻이 왕래하는 것을 경영하는 것으로 그 지의 다리이다. 대체로 무엇을 영위하고 도모하고 왕래하는 것이 모두 의이다."[138] 지는 의지(意志)로 일종의 지향이다. 의는 의지가 현실을 지향하게 하는 일종의 모략과 방안, 작위 등이다. 의(意)는 지와는 대립적인 의의에서 말한 것으로 『어류』에서는 말하였다. "의지를 묻자 말씀하였다. '횡거가 이르기를 의·지 두 자를 가지고 말하면 지는 공적인 것이고 의는 사적인 것이다. 지는 굳세고 의는 부드러우며, 지는 양이고 의는 음이다.'라 하였다."[139] 공사(公私)·강유(剛柔)·음양(陰陽)을 가지고 의와 지를 구별하였으며, 의와 지는 대립적이면서도 통일된 관계임을 설명하였다.

심(心)·의(意)·정(情)·지(志) 넷의 충돌과 융합에 대하여 주희는 규정하였다. 그는 말하였다. "심이라는 것은 한 몸을 주재하는 것이다. 의라는 것은 마음이 발한 것이고, 정은 마음이 움직인 것이다. 지는 마음이 가는 것으로 정과 뜻에 비하여 더욱 중하다."[140] 의(意)·정(情)·지(志) 모두 심(心)

---

138 위와 같음.
139 위와 같음.
140 위와 같음.

이 활동하는 일종의 상황이거나 드러낸 일종의 형태이다. 같지 않은 형태는 같지 않은 작용과 기능을 갖추고 있다.

지각에서 심사·여의(慮意)로 사람의 사유 체인 활동은 차츰 얕은 데서 깊은 데로, 거친 데서 정밀한 곳으로, 표면에서 이면으로 옮겨가게 한다. 아울러 "누적"에서 "활연 관통" 혹은 "벗어나 깨달음이 있는 곳"으로 이르게 한다. 심사는 지각에 의지하고 지각은 심사를 기다리는데, 양자는 차이도 있고 융합도 있다. 이 융합은 그들이 서로 의지하고 전환하는 것으로 표현된다. 곧 지각은 심사로 전환되며 또한 서로 삼투하는 것으로도 표현되어 양자는 딱 붙어 있다. 지각 가운데 심사가 있고, 심사 가운데 지각이 있다.

4. 지경(持敬)과 거욕(去欲)의 주체

격물은 어떻게 치지로 전환되는가? 사람의 귀와 눈 같은 감각기관이 객체 대상을 감지할 때 정확하여 오류가 없겠는가? 곧 "사물과 사물이 교접"하는 과정에서 한 사물의 이를 "다 궁구할" 수 있겠는가? 그리하여 형상학 본체의 이에 대한 체오(體悟)에 도달하겠는가? 주희는 이는 큰 정도에서 인지 주체의 소질과 수양에 의해 결정되며 부단히 인지 주체의 수양을 강화해나가야 사람의 귀와 눈 같은 감각기관의 감지와 사유 활동 방식에 정확한 체인 과정을 이끌어줄 수 있다고 생각하였다.

1) 거경지지(居敬持志)와 주일무적(主一無適)

객체대상에서 주체인지로 바뀌어 가는 과정에서 주희는 만사와 만물이 이가 기의 도움을 받아 화육된다고 생각했다. 하지만 그는 인지 주체의 수양을 중시하였다. 이런 수양은 비록 사람의 도덕 수양과 연계되어 모두 서로 뒤섞이는데 이르지만 사람이 체인한다는 차원에서는 여전히 이해를 할 수 있다. 주희는 말하였다. "대체로 학문을 하는 도리는 이치를 탐구하는 것[窮理]보다 앞서는 것이 없고, 이치를 탐구하는 요체는 독서에 달려 있으며, 독서하는 방법은 순서에 따라 자세하게 읽는 것이 가장 귀중하다. 그리고 자세하게 읽는 근본은 공경함을 유지한 채로[居敬] 의지를 다잡는 것[持志]에 달려 있으니, 이것은 바꿀 수 없는 이이다."[141] 거경지지—치정(致精)—독서—궁리(窮理)의 요(要)는 순리적으로 말한 것이다. 거꾸로 말하면 곧 궁리의 관건은 독서에 있으며, 독서는 반드시 치정(致精)하는 정도에 도달해야 하고 치정은 반드시 거경지지 하여야 한다는 것이다. 거경지지의 인지 주체를 수양하는 종지(宗旨)는 궁리이다.

"거경지지"의 인지 주체 수양에 대하여 주희는 정이의 말을 인용하여 말하였다. "'도에 들어가는 데에는 경(敬)만 한 것이 없으며, 치지(致知)를 하면서도 경하지 않은 경우는 없었다.' 또 말하기를 '함양하려면 모름지기 경(敬)하여야 하고, 학문의 진보는 치지에 달려 있다.'고 한 것은 대개 이 때문이었다."[142] "거경"은 도로 들어가는 경로다. 그것은 인지 주체가 자신의 수양을 진행하는 중요한 방법이라는 말이다. 거경을 해야 궁리를 할 수 있다. 거경과 궁리는 서로 발한다. "배우는 사람의 공부는 오로지 경에 거하고 이치를 궁구하는 두 가지에 있다. 이 두 가지는 서로 드러나게 한다. 이치를 궁구할 수 있으면 경에 거하는 공부는 날로 더욱 나아지고, 경에 거할 수 있으면 이치를 궁구하는 공부는 날로 더욱 정밀해진다."[143] 이 때문에 주희는 특히 정이의 "함양은 모름지기 경으로 해야 하

---

141 「갑인행궁편전주차(甲寅行宮便殿奏劄) 2」, 『주희집』 권14, 546~547쪽.
142 「여호남제공론중화제일서(與湖南諸公論中和第一書)」, 『주희집』 권64, 3384쪽.

고, 학문을 진전시키는 것은 치지에 달려 있다."라 한 두 구절을 칭찬하였다. "이 말이 가장 묘하다"고 생각하여 이 두 구절의 말을 정부자(程夫子)의 "사람을 가르치고 도에 나아가고 덕에 들어가는 큰 단서이므로 하나라도 없앨 수 없는 것이다."[144]라 하여 인지 주체가 덕으로 들어가고 수양의 수준을 제고하는 입문으로 여겼다.

인지의 의의에서 경을 인지 주체 수양의 한 형식으로 삼고 주희는 다음과 같이 규정하였다.

첫째, 경(敬)은 "주일(主一)"이다. 정이는 말한 적이 있다. "이른바 경이라는 것은 주일(主一)을 경이라 한다. 이른바 일(一)이라고 하는 것은 무적(無適)을 일(一)이라 한다."[145] 주일(主一)은 곧 2가 아니며 바로 안을 곧게 하는 것[直內]이다. 사람됨은 감히 속이지 않고 감히 만만히 여기지 않는 함양이다. 주희는 이정을 계승하여 경을 하는 방법은 "'장중하고 단정하고 가지런하고 엄숙하게 하면 마음은 하나가 된다. 하나가 되면 절로 비벽(非僻: 邪惡함)의 간여가 없다. 보존함이 오래되면 천리가 밝아진다.' 그의 제자인 사량좌(謝良佐)는 '공경함이란 항시 깨어있는 법(惺惺法)'이라고 했고, 윤돈(尹焞)은 '사람이 그 마음을 거두어들여 하나의 사물도 용납하지 않는다면 공경이라고 말할 수 있다.'고 했다. 이들은 모두 간절하고 지극한 말들로서 깊이 성인의 경의 요지를 얻은 것이다."[146]라는 것을 가리킨다고 생각했다. 주희는 정문(程門) 제자의 말을 인용하여 경의 "주일(主一)"하는 방법은 바로 "늘 깨어 있는" 법이라 하였다. "늘 깨어 있다"는 것은 경계하고 삼가며 두려워하는 의미가 있으며 경은 두려워하는 뜻을 함축하고 있

---

143 『주자어류』 권9.
144 「윤화정언행록서(尹和靜言行錄序)」, 『주희집』 권75, 3952쪽.
145 『하남정씨유서(河南程氏遺書)』 권15, 『이정집』 169쪽.
146 「경연강의(經筵講義)」, 『주희집』 권15, 590~591쪽.

다고 했다. "이 마음을 거두어들이는 것" 또한 경을 하는 방법이며 그것
은 "자신의 정신을 수습하여 여기에 전일하는 것"[147], 곧 지금 사람들이
평상시에 임의로 몸과 마음을 방자하게 하는 것이 아니며 돌아보아 거리
낌이 없는 것이라고 했다.

둘째, 경은 자신의 정신을 수습하는 것이다. 주희는 말하였다. "이천은
또 말하기를 '함양할 때는 반드시 경(敬)으로 해야 하고, 학문에 나아가는
것은 치지(致知)에 있다.'라고 했다. 또 말하기를 '도(道)에 들어가는 데는
경만 한 것이 없다. 치지를 하고서도 경에 있지 않은 사람은 없다.'라고
했다. 성현의 말을 살펴보면 이와 같은 말들이 많이 있다. 이로부터 성인
의 학문이란 특별히 오묘한 것이 없고, 처음부터 끝까지 하나의 '경(敬)'
자일 따름임을 알게 된다."[148] 경(敬)자를 성문(聖門)의 학문의 요묘(要妙)로
삼았는데 몇몇 사람들에 의해 경으로 인지 주체의 수양이 강화되지 않아
석씨에게로 유입되었다. 착실하게 지경(持敬)의 공부를 해나가야 석씨의
사악하고 망령됨을 깨뜨릴 수 있다. 또한 사벽한 데로 흘러들고 외물에
가리거나 인욕의 유혹을 받지 않아야 천리를 밝히고 인욕을 없애는데 도
달하게 된다. "경(敬)을 잡고 이치를 궁구한다면 천리(天理)가 저절로 밝아
지고 사람의 욕심이 저절로 없어져 저들(석씨)의 사특하고 망령됨은 공격
하지 않더라도 저절로 깨뜨려질 것이다."[149] 지경(持敬)이 자신의 정신을
수습하는 종지가 바로 여기에 있다.

셋째, 경은 용모를 움직이고 사려를 정돈하는 것이다. 주희는 말하였
다. "지경(持敬)의 설은 많은 말을 요하지 않습니다. 다만 정제(整齊)·엄숙
(嚴肅)·엄위(嚴威)·엄각(儼恪)·용모를 움직임·생각을 정돈함·의관을 바로

---

147 『주자어류』 권12.

148 「답정윤부(答程允夫)」, 『주희집』 권41, 1922~1923쪽.

149 위와 같음, 1923쪽.

함·눈가짐을 존엄하게 가짐 등등 이런 몇 단어를 자세히 익숙하도록 음미하여 실질적으로 공력을 들인다면, '안을 바르게 하는 것[直內]'과 주일(主一)의 공부가 자연스럽게 힘들이지 않고 안배되어 심신이 숙연해지고, 안팎이 하나로 될 것입니다."[150] 정제(整齊)와 엄숙·엄위(嚴威)와 엄각(儼恪)·용모를 움직임·의관을 정제함은 외모에 속하지만 사려를 정돈함은 내심에 속하니 곧 외모에서 내심까지 모두 정제하고 엄숙하게 되도록 해야 한다. 그러나 정제와 엄숙·용모를 움직임을 가지고 말하면 또한 완전히 외모는 아니며 이 외모 또한 내심의 지배를 받는다. 심정이 펴지면 용모가 열정적이고 기뻐지며, 심정이 억압되면 용모가 괴롭고 근심스러우며 냉담해진다. 바로 정주(程朱) 등이 모두 이 도리를 명백히 하였기 때문에 성현의 설을 숙고 평가하여 하학처에서 말하여 모두 의관을 정제하고 용모를 엄숙히 하는 것을 우선으로 하였다. 다만 이렇게 해야 "그런 다음에 마음이 있을 곳을 얻어 사벽한 데로 흐르지 않는다."[151] 마음이 그 있을 곳을 얻으면 사악함으로 흐르지 않는다. 인지 주체가 밖에서 안의 정숙한 수양에 이르면 얻은 마음을 보존할 수 있어 외물에 유혹되지 않는다.

2) 사욕을 없애고 소양(素養)을 끌어올린다

지경궁리의 인지 주체가 수양하는 종지는 곧 천리를 밝히고 인욕을 없애는 데 있다. 심중의 모든 사욕을 없애면 천리를 체인한다. 인욕을 없애는 방법에서 주희는 공자의 제자 증삼(曾參)의 "나는 날마다 내 몸을 세 가지로 반성한다(吾日三省吾身)"는 방법을 매우 칭찬하고 이는 "학문을 하

---

150 「답양자직(答楊子直)」,『주희집』 권45, 2154쪽.

151 「답여백공(答呂伯恭)」,『주희집』 권33, 1414쪽.

는 근본을 얻은 것"[152]이며 인지 주체가 수양을 하는 근본을 파악하였다고 하였다. 그는 이런 신심(身心)의 수양에 힘을 쓰는 것은 공자의 도 가운데 참된 전함을 얻었다고 생각하였다. "유독 증자의 학문은 오로지 내면에 마음을 썼다. 그러므로 전수함에 폐단이 없었다."[153] 인지 주체의 수양을 오로지 쓰는 것이 인욕을 방지하는 일종의 좋은 방법이다. "군자가 이미 항상 계구(戒懼)하고, 이에 더욱 삼가는 것이니, 인욕이 싹트려 할 때 막아서 은미한 가운데에 속으로 불어나고 자라서 도를 떠남이 멂에 이르지 않도록 하는 것이다."[154] 인욕이 막 싹을 틔우려 할 때 막아 은미한 가운데 자라도록 하지 않게 해야 하며 그렇지 않으면 공자의 도에서 갈수록 멀어져 도의 참된 요체를 깨닫기 어렵게 된다.

주희의 이곳의 도는 곧 천리를 가리킨다. 도는 밖에서 구하는 것이 아니어서 "이른바 도(道)는 밖에서 구할 것도 없이 갖추어지지 않음이 없다."[155] 이 밖에서 구하지 않는 사상이 바로 "반구저신(反求諸身)"인데 "자기의 신상에서 미루어 탐구함"으로, 이는 곧 자기에게서 구하며 남에게서 구하지 않는다. 어떠한 수양도 모두 내게서부터 시작하여야 하며, 이것이 유가의 수양이 요구하는 것이다.

이른바 "자기의 신상에서 미루어 탐구함"[156]은 바로 "인욕"을 갈아내는 공부로 이를테면 "치지는 본심의 지(知)이다. 마치 하나의 거울과 같아서 본래는 전체가 투명한데, 단지 어둡게 되었을 뿐이니, 지금 주변에 있는 것을 제거해가면 사방을 두루 비추게 될 것이니, 그 밝음이 비추지 않

---

152 「학이(學而)」제1, 『논어집주』권1.

153 위와 같음.

154 『중용장구』경 1장 주.

155 『중용혹문』권1, 『사서혹문』.

156 『주자어류』권11.

는 곳이 없다."는 것이다.[157] 심경(心鏡)의 비유는 확실히 선종 북파의 창시자 신수(神秀)의 "몸은 보리수이고 마음은 명경대와 같으니, 때때로 부지런히 닦아서 먼지가 끼지 않도록 하라."[158]는 비유에서 탈태한 것이다. 이는 본심은 명경과 같아서 본래 전체가 다 밝은데 인욕이라는 먼지 때문에 흐려지게 되었으며, 이 때문에 늘 끊임없이 청소하여 깨끗하게 해야 거울이 다시 밝게 할 수 있으니 이것이 바로 천리를 밝히는 공부이다.

어떻게 해야 사욕을 제거할 수 있는가? 주희는 말하였다. "대체로 극기의 공부는 스스로 진력해서 하는 일이므로 다른 사람과는 조금도 상관이 없다. 굳게 문을 닫고 자진해서 자신의 몸에 나아가서 자세히 몸소 인식하여 사사로운 생각이 있다고 깨달으면 곧 억제하고 제거해야 한다."[159] 사람의 마음은 왜 바르지 않은? 바로 사사로운 뜻에 끌리기 때문이다. 격물·치지는 어떤 것이 선한 것이고 어떤 것이 악한 것인지 체인할 것을 요구한다. 선한 것은 해나가고 선하지 않은 것은 하지 않으면 사의에 이끌리지 않게 되고 이렇게 하면 뜻이 성실한 데 도달할 수 있다. "이른바 격물은 또한 날로 자기의 몸에 돌이켜 성실하게 하면 천하의 사물이 내게 있지 않은 것이 없는데 이 또한 비슷할 것이다."[160] 뜻이 성실한 것은 악의 뿌리를 제거하는 데 있으며 비유컨대 농사를 짓는데 먼저 잡초를 제거하지 않으면 어떻게 씨를 뿌리겠는가 하는 것과 같다. 악의 뿌리를 제거하는 것은 잡초를 제거하는 데서 말미암기 때문에 이는 뜻을 성실하게 하는 가장 요긴한 공부이다. 해내기만 한다면 마음을 바로잡고 몸을 수양할 수 있다. 그는 말하였다. "『대학』에서 격물·성의에 모두 단련이

---

157 『주자어류』 권15.

158 『주자어류』 권41.

159 위와 같음.

160 『대학혹문』 권2, 『사서혹문』.

이루어지면 정심·수신의 경지에 이르게 되니, 다만 행하여 장차 나아가 모두 바꿀 뿐이다."[161] 주체 수양이 마음을 바르게 해내면 객체 사물에 대한 정확한 인지, 곧 완전한 궁리를 얻을 수 있다.

천리가 밝아지고 인욕을 없애어 마음을 바르게 하고 몸을 수양하는 방법 외에도 주희는 사람의 귀와 눈 같은 감각기관이 외물의 유혹을 받지 않는 것이 인지 주체의 수양을 강화하는 중요한 방법 중의 하나라고 생각했다. 『어류』에서는 기록하고 있다. "대개 사람의 마음은 지극히 영명하지만, 어떤 일은 모르며, 어떤 일을 깨닫지 못하고, 어떤 도리는 갖춰져 있지 않다. 무엇 때문에 밝지 않은 것인가? 기의 치우침 때문이고, 물욕의 어지러움 때문이다. 눈이 색깔에 대해, 귀가 소리에 대한 것과 같다. 입의 미각에 대해, 코가 냄새에 대해, 사지가 안일에 대해 밝지 않은 까닭이다. 그러나 그 덕이 본래 지극히 밝은 것이어서 끝까지 막혀 있을 수 없으니 반드시 이따금 발현하게 된다."[162] 사람의 마음은 지극히 영명한데 무슨 일을 알지 못하고 깨닫지 못하며 무엇 때문에 밝지 못한가? 그는 두 가지 방면의 원인이 있다고 생각하였다. 첫째는 기품(氣稟)이 치우친 것으로, 이는 선험적인 것이며 사람은 나면서 기품의 바르고 치우친 것을 품는다. 둘째는 물욕이 어지럽히는 것으로 이는 후천적이다. 눈이 외계의 색채에 덮이고 귀가 외계의 소리에 의해 어지러워지며 코가 외계의 향취에 의해 뒤섞이게 되고 신체가 안일함에 의하여 연연해지게 되는 등과 같다. 이 두 가지는 모두 마음을 밝지 못하게 한다. 이 때문에 기품에 의해 치우친 것을 고치고 물욕에 의해 어지러워진 것을 버려 마음이 다시 밝아지게 한다면 비추지 않는 곳이 없게 된다.

천리가 밝고 인욕을 없애는 인지 주체 수양 외에도 독서 또한 인지 주

---

161 『주자어류』 권15.
162 『주자어류』 권14.

체 수양을 강화하는 길이다. 주희는 말하였다. "사람이 학문을 하는 것은 진실로 마음에서 깨닫고, 몸에서 체득하고자 하는 것이다. 그러나 책을 읽지 않으면, 마음에서 깨닫는 것이 어떤 것인지 알지 못한다."[163] 또 말하였다. "사람이 늘 책을 읽으면, 아마도 이 마음을 관리하고 도와서 늘 간직할 수 있도록 한다. 장횡거는 말했다. '책은 이 마음을 유지해 준다. 한 순간이라도 내려놓으면, 그 순간 덕성에 나태함이 생긴다. 어떻게 책 읽기를 그만둘 수 있겠는가!'"[164] 첫째 독서는 "이 마음을 관리하고 도우며", "이 마음을 유지하여" 줄 수 있어, 본심이 늘 간직하여 사욕에 휘둘리지 않게 해준다. "본래의 마음이 빠진 지 오래되고, 의리가 철저하게 젖어 들지 않았다면, 또한 마땅히 책을 읽고 이치를 궁구해야 한다. 늘 끊어짐이 없이 그렇게 한다면, 물욕에 빠진 마음은 자연히 (의리를) 이길 수 없으며, 본래의 마음이 지닌 의리는 자연히 안정되고 견고해질 것이다."[165]

독서와 궁리는 물욕적인 마음을 이기고 본심의 의리를 편안하고 견고하게 할 수 있다. 이것이 바로 한 마음을 근본으로 삼는 것이며, 이렇게 사물을 체인해 나가야 "바야흐로 맥락이 관통하는 곳이 있음을 안다."[166] 이 때문에 "이 마음을 수습하여" 오로지 고요하고 순일하게 하여야만 이를 체인할 수 있다. 『어류』에는 기록되어 있다. "마음이 안정되지 않았기 때문에 이해를 할 수 없는 것이다. 지금 책을 읽으려 한다면, 모름지기 먼저 그 마음을 안정시켜서 그것으로 하여금 고요한 물이나 밝은 거울처럼 만들어야 한다. 어두운 거울이 어떻게 사물을 비추겠는가!"[167] 마음이

---

163 『주자어류』 권11.

164 위와 같음.

165 위와 같음.

166 위와 같음.

167 위와 같음.

지수(止水) 같고 마음이 명경 같다는 것으로 인지 주체의 수양을 설명하였다. 마음이 사욕에 의해 가려지고 명경에 티끌 먼지가 쌓여 마음이 어두워지고 거울이 흐리게 되면 사물을 비추지 못하고 또한 천리를 체인할 수 없다. 독서와 궁리는 이 마음을 수습하는 것이며, 인욕을 제거하여 천리의 공부를 체인하는 것이다. 티끌 먼지를 닦는 것은 티끌 먼지를 제거하여 거울이 다시 밝아지게 하는 공부이다.

둘째, 독서는 그것이 마음에서 얻어지게 하며 주체인심이 진정 체인함이 있다고 하더라도 신체가 힘껏 행할 필요가 있으며 독서를 하여 마음을 얻은 자가 실천할 수 있게 한다. "정제엄숙"을 이야기하며, 지경이 전일과 의관을 바르게 하는 등은 모두 궁행 실천하는 범위에 속한다. 실천만이 실제 인지 주체의 수양이 필요한 곳에 이르게 해주고, 객체의 대상 사물을 정확히 체인하고 파악할 수 있다.

5. 지행은 선후로 호발한다

주희는 지각과 심사, 여의(慮意) 및 거경을 탐구한 다음에 한 걸음 더 나아가 지(知)와 행(行)의 관계를 탐구하였다. 송대의 도학가들은 모두 지행 문제를 매우 중시했다. 정이는 모름지기 알아야 행할 수 있으며, 치지에 이르지 못하면 어떻게 행하여지겠느냐고 생각하였다. 주희는 정이의 지행 학설을 계승하였으며 아울러 발전시켰다. 그는 말하였다.

정자가 "함양할 때는 모름지기 공경으로 해야 하며, 학문에 나아감은 치지에 달려 있다."고 한 것과 같다. 분명하게 스스로 두 가지로 말했으므로 선후와 경중을 구분해야 한다. 선후를 논하자면 응당 앞에 이르는

것을 먼저 해야 하고, 경중을 논하자면 응당 힘써 행하는 것을 중시해야 한다.[168]

앎에 이르고 힘써 행함은 공을 들이되 치우쳐서는 안 된다. 한쪽에 치우침이 지나치면 한쪽은 병폐가 생기게 된다.[169]

여기에는 세 단계의 뜻이 있다. 지행의 선후를 가지고 보면 지가 먼저이고 행은 나중이다. 경중을 가지고 논하면 행이 무겁고 지는 가볍다. 지행을 두 발로 나눈다면 치우치거나 지나칠 수 없으며 또한 서로 호발한다.

1) 지가 먼저이고 행은 나중이며 서로 의지하여 떨어지지 않는다

주희가 말한 지(知)의 목표는 "이미 알고 있는 이를 더욱 궁구하는 것", 곧 이를 아는 것이며, 행(行)은 지를 통하여 얻은 이를 실천해나가는 것이다. 그는 지와 행은 "다만 두 가지 일로, 이회(理會: 이해)와 천행(踐行: 실천)"[170]이라고 생각하였다. 곧 두 가지를 먼저 나눈 다음에 다시 "지가 먼저이고 행이 나중임"을 논하였다. 『어류』에서는 기록하였다. "왕덕보(汪德輔)가 물었다. '모름지기 알고 난 다음에 행해야 합니까?' 대답하였다. '아직 이치에 밝지 않다고 해서 모두 붙잡아 지킬 수 없는 것은 아니다! 즉 증점(曾點)과 증자(曾子)와 같은 경우가 곧 두 전형이다. 증점은 이해한 것을 행함에 숨김이 없는 사람이고, 증자는 곧 붙잡아 지켜서 그 자리에서 즉시 이치를 깨달으면 예라고 하는 경지에 이른 사람이다.'"[171] 이가 완전히 명

---

168 『주자어류』 권9.
169 위와 같음.
170 위와 같음.
171 위와 같음.

백해지면 그렇게 되지 않는다. 그는 증자의 잡아서 지키면서도 이에 밝은 것을 찬양하였다. 이에 그는 말하였다. "성현의 천 마디 만 말씀은 다만 알고 지키라는 것이다."[172] 치지에 이를 때까지 알려고 해야 한다는 말이다. 따라서 그는 명확하게 "지가 행보다 앞선다"고 주장하였다. "대체로 논의하는 앎과 실천의 이치를 하나의 사례 안에서 본다면, 지가 먼저이고 행이 나중이라는 것은 의심할 수 없다."[173] "먼저 알아야 바야흐로 행할 수 있기 때문에 『대학』에선 먼저 '치지'를 말하였다."[174] 지가 먼저이고 행이 나중이라는 것은 의심을 품을 수 없는 진리이며, 이 차서(次序) 또한 고유한 것이어서 등급을 뛰어넘을 수 없다. "이제 한 가지 일 안에 나아가서 논한다면, 지가 먼저이고 행이 나중인 것은 실로 각기 그 차서가 있을 것이다."[175] 그는 이 차서를 「백록동서원게시(白鹿洞書院揭示)」에서 "널리 배우며, 자세히 물으며, 신중히 생각하며, 밝게 분변하며, 독실히 행하여야 한다.(博學之, 審問之, 謹思之, 明辨之, 篤行之)"고 말하였다. 학(學)·문(問)·사(思)·변(辨) 네 가지는 궁리 가운데 지(知)의 범위에 속하며, 그런 다음 독행은 행의 범위에 속한다. 이런 "학문을 하는 순서"는 곧 지(知)가 먼저이고 행(行)이 나중이다.

행을 먼저라고 하는 것을 그는 반대하였다. "행을 먼저 하는 뜻이 있으나 이른바 겸하여 진전시킨다는 것은 앎을 이루는 것과 힘써 실천하는 것에 애초부터 선후의 구분이 없다는 것과 같다. 이런 것들이 다 내가 깊이 의심하는 뜻이다."[176] 이 때문에 그는 한 걸음 더 나아가 지가 먼저이

---

172 위와 같음.

173 「답오회숙(答吳晦叔)」, 『주희집』 권42, 1970쪽.

174 『주자어류』 권14.

175 「답오회숙」, 『주희집』 권42, 1971쪽.

176 위와 같음, 1972쪽.

고 행이 나중이라는 몇 가지 함의를 논증하였다.

첫째, 지(知)가 선행되어야 한다는 것이다. 지는 행의 기초이자 근거이다. 그는 말하였다. "지가 이르도록 해야 한다. 만약 지가 이르지 못하면 곧 조금도 분명함이 없을 것이다. 만약 지가 이르면 어떻게 해야 할지가 결정되어 더 이상 두 번 세 번 반복하는 일이 없을 것이다."[177] 지(知)가 이른 다음에 이른 지에 의지해서 지를 해나가야 한다. 자식임을 알았다면 효도를 해야 하고 신하라면 충을 해야 하는데, 효와 충에 의거하여 어버이를 섬기고 임금을 섬겨야 한다. 다른 규범은 없다. 지를 떠나서 행을 말한다면 의리가 밝지 않아서 실행해가면 공적(空寂)에 빠지게 될 것이다. 황간(黃榦)은 『어류』에 기록하였다. 왕자충(王子充)이 물었다. "제가 호남에서 한 선생을 만났는데 다만 사람들에게 실천만을 가르쳤습니다." 주희가 힐난하여 말하였다. "의리에 밝지 않은데 어떻게 실천하겠는가?" 왕자충이 말하였다. "실천하면 지식을 얻게 된다고 했습니다." 주희는 정이의 길을 알고 길을 가는 도리를 가지고 대답하였다. "예를 들어 사람이 길을 가는데, 알지 못한다면 어떻게 가겠는가!" "사람에게 실천만 가르치는 것"을 새로운 것을 표방하고 다른 것을 세우는 것이라 비판했다.[178]

주희는 오로지 실천만 이야기하고 먼저 의리를 밝히지 않는다면 실천에 목표가 없는 것이라고 생각하였다. 곧 "경(經: 상도)이 바르지 못하고 이치가 밝지 못하면" 모두가 헛되다는 것이다. 이는 불교의 공적(空寂)을 이야기하는 것과 아무런 구별이 없다. 오직 먼저 의리를 명백히 하고 행하기에 앞서 지(知)에 대한 공부를 통절하게 해나가야 한다. 지에 대하여 "통절히 한 차례 이해하는 것은 마치 혈전을 치르는 것과 같으며, 그런

---

177 『주자어류』 권15.
178 『주자어류』 권9를 참고하여 보라.

다음에 함양해 가야 한다."[179]고 하였다. 곧 행할 수만 있고 지를 모른다면 의리가 자연히 밝지 않아 스스로 행할 수가 없다.

둘째, 알았다면 자연히 행하여진다. 이미 아는데 행할 수 없는 것은 없지만 행함은 반드시 지에 의지한다. 그는 말하였다. "이미 알았다면 자연스럽게 행할 수 있으니, 억지로 힘쓰기를 기다리지 않는다. 도리어 지(知)자에 중점을 둔 것이다."[180] "이를 궁구함이 밝아지면 이가 있는 곳을 반드시 행할 때의 근원으로 삼게 되니, 높은 것일지라도 실천하지 못하는 이란 없다. 다만 세속에서 구차하고 얕은 견해로써 행할 수 없다고 말할 따름이다. …… 또한 이가 있는 곳을 알면서도 너무 높다고 한다면 어찌 행할 수 있겠는가? 이가 있는 곳이란 곧 중도(中道)이다. 오직 깊게 궁구하지 못하면 기준이 없고 과불급(過不及)의 근심이 있게 된다. 이를 궁구함이 깊어지고서도 도리어 이런 근심을 하는 경우는 없다."[181] 이미 알기만 하면 자연히 행하여지니 억지로 힘쓸 필요가 없다. 알면 반드시 행하고 행함은 반드시 앎을 기다려 아는데도 행하지 않음이 없고 행하는데 알지 못함이 없다. 앎이 밝아질수록 궁리는 깊어지니 행함이 독실해질수록 과하거나 미치지 못하는 병폐가 없다. 알지 못하는데 행하면 혹 궁리가 깊지 않게 되어 강행하거나 행함이 어두워지게 된다.

그는 말하였다. "'이치를 궁구하는 요점은 반드시 깊이 구할 필요는 없다.'라는 말에는 큰 병폐가 있어서 듣고 특히 놀랐다. '행하여 터득하면 옳다.'라는 것은 지극한 논의이다. 그러나 이를 궁구하는 것이 깊지 못하면 어찌 행함이 옳은지 옳지 않은지를 알 수 있겠는가?"[182] 이를 대함

179 『주자어류』 권9.
180 『주자어류』 권18.
181 「답정윤부(答程允夫)」, 『주희집』 권41, 1908쪽.
182 「답정윤부」, 『주희집』 권41, 1907쪽.

에 깊이 구하지 않는다면 결코 앎을 떠나서 행하는 것이 아니며 다만 정확하지 않은 앎에 이끌려 일을 하는 것이다. 이를 탐구하지 않으면 무지한 것이고 무지한데 행하면 깜깜한 길을 가는 것이다. 부정확한 앎은 곧 사지(邪知)이며 이는 주희가 보기에 바로 사의에 가린 것이다. 사의가 이끄는 대로 행하면 "비루한[野]한 데서 실수를 하게" 된다. 그는 말하였다. "힘껏 행하기만 하고 문(文)을 배우지 않는다면, 성현이 이루어 놓은 법(法)을 상고하고 사리의 당연함을 알 수가 없어서, 행하는 것이 혹 사사로운 뜻에서 나오기도 할 것이며, 단지 비루함에서 잃을 뿐만이 아닐 것이다."[183] 힘껏 행하기만 하고 문을 배우지 않는 이런 것은 이를 알지 못한 데 따른 결과로 성현이 이루어놓은 법을 해칠 뿐만 아니라 이론상 "알게 되면 보이게 된다"는 지가 먼저이고 행이 나중이라는 이론에 위배된다.

셋째, 아는데 행이 미치지 못하면 알면서도 행하지 못한다. "알아야 행하여진다", "알면 자연히 행하여진다"고 하여 아는 것이 먼저이고 주가 된다고 하더라도 지가 행을 결정하고 행은 지를 결정하지 못한다. 그러나 행은 반드시 지에 의지해야 하며 지 또한 행하여지기를 기다린다. 지 위주의 지행통일성을 이야기한다면 알면서도 미처 행하지 못하는 것은 지와 행이 단절되고 일치되지 않는 것이다. 결국 지와 행이 일치하지 않아 알면서도 하지 못하거나 해나가지 못하는 원인은 "앎이 아직 지극하지 못하거나" "앎이 아직 얕아서"이다. 그는 말하였다. "지가 행과 함께 함을 논하면서, 바야흐로 그것을 알면서도 행함이 아직 그것에 미치지 못했다고 한다면 지가 아직 얕은 것이다."[184] "주진형(周震亨)이 지지(知至)·성의(誠意)를 물으면서, 말하길 '그것이 이와 같음을 알고서 행하는데, 또 이와 같지 않음은 왜 그렇습니까?'라고 하자 대답하였다. '이것은

---

183 「학이」 제1, 『논어집주』 권1.
184 『주자어류』 권9.

다만 앎이 아직 지극하지 않아서이다.'"[185] 이른바 "앎이 지극하지 못함"과 "앎이 아직 얕음"은 주희에게는 "약지(略知)"의 단계에 속하여 참된 앎에 이르지 못한 것이며 이 때문에 지행이 이탈하여 알면서도 해나가지를 못한다. 그는 예를 들어 말하기를 어떤 사람이 밤에 쥐약을 먹고 거의 죽게 되었다면 이는 "비상(砒霜)이 사람을 죽일 수 있음을 정말로 안 적이 없기"[186] 때문인데, 쥐약을 맛보는 이유는 지와 행이 분리되었기 때문이다.

당연히 참된 앎은 결코 대략 알고서 바깥에서 어떤 참된 앎을 찾아가는 것이 아니라 무수한 "대략 아는(略知)" 기초 위에서 "착실하게 체험하는 것"이다. "그러나 또 대중을 따라 대략 아는 것 외에 별도로 또 다시 진실로 아는 것이 있어서 따로 도리를 만들어 탐구하는 것이 아니다. 다만 대략 알고 있는 곳에 나아가 착실하게 체험하여 저절로 믿을 수 있는 곳이 있어야 하니, 그것이 바로 진정으로 아는 것이다."[187] 반드시 친히 그 경계를 헤치고 직접 해나가야 착실한 체험을 할 수 있는데, 정이는 하나의 예를 든 적이 있다. 어떤 사람이 호랑이에게 부상을 당할 경우 호랑이 이야기만 나오면 안색이 바뀌는데 곁에 있는 여러 사람은 호랑이를 직접 체험해본 적이 없어서 호랑이 이야기를 해도 두려워하지 않는다. 호랑이에게 부상을 당한 자가 참으로 호랑이를 아는 자이다. 이것이 바로 참으로 아는 것과 대략 아는 것의 구별이다. 주희는 호랑이에게 부상을 당하지 않은 사람은 부상을 당한 도리를 생각해야 부상을 당한 사람과 마찬가지로 참된 앎을 얻을 수 있다고 생각하였다. 『어류』에서는 기록하였다. "또 참된 지식을 물었다. 대답하였다. '이전에 호랑이에게 상해를 당한 자는 두려워할 줄 안다. 이전에 호랑이에게 상해를 입은 적이 없는

---

185 『주자어류』 권15.
186 「답조공보(答趙恭父)」, 『주희집』 권59, 3074쪽.
187 위와 같음, 3074~3075쪽.

자는 반드시 부상당한 도리를 하나하나 생각해야 하니, 깨달음이 부상을 당한 자와 똑같아져야 바로 이것이 참된 지식이라 할 수 있다."[188] 그는 그 경지를 직접 겪어야 앎이 더욱 밝게 될 것이라 생각하였으며, 직접적인 실천의 중요성 및 참된 지식을 얻을 수 있는 길을 강조하였다.

"앎이 지극하지 못한 것"이 지행이 일치하지 않는 원인이기는 하지만 또한 이 때문에 "앎이 지극해진" 다음에 행할 수는 없다. "만약 반드시 앎이 지극해진 다음이라야 행할 수 있다고 한다면, 어버이를 섬기고 형을 따르며 윗사람을 받들고 아랫사람을 접하는 것은 인생에서 하루도 버려 둘 수 없는 것들인데, 어찌 나의 앎이 아직 이르지 않았다 하여 잠시 제쳐 두었다가 그 이르는 것을 기다린 뒤에 행할 수 있겠는가?"[189] "앎이 지극하지 못하여" 잠시 행하지 않는다면 어찌 어버이를 섬기고 형을 따르는 것 또한 하루라도 폐하지 않을 수 있겠는가? 주희의 심중에서 이는 윤리 강상을 실천하지 않아 이론적 근거를 찾는 것과 같으며 이는 자연히 허락되지 않는다. 이 때문에 "앎이 지극하지 못하더라도" 여전히 함양하고 조존(操存: 마음을 놓아 버리지 않고 붙잡아 둠)하며 어버이를 섬기고 형을 따르는 윤리도덕을 실천하여야 한다.

주희는 지행의 상호의존과 상호불리(相互不離) 및 지행의 상호 부조화 등의 방면에서 지가 먼저이고 행이 나중이라는 이념을 논증하였다. 구체적인 논증 가운데 참된 앎의 명철한 견해가 번뜩이기는 하였지만 한계가 있다.

---

188 『주자어류』 권15.
189 「답오회숙(答吳晦叔)」, 『주희집』 권42, 1971쪽.

2) 지는 가볍고 행이 중하며 참된 앎을 검증하다

이미 "지가 먼저이고 행이 나중임"을 이야기하였는데 어째서 또 "지는 가볍고 행이 중하다(知輕行重)"고 이야기하는 건가? 이는 첫째 지의 내원에서 말하면 먼저 지가 있은 다음에 행하여진다는 것이고, 둘째, 지식의 성과(곧 사회적 효과)라는 면에서 말하면 실천을 중시하기 때문이다. 그는 말하였다. "선후를 논하자면 지가 먼저이고, 경중을 논하자면 행이 중요하다."[190] 또 말하였다. "치지와 역행(力行)은 그 선후를 논하면 실로 치지가 먼저가 되어야 하지만 그 경중을 논하면 역행이 중하다."[191] 정이가 "지가 먼저이고 행이 나중임"에서 "지가 중하고 행은 가볍다"는 것을 끌어냈다고 한다면, 주희는 당시의 사회현실에서 "어버이를 섬기고 형을 따르는" 실천과 지가 어긋나는 정경을 고려하여 "지가 먼저이고 행이 나중임"에서 "지가 중하고 행은 가볍다"는 주장을 제기하여 지행이 어긋나는 폐단을 바로잡고 지에서 얻은 의리를 실천에 옮겨 사회의 윤리강상의 실천을 지킬 것을 강조하고자 했다. 그는 이렇게 말했다. "책은 실로 읽지 않을 수 없지만 다만 행하고 실천하는 데 비해 조금 느슨할 뿐이다. 그렇지 않다면 또 굳이 행하고 남은 힘이 있고 난 후에 배운다고 했겠는가?"[192] 독서는 지인데 행에 비하여 조금 느슨해야 한다. 따라서 그는 말하였다. "학문을 넓게 하는 것은 그것을 아는 것의 중요함만 못하고, 그것을 아는 것의 중요함은 그것을 행하는 실천만 못하다."[193] 학(學) ─ 지(知) ─ 행(行)의 차서는 학습으로 윤리도덕에 대한 체인을 구한 후,

190 『주자어류』 권9.
191 「답정정사(答程正思)」, 『주희집』 권50, 2452쪽.
192 「답여자약·논어(答呂子約·論語)」, 『주희집』 권48, 2337쪽.
193 『주자어류』 권13.

개체의 체인에 따라 실천하는 것이다. 차서로 보면 지가 앞에 있기는 하지만 행에 비하면 지는 행의 실재만 못하며 이렇게 행에 비하여 한 등급 차이가 난다.

주희는 사량좌(謝良佐)가 『논어』 「공야장(公冶長)」의 "자로는 (좋은 말을) 듣고 아직 미처 실행하지 못했으면 행여 (다른 말을) 들을까 두려워하였다.(子路有聞, 未之能行, 唯恐有聞)"는 뜻을 잘못 이해했다고 생각하여 "자로는 좋은 말을 들으면 반드시 실행하는 데 용감하다"[194]는 행을 중시하는 뜻을 "지를 중히 여기고 행을 가볍게 여기는" 전혀 성현에 맞지 않는 뜻을 말하여 이루었다. 『논어혹문』에서는 기록하였다. "누가 '자로가 듣는 것을 두려워했다는 설'에 대하여 묻자 말하였다. '제설이 모두 그 뜻을 파악하였는데 사 씨만이 다르게 생각하였다. 대체로 그 설이 매번 지를 중하게 여기고 행하는 것을 가볍게 여겼기 때문에 도리어 성현의 힘껏 행한다는 뜻을 도를 아는 도구로 생각한다면 잘못일 것이다.'"[195] 주희는 이정의 제자가 견지한 "지를 중하게 여기고 행하는 것을 가볍게 여긴" 관점을 수정하였으며, 자로가 매번 말하면 반드시 행하여 행을 중시한 뜻을 설명하였다.

행을 중히 여긴 까닭은 지를 가볍게 여긴 까닭이다. 주희가 보건대 세 방면의 의거가 있다.

첫째, 지는 쉽고 행함은 어렵다. 주희가 보건대 정이는 『상서』의 "지가 어려운 것이 아니라 행이 어렵다(非知之艱, 行之惟艱)"는 유가의 전통적인 설법을 수정하여 "행도 어렵고 지도 어렵다"는 주장을 제기하였다. 주희는 이에 대해 한걸음 더 나아가 "지는 쉽고 행은 어렵다"는 설을 발휘하였다. "비록 치지를 하려고 하지만 믿을 수는 없다. 『서경』에서는 말하기를 '지가 어려운 것이 아니라 행이 어렵다.'라 하였으니, 공부는 모두 행함에

---

194 「공야장」 제5, 『논어집주』 권3.
195 『논어혹문』 권5, 『사서혹문』.

달려 있다."[196] 행하기가 어려움을 강조했다. 그는 사람들이 말하는 것은
비교적 쉽다고 말할 수 있지만 일을 하는 공부는 어렵다고 생각하였다.
"아는 것이 어려운 것이 아니라 행하는 것이 어렵다"는 "지는 쉽고 행은
어렵다는" 설을 견지하였다. 그는 예를 들어 말하였다. 만약 몸소 행하지
않고 그저 말만 한다면 공자를 따랐던 칠십 제자들이 하루 이틀 말만 극
진하게 하면 되는데 무엇 때문에 그렇게 오랫동안 공자를 떠나지 않고
머물렀겠는가? 그렇지 않다면 공자의 제자들은 모두 어리석고 무능한
사람들이란 말인가! 아마 그렇지는 않을 것이다. 그 원인을 궁구해보면
지는 쉽고 행하기는 어려워서일 것이다. 이 때문에 이틀 동안에 다 이야
기한 지식을 몸소 행하기 시작하여 몇 년이 되도록 또한 반드시 다 하지
못한다. "나는 요즘 강의하는 시간은 적고 실천하는 시간은 많으므로"[197]
지는 가볍고 행은 중하다고 말한다.

　둘째, 행은 이를 힘껏 밝히는 끝이다. 무엇 때문에 지를 하여야 하는
가? 그 목적은 실천하여 행하기 위함이다. 그는 "학문을 하는 공은 또한
그 지를 행하고자 함이다."[198]라 썼고, "학문이 어찌 다른 것을 추구하겠
는가? 이 이를 밝혀 힘껏 행하려는 것에 지나지 않는다."[199]라 하였다. 또
말하였다. "그러므로 성현은 사람을 가르칠 때 반드시 이를 탐구함을 먼
저 하였고, 힘껏 행함으로 결론을 맺었다."[200] 지의 목적은 행하려 함이
며, 이를 밝히는 것, 곧 윤리강상의 의리를 밝히는 것 또한 그것을 실천하
기 위함이다. 윤리강상은 절대로 가벼이 행하여서는 안 되는데 대하여

196　『주자어류』 권13.
197　위와 같음.
198　「답여도일(答呂道一)」, 『주희집』 권46, 2213쪽.
199　「답곽희려(答郭希呂)」, 『주희집』 권54, 2726쪽.
200　위와 같음, 2727쪽.

서는 필부필부(匹夫匹婦)의 일용(日用)·동지(動止)·어묵(語默)이 모두 행이므로 행은 모든 사람에게 관계되어 모든 사람이 날로 쓰는 행동으로 스며들어가 모든 반드시 준수하여 행해야 할 보편적인 원칙이 되었다. "실천할 때는 반드시 조심하고 반성하며, 두려워하고 조심스러워야 비로소 잘된다. 만약 여유를 부리거나 대강 지나치면 절대로 안 된다."[201] 사람들은 안절부절못하면서 윤리강상을 실행해야 하는데, 이 또한 곧 이를 밝히는 목적이며 이 때문에 행은 중하고 지는 가볍다고 하였다.

셋째, 행은 지가 참된지 참되지 않은지의 표준을 검증하는 것이다. 그는 말하였다. "지가 참되고 참되지 않은 것, 뜻이 진실되고 진실되지 않은 것을 알고자 하는데, 단지 행하고 행하지 않은 것만을 보는 것은 어째서 그런가. 진실로 이와 같이 행한다면, 곧 지가 지극해지고 뜻이 진실해진다."[202] 이것은 바로 "반드시 행한 것이 모두 옳게 된 다음에 앎이 이르는 것을 검증한다"는 의미이다. 당연히 주희가 말한 행은 지를 검증하는 표준이며, 그 행함은 윤리강상에 대한 실천이며 혹 "이"를 실천한다고도 일컫는다. 그 참된 앎은 이미 착실한 체험을 가리키며 심(心)과 이의 합일을 가리키기도 한다. "선을 알면서" "선을 행하지 않는" 것을 행으로 검증한다면 참으로 선을 알지 못하는 것이다. 정말로 선인지 아닌지를 알지 못하기 때문에 선을 행하는 것을 가지고 검증을 해야 하며 행이 없으면 자연히 참으로 선을 알지 못한다. "선함이 저기에 있기 때문에 내가 가서 그것을 행하는 것이다. 오랫동안 행하면 나와 더불어 하나가 되고, 하나가 되면 그것은 나에게 있는 것이다. 행하지 않으면 선은 선이고, 나는 나일 뿐이다."[203] 선과 내가 하나가 되는 참된 앎은 선을 알고 선을 행

---

201 『주자어류』 권13.
202 『주자어류』 권15.
203 『주자어류』 권13.

하는 것이 통일된 결과이다.

주희의 행을 중시하고 지를 경시하는 설은 시폐(時弊)를 겨냥하여 발한 것으로 당시로써는 사회적 의의와 가치가 있었다. 그가 말한 행은 아는 것을 행하는 것으로 지가 먼저이고 행은 나중이라는 것과 결코 충돌하지 않는다. "요는 이미 알고 있는 것을 힘껏 실천하고 지극하지 않은 바를 힘써 구한다면 가까운 곳에서부터 먼 곳에 이르기까지와 거친 곳에서 정밀함으로 이름에 질서정연하게 순서가 있어서 날마다 눈에 띄는 효과가 있을 것이다."[204] 행하는 것은 일반적으로 행하거나 수박 겉핥기식으로 행하는 것이 아니라 지를 행하려고 하는 행함이다. 여기서 주희는 지가 먼저라는 전제 하에서 행을 중시한다고 이야기했음에도 행은 윤리도덕의 실천이기도 하다. 지가 먼저라는 전제를 내버려 두면 그가 이야기한 행은 지의 목표이며, 행은 지를 검증하는 표준 및 행함을 중히 여기는 관점으로, 인류의 인지사(認知史)에 중대한 가치와 의의가 있다.

3) 지행은 서로 필요로 하고 서로 발하고 서로 나아간다

주희는 이미 지와 행이 대립 충돌하는 것을 보았기 때문에 "두 갈래의 설을 지어" 말하였다. 양자의 융합과 통일을 보고 "상수호발(相須互發)"을 지었다. 지가 먼저이고 행이 나중이며 행이 중하고 지가 가벼워 다른 층면에서 지와 행의 구별 및 그 주차(主次) 관계를 논증하였다고 한다면 지와 행이 서로 필요로 하고 서로 발한다면 양자의 상호의뢰와 상호촉진 등의 방면에서 천술하였다.

첫째, 지행은 항상 서로 필요로 하고 서로 의뢰한다. 그는 말하였다.

---

204 「답여제한(答廬提翰)」, 『주희속집』 권6, 5256쪽.

"지와 행이 늘 서로 필요로 하는 것은 마치 눈은 발이 없으면 가지 못하고 발은 눈이 없으면 (갈 길을) 보지 못하는 것과 같다."[205] 여기의 "수(須)"자는 수(需), 자(資)와 의미가 통하여 『정자통(正字通)』에서는 "수(須)는 힘입는 것(資)이다."라 하였다. "상수(相須)"는 곧 서로 연결되고 서로 의뢰하는 것이다. 지와 행은 사람의 두 발과 두 눈의 관계와 같아 눈이 있어도 발이 없으면 길을 걸을 수 없고 발이 있어도 눈이 없으면 길을 보지 못하여 양자가 서로 의뢰하여 한쪽을 폐할 수 없다. 한쪽이 없게 되면 길을 잘 걸을 수 없다. 이른바 한쪽을 폐할 수 없다는 것은 바로 한쪽을 폐기하거나 아니면 이것을 가지고 저것을 대신하고 저것으로 이것을 포함할 수가 없어 모두 안 된다는 것이다.

주희는 "또 『중용』에서 말하기를 배우고[學] 묻고[問], 사색해서[思] 판단한[辨] 이후에 계속해서 실천에 힘쓰라[力行]고 했으며, 정자도 함양과 진학을 역시 둘로 말했다. 그러나 이들은 모두 이것으로 저것을 포섭한다거나, 한쪽에 치우쳐 한쪽을 없애려는 것이 아니었다."[206]라 생각하였다. 『중용』과 정이의 지행이론은 모두 양자 가운데 한쪽이 폐하여지는 것을 싫어한다. 이미 지와 행이 한쪽을 폐할 수 없게 된 바에야 "절실히 묻고 충신하다는 것은 대략 자기에게 절실한 것을 인용하는 의미일 뿐이지, 치지와 역행을 나누려는 것이 아니다. 자질이 뛰어난 사람은 앎과 실천이 함께 가지만, 그에 다음 가는 사람이라도 어찌 전혀 알지 못하면서 실천할 수 있겠는가? 단지 지키고 함양함으로써 더욱 밝아질 뿐이다."[207] 지행이 함께 이르러 한쪽을 폐하지 못하면 곧 지행이 서로 발하는 것으로 혹 지행이 서로 함께 이르렀다고 한다.

---

205 『주자어류』 권9.

206 「답여백공(答呂伯恭)」, 『주희집』 권33, 1439쪽

207 「답자선·문역전근사록(答子善·問易傳近思錄)」, 『주희집』 권60, 3125쪽.

주희는 또한 천태종의 지의(智顗)가 『수습지관좌선법요(修習止觀坐禪法要)』(『小止觀』이라고도 한다)에서 말한 "이 두 법(定과 慧의 두 법을 가리킨다)을 알아 수레의 두 바퀴, 새의 두 날개와 같은데 한쪽만 닦고 익혀 허물어지고 넘어진다"라 한 말을 인용하여, "함양하는 것과 궁구하여 찾는 것 이 두 가지는 하나라도 폐기해서는 안 된다. 그것은 마치 수레의 두 바퀴와 같고 새의 두 날개와 같은 것이다."[208]라 발하였다. 정(定)은 범어(梵語) Samādhi(三昧)의 의역으로 곧 잡념을 없애고 하나의 경계에 마음을 오로지한다는 뜻이다. 주희는 "정(定)"이란 이런 종교의 선정수행방법(禪定修行方法)을 윤리도덕의 실천방법으로 바꾸었다. 혜(慧)는 불교의 신비한 본체에 대한 증오(證悟)로 주희는 그것을 지(知)로 진화시켰다. 그는 정혜(定慧)를 둘로 열어 "지행상수"에 비유하였는데, 수레바퀴가 둘이고 새의 양쪽 날개가 마찬가지이듯이 서로 발한다.

둘째, 지행은 서로 발하고 서로 촉진한다. 주희는 말하였다. "물었다. '남헌(南軒: 張栻)이 지에 이르는 것과 힘써 행하는 것은 서로 (분명하게) 드러나게 한다고 하였다.' 대답하였다. '서로 드러나게 한다고 이해할 필요 없이, 각각 해가야 한다. 만약에 지가 아직 지극하지 않음이 있으면 지에 나아가 이해하고, 행함에 아직 지극하지 않음이 있으면 행함에 나아가 이해하면, 머지않아 저절로 서로 드러나게 될 것이다.'"[209] 치지와 역행은 곧 지와 행이 서로 발하는 것으로 지행이 각자 해나가면 지행은 절로 서로 발하여진다. 이처럼 자연스럽게 그렇게 되어 서로 발하는 것은 두 개의 다리가 있어 왼발이 가면 오른발은 멈추고, 오른발이 가면 왼발이 멈추는 것과 같다. 여기서 "오른발이 멈추는 것"은 "왼발이 가는 것"을 촉

---

208 『주자어류』권9.
209 위와 같음.

진시키기 위함이며, 한쪽이 멈추는 것은 한쪽이 가기 위한 것이며 거꾸로 해도 그렇다. 한번 가고 한번 멈춤이 서로 발하여야 교체를 하며 전진할 수 있다. 그렇지 않으면 도약을 하거나 걸음을 멈추거나 가고 멈춤이 서로 발하여야 정상적으로 걸어간다. "또 예를 들어 한 사물이 공중에 매달려 있을 때 오른쪽을 누르면 왼쪽은 올라가고, 왼쪽을 누르면 오른쪽이 올라가는 것처럼 사실은 다만 한 가지 일일 뿐이다."[210] 한번 누르고 한번 들어 서로 촉진하여 지행호발과는 하나의 도리이다. 이 때문에 "지가 밝아질수록 행이 더욱 독실해지며, 행이 독실해질수록 지가 더욱 밝아진다."[211] 지행의 상호작용과 상호촉진은 따라서 "지의 얕음", "행의 작음"을 "지가 깊음", "행이 커짐"으로 전환되게 하고, 또한 "앎의 밝음"과 "행의 독실함"이 서로 발하고 서로 나아가게 하며 서로 필요로 하고 서로 촉진하게 한다.

"지행은 서로 필요로 하고 서로 발한다"는 것은 주희 등의 창도를 거쳐 당시 학술계에서 다 함께 인정받는 사상이 되었다. 당시 "동남삼현(東南三賢)"으로 기려지는 다른 두 현인인 호상학파(湖湘學派)의 장식(張栻)과 금화학파(金華學派)의 여조겸(呂祖謙)은 모두 비슷한 언론을 가졌다. 장식은 말하였다. "지가 나아가면 행이 더욱 베풀어지고 행을 힘쓰면 지가 더욱 진전됨이 있다. …… 대체로 치지와 역행 이 양자의 공부는 서로 발하는 것이다."[212] 여조겸은 말하였다. "치지와 역행은 본래 번갈아 서로 발하여 학자가 실한 마음을 가지고 있으면 강습하여 익히고 완색(玩索: 연구)하면 실로 덕으로 나가는 요점이 된다."[213] 주(朱)·장(張)·여(呂) 세 사람은 모두

---

210 위와 같음.

211 『주자어류』 권14.

212 「기주자충상서(寄周子充尙書)」, 『남헌집(南軒集)』 권1.

213 「여주시강(與朱侍講)」, 『동래유집(東萊遺集)』.

"지와 행은 서로 발한다"는 것을 주장하여 지행의 상호작용과 상호발명, 상호촉진의 어느 하나도 폐할 수 없음을 강조하였다. 이런 지행의 이념은 나중에 매우 큰 영향을 낳았는데, "지행합일"론이든 "지행병진(知行幷進)"론이건 아니면 "지행겸거(知行兼擧)"론이든 "지행상자(知行相資)"론[214]이건 간에 모두 지행의 "상수호발(相須互發)"론에서 영양을 빨아들여 지행의 이론을 풍부하게 했다.

---

214 졸저 「지행론(知行論)」, 『중국철학범주발전사·인도편(人道篇)』, 중국인민대학출판사 1995년
판, 625~639쪽을 참고하여 보라.

제8장

심성정재는
천지의 기질

○

心性情才 天地氣質

주희 철학 형상학의 본체인 이(理)와 서로 대응되는 것은 무엇보다도 성(性)의 범주이다. 성은 "나한테 있는 이"로 이가 인신(人身)으로 체현된 것이기 때문에 성에서 이야기하여 마음과 정 등에 이른다. 진순(陳淳)은 이렇게 해석하였다. "성은 곧 이이다. 어째서 이라고 이르지 않고 성이라 이르는가? 이는 천지 간의 인물의 공공(公共)의 이를 두루 말할 것이며 성은 나에게 있는 이이다. 다만 이 도리를 하늘에서 받아 내가 가진 것이 되므로 성이라고 한다. 성(性)자는 생(生)을 따르고 심(心)을 따르며, 사람이 태어나면서부터 마음에 이 이를 갖추어 바야흐로 성이라 부른다."[1] 이른바 인성(人性)은 바로 사람의 본성과 본질이다. 중국 역사상 각 철학 학파는 사람의 본성에 대한 연구를 모두 매우 중시했다. 주희는 공맹 이래 인성론의 논쟁을 총결하여 스스로 인성론에 대한 논쟁에 성공적인 대답을 내놓았다고 생각하였다.

---

1 「성(性)」, 『북계자의(北溪字義)』 권상.

1. 인성(人性)과 물성의 이동(異同)

성(性)은 원래의 함의에 따르면 생(生)의 뜻이었는데, 나중에 심방[心,忄]을 따르게 되어 성(性)으로 연변 되었으며, 심(心)과 서로 연관이 있으므로[2], 심성(心性)이라 일컫는다. 인성은 현대적인 의의에서는 동물적인 것과는 구별되는 것을 가리키며 사람이 보편적으로 갖추고 있는 공통적인 속성의 총화(總和)를 말하며, 사람의 자연성과 사회성의 화합이다.

주희가 이른바 성은 인성도 가리키고 물성도 가리킨다. 그는 이정(二程)의 오직 "성은 곧 이이다"라는 말을 찬양하여 "공맹 이래로 이렇게 파악한 사람은 없다"[3]고 하여 "절대로 뒤엎을 수 없는" 진리라고 하였다. 이에 그는 누차 "성은 곧 이이다", "성은 다만 이이다", "나의 성은 곧 천지의 이이다"[4]라는 등의 말을 하였다. 성이 이라면 이와 비슷한 태극과 도 또한 성과 서로 관련이 있다. "이어서 물었다. '『태극도』의 태극은 성이 아닌 것 아닙니까?' 답하였다. '그렇다. 이것은 이이다.'"[5] 태극은 곧 순수하고 지선한 성이다. 성과 도의 관계는 "도는 곧 성이며 성은 곧 도로 실로 단지 하나의 사물일 따름이다."[6] 이렇게 이·태극·도 그리고 성은 의의상 서로 통하며 그 범주가 내포하고 있는 것은 비교적 명석하다.

성은 이가 같지 않은 장소와 환경에서 표현된 같지 않은 형태의 일종으로 "성은 곧 이이다. 마음에 있으면 성이라 부르고 일에 있으면 이라 부른다."[7] "마음에 있고" "일에 있어서" 그 칭위가 같지 않다. 그러나 주

---

2 졸저 「심성론(心性論)」, 『중국철학범주발전사·인도편(人道篇)』, 중국인민대학출판사 1995년
　　판, 95~100쪽을 참고하여 보라.

3 『주자어류(朱子語類)』 권59.

4 『주자어류』 권98.

5 『주자어류』 권94.

6 『주자어류』 권5.

희는 천(天)·이(理)·성(性)·명(命)은 하나의 물건으로 귀착될 수 있다고 생각하였다. "마음과 성과 하늘은 하나의 이이다."[8] 또 말하였다. "이와 성과 명은 애초에 두 가지 사물이 아니다."[9] 이는 성·이·천·명의 융합되고 통일된 층면에서 말한 것이다.

천·명·성·이 네 가지의 대립하고 차이가 나는 층면을 『어류』에서는 기록하였다. "물었다. '천과 명, 성과 이 네 가지의 구별은 천은 그 자연을 가지고 말한 것이며, 명은 유행하여 사물에 부여되는 것을 가지고 말하였습니다. 성은 전체 만물이 얻어서 생겨난 것을 가지고 말하였으며, 이는 사물마다 각기 가지고 있는 법칙을 가지고 말한 것입니다. 합하여 말하면 천은 곧 이요, 명은 곧 성이며, 성은 곧 이입니다. 그렇지 않습니까?' 대답하였다. '그렇다. 그러나 지금 사람들의 말에 의하면 천은 푸른 하늘을 말하는 것이 아니다. 내가 보건대 또한 이 푸른 하늘을 버려둘 수 없을 것 같다.'"[10] 여기서는 나누고 합친 두 방면에서 모두 진술하였다. 나눈 것을 가지고 말하면 같지 않은 각도에서 네 가지에 대하여 분류하였다. 천은 "자연"에서, 명은 "사물에 부여되는 것"에서, 성은 만물이 얻어서 "생겨난 것"에서, 이는 사물마다 각기 가지고 있는 "법칙"에서 네 가지의 다른 것을 이야기하였는데, 각각 같지 않음으로 인해 각각 그 공용이 있다. 같은 뜻에서 말한 것은 실체는 같은데 쓰임이 다르다는 것이다. 나아가 성의 내원과 함의, 인물의 성에 대한 관계에 대하여서 탐구하였다.

7 위와 같음.
8 「진심장구(盡心章句) 상」, 『맹자집주』 권13.
9 『논어혹문』 권3, 『사서혹문』.
10 『주자어류』 권5.

1) 성은 곧 이로 하늘에서 얻는다

주희는 성의 내원은 이라고 생각하였다. "성(性)은 곧 이(理)이다. 하늘
이 음양·오행으로 만물을 화생함에 기로써 형체를 이루고 이 또한 부여
하니 명령함과 같다. 이에 사람과 물건이 태어남에 각기 부여받은 이를
얻음으로 인하여 건순(健順)·오상(五常)의 덕으로 삼으니, 이른바 성이라
는 것이다."[11] 성은 생과 함께 와서 부여받은 이를 얻어 성이 되는데 곧
이는 인물의 성이 되는 근원이다. "무극은 이이고 음양과 오행은 기다.
무극의 이는 바로 성이다."[12] 주희는 "무극이면서 태극"을 해석할 때 무
극을 이가 형체가 없는 상태라고 생각하였는데 이런 의의에서 이는 성의
내원이라고 말하였다.

어떤 언어 환경에서 주희는 또 천을 성의 내원으로 생각하였다. "대체
로 성을 말할 때는 모름지기 원래 하늘에서 명을 받은 것이라는 것을 알
아야 한다."[13] "성은 허다한 도리이니 하늘에서 얻어 마음에 갖추어진 것
이다."[14] "성과 기는 모두 하늘에서 나왔다."[15] "원래 하늘에서 명을 받은
것", "하늘에서 얻은 것", "하늘에서 나왔다"는 것은 모두 성은 하늘에서
내원하였음을 말한다.

여기서 이미 성이 이에서 왔다고 하고 또 성이 하늘에서 나왔다 하였
으니 어찌 이원(二元)이 아니겠는가? 그러나 주희의 철학적 논리 구조에
서 천과 이는 융합되고 통일된 것이다. "성(性)은 사람이 하늘에서 받아

---

11 『중용장구(中庸章句)』 제1장 주.
12 『주자어류』 권94.
13 『주자어류』 권5.
14 『주자어류』 권98.
15 『주자어류』 권59.

태어난 이이다."[16] "성은 사람이 하늘에서 얻은 이이다."[17] 하늘에서 품부하여 받은 이, 하늘에서 얻은 이, 하늘과 이는 사실 하나 곧 천리이다. 다만 같지 않은 층면과 시각에서 말한 것에 지나지 않을 따름이다. 그는 이렇게 해석하였다. "대체로 천도가 운행하면서 만물을 부여하는데, 지극히 선하여 망령됨이 없는 이가 아님이 없으니 이른바 천명이라는 것이다. 사물이 얻은 것을 일러 성이라 하며 성이 갖춘 것을 일러 이라 하는데, 그 이름은 비록 다르지만 사실은 하나일 따름이다."[18] 하늘이 만물에 이를 부여하였는데 성이 갖춘 것이 곧 이이며 사물이 얻은 것은 곧 성이다. 성은 천리에서 왔다.

주희의 성의 내원에 대한 문제는 서슴없으며, 소 씨(蘇氏)가 성이 온 곳을 모르는 결함을 비판한 적이 있다. "소 씨는 처음부터 성(性)이 유래하는 곳과 선이 (성을 좇아) 확립되는 곳[所從立]을 알지 못하였으니 그의 뜻은 아마도 이것을 말하지 않은 것 같다."[19] 성이 온 곳을 알지 못한다면 또한 이가 온 곳도 알지 못한다. "이제 그가 견문을 익숙하게 하는 것을 주변적인 일이라고 여기고 다시는 그 이치가 나오는 곳을 정밀하게 살피지 않았다."[20] 이미 "성은 곧 이이다"라 하고는 또 성은 이에서 나왔다고 하였다. 이렇게 하면 반드시 양난(兩難)의 곤경에 빠지게 된다. 성이 곧 이라면 이는 성의 근원이 아니며, 성이 곧 이가 아니라면 이는 성이 온 곳이 되고 이는 성이 화생한 것이다. 이 두 가지 어려움을 풀기 위하여 그는 곧 성이 온 곳은 하늘이며, 인물의 성은 하늘이 인물에 명한 것으로 인물은

---

16 「등문공장구(滕文公章句) 상」, 『맹자집주』 권5.
17 「고자장구(告子章句) 상」, 『맹자집주』 권11.
18 『논어혹문』 권3, 『사서혹문』.
19 「잡학변·소씨역해(雜學辨·蘇氏易解)」, 『주희집』 권72, 3759쪽.
20 「잡학변·여씨대학해(雜學辨·呂氏大學解)」, 『주희집』 권72, 3759쪽.

하늘에서 명을 받았다고 생각하였다. 그러나 하늘이 곧 이라는 것이 천리라면 또 논증이 돌고 도는 곤경에 빠지게 된다.

2) 성은 형상(形上)으로 움직이지 않으면 보이지 않는다

성은 결국 무엇인가? "성(性)은 사람과 물건이 얻어서 태어나는 이(理)이다."[21] "대개 이른바 성은 곧 천지가 사물을 낳는 이이니, 이른바, '하늘의 명함은 아아! 심원하여 그치지 않는도다.(維天之命, 於穆不已) 크도다! 건원이여! 만물이 (건의 원의) 바탕이 되어 비롯되도다.(大哉乾元! 萬物資始)'라고 한 것이다."[22] 이는 성은 모든 생물로 초목금수 및 인류가 구비한 천리를 포괄한다는 것을 말한다. 이 천리는 바로 자연계의 사람과 사물이 얻은 생(生)이자 또한 생물을 바탕으로 하여 비롯하는 이인데 이것이 곧 성이다. 바꾸어 말하면 이는 곧 하늘이 인물에 부여한 생의 이이다. 그래서 그는 이렇게 말하였다. "성이라 부르는 까닭은 바로 하늘이 부여하고, 사람이 받은 의리의 본원임을 말한다."[23] 그러나 무엇이 "생의 이"인가에 대해서는 한 걸음 더 나아간 규정이 없다. 그러나 「고자장구」에서는 말하였다. "생이란 사람이 하늘에서 얻은 기이다. …… 이로써 말한다면, 인의예지의 본성을 받음이다."[24] 생의 이는 사람이 품부하여 받은 인의예지 등의 이를 포함한다.

성은 인과 물에 대하여 말하면 모두 "생(生)의 이"이며 나아가 주희는 성의 성질에 대하여 규정했다.

---

21 「이루장구(離婁章句) 하」, 『맹자집주』 권8.

22 「답이백간(答李伯諫)」, 『주희집』 권43, 2016쪽.

23 「잡학변·장무구중용해(雜學辨·張無垢中庸解)」, 『주희집』 권72, 3771쪽.

24 「고자장구 상」, 『맹자집주』 권11.

첫째, 성은 형이상자이다. 성은 곧 이이며, 이는 형이상자라면 성도 형이상의 성질을 갖추고 있다. "내가 생각건대 성이란 사람이 하늘에서 얻은 이요, 생이란 사람이 하늘에서 얻은 기이니, 성은 형이상자요, 기는 형이하자이다."[25] 철학본체의 영역에서의 이와 기의 형이상하의 관계는 심성(心性) 영역의 성과 기의 형이상하의 관계로 전환된다. "성은 형이상자이고 기는 형이하자이다. 형이상자는 온전히 천리이고 형이하자는 다만 그 찌끼일 따름이다."[26] 형이상자의 성은 천리이고, 형이하자의 기는 찌끼이다. 이렇게 이와 성은 서로 같은 형이상의 성을 가지고 있고 이렇게 형이상하의 구분은 성과 이가 형기를 초월하는 특성을 갖게 했다.

둘째, 성은 보편적 존재성이다. 성은 소유하지 않은 것이 없으며 존재하지 않는 곳이 없다. "성이 지니고 있지 않은 것이 없다는 것을 알고 하늘을 아는 것 또한 이것 때문이다."[27] "이 기가 있지 않을 때 이미 성이 있으니, 기가 존재하지 않을 때도 도리어 성이 항상 있다는 것을 반드시 알아야 한다. 비록 그(성) 위치가 기 안에 있을지라도 기는 기대로이고 성은 성대로이니, 역시 본디 서로 섞이지 않는다. 사물의 체에 편재함을 논하자면 없는 곳이 없다."[28] 성이 가지지 않은 것이 없고 존재하지 않는 곳이 없음으로 말미암아 통섭성을 갖추고 있어서 성을 갖추지 않은 사람이나 사물이 없으며 성이 없으면 그 사람이나 사물을 이루지 못한다. "천하에 어찌 성 바깥의 사물이 있겠는가? 그러나 오행의 낳음이 그 기질에 따라서 품부된 것이 똑같지 않으니, 이른바 '각기 그 성을 하나씩 간직했다.'는 것이다. 각기 그 성을 하나씩 간직하면 혼연한 태극의 전체가 하나의

---

25 위와 같음.
26 『주자어류』 권5.
27 『주자어류』 권99.
28 「답유숙문(答劉叔文)」, 『주희집』 권46, 2243쪽.

사물 안에 각기 갖추어지지 않음이 없어서 성이 있지 않은 곳이 없음을 또 알 수 있을 것이다."[29] 천하에는 성 밖의 사물이 없으며, 무릇 사람과 사물이 모두 성을 갖추고 있다. 이렇게 성의 형이상은 형기를 초월하고 또한 형기 가운데 깃들어 있다.

셋째, 성은 형체와 그림자가 없어서 볼 수 없다. 성의 형이상의 성격은 성이 이와 마찬가지로 형체와 그림자가 없어서 볼 수 없다고 규정하였다. "무극은 이는 있고 모양은 없다. (이는) 성과 같은데, 어찌하여 모양이 있었겠는가?"[30] 이는 형체가 없고 성 또한 형체가 없다. "성의 본체는 이일 따름일 것이다. …… 성은 형용할 만한 형상과 소리, 냄새가 없다."[31] 바로 성에 형체와 그림자가 없기 때문에 성은 접촉할 수가 없고 사람에게 감지되는 것이라고는 "성은 찾을 수 있는 형체와 그림자가 없고, 다만 이 이만 있을 따름이다."[32] 그러나 성은 결코 체인할 수 없는 것이 아니며 동시에 성 또한 말을 할 수 없어서 "성은 정해진 형체가 없어서 말할 수 없고,"[33] "성은 말할 수 없다."[34] 볼 수가 없어서 "천지가 성인 까닭은 고요하여 없어 볼 수가 없기 때문이다."[35] 성은 고요하여 없어 볼 수 없을뿐더러 형용하여 묘사할 길이 없다. 이렇게 성은 형체도 없고 그림자도 없어 더듬어 찾을 수도 말할 수도 없으며 보거나 형용할 수 없는 등의 특성을 가지고 있다.

넷째 성은 움직이지 않는다. 성이 고요하여 없는 성질을 갖고 있기 때

---

29 「태극도설해(太極圖說解)」, 『주자전서(周子全書)』 권1.

30 『주자어류』 권94.

31 『맹자혹문』 권11, 『사서혹문』.

32 『주자어류』 권6.

33 『주자어류』 권59.

34 위와 같음.

35 「음부경고이(陰符經考異) 상」, 『주자유서(朱子遺書)』 2각(刻).

문에 성은 움직이지 않는다. 그는 말하였다. "성은 아직 움직이지 않은 것이고 정은 이미 움직인 것이다."[36] 왜 성은 움직이지 않는가? "정자가 본체를 가리켜 말한 것이 있으니 '고요하여 움직이지 않는 것'이 이것이라 한 것은 성을 말한 것이다. 쓰임을 가리켜 말한 것이 있으니 '감응하여 마침내 통한다'는 것이라 한 것은 정을 말한 것이다."[37] 이는 곧 성이 고요하여 움직이지 않는 상태에 처하기 때문에 성은 움직이지 않으니 곧 아직 발동하지 않은 원본적인 상태라는 것을 말한다. 이러한 상태는 정이 이미 발동한 상태와 다르다. 그 고요하여 움직이지 않는 것을 가지고 말하면 성은 생과 함께 왔으며 하늘이 백성을 낸 이래로 인의예지의 성을 부여하였다. 아직 움직이지 않은 것을 가지고 말하면 성은 체이고 정은 용이다.

이런 규정은 성은 형체와 그림자가 없고 더듬어 잡을 수 없으며 말할 수 없고 볼 수가 없어 고요하여 움직이지 않는다는 것을 설명한다. 아울러 천하에는 성 밖의 사물이 없고 존재하지 않는 곳이 없으며, 성은 형이 상자로 이와 동등하다. 이런 이의 기와의 관계와 성의 기와의 관계는 비슷하다. 이(理)로 말하면 그것은 하나의 "공활하고 정결한" 세계이며, 안주하는 곳이나 괘탑하고 붙어 있는 곳이 없으므로 성 또한 괘탑하거나 안주하여 붙어 있는 곳이 없다. 이렇게 하나의 어떻게 안주하고 괘탑하며 붙어 있는가 하는 문제가 생겨났다. 주희는 이를 기에다 안주하게 하고 괘탑하고 부착시켰기 때문에 이는 가공적인 것이 아니라 현실적이다. 그렇다면 성은 어떻게 안주하고 괘탑하는가? 그는 말하였다. "대체로 성은 단지 기품에 깃들어 있다."[38] 기는 성이 안주하고 깃들어 있는 곳이 되

---

36 『주자어류』 권5.
37 위와 같음.
38 『주자어류』 권95.

었다. 사람과 사물은 기를 얻어서 태어나므로 하늘의 이를 얻어서 성을 이룬다. 얻어서 태어나지 않는다면 사물을 낳음도 없고 성은 절로 안주하거나 붙일 수 있는 곳이 없다. 이를 가지고 말하면 성은 이를 떠나지 않으며 성은 기에 의존하여 존재한다.

3) 인성과 물성은 같으면서도 다르다

어떻게 "천하에는 성 밖의 사물이 없는데 성은 있지 않음이 없는가?" 주희는 이렇게 해석하였다. "남녀의 입장에서 보면 남녀는 각각 하나의 성으로 남녀가 하나의 태극이며, 만물의 입장에서 보면 만물이 각각 하나의 성으로 만물이 하나의 태극이다. 합하여 말하면 만물이 통합된 본체로서 하나의 태극이고, 나누어 말하면 일물(一物)이 각각 하나의 태극을 구비하고 있는 것이다."[39] 태극이 곧 성이라는 의의에서 이해해나가면 모든 사람은 하나의 태극을 가지고 있고 모든 사물은 하나의 태극을 가지고 있으니 모든 사람이 하나의 성을 가지고 있으며 모든 사물이 하나의 성을 가지고 있다. "천하에는 성이 없는 사물이 없다. 대체로 이런 사물이 있으면 이런 성이 있고, 이런 사물이 없으면 이런 성이 없다."[40] 무릇 사람과 사물은 모두 성을 가지고 있다. 이 성은 인성과 물성을 가리켜 말하였다.

인성과 물성은 같으면서도 다르다. 주희는 이 같고 다름을 체인해야 성을 말할 수 있다고 생각하였다. "사람과 사물의 성은 이른바 같은 것이 있고 또한 이른바 다른 것이 있다. 그 같은 까닭을 알고 또한 다른 까닭을 안 다음이라야 성을 논할 수 있다."[41] 같은 것에서 말하여 그는 "사람과

---

39 「태극도설해」, 『주자전서』 권1.
40 『주자어류』 권4.
41 위와 같음.

사물이 태어날 때에 똑같이 천지의 이를 얻어 성으로 삼았고, 똑같이 천지의 기를 얻어 형체로 삼았다."[42]라 하였다. "혹자가 말하였다. '사람과 사물의 성은 같다.' 말하였다. '사람과 사물의 성은 본래 같은데 다만 품부하여 받은 기가 다르다.'"[43] 사람과 사물의 성이 같은 까닭은 사람과 사물이 남에 하늘이 이 이를 부여해주었거나 함께 천지의 이를 얻어서 성으로 삼았기 때문이다. 이가 같기 때문에 사람과 사물이 공통된 본성을 갖추고 있다. 주희가 인성과 물성의 구별을 이는 같고 기는 다르다고 생각했음에도 이 기는 기품의 기를 가리키며 생물이 갖추고 있는 기에 있어서는 또한 서로 같은 곳이 있다. "사람과 사물이 태어날 때 이 성을 가지고 있지 않은 자가 없으며, 또한 이 기를 가지고 있지 않은 자가 없다. 그러나 기로써 말한다면, 지각·운동은 사람과 사물이 다르지 않은 것 같다."[44] 주희는 인성과 물성이 같이 가지고 있는 것을 개괄하여 말하면서 첫째 같이 천지의 이를 냄을 성이라 하였다. 둘째 같이 지각운동을 갖추고 있는데 실은 인성의 자연적 속성과 물성의 서로 같은 곳을 가리킨다고 생각하였다.

인성과 물성이 다르다는 것에서 말하여 "그 같지 않은 점은, 오직 사람은 그 사이에 형기의 올바름을 얻어 성을 온전히 보존할 수 있는 것, 이것이 조금 다를 뿐이다. 비록 조금 다르다고 말하나, 사람과 사물의 구분되는 바는 실로 여기에 있다."[45] 사람은 형기의 바름을 얻어 "그 성을 온전히 할" 수 있으며, 금수는 형기의 바름을 얻을 수가 없어, 곧 형기의 치우침을 얻어서 "그 성을 온전히 할" 수 없다. 이는 비록 바름과 바르지 않음,

---

42 「이루장구 하」, 『맹자집주』 권8.

43 『주자어류』 권4.

44 「고자장구 상」, 『맹자집주』 권11.

45 「이루장구 하」, 『맹자집주』 권8.

온전함과 온전하지 않음으로 구분하였지만 실은 인성과 물성의 표준을 분별하였다. 사람이 이 다름을 체인하지 못하면 사람도 금수와 다름이 없으며 곧 금수와 구별이 없게 된다. "중인(衆人)은 이를 알지 못하여 버리니, 이름은 비록 사람이라 하나 실제로는 금수와 다를 것이 없고, 군자는 이를 알아 보존한다. 이 때문에 전전긍긍하며 두려워하고 조심하여 마침내 그 부여받은 올바름을 온전히 보존할 수 있다."[46] 인성과 물성을 분별하는 것은 사람으로 하여금 사람이 사람인 이유를 깨달아 금수와는 다르게 함이다. 아울러 사람으로 하여금 전전긍긍 두렵게 하여 인성을 수양하는 자율성을 강화하도록 하였다. "학자는 여기에서 마땅히 그 치우치고 바르며 온전하고 빠진 것을 살펴서 스스로가 물(物)보다 귀한 까닭을 알려고 해야 한다. 타고난 것이 같음을 가지고 도리어 금수에 빠져서 자기의 성(性)이 크고 온전함을 스스로 알지 못해서는 안 된다."[47] 사람은 스스로 금수 등보다는 귀하다는 것을 자각하여 스스로 금수에 빠지지 않게 해야 하는데, 이는 사람이 되는 최저한도의 각오이다.

이른바 "형기의 바름을 얻음"과 "그 성을 온전히 함"은 바로 인의예지의 사덕(四德)을 가리켜 말한다. "성은 사람이 하늘에서 얻은 이이다. …… 이(理)를 가지고 말한다면, 인의예지의 본성을 받음이 어찌 동물이 얻어 온전히 할 수 있는 것이겠는가. 이는 사람의 성이 불선함이 없어서 만물의 영장이 되는 이유이다."[48] 인의예지의 품부함은 사람만이 그 성을 온전히 할 수 있으며 동물은 오히려 온전히 살피지 못한다. 동물이 품부함이 온전치 못한 것은 품부하여 받은 이를 알지 못하기 때문이다. "동물에 있는 것과 같은 것으로 말한다면 받은 이에 온전하지 않음이 있는 것인지

---

46 위와 같음.
47 「답정정사(答程正思)」, 『주희집』 권50, 2457쪽.
48 「고자장구 상」, 『맹자집주』 권11.

또한 품부한 기가 어둡고 가려져 있기 때문에 이러한 것인지를 모르겠군요?' 대답하였다. '그 받은 기가 많기 때문에 그 이 또한 많을 뿐이다. 개나 말 같은 것은 그 형과 기가 이와 같기 때문에 다만 이와 같은 일을 할 수 있을 뿐이다.'"[49] 동물을 품부하여 받은 이가 온전하지 못하여 형기 또한 온전하지 못하기 때문에 금수는 온전하지 못한 것을 품부하여 받았다.

인성과 물성의 분별은 바로 "사람과 동물이 같은 줄만 알고, 인의예지의 순수한 것은 사람과 동물이 다름을 몰랐기 때문이다."[50]라는 데 있다. 사람과 동물은 함께 지각운동을 갖추었지만 사람은 인의예지의 도덕적 순수성을 갖추고 있는데 이것은 동물이 갖추지 못한 것이다. 주희의 인성과 물성의 분별은 이정(二程의 분별)에 대한 발전이다. "정자가 비록 천리를 가지고 깨우쳐 주었지만 사람이 금수와 다른 까닭은 말하지 않았다. 품부하여 받음이 동물과 다름이 있기 때문에 이 하늘의 온전함을 얻은 것이다."[51] 인성의 도덕적 순수성과 물성의 자연성을 양자를 구별하는 주요 표지로 삼았는데 합리적이다. 그는 말하였다. "이제 스스로 보존할 수 있다고 말하는 것은 단지 금수와 같은 것일 뿐이다. 굶주리면 먹고 갈증이 나면 마시는 따위는 사람과 금수가 모두 같다. …… 사람이 금수와 다른 것은 '부모와 자식 사이에 친함이 있고, 군주와 신하 사이에 의가 있고, 부부 사이에 분별이 있고, 어른과 어린이 사이에 순서가 있고, 벗들 사이에 믿음이 있는 것'이다."[52] 굶주리면 먹고 갈증이 나면 마시는 것은 사람과 금수가 같아 모두 자연 생리의 요구에 속한다. 사람의 오륜인 친(親)·의(義)·별(別)·서(序)·신(信) 등의 윤리도덕은 금수가 온전히 하지 못

---

49 『주자어류』 권4.
50 「고자장구 상」, 『맹자집주』 권11.
51 『맹자혹문』 권8, 『사서혹문』.
52 『주자어류』 권57.

하는 것인데 이는 다르기 때문이다. 이는 곧 인성과 물성의 본질적 분별을 건드렸다.

주희는 이를 근거로 고자(告子)와 불교의 인성과 물성 문제에서의 착오를 비판하였다. 고자의 인성론에서의 근본적인 결함은 바로 "다만 기질을 성으로 인식하고"[53] 성이 이라는 것은 알지 못한 데 있었다. "고자는 성이 이라는 것을 알지 못하고 이른바 기라는 것을 가지고 성에 해당시켰다. 이 때문에 기류(杞柳)·단수(湍水)의 비유와 식색은 선함도 없고 선하지 않음도 없다는 설은 종횡으로 틀리고 어지러이 잘못되었는데, 이 장(章)의 오류가 바로 그 뿌리이다."[54] 이른바 "이 장의 오류"는 고자가 "생(의 본능)을 성이라 한" 장을 가리킨다. 주희는 고자의 "생을 성이라 한" 것은 "근세에 불씨가 이른바 '작용하는 것이 성이다.'한 것과 대략 서로 비슷하다."[55]고 생각하였다. "생을 성이라 한다면" "무릇 생을 가진 것은 다 같이 하나의 성일 것이다." 이렇게 되면 "개·소와 사람은 모두 지각이 있고 모두 운동을 할 수 있어서 그 성은 모두 다를 것이 없게 될 것이다."[56] 기를 성으로 생각함만 보고 성이 이임을 보지 못하였으니 곧 인성과 물성이 성을 함께 함만 보고 인물과 물성의 개성은 보지 못하였으니 이는 고자가 착오를 일으킨 관건이 있는 곳이다.

이른바 불씨가 "작용하는 것이 성"이라 한 것은 기를 성으로 생각한 것으로 잘못 짚은 것이다. 『어류』에는 기록하고 있다. "'생을 일러 성이라 한다'는 것을 물었다. 대답하였다. '그가 당연히 틀렸다. 그는 단지 타고난 곳만 말했으니, 정신과 혼백이 작용하는 곳이 이것이다. 바로 선가에

---

53 『주자어류』권59.
54 「고자장구 상」, 『맹자집주』권11.
55 위와 같음.
56 위와 같음.

서 다음과 같이 말하는 것과 같다.' '무엇이 부처입니까?' 말하였다. '본성을 깨닫는 것이 부처가 되는 것이다.' '무엇이 본성입니까?' 말하였다. '작용이 본성이다. 대개 눈으로 보는 것, 귀로 듣는 것, 손으로 잡는 것, 발로 걷는 것 모두가 본성이라 하는 것이다. 말들이 오고 가지만, 말하는 것은 단지 형이하자일 뿐이다.'"[57] 불교는 고자와 마찬가지로 수족의 운행, 귀와 눈이 보고 듣는 것 그리고 마음에 지각이 있는 따위를 성으로 생각하여 설왕설래하지만 형이하의 기만 말하였을 뿐 이에는 미치지 못하였다. 주희는 이는 불교와 고자의 공통된 실수라고 생각하였다.

무엇이 "작용"인가? 주희는 이렇게 해석하였다. "석씨가 이르기를 '작용이 본성이다'고 하자, 혹자가 '어떤 것이 작용입니까?' 하고 물었다. (석씨가) 이르기를 '눈에 있으면 본다고 하고, 귀에 있으면 듣는다고 하며, 코에 있으면 향기를 변별한다 하고, 입에 있으면 담론하며, 손에 있으면 잡고, 발에 있으면 뛰는 것이다. 두루 드러나 모래알같이 많은 세계를 갖추지만, 하나의 작은 먼지에 거두어진다.'고 했으니, 이것은 사람과 금수가 같은 점을 말한 것이다."[58] 보고 듣고 향기를 변별하고 담론하고 손이 잡고 발이 뛰는 것 등은 생리의 기능으로 곧 작용이다. 눈이 볼 수 있고 귀가 들을 수 있고 발이 달릴 수 있는 것 등은 사람이 금수와 공동으로 갖고 있는 기능인데 이로 인하여 작용을 성이라 하고 다만 사람과 동물의 공통된 자연생리성만 말하였고 그들 사이의 사회도덕성이 다름은 보지 못하였으니 이는 불교의 폐단이다.

주희가 인성과 물성의 다름을 논하면서 어느 정도 적극적인 의의를 가지고 사람의 자아 도덕수양을 촉진하기는 하였지만 그는 결코 엄격하게 사람의 인의예지의 사회도덕성과 인류 관계를 물성의 자연의 생리적 속

---

57 『주자어류』 권59.
58 『주자어류』 권57.

성과 구분하지 않아서 금수에게 인과 의 등의 도덕성을 부여하기에 이르 렀다. 그는 이렇게 묘사하였다. "호랑이와 이리의 인이나 승냥이와 수달 의 제사, 벌이나 개미의 의에 이르러서는 오히려 다만 조금 통하니, 한 틈 새의 빛과 같다."⁵⁹ 한 틈새의 빛은 바로 금수가 조금의 밝음만 가지고 있 고 온전한 밝음은 없는 것이다. 이는 금수는 "이(理)가 같지 않으니 벌과 개 미의 임금과 신하는 다만 그들의 의의 방면에만 조금 알 뿐이고, 호랑이와 이리의 아비와 자식은 다만 인의 방면에만 조금 알 뿐으로 기타에 대해서 는 더 이상 미루어가지 못하기"⁶⁰ 때문이다. 거울은 중간에만 조금의 빛이 있을 뿐 나머지 부분은 모두 어두운 것과 같다. 이것이 바로 "온전하지 못 하고" 치우친 곳이 있다는 의미이다. 인성은 성의 온전함과 형기의 바름 을 얻어서 거울이 전체가 빛이 나는 것과 같아 금수와는 다름이 있다.

4) 인성은 인의예지를 내포한다

인성과 물성의 다름을 밝히면 인성이 내포하고 있는 것을 이야기할 수 있다. 주희는 성이 내포하고 있는 것은 주로 인의예지라고 생각하였 다. "그러나 사람이 태어나면 하늘이 인의예지의 성을 부여하고 군신 부 자의 윤리를 펴고, 사물의 당연한 법칙을 만들었다고 들은 적이 있다."⁶¹ 사람이 함께 올 때 하늘은 인성과 인륜을 부여하는데, 이것이 바로 인 의예지의 성이다. "하늘이 이 백성을 낳으면서 인의예지의 성(性)을 부 여해서, 군신·형제·부부·붕우의 윤리를 펴도록 하지 않음이 없었다."⁶²

---

59 『주자어류』 권4.

60 위와 같음.

61 「갑인행궁편전주차(甲寅行宮便殿奏劄) 2」,『주희집』 권14, 546쪽.

62 「경연강의(經筵講義)」,『주희집』 권15, 572쪽.

인성은 인륜도덕을 포괄하여 금수와 구별하였다. 한편으로는 사람에게 성을 부여하는데, 이는 하늘에서 출발하여 말한 것이다. 다른 한편 사람은 하늘의 이를 얻어서 성으로 삼는데, 이는 사람에게서 출발하여 말한 것이다.

성과 인의예지의 성의 관계를 가지고 말하면 성은 총칭으로 "성은 이의 총칭으로 인의예지는 모두 성 가운데 하나의 이의 이름이다."[63] 인의예지는 성 가운데서 이의 별명이다. 이 의의에서 말하였다. "성은 사람이 하늘에서 받은 것으로 그 체는 인의예지의 이에 지나지 않을 따름이다."[64] 그가 성이 내포한 것을 인의예지로 생각하였다면 본질적인 면에서 이야기하여 성은 곧 선한 것이다. 주희의 인성론이 여기까지 이르렀다면 맹자의 성선설과 다름이 없다. 주희는 또한 악이 어디에서 오는가 하는 맹자가 맞닥뜨린 난제에 임하여 선진에서 송에 이르는 논쟁을 총결하면서 장재와 정이를 계승하여 "천지의 성"과 "기질의 성"이라는 논증을 전개하였다.

2. 천지와 기질의 성

천지의 성(이하 천지지성)과 기질의 성(이하 기질지성)의 제기는 장재의 『정몽(正蒙)』「성명편(誠明篇)」에 가장 먼저 보인다.[65] 그는 천지지성은 사람과 사물이 나기 전에 공유한 본성이며, 기질지성은 사람이 화하여 난 후의 사

---

63 『주자어류』 권5.

64 『맹자혹문』 권14, 『사서혹문』.

65 졸저 『송명이학연구(宋明理學硏究)』, 중국인민대학출판사 1985년판, 245~250쪽을 참고하여 보라.

람의 생리와 신심(身心)이 서로 결합한 인성이라고 생각하였다. 장재의 천지지성과 기질지성의 사상은 이정에게 흡수되었으며 아울러 천명지성 (天命之性, 天地之性)은 이이고 기질지성은 기라고 생각하였다. 이와 기의 특성을 가지고 양성(兩性)을 해석하였다.[66] 주희는 장재와 정자를 이어서 계승하였으며 아울러 발한 것과 본 것이 있다.

1) 제가의 성론(性論)을 종횡으로 평판하다

주희는 "천지지성"과 "기질지성"에서 출발하여 각가의 성론의 장단과 득실을 평가하여 제가의 논쟁의 실책을 탐색하고 해결하기를 추구하였다. 선진에서 당에 이르기까지 제가의 인성의 선악에 관한 논쟁은 중설이 분분하여 일치된 결론을 내릴 수 없었다. "학술을 통일할" 필요성을 위하여 인성에 대하여 통일된 해석을 하여 따르는 데 편하게 할 것을 요구하였는데 주희는 통일시키는 사람임을 자임하여 종횡으로 의론하여 제가의 설을 평판하였다.

성이 본래 선하다는 것을 대표하는 사람은 맹자이다. 주희는 맹자가 성선을 이야기한 것은 큰 근본을 따라 말한 것으로 천명의 성선(곧 주희가 이야기한 "天命之性")만 알고 기질지성은 이야기하지 않아 성을 이야기하였지만 결코 완전히 갖추었다고는 생각지 않았다. 그것은 이론적으로 악이 도대체 어디에서 나오는가 하는 문제를 천명할 수 없었다. 따라서 일단 선하지 않음이 있다면 이는 곧 "함닉(陷溺)"을 말하는 것이다. "이 이는 오히려 다만 선일 따름이다. 이미 이런 이라면 어떻게 악해지겠는가! 이른바 악하다는 것도 오히려 기이다. 맹자가 논한 것은 모두가 성선설이

---

66 위와 같음, 203~204쪽을 참고하여 보라.

다. 선하지 않음이 있다는 것을 빠지고 잠기었다(陷溺)고 말하였는데 이는 처음에는 선하지 않은 것이 없었으나 나중에 바야흐로 선하지 않은 것이 생겨났다는 것을 말한다. 이와 같긴 하여도 '성은 논하고 기를 논하지 않은' 것 같은 것은 얼마간 미비한 것 같다."[67] 또 말하였다. "성을 논하면서 기를 논하지 않은 것은 맹자다. 갖추어지지 않았다는 것은 단지 조금 부족할 따름이다."[68] 그러나 전체적으로 말하면 맹자가 말하고 있는 것은 성의 큰 근본으로, 기에 치우친 폐단이 있다는 것은 논하지 않았지만 다만 조금 결함이 있을 따름이다.

주희의 제자 진순(陳淳)은 맹자의 "성선설"은 『주역』 「계사전(繫辭傳) 상」에 있는 공자의 말 "한 번 음이 되고 한 번 양이 되는 것을 도라고 하니 이것을 계속 이어 가는 것이 선이요, 이것을 이루어준 것이 성이다.(一陰一陽之謂道, 繼之者善也, 成之者性也)"에서 온 것이라고 생각하였다. 그는 맹자가 성선은 이루어준 것이 성이라는 것을 가지고 말하였는데 실은 공자가 선이라고 한 것에서 왔다고 말하였다.[69] 그러나 진순은 두 가지를 간과했다. 첫째 그는 북송의 구양수(歐陽脩)가 제기한 「계사」와 「문언(文言)」, 「설괘(說卦)」 이하는 "모두 성인이 지은 것이 아니다."[70]라 한 것을 무시하였다. 둘째 그는 「계사」가 이루어진 연대를 맹자 전으로 정하고 「계사」가 전국시대 중엽에 이루어진 것을 무시하였다.[71] 이 때문에 맹자의 성선설이 「계사」를 계승하였다는 설법을 내놓았는데 이는 그의 실책이다.

진순은 바로 맹자가 "기품(氣稟)에 대해서는 말을 꺼낸 적이 없기 때문

---

67 『주자어류』 권4.

68 『주자어류』 권62.

69 「성」, 『북계자의(北溪字義)』 권 상.

70 『역동자문(易童子問)』 권3.

71 졸저 『주역사상연구(周易思想研究)』, 호북인민출판사 1980년판, 203~204쪽을 참고하여 보라.

에 후세의 분분한 논의를 열어주었는데 대체로 사람이 만 가지로 달라 같지 않은 것은 다만 기품이 같지 않기 때문"[72]이라고 생각하였다. 진순의 이 말이 반드시 합당한 것은 아니라고 해도 참고용으로 삼기에는 또한 손색이 없다. 이에 순자(荀子)는 "성악설"을 제기하였다. "사람의 성은 악하며 선한 것은 작위적이다."[73] 사람의 본성은 악한데 인성이 악한 것을 따라 눈·귀·코와 심신(心身)이 성(聲)·색(色)·미(味)·이(利)·일(逸) 등을 좋아한다. 주희는 순자의 성악설은 "순자는 단지 사람의 좋지 못한 성만 보고 악하다고 하였다."[74]라 하여 치우쳤다고 생각하였다. 그 실수는 기만 논하고 성은 논하지 않았으며, 기질지성만 이야기하고 지극히 선한 천명지성이 있는 것은 알지 못하였다. "천명지성"을 이야기하지 않았으며 또한 인성 및 선이 어디서 왔는가 하는 문제도 이야기하지 않았다.

성선과 성악의 논쟁이 또한 모두 선악의 내원 문제에 대하여 속 시원히 설명해줄 수 없었기 때문에 양웅(揚雄)의 "선악혼(善惡混)"이 나오게 되었다. 맹자와 순자의 논쟁에 조화를 이루고자 기도했다. 그는 말하였다. "사람의 성은 선과 악이 혼재되어 있다. 그 선을 닦으면 선인이 되고 그 악을 닦으면 악인이 된다."[75] 선악이 나뉨이 후천적인 선이나 악을 닦는 데 있다는 것이다. 주희는 비판하여 말하였다. "양자(揚子)는 단지 절반은 선하고 절반은 악한 사람의 성만 보고 선악이 혼재한다고 말했다."[76] 사실 양웅은 순자와 마찬가지로 기만 논하고 성은 논하지 않아 "순자와 양

---

72 「성」, 『북계자의』 권 상.
73 「성악(性惡)」, 『순자집해(荀子集解)』 권17.
74 『주자어류』 권59.
75 「수신(修身)」, 『법언(法言)』.
76 『주자어류』 권59.

웅 같은 사람은 '기는 논하고 성을 논하지 않았으므로' 밝지 못하다. 이미 성을 논하지 않았으니 오히려 이 이에는 어두웠던 것이다."[77] 이는 악한 인성이 천리를 가려 큰일에 해를 끼치려 한다는 데 의심의 여지가 없다. 순자와 양웅이 기는 논하고 성은 논하지 않았으니 큰 근본이 서지 않아 나중의 해가 커졌다.

주희는 진한 이래로 성선과 성악에 관한 논쟁에는 아무런 창의적인 견해가 없다고 생각하였다. "진한 이래 전하여 기록되어 온 것은 다만 꿈을 말한 것이다."[78] 한유(韓愈)는 "성은 삼품(三品)"이라고 말하여 맹·순·양 등과 다르다. "성의 품등에는 상중하 세 가지가 있다. 상품은 선할 뿐이고, 중품은 인도하여 위나 아래로 가게 할 수도 있으며, 하품은 악할 뿐이다."[79] 맹·순·양의의 인성론은 모두 한가운데만 얻고 상하는 빠뜨려 다만 중인의 성만 이야기하고 상·하인의 성은 이야기하지 않았으며 또한 곧 하나만 얻고 둘은 잃었다고 비판하였다. 한유는 스스로 맹·순·양의 편폐(偏蔽)를 바로잡아 인성 문제를 해결하였다고 생각하였지만 주희는 한유 또한 말을 다 하지 못한 실책이 있다고 생각하였다. 선진 이래 인성 문제에 관한 논쟁을 해결하지 못하였다면 실질상 여전히 기질지성을 이야기하는 것이다. "퇴지(退之)가 말한 삼품 같은 것은 모두 기질의 성을 논하였는데 모두 잘 말하였다. 다만 기질의 성을 다 말하지 않으면 안 되지만 다만 성이라고 말할 때는 옳지 않다. 삼품의 설 같은 것은 나누어간다면 어찌 삼품에 그치겠는가? 비록 천 번이나 백 번을 하더라도 옳다."[80] 기질지성을 뭉뚱그려 인성으로 삼으면 안 된다. 이 나눔법에 의하면 천백품으로

---

77 『주자어류』 권4.

78 위와 같음.

79 「원성(原性)」, 『한창려집(韓昌黎集)』 권11.

80 『주자어류』 권4.

나눌 수 있기 때문이다. 이 때문에 한유는 순자와 양웅과 마찬가지로 기만 논하고 성은 나누지 않는 실수를 하였다. 이는 천명지성 자체가 지극히 선하여 악함이 없기 때문에 성악설과 선악론, 성삼품론(性三品論)은 모두 선이 있고 악이 있는 기질지성을 가리켜 말하였고 지극히 선한 천명지성은 말하지 않았기 때문에 완전히 갖추어지지 못하였다.

　주희는 순·양·한 세 사람의 성론(性論)을 가지고 말하면 한유가 비교적 장·정의 관점에 접근하였다고 생각하였다. "세 사람 가운데 한자(韓子)의 설이 비교적 근사하다. 그는 인의예지는 성이라 하였고, 희로애락은 정이라고 하였으며, 다만 중간의 이어지는 곳에 '기(氣)'자가 빠졌을 뿐이다."[81] 한유의 관점은 천명지성과 기질지성의 설법과 비교적 가깝다. 여기서 또한 한유가 왜 송나라 이학의 실마리를 열었는가 하는 연유를 엿볼 수 있다.

　"무선무악(無善無惡)"론에 이르러서는 그들이 "성이 성인 까닭"을 모르기 때문에 "무선무악"론이 고명하다고 생각했으며, 아울러 "성의 참됨을 얻었다"고 생각하였다. 주희는 말하였다. "마지막으로 석씨가 나온 다음에 다시 무선무악론이 있게 되었다. 유자들은 비록 맹자의 설을 익숙하게 들었지만 혹 성이 성인 까닭을 알지 못하여 이에 저 설이 높다고 기뻐하고 도리어 우리의 설이 미치지 못한다고 부끄러워하였으니 맹자의 설을 갖다가 붙이고 이 설을 지어서 꾸몄다. 대체로 성을 선악의 앞에다 미루어 맹자를 이동(異同)의 밖으로 치우고는 스스로 성의 온전함을 얻었다고 생각하여 공(功)이 맹씨의 문하에 있는데도 실은 석씨가 남긴 것에 빠진 것을 알지 못했다."[82] 불씨의 설법에 빠져 "지극히 거친 바탕"을 가지고 인의예지의 "지극히 정미한 이"를 논하였으니 천명지성은 기질지성

81 위와 같음.
82 『맹자혹문』 권5, 『사서혹문』.

과 멀어지게 되었다.

명사(名詞)를 가지고 천명지성과 기질지성을 말하면 『중용』의 하늘이 명한 것을 성이라 한다(天命之謂性)는 것과 장백단(張伯端)의 천지지성과 기질지성의 설법[83]이지만 이런 설법은 결코 중국인성론을 해결하는 철학 이성 사유를 구성하지 않기 때문에 주희는 "천명지성"과 기질지성의 발명권을 장재와 이정에게로 돌렸는데, 일리가 있다.

그러나 주희의 제가의 성론에 대한 평론은 다만 추상적으로 인성의 선악논쟁의 연변과정을 서술하였을 뿐이고 아울러 "천명지성"과 "기질지성"을 표준으로 하는 것에서 제가의 성론을 평론하였다. 인성의 선악 배후에 숨겨져 있는 사회관계에 대하여서는 오히려 관심이 미치지 않았다. 맹자의 성선론은 당시 사회의 합리성에 이론적 근거를 찾아주었다. 순자는 사회가 통일되면서 제후가 할거하는 역사발전의 객관적 추세의 대체에 적응하면서 성악설을 제기하여 맹자의 성선설을 반대하였다. 그는 맹자가 인의예지설을 생성시켜 가짐으로써 성왕이 예의를 만들고 음악을 지어서 백성을 교화하는 작용을 홀시하였다고 생각하였다. 순자의 성악설은 곧 그의 예법 겸시(兼施)의 정치론과 등급제에 이론적 근거를 찾아주었다. 맹자의 성선설에서 순자의 성악설까지는 선진의 덕치에서 예법 겸치까지 다시 법치의 역사 연변의 수요까지 적응되었다. 장재와 이정의 천명지성과 기질지성은 실로 맹자의 성선설과 순자의 성악설의 충돌이 융합되어 화합한 결과이다. 장·정의 천명지성과 기질지성이 한번 나오자 위로 맹자를 이어 머리와 꼬리가 이어져 일제히 완비되었다. "그러므로 장자와 정자의 설이 확립되자 제가의 설은 사라졌다."[84] 아울러 장·정

---

83 「옥청금사청화비문금보내연단결·신위주론(玉淸金笥靑華秘文金寶內煉丹訣·神爲主論)」, 『오진편천해(悟眞篇淺解)』, 중화서국 1990년판, 231쪽.

84 『주자어류』 권4.

의 이 설을 찬양하여 "성문(聖門)에 공을 세웠다", "명교에 공을 세웠다", "후학에게 보탬이 되었다"라 하였다.

2) 천지지성과 기질지성

주희는 장·정에게서 천지지성과 기질지성을 계승하여 장·정을 초월하였다. 장재는 "허[太虛]와 기[氣化]를 합하여 성의 이름이 있게 되었다(合虛與氣, 有性之名)"[85]라 주장하여 말한 것이 분명치 않다. 정호는 "성은 곧 기이고 기는 곧 성이다(性卽氣, 氣卽性)"[86]라 하였다. 천지지성과 기질지성을 혼동하는 혐의가 있었으며, 정이는 성은 선하고 재(才)는 악하다고 생각하였다. 당시 어떤 사람이 이 문제를 제기하여, 선악이 모두 성이라면 맑은 물과 탁한 물이 모두 물인 것과 같다고 하였다. 주희는 대답하였다. "그 근원이 있는 곳은 모두 선인데 기가 치우쳐서 이 성이 치우치게 되었다. 그러나 이곳 또한 성이다."[87] 성은 본래는 선하여 물이 본래 맑은 것과 같다. 악은 기품의 치우침으로 말미암은 것으로 맑은 물을 깨끗하지 못한 그릇에 담으면 물을 오염시키는 것과 같은데 이는 선악이 모두 성이라는 해석과는 다름이 있다. 주희는 정호의 선악이 모두 성이라는 것을 이렇게 해석하고 있다. "물이 맑은 것은 성의 선함이다. 흘러서 바다에 이르도록 더럽혀지지 않는 것은 기품이 청명하고 어려서부터 선해서 성인이 본성대로 하되 그 천성을 완전히 실현한다. 오래 흐르지 않았는데도 이미 탁한 것은 기품이 지나치게 치우치고 잡박한 것이요, 어려서부터 악한 것이다. 이미 멀리 흘러가서야 탁해지는 것은 자라서 다른 사물

---

85 『정몽(正蒙)』「태화편(太和篇)」, 『장재집』, 중화서국 1978년판, 9쪽.

86 『하남정씨유서(河南程氏遺書)』 권1, 『이정집』, 10쪽.

87 『주자어류』 권4.

을 보고서 변해가면서 갓난아기의 마음을 잃은 것이다."[88] 물은 맑고 성은 선하다. 사람이 나면서 품부하여 받은 기가 맑고 높으면 선하여지는데 물이 바다에 이르도록 탁하게 오염되지 않는 것과 같다. 품부하여 받은 기가 치우치고 잡박하면 악하여지는데 맑은 물이 오염되어 물이 탁하여지는 것과 같다. 다 자란 뒤에 악하게 변하는 것은 물이 멀리 흘러 탁하게 되는 것과 같은데 그것은 물욕에 얽매여서 선한 성이 가려진 것이며 따라서 천지지성과 기질지성을 분별하였다.

정이는 정호와는 달리 성이 선이라고 생각하여 선과 불선이 있는 것은 이른바 품부하여 받은 성, 곧 기질지성이라고 하였다. "기가 맑으면 재(才)가 맑고, 기가 탁하면 재가 탁하다. 나무가 있는데 들보도 될 수 있고 서까래가 될 수도 있는 것이 재이다. 재에는 선과 불선이 있으나 성에는 불선이 없다."[89] 재는 기질지성에 속하여 선이 있고 불선이 있다. 주희는 정이의 관점에 동의하여 비유하여 말하였다. "사람과 사물은 성이 본래 같은데 다만 품부하여 받은 기가 다르다. 물은 맑지 않은 것이 없는데 기울여 흰 사발에 부어도 마찬가지 색이고 검은 사발에 부어도 마찬가지 색이며 푸른 사발에 부어도 마찬가지 색이다."[90] "성은 물과 같으니 맑은 시내로 흘러 들어가면 맑아지고 더러운 시내로 흘러 들어가면 탁하여지게 된다."[91] 물은 희고 검고 푸른 사발에서 비추는 색이 같지 않은데, 선악의 차이가 있는 기질지성과 같다.

첫째, 이른바 천지지성("天命之性", "本然之性" 등이라고도 함)에 대하여 주희는 말하였다. "천지지성을 논하면 오로지 이를 가리켜 말하였다."[92] 이곳의

---

88 「명도논성설(明道論性說)」, 『주희집』 권67, 3538쪽.

89 『하남정씨유서』 권19, 『이정집』, 252쪽.

90 『주자어류』 권4.

91 위와 같음.

"천지", "천명"의 천(天)은 의지가 있는 천을 가리켜 말한 것이 아니라 이를 가리켜 말한 것이다. "『곡량(穀梁)』에서는 하늘을 말하면서 땅으로 짝을 짓지 않았으니 이른바 하늘이라고 하는 것은 이일 따름이다. …… 자사가 이른바 하늘은 바로 천명지성이라는 것이다."[93] 여기서는 "오로지 가리킨다(專指)"라는 단어의 배치로 "천명지성"의 내포를 확정지었는데 내재한 기는 포함하지 않았다. 이면의 기를 포함한다면 천명지성이 아니라 기질지성이 된다. "천지지성은 이치다. 음양오행이 있는 곳에 이르면 곧 기질지성이 있고, 이것에는 어둡고 밝음과 두텁고 엷음의 다른 점이 있다. '그 빼어난 것을 얻어 가장 신령스럽다'는 것은 기질 이후의 일이다."[94] 다만 사람이 태어남으로 성과 기가 합쳐지는데 성은 곧 이이며 형체가 없고 기는 형체를 주관하며 바탕이 있다. 천명지성과 기질지성이 합하여져 인성을 구성한다. 이 의의에서 이야기하면 천명지성은 기질지성을 떠날 수 없다.

천명지성은 오로지 이를 가리켜 말하였으며 또한 그 가운데 기를 포괄하지 않을 수 없다. "'하늘이 명한 것을 성이라 한다'는 것은 오로지 이만을 말한 것이니, 비록 기가 또한 그 가운데 포함되어 있지만 이의 뜻이 비교적 많다. 만약 기를 아울러 말하면 곧 '성을 따르는 것을 도라 한다'고 말할 수 없다. 예컨대 태극은 비록 음양에서 떨어지지 않지만 또한 음양과 섞이지도 않는다."[95] 비록 기가 이에 포함되지만 두 갈래가 있는데 첫째, 이의 뜻이 비교적 많다. 둘째, 기는 이와 섞이지 않아 이는 이대로이고 기는 기대로이다. 이는 곧 철학의 논리적 구조에서의 이와 기의 관계

---

92 「답정자상(答鄭子上)」, 『주희집』 권56, 2872쪽.
93 「천문(天問) 제3」, 『초사집주(楚辭集注)』 권3, 상해고적출판사 1979년판, 50쪽.
94 『주자어류』 권94.
95 『주자어류』 권62.

를 천명지성과 기질지성의 관계로 인신한 것이다. 따라서 전체적으로 보면 천명지성은 오로지 이만을 가리키는데, 지극히 선한 것이면서 완전무결한 것이다. "그러나 그 본연의 이는 순수하고 지극히 선할 따름인데 이른바 천지지성이다. 맹자가 이른바 성선이나 정자가 이른바 성의 근본, 이른바 근본을 지극히 하고 근원을 다한 성은 모두 이렇게 이른다."[96] 천명지성 자체는 순수하고 지극히 선하여 악의 문제가 없다.

순수하고 지극히 선한 천지지성 또한 치우침과 전체의 문제가 있을까? 어떤 사람이 의문을 제기했다. "천명지성에도 치우침과 완전함이 있습니까?" 주희가 대답하였다. "치우침과 완전함이 있는 것이 아니다. 해와 달의 빛 같은 것을 가지고 이야기하면 노지에 있으면 모두 보이고, 문이나 집 아래에 있으면 가리고 막힌 곳이 있어 보이기도 하고 보이지 않기도 한다."[97] 천명지성은 본래 치우침과 완전함의 문제가 없어 해와 달의 빛이 다만 풀로 짠 자리가 있는 집에서 해와 달이 가리면 빛이 보이다 보이지 않는다 하는 것과 같다. 천명지성을 품부하여 받은 구체적인 인물을 가지고 말한다면 치우치고 완전함의 문제가 있다. 이렇게 된 까닭은 이와 기의 관계가 그렇게 시켜서이다. "이는 다만 기에 붙어 있어 기에 혼탁이 있으면 이 또한 따라서 막힘이 있다."[98] 기에는 후박(厚薄)과 청탁(淸濁)의 구별이 있어 이가 기에 붙어 있는 것 또한 "막힌 것"이다. 이른바 "막힘"에 대하여 주희는 해석하였다. "내가 가만히 생각건대 천지의 생물은 하나의 근원에서 근본하는데, 사람과 금수 초목이 남에 이 이를 갖추지 않음이 없어서 그 하나의 근본 가운데는 실오라기나 털끝 같은 부족함이나 남음이 없다. …… 다만 기에는 청탁이 있기 때문에 품부하

---

96 『논어혹문』 권17, 『사서혹문』.

97 『주자어류』 권4.

98 위와 같음.

여 받은 것에 치우치고 바름이 있으며, 사람만이 그 바름을 얻었기 때문에 그 근본을 알고 이 이를 갖추어 간직할 수 있어 인함을 알 수 있다. 사물은 그 치우친 것을 얻었기 때문에 비록 이 이를 갖추고 있지만 인함을 알 길이 없다."[99] 기에 청탁과 막힘이 있고 품부하여 받은 것이 치우치고 바름이 있는 사람과 사물이 각기 그 바름과 치우침을 얻었으므로 인을 보고 인을 보지 못하는 구별이 있게 되었다.

천명지성과 기질지성이 일종의 이와 기의 관계라면 이가 기를 화생하여 천명지성이 기질지성의 근원이 된다. "성은 다만 이이다. 기질지성 또한 다만 여기에서 나온다. 여기에서 나오지 않는다면 어디로 귀착하겠는가!"[100] 이렇게 주희는 "천명지성"을 오로지 이를 가리키는 순수하고 지극히 선한 성으로 삼아 성의 바름, 온전함을 얻어 치우침 등등이 없었다.

둘째, 이른바 기질지성이다. "기질지성을 논하면 이와 기를 섞어서 말한 것이다."[101] 기질지성은 이와 기가 섞인 것으로 전적으로 기만 가리켜서 말한 것이 아니다. 이 섞인 것(雜)을 『어류』에서는 해석하여 말하였다. "선생께서 기질지성에 대하여 말씀하셨다. '성은 물에 비유할 수 있으니 본래는 모두 맑다. 깨끗한 그릇에 담으면 맑고, 깨끗하지 않은 그릇에 담으면 악취가 나며, 진흙으로 더러워진 그릇에 담으면 탁하게 된다. 본연의 맑음은 일찍이 존재하지 않은 적이 없다. 다만 이미 악취가 풍기고 더러워지게 되면 창졸간에 깨끗해지기는 어렵다. 그러므로 비록 어리석으나 반드시 밝아질 것이고, 비록 유약하나 반드시 강해질 것이라 한 말도 죽도록 기력을 쓰고 난 후라야 이를 수 있다.'"[102] 성은 곧 이이며 이가 성

99 「연평답문(延平答問)」,『주자유서』.
100 『주자어류』권4.
101 「답정자상」,『주희집』권56, 2872쪽.
102 『주자어류』권4.

이 되는 것은 물이 본래 맑은 것과 같지만 기(器)와 서로 섞이면 청(淸)·취(臭)·탁(濁)의 구분이 있다. 그런데 그 청·취·탁의 다름이 또 무슨 그릇에 담기는가 하는 것과 서로 상관이 있다. 이 청·취·탁은 선·악과 같고, "기(器)"는 곧 기질이다.

기질지성이 이와 기가 섞인 것이라고 생각한다면 기질지성에는 곧 선이 있고 악이 있다. "천지지간은 다만 하나의 도리이다. 성은 곧 이이다. 사람에게 선과 선하지 않은 것이 있는 까닭은 다만 기질의 품부에 각기 맑고 흐림이 있기 때문이다."[103] 선악과 청탁은 기질에서 나온다. 무엇이 기질인가? 주희는 해석하여 말하였다. "성은 다만 이이다. 그러나 그 천지의 기질이 없으면 이 이도 둘 곳이 없다."[104] 천지의 기질 또한 음양을 기로 생각하고 오행을 질로 생각하는 것과 비슷하여 기질은 음양오행이 "오행이란 것은 질은 땅에 갖추어지고 기는 하늘에 행하여지는 것이다. …… 대체로 사람은 음양, 오행의 빼어난 기운을 받아 태어났고, 성인의 태어남은 또 그 빼어난 것 가운데 빼어난 것을 얻은 것이다."[105] 오행은 땅에서 형질을 갖추고 음양의 기는 하늘에서 행하여지는데 이것이 곧 "천기지질(天氣地質)"인데, 이것은 기질지성이 구성한 질료의 방면에서 말한 것이다. 그러나 천기지질의 운행에 말미암으면 선악의 다름이 있다. "사람이 품부하여 받은 기는 비록 모두 천지의 바른 기이기는 하지만 이리저리 얽히게 되어 바르지 않게 되었다."[106] 사람의 선악은 구체적으로 구성한 것을 가지고 말하였는데 천기(天氣: 陰陽二氣)와 지질(地質: 五行)을 품부하여 받은 것이다.

---

103 위와 같음.

104 위와 같음.

105 「태극도설해(太極圖說解)」,『주자전서(周子全書)』권1.

106 『주자어류』권4.

주희는 이따금 기질지성의 선악의 이중성을 자연현상이라고도 하였다. "사람의 성은 모두 선하다. 그러나 어떤 사람은 태어나서 선하게 되고, 어떤 사람은 태어나서 악하게 되는데 이는 품부하여 받은 기가 다르기 때문이다. 또한 천지의 운행은 만 갈래로 갈라져 끝이 없지만 볼 수 있는 것은 해와 달이 맑고 밝으며 기후가 온화하고 바를 때 사람이 태어나 이 기를 품부하여 받게 되면 맑고 밝고 도타운 기가 되어 반드시 좋은 사람이 된다. 해와 달이 어둡고 추위와 더위가 떳떳함에 반하면 모두 천지가 기를 어그러뜨리는데 사람이 이 기를 품부하여 받게 되면 좋지 못한 사람이 됨은 어찌 의심하겠는가!"[107] 그는 품부하여 받은 기의 선악이 다름을 자연기후의 "화정(和正)"과 한서, 일월의 청명과 혼암에 비유했다. 이울러 이런 자연현상을 가지고 선악을 부회했다.

3) 기품은 정하여져 청명하고 박탁(薄濁)하다

천명지성과 기질지성은 구체적인 인성의 선악으로 이행되면서 "기품(氣稟)" 문제를 언급하였다. 주희의 제자 진순은 거기에 대하여 이렇게 풀이한 적이 있다. "기품의 설은 어디에서 일어났는가? 부자(夫子:孔子)께서는 '성은 서로 가까우나, 습성으로 인해 서로 멀어진다.(性相近也, 習相遠也)', '오직 상지와 하우는 변화시킬 수 없다.(唯上智與下愚不移)"라 하였는데, 이는 바로 기질지성을 말한다. 자사자(子思子)가 이른바 삼지삼행(三知三行) 및 '비록 어리석으나 반드시 밝아지며, 비록 유약하나 반드시 강하여진다.'는 것이다. 또한 기질지성을 말하였는데 다만 분명히 기질 자를 가리켜 말하지 않았을 따름이다. 이정자에 이르러 비로소 분명하게 가리켜

---

107 위와 같음.

말하여 매우 상세하게 갖추었다. 횡거(橫渠)는 그것을 따라 또 정론을 세워 말하였다. …… 기질지성은 기품을 가지고 말하였다. 천지지성은 큰 근본을 가지고 말하였다."[108] 기품과 기질지성, 큰 근본과 천지지성을 연계시켜 기품을 기질지성으로 생각하였다. 따라서 "기품이 정하여졌다"는 사상은 기질지성의 전개이다.

이가 아직 형기를 화생하지 않았을 때는 천리가 한꺼번에 혼연되어 있다. 형기를 화생하여 인물을 이루어 이가 형기 가운데 갖추어졌을 때가 되어서야 비로소 성이라고 부를 수 있다. 이 때문에 이가 형기를 화생하여 인물을 구성할 때 사람과 사물은 모두 기품의 문제를 가지고 있다. "기(氣)에는 청탁이 있으므로 품부하여 받음에 치우침과 바름이 있는데 사람만이 그 바름을 얻었다. …… 사물은 그 치우침을 얻었으므로 비록 이 이를 갖추었지만 스스로 알지 못한다."[109] 또 말하였다. "사람과 사물이 다 함께 천지의 사이에 태어나서 바탕으로 삼아 형체로 삼은 것(氣)은 모두 천지 사이를 가득 채우고 있다. …… 오직 사람만이 형기의 바른 것을 얻었다. …… 사물은 형기의 편벽된 것을 얻었다."[110] 사람과 사물의 기품은 치우치고 바른 문제가 있을 뿐만 아니라 또한 청탁의 문제도 있으며, 이것이 곧 "기품이 정하여진 것"인데, 이 "정(定)"은 바로 무슨 기품을 본 것인가? 무슨 사람과 사물의 기품이 무엇을 얻은 것인가? "사람과 사물이 다 함께 천지의 사이에 태어나서 본래 하나의 이를 함께 하였는데 품기의 다름이 있었다. 기품이 맑고 밝고 순수하면 사람이 되고, 어둡고 탁하고 치우치고 잡박하면 사물이 된다."[111] 사람과 사물이 함께 태어

---

108 「성」, 『북계자의』 권 상.
109 「연평답문」, 『주자유서』.
110 「서명해(西銘解)」, 『장자전서(張子全書)』 권1.
111 『맹자혹문』 권1, 『사서혹문』.

나는 것은 그 이가 같은데 기품이 다르면 사람과 사물로 나누어진다. 사람의 기품과 사물의 기품은 정하여져 곧 사람은 반드시 맑고 밝고 순수한 기를 품부하여 받고, 사물은 반드시 어둡고 탁하고 치우치고 잡박한 기를 품부하여 받는데 양자는 뒤바뀔 수 없다.

주희의 "기품이 정하여졌다"는 주지는 사람과 사물을 구별하였을 뿐만 아니라 사회등급의 차별을 이론적으로 설명해주었다. 그는 이가 사람에게 내려오면 선과 악이라는 인성이 나누어질 뿐만 아니라 사람이 품부하여 받은 기의 청탁과 후박(厚薄), 혼명(昏明)의 같지 않음으로 말미암아 사람이 태어나면서 현우(賢愚)와 귀천(貴賤), 빈부, 요수(夭壽)의 차별이 있게 된다고 생각하였다. "정영(精英)한 기를 품부하여 받으면 곧 성인이 되고 현인이 되니 이는 이의 완전한 것, 이의 바른 것을 얻은 것이다. 밝고 맑은 것을 품부하여 받은 사람은 영명하고 상쾌하다. 도탑고 두터운 것을 품부하여 받은 사람은 온화하고, 맑고 높은 것을 품부하여 받은 사람은 귀하게 된다. 풍성하고 두터운 것을 품부하여 받은 사람은 부유해지고, 오래고 긴 것을 품부하여 받은 사람은 장수한다. 쇠퇴하고 얇고 탁한 것을 품부하여 받은 사람은 어리석고 불초하고, 가난하고, 천하고, 요절하게 된다. 하늘이 그 기로 한 사람을 낳게 되면 허다한 것들이 그것을 수반하여 오게 된다."[112] 맑고 밝은 기나 정영한 기를 품부하여 받아 터럭만큼의 혼탁한 혼잡이 그 사이에 있지 않으면 이는 곧 이의 완전함과 바름을 얻은 것으로 그는 곧 성인이거나 현인이다. 품부하여 받은 기가 맑고 높은 자는 귀하게 될 것이고, 품부하여 받은 기가 풍성하고 두터우면 부유해질 것이다. 품부하여 받은 기가 오래고 길면 장수할 것이고, 반대로 품부하여 받은 기가 쇠퇴한 것이어서 얇고 탁하면 곧 우매하고

---

112 『주자어류』 권4.

무지한 사람이거나 불초한 사람이 되어 그들은 나면 곧 빈궁하거나 천해지거나 단명하게 된다. "사람의 기품에 얼마간 종류가 있어 혹은 맑고 혹은 흐리며, 혹은 어둡고 혹은 밝으며, 혹은 어질고 혹은 어리석고, 혹은 장수하고 혹은 요절하기도 한다."[113] 모두 기품이 같지 않은 데서 정하여진다.

성우(聖愚)·현불초(賢不肖)·귀천(貴賤)·빈부(貧富)·수요(壽夭)가 기품에 따라 정해질 뿐만 아니라 사람의 인의효제(仁義孝悌) 등 윤리도덕 또한 기품에서 결정된다. 그는 말하였다. "사람의 성이 비록 같으나 기품은 혹 다를 수도 있다. 그 성을 보고 말할 것 같으면 사람은 어린아이 때부터 성인의 자질이 이미 완전히 갖추어졌다. …… 선의 단서가 발함은 그 품부하여 받음의 두께에 따라 혹은 인하고 혹은 의롭고 혹은 효성스럽고 혹은 공경하여 같을 수가 없을 것이다."[114] 인의에서 발하여 측은과 수오지심 또한 기품에 의하여 정하여진다. "사람의 성이 비록 같긴 하지만 품부하여 받은 기는 편중됨이 없을 수 없으니 목(木)의 기를 중하게 얻은 자는 측은지심이 늘 많고 수오·사양·시비지심은 거기에 막혀 발하지 않는다. 금(金)의 기를 중하게 얻은 사람은 수오지심이 늘 많아 측은·사양·시비지심은 그에 막혀 발하지 않는다. 수와 화 또한 그러하다. 음양의 덕이 합하여지고 오성이 완전히 갖추어진 다음이라야 마음속에 바르게 되어 성인이 된다."[115] 품기에 편중이 있으면 측은(惻隱)·수오(羞惡)·사손(辭遜)·시비로 발하여져 편중되는데 이렇게 사회 도덕심성에서 사회등급까지 모두 기품으로 말미암아 정하여진다.

품기가 같지 않음으로 말미암아 사람이 총명하고 어리석은 차별이 있

---

113 『주자어류』 권64.
114 『중용혹문』 권3, 『사서혹문』.
115 『주자어류』 권4.

게 되었다. "기품이 다름은 그 종류가 한 가지가 아니다. …… 지금 사람이 총명하여 하는 일마다 잘 깨닫는다면 그 기가 맑을 것이다."[116] 주희는 사람의 마음은 원래 이의 전체를 갖추고 있어서 허명하여 어둡지 않다고 생각하였다. 이 때문에 사람은 본래 알지 못하는 것이 없고 할 수 없는 것이 없어야 했다. 다만 기품의 차별 때문에 그는 『논어』「계씨(季氏)」편의 "태어나면서부터 앎(生而知之)"과 "배워서 앎(學而知之)", "통하지 않아 배움(困而學之)", "통하지 않는데도 배우지 않음(困而不學)"을 해석할 때 "사람의 기질이 같지 않음이 대략 이 네 가지 등급이 있다."[117]라 말하고 아울러 상세히 논술하였다. "네 가지 등급이 있는 까닭은 어째서인가? 말하였다. '사람이 태어남에 기질을 품부하여 받음이 청명하고 순수하면 천지지성에 막힘이 없고 무릇 의리의 당연함이 배우기를 기다리지 않아도 흉중이 환한 자는 나면서부터 아는 자로 성인이다. 여기에 미치지 못하는 자는 혼명(昏明)과 청탁(清濁)·정편(正偏)·순박(純駁)의 고하 정도가 차이가 나서 혹 청명하고 순수함을 얻어서 적은 찌꺼기도 없을 수 있는 자는 조금 막힘이 있음을 면하지는 못하겠지만 사이가 뜬 것은 쉬 이르고 막힌 것은 쉬 통하므로 아직 통하지 않은 것에 대하여 반드시 배워서 통하여 그 배움이 또한 이르지 않음이 없을 것이다. 이른바 배워서 안다는 것은 대현(大賢)이다. 혹은 혼탁하고 편박(偏駁)함이 많음을 얻어 조금 청명하고 순수함이 없을 수 없는 자는 반드시 꽉 막혀 통하지 않게 된 다음에 그 배울 것을 배울 줄 알아 또한 반드시 통하지 않음이 없을 것이다. 통하지 않아 배우는 사람은 중인(衆人)이다. 혼탁의 편박이 더욱 심하고 더 이상 다시 청명하고 순수한 기가 거의 없으면 비록 통하지 않음이 있어도 멍청하게 깨닫지 못하고서도 당연하게 생각하여 끝내 배워서 통하기를 구할 줄 모

---

116 위와 같음.

117 「계씨장구(季氏章句) 제16」, 『논어집주』 권8.

르는데 이는 하민(下民)일 따름일 것이다."[118]

첫째 등급인 "태어나면서부터 아는" 성인은 상지(上知)와 생지(生知)의 바탕을 가진 사람으로 그들의 품부하여 받은 기는 청명하고 부여된 바탕은 순수하여 터럭 한 오라기만 한 혼탁한 찌꺼기도 없다. 그들은 배우지 않아도 능하여 요순(堯舜) 같이 기질이 청순하여 혼연히 천리로 인욕의 사사로운 병폐가 없다. 아울러 천명지성을 얻어 완전히 천리이다. 둘째 등급은 배워서 아는 현인으로 그들은 맑음을 얻음이 많고 순수함을 얻음이 많긴 하지만 가림과 잡박함이 없지 않아 학습을 통한 후에 앎이 있고 실행을 거친 후에 능함이 있을 필요가 있다. 셋째 등급은 통하지 않음이 있어 배우는 중인으로 그들은 품부하여 받은 기가 어둡고 가리고 잡박하며 게다가 사욕에 가려 통렬하게 공부를 해나가고 부단히 연마를 해야 둘째 등급인 현인에 이를 수 있다. 넷째 등급은 통하지 않아도 배우지 않는 하민으로 그들은 기질이 혼탁하고 치우치고 잡박함이 가장 심하여 멍청하게 깨닫지 못한다. 이런 품부하여 받은 기로 사람을 네 등급으로 나누어 천명지성과 기질지성의 구분과 충돌하지 않음이 없지만 융합할 수 있다.

주희의 천명지성과 기질지성의 사상에 의거하면 두 등급으로 나누어야 한다. 그는 말하였다. "나면서부터 아는 사람은 기가 지극히 청명하고 이에 가림이 없다. 배워서 아는 사람 아래로는 곧 기의 맑고 흐림에 많고 적음이 있어서 이의 온전함과 결핍이 여기에 매여 있을 따름이다."[119] 곧 "태어나면서부터 아는" "천명지성"과 "배워서 아는 이하"의 "기질지성"이라는 크게 두 부류로 나누었다. 이에 주희는 성인과 현인을 전자의 부류에, 중인과 하민을 후자의 부류로 보았다. 아울러 중인과 하민을 뭉뚱그려 "우불초(愚不肖)"라 표현하였다. "기라는 사물은 맑음·탁함·어두움·밝

---

118 『논어혹문』 권16, 『사서혹문』.
119 「답정자상」, 『주희집』 권56, 2876쪽.

음의 같지 않음이 있다. 그 맑고 탁한 기를 품부하여 받아 물욕의 누가 없다면 성인이 된다. 그 맑고 밝음을 품부하여 받았는데 아직 순수하고 온전하지 않으면 조금 물욕의 누가 있는 것을 면할 수 없지만 극복하여 제거할 수 있다면 현인이 된다. 그 어둡고 탁한 기를 품부하여 받고 또 물욕의 가려진 것이 되어 제거할 수 없다면 어리석은 사람이 되고 불초한 사람이 된다."[120] 성과 현을 나누어 논하고 우와 불초를 합하여 논하여 이렇게 또 세 등급이 되었다. 그러나 성현과 하우의 분별은 바꾸어 변할 수 없다.

주희 인성론의 착안점은 개념의 해석과 탐구에 있지 않고 현실사회의 등급질서·윤리강상에 대한 인성론을 논증하는 데 있었다. 그가 이른바 성인은 바로 성왕을 가리키며 요·순·우 같은 대성인으로 "폐하(당시의 孝宗 皇帝를 가리킬 것이다)의 덕이 순수하고 풍성한 것은 옛 성인들과 부합하는 듯하나, 나면서부터의 지혜를 갖추신 분인지는 저로서는 알 수 없는 일입니다."[121]라 하여 조신(趙眘)을 억지로 비교하였는데 실로 부당하다. 성왕을 이상적인 통치자로 삼았기 때문에 그들은 하늘을 대신하여 만물을 다스리고 백성들을 교화시킬 수 있었다. "성인은 의리가 순수하고 인욕의 사사로움이 없으므로 하늘을 대신하여 만물을 다스린다."[122] "하늘은 많은 인물을 낳았고, 많은 도리를 부여했다. 그러나 하늘은 도리어 스스로 할 수 없어서 성인을 낳아서 도를 닦고 가르침을 베풀어서 백성을 교화하도록 하였으니, 이른바 '천지의 도를 마름질하고, 천지의 마땅함을 돕는다.'고 한 것이 이것이다. 대개 하늘이 할 수 없는 것은 도리어 반드시 성인이 그를 위하여 한다."[123] 성왕이 하늘을 대신하여 도를 닦고 가르침

---

120 「옥산강의(玉山講義)」, 『주희집』 권74, 3898쪽.
121 「임오응조봉사(壬午應詔封事)」, 『주희집』 권11, 440쪽.
122 『중용혹문』 권3, 『사서혹문』.
123 『주자어류』 권14.

을 세워 만물을 다스리고 백성을 교화한다고 군주 전제통치의 합리성에 논증을 해주었다.

주희의 기품에는 정명론(定命論)이 있는데 두 방면으로 작용한다. 첫째 성현과 중인(衆人)·하민의 사이에 하나의 큰 경계선을 긋고 성현과 하민의 빈부와 귀천의 차별은 인위적인 것이 아니라 기품이 정한 것이라고 논설하였다. 둘째 성현과 중인·하민의 등급 차이를 기품에 정해진 수가 있는 것이라고 말하였다. "죽고 사는 데는 명이 있어서 처음에 기를 품부하여 받을 때 정하여진다."[124] "삶과 죽음이 명에 달렸다는 것은 마땅히 품부하여 받음이 이미 정하여졌으니 이제 힘을 들여도 어쩔 수 없다."[125] 사람의 사생과 부귀·빈천은 사람이 출생할 때의 기품의 정하여진 운명 [定數]이다. "사람이 품부하여 받은 기는 부귀와 빈천·장단에 모두 정해진 운명이 그 가운데 깃들어 있다."[126] 사람의 사생과 수요(壽夭)가 부모의 유전자와 상관이 있어 선천적으로 "정해진 운명"이 있거나 기품이 정하여지고 합리성이 있다고 한다면 부귀과 빈천은 기품에 의하여 정해진 것이 되니 어떠한 근거도 없다.

주희는 그의 기품에는 정하여짐이 있다는 논의를 자연계의 모든 생물에까지 추급하였다. "나무는 산에서 나는데 그것을 가져오면 어떤 것은 귀해져서 동량이 되고 어떤 것은 천해져서 뒷간의 재목이 되는 것과 같아 모두 그 날 때 품부하여 받은 기와 운명은 이와 같이 정해져 있는 것이다."[127] 이는 곧 자연계 만물의 어떤 우연성을 필연성으로 삼아 논증한 것으로 옳지 않다.

---

124 『주자어류』 권3.

125 『주자어류』 권42.

126 『주자어류』 권4.

127 위와 같음.

4) 천지기질은 대립하고 융합한다

"천지지성"과 "기질지성" 양자는 서로 대립하면서도 서로 융합한다. 이를테면 성현과 하민의 대립으로 체현되고 또한 "천명지성"을 "기질지성"의 의뢰성에 두는 것으로 체현된다. "천명지성은 기질이 없으면 오히려 둘 곳이 없다."[128] 주희는 이는 이정이 성은 논하고 기가 갖추어지지 않음은 논하지 않고 기는 논하고 성이 밝지 않음은 논하지 않은 것에 대한 발휘와 설명 때문이라고 생각하였다. 주희는 물과 기명의 관계를 가지고 천명지성과 기질지성을 설명했다. 물은 반드시 물을 담는 기명이 있는데 이 물을 담는 기명이 곧 "기질지성"이며, 물은 "천명지성"이다. 이 의의에서 천명지성과 기질지성은 둘이 아니라고 한다.

"천명지성"이 "기질지성"에 의존할 뿐만 아니라 "기질지성" 또한 반드시 "천명지성"에 의지한다. 그는 말하였다. "천지지성이 있으면 기질이 있다. 천명지성을 마음에 근본한 것으로 생각한다면 기질의 성을 또한 어디에 두겠는가!"[129] 이런 상호 의존하는 관계는 사람의 몸으로 표현되면 나눌 수 없다. "기질지성은 있는데 천명지성은 없어도 사람이 될 수 없고, 천명지성은 있는데 기질지성은 없어도 또한 사람이 될 수 없다."[130] 사람은 반드시 이 양자의 대립된 통일이다. 주희는 이 양자에 대한 대립과 통일을 또한 두 방면으로 논증하였다. 한 방면은 양자가 떨어지지 않는다고 생각한 것이다. "성은 기품과 떨어질 수 없다. 기품이 있으면 성은 바야흐로 안에 존재하며, 기품이 없으면, 성은 기대어 탈 것이 없다."[131] 이는 천명과 기질 양자가 서로 같아 하나라도 없으면 사물을 낳

---

128 위와 같음.

129 위와 같음.

130 위와 같음.

지 못하기 때문이다. "하나라도 빠뜨리면 사물이 생겨날 수 없다. 천명이 있어도 모름지기 이 기가 있어야 바야흐로 이 이를 이을 수 있다. 이 기가 없다면 이 이를 어떻게 두겠는가!"[132] 이는 양자가 서로 의지하여 융합하는 데서 말한 것이다. 다른 방면은 양자의 통일과 융합으로 또한 서로 돕고 서로 이루는 관계에서 표현된다. "성은 기질이 아니면 기탁할 곳이 없고, 기는 천성이 아니면 이룰 곳이 없다."[133] 양자는 각기 상대방의 존재를 자기 존재의 전제와 조건으로 삼는다.

3. 심성·도심·인심

성이 마음에 갖추어졌다는 것은 마음과 서로 연결되어 있으며, 천명지성·기질지성과 도심·인심은 서로 대응하며, 이따금 서로 대체할 수 있다. "천명지성이 있으면 기질이 있다. 천명지성을 마음에 근본한 것으로 생각한다면 기질지성을 어디에 두겠는가! '사람의 마음은 오로지 위태롭기만 하고 도심은 약하기만 하다(人心惟危, 道心惟微)'와 같이 말한 것은 모두 마음이다. 도심만이 마음이고 인심은 마음이 아니라는 것은 어불성설이다."[134] 천명지성과 기질지성을 마음에 두었으며 도심과 인심 또한 마음에 두었다. 이에 천명지성과 도심이 서로 대응하게 되었고, 기질지성은 인심과 서로 대응하게 되었다.

---

131 『주자어류』 권94.
132 『주자어류』 권4.
133 위와 같음.
134 위와 같음.

1) 마음의 주재는 허령하여 형체가 없다

　도심과 인심이 놓인 곳으로서의 마음은 성에 상당한가? 형상학의 본체라는 의의에서 보면 마음은 이에 상당한다. "인자는 이가 곧 마음이며, 마음이 곧 이이다. 어떤 하나의 일이 오면 곧 하나의 이가 그것에 응한다."[135] 주희는 "마음과 이는 하나" 및 "마음과 이는 둘이다"를 유가와 석가를 구별하는 표지 가운데 하나로 보았다. "유가와 석가의 차이는 바로 우리는 마음[心]과 이치[理]를 하나로 보지만 저들은 마음과 이치를 둘로 보기 때문이다. 그러나 근세에 일종의 학문은 비록 마음과 이치가 하나라고는 말하지만, 기품(氣稟)과 물욕(物欲)의 사사로움을 살피지 못했기 때문에 그 발설하는 것이 이치에 맞지 않아 도리어 석가와 동일한 병폐가 있게 되니 또한 살피지 않을 수 없다."[136] "저들(彼)"은 석씨를 가리키는데 마음과 이의 둘로 삼은 까닭은 석씨는 "마음이 비었으며 이가 없다고 본"[137] 까닭 때문이다.

　인성론에서 보면 마음은 성에 상당하여 『중용』에서 '하늘이 명한 것을 성이라 한다.'고 한 것이 곧 이 마음이고, '성을 따르는 것을 도라고 부른다.'라 한 것도 이 마음이다."[138] 마음은 곧 성이다. 이렇게 마음과 이·성은 통일될 수 있다. "이는 사람의 마음에 있으니 이것을 일러 성이라고 한다. 성은 마음의 전지(田地)와 같아서 이 비어있는 것을 가득 채우니 이 이가 아님이 없을 따름이다. 마음은 신명의 집이니 한 몸의 주재가 된다. 성은 허다한 도리이니 하늘에서 얻어 마음에 갖추어진 것이다."[139] 이가 마음에

---

135 『주자어류』 권37.
136 「답정자상」, 『주희집』 권56, 2873쪽.
137 위와 같음, 2877쪽.
138 『주자어류』 권12.

있는 것을 성이라 일컫는다. 성은 마음의 빈 곳을 가득 채우고 있으며, 성은 허다한 도리로 곧 마음은 마음의 빈 곳에 허다한 도리를 간직하고 있으며 천지를 두루 다스리고 고금을 망라하여 하늘과 땅을 두루 덮으니 모두가 마음의 묘한 곳이다. "마음과 이는 하나로 이가 앞에 있는 것이 아니며 이는 곧 마음 한가운데 있다."[140] 이에 마음은 만리(萬理)를 포괄한다. 마음은 이가 안착하는 곳이 되는데 이런 의의에서 보면 "이는 마음이 없으면 붙일 곳이 없다."[141] 이렇게 마음과 이는 다층의 관계를 갖추고 있다.

마음과 이·성의 융합과 통일을 이야기하면 결코 그들 간에 차이와 충돌이 없다는 것이 아니라 마음은 만리를 포괄하고 있을뿐더러 마음은 또한 물욕이 나온 곳이기도 하다. 『어류』에서 기록하였다. "물었다. '마음이라는 것에는 뭇 이치가 충분히 갖추어져 있습니다. 발한 선은 실로 마음에서 나옵니다. 발한 선하지 않은 것은 모두 기품과 물욕의 사사로움 때문인데 또한 마음에서 나옵니까?' 대답하였다. '실로 마음의 본체는 아니지만 마음에서 나온다.'"[142] 천리는 물욕의 사사로움이 없어서 "기품과 물욕의 사사로움"은 마음에서 나오는데 곧 이와는 차별이 있다.

마음과 성의 구별에 대하여 『어류』에서는 기록하였다. "혹자가 마음과 성의 구별에 대하여 묻자 말하였다. '이는 매우 말하기 어려우며 또한 비유하기도 어렵다. 이천 같은 이는 물을 가지고 성을 비유하였는데, 그 설은 본래 좋지만 깨닫지 못하는 사람에게 병이 생기게 한다. 마음은 대개 관리와 같고, 천명은 곧 임금의 명이며, 성은 곧 직무와 마찬가지이다. 이 또한 대개가 그런 것이어서 스스로 이해를 하여야 한다.'" 마음과 성의

---

139 『주자어류』권98.
140 『주자어류』권5.
141 『주자어류』권4.
142 『주자어류』권5.

관계는 관리와 직책의 관계와 같아 양자는 나눌 수 없다. 또한 같지 않은 것이 있다. 첫째는 직책과 구체적인 임무의 다름이다. 이를테면 천명은 임금이 내린 명령이다. 성은 임금이 명령한 직무이다. 마음은 임금의 명을 받아 임금의 명을 집행하는 관리이다. 둘째 성은 비록 비었지만 오히려 실리이고 마음은 하나의 사물이지만 오히려 비었다. "성은 본래 무이며 오히려 실리이다. 마음은 영상이 있는 것 같지만 그 체는 오히려 비었다."[143] 바로 이 두 층면의 차이로 말미암아 주희는 성은 태극이고 마음은 음양이라고 비유했다. 태극은 음양에 있을 때만 음양을 떠날 수 없는 것은 성이 마음에 있을 때만 성이 마음을 떠날 수 없는 것과 같다.

마음이 무엇인지 주희는 규정을 내린 적 있다.

첫째, 마음은 주재이다. "마음은 주재하는 것을 이른다."[144] 주재에는 재제(宰制)하고 통어(統御)한다는 뜻이 있다. 여기서는 첫째, 일신(一身)을 주로 하여 말한 것을 가리킨다. "마음이라는 것은 한 몸을 주재하는 것이다."[145] "이 몸에서 혼연히 절로 주재함이 있는 것은 마음이다."[146] 이는 마음은 사람의 몸에 있는 눈과 귀·코·혀 및 몸의 각 부분을 지휘할 수 있다는 것을 말한다. 둘째는 만사를 주로 하여 말하였다. "사람의 마음은 만사의 중심이니, 이리저리 갈팡질팡하면 어떻게 터득할 수 있겠는가?"[147] 마음은 관섭하고 주재하는 것인데 이것이 마음이 큰 까닭이다. 이는 곧 마음이 마음을 주재하고 만사와 만물을 관섭한다는 것을 말한다. 이곳의 주재는 결코 형상학 본체의 의의에서의 만사 만물이 주재한다는 뜻이 아니며 마

---

143 위와 같음.
144 위와 같음.
145 위와 같음.
146 『주자어류』 권20.
147 『주자어류』 권12.

음이 인지, 체험하는 과정의 주도하고 통섭하는 작용을 가리키며 주체의 마음과 대가 되는 객체대상의 주관적인 능동 작용이다. "마음은 진실로 주재한다는 뜻이다. 그러나 이른바 주재하는 것은 곧 이이다."[148] 그는 불교는 다만 마음이 주재라는 것만 말하였고 이가 주재한다는 것을 보지 못하였기 때문에 사적으로 흐름을 면치 못하였다고 비판하였다.

둘째, 마음은 고요하여 움직이지 않는다. 마음을 도심이라는 이 의의에서 말하였다. "내가 보기에 고요하여 움직이지 않는다는 것은 보통 사람이면 누구나 이 마음을 가지고 있고, 감동하여 마침내 통한다는 것은 성인만 그렇게 할 수 있고 뭇 사람들은 그러하지 못하다."[149] 이른바 뭇 사람들이 모두 고요하여 움직이지 않는 마음을 가지고 있다는 것은 마음의 체를 가리켜 말하였다. 여기에서 주희는 마음을 체와 용의 두 방면으로 나누었다. "마음은 하나이지만, 체를 가리켜 말하는 경우가 있고 용을 가리켜 말하는 경우가 있다."[150] 체는 고요하여 움직이지 않는 체이고 용은 느껴서 마침내 통하는 용을 가리킨다. 체의 의의에서 이렇게 말하였다. "'오직 마음에는 짝할 것이 없다', '마음이 본성과 감정을 통괄한다.' 이정에게는 도리어 이와 같은 절실한 한 구가 없다."[151] 마음에 짝이 없기 때문에 마음은 하나만 있고 둘은 없다. 이 하나만 있고 둘은 없는 것은 체와 용이 하나의 근원의 체라는 것에서 이야기한 것이다.

셋째, 마음은 허령하여 형영(形影)이 없다. 주희는 말하였다. "허령은 절로 마음의 본체이지 내가 비게 할 수 있는 것이 아니다. 귀와 눈이 보고 듣는 것은 보고 듣는 것이 곧 그 마음이기 때문이니 어찌 형상이 있겠는

---

148 『주자어류』 권1.
149 『주자어류』 권95.
150 위와 같음.
151 『주자어류』 권98.

가!"¹⁵² 마음의 허령은 바야흐로 사물을 수용할 수 있으며 보고 듣는 것이 보고 듣는 까닭이 되는 것은 곧 마음의 본체가 비어서이다. 마음이 빈 것은 이가 찼다는 것에 상대하여 말한 것으로 마음을 거울에 비유하였다. "마음은 거울과 같은데 다만 먼지나 때의 가림이 없으면 본체가 저절로 밝아져 사물이 옴에 능히 비출 수 있다."¹⁵³ 거울이 사물을 비추는 것은 거울이 사물을 반영할 수 있는 것이며, 마음의 거울 또한 사물을 반영하고 체인할 수 있다. 거울은 티끌과 때가 끼지 않을 수 없으며 마음의 거울 또한 형영이 없을 수 없다. 이런 의의에서 말하였다. "마음은 형영이 없다."¹⁵⁴ 티끌과 때가 있으면 사물을 비출 수 없으며, 형영이 있으면 대상을 체인할 수 없다. 마음의 허령은 마음의 신명하여 헤아리지 못하여 물리적 시공의 제한을 받지 않고 미래를 예지하는 기능을 갖추고 있는 것을 가리킨다. 동시에 또한 마음이 허령하여 어둡지 않다는 뜻도 가지고 있는데 어둡지 않다는 것은 곧 외물에 가리지 않는 것이다.

넷째, 마음은 지각과 사려이다. 주희는 말하였다. "사물이 이르러 아는데, 그것을 안다는 것은 마음이 감응한 것이다."¹⁵⁵ 지각은 마음과 사물이 서로 감응한 것이며, 지각은 사람의 마음의 속성과 기능이다. "마음은 사람의 지각이니, 몸을 주로 하여 사물에 응하는 것이다."¹⁵⁶ 마음은 지각을 통하여 사물에 대한 체인을 얻는다.

이런 규정은 마음의 특성과 마음의 본체가 미발에 처하였을 때의 고요하여 움직이지 않는 상태를 설명하였다. 그러나 이미 관섭과 주재를 할

---

152 『주자어류』 권5.

153 「답왕자합(答王子合)」, 『주희집』 권49, 2369쪽.

154 『주자어류』 권1.

155 「악기동정설(樂記動靜說)」, 『주희집』 권67, 3523쪽.

156 「대우모(大禹謨)」, 『주희집』 권65, 3436쪽.

수 있다면 그 작용이 있으며, 마음의 용은 오히려 능동적이고 감응하여 마침내 통하는 것이다. 이렇게 실제상으로 마음에 동정의 이중성을 부여하였다. 마음과 몸, 마음과 사물의 관계에서 이·성과 서로 비슷한 형상학의 의의 상의 마음과 몸, 사물의 관계로서 마음이 몸을 주재하고 마음이 사물을 관섭한다. "마음이란 사람이 자신의 몸을 주재하는 것으로, 하나일 뿐 둘이 아니다. 주인이지 손님이 아니다. 사물을 명하는 것이지 사물에게서 명을 받는 것이 아니다."[157] 주가 되고 객이 되지 않아 마음의 주체적 성격을 부각했다.

주희는 그 철학의 논리적 구조가 방대하기 때문에 마음의 각 층면이 내포하고 있는 것을 논급하였다. 마음이 이미 사람의 마음을 가리키니 사람의 마음의 의념을 주체하는 사유하는 마음으로 그것은 인지의 공능을 주체하는 마음이 된다. 천지의 마음을 가리키니 천지가 사물을 낳는 마음은 우주만물과 천하의 마음의 총화이다. "반드시 원형이정(元亨利貞)이 바로 천지지심이며, 원(元)이 그 중 으뜸임을 알아야 한다."[158] 원형이정을 천지가 사물을 낳는 과정으로 삼았으며, 원(元)이 만물을 화육하는 으뜸이고 만물의 화육과 만물의 마음은 천지의 마음을 근거로 한다. "천지는 만물을 생성하는 것을 마음으로 하며 또한 사람과 만물이 생성됨에 있어 각각 저 하늘과 땅의 마음을 얻어 마음으로 한다."[159] 천지는 그 사람의 마음을 만물에 널리 미치게 하고 사람과 사물이 그것을 얻어 자기의 마음으로 삼는데 이것이 바로 천지의 마음이 인심과 물심, 초목금수의 마음 등 일체의 마음이 존재하는 근거라는 말이다.

사람의 마음과 천지의 마음은 연결이 되어 있으면서도 서로 구별이 있

---

157 「관심설(觀心說)」, 『주희집』 권67, 3540쪽.

158 「답하숙경(答何叔京)」, 『주희집』 권40, 1874쪽.

159 「인설(仁說)」, 『주희집』 권67, 3542쪽.

다. 연결에서 말하면 천지의 마음은 사람의 마음을 포괄하며 사람의 마음이 천지의 마음을 얻어서 마음으로 삼고 아울러 인을 가지고 천지의 마음과 사람의 마음을 관통하였다. 양자의 구별에서 말하면 사람의 마음은 지각 의식이 있으며 천지의 마음은 지각 의식이 없는데, 이것을 가지고 말하면 천지의 마음은 자체가 무심한 마음이고 천지가 만물을 화육하는 것은 무심이고 무의식적이다. "지극히 큰 천지는 허다한 만물을 생성해내며 운행하고 유통함에 잠시도 쉬지 않아 사철주야로 마치 그렇게 되게끔 만들어가는 사물이 있는 것 같다. 천지는 절로 무심한 마음을 가지고 있다."[160] 천지의 마음은 만물을 파생하고 사람의 마음을 결정하며, 천지의 마음에서 사람 마음의 주관능동 작용은 천지의 마음이 사람의 마음이 있는 데서 말미암아 그 작용을 드러낸다.

2) 도심과 인심 천리와 형기

주희는 「잡학변·장무구중용설(雜學辨·張無垢中庸說)」을 짓고 말하였다. 사람은 한 마음만 있을 뿐 결코 두 마음이 없다. "마음의 바깥에 다시 한 마음이 있으면 분분히 과연 어느 때나 끝이 나겠는가?" 도심과 인심은 다만 하나의 마음이며 결코 두 마음이 아니다. 다만 도심과 인심은 확연히 『상서』「대우모(大禹謨)」의 "인심은 위태롭고 도심은 은미하니, 정하게 하고 한결같이 하여야 진실로 그 중도를 잡을 것이다.(人心惟危, 道心惟微, 惟精惟一, 允執厥中)"에 대한 해석이다. 요덕명(廖德明)은 주희 44세 이후에 기록한 『어류』에서 말하였다. "『상서』에 '인심은 위태롭고 도심은 은미하니……' 라고 하였으니, 이것이 곧 요와 순이 서로 전한 도이다."[161] 주희는 이 열

---

160 『주자어류』 권4.
161 『주자어류』 권58.

여섯 자를 요·순·우가 서로 전한 밀지(密旨) 혹은 참된 전함이라고 생각하여 특별히 중시했다.

도심은 천리나 성명(性命)에서 가리킨 바른 마음이다. "도심은 천리이며, 미(微)는 정미(精微)함이다."[162] 도심과 천리의 의의에서 말하면 도심은 천리에서 생겨나며 틀림없이 이를 포함하여 내재하고 있다고 말할 수 있다. "도심이란 것은 이치를 겸하여 마음속에 있는 것이다. '오직 정미하다'는 것은 섞임이 없는 것이며, '오직 한결같다'는 것은 끝내 변하지 않는 것이니, 비로소 '진실로 그 중을 잡을' 수 있다."[163] 도심은 온전히 천리이며 성명의 바름에서 근원 한다.

도심을 이미 천리로 규정하였으니 무릇 천리에 속한 것이라야 도심이며 그렇지 않다면 옳지 않다. "도심은 본래 인의예지(仁義禮智)의 마음을 부여받은 것이다."[164] 이렇게 도심은 곧 일종의 의리에서 생겨난 "견식(見識)"이다. "의리에서 생겨나는 견식이 (도리에서 생겨난 견식[就道理上生出來底見識]으로 된 판본도 있다) 도심이지만, 마음은 하나이다."[165] 도심은 의리에서 나오거나 의리에서 난다는 두 층의 의미가 있다. 첫째, 인의예지에서 품부하여 받은 것에서 측은과 수오로 발하였다는 것에서 말하였다. "측은과 수오·시비·사손(辭遜, 辭讓)은 도심이다."[166] 둘째, 군신·부자 등 윤리강상 관계에서 말하였다. "지각이 군신과 부자를 따르는 곳이 곧 도심이다."[167] 이는 곧 도심은 군신·부자의 충효의 이라는 것이다.

도심은 또한 선심(善心)으로, 도심은 천지의 바름에서 얻어지고 또한

---

162 『주자어류』 권78.

163 위와 같음.

164 위와 같음.

165 위와 같음.

166 『주자어류』 권62.

167 『주자어류』 권78.

"그 의리의 공정함에서 발한 것을 가리켜 말하면 도심이라고 한다."[168]
도심이 "천지의 바름"을 얻었기 때문에 의리의 공정함을 발한다. 그것은
천지지성과 마찬가지로 "지극히 선한" 것이다. 따라서 그것은 성인이 갖
추고 있는 것이다. "성인은 온전히 도심으로 주재한다.(時擧는 "성인은 순수하
게 도심이다"라 기록하였다)"[169] 다만 성인 또한 인심이 없을 수 없으므로 성인
또한 배고프면 먹고 추우면 입어야 한다.

　주희는 인심을 형기(形氣)의 사사로움에서 나온다고 생각하였다. "심
(心)은, 사람의 지각이니, 몸을 주장하여 사물에 응하는 것이다. 그중에
형기(形氣)의 사사로움에서 생겨나온 것을 가리켜, 곧 인심(人心)이라 한
다."[170] 이는 도심과 인심이 차이가 있는 곳이다. "심의 허령지각은 하나
일 뿐인데, 인심과 도심의 다름이 있다고 한 것은, 혹은 형기의 사사로움
에서 나오고, 혹은 성명의 올바른 것에서 근원하여, 지각을 한 것이 똑같
지 않기 때문이다. 그러므로 혹은. 위태로워 편안치 못하고, 혹은 미묘하
여 보기가 어려울 따름이다. 그러나 이 형체를 가지고 있지 않은 이가 없
으므로 비록 상지라도 인심이 없을 수 없다."[171] 형기의 사사로움이란 무
엇인가? 『어류』에서는 해석하여 말하였다. "누가 '형체와 기운의 사사로
움에서 나온다'는 것을 물었다. 대답하였다. '예컨대 배고프면 배불리 먹
고 추우면 따뜻하게 하는 것들은 모두 나의 혈기와 형체에서 생기고 다
른 사람이 관여할 수 없으니 이른바 사사로움이다. 또한 바로 좋지 않음
이 될 수는 없고 다만 한결같이 따라갈 수 없을 뿐이다.'"[172] 그는 배고프

---

168 「상서·대우모(大禹謨)」, 『주희집』 권65, 3436쪽.
169 『주자어류』 권78.
170 「상서·대우모」, 『주희집』 권65, 3436쪽.
171 「중용장구서」, 『주희집』 권76, 3994쪽.
172 『주자어류』 권62.

면 배불리 먹을 것을 추구하고 추우면 따뜻할 것을 구하는 생리적 요구를 "형기의 사사로움"의 "사사로움"으로 보았다. 이는 곧 그의 제자의 의혹이었는데 일단의 문답형식으로 이 문제를 설명하였다. "인심이 형기의 사사로움이라면 형기는 입·귀·코·눈·사지 따위가 아니겠습니까?" 주희는 말하였다. "맞다." 귀·눈·입·코 등의 등의 형기는 나면서부터 가지고 있는 것인데 어떻게 사사로움이라 부릅니까? 입·귀·눈·코가 "자신의 몸에" 속하는 것이라면 성인의 입·귀·눈·코는 어찌 또한 "자신의 몸에" 속하지 않으며, 어찌 또한 "형기의 사사로움"이 아니겠습니까? "자신의 몸에 있으면 곧 사사로운 것"이라는 대답이 결코 완전하지 않다는 것을 알 수 있다.

인심이 "형기의 사사로움"이라면 인욕이 있을 가능성이 있다. "인심은 인욕이다. '위(危)'는 위태함이다."[173] "인욕"이란 무엇인가? 바로 굶주리면 먹을 것을 생각하고 추우면 옷 입을 생각을 하는 마음이다. 그는 인심과 인욕의 구별을 소홀히 하였다. "인심은 굶주리면 먹을 것을 생각하고 추우면 옷을 입을 생각을 하는 마음이다."[174] 이를 인욕으로 생각하면 이는 확실히 오류가 있어 그는 나중에 이 설법을 바로잡았다. 성인은 혹 상지(上智)의 사람이기 때문에 또한 배고프면 먹고 추우면 입어야 하니, 어찌 성인에게도 인욕이 있다고 말하지 않겠는가! 이는 주희를 이론적 곤경에 처하게 했다. 이 곤경을 해결하기 위하여 그는 성인은 인심이 없을 수 없지만 인욕이 없다고 제기하였으며, 이 때문에 그는 두 방면에 걸쳐 수정하고 보충하였다.

첫째, 인심은 완전히 좋지 않은 것은 아니다. 주희는 말하였다. "성인이라도 인심이 없을 수 없으니, 굶주리면 먹고 목마르면 마시는 것 같은

---

173 『주자어류』권78.

174 위와 같음.

따위이다. 비록 소인이라도 도심이 없을 수 없으니 측은지심 같은 것이다."[175] 인심을 이미 성인이 가지고 있다고 한다면 간단하게 인심이 좋지 못하다고 말할 수 없다. "인심 또한 완전히 좋지 않은 것은 아니며", "인심이 완전히 좋지 않은 것은 아니니, 만약 인심이 완전히 좋지 않다면 응당 위험하다고 하지 않았을 것이다."[176] 성인과 범인의 구별은 인심에 있지 않고 "성인은 인심을 주로 하지 않고 도심을 주로 한다."는 데 있다. 혹자는 "인심이 그 도심을 이기지 못하게 한다." 소인은 그 반대이다.

둘째, 인심이 완전히 좋지 않은 것이 아니고 게다가 성인이 가지고 있는 것이라면 인심과 연결된 인욕 또한 좋은 성분이 있지 않겠는가? 주희는 "인욕"도 좋은 것이 있다고 인정하지 않을 수 없었다. 무엇보다도 그는 "인심은 인욕이다"라 한 이 정이의 규정에 대하여 회의를 제기하였다. "'인심은 인욕이다'라는 말에는 잘못이 있다. 비록 상지(上智)라도 이것이 없을 수 없으니 어찌 완전히 옳지 않다고 말할 수 있겠는가?"[177] 다음으로 그는 인욕 또한 곧 좋지 않은 것은 아니라고 생각했다. 『어류』에서는 기록하였다. "묻기를 '사람의 마음은 오직 위태롭다는 것에 대해 정자는 인심은 사람의 욕구라 하였는데, 아마 사람의 욕구는 아닌 듯합니다.' 말하였다. '사람의 욕구도 또한 좋지 않은 것은 아니다. 위(危)라고 말하는 것은 위험함이니 떨어지고자 하면서도 떨어지지 않는 사이이다."[178] 인욕이 곧 좋지 않은 것은 아니라고 하는 것은 일정 정도 인욕이 존재한다는 합리성과 합법성을 긍정한 것이다. 이것이 바로 그의 "천리를 보존하고 인욕을 없애는" 주요 사상을 직접 뒤흔들었다.

---

175 위와 같음.
176 위와 같음.
177 위와 같음.
178 위와 같음.

인심은 좋은 것이고, 인욕 또한 좋지 않은 것이 아닌데 이로 말미암아 그는 인심은 선악을 겸한다고 생각하였다. "물었다. '마음이라는 것에는 뭇 이치가 충분히 갖추어져 있습니다. 발한 선은 실로 마음에서 나옵니다. 발한 선하지 않은 것은 모두 기품과 물욕의 사사로움 때문인데 또한 마음에서 나옵니까?' 대답하였다. '실로 마음의 본체는 아니지만 마찬가지로 마음에서 나온다.' 또 물었다. '이것이 이른바 마음입니까?' 대답하였다. '그렇다.' 자승(子升)이 또 물었다. '사람의 마음은 또한 선과 악을 겸합니까?' 대답하였다. '또한 겸하여 말한 것이다.'"[179] 인심이 선악을 겸하고 있는 것은 인심에는 좋은 것이 있고 좋지 않은 것이 있는 두 층차를 내포하고 있기 때문이다.

도심이 천지지성에서 발한 것은 선한 것이며 하민 또한 천명지성을 갖추고 있으며 또한 도심이 없을 수 없다. 인심이 기질지성에서 발하면 "인심이란 것은 기질의 마음이니 선할 수도 있고 선하지 않을 수도 있다."[180] 그러나 성인 또한 "이와 기가 합하여 사람이 있게 되는 것이다."[181] 기질지성을 갖추지 않을 수 없고 인심이 없을 수 없다. 주희 철학의 논리적 구조에서는 각 범주와 명제 사이가 서로 연결되어서 구성이 복잡하게 얽혀 있으며 또한 차서의 관계도 있다.

3) 도심과 인심은 충돌하고 융합한다

도심과 인심은 천명지성과 기질지성의 관계와 같다. 양자는 서로 대립하고 충돌할뿐더러 또한 서로 통일하고 융합한다. 그 대립하고 충돌하는

---

179 『주자어류』 권5.

180 『주자어류』 권78.

181 위와 같음.

것으로 말하면 첫째, 내원이 같지 않다. "인심과 도심의 구별이 있는 것은 어째서인가? 대체로 혹은 형기(形氣)의 사사로움에서 나오고, 혹은 성명(性命)의 올바른 것에서 근원하여, 지각하는 것이 똑같지 않기 때문이다. 그러므로 혹은 위태로워 편안치 못하고, 혹은 정미하여 보기가 어렵다. 그러나 사람마다 이 형체를 가지고 있지 않은 이가 없으므로 비록 상지(上智)라 하더라도 인심이 없을 수 없고, 또한 성(性)을 가지고 있지 않은 이가 없으므로 비록 하우(下愚)라 하더라도 도심이 없을 수 없다."[182] 이렇게 도심과 성명의 바름, 인심과 형기의 사사로운 사이는 서로 의존하는 데다가 또한 도심은 성명의 바름에서 근원하고 인심이 형기의 사사로움에서 생겨나는 관계이다.

둘째, 지각이 되는 것이 같지 않다. "어떤 사람이 인심(人心)과 도심(道心)의 구별에 대해 물었다. 대답하였다. '다만 하나의 마음일 뿐이나, 지각이 귀와 눈의 욕구에서 깨달아 가는 것은 인심이고, 지각이 의리에서 (깨달아) 가는 것은 도심이다.'"[183] 지각의 가치 지향은 같지 않지만 인심과 도심의 차이가 있다.

셋째, 선이 되고 악이 됨은 같지 않다. 도심은 선한 것이고, 인심에는 선이 있고 악이 있다. "인심이 이미 형체에서 발현해 나왔다면 쉽게 악으로 흐를 수 있기"[184] 때문이다. 악을 낳기는 쉽다. 선을 하고 악을 제거하려면 교정을 가리어 택하여 진행할 공부가 필요하며, 또한 인심과 도심이 승리를 다투는 과정도 필요하다. 안자(顏子)는 "인심이 도심의 명을 따르게 하였고 인심이 도심을 이기지 않게 하였다. 지금은 모름지기 항상 교정(敎精)을 가리어 택하여 도심이 늘 안에 주인처럼 있게 해야 하며 인심

---

182 「무신봉사(戊申封事)」, 『주희집』 권11, 462쪽.
183 『주자어류』 권78.
184 위와 같음.

은 다만 손님과 같을 따름이다."[185] 인심이 이기고 도심이 망하는 것이 아니라 도심이 이기고 인심이 망하는 것이다. 따라서 늘 도심을 주인으로 삼아 인심이 항상 도심의 명을 듣고 도심의 제약을 받게 해야 한다.

도심과 인심이 서로 통일 융합하는 데서 말하면 양자는 "1평방 치[方寸] 사이에 섞여 있다." 방촌(方寸)은 마음을 가리키며, 섞였다는 것은 곧 상호 융합하는 것이다. 주희는 또한 도심과 인심은 두 마음이 아니며 다만 하나의 마음이라는 것을 강조하였다. "도심과 인심은 본래 다만 하나의 사물일 따름이다."[186] 하나의 사물의 두 층면으로 이 두 층면은 결코 연결된 양극이 없지 않지만 서로 통일되어 있다. 의리로서의 도심은 형기의 인심을 통하여 안정될 필요가 있다. "인심이 도심을 이기지 못하게 한다. 도심은 다만 편안하게 이것을 시키는 것이니 그 인심에 따라가는 것이 없다."[187] 그는 양자를 배와 키의 관계에 비기어, 인심은 배이고 도심은 키여서 키를 단단히 잡기만 하면 배가 가는 것은 내가 원하는 대로 따른다고 하였다. 그러나 키도 배가 없으면 쓸모가 없다. 키와 배 쌍방은 모두 상대방의 존재를 자기가 존재하는 전제 조건으로 삼는다.

도심과 인심은 또한 서로 삼투하여 "그러나 이 도심은 도리어 인심에 섞여 나와 은미하여 보기 어렵기 때문에 반드시 정밀하고 한결같게 한 뒤에 중(中)을 잡을 수 있다."[188] 도심은 인심에서 나오고 도심은 형기 가운데 있으며, 인심에도 도심을 포함하고 있는데 이것이 바로 인심에서 완전히 좋지 않은 것은 아닌 도리이다. 양자는 네 속에 내가 있고 내 속에 네가 있어 서로를 포함한다.

---

185 『주자어류』 권120.
186 『주자어류』 권78.
187 위와 같음.
188 『주자어류』 권62.

도심이 빈 것은 아니지만 불교의 허공과는 혼동될 수 없다. "다만 도심 아래로는 도리어 줄곧 한결같이 공허하고 있을 수 없는 것이어서 석가와 노자의 학문으로 흐르게 될 것이라 말하였다. 그렇다면 저 석가는 공허의 우두머리인데, 배고픈데 먹고 싶지 않을 수 있는가? 추위에 옷을 빌리지 않을 수 있는가? 사람이 하고자 하는 것을 생기지 않게 할 수 있는가? 비록 없애고자 하여도 마침내 없앨 수 없을 것이다."[189] 주희는 불·노를 비판하여 도심은 공허하여 없는 것이 아니라 실리(實理)의 실(實)이라고 하였다. 바로 도심이 실(實)인 데다 볼 수가 없기 때문에 반드시 인심을 통하여 표현해야 한다. "인심과 도심은 하나이다", "도심은 모두 그 인심에 발현된다."[190] 도심이 발현하면 인심에 발현되며, 인심은 볼 수 있는 형영이 있다.

　비록 도심과 인심이 서로 의존하고 삼투하기는 하지만 또한 주차(主次)와 주종(主從)이라는 관계가 있다. 첫째 주도하는 관계에서 말하였다. "도심은 의리의 마음으로 인심의 주재자가 되고, 인심이 의거하여 준칙으로 삼을 수 있는 것이다."[191] 도심은 인심을 주재하고 인심은 도심을 준승(準繩: 법도)으로 삼는다. 따라서 인심은 도심에 의해 절제된다. "인심은 오직 그 주변의 이해와 정욕의 사사로움을 볼 뿐이고 도심은 다만 도리의 공변됨을 볼 뿐이다. 도심이 있으면 인심은 절제된다."[192] 이는 주차·주도(主導)와 비주도의 관계이다. 둘째, 주종관계에서 말하였다. "도심이 주인이라면 인심은 도심의 명을 따를 뿐이다."[193] 도심과 인심은 주객의 평등 관계가 아니라 주종의 예속 관계이다. 인심이 도심의 명을 따르는 것은

189　위와 같음.
190　『주자어류』 권78.
191　『주자어류』 권62.
192　『주자어류』 권78.
193　위와 같음.

사병이 장수의 명을 따르는 것과 같다. "인심은 사병의 무리와 같고 도심은 장수와 같다."[194] 사병은 반드시 무조건 장수의 명령에 복종하고 따라야 한다.

4. 성·정·재가 마음을 통섭한다

마음과 성은 서로 대립적이며 또한 서로 융합한다. 마음·성과 정은 또한 서로 대립적이다. 성은 미발(未發)로 곧 고요하여 움직이지 않는 정의 상태에 처하여 있으며, 정은 이발로 곧 마침내 통하여 동하는 상태에 처하여 있다. "성은 정에 대하여 말한 것이고 심은 성정에 대하여 말한 것이다. 이와 같이 되는 것이 성이고 움직이는 곳은 성이며 주재하는 것은 마음이다. 대체로 심과 성은 하나인 것 같으면서도 둘이고 둘인 것 같으면서도 하나인데 여기서 가장 잘 체인할 수 있다."[195] 마음과 성·정 삼자의 관계는 마음이 성정과 상대되고 성은 정과 상대된다. 마음과 정의 관계를 이야기하면 정은 마음이 움직인 것이어야 그 정이 그렇게 될 수 있는 것이며, 마음·성·정의 관계에서 동정과 체용의 관계를 구성한다.

1) 정은 마음이 동한 것이고 성정은 본래 선하다

주희는 정이 어떻게 발생하는가를 추구(追究)하였다. 그는 말하였다.

마음이란 실로 몸을 주재하며 그것이 움직이든 정지해 있든 간에 그리

---

194 『주자어류』 권62.
195 『주자어류』 권5.

고 말하고 있든 침묵하고 있든 간에 어떤 간격도 없습니다. 그러나 그것
(마음)이 고요할 때는 사물이 아직 이르지 않았고 사려가 아직 싹트지 않
아서 본성이 모두 혼연하고 도의는 모두 갖추어져 있는데, 이것이 중이
며 바로 마음의 본체이며 고요하여 움직이지 않는 것입니다. 그것(마음)
이 움직일 때는 사물이 서로 이르고 사려가 싹트게 되며 칠정이 번갈아
가며 작용하여 각각 주장하는 바가 있으니 이것이 화이며 바로 마음의
작용이며 서로 느껴 통하는 것입니다. 그러나 (마음이란) 성이 고요하여도
움직이지 않을 수 없고 정이 움직여도 반드시 법도가 있습니다. 이것이
바로 마음이 고요하면서도 감응하여 서로 통하고 두루 흘러 관철하면
서도 체용이 애당초 서로 떨어지지 않는 까닭입니다.[196]

마음은 사물에 감응하지 않으며 한 성은 혼연히 고요하여 동하지 않는
데, 사물을 감응하여 동하게 되면 칠정(七情)이 된다. 도의는 마음의 체이
고, 칠정은 마음의 용이며, 성은 정(靜)하고 정(情)은 동한데, 동하면 반드
시 중절(中節)에 합하여지니 이것이 곧 이른바 화(和)이다. 이는 곧 정의 발
생과 그 기능이다. 나아가 주희는 정에 대하여 규정하였다.

첫째, 정은 본래 선하다. 그는 말하였다. "사람의 정은 본래 다만 선만
할 수 있고, 악은 할 수 없으니, 그렇다면 성이 본래 선함을 알 수 있는 것
이다."[197] 정은 본래 선한데 이는 정이 발한 성이 본래 선하기 때문이다.
"정 자체는 본래 선한데, 그것이 발동하여 아직 오염되지 않았다면 어찌
선하지 않았던 적이 있겠는가."[198] 정이 본래 선하다는 것은 본래의 의의
에서 말한 것이며, 정이 발하여 오염되지 않는 조건 또한 선하지만 발하

196 「답장흠부(答張欽夫)」, 『주희집』 권32, 1403~1404쪽.
197 「고자장구(告子章句) 상」, 『맹자집주』 권11.
198 『주자어류』 권59.

여겨 오염이 되면 선하지 않게 되며 이렇게 정이 발하면 선과 불선이 있게 된다. 진순은 이렇게 해석하였다. "정이 절도에 맞는 것은 본성에서 발하여지면 곧 선하여 더 이상 불선이 없다. 절도에 맞지 않고 물욕에 감응하여 동하여 본성에서 말하여지지 않으면 불선이 있게 된다."[199] 정이 발하여 절도에 맞음에 합하여지면 본성에서 발하여져 선하게 된다. 절도에 맞지 않으면 물욕에 감응하여 동하게 되는데 곧 선하지 못하다. 이 해석은 주희의 견해와는 다르다. 주희는 정은 모두 성에서 발하여진 것이라 여겼다. 발하여진 후에 절도에 맞으면 선이고 절도에 맞지 않으면 선하여져 결코 진순이 말한 절도에 맞지 않음이 본성에서 발하여 나오지 않은 것과 같지 않아서다.

주희는 정에는 선이 있고 악이 있다는 논의를 확립하고 반드시 두 가지 편집(偏執)을 타파하여야 한다고 생각했다. "맹자가 정을 논하면서 모두 선으로 간주한 것은 오로지 그것이 선에 근본하여 말하는 것을 가리켜 말한 것이다. 선가(禪家)에서는 합치하지 않아 정을 가리켜 모두 악을 하는 사물이라 하여 오히려 정을 없애고 성을 회복하려 하였다."[200] 맹자는 성이 발하는 것에 근본을 두고 정이 완전히 선하다고 생각하였으며, 불교에서는 정을 완전히 악한 것으로 생각하여 정을 멸하고 성을 회복하여야 생각한다고 하였다. 주희는 정에는 선이 있고 악이 있다고 생각하여 맹자의 부족함과 불교의 폐단을 보충하였다. 사단은 선이며 희로애락 등 칠정에는 선도 있고 악도 있다고 하였다.

둘째, 정은 감정이다. 곧 희로애락 등 사람의 구체적인 정감이다. "희로애락은 정이다."[201] 발하여 절도에 맞으면 정이 바른 것이고 어그러진 정

---

199 「정」『북계자의』권 상.
200 「고자장구 상」,『맹자집주』권11.
201 『중용장구』제1장 주.

이 없으며 이런 정을 화(和)라고 부르는데 곧 『중용』의 희로애락이 발하여져 모두 절도에 맞는 것을 화라 한다는 것이다. 정은 희로애락일 뿐만 아니라 "사단"을 포괄한다. "측은·수오·사양·시비는 정이다."[202] 이것은 인의예지는 성이고 발하여져 사단이 되고 정이 되기 때문이다.

셋째, 정은 성의 욕망이다. 진순은 「악기(樂記)」에서는 말하였다. '사람은 나면서 정(靜)한데 하늘의 성이다. 사물에 감응하여 동하게 되는데 성의 욕망이다.' 성의 욕망은 곧 정이다."[203]라 생각하였다. 성은 동하지 않은 것으로 미발의 상태이다. 정이 외물에 감응하여 동하면 성의 욕망을 낳는데 이런 욕망이 곧 정이다.

성이 내포하고 있는 것과 정이 내포하고 있는 것을 밝히기만 하면 성과 정의 관계를 논할 수 있다. 주희는 호굉(胡宏)을 비판하여 "옛날에 오봉(五峰)의 설을 본 적이 있는데 다만 마음을 성에 대비하여 말하였는데 하나의 정(情)자도 둘 곳이 없었다."[204]라 한 적이 있다. 주희는 성정에는 이렇게 네 방면의 관계가 있다고 생각하였다.

첫째, 성은 마음의 체이며 정은 마음의 용이다. "대체로 마음은 곧 그 성정을 포괄하며 성은 체이고 정은 용이다."[205] 성은 마음의 형이상의 본체를 초월한 층면에서 말하였고, 정은 마음의 감성이라는 형이하의 작용 층면에서 말하였다.

둘째, 성은 미발이고 정은 이발이다. "발하지 않고 온전한 전체라는 것으로 말하면 성이다. 이미 발하여 오묘한 쓰임으로 말하면 정이다."[206] 성

---

202 『공손추장구(公孫丑章句) 상」, 『맹자집주』 권3. 『주자어류』 권53에도 보인다.

203 「정」 『북계자의』 권 상.

204 『주자어류』 권5.

205 위와 같음.

206 위와 같음.

정의 미발과 이발은 "심통성정(心統性情)"이라는 범위 내에서 말하였다. "성은 이를 가지고 말하였고 정은 곧 발하여 쓰는 곳이며 마음은 성정을 관리하는 것이다."[207] 성은 발하면 정감활동이 되고, 발하지 않으면 성이 된다. "대체로 인은 성(性)이니 성은 단지 이(理)일 뿐이다. 사랑은 정(情)이고 정은 용(用)에서 발현되는 것이다. 성은 아직 발현되지 않은 것이다."[208] 미발의 성은 내재적인 도덕 이성이며, 잠재적으로 정으로 발할 공능을 갖추고 있다. 이발의 정은 외재적인 정감활동으로 성의 표현형식이다.

셋째, 성은 정하고 정은 동한다. "정(靜)은 성이고 동(動)은 정이다."[209] "하나의 마음 가운데는 저절로 동정을 가지고 있으며, 정한 것은 성이고 동하는 것은 정이다."[210] 동정을 가지고 성과 정을 나누었는데 성정은 볼 수가 없다. 정감활동의 희로애락애오욕이 겉으로 드러나 볼 수 있는 것이기 때문에 성은 정감활동의 등 뒤에 감추어져 드러나지 않으며 정감활동은 도덕 이성을 내재하는 도덕적 의거로 삼는다. 성정은 서로 의지하여 떨어지지 않으며 동정은 서로를 뿌리로 삼는다.

넷째 성은 본래 선하며 정 또한 본래 선하다. 주희는 정의 내포를 "사단"으로 규정하였다. 사단의 정이 인의예지의 성으로 나타나기 때문에 성이 선하다거나 성의 선함을 보았다 하고, 성은 볼 수 없기 때문에 "다만 그 측은·사손 사단의 선함만 볼 뿐이다."[211]라 하였다. 이 의의에서 주희는 정감활동의 합리성과 필요성을 긍정하였으며, 이는 전통적인 정은 악하고 정은 사악하다는 논의에 대한 비판이다. "이고(李翱)의 정을 멸해야

---

207 위와 같음.
208 『주자어류』 권20.
209 『주자어류』 권68.
210 『주자어류』 권98.
211 『주자어류』 권5.

한다는 의론은 곧 석씨의 말이다.""이고가 말한 복성(復性)이 이것인데, '정을 없앰으로써 성을 회복한다'는 말은 틀렸으니, 어떻게 정을 없앨 수 있겠는가! 이는 곧 석씨의 설이니, 거기에 빠지고도 스스로 알지 못한 것이다."[212] 정을 없앤다는 논의는 이고와 석씨가 하나의 흐름을 타고 있다.

주희의 정은 본래 선하다는 것은 정감활동의 도덕 가치에 대한 긍정이며, 또한 인(人:남)에 대한 자아적 가치가 두드러진 것이다. 중국의 성정범주연변사에서 중요한 의의를 갖추고 있다. 그러나 후래의 주자학자들은 결코 전면적으로 천술하거나 풀이하지 않았으며 오히려 후래의 기학파(氣學派)인 왕부지(王夫之)와 대진(戴震) 등에 의하여 계승되었다.[213]

2) 재성(才性)과 재정(才情) 재질(才質)과 선악(善惡)

재(才)는 성정(性情)과 연계되어 재성(才性)과 재정(才情)의 문제가 되었다. "사람이 이 성을 가지고 있으면 이 재를 가지고 있다."[214] 재(才)의 선악과 청탁 문제에서 정이와 맹자의 해석은 다르다. 『어류』에서는 기록하고 있다. "물었다. '『집주』에서 맹자는 오직 성에서 나온 것만 가리켜 말했고, 정자는 기에서 받은 것을 아울러 말했다고 했는데, 또 어떻습니까?' 대답하였다. '실로 그렇다. 요컨대 재는 단지 하나의 재일 뿐이니, 재의 처음은 역시 선하지 않음이 없다. 그 기품에 선악이 있음에 따라 그 재 역시 선악이 있게 된다'"[215] 맹자는 성의 재의 처음에서 나온 것은 선하다고 했으며, 정이는 기품을 아울러 말하여 기품에는 선악이 있으며 재에도 선

---

212 『주자어류』권59.
213 졸저 『대진(戴震)』, 대북동대도서공사(臺北東大圖書公司) 1991년판, 236~246쪽을 참고하여 보라.
214 「고자장구 상」, 『맹자집주』권11.
215 『주자어류』권59.

이 있고 악이 있다고 하였다. 주희는 정이의 해석 쪽으로 기울었다. "내가 살펴보건대, 정자가 여기에서 말씀하신 재(才)자는 맹자의 본문과 조금 다르다. 맹자께서는 오로지 성에서 발한 것을 가리켜 말씀하셨기 때문에 '재질이 선하지 않음이 없다.'고 하셨고, 정자는 기에서 받은 것을 겸하여 가리켜 말씀하였다. 그렇다면 사람의 재질은 진실로 혼명과 강약이 같지 않음이 있는 것이니, 장자가 말씀한 '기질지성'이 바로 이것이다. 맹자와 정자의 두 말씀이 비록 다르나, 각기 해당하는 바가 있다. 그러나 사리로 상고해 보면 정자의 말씀이 더욱 치밀하다."[216]

맹자와 정이의 두 설은 각기 합리성을 가지고 있지만 정이가 보다 적절하고 세밀하다. 그 다른 이유는 이렇다. 첫째 "맹자는 그 같은 점에서 말했기 때문에 성에서 나온다고 여겼고, 정자는 그 다른 점에서 말했기 때문에 기에서 받는다고 보았다."[217] 양자가 출발하는 기점이 다르기 때문에 다르다. 둘째, 맹자는 성은 선하며 재 역시 선하다고 하였으며 송대의 주돈이와 정이, 장재에 이르러서야 기품을 이야기하기 시작하였는데 이는 역사 사조의 발전 때문이다. 맹자 때는 기에 대해서는 말한 적이 없는데 이는 시대적 한계 때문이다. 주희는 양자를 융합시켜야 한다고 생각하여 "요컨대 이 두 가지를 겸하여야 바야흐로 갖추었다고 말한다."[218] 양자를 융합하면 이론상 재는 완비된다.

주희는 재에 대하여 규정하였다.

첫째, 재는 재질(材質)이다. 『어류』에서는 기록하고 있다. "혹자가 물었다. '『집주』에서 재(才)는 재질(材質)과 같다고 했는데, 재(才)와 재(材)자는 어떻게 구별됩니까?' 대답하였다. '재(才)자는 의리의 측면에서 말한 것

216 『고자장구 상』, 『맹자집주』 권11.
217 『주자어류』 권59.
218 위와 같음.

이고, 재(材)자는 용의 측면에서 말하였다. …… 목(木) 방(旁)을 쓴 재(材)자는 바로 적용(適用)하는 것을 가리켜 말한 것이고, 하늘이 재주를 내림이 이처럼 다른 것이 아니라고 한 것은 곧 의리의 측면에서 말한 것이다.' 또 물었다. '재(才)자는 작용할 수 있는 것을 말하고, 재질은 형체와 합쳐 말하는 것 아닙니까?' 말하였다. '형체를 겸해서 말하면 곧 이 좋은 재질이라 말한다.' 또 물었다. '재료라고 말하는 것과 서로 비슷하지 않습니까?' 말하였다. '그렇다.'"[219] "재(才)"가 "재질(材質)"과 같다고 한다면 "재(才)"의 본체, 곧 "이의(理義)"를 가지고 말한 것일 뿐만 아니라 "형체(形體)를 겸한" 것, 곧 그 표현 형식과 작용을 가지고 말한 것이다. 다만 "재질(材質)"은 또한 사람의 자연적인 소질이란 뜻도 가지고 있다.

둘째, 재(才)에는 선악이 있다. 주희는 맹자와 정이가 논한 재를 조금 다르게 분별하고 난 다음에 말하였다. 재(才)는 처음에 선하지 않음이 없는데 나중에 기품을 따라 재에 선악이 있게 되었다. "맹자는 사람의 재질은 본래 선하지 않음이 없다고 말하고, 이천은 사람의 재질이 만난 것[所遇]에는 선도 있고 불선도 있다고 말한다."[220] 만난 것(所遇)은 만난 사물을 가리키며 발하면 선악이 있게 된다. 맹자가 선을 말하는 것은 본래 상태를 따라 아직 오염되지 않았거나 사물을 만나지 않은 것이다. 정자가 말한 선악은 기품 방면을 가지고 말한 것으로 "기에 더렵혀졌기 때문에 선과 불선이 있다."[221] 기품과 기질에는 청탁과 선악이 있으며, 재에도 선악이 있으며 아울러 선하게 될 수도 있고 악하게 될 수도 있는 능력이 있다.

셋째, 재는 사람의 능력이다.『어류』에서는 기록하고 있다. "순공(舜功)이

---

219 『주자어류』 권59. 진순은 『북계자의』에서 "재(才)"를 "재질(才質)"과 "재능(才能)"으로 나누었는데 "재질은 재료질간(才料質幹)이라는 말과 같은데 이는 체(體)를 가지고 말한 것이다."라 하였다.(『才』『北溪字義』 권 상)

220 『주자어류』 권59.

221 위와 같음.

물었다. '재(才)는 이것을 하는 능력이니 지금 사람이 말하는 재능입니까?' 말하였다. '그렇다.'"²²² 진순은 "재능(才能)"에 대하여 해석하였다. "재능은 일을 할 수 있는 것이다. 같은 이 일에 어떤 사람은 발휘할 수 있고 어떤 사람은 전연 발휘해 나가지 못하는데, 곧 재가 같지 않은 것이며 용(用)을 가지고 말하였다."²²³ 재능은 사람이 본래 갖추고 있는 일종의 능력이다. 이런 능력은 마음이나 성의 발용(發用)이며, "재는 마음의 힘으로, 기력이 있어 해나가는 것이다."²²⁴ 이를테면 측은과 수오의 재에 따라 해나가는 능력이다. 성(性)은 천자가 조직으로 부여한 직무이며, 정(情)은 친히 이 직무에 임하는 것이며, 재(才)는 이 직무를 처리해나가는 능력이다. "마음은 비유컨대 물이며 성은 물의 이이다. 성은 물의 정한 곳에 서 있는 것이며, 정은 물의 동을 행하는 것이고 의욕은 물이 흘러넘치게 되는 것이다. 재는 물의 기력이 흐를 수 있는 것이다."²²⁵ 물의 흐를 수 있는 기력이 재이며, 이런 흐를 수 있는 기력은 급하고 느리게 흐르는 물결을 가리켜 말한 것이다. 이것은 곧 재가 사람이 본디 가지고 있는 재능과 능력을 가리킨다.

　재(才)가 재질(材質)과 사람의 능력으로 선악을 갖추고 있으며 이 의의에서 정과는 선이 있고 악이 있어 서로 가깝다면 재와 정은 무슨 구별이 있는가? "정은 다만 발하는 길이며, 재질은 그렇게 해나갈 수 있는 것이다. 또한 측은함 같은 것은 간절한 것도 있고 간절하지 않은 것도 있는데 이것이 재질이 같지 않은 것이다."²²⁶ 또 말하였다. "정과 재질은 매우 가깝다. 다만 정은 사물을 만나 발하는데, 길이 굽었으면 그대로 따라가는 것

222　위와 같음.

223　「재(才)」, 『북계자의』 권 상.

224　『주자어류』 권5.

225　위와 같음.

226　위와 같음.

이고, 재질은 그것이 이렇게 할 수 있는 것이다."[227] "이렇게 할 수 있는 것"은 할 수 있다(會做)와 할 수 없다(不會做)라 할 때의 (가능조동사) "회(會)"이다. 정은 사물을 만나 발한 한 갈래 길이며, 재는 바로 이 길을 따라 해나가는 것이다. 이것이 바로 재능, 곧 선험적 능력이다.

3) 심통성정 미발이발

장재는 "심통성정(心統性情: 마음이 성정을 통섭한다)"의 명제를 제기하여 이정과 주희의 칭찬을 받았다. 또 말하였다. "이를테면 횡거의 '심통성정' 한 구절은 곧 쉽게 논할 수 있는 것이 아니다."[228] 통(統)에는 두 층차의 뜻이 있다. 첫째, 겸(兼)으로, "심통성정의 통(統)은 겸(兼)과 같다."[229] 둘째는 주재(主宰)이다. "통(統)은 주재하는 것이니 마치 백만 군을 통솔하는 것과 같다. 마음은 혼연한 것이며, 성은 이 이치가 있는 것이고, 정은 동하는 곳이다."[230] 이 통(統)은 곧 통섭하고 주재한다는 뜻이다. 왜 마음은 성정을 통섭할 수 있을까? "성은 이(理)이다. 성은 체이고 정은 용이다. 성과 정은 마음에서 나오기 때문에 마음이 그것들을 통섭할 수 있다."[231] 성과 정은 모두 마음에서 나오기 때문에 마음이 성정을 통섭할 수 있다.

심통성정론은 이러한 것을 내포하고 있다.

첫째, 마음은 미발과 이발을 관통한다. 주희는 「이발미발설(已發未發說)」에서 정이의 말을 대폭 인용하여 증명하면서 자신은 정이의 미발이발론

---

227 위와 같음.
228 『주자어류』 권100.
229 『주자어류』 권98.
230 위와 같음.
231 위와 같음.

의 실질을 아직 관통하지 못하여 오해를 하기에 이르렀다고 밝혔다. 자신은 "미발과 이발을 배치한 것이 별로 온당치 못하다."[232]고 생각했으며, "심성의 실질은 차이가 없다"에서 마음은 지각이 있는 생명활동의 주체라는 것과 성은 마음에 내재한 안정된 본질의 속성을 가리킨다. 사실은 결코 차이가 없는 것이 아니라 성을 미발인 체로 생각하고 마음을 이발인 용으로 생각한다면 성을 형이상의 본체인 성은 곧 이라는 것으로 이끌 수 있으며 마음은 형이하의 날로 쓰는 유행이다. 고요하여 동하지 않는 미발인 성의 체는 곧 감응하여 마침내 이발인 심이 용의 제약에 통하게 한다. 체는 용을 통하여 현현하며, 용은 체에 의지하여 존재한다. 이렇게 성의 체인 실천공부의 층면을 홀시하고 또한 심의 체(道心)인 형이상의 층면, 곧 성의 체의 감응하여 마침내 통하고 심의 체인 고요하여 동하지 않는 층면을 부정하였다.

미발과 이발을 "마땅치 않다고 명명"하거나 "배치가 온당치 못하다"한 것은 "미발은 생각과 사물이 아직 접하지 않은 때이니, 여기에서 성(性)의 체단(體段)을 볼 수가 있다. 이것을 중(中)이라고는 할 수 있지만 성(性)이라고 말할 수는 없는 것이 아닌가 한다. 발하여 절도에 맞는 것은 사려와 사물이 이미 접한 때로써 그 이를 다 얻은 것이므로 이것을 일러 화(和)라고는 할 수 있지만 심(心)이라고 할 수가 없는 것이 아닌가 한다. 마음은 이발과 미발의 사이를 관통하였으므로 위대한 『주역』에서 말하는 낳고 또 낳고 하여 유행하는 일동(一動)과 일정(一靜)의 전체라는 것이다."[233]를 가리킨다. 미발과 이발은 다만 사려만 할 수 있고 사물과 접하지 않았거나 이미 사물과 서로 만난, 곧 사려가 이미 싹텄거나 아직 싹 트지 않은 의의에서의 규정이다. 여기에서 사려는 주체인 마음의

---

232 「답임택지(答林擇之)」, 『주희집』 권43, 2031쪽.
233 위와 같음, 2031쪽.

의식이 활동하는 것이며 미발과 이발 모두 마음의 범위를 초월하지 못한다. 비록 미발이 마음의 체가 유행하여 고요하여 동하지 않은 곳이어서 성의 체단을 체현할 수 있긴 하지만 직접 성이라고 이를 수는 없으며 다만 마음의 미발의 상태인 중을 나타낸다. 이발은 마음의 체가 유행하고 감응하여 마침내 통한 곳으로 절도에 맞아 이를 얻으면 마음이라 부를 수 없으며 마음이 이미 발한 상태인 화(和)를 나타낸다. 이렇게 마음은 미발 이발의 성정을 관통하여 논리적으로 심통성정설을 미루어 도출한다.

사덕과 사단에서 보면 마음은 미발과 이발을 관통한다. 주희는 말하였다. "오직 천지가 사물을 낳는 그 마음을 얻어서 자기의 마음으로 삼을 뿐이다. 그러므로 아직 발하기 전에 네 가지 덕이 갖추어져 있으니, 그것을 인·의·예·지라고 하며 인이 나머지를 통괄하지 않음이 없다. 이미 발하면 네 가지 단서가 드러나니 그것은 측은지심·수오지심·사양지심·시비지심 등이며 측은지심이 통하지 않는 곳이 없다."[234] 마음의 미발은 사덕을 갖추고 이발은 사단을 갖추는데, 이는 곧 마음이 미발과 이발을 관통하는 것이다. 희로애락으로 보면 "마음이라는 것은 성을 주관하며 정을 행하기 때문에 '희로애락이 아직 발하지 않은 상태를 중(中)이라 하며, 발하여 모두 절도에 맞는 것을 화(和)라고 한다.' 마음은 공부를 하는 곳이다."[235] 마음은 성의 미발과 정의 이발을 주로 하여, 마음은 성정을 통섭한다.

둘째, 마음은 성이 아직 발하지 않은 정(靜)과 이미 발한 정(情)의 동을 관통한다. "성이 정함에 동하지 않을 수 없고 정이 동함에도 반드시 절도가 있으니, 이것이 바로 마음이 고요하면서도 감응하여 서로 통하고 두

<hr>

234 「극재기(克齋記)」,『주희집』권77, 4034쪽.
235 『주자어류』권5.

루 흘러 관철하면서도 체용이 애당초 서로 떨어지지 않는 까닭이다."[236] 미발은 고요하여 동하지 않은 정태(靜態)의 희로애락의 성이고, 이발은 감응하여 마침내 통한 동태(動態)의 희로애락의 정이다. 미발의 성은 마음의 체이고 이발의 정은 마음의 용이며, 성정은 마음의 체와 용의 두 방면과 층차이다. 성의 정에서 정의 동에 이르는 것은 마음이 고요한 데서 감응하여 통하는 과정이다. 다만 성의 체는 마음을 떠나 체가 되는 것이 아니며, 정의 용은 마음에 의존하여 용이 되고. 정의 용은 성의 체를 떠나 정의 용이 되는 것이 아니며 성의 체는 정의 용에 의지하여 성의 체가 되어 두루 흘러 관통하여 서로 떨어진 적이 없다. 미발은 성의 정이고 이발은 정의 동이라는 것과 마음이 성의 체와 정의 용을 통섭한다는 설은 직접 성이 체이고 마음이 용이라는 설과 성은 미발이고 마음은 이발이라는 설을 부정하였다.[237] 이런 성(性)을 비판하는 자아 부정은 주희의 중화구설(中和舊說)에서 중화신설로 전환해 가는데 활력을 촉진하였으며, 학설 자아가 완전한 생명력이다. 주희의 이런 자아비판의 정신은 개방이지 폐쇄가 아니며, 넓고 커서 좁은 정회가 아니다.

마음은 미발과 이발을 관통하며, 미발은 성이고 이발은 정이라는 사상의 확립은 주희 자아사상의 약진이다. 그의 심성정리론(心性情理論) 체계를 구축하여 이(理)의 길을 열어주었다. "마음이 성정을 통섭한다는 것은 다만 하나의 사물에 흐릿하여 한 덩어리를 이루어 이미 발하였거나 아직 발하지 않은 것을 가리켜 말한 것일 따름이다."[238] 이렇게 주희는 호굉의 『지언(知言)』과 장식·여조겸(呂祖謙)의 논변 가운데서 심성정리론의 틀

---

236 「답장흠부」, 『주희집』 권32, 1404쪽.
237 졸저 「미발이발론(未發已發論)」, 『중국철학범주발전사·인도편(人道篇)』, 중국인민대학출판사 1995년판, 453~457쪽을 참고하여 보라.
238 『주자어류』 권5.

에서 출발하여 『지언』에 대하여 의의(疑義)를 제기할 수 있었다. 한편 장식의 호상(湖湘)학파 계열이 호굉의 "마음이라는 것은 천지를 알고 만물을 주재하며 성을 이룬 것(以成性者)이다"하는 관점을 방기하게 하였다. 주희는 "성을 이룬 것(以成性者)"을 "성정을 통섭한다(而統性情)"로 고칠 만하다고 생각했으며, 장식은 "통학(統學) 또한 안온치 못한 것 같아 '성정을 주로 한다(而主性情)'로 하고 싶다"라 하였는데, "나는 (장식이) 고친 '주(主)'라는 글자에 지극한 공이 있다고 생각한다."[239]라 하여 주희의 찬동을 얻어냈다. 중화구설이 주희가 장식에게 가까운 것이라면 중화신설은 장식이 주희에게로 근접한 것이다.

셋째, 함양이 먼저이고 찰식(察識)은 나중이다. 주희는 스스로 호상 계열의 마음이 이발이라는 것을 인정할 때 찰식이 먼저이고 함양이 나중이라는 진로설(進路說)을 검토하였다. "예전에는 강론하고 사색하면서, 곧바로 마음을 이발(已發)로 여기고 일상생활 속의 공부도 다만 실마리를 살펴서 아는 것[察識端倪]을 가지고 최초에 착수하는 곳으로 여겼다. 그래서 평소에 함양하는 한 부분의 공부가 빠졌다."[240] "실마리를 살펴서 아는 것(察識端倪)"은 양심에서 발현한 이발했을 때의 공부를 가리키는데 평상시의 미발했을 때의 정(靜)에 함양된 공부가 부족하며, 이 또한 중화구설의 한쪽으로 치우친 과실이 있는 곳이다. 주희는 도남(道南)과 호상 양파를 종합하려고 했지만 그 스스로 의식에 참여함이 너무 강하여 호굉의 찰식이 먼저라는 "식인(識仁)"의 식(識)에 대하여 정호의 진로설에 맞추어 넣을 수가 없었다. 동찰(動察)의 찰(察)에서 맞추어 넣어 호굉의 본심을 찰식하는 인의 내재적인 체험과는 다름이 있었다.

이동의 함양이 먼저라는 데 대하여서는 날로 쓰는 사이에 공부를 해나

239 「호자지언의의(胡子知言疑義)」, 『주희집』 권73, 3858쪽.
240 「여호남제공론중화(與湖南諸公論中和) 제1서」, 『주희집』 권64, 3384쪽.

가는 정좌(靜坐) 형식을 절대 홀시하지 않았다. 주희의 편향은 잠자코 앉아 마음을 맑게 하는 단절하고 초월하는 방향에서 체험해나갔는데 이동의 함양이 먼저이고 찰식이 나중이라는 데 있어서도 아직 원융하지 못하여 주희는 이런 자아체험에 기반하여 호남 계열에는 평일에 함양하는 일단의 공부에는 결함이 있다고 생각하였다. 이동은 정좌를 중시하는 직각(直覺) 체험의 치우침이 있었는데 그는 양자의 폐단을 메우는 책임을 졌다고 자각하였다. 마침내 정이의 "함양은 모름지기 경으로 해야 하며 학문으로 나아가는 것은 치지에 있다"는 형식 아래서 심통성정과 마음에는 체용이 있음·성정의 미발과 이발을 인지하는 가운데 마음이 미발이발과 체용·성정의 이론을 관통하는 체계를 구축하였다. 이 이론 체계의 구축은 그 사상적 성취를 명시하고 있으며 그의 도남 일파를 뛰어넘어 직접 정이의 이를 사유하는 길을 계승하였지만 정이를 초월하여 종합하여 종횡으로 관통하고 통섭하는 의미를 가지고 있다. 그의 심통성정설 또한 아주 훌륭하게 논증을 하였다.

제9장

미와 선, 문과 도, 시와 이의
자연스러움

○

美善文道 詩理自然

주희 철학의 논리적 구조의 핵심 범주—이와 기의 전개는 미학적인 층면에서도 구체화되었다. 곧 미(美)와 선(善), 문(文)과 도(道), 시(詩)와 이(理) 등이다. 주희의 미학 사상은 송 이후에 거대한 영향을 끼쳤다.

미에 대한 탐구에서 중국 고대의 철학가와 사상가들은 각종 사고를 하였으며 대대로 대가(大家)가 적지 않았다. 결론부터 말하자면 정신과 객관적 이상, 사람의 의식, 심리를 미의 본질로 삼지 않음이 없었다. 혹자는 물질의 자연형식과 속성에서 미의 본질과 규율을 찾기도 하였으며, 혹자는 사람의 의식과 물질의 자연형식, 속성을 서로 결합시켜 미의 본질로 삼기도 하였다. 혹자는 인류의 실천 활동에서 미의 본질과 근원을 찾기도 하였다. 무릇 이런 모든 것은 모두 어떤 방면에서 일정 정도 미의 사회적 성능을 드러내 보였으며, 미가 객관사물 본체에 존재하는 등의 합리적 인소를 긍정하였지만 그 부족함 또한 매우 뚜렷하다. 결국 미 및 미의 본질과 근원은 무엇인가? 미의 대상과 소질에 대하여 주희는 모두 섭렵하였으며 또한 종합적으로 창조할 수 있었다.

1. 선(善)·신(信)·미(美)·대(大)·성(聖)·신(神)

미(美)는 진(眞)·선(善)과 서로 연관이 있다. 진은 자연계가 운동하는 가운데 표현하는 자신의 규율성을 가리키는데, 미는 진을 전제로 하지만 미는 진이 아니다. 사람은 실천하는 가운데에서만 자연계의 자유에 대한 인식을 얻을 수 있는데 곧 진(眞)이다. 자연계 자체의 자유로운 진을 떠나면 미는 그 기초와 조건을 잃게 된다. 사람이 법칙을 운용하여 세계를 개조하는 능동적인 실천 활동이 실현되어 그 감성의 구체적인 존재형식이 긍정을 얻을 때라야 사람의 미감(美感)을 환기시켜 미적 의의를 갖추게 된다. 아니면 자연계의 법칙이 사람을 지배하고 속박할 때 진은 자연계의 자유가 되어 또한 이른바 미라고 말할 수 없다.

1) 미와 선의 성하고 실한 자연의 미

미와 선의 연계는 더욱 현실감을 갖추고 있다. 선은 개체 주체의 수요와 목적, 이익이 전체 사회에 대한 수요와 목적, 이익의 관계로 나타나며, 개체의 수요는 전체 사회의 수요와 결합해서만 실현된다. 사람이 사회에서 실천하는 과정에서 무릇 사람의 수요와 목적 이익에 부합하는 것은 바로 선한 것이며 그렇지 않으면 바로 악한 것이다. 진·선·미는 서로 구별되고 서로 이어져 있으며 중국의 옛사람들도 이미 인식하고 있었다. 맹자가 가장 먼저 개체 인격의 미와 도덕상의 선을 연계시키기 시작했다. "'입이 맛에 있어서 똑같이 즐김이 있으며, 귀가 소리에 있어서 똑같이 들음이 있으며, 눈이 색에 있어서 똑같이 아름답게 여김이 있다.'고 하는 것이니, 마음에 이르러서만 유독 똑같이 그렇게 여기는 것이 없겠는가? 마음이 똑같이 그렇게 여긴다는 것은 어떤 것인가? 이와 의를 말한다. 성인은 우리 마음이 똑같이 그렇게 여기는 것을 먼저 아셨을 따름이다. 그러므로 이·의가 우리 마음을 기쁘게 함은 추환(芻豢: 육류의 총칭)이 우리 입을 기쁘게 함과 같은 것이다."[1] 맛과 소리, 색은 사람의 입과 귀, 눈에 심미적인 유쾌함을 선사하여 이(理), 의(義)와 추환은 맛과 소리, 색과 마찬가지로 사람의 마음과 입에 유쾌함을 선사한다. 이는 바로 사람의 도덕 윤리 정신에도 심미가치를 갖추고 있으며 미를 정감과 성색의 유쾌함으로 삼음에 있어서 이는 확실히 하나의 돌파구라는 말이다.

주희는 도덕 정신이 심미 가치를 갖춘 것을 심미적 유쾌함을 일으키는 방면에서 맹자보다 뛰어남이 있다. 그의 "한결같이 도에서 나온다"는 사상은 실로 미는 선에서 나오고 선은 미의 전제조건이 된다고 생각하였다. "맹자는 '사람의 마음은 이의(理義)를 좋아하지 않는 자가 없다. 다만 성인은 이것을 먼저 알고 먼저 깨달았을 뿐이며, 일반인보다 특이함이 있는 것은 아니다.'라 하였다."[2] 성인은 사람과 다르지 않아 성인은 사람과 마찬가지로 도덕정신이 심미적 가치를 갖추고 있을 뿐만 아니라 심미적 유쾌함을 일으킨다. 주희는 정이의 말을 끌어다가 말하였다. "이와 의가 우리 마음을 기쁘게 함은 추환이 우리 입을 기쁘게 함과 같다는 이 말씀은 친절하여 맛이 있다."[3] 이 "맛[味]"은 심미적인 정취라는 뜻을 함유하고 있다. 주희 미학 사상의 기본 특징 중 하나는 미라는 이 범주를 도덕 윤리 정신이 되는 선과 연계시켜 선을 미의 내용이라 생각하였다.

주희가 이른바 미는 첫째 심미 대상의 외재적인 표현형식을 가리키며, 둘째 정신 심태의 내재적인 상태를 가리킨다. 그는 이렇게 규정하였다. "미(美)란 소리와 모양이 성한 것이고, 선(善)이란 아름다움의 실제 내용이

---

1 「고자(告子) 상」, 『맹자집주』 권11.
2 위와 같음.
3 위와 같음.

다."[4] 성음(聲音)의 화해로움과 용모의 준수하고 아름다움은 시각과 청각이라는 심미 감관(感官)과 심미 대상에서 서로 작용하여 생성하는 미감이나 유쾌함이다. 정신의 미는 선이라는 윤리도덕 내용이 충실한 것이다. 미는 바로 외재적인 형식과 내재적 상태의 통일이다. 이 또한 장재(張載)의 "안을 충실히 하고 밖으로 형체를 드러내는 것을 일러 미라고 한다"는 것에 대한 계승과 발휘이다.

주희는 미에 대하여 또한 구체적으로 규정하였다.

무엇보다도 주희는 마땅히 그러한 미는 그 본질과 근원이 그러한 까닭의 이(理, 道)라고 생각하였다. "싫증이 나지 않고 문채가 나며 또 조리가 있음은 비단의 아름다움이 속에 있기 때문이다."[5] 담담하면서도 싫증이 나지 않고 간략하면서도 문채가 있으며 따뜻하면서도 결이 있는 것은 모두가 군자의 도이다. 평담하면서도 싫어하지 않고 간단 소박하면서도 문채가 있으며, 따뜻하고 윤기가 있으면서도 문리(紋理)가 있는 것은 비단옷의 아름다움이 그 속에 온축되어 있기 때문이다. 여기에서 주희는 결코 색의 아름다움을 사람에게 감각의 심미적인 유쾌감을 주는 것에 머물러 두지 않았으며 그것을 도("理")와 연결하여 이런 미적인 이("道")만이 진정하고 영원한 미라고 하였으며, 그것이 구체적인 미의 근거이다. 주희는 『어류』「중용」에서 "비단옷을 입고 홑옷을 덧입는다(衣錦尙絅)" 장에 대답할 때 말하였다. "요즈음 학자들이 크게 진보하지 못하는 것은 모두 이러한 이치를 알지 못하기 때문이다."[6] 그렇게 되는 까닭을 알지 못하면 그리되어야 하는 이치를 알지 못하여 "천하에서는 단지 이러한 도리가 나아갈 수 없다."[7] 모든 구체적인 미는 미의 이에 의지하여 존재한다.

---

4 「팔일(八佾)」, 『논어집주』 권2.
5 『중용장구』 제33장.
6 『주자어류』 권64.

다음으로는 자연의 미이다. 자연을 사람이 감상하는 미의 대상으로 삼았다. 주희는 공자의 "지자(智者)는 물을 좋아하고 인자는 산을 좋아하며, 지자는 동적이고 인자는 정적이며, 지자는 낙천적이고 인자는 장수한다.(知者樂水, 仁者樂山. 知者動, 仁者靜, 知者樂, 仁者壽)"를 해석할 때 공자가 개체 인격의 수양에서 "지자"와 "인자"의 "자질" 방면에서의 특징을 설명하였다고 생각하였다. 『어류』에서는 이렇게 기록하고 있다. "물었다. '지자는 물을 좋아하고 인자는 산을 좋아한다는 것은 자질을 가지고 말하였습니까, 배움을 가지고 말하였습니까?' 대답하였다. '자질이 그런 것이다. 다만 자질이 그렇지 않은 것은 해내도 이러하다.'"[8] "자질"면에서 "지자"와 "인자"를 구별하였다면 사람들의 자연산수의 기뻐하고 좋아함(喜好)에 대한 차이가 깃들어 있다. 주희는 "요(樂)"를 "기뻐하고 좋아함"이라고 해석하였으며, "지자"가 물을 기뻐하고 좋아하는 까닭은 물이 "동"적인 특성을 가지고 있어서 "지자(智者)는 사리에 통달하여 두루 유통하고 막힘이 없어서 물과 비슷한 점이 있으므로 물을 좋아한다."[9]고 하였다.

주희는 공자의 물이 "흐르는 것이 이와 같구나(逝者如斯夫)"라 한 동태적 결구를 가지고 지자는 사리에 통달하여 물이 시내를 쉬지 않고 흘러 통하여 막힘이 없는 것에 비유하였다. "물이 체가 되는 것을 보니 운용이 끝이 없어 어떨 때는 얕기도 하고 어떨 때는 깊기도 하며, 어떨 때는 흐르다가 어떨 때는 부딪치기도 한다." 물이 시내로 흘러 쉬지 않는 것과 지자의 사리에 통달한 자질을 서로 대칭하는 관계로 나타내었다. 인자가 산을 좋아하는 것은 산이 "정"의 특성을 갖추고 있기 때문이다. "산이 안정되고 독실한 것은 살펴보니 남은 맛을 다 가지고 있다."[10] 돈후하고 독

---

7 위와 같음.

8 『주자어류』 권32.

9 「옹야(雍也)」, 『논어집주』 권3.

실하여 우뚝하게 안정된 "산"은 인자가 너그럽고 도탑고 안온하고 중후하여 빈천하고 무력과 위엄에도 옮기지 않는 자질과 같이 양자는 대응관계를 구성한다. "인자는 의리를 편안히 여기어 중후하고 옮기지 않아서 산과 비슷한 점이 있으므로 산을 좋아한다."[11] 이렇게 "지자"·"인자"와 자연산수 사이에서 모종의 양태나 특성적인 면에서 통하거나 연결되는 점을 찾아서 일종의 상호 간에 대응하는 관계를 구성하였다. 바꾸어 말하면 사람들이 모종의 자연대상을 좋아하는 까닭은 자연대상의 형태와 특성으로 말미암아 사람들의 정신적인 마음 상태의 공명과 동감 혹은 유쾌함과 애호를 일으키고 아울러 산수의 자연현상을 사람들의 정조(情操)와 우사(憂思), 이상을 기탁하는 이화물(異化物)로 삼았다. "지자"와 "인자"가 "좋아하는 것"은 결코 일종의 공적상에서 만족하고 기뻐하고 좋아하는 것이 아니라 사람의 자연산수의 아름다움에 대한 기뻐하고 좋아하며 감수하는 것으로 이런 기뻐하고 좋아하며 감수하는 것은 일종의 내재적인 정신적 측면의 감응이다.

그다음은 선의 미이다. 선과 미는 구별이 있으면서도 이어져 있다. 주희는 개체가 얻은 정신성과 감성의 유쾌한 미와 윤리도덕의 선을 다른 범주로 삼아 다른 사회기능과 작용으로 표현하였다. 그러나 주희는 또한 양자를 통일시켜 "그 선을 힘껏 행하여 충만하여 쌓이고 꽉 참에 이르면 아름다움이 그 가운데에 있어서 밖에서 기대할 것이 없을 것이다."[12]라 하였다. 이는 『맹자』의 "충실한 것을 일러 미라 한다"라 한 것에 대한 풀이이다. 개체는 자아의 노력을 통하여 힘껏 자기가 이미 가지고 있는 선성(善性)을 행하여 선성이 사람의 형체 안에서 충만하고 차게 한다. 이렇

---

10 위와 같음.

11 「옹야」, 『논어집주』 권3.

12 「진심장구 하」, 『맹자집주』 권14.

게 사람은 고상한 정신 품질과 도덕 정조를 갖추고 사람의 자연 형체는 이로 말미암아 광휘를 더하게 된다. 이런 정신 품질과 도덕 정조의 아름다움은 내재된 형체 안에서 외재적으로 표출됨에 의지할 필요가 없지만 또한 밖으로 발하는 것을 통하여 사업이나 덕업과 결합할 수 있다. "화순(和順)이 마음속에 쌓여 영화가 밖으로 드러나 아름다움이 그 가운데에 있어 사지에 드러나고 사업에 발로된다면, 덕업이 지극히 성하여 더할 수 없을 것이다."[13] 화순의 미가 형체 가운데 오랫동안 누적되어 확충해나가면 사지와 바깥세상에 마음껏 흐를 수 있다. 이렇게 선의 미는 결코 감지할 수 없는 것이 아니며 정신의 미와 감성의 미가 한데 융합된 것이다.

2) 정신의 미는 가치가 여섯 층이다

주희의 미에 대한 규정은 이왕의 미학사상에 대한 지양이자 또한 양송 미학사상에 대한 총체이기도 하다. 그는 정신미에 대하여 도덕 표준에 의거하여 여섯 층차로 나눈 적이 있다. 주희는 『맹자』「진심 하」의 다음과 같은 기록을 천발하였다. 호생불해(浩生不害)가 악정자(樂正子)에 대하여 물으며 무엇을 선인(善人)이라 하며 무엇을 신인(信人)이라 하는지 묻자 맹자는 이렇게 대답하였다. "가욕(可欲: 욕망을 일으키기에 충분함)스러움을 선인(善人)이라 이르고 선을 자기 몸에 소유함을 신인이라 이르고, 충실하게 함을 미인이라 이르고, 충실히 하여 광휘가 있음을 대인이라 이르고, 대인이면서 저절로 화함을 성인이라 이르고, 성스러워 알 수 없는 것을 신인이라 이른다.(可欲之謂善, 有諸己之謂信, 充實之謂美, 充實而有光輝之謂大, 大而化之之謂聖, 聖而不可知之之謂神)"[14] 선(善)·신(信)·미(美)·대(大)·성(聖)·신(神)은 맹자가 나

---

13 위와 같음.
14 위와 같음.

눈 사람 정신의 여섯 경계이다. 주희는 선을 "그 사람됨이 가욕스럽고 가증스럽지 않다면 선인이라 이를 수 있다."[15]라 생각하였다. 그 사람이 기뻐하고 사랑스러울 만하여 악하지 않다면 바로 선이다. 선은 여섯 층차가 되는 정신적 경계의 기초이면서 출발로 공자가 말한 "완전히 선하고 완전한 아름다움(盡善盡美)"과는 완전히 같지는 않은 것 같다. 공자가 말한 미는 순(舜)의 음악과 무왕(武王)의 음악이라는 예술형식에 대하여 긍정을 나타낸 것이다. 선은 작품 내용이나 사상 감정에 대한 긍정으로, 심미적 범위 내에서 완전히 선하고 완전히 선하지 않은 것이 되며 선의 내용과 미의 형식문제가 존재하고 있다. 주희가 보기에 선과 미에는 내재한 일치성이 있으며, 미는 더 이상 단순한 외재적인 형식이 아니라 감성 형식에서 얻은 완전무결하게 실현된 내재적인 선이다.

"신(信)"은 도덕정신의 둘째 층차이다. "유저기(有諸己)" 곧 실로 선이 그 자체에 존재한다는 뜻이다. 주희는 "신(信)"을 "실제로 소유함(實有)"이라 풀이하였다. 그는 말하였다. "무릇 선을 다 실제로 소유하여(實有) 악취를 싫어하고 호색을 좋아하듯이 한다면, 이는 신인(信人)이라 이를 만하다."[16] 좋지 않은 냄새를 싫어하고 아름다운 여색을 좋아하는 것이다. 싫어하고 좋아하는 것은 심미 대상이 사람들의 감각기관에 작용하여 사유를 거쳐 생성된 심미 판단이다. 아름다운 색은 사람의 정신과 감성적 유쾌함을 일으키며 악취는 사람의 정신과 감성적 혐오를 일으킨다. 싫어하여 악취를 싫어하고 좋아하여 아름다운 색을 좋아하는 것은 실재로 그 자신에 존재한다. "신(信)이라는 것은 실로 자기에게 있는 것이니 잃지 않음(不失)을 말한다."[17] "잃지 않음(不失)"은 바로 자기의 본성에서 악취를 싫어하고

15 위와 같음.
16 위와 같음.
17 『주자어류』 권61.

아름다운 색을 좋아하는 본지를 잃지 않아야 한다는 것이다.

"미(美)"는 선(善)과 신(信)에서의 셋째 층차이다. 주희는 "선"과 "신"을 말하여 "마음을 가지고 말하여 마음으로 모두 이해할 수 있는 것"이라 한다면 "미"는 "행함을 가지고 말하여 모든 일을 행할 수 있다."[18]고 생각하였다. 미는 정신과 감성적 유쾌함을 일으키는 외재적 형식이다. 그러나 "행실에서 말한 것"과 "마음에서 말한 것"은 서로 통일된 것으로 결코 외재적인 형식을 그 안으로 주입하는 것이 아니며 사람이 자체적으로 갖추고 있는 것이다. 자체 내에 갖추지 않았다면 바깥에서 기다려야 하여 기다림이 없는 것이 아니다. "밖으로 가서 이리저리 선을 찾아 재배하여 여기에 두는 것은 모두가 밖에서 기다림이 있는 것이다." "충실하게 꽉 쌓였다면" 선과 신을 개체의 전 인격으로 확충시켜 미가 전 인격에 충분히 실제 가지고 있는 선을 실현시켜 미와 선이 서로 융합된다. 이 의의에서 "외부의 것을 기다리지 않으면 그 선은 모두 이면에서 흘러나온 것이다."[19]라 하였다. 미는 바로 이면에서 흘러나온 외재적 형식이다.

미의 위에는 또 세 개의 층차가 있는데, 미를 기준으로 한다. 가장 먼저 "대(大)"로, 주희는 장재가 "충실하여 광휘가 있는 것을 일러 대인(大人)이라고 한다"는 것을 "안을 충실히 하여 밖에 드러나는 것을 아름다움이라고 하고 천지의 사이에서 채워서 막으면 광휘(光輝)의 뜻이 있다."[20]라 해석한 것에 동의하지 않고, "충실(充實)은 쌓이는 것을 말한다. 광휘(光輝)는 밖에서 발현되는 것을 말한다."[21]라 생각하였다. 전 인격의 안에 쌓여 밖으로 발현되는 것은 일종의 광휘가 있고 장관인 큰 아름다움인데 이는

---

18 위와 같음.

19 위와 같음.

20 위와 같음.

21 위와 같음.

일반적인 미가 아니다.

"성(聖)"은 도덕 정신의 다섯째 충차로, "크면서 저절로 화한다"는 뜻이다. 주희는 이른바 화(化)는 "그 크게 하는 자취를 화함이다"라는 것을 가리킨다고 생각하였다. 이른바 대(大)는 결코 집대성(集大成)이 아니라 "대인이면서 능히 화하여 그 큰 것으로 하여금 민연히 다시는 볼 만한 자취가 없게 한다면, 생각하지 않고 힘쓰지 않아도 종용히 도에 맞아서 인력으로 할 수 있는 것이 아니다."[22] 넷째 충차인 "대(大)"가 또한 외재적 형식을 갖추고 있다고 한다면 "중도(中道)"에 부합하여 아무것도 어기지 않고 일종의 자연적인 인력의 교묘한 지혜가 할 수 있는 경지가 아닌 곳에 다다를 수 있다. "성(聖)"은 곧 "대"라는 이 외재적인 형적을 자취 없이 변화시켜 가 사려하지 않고 부지런히 힘쓰지 않는다 하더라도 말이다. 또한 외재한 미의 형적은 이미 내재적인 선 안으로 융화되었다.

"신(神)"은 최후이자 또한 최고의 충차로, "성스러워서 알 수 없다"는 뜻이다. 주희는 성인의 지극히 묘함은 일반인이 헤아릴 수 없다고 생각하였다. 이런 신묘하여 헤아릴 수 없는 "신"의 경지는 결코 일반인들이 도달할 수 있는 경지가 아니다. 그것은 심미적인 범위에 속하기도 하지만 심미에 대한 초월이기도 하다.

주희는 맹자가 사람을 여섯 등급으로 나누어 천발한 데 대하여 미에 대한 세밀한 관찰 및 자질의 구분을 포함시켰다. 인격미를 가지고 말하면 미와 선이 충돌하는 가운데 부단히 융합한다. 이런 융합은 개체적인 사업·덕업의 성취와 서로 연계될 뿐만 아니라 인격미의 확립을 개체의 자각적 탐구로 삼았다. 이는 사람이 사람인 자아 각성과 상호 수반된다. 동시에 선·신·미·대·성·신의 여섯 충차는 예술미의 창조와 연관이 있

---

22 「진심장구 하」, 『맹자집주』 권14.

을 뿐만 아니라 미의 가치평가의 표준이 되기도 한다. 예술작품을 감상할 때는 하나의 예술품이 표현하는 형식적인 아름다움만 보지 않고 외재적인 형식미가 체현한 그런 말할 수 없는 마음으로 깨달을 수 있는 신운과 의경을 포착해야 한다. 이런 신운과 의경은 사람들에게 끝이 없는 여운을 남긴다. 그것은 사람들에게 정신미와 감성미의 유쾌함을 줄 뿐만 아니라 또한 정감상 느끼어 통하는 공명을 넣게 되는데, 이것은 바로 중국의 예술미 창작에서 추구한 "신(神)"이다. 이런 "신"은 "대(大)"·"성(聖)"·"신(神)"일 수 있으며, "대"는 장미(壯美)와 숭고한 미이며, "성"은 완미하고 최고의 미이고, "신"은 신출귀몰하여 화로 들어가는 미이다. 이 때문에 서예가와 화가, 조각가, 예술가를 가지고 말하여 대가·서성(書聖)·화성(畫聖)의 구분이 있고, 예술품을 가지고 말하여 당대(唐代)의 장회관(張懷瓘)은 서법을 신(神)·묘(妙)·능(能)의 삼품으로 나누었다. 성품(聖品)은 곧 평범함을 뛰어넘어 성인의 경지에 든 묘품(妙品)이며, 신품(神品)은 최고에 달한 초월적 경지이다. 주희의 공헌은 형식의 밖에 존재하는 미와 예술 창작자의 도덕 정조·정신적 자질을 하나로 융합하여 도덕정신의 예술미에서의 가치와 작용을 강조한 것이다. 이는 중국문화가 갖추고 있는 특징으로 그것은 문화 영역의 각 방면을 체현하였다.

2. 문도합일의 요지

미와 선을 하나로 합하여 관철하고 전개하는 것이 바로 문도합일(文道合一)이다.[23] 선(善)은 윤리도덕의 내용으로 자연의 도와 사회의 도(윤리도덕 규범을 포괄)와 함께 서로 부합한다. 이것이 바로 "도"이다. 미(美)는 선의 이런 내용적 형식이 되어 도의 외재적 형식인 "문"과 함께 비슷한 의의를 가진다. 선의 내용과 미의 형식의 통일은 도의 내용과 문의 형식이 서로 통일할 것을 요구한다.

1) 문과 도의 중론이 둘로 나뉘어 병통이 되다

문과 도의 통일은 주희 미학 이론의 요지이며 그와 중당 이래 고문가의 근본이 갈라지는 곳이기도 하다. 『어류』에는 기록하고 있다. "진재경 (陳才卿)이 물었다. '한유의 문장 중에 「이한서(李漢序)」의 첫 구절은 매우 좋습니다.' 대답하였다. '그대는 좋다고 하지만 내가 볼 때는 병통이 있다.' 재경이 말했다. '문이란 도를 관통하는 기물이라고 하였습니다. 그리고 육경은 문장이고 그 속에서 말한 것들은 모두 이 도리인데 어찌 병통이 있겠습니까?' 대답하였다. '그렇지 않다. 이 문은 모두 후일 도에서 흘러나온 것으로 어찌 문이 오히려 도를 관통하는 이치가 있을 수 있겠는가? 문은 문이고 도는 도일 뿐이다. 문은 밥 먹을 때의 반찬과 같을 뿐이다. 만약 문으로 도를 관통한다면 오히려 근본을 말단으로 말단을 근본으로 여긴 것인데 이것이 옳겠는가? 후에 문을 짓는 자들은 모두 이렇다.' 그러자 재경이 이렇게 말하였다. '소식(蘇軾)의 문은 정도에 해가 됨이 노자와 불교보다 심합니다. ……'"[24] 변증적으로 도와 문의 관계를 설명하였으며 중당 이래 문과 도의 논쟁을 총결하였다.

---

23 "문"의 범주는 변화되고 발전되어왔다. 선진 때는 문·사(史)·철(哲)·사(社)를 구분하지 않고 일·월·성(星)·신(辰)을 문[天文]이라 하였고, 예악형정(禮樂刑政) 또한 문[人文]으로 생각하여, 문은 매우 보편적 범주였다. 서한·위진남북조 때에는 문(章)과 학(學, 術)이 나누어져 문장은 문학작품만 가리켰고 또한 "문필지변(文筆之辯)"이 있었다. "문"에는 광의와 협의의 구분이 있다. 광의의 문은 오경(五經)과 육예(六藝)를 가리키며, 협의의 문은 시·부(賦)·명(銘)·송(頌) 등을 가리킨다. 한유(韓愈)와 유종원(柳宗元)의 고문운동의 문은 문체의 기제(機制)를 가리켜 말하였으며, 송대에는 이 뜻을 그대로 따랐다.

24 『주자어류』 권139.

주희가 보기에 고문가 각파가 이론적으로 과오를 범한 관건은 바로 내재적인 도와 외재적인 문을 분리한 데 있었다. 곧 문은 문대로 도는 도대로 문과 도를 둘로 나눈 것이었다. 소식으로부터 "문장은 8대의 쇠함을 일으켰고 도는 천하의 빠진 것을 구제하였다(文起八代之衰, 而道濟天下之溺)"는 칭찬을 받은 한유는 고문 운동의 영수이다. 그는 문장으로 도를 밝히거나 수사(修辭)로 도를 밝혀야 한다고 주장하여 이렇게 말하였다. "말을 닦아서 그 도를 밝힐 생각을 해야 하는 것이니, 나는 도를 밝히려 하는 것이지 정직하다고 여기어 사람들에게 가하려는 것이 아니다.(修其辭以明其道, 我將以明道也, 非以爲直而加人也)"[25] "도를 밝힘(明道)"을 강조하였는데 이 "도"는 유가의 인의도덕을 가리키며 이것을 문의 내용으로 삼았다. "사(辭)"는 문사(文辭)를 가리키며, 문사 곧 문장의 형식미를 강구하였다.

비록 한유가 명확하게 "문으로 도를 밝히는" 것을 이야기하지는 않았지만 고문운동의 대표인 유종원은 명확하게 "문은 도를 밝히는 것(文者以明道)"[26]이라는 구호를 제기하였다. 그는 「답위중립론사도서(答韋中立論師道書)」에서 젊었을 때는 문장은 문사를 꾸미는 것을 뛰어난 것으로 여겼는데 자라서야 문은 도로 "색채만 힘쓰고 소리만 자랑하는(務采色, 夸聲音)" 것에 구애되지 않아야 잘 짓는 것임을 알았다고 말하였다. 유종원은 비록 "문으로 도를 밝힘"이라는 관점에서는 한유와 기본적으로 같은 입장을 취하였지만 도가 내포하고 있는 것에 대한 이해도에서는 또한 다름이 있었다. 유종원이 이른바 도는 유가의 인의도덕을 포괄하고 있는데, 이는 두 사람이 같으며 다른 점은 유종원의 도에 있으며 또한 자연과 사회의 법칙을 가리켜 "물은 도의 준칙이다(物者, 道之準也)"[27]라 하였다. 나중에

---

25 「쟁신론(爭臣論)」, 『한창려집(韓昌黎集)』권14.

26 「답위중립론사도서(答韋中立論師道書)」, 『유종원집(柳宗元集)』권34, 중화서국 1979년판, 72쪽.

27 「수도론(守道論)」 『유종원집』권3, 82쪽.

한유의 제자이며 사위인 이한(李漢)은 "문으로 도를 꿴다(文以貫道)"는 것을 제기하였는데, 한·유의 "문으로 도를 밝힘(文以明道)"에 대한 설명이다.

"문으로 도를 꿴다"는 것은 문이 도와 서로 나누어진다는 전제 하에 그 관계를 논술한 것이다. 문이 도를 꿸 수 있다는 것이 외재적 표현형식인 문이 내용이 되는 도를 꿰뚫어나가는 것이며 외재적 형식의 문이 아니라 내재적인 도의 체현을 뜻하는 것이라고 한다면 문과 도 그리고 형식과 내용의 관계가 전도된 것이다. 주희는 도와 문의 관계는 일종의 본과 말의 관계라고 생각하였다. 본체인 도는 현상인 문을 결정하는 것이고, 현상이나 표현인 "문"은 다만 "도"를 체현할 수 있을 뿐 "도"가 없으면 이른바 표현도 없다고 하였는데 곧 표현에는 반드시 표현하는 자가 존재하여야 한다는 것이다. 표현된 것은 표현을 지배한다. 문으로 도를 꿴다는 것은 문에 의존하여 존재하는 것을 의미한다. 도가 문에 의해 정하여진다면 이는 본말이 전도된 것이다.

주희는 한유를 비평하여 말하였다. "지금 그의 글을 읽어보면 아첨이나 장난에서 나와 떠돌듯이 내용이 없는 것들이 적지 않다. 그가 파헤치고자 했던 도 역시 한낱 그 큰 체제만을 말할 수 있었을 뿐 깊이 실제로 행하는 효과를 토론한 것을 볼 수 없다. 설령 그의 말이 문장으로 만들어진 것들이라 하더라도 모두 이 도로 말미암아 나오게 된 것이기 때문이다. 그러므로 그가 옛사람을 논하면서 곧장 굴원(屈原)·맹가(孟軻)·사마천(司馬遷)·사마상여(司馬相如)·양웅(揚雄)을 일등급으로 여기면서도 오히려 동(董, 仲舒)·가(賈, 誼)에는 미치지 못한다고 했다. 당대의 폐단을 논하면서도 '문장이 이미 나오지 않더니 마침내 신령한 성인의 시대가 지나갔다'고 한탄할 뿐이었다. 그의 문도를 의론하면서 다만 '(남의 글을) 도둑질하고 멋대로 훔쳐서 문장을 짓는다'는 것을 병폐로 삼았을 뿐 퇴락한 풍조를 크게 진작시켜 사람들이 스스로 문장을 짓게 한 것은 한(韓)의 공이라고 여겼다. 스승과 제자 사이에서 (학문을) 주고받는 즈음에 도와 문장을 찢어서 두 가지 것으로 만드는 데서 벗어나지 못했다. 경중과 완급 본말과 주객의 구분 역시 뒤집어서 거꾸로 만드는 데서 벗어나지도 못했다."[28] 이 문자는 직접 한유 등 고문가의 두 가지 병폐를 지적하였다.

첫째, 한유가 말한 도는 어떻게 해야 실행할 수 있는가를 탐구하지 않아 실천의 효과를 갖추지 않았으므로 빈말일 따름이다. 이렇게 비록 한유가 유가의 인의도덕을 회복할 것을 창도하기는 하였지만 이 도는 공허한 것이다. "세상의 유자들이 이미 크게 이록(利祿)에 의해 허물어졌는데, 문사(文詞)를 아름답게 엮는 습관과 보고 들은 것을 주워 담는 공부가 또 밤낮으로 그 뒤에서 새어 들어가 다시는 도가 여기에 있다는 것을 알지 못하게 되었다. 이 때문에 비록 그 이름을 사모하여 힘써 행하고자 하지만 편안하게 여기는 것은 결국 저기에 있고 여기에 있지 않다."[29] 이곳의 유자는 한유의 후계자를 내포하고 있는데 그들은 공명과 이록에 이끌리고 문사의 화려함에 가려 외학(外學)만 추구할 뿐이다. 뜻을 성실히 하고 몸을 닦아 힘껏 심신의 내학을 실천할 줄 모른다. 이렇게 비록 외관상으로는 "도를 밝혀(明道)" 스스로 높다고 생각하지만 오히려 이름만 있을 뿐 사실은 공허하다. 이에 문으로 도를 밝힌다느니 도를 꿴다느니 하는 것도 뿌리와 근거가 없다. 주희는 따라서 도가 공허하다고 폭로하고 문으로 도를 밝히고 도를 꿰는 것을 부정하여 실로 잿더미에서 장작을 찾는 것과 같다고 하였다. 문이 도의 충실한 내용을 상실하였으니 시문(時文)과 무슨 구별이 있겠는가! "보내온 편지에서 학자에게 해로움은 시문(時文)보다 큰 것이 없다고 하였으니 이 또한 폐단을 구제하는 말이다. 그러나 그 궁극을 따진다면 고문(古文)이나 시문이나 학자들로 하여금 근본을

---

28 「독당지(讀唐志)」, 『주희집』 권70, 3655쪽.
29 「답양자순(答楊子順)」, 『주희집』 권59, 3033쪽.

버리고 말단을 좇게 한다는 점에서는 해롭기는 마찬가지일 따름이다."[30] 고문가가 일가를 이룬 밑천이 시문을 반대하고 문으로 도를 밝히고 도를 꿰는 것을 주장하는 것이다. 주희의 수중에서 이 두 방면을 가보로 간주하는 것이 모두 부정되었다.

둘째, 도와 문을 둘로 찢어 본래 문은 가볍고 도는 무거우며 문은 느리고 도는 급하며 도가 본이고 문은 말이며 도가 주인이고 문이 손인 관계를 뒤집어 역전시켰다. 한·유의 고문운동은 출발점과 착안점이 문이다. 이 때문에 유가의 도를 부흥하는 데 문에 의지해야 했고, 도를 꿰는 문을 해나갔다. 이는 주희가 보건대 고문가는 "문"을 본으로 삼고 "도"는 말로 삼은 것이다. 그는 한유를 비평하여 "다만 화급하게 문장을 가지고 놀면서 실무를 경륜함에는 마음을 구명한 적이 없기 때문에 작용이 되지 못하였다." 비록 "문으로 도를 밝힌다"느니 "문으로 도를 꿴다"면서도 실제상으로는 문은 그대로 문이고 도는 그대로 도여서 문과 도를 둘로 나누었다.

송초에는 오대의 문풍을 답습한 적이 있다. 유개(柳開)는 "대 맞추는 것이 정밀하여(屬對精切)" "체요에 이르지 못하는(不達體要)"는 변문의 누습(陋習)을 거울삼아 처음으로 혁신을 이끌었다. 그는 역사상 이미 고문 운동이 출현한 적이 있다는 기치를 내걸고 한·유를 계승하여 역사의 새 장면을 연출했다. 그는 한편으로는 복고(唐代의 古文을 복고)를 하면서 한편으로는 혁신을 하였다. 복고와 혁신은 왕왕 모순적으로 한데 통일되어 두 개의 면모가 동시에 하나의 일이나 한 인물에 존재하였다. 왕우칭(王禹偁)은 말하였다. "누가 좋아하는 것 또한 나와 같음을 어여삐 여길까? 한유와 유종원의 문장에 이백과 두보의 시라네.(誰憐所好還同我, 韓柳文章李杜詩)"[31] 한·유·이(李, 白)·두(杜, 甫)의 옛 문장을 회복하는 데 있었다. 유개는 고문

---

30 「답서재숙(答徐載叔)」, 『주희집』 권56, 2824쪽.
31 『소축집(小畜集)』 권10, 사부총간(四部叢刊) 본.

에 다른 영역의 말을 하였다. "고문이라는 것은 문사가 난삽하고 말이 어려운데 있는 것이 아니다. 사람이 읽고 외는데 어렵게 하며, 이치를 예스럽게 하고 그 뜻을 높이는 데 있다. 말의 장단을 따르고 변화에 응하도록 지어 고인이 일을 행한 것과 같이 해야 하는데, 이를 일러 고문이라고 한다."[32] 고문과 시문(時文)의 다른 점은 내용 방면에서는 "그 이치를 예스럽게", 곧 성인의 도를 선양해야 하는데, 실질이 없는 것을 말할 뿐이 아니다. 형식 방면에서는 기교가 지나치게 넘치거나 부화하거나 아름다움을 지어내서는 안 되고 말의 장단을 따를 만하고 변화에 응하여 지어야 한다. 화려한 문채는 결코 "성인의 도"를 전할 수 없다. "문과 도를 서로 겸하고", "나의 도는 공자와 맹가·양웅(揚雄)·한유의 도이며, 나의 문장은 공자와 맹가·양웅·한유의 문이다."[33]라 주장했다. 내재적인 최고의 도덕 품질과 외재적인 화려한 형식미를 겸하여 가진 것이다.

송대의 복고 혁신은 구양수에 이르러 종합적인 형세를 띠었다. 그는 "(마음) 속에 가득한" 도덕 인의의 "도"와 "밖으로 발하여지는" 화려한 문사인 "문"은 "도가 우세하면 문이 이를 것"이라고 생각하여 "뜻을 얻으면 마음이 안정된다. 마음이 안정되면 도가 순수해지며, 도가 순수해지면 마음을 채우고 있는 것이 실할 것이다. 마음이 실함으로 차게 되면 문으로 발하여진 것이 빛을 뿜어 일에 행하는 것이 과단성이 있고 굳세게 된다."[34]라 하였다. 문이 휘황한 광채를 내뿜는 것은 마음속에 순수한 "도"가 충만해 있기 때문이다. 이에 그는 "대체로 도가 우세하면 문은 어렵지 않고 스스로 이른다."[35]라 말한 적이 있는데 문이 도에 붙어 있는 것

---

32 「응책(應責)」, 『하동집(河東集)』 권1.

33 위와 같음.

34 「답조택지서(答祖擇之書)」, 『구양문충공문집(歐陽文忠公文集)』 권68.

35 「답오충수재서(答吳充秀才書)」, 『구양문충공문집』 권47.

이라는 뜻이 있는 듯하다. 과연 이와 같다면 주희 등의 관점과 서로 가깝지만 구양수는 문의 상대적인 독립성을 결코 부정하지 않았다. "군자의 학문은 혹 사업에 시행되기도 하고 혹 문장에 드러나기도 하지만 늘 겸하기 어려운 것이 걱정이다."[36] 사업과 문장 둘 다 겸하기가 어려운 바에야 유개의 "문과 도를 서로 겸한다"는 데 대한 미언(微言)을 은연중에 내포하고 있지만 또한 결코 문과 도가 연계된 것은 아니다. 소식은 「구양수 묘지명(歐陽修墓志銘)」에서 구양수의 "나는 글을 지을 때 반드시 도와 함께 했다(吾之爲文, 必與道俱)"는 말을 인용하였다. "문과 도가 함께 한다"는 것은 곧 이미 문과 도가 서로 상대적이라는 것을 이야기하면서 또 문이 도를 떠나지 않음을 이야기한다.

송대의 고문운동이 당대의 한·유와 다르긴 하지만 기본적인 노선은 일맥상통한다. 이 때문에 주희는 구양수를 한유와 함께 싸잡아 비판하였다. "구양자가 나옴에 그의 문장의 오묘함은 이미 한 씨(韓氏)에게 부끄럽지 않았다. …… 그러나 그의 평생의 말과 행실의 실상을 살펴보면 또한 아직 한 씨의 병폐를 벗어나지 못한 것 같다."[37] 비록 한유와 유종원 등이 "문으로 도를 밝힘"을 제창하였고, 구양수 등이 "문이 도와 함께 한다"라 주장하여 뜻이 다르긴 하지만 기본적인 입장은 일치하여 마찬가지로 문으로 도를 꿰어 본말이 전도되었다. 문이 도와 함께 하면 양자가 나란히 열거되어 본말과 주객이 구분되지 않는다. 양자의 실책은 모두 문장은 문장대로이고 도는 도대로인 것이다. 주희는 말하였다. "삼대 성현의 문장은 모두 이 마음을 따라 써낸 것이므로 문장이 바로 도였다. 동파가 말하기를 '내가 말하는 문장이란 반드시 도와 함께 갖추어진 것이다.'라 하였는데 문장은 문장대로이고 도는 도대로일 뿐이다. 문장을 지을 때

---

36 「설간숙공문집서(薛簡叔公文集序)」, 『구양문충공문집』 권44.
37 「독당지」, 『주희집』 권70, 3655쪽.

를 기다려 도를 가져다 문장 속으로 집어넣는 것이니, 이것은 그의 큰 병폐이다. 그는 항상 문장을 화려하고 묘하게 꾸며 포장하는데, 이 부분에서 자신도 모르게 소홀하게 되었다. 그의 근본적인 병통이 생긴 까닭을 말하자면, 그는 온통 문장을 짓기만 하기 때문에 점점 도리를 말하는 일은 버리게 되었고, 먼저 도리를 이해하지 않고 바로 문장을 짓다 보니 큰 근본이 모두 잘못되었다."[38] "내가 문장은 반드시 도와 함께 하였다" 한는 것은 소식이 구양수의 말을 인용한 것이다. 주희가 결코 알지 못한 것이 아닌데[39] 그가 소식이 한 말로 여긴 것은 "문이 도와 함께 한다"는 것이 소식의 사상과 더욱 밀접하게 부합한다고 생각해서이다. 한유와 구양수가 비록 경중과 본말을 도치하거나 구분하지 않기는 하였지만 그래도 "정학(正學)을 부축하여 잡고 불교와 노자가 섞이지 않은 사람이다."[40] 소식은 곧 "불교와 노자가 뒤섞여 있어서 급한 곳에 이르면 바로 불교와 노자를 보태어 서로 뒤섞어 사람을 속이어"[41] 도를 더욱 멀리 떼어놓았다. 문은 본래 문인데 다만 문을 지을 때 비위를 맞추어 도를 안에 넣어 도와 문이 서로 갈라지고 찢어졌다. 먼저 도리를 이해해가며 문을 지은 것이 아니라 문을 짓는 중에 자각하지 못하는 가운데 도리를 말하였다. 이런 의미에서 볼 때 한유와 구양수는 문과 도의 관계에서 다만 "병폐가 있을" 뿐이며 소식의 "큰 근본이 모두 잘못되어" "정도"를 해친 것과는 같지 않다.

한·유나 구·소를 막론하고 주희는 그들을 모두 고문가로 보았지 도학가로 간주하지는 않았다. 그러나 도학가 내부에서는 문과 도의 관계에

---

38 『주자어류』 권139.

39 주희의 「독당지(讀唐志)」에서는 구양수의 "내가 이른바 문은 반드시 도와 함께 한다"는 구절을 인용한 적이 있다.(『朱熹集』 권70, 3655쪽에 보인다)

40 『주자어류』 권137.

41 위와 같음.

있어 또한 의견을 달리했다. 주희에 의해 『이락연원록(伊洛淵源錄)』의 첫 권에 놓인 주돈이(周敦頤)는 『통서(通書)』에서 말하였다. "문은 도를 싣기 위한 것이다. 수레를 꾸몄는데도 사람이 쓰지 않는다면 그것은 괜히 꾸민 것이다. 더군다나 텅 빈 수레라면 더 말할 것이 있겠는가. 문사(文辭)는 재주이고, 도덕은 실체이다. 그 실체에 도타우면서 문예가 있는 자가 글 쓰는 것이 아름다우면 사랑받게 되고 사랑받으면 전해지게 된다. 현자가 배워서 지극하게 되면 이것이 가르침이다. 그러므로 말하기를 '문채가 없는 말은 멀리 행하여지지 않는다.'라 하였다. …… 도덕을 힘쓸 줄 모르고 다만 문사를 능사로 여기는 자는 재주를 부리는 것일 따름이다. 아아! 그 폐단이 오래되었도다!"[42] "문(文)"은 문자(文字)를 가리키며 수식이 필요한데, 수레에 바퀴와 끌채 등 아름다운 장식이 있는 것과 같다. 문과 수레를 가지고 비유하여 문은 아름다운 장식이 있는 거마와 조각하고 아로새긴 따위의 생활미와 관련 있는 감성과 문식(文飾) 그리고 문채를 가지고 있으며 또한 미의 창조적인 성취나 물질 정신의 성취 등을 내포하고 있다.

주희는 주석을 달고 말하였다. "문은 도를 싣는 것으로 수레가 물건을 싣는 것과 같다. 그래서 수레를 만드는 자는 반드시 바퀴와 끌채를 꾸미고, 문을 짓는 자는 반드시 말[詞說]을 훌륭하게 꾸미는데 모두 사람들이 좋아하여 쓰게 하고자 함이지만 내가 꾸며놓았는데 남들이 그것을 쓰지 않는다면 헛되이 꾸미는 것과 같아 실체에 도움이 되지 않는다. 하물며 물건을 싣지 않는 수레와 도를 싣지 않는 수레가 아무리 장식을 아름답게 했다 한들 또한 무엇을 하겠는가!"[43] 도는 문사의 실체이며 문사는 도가 빛나는 것이다. 문과 수레, 도와 물건은 모두 없을 수가 없어 수레가 없으면 물건을 실을 수 없고, 문이 없으면 도를 실을 수 없다. 수레는 물

---

42 「문사(文辭)」 제28, 『주자전서(周子全書)』 권10.

43 「문사주(文辭注)」 제28, 『주자전서』 권10.

건을 싣는 수레이고 문은 도를 싣는 문이다. 수레를 장식해도 쓰이지 않으면 헛되이 꾸민 빈 수레와 같고, 문을 아름답게 꾸미면 사람들이 반드시 좋아하여 오래 멀리 전할 수 있다. 도덕이 있는데 문장의 아름다움이 없다면 사람들은 그것을 좋아하지 않을 것이니 사람들의 정신적 감성의 유쾌함을 일으키지 못하여 사람들이 전하지 않아 더는 오래도록 전하여질 수 없다.

주희의 "문으로 도를 싣는다(文以載道)"에 대한 이해에 의하면 실(實)은 도와 문이 하나로 합쳐졌다는 뜻이다. 주희의 이 해석으로 말미암아 후래의 이학가들은 모두 주돈이의 "문이재도"를 정통으로 여겼다. 남송의 도학가 왕백(王柏)은 말하였다. "'문은 기를 주로 한다(文以氣爲主)'는 것은 예로부터 있던 말이며, '문은 이를 주로 한다(文以理爲主)'는 것은 근세의 유자가 말한 적이 있다. 이한은 '문이라는 것은 도를 꿰는 기(器)이다'라 하여 한마디 말로 3백 년 당나라 문의 조종을 가리고도 체와 용이 도치된 것을 알지 못했다. 반드시 주자(周子)가 말했듯이 '문이라는 것은 도를 싣는 것이다'라 한 다음이라야 정확하고 바꿀 수 없다."[44] "재(載)"와 "관(貫)" 두 글자의 구별에 마침내 "정확하여 바꿀 수 없음"과 "체와 용이 도치되었다"는 구분이 있게 되었는가?

주돈이가 도를 싣는 문을 아름답게 장식하여 사람들이 좋아하는 것을 이끌어 오래도록 전해야 할 필요성을 부정하지 않았다고 한다면 정이는 "문"의 뜻을 부정하였다. 『유서(遺書)』에서는 기록하였다. "물었다. '문을 지음이 도에 해롭습니까?' 말하였다. '해롭다. 무릇 문을 지음에 뜻을 전일하게 하지 않으면 공교롭지 못하니 만약 뜻을 전일하게 하면 지(志)가 여기에 국한된다. 또 어찌 천지와 함께 그 큼을 같이 할 수 있겠는가?『서

---

44 「제벽하산인왕공문집서(題碧霞山人王公文集序)」, 『노재집(魯齋集)』 권5, 금화총서(金華叢書) 본.

경』에 이르기를 사물을 가지고 놀면 뜻을 상한다(玩物喪志)고 하였으니, 문을 지음도 또한 사물을 가지고 노는 것이다.'[45] 어째서 도를 해치는가? 글을 짓는 것이 사람들의 지취(志趣)를 옮기어가게 할 수 있기 때문에 문사에 연연하여 도를 구하는 것을 좋아하지 않아 사물을 가지고 놀면 뜻을 상하게 하는 것과 같다. 이렇게 문과 도를 대립시키는 형세를 띠게 되었다.

그는 말하였다. "지금의 학자들은 세 가지 폐단이 있다. 첫째는 문장에 빠지는 것이며, 둘째는 훈고에 이끌리는 것이며, 셋째는 이단에 미혹되는 것이다. 실로 이 세 가지가 없다면 장차 어디로 돌아가겠는가? 반드시 도로 향하여 갈 것이다."[46] 문장을 배우는 세 가지 폐단의 하나로 삼았으며 세 가지 폐단을 제거하여야 도로 향하여 갈 수 있다고 하였다. 어떻게 해야 도를 향할 수 있는가 하는 것은 곧 "유자의 학문"을 배우는 것이다. "옛날의 학자는 하나였고 지금의 학자는 셋인데 이단은 거기에 들지 않는다. 첫째는 문장의 학문이고, 둘째는 훈고의 학문이며, 셋째는 유자의 학문이다. 도를 향하고자 한다면 유자의 학문을 버리면 안 된다."[47] 유자의 학문을 따르는 것이 곧 도를 밝히는 학문으로 문장을 배워서는 도를 밝힐 수 없다. 정이의 "문장을 지으면 도를 해친다"는 것은 사유의 모식에서 말한 것으로 문은 문대로이고 도는 도대로라는 모식을 답습한 것이라고 말할 수 있다.

정이가 비록 "문장을 지으면 도를 해친다"고 주장하기는 하였지만 절대로 문을 배척한 것이 아니다. 도의 문을 짓는 것에 대해서도 결코 반대하지 않았다. "학자는 모름지기 문을 배워야 하고 도를 아는 자는 덕으로

---

45 『하남정씨유서(河南程氏遺書)』 권18, 『이정집(二程集)』 중화서국 1981년판, 239쪽.

46 위 책과 같음, 187쪽.

47 위와 같음.

나아갈 따름이다."⁴⁸ 정호(程顥)는 말하였다. "사람이 도에 합당한 문을 지을 수 있다면 도를 아는 자이다. 도를 아는 데 있기 때문에 문을 짓는 마음[心]이다."⁴⁹ "마음[心]"은 곧 영혼·정신의 뜻이다. 도를 아는 사람은 도를 문의 영혼이나 정신의 실질로 삼을 수 있다.

2) 문과 도는 하나로 합쳐져 떠나지 않고 쉬지 않는다

주희는 분석적으로 당대의 고문가 한·유 및 송초의 고문 혁신운동을 한 유개·구양수의 "문으로 도를 밝힘"·"문으로 도를 꿰"과 "문은 도와 함께 함" 등의 관점과 과오가 있는 곳을 비평하였다. 도학가인 주돈이와 정이의 "문은 도를 싣는 것", "문장을 지음은 도를 해침"에 대해서도 수정하고 천발하였는데 이로 말미암아 주희는 각가의 득실과 이폐(利弊)를 망라하여 "문도합일(文道合一)"론을 창도하였다. 그는 말하였다. "그러나 그는 정사와 예악이 하나에서 나오지 않아서는 안 된다는 것만 알았을 뿐 도덕과 문장은 더욱 두 갈래에서 나오도록 해서는 안 된다는 것을 알지 못했다. 옛 성현은 그 문장이 융성했다고 말할 수 있다. 그렇지만 처음부터 이것이 어떻게 배움에 뜻을 두어서 이와 같은 문장을 지을 수 있었겠는가? 마음속에 이러한 실상이 있으면 바깥에는 반드시 이런 문장이 있는 것이다."⁵⁰ 그는 구양수를 가리킨다.

주희는 구양수는 삼대(三代) 이상은 다스림이 하나에서 나와 예악이 천하에 달하였으며, 삼대 이후에는 다스림이 셋에서 나와 예악이 허명이

---

48 『하남정씨유서』 권2 상, 『이정집』 20쪽.
49 「답주장문서(答朱長文書)」, 『하남정씨문집』 권9, 『이정집』 601쪽. 원주에서 "혹자는 명도선생(明道先生)의 글이다."라 하였다.
50 「독당지」, 『주희집』 권70, 3653쪽.

되었다고 생각하였는데 이는 매우 정확하다. 그러나 구양수는 정사와 예악의 합일만 알았을 뿐 도덕과 문장의 합일은 이해하지 못하였는데, 사실 문과 도는 더욱 둘로 나눌 수 없다. 도가 안에서 하는 것은 체이며 밖으로 표현되는 것은 문채인데 두 가지는 상호 간에 연계되어 있어 분할할 수 없다. "만약 오직 그의 문장만을 취하고 다시는 이의 옳고 그름을 논하지 않는다면 이것은 도는 도대로이고 문장은 문장대로인 것이다. 도밖에 사물이 있으면 실로 도라고 할 수 없으며, 문장에 이가 없으면 또 어찌 문장이라고 할 수 있겠는가? 도는 어디를 가도 있지 않은 곳이 없다. 그러므로 문장에 나아가 도를 구하면 문장과 도 두 가지를 함께 얻어 일관할 수 있고 그렇지 못하면 역시 두 가지 모두 잃게 될 것이다."[51] 문과 도가 둘로 나누어진 결과는 반드시 도밖에 문이 있고 문밖에 도가 있어서다. 이렇게 하면 도는 도가 되기에 부족하고 문은 문이 되기에 부족하다. 도는 도대로이고 문장은 문장대로라면 실상 도는 도가 아니고 문은 문이 아닌 것이다. 이 때문에 주희는 "문으로 나아가 도를 이야기하고", "문과 도를 하나로 꿰는" 것을 제창했다.

주희는 문도(文道)의 통일과 상즉(相卽: 두 사물이 그 본체에서는 서로 하나인 관계), 일관을 강조하였다. 이는 결코 문과 도 자신의 지위와 작용의 상이함에 지장이 되지 않는다. "도는 문장의 근본이고, 문장은 도의 지엽이다. 도에 근본하여 문장으로 발현된 것만이 모두 도이다. 삼대 성현의 문장은 모두 이 마음을 따라 써낸 것이므로 문장이 바로 도였다."[52] 도와 문은 근본과 지엽이나 같으며, 근본과 지엽이 나누어지기는 하지만 본래는 일체이다. 근본만 있고 지엽이 없으면 나무가 될 수 없고 근본 또한 썩어 문드러질 것이며, 지엽만 있고 근본이 없으면 근거를 상실할 것이며 지엽 또한

---

51 「여왕상서(與汪尙書)」, 『주희집』 권30, 1277~1278쪽.
52 『주자어류』 권139.

말라죽을 것이다. 양자는 서로 의지하여 살고 둘이 일관된 것을 얻으며 아니면 둘 다 서로 잃어 존재하지 않는다.

주희의 문도합일의 명언은 바로 "문은 모두 도 가운데서 흘러나온다", "문은 모두 이 마음에서 씌어져 나온다"이다. 여기에서는 곧 원(源)과 류(流)·진(眞)과 사(寫) 이 두 범주의 관계를 언급하였다. 주희의 철학적 논리 구조에서 "도"(理·太極)는 세계 만물의 근본·근거 혹은 본원이며, 세상만사가 모두 이 근본과 본원의 표현이거나 생겨남, 성현이 도를 마음으로 삼은 것이며, 성현의 문은 바로 이 도심의 묘사이다. 유(流)가 원(源)의 연장이고 사(寫)가 진(眞)의 영상이라면 문은 또한 바로 언어와 문자로 발하여진 도이거나 자연히 내비쳐나온 도심이다. 유(流)는 원(源)과 떨어질 수 없고, 사(寫)는 진(眞)과 떨어질 수 없어서 원을 떠난 유가 없고 진을 떠난 사가 없어 양자는 서로 의지하여 떠나지 않는다. 이 의의에서 말하면 유와 원은 모두 물이며, 묘사와 진실한 사람이나 일은 모두가 하나의 모양인데 이것이 바로 "문은 곧 도이다"라는 것이다. 그러나 본체와 본성의 표현, 본원과 본원의 화생은 결국 같지 않은 것이어서 이는 곧 양자가 서로 나누어져 섞이지 않음을 말한다. 문과 도는 서로 의지하여 떨어지지 않는 데다 또한 서로 나뉘어 섞이지 않아 떨어지지 않고 섞이지 않아 이왕의 고문가와 주돈이 이래의 도학가의 각종 논조를 변증법적으로 해결하여 더욱 높은 수준에 도달했다.

"문은 도에서 흘러나와" 떨어지지 않고 섞이지 않는다는 것은 그의 심미의 표준이면서 또한 그의 미학 가치관이기도 하다. 그는 예술창작과 문학창작을 품평할 때 도덕 사상 내용 곧 도와 미를 중시하면서도 또한 문예형식의 아름다운 장식과 감성적 유쾌함, 곧 문과 미를 소홀히 하지 않았다. 그는 도덕·사상 표준을 강조한다는 전제 하에 도덕·사상 내용과 문예형식의 통일을 실현하였다. 곧 선이 본이고 미가 말이며, 도가 체이고 문이 용이어서 섞이지 않는 데서 선과 미, 도와 문의 합일을 요구하였다. 도와 선을 가지고 말하면 도를 싣지 않은 문과 물건을 싣지 않은 수레는 장식미와 문사의 화려함이 있기는 하여도 주희는 "이는 수레에 물건을 싣지 않은 것과 같아 다만 장식만 아름답게 한 것이다."[53]라 생각하였다. 이는 도와 선의 가치관이다. 문과 미에서 말하면 "문장을 짓는 자는 반드시 그 사설(詞說)을 잘해야 한다."[54] 문학과 예술의 형식미를 강구하여야 "사람들이 좋아하여 쓰도록" 할 수 있으며, 아름답게 꾸미지 않으면 사람들이 좋아하지 않아 도덕과 사상 내용이 지극히 높아 높은 것이 없다 하더라도 또한 쓸모없이 공허한 것이 되고 마는데, 이런 인식에 기반한다.

그는 한유와 유종원·구양수·소식 등이 도와 문장을 전도시키고 서로 갈라 찢어놓았다고 비평하기는 하였지만 그들의 문에 대하여서 또한 많이 긍정하고 칭찬하였다. "한문공의 시문은 당시에 으뜸이었으며 후세에서 미치기가 쉽지 않았다."[55] "한퇴지의 의론은 바르고 규모는 넓으면서도 크다." "유자후의 문장은 비교적 예스럽지만 그러나 오히려 배우기 쉽다. …… 한유의 문장처럼 규모가 큰 것 같지는 않다." "유자후의 문장에는 매우 정밀하게 모방한 것이 있다." "한유의 문은 높고 구양수의 문은 배울 만하다." "구공(歐公)의 문자는 필봉이 예리하며 문자가 좋고 의론 또한 좋다." "구공의 문은 또한 개수(改修)하여 묘한 곳에 이른 것이 많다.", "구공(구양수)의 문장은 기쁨이 있고 따뜻하다." "동파의 문자는 명쾌하다. 노소[蘇洵]의 문은 웅혼하여 좋은 곳을 다 가졌다."[56] "소씨(蘇氏)의

---

53 「문사주」 제28, 『주자전서』 권10.
54 위와 같음.
55 『주자어류』 권139.
56 이상 모두 위와 같음.

문사(文辭)는 웅장하고 미려하여 근세에 짝할 이가 없다. 문장을 지을 때 모범으로 삼아도 해로울 것이 없다."[57] 비록 그들의 문자에 대해서도 비평한 것이 있지만 전체적인 태도는 "문장은 구양수, 증공, 소식에 이르러서, 그리고 도리는 이정에 이르러서 바야흐로 활짝 열리게 되었다."[58]라는 것이다. 문학과 도리는 구양수와 증공(曾鞏)·삼소(蘇洵·蘇軾·蘇轍)와 이정에 이르러서야 이가 순조롭고 활짝 열리게 되었는데, 이는 문과 미의 가치관이다. 이 때문에 주희는 도와 문, 선과 미의 통일은 가장 완전하고 완미한 가치관이라고 생각하였다.

3. 시리(詩理)는 시교(詩敎)를 떠나지 않는다

"시"는 "문"에 상당하는 표현형식이다.[59] 그것은 사람에게 정신성과 감성적인 유쾌함을 주며, "문"과 "시"는 미를 그 안에 포함하고 있어서 "문"과 "시"는 없으며 미라는 것도 없다. "문"과 "시"는 "문채(文采)"로 이해될 수 있으며, 또한 시로 표현된 사상 감정이 취한 각종 예술 기법, 이를테면 비흥(比興)·과장·상징·은유 등등으로 이해할 수 있다. "이"와 "도"는 서로 상당하며 사상만물의 본체인 데다 또한 윤리도덕의 최고 원칙으로 그것

---

57 「답정윤부(答程允夫)」, 『주희집』 권41, 1912쪽.

58 『주자어류』 권139.

59 수당(隋唐) 때에는 "문(文)"과 "필(筆)"을 짝으로 들었다. 『『문필식(文筆式)』에서는 말하였다. 제작(制作)의 도는 필과 문뿐이다. 문이라는 것은 시(詩)·부(賦)·명(銘)·송(頌)·잠(箴)·찬(贊)·조(弔)·과(課) 등이 이에 해당한다. 필이라는 것은 조(詔)·책(策)·이(移)·격(檄)·장(章)·주(奏)·서(書)·계(啓) 등이다. 요컨대 운(韻)이 있는 것은 문이고, 운이 없는 것은 필이다."『문제십병득실(文第十病得失)』, 『문경비부론(文鏡秘府論)』 서 권(西卷). 왕리기(王利器)의 교주(校注)에서는 말하였다. 『문필식』은 "아마 수(隋)나라 사람의 손에서 나왔을 것이다." 문은 시를 포괄한다.

은 시의 사상내용이다. 도학가가 문과 도의 관계에서 "문은 도를 싣는 것"이라고 주장한다면 시와 이의 관계에서는 이가 시라고 주장하는 것이다.

1) 정에 끌림을 모두 잊고 예의에 머물다

도학의 개창자인 주돈이와 소옹(邵雍)은 한 사람은 "재도(載道)"설로, 한 사람은 "진성(盡性)"설로 문도와 시리(詩理)의 기본관계를 확립하였다. 「이천격양집서(伊川擊壤集序)」의 첫머리에서는 자하(子夏)의 말을 인용하여 말하였다. "시(詩)는 뜻이 가는 것이다. 마음속에 있으면 뜻이 되고 말로 나타내면 시가 되는데 정이 속에서 발하여져 말로 나타나고 소리가 문이 되면 음이라 한다." "그 가운데 어떤 것은 경도(經道)의 나머지로, 한가로움에 인하여 때를 살피고, 고요함에 인하여 사물을 비추고, 때에 인하여 뜻을 일으키고, 사물에 인하여 말을 기탁하고, 뜻에 인하여 발하여 읊고, 말에 인하여 시를 이루고, 읊음에 인하여 소리를 이루고, 시에 인하여 음을 이루었다."[60] 시를 가지고 따르는 정에 응한 것 같다. "때를 살핌"·"사물을 비춤"에서 "뜻을 일으키고", "말을 기탁한" 연후에 "발하여 읊고", "시를 이루어" 성음을 이룬다. 이 순서를 가지고 말하면 곧 사물을 느껴 정을 발하여 시를 읊는 성음이 있게 된다.

그러나 소옹의 정은 전통적인 견해와 달라 "신(身)"과 "시(時)"를 가리킨다. "정은 7가지가 있으며 그 가운데 중요한 것은 둘로, 이 두 가지는 신(身)이며 시(時)이다."[61] 시를 지음에 혹 "일신의 행불행을 따르면 빈부와 귀천에 지나지 않을 따름이며", 혹 "일시의 성쇠를 따른다면 폐한 것을 일으키고 어지러운 것을 다스린다." 소옹은 이런 몸을 슬퍼하고 때를

---

60 「이천격양집서(伊川擊壤集序)」, 『이천격양집(伊川擊壤集)』 권수(卷首), 『사부총간(四部叢刊)』 본.
61 위와 같음.

가슴 아파함에 정을 발하여 지은 것은 개인의 정감에 가리고 빠져 천하의 대의는 돌아보지 않는다고 비평하였다. "근세의 시인들은 슬픔이 다하면 원분(怨憤)이 쌓이며, 영달하게 되면 오로지 음일(淫佚)하게 된다. 몸의 행불행은 희로로 발하여지고 때의 성쇠는 애오(愛惡)로 나오며 특히 천하의 큰 뜻을 가지고 말한 것이 아니므로 그 시가 대체로 좋은 정에 빠진다."[62] 정이 사람을 물에 빠뜨림은 정감을 통제하면 당연히 할 수 있지만 통제하기가 어려움은 감정을 일소하여 그것을 초월함만 못하다. 초월적인 방법은 곧 "정의 끌림을 모두 잊어" "사물로 사물을 살펴" 곧 털끝만한 정감의 사물로 사물을 관찰함이 없이 하여 이렇게 "때를 살피고 사물을 비춤"은 모두 몸의 행불행과 때의 성쇠의 영감을 쳐서 일으키지 못할 것이다. "실로 사물을 가지고 사물을 살피어 둘이 서로 상하게 하지 않으면 그 사이의 정의 끌림이 모두 잊힐 따름일 것이다."[63]

"정의 끌림을 모두 잊었다"는 것의 요지는 "명교(名敎)의 즐거움"과 "관물(觀物)의 즐거움"에 도달한 것이다. "정에 끌리지 않아" 윤리강상의 교화를 즐거움으로 삼거나 정이 무정함을 변화시킴을 즐거움으로 삼는다면 곧 "성(性)을 다하고" "천명을 알고 즐기는" 것이다. 그는 『격양집(擊壤集)』 「수미음(首尾吟)」에서 말하였다. "요부는 시 읊조리는 것을 사랑하는 것이 아니라, 시는 요부가 성과 때를 다하는 것이다. 성과 인을 비록 다하지는 못하지만, 천명을 알고 즐기는 것을 또한 어찌 의심하겠는가?(堯夫非是愛吟詩, 詩是堯夫盡性時. 若聖與仁雖不敢, 樂天知命又何疑)" 소옹의 이를 시로 삼는 사상을 표현하였다.

"정에 끌림을 다 잊었다"는 말은 겨냥한 것이 있는데 그가 근세의 시인을 비평하여 "궁하고 슬프면 원한으로 쌓이든지" "영달하면 음일함을

---

62 위와 같음.
63 위와 같음.

오로지 하든지" 그 시는 모두 "정이 좋음에 빠진" 것이다. 이 근세 시인이 누구를 가리키는지 소옹은 성명을 가리켜 말하지 않았지만 "서곤체(西崑體)" 시문을 가리키는 것 같지는 않다.[64] "서곤체"의 영수인 양억(楊億)은 「서곤수창집서(西崑酬唱集序)」에서 말하였다. "아도(雅道)에 더욱 정밀했고 장구를 화려하게 조탁하여 인구에 회자되었다"라 하였으며, 전황(田況)은 "오대 이래 거칠고 비루한 기운이 여기에서 극에 달하였다."[65]라 배척하였는데, 오대 이래 부미(浮靡)한 문풍의 새로운 발전이었다. 석개(石介)는 "고운 모습을 다하였고 풍월을 이었으며 화초를 가지고 놀아 아름다운 기교가 넘쳤다. 화려하였고 부화하게 무늬를 짜내었으며 성인의 경을 아로새기고 성인의 말을 때려 부쉈다."[66]라 지적하였다. 그 죄명은 "성인의 말을 때려 부숴서" "원한과 음일"에 미치지 못한 것이다. 나중에 주희는 구양수를 비평하여 "평상시에는 다만 시를 읊조리고 술을 마시며 희학질로 세월을 보내었다."[67]라 하였다. 소순흠(蘇舜欽)과 매요신(梅堯臣)은 "비록 재능과 명망을 가지고 있었고 모두 군자의 무리였지만 경박하게 희학질을 하였다", "이에 두 무리의 여기들을 초청하여 함께 음악을 연주하고 폭음하며 오가(傲歌)를 지었다."[68] 모두 소옹이 가리킨 "영달하면 오로지 음일을 한다"는 따위에 속한다.

　　소순흠(蘇舜欽)은 집현교리(集賢校理)를 떠난 후 소주(蘇州)에 우거하면서 "이따금 그 울분을 시가로 표현하였다."[69] 매요신(梅堯臣)은 「홍수가 난 후

---

64 "서곤체" 시문은 송 진종(眞宗) 경덕(景德) 연간에 흥기하였으며, 양억과 유균(劉筠)·전유연(錢惟演) 등인이 서로 창화한 시집인 『서곤수창집(西崑酬唱集)』으로 명성을 얻었다. 조정에서 경전(慶典)이나 유연(游宴)이 있을 때마다 시와 부를 지어 바쳐 가공송덕을 했다.

65 「유림공의(儒林公議)」, 『패해본(稗海本)』 권 상.

66 「괴설(怪說)」 중, 『조래석선생문집(徂徠石先生文集)』 권5.

67 『주자어류』 권130.

68 『주자어류』 권129.

69 「소순흠묘지명(蘇舜欽墓志銘)」, 『구양문충공문집(歐陽文忠公文集)』 권31.

성중의 오두막 천여 채가 허물어져 시를 지어 스스로 답하다(大水後城中壞廬舍千餘, 作詩自答)」에서 말하였다. "다만 이 갖은 슬픔 품고, 돌아가 구름 낀 골짜기에 누울 생각을 한다.(獨此懷百憂, 思歸臥雲壑)" 시는 곧 분을 슬퍼하여 짓는 것이다. "굴원은 「이소」를 지어, 스스로 그 뜻이 궁함을 슬퍼하였다. 세상에 울분을 품고 간사한 뜻을 미워하여, 초목과 벌레에 기탁하였다.(屈原作離騷, 自哀其志窮. 憤世嫉邪意, 寄在草木蟲)"[70] 칭찬과 풍자가 흥기시키고 격발함을 강조하였는데, 곧 "궁하고 슬프면 원한에 맡겼다." 소옹은 시가의 칭찬과 풍자(의 기능)를 배격하였는데 시가가 시절을 슬퍼하고 세상에 울분을 품은 외침과 행불행의 느끼고 받아들이는 표현이라는 것을 부정한 것으로 실제로 시가창작의 원천인 맑은 물의 근원을 끊은 것이다.

"정에 얽매임을 다 잊었다"의 "성을 다하였다"는 설은 주돈이가 창도한 "말이 선함을 즐긴다"는 "지극히 선하다"는 설과 서로 호응한다. 주돈이는 말하였다. "소리가 담담함을 즐기면 마음이 고름을 듣고, 말이 선함을 즐기면 노래하는 자가 흠모한다. 그러므로 이풍역속을 하게 될 것이니 요사한 소리와 고운 말의 교화도 그렇다."[71] 가사는 온유하고 돈후하여 순수하고 지선한 성에 부합하여야 이풍역속의 효과를 일으킬 수 있다. 그렇지 않으면 "후세의 예법이 닦이지 않고 정치와 형벌이 가혹하고 문란해져 욕망대로 하여 법도가 무너지고 아래의 백성들이 곤궁하고 괴로워진다. 옛 음악은 들을 만하지 못하다면서 새 소리로 바뀌어 변하며 요사하고 음탕하며 근심과 원망이 욕망을 이끌고 슬픔을 더하여 스스로 멈출 수 없게 한다. 그러므로 임금을 해치며 아비를 버리고 생명을 가벼이 여기고 윤리를 무너뜨려 금하게 할 수 없을 것이다."[72] 윗자리에 있는

---

70 「답삼한견증술시(答三韓見贈述詩)」, 『완릉집(宛陵集)』 27.

71 「악(樂) 하」 제19, 『주자전서』 권9.

72 「악 상」 제17, 『주자전서』 권9.

사람이 욕망대로 하여 법도를 허물어뜨려 아래의 백성들이 곤궁하고 괴로워 삶을 도모할 수 없게 되면 옛 음악을 변화시켜 요사하고 음탕하여 욕망을 이끄는 새로운 소리로 대신할 수 있다.

시가의 사회적 작용은 "천하의 정을 고르게 하는" 정치의 봉사인데, 이는 곧 윤리도덕 교화의 필요성이다. 주희는 『통서주(通書注)』에서 말하였다. "(방종함과 욕심이) 예를 폐하고 법도를 무너뜨리기 때문에 그 소리가 담담하지 못하여 요망하고 음탕하며, 정사가 가혹하여 백성들이 곤궁하기 때문에 그 소리가 화하지 못하여 근심하고 원망한다. 요망하고 음탕하기 때문에 욕심을 인도하여 생명을 가볍게 여기고 윤리를 무너뜨림에 이르며, 근심하고 원망하기 때문에 슬픔을 더하여 군주를 해치고 애비를 버림에 이르는 것이다."[73] 요사하고 음탕한 노랫소리는 사람들의 욕념(欲念)을 불러일으킬 수 있고, 슬프고 원망하는 노랫소리 또한 사람들의 슬픔을 증가시킬 수 있다. 양자는 모두 사람의 정욕을 방자하게 하여 스스로 통제하여 멈출 수 없게 한다. 욕념을 스스로 통제하여 멈출 수 없으면 생명을 가볍게 여기고 윤리를 무너뜨리는 일이 발생할 수 있다. 슬픔이 더하여짐을 통제하여 멈출 수 없으면 임금을 해치고 아비를 버리는 일도 발생할 수 있다. 주희는 가사·성음과 도덕·선성의 연계에서 선·도·이의 작용을 강조하였다. 이는 도학가의 문으로 도를 싣고 이를 시로 삼는 사상과 서로 통일된다.

소옹은 "정에 얽매임을 다 잊었다"는 것을 주장하였으며, 이정은 "예의에 머무름"을 창도했다. 그는 말하였다. "주(周)에 이르러 세상이 더욱 문을 꾸며 사람의 원망과 즐거움이 반드시 말로 드러났고, 정치의 선악이 반드시 풍자하고 아름답게 여김을 보았다. 부자에 이르렀을 때는 전

---

[73] 「악 상 주(注)」 제17, 『주자전서』 권9.

한 것이 많아졌다. 부자가 산삭하여 3백 편을 얻었는데 모두 예의에 머물러 대대로 가르침으로 세울 수 있었으므로 '시에서 일으킨다(興於詩)'라 하였다."[74] "풍자[刺]"는 변하게 한다는 뜻이고, "아름다움[美]"은 바르다는 뜻이다. 변화시키고 바르게 하는 것은 곧 위에서는 아래를 교화시키고 아래에서는 위를 풍간하는 것으로 풍자하고 아름답게 여기는 것과 서로 가깝다. 공자가 『시』를 산삭한 심미적 표준과 정치도덕의 표준은 바로 "예의에 머물고", "대대로 가르침을 세우는" 것인데 이렇게 원망과 즐거움이 드러나고 선악이 풍자와 아름다움으로 표현된 시가를 산거해내고 3백 편을 얻었는데 곧 『시경』이다.

이정이 말한 "예의에 머무른다"는 것은 바로 "이" 혹은 "의리"이다. "공자가 『시』를 산삭함에 어찌 다만 아송의 음만 취하였을 따름이겠는가? 또한 이 의리를 합친 것을 이른다. …… 시를 지은 자가 한 사람이 아니어서 상하로 수천 년간 부절을 맞춘 듯 다만 이 하나의 이에 합하였으며 의리에 맞지 않으면 공자는 반드시 취하지 않았다."[75] 여기서 말한 "이"나 "의리"는 "예의"이면서 또한 "수신·치가의 일"인데, 이것이 곧 이를 시로 삼는 뜻이다.

이 "대대로 가르침을 세우는" 원칙과 준칙에 비추어 시를 비우고 시를 짓지 않는다면 도를 배우거나 궁리를 하는데 장애가 될 것이다. 『유서』에서는 이렇게 기록하였다. "혹자가 묻기를 '시를 배울 수 있습니까?'라 하자 말하였다. '이미 배웠을 때는 모름지기 공을 써야 바야흐로 시인의 격에 맞는다. 이미 공을 썼다면 무엇이 일을 방해하겠는가? 고인의 시에서 말하기를 "다섯 글자를 읊어 이루어, 한번 마음이 생겨남을 깨뜨린다.(吟成五箇字, 用破一生心)" 또 이르기를 "안타깝구나! 한번 마음이 생김이, 다섯

---

74 「시해(詩解)」, 『하남정씨경설(河南程氏經說)』 권3, 『이정집』 1046쪽.

75 『하남정씨유서』 권2 상, 『이정집』 40쪽.

자를 쓰는 데 있다.(可惜一生心, 用在五字上)"라 하였는데 이 말이 매우 타당하다.'"76 시를 짓느라 시간과 정력을 소모하면 도리어 도를 배우고 이를 궁구함을 그르치게 된다는 뜻이다.

2) 시와 이의 합일은 시교(詩敎)가 중요하다

소옹과 주돈이, 이정은 모두 "시"와 "이"를 분리시켰다는 혐의가 있으며, 주희는 정심(精心)으로 『시경』과 『초사』를 연구하여 『시집전(詩集傳)』과 『초사집주(楚辭集注)』를 지은 적이 있는데, 소·주·이정의 사상을 계승하고 또 수정하여 "시와 이는 하나로 합쳐져 있다(詩理合一)"는 주장을 제기하였다. "다만 시와 같은 경우, 온 세상 사람들이 모두 온 힘을 다해 달려가는데 한 사람도 시를 제대로 짓는 사람이 없다. 그들은 제대로 모르기 때문에 좋은 것을 좋지 않게 만들고, 좋지 않은 것을 좋은 것으로 만든다. 이것은 마음속이 날뛰며 텅 비운 채 고요하지 않기 때문이다. 텅 비지도 않고 고요하지도 않기 때문에 밝지 않고, 밝지 않기 때문에 제대로 알지 못한다. 만약 텅 비고 고요한 채 밝다면 일을 잘 아는 것이다. 비록 모든 기예를 정밀하게 만드는 사람이라고 하더라도 또한 그의 마음이 비고 이치가 밝기 때문에 정밀하게 만들어낸다."77 시를 지으려면 반드시 마음을 비우고 이가 밝아야 정품(精品)을 지어낼 수 있다. 그렇지 않으면 좋고 나쁨이 전도될 수 있어 이정이 말한 것처럼 헛되이 정력만 낭비하고 궁리를 그르치게 된다. 이를 밝혀서 선과 미의 경지에 도달하여 이런 이를 밝힌 선과 미의 경계를 체현한 시는 곧 정품이고, 그 반대로 하면 시를 이루지 못한다는 것을 말한다. 이를 밝히는 사상 내용과 시의 표현형식이 서로 통일되었다.

---

76 『하남정씨유서』 권18, 『이정집』 239쪽.
77 『주자어류』 권140.

『어류』에서는 기록하였다. "진재경(陳才卿)이 『시경』에 대해 말하자, 선생이 말하였다. '그대가 문장의 의미를 깨닫지 못하여 얻지 못했다고 한 것은 그 좋은 곳을 보지 못한 것뿐이다. 그대가 지난번에 말한 궁리 역시 모든 사물이 이 이를 구비하고 있는 것을 알고 일에 따라 정밀하게 살피는 것이 바로 궁리인 것과 같지만, 이른바 좋은 곳을 보지 못한 것일 뿐이다.'"[78] 시를 짓는 것을 배우는 과정은 또한 곧 이를 궁구하는 과정으로 양자는 서로 긴밀히 이어져 있으며 동일한 구조로 함께 발을 맞춘다. 주희는 시의 언외의 뜻을 알려면 정신적 뜻을 보아야 한다고 가르쳤다. 외면에 드러난 문의의 일면만 보고 내재된 뜻의 일면을 보지 못하면 바로 큰 병폐라 하였다. 그는 또 사람을 가르치면서 "모름지기 배를 뒤집어 온몸이 이 물속에 있어야 비로소 볼 수 있다."[79]라 하였다. 몸이 배 안에 있어서 물과 한 겹 떨어져 있어 물에 대하여 직접적인 느낌을 받지 않아도 물의 의미를 깨닫는다. 물이 배 밖에 있는 것은 말이 뜻 밖에 있는 것과 같으니 어떻게 문의를 깨달아 시를 배우겠는가? 배 안에 앉아 물을 보는 것이나 신발 위로 가려운 곳을 긁는 것에 비할 수 있다. 배를 뒤집어 사람들이 모두 물속에 있어 물에 대해 진실한 것을 느끼어 받아들여야만 시의 참된 경계를 배우게 되는데, "도"(理)를 배우는 것 또한 이와 같다. 시를 배우는 것은 곧 도(理)를 배우는 것과 같아 시와 도가 하나인 것처럼 융합시켰다.

시와 도가 하나로 합쳐지는 종지는 "시교(詩教)"이다. "정사가 비록 당대에 행하여지기에는 충분치 못하였으나, 그 가르침은 실로 만세(萬世)를 덮었다."[80] 이는 시교의 중요성이다. 시교는 무엇 때문에 필요한가? 주희는 시의 정의에 근거하여 논술하였다. "시(詩)는 사람의 마음이 사물에 감

---

78 『주자어류』 권114.

79 위와 같음.

80 「시집전서(詩集傳序)」, 『주희집』 권76, 3966쪽.

동되어 말의 나머지에 나타난 것이니, 마음의 감동하는 바에 사(邪)와 정(正)이 있다. 그러므로 말에 나타나는 바에 시(是)와 비(非)가 있을 것이니, 오직 성인이 윗자리에 계시면 감동된 것이 바르지 않음이 없어 그 말씀이 모두 족히 가르침이 될 수 있는 것이다. 혹시라도 감동됨이 잡(雜)되어 발(發)함이 택할 만한 것이 없을 수 없다면 윗사람이 반드시 스스로 돌이킬 바를 생각해서 이것으로 인하여 선(善)을 권면하고 악(惡)을 징계함이 있으니, 이 또한 가르침이 된다."⁸¹ 시는 사람의 사상이 외물을 느끼어 받아들인 데서 말미암아 영감을 격발시켜 일으켜 언사로 표현한 것이다. 이는 주희의 시에 대한 깊은 이해이다. 그러나 사람이 사물을 느낌에는 사정선악(邪正善惡)이 있어서 심미(審美)와 감수(感受)를 포괄하며, 사상 감정을 표현하는 시의 이런 형식에는 또한 시비의 구분이 있다. 바르거나 사악하거나 간에 모두 다른 방면과 방법으로 천하를 교화하는 수단이 될 수 있다. "성정(性情)의 은미한 사이에서 살피고, 언행의 추기(樞機)의 시작에서 살핀다면, 몸을 닦아 집안에 미치고 천하를 고르게 다스리는 도(道: 방법)가 그 또한 다른 데서 구할 필요 없이 여기에서 얻어질 것이다."⁸² 정성(情性)과 언행을 깊이 살펴 수신의 방법을 통하여 제가(齊家)와 치국(治國), 평천하를 이루는데 이런 방법 도리는 모두 『시』에 있다. 이것이 곧 『시』는 사람을 교화시켜 윤리도덕 수양을 진행토록 하여 제가와 치국, 평천하의 목적에 도달한다는 것이다.

주희가 시를 중시한 도덕 사상내용은 다만 또한 이로 시를 대신하지 않았으며, 시에 대한 예술 표현형식미 또한 결코 부정하지 않았다. "이태백(李太白)의 시는 호방할 뿐만 아니라 부드럽고 자유로우며 평화롭고 여유 있다." "이태백의 시는 법도가 없는 것은 아니지만 이내 법도 속에서

---

81 위와 같음, 3965쪽.
82 위와 같음, 3967쪽.

종용하니 시의 성인이다." "두보의 시는 초년에는 매우 정밀하고 상세하지만, 만년에는 어긋나고 거슬려 감당할 수 없었다." "석만경(石曼卿)의 시는 매우 좋은 부분이 있다. …… 만경의 시는 지극히 웅장하고 호걸스럽지만 엄밀하고 방정하여 지극히 좋다. 예컨대 「주필역시(籌筆驛詩)」에서 '마음은 물처럼 멀리 흘러가고, 근심을 벗어나니 옛 산은 푸르네.(意中流水遠, 愁外舊山靑)' 같은 구절, 그리고 '즐거운 생각 서로 나누니 새들은 마주보고 지저귀며, 향불이 끊이지 않으니 나무는 서로 꽃을 피우네.(樂意相關禽對語, 生香不斷樹交花)'와 같은 구절은 지극히 아름답다." 황정견(黃庭堅)의 시는 "정밀하고 뛰어나다! 그가 얼마나 많은 공부를 하였는지 알겠다. 지금 사람들이 잠깐만에 어떻게 미칠 수 있겠는가! 교묘하고 좋아 남김이 없으며 스스로 일가를 이루었다 하겠다."[83] 주희는 도덕 정신과 사상내용이 시의 표현형식의 아름다움과 완전히 통일될 것을 요구했다.

시와 이를 합일시켜 관철시킨 것은 또한 시사(詩史)에 대한 탐구에서도 체현되었다. 주희는 도를 배움이 전일하지 않았을 때 시에 대한 본말을 연구하는 것을 이야기하며 말했다. "예와 지금의 시는 세 번 변화하였다. 『서경』에 기록된 우(虞)·하(夏) 시대로부터 위(魏)·진(晉) 때까지가 한 단계가 된다. 진(晉)·송(宋) 사이의 안연지(顔延之)·사령운(謝靈運)으로부터 당(唐)의 초기까지가 한 단계가 되고, 심전기(沈佺期)·송지문(宋之問) 이후로부터 율시(律詩)가 정착되고 오늘에 이르기까지가 또 한 단계이다. 그러나 당의 초기 이전에는 그 시를 짓는 것이 진실로 수준의 고하는 있었으나 법은 오히려 변하지 않았다. 율시가 나온 뒤에는 시와 법이 비로소 모두 크게 변하였다. 오늘에 이르러서는 더욱 교묘하고 치밀하게 되어 옛사람의 풍격은 다시 찾아볼 수가 없게 되었다."[84] 이 "세 변화"는 중국 시가의 체재

---

83 이상 모두 『주자어류』 권140에 보임.
84 「답공중지(答鞏仲至)」, 『주희집』 권64, 3337쪽.

와 기교가 발전하는 세 단계이다. 우·하에서 위진까지는 고시의 단계이다. 진·송에서 당초까지는 고시에서 율시로 바뀌어가는 단계이다. 셋째 단계는 율시이다. 이는 전체적으로 일종의 진보라 하겠지만 엄격한 격률은 또한 사람의 사상을 속박하였다.

이 때문에 주희는 말하는 시가 지어내는 것보다 아름답다고 생각하였다. 이 의의에서 보면 그는 고시를 중시하고 율시를 낮추어 본 것으로 이해할 수 있다. "격률의 정미로움과 거칢, 운(韻)을 써서 대구를 맞추는 것, 그리고 일을 비유하여 말을 엮어나가는 것 등을 잘하는가, 잘못하는가 하는 데 대해서는 위·진 이전 여러 현자의 작품을 가지고 고찰하더라도 그 사이에 마음을 쓴 자들은 없었다. 하물며 옛 시인들이 쓴 작품들이겠는가? 근세 작자들이 비로소 여기에 마음을 둔 결과 시에 '잘 짓는다거나 못 짓는다거나 하는 논의'가 생겨나 화려한 문장이 우세해지면서 뜻을 말하는 공적은 묻히게 되었다."[85] 위진 이전에는 시를 지음에 격률을 따지지 않고 마음의 뜻을 그대로 펴냈다. 근세에는 격률에 정을 두어 사조와 용운을 추구하였으며 표현형식과 속대(屬對)의 빼어난 여부를 중시하고, 시가 표현하는 도덕정신과 사상내용의 기능에는 주의를 기울이지 않았다. 주희는 이 문제를 보고 비록 도학가의 시리합일설을 내기는 하였으나 그 깊은 면을 말하지 않을 수 없었다.

4. 평담하고 자연스러운 규모

미와 선, 문과 도, 시와 이는 모두 사상 내용과 표현형식의 문제를 탐구

---

85 「답양송경(答楊宋卿)」, 『주희집』 권39, 1757쪽.

하는 것이다. 문과 시가 어떻게 사람을 기쁘게 하고 공명을 일으키게 하며, 마음이 움직이고 정신이 옮겨가며 슬프고 기뻐할 만하며 노래하기도 하고 울기도 하는 등의 감정 교류 같은 것은 심미적인 감수와 심미적인 의식 문제를 머금고 있다. 당연히 문과 시의 사상 내용은 사람의 심미적인 의경과 심미적인 이상을 쳐서 일으킬 수 있으나 시가는 반드시 성률과 문사가 있어야 한다. 문장은 반드시 문자와 사조가 있어야 하며, 음악은 악기와 성음 등의 요소를 떠날 수 없다. 문예의 표현형식과 수단은 사상 내용과 결합이 될 경우에만 사람의 마음을 감동시킬 수 있다. 그 이유는 그것이 심미활동에서 심미적 감수를 표현하고 심미적 의경을 창조할 수 있기 때문이다.

1) 평담한 자연은 천생의 강자(腔子)

이런 심미적 감수와 심미적 의경의 표현과 창조는 일종의 예술 풍격 의미로 관철할 필요성이 있는데, 주희는 일종의 질박하고 자연스러우며 평담하면서도 맛이 있는 풍격미를 강조하고 화려하며 섬세한 기교로 의도적으로 조작하는 것을 반대하였다. 이런 심미 의식은 송대의 사조라고 말할 수 있다. 정이는 시문은 "하늘의 솜씨로 한 송이 꽃을 피워내는(天工生出一枝花)"듯한 자연미가 있어야 한다고 말한 적이 있다. 왕안석(王安石)은 "보기에는 심상한 듯하지만 가장 기굴하고, 이루기가 쉬운 듯하나 오히려 어렵다.(看似尋常最奇崛, 成如容易却艱辛)"라 하여 질박하고 심상한 아름다움으로 좋은 시를 칭찬하였다. 소식은 "섬세함과 농후함을 간고(簡古)함에서 드러내고 지극한 맛을 담박함에 부쳤다"라는 말로 시문을 품평했다. 주희는 예술 풍격상 또한 평담하고 자연스러운 아름다움을 제창하였다. 그는 말하였다. "지금 문장을 배우는 자들은 어찌 이런 문장을 한 편이라도 지은 적이 있겠는가? 많은 기력을 헛되이 낭비하였다. 대의를 학문하여 이치를 밝히는 것에 두면 자연히 좋은 문장을 지어낼 수 있을 것이고 시 또한 그렇다."[86] "옛사람들의 문장은 대개 평이하게 말한 것이지만 의미가 깊고, 후대 사람들의 문장은 뜻에 힘쓴 것이 많지만 난삽하다. 예컨대 「이소」는 애당초 기이한 글자가 없이 단지 이렇게 말해가기만 하였는데도 좋았다. 그런데 후일 노직(魯直, 黃庭堅) 같은 사람은 그렇게 힘을 들여 지었지만 오히려 좋지 못했다."[87] 이런 "자연", "평설(評說)", "평이하여 힘을 쓰지 않음"은 자연스럽게 그러하다는 의미를 함유하고 있다.

그러나 평담은 결코 담담하기만 하고 맛이 없는 것이 아니며, 자연은 결코 연마하지 않은 것이 아니다. 자연스럽고 신운이 있어야 하며, 평담하면서도 의미가 있는 풍격미를 제창하였다. 여기에서 그는 이미 문장에는 "장랑(壯浪)"의 아름다움이 없음을 반대한 데다가, 연지와 분을 바르는 따위로 흘러드는 것을 "요즘 사람들이 문장을 짓는 것은 연지 곤지 찍으며 단장하는 것이어서 본래 호방하지 않고 굳기도 없다."[88]라 하였다. 이를테면 "양억(楊億)은 섬세하고 곱고 내용 없는 정교한 글을 잘 지었지만 이미 도(道)를 아는 사람이 하는 것이 아니었다."[89]라 하였다. 의미가 없는 것을 반대하였으며, 예술기교의 풍격미는 이야기하지 않았다. 평용하고 얕은 따위로 빠져 들어갔다고 하면서 "지금 사람들의 시에는 구법이 없고 단지 주절주절 말해갈 뿐이다. 이런 시들은 하루에 백 수라도 지을 수 있다."라 하였다.

주희는 한 구절을 가지고 매우 형상적인 말로 평담하고 자연스러우며

---

86 『주자어류』 권139.

87 위와 같음.

88 위와 같음.

89 「답이백간(答李伯諫)」, 『주희집』 권43, 2020쪽.

운미(韻味)가 있는 예술 풍격을 표현한 적이 있다. "문장은 본래 천생적으로 강자(腔子)가 된다. 옛사람들의 문장은 본래 이런 천생적으로 강자가 되는 것이었다."[90] "강자"에 대하여 주희는 해석하기를 "'강자'는 성곽을 말하는 것과 같다. 이것은 방언으로 사람 몸에 가득 찬 것을 가리켜 말한다."[91] "곧 낙중(洛中)의 속어이다."[92]라 하였다. "천(天)"에는 자연이라는 뜻이 있다. 문자는 "자연스레 강자를 이루는 것이다." 두 방면의 함의를 가지고 있다. 첫째, 시문은 자연스럽게 생겨나므로 질박하고 자연스러우며 평담하여 자연미를 갖추고 있다. 『어류』에서는 기록하였다. "이에 도부(道夫)가 구양공의 문장은 평담하다고 말하였다. 말하였다. '비록 평담하지만 오히려 그 속에 아름다움이 있고, 좋은 부분과 미치지 못한 부분도 있지만 오히려 저열하고 뜻이 없는 것이 아니다.' 또 말하였다. '구양수의 문장은 마치 손님과 주인이 서로 만난 것처럼 평안한 마음과 안정된 기운으로 좋은 말을 나누는 것 같다.'"[93] 평담한 가운데 아름다움이 보이고 말을 하는 가운데 운미가 보인다. 이는 평담한 아름다움이다. 이런 심미적인 의경은 평담한 가운데 평담함을 초월하였다.

시문은 곧 "천생적으로 강자가 되는" 가운데 자연스레 흘러나온다. 구양수의 "「사표(謝表)」에서 스스로 그 일의 일단을 서술한 것은 가슴 속에서 흘러나온 것으로 어떤 막힘도 없으니, 이것이 문장의 묘미이다."[94] 흉중에서 자연스럽게 흘러나와 조탁을 일삼지 않았다. 주희는 이런 평담하고 자연스러운 아름다움을 좋아하였으며, 이 때문에 그가 가장 추숭

---

90 『주자어류』 권139.
91 『주자어류』 권53.
92 위와 같음.
93 『주자어류』 권139.
94 위와 같음.

한 시인은 이백과 두보가 아니라 도연명이었다. "도연명의 시에 대하여 사람들은 모두 평담하다고 하는데, 내가 볼 때 그의 시는 호방하지만 호방함을 느낄 수 없을 뿐이다. 그의 본래 면모가 드러난 것은 「영형가(詠荊軻)」다. 평담한 사람이라면 어떻게 이런 언어로 읊어낼 수 있겠는가!"[95] 평담하고 호방한 것은 실로 통찰력 있는 견해를 아는 것이다.

"천생적으로 강자를 이루는" 자연스럽고 평담하며 운미가 있는 풍격은 결코 직접 윤리도덕의 설교를 진행하지 않는다. 그렇게 하면 평용하고 속되다. 또한 "참된 맛이 넘쳐흐르는" 것이 아닐 뿐만 아니라 되는 대로 헛되이 시구를 짓는 것이다. "시를 지을 때 간간이 몇 구절로 자신의 속마음을 안일하게 하는 것은 괜찮지만 많이 지으면 안 된다. 그것에 빠지기 때문이다. 그것이 사물에 응하지 않을 때는 평담하고 스스로 조절하니 어찌 시구를 억지로 생각하는 일을 이겨내지 못하겠는가? 참 맛이 흘러넘쳐 나오는데 이르면 오히려 보통 때 잘 읊조리는 것과 다르다."[96] 주희가 시인이 격정이 밀려올 때 정회를 펴는 것을 결코 배척하지 않은 것은 참된 깨달음이 흘러나온 것이기 때문이다. 그러나 이 "참된 깨달음이 흘러나온 것"은 결코 자연스러운 맛은 아니며 의리를 함양하여 마음을 바르게 하고 뜻을 성실하게 하여야 한다. 성현의 책을 읽는 것은 "아마도 이 마음을 관리하고 도와서 늘 간직할 수 있도록 하는"[97] 것이기 때문이다. "이 마음을 관리하고 돕는 것"은 "평담하게 스스로 관리하는 것"과 같아서 자신이 물욕의 사사로움으로 떨어지지 않도록 관리하고 도와 삼가 이 마음을 간직하게 한다. 자신이 외물에 가리지 않도록 관리하고 격물 궁리하도록 하여 "스스로 다스리는데", 사람들이 이상적인 도덕의

---

95 『주자어류』 권140.

96 위와 같음.

97 『주자어류』 권11.

경지까지 이르게 할 수 있다. 사람의 자연적인 정회와 심리적인 정감이 모두 이미 윤리도덕과 하나로 융합되어 도덕적인 타율이 도덕적인 자율로 전환되어가게 한다. 이렇게 "참된 맛이 흘러넘쳐" 마음에 맞는 작품이 도학과 서로 위배되지 않을 뿐만 아니라 또한 바로 도의 "참된 맛이 흘러넘치게" 되는데 이는 간단한 도덕적인 설교와는 까마득한 딴판이다.

둘째, "강자"는 광곽(匡郭)과 같으며, 광곽은 하나의 틀, 규모, 범위가 있다는 것을 의미한다. "옛사람들의 문장은 본래 이런 천생적으로 강자(腔子)가 되는 것이었다." 스스로 모의(摹擬)하거나 모방할 필요가 없으며, 후인의 시문에는 "절로 천생적으로 생성된 것이 있으면 모의와 모방이 필요하다. '·육(陸) 교수가 백공(伯恭)에게 이르기를 문자에 강자가 있어야 문자를 지을 때 강자로 가지고 들어와 지으면 문자의 기맥이 길지 않게 된다고 하였습니다.' 선생이 말하였다. '그는 보는 눈이 높아 제대로 간파하였구나.'"[98] "강자로 들어와서 짓는 것"은 확실히 하나의 현존하는 틀이나 규모가 있음을 가리킨다. 어떻게 해야 "강자로 들어와서 지을" 수 있는지에 대해 주희는 "식(識)"과 "방(仿)"·"수(守)"의 주장을 제기했다. "식"은 예와 지금의 시문의 체제와 아속(雅俗)의 향배를 확실히 알고 취사하는 것을 가리킨다. "방"은 전인의 우수한 시문을 모방하거나 모의하는 것을 가리킨다. "옛사람들은 문장이나 시를 지을 때 대부분 이전 사람을 모방하여 지었는데, 오랫동안 배우면서 자연히 순수하고 익숙해졌다."[99] "전배들이 문장을 지을 때는 옛사람들의 유명한 문장을 모의하여 한 편 지어 보곤 하였다. 그러므로 훗날 작품을 지을 때는 짓고 싶은 대로 지을 수 있었다."[100] 이런 모의·모방은 자연스럽고 평담한 예술 풍격미를 떠나지

---

98 『주자어류』 권139.

99 위와 같음.

100 위와 같음.

않은 것을 말하는 것 같으며 결코 화려하고 새로운 기교를 추구하는 것이 아니다. "선배들이 문장을 지을 때는 정해진 격식과 본분에 의지하여 지었을 뿐이다. 그러므로 매우 잘 지었다. 후대 사람들은 오히려 상투적인 격식을 싫어하여 새로운 격식으로 바꿔 짓는데, 본래는 좋게 하고자한 것이지만 좋지 못할 때는 먼저 잘못되어 버린다."[101] 새로운 격식을 모방함을 주장하지 않았으며 주관적인 원망(願望) 또한 좋은 것이기는 하지만 왕왕 잘못되기도 한다.

"수"는 옛 본래의 규모를 지키는 것을 가리킨다. "나는 일찍이 천하의 만사는 모두 일정한 법칙이 있으니 이를 배우는 자는 반드시 순서를 따라 점점 나아가야 한다고 여겼다. 만약 시를 배우면 마땅히 이와 같은 것으로 법도를 삼아야 옛사람의 본래 체제를 잃지 않게 될 것이다. 이후로 만일 능히 변화를 이루어낼 수 있을지는 참으로 쉽게 추측할 수는 없으나 변화도 또한 매우 어려운 일이다. 과연 변화하여 그 정당함을 잃지 않으면 종횡으로 오묘하게 응용한들 어찌 옳지 않다고 하겠는가? 불행하게도 한번 그 정당함을 잃으면 도리어 옛 법칙을 지켜서 한 몸을 평온히 마치는 것만 못할 듯싶다."[102] 주희는 결코 변화를 반대하지는 않았지만 변화는 반드시 일정한 정도 내에서 이루어져야 한다. 이것이 바로 "정당함을 잃지 않는 것"이며, 정당함을 잃지 않아 그 "천생적으로 강자를 이룬" 것에 의지한다면 종횡으로 치달릴 수 있어서 오묘하게 응용함(妙用)이 끝이 없을 것이다. 그러나 이미 변화하고 또 정당함을 잃지 않는 것은 해내기가 매우 어려우며 왕왕 신기한 것을 좋아하고 음란함과 기교에 힘을 쓰게 될 것이다. 그는 매우 감탄하면서 말하였다. "근래에는 신기하고 알 수 없는 것들이 쏟아져 나와 휘저어놓고 있는데, 그것들은 모

---

101 위와 같음.
102 「발병옹선생시(跋病翁先生詩)」, 『주희집』 권84, 4342쪽.

두 성실하고 정당한 뜻이 없고, 오로지 한 가지에만 천착하거나 곁가지로 구불구불 돌아가는 것을 신기하게 여긴다. 영가(永嘉)가 가장 부화하고 거짓되며 섬세하고 정교하여 아름답지 못함이 더욱 심한데, 많은 후생이 그를 종사(宗師)로 삼으니 이것이 오늘날의 막대한 폐단이다."[103] 정당함을 잃음을 면하기 어려운데 도리어 "옛날 본래의 법도를 지킴만" 못하다.

2) 자연에 순응한 화미한 경계

주희의 미와 선을 합일시키고, 문과 도를 합일시키며, 시와 이를 합일시키는 심미관은 곧 "미"—"선"·"문"—"도"·"시"—"이"의 대응하고 충돌하는 각 요소와 성분에서 어떻게 화해(和諧)와 균형 그리고 융합을 찾는가 하는 것이다. 이것이 바로 화미(和美)함이다. 이런 각종 대립적인 요소와 성분을 조화롭게 통일시키는 "화(和)"의 미는 결코 이 방면을 강조하고 저 방면은 부정하거나 저 방면을 강조하고 이 방면을 부정해나가는 것이 아니다. 모든 화미한 사물 가운데 각종 충동하는 인소는 모두 유기적으로 연결되어 있다. 서로 의지하면서도 섞이지 않고 서로 나누어지면서도 떨어지지 않아 피차간에 제약을 하면서 하나의 화합된 정체(整體)를 구성한다. 이 유기적인 화합체 안에서 각종 충돌 요소의 지위와 작용·기능·발전은 모두 일정한 절도에 부합하여 "과(過)"도 없고 "불급(不及)"도 없다. "화는 일마다 모두 화하고자 하는 것이니, 여기에서 또한 딱 알맞으면 이곳에서도 절도에 맞고 저곳에서도 절도에 맞는다. 만약 한 곳에서라도 불화(不和)하면 곧 화가 아닐 것이다."[104] 또 말하였다. "화하면 곳

---

103 「답진부중(答陳膚仲)」, 『주희집』 권49, 2384쪽.
104 『주자어류』 권22.

곳마다 모두 화해지고 일마다 절도에 맞을 것이다. 만약 여기에서는 절도에 맞고 저기에서는 절도에 맞지 않는다면 화가 아닐 것이다."[105] "화"는 "선"과 "도"·"이"에서 말한 것으로 곳곳에서 모두 "선"·"도"·"이"의 절도에 부합하여, 충돌이든 융합이든 막론하고 모두 일정 정도의 절도에 부합하여 과도 없고 불급도 없게 되어 "정당함을 잃지 않는다." "성인이 절차와 제한을 두어 모든 일을 중정(中正)에 합당하게 하였다. 이것은 여기에 합당하고 저것은 저기에 합당하니 더 이상 지나치지 않는다."[106] 중용을 지켜 바르고 편벽되고 치우치지 않으며, "천생적으로 강자를 이루는" 질박한 자연과 평담하고 맛이 있는 예술풍격에서 말하면 "자연에 순응하여 곧 화이며", "발현되어 나와 자연스럽지 않음이 없다."[107] 곧 평담한 자연의 미이며 미는 "화", 즉 화미함을 온축하고 있다.

미는 외재적으로 정신적인 유쾌함을 주는 감성적 형식과 내재적으로 윤리도덕의 이성적 요구가 조화롭게 어우러지는 것으로 주희는 "화"를 심미적 평가의 기준으로 삼았다. "가우(嘉祐) 이전의 고사(誥詞) 등을 본 적이 있다. 언어가 매우 졸박한 것이 있었으며 인재는 모두 당세의 유명한 선비들이었다. 그의 문장은 비록 졸박하지만 그 표현은 근엄하고 중후하여 공교롭게 하고자 하지만 할 수 없는 뜻이 있다. 그리하여 풍속이 혼후했던 것이다. 구공(歐陽脩)의 문장에 이르러 좋은 것은 매우 좋지만 매우 졸박한 것도 있는데 아직 그것의 화기가 흩어지지는 않았다. 동파(東坡)에 이르러 문장은 방종해져 어긋나고 기교를 부리게 되었다. 선화(宣和)·정화(政和) 연간에는 지나치게 화려하여 화기가 모두 흩어졌다."[108] "졸박함

---

105 위와 같음.

106 위와 같음.

107 위와 같음.

108 『주자어류』 권139.

㈜"은 질박하고 자연스러우며 평담하고 맛이 있음을 가리킨다. "공교로
움㈜"은 섬세하고 화려한 뜻 기교로 애써 공교로움을 구하는 것이다. 시
문은 질박하고 자연스럽지만 사조(辭藻)는 근엄하고 중후하여 결코 공교
로움이 없는 것이 아니라 자연스러운 공교로움이다. 이를테면 구양수의
좋으면서도 졸박한 시문은 바로 충돌하는 요소를 융합시켜 일종의 과불
급이 없는 이상적인 상태에 도달한 것이다. 이런 이상적인 상태를 바로
"화" 혹은 "화기(和氣)"라 일컫는다. 그것은 음양과 강유·청탁·천지 등 서
로 충돌하는 인소를 융합시킨 것으로 이는 미의 균형 화합에 대하여 완
전히 파악한 것이다. 균형되고 화합하는 아름다운 법칙의 파괴는 소식의
문자가 어긋나고 기교를 부리는 궁극적인 화려함과 같은데 곧 절도에 맞
지 않으며 과불급이 없는 지나치게 과한 것으로 곧 "화기"를 흩어버렸다.
　주희는 미의 법칙 가운데서 하나의 매우 중요한 고리를 인식하고 파악
하였다. 그것은 바로 서로 충돌하는 모든 인소와 요소의 화해와 융합이
모두 하나의 응집되고 이산된 구조, 즉 화해와 융합의 형성은 충돌 인소
의 응집이며 화해와 융합의 파괴는 충돌 인소의 이산이라는 것이다. 주
희는 충돌 인소가 응집되고 이산하는 데 대하여 충돌 인소의 아무 방면
이 측면에서 일방적으로 강조되고 과대화하는 변증 사상을 부정하였다.
중국미학과 예술 시문이 각종 충돌하는 인소의 도전 중에서 부지불식중
에 각종 관계를 조정하였다. 정과 이의 화해와 융합에 도달하여 충돌 인
소가 각자 일방적으로 발전하는 것 및 각종 융합을 찢어놓는 형식을 피
할 수 있도록 하였다. 이따금 화해와 융합의 아름다움에 대한 파괴가 불
가피하지만, 전체적으로 보면 일시적인 현상이다. 화합미에 대한 추구는
중국 미학을 처음부터 끝까지 관통하는 법칙에 부합하는 특징이다.
　주희의 미학적 논리 결구는 이렇다. "이(理)"(道·善)에서 출발하여 "미
(美)"(文·詩)를 통하여 윤리도덕 원칙과 규범 혹 자연계의 법칙에 부합하

는 현상과 개체에 정신적인 유쾌함을 줄 수 있는 감성형식과 예술표현을 융합시켜 미와 선, 문과 도, 시와 이의 충동과 융합에 도달하는 것이며, 이는 곧 "화합"의 경계이다. 간단하게 말하여 "이(理)"(道·善)—"미(美)"(文·詩)—"화(和)"이다.

첫째, 주희의 사상·철학적 논리 결구에서 "이"(道·太極·至善)는 우주 만물의 본체이자 본원일 뿐 아니라 인류사회의 최고 원칙이자 원리이다. 그것은 이미 만사만물과 인류사회를 초월한 객관적 존재이다. 그것은 요(堯) 때문에 존재하는 것도 아니고 또한 걸(桀) 때문에 망하는 것도 아니다. 어떠한 사물이나 인간·짐승에 대하여서도 모두 동일시되어 차별이 없다. 모든 사물과 인간·짐승 초목에 속하여 사람마다 하나의 "태극"을 가지고 있고, 사물마다 하나의 "태극"을 가지고 있다. 그것은 허공에 매달려 있는 것이 아니라 반드시 걸려 있고 안정된 곳이 있어야 한다. 이 때문에 그것은 또한 실제적인 이(理)이기도 하다. 이것은 곧 "이"는 세계만물의 본체이며, 또한 반드시 구체적인 일이나 물건을 통하여 체현되거나 표현된다. 모든 사물의 체현이나 표현이 없으면 이른바 "이"(道·太極)라는 것이 없으니 "이"(道·太極)가 없으면 만물 또한 존재 근거가 없다는 말이다. 이와 물의 서로 의존하여 떨어지지 않는 관계를 구성하며 미학에서는 이와 시·도와 문·선과 미의 서로 의존하여 떨어지지 않는 관계를 구성하였다.

둘째, "미"와 "문"·"시"는 비록 "선"과 "도"·"이"를 근거로 하지만 또한 상대적인 독립성도 가지고 있다. 본체와 본체의 체현, 본원과 본원의 흘러나옴은 결국 마찬가지이다. "선"·"문"·"시"는 각자 자기의 영역에서 분석적인 지양과 종합적인 창조를 거쳐[109] 질박하고 자연스러우며 평

---

109 『주자어류』 권139 「논문(論文)」과 권140 「논문 하·시」를 참고하여 보라.

담하고 맛이 있는 예술풍격과 심미의식을 제기하여 시·문의 표현형식의 아름다움이 성취를 거둔 경계에 도달하게 하였다. 이는 "문"·"시"의 표현 형식미가 어떻게 사람들의 정신이나 감성의 유쾌함을 자아내는지 설명하고, 심미적 감수성 속에서 사람들의 심리적 감정을 도야하고 은연중에 감화시켜 사람의 마음을 설레게 한다. 주희는 결코 감성형식의 아름다움과 감성이 향수하는 심미적 유쾌함의 사회적 작용 및 그것이 갖추고 있는 사회 윤리의 도덕적 의의를 부정하지 않았다. 시와 문·예술을 실천하는 가운데 "도"·"이"와 통일되어 주희의 미학적 논리 결구의 두 번째 층차가 구성된다.

셋째, "화(和)"는 주희 미학의 완전무결한 경계이며 심미적 이상이다. 미와 선·문과 도·시와 이는 이미 상대적인 독립성을 가지고 있지만 일정 정도 적당히 통일되어야 한다. 우주만물(天)과 인류사회(人)가 충돌하고 융합하는 가운데 "화"를 인식하고, 사람 자신의 도덕지식(知)과 도덕실천(行)이 충돌하고 융합하면서 "화합"을 인식하는 과정에서 또한 곧 사회적 윤리도덕의 이성은 시문이 사람에게 주는 정감성의 유쾌한 충돌과 융합되는 과정이 요구된다. 주희의 미의 층차를 "화합"시키는 과정은 미와 선·문과 도·시와 이의 합일에 대한 긍정이며, 감성적 심리욕구와 이성적 도덕규범·심미의 감수적 형식과 정치교화의 내용··시문의 예술풍격과 심성의 수양공부의 충돌과 융합에 도달한다. 시문의 가치와 사회적 의의는 바로 이 융합에 도달하는 데 있으며, 미는 바로 이 충돌과 융합의 표현이다. 그러나 주희는 이런 충돌과 융합이 적절한 곳을 요구하여 일정 정도에 부합해야 했는데 이 절도는 "천생적으로 강자(腔子)을 이루었으며", 이 "강자"를 이상으로 삼아 또한 자신의 미학사상의 발전을 속박하였다.

주희는 이러한 감성적 심리와 이성적 도덕, 미적 감각과 정치 교화, 예술적 양식과 심성 수양의 "화합"을 지향하는 미학사상으로 삼았다. 이는 사람들이 오랜 기간 이런 충돌에 의하여 도전받거나 단련을 받은 후의 사고이며, 또한 사람들이 이런 충돌 과정을 초월하는 과정에서 나타난 추구(追求)이거나 노력한 것이기도 하다. 이런 사고와 추구 그리고 노력은 현대의 감성적 심리와 이성적 도덕·심미적인 감수와 정치 교화·예술풍격과 심성수양의 모순 충돌에 직면했을 때 사람에게 깨우침을 주지 않겠는가?

제10장

중농으로 원류를 연
정전과 화폐제

○

重農開源 井田貨幣

송 왕실의 남도(南渡)로 경제의 무게중심은 남쪽으로 이동하였다. 북방과 중원의 지식인과 농민·수공업공인·상인이 대규모로 남으로 옮겼다. 그것은 지식과 생산기술을 북·중·남이 교류하도록 촉진하였다. 이는 강남과 서남지구의 개발을 가속화 했을 뿐만 아니라 남송의 생산성 또한 북송의 발전을 계승하여 상업과 수공업이 번영되도록 촉진하였다. 그러나 금의 남침과 최고 통치집단의 부패로 말미암아 사회경제 생활의 폐단이 나날이 드러나고 재정이 결핍되는 위기를 맞게 하였다. 주희는 시폐를 겨냥하여 그의 경제 개혁의 주장을 제기하였다. 주희가 대대로 다만 "정심성의"만 이야기하고 공리를 말하기를 꺼리는 도학가로 비치기는 하였지만 현실 사회에서 생활하는 활동가이자 지방관으로 경제 문제에 관심을 두지 않을 수 없었다. 이런 모습은 모순인 듯도 하지만 실은 곧 변증이다. 전자는 사회 도덕 수양을 이야기하고, 후자는 사람의 생명이 존재하는 곳에는 반드시 구비되는 경제생활 조건을 이야기한다.

1. 빈부를 도에 합당하도록 취하다

주희의 경제사상은 윤리도덕과 연결되어 있으며, 전자는 후자의 전개이다. 더욱 명확하게 말하면 일종의 경제윤리 사상이다. 그는 말하였다. "그 정상적인 방법으로 얻지 않았다는 것은 얻지 않아야 하는데, 얻은 것을 말한다. 그러나 부귀에는 처하지 않고, 빈천은 버리지 않으니, 군자가 부귀를 살피고 빈천을 편안히 여김이 이와 같다."[1] 부귀는 사람들이 추구하려는 것이고 빈천은 사람들이 버리려고 하는 것이기는 하지만 군자가 부귀와 빈천에 대하여 가지는 "처하고(處)" "버리는(去)" 표준은 공리의 성격이 아니라 도와 인이다. 도가 도의를 가리키는 말이라면 도의의 표준에 부합하지 않게 얻은 부귀는 뜬구름으로 간주하여 마음속에서 동하지 않아 처하지 않아야 한다. 이는 얻지 않아야 할 것을 얻은 것으로 도의적이지 않다. 도의상 빈천해야 한다면 빈천을 편안하고 즐겁게 여겨 빈천에서 떠나지 않아야 한다. 이는 인의 각도에서 보면 군자의 중요한 품덕이다. 주희는 말하였다. "군자가 군자인 까닭은 그 인(仁) 때문이니, 만일 부귀를 탐하고 빈천을 싫어한다면, 이것은 스스로 그 인을 떠나서 군자의 실질이 없게 될 것이다."[2] "군자의 실질"은 곧 탐욕이 없고 싫증을 내지 않으며 인을 떠나지 않는 것이다. 그렇지 않으면 곧 인을 떠나는 것이며, 인을 떠나면 곧 부귀와 빈천의 가치를 취사하는 표준을 위반한 것이다.

등급사회에서 빈부과 귀천은 긴밀하게 결합되어 귀한 자는 부유하고 천한 자는 가난하다. 그것은 사회정치의 신분과 경제 지위의 체현이다. 그래서 부귀를 탐하고 빈천을 싫어하는 것은 등급사회의 가치 취향이다.

---

1 「이인(里仁)」, 『논어집주(論語集注)』 권2. 『사서장구집주(四書章句集注)』본, 세계서국(世界書局) 인행(印行).
2 「이인」, 『논어집주』 권2.

주희는 이는 사상의 보편적 원칙이라고 생각하였다. "부귀를 바라고 빈천을 싫어하는 것은 인지상정으로 군자와 소인이 같지 않은 적이 없었다."[3] 군자가 소인에 비해 고명한 곳은 곧 군자는 "의가 아닌 것으로 부귀를 얻으면 처하지 않고 불행히 얻은 빈천은 떠나지 않을 따름이다."[4]의 경지로 옮겨갈 수 있는 데 있다. 주희가 이렇게 창도하기는 하였지만 그 또한 현실 사회생활에서 필경 "도가 아닌 방법으로 부귀하게 된 자"를 보았다. 이를테면 소흥부(紹興府) 지사(指使) 밀극륵(密克勒)이 관가의 구휼미를 훔친 것과 토지를 겸병하고 구휼미를 내는데 불복한 호우(豪右) 주희적(朱熙績) 등등이다. 이 때문에 주희는 그들의 탄핵을 진행하였다. 현실적인 층면에서 바로잡았으며 이론적인 층면에서는 윤리도덕 규범을 가지고 부귀에 대한 추구를 조절하여 사회의 안정과 발전에 위해가 되도록 하지 않았다. 그렇게 되지 않아야 하는데, 부귀하게 된 이런 현상은 통치자 집단 내부를 가리켜 말한 것일 뿐만 아니라 당시의 민중의 심리와 농민의 영수인 종상(鍾相)과 양요(楊么)가 제기한 "귀천을 동등하게 하고 빈부를 고르게 한다"는 말을 가리켜 발한 것이다. 이런 농민 소생산자의 평균주의라는 환상은 당시로써는 실현되기 어려운 것이었다. 실현된다 하더라도 주희는 또한 "얻지 않아야 하는데, 얻은" "도가 아니고" "의(義)가 아닌" 행위라고 생각하였을 것이다.

재부와 도덕, 공리와 도의는 어떤 것이 우선 되어야 할까? 주희는『맹자』「양혜왕(梁惠王)」편에서 양혜왕과 맹자의 의리에 관한 변설을 풀이할 때 말하였다. "천리를 따르면 이를 구하지 않아도 절로 이롭지 않음이 없고, 인욕을 따르면 이를 구하려 해도 얻지 못하고 해가 이미 따름을 말씀하였으니, '털끝만 한 차이가 천리나 어그러진다.'는 것이다. 이것은『맹

---

3 『논어혹문』권4, 『주자사서혹문』.
4 위와 같음.

자』책이 단서를 짓고 시작을 의탁한 깊은 뜻이다."⁵ 그는 의는 천리이고 이(利)는 인욕이라고 생각하였다. 의리(義利)의 변별은 곧 천리와 인욕의 변별이다. "천리를 보존하고 인욕을 없애는 것"은 곧 재부와 공리에 대한 부정이다. 비록 주희가 도덕적으로 "응당 그러한" 측면에서 이(利)를 부정하기는 하였지만 현실 생활의 측면에서는 또한 완전히 공리를 부정할 수는 없었다. 그는 말하였다. "옛날의 성현은 다스림을 말할 적마다 반드시 인의(仁義)를 먼저하고 공리(功利)는 급선무로 하지 않았다. 어찌 본래 사리에 멀고 무용한 말을 하여 세상을 속이고 풍속을 현혹시켜 실지 화란을 달게 받겠는가? 대개 천하의 모든 일은 하나의 마음에 근본하는데, 인(仁)은 이 마음을 보존하는 것을 말한다. 이 마음이 이미 보존되어야 제약함이 있을 수 있다. 의(義)는 이 마음이 제제하는 것을 말한다."⁶ 인의가 먼저이며 공리는 나중이고 아울러 인의와 도덕의 마음을 가지고 공리를 이겨내야 한다. 없애지 않고 공을 시급히 하고 이를 가까이하는 것은 공리를 필요로 하지 않는 것이 아니다. 공리만 추구하고 도덕 규범으로 공리 등 경제 문제를 제약하지 않는다면 그것은 곧 신불해(申不害)와 상앙(商鞅), 오기(吳起), 이회(李悝)의 무리가 "남의 나라를 망하게 하고 그 몸을 스스로 멸하는" 결과를 초래할 것이다.

　재부는 어떻게 얻어야 하는가? 주희는 말하였다. "부를 구할 수 있다고 한다면 비록 몸소 천한 일을 해서 구하는 것도 마다하지 않겠다. 그러나 천명이 있어 구하여도 될 수 있는 것이 아니라면 의리에 편안히 할 따름이니, 어찌 반드시 한갓 욕을 취하겠는가?"⁷ 재부를 얻을 수 있는지에 대한 여부는 결코 개인의 주체적인 노력과 추구에 따라 간단히 결정되는

5 「양혜왕(梁惠王) 상」, 『맹자집주』권1.
6 「송장중융서(送張仲隆序)」, 『주희집』권75, 사천교육출판사 1996년판, 3935~3936쪽.
7 「술이(述而)」, 『논어집주』권4.

것이 아니라 명으로 정하여진 것이다. 사람들은 의리를 편안히 여겨야 하며 부유함을 구하고 가난함을 추구하여 부도덕한 수단을 가지거나 윗사람을 범하여 난을 일으켜서는 안 된다. 당연히 "가난함을 편안하게 여기고 천함을 즐김"에 명이 있다는 설은 사회의 빈부 격차가 엄중히 분화된 것에 대하여 사람들이 마음속에 품은 불만에 대하여 안정적인 작용을 일으킬 수 있다. 통치집단 내부의 각 집단 간의 재부와 권력분배가 고르지 않은 충돌에 대하여 말하면 완화작용을 일으킬 수 있다. 주희는 이를 가지고 사람들의 마음을 안정시켰으며 재부의 획득을 제한하고 인의도덕을 강조하였으며 의식상 그것을 얻는데 도가 있다는 자각을 환기하려고 기도하였다.

"민부(民富)"와 "군부(君富)"의 상관관계에 대하여 그는 주장하였다. "백성들이 부유하면 임금만이 홀로 가난함에 이르지 않을 것이요, 백성들이 가난하다면 임금만이 홀로 부유할 수는 없는 것이다. 유약(有若)은 군주와 백성은 일체인 뜻을 깊이 말하여 공이 세금을 많이 거두려는 것을 만류한 것이니, 사람의 위에 있는 자들은 마땅히 깊이 생각하여야 할 것이다."[8] 백성의 빈과 부는 임금(國家)의 빈과 부와 서로 연결되어 있고 서로 제약적이다. 주희는 "군민일체(君民一體)"의 전체적 관점에서 출발하여 백성의 부는 임금의 부(國富)의 기초라고 생각하였다. 백성의 부가 풍족하게 되면 임금(나라)은 자연히 빈궁해질 수 없다. 그 반대도 그렇다. 수위가 높아야 배가 뜨고 백성들이 부유해야 나라가 부강해진다. 백성이 부유하면 임금이 부유해진다는 일체화 의식과 행위가 파괴되면 사회의 안정 또한 파괴될 것이다. "그 군주를 부유하게 한 자는 백성의 재물을 빼앗을 뿐인데도 부자가 오히려 미워하셨으니, 하물며 토지 때문에 사람을 죽여 간과 뇌를

---

8 「안연(顔淵)」, 『논어집주』 권6.

땅에 바르게 한다면, 이는 토지를 따라 사람의 고기를 먹는 짓이니, 그 죄의 큼이 비록 죽음에 이르러도 오히려 용서받을 수 없는 것이다."⁹

백성의 재물을 빼앗아 "그 임금을 부유하게 하는 것"은 닭을 죽여 알을 취하고 못물을 다 퍼내고 물고기를 잡는 것과 같다. 표면적으로 보기에 임금은 부유해졌지만 백성은 오히려 매우 가난해져 생활을 해나가지 못하게 되면 그 결과 필연적으로 중국 역사상 왕조가 바뀔 때의 농민 기의의 폭발을 초래하여 "빈부를 고르게 하자"는 구호를 제기했다. 주희는 민부(民富)와 군부(君富)의 "일체"성을 보고, 임금이 백성에게 세금을 많이 걷는 정책을 제지하는 것은 그 시대의 합리성이 있다고 주장하였다. 그러나 등급사회에서 이 양자의 관계는 균형을 이루기가 매우 어렵다. 임금 집단의 교만하고 음탕한 생활이 유지되는 것은 바로 백성을 약탈하는 수단에 의한 것이기 때문에 이 문제는 중국 사회생활에서 끊임없이 반복되어 출현하는 이상기류이다.

2. 민생의 근본은 농업에 있다

사회의 재부는 어디에서 오는가? 주희는 그것을 노동생산으로 귀결했다. 송대 사회의 물질생산 기초는 농업이었다. 농업생산은 사회의 생존과 사람의 생명이 이어지는데 선결되는 조건이다. 그는 생활수단을 생산해내는 농업을 중요한 재부의 생산 부문으로 여겼다. 이는 백성이 먹는 것을 하늘로 여기어 "백성을 살리는 근본을 생각해보니 먹을 것이 넉넉한 것이 우선이다. 이 때문에 국가에서 농사를 힘쓰고 곡식을 중히 여겨

---

9 「이루(離婁) 상」, 『맹자집주』 권7.

서 주현의 수령으로 하여금 모두 농사를 권하는 것을 직무로 삼게 하였다. 매해 2월에 술을 빚어 성 밖에 나가 연이어 부로들을 접견하여 만나고 자제들을 독려해서 힘을 다해 밭을 갈게 하는 뜻으로 깨우친다."[10] 또 말하였다. "가만히 생각해보건대 민생의 근본은 식량에 있고 식량을 넉넉히 하는 근본은 농사에 달려 있음은 자연스러운 이치이다."[11] 백성의 생존과 재생산의 근본은 먹는 것에 있으며 먹는 것의 근본은 농업에 있다. 이는 곧 중국이 장기간 농업을 중시하는 것을 국책으로 삼은 원인이 있는 곳이다. 먹을 밥이 없으면 백성들은 기아로 유리할 수밖에 없고 생산 노동에 종사할 수가 없게 되어 자연스럽게 사회의 재부를 창조할 수 없게 된다. 주희는 농업이 재화(災禍)를 입고 농촌이 파산하는 상황에 대해 비참한 묘사를 하였다.

> 민정은 시끄러우며, 날이 갈수록 상황은 심해져서, 하호(下戶)만이 끼니를 거르는 것이 아니라, 사자(士子)와 환족(宦族), 제3등의 인호(人戶)들 가운데도 스스로 걸인의 대열에 끼고자 하는 자가 있습니다. 그들의 몰골을 살펴보면 정말이지 버려둘 수 없습니다. 아울러 가을부터는 농토와 집을 팔고, 뽕나무를 베어내며, 처자식과 소를 내다 파는 등 이것저것 다하면서도 값의 고하는 따지지 않고 팔 수만 있다면 다행으로 여깁니다. 전당포에 가도 전당포 주인에겐 돈이 없고, 빚을 내려 해도 상호 간에 능력이 없으며, 공인들은 기술을 쓸 곳이 없고, 장사꾼들은 물건을 펼쳐놓아도 팔리지 않습니다. 물고기들은 이미 오래전에 씨가 말랐고, 풀뿌리며 나무껍질도 다 파헤쳐져 사라졌으며, 백만의 백성들이 굶주림으로 말라비틀어지고, 아침에는 저녁을 기약하지 못합니다. 더 심

---

10 「권농문(勸農文)」, 『주희집』 권100, 5105쪽.

11 「권농문」, 『주희집』 권99, 5062쪽.

한 경우 옷으로 몸조차 가리지 못하고, 얼굴에는 사람의 기색이라고는 없으며, 노인을 부축하고 어린아이를 부둥켜안고, 통곡하면서 뒹굴며, 여기저기 무리를 이루고 있어, 보는 사람으로 하여금 괴롭고 마음 편치 않게 만들어 차마 정면으로 볼 수가 없습니다. 그들 가운데는 이미 죽은 자들 또한 적지 않습니다.[12]

농촌의 사자와 환족의 3등호까지 밭을 팔고 뽕나무를 베며 처자식과 밭 갈 소를 팔아 분분히 파산한다면 농촌의 4·5등호는 더욱 비참할 것이다! 민정은 시끄러워 푸성귀와 풀뿌리마저도 모두 파내었으니 또 무슨 먹을 만한 것이 있겠는가? 백만의 생령들이 전전하며 울부짖으며 굶주림을 견디기 어려워 죽음의 문턱에서 발버둥치고 있다. 그것은 또한 재부를 창조하는 생산 노동에 종사한다고 말할 수 있다. 이런 상황에 비추어 그는 "식량을 넉넉히 하는 근본은 농사에 있어서" 국가에서는 "농업에 힘 쓰고 곡식을 중시하는" 정책을 행해야 한다는 경제 주장을 제기하였다. 이는 농업국가의 실상에 부합하는 것이다. 사회 물질생산의 기초를 보증 하기 위하여 농업은 반드시 공·상업의 앞에 놓여야 한다. 이 때문에 주현 의 관리는 권농을 자기의 중요 직책으로 삼아야 한다. 매년 2월 봄 밭갈 이를 할 때 술을 싣고 교외로 나가 농경을 장려한다.

주희는 주현의 지방관리가 "권농을 직책으로 삼음"은 농업생산에 직 접 참가하는 데 있는 것이 아니라 어떻게 생산을 관리하고 조직하느냐 에 있다고 생각하였다. "내가 오래도록 전원에 있어 농사를 익숙히 알고 있고 관직에 이른 지 오래되어 직접 이러한 폐단을 목도하였으니 부절로 지킴에 아침저녁으로 밭두둑을 출입하지 못함을 한으로 여겨 여러 부형

---

12 「주구황사의장(奏救荒事宜狀)」,『주희집』권16, 654쪽.

과 더불어 자제들을 거느려 밭 갈고 호미질하고 보습질 하는 사이의 일을 따랐다."[13] 또 말하였다. "나는 밭 사이에 오래 머물러 농사의 일을 익숙히 알고 이에 군의 일을 맡게 되었으니 직분이 농사를 권하는 데 있다. …… 그래서 토맥(土脈)이 성기고 얕은데 풀은 무성하고 모가 드물다. 비가 조금만 어그러지면 문득 거칠어지니 다 장리(長吏)들이 과업을 권유함이 부지런하지 않아서 이러한 지경에 이르게 하였다."[14] 관리의 직책은 농업생산을 조직하고 관리하고, 백성들이 농사를 부지런히 짓지 않으며, 김매는 일이 꼼꼼하지 못하고, 밭 관리가 부실하여 풀이 무성하고 싹이 드물게 되는 일 등을 살피는 데 있으며, 그 책임은 모두 장리가 과업을 권하고 부지런하지 못한 데 있다. 이런 상황을 개변하기 위해 효과적으로 생산을 조직하고 그는 몇 가지 조치를 제기하였다.

1) 농사철을 그르치지 않으며 번갈아 서로 권한다

농업의 생산에는 현저한 계절성이 있다. 중국의 백성들은 장기간에 걸친 농업 노동을 실천하는 가운데 농업의 계절을 파악하였다. 그것은 농작물이 필요로 하는 기온의 높낮이, 일조량의 길고 짧음, 생산주기 등과 밀접한 관련이 있다. 계절을 그르치면 농작물의 정상적인 생장 수확에 영향을 끼칠 것이다. 이 때문에 주희는 농사철을 특히 중시했다. "이제 봄의 기운이 이미 한창이라 토양이 기름지고 지맥이 일어나서 바로 밭 갈고 농사지을 시절이니 더디 하여 늦출 수 없다. 모든 부로는 자제를 가르치고 훈육해서 번갈아 서로 권하고 따르게 해서 씨앗을 뿌림에 깊이 갈고 얕게 뿌리면 일찍 시작한 사람은 소득이 이르고 힘을 많이 쓴 사람

---

13 「권농문」, 『주희집』 권99, 5063쪽.
14 「권농문」, 『주희집』 권99, 5060쪽.

은 거둠이 많을 것이니 구습을 답습하여 스스로 기아를 취하지 말라."[15] 구습을 답습하는 관념을 타파하려면 일찍 씨앗을 담그고 심어 계절에 따라 때맞춰 춘경(春耕)을 조직해야 한다. 모판에서 모가 자라면 농사철을 잃지 않고 모를 심어야 한다. "모가 자랐으면 모름지기 때맞춰 일찍 심어서 더디 하여 늦추거나 철을 넘김이 없어야 한다."[16] 강소(江蘇)와 절강(浙江)·복건(福建)·양호(兩湖: 湖北과 湖南) 일대에는 절기상 청명(淸明)이 모내기에 가장 바쁜 때이며 모내기 이후에는 또한 전답 관리를 강화하기 위하여 때에 맞춰 김을 매고 거름을 주어야 한다. "벼 이삭이 자라면 풀도 자란다. 모름지기 논의 물을 빼서 자세히 살펴 하나씩 뽑아내고 토양을 밟아서 벼의 뿌리를 북돋아 주어야 한다. 두둑에 자라는 띠 풀 따위도 절차대로 잘라서 다 없애어 토력이 소모되어 밭의 이삭이 해를 입지 않게 하면 곡식이 실하여져 반드시 번성하고 단단하고 좋을 것이다."[17] 씨앗을 담그고 모판을 내고 심는 때로부터 잡초를 제거하고 수확하는 벼내기의 전체 생장 과정에는 모두 농사철에 근거하여 하나하나 관리를 진행하여야 좋은 수확을 할 수 있다.

생산 노동 과정에는 힘을 씀이 많을수록 수확도 많아진다. 여기에서 주희는 노동량의 투자와 수확량은 정비례한다는 사상을 제기하였다. 이는 일반적인 상황에서는 이렇게 이야기할 수 있지만 수확량은 객관적인 자연조건과 생산기술 수준의 영향과 제약을 받는다. 바람서리와 우박, 수해와 가뭄의 재해 등은 모두 농민의 생산에 극대한 위해를 끼쳐 낟알을 수확하지 못하게 한다. 동시에 물질적 재료의 생산량도 직접 사람들이 생활하는 좋고 나쁨과 서로 관련이 있다. 주희는 수확량이 적으면 "스

---

15 「권농문」, 『주희집』 권100, 5105쪽.
16 「권농문」, 『주희집』 권99, 5061쪽.
17 「권농문」, 『주희집』 권99, 5061쪽.

스로 기아를 초래하여" 사람의 생활 수준에 영향을 끼친다고 생각하였다. 이러한 농사철을 놓치지 않는 농업 생산 노동의 조직과 관리를 사람들의 사회생활과 연결하여 관찰하는 것에는 어느 정도 합리성이 있다.

2) 토양을 개량하고 부지런히 퇴비를 시비한다

자주 토양을 개조하고 식재를 개진시키는 방법은 농업노동 생산을 촉진하여 생산량을 향상하며 사회에 더 많은 사회 재부의 필요조건을 제공한다. 주희는 오랜 기간 농촌에서 생활하였다. 그의 실제적인 고찰을 통하여 농업생산의 경험을 총결하고 깊이 갈고 세심하게 경작하는 것을 토양을 개량하는 중요한 방법으로 삼았다. "대체로 가을에 거두어들인 후에 모름지기 겨울 이전까지 다시 장차 호구(戶口)들은 예에 따라 밭을 갈고 겨울에 부드럽게 하여 정월 이후에 다시 널리 펴서 절차대로 밭을 갈았다. 그 결과 밭의 진흙이 깊고 익숙해지고 토질이 살찌고 두터워서 벼를 파종함에 쉽게 자라고 물을 담음에 마르지 않는다."[18] 농토를 갈아엎고 차례대로 쟁기질을 하여 생토(生土)를 숙토(熟土)로 바꾸면 흙덩어리가 물러지고 토질이 살찌고 두터워진다. 토양의 입자와 구조를 바꾸어 농작물이 뿌리를 내리고 자라는데 쉽게 할 뿐만 아니라 부드러운 토양은 또한 수분의 유지를 쉽게 하여 농업 생산량과 사회의 재부를 증가시키는 목적에 도달한다.

주희는 전통적인 식재 방법을 바꾸는 것도 생활 재료의 생산을 증가시키는 중요한 수단이라고 생각했다. "밭을 간 뒤에 봄 사이에 모름지기 살찌고 좋은 밭을 가려서 퇴비를 많이 사용하여 종자를 조화롭게 한다. 씨

---

18 「권농문」, 『주희집』 권99, 5060~5061쪽.

가 발아하면 퇴비를 넣은 밭에 가서 가을 겨울 일이 없는 때에 미리 먼저 땅 표면의 풀뿌리를 잘라 뙤약볕에 말리고 태워서 두루 거름을 사용하여 조화롭게 하여 종자를 들여 안에 있게 한 뒤에 파종해야 한다."[19] 초목의 재와 인분에 씨앗을 섞어서 파종을 하면, 땅에 들어가는 종자가 발아하는 과정이 빠르고 초목을 태운 재와 인분에 있는 질소와 인, 칼륨 등의 양분을 직접 빨아들여 농작물을 신속하게 생장하게 한다.

3) 수리(水利)를 일으키고 수리(修理)하며 자원을 보호한다

수리는 농업생산의 명맥이다. 수재와 한재의 농업생산에 대한 파괴는 매우 엄중하여 옛날 사람들은 수리의 문제에 매우 관심을 쏟았다. 주희는 저수지의 수리를 일으키고 보수하는 것이 홍수도 막고 한해도 막을 수 있다고 생각하였다. 그래서 그는 수리를 농업생산의 근본으로 간주했다. "저수지와 수리시설은 농사의 근본이다. 지금 함께 물을 쓰는 사람들이 힘을 합해 일으키고 수리해서 하여금 물과 샘을 많이 확보하게 해서 장래의 관계시설에 대비할 것이다. 만일 대중을 구할 일이 있다면 즉시 관에 보고해서 사람의 공로를 비율로 규찰해서 돈을 빌려주어 날마다 축조해서 그릇된 일을 주관하지 말라."[20] 같은 저수지를 사용하는 농호들이 공동으로 수리를 일으키고 보수하는데 협력하면 이런 저수지에서 이익을 얻는 것은 농호와 직접적인 관계가 있다. 수리를 일으키고 보수하는 것을 통하여 물을 많이 저장하면 앞으로 농지의 관개에 편하게 한다.

수리는 일반적으로 말하면 범위가 넓고 공정이 비교적 크므로 반드시

---

19 「권농문」, 『주희집』 권99, 5061쪽.
20 「권농문」, 『주희집』 권100, 5105쪽.

협력하고 협조해야 한다. 만약 공정이 거대하다면 "공력이 넓어 사사로이 모일 수 없다면 우러러 고을에서 법대로 진술하여 관에서 수축해야 하고 만일 현의 관리가 조치하지 않으면 우러러 군에 보고하여 특별한 조치를 시행하여야 한다."[21] 공사비가 많이 들고 사적으로 조달하기 어려우면 현에 보고하여 정부를 통하여 수축한다. 수리를 일으키고 보수하는데 게으른 태도를 지닌 자에게는 징벌을 내려야 한다. "게을리 하여 때 맞춰 일을 하지 않은 사람은 우러러 대중들이 상태를 나열하여 고을에 품신하여 징계를 시행하길 요청해야 한다."[22] 주희의 힘껏 저수지의 수리를 일으키고 보수하는 이런 시행은 농업생산에 유리했을 뿐만 아니라 자연 수리자원을 개발하여 농업사회의 식량의 수요를 보증하였다.

4) 밭갈이 소를 보호하여 농사일에 방해가 되지 않게 한다

밭갈이 소는 이미 송대의 농업생산에서 극히 중요한 도구가 되었다. 농민은 주로 우경에 의존하였다. 밭갈이 소의 농업 노동에서의 현저한 지위는 생산력에서의 노동 수단의 작용을 반영하였다. "김매고 밭 가는 일은 온전히 소의 힘에 의지하니 절대로 밝게 주관하여 때맞춰 잘 먹여서 갑자기 소를 잡아 농사를 방해해서는 안 된다. 만일 어긴다면 조칙에 따라 곤장 20대를 치고 매 두당 20관문(貫文)을 미루어 보상하게 하여야 한다. 몸을 가두어 감독하여 들어서 가벼이 용서하지 말 것이니 이제 인호들이 번갈아 서로 고하고 경계해서 위반하지 말라."[23] 노동 수단의 확보를 위하여 밭갈이 소를 잡아먹으면 곤장 20대를 쳤을 뿐만 아니라 벌

21 「권농문」, 『주희집』 권99, 5061쪽.
22 위와 같음.
23 「권농문」, 『주희집』 권100, 5105쪽.

금도 내야 했다. 주희는 밭갈이 소를 죽이는 것을 사사로이 소금을 판매하고 재물을 가지고 도박하는 것과 마찬가지로 범법 행위로 간주하였다. "사사로이 소금을 판매하지 못하게 하고 밭 가는 소를 잡아 죽이지 말 것이며 재물을 가지고 도박하지 말고 마교(魔教)를 전습하지 못하게 한다."[24]라 하여 금지하였다. 아울러 보오(保伍)의 금약(禁約)으로 삼아 서로 감독하여 어기지 못하게 하였다. 위반을 하거나 알면서도 시행을 하지 않으면 보오에게도 연좌의 죄를 물었다.

5) 다양한 경영으로 생산량을 늘리다

농업생산은 단일한 품종만 심을 수 없다. 벼가 백성들의 먹을 것을 해결해주는 주요 작물이긴 하지만 단일 품종만 할 수 없어 땅의 조건에 따라 다양한 경제 작물을 심어야 한다. 이렇게 하면 지력을 충분히 이용하고 발휘할 수 있을 뿐만 아니라 생활의 바탕이 되는 생산물을 늘릴 수 있다. "밭에 씨를 뿌림은 진실로 본업이지만 조와 콩·삼·보리와 채소와 가지·토란 따위는 또한 먹을 만한 식물이다. 만일 파종하여 심으면 보릿고개를 구제해서 보탬이 될 것이니 이제 인호들에게 남은 힘으로 널리 식재하고 뿌리게 해야 한다."[25] 논의 자투리 밭, 산지의 밭을 이용하여 조와 밀·마·콩·채소·가지·토란 등의 작물을 재배하면 논의 벼 재배면적을 줄이지 않을 뿐만 아니라 벼농사가 불가능한 밭을 개발하여 농업생산의 생산량을 증대시킬 수 있다.

동시에 작물의 생장기가 같지 않음으로 말미암아 조·콩·보리 등은 벼가 수확되지 않는 보릿고개 때 수확할 수 있으며 동시에 수확하더라도 식

---

24 「권유방(勸諭榜)」, 『주희집』 권100, 5100쪽.
25 「권농문」, 『주희집』 권100, 5106쪽.

량을 증산할 수 있으므로 기황(饑荒)을 이어서 구제할 수 있다. "산은 육지의 근원으로 조와 보리와 콩과 삼을 심을 수 있는 곳이니 때에 따라 힘을 다해 파종해서 힘써 지력을 다하게 하여 거의 보릿고개 사이에 음식을 이을 수 있게 하여 굶주리는데 이르지 않도록 하여야 한다."[26] 주희는 잉여 노동력을 이용하여 대대적으로 파종을 늘리고 수확량을 늘려 생산의 활로를 확대할 수 있다고 주장했다. 복건과 절강 일대에는 밭이 적고 산이 많고 사람이 많기 때문에 이미 농촌의 노동력이 과잉되는 현상을 보였다. 어떻게 과잉 농촌 노동력을 이용하겠는가? 이미 고려해야 할 문제가 되었다.

주희가 "식량을 넉넉히 하는 근본은 농사에 있다", "민생의 근본은 식량에 있다"는 것을 제기한 것은 훌륭하다. 이로 인해 농사(벼를 심는 것)가 실로 농업생산의 근본인데, 조와 보리·콩·삼 따위를 심는 것은 근본이 아니었던가? 벼를 심는 것이 주가 된다고 강조하긴 하였지만 주 또한 "차(次)"를 배척할 수 없어서 조와 보리·콩·삼 등을 심는 것이 허용되지 않는다. 사실 차선이 있어야 주가 있으며 주가 없으면 차선 또한 성립되지 않아 주와 차는 변증법적이다.

먹을 것이 백성을 살리는 근본이지만 의복도 빠뜨릴 수 없다. 이 때문에 양잠과 뽕나무를 심는 일은 매우 중요하다. "누에와 뽕나무의 일 또한 본업이다. 본주(本州)에서는 종래로 뽕나무가 맞지 않아 대개 민간에 씨 뿌리기를 법으로 정할 수 없었다. 이제 인호들이 항상 겨울에 밖의 노(路)에 가서 뽕나무를 사다가 땅의 마땅함을 보고 식재한다. 뿌리를 따라 서로 한두 장 사이 간격으로 깊이 열어 구덩이를 파고 거름을 많이 사용해서 조금 뿌려본다. 조금 자라면 작고 말린 가지를 제거하면 몇 년 뒤에 반드시 이익을 볼 것이다. 만일 그럴 수 없다면 다시 길패(吉貝)와 삼을 심어

---

26 「권농문」, 『주희집』 권99, 5061쪽.

의복을 충분히 공급하여 추위에 얼어 죽음을 면할 수 있을 것이다."[27] 뽕나무를 심고 양잠을 하는 방법을 생각해야 한다. 이러한 경제 작물들은 시장에 누에를 제공하여 비단을 짜 수입을 증대시킬 수 있을 뿐만 아니라 사신이 입을 옷을 갖추게 할 수도 있다. 뽕나무를 심기에 석합하지 않은 지방에서는 모시 삼을 심어서 베를 짜 추위를 면할 수 있다.

6) 황무지 개간을 장려하고 조세를 감면하다

주희는 복건 장주(漳州)에서 임직하는 동안 생활의 터전이 되는 생산품을 늘려주고자 황폐한 밭을 개간할 것을 장려한 적이 있다. "본주의 관할지 안에는 황폐한 밭이 많아서 대개 관청에 인연하여 소요해서 코끼리가 밭을 밟아버리는 근심이 있다. 이 때문에 인호들이 감히 개간하지 않으니 이제 조정에서 경계를 시행하는데 지난번의 산전과 관미를 각각 되돌려서 스스로 부치는 소요가 없게 하여야 한다. 본주에서 이미 방을 붙여 인호들을 권유해서 코끼리를 죽이면 관사와 약속해서 상아와 뼈를 미루어 취하지 않았다. 이제 별도로 포상하는 돈 삼십 관을 두어서 만일 인호 가운데 코끼리를 죽인 자가 와서 보상을 요청하면 즉시 지급하고 거의 재해를 제거해서 백성들이 기꺼이 밭을 갈게 해야 한다. 황폐한 밭을 청하고자 하는 사람이 있다면 와서 상황을 진술하게 하고 적절히 조사한 후 지급해서 영원한 자기의 일로 삼게 할 것이다. 제정한 조목에 따라 삼 년간의 조세를 감면해 주어야 한다."[28] 황폐한 밭은 주로 "관청에 인연해서" 소요를 일으키거나 코끼리 같은 짐승이 짓밟아 사람이 개간하지 못하게 하였다. 주희는 "경계법(經界法)"을 실행하여 재산은 없어지는데 세금은

---

27 「권농문」, 『주희집』 권100, 5106쪽.
28 「권농문」, 『주희집』 권100, 5106~5107쪽.

남아 있는 모순을 해결하여 관청에 인연하지 못하게 하여 납세의 문제가 해결되도록 하였다. 관리에게는 농민들이 코끼리 같은 짐승을 죽인 후에 얻은 상아와 짐승의 뿔 등을 빼앗지 못하도록 약속하게 하여 코끼리 같은 짐승의 위해를 해결하였다. 황무지 개간을 바라는 사람이 있으면 관가로 가서 청할 수 있게 하였는데, 개간한 밭을 영원히 자기의 업으로 삼게 하였을 뿐만 아니라 3년간 조세를 감면해 줄 수도 있었다. 주희는 구체적으로 문제를 해결해주어야 황무지가 개간될 수 있을 것으로 생각했다.

이상의 6대 조치는 모두 관리가 농업을 권장하는 계열에 속하며 이렇게 해야만 국가의 재정 수입과 농민들이 춥고 주리지 않게 될 것을 보증할 수 있다. 주희의 재부의 생산에 대한 중시는 한편으로는 그가 남송의 재정이 부족함을 목도하여 농업이 발전하지 않으면 사회 경제가 회복할 수 없어서였다. 또 한편으로는 농업생산을 중시하는 것만이 농민의 의식 문제를 해결해줄 수 있었기 때문이다. 비록 주희가 직접 생산 노동에 참가하지는 않았지만 그가 장기간 향리에서 귀로 듣고 눈으로 보아 농업생산의 노동에 대한 과정에 체계적인 지식을 가지고 있었다. 그는 생산에 종사하는 목적을 "부녀자들로 하여금 배불리 먹고 배를 두드리며 다시는 굶주려 유리 걸식하는 근심이 없게 하기"[29] 위한 것이라고 생각하였다. 그는 농업생산을 직접 백성의 생활을 유지하는 것과 연계시켰는데 합리적이다.

3. 적게 취하고 사치를 검소하게 하여 중도에 알맞게 하다

사회 생산 과정에서는 생산과 관리가 지배적인 작용을 일으킨다. 일정

---

29 「권농문」, 『주희집』 권99, 5063.

한 생산 관리는 일정한 분배를 결정한다. 분배는 이미 생산된 생산품의 분배를 가리키며, 구체적으로 생산 수단의 분배와 소비 수단의 분배로 나누어진다.

1) 전주(田主)와 진호(佃戶: 소작농)는 양자 간에 필요하다

빈부가 균등하지 않은 현상은 첫째 생산 수단과 재화의 분배가 균등하지 않아서이다. 생산 수단과 재화는 사람들이 물질 수단의 생산을 진행하는 데 가장 필요로 하며 필수적인 물질 조건으로 그것이 없으면 사람들의 생산 활동은 진행될 수 없다. 이 때문에 생산수단과 재화를 잃어버린 노동자들은 생명을 유지하기 위하여 생산 수단과 재화를 점유하고 있는 자에게서 생산의 수단(토지와 생산도구 등을 포함)과 재화를 빌리지 않을 수 없다. 주희는 생산수단과 재화의 분배에 대하여 이렇게 명확한 인식이 없었음에도 추측하였다. "향촌의 소민들은 그 사이에 전지(田地)가 없는 집이 많으니 모름지기 전주에게 가서 경작할 밭을 헤아려 매번 밭을 갈고 씨를 뿌리며 김매는 시절에 전주들에게 미곡을 빌려서 살아간다. 가을과 겨울이 되어 곡식이 익으면 바야흐로 한결같이 채워서 돌려준다. 전호들은 이미 전주들이 지급하는 밭에 의지해서 사니 빌려서 식구를 부양하고 전주들 또한 전객이 밭을 갈고 들여 주는 세금에 의지해서 가계를 넉넉하게 하니 두 사람이 서로 필수적이어서 존립하는 것이다. 이제 인호들에게 서로 이르고 타일러 전호들이 전주를 침범하지 못하고 전주들이 전호에게 포학하게 하지 못한다."[30] 이곳의 "전주"는 곧 생산수단을 점유하고 있는 지주이고, 전호는 농지가 없는 집이다. 전호는 지주에

---

30 「권농문」, 『주희집』 권100, 5106쪽.

게 경작할 땅을 빌리거나 지주에게 곡식을 빌려서 식구를 부양하는데 곡식을 수확할 때가 되면 전호는 지주에게 밭의 임대료 및 빌린 곡식의 본전과 이식을 납부해야 한다. 이런 생산 수단이 분배되는 빈부의 분균형으로 말미암아 지주는 그의 관리 기능을 통하여 전호의 잉여노동과 필요노동을 획득하기에 이른다.

주희는 명확하게 당시 사회에서 지주와 전호의 대립하고 통일되는 관계를 논술하였는데 "양자는 서로 필요로 하면서도 존립할 수 있다"는 사상이었다. 어느 한쪽도 잃을 수 없어 지주가 없으면 전호도 없고, 전호가 없으면 또한 이른바 지주도 없다. 그는 생산 수단의 분배가 균등치 못함으로써 야기되는 빈부가 양극단으로 대치되는 것을 인식하였다. 이론상 상충하는 이 방법의 해결을 탐구하여 "서로 필요함(相須)", "존립(存立)"의 주장을 제기하였다. 이는 고대사회의 사상자료로 가치가 있다.

실천적인 측면에서 주희는 "경계법"을 제기하여 토지겸병이 격렬해지고 빈부의 불균등이 더 심해지는 것을 완화하고자 했다. "호족과 큰 성씨의 힘 있는 집안에서 민전을 합병하여 산업을 받지 못하니 산업이 비어업이 없는 집안에서 함부로 관지를 점유해서 세금을 헤아리니 그 세금이 소작농에게 부과된다. 간사하고 교활한 서리들이 밤늦도록 폐단을 만들어 제멋대로 드나들어 살필 수 없다. 빈민 하호들이 그릇되게 소환을 당하여 감독관이 매질을 해도 하소연할 곳이 없다. 관사의 재물을 이것 때문에 잃어버리면 교묘하게 명색을 만들어 백성에게서 취한다. …… 전세를 고르게 하는 데 힘써 빈부가 실정을 얻고 빈민 하호들이 나란히 호활한 손에 곤경을 겪는 것을 모면하게 하여야 한다."[31] "민전을 합병하였다(包并民田)"는 것은 호족과 큰 성씨가 토지를 겸병한 것을 가리킨다. 빈민

---

31 「효시경계차갑두방(曉示經界差甲頭榜)」, 『주희집』 권100, 5102쪽.

들은 토지는 잃었지만 경계가 개정되지 않아 업이 없는데도 세금을 납부해야 한다. "경계법"이란 곧 이런 부세가 공평하지 않은 현상을 가리킨다. "본래 부유한 집에 전업(田業)을 설치해서 생산물에 대한 조세를 받지 않고 빈민들이 업은 없는데 세금은 남아 그릇되게 소요를 입게 되면 이랑을 헤아려 실상에 따라 균등하게 하여 더하고 빼서 문(文)을 나누고 되를 합함이 없게 하였다."[32] "전토(田土)를 헤아려 도장(圖帳)을 만들어"[33], 곧 토지를 측량하고 전지를 실사하며 각종 어류의 도책을 제작하여 "백성들에게는 업은 없어졌는데 세금은 그대로 남는 폐단이 없어지고", "호족과 큰 성씨들이 요행으로 숨기는 것을 용납하지 않고 빈민 하호들은 두루 고초를 겪는데 이르지 않았다."[34] 이렇게 하면 "생산에 따라 세금이 균일해져 특히 지나는 고을 모든 현마다 균일하게 연결되어 거의 몇백 리 내에서는 경중이 같아지게"[35] 할 수 있다. 호족 대성(大姓)의 토지 겸병을 제한하여 본래 생산 수단의 분배가 균형을 이루지 못하여 일어나는 빈부의 격차가 갈수록 커지지 않게 했다.

주희는 빈부의 확대를 제한하는 조치로 "경계법"을 실시하는 외에 다음 조치도 행하였다.

1. 국가의 지방 조직기구로부터 일부 생활수단을 장악하고 "사창(社倉)"을 설립하여 보릿고개 때 빈곤한 농민에게 대출하고, 작황이 좋지 않으면 이자를 반으로 줄이고, 흉년에는 전면 면제한다. 가을이 된 후에 생산품으로 상환한다. 호부의 집에서 기회를 엿보아 높은 이자를 놓아 토지를 겸병하는 것에서 벗어나게 된다.

---

32 「권농문」, 『주희집』 권100, 5107쪽.

33 「효시경계차갑두방」, 『주희집』 권100, 5103쪽.

34 위와 같음.

35 「식화(食貨) 상1·농전(農田)」, 『송사(宋史)』 권173.

2. 호족 대성에게 남은 쌀로 전호를 구휼하고 구제하게 해서 "값을 올리지 말고 되를 덜지 않도록 하여"[36] 빈민과 하층민이 유리하고 굶주리는 근심이 없도록 한다.

이런 조치의 본지는 모두 빈부의 극심하고 현격한 차이를 축소하고자 함이다.

2) 사치하되 예를 어기지 않으며 검소하되 중도를 잃지 않는다

소비는 생산·분배 등과 서로 연관이 있고, 서로 제약적이며 그들은 공동으로 사회 생산의 과정을 구성한다. 비록 생산이 분배와 교환 그리고 소비를 결정하고 있지만 소비가 없으면 생산을 촉진할 수도 없다. 생산된 생산품은 소비되는 과정에서만 현실의 상품으로 변한다. 등급사회에서 소비는 종법 등급의 성질을 갖추고 있다. 지주의 금준미주는 헤픈 낭비인데 그들이 생산수단을 장악한 데서 기인하며 농민의 소비는 노동력의 재생산을 유지하기 위한 것이다.

주희의 소비 관념은 검소와 사치 모두 "중(中)"에 합당하여야 하며, 검소와 사치는 모두 "예(禮)"를 표준으로 삼아야 한다고 주장했다. "예(禮)는 중(中)하게 되는 것을 귀중히 여기니, 사(奢)와 이(易)는 문(文)에 지나치고, 검(儉)과 척(戚)은 미치지 못해서 질박(質)하니, 이 두 가지는 모두 예에 합당치 않다. 그러나 모든 사물의 이치는 반드시 먼저 질이 있고 난 뒤에 문이 있는 것이니, 그렇다면 질은 바로 예의 근본이다."[37] 사치하면 지나치게 화려하기 쉬우며 절검은 곧 미치지 못하여 간박(簡朴)함이 드러나게 된다. "지나침"과 "미치지 못함" 모두 중도를 잃은 것이다. "사치와 검소는

---

36 「권유구황(勸諭救荒)」, 『주희집』 권99, 5065쪽.
37 「팔일(八佾)」, 『논어집주』 권2.

모두 중도(中道)를 잃었다."[38] 중도를 잃으면 곧 예에 부합하지 않는 것이다. 이와 반대로 예에 맞는 것은 바로 사치해도 지나치지 않고 검소해도 미치지 않음이 없는 것이다. 이로 주희의 소비의 표준이 "사치하되 예를 어기지 말며", "검소하되 중도를 잃지 않음"이라는 것을 알 수 있다. 이른바 "사치하되 예를 어기지 않는 것"은 소비가 등급의 차별(禮) 규정에 따라 소비하고 자신의 요구는 따르지 않음을 가리킨다. 주희는 남송의 귀족 관리들이 사치를 극구 다하는 것을 감안하여 등급의 규정을 가지고 제한하려 하였는데 초과하지도 않고 미치지 않음도 아니어서 사치와 검소가 예에 맞았다.

주희는 "질"을 "문"과 대비하여 말했다. 질은 예의 근본이며 "사치의 해가 크다"고 생각하여 사치를 숭상하는 소비를 반대했다. 『어류』에는 기록되어 있다. "물었다. '굶주리면 먹고, 목마르면 마시며, 겨울에는 가죽옷을 여름에는 갈옷을 입는다는 것을 어째서 천직(天職)이라 하는 것입니까?' 말하였다. '이것은 하늘이 나에게 이렇게 하도록 한 것이다. 굶주리면 먹고, 목마르면 마시는 것은 그것을 따르는 것일 뿐이다. 입과 배가 원하는 대로 다 채우는 것은 옳지 않다. 하늘은 단지 나에게 굶주리면 먹고, 목마르면 마시라고 했을 뿐이지, 어찌 나에게 입과 배가 원하는 대로 다 채우라고 했던 적이 있던가?'"[39] 굶주리면 먹고 목마르면 마시는 것은 "천직(天職)" 곧 자연스러운 생리적 요구이다. "입과 배가 원하는 대로 다 채우는 것"이 곧 사치이다. 그러나 주희가 말한 사치는 예를 어기지 않는 것이며 검소는 중도를 잃지 않는 것으로 통치집단의 소비를 겨냥해서 말한 것이다. 생산 수단과 재화가 없는 농민에 대하여 말하면 사치와 사치하지 않음, 검소와 검소하지 않음의 문제는 존재하지 않으며 먹어도 배

---

38 「술이(述而)」, 『논어집주』 권4.
39 『주자어류』 권96.

를 채우지 못하고 입어도 몸을 가리지 못하는 문제이다.

주희는 사치는 예를 어기지 않고 검소는 중도를 잃지 않는다는 소비 관점에서 출발하여 역사적인 인물을 평론하였다. "내가 생각건대, 공자께서 관중(管仲)의 그릇이 작다고 비판하셨으니 그 뜻이 깊다. 그런데 혹자는 이를 알지 못하고, 그가 검소하였는가 하고 의심하였기 때문에 그의 사치함을 배척하여 검소하지 않음을 밝히셨다. 혹자는 또 그가 예를 알았는가, 하고 의심하였기 때문에 그의 참람함을 배척하여 그가 예를 알지 못함을 밝히셨다."[40] 관중의 그릇이 작다고 하는 것은 그가 공업을 이루자 "포괄하여 머물지 못하고 마침내 사치하고 예를 범하는 데에 이르렀다. 사치함과 예를 범하는 것은 그의 그릇이 작은 것에 대한 그림자이다."[41] 관중은 문에다 병풍을 설치하였는데 이는 본래 제후국의 임금이 설치하는 것인데 대부인 관중도 설치했다. 이는 사치한 것인 데다 또한 예를 함부로 범한 것이다. 사치와 예를 범하는 것이 무슨 관련이 있는가? 그 원인을 파헤쳐보면 "그 사치스러운 사람은 곧 교만한 뜻이 있어서 반드시 윗사람을 과도하게 범한 곳에 이르러서야 그치게 된다."[42] 사치를 숭상함을 반대하는 것은 예로 규정한 소비 표준에 준해서 향수하여 존비와 귀천의 등급 질서를 유지하는 의의를 갖추고 있다. 사치하지 않고 검소하지 않은 "중(中)"은 곧 예의 규정에 따라 등급이 같지 않으면 같지 않은 수준에 따라 소비를 진행해야 하며 이를 뛰어넘지 않으면 예에 합당한 것이다.

개인의 생활소비에 대하여 주희는 도를 즐길 것을 주장했다. 그는 안자(顔子)의 즐거움을 풀이할 때 말하였다. "안자의 가난함이 이와 같았으

40 「팔일」, 『논어집주』 권2.
41 『주자어류』 권25.
42 『주자어류』 권34.

나, 처하기를 태연히 하여 그 즐거움에 해를 끼치지 않았으므로, 부자께서 '어질다, 회(回)여!'라고 거듭 말씀하여 깊이 감탄하고 아름답게 여기신 것이다."[43] 빈곤에 처해서도 태연해야 부족함을 알지 못할 것이며 부족함을 족하게 여기면 곧 "부족함을 즐길" 수 있으며, 혹은 "부족함이 없다"고 한다. "안자의 즐거움은 자신이 도를 갖고 있기 때문이 아니라, 지극한 부와 지극한 귀함을 계속해서 가지고 논 다음에 즐길 수 있었다. 이러한 도리를 알고 난 후에는 자연히 즐겁다. 그러므로 '큰 것을 보면 마음이 태연해지고 마음이 태연해지면 부족함이 없으며, 부족함이 없으면 부귀와 빈천에 처하는 것이 한결같다.'라고 하였다."[44] 이미 부족함이 없어서 빈부에 대한 마음의 태도를 넓게 보는 것이 곧 "가난을 편안하게 여기는 것."

안회는 도대체 무엇 때문에 "즐겼는가?" 무엇이 즐거움인가? 사람마다 견해는 같지 않다. 정이는 "도를 즐긴다"고 생각하였다. 어떤 사람은 "즐기는 것은 인(仁)"이라고 하였으며, 또 어떤 사람은 "안자가 즐긴 곳은 하늘(의 뜻)을 즐기고 명을 안 것이 아니며 가난함이 그의 마음을 매지 못한 것"이라 생각한 등이다. 주희는 안회의 즐거움은 "사욕을 이미 버리면 천리는 유행하고 동정어묵과 일용의 사이에도 천리가 아닐 경우는 없을 것이어서 가슴이 후련할 것이니 어찌 즐겁지 않겠는가? 이것은 가난하고 누추한 것과 서로 모순되지 않으니 그러므로 이것으로 그 즐거움을 해하지 않기"[45] 때문이라고 생각하였다. 여기에서 "도를 즐긴다", "하늘의 뜻을 즐기고 명을 안다", "천리를 즐긴다"는 것은 모두 단표누항을 내던지고 "즐거움"의 근원을 찾으려는 시도이다. 이는 종법(宗法) 등급제도에서

---

43 「옹야」『논어집주』권3.

44 『주자어류』권31.

45 위와 같음.

일정한 지위에 있는 사람이 규정된 소비 수준에 도달하도록 요구하는 것과 상관이 있으며 지나치게 "검소하고" 또한 "예"와 합치되지 않는다.

주희의 소비 관념은 그의 윤리도덕 규범과 관련이 있다. "예"를 가지고 소비를 약속하여 소비가 예를 어기지 않는 범위 내에서 제한되도록 하는 것은 바로 사회등급의 질서를 넘어서지 말라는 것이다.

4. 부세를 절용하고 구휼하다

주희의 철학사상은 원·명·청에 거대하고 심원한 영향을 끼쳤으며, 그 재정사상 또한 매우 큰 영향을 끼쳤다. 그의 재정사상의 기본내용은 백성들의 부세수입을 경감하고 재정지출을 절약하여 생산을 발전시키고 경제적 수입을 늘리는 것이다. "오늘날 위아래가 모두 가난하니, 그 형세가 반드시 (농지의) 경계를 바로잡아야 한다. 부세의 수입이 바르게 되면 수량과 항목을 전체적으로 알게 되어 수입을 헤아려 지출을 하고, 쓸데없는 낭비를 없애며, 명목 없는 부세를 모두 제거해야만 비로소 백성들을 끓는 물과 타오르는 불 속에서 구할 수 있다. 만일 이 백성들이 자기의 백성이라는 것을 인식하지 못한다면 또한 구휼할 수 없다."[46] 명목이 없는 가혹한 세금과 잡다한 세금을 없애어 헛된 지출을 없애는 것은 백성들에게 유리하다고 말하지 않을 수 없다. 그러나 진정코 "경계를 바로잡는" 것은 불가능하며, "수입을 헤아려 지출하는" 것도 이루기 어렵다. "백성을 도탄에서 구하는 것"은 주희의 진정한 바람이며, "백성을 자기의 백성으로 인정하는 것"은 비록 유가의 "인정(仁政)"과 묵자(墨子)의 "겸

---

46 『주자어류』 권111.

애"를 이은 것이지만 또한 실행하기 어렵다. 사실 군주 전제국가의 모든 비용은 최종적으로 모두 백성들이 지불한 것이다.

1) 부세를 줄여 백성을 구휼하고 많이 주고 적게 취한다

부세는 국가재정의 기본수입이다. 이 때문에 대대로 통치자는 부세를 모두 매우 중시했다. 주희의 기본적인 주장은 "부세를 가볍게(薄賦)"하는 것이며 "부세를 줄이는 것(省賦)"이며, 중하게 거두는 것을 반대했다. 주희는 당시에 부세가 매우 가혹하고 번중했으며 병폐가 매우 많다고 생각하였다. "복건 지방의 부세는 오히려 쉽게 힘쓸 수 있지만, 절중(浙中)은 완전히 멋대로 만들어서 가렴주구를 헤아릴 수 없으니, 백성들이 삶을 의지하지 못할 정도여서 정전(丁錢)이 3,500에 이르는 이도 있다."[47] 교묘하게 명목을 세워서 가렴주구하여 한도가 없었다. "이 외에도 명목을 만들어 과세하는 것이 한둘이 아니었다. 관에서는 과세를 재촉하느라 힘들어하고 백성들은 거듭되는 수탈에 괴로워하면서 수족을 둘 곳조차 없었다."[48] 백성들이 삶을 도모하게 하지 못하니 이는 사회의 혼란을 조성하는 근원이다.

주희는 이런 세금을 중하게 거두는 상황을 겨냥하여 "백성을 구휼하고", "부세를 줄이는" 주장을 제기했다. "신은 천하 국가의 중요한 임무는 백성을 돌보는 것이고, 실제로 백성을 돌보려면 세금을 줄여야 하고, 실제로 세금을 줄이려면 군(軍)을 제대로 다스려야 한다고 한 적이 있습니다."[49] 주희의 마음속에는 백성을 이롭게 하려는 생각을 장착하였으며,

---

47 위와 같음.
48 위와 같음.
49 「경자응조봉사(庚子應詔封事)」, 『주희집』 권11, 451쪽.

그는 곳곳에서 백성을 구휼하는 것에서 출발하여 시폐를 규탄하였는데 심각하지 않은 견해가 없었다.

　주희의 "백성을 구휼하고" "부세를 줄이자"는 주장의 가치가 향하는 것은 "차라리 백성들에게 주는 것은 넘칠지언정 백성들에게서 취하는 것을 넘치게 해서는 안 된다."[50]는 것이었다. "줌"과 "취함"의 관계 문제에서 그는 "줌"을 중시했다. 당연히 군주 전제국가에서 백성들에게 취하지 않으면 황제와 관료, 국척(國戚)의 생활은 내원이 없을 뿐만 아니라 국가의 방대한 군대 또한 유지해나갈 길이 없다. 이 때문에 "백성에게서 취하지 않는 것"은 실현될 수 없으며 "백성에게 주는 것이 넘치는 것" 또한 실현되지 못하며 백성에게 취하는 것을 지나치게 하지 않는 것이 가장 좋다고 할 수 있기 때문에 이 말은 또한 "부세를 줄이는 것"을 내포하고 있다. "부세를 줄이는 것"은 바로 재정상 부세를 부과하는데 있어서 백성들을 지나치게 수탈하는 것을 반대하는 것으로, 이는 어느 정도 토지를 적게 사유하고 있는 농민과 소수공업자, 상인 등에게는 유리하다.

　"백성을 구휼하고", "부세를 줄이는" 주희의 구체적인 조치는 다음과 같다.

　1. 세전(稅錢)을 감면함. 주희는 말하였다. 남강군(南康郡)은 "세금이 편중되어 있어서 다른 지방에 비해 보면 두 배에서 심지어 다섯 배나 됩니다. 백성들이 죽을힘을 다해 농사일에 매달려도 거둬들이는 수확 가지고는 세금을 납부하기에도 모자라고, 반드시 별도의 방법을 강구해야만 관청에 바칠 세금을 겨우 채울 수 있습니다. 이런 까닭에 사람들은 굳센 의지도 없고 생업도 불안정해서, 힘껏 농사일에 매달리는 것을 자손을 위한

---

50 『주자어류』 권16.

장기적인 계책이라고 생각지 않습니다. …… 이런 형편 때문에 신은 임지에 도착한 초기에 주장을 갖추어 성자현(星子縣)의 세액을 특별히 덜어 달라고 했습니다. 또 제점갱야사(提點坑冶司)에게 보고하여 주장으로 (조정에) 아뢰어서 여름 세금 가운데 목탄을 돈으로 환산한 것[木炭價錢]을 원래 액수에서 얼마간 줄여달라고 했습니다."[51] 그는 지방관으로 재임하던 기간에 부세가 지나치게 중하여 사회의 백성을 데리고 "사방으로 유리하고" "밭은 황폐해지고 집이 부서지는" 참상을 목도하고, 남송 왕조에 세금을 경감하여 "한 지방의 초췌하고 궁핍한 백성들이 다시 삶의 희망을 가지게 되도록"[52] 하여 계속 생존해나갈 수 있게끔 청하였다.

2. 부세를 정돈함. 남송은 부세가 가혹하리만큼 과중했고 명목이 번다했다. 농업에는 여름과 가을 두 차례 세금이 부과되고 규정된 세액의 변동이 크지는 않았지만 신설된 세금의 명목과 정세(正稅)의 부가세는 오히려 계산을 할 수 없을 정도였다. 무슨 "경총제전(經總制錢)"[53]이니 "월장전(月椿錢)"[54], "판장전(版帳錢)"[55] 같은 것은 고혈을 짜내는 징수나 다를 바 없었다. "경총제전"의 징수만 해도 필경 정세의 세 배에 도달하였다. 다른

---

51 「경자응조봉사(庚子應詔封事)」, 『주희집』 권11, 451쪽.

52 위와 같은 책, 452쪽.

53 1135년 총제사사(總制司使) 맹유(孟庾)가 "총제전(總制錢)"을 만들었으며 나중에 진구(陳遘)가 세운 "경제전(經制錢)"과 함께 "경총제전(經總制錢)"으로 합쳐지게 되었다. 전택(田宅)과 술 그리고 일체의 민간의 전물을 교역할 때 천문(千文) 당 관부에서 30문을 징수하였는데 나중에 50, 60문까지 증액시키기에 이르렀다. "경총제전" 아래에 또한 많은 징수 항목을 세웠다.

54 남송 초에 재상 주승비(朱勝非)가 군비를 증가시키기 위해 지방에 매달 번갈아 정액의 "월장전"을 납부하게 하였는데 농민들에게 무거운 부담이 되었다.

55 남송 초에 동로(東路)의 각 노(路)에서는 군용으로 공급하려고 일종의 세전(稅錢)을 징수하였는데 이를 "판장전(版帳錢)"이라 하였다. 비서감(秘書監) 양만리(楊萬里)는 말하였다. "또 월장전과 판장전이 있었는데 옛 조종(祖宗)에 비해 몇 배가 되는지, 또 한·당에 비해 얼마나 되는지 알지 못하였는데 이것으로 오히려 동남의 부세를 알 만하다."(「식화 상2·부세」, 『송사』 권174)

두 가지 세금의 부가세, "모미(耗米)"[56]니 "절백전(折帛錢)"[57], "화매(和買)"[58], "화적(和糴)"[59], "과배(科配)"[60] 등이 끝도 없이 줄줄이 나와 백성을 도탄에 빠뜨렸다.

주희는 여름과 가을의 정세 이외에도 다른 명목의 가혹한 세금과 잡세를 일괄적으로 없앨 것을 주장했다. "반드시 모든 것을 백성들의 정세만을 따르도록 하고, 증가시킨 모든 명목의 부세는 모두 다 없애야만 백성들이 비로소 벗어나 평안해질 것이다."[61] "모든 것을 정세만 따르게 하는 것"은 백성의 합리적인 목소리로 각종 가혹한 잡세를 일제히 다 없앤다는 것으로 백성의 목숨을 청하는 의미가 있다. 주희는 여름 세금인 "화매견(和買絹)이 가장 고충이 심하다"[62]고 지적하였을 뿐만 아니라 "납미(納米)

---

56 모미(耗米): 관부에서 징세할 때 미(米) 1석(石)을 내면 손실을 대비해서 4·5두(斗)를 더 냈다. 정모(正耗) 외에 또 "명회모(明會耗)"·"주용모(州用耗)"·"토미모(土米耗)" 등의 명목을 더 세웠다.

57 절백전(折帛錢): 고종 초년에 하호(下戶)가 하세(夏稅)로 비단을 납부할 때 시가에 따라 현금으로 바꾸어 납부하였는데 나중에는 비단의 값이 내려갔는데도 비단을 바꾸는 돈은 옛날 그대로여서 농민의 부담을 가중시켰다. "지금 비단을 만드는 자들은 배가 절하되면 전(錢)이 되고, 다시 배가 절하되어 은이 되었다. 은은 더욱 귀하여지고 전은 더욱 구하기가 어려워졌으며 곡식은 더욱 살 수가 없어서 백성으로 하여금 쌀을 내다 파는 것이 싸게 되었고 비싼 가격이 떨어져 크게 풍년이 든 해에는 도리어 백성의 해가 되었다."(『식화 상2·부세』, 『송사』 권174)

58 화매(和買): 남송 때 관부에서 이 명목으로 민간에서 비단을 사면서 돈이나 소금을 지급하기 시작하였는데 나중에는 곧 "백납(白納)"을 하게 되었다. 양만리는 말하였다. "비단을 관부에 나르면서 세금이라 하여 옛날에는 정견(正絹)을 세견(稅絹)이라 하였는데, 지금은 정견 외에 화매(和買)가 있게 되었다. 옛날의 화매는 관에서 그 값을 쳐주었는데 돈이나 소금으로 하였으며 지금은 모두 없고 또한 비단 값은 그대로이고 그 돈은 배나 깎였다."(『식화 상2·부세』, 『송사』 권174)

59 화적(和糴): 정부가 민간의 호구마다 가업과 돈을 할당하여 양식을 사는데 전매를 할 때 관부에서 조금 지급하거나 돈을 주지 않으며 부과금과 같다.

60 과배(科配): 정부가 수시로 민간에서 징수한 전물(錢物)로 양세(兩稅)의 다과에 따라 징수하는데 실제적으로 정세 이외의 가혹한 잡세이다.

61 『주자어류』 권111.

62 위와 같음.

와 수모(收耗)는 일곱 말, 여덟 말에서 한 배, 두 배에 이르기까지 그침이 없다."[63]고 비판했다. 이외에도 "월장전(月樁錢)과 이용전(移用錢) 등 잡다한 여러 가지 명액(名額)" 및 절백전(折帛錢) 등 "수목이 지나치게 많았다." 이런 상황에서 농민들은 납세할 여력이 없었다. 농민들은 1년 내내 힘껏 농사를 지어도 수입은 부세를 납부하기에도 벅차 토지를 떠나 도망할 수밖에 없었다. "다시 유망하는 처지로 되돌아가서 더 이상 고향을 돌이켜 그리워하는 생각이 없게 된 것을 알게 되었다."[64] 이렇게 백성들을 갈수록 가난하게 하였을 뿐만 아니라 국가의 부세 징수 부담자 또한 대량으로 감소하여 직접 국가재정이 결핍되도록 하였는데 이것이 곧 백성과 나라를 빈곤하게 만든 현실이었다.

3. 염세(鹽稅). 염세는 당시 국가 재정수입의 중요한 내원으로 또한 국가가 경영하였다. 관리들이 염세에 편승하여 징수 명목을 크게 늘리고 염부(鹽夫)들을 착취하였기 때문에 염부들의 부담이 가중되었을 뿐만 아니라 소비자들도 고가의 소금을 구입해야 했다. 주희는 말하였다. "관에서는 백성들의 소금에 과세를 하는데, 해마다 그 액수를 늘리고, 이 외에도 명목을 만들어 과세하는 것이 한둘이 아니었다. 관에서는 과세를 재촉하느라 힘들어하고 백성들은 거듭되는 수탈에 괴로워하면서 수족을 둘 곳조차 없었다."[65] 백성들이 생활을 해나갈 방도가 없게 하였으며, 소금은 하루라도 없으면 안 되는 것이어서 소금값이 올라 모든 사람에게 영향을 끼쳤다.

소금값을 한정하는 데도 폐단이 있었다. 광서(廣西)에서는 "염법이 또한 치밀하지 못하다. 예를 들어 일정한 격식을 세워 6근에 100전은 넘

---

63 「경자응조봉사」, 『주희집』 권11, 452쪽.
64 「걸견감성자현세전(乞蠲减星子縣稅錢) 제2장」, 『주희집』 권16, 622쪽.
65 『주자어류』 권111.

어서지 못하게 한다. 그러나 바다에서 멀리 떨어진 곳은 운반하는 비용이 많이 들어가는 줄을 모른다. 이것은 바로 허자(許子)의 도인 것이다. 다만 그 가는 곳에 맡겨서 그 향배를 따른다면 소금값은 저절로 안정될 것이다. 세상의 일에는 권형을 쓸 수 있는 것이 있는데, 이것은 바로 경중이 다르기 때문이다. 그런데 지금 소금값을 일률적으로 정해둔다면, 어떻게 폐단이 없게 되겠는가!"[66] 산지가 같지 않고 산지와 판매지역 사이의 원근의 거리가 다르기 때문에 치러야 할 운송비와 관문에서 수납하는 경중이 제각각이라 가격도 그에 따라 제각각이었다. 소금의 자유로운 유통을 보증하기만 하면 가는 대로 맡겨두고 향하는 곳을 따르게 하면 가격은 자연스레 공평해질 것이며 국가의 염세 수입 또한 늘어날 것이다.

주희는 "관매염법(官賣鹽法)"과 "산염법(産鹽法)"을 실행하여도 병폐가 있다고 생각했다. 그는 말하였다. "민(閩) 지방의 아래 네 주(州)의 염법은 (백성들에게) 세금을 나누어 징수하는 것이고, 위의 네 주는 관에서 소금을 전매하는 것이다. 절동(折東)과 소흥(紹興) 등 네 주는 바다에 인접해서 민 지방의 아래 네 주에서 시행하는 염법이 마땅한데도 관에서 전매하기 때문에 그 법에 폐단이 심한 것이다."[67] "민 아래쪽 네 주"는 복주(福州)·천주(泉州)·장주(漳州)·화주(化州)의 바다와 가까운 곳이다. "위쪽 네 주"는 건주(建州)·검주(劍州)·정주(汀州)·소무(邵武) 등 바다와 비교적 먼 곳이다. 북송 신종 희령(熙寧) 연간에 요은(廖恩)이 기의하였는데 가담자의 대부분이 소금 판매업자였다. 곧 조칙으로 복건로(路)의 건주보(塞周輔)에게 이해를 헤아리게 하였다. 건주보는 말하였다. "건(建)·검(劍)·정주(汀州)·소무(邵武)의 군관은 소금 판매가가 높은 것을 괴롭게 여기고, 장(漳)·천(泉)·복주(福州)·흥화군(興化軍)의 소금 판매가가 싸서 염관(鹽官)의 땅에서 불법으로 많

---

66 위와 같음.
67 위와 같음.

이 판매했습니다. 훗날 건주에서 백성들이 매염(買鹽)의 세금을 내는 것을 헤아린 적이 있는데 백성들이 유사에게 구하는 것을 꺼려 돈만 내고 소금은 얻지 못하였습니다. 지금 청컨대 그것을 없애어 건·검·정·소무의 소금값을 자못 덜어주시고 상호(上戶)를 포호(鋪戶)로 모집하여 관에서 문서를 주어 매월 파는 것을 정하여 관장(官場)에서 그것을 사면 백성들이 소금을 쉽게 얻고 불법 판매자들이 후한 이익을 도모할 수 없을 것입니다."[68] 당시에 건·검·정·소무의 소금값을 경감시키기 위해서 포호(鋪戶)를 통하여 관장에게 소금을 산 다음에 백성들에게 팔았다. 이렇게 나라에서는 매년 소금 매출이 23만여 근이 늘었으며 국가의 재정 수입이 증가하였다. 그러나 남송은 이러한 방법을 답습하였지만 결코 소금값을 경감시키지 않았다. 그래서 절동과 소흥 등지에서는 민 아래 네 주의 소금 생산법에 의거하여 세금에 따라 소금을 옮기면서도 경감하지 않았다. 이로 인하여 주희는 그 방법이 폐단이 심하다는 것을 알았다.

주희의 "백성을 구휼하고(恤民)", "부세를 줄이자(省賦)"는 주장은 당시의 부세가 매우 가혹하고 무거워 백성들이 생활을 도모하지 못하는 상황에서 어느 정도 진보적이고 합리적인 인소가 있었다.

2) 차역과 부역의 부담을 경감해주다

남송은 당 중엽의 모병법을 답습하여 농민들은 더 이상 병역에 복무하지 않았으며 역법은 차역(差役)과 부역(夫役)으로 나누었다. 차역은 국가가 지주에게 정부에 대하여 복무할 "직역(職役)"을 요구하며, 부역은 정부가 농민을 조발하여 노역에 복무시키는 것이다. 왕안석은 변법(變法)을 시행

---

68 「식화 하5·염(鹽) 하」, 『송사』 권183.

할 때 "면역법(免役法)"을 반포하였는데, 원래의 각종 차역을 민호(民戶)가 돈을 내는 것에서 정부가 사람을 고용하여 부역을 채우는 것으로 바꾸었다. 본래 차역을 부담하지 않는 관호(官戶)와 사관(寺觀: 승려들의 佛寺와 도사들의 道觀) 등도 "조역전(助役錢)"을 내야 했다. 나중에 왕안석의 변법이 실패하자 신법은 취소되었다.

남송 때는 고역(雇役)과 차역 둘을 다 가지고 있는 곳이 모두 존재했다. 당시 어떤 사람이 주희에게 물었다. "차역과 고역 중 어느 것이 편합니까?" 주희가 대답하였다. "서로 장단점이 있다. 지금 고역이 편리하다고 말하는 것은 바로 세인(稅人)을 번거롭게 하지 않는다는 말이다. 그러나 뿌리 없이 떠도는 사람을 그 안에 모아 두었기에 또한 대부분 일에는 해롭다. 차역이 편리하다고 말하는 것은 곧 세인이 스스로 염려하고 아낄 것이라는 말이다. 그러나 그렇게 하는 이들은 대부분 가산을 탕진할 우려가 있다. 이미 그에게 아전(衙前)을 만들라고 시켰으니, 조금 시간이 지나면 고주(庫廚) 등을 모두 그가 관장하게 할 것이다. 그러면 스스로 이런 물건들을 준비해서 관원에게 바치고 응대해야 한다. 이렇게 하는 것은 크게 불편한 점이 있다."[69] 차역과 고역은 각자 장단점이 있다. 차역의 장점은 부역에 복무하는 자가 스스로 아껴야 하는 것이며. 단점은 부역에 복무하는 자가 왕왕 가산을 탕진하는 것이다. 관아에서 관아의 물건을 운반하다가 손실이 생기면 배상하여야 하는데 이 때문에 충당을 원치 않았다. 고역의 장점은 부역에 복무하는 자가 가산을 탕진할 교란이 없다는 것이다. 단점은 고역에 동원된 자가 모두 "떠돌아다녀 뿌리를 내리지 못하는" 사람들인데 이런 사람들이 한데 모여 일을 그르치기 쉬웠다. 주희는 비록 차역과 고역에 각각 장단점이 있지만 전체적인 정신은 폐단을

---

69 『주자어류』 권111.

없애고 이로움은 존속시키며 차역의 부담을 경감시켰다.

남송 지방의 기층 행정단위인 향(鄕)에는 넓은 곳이 있고 좁은 곳이 있었다. 넓은 고을은 부유한 집이 많았기 때문에 차역을 감당할 수 있었다. 좁은 고을은 부유한 집이 적어 그들은 "겨우 먹고사는 정도였다. 한번 역(役)에 응하게 되면 가산을 탕진하지 않는 곳이 없으니 너무도 가련한 처지이다!"[70] 주희는 넓고 좁은 차이를 고려하여 넓은 고을과 좁은 고을의 부유한 집을 중간으로 나누어 평균을 내도록 주장하였다. "팽(彭, 子復)은 하나의 현에 몇 고을이 있는지, 크고 작은 현이 어디인지, 어떤 고을에는 부유한 집이 많고, 어떤 고을에는 부유한 집이 적은지 계산해서 그 가운데서 부유한 집안을 적절하게 나누어 (역을) 두 고을에 나눠서 균형이 맞도록 했다. 균형이 맞지 않은 곳이 있으면 거리의 멀고 가까움에 따라 나누고 보충해서 적절하도록 했기 때문에 사람들이 매우 편하게 여겼다."[71] 그의 본의는 차역을 균등하게 하여 좁은 고을의 부잣집이 차역 때문에 가산을 탕진하지 않도록 하는 것이었다. 그러나 거듭 넓은 고을과 좁은 고을을 구획하여 나눌 방법 또한 번거로움이 매우 많아 실행하기에 불편했다. 당시에 어떤 사람이 이 문제를 제기하여 "혹자가 말하기를 '사람의 원망이나 사지 않았을까 합니다."라 하였다. 그러나 주희는 오히려 말하였다. "원망하지 않았다. 대체로 그 공정한 마음가짐은 평소에도 백성들에게 신망을 얻고 있었기에 백성들 스스로 그를 좋아했다. 비록 법령에 의해서 한 것은 아니었지만, 백성들을 부리면서 마땅하게 했으니, 결국 바꿀 수 없는 것이다."[72] 사실 주희가 여기에서 말한 원망하지 않는 것은 사실과 윤리적 의거가 없으며 윤리도덕의 설교만 있다면 사상에서의 원

---

70 위와 같음.

71 위와 같음.

72 위와 같음.

한을 해결할 수 있는 일이 아니었다. 이 때문에 넓고 좁은 두 고을의 부호와 차역의 부담을 균등하게 하는 것은 당시로서는 실행하기가 매우 어려웠다.

3) 백성을 진휼하여 구제함이 성화보다 급하다

남송 때는 수해와 한해가 자주 발생하였다. 굶주린 백성들의 반발이 이어져 끊이지 않았다. 주희는 몇 차례 조정에 의해 황정(荒政)을 처리하도록 파견되었는데 그에게 큰 충격을 주었다. 그는 구황을 도탄에서 백성을 구제하는 듯이 하였다. 진휼하여 구제하는 것이 백성을 도탄에서 구하는 중요한 조치이며 백성들에게 초미의 화급함을 해결해 줄 수 있는 방안이라고 생각하였다. 그것은 "흉년을 만난 사람들이 끼니를 거르지 않게 할 수 있었지만"[73] 구제하는 수량이 적었고 일을 이루지도 못했다.

주희는 구황과 구휼로 백성을 안정시키는 것은 큰일이며 그렇지 않으면 폭동이 발생할 수 있을 것이라 생각하였다. 구휼을 시행한 후에 구휼하느라 소요된 돈과 양식을 회수하지 못한다 하더라도 구휼은 진행되어야 했다. "오늘날 구제하는 일은 이로운 것이 일곱이고 해로운 것이 셋이다. 마땅히 해로운 3할을 덜어내고, 이로운 7할을 온전히 달성해야 한다. 그렇지 않으면 반드시 다 온전하게 하려고 해도 이로운 것이라고 했던 것까지 함께 잃어버릴 것이다!"[74] 구휼의 이해(利害)는 3 대 7로 나눌 수 있어서 완전함을 추구할 수 없으며 완전함을 추구한다면 7할도 잃어버리게 될 것이다. 그 해(害)는 초록한 보고가 부실함 등을 가리킨다. "진제를 위한 방책은 초기가 또한 큰 강령이 된다.(인구를 조사하는 경우에도 그 문서[抄]

73 「식화상 6·진휼(振恤)」, 『송사』 권178.
74 『주자어류』 권111.

가 어떻게 도착하는지를 기다려야 한다. 문서가 부실하면 송사하는 사람이 생기고, 그런 다음에 혹은 덧붙이거나 빼고 관리는 벌을 준다.) 하나라도 번쇄한 것이 있으면 곧 병폐가 생긴다."[75] 이러한 해는 모면키 어렵지만 모름지기 해가 적도록 하여야 한다.

백성의 생계가 단절되었을 때 진제는 백성들에게 이로움이 없다고 말할 수 없다. 그것은 어느 정도 사회의 모순을 완화하고 이로우나 해로움은 없는 통치를 공고히 할 뿐만 아니라 잠시나마 백성의 생활을 편안하게 하여 유리하여 있을 곳을 잃게 하지 않으며 생산을 계속 유지 발전하게 할 수 있다.

5. 근본에 힘쓰고 절용함이 나라를 풍족하게 하는 도

주희는 과중한 부세의 주요 원인은 국가의 재정 지출이 절제가 없어서라고 생각하였다. 그래서 그는 "절용(節用)"을 제기했다. "내가 생각건대, 이는 영토가 있고(有土)와 재물이 있음(有財)을 이어서 말하여 나라를 풍족히 하는 도(道)가 본업(本業: 農業)을 힘쓰고 쓰기를 절약함에 있다. 반드시 근본을 밖으로 하고 말엽을 안으로 한 뒤에 재화가 모이는 것이 아님을 밝혔다."[76] 국가가 부유하고 풍족해지는 도리는 근본에 힘쓰고 절용함에 있다. 『대학』은 덕을 근본으로 하고 밖으로 하며 재화를 말엽으로 하고 안으로 한다. "반드시 근본을 밖으로 하고 말엽을 안으로 하는 것이 아니다"라는 것은 반드시 재물의 외적인 것을 따르고 내적인 것을 덕으로 여기는 옛 전통을 따를 필요가 없으며 재화를 모으는 것을 "나라를 풍족하게 하는 도"의 중요한 조치이며, 이는 『대학』에 대한 손익(損益)이다.

---

75 위와 같음.
76 『대학장구』제10장.

주희는 절용은 위에서부터 시작해야 한다고 지적하였다. 무엇보다 임금의 문제이지 백성의 문제가 아니다. 그는 말하였다. "오늘날 백성들은 삶이 날로 곤궁해져서 처음부터 너무 지나치게 무거우면 다시 일으켜 세우지 못한다. 인군과 신하가 급하게 여기지도 않고, 또한 서로 알려고 하지도 않으니 어떻게 상황이 좋아지게 되겠는가? 이 일은 반드시 윗사람이 모든 헛된 소모비용을 한꺼번에 쓸어 없애 버리고, 와신상담하면서, 천하 사람의 지혜와 힘을 하나로 모아 밤낮없이 계획하고 도모해서, 한번에 떨쳐 일어나 다시 새롭게 해야 비로소 될 것이다."[77] 오직 통치를 도모함을 갱신하고 와신상담의 정신으로 백성을 격려하며 아울러 임금과 신하로부터 시작하고 취생몽사를 하지 않아야 한다. 무슨 아름다운 정원의 경영 같은 모든 불필요한 지출을 쓸어버린 다음이라야 과중하게 거두어 위의 요구대로 대주지 않을 것이며 이렇게 해야 절로 "부세가 과중하고 백성이 곤궁하지" 않을 수 있다.

다음은 군비의 감축이다. 남송은 항금(抗金)의 필요성에 비추어 군사 양성 비용이 국가 전체 연간 지출의 80%를 차지했다. 오로지 군비를 증가하기 위하여만 추가로 징세한 "월장전"과 "판장전" 이외에도 국가 및 지방행정의 지출은 두 가지 명목의 세금 외에도 번다한 부세를 부가하였다. "재정을 논하여 말하였다. '재용이 부족한 것은 모두 군대를 양성하는 데서 기인하였다. 10할 가운데 8할이 군대를 양성하는 비용이다. 나머지 용도는 단지 2할에 머무를 뿐이다. 옛날의 각박한 법제가 우리나라에도 다 구비되어 있다. 이 때문에 정강(靖康)의 난이 일어났다.'"[78] 이렇게 방대하게 군비를 지출하니 어떻게 국가가 빈곤해지지 않겠는가? 국가가 일군의 노약하고 쓸모없는 군사를 양성하여 군대의 전투력에 영향을 끼

77 『주자어류』 권111.
78 『주자어류』 권110.

쳤을 뿐만 아니라 국가의 재정지출을 증가시켰기 때문에 정강의 난이 발생하였다.

"옛날의 각박한 법을 본조에서 모두 갖추고 있다"라 한 것으로 송 왕조가 백성들을 얼마나 각박하게 다루었는지를 알 수 있다. 더욱 심한 것은 민간에서 징수한 두 가지 명목의 세금이 모조리 군비에 제공된 것이다. 순희(淳熙) 7년(1180)에 "큰 한재가 들자 지남강군(知南康軍) 주희가 조칙에 응하여 봉사(封事)를 올려 말하였다. '지금 민간의 두 세금의 수입을 조정에서는 모조리 가져다 군비에 대주어 주현(州縣)에는 남아 있는 것이라고는 없어 이에 별도로 명목을 세워 교묘하게 취하고 있습니다. 지금 백성은 가난하고 부세는 번다한데 오직 병적(兵籍)을 조사하여 둔전을 넓히고 민병을 조련하니 여러 둔전의 하는 일 없이 먹는 군사를 차츰 줄이고 주군에서 군대에 공급하는 액수를 줄이기를 기다려야 할 것입니다. 주현의 힘을 차츰 여유 있게 한 다음에 가렴주구를 금하고 넉넉하게 구휼하는 책임을 지우면 곤궁한 백성들은 생업을 보장받을 것이며 유리하여 정처 없이 떠돌아다니는 근심이 없어질 것입니다."[79] 두 세금의 수입이 모두 군비에 충당된다면 주현에서는 별도의 명목을 내세워 교묘하게 취할 것이니 또한 벗어날 수가 없다. 하는 일 없이 먹는 군사들을 단호하게 없애고 주현에서 군비에 충당하는 돈을 조금 줄여서 잉여금이 있게 한 다음이라야 주현에서 가혹하게 세금을 거두는 것을 금지하여 세금을 줄이고 백성을 구휼하여 백성들이 비로소 생업을 보장받게 될 것이다.

이외에 주희는 "둔전"의 주장을 제기하여 주현의 군비 부담을 경감시키려 하였다. "'오늘날 백성들이 곤궁한 것은 바로 장강(長江) 연안의 둔병들에게 들어가는 비용이 많기 때문이다. 둔전이 있기만 하다면 백성들의

---

79 「식화 상2·방전·부세(方田·賦稅)」,『송사』 권174.

힘을 덜어줄 수 있을 것이다. 현재의 말로는 양(襄)·한(漢) 사이의 땅이 모두 황무지라고 한다.' 누가 물었다. '어떤 사람들에게 개간하도록 해야 합니까?' 대답하였다. '백성들과 군인들을 겸해서 쓰되 각자 머물게 해야 한다. 저 토지는 비옥하니 반드시 많은 곡식을 거둘 것이다. 만일 둔전이 완성된다면 적들은 감히 엿보지 못할 것이다. 군대와 백성들이 얻는 이익이 이미 많은 데다, 농사를 지으면서 전쟁도 수행한다면 이것이 바로 쇠처럼 견고하고 끓는 물 같은 해자이다. 병사들의 식량이 이미 충분하다면 조운을 줄일 수 있어 백성들의 힘은 절로 소생하게 될 것이다. 그런 다음에 주군에서 먹이고 있는 우리나라에 귀순한 북쪽 군인을 다 데리고 그곳에 가서 먹이면 주군은 저절로 형편이 넉넉하게 될 것이다.'"[80] 군대의 둔전은 개간하여 농사를 지으면서 전투도 해야 해 군사가 먹을 것을 해결하면 군량을 운송하는 번거로움을 줄이게 된다. 한 곳에서 곡식을 많이 거두게 되면 다른 인근 지방의 군대는 "취식을 하러" 갈 수 있다. 이렇게 하면 주현의 부세를 경감할 뿐만 아니라 일정량 잉여 식량도 발생하여 방대한 군사비용의 지출을 줄여 국가가 수입을 헤아려 지출하게 되어 나라는 부유해지고 군대는 강해지게 된다.

다음으로는 종실과 관리의 봉록을 삭감하는 것이다. 종실에서 관리로 나가는 일이 매년 많아져 기타 봉록만 받고 일을 하지 않는 한직 관리들도 많아 막대한 재정지출을 조성하였다. "종실에게 지급하는 봉록을 매년 올려준다면 점점 늘어나 4, 50년 뒤가 된다면 어떻게 감당하겠는가? 일이란 극단에 이르면 반드시 변하게 마련이다. 예를 들어 종실에게서 후사가 태어났더라도 고유(孤遺)의 경우에 봉록의 지급을 청했다. 처음에 이 조항을 만든 것은 가난해서 살아나갈 방법이 없는 이들을 위해서였을

---

[80] 『주자어류』 권110.

뿐이었다. 그랬던 것이 이처럼 널리 지급하는 것으로 바뀌었다."[81] 원래의 규정대로라면 종실에 의지할 곳이 없고, 생활이 궁핍하여 갈 곳이 없는 경우에만 고유의 봉록을 청구할 수 있으며, 의지할 곳이 있는 경우에는 신청할 수 없다. 의지함이 있다는 것은 백숙(伯叔)과 형제로 관리가 된 자를 포괄하여 가리킨다. 그러나 현재는 공평하지 않아 백숙과 형제로 관리가 된 자들이 세력을 믿고 고유(孤遺)의 봉록을 청하여 진정한 고유는 의지할 곳이 없는데 대신 말해줄 사람이 없어서 반대로 신청하기가 매우 어렵게 되었다. 종실에서는 끊임없이 출생을 하였고 고유에게 지급되는 봉록은 날로 광대해져서 이미 "주군(州郡)의 근심"이 되었다. 게다가 종실에서 관리로 파견하니 주현에서는 명분도 없이 많은 봉급을 더하게 되어 주군이 하나둘 모두 쓰러지게 되었다. "종실로서 선인(選人)이 된 이가 (현직 관직이) 궐석이 되기를 기다릴 때도 봉록을 청했으니, 은혜가 지나치게 무거운 것이다. 그러나 조정은 멀리 내다보지 못해서, 훗날 주군의 피해가 끝이 없으리라는 것은 생각도 못했다."[82] 주희는 이런 고유(孤遺)에게 봉록을 지급하는 제도는 도리어 한대만 못하다고 생각하였다. 한대의 종실은 황제의 아들만이 왕에 봉하여졌고 왕은 적장자만이 왕위를 계승하였다. 서자는 후에 봉하여졌고 장자가 후의 지위를 계승하였고 다른 아들들은 봉하여지지 않았다. 이 때문에 기타 여러 아들은 몇 세대 뒤에는 서민이 되었다. "그 형세가 자급자족할 수 없게 되면 몸소 농사짓는 일을 면하지 못하였다."[83] 송대에는 황제의 아들들, 아들들의 손자들을 막론하고 모두가 종실로 봉록의 지급을 청할 수 있었다. 이에 종실은 날로 성하여지고 주현의 부담은 더욱 중하여졌다.

---

81 『주자어류』 권111.
82 위와 같음.
83 위와 같음.

종실의 봉록으로 지출된 재정이 매우 컸을 뿐만 아니라 문무관리의 봉록 지출 또한 볼만하였다. "내가 기억하기에 조정에 있었을 때 문신들에게는 매월 수만 관(貫)을 지급했고, 무신 및 내시 등에게는 5, 60만 관을 지급했다."[84] 사서(史書)의 기록에 의하면 남송 초년에 정부에서 1년간 거두어들인 부세의 수입은 1천만 관이 되지 않았다. 고종 소흥 27년(1157)에 6천만 관까지 증가하였고 효종 순희 14년(1187)에는 또 8천만 관까지 늘어났다. 50년 동안 부세가 8배나 증가하여 부세의 징수가 각박하고 혹독하였음을 알 수 있다. 이에 따르면 무신과 내시의 봉록의 지출만으로도 남송 초년 부세 총수입의 16.6%를 차지하였고, 순희 14년의 7.5%를 차지하였다. 주희는 당시 봉록을 주는 폐해가 곧 문신과 무장이 "편안하게 거처하며 한가로이 식록을 받으며" 편안하게 무거운 봉록을 받은 결과에 있다고 생각하였다. 이 때문에 그는 봉록을 삭감해서 국가의 재용이 소모되는 것을 늦추어야 한다고 주장하였다.

6. 화폐 유통의 경중

남송 때는 상업이 번영하고 상품 교환이 빈번하여 교환 수단으로 화폐가 광범하게 유통되었다. 구리 화폐와 은 화폐뿐만 아니라 지폐까지 통용되었다. 지폐는 차츰차츰 동전을 대체하여 교환의 주요 수단이 되었다. 교환 활동에 편하였을 뿐만 아니라 교환의 발전을 촉진하기까지 하였다. 주희의 화폐 학설은 이 영역의 기본 방면을 언급하였다.

---

84 위와 같음.

1) 교자(交子) 회자(會子) 유통 수단

화폐의 기능에 대한 인식으로 종법 등급사회의 사상가들이 가장 먼저 본 것은 유통 수단의 기능이다. 통일된 화폐가 출현하기 전에 유통수단의 기능은 매우 제한적이었으며 이는 상품의 회전을 가속화하는 데 불리하였다. 그는 말하였다. "양회(兩淮: 淮南과 淮西) 지역의 철전과 교자(交子)는 오늘날 유통하지 않는 곳에 시험 삼아 조치를 취하는 것이 회자(會子)가 장강을 넘어 행하여지는 것을 허락하지 않도록 금지하고 교자만 쓰는 것이 더 나을 것이다. 예를 들어 회수 주변 사람들은 장강을 건너서 매매하려고 하고, 강남 사람 중에는 스스로 교자를 모아 두었다가 돈으로 바꾸려는 사람이 있기 때문이다. 조정에서 몇만 관의 돈을 내놓아 강남에서 교자를 사들이고, 그것을 회남 지방에 풀어서 저절로 유통되게 하는 것이 더 나을 것이다."[85] 남송의 화폐가 통일되지 않은 것은 구역에 따라 분별이 있다. 양회의 "교자(交子)", 동남의 "회자(會子)", 사천(四川)의 "인자(引子)", 호북(湖北)의 "회자(會子)" 등이다. 그것들은 일정 지역 내에서만 유통 수단으로 작용하였고 기타 지역에서는 유통될 수 없었다. 지폐뿐만 아니라 동전도 예외가 없었다. "회서 지방의 철전(鐵錢)과 교자에 대하여 논하였다. '교자는 본래 돈을 대신하려던 것이었다. 그런데 오늘날 조정에서는 다만 종이로 간주할 뿐이다. 오늘날에는 반드시 동전과 교자를 회수 지역에서 쓰지 못하게 해야 하고, 철전과 교자는 강남 지방에서 쓰지 못하게 해야 한다. 강남 지방에서는 반드시 관에서 장(場)을 설치해서 동전과 교자를 교환하도록 해야만 유통할 수 있을 것이다."[86] 이런 지역성을 띤 화폐 유통은 의심의 여지 없이 상품이 광범위하게 교환되는 것을 방

---

85 위와 같음.
86 위와 같음.

해하고 제한하며 또한 생산이 진일보하여 확대되는 것을 가로막는다.[87]

양회와 강남 사이는 경제적으로 상호보완 관계에 있어서 연계가 빈번하였다. 주희는 교류와 경제 발전의 편리함에서 출발하여 정부에 환전할 장소를 설립하고 일정한 환전율을 규정할 것을 건의했다. 강남에 양회의 "교자"를 교환할 기구를 세우면 회인(淮人)이 강을 건너 매매하기에 매우 편하였다. 이로써 양회와 강남의 경제적 유대가 강화되었고 정부가 거두어들인 교자는 양회로 다시 보내져 유통될 수 있었다. 자급자족의 자연경제가 지배적인 지위를 점한 송대에서 화폐는 유통 수단이었을 뿐만 아니라 유통의 경로이기도 했다. 사회 전체에서 볼 때 일정한 유통 경로를 가지고 상품의 유통을 촉진하지 않을 수 없다. 이런 경로는 화폐를 통해서만 담당할 수 있고 그렇지 않으면 상품의 유통은 실현되기 어렵다. 그러나 주희의 화폐 기능에 대한 인식은 결코 전면적이지 않아 화폐의 지불 기능과 저장기능 같은 것과 특히 가치 척도의 기능조차 논술하지 않았는데 이는 실책이다.

2) 화폐의 경중과 가치의 수량

화폐의 경중은 화폐의 가치와 화폐 자체의 수량이 서로 연계되어 있다. 화폐 유통 수량의 다과는 상품 유통의 수요에 따라 절로 조절될 수 있다. 다만 국가가 발행한 화폐가 너무 많아서 폐단을 조성하였다. "소흥

---

[87] "그러나 소흥 말년부터 회(淮)에서 동전의 사용이 금지되고 철전으로 바뀌었다. 회자는 이미 회에서 사용되었는데 교자로 바뀌어 이에 장사치들이 행하지를 않아 회의 백성들이 어려워했다. 우사간 진량우(陳良祐)가 교자가 불편하다고 하자 양회의 군수와 조신(漕臣)들에게 그 이해를 따지게 하니 모두 내려온 교자의 수가 많으며 동전이 회자와 함께 강을 건너지 않아 백성들에게 불편함을 초래하였다고 하였다. 이에 조칙으로 동전을 회자와 함께 옛날처럼 강을 건너 통행되도록 하고 민간의 교자가 전수관(錢輸官)에게 보이도록 하여 무릇 관에서 바꾸어 전수를 좌장고로 옮겨놓았다."(『식화 하2·회자』,『송사』 권181)

말에 회자는 양회와 호광(湖廣)으로 나누어지지 않았으며 그 후에 회자가 너무 많아져 본전이 부족해지면서 마침내 폐단을 불러왔다."[88] 주희는 지나치게 많은 화폐가 발행되어 화폐가치가 떨어지는 현상을 보았다. "누가 회자의 폐단을 논했다. 말하였다. '이 물건은 가볍지만, 사람을 사지로 들어가도록 유혹한다. 한 조각 백지 같아도 1전의 가치가 있기 때문이다. 오늘날 그 폐단을 혁파하려면 반드시 처음부터 처리해 나가야 될 것이다.'"[89] 유통 과정에서 화폐의 수량은 많아지는데 상품의 수량은 변하지 않으면 화폐의 가치는 하락하고 물가는 올라 물건은 "중"해지고 화폐는 "가벼워"지는 상황이 출현한다. 이와 반대로 유통 과정에서 화폐의 양이 감소하여 상품 유통의 요구를 충족시키지 못하면 화폐의 가치는 상승하고 물가는 떨어져 화폐가 "중"하여지고 물건이 "가벼워"지는 현상이 출현하게 된다.

주희는 회자 화폐가 가벼워지고 물건이 중해지는 폐단을 해결하려면 처음부터 개혁해나가야 할 필요성이 있다고 생각했다. 교자를 3년 기한으로 규정하여 옛 화폐를 새 화폐로 바꾸어 제한을 가하여 화폐와 물건 사이의 경중을 조정하려고 했다. 그러나 화폐 발행이 많아질수록 결과적으로 "그 수가 날로 늘어나고 가치 또한 날로 축이 나서"[90] 문제를 해결할 수 없었다. 주희가 말한 "처음부터 이해하는 것" 또한 구체적으로 행할 수 있는 개혁 방안을 제시하지 못하고 다만 "물건의 경중을 저울질하는" 것만 말하였다. 『어류』에서는 기록하였다. "필대(必大)가 이에 말하였다. '철전의 값어치가 낮은 것은 해가 누적되면서 주조한 것이 많아졌기 때문입니다. 다만 회수 주변 10여 군에서만 사용하기 때문에 지금에 이르러서

---

88 「식화 하3·회자」, 『송사』 권181.

89 『주자어류』 권111.

90 「식화 하3·회자」, 『송사』 권181.

는 더욱 낮아졌습니다.' 선생이 마침내 말하였다. '옛날에는 다만 흉년에만 돈을 주조했다.『주례』에서는 나라에 흉년이 들었거나 질병이 만연할 때면 시장에서 세금을 징수하지 않고 화폐를 주조한다고 했으니, 이렇게 해서 굶주린 백성을 보살피고, 또한 물건들의 경중을 저울질할 수 있었다. 옛사람들은 돈이 없으면 주조해서 덧붙였다. 그런데 오늘날 회수 주변은 몇 년 동안 돈을 주조하고 있으니, 잠시 기다렸다 주조해야 할 것이다.'[91] 화폐가치의 경중과 화폐의 수량을 연계시키기 시작했다. 그는 화폐로 사물의 경중을 다는 것을 해결할 방안이 화폐의 수량에 있으며 화폐의 수량이 적으면 물건을 다는 것이 무거워질 것이며, 그렇지 않으면 사물을 다는 것이 가벼워질 것이라고 생각하였다. 이는 확실히 보편적이지 않다. 이는 화폐가 유통에 들어갈 때 그 가치가 이미 다 규정되어 있기 때문에 화폐가치 척도로서 상품의 가치를 규정하고 상품의 가격이 유통 과정에서 화폐 수량의 다과를 결정하지 않기 때문이다. 상품의 가격은 상품 가치가 화폐로 표현된 것이다. 먼저 상품 가치가 있어야 그에 따른 화폐의 표현이 있다. 주희는 화폐 수량의 다과로 물건의 경중을 판단하는 것은 관계를 그르칠 뿐만 아니라 화폐 자체의 가치를 부정하도록 이끌기도 한다고 여겼다. 그러나 화폐의 수량이 증가하면 화폐의 가치와 그 대상물의 가치가 같지 않게 되어 화폐가 평가 절하되어 통화의 팽창을 조성하는 현상이 출현하게 되는데, 이것도 주의를 해야 한다.

3) 사적인 주조를 금지하고 밖으로 유출되는 것을 금하여 막다

남송 고종 소흥 6년(1136)에 "민간의 동기(銅器)를 거두어 조칙으로 백성

---

91 『주자어류』 권111.

들에게 사사로이 동기를 주조하게 한 것이 겨우 2년이었던"[92] 적이 있다. 당시 구리의 생산량이 적은 데다 상품을 유통할 돈을 주조해야 할 필요성으로 인하여 돈의 주조는 실로 난항을 겪었다. 소흥 13년(1143)에 이르러 "한구(韓球)가 사자가 되어 다시 새 돈을 주조하였다. 폐광을 일으키고 심지어 무덤을 파헤쳤으며 오두막을 허물고 야금을 하는 호구의 성명을 문서에 올려 담수(膽水)가 찼을 때 구리를 담근 수를 액면으로 하였다. 운반할 구리가 없어 돈을 녹여 구리를 만들기도 했지만 주조한 것은 겨우 10만 민(緡)이었다."[93] 이 때문에 주희 또한 힘껏 동전과 동기를 파괴하는 것을 반대하였다. 그는 말하였다. "동남(東南) 지방에서 동전은 매우 적은데, 그것이 무너진 것은 많은 이유가 있다. 사적으로 구리 그릇[銅器]을 만드는 이들은 움직일 때마다 4, 5민을 없앤다. 단지 내 고향에도 과거에 이런 일이 있었으니, 생각해보면 다른 곳에도 또한 많았을 것이다."[94] 동전을 고쳐 주조하여 동기를 만드는 것을 반대하였는데 이는 화폐 유통량의 수요를 보증하기 위해서이다.

더욱 엄중한 것은 동전의 외부 유출이었다. 고종은 누차 조칙으로 전폐의 외부 유출을 금지하도록 하였다. "소흥 말에 신료가 말하였다. 천(泉)·광(廣) 이박사(二舶司) 및 서·남의 이천사(二泉司)는 배를 사방으로 쉽게 보내어 금전을 모두 실었다. 사사(四司)에서 이미 법을 범하였으니 군현의 순위(巡尉)가 무엇을 할 수 있겠는가?"[95] "순희 9년에 조칙으로 광(廣)·천(泉)·

92 「식화 하2·전폐(錢幣)」, 『송사』 권180.

93 위와 같음. 이른바 침동(浸銅)의 법이다. "주철로 박편을 만들어 담수조(膽水槽)를 배치하고 그 안에다 며칠간 담가두었다가 철편이 담수에 의해 얇아지면 위에 붉은 그을음이 생기는데 철의 그을음을 긁어 취하여 도가니에 넣어 세 번 단련하면 동이 된다. 대체로 철 2근 4냥으로 동 1근을 얻는다. 요주(饒州) 흥리장(興利場)과 신주(信州) 연산장(鉛山場)에 각기 있었던 세액(歲額)이 담동(膽銅)이다."

94 『주자어류』 권111.

95 「식화 하2·전폐」, 『송사』 권180.

명(明)·수(秀)에서 동전이 새나갔다고 그곳을 지키는 신하에게 죄를 물었다."[96] 이 때문에 모든 바다로 나가는 선박은 모두 시박사관원(市舶司官員)의 검사를 거쳐야 한다고 규정하였으며 동전을 싣고 밖으로 유출하는 것이 허용되지 않았다. 그러나 현실에서 이런 금령은 결코 지켜지지 않았다. 주희는 금령이 효력을 발생시킬 수 없는 원인을 폭로했다. "또 해양의 배로 새어나가는 것이 있는데 바다의 배는 높고 커서 대부분 화물을 그 위에 싣고 그 안에는 모두 동전을 싣고서 나라 바깥으로 옮긴다. 조정에서는 관직을 설치해서 금지하지만 그들이 점검해서 색출해 내더라도 청렴치 못한 관리들은 도리어 이것을 핑계로 이익을 취한다. 또 다른 한 가지가 있으니 회수 주변에 구멍이 뚫려 감독 관리가 세금을 부과할 물건들을 조사하지만 대부분 돈을 얼마 주기만 하면 그들은 다시 묻지를 않는다. 동전은 그곳을 지나면 극히 유리해서 6,700문이면 좋은 비단 한 필을 구할 수 있다. 만일 다시 금지하지 않는다면 누가 가지고 가지 않겠는가?"[97] 첫째는 세관의 검사가 엄하지 못해서이고, 둘째는 탐관오리가 공모하여 부정한 짓을 저지른 것이며, 셋째는 들이는 돈이 많아 이익을 얻는 것이다.

이렇게 하여 동전이 대량 해외로 유출되게 하고 또한 금조(金朝)로 유출되게 하여 송조의 심각한 돈 부족 사태를 초래했다. 이 때문에 공사의 상품 교역과 정부의 군·정 재무는 어쩔 수 없이 지폐가 주요 수단이 되었다. 지폐 자체는 가치가 없었기 때문에 그것은 금속화폐로 대체되었다. 유통 수단과 지불 수단으로 충당되었으므로 지폐는 금화의 기호 또는 동전의 기호로 상품 유통에서 지폐 발행량은 필요한 금속 화폐량에 따라 달라진다. 말하자면 지폐의 발행은 수량에서 일정한 제한을 받았다. 곧 부호로 대표되는 지폐가 없을 때 실제로 유통되는 금의 양(혹은 은의 양)을

---

96 위와 같음.

97 『주자어류』 권111.

초과할 수 없었다. 남송 정부는 상품 유통에 필요한 금속화폐가 되기에 충분한 금속화폐(동전)가 없었다. 따라서 지폐의 대량 발행이 유통에 필요한 금속화폐의 양을 초과할 수밖에 없었다. 이로 인해 지폐의 가치가 하락하게 되었다. 당시에 동전으로 동기를 바꾸어 주조하고 동전이 외부로 유출되는 것을 금지하였음을 알 수 있는데, 의의가 있다.

7. 정전(井田)으로 경계를 바로잡다

고문헌의 "정전제(井田制)"에 대한 기록은 한마디로 말하여 난잡하다. 이 때문에 역사적으로 공인된 정론이 없다. 그러나 『맹자』 「등문공(滕文公)」편에서 정전(井田)에 관하여 구체적으로 묘사한 후 대대로 모두 "정전제"의 회복을 주장하는 사람이 있었다. 그들이 말한 "정전"에는 모두 시대적 특징이 있기는 하였지만 현실에서 실행하자는 것은 공통점이었다. 당면한 학술계에서는 중설이 분분하다. 정전이 고대의 토지 경작 단위라고 생각하는가 하면,[98] 노예사회 지세(地稅) 제도의 한 가지 방법을 체현한 것이라고도 하였다.[99] 명확하게 사료로 남은 기록이 없기 때문에 상세하게 살펴볼 길이 없다. 이는 주희 시대에 이미 이와 같았다. "혹자가 물었다. 말씀하신 정지법(井地法)을 『주례』의 제설을 가지고 고찰해보니 또한 다 부합하지 않는 것은 어째서입니까?" 주희가 대답하였다. "대체로 맹자의 말은 비록 삼대에서 남긴 제도로 미루어 살핀 것이지만 늘 그 큰 것만 들어서 반드시 세세한 것을 다할 필요가 없으니 그 뜻을 본받고 꼭 그

---

98 후지추앙(胡寄窗)의 『중국경제사상사(中國經濟思想史)』 상책, 상해인민출판사 1962년판, 251쪽.

99 고형(高亨)의 『상군서주석(商君書注釋)』, 중화서국 1974년판, 5쪽.

글에 집착할 필요가 없다."[100] 그래서 역사적으로 매우 많은 필력을 소모했음에도 여전히 혼란스럽기만 하다.

맹자가 "정전제"를 기록했을 당시 "정전제"는 변경에 처하였으며 경제적으로 낙후된 진나라에서는 폐지되고 있었다. 『전국책(戰國策)』 「진책(秦策) 3」에서는 기록하였다. "상군(商君)은 천맥(阡陌)을 허물어뜨렸다." 『사기』 「상군열전」에도 기록되어 있다. "전지(田地)를 만들어 천맥과 경계를 개척하니 부세가 고르게 되었다." 이른바 천(阡)은 정전 안의 세로로 난 작은 길을 가리키며, 맥(陌)은 가로로 난 작은 길이다. 봉강(封疆)은 정전과 정전 사이 전지의 경계이다. "천맥과 경계를 개척하였다"는 것은 정전을 폐지하였다는 일종의 표지이다. 이 때문에 『한서』 「식화지」에서는 말하였다. "진(秦)이 상앙의 법을 써서 정전을 없애어 백성들이 사고팔게 되었다." 맹자(B.C.372~289)는 상앙(B.C.?~338)과 대략 동시대 사람으로 맹자가 몇몇 조사를 진행하고 그 큰 것을 들고 세세한 것을 다하였다면 정전제의 대체적인 면모와 성질이 명확해질 것이다.

주희는 『맹자』 「등문공」의 "인정은 반드시 경계를 다스림으로부터 시작된다(夫仁政, 必自經界始)" 장(章)의 주석을 달 때 말하였다. "정지(井地)는 바로 정전이다. 경계(經界)는 땅을 다스리고 토지를 나누어서 도랑과 길과 봉식을 구분하는 경계를 구획함을 이른다. 이 법이 닦이지 못하면 토지가 정해진 나눔이 없어서 호강들이 겸병할 수 있으므로 정지가 고르지 못하며, 세금이 정한 법이 없어서 탐욕스럽고 포악한 자들이 많이 취할 수 있으므로 곡록(穀祿)에 공평하지 못함이 있는 것이다. 이는 인정을 행하고자 하는 자가 반드시 이로부터 시작하는 까닭이요, 폭군과 오리들은 반드시 태만히 하여 폐지하고자 하는 것이다. 이것을 바로잡으면 토지를

---

100 『맹자혹문』 권5, 『주자사서혹문』.

나누고 녹을 제정함에 수고를 하지 않아도 정할 수 있을 것이다."[101] 또 말하였다. "이것은 토지를 나누고 녹을 제정하는 떳떳한 법이니, 야인을 다스려 그들로 하여금 군자를 봉양하게 하는 것이다. 야(野)는 교외의 도(都: 京城)·비(鄙: 邊邑)의 땅이다. 구일이조(九一而助)는 공전을 만들어 조법을 시행하는 것이다. 국중(國中)은 교문(郊門)의 안에 있는 향(鄕: 王畿)·수(遂: 郊外)의 땅이니, 토지를 정전으로 만들어 주지 않고, 다만 구혁을 만들어서 10분의 1을 알아서 바치게 하니, 이는 공법(貢法)을 쓴 것이다. 주나라의 철법(徹法)이라는 것이 이와 같았다. 이로써 미루어보건대, 당시에는 비단 조법이 행하여지지 않았을 뿐만 아니라, 공법 역시 10분의 1에 그치지 않은 것이다."[102] 정지(井地)의 중앙은 공전(公田)이며, 주위의 8가(家)는 모두 사전으로 백 무(百畝)이다. 주희는 주석에서 말하였다. "이는 정전의 형체의 제도를 상세히 말씀한 것이니, 바로 주나라의 조법이다. 공전은 군자의 녹이 되고, 사전은 야인이 받는 것이니, 공을 먼저 하고 사를 뒤에 한 것은 군자와 야인의 신분을 구별한 것이다. …… 국중의 공법은 당세에 이미 시행하였는데, 다만 취하기를 10분의 1보다 지나치게 했을 뿐이었다."[103] 여기에서 주희가 말한 정전(井田)과 맹자가 말한 "정지(井地)"는 이미 차이가 있다.

첫째, 맹자는 "정경계(正經界: 경계를 바로 잡는 것)"가 "인정(仁政)"을 행하는 중요한 조치라고 생각하였다. "경계"는 바로 토지 소유권을 나타내는 경계의 표지이다. "정경계"는 토지를 균등하게 하고 곡식과 봉록을 고르게 하기 위하여 국가의 황실·귀족·관리에게 토지와 관련한 분봉과 세습하는 작록을 확정하게 하는 것이다. "경계"가 바르지 않음이 "폭군과 오리

101 「등문공 상」, 『맹자집주』 권5.
102 위와 같음. "공(貢)"·"조(助)"·"철(徹)"은 정전제의 부세를 징수하는 방법을 가리킨다.
103 「등문공 상」, 『맹자집주』 권5.

(汚吏)"가 "경계를 멋대로 해서"라고 한다면 "멋대로"라는 것이 정전에 있는 사전 간의 경계를 가리키는가? 아니면 공전과 사전 간의 경계를 가리키는가? 사전 간의 경계를 멋대로 하는 것이라면 맹자는 "폭군과 오리"를 지적해서는 안 된다. 공전이 사전을 멋대로 하는 것이라면 "폭군과 오리"는 정전을 파괴하는 것이다. 이는 맹자가 스스로 명쾌하지 않게 기록한 부분이다.

주희는 맹자의 경계설을 계승하여 경계가 토지 소유권을 주는 법률적인 효력이라고 보았다. 이는 확실히 남송 당시의 호족이 토지를 겸병하는 것을 겨냥하여 말한 것이다. 호족들이 마구잡이로 겸병을 하여 "업을 떠났는데도 세금은 남아 있고" "재산이 있는 자는 세금을 내지 않고 세금을 내는 자는 재산이 없는"[104] 상황이 출현하게 되었다. 이 때문에 그는 경계법의 시행을 창도하여 전무(田畝)의 실태를 조사하고 어린도(魚鱗圖)를 제작하여 "토봉(土封)을 세워 경계를 표시하고"[105] 전세(田稅)가 고르게 되도록 하였다. "폭군과 오리"가 탐욕을 부리고 폭력으로 많이 취하여 반드시 멋대로 경계를 폐하려 했기 때문에 주희는 "전지에는 정해진 분수가 있다(田有定分)", 곧 전지 점용을 제한할 것을 주장하여 토지 겸병을 완화하는 조치로 삼았다.

둘째, 맹자의 "정전제"의 이상은 교외와 교외의 먼 곳에서 "조(助)"법을 취하는 것이다. 곧 상대(商代) 정전제의 "70무의 조법"으로 공전의 경작을 도와 사전에 대한 세금을 내지 않는 것이다. 교외 안의 고을에서는 지구에서 "공(貢)"법을 택하였다. 곧 하대(夏代)의 한 지아비에게 50무의 밭을 주고 매 지아비는 50무의 수입을 계산해서 "공(貢)"으로 삼는 것인데 곧 10분의 1을 세금으로 내는 것이다. 주대에는 "철(徹)"법을 채택하였는

---

104 「효시경계차갑두방(曉示經界差甲頭榜)」, 『주희집』 권100, 5104쪽.
105 위와 같음.

데 또한 이와 같다. 주희는 남송 당시의 전부(田賦)의 상황에 의거하여 맹자의 "공"과 "조"법에 대하여 의심을 제기하였다. "이어서 오늘날의 토지세의 이로움과 해로움에 대하여 말하였다. '내가 예전에 맹자가 말한 하후(夏后) 씨는 오십 무에 공(貢)법을 썼고, 은나라 사람은 칠십 무에 조(助)법을 썼고, 주 나라 사람은 백 묘에 철(徹)법을 썼다고 말한 것을 의심했는데, 이와 같이 해석하지 말아야 할 것 같다. 선왕이 천하의 경계를 다스릴 때 많은 이랑, 도랑, 봇도랑, 해자 등과 같은 것을 증설하면서 대단히 인력을 소비했다. 만약 오십 무에서 칠십 무로 증가시키고, 칠십 무에서 백 무로 증가시킨다면, 밭 사이에 많은 경계가 모두 고쳐져야 할 것이므로, 이러한 이치는 없을 것 같다. 맹자가 당시에 직접 보지 않고 단지 이와 같다고 전해 들었을 뿐이니, 또한 다 믿기 어려울 것이다.'"[106] 주희는 50·70에서 백 무가 된 것은 "또한 이와 같이 고치기가 어려울 것 같다"고 생각하였다. 이로 말미암아 그는 의심을 제기하였고 심지어 그것을 "어지럽히는 도"라 하여 반대하였다. 그는 "대개 밭의 한쪽에 도랑, 봇도랑, 해자, 여막 등을 만들기 어렵다. 오십 무를 칠십 무로 고치어 이미 칠십 무가 되었는데, 도리어 백 무로 고친다고 한다면 도무지 성급하게 변동시킬 뿐이니, 이것은 요란한 도이다. 예컨대 이러하다면 삼대(三代)의 전제(田制)가 아니고 왕망(王莽)의 제도일 것이다!"[107]라는 의논을 제기하여 맹자의 "정전제"는 하·상·주 삼대의 "전제"임을 부정하고 왕망의 제도라 하였으며 곧 맹자의 "정전제"에 대하여 가장 격렬하게 깎아내렸다.

셋째, "정전제"는 사망하거나 거처를 옮겨도 본래의 "정(井)"을 떠나지 말 것을 요구하였다. 이렇게 하여 인구가 증가하거나 감소하면 본정(本井) 안에서 죽어야 하는 것으로 제한되었다. 인구가 증가하여도 이주가 허락

---

106 『주자어류』 권55.
107 위와 같음.

되지 않으면 사람이 가지는 토지의 평균치는 감소하여 원래 한 지아비에게 50무나 100무를 주는 규정이 깨졌다. 인구가 감소해도 인구가 증가한 고을의 "정"에는 이주하여 들어오는 것이 허락되지 않는다. 그러면 인구에 따른 토지의 평균치가 상대적으로 증가하여 토지가 황폐화하고 공전은 도와서 경작할 사람이 없는 지경에 이르게 된다. 이런 극복할 방법이 없는 모순은 맹자의 "정전제"에 대한 이상의 혼란을 설명해준다. 유가 공맹의 "도통"을 계승한 주희 또한 완전히 "정전제"를 부정할 수는 없었다. 그는 말하였다. "하·상의 정전법을 폐지하기 어려운 것은 본래 성군들이 연이어 일어났고, 또한 법이 간단했던 것이 주나라의 번쇄한 법과는 같지 않았기 때문이다."[108] 하·상의 "정전법"은 다만 간단한 것이라 생각하여 그다지 높게 평가하지 않았다.

그러나 주희가 "정전"에 대하여 취한 태도는 매우 모순적이다. 남송의 상황과 결합하여 생각해보았을 때 실행하기가 어려울 것임을 깨달았다. "봉건제와 정전제는 성왕의 제도이고, 천하를 공공의 것으로 여기는 법도인데 어떻게 감히 옳지 않다고 여기겠는가? 다만 오늘날에는 손을 쓰기 어려울 뿐이다. 설령 억지로 두 제도를 시행한다고 하더라도 예상치 못했던 다른 폐단이 생겨나, 오히려 전보다 못하여진다면 수습하기가 어려울 따름이다."[109] 정전제가 "성왕의 제도"라는 점에서 말하여 감히 좋지 않다고 말하지는 않았지만 감히 실행하지 않는다고도 하지 않았다. 그러나 실제 상황에서 말하여 실로 통행하기가 어려우면 억지로 이루어진다고 하더라도 폐단이 발생할 것이다. 일정한 상황에서 그는 실행할 수 있음을 부인하지 않았다. "'정전제와 봉건제는 어떻습니까?' 말하였다. '시행할 만한 것이 있다. 예를 들어 공적이 있는 신하는 한 고을[一鄕]

---

108 『주자어류』 권108.
109 『주자어류』 권108.

에 봉하는 경우이니, 하나라의 향후(鄕侯)와 정후(亭侯)가 이런 경우다. 전세(田稅)는 반드시 균등해야 하니 경계법은 시행하지 않을 수 없다. 그러나 큰 강령은 앞서서 구혁(溝洫)을 바로잡는 데 달려 있다.'"[110] 주희는 한초의 분봉을 가지고 "정전"을 설명하였는데, 실은 이미 맹자가 말한 "정전제"와는 같지 않다. 동시에 한대의 분봉은 주대의 "분봉제"와는 본질적으로 구별된다.

송나라의 토지 겸병, 농지 제도 개혁, 호족 지주의 억제, 사회 경제 발전 유지 및 회복을 위하여 주희는 "정전제"의 회복이라는 명분을 빌려서 개혁의 실질을 행하여야 했다. "이로써 보건대, 만약 고제(高帝) 초기에 천하를 안정시킨 것이 광무(光武) 중흥 이후까지 미쳤다면, 백성들이 적어서 세우기 쉬웠을 것이다. 정전법을 완벽하게 갖추지 못한 상태라면 마땅히 인구의 수로 전지를 점유하여 등급의 한계를 세우면 백성들은 씨를 뿌려 농사를 짓되 사고팔 수 없어서 가난하고 약한 사람들을 구휼하고 겸병(兼幷)을 막게 되니, 제도 자체를 위하여 또한 옳지 않겠는가? 비록 옛날과 지금은 제도가 다르고 손해와 이익은 때를 따르지만 대체적인 기강(紀綱)에 있어서 이르는 곳은 하나이다."[111] 그의 뜻은 다음과 같다.

첫째, "인구의 수를 가지고 전지를 점유하는 것"으로 곧 인구에 따라 토지를 점유하여 호족이 대량의 토지를 점하는 것을 제한했다. 주희는 "정전제"의 전지를 주는 방법에 의거하여 인구의 수대로 전지를 점유하는 것을 묘사했다. "한 집이 사전 100무와 공전 10무를 받으면 880무가 된다. 나머지 20무는 여사(廬舍)로 삼아 드나들며 서로 사귀고, 기다리며 바라보면서 서로 접촉하고 질병은 서로 치료해준다. 백성들이 전지를 받는데, 상전(上田)은 한 집 당 100무, 중전(中田)은 200무, 하전(下田)은

---

110 위와 같음.
111 「정전유설(井田類說)」, 『주희집』 권68, 3596~3597쪽.

300무를 받는다. 해마다 다시 농사를 지어 농사짓는 곳을 바꾼다. 집안의 뭇 남자들은 여부(餘夫)가 되며 사람 수에 따라 이와 같이 전지를 받는다. 사인[士]·공인[工]·상인[商]의 가정도 전지를 받는데, 다섯 사람이 농부 한 사람에 해당한다. 부(賦)와 세(稅)가 있는데, 부는 사람 수를 계산하여 재물을 내는 것을 말하고, 세는 공전에서 10분의 1 및 공인과 상인, 산과 못을 관장하는 관리의 수입을 말한다."[112] 호주에서 아들까지, 농민에서 사(士)·공(工)·상(商)에 이르기까지 모두 인구를 헤아려 전지를 주었다. 수입과 노력의 분배 등과 같은 사·공·상의 구비 상황을 고려하여 사·공·상의 다섯 식구를 농민 한 식구의 전지를 나누어주는 수에 해당시켜 "균전"의 사상을 표현하였다. 토지의 질량이 같지 않은 것을 고려하여 상·중·하의 세 등급으로 나누어 경작을 바꿀 수 있게 하고 좋은 전지를 받은 호구에서 이익을 내거나 나쁜 전지를 받은 호구에서 손해를 입지 않도록 하여 모두 고르게 하려고 했다.

둘째는 "매매를 하지 못한다." 북송 이래로 관료와 호족들의 가문은 토지의 매매를 통하여 대량의 토지를 점유했다. 주희는 "정전제"의 실행을 통하여 토지를 분배하고 토지의 매매를 금지하는 방법을 가지고 안정적으로 전지를 받도록 전환하기를 도모했다. 그는 이렇게 하면 가난하고 약한 사람들을 돌볼 수 있을 뿐만 아니라 겸병하는 것도 막을 수 있다고 생각하였다.

주희의 "정전제"의 이상은 송대에는 실행할 수 없는 공상이었다. 남송 정권은 인구를 헤아려 전지를 받게 할 역량도 없었을뿐더러 또한 받을 수 있는 토지도 그렇게 많지 않았다. 이는 다만 주희가 정전제의 천국에서나 기도하여 현실사회의 모순을 없애어 모든 사람이 편안하게 생업을

즐길 바람을 실현할 수 있을 뿐이었다. 그러나 당시에는 "정전제"를 빌려서 자기의 사회적 이상을 기탁하였는데 전대에는 장재(張載)가 있었고[113], 동시대에는 진량(陳亮)이 있었으며[114] 후대에는 황종희(黃宗羲)[115]와 안원(顏元)[116] 등이 있어 실로 대대로 적지 않은 사람들이 이어져 끊이지 않았

---

[113] 장재는 "정사를 함은 백성을 풍족하게 하는 데 있다"는 말에서 출발하여 정전의 주장을 제기하였다. 그는 말하였다. "천하를 다스림에 정전에서 말미암지 않으면 끝내 공평해질 길이 없게 된다. 주나라의 도는 균평함에 있을 따름이었다." "정전은 지극히 행하기 쉽지만 조정에서 명령을 한번 내면 한 사람에게 답하지 않고서도 정할 수 있다." 그는 정전은 매우 실행하기가 쉽지만 군주의 강하고 밝고 과단성 있음과 재간 있는 신하들이 있어야 실행할 수 있다고 생각하였다. "정전을 행할 수 있는 임금은 모름지기 인한 마음이 있어야 하고 또한 더욱 강명(强明)함과 과감함 및 재상의 재능이 있어야 한다." "정전은 또한 다른 기술이 아니라 다만 먼저 천하의 땅을 바둑판처럼 구획하여 정하고 사람으로 하여금 한 구역씩 받게 하면 절로 고르게 된다."(『經學理窟·周禮』,『張載集』 중화서국 1979년판, 248~251쪽)

[114] 진량은 말하였다. "정전과 봉건은 황제 이래 극소수 성인이 생각한 것이기 때문에 유지하고 거행하는 것은 하나의 일이 상세하지 않고 하나의 항목이 정밀하지 않아서일 것이다."(『問答 下』,『陳亮集』 중화서국 1974년판, 42쪽)

[115] 황종희는 말하였다. "선왕이 정전을 제정한 것은 백성의 삶을 이루어주어 많이 불어나게 하는 것이다." 또 말하였다. "주현의 안에 관전(官田)이 또한 10분의 3을 차지한다. 실재 전토를 고르게 하면 인호(人戶)가 10,621,436이며 매 호당 전지 50무씩을 주어도 아직 17,325,828무가 남아 부민이 점하는 것을 들어주면 천하의 전지가 절로 부족하지 않을 텐데 또 하필 한전(限田)이니 균전이니 분분하면서 공연히 부민들의 일을 괴롭게 하겠는가! 그래서 우리 둔전의 시행에 정전이 반드시 회복되어야 함을 알겠다."(『明夷待訪錄』「田制」,『黃宗羲全集』 제1책, 浙江古籍出版社 1985년판, 23~26쪽)

[116] 안원은 말하였다. "그러나 삼대를 본받으려면 어떻게 해야 하는가? 정전과 봉건·학교를 모두 짐작하여 회복시키면 모든 백성과 사물이 제자리를 얻지 못함이 없을 것인데 이를 일러 왕도(王道)라고 한다. 그렇지 않으면 다스려지지 않는다."(『存治篇·王道』,『顏元集』 중화서국 1987년판, 103쪽) "혹자가 고인을 생각하는 것을 물으면서 말하였다. '정전이 세상에 어울리지 않게 된 지가 오랜데 그대의 「존치(存治)」는 그래도 집행할 만한가?' 말하였다. '아, 이는 천여 년 동안 백성들이 왕의 은택을 입지 못하여서이다. 어울리지 않는다고 말하는 것은 부민(富民)의 전지를 급히 빼앗는다는 말과 비슷하다 하고 혹자는 말하기를 사람은 많은데 땅은 적을 따름이라고 한다. 천지간에 전지가 천지간의 사람이 공동으로 누릴 수 있는 것이 저 부민의 마음을 따르는 것 같아 곧 만인의 재산을 한 사람에게 주고 싶어하지 않음을 생각하지 않는가. 왕도가 인정을 따르는 것이 실로 이와 같은가? 하물며 한 사람이 수십 백 경을 가지거나 수십 백 명이 1경을 가져 부모 된 자가 한 자식은 부유하게 하고 다른 자식들은 가난하게 하는 것이 되겠는가?'"(『存治篇·王道』,『顏元集』 중화서국 1987년판, 103쪽)

다. 그들의 기본 사상은 모두 토지 겸병과 부세가 균형이 맞지 않은 문제를 해결하기 위한 것으로, 중국 고대에서 이 두 문제는 역대 사상가들을 곤혹스럽게 하는 큰 문제이며, 사회가 불안정하고 동란이 일어나는 주요 원인 중의 하나임을 알 수 있다. 그러나 그들은 모두 더욱 완전한 해결방안은 제기하지 못하였으며, 여전히 수천 년 전의 "정전제"를 들고 반복하여 감상하고 칭찬하였다. 그러나 결국 다만 일종의 이상일 뿐 하나의 도달할 수 없는 천국이다.

천리군권은 인재를
덕과 형벌로 다스린다

◯

天理君權 德刑人材

정치학설의 탄생과 발전은 일정한 사회의 경제구조·문화적 분위기 및 사유 모식과 상관이 있다. 사회의 상이한 집단과 계층은 자신의 이익과 수요에 근거해서 자기의 정치적 학설을 제기하였다. 이 의의에서 말하면 정치학설사는 역사상 각 집단과 계층의 국가사회의 본질과 체제·전장제도·법률 감옥 등에 대한 이론적 사고의 총화이다.

1. 호령(號令)과 형벌의 상호보완

정치란 무엇인가? 대대로 인(仁)으로 보고 지(智)로 보았다. 주희는 정치는 곧 국가의 "호령"과 "형벌" 및 양자 사이의 관계라고 생각하였는데, 이는 가장 직관적인 이해이다. 『어류』에서는 기록하였다. "오영 무실(吳英茂實: 이름은 英, 茂實은 자)이 말하였다. '정치란 마땅히 호령을 분명하게 해야 하며 꼭 엄한 형벌로 위엄을 보일 것은 아닙니다.' 말하였다. '호령이 이미 분명하다고 해서, 형벌을 느슨하게 할 수는 없다. 정말로 형벌을 쓰지 않는다면 호령은 헛되이 벽에 걸려 있을 뿐이다. (호령을) 따르지 않아서 나의 정치를 막는 것이 한 사람을 징계해서 백 사람을 경계하는 것만 하겠는가? 일의 마지막에 사실을 조사하고 점검하는 것이 시작을 엄하게 해서 (잘못을) 저지르는 일이 없게 하는 것만 하겠는가? 큰일을 하면서 어떻게 작은 것조차 차마 할 수 없다는 마음가짐을 가지겠는가?'"[1] "호령"은 국가가 반포한 법률 및 기타 규장(規章) 등과 같은 것이며, "형벌"은 이런 법률과 규장을 실행한다는 의미를 내포하고 있다. 호령과 형벌은 서로 돕고 서로 이루어주어 어느 한쪽을 폐기할 수 없다. 형벌을 쓰지 않는다면 호령은 곧 기능과 작용을 잃어버리게 되어 공수표가 되고 만다. 법령을 준수하지 않아 나라의 다스림이 막히는 것보다 일벌백계하는 것이 더 낫고, 그 결과를 검사하여 살피는 것보다 시작을 엄하게 하여 법도를 범하지 않는 것이 더 낫다. 여기에서 말한 정치는 이미 국가 정권과 이 정권을 유지하는 정치 법률 전장제도 같은 정치학설의 주요 문제를 건드렸다. 그것은 『상서』·『주례』에서 말한 정치는 정사와 정령·정권·위정을 가리킨다는 것과 같은 점도 있고 다른 점도 있다.

주희는 지적하였다. "지금 세상에는 두 가지 폐단이 있다. 법의 폐단과 시대의 폐단이다. 법의 폐단은 모두 고치기만 하면 되어 오히려 매우 쉽다. 시대의 폐단은 모두 사람에게 달려 있는 것이다. 사람들이 모두 사적인 마음으로 일을 하는데 어떻게 바꾸겠는가?"[2] 이를테면 북송 가우(嘉祐) 연간의 법의 폐단과 왕안석(王安石)의 변법은 그것을 바꾸었다. 이는 간단한 견해이며 사실 중국의 오랜 기간 군주전제의 법으로 바꾸지 않은 것을 바꾸었다. 예와 지금으로 말하면 "옛사람들이 법을 제정한 것은 다만

---

1 『주자어류(朱子語類)』 권108.
2 위와 같음.

큰 강령뿐이었기에, 아래 사람들은 제멋대로 할 수 있었다. 후세에는 법이 모두 촘촘하고 상세해져서 아래 사람들은 다만 법을 지키기만 했다."[3] 이 견해는 도리어 일리가 있다. 법이 상세하고 촘촘한 것은 법을 지켜야 사회를 질서가 있는 상태로 진입시킬 수 있기 때문이다. 법이 인간의 사회적 행위와 사회 구성원 간의 관계를 규범화하고 조정하여 사회의 이익과 사회 질서를 지키는 총합을 이루기 위한 것이기 때문이다.

일정한 정치학설은 일정한 개인이 제기하거나 제정한다. 그것은 개인의 의지를 대표하는 것이 아니고 모 집단과 계층의 의지의 표현이다. 주희는 국가의 "호령"과 "형벌"을 결합하여 통치의 법으로 삼았다. 이런 의미에서 정치는 또한 민중을 다스리는 도구로 규정된다. "이어서 군현의 정치가 어긋난 점을 논하여 말하였다. '백성들이 많다지만 결국에는 한가지 마음일 뿐이어서 매우 쉽게 미혹된다.'"[4] 이렇게 정치는 적어도 두 방면의 함의를 포괄하고 있다. 첫째는 외재적인 호령과 형벌이며, 둘째는 내재적인 민심으로, 민심을 감화시키는 것은 곧 민심을 바로잡는 것이다. 주희는 국가의 호령·형벌과 수법(守法: 호령과 형벌을 지키는 것), 사람의 관계를 임금과 백성의 관계로 전환시켰다. 이런 전환은 현대에서는 허락되지 않지만 중국의 군주전제정치 체제에서 군주는 곧 국가였다. 따라서 주희는 동중서(董仲舒)의 말을 인용하여 말하였다. "마음을 바로잡아 조정을 바로잡고 조정을 바로잡아 모든 관리를 바로잡으며, 관리를 바로잡아 백성을 바로잡고 백성을 바로잡아 국가를 바로잡는다."[5] 천자의 마음이 바르면 백관의 마음을 바로잡을 수 있어서 만민과 사방을 바로잡아 곧 백성과 천하를 잘 다스릴 수가 있다.

---

3 위와 같음.

4 『주자어류』권108.

5 「천자지례(天子之禮)」『주희집』권69, 3644쪽.

주희는 송 이래 사회정치의 화란의 근원을 총결할 때 말하였다. "고금의 화란에는 반드시 병의 뿌리가 있다. 한나라는 환관과 외척이, 당나라는 번진이 모두 병의 뿌리였다. 오늘날 병의 뿌리는 귀정인(歸正人)들을 갑자기 오게 만드는 데 있으니, 주현에서 그들을 어떻게 다루어야 한단 말인가?"[6] "귀정인(歸正人)"은 원래는 중원의 사람을, 나중에는 금의 조정에 함락되었다가 다시 송 조정에 귀순한 사람을 가리키는데 그들은 "귀명인(歸明人)"과는 다르다. "귀명인"은 낙후된 요동(徭㣊: 모두 소수민족 이름) 사람이 중원의 문명으로 귀순하여 온 것을 말한다. "귀정인" 가운데는 원래 북송 말 조대의 몇몇 현달한 관리도 있었는데 그들의 회귀는 남송 지방 정권에 위협을 가져왔다. 그들은 한말의 환관·외척이 정권을 전횡하고 당대의 번진이 할거하는 것과 마찬가지로 정치 화란의 "병근(病根)"이었다. 주희는 사회 화란의 현상들을 보았는데 어느 정도 근거가 있었다.

주희는 치국의 도를 바둑판에 비유한 적이 있다. "국수(國手)는 바둑을 한 수 두면 수십 수 이후의 수를 둘 줄 안다."[7]라 하였다. 자세하게 사고하려면 사려가 심원해서 눈앞의 것에 얽매이지 않아야 한다. 그러나 가장 중요한 것은 사회의 안정으로, 안정이 되어야 오래도록 편안하게 다스릴 수 있다. "정치를 하면서 큰 이해가 걸려 있지 않다면 경장을 의논할 필요는 없다. 바꾼 한 가지 일이 이뤄지기 전에 반드시 시끄러운 소요를 일으키게 되어 결국에는 그치지 않을 것이다. 큰 집안의 경우에는 우선 받아들여야 한다. 그러므로 자산(子産)은 『정서(鄭書)』를 인용해서 '나라를 안정시키려면 반드시 대족(大族)을 먼저 다스려야 한다.'고 했던 것이다."[8] 안정을 국가의 정치에서 "크고" "우선적인" 문제로 삼았다. 이는 중국의

---

6 『주자어류』 권110.
7 『주자어류』 권109.
8 『주자어류』 권108.

장기간에 걸친 사회정치적 화란의 원인에 대한 탐구와 통치 경험을 요약하고 총결한 것이며, 국가정권의 관념과 국가정치생활의 중요한 문제이기도 하다.

어떻게 해야 국가를 안정시킬 수 있는가? 상이한 역사 시기와 상이한 집단은 같지 않다. 이를테면 자산은 정나라에서 "봉혁(封洫)"을 만들고 "구부(丘賦)"를 만들었으며 "형정(刑鼎)을 주조"하는 등 세 가지 개혁을 실행하여 국가가 안정되고 강대하게 발전하도록 하였다. 주희는 법폐(法弊)·시폐(時弊)·과거(科擧), 병정(兵政)의 폐단 등을 개혁할 것을 요구하였는데 또한 사회국가를 안정시키기 위한 조치였지만 당시 남송이 부패하여 주희는 큰 권세를 잡아본 적이 없다. 이런 개혁 조치는 근본적으로 사람의 중시를 받지 못하였으며 또한 실행에 부칠 수도 없었다.

2. 천리 군권의 이념

국가의 기원과 군주의 권리는 누가 준 것인가? 예로부터 중설이 분분해왔다. 은말 주초의 『주역』에는 이미 천자의 개념이 있다. "공이 천자를 형통하게 함이니, 소인은 거기에 능하지 못하다.(公用亨于天子, 小人弗克)"[9] 하늘과 상제를 지고무상의 주재자로 여기고 군주는 하늘의 아들로 하늘을 대표하여 와서 천하를 다스리며, "임금의 권한은 하늘이 준(君權神授)" 것이라는 이념과 국가 기원의 궁극적 근원을 체현하였다. 이 이념은 통치자에게 선양되어 국가가 존재하는 합리적인 근거가 되었을 뿐만 아니라 한 이후의 사상가들이 하늘의 위엄을 빌려서 임금의 권위를 제약하는 일

---

9 「대유(大有)·구삼(九三)의 효사」, 『주역본의(周易本義)』 권1.

종의 도구이기도 하였다.

한 이래 유·불·도의 삼교는 서로 충돌하고 융합하면서 모두 각자 궁극적인 관심을 가졌다. 송대의 도학가는 불가와 도가를 유가에 넣어 천리를 우주 최고의 본체이며 천지만물의 근원이라 말하고 아울러 그 이론 사변을 가지고 유가 철학에의 하늘의 지위를 대신하였다. 실제로 그들이 이야기하는 천리는 곧 하늘의 대명사이다. 이 때문에 "군권신수"는 "천리군권(天理君權)"으로 변하여 하늘의 아들로서의 임금은 또 천리를 부지하는 자로 바뀌었다. 군주는 천리의 계시에 따라 행하여나가지만 해나가고 해나가지 않음, 잘하고 잘못하는 것은 오히려 너에게 있다. 천리는 군사(君師)를 세워서 이루어지고 너를 어루만지고 기르며 너를 가르쳐 인도한다. 성인은 세상에 나가면 반드시 천리에 따라 행하여 가서 천리를 유지하여야 한다. 여기서 주희가 지적한 행함과 행하지 않음, 잘함과 잘못함은 모두 윤리강상을 가리켜 말하였다. 강상을 부지하는 것이 바로 천리를 부지하는 것이다. 윤리강상을 행하지 않고 잘 하지 않는 것은 윤리를 전도시키고 어지럽히는 것으로 당시에는 허락되지 않았다. 주희가 보기에 윤상(倫常)과 천리를 부지할 수 있는 군주는 하늘이나 상제(上帝)를 도와 사방을 총애하고 편안하게 할 수 있는데 그들이 요순(堯舜)이다.

주희는 "천리군권"을 이야기할 때 여전히 하늘의 권위를 빌려서 임금의 위엄과 군권을 권계하고 약속하려고 하였다. 그래서 그는 말하였다. "물었다. '상제는 백성들에게 선함을 내렸습니다. 하늘이 장차 사람에게 큰 임무를 내릴 것입니다. 하늘이 백성을 돕기 위해서 임금을 두었습니다. 하늘이 만물을 낳을 때 그 재질에 따라서 베풉니다. 선을 행하면 많은 길상을 내리고, 악을 행하면 수많은 재앙을 내립니다. 하늘이 장차 이 세상에 괴이한 재앙을 내리려고 할 때는 반드시 미리 비범한 사람을 보내어 준비하게 합니다. 대체로 이런 말들은 저 위에 있는 푸른 하늘에 정말 주재자가 있어서 그러한 것입니까? 아니면 하늘에는 마음이 없는데, 단지 그 이치를 근원적으로 따져 보니 그렇다는 것입니까?' 대답하였다. '그 세 부분은 다 같은 뜻일 뿐이다. 그것은 단지 이치가 그렇다는 것이다.'"[10] 주희는 사람에게 큰 임무를 내리고 백성을 돕고 임금을 만드는 것, 비상(非常)한 사람을 내는 것이 모두 이가 그렇게 되도록 한 것이라고 생각하였다. 이 이는 일종의 필연성이거나 일종의 근거이며 이 근거가 없는 이는 곧 백성을 돕고 임금을 만들 수 없다. 이런 의미에서 그것이 주재자와 결정자의 지위를 갖추고 있다 하여도 옳지 않은 적이 없다. 이 때문에 군권(君權)은 천리에 부합하며 천리가 그렇게 되게 했고 그 근거이다. 따라서 "군권천리(君權天理)"론은 어떤 의미에서 "군권천이(君權天移)"의 이성적 사변이 표현된 것이다.

"천리군권"은 절대로 군권을 배척하지 않고 군권이 더욱 이성적인 색채를 띠도록 한다. "천리군권"은 또한 완벽한 군권으로, 군권을 수호하여 잃어버리거나 손해를 입지 않게 한다. "임금과 신하 사이는 신하에게 권력이 조금도 중하지 않아야 하는데, 권력이 중하여지면 임금을 인정하지 않는다. 예컨대 한 말기에는 천하가 오로지 조 씨(曹氏)만 있는 줄 알았고, 위(魏) 말기에는 오로지 사마 씨(司馬氏)만 있는 줄 알았다. 노나라는 장공(莊公)과 희공(僖公) 시절에 계우(季友)를 얻어 잠시 질서를 잡았다. 나중에 계씨(季氏)가 3~4세대에 걸쳐 권력을 쥐면서 노나라 임금의 권력은 완전히 없어지고 말았으니, 오로지 계씨 한 사람만 있었을 뿐이었다."[11] 이른바 "조금 중하다(略重)"는 것은 신권(臣權)이 군권보다 중한 것을 가리켜 말한 것이며, 조 씨와 사마 씨 그리고 계씨는 모두 국가가 쇠미해지고 군권이 땅에 떨어졌을 때 있었다. 주희는 상황을 바꾸려면 군권의 강화가 필

---

10 『주자어류』 권1.
11 『주자어류』 권13.

요하며, 오직 군권을 강화하는 것만이 신하가 군주를 죽이고 아들이 아비를 죽이는 것을 막을 수 있다고 생각했다. 이 때문에 신하가 임금을 섬길 때는 충성을 다하여야 한다. 충성은 삼강(三綱)의 하나일 뿐만 아니라 천리이기도 하다. 중국 역사상 이런 상황은 이따금 발생하기는 하지만 대다수의 경우 군주의 전제가 지나치게 엄중하여 군권이 제약을 받지 못하기 때문이었다.

"존군(尊君)"은 신민(新民)이 임금을 대하는 것에서 말한 것이며 임금의 지존의 권력을 보장해주기 위해서이다. 임금으로부터 말하자면 또한 권력의 남용이 국가의 이익에 해를 끼치는 데까지 이르러서는 안 된다. 중국 사회는 주로 군주의 부패가 전체 통치집단 관리의 부패로까지 이어졌다. 이 때문에 주희는 군권의 과도한 팽창을 제한하기를 주장하였으며 덕을 닦아야 한다는 주장을 제기하였다. "오늘날 인군에게 충고하는 이들은 모두들 '덕을 닦으라(修德)'는 두 글자를 말하고는 합니다. 그런데 저는 인군이 어디에서부터 덕을 닦아야 하는 것인지 모르겠습니다. 반드시 그 요체가 있을 것입니다. 말하였다. '어떻게 이처럼 말할 수 있겠는가? 마땅히 마음이 사사롭지 않아야 한다는 것을 간파하기만 한다면 곧 천하의 큰 공정함으로 변하는 것이다. 모든 사사로운 뜻을 다 물리쳐야 하니, 등용해서 쓰는 사람이 현인이 아니라면 곧 따로 바른 사람을 구해서 등용해야 한다.'"[12] 어떻게 덕을 닦는가? 그 요체는 두 가지이다. 첫째는 군주 자신의 수양으로, 모든 사사로운 뜻을 완전히 물리쳐서 천하가 크게 공정해지도록 변화시키는 것이다. 이것이 "임금의 마음을 바로잡음(正君心)"이다. "임금의 마음을 바로잡음"은 큰 근본이며, 큰 근본이 바르게 되어야 천하를 바로잡을 수 있다. 현재의 임금의 심술(心術)이 바르지 않으

---

12 『주자어류』 권108.

면 국가를 부국강병에 이르게 할 수 없다. 사사로운 뜻으로 군부의 원수를 갚지 않아서는 안 된다. 군주 전제정권 하에서 주희는 군주의 중요한 작용을 보았기 때문에 희망을 임금의 마음을 바로잡아 사욕을 없애고 공정하게 하는 데 기탁하였다. 동시에 "인주가 공손하고 검소하며, 선을 좋아해서 '마음에 거슬리는 말이 있으면 반드시 도에서 찾고, 자기의 뜻에 순종하는 말이 있으면 반드시 도가 아닌 데에서 찾아'"[13] 귀에 거슬리는 충언을 들어서 도를 표준으로 삼을 수 있어야 국가를 잘 다스릴 수 있다. 두 번째는 사람을 등용하는 것이다. 임금의 마음을 바로잡는 것이 큰 근본이기는 해도 현인이 보좌하지 않는다면 또한 나라를 잘 다스릴 수 없기 때문이다. "좋은 사람을 재상으로 쓰기만 하면 저절로 배척해낼 것이다. 그리고 좋은 대간(臺諫)이 있어서 그가 좋지 않은 사람인 줄을 알게 되면 저절로 (조정에) 머물지 못하게 될 것이다."[14] 소인을 멀리하고 현인을 숭상하여 현인을 등용하여 군주 한 사람의 부족한 사려를 보좌한다.

임금의 마음을 바로잡는 방법은 임금이 스스로 수양을 강화하는 외에도 중론을 널리 취하여야 한다. 도덕적 수양은 주체적인 자아의 자각과 자율과 외재적인 독촉을 필요로 한다. 이런 외재적인 독촉은 마음을 비우고 간언을 받아들이는 데서 온다. "대체로 군주는 제명(制命)을 직으로 하지만, 반드시 대신들과 의논하고, 급사들과 참작하되, 그들과 익숙하게 의론해서 공의의 소재를 구해야 합니다. 그런 다음에 왕정(王廷)에 게시하고 명령을 밝게 내어 공평하게 시행하는 것입니다. …… 의논하려는 신하들도 자신의 뜻을 다해 말을 하면서 거리낌이 없어야 한다는 것은 고금의 변치 않는 이치이며 조종의 가법입니다."[15]

---

13 위와 같음.

14 위와 같음.

15 「경연류신면진사사차자(經筵留身面陳四事劄子)」, 『주희집』 권14, 561.

임금이 제정한 정령은 반드시 대신·관리와 충분히 상담하고 의논한 다음에 공포하고 시행하여야 한다. 신하 된 자는 자기의 의견을 표명함에 두려워함이 없어야 한다. 이는 예와 지금의 일반적인 원리와 "가법"이다. 그것은 군주로 하여금 간언을 받아들이고 신하의 직간이 합법성을 갖추게 하며, 아울러 "상리(常理)"와 "가법"의 권위를 가지고 군주가 자기의 의견만 독단적으로 믿지 않게 하여 군주의 독선을 제약할 것을 요구한다. 이로 말미암아 주희는 군주의 독단을 반대하였다. "지금 폐하께서 즉위하신 지 열 달도 되지 않았습니다. 그런데 재집(宰執)을 나아왔다 물러나게 했고, 대간을 옮기셨으며 심지어는 나오자마자 갑자기 물러서기까지 했습니다. 이 모든 것이 폐하의 독단에서 나왔으며, 대신들은 논의에 참여하지 못했고, 급사들은 의논조차 하지 못했습니다. 가령 진실로 폐하의 독단에서 나왔고 일이 모두 이치에 합당하다 하더라도 정치의 정체는 아니어서 훗날의 폐단을 열어놓을 것입니다."[16]

군주가 대신과 상의하지 않고 또 고찰을 거치지도 않고 임의로 재상과 대간을 파면하고 발탁하는 것이 곧 독단의 표현이다. 군주의 독단이 도리에 합당하다 하여도 나라를 다스리는 도의 근본이 아니며 그것은 후세에 폐단을 가지고 올 것이다. 지금 전하는 말에 좌우에서 권력을 훔쳐 혼란을 야기할 수 있다. 이 때문에 독단의 폐단을 혁파하려는 것은 실제로 임금의 권위가 아래로 옮겨가려는 위기를 구제하기 위해서이다. 그러나 주희는 독단을 비판하고 군주를 개명시키려는 것을 지향하였지만 짐이 곧 국가라는 군주 전제사회에서 독단과 독재는 자연적으로 흘러나온 것이며 종법 등급의 정치이며 경제제도의 산물이다. 군주의 독단을 개변시키려는 주희의 시도는 송대 상품 경제발전의 요구였다.

---

16 위와 같음, 561~562쪽.

3. 집권과 분권의 관계

"천리군권"의 국가 기원과 혈연 종법의 모델은 어떻게 논증하는가? 그 정체(政體)는 무엇인가? 주희는 당시의 상황에 근거하여 집권과 분권을 병행할 것을 주장하였다. 중국은 진한 이래로 중앙 집권적인 군주 전제정체를 채택하여, 한에 분봉이 있었고 당에 번진(藩鎭)이 있었다 하더라도 중앙집권적인 국가 형식에는 아무런 장애가 없었다. 북송 때는 오대십국의 할거와 지방 장령의 권세가 중하여 조성한 상하가 전도된 상황에 비추어 조광윤(趙匡胤)은 전력을 다하여 권력을 군주에게 집중시키어 통일된 중앙집권 통치를 건립했다. 이런 상황은 남송 시기에 이르러 금조(金朝)의 일상적인 남침과 지방정권에 중무장한 군사와 장령(將領)이 없음으로 인하여 금에 항거할 실력이 조금도 없었다. 따라서 집권(集權)과 분권의 다툼이 출현하게 되었다. 당시 항금의 명장이었던 한세충(韓世忠)과 유광세(劉光世)·양기중(楊沂中)·유기(劉錡) 등은 지방에 웅거하여 지키면서 병력을 확충시켜 항금의 중요한 역량을 키웠다. 그들은 장수에게 분권하는 경향이 있기는 하였지만 너무 지나치게 통일되었다고 불만을 품었다. 범종윤(范宗尹)은 이렇게 말한 적이 있다. "태조께서 번진의 권력을 거두어 천하에 일이 없어진 지가 150년이니 훌륭한 법이라고 하겠습니다. 그러나 국가에 어려움이 많아 사방에서 외로이 이끌고 지켜 속수무책으로 둘러보는 것이 이 법의 폐단입니다. 지금은 번진의 법을 조금 회복시켜 하남(河南)과 강북(江北)의 수십 주의 땅에 병권을 주어 왕실을 지키게 하여야 합니다. 땅을 이적에게 버리는 것에 비해 어찌 서로 멀지 않겠습니까?"[17] 태조 조광윤이 번진의 권력을 거두어 당시 "양법(良法)"으로 불렸지만 목전의 형세가 변하여 국가에 어려움이 많아 단독으로 거느리고 지켰다. "고르게 다스려지면 안을 중시하고 변란을 만나면 밖을 중시해야 한다"면 땅을 포기하고 금조에 주는 것이 지방에 병권을 주는 것만 못하여 조금 번진의 법을 회복시켰다. 이는 금에 항거하는 실력을 강화하는 데 유리하였다.

당연히 장수에게 권력을 분산하는 것을 반대하고 군주에게 권력이 집중되기를 주장하기도 하였다. 계릉(季陵)은 말한 적이 있다. "대가(大駕)가 주필(駐蹕)할 곳이 없고 현인은 모두 세상을 경영할 마음이 없으며 병권은 나누어지고 장수들은 불화하여 정권은 떠나고 임금은 더욱 약하여졌다. …… 지금 천하에는 군사가 없다고 할 수는 없으니 유광세와 한세충·장준(張俊)은 각기 유망(流亡)한 자들을 불러 군세를 확장하고 각기 작은 공로를 드러내어 임금의 은혜를 갚는다. 그러나 이겨도 서로 불손하고 지면 서로 구원하지 않아 큰 적이 일시에 이르면 사람들은 스스로 도모해야 할 따름이다."[18] "장수끼리 불화하고", "임금은 더욱 약해진" 것으로 분권을 반대하였다. 이는 의심의 여지 없이 단편적이다. 각 지방의 장수들 사이에 서로 견제하지 않는 폐단이 있기는 하지만 조정에서는 통제하고 약속할 수 있다. "섬(陝) 서쪽으로부터는 폐하가 있는 줄 모른다"라고 한다면 그것은 침소봉대하여 으름장을 놓는 것이다. 분권의 반대는 객관적으로 항금(抗金)에 불리하다.

주희는 권력의 집중이라는 원칙 아래서 지방을 분권시킬 것을 창도하여 지방이 스스로 지키는 데 유리하게 하고 항금의 실력을 증강할 것을 주장하였다. 그는 말하였다. "혹자가 오늘날의 수령들 또한 좋다고 하였다. 말하였다. '오히려 전대의 꼬리가 더 커서 통제할 수 없는 근심은 없

---

17 「범종윤전(范宗尹傳)」, 『송사』 권362. 범종윤이 건염(建炎) 원년에 이강(李綱)을 "명성이 실제보다 부화하고 임금을 떨게 하는 위엄이 있다"고 공격하였음에도 "북쪽의 적이 방자하게 제멋대로 행동함에 굳게 자임하여 이에 분진(分鎭)을 건의하였다." 따라서 분권의 주장을 제기하였다.

18 「계릉전(季陵傳)」 『송사』 권377.

다. 다만 주현의 권세가 너무 약해서 갑자기 변고가 생기면 지탱해나갈 수가 없다.'"[19] 중앙집권은 지방의 할거와 상하의 권력이 전도된 화환(禍患)을 해결하기 위하여 조광윤은 번진에 대하여 "지군(支郡의 세력)을 깎아내려 전횡을 휘두르는 기세를 끊어버렸다. 또한 통판(通判)을 설치해서 그의 정권을 빼앗았다. 도감(都監)과 감압(監押)에게 명을 내려 그의 병권을 빼앗았다. 창(倉)과 장(場) 고(庫)를 담당하는 관직을 두어 그의 재정을 빼앗았다. 과거의 걱정거리는 오늘날에는 모두 사라지게 된 것이다."[20] 비록 "지난번의 근심거리"는 해결하였지만 또 폐단이 생겨났다. 이는 곧 집권이 너무 크면 주현의 권력이 자연히 깎이어 약하게 되어 주현에서 "도적"이 약탈하고 금의 군사가 침범할 때를 만나면 스스로 지킬 수 없게 하기에 이른다. 동시에 남송의 군사 형세는 당과는 같지 않아 당은 결코 외부 군사세력의 침범이 없었다. 이는 "태평"한 시기에 지방이 분열하여 세력을 키워 할거한 것으로 중앙과 지위를 대등하게 한 것이다. 남송은 금의 부단한 침범으로 지방이 스스로 보호할 수 없었다. 이는 당의 번진이 할거한 형세와는 큰 차이가 있다.

주희는 주현의 권력이 너무 가벼운 상황을 바꾸기 위해 주현의 정권, 병권, 인권, 재권(財權) 등 네 가지 방면을 강화하자는 건의를 제기했다.

1) 정권의 분권으로 상호 견제하다

송 태조 조광윤은 "술을 따르며 설복시켜 그들의 병권을 거두어들여(杯酒釋兵權)" 이에 따라 지방의 권력은 또한 스스로 가벼워졌다. 이 때문에 이미 사회의 동란을 방지할 수 없었다. 인종(仁宗) 때 회남(淮南)에서 폭

---

19 『주자어류』 권108.
20 『주자어류』 권110.

동이 일어났는데 이미 어찌할 방도가 없었다. 그래서 금나라 군사가 침범해오자 천하는 와해되었고 휘종과 흠종 두 황제는 포로로 사로잡혔다. 남송 통치자는 북송이 망한 원인을 골똘히 생각하지 않고 옛 법을 그대로 따랐으며 점점 더 심하여졌다. 주희는 지방의 권력을 강화하는 것이 매우 중요하다고 생각했다. 무엇보다도 지방 정권을 안정시키고 주정(州政)을 사사(四司)로 나누어 예속시키는 상황을 바꾸어 조목조목 전체를 바꾸는 데 있었다. 그는 말하였다. "매 노(路)에 한 사람만 두고 자사의 직책을 회복하되 그 이름을 바로잡아 안찰사(按察使)라고 부르고, 주현의 관리들을 천거하고 탄핵하게 하면 된다. 그 아래로는 예를 들어 전운판관(轉運判官)·형옥(刑獄)판관·농전(農田)판관의 경우처럼 판관 몇몇을 두어 보좌하게 한다. 농전판관은 오로지 혼례와 토지를 주관하고, 전운판관은 오로지 재정을 주관하며, 형옥판관은 오로지 형사를 주관하고 자사는 이것을 총괄한다. 여러 판관의 권한을 조금 중하게 해서 자서(資序)는 통판과 같게 하고, 자사는 태수와 같게 한다."[21] 자사는 안찰사로 명명하여 한 노를 총관하게 하고, 태수는 한 주를 관할하며 자사의 아래에 두었다. 판관은 재정과 사법을 나누어 주관한다. 자사가 권력을 오로지 하고 "그 사람이 어둡고 탁한 사람이라면 즉 관할하는 노에 해를 끼칠 것이다. 백성들은 숨을 내쉴 곳도 없는"[22] 병폐를 방지하기 위하여 또한 모름지기 판관의 권한을 중하게 하면 "판관이 스스로 어사대(御史臺)나 상서성으로 곧장 올리도록 허락함으로써 자사의 권한을 나누어서"[23] 자사를 견제한다. 이렇게 하면 "어찌 일을 줄여 간단하게 빨리 처리해서 번거롭고 (나라를) 좀 먹는 폐단이 없도록 하지 못 하겠는가?"[24] 동시에 또한 노와 주의 권력을

---

21 『주자어류』 권112.

22 위와 같음.

23 위와 같음.

강화하게 될 것이다.

2) 주와 군이 군사를 가져 안팎을 서로 유지하다

지방 권력의 건설은 병권이 매우 중요한 방면이다. 북송 때에는 "모든 주군의 군대의 재정을 모두 조정에 귀속시켜 주현의 재정이 더욱 고갈되게 되었다. 이 때문에 나중에 변란이 일어났을 때 송나라가 와해되었던 것은 주군에 군대와 재정이 없었기 때문이었다."[25] 북송의 멸망을 주군에 군사와 재정이 없어서였다고 귀결하여 문제의 가장자리를 언급하였지만 주로 북송 통치집단의 부패에서 기인한다. 이 점을 감안하여 주희는 반드시 주군이 군사가 없는 상황을 변경시키려고 생각하였다. 그는 말하였다. "오늘날 주와 군에는 군대도 권한도 없다. 선왕의 제도는 안으로는 육향(六鄕)·육수(六遂)·도비(都鄙)의 군대가 있었고, 밖으로는 방백(方伯)·연수(連帥)의 군사가 있어서 안팎으로 서로 의지하고, 완급을 서로 통제할 수 있었다."[26] 안으로는 금군(禁軍)이 있고 밖으로는 주군의 군사가 있어야 완급의 상황 때 모두 내외에서 서로 구원하고 통제하여 변란을 만난 상황에서도 대응할 수 있다. 이 때문에 그는 "경사(京師)의 군대를 흩트리고, 모든 군의 군대를 훈련해야"[27] 한다고 주장하였다. 그 방법은 다음과 같다.

첫째, "늙고 쇠약한 이를 탈락시키고, 장성하고 건강한 이들을 모아 보충한다." 주희는 말하였다. "오늘날 천하의 군대는 약 40, 50만 정도이다.

---

24 위와 같음.
25 『주자어류』 권108.
26 『주자어류』 권110.
27 위와 같음.

게다가 모두 비쩍 마르고 쓸모없는 사람들이다."²⁸ 군사가 많지 않다고는 할 수 없지만 늙고 약한 자가 많아 전투를 할 수 없다. 그는 신기질(辛弃疾)이 자못 병사(兵事)를 깨달았다고 찬양하여, "늙고 쇠약한 이들이 탈락하지 않는 것이 걱정스럽다. 예전에 호남에서 차(茶) 도둑들을 잡아들일 때, 통령(統領)에게 사람을 뽑으라고 명하면서, 한 명이 열 명을 상대할 수 있는 이를 뽑으라고 했다. 그러나 데려온 사람들이라는 게 쳐다볼 수가 없을 정도였으니 모두가 늙고 쇠약한 이들이었다!"²⁹ 이 때문에 신기질은 늙고 약한 군사들을 탈락시키고 새로운 군사를 조련할 것을 주장하였다. 주희 또한 "오늘날의 계획이라고는 장병을 뽑고 탈락시키는 것이다."³⁰라고 생각하였다. 쓸데없는 군사를 골라내지 않으면 실로 군관이 많아질수록 군사가 정예롭지 못하게 되어 군사를 쓸 때가 되어도 여전히 쓸모가 없게 된다.

둘째, "윤번으로 수비하는 법(更戍法)"을 쓴다. "매년 변방의 방어 임무를 교대해서 회수(淮水) 주변으로 보내 변방을 지키게 해야 한다. 예를 들어 복건(福建)의 병사들은 요주(饒州)로 옮기고, 요주의 병사들은 구주(衢州)와 신주(信州)로 옮기며, 구주와 신주의 병사들은 행재소로 옮기고, 이리저리 회수 주변으로도 옮긴다. 금년을 이렇게 했다면 이듬해에는 또 옮겨준다."³¹ 이렇게 하면 사병이 훈련될 뿐만 아니라 "경사의 군대에는 병력을 유지하기 위한 비용이 전혀 들지 않게 될 것이니, 어찌 크게 좋은 정책이 아니겠는가?"³²

---

28 위와 같음.

29 위와 같음.

30 위와 같음.

31 위와 같음.

32 위와 같음.

셋째, 군수에게 군사의 훈련을 책임지게 하여 "군사 업무를 주관하는 관원이 많은" 병폐를 변경시킨다. 그는 말하였다. "대체로 오늘날의 근심은 또한 오히려 군사 업무를 주관하는 관원이 많은 데 있다. 조정에서도 그것들이 쓸모없다는 것을 알지만 임시로 그 명목을 보존해 두고 있는 형편이다. 날마다 나라의 재정을 축내는 것을 이루 헤아릴 수가 없으며, 또한 병사들에게 각박하게 굴어서 아래에서는 병사들이 곤궁에 처하고 원망하게 하고 있다. 만일 다시 고쳐서 소통시키지 않는다면 그 해로움은 다스릴 수 없게 될 것이다."[33] 주희는 주군을 책임지는 태수만이 "병사들을 연습시키고, 기물과 갑옷 등을 다스리게 하며, 성채를 견고하게 쌓아서 한 지방을 지키도록"[34] 하여야 한다고 생각하였다. 이는 주군의 병권을 강화하기 위한 중요한 조치였으며, 한쪽을 수비하고 금의 군사가 진격하는 데 대항하는 중요한 힘이었다.

넷째, 재용이 부족한 어려움과 군비가 너무 많은 모순을 해결하기 위해서는 군사와 백성의 둔전법을 채택할 만하다. 그는 말하였다. "백성들과 군인들을 겸해서 쓰되 각자 주둔하게 해야 한다. 저 토지는 비옥하니 반드시 많은 곡식을 거둘 것이다. 만일 둔전이 완성된다면 적들이 감히 엿보지 못할 것이다. 군대와 백성들이 얻는 이익이 이미 많은 데다, 농사를 짓기도 하고 전쟁을 하기도 한다면 이것이 바로 금성탕지(쇠처럼 견고한 성에 끓는 물 같은 해자)이다."[35] 주군의 군사는 둔전법으로 군량의 문제를 해결하는데, 농사를 지어가며 전투를 하면 금성탕지처럼 견고하게 되어 금의 귀족이 침범을 해오더라도 공격하여 깨뜨리지 못한다.

다섯째, 장수를 선택한다. 일이 없을 때 장수를 선택하려면 반드시 큰

---

33 위와 같음.
34 위와 같음.
35 위와 같음.

안목을 갖추어야 알아볼 수 있다. 변경의 경계에 일이 생겨 금의 군사가 침범하여 피아간에 교전을 하면 이때 인재는 자연스레 지혜와 재간을 드러내게 된다. 장수는 자주 바꿀 수가 없는데 새 장수가 사민(士民)에 익숙해지는 데는 시간을 요한다. 경계(警戒)가 있을 수 없을 때라야 친히 전사를 독려하도록 위임해야 하는데 장사(將士) 간에 생소함이 있으면 어떻게 작전을 지휘하겠는가? 주희는 다만 "한 사람을 뽑기만 하고, 임금과 재상이 한결같은 뜻으로 그에게 위임하고서, 그 스스로 참모진들을 구성하게 한다면 일은 곧 하나로 귀결될 것이다."[36]라고 생각하였다. 큰 장수를 두어 그를 감시할 수는 없는데 이렇게 하면 공연히 분란만 가중하게 된다. 좋은 장수를 택한 후에 돈과 쌀 모두를 그에게 주어 지배하도록 하고 공을 이룰 것을 책임 지운다. 그 스스로는 차츰차츰 군정을 잘 정돈하여야 하고 자질구레하게 따지지 않아야 잘 싸울 수 있다.

3) 주군에 재화가 있으면 백성이 소요를 면한다

지방에는 재정권이 없어 조금도 움직이기가 어려웠다. 남송 때는 사회의 병폐가 속출하여 끝이 없었다. 첫째 군비 부담이 국가재정 지출의 가장 주요한 부분이 되었다. 주희는 말하였다. "오늘날 천하의 재정은 군대를 기르는 데 열에 여덟, 아홉이 들어간다. 100만 관(貫)으로 만 명의 군인을 기른다.(이것으로 한 해를 계산한다.)"[37] 또 말하였다. "재정을 논하여 말하였다. '재정이 부족한 것은 모두 군대를 기르는 데서 기인한 것이다. 10할 가운데 8할이 군대를 기르는 비용이다. 나머지 용도는 단지 2할 가운데 있을 뿐이다. 옛날 각박한 법제는 본조에도 다 갖추어져 있다.'"[38] 송 왕조

---

36 위와 같음.
37 위와 같음.

에서는 양병에 힘을 다하여 국가 재정 지출의 10분의 8, 9를 소모하였지 만 늙고 약하여 오히려 부족한 근심이 있었다. 이 때문에 백성을 가혹하 게 착취하여 끝이 없었으며, 어떤 조대보다 초과하여 백성의 부담이 가 혹하고 중하였음을 알 수 있다.

한편 주군에는 군비가 없어 한 주에서 천 명인 금군(禁軍)의 수도 채울 수가 없었다. 주희는 남강(南康)에 있을 때의 상황을 이야기하였다. 남강 군(軍)에는 옛날에 금군의 인원이 천명이었는데 주희가 남강에 이르렀을 때는 금군이 단지 2백 명뿐으로 공급에 여전히 결손이 있었다. 매년 소작 미 46,000석을 거두어 39,000석을 상납하고 나머지 7,000석으로는 겨우 석 달의 양식만 넉넉하여 양식을 빌리는 수밖에 없었으며 유지하기가 어 려웠다. 금군 천 명을 모집하는 것은 어렵지 않았다. 어려움은 양식을 구 할 곳이 없다는 데 있었다. 500명을 모집하기에도 양식 문제를 해결하기 가 매우 어려웠다.[39]

송 왕조는 재정수입의 10분의 8·9를 가지고 많은 쓸모없는 군사를 키 웠다. 주와 군은 금군을 모집할 돈과 식량이 없었는데, 이는 모순이다. 주 희는 이 모순을 해결할 방법은 다음과 같다고 생각하였다. 늙고 약한 쓸 모없는 군사를 없애고 재정지출을 절약한다. 주군에서 상납하는 소작료 를 줄여 주군으로 하여금 군대에 공급할 수 있는 돈과 양식을 보유하게 한다. 일부 상납하는 수량을 줄여 지방 주군의 재정을 증가시켜 군대를 넉넉하게 하고 파견하는 데 편하게 한다.

---

38 위와 같음.
39 『주자어류』 권108.

4) 인권을 주에 두어 현자를 임용하고 능력 있는 자를 부리다

주군의 지방은 반드시 어느 정도 인재를 임용할 권력을 가져 현자를 임용하고 능력 있는 자를 부리는 데 편하여 주군의 업무처리 효율을 제고시킨다. 주희는 송의 중앙정부에서는 다만 자사와 태수만 선발하고 기타 직위 및 현관(縣官)은 노(路)의 자사와 주군의 태수에서 임용할 것을 주장하였다. 그는 말하였다. "조정에서는 다만 감사와 태수만을 뽑고, 나머지 막직(幕職)이나 현관은 그들이 각각 만들어 아는 사람을 임명하도록 허락해야 책임을 지을 수 있을 것이다. 천하는 반드시 놓아두고 운영해 나가면서 엉성한 듯이 여지를 남겨 두어야 (운영이) 가능할 것이다."[40]

자사와 태수가 관리를 임용할 때 사리사욕을 위해 부정행위를 하거나, 사람을 친인척으로 임명하여 뇌물을 받고 법을 어기는 것을 제지하기 위해서는 반드시 처벌 방법을 규정해야 했다. 주희는 제기하였다. "감사가 사람을 천거했는데, 나중에 뇌물을 받거나 죄를 저질렀다면, 반드시 감사도 함께 3, 5등급의 (관을) 떨어뜨려야 한다. 정랑(正郎)이었다면 원랑(員郎)으로 낮추고, 원랑이었다면 승의랑(承議郎)으로 낮춰야 한다. 이미 시종이 되었거나, 혹은 떨어뜨릴 직명이 없다면 그의 봉록을 삭감해야 한다. 혹은 한 번 교제를 지낼 때 추천을 아뢸 수 없도록 해야 한다. 이와 같이 해야 비로소 그에게 타격을 줄 수가 있고, 또한 두려워할 것이다. 오늘날에는 조금도 불이익을 줄 수가 없다."[41] 강등 감봉 처분을 하더라도 여전히 법률의 기강을 안중에 두지 않아 장물의 죄와 법을 범하는 것은 불가피하다. 하물며 장물을 범한 죄는 두 직급만 내릴 뿐이고 심지어 조금도 축나지 않는다. 이 때문에 함부로 추천하는 문제는 여전히 존재했다. "다

---

40 『주자어류』 권112.
41 위와 같음.

른 사람에게 부탁해서 추천서를 구하는 친척이 있었다. 선생이 말하였다. '친척은 본래 친척이다. 그러나 남에게 남을 천거하는 것은 현명한 이를 천거해야만 될 것이다. 오늘날 향리의 평범한 사람으로서 내세울 만한 것도 없으면, 나는 모두 글을 써서 남에게 간청하는 일이 없었다. 하물며 아무개는 어머니를 모시는 것이 이와 같았고, 재물을 처리하는 것이 이와 같았으며, 향리에 살면서 웃어른을 섬기는 것이 이와 같았는데, 스스로 다른 사람에게 무엇을 천거할 수 있단 말인가?'[42]

주희는 결코 평범한 사람을 추천해서는 안 되며, 친척이라도 정을 따라서는 안 된다고 생각하였다. 친척은 친척이고 추천하는 사람은 현자를 뽑아야 하며 백성과 국가에 책임을 져야 할 의지가 있어야 한다. 그러므로 인재를 천거함에는 "인정에 부응하는 것도 아니고, 권세 있는 이와 교제하려는 것도 아니며, 그가 바치는 아첨하는 말 때문도 아니며" 추천해야 할 사람은 "스스로 공의에 따라 천거"[43]해야 했다. 이렇게 해야 현자를 추천할 수 있게 된다. 이 때문에 그는 "공의로 사람을 천거하는" 방법을 제기한 적이 있다. "자신의 형님을 위해 추천서를 구하는 사람이 있었다. 선생이 말하였다. '어쩔 수 없이 그대를 위해 글은 써주겠다. 그러나 나는 아무개가 아무 관직에 있는데, 노련하고 일을 잘 알고 있으니 (다른) 책임을 맡겨 (관리로) 부릴 만합니다. 라고 할 뿐이다. 다시 공의가 어떤지를 반드시 물을 것이니, 내가 기필하지는 못하겠다.'"[44] 그는 그 자신이 두 번 태수가 되었는데 정을 따라 천거하기 위해 남에게 구하지도 않았을 뿐만 아니라, 감히 이 일로 나에게 부탁하는 사람도 없었다고 말하였다. 그들은 모두 사사로운 뜻으로 와서 나에게 간구하면 반드시 나에게 책망을

---

42 『주자어류』 권107.
43 위와 같음.
44 위와 같음.

당하리라는 것을 알았다. 훌륭한 사람만이 모든 사람이 다 알아 공의로 천거 받아 스스로 천거되어 사사로이 남에게 구할 필요가 없으며 함부로 천거하는 병폐도 방지한다. 이러한 병폐가 있다고 하더라도 자사와 태수에게 막직과 현관을 임용할 권력을 주지 않으면 이런 병폐가 없겠는가? 반드시 그렇지는 않을 것이다. 결론적으로 지방에서 사람을 등용할 권리를 강화하는 것은 지방 권력을 강화하는 중요한 방면이다.

주희는 집권을 주장하면서도 분권을 주장하여 집권과 분권을 병행하였다. 그는 당대 말년에는 "대체로 절진(節鎭)의 근심은 사람의 병과 같아 겉은 강해 보이지만 속은 비어 그 형세가 반드시 변화를 통해서만 가능한 일이었다. 그러므로 태조황제께서 그 병폐를 알고 소통시켜 다스렸다."[45]라고 생각하였다. 따라서 중앙집권적 군주전제 제도를 채택하였는데, 이는 절대적으로 요구되는 것이었다. 그러나 남송 때는 형세에 변화가 발생하였다. 금의 군사 진격에 맞서 격퇴하기 위하여 주희는 지방 권력을 강화할 것을 주장하였다. 이런 집권을 분권과 통일시킨 권력 구조에 대한 건의는 당시로써는 채택할 만했다. 그러나 황제의 지지를 얻지 못하여 실행하지 못하였으며 이 때문에 어떤 사회적 효과도 낳지 못하였다.

5) 봉건의 폐단이 군현에 섞이다

집권과 분권의 다툼과 상관이 있는 것은 "봉건(제)"과 "군현(제)"에 관한 쟁론으로, 이는 하나의 정체(政體) 곧 국가의 형식 문제이다. "봉건"은 상·주 때의 분봉을 가리켜서 말한 것이다. 서주 때의 "봉건"은 실제로 제후

45 『주자어류』 권110.

의 할거로 각 제후국은 자기의 토지와 백성, 그리고 군대를 보유하고 있었으며 본국의 정권과 병권, 재권(財權)을 장악하였다. 천자가 직접 관할하는 "왕기(王畿)"는 하나의 큰 제후국에 상당하였다. 춘추·전국시대에는 "봉건을 폐하는(廢封建)" 개혁이 출현하였다. 진시황은 중국을 통일한 후에 중앙집권적인 군현제를 건립하여 역대 왕조의 본보기가 되었으며 중국의 기본적인 정체(政體)가 되었다. 진한 이래 "봉건"과 "군현"을 둘러싸고 대대로 쟁론이 있기는 하였지만 그들은 대체적으로 "봉건"은 분봉할거로, "군현"은 중앙집권제도라 생각하였다. 주희는 다시 집권과 분권을 결합, 고찰하여 "봉건"제를 지방분권과 연관시키고 "군현"제를 중앙집권과 연관시켰다. 그는 완전히 "봉건"을 긍정하고 "군현"을 부정할 수도 없으며 완전히 "군현"을 긍정하고 "봉건"을 긍정할 수도 없어 양자 간에는 각기 장단점이 있다고 생각하였다.

"봉건"을 가지고 말하면 한편 주희는 삼대의 "봉건"을 가공송덕하였다. 그는 말하였다. "만일 삼대를 논하자면 봉건제에 좋은 점이 있었으니, 인군과 백성들의 정이 서로 친했기에 오래도록 편안하고 근심이 없을 수 있었다. 이런 점은 후세의 군현제가 1, 2년 만에 갑자기 바뀌어서 비록 현자가 있어서 좋은 정치를 하더라도 성취는 이룰 수 없었던 것과는 다르다."[46] 봉건의 좋은 점은 혈연 종법을 기초로 건립되었기 때문에 임금과 백성이 일종의 혈연관계로 서로 친함이 있어 오래도록 안정되고 근심이 없다는 데 있다. 군현의 관원은 변역이 너무 빨라 현인조차 단시간 내에 선정으로 효과를 내게 함이 매우 어렵다.

삼대에서 봉건제의 실행이 필연성과 합리성이 있다고 한다면 남송에서는 반드시 행할 수는 없을 것이다. 주희는 말하였다. "일찍이 고찰해보

---

46 『주자어류』 권108.

니 상과 주의 초기에 크게 부유하게 한 것은 이미 모두 선인(善人)들이었다. 그리고 그 토지의 넓이는 때에 따라 알맞게 헤아려 꼬리가 더 크고 바깥이 더 강성해지는 우환이 없도록 하였다. 왕자(王者)는 세세토록 덕을 닦아 정사에 임해서 모두 오래도록 평안하고 어느 날 갑자기 기울어지는 변란이 없었다. 이런 까닭에 제후를 봉하는 것은 모두 세대에서 세대로 오랜 세월 동안 전해지면서도 움직일 수 없었던 것이었다. …… 후세의 봉건은 근본이 없는 사람을 들어 이민(吏民)들의 위에 기생하게 하는 것으로, 임금과 백성들이 친목하지 못했다. 일단 변고가 생기면 물결에 떠밀리듯이 떠나 버리니, 진나라의 군현제와 무엇이 다르겠는가!"[47] 후세에서 분봉한 것은 이미 은·주 때와는 현저한 차이가 있어서 왕자는 이미 "덕을 닦지도" 않을뿐더러 또한 이민(吏民)의 위에 있었다. 군현제에 "임금과 백성이 가깝지 않은" 병폐가 있었다고 한다면 봉건과 군현은 구별이 없게 된다.

한편 봉건제에는 큰 병폐가 있는데 종법 세습제로 부유한 가문의 자제와 관료의 자제들이 배우지 않아도 사민(士民)의 윗자리를 차지하게 하고 아울러 관직을 세습하여 그 해가 끝이 없다. "한의 제후왕들을 가지고 살펴보건대 이처럼 거칠고 방종한 데다, 음란하고 잔학했으니 어떻게 백성을 다스릴 수 있었겠는가!"[48] 봉건제는 실로 오래도록 이어져 내려가기 어려운데 후대의 본보기가 되었으니 역사의 발전에서 봉건이 시대의 요구에 합치되지 않음이 더욱 두드러졌다.

군현제를 가지고 말하면 주희가 진시황이 군현제를 실시한 것을 "무도하여" "결코 오래 존속되었을 리가 없었다"고 비판을 하기는 하였다. 다만 그는 "진(秦)으로 하여금 형벌을 관대히 하고 세금을 경감해주어 백성

---

47 「고사여론·본기(古史餘論·本紀)」, 『주희집』 권72, 3803쪽.
48 『주자어류』 권108.

과 더불어 휴식을 하게 하여 군현제로 다스리게 하였더라면 삼대의 융성함에 견주어도 되었을 것이다. 임금과 백성이 친하지 않고 표권(漂卷)의 근심이 있는 것은 군현과 다르지 않은데 이는 실로 봉건이 군현보다 낫다고 생각하는 것이다. 다만 후세의 봉건은 옛날의 봉건과 같을 수 없으므로 그 이해(利害)는 군현제와 다른 것이 없을 따름이다."[49]라 생각하였다. 진이 형벌을 관대히 하고 세금을 경감해주는 정책을 실행할 수 있었다고 한다면 군현제를 실행하였다 하더라도 그 흥성함이 삼대에 필적할 만하였을 것이다. 따라서 나중에 "봉건"을 실행한 상황을 가지고 보건대 그 이해는 군현제와 아무런 구별이 없다. 근본적으로 말하여 군현제는 더욱 효과적으로 군주 전제사회의 등급제도를 유지시켰다. 이는 곧 후세에서 진의 군현제를 계승한 원인이 되었다. 주희는 말하였다. "진의 법은 모두 임금을 높이고 신하를 낮추는 일이었기 때문에 후세에서 바꾸려 하지 않았다."[50] 역대 황제들은 모두 절대적으로 임금을 높이고 신하를 낮추는 등급제도를 요구하여 그 통치를 유지하였으며 이를 가지고 논증으로 삼았다. 표면상으로는 진을 옳은 곳이라고는 하나도 없다고 욕하였지만 진의 군현제는 그대로 계승되어왔다. 주희는 이를 주목하였다.

이런 체인에 근거하여 주희는 봉건제와 군현제에 대한 비교를 진행하였다. "대체로 일단 법을 만들면 반드시 폐단이 있기 마련이므로 폐단이 없는 법이란 없다. 중요한 것은 제대로 된 사람을 얻는 데 달려 있을 뿐이다. 사람이 제대로라면 비록 법이 좋지 않더라도 좋은 면을 많이 유지할 수 있다. 사람이 제대로가 아니라면 좋은 법이 있다하더라도 일에 무슨 보탬이 되겠는가? 예를 들어 군현제가 봉건제만 못하다고 하지만, 제대로 된 사람이 아닌데도 제후에 봉해주고 나라를 세워주고 나면, 대대로

49 위와 같음.
50 『주자어류』 권134.

계승하는데도 그를 폐하거나 쫓아낼 수 없다. (반대로 예를 들어) 제대로 된 사람이 아닌데도 군과 현을 맡는 경우에는 오히려 2, 3년의 임기를 채우고 떠나면, 갑자기 좋은 사람으로 바뀌서 오는 경우가 있는 등 일정치가 않다."[51] 제도와 법은 사람으로 말미암아 실행되는 것이다. 그 폐단은 제도 자체에 있는 것이 아니라 그것을 집행하는 사람에게 달려 있다. 어떤 법이든 모두 병폐가 있게 마련이며 봉건과 군현제의 이폐(利弊)는 상대적이다. 여기에서 출발하여 그는 유종원(柳宗元)의 「봉건론(封建論)」은 봉건이 그르다고 하였으며, 호명중(胡明仲, 寅)은 오로지 봉건이 옳다고 하여 양자 모두 단편적이라고 비판하였다.

봉건제에 어느 정도 이로움이 있기는 하지만 역사 발전이라는 객관적 형세에 비추어볼 때 이는 통행하지 않을 것이다. "봉건은 실로 행하여질 수 없다."[52], "이어서 봉건을 논하여 말하기를 '이는 또한 행하기가 어렵다.'"[53]라 하였다. 왜 통행하지 못하는가? 역사 경험의 교훈을 가지고 되짚어보면 한대의 분봉된 제후왕들은 황음무도하여 주보언(主父偃)은 무제가 왕의 자제들을 분봉할 때 관리들로 하여금 그 나라를 다스리게 하였으므로 화가 백성에게 미치지 않았다. 조위(曹魏)의 왕들에 이르러서는 사람들에게 감시하여 지키게 하여 음식까지 금하고 제한하여 더욱 생존하지 못하게 되었다. 진대에는 그 폐단을 징계하여 왕들이 강한 군사를 총괄하여 서로 도륙을 하여 대란을 일으키기에 이르렀다. 한·위·진 삼대의 분봉은 모두 좋은 결과가 없어 이 때문에 팔왕(八王)의 난이 발생하였다. 주희는 양자의 충돌을 융합시켜 상정하였다.

"그렇다면 오늘날을 위한 계책은 반드시 봉건제를 시행한 이후에 다

---

51 『주자어류』 권108.
52 위와 같음.
53 위와 같음.

스릴 수 있다는 것인가? 그 형세를 헤아려보면 또한 반드시 행할 수 있고 폐단도 없다는 것인가? 대답한다. '꼭 봉건제를 하지 않고도 다스릴 수 있다. 다만 통치의 체제를 논하자면 반드시 이와 같아야 한다. 그런 다음에 천하를 공정하게 대하는 것으로 마음 삼고, 천하에서 임금과 신하의 의리에 통달해서, …… 만일 그런데도 간혹 멋대로 굴면서 법을 없애버리고, 강대한 세력을 가져 통제하기 힘든 것이 병폐가 된다면 군현의 사이에 잡다하게 나라를 세워주고, 방백과 연수(連帥)로 하여금 나누어 통치하게 하면서, 위를 공경하고 아래를 보살피는지, 예절을 어기고 법을 넘어서는지를 살펴서 높이거나 낮추는 전례를 행한다면 무엇 때문에 폐단이 있겠는가?'[54] 봉건과 군현이 융합된 형식인가? 서한 초년의 "개의 이가 꽉 맞물린 것 같은" 모습을 모방할 수 있겠는가? 그러나 봉건이 군현과 섞이면 봉건을 제약할 수가 없어 방백과 연수들이 나누어 통치해도 봉건이 스스로 세력이 강대해지는 것을 제한할 수 없다. 이렇게 주희는 파악했지만 그는 집권과 분권이 병행되어야 한다는 이념에서 출발하여 이미 폐지된 봉건을 군현으로 원용하여 넣어 중앙과 지방의 긴장된 관계가 일정한 장력을 유지하도록 기도하였다. 그것이 어느 정도 적극적인 작용을 한다면 봉건제를 군현에 섞는 그 자체는 별 합리성이 없다.

4. 위정은 덕과 형을 서로 겸한다

어떻게 "천리군권"의 국가 조직 형식을 유지할까? 어떻게 군권의 사회를 다스릴까? 어떻게 "천리군권" 국가가 오래도록 태평하고 안정된 상태

---

54 「고사여론·본기(古史餘論·本紀)」, 『주희집』 권72, 3805쪽.

를 유지해나갈까? 이는 군권을 취득한 이후 통치집단이 생각하는 핵심 문제이다. 주희는 덕과 형을 겸용하여 실시하는 방안을 제기하였다.

공자는 말한 적이 있다. "이끌기를 정사로 하고, 가지런히 하기를 형벌로 하면, 백성들이 (형벌을) 면할 수는 있으나, 부끄러워함은 없을 것이다. 이끌기를 덕으로 하고, 가지런히 하기를 예로써 하면, (백성들이) 부끄러워함이 있고, 또 (善에) 이르게 될 것이다.(道之以政, 齊之以刑, 民免而無恥. 道之以德, 齊之以禮, 有恥且格)"[55] 후세에서는 이를 근거로 형정(刑政)과 덕례(德禮), 곧 "덕으로 정사를 하거나" 혹은 "형벌로 정사를 하는" 문제를 아울러 제기하였다. 주희는 "내가 생각건대, 정(政: 法制)은 다스리는 도구이고, 형(刑)은 다스림을 돕는 법이며, 덕과 예는 다스림을 내는 근본이고, 덕은 또 예의 근본이다. 이것은 서로 끝과 처음이 되어, 비록 어느 한쪽도 폐할 수 없으나, 정과 형은 백성으로 하여금 죄를 멀리하게 할 수 있을 뿐이다. 덕과 예의 효과는 백성으로 하여금 날로 선으로 옮겨가면서도 스스로 알지 못하게 한다. 그러므로 백성을 다스리는 자는 한갓 그 지엽(政과 刑)만을 믿어서는 안 되며, 마땅히 그 근본(德과 禮)을 깊이 탐구해야 한다."[56]라 생각하였다. "다스림의 도구"로써의 "정(政)"은 "법제와 금령"을 가리키며, 통치와 다스림의 도구이다. "형"은 통치와 다스림을 보조하는 방법이다. 덕과 예는 이런 통치나 다스림의 도구이자 방법의 근본과 근거가 있는 까닭으로, 정·형의 그러한 까닭이다. 이 때문에 덕례와 형정은 상호 의존하고 시종 함께하여 떨어지지 않고 섞이지 않는다. 일반적으로 말하여 형정은 다만 사람이 두려워하거나 혹은 범죄를 피하여 면하게 할 따름이다. 덕례는 오히려 부지불식 중에 사람을 나날이 개과천선하게 하여 양자는 상호보완적이다.

---

55 「위정(爲政)」, 『논어집주』 권1.
56 위와 같음.

1) 정사는 덕으로 하고 덕을 닦아 사람들 감화시킨다

어떠한 사회든 모두 안정을 필요로 한다. 안정을 보증하기 위하여서는 정치적, 경제적, 문화적, 윤리적 등등의 상호 협조와 배합을 필요로 한다. 또한 정권의 기구를 필요로 하는데, 이는 군대와 감옥, 법정 및 각종 법제 금령 등등을 포괄한다. 이는 곧 형정이 발생한 원인이다. 주희는 형정이 그렇게 된 까닭을 덕과 예로 귀결시켰다. 이는 전통적인 유가의 이념이다. 그는 덕은 일종의 내재적인 도덕적 이성이나 선심(善心)이라고 해석하였다. 자원학(字源學)으로 말하여 "'덕(德)'자는 '심(心)'에서 나온 글자다. 그것은 마음에서 얻기 때문이다. 예를 들어, 효도를 하는 것은 마음에서 이 효를 얻은 것이고, 인을 행하는 것은 마음속에서 이 인을 얻은 것이다. 만약 단지 외면으로만 이러하고 속마음은 이와 같지 않다면 덕이 아니다."[57]라 하였다. "예(禮)"는 "제도와 품절(品節)"[58]을 가리킨다. "덕"은 마음에서 얻어지는 것을 가리키며 인을 하고 효를 하는 것은 모두 도덕 양심이며 마음에서 얻어진다. 예는 인과 효가 지도하는 외재적인 체현으로 제도와 품절 등으로 표현된다는 것을 알 수 있다. 덕과 예는 내외가 결합하여 꿰뚫은 덕정(德政)이다. 주희가 말하는 덕정과 덕치는 다음을 내포한다.

첫째, "덕을 닦아 사람을 감화시킨다." 덕은 예의 근본으로 "덕으로 정사를 한다"의 "정(政)"은 "정(正)"으로 해석하여야 한다. 주희는 말하였다. "정(政)이라는 말은 정(正)이다. 사람이 바르지 않은 것을 바르게 하는 것이다."[59] "바르지 않은 것"은 곧 "사욕"이 있는 것이다. 주희는 『대학』의

---

57 『주자어류』 권23.

58 「위정」, 『논어집주』 권1.

59 위와 같음.

"의성심정(意誠心正)"의 조목에 근거하여 "사욕"을 버리고 "마음을 바르게" 해야 몸을 수양하고 나라를 다스리고 천하를 평정할 수 있다고 생각하였다. 무엇 때문에 "군주"가 마음을 바르게 해야 좌우와 조정에 미쳐 곧 천하의 사람에게 이를 수 있는가? 이는 "자신의 덕을 닦아야" 다른 사람을 감화할 수 있기 때문이다. 군주와 감사(監司)·수령·현관(縣官) 등 각 계층이 "덕을 닦는다면" 천하를 감화시킬 수 있을 것이다. 그는 이렇게 해석하였다. "정치를 덕으로써 한다는 것은 덕을 가지고 정치를 해나가고 하는 것이 아니며, 또한 전혀 아무것도 하지 않는 것도 아니다. 자신의 덕을 닦으면 사람들이 자연히 감화하는 것이다. 그러나 감화는 정사(政事)에 있지 않고 오히려 덕에 있다. 대개 정(政)이란 사람의 부정(不正)을 바로잡는 것이기 때문이니 어찌 작위(作爲)가 없겠는가. 그렇지만 사람들이 돌아가는 곳은 곧 그 덕일 뿐이다. 그러므로 작위를 기다리지 않고도 천하가 그에게 돌아가니, 마치 모든 별이 북극성을 향하는 것과 같다."[60] 어떻게 "자신의 덕을 닦으면 사람들이 자연히 감화되는가?" 두 방면의 함의가 있다. 한편으로 주희는 "정치를 덕으로 한다는 것은 덕을 가지고 가서 정치를 하는 것이 아니라, 자신에게 이 덕이 있으면 사람들이 스스로 돌아와 우러르는 것이 마치 모든 별이 북신(北辰: 북극성)을 향하는 것과 같은 것이다."[61]라 생각하였다. 군주가 이런 "덕"을 갖추면 다른 사람들은 뭇별들이 북극성을 향하는 것처럼 군주를 둘러싸 너의 의지를 비추는 것과 같다는 말이다. 다른 한편 또한 궁행실천하여 백성을 위해 솔선한다"는 뜻이 있는데 그는 예를 들어 말하였다. "마치 먼저 자신이 그 효를 다한 뒤에 백성들에게 효를 가르칠 수 있고, 자신이 그 공경을 다한 뒤에 백성들에게 공경을 가르칠 수 있는 것과 같은 따위이다. 그 집안사람에게 마

---

60 『주자어류』 권23.
61 위와 같음.

땅한 이후에 나라 사람들을 가르칠 수 있고, 형에게 마땅하고 아우에게 마땅한 뒤에야 나라 사람을 가르칠 수 있다."[62] 바로 솔선수범하여 사람들을 감화시키면 자신의 효제(孝弟)로 백성을 교육하고 감화시켜나간다는 것이다.

둘째, 하는 일이 없이 다스린다. 주희는 말하였다. "정사를 덕으로 하면, 하는 일이 없어도 천하가 (올바른 곳으로) 돌아온다."[63] "하는 일이 없다(無爲)"는 것은 결코 일을 하지 않는 것이 아니다. 그는 말하였다. "자선(子善)이 물었다. '정치를 덕으로 한 후에 하는 일이 없다고 하였는데, 성인이 어찌 전혀 아무것도 하는 것이 없겠습니까?' 말하였다. '성인이 전혀 한 가지의 일도 하지 않는 것이 아니다. 예를 들어, 순임금은 수많은 일을 하였으니, 어찌 일이 없겠는가.'"[64] 그가 보기에 "하지 않는 것(無爲)"은 곧 "본분에 따라 해나가는 것"이거나 할 수 있는 대로 해나가는 것으로 "다만 일을 만들어 백성들을 소란스럽게 하지 않는 것이다."[65] 이것이 곧 "무위"이다.

도가의 노자는 "무위(無爲)"를 이야기하였으며, 유가의 공자도 무위를 이야기하였지만 도가와 유가의 "무위"의 방법과 가치 지향은 같지 않다. "물었다. '정치를 덕으로 한다고 했는데, 노자가 말한 무위의 의미에는 이와 같은 뜻이 없지 않습니까?' 말하였다. '반드시 노자가 말한 무위는 아니다. 공자는 하는 것이 없이 다스린 이는 순임금일 것이다! 무엇을 하였는가? 자신을 공손히 하고 남쪽을 향했을 뿐이라고 말씀하신 적이 있다. 노자의 무위는 일을 전혀 일삼지 않는 것이다. 성인의 이른바 무

---

62 위와 같음.

63 「위정」, 『논어집주』 권1.

64 『주자어류』 권23.

65 위와 같음.

위란 일찍이 하지 않은 것이 아니라 예전처럼 자신을 공손히 하고 남쪽을 향할 뿐이다. 자기를 바르게 함에 사물이 바르게 되고, 공손함을 독실하게 함에 천하가 태평해지는 것이다."[66] 노자의 무위는 "일을 전혀 일삼지 않는다"는 것으로 사실 이는 노자의 무위에 대한 오해이다. 노자가 이야기한 "하는 것도 없고 하지 않는 것도 없는" 것은 "일을 전혀 일삼지 않는" 것을 이야기하는 것이 아니라 "자연에 맡기는 것"을 이야기하는 것이다. 사물이 자연히 그렇게 되는 대로 맡겨두는 것이 바로 무위이다. 주희의 이 이해는 비록 노자의 원래 의도와는 부합되지 않지만 그의 유가와 상대되는 무위는 실로 함이 있는 것을 말한 것이다. 가치 지향에서 유가의 "무위"는 인위(人爲)이고, 도가의 "무위"는 자연에 맡겨두는 것이다. 유가의 무위는 일을 일으켜 백성을 소요시키지 않는 것이고 도가의 무위는 "하지 않음이 없는 것"으로 양자는 상이함이 있다.

셋째, "백성을 기르는 것을 근본으로 한다." 주희는 "정치를 덕으로 하는" 것의 기초는 "애민(愛民)"이라고 생각하였다. 그는 말하였다. "본 군(軍) 관내의 오래도록 비가 충분히 내리지 못한 곳을 조사해 보았더니 기도가 응답이 없어 밭의 벼가 축난 곳이 있었다. …… 하물며 조정이 백성을 사랑함이 자식을 사랑함과 같아 이러한 재해를 들으면 반드시 보존하고 진휼하는 지휘가 늦지 않아야 한다."[67] "백성을 사랑함이 자식을 사랑함과 같은 것"은 군주 전제사회에서 임금은 마땅히 백성을 위해서 생각을 하고 백성에서부터 시작한다는 것이다. "재물을 다스리는 것은 백성을 양육하는 것으로 근본을 삼아야 하니",[68] 곧 국가가 재정(財政經濟制度·政策 및 賦稅·徭役 등을 포괄)을 다스릴 때는 마땅히 인민을 양육하는 것을 근본

---

66 위와 같음.

67 「권유구황(勸諭救荒)」, 『주희집』 권99, 5064쪽.

68 『주자어류』 권108.

으로 삼아야 한다. 국가의 긴급한 임무는 "백성의 힘을 사랑하여 길러" 요역과 부세를 제한하여야 한다. 특별히 "백성의 힘이 넉넉하지 못할" 때 더욱 사심을 없애 백성들이 생존해 갈 수 있도록 하며, "평이하고 백성들을 가까이하는 것이 정치를 하는 근본이다."[69] 백성에게 가까이 다가서고 백성의 의견을 들음이 정사를 행하는 근본이다.

주희는 독실하게 송 왕조가 "명목 없는 부세를 모두 없애야 비로소 백성을 도탄에서 구할 수 있으며", "백성이 자기의 백성이라는 것을 인식하여"[70] 자기네 사람을 아끼고 사랑하는 것처럼 백성을 아끼고 사랑할 수 있기를 바랐다. 그럼에도 송 왕조의 통치자는 결코 주희가 타이르는 것을 듣지 않았을 뿐만 아니라 주희의 계획대로 실행해나갈 준비조차 하지 않았다. 그들이 현실 정치에서 실행하는 것은 바로 "백성을 사랑하기를 자식 사랑하듯 하는" 것과는 상반되어 백성을 짐승으로 보았다. 주희는 말하였다. "지난날 절동(浙東)에서의 일로 보자면 주현은 백성을 짐승처럼 보고, 풍년이 되어도 오히려 굶어 죽는 사람이 많았다. 비록 후직(后稷)과 기(夔)가 백 명이 있다 하더라도 또한 그들을 불러 기(氣)를 부드럽게 할 수는 없을 것이다."[71] 주현의 정부와 관리가 백성을 짐승으로 보고 사람을 사람으로 대우하지 않고 임의로 착취하고 사역을 시켰다. 이렇게 해서야 어떻게 부국강병을 이루어 금의 군사에 항거하겠는가?

넷째, 덕과 예이다. 주희는 공자가 "덕으로 이끌어주고 예로 가지런하게 다스린다(道之以德, 齊之以禮)"란 말에 대하여 해석한 적이 있다. "몸소 행하여 솔선수범하면 백성이 진실로 보고 감동하여 흥기함이 있을 것이다. 그 얕고 깊음과 두터움과 얇음이 균일하지 않은 것을 예로 통일시

---

69 위와 같음.
70 위와 같음.
71 위와 같음.

킨다면, 백성이 선하지 못함을 부끄러워하고, 또 선함에 이르게 됨을 말한 것이다."[72] 여기서 말한 "천심후박(淺深厚薄)"은 하나가 아니라 덕을 닦아서 사람을 감화할 때 각 사람의 자질과 자품의 같지 않음으로 말미암아 덕을 닦고 사람을 감화시키는 정도 또한 심천후박의 나누어짐이 있다는 것을 가리킨다. "'덕으로 이끌어주고 예로 가지런하게 다스려' 보고 깊이 감화시킨다는 것은 실로 좋다. 만약 천박한 자는 반드시 예로써 규제하니, 백성이 나의 예를 보고 반드시 불선을 부끄러워하여 선에 이르는 것이다."[73] 보고 감화시킴이 깊고 두터운 것은 실로 좋으며 보고 감화시킴이 얕고 얇으면 외재적인 예의 제약으로 도와주어 좋게 하여야 한다.

각 사람의 "자품(資稟)"이 같지 않은 것 외에도 "믿고 향함(信向)"의 차이도 있어서 보고 느낌의 심천후박의 다름을 조성한다. "『집주』에서는 '천심후박(淺深厚薄)이 균일하지 않다.'고 하였으니, 그들 사이의 타고난 자질과 믿고 향하는 것이 이처럼 균일하지 않아, 비록 덕으로 감화하여도 기꺼이 믿고 따르지 않는 이도 있고 또 대충 넘어가는 이도 있기 때문에 예로써 하나로 가지런하게 하는 것이다."[74] 여기서 "믿고 향하는" 것은 규구준승(規矩准繩: 법도)을 가리킨다. 미치지 못함도 있는 데다가 지나침도 있어서 예로 가지런하게 하는 것이 곧 일정한 법도를 따르는 것이다. 바로 일정한 "제도와 품절"을 세워 그것을 제약하는 것을 가리켜 "현명한 자는 굽혀 나아가고, 어리석은 자는 추급(追及)하여" 현자와 못난 자가 모두 도달할 수 있다. "'덕으로 이끌어주는 것'은 사람의 선한 마음을 감화시키는 것이며, 만약 예로써 그것을 규제하지 않으면 어떻

---

72 「위정」, 『논어집주』 권1.

73 『주자어류』 권23.

74 위와 같음.

게 규제할 수 있겠는가. 반드시 예로써 규제하여 현명한 사람에게는 그쳐야 할 곳을 알게 하고 어리석은 사람에게는 나아가야 할 곳을 알게 해준다."[75] 덕과 예는 자품이 같지 않은 것이건 믿고 향하는 것이 차이가 있는 것에 대하여 말한 것이건 간에 두 가지 모두 서로 떨어지지 않고 섞이지 않는다.

덕과 예가 도달하는 경계는 선(善)이며, 이 경계의 공부와 수단인 덕과 예에 도달하는 것이다. 덕과 예는 안팎으로 겸하여 시행하여야 비로소 완성할 수 있다. "'덕으로 이끌어주는' 것은 자신이 직접 함으로써 그들에게 지향해야 할 곳을 알게 하고, '예로 가지런하게 한다'는 것은 그들에게 관혼상제의 의례와 존비대소의 구별을 알게 하고 사람들에게 나아가야 할 바를 알도록 하는 것이다. 덕과 예의 선함을 알았다면 부끄러워할 줄 알고 선으로 나아갈 것이다."[76] 덕은 자신으로부터 해나가는 도덕적 자각심으로 마음이 선을 그리워하여 선에 이르게 하는 것이다. 예는 외재적인 전장제도의 의식과 존비와 대소를 분별하는 법도로 사람으로 하여금 이 의식과 법도를 지켜 넘지 않도록 한다.

2) 형법으로 정사를 하여 육형의 회복을 창도하다

주희는 공자의 "정사로 이끌어주고 형벌로 가지런하게 다스린다(道之以政, 齊之以刑)"는 말을 해석하여 말하였다. "도(道)는 인도(引導)와 같으니, 앞장을 선다는 것을 말한다. 정(政)은 법제와 금령을 말한다. 제(齊)는 통일시키는 것이니, 인도해도 따르지 않는 자를 형벌을 가하여 통일시키는 것이다."[77] 먼저 백성을 국가의 법제와 금령을 준수하도록 이끌어야

---

75 위와 같음.
76 위와 같음.

하며 복종하지 못하여 법제와 금령을 어기어 범한다면 형벌로 가지런하게 다스린다. "먼저 법제와 금령(禁令)으로 이끄는 것은 처음부터 의심하고 지키는 뜻이기 때문에 백성이 따르지 않는다. "형벌로 규제하는" 것은 백성이 덕은 보지 않고 경외하고 두려워하여 단지 눈앞의 형벌에서 벗어날 것만 도모할 뿐 악을 행하려는 마음이 있지 않았던 적이 없다."[78] "정형(政刑)"은 다만 백성들을 형정을 두려워하게 하여 법제와 금령을 범하게 하지 않도록 하는 것일 뿐 악을 행하는 선하지 못한 의식을 떨쳐내지 못하며 도덕적 자각 없이 악행을 저지르고 선을 따르는 수양공부를 진행한다. 하물며 여전히 몇몇 형정을 두려워하여 범법행위를 하지 않는 것이 존재하고 있으며, 어떤 사람은 오히려 모험을 마다하지 않고 두려워하지 않는 문제이다. 주희는 여 씨(呂氏)가 이른바 "법과 형벌은 나약한 자를 두려워하게 할 수는 있지만 강한 자를 개혁하게 할 수 없으니, 이것을 일러 그 본심을 잃는다고 한다."란 말에 대답하였다. "이 설 역시 치우쳤다. 만약 전적으로 법과 형벌만 쓰면 약자가 두려워할 뿐만 아니라 강자도 두려워한다. 덕과 예로 다스릴 때는 강자를 개혁할 뿐만 아니라 약자도 개혁할 것이다."[79]라 하였다. 그는 여 씨가 제기한 문제를 부정하였다. "정형"은 강자와 약자를 가리지 않고 보편적으로 작용을 일으키는 것이라고 생각하였다. 다만 형정만 쓸 수가 없으며 그렇지 않으면 곧 패자(霸者)의 일이다. 덕례(德禮)와 형정을 겸하여 병행할 것을 주장하였다.

법제와 금령은 현실적으로 적극적인 공용을 가지고 있지만 현실적으로 집행하는 데는 오히려 많은 병폐를 가지고 있고, 법의 폐단은 시폐와

---

77 「위정」, 『논어집주』 권1.
78 『주자어류』 권23.
79 위와 같음.

한데 뒤엉킨다. 법의 폐해를 가지고 말한다면 두 방면의 문제를 가지고 있다. 첫째 "군자는 그 일을 하고자 하지만 법에 구애되어 초빙받지 못하고"[80], 둘째 "소인은 자신의 사사로운 것을 따르고자 하면서 감히 법을 넘어서면서 돌아보지도 않는다."[81] 군자에 대하여서는 거의 죽을 때까지 제한하여 일을 할 수가 없는데 소인은 오히려 사욕을 좇아 법을 어기고 게다가 실행 중의 병폐까지 더하여져 문제가 더욱 많다.

주희는 결코 개혁을 반대하지 않았다. 그는 "모든 것을 다시 고칠" 수 있어야 할 뿐만 아니라, "한 시대의 폐단을 정돈"[82]할 수 있어야 한다고 생각하였다. 시폐를 정돈하는 것은 결코 복고를 하거나 삼대의 법을 회복하는 것이 아니다. "지금 세상에 살면서 오늘날의 법을 다 없애버리고 고대의 정사를 시행하려고 한다면 이익은 얻을 수 없고 헛되이 복잡한 폐단만 생길 것이다. 또 일의 성격이 크고 소중한 것이라면 방해하는 곳이 많아 시행하기가 더욱 어려울 것이다."[83] 그가 권형(權衡)의 이폐(利弊) 및 사체(事體)의 경중, 방해하는 정도의 크기를 통하여 "옛 정치를 행할" 수 없다는 해석을 도출해낸 것은 합리적이다. 그는 법제의 금령을 실행하는데 편하게 하기 위하여 간이(簡易)함을 주장하였고 번쇄함은 반대하였다. "간이한 법을 만들어 백성들과 함께 지키는 것이 매우 좋다."[84]라 하여 주(周)의 법은 번쇄하여 폐하여지기 쉬웠다고 하였다. 지금의 법은 대개 당의 법을 쓰고 있다. 주희는 역사적인 사실에서 지금의 법이 번쇄하여 변통을 할 수 없고 갈수록 문제가 더욱 많이 쌓여 법이 그 생명력을

---

80 『주자어류』 권108.
81 위와 같음.
82 위와 같음.
83 위와 같음.
84 위와 같음.

잃게끔 하였다고 설명하였다.

당연히 법을 바꾸는 것은 또한 쉬운 일이 아니어서 신중하게 생각할 필요가 있다. "반드시 먼저 일의 형세를 헤아리고, 반드시 할 만한 이치가 있어야 해나간다."[85] 다만 신중함이 도를 지나치면 또한 보수를 향하게 되어 "할 수 없으면 삼가 상법(常法)을 지켜"[86] 신중함은 법을 바꾸지 않는 것이 아니며 또한 상법을 지켜 바꿀 수 없는 것도 아니다. 법을 제정하는 것은 법을 행하기 위함이다. 법을 행하는 척도와 표준은 무엇인가? 주희는 당시 사회의 너그러운 병폐를 겨냥하여 정사를 행함은 엄격하여 너그러워서는 안 된다고 주장하였다. "오늘날 사람들은 너그러운 정치를 말하는데, 일마다 살피지 않는 것이 대부분이다."[87] 너그러운 정치의 결과는 "일마다 살피지 않는" 폐단을 조성할 뿐만 아니라 "간사한 호족이 뜻을 얻어" 평민이 재앙을 만나게 한다. 이러한 위정이 "한결같이 너그러움에 근본하게"한 상황 때문에 "오늘날에는 거꾸로 엄격함을 근본으로 삼아야 한다. 반드시 이렇게 교화한 다음에야 그 마땅함을 얻게 된다."[88]라 주장하였다. 위정과 법 집행의 엄하고 너그러운 관계를 주희는 "나는 엄격함을 근본으로 하고 너그러움으로 다스려야 한다."고 생각하였다. 이는 곧 "엄격함을 근본으로 하고 너그러움으로 다스리는" 사상이다.

주희는 사람들이 형벌을 가볍게 할 것을 주장하는 데는 대체로 다음의 몇 가지 상황 때문이라고 생각하였다.

첫째, "죄와 복, 보응(報應)의 설에 미혹되어서"[89]이다. 사람들은 사람

---

85 위와 같음.
86 위와 같음.
87 위와 같음.
88 위와 같음.
89 『주자어류』 권110.

을 죄에서 벗어나게 해주어야만 복으로 보답을 구할 수 있다고 생각하였다. 그는 말하였다. "어떻게 복을 보응으로 받겠는가?" 어찌 이런 인과응보가 있겠으며, 이렇게 한 결과는 "죄가 없는 사람은 정직하지 못하게 하고, 죄를 지은 이는 요행히 벗어날 수 있다고 하는 것인데 이는 곧 악을 하라고 하는 것일 뿐이다."[90] 사람을 죄에서 벗어나게 해주는 것으로 복과 선을 구하는 것은 흡사 주(紂)를 도와 포학한 짓을 하고 나쁜 일을 하는 것과 같다.

둘째, "오늘날 가벼운 형벌을 말하는 사람들은 단지 범죄를 저지른 사람이 가련하다는 것만 알 뿐이다."[91] 주희는 연민의 마음을 가지고 범죄를 대하여나가는 것은 진정한 연민을 품은 마음이 아니라고 생각하였다. 이는 범죄에 의해 상해를 입은 사람은 "더욱 염려스럽다"는 것을 결코 생각하지 않아서이다. 이를테면 "강도 살인을 저지른 자의 경우 사람들은 대부분 목숨을 살려주자고 하는데, 이것은 죄 없이 죽은 사람에 대해서는 전혀 고려하지 않는 것이다. 이것은 도적을 위한 계책은 알면서도 양민을 위한 계책을 만들지 않는 것이다."[92] 도적에 의해 죽은 무고한 백성과 양민을 위한 착상은 고려하지 않고 오히려 온갖 흉악한 짓을 저지른 도적을 위해서 착상을 하니 이는 선악이 전도된 것이다. 이렇게 하면 무고한 양민과 백성의 억울함이 풀리지 않을 뿐만 아니라 사람을 죽이고 악행을 저지르는 자의 기염을 조장할 것이다.

셋째, "오늘날의 법관들은 공경하고 신중하게 한다는 설에 현혹되었다." 일단 감형에 한번 맛을 들이면 "참수형에 처해야 할 자는 유배되고, 유배되어야 할 자는 도형[徒]에 처해지고, 도형에 처해져야 할 자는 장형

---

90 위와 같음.
91 위와 같음.
92 위와 같음.

[杖]에 처해지고, 장형에 처해야 할 자는 태형[笞]에 처해진다."[93] 죄의 증거가 확실하기만 하다면 참수해야 할 자는 참수하고 유배를 보낼 자는 유배하여 "법조문을 멋대로 다루면서 법을 왜곡하며 뇌물을 받을"[94] 수 없게 해야 한다. 이는 근본적으로 공경하고 신중한 문제가 아니며 범죄자에 대하여 공경하고 신중히 하는 것으로, 범죄에 의하여 해를 입은 사람에 대하여서는 또한 무슨 공경하고 신중함이 있는가?

주희는 범죄자의 범죄 정도가 다른 것을 감안하여 다른 형벌에 처할 수 있으며 그는 "육형(肉刑)"을 회복시킬 것을 주장하였다. 고대의 "육형"은 묵형(墨: 얼굴에 글자를 새김), 의형(劓: 코를 벰), 비형(剕: 刖刑이라고도 하며 발을 벰), 궁형(宮: 남자의 고환을 거세함) 등 인체의 어떤 부분을 절단하거나 사람의 피부를 도려내는 형벌이었다. 하대(夏代)에 시작되었다고 전하여지며 서한 문제(文帝) 때 공개적으로 묵·의·비의 세 형벌은 폐지되었고, 수 문제 때에는 궁형을 폐지하였다. 위진 때 육형을 회복하려고 기도한 적이 있었지만 이루어지지 않았다. 주희는 "지금 도형(徒刑)과 유형(流刑)의 법은 이미 담을 뚫고 넘어 훔치며, 음란하고 방탕한 간악함을 멈추게 하기에 부족하지만, 지나치게 무겁게 하는 것은 또 죽으면 안 되는 사람이 죽을 수가 있으니, 음란하고 뇌물로 배를 채우는 종류와 같은 것이다. 참으로 진군(陳群)의 견해를 채택하여 한결같이 궁형이나 비(剕)형으로 죄를 다스리면, 비록 그 지체를 손상하더라도 실로 그 생명은 온전히 하는 것이고, 또 그 어지러움의 근본을 끊어 후세에 함부로 하지 못하게 하는 것이니, 어찌 우러러 선왕의 뜻에 맞고, 아래로는 세상의 마땅함에 적합한 것이 아니겠는가?"[95]라 제기하였다. 현실사회의 수요에 적응하기 위해서는 육형을 회복

---

93 위와 같음.
94 위와 같음.
95 「답정경망(答鄭景望)」, 『주희집』 권37, 1644쪽.

시켜야 하는데, 이는 형벌을 가중하기 위해서가 아니라 양형을 더욱 합당하게 하기 위함으로, "경중은 털끝만 한 차이라도 각각 타당함이 있다."[96] 주희의 주관적 의도로 보면 이런 건의는 크게 비난할 것이 없지만 사회의 발전은 결코 사람의 의도를 가지고 고려하는 것이 아니다.

"엄형(嚴刑)"은 절대 "남형(濫刑)"이 아니다. 주희는 형벌을 신중히 함과 형벌을 오용하지 않아야 한다는 것을 줄곧 주장해왔다. 그는 말하였다. "옥송의 경우 눈앞에서 분명한 일은 쉽게 파악할 수 있다. 그러나 실상과 거짓에 대해서는 통달하기 힘들다. 어쩌다 주변에 증거가 없는 경우 각각 두 가지 주장을 고집하는데, 사람의 생명이 달려 있는 곳에서 반드시 긴요하게 생각하고 헤아리면서, 오히려 잘못이 있을까 두려워해야 한다."[97] 사건의 경위에 거짓이 있거나 방증 없이 각자의 설이 있어 사람의 목숨이 걸린 경우에는 신중을 기해야 한다. 특별히 사건의 내용에 의심이 들 때는 가벼운 기준을 따라 처리해야 하고 무거운 기준을 따라 처리해서는 안 된다. 그는 말하였다. "그러나 옛사람들은 '죄가 의심스러우면 가볍게 처벌하라'고 했고, '무고한 사람을 죽이느니 차라리 떳떳한 법대로 하지 않는 실수를 범하겠다'고 했다." "죄가 의심스러우면 가볍게 처벌하고, 공이 의심스러우면 무겁게 포상한다고 했다. 여기에서 '의심스럽다'는 것은 법령으로 결정할 수 있는 것이 아니라면 죄는 가벼운 쪽을 공은 무거운 쪽을 따르라는 것이니, 이 한 조목만 그러할 뿐이다. 모든 범죄를 다 가벼운 처벌을 따르고, 모든 공을 다 무거운 포상을 따르라는 것이 아니다. 오늘날의 율령에도 이 조목이 있지만, 그 말은 법령으로 결정할 수 없는 것은 상주해서 결정을 기다리라는 말이다."[98]

---

96 위와 같음, 1643쪽.

97 『주자어류』 권110.

98 위와 같음.

모든 죄가 다 가벼워질 수 있고 모든 공이 다 무거워질 수 있다는 것이 아니라 법령으로 결정할 수 없는 조건이나 의심이 가는 것이라야 가벼운 기준을 따를 수 있다는 것이다. 이는 법을 집행함에 신중하고 효과적인 조치이며 형을 집행하는 데 있어서 오류를 피하는 더 나은 방법이다.

　"엄형"은 결코 융통성이 없는 것이 아니다. 주희는 사건의 구체적인 상황을 보고 유연하게 대처해야 한다고 생각하였다. 그는 말하였다. "예를 들어 주세나 회자(會子)를 위조하는 경우 및 굶주림으로 인해 물건을 훔치는 경우 등에 대해서는 오히려 그 경중과 대소의 근원을 살펴서 처리할 만하다."[99] 주세를 탈루하거나 지폐를 위조하는 것 및 흉년으로 인한 굶주림으로 절도를 하는 등에 대하여서는 상황과 경위의 대소경중에 근거하여 유연하게 처리하여 반드시 처형이나 육형으로 처벌하지 않을 수 있다.

　"위정이덕(爲政以德)"과 "위정이형(爲政以刑)"의 함의는 주희 정치사상의 중요한 부분이다. 그렇다면 양자는 무슨 관계인가? 양자의 충돌을 어떻게 조율해야 하는가? 이 또한 주희가 논술해야 할 것이다. 그는 인성은 선한 것이라 생각했다. 그 선이 먼저 덕으로 사람을 감화시키기 때문이며 다시 예로 깊고 얕고 두텁고 얇은 다름을 가지런하게 감화시킨다. 예는 사람을 가지런하게 하는데, 사람이 복종하지 않아 예를 어겨 범하기에 이르러 법제와 금령을 세울 필요성이 생겼다. 법제와 금령에 복종하지 않고 어기고 범한다면 형벌로 가지런하게 한다. 그는 말하였다. "덕으로 이끌어주고 예로 가지런하게 한다는 구절을 묻습니다. 말하였다. '이 덕(德)자는 단지 적당함을 말하는 덕이니, 몸소 솔선수범하는 것이다. 사람의 기질에는 천심(淺深)과 후박(厚薄)의 차이가 있기 때문에 감응하는 것

---

99 위와 같음.

이 한결같지 않으므로 반드시 예로써 가지런하게 해야 한다. …… 가지런하게 하는 데 따르지 않으면 형벌을 없앨 수 없다.'"[100] 정사는 "덕"을 주로 하고 "형"을 보조로 하여야 한다. 덕을 우선으로 하고 형을 후순으로 하며, 예로 하였는데 가지런해지지 않으면 형벌로 가지런하게 하고 형벌로 덕과 예가 가지런하지 않은 것을 돕는다. 덕과 예가 없는데 오로지 형정만 집행하는 것은 옳지 않으며 덕과 예만 이야기하고 형정이 없는 사회 또한 질서가 없게 될 것이다. 양자는 서로 의존하고 서로 보완한다. "덕과 예만 있고 형과 정이 없으면 또한 해나가지 못하게 된다."[101], "덕과 예가 있으면 형과 정이 그 가운데 있게 될 것이니 뜻이 매우 훌륭하다."[102] "형·정"은 "덕·예" 가운데 내포되어 있으며, 이는 주희가 덕과 예의 교화를 강조하는 데서 본 것이다. 그는 덕과 예로 형·정을 통섭해가며 결코 덕과 형을 겸하여 시행해가는 종지를 어기지 않았다.

5. 현자를 임용하고 능력 있는 이를 부려서 나라를 다스림

"천리군권"이라는 국가조직 형식의 공고하고 유효한 운용은 재능 있고 지식이 있는 조직 관리자를 필요로 한다. 이것은 곧 어떤 인재를 선발하여 국가 정권의 관리에 참가시켜야 할 것이며, 국가정권은 어떤 인재를 수중에 넣고 어떻게 인재를 선발해야 하는가 하는 것을 말하는 것이다. 이는 국가의 정권이 오래도록 편안하게 다스려지는 것과 상관이 있다.

---

100 『주자어류』 권23.

101 위와 같음.

102 『논어혹문』 권2, 『주자사서혹문』.

1) 사람다움이 없으면 백성의 일을 다스리지 못한다

주희는 인재, 인재와 국가정권의 관계에 대해 매우 관심을 기울였다. 남송의 내외가 모두 어려운 상황에서 국가를 진흥시키고자 한다면 인재야말로 가장 중요하고 가장 절박한 문제이다. "'오늘날 다스리는 데 있어서 무엇을 우선으로 하여야 합니까?'라고 묻자 말하였다. '다만 사람(인재)을 얻어야 할 뿐이다.'"[103] 자격에 부합하는 인재를 선발하는 것을 이미 현재 나라를 다스리는 급선무로 삼았으니 그가 인재를 얼마나 중시하였는지를 알 수 있다. 그는 인재가 아닌 사람은 정치에 참여시킬 수 없다고 주장했다. "천하의 사람들을 모두 버리고서, 그들이 정사에 참여하지 못하도록 할 수는 없다. 마땅히 학문을 강론할 뿐이니, 그 가운데 점점 좋아지는 사람이 있고, 천하의 도리를 생각할 수 있는 사람이 있을 것이다."[104] 인재 문제는 곧 어떻게 국가정권을 관리하고 집행하는 관리를 선발하는가 하는 것이다.

인재의 표준은 무엇인가? 주희는 말하였다. "오늘날 인재들은 반드시 각자의 식견과 도량을 가지고 있다. 어떤 사람이 오늘날의 인재들을 받아들일 수 있다면 장차 장점을 가져다 단점을 보완해서 부릴 수 있을 것이다."[105] 인재라고 일컬을 수 있는 사람은 식견과 도량이 있는 사람이다. 이는 곧 주희 심목 중의 인재이다. 일반적으로 말하면 두 부류의 사람이 있다. 첫째는 "삼가고 치밀한 사람은 대부분 물러나고 피하려 하니" 소심하고 근신하는 사람은 세상에 나와서 관리가 되기를 원치 않아 물러나 피한다. 둘째, "뛰어나고 빠른 이들은 대부분 거칠고 성글다."[106] 일을 하

---

103 『주자어류』 권108.
104 위와 같음.
105 위와 같음.

는 데 빠르고 보기 좋게 하는 사람은 왕왕 꼼꼼하지를 못하다. 재주가 있는 사람들은 "그 넘치는 부분을 덜어내서 그에게 부족한 부분에 힘쓰게 한다면 오히려 일을 할 수 있다."[107] 바꾸어 말하면 그 "삼가고 치밀함"과 "뛰어나고 빠른" 것이 넘치는 부분을 덜어내어 "물러나고 피하며" "거칠고 소략하여" 부족한 곳을 힘써야 한다. 그들은 "일을 맡을 수 있을" 뿐만 아니라 "염치는 드물고 자기를 굽힌 채로 삼가는 자들과는 다르게 될 것이다."[108] 곧 인재가 되는 것이다.

주희는 각자의 출발점이 다르므로 인재를 평가하는 표준도 다르다는 것을 체인했다. 혹은 누군가의 편견 때문에 그 평가 기준이 더욱 현저히 달라진다. "탐욕스럽고 더러운 자들은 반드시 염치와 절개 있는 이들을 옳지 않다고 한다. 앞에 나서려고 다투는 자들은 반드시 깨끗하게 물러나는 자들을 옳지 않다고 한다. 이런 것으로 미루어보면 일반인들 가운데 그렇지 않은 사람이 아무도 없다."[109] 이런 시비가 전도된 상황에 비추어 주희는 당금에 인재가 없음을 슬피 탄식하여 "후세에는 다만 사람다운 사람이 없을 뿐이다."[110]라 하였다. "사람다움이 없는" 까닭은 사회의 기풍이 크게 무너졌기 때문이다. "오늘날 인재들은 과거의 학업에 빠져 약한 데다 기교만 뛰어나니 아마도 기풍이 점점 부박해져서 그렇게 만든 것 같다."[111] 동시에 사람이 일을 하는 데는 모두의 도움을 필요로 한다. "한 사람이 나오면 반드시 많은 사람들과 대가들이 마땅히 힘을 합쳐 일할 것이다. 이렇게 하고서도 일을 할 수 없다면 하늘에 귀착시킬 수 있고,

위와 같음.
위와 같음.
위와 같음.
위와 같음.
위와 같음.
위와 같음.

기수(氣數)의 문제라고 바꿔 말할 수도 있을 것이다. 지금은 두세 사람이 일을 하려고 하면 나머지는 모두 거기에 관여하지도 않으면서 곧장 저 두세 사람을 좌절시키고 난 다음에야 그친다."[112] 자연히 사업을 해내지 못한다. 이런 기풍이 무너짐을 주희는 매우 감정을 띠고 말하였다. "오늘날 인재들이 피폐해진 것은 모두 도학을 헐뜯고 배척한 데서 유래한 것이다. (나라를) 다스리는 방법은 반드시 마음을 바로잡고 몸을 닦는 데에 근본을 두어야 한다. 진실로 식견이 이와 같아진 다음에 여기에서부터 해낼 수 있는 것이다."[113] "도학"(곧 "理學")을 헐뜯고 배척한 것을 인재가 무너진 원인 중의 하나로 보았다.

인재가 무너진 것은 사대부 사이에서부터 관계에 이르기까지 조성한 매우 나쁜 기풍에 있다. 사대부들은 그럭저럭 관직생활을 해나가며 일을 하지 않는 것을 상책으로 여긴다. 주희는 말하였다. "오늘날의 사대부들은 구차하게 조금씩 밀고 지나가는 것만을 일이라고 여기면서, 어영부영 지나친다. 위아래에서 일을 만들지 말라고 떠들면서 완전하고 분명하게 일을 이해하려고도 하지 않고, 또한 이렇게 흐리멍덩하기만 하다. 이해가 분명해지면 관리가 되지 못한다. …… 모든 모난 것을 깎아 둥글게 만들고, 또한 이렇게 세속을 따라 구차하게 굴면서 스스로는 나이가 많아지고 식견이 진보했다고 한다."[114] "일을 만들지 않아" 일을 분명하게 이해하지 못하고 모호하게 하여 모난 것을 둥근 것으로 생각하여 풍속을 따라 구차해지는데 이렇게 해나가다가는 "10년만 되면 국가의 일을 할 사람이 전혀 없어지게 될 것이어서"[115] 국가는 매우 위험한 처지에 놓이

---

112 위와 같음.

113 위와 같음.

114 위와 같음.

115 위와 같음.

게 될 것이다. 이 때문에 그는 말하였다. "이 기풍은 일을 크게 해친다."[116]

인재가 무너진 것은 벼슬아치들에게도 영향을 끼쳐 일을 하지 않는 것을 상책으로 여기어 모든 관료기구는 이미 부패하여 구제불능의 지경에 이르렀다. "벼슬아치가 크건 작건, 위아래를 막론하고 아전이나 백성을 보지도 않고, 일을 다스리지도 않는 것을 책략이라고 하면서, 곡직(曲直)이 눈앞에 있어도 알지 못할 뿐이다. 거의 백성들이 스스로 찾아오지 않게 되면 이것을 가지고 송사를 멈추게 하는 방법이라고 여긴다. 백성들은 원한이 억압을 당하는 일이 있어도 하소연할 곳이 없으니, 그저 참고 그만둘 뿐이다. 비록 송사가 있다고 하더라도 반년이 가도, 한 해가 가도 소식은 알 수 없고, 판결은 나지도 않으니, 백성 또한 다만 그치고 화해할 뿐이다. 그런데도, 관직에 있는 자는 드디어 들을 만한 송사도 없다고 여긴다. 풍속이 이와 같으니 두려울지어다! 두려울지어다!"[117] 대소 관료를 막론하고 백성들에 대한 소송은 곡직이 분명해야 하는데도 처리를 하지 않아 백성들이 하소연할 곳이 없어 자연히 또한 관가로 억울함을 호소하러 오지 않는다. 어떤 사람이 와서 소송을 하더라도 반년이나 1년이 되도록 또한 아무 소식이 없으니 그만둘 수밖에 없다. 관리들은 오히려 이를 송사가 없는 태평한 세상이라 생각한다. 일을 다스리지 않는 이런 기풍은 실로 두려워할 만하다!

2) 현능한 자를 임용하고 부리며 아첨하는 자를 멀리하고 정직한 이를 가까이한다

주희는 기풍이 무너진 데 대한 고려를 기반으로 관리를 선발하려면 반

---

116 위와 같음.
117 위와 같음.

드시 "현자를 임용하고 유능한 자를 부리는 것"이 중요하다고 하였다. 그는 말하였다. "대신을 가려 뽑아야 한다는 주장에 대해서는 제가 앞에서 '현자를 구하려 애쓰지만 현자들이 등용되지 못한다'고 말한 대목에서 이미 그 단서를 말씀드렸습니다. 반드시 강명(剛明)하고 공정한 인물을 얻은 후에야 천하의 일들을 맡길 수 있음을 총명하신 폐하께서 어찌 모르시겠습니까?"[118] 현자에 대해서는 "등용함에 오직 빨리하지 못할까만을 걱정하고, 그들을 모을 때는 많이 모으지 못할까만을 걱정해야 한다."[119] 소인에 대한 태도는 "물리침에 오직 빨리 물리치지 못할까를 걱정하고, 쫓아냄에는 오직 모두 쫓아내지 못함을 걱정해야 한다."[120] 현신을 가까이하고 소인을 멀리해야 국가를 잘 다스릴 수 있다.

어째서 진정 굳세고 밝고 공정한 사람을 임용할 수 없고 오히려 간사하고 아첨하는 사람에게 자리를 빼앗길까? 바로 군주가 "다만 한 생각한 생각 사이에 아직 사사롭고 사특한 마음을 물리치지 못하여, 개인적으로 좋아하고 총애하는 측근들을 모두 법도대로 뽑지 않기 때문입니다. 만약에 광명정대한 인물을 등용하여 대신이나 재상으로 삼는다면 그 때문에 내 일에 방해되고 내 사람들을 해쳐서 마음 내키는 대로 행하지 못할까 두려워해서입니다. 이 때문에 인선을 할 때, 항상 이런 사람들을 먼저 물리쳐 치지도외 하여야 합니다."[121]라 한 데 있다. 군주의 생각이 사심과 사욕에서 나와 편벽되고 아첨하는 무리를 임용하여 감히 강명하고 공정한 사람을 임용하지 않음으로써 사심과 사욕을 만족시키는 것을 방해받지 않고자 해서이다. 정상적인 임금과 재상의 관계는 이래서는 안

---

118 「무신봉사(戊申封事)」, 『주희집』 권11, 471쪽.
119 『주자어류』 권107.
120 위와 같음.
121 「무신봉사」, 『주희집』 권11, 471쪽.

된다. "군주가 자기에게 알맞은 것만을 추구할 뿐 자기를 바르게 하는 것을 추구하지 않고, 좋아할 만한 것만 취하고 외경할 만한 것은 취하지 않는다면"[122] 이는 군주가 직분을 잃은 것이다. 재상은 군주에 대하여 이렇게 해서는 안 된다. "마땅히 군주를 바로잡아야 할 사람이 옳은 것은 옳다고 말하고 그른 것은 교체하려는 것을 일로 삼지 않고, 군주의 뜻과 일치시켜 그 의견이나 받드는 것을 능사로 여기고, 세상을 경영하고 사물을 주관하는 데에 마음을 쓰지 않고, 자신의 몸이 조정에 받아들여지고 군주의 총애나 두터이 하는 것에만 마음을 쓴다면"[123] 이는 재상이 직분을 잃은 것이다.

임금과 재상이 번갈아 그 직분을 잃으면 국가의 체통(體統)이 바르지 않게 되고 기강이 서지 않게 된다. 측근의 총애하는 관리가 위세를 부려 매관매직하고 송사를 제멋대로 하여 정체(政體)는 날로 문란해지고 국세는 날로 떨어지게 한다. 군주는 "아첨하고 총애하는 사람을 멀리하고 충직한 사람을 가까이해야" 하며, 재상을 가리는 표준은 다음과 같다. "인재를 선발함에 자기를 바르게 하고 외경할 수 있는 사람으로 한다면 반드시 자중하는 선비를 얻을 수 있을 것이다. 내가 그를 임용하는 까닭도 중하지 않을 수 없을 것이다. 임용하는 것이 이미 중하면 그 사람도 옳은 것을 말씀드리고 그른 것을 교체하려는 뜻을 극진히 발휘할 것이며, 세상을 경영하고 사물을 주관하려는 마음을 실천할 것이다. 또 세상의 과감하게 직언하는 선비들을 공정하게 뽑아서 대간과 급사의 직책을 맡기고 그 의론에 참여하게 해야 한다. 그리하여 나의 복심과 이목을 언제나 현명한 사대부들에게 맡겨야하고, 소인배들에게 맡기지 않아야 한다. 공적과 잘못을 가려 승진시키고 벌주는 권한이 언제나 낭묘(조정)에 있고 사문

---

122 「기유의상봉사(己酉擬上封事)」, 『주희집』 권12, 497쪽.
123 위와 같음.

(私門)에서 나오지 않게 해야 한다."[124] 군주의 심복과 정권기구에 있는 사람이 모두 강명하고 공정하여 사리를 도모하지 않는 현명한 재상과 현명한 사대부라면 임금의 권위가 선다. 국세도 강해지며 형정이 맑아지고 기강이 서며 백성의 힘이 넉넉해지고 군정이 정비될 것이다. 이는 당연한 이치와 형세이다.

재상과 대간(臺諫)만 현자를 임용할 것이 아니라 장수 또한 현자를 임용해야 한다. 이를테면 사천(四川)은 송 조정과 만여 리나 떨어져 있으니 "장수를 뽑을 때는 모름지기 엄하고 강의하며 평소에 위망이 있고 위엄이 남의 마음을 압도할 수 있는 사람을 등용해야 난리를 일으키기 좋아하는 무리가 일어나지 못할 것이다."[125] 어떻게 장수를 뽑는가? 어떻게 장수의 현능함을 식별하고 검증하는가? 표면적이고 가식적인 현상에 가리지 않는가? "장수를 선택하는 방법을 묻자 말하였다. '일이 없을 때 장수를 알아보려면 반드시 소하(蕭何)가 한신(韓信)을 알아본 것과 같은 큰 안목을 갖추어야 할 것이다.'"[126] 실제 검증이 없는 상황에서 장수를 식별할 때 소하가 한신을 알아보듯이 하기는 매우 어렵다. 관리를 선택하는데도 예외는 없다. "오늘날 그대들은 집 안에 앉아 있으니 어떻게 그 능력을 알 수 있겠는가? 설령 한(韓,信)과 백(白,起)이 다시 살아난다고 한들 또한 어떻게 분별하겠는가?"[127] 이에 주희는 "군사를 쓸 때는 그들의 강약을 알아야 하고, 장수를 쓸 때는 그의 능력 여부를 알아야 한다"는 주장을 제기하였다. 곧 실천 활동 중에서 군사의 강약과 장수의 실제적인 능력을 식별하고 검증하여야 한다. "변방에 급보가 있을 때 두 군대가 서로 다투

---

124 위와 같음.
125 『주자어류』 권110.
126 위와 같음.
127 위와 같음.

면 그때는 인재가 절로 급하게 나타난다. 나라가 중흥하는 경우에는 장 (張, 浚)·한(韓, 世忠)·유(劉, 錡)·악(岳, 飛) 등이 갑자기 나왔지만 이들이 어찌 평소에 여러 사람이 알고 있는 이들이었는가? 사태의 진전이 여기에까지 이르자 천한 신분에서 사태에 쫓겨 나타난 데 지나지 않았을 따름이다."[128] 두 군사가 대치 중일 때 장수가 "유능한가의 여부"는 두드러지게 된다. 이로 말미암아 또한 평상시 남들에게 알려지지 않았던 재능 있는 장수들이 솟구쳐 나온다. 주희는 "등용(用)"과 "실제 씀(實用)"을 현능함을 식별하고 검증하는 표준으로 삼았다. 이는 장수를 선택하고 관리를 선발하는 것을 해결하는 좋은 방법이다.

"현자를 임용하고 유능한 자를 부리는" 정책을 관철하면서 주희는 두 방면의 문제를 반대하였다.

첫째, 음은제도(蔭恩制度). 공경의 자손은 조부와 부친의 작록을 계승할 수 있을 뿐만 아니라 그 관직까지도 계승할 수 있다. "오늘날 공경의 자손으로서 또한 가르치지 않은 것일 뿐이기 때문에 공경의 자손들은 교만하고 사치하며, 음란하지 않은 자가 없다. 어쩔 수 없이 초야의 신진 선비를 등용해서, 그를 천거해 공경의 자리를 주지만 그들은 또한 실로 자기가 저들보다 뛰어나다고 생각할 뿐이다. 그러나 믿는 것은 그들이 의리를 알기 때문에 그들보다 나은 것일 뿐이다. 만일 의리를 알지 못한다면 어디엔들 이르지 못하겠는가! 옛날에 국자(國子)를 가르칠 때는 그 법이 지극히 상세하고 치밀했다. …… 어찌 오늘날의 교만하고 사치하며, 음란한 자들과 같았겠는가!"[129] 공경의 자손을 쓸 수 없는 것은 넉넉한 생활 여건과 교육을 제대로 받지 못하여 생활이 교만하고 음탕할 뿐 아니라 도리를 모르고 제멋대로여서 아무런 거리낌이 없기 때문이다. 그들을

---

128 위와 같음.
129 『주자어류』 권109.

장수와 관리로 삼는다면 국가는 상상할 수 없을 것이다.

둘째, "고과 자료"를 믿지 않고 현능함을 보아야 한다. 주희는 말하였다. "오늘날 학관에서는 다만 고과 자료만 따져서 승진시키거나 임용할 뿐이고 또한 학식이 짧고 얕은 학자들도 존중하여 높이지 않는다."[130] 이른바 "고과 자료"에 대하여 『당서』 「배광정전(裴光廷傳)」에서는 해석하여 말하였다. "곧 자격을 따라 현불초를 막론하고 한결같이 고과 자료에만 의거하여 비슷하게 (관직을) 배정하는 것이다." 장수와 관리를 승진시키는 데 재능은 따지지 않고 다만 "자격"에만 의거한다면 현명하지도 않고 능력도 없으며 학식도 없는 사람들이 승진하여 고위 관직을 지내게 될 것이다. 그렇다면 국가를 어떻게 다스릴 수 있겠는가?

이 두 방면은 확실히 종법제도의 폐단으로, "현명한 이를 임용하고 유능한 자를 부리는" 정책을 실시하는 데 방해가 되는 장애물이다. 주희의 반대에도 불구하고 또한 그것을 개혁할 능력이 없었다.

3) 과거에 폐단이 있어 교육을 개혁하다

인재를 선발하는 방법으로 한(漢)에는 "찰거(察擧)"가 있었고, 당에는 "과거(科擧)"가 있었는데, 송은 당의 제도를 계승하였다. 당대의 과거가 여전히 문벌 귀족의 손아귀에서 놀아난 폐단이 있었다고 한다면 송대는 문벌제도의 쇠락으로 사(士)를 취함에 이미 문제(門第)와 향리(鄕里)를 나누지 않았다. 과거 시험에 합격하면 등수에 따라 각종 대소의 다르지 않은 관직으로 파견될 수 있었다. 이렇게 하여 비교적 광범하게 대규모의 문무 인재를 흡수하여 국가의 각급 정권을 관리하여 송 왕조의 통치 기

반을 확대했으며 아울러 귀족에서 민중을 향하여 전환되어 갔다. 주희는 말하였다. "옛날에는 이곳에서 과거를 보러 가는 사람이 4, 5천 명뿐이었으나 지금은 배로 많다."[131] 과거를 보러 가는 사람이 갈수록 많아져 문관 제도의 사회 기초가 갈수록 광범해졌음을 알 수 있다.

과거제를 실행하던 중에 몇몇 병폐가 출현하여 바로잡을 필요성이 있었다. 주희는 "오늘날에는 위로 조정에서 아래로 모든 상급 기관과 하급 부서에 이르기까지, 밖으로 주현에 이르기까지 그 법이 어느 하나 폐단이 없는 것이 없다. 학교와 과거제도의 경우에는 더욱 심하다."[132] "과거제의 폐단은 법의 폐단이다. 법을 만들 때는 다만 (제대로 된) 사람을 얻을 수 있는 법을 만들어야 할 뿐이다. 만일 받들어 시행하는 사람이 제대로 된 사람이 아니라면 오히려 법과 관련된 일에 간여해서는 안 된다. …… 지금은 법에 폐단이 있어서 비록 훌륭한 담당관이 있더라도 또한 어떻게 할 수 없다."[133]라 지적하였다. 주희가 과거의 법에 수많은 병폐가 있다고 생각하여 "오늘날 과거의 폐단은 설령 어떻게 해볼 때가 있다고 하더라도, 이 법은 어떻게 해야 합니까?"라는 질문에 대답할 때 그는 과거제를 폐지하여 없애는 데는 동의하지 않고 "또한 그것을 폐지할 수는 없을 것이다. 그러나 반드시 하나의 도리가 있을 것이다."라 하였다. 또 말하기를 "반드시 다른 과목을 겸해서 사람을 뽑아야 한다."[134]라 하였다. 이는 곧 조금만 개혁을 하는 것으로 곧 과거법의 범위 내에서 얼마간의 폐단을 보충하는 작업만 하고 근본적인 개혁은 필요 없다는 말이다. 그는 말하였다. "오늘날 과거의 폐단은 극에 달했다. 향에서 천거하고 이에서 선

---

131 『주자어류』 권109.

132 『주자어류』 권108.

133 『주자어류』 권109.

134 위와 같음.

제11장 천리군권은 인재를 덕과 형벌로 다스린다 • 675

발하는 방법이 가장 중요한 것인데, 오늘날에는 시행할 수 없다. 다만 과거법과 함께 처신하는 수밖에 없다."[135] 향리에서 천거하여 선발하는 법이 통행하지 않는다고 생각하였다. 그렇다면 어떻게 과거법의 범위 내에서 폐단의 보완을 진행하는가?

첫째, 인재를 양성하는 학교부터 개혁을 시작하여야 한다고 하였다. 주희는 말하였다. "옛날 학교에서 선발, 천거하는 방법은 향당에서 시작해서 국도에 이르기까지 덕행과 도예(道藝)로 가르치고, 현명하고 유능한 자를 흥기시켰다. …… 삼대의 가르침에서 예(藝)가 비록 가장 아래였지만, 모두 오히려 실제적인 쓰임이 있어서 하나도 빠뜨릴 수가 없었다. 그 법제도 치밀해서 마음을 다스리고 기운을 기르는 데 보탬이 되기에 충분하여 도와 덕으로 귀결시키는 데로 나아갈 수 있었다. 이것이 고대의 법제가 인재를 완성하고, 풍속을 도타이 하며 세상의 시무를 제도(濟度)하고 태평성대를 흥기시킨 이유였다."[136] "덕행"과 "도예"를 교육의 주요 내용으로 삼았다. "도예"는 "의리"를 포괄할 뿐만 아니라 "예·악·사(射)·어(御)·서(書)·수(數)" 등 실용적인 지식도 포괄하여 "덕행"을 갖췄다. 아울러 지식도 갖추어 시무를 제도하고 태평성대를 흥기시킬 수 있는 인재가 되도록 하였다. 이것이 곧 주희의 이상적인 학교 교육이다.

그러나 현재의 학교 교육에서 가르치는 것은 학생의 덕행과 실제적인 본령을 양성시키는 데 주의를 기울이지 않으며 이로 인하여 양성되어 나온 학생은 "덕행"도 없을뿐더러 "도예"도 없어 실로 매우 조잡하다. 그는 말하였다. "오늘날 법은 그렇지 않으니 비록 향당에서 천거했을지라도 사람을 선택하는 숫자가 고르지 않다. 또 태학을 만들어 이익으로 사람을 꾀는 한 갈래 길을 내고, 감시(監試)·조시(漕試)·부시(附試)를 만들어

---

135 『주자어류』 권109.
136 「학교공거사의(學校貢擧私議)」, 『주희집』 권69, 3632~3633쪽.

속이고 감추는 지름길이 생기게 해서 어지러이 내달리며 이리저리 휩쓸리는 생각들을 나타나게 만들었다. 가르치는 이유도 이미 덕행의 실상에 근본을 두지 않고, 예(藝)라고 일컫는 것도 모두 쓸데없는 빈말이다. 정도가 심한 폐해에 이르러서는 '빈말'이란 모두 괴이하고 망령되며, 증거도 없는 것들로 한낱 학자들의 마음가짐과 뜻을 무너뜨리기에나 적당한 것일 뿐이다. 이런 까닭으로 인재는 날로 드물어지고 풍속은 날로 부박해지며, 조정과 주현에는 매번 의심스러운 일이 일어날 때마다 공경대부와 관리들 및 온갖 서리들은 깜짝 놀라 서로 돌아보면서 무엇을 내놓아야 할지 알지 못한다. 이 또한 그 가르침의 득실을 증명하고 있다 할 것이다."[137] 이런 상황에 비추어 주희는 학교의 관건을 잘 처리하는 것은 교도하는 관리를 잘 가려 뽑는 데 있다고 생각하였다. 그는 말하였다. "학교에서는 반드시 진실한 도덕을 갖춘 사람을 뽑아 학관으로 삼아서 진실한 배움을 추구하는 선비들이 오도록 해야 한다. 해액(解額)과 삼사의 선발을 남발하는 은사를 재단해서 줄임으로써 이익으로 유혹하는 길을 막아야 한다. 옛 태학은 사람을 가르치는 것을 주로 했고, 이로 인해 선비들을 불러 모았다. 그러므로 선비들이 (태학에) 온 것은 의로움 때문이었지 이익 때문이 아니었다."[138] "덕행"과 "도예(道藝)"가 있는 현명한 유자의 가르침 아래에서 학교에서는 비로소 "실제로 쓰일 수 있고 빈말만 하는 폐단이 없어질 것이다. 실질적인 학문을 하게 되어 쓰이지 않을 수 없는 재목이 되는"[139] 인재를 양성해내어 국가정권의 관리에 참가시킬 수 있다.

둘째, "시부과(詩賦科)를 폐지하고, 여러 경·자·사·시무로 나눈다." 주희는 사부를 빈말만 하는 허물로 가르쳐 사(士)를 취하는데 무익하다고

---

137 위와 같음, 3633쪽.

138 위와 같음, 3640~3641쪽.

139 위와 같음, 3640쪽.

생각하였다. 이 때문에 없애버려야 한다고 주장하였다. "오늘날의 시부(詩賦)는 실제로 쓸모가 없어"[140] 경·자·사·시무를 배워야 한다고 하였다. "경"은 성인의 말씀으로 배워야 하며, "자"는 성인에게서 나와 각기 장점이 있으니 배우지 않을 수가 없다. "사"는 예와 지금의 흥망치란과 득실의 변화를 알 수가 있으며, "시무"는 예악의 제도와 천문·지리·병모(兵謀)·형법 등이다. "모두 당세에서 필요한 것으로 빠뜨릴 수가 없어 익히지 않을 수 없는 것이다."[141] 천하의 사(士)로 하여금 각기 『오경』의 대의에 통달하게 하여야 한다. 주희는 3년에 한 과(科)를 시험하고 아울러 3년 전에 두루 알게 하여 천하의 사가 3년 안에 한 과를 통달하게 하도록 창도하였다. "『역』·『서』·『시』를 하나의 과로 하여 자년(子年)과 오년에 시험을 치고, 『주례』·『의례』 및 두 대(戴)의 『예』(『大戴禮』와 『小戴禮』를 말함)를 하나의 과로 하여 묘년에 시험을 치고, 『춘추』 및 삼전(三傳)을 하나의 과로 하여 유년에 시험을 친다. 여러 경은 모두 『대학』과 『논어』·『중용』·『맹자』를 겸한다. 논하면 제자(諸子)를 네 과로 나누고 해를 나누어 거기에 덧붙인다."[142] 이렇게 두루 시행하여 다시 시작하면 몇 년 후에는 경·사·자·시무에 능통하게 될 것이다. 시부를 가지고 시험을 치면 문풍을 허물어뜨리게 된다. 고시과목을 개혁 변화시켜 이렇게 경학을 이해하게 되면 문풍은 절로 변하게 될 것이다.

---

140 『주자어류』 권109.

141 「학교공거사의」, 『주희집』 권69, 3637쪽.

142 위와 같음, 3637쪽. 『주자어류』 권109에서는 이렇게 기록하였다. "을묘년(1195)에 선생은 「과거사의」 한 통을 지어 내게 보내 주셨기에 내용을 볼 수 있었다. 큰 줄거리는 3년 전에 분명하게 다음번 과거 시험에서는 어떤 경, 어떤 자, 어떤 사로 선비들을 시험 보겠다고 밝혀야 한다는 것이었다. 대의의 경우 한 통마다 600자를 쓰게 하고, 그 나머지 두 번의 시험에서는 또한 (분량을) 각기 달리하도록 한다는 것이었다. 그다음에는 또 미리 몇 년에 시험을 치르고, 따로 어떤 경, 어떤 자, 어떤 사에서 선비를 치르겠다고 알려야 한다는 것이다. 이렇게 하는 것은 각각의 시험을 거치면서 선비들이 정통하기를 바라서였다."

셋째, 태학(太學)의 해액(解額)을 줄여서 여러 주 가운데 해액이 적은 곳에 분포시킨다. 지방 주군의 해액이 너무 적고 고시에 참가하는 사람은 많으며, 태학의 해액은 많은데 고시에 응하는 사람은 적어 시험에 합격할 기회가 크다. 이 때문에 많은 사람이 태학에 가서 공부할 방법을 생각하여 "분경(奔競)의 폐단"을 조성하였다. 여러 주의 해액을 고르게 하고 태학의 해액을 조금 줄인다면 사인(士人)이 모두 본주와 본군(本軍)에 모여 시험을 칠 것이니 어찌 태학에 가서 시험을 보려 하겠는가? 다른 주군(州軍)에는 해시(解試) 하나의 길뿐인데 "태학에는 (시험과) 함께 삼사에서의 선발[舍選]이라는 지름길도 있어서 교묘한 지혜로 경영할 수 있기 때문이다."[143] 벼슬길이 넓고 또한 사인들이 향리의 시험을 불안하게 여겨 태학으로 달려가는 원인이다. 주희는 "사선(舍選)"과 "지교(智巧)"를 막고 성시(省試)에 참가하는 것으로 통일시키자고 주장하였다.

송대에서 과거제도를 실행한 결과 중앙정권은 직접 사람을 등용하는 큰 권리를 장악하여 관원을 임용하고 면직하며 조발하고 파견하는 권력을 중앙으로 거두어들여 주객이 전도되는 상황을 방지하였다. 주희가 법의 폐단과 시폐, 과거제도의 폐단을 보고 폐단을 보완할 구제 방안을 제기하였음에도 불구하고 그의 개혁에 대한 바람은 결코 그다지 크지 않았다. "천하의 일은 큰 것을 바로잡는 것은 어렵지만, 학교에서 작게 바로잡는 것 같은 것은 반드시 가능할 것이다."[144] 심지어 "큰 곳을 바르게 하지 못하면" 국가에 대한 근본적인 제도를 움직일 수 없다고 생각하였는데, 이것이 주희 정치학설의 종지이다.

---

143 「학교공거사의」, 『주희집』 권69, 3634쪽.
144 『주자어류』 권109.

제12장

이욕과 의리
삼강오상

○

利欲義理 三綱五常

주희의 철학에서 도덕철학은 중요한 지위를 차지하고 있다. 총체적으로 말해서 주희의 철학은 도덕 형상학이라고 말할 수 있다. 도덕 형상학은 또한 왕왕 정치·철학·종교와 서로 결합하며, 또한 철학·종교로 하여금 도덕적 형식을 갖추게 하여 중국철학의 특색을 구성한다.

주희는 도덕에 대하여 규정하였다. "지극한 덕과 지극한 도이다. 도는 사람들이 함께 말미암는 것이고, 덕은 자기 혼자 얻는 것이다."[1] 도는 모든 사람이 공동으로 경유하는 길로, 곧 공동으로 준수하는 규칙이다. 덕은 "이 이치를 분명히 알면 몸에서 터득을 하는데, 이를 일러 덕을 굳게 지킨다고 하는 것이다."[2] 모든 사람은 모두 공동으로 준수하는 규칙을 명백히 하여 실천을 해나가야 한다. 진순(陳淳)은 해석하여 말하였다. "도는 천지간의 본연의 도이며, 사람이 공부를 하는 곳을 논하는 것이 아니다. 덕은 곧 사람이 공부하는 곳을 논한다."[3] 도는 모든 윤리도덕의 관념과

---

1 『주자어류』 권6.
2 『주자어류』 권34.

규범으로, 그것은 본연적으로 천지 사이에 존재하며 결코 사람이 수양과 공부를 통하여 도에 대해 실천하는 것을 가리키는 것이 아니다. "덕은 이 도를 행하여 실로 내 마음에서 얻는 것이 있는 것이므로 덕이라고 한다."[4] 도덕이 함축하고 있는 내용은 "도는 예와 지금에서 함께 말미암는 이치이다. 이를테면 아버지의 자애로움과 아들의 효성스러움, 임금의 인자함, 신하의 충성됨은 공공의 도리이다. 덕은 이 도를 자신에게서 얻는 것이니, 임금은 반드시 인자하고 신하는 반드시 충성하는 것과 같은 일은 모두 자신에게서 스스로 얻어야 비로소 그와 같을 수 있다. 요(堯)는 이 도를 닦아서 요의 덕을 이루었고 순(舜)은 이 도를 닦아서 순의 덕을 이루었다."[5] 자(慈)·효(孝)·인(仁)·충(忠) 등 공공의 도리나 예와 지금에서 함께 말미암는 도와 반드시 인하고 반드시 충(忠)한 덕으로 윤리도덕을 이른다.

1. 천리와 인욕의 관계

이와 욕은 윤리도덕과 물질욕망 사이에 관계가 있는 문제이다.[6] 주희의 심성정(心性情) 학설은 이·욕과 서로 결합할 뿐만 아니라 또한 윤리도덕에 제공한 이론적 근거이다. 사람이 품부 받은 성은 곧 천리이며, 성과 비슷한 심 또한 천리와 인욕의 주인이다. 심에는 도심과 인심의 다름이 있고, 또한 천리와 인욕의 구별이 있다. 그는 말하였다. "심이 주재하는 것에는 또한 천리와 인욕의 다름이 있고, 두 가지가 한번 나누어지면 공

---

3 「덕(德)」, 『북계자의(北溪字義)』 권 하.

4 위와 같음.

5 『주자어류』 권13.

6 졸저 「이욕론(理欲論)」, 『중국철학범주발전사·인도편(中國哲學範疇發展史·人道篇)』, 중국인 민대학출판사 1995년판, 270~272쪽을 보라.

사(公私) · 사정(邪正)이 갈라진다."[7] 심 또한 주희의 이욕을 대변하는 기초가 되었으며 그는 심성에서 출발하여 천리 인욕의 논증을 전개했다.

1) 천리와 인욕은 선악의 마음이다

이욕(理欲)은 대대로 무수한 철인 지사(智士)의 관심을 끌어온 적이 있는 문제이다. 선진의 공맹(孔孟)과 순자(荀子) 사이에 한 차례 논쟁이 있었다. 공맹은 이(理)를 중시하고 욕을 경시하였으며, 순자는 사람의 정당한 욕망을 긍정하여 의리(義理, 禮)에 대한 공담을 반대하였다. 양한 때는 이욕 및 양자의 관계에 대하여 동중서(董仲舒)와 왕충(王充) 등의 사이에 상이한 해석이 있었다. 위현(魏玄) 때는 사상계가 현(玄)을 중시하기는 했지만 이욕에 대해서도 매우 관심을 가졌다. 왕필(王弼)은 노자를 계승하여 무욕(無欲)을 주장했다. 배외(裴頠)는 물욕에 만족해야 한다고 주장하면서도 사욕에 빠지는 것을 반대하였다. 양송 시기에 이욕은 매우 두드러진 윤리도덕의 핵심문제가 되었다.

주희는 제가의 이욕에 대한 논쟁의 득과 실을 총결하여 유가의 이욕관을 융합하고 관통하여 천리를 밝히고 인욕을 멸해야 한다는 주장을 천발하였다. 『어류』에서는 기록하였다. "공자의 '자기의 사욕을 이기고 예를 회복한다.(克己復禮)'라 한 것과 『중용』의 '중과 화를 이루고' '덕성을 높이고, 학문에 말미암는다.'와 『대학』의 '밝은 덕을 밝힌다.', 『서경』에서 '인심은 위태롭고, 도심은 은미하다. 오직 정밀하고 한결같이 하여 진실로 그 중용을 잡아라.'라고 한 성현의 수많은 말씀은 단지 사람들이 천리를 밝히고 인욕을 없애게 하려는 것이다."[8] 공자와 『중용』· 『대학』· 『상서』의

---

7 「신축연합주찰(辛丑延合奏札) 2」, 『주희집』 권13, 514쪽.
8 『주자어류』 권12.

사상이 하나의 점으로 귀속되었는데, 곧 "천리를 밝히고 인욕을 멸하는 것"이다. 그들은 명확하게 천리와 인욕을 명(明)과 멸(滅)이라는 대립적인 것으로 이해하였다. 『예기』「악기(樂記)」의 작자가 아직도 자각적으로 인욕을 멸하는 것을 천리를 보존하는 전제 조건으로 삼지 않았다고 한다면 주희는 이 문제를 자각적인 고도까지 끌어올렸다.

주희는 천리가 내포하고 있는 것에 대하여 이렇게 규정한 적이 있다.

첫째, 천리는 삼강오상이다. 주희는 말하였다. "천리란 무엇인가? 인·의·예·지가 어찌 천리가 아니겠는가? 군신·부자·형제·부부·붕우가 어찌 천리가 아니겠는가?"[9] 사덕(四德)은 천리로 "인의는 천리의 자연스러운 것이다. 인에 머물고 의에 말미암아 천리를 따라 부득불 그렇게 되는 것이다."[10]라는 말이다. 인의는 천리의 자연스러운 것이다. 인이 혼연한 천리라면 천리를 따르는 것은 곧 의로, "의(義)는 천리가 마땅한 것"[11]이다. "예(禮)는 천리의 절문(節文)"[12]이다. 마땅한 것은 절문 등이 모두 천리가 존재하는 형태이다. 천리는 사덕으로 표현될 뿐만 아니라 오륜으로도 체현된다. "부자와 형제·부부는 모두 천리의 자연스러움으로, 사람은 모두 스스로 애경을 알지 않음이 없다. 군신은 비록 천리이지만 의(義)로 합치된다."[13] 아비는 인자하고 자식은 효성스러우며, 형제가 우애 있고 부부가 공경하는 것은 모두 천리가 자연스레 그런 것이다.

둘째, 천리는 선(善)이다. "성은 곧 천리로 선하지 않은 적이 없었다."[14] 천리는 이미 인의예지의 사덕으로 규정하였는데 자연히 선한 것이다.

9 「답오두남(答吳斗南)」,『주희집』권59, 3045쪽.
10 『맹자혹문(孟子或問)』,『사서혹문(四書或問)』.
11 「이인(里仁)」제4,『논어집주(論語集注)』권2.
12 『주자어류』권6.
13 『주자어류』권13.
14 「고자장구(告子章句) 상」,『맹자집주(孟子集注)』권11.

"이는 곧 천리이니 또한 어찌 악함이 있겠으며, 맹자가 말한 성이 선하다는 것은 곧 모두 이가 선하다는 말이다."[15] 그러나 이정(二程)은 "천하의 선악은 모두 천리이다"라 말한 적이 있어서 이에 제자들이 이 문제를 제기하였다. 주희는 대답하였다. "측은하게 여기는 것은 선이지만 측은하게 여기지 말아야 할 곳에서 측은하게 여긴다면 곧 악이다. 굳세게 판단하는 것(剛斷)은 선이지만 굳세게 판단해서는 안 되는 곳에서 굳세게 판단한다면 곧 악이다."[16] 측은과 강단(剛斷)은 본래 선한 것이며, 측은과 강단의 부당함이 곧 바뀌어 악이 된다. 여기서 말한 "부당"함은 곧 "과(過)와 불급(不及)"이다. "물었다. '선악이 모두 천리라고 하는 것은 어째서입니까?' 말하였다. '이것은 그 과한 것을 가리켜 말한 것일 뿐이다. 측은지심이 인의 단서라는 것은 본래 선이다. 그러나 과하게 되면 고식(姑息)에 이른다. 수오지심이 의로움의 단서라는 것은 본래 선이다. 그러나 과하게 되면 잔인(殘忍)함에 이른다. 그러므로 그 아래 구절에서 (정자는) 스스로 악이라고 하는 것은 본래 악이 아니다. 다만 과하거나 불급하면 바로 이렇게 된다고 한 것이다.'"[17] 측은과 수오는 본래 인과 의의 단서로 본래는 선한 것이다. 그러나 과하게 되면 곧 고식함과 잔인함을 낳게 되어 악으로 바뀌게 된다.

셋째, 천리는 마음의 본연이다. 주희는 말하였다. "대체로 천리란 이 마음이 본래 그러한 것으로, 이것을 따르면 마음이 공정하고 바르게 된다."[18] "마음이 본래 그러한 것"은 마음이 아직 사려의 싹과 사물을 만나 느낀 때가 아직 발하지 않은 상태를 가리킨다. 이때는 마음속이 혼연히

---

15 『주자어류』 권95.

16 『주자어류』 권97.

17 위와 같음.

18 「신축연화주찰 2」, 『주희집』 권13, 514쪽.

천리여서 실올 하나의 인욕도 섞이지 않았다. 마음이 물욕에 막히어 끌려가면 본래 스스로 높고 밝은 마음의 본래 그러한 것을 잃게 된다. 마음이 본래 그러한 것은 곧 천리이다.

천리는 삼강오상이며, 마음이 본래 그러한 것으로 선하다. 다만 천리는 아직 순수하지 못함이 있다. "천리가 순수하지 못하면 선을 실천하면서 언제나 그 역량을 다 채우지 못하고, 인욕을 다 없애지 못했기 때문에 악을 물리치면서 언제나 그 근원을 없애지 못하는 것이다."[19] 천리가 순수하지 못하면 선을 하면서도 그 역량을 확충할 수 없고, 인욕을 다 없애지 못하여 악의 근원을 제거할 수 없다. 사람들이 "천리를 순수하게 하고", "인욕을 다 없애려 하면" 바로 천리를 확충시키고 인욕을 다 없애야 한다.

인욕에 대한 내포를 주희는 또한 이렇게 규정하였다.

첫째, 인욕은 악한 마음이다. 주희는 말하였다. "사람들이 물욕에 어둡게 가리면 곧 악한 마음이고, 그것이 회복된 다음이라야 본연의 선한 마음을 볼 수 있게 된다."[20] 악한 마음은 무엇인가? 선의 반면, 구체적으로 말하여 곧 천리와 측은, 수오지심의 반면이다. "처음에는 본심 그 자체로 다 좋았으나, 이윽고 대부분이 이해를 따지는 것에 의해 가로 막히게 된 것이다. 예를 들어 사람을 죽이고 해치는 일은 절로 측은히 여기는 마음과 반하니, 절로 천리와 반하는 것이다."[21] 측은은 천리로 선하며, 죽이고 해치는 것은 측은지심의 반면으로 악한 마음이다. 처음에는 모두가 천리와 측은·수오에서 출발하지만 타당과 부당, 바르고 반하는 차이가 있다. 타당함과 바름은 곧 측은과 수오·천리로 선이며, 부당과 반함은 곧 "죽

---

19 「무신연화주찰 5」, 『주희집』 권14, 539쪽.
20 『주자어류』 권71.
21 『주자어류』 권97.

이고 해치는 악은 처음에 수오에서 발하고, 음행에 빠지고 탐욕스러운 악은 처음에 측은에서 발한다."²² 이는 섭하손(葉賀孫)이 질문한 말인데 주희는 "이렇게 말하는 것도 좋다."라 생각하였다. 이 의의에서 말하면 선악은 원래 처음에 발하는 것이 모두 천리이며, 다만 과와 불급이 있기 때문에 악한 인욕이 있다.

둘째, 인욕은 마음의 열병이다. 주희는 말하였다. "인욕은 마음의 열병으로, 이를 따르면 마음은 사사로워지고 사악하게 된다. …… 사사롭고 사악하게 되면 힘들고 날로 졸렬해진다. 그 효과가 국가의 치란과 안위라는 커다란 차이를 가져오는 것도 단서는 단지 한 생각의 사이에 있을 뿐이다."²³ 마음의 열병은 곧 마음의 병이 있는 것으로, 병이 있는 마음을 따라 가면 사사로움이 생기고 사악함을 가지게 될 것이다. 국가의 어지러움과 위태로움의 근원이기 때문에 마음에서 한번 생각하는 사이의 사사로움과 사악함의 표현은 인욕이다.

셋째, 인욕은 기욕(嗜欲)에 미혹된 것이다. 주희는 말하였다. "물욕에 어두워지지 않으면 혼연히 천리일 것이다."²⁴ 여기서 말한 물욕은 사람의 물질적 욕망을 가리키는 인욕이다. 그것은 "기욕(嗜慾)에 미혹되고 이해에 쫓겨서 한꺼번에 어두워진다."²⁵ 사람은 기욕이나 물질욕망에 미혹되거나 가려져 악한 마음을 낳는다.

악한 마음과 병든 마음 그리고 기욕에 미혹된 인욕은 자연히 주희에게 제거되고 없애야 하는 방면이다. 그러나 주희는 사람의 마음이 곧 사욕이라는 이정의 관념에 대하여 수정을 가하였다. 첫째, 사람의 마음은 완

---

22 위와 같음.
23 「신축연화주찰 2」, 『주희집』 권13, 514쪽.
24 『주자어류』 권13.
25 『주자어류』 권8.

전히 인욕은 아니며 양자는 동등할 수 없다. 사람의 마음에는 선이 있고 악이 있기 때문에 상지(上智)의 성인 또한 사람의 마음을 갖추고 있다. 둘째, 인욕은 욕심과 완전히 같지 않으며 양자는 섞일 수 없다. 욕심은 주희의 시야에서 사람의 물질생활에 대한 정당한 요구와 욕망을 가리킨다. 주리면 먹고 목마르면 마시는 욕망이며, 이는 모든 사람이 다 가지고 있는 것이다. 주희는 사람들이 생명 유지의 존재를 추구하는 데 필요한 물질적 욕구, 곧 긍정 욕구가 일정 한도 내에 있다는 합리성을 결코 부정하고 배척하지 않았다. 이를 바탕으로 그는 불교의 금욕과 무욕을 뭉뚱그린 주장에 반대하여 불교를 "종일토록 밥을 먹으면서 한 알의 밥알도 씹은 적이 없으며 종일토록 옷을 입고 있으면서도 한 올의 실도 걸치지 않았다."[26]라 풍자하였다. 이는 의심의 여지 없이 한 일이 선양(宣揚)과 일치하지 않으며 언행이 일치하지 않는다.

주희는 사람들의 일상생활에서 무엇이 천리이고, 무엇이 인욕인가에 대하여 설명하였다. "물었다. '먹고 마시는 사이에서 무엇이 천리이고, 무엇이 인욕입니까?' 말하였다. '먹고 마시는 것은 천리이고, 맛있는 것을 찾는 것은 인욕이다.'"[27] 이렇게 천리 중에는 음식 등의 욕망이 내포되어 있어서 불교의 금욕과는 다르다. 나아가 그는 욕심에 대하여 규정하였다. "여기서 욕심을 줄인다는 말은 마땅히 이렇게 해서는 안 되는 것이니, 사사로운 욕심 따위와 같은 것이다. 만약 배고프면 먹고 싶고 목마르면 마시고 싶은 경우라면 이러한 욕심이 또한 어찌 없을 수 있겠는가? 다만 이와 같다면 합당하다."[28] 먹고 마심은 "이와 같으면 합당하며" 합당하다는 것은 곧 응당이라는 의미가 있다. 이 욕심은 다만 반드시 인욕은

---

26 『주자어류』 권126.

27 『주자어류』 권13.

28 『주자어류』 권94(후록).

아니며, 그것은 합리적이기 때문에 천리를 포함한다. "이와 같으면 합당치 않다"는 것은 인욕이며, 요구하는 아름다운 맛이 합리적이지 않기 때문에 주리면 먹고 목마르면 마시는 필요성을 뛰어넘는다. 주희의 욕심과 인욕·물욕에 대한 분별은 이정의 천리 인욕의 변별에 대한 수정이다. 이 때문에 간단하게 욕망을 물욕, 인욕과 동일시하고 천리를 보존하고 인욕을 없애는 것을 사람의 모든 삶을 없애려는 물질적 욕망이라고 말하는 것은 주희의 원래 뜻과 맞지 않는다. 그의 정치·경제 사상과도 어긋날 것이다.

사람은 무엇 때문에 물욕이나 사욕을 가지는가?『어류』에서는 기록하였다. "'자신의 사사로움을 이기는 것에는 세 가지가 있습니다. 타고난 성품과 눈·귀·코·입의 욕심, 다른 사람과 나 자신이 그것입니다. 어느 것이 선생님께서 가리키신 것인지 모르겠습니다.' 말하였다. '세 가지가 다 포함되어 있다. 그러나 예가 아니면 보거나 듣거나 말하거나 행동하지 말라고 했으므로 눈·귀·코·입의 욕심이 비교적 많다.'"[29] 이는 다음을 말한다.

첫째는 기품(氣稟)으로, 사람이 태어나면서 품부 받은 기질의 다름을 가리키며 아울러 인욕의 사사로움이 있다. "그 기질에는 청탁(淸濁)과 편정(偏正)의 같지 않음이 있고, 물욕에는 천심(淺深)과 후박(厚薄)의 다름이 있다."[30] 목(木)의 기를 많이 품부하여 받은 사람은 온후하고 자상하며, 금(金)의 기를 많이 품부하여 받은 사람은 자상함이 적다. 이는 곧 사람의 품성은 선험적이며 사람이 나면서 이미 결정되었다는 말이다.

둘째, 이목구비의 욕심이다. 사람의 이목구비는 늘 외부세계와 접촉하기 때문에 물욕의 얽매임을 받아야 함을 면할 수가 없다. 귀는 아름답고

---

29 『주자어류』권41.
30 『대학혹문』권2, 『사서혹문』.

묘한 소리에 끌리고, 눈은 고운 색깔에 미혹되며, 코는 향기로운 냄새에 이끌리고, 신체는 편안한 누림에 도취된다. "그러나 사람에게 몸이 있으면 이목구체(耳目口體)의 사욕에 얽매이지 않을 수 없어 예를 어기고 저 인을 해치게 된다."[31] 자신을 자제할 수 없게 만들어 일정한 규범 관계가 전도되고 착란되게 하였으며 예를 위반하였고 천리를 잃어버렸다. 이치를 잃은 것은 바로 사욕에 현혹된 결과이다.

셋째, 남과 나 사이의 차이이다. 사람은 예의 같지 않은 태도에 대하여 사욕을 불러일으킨다. 공자가 안연에게 말한 예가 아니면 보고 듣고 말하고 움직이지 말라는 네 조목을 반대로 하여 예가 아닌데 보고 듣고 말하고 움직인다면 인욕에 해를 입어 인의 원칙을 위배하게 된다. 자기의 사욕을 제거할 수 있어야 "규구의 본연", 곧 예를 회복할 수 있다. 그러나 각자의 기질이 같지 않아 예를 회복하는 것 또한 같지 않으며 사욕의 다소와 후박(厚薄) 또한 같지 않다.

2) 천리와 인욕은 상대적이면서 통일된다

천리와 인욕 두 가지는 상대적이면서도 또한 서로 융합된다. 사람의 도덕 수양에서 말하면 그 목표는 인욕을 없애고 천리를 회복하여 한쪽이 한쪽의 문제를 극복하여 잡아먹는다는 의미를 내포하고 있다. 이는 대립적인 의의에서 말한 것이다.

천리와 인욕의 상대성은 공사, 시비 등의 분기를 내포하고 있다. 주희는 말하였다. "옳은 일을 함께할 때의 옳은 것[是]은 곧 하늘의 이치이고, 그른 것[非]은 곧 사람의 욕심이다. 말하고 행동하는 것을 보고 들으면 그

---

[31] 『논어혹문』 권12, 『사서혹문』.

사람과 같다. 예가 아니면 말하고 행동하고 보지도 듣지도 말라는 것이 곧 하늘의 이치이다. 예가 아닌데도 말하고 행동하고 보고 듣는 것이 바로 사람의 욕심이다."[32] 시(是)는 곧 천리이고 비(非)는 곧 인욕이다. 이 시비 관계는 "극기복례"의 기(己)와 예(禮)의 관계와 같아, "기(己)는 인욕의 사사로움이며, 예는 천리의 공정함이다. 하나의 마음에 두 가지가 나란히 서는 것을 용납지 않는다."[33] 사는 인욕이고 공은 천리여서 "무릇 한 가지 일에는 두 가지 측면이 있다. 올바른 것은 천리가 공정한 것이고, 그릇된 것은 인욕의 사사로움이다."[34] 주희의 윤리도덕 표준에 의하면 반드시 공으로 사를 이기며, 시로 비를 이겨 양자는 상대적인 형태를 드러낸다.

천리와 인욕의 상대적인 형식으로 보면 첫째, 한쪽이 한쪽과 싸워 이긴다. "사람에게는 천리와 인욕이 있을 뿐이다. 이쪽이 이기면 저쪽은 물러나고, 저쪽이 이기면 이쪽은 물러나니, 가운데 서서 나아가지도 물러나지도 않을 도리는 없다."[35] "사람의 한마음에 천리가 간직되면 인욕은 사라진다. 인욕이 천리를 이기면 천리는 없어진다."[36] 이런 천리와 인욕은 서로를 이겨 자기가 한 푼을 이기면 인욕이 한 푼 물러나고, 천리가 한 푼 물러나면 인욕이 곧 한 푼만큼 이긴다. 천리와 인욕은 승패와 진퇴의 관계로 그는 예를 들어 말하기를 이런 승패는 유방과 항우가 형양(滎陽)과 성고(成皐)에서 대치하던 것처럼 반드시 한쪽이 한쪽을 먹어 치운다.

둘째, 한쪽이 한쪽을 극복하여 "천리가 저절로 드러나고 인욕이 점차

---

32 『주자어류』권40.

33 『논어혹문』권12, 『사서혹문』.

34 『주자어류』권13.

35 위와 같음.

36 위와 같음.

사라지는 것은 물론 좋은 일이다. 그러나 한 단계를 극복하면 다시 한 단계가 나타난다. 커다란 인욕은 진실로 없어야 하지만, 미세한 인욕은 더욱 정밀하게 살펴야 한다."[37] 한 단계 한 단계 극복해나가면, 크고 보기 쉬운 인욕은 극복되어 떨어져 나가고, 미세한 것은 더 엄밀하게 살펴나가 자기의 사욕을 이기기 편하게 된다. 이것이 곧 천리이다.

셋째, 서로 소장(消長)한다. "천리와 인욕이 서로 소장하는 분수를 말한 것이다. 그 사람됨이 욕심이 적다는 것은 인욕의 분수가 적기 때문에 비록 존재하지 못함이 있더라도 적을 것이라고 하였으니 존재하지 못함이 적다면 천지의 분수가 많은 것이다. 그 사람됨이 욕심이 많다는 것은 인욕의 분수가 많기 때문에 비록 보존됨이 있더라도 적을 것이라고 하였으니 보존됨이 있는 것이 적다면 이것은 천리의 분수가 적은 것이다."[38] 이것이 사라지면 저것은 자라고 저것이 사라지면 이것이 자라며 천리가 적어지면 인욕은 많아진다. 반대로 해도 그러하여 피차간에 서로 사라졌다 자랐다 한다.

이 세 가지의 상대적인 형식은 모두 "인욕을 완전히 혁신시켜 천리를 완전히 회복하는"[39] 공부이다. 이런 "인욕을 막고 천리를 간직하는" 과정은 곧 극기복례의 과정이다. "극(克)은 이기는 것이며, 기(己)는 몸의 사욕이다. 복(復)은 되돌리는 것이며, 예(禮)는 천리의 절문(節文)이다."[40] 극기는 곧 사욕을 이겨내어 천리를 복귀시키는 것이다. 사욕을 이겨내어 일을 회복하는 일은 지극히 크기 때문에 잠시라도 서로 떨어질 수가 없다. 한 개인으로 말하면 한마음 속은 천리가 아니라 인욕으로 둘이 서로 속하지

---

37 위와 같음.
38 『주자어류』 권61.
39 『주자어류』 권13.
40 「안연(顏淵)」, 『논어집주』 권6.

않는 것이 없다.

어떻게 인욕을 완전히 이겨내어 천리를 완전히 회복하는가? 주희는 비유를 설정하여 말하였다. 백 겹을 벗길 것 같으면 한 겹에 또 한 겹을 벗겨내어 층층이 안으로 벗겨 가면 인욕을 완전히 벗겨내어 천리는 절로 밝아진다. 한 푼의 인욕을 이겨내면 한 푼의 천리를 회복하게 되는 것과 같다. 반대로 "인욕에 한 푼을 더하게 되면 천리는 한 푼이 없어진다."[41] "천리를 간직하고 인욕을 멸하는" 공부는 바로 극기복례의 공부이다.

비록 인욕을 완전히 제거하는 것이 곧 천리이기는 하지만 반드시 "천리의 절문"에 부합하지는 않는다. 이는 극기에 대하여 각종 다른 목적과 방법이 있기 때문이다. 무엇 때문에 극기는 예를 회복할 수 없다고 말하였는가? 석씨의 학문은 세고(世故)를 초월하여 마음에 거리낄 만한 것이 없어 사사로운 뜻이 있다고 말할 수 없다. 하지만 불교는 공적(空寂)을 이야기하고 실제적인 이는 보지 않았기 때문에 예나 천리를 아직 회복하지 못하였다고 하는 것이다. 도가에서는 사욕이 없다고 이야기하지만 그들은 본래 이 예가 없기 때문에 사욕을 이겨내도 텅 빈 것으로 귀착할 곳이 없다. 이렇게 "세상에는 도리어 자신을 억제할 수는 있지만, 예를 회복할 수 없는 사람들이 있는데"[42] 곧 불로(佛老)이다. 주희와 불로의 구별은 곧 주희의 극기복례에 있으면 모두가 실제적인 것이기 때문에 개괄하면 곧 불로의 공적(空寂)과 주희의 실제의 이의 차이이다.

진정으로 천리를 간직하고 예를 회복하는 데 이르려면 극기는 한계를 나눌 필요가 없다. 그뿐만 아니라 명확한 표준이 있는데 주희는 그것을 "규구준승(規矩準繩)"이라 불렀으며, 아니면 "귀착할 곳이 없다." 천리를 회복하는데도 표준이 있는데 그렇지 않으면 실제의 이로 회복하지 못한

---

41 「태극도설해(太極圖說解)」, 『주자전서(周子全書)』 권2.
42 『주자어류』 권41.

다. 극(克)과 복(復)은 무엇을 표준으로 하는가? 주희는 "극과 복의 공부는 모두 예를 표준으로 한다."[43]고 생각하였다. 예를 표준으로 삼는다는 것은 사실 당시에는 곧 군신·부자의 예와 삼강오상 등 윤리도덕이다. 반대로 하여 군신을 부자로 삼고 부자를 군신으로 삼는다면 예가 아니다. 곧 천리의 표준에 부합되지 않으며 이렇게 되면 극기를 해나가는 것 또한 헛일이다. 불로가 병폐가 되는 근원이 여기에 있기 때문에 "한꺼번에 어지러워졌다." 극기의 기준이 있어서 한 걸음 한 걸음이 모두 규구준승에 맞아떨어지게 하려면 곧 "자신의 사사로움이 이미 억제되었다면 하늘의 이치는 저절로 회복된다. 비유컨대 먼지와 때가 이미 제거되었다면 거울이 저절로 밝은 것과 같다. 기와와 벽돌을 이미 소제하였다면 집은 절로 깨끗한 것과 같은 이치이다."[44] 이렇게 극기는 곧 이를 회복시킬 수 있으며 인욕을 없애면 천리를 간직할 수 있다.

　천리와 인욕이 서로 이어져 있다는 층면에서 볼 때 주희는 천리와 인욕은 비록 상대적이고 충돌하지만 서로 편안하고 융합하여 "천리가 있으면 인욕도 있다. 생각건대 저 하늘의 이치에는 반드시 편안하게 머무를 곳이 필요하기 때문에 편안하게 머물지 못하면 곧바로 인욕이 생겨난다."[45]라고 생각하였다. 천리는 이(理)와 마찬가지로 안착할 곳을 필요로 한다. 이곳은 곧 욕심이지만 잘 안착하지 못하거나 부당하기 때문에 인욕이 나온다. 이런 의의에서 말하면 "인욕은 곧 또한 천리의 이면에서 나오며"[46] 이 때문에 양자는 서로 의존하여 함께 하나의 합체 가운데 처한다.

　천리와 인욕은 서로 의존하는 관계에 있기 때문에 "인욕의 가운데 절

---

43 위와 같음.
44 위와 같음.
45 『주자어류』 권13.
46 위와 같음.

로 천리가 있다."[47] "욕심 가운데 이가 있다는 것은" 이가 욕심에 존재한다는 뜻을 내포하고 있다. 천리와 인욕은 실로 서로를 포함하고 있으며 그 한계 또한 변별하기가 어렵다. "천리와 인욕은 기미(幾微)의 사이에 있으며"[48], "천리와 인욕에는 정해진 경계가 없다."[49] 두 가지는 한데 딱 달라붙어 있어 "천리와 인욕은 행동은 같으나 실정은 다르다"[50]는 사상을 제기하여 양자의 한계를 나누는 표준은 상대적이다. 주희의 "천리와 인욕은 한 몸", "인욕 안에 절로 천리가 있다"는 설은 깊은 사상을 포함하고 있지만 나중의 통치자들은 왕왕 주희의 "인욕을 막고 천리를 간직하는" 관념을 강조하여, 돌출되고 선양하는 둘 사이의 양립을 불용하는 방면에서 "이(理)로 사람을 죽이는" 나쁜 결과로 발전되었다. 천리와 인욕의 융합 통일의 방면은 왕부지(王夫之)와 대진(戴震) 등에 의해 발전되었으며, 중국의 자본주의의 맹아를 부르는 신시대의 목소리가 되었다.

천리와 인욕의 변별은 사람의 행위규범과 도덕준칙을 규정하고 있다. 당시 사회의 부패에 불만을 품은 식견 있는 사(士)에 대하여 말하면 천리를 간직하고 인욕을 없애는 것은 모든 불만이 있고 반항하는 생각을 이겨나가 없애어 "이기고 이기고 또 이겨서"[51] "물을 가지고 불을 꺼러 가는 것과 같이"[52] 인욕을 이겨나가는 것을 필요로 했다. 공리학파인 진량 (陳亮) 등에 대하여 말하면 "분을 징계하고 욕심을 막아 선한 곳으로 옮겨 가고 잘못을 고치며"[53] 아울러 "순수하게 깨끗한 유학의 도로 스스로 규

---

47 위와 같음.

48 위와 같음.

49 『주자어류』 권13.

50 「양혜왕장구(梁惠王章句) 하」, 『맹자집주』 권2.

51 「극재기(克齋記)」, 『주희집』 권77, 4034쪽.

52 『주자어류』 권41.

53 『주자어류』 권94.

694

율하여야"⁵⁴ 했다. 권력을 잡고 있는 통치자에 대하여 말하면 한편 욕망을 절제하여 욕심을 방종하지 못하게 하여 큰일이건 작은 일이건 천리로 삼가 확충시켜 인욕을 삼가 이겨나가야 하며 천리와 인욕의 변별을 밝게 살펴 그것을 가지고 사무를 처리한다. 다른 한편 극기복례를 하여 "어지러움을 다스려 바른 데로 돌아가"⁵⁵ 사람의 마음을 바로잡고 기강을 밝힌다. "성인께서 '극'자를 아래에 둔 까닭은 비유컨대 서로 죽이는 것은 비슷하기 때문이며"⁵⁶, 이는 "죽이고 해치는 공부"⁵⁷이다. 이 해치는 것은 분명하게 인욕을 가리키며, 인욕을 해치는 것으로 생각하였다. 이는 인욕에 대한 부정이며 인간 욕구에 대한 적당한 긍정과 서로 충돌하는데, 이를 가지고 말하면 주희의 표현 방식에도 완전치 못한 곳이 있다.

2. 의리 도덕 가치

의리의 변(辯)은 천리와 인욕의 변과 서로 상관이 있는 도덕가치 범주로 유가의 의를 중시하고 이를 가벼이 여기는 것과 묵가의 다 같이 서로 이롭게 하는 주장이 격렬한 논쟁을 벌였었다.⁵⁸ 다만 유가의 의를 중시하고 이를 경감하는 것은 줄곧 역대 통치자들과 사상가에 의해 제창되어 "근본을 숭상하고 말엽을 억누르는" 것이 되었으며 농업을 중시하고 상업을 경시하는 정책적 이론의 기초가 되었다. 주희는 유가를 계승하여

---

54 「답진동보(答陳同甫)」, 『주희집』 권36, 1590쪽.

55 『주자어류』 권42.

56 『주자어류』 권41.

57 『주자어류』 권42.

58 졸저 「의리론(義理論)」, 『중국철학범주발전사·인도편(人道篇)』 중국인민대학출판사 1995년판, 185~187쪽을 참고하여 보라.

수정한 것이 있다. 첫째는 정부와 지방관리가 되어서는 생산을 실행하고 장려하며 황무지를 개간하고 재화를 구원하고 세금을 경감하고 요역을 가볍게 하는 것 및 국가의 재정수입 등을 늘리는 것을 시행하고 이익을 중시하여야 한다. 둘째는 모든 사람의 도덕 수양으로써 말한 것으로 의를 중시하고 이를 가벼이 여겨 도덕의 소질을 재고시켜야 한다. 양자는 섞여 하나가 될 수 없다.

1) 의(義)는 마땅한 것이고 이(利)는 욕심이 있는 것이다

의와 이의 관계는 도덕철학의 가치 관념이다. 주희는 말하였다. "인의는 인심의 고유한 것에서 근원 하였으니 천리의 공이요, 이심은 남과 내가 서로 나타남에서 생겼으니 인욕의 사사로움이다."[59] 의는 선천적으로 고유한 것이며 천리의 공적인 도덕 가치이다. 이는 후천적인 물아 관계의 비교, 욕망과 이기적인 도덕적 가치에서 비롯된다.

주희는 이정의 의리설을 계승하여 34세 때 「여연평이선생서(與延平李先生書)」에서 말하였다. "의리의 설은 곧 유자의 첫 번째 뜻이다."[60] 그러나 의리에 대한 체험은 분명하지 않다. 그는 백록동서원을 중건하고 「학규」를 세웠다. 동중서의 "그 의를 바르게 하고 그 이익을 도모하지 않으며, 그 도를 밝히고 그 공로를 따지지 않는다."는 말을 인용하여 "일을 처리하는 중요한 것"으로 삼았을 때 그 의리 이론은 이미 계통이 되었다. 그 사이 주희는 육구연(陸九淵)에게 백록동서원에서 강론해줄 것을 청하였다. "군자는 의에 밝고, 소인은 이에 밝다.(君子喩於義, 小人喩于利)"는 강론에 주희 및 그의 제자들은 모두 매우 감동하였다. 주희는 전인의 사상을 정

---

59 「양혜왕장구 하」, 『맹자집주』 권2.
60 「여연평이선생서(與延平李先生書)」, 『주희집』 권24, 1019쪽.

리하여 합쳐 의에 대하여 규정하였다.

첫째, 의는 "천리의 마땅한 것이다."[61] 『어류』에서는 해석하기를 "의(義)는 의(宜)이다. 군자는 이 일이 마땅히 이와 같아야 하고, 저 일은 마땅히 저와 같아야 한다는 것을 보면 다만 그 마땅함을 재단해서 처신할 뿐이니, 어찌 이로움이 없겠는가? 군자는 다만 의로움만을 알 뿐 아래의 이로운 측면에 대해서는 더 이상 알지 못한다."[62]라 하였다. 의(宜)는 곧 이 일은 이렇게 합당하고 저 일은 저렇게 합당하다는 것을 가리킨다. "합당"은 곧 "응당"이나 "해야 하는 것"이다. "천리의 마땅한 것"은 곧 천리의 마땅히 해야 할 것으로 의에 부합하는 것이다. 관리는 청렴하고 부지런해야 하는데, 이것이 곧 천리의 마땅함에 부합하는 것이다. 이는 "마땅한 이(理)"라고 할 수 있다. 의(義)는 "천리의 마땅함"으로 규정되는데 "마땅한 이"로 규정된 것과는 무슨 구별이 있는가? "다만 마땅하게 처하는 것이 바로 의이다. 마땅한 이나 이의 마땅함은 모두 마찬가지이다."[63] 다만 문장으로 표현하는 방식이 같지 않을 따름이다.

둘째, 의는 마음을 제재하는 것이다. 주희는 말하였다. "의(義)는 마음을 제재하는 것이고, 일의 마땅함이다."[64] "마음을 제재하는 것"은 의의 본체를 가리켜서 말한 것이다. "일의 마땅함이 비록 밖에 있을지라도 그 의를 제재하는 까닭은 마음에 있다."[65] 마음을 주체하는 의식에서 도덕 가치와 가치 지향을 가리킨다. "제(制)"는 제재(制裁)로, 마음은 절로 이 제재를 가지고 있으며, 마음의 "일의 마땅함"에 대한 제재를 가리킨다. "모든 사람

---

61 「이인(里仁) 제4」, 『논어집주』 권2.

62 『주자어류』 권27.

63 위와 같음.

64 「양혜왕장구 상」, 『맹자집주』 권1.

65 『주자어류』 권51.

이 그 본심을 얻어 모든 일을 제재한다면 합당하지 않은 것이 하나도 없을 것이니 아무리 어려워도 구제하지 못하겠는가?"[66] 의로운 마음으로 모든 일을 제재한다면 아무리 어려운 일이라도 구제하지 못하고 이루지 못할 일이 없을 것이며 그렇지 않다면 나라는 망하고 몸은 죽게 될 것이다.

의는 실로 사람의 마음에 본디 있는 것으로 선험적인 인의의 마음이다. 그것은 군자라면 갖추고 있는 것으로 소인은 왕왕 갖추지 못한다. 의와 상대되는 것은 이(利)로 주희는 이에 대해서도 규정하였다.

첫째, 이는 "인정(人情)이 하고자 하는 것이다."[67] 인정이 하고자 하는 것은 소인이 따지는 것으로 "소인은 다만 이해만 따져서 이렇게 하면 이롭고 저렇게 하면 해롭다고 한다."[68] "군자의 마음은 빈 채로 맑고, 훵하니 뚫렸기 때문에 의로움을 분명하게 아는 것이다. 소인은 다만 이익을 비교하고 계산하면서 조금이라도 이로운 것이 있으면 저절로 아는 것이다."[69] 이(利)는 소인이 다만 자기 개인에게 유리한지 불리한지 따지기만 하고 의리는 돌아보지 않는 것이다. 여기서 말한 "인정이 하고자 하는 것"은 이목구비와 사지의 욕망을 가리키는 것으로 육체의 감성과 정욕의 추구를 만족스럽게 생각하는 것이다. 소인은 감성과 정욕을 만족하게 여기고 예의와 염치는 돌아보지 않는다. 주희는 예를 들어 말하기를 이(李) 아무개가 권세와 이익을 따져 도학이 세력이 있을 때는 글을 올려 도학이 매우 좋다고 하다가 승진을 하자 반대로 도학은 매우 나쁘다고 하였다고 했다. 이를테면 길에서 어떤 사람이 금을 떨어뜨렸는데 군자는 다른 사람의 것이니 함부로 취할 수 없다 하고, 소인은 이익이라고 생각하여 취한다. 군

66 「송장중륭서(送張仲隆序)」, 『주희집』 권75, 3936쪽.
67 「이인 제4」, 『논어집주』 권2.
68 『주자어류』 권27.
69 위와 같음.

자는 의를 따져서 얻으면 안 되는 것은 취하지 않고, 소인은 마땅하거나 마땅하지 않거나 이로우면 취한다. 이는 응당과 불응당, 의(宜)와 불의(不宜)의 도덕 원칙이다.

둘째, 이(利)는 인욕의 사사로움이다. 주희는 이는 "인욕의 사사로움으로", "이를 구하여도 얻지 못하고 해가 이미 따른다."[70]고 생각하였다. 인욕의 사사로움은 인욕을 만족시켜주어 스스로 사사로이 이롭게 여기는 것을 가리킨다. 이는 주체의 수요를 만족시키는 물욕의 가치로 극복이 필요하다. 다만 이에는 공리(公利)와 사리(私利)의 구별이 있어서 "세상의 크고 올바른 도리로 일을 처리하면 곧 공정하게 되고, 자신의 사사로운 뜻으로 처리하면 사사롭게 된다."[71] 곧 어떻게 사건을 처리하는가 보는 것이다. 이는 인욕의 사사로움으로 그 내원은 태생적인 기품(氣稟)의 제약에서 말미암은 것이다. 기품에는 원래 혼탁의 측면이 있어서 인욕의 사사로움과 서로 결합하기 때문이다.

의리의 변별을 밝히면 충분히 "천자에서 서인에 이르기까지 그 본심을 얻어 만사를 제재할 수 있다."[72] 모든 사람이 천리의 마땅함을 삼가 지켜 얻지 않아야 할 각종 이를 추구하지 않아 의리로 사회의 각종 모순을 조정한다.

2) 의를 중히 여기고 이(利)를 가벼이 여겨 오직 이(理)를 따른다

의를 중히 여기고 이(利)를 가벼이 여김은 주희가 남송 공리학파 학설의 전파에 의를 중히 여기고 이를 가벼이 여기는 것을 실천함에 어김이

---

70 「양혜왕장구 상」, 『맹자집주』 권1.

71 『주자어류』 권13.

72 「송장중륭서」, 『주희집』 권75, 3936쪽.

있는 것에 비추어 더욱 강조한 것이다. 주희는 절중(浙中)에 있을 때 붕우들 사이에서 "의리와 이해는 다만 하나의 일로 변별할 수 없다고 대놓고 말하니 매우 놀라워할 만하다. 당시에도 변론한 적이 있지만 자못 서로 이해하지 못함을 느끼고 맹자와 동자(董子, 仲舒)의 말을 예로 들어 배척하는 지경에 이르렀다. …… 나는 오늘날의 병폐는 오직 이 점이 크다고 생각한다."[73]라고 논했다. 그는 공리학파를 병폐로 여겨 맹자와 동중서의 사상을 위배하였다고 생각하였으며, 절학(浙學)이 오로지 공리만 이야기하여 "학자들이 익히면 바로 효과가 나타날 것"[74]이라고 인정하였다. 효과가 있으면 무엇 때문에 근심을 하겠는가?

이 때문에 주희는 두 방면에서 의를 중히 여기고 이를 가벼이 여기는 전통의 회복에 착수하여 절학의 영향을 타파했다. 한 방면에서 그는 동중서의 "의를 바르게 하고 이를 도모하지 않으며 도를 밝히고 공을 따지지 않는다"는 학설을 극력 추숭하여 「백록동서원학규」를 지어 학생을 교육시켰다. 주희는 의를 바르게 하고 도를 밝히는 데 대하여 이렇게 발휘하였다. "그러나 내가 가만히 듣자 하니 옛 성현이 다스림을 말할 때마다 반드시 인의(仁義)를 우선시하고 공리(功利)를 급선무로 여기지 않았다. 어찌 본래 사리에 멀고 쓸모없는 말을 하여 세상을 속이고 풍속을 현혹하여 실지적 화란을 달게 받겠는가?"[75] 인의를 이야기하는 것을 우선으로 여겼다. 이는 결코 우활하여 쓸모없는 공담이 아니며 공리를 급선무로 여겨 화로 여긴 것이 아니다.

주희는 한 걸음 더 나아가 의를 중히 여기고 의를 가벼이 여기는 사상을 이(理)와 연계시켜 형상학이 되는 데 대하여 논증하였다. "대체로 사사

---

73 「답석천민(答石天民)」, 『주희집』 권53, 2681~2682쪽.
74 『주자어류』 권123.
75 「송장중륭서」, 『주희집』 권75, 3935쪽.

로운 교활한 모략을 쓰지 않고 오직 이를 따르니, 극단적으로 말하자면, 그 옳음을 바르게 하고 그 이로움을 도모하지 않는 것이니, 이 역시 졸(拙) 할 따름이다."[76] 그는 군자의 학문은 이해로만 따지고 교묘한 지혜에만 사용할 수 없고 궁리하여 지켜야 하며, 오직 이만 따르고 근본으로 돌아 가야 한다고 생각하였다. 곧 의를 바르게 하고 도를 밝혀 윤리도덕이 본 체론의 논증을 얻게 하였다.

한편 엄밀하게 의리(義利)를 나누어서 하나로 섞지 않았다. 주희는 "학 문은 얕든 깊든 상관없이 반드시 의로움과 이로움을 구분해야 한다."[77]고 생각하였다. 이는 사람마다 일마다 모두 의리를 분변하여야 한다는 말이 다. "비유하자면 한 집안의 일을 처리할 때는 선함을 취하고 악함을 버리 며, 한 나라의 일을 처리할 때는 이득을 취하고 손실을 버리며, 천하의 일 을 처리할 때는 현명한 사람을 등용하고 어리석은 사람을 물러나게 해야 하는 것과 같다. 의심만 하면서 결단하지 못하는 사람은 끝내 아무것도 성취할 수 없을 것이다."[78] 한 집안 한 나라 천하의 일을 처리할 때는 모 두 분명하게 의리(義利)와 선악, 시비, 득실을 따지며 의심하여 결정하지 않을 수 없으니 "일에는 크고 작은 것 없이 모두 의리가 있으며" 의와 이 를 두 글자로 경계를 나누어 섞이게 하지 않아야 한다는 말이다.

주희는 이 두 방면의 논증을 통하여 의를 중히 여기고 이를 가벼이 여 기는 가치관과 윤리도덕관을 천술하였다. 의를 중히 여기고 이를 가벼이 여기는 것을 일종의 도덕 가치로 삼아 정치의 좋고 나쁨, 국가의 흥망과 직접 연관시켰다. 가치관으로 삼은 것은 사회와 사람의 가치 지향과 필 요의 선택이다.

---

76 「졸재기」, 『주희집』 권78, 4071쪽.
77 『주자어류』 권13.
78 위와 같음.

3) 의리의 구별과 의리의 공리

의리를 가치의 지향으로 삼음에는 상이한 특징을 가지고 있다. 첫째, 의가 주체적인 행위만을 추구하는 것이 "천리의 마땅함"에 부합하는가의 여부이다. 곧 당연히 그러한 이(理)와 그러해야 하는 법칙은 자기에게 이와 해가 있는지 없는지는 돌아보지 않는다. "군자는 다시 이해를 돌아보지 않고 천리가 어떠해야 하는가만 본다."[79] 이는 다만 주체 행위나 결과가 자신의 물욕적 수요를 만족시키는 것만 추구할 뿐 "소인은 다만 낮은 단계의 이(利)만 알 뿐, 다시 위 단계의 의(義)는 알지 못한다."[80]는 것의 여부를 돌아보지 않는다. 전자는 의를 추구하고 이를 따지지 않는 것이며 후자는 이만 추구하여 의를 돌아보지 않는 것이다.

둘째, 의는 다만 전력을 다하여 힘껏 구하고 주체의 자아가 이익과 공업을 획득할 수 있느냐의 유무는 따지지 않는다. 다만 행위목적과 효과의 실현만 추구하여 이를 가지고 공리를 얻는데, 실체적인 형태의 물질이익과 실체적인 형태가 아닌 명예와 지위·권리 등 객체를 포괄한다. 소인은 "왕왕 두 종류의 일에 모두 이로운 경우가 있어도, 저 일의 이로움이 조금만 더 소중하다고 생각하면 바로 그 일을 한다."[81] 소인이 관리가 되면 "그는 다만 이렇게 해야 사람들이 좋다고 할 수 있고, 남들에게 알려지는 것을 구할 수 있다고 한다."[82] 고위관직에 오르고 돈 버는 것을 추구하여 도의는 털끝만큼도 돌아보지 않는다.

주희가 보기에 의리는 상대적이지만 또한 절대 배척하지 않는다. 물욕

---

79 『주자어류』 권27.

80 위와 같음.

81 위와 같음.

82 위와 같음.

의 가치가 사람에게 없을 수 없고 의의 가치 추구 또한 공업과 이익 등 행위의 결과를 포괄하기 때문이다. 이 의의에서 말하면 의는 이를 포함하고 있다. "군자는 어떤 일에든지 마땅히 이와 같이 처신해야 하는 것을 보았다면 그 마땅한 대로 처신하니 저절로 이롭지 않음이 없다."[83] 의가 행위의 결과인 이를 포함하기는 하지만 먼저 이가 있을 수 없다. "의는 이롭지 않은 적이 없지만 먼저 이로움에 대해 말해서는 안 되고, 먼저 이로움을 구하는 마음을 가져서는 안 된다."[84] 그렇지 않으면 마음은 사악한 쪽을 향해 가게 될 것이다. 이것이 곧 주희가 말한 "천리를 따르면 이를 구하지 않아도 저절로 이롭지 않음이 없고, 인욕을 따르면 이를 구하여도 얻지 못하고 해가 이미 따른다."[85]는 뜻이다. 이것을 가지고 주희의 의리관은 의를 숭상하고 이를 뒤로 하는 형태의 의리통일론임을 말하였다.

주희의 제자 진순은 의리의 구별을 강조하였다. 첫째, 그렇게 해야 할 것이 그렇게 되고 하는 것이 없이 그렇게 되는 것은 곧 천리의 마땅함에 부합하는 의이다. 그렇게 해서는 안 되는데 그렇게 되고 작위적으로 그렇게 되는 것은 곧 인정이 하고자 하는 이(利)이다. 둘째, 화재(貨財)의 이로, "사람이 살아가는 도는 빠뜨릴 수 없을 것이다. 다만 경영할 것을 경영하고 취할 것을 취하면 곧 의이다."[86] 경영해야 할 재화를 경영하지 않고 취해야 할 재화를 취하지 않는 것은 곧 의를 어기는 것이다. "속임수와 그릇된 도에서 나와 경영하고 취하지 않아야 하는데, 취하는 것은 곧 이이다."[87] 이는 곧 의롭지 못한 방법으로 취한 재화이다. 셋째, "명위(名

83 위와 같음.
84 『주자어류』 권51.
85 「양혜왕장구 상」, 『맹자집주』 권1.
86 「의리」, 『북계자의』 권 하.
87 위와 같음.

位)와 작록(爵祿)은 도로 얻어야 하며, 사사로운 뜻과 계교에서 나온 것이 아니고 얻어야 할 것을 얻었다면 곧 의이다. 만약 도로 얻지 못하고 사사로운 뜻과 계교에서 나와 얻지 않아야 할 것을 얻는 것, 작위를 팔고 천거를 사서 그릇된 도로 천거되기를 도모하고 뇌물을 밝히고 차견(差遣) 등의 일을 도모하는 따위는 모두 이(利)이다."[88] 이곳의 표준은 도이며 도는 취득하는 방법이 정당한가의 여부를 가리킨다. 이는 곧 진순이 "의와 이는 상대되는데 실은 상반된다"[89]는 것으로 의를 귀하게 여기고 이를 천하게 여기는 형태의 의리거척론(義利拒斥論)이다.

주희는 의리를 구별하는 내용은 하나는 남[人]이고 하나는 자기[己]라고 생각하였다. 『어류』에는 기록되어 있다. "혹자가 의와 이의 구분에 대해서 질문하였다. 말하였다. '다만 자기를 위함과 남을 위함을 구분할 따름이다.'"[90] 자기를 위하면 인욕의 사사로움이고, 남을 위하면 천리의 공정함이다. "사람에게는 단지 공적인 것과 사적인 것이 있고, 세상에는 단지 사악함과 올바름이 있을 뿐이다."[91] 천리인욕과 공사사정을 분별하여 의리의 변별을 밝힐 수 있었다. 일에 임하여도 공부만이 이를 수 있으며, 의리의 정함 또한 분명하게 변별할 수 있다.

3. 삼강오상과 명교

삼강오상은 종법사회의 가장 기본적인 윤리도덕이며 또한 종법사회

---

88 위와 같음.
89 위와 같음.
90 『주자어류』 권13.
91 위와 같음.

의 질서를 유지하는 중요한 기둥이다. 주희는 천리와 삼강오상을 연계하여 설명하였다.

첫째, 삼강오상은 내용적인 측면에서 이야기하면 "삼대가 서로 계승하여 모두 그대로 따라 바꿀 수 없어서"[92] 근원이 멀고 길다. 둘째, 삼강오상을 천리의 범주에 넣어서 이(理)를 천리(天理)로 생각하였다. "그것을 펼치면 삼강이 되고, 그 벼리는 오상이 되니 대체로 모두 이 이의 유행으로 어디를 가더라도 없는 곳이 없다."[93] 주희는 그의 제자 요자회(廖子晦)가 체험한 "부자와 군신·부부·장유가 없을 수 없는 것이니 연합(緣合)이라고 한다. …… 날마다 쓰는데 하늘의 이치가 있으면 군신·부자·부부·장유의 사이에서 응대·수작·식식(食息)·시청하는 즈음에 하나라도 이치가 아닌 것이 없으니 또한 하나도 어지럽힐 수 없다. 하나라도 어지러운 것이 있게 되면 하늘의 이치도 잃게 된다."[94]라고 한 것에 동의하였다. 이렇게 천리를 간직하는 것은 곧 다르게 변하여 삼강오상이 되고 날로 쓰는 윤상(倫常)의 실행이 된다.

1) 임금과 아비·지아비는 벼리, 충효와 절(節)

주희는 삼강에 대하여 해석하였다. "벼리(綱)는 그물의 굵은 노끈이다. 삼강은 임금은 신하의 벼리이고, 아비는 자식의 벼리이며 지아비는 아내의 벼리이다."[95] 이와 서로 적용한 것이 충·효·절 등의 윤리도덕 규범이다.

---

92 「위정(爲政) 제1」, 『논어집주』 권1.
93 「독대기(讀大紀)」, 『주희집』 권70, 3656쪽.
94 「답요자회(答廖子晦)」, 『주희집』 권45, 2167~2168쪽.
95 「통서·악 상해(通書·樂上解)」, 『주자전서』 권9. 「위정 제2」, 『논어집주』 권2에도 보임.

아비가 자식의 벼리라는 것은 삼강오상의 기초이다. 종법사회에서 가정은 생산의 기본단위이자 국가를 구성하는 가장 기본적인 세포이다. 이 때문에 유가에서는 제가(齊家)를 치국(治國)·평천하(平天下)의 중요한 조건으로 삼았다. 아비는 가정의 가장으로 최고의 권력을 갖추고 있으며 그는 소농 경제의 생산지휘자이자 분배의 결정자이다. 어떤 부친의 의지를 위배하거나 그의 권위를 촉범하는 행위도 모두 불효로 인정되며 "용서받지 못할 열 가지 악행"의 대죄에 속한다. 이 때문에 자녀는 가장에게 절대복종해야 하며, 아비가 자식에게 죽으라 하면 자식은 죽을 수밖에 없다. 가장에게 허물이 있더라도 자녀는 목소리를 낮춰 부드럽게 말해야 하며 안색을 부드럽게 하여 권하여야 한다. "부모가 과실이 있으면 기운을 낮추고 얼굴빛을 화하게 하여 부드러운 소리로 간한다."[96] 부모의 심기를 거슬러 부모를 성내게 할 수 없으며 부모를 노하게 하였다면 이는 곧 자녀의 잘못이다. "(부모의) 뜻이 내 말을 따르지 않음을 보더라도 더욱 공경하고 어기지 말라는 것은 (「내칙」에서 말한) '간하는 말이 만일 받아들여지지 않더라도 더욱 공경하고 더욱 효도하여 기뻐하시면 다시 간한다.' 는 것이다."[97]

부모가 권간을 들으려 하지 않으면 "또 공경하고 효도해서 부모가 기뻐하도록 만들어야 한다. 부모가 따르기 어렵다는 얼굴과 말을 하는 것을 기다리지 않고"[98] 다시 간하여야 한다. 다시 간하였는데 "부모가 노하여 기뻐하지 않아서 매질을 하여 피가 흐르더라도 감히 부모를 미워하고 원망하지 말 것이며, 더욱 공경하고 효도한다."[99] 이는 곧 "만일 부모가 굳세

---

96 「이인 제4」, 『논어집주』 권2.
97 위와 같음.
98 『주자어류』 권27.
99 「이인 제4」, 『논어집주』 권2.

게 여쭌 대로 따르려 하지 않고, 심지어는 성내면서 피가 나도록 매질을 한다면 괴롭고 힘들다고 할 수 있겠지만 질시하고 원망하지 말고 더욱 공경하고 효도하라는 것이다. 이것은 성인께서 온 세상의 자식 된 자들에게 평소에만 부드러운 얼굴과 따르는 태도를 가질 뿐만 아니라 비록 잘못을 여쭙는 때를 맞이하더라도 마땅히 이렇게 하라고 가르친 것이다."[100]라는 말이다. 더욱 사납게 때릴수록 더욱 공경하고 효도를 한다. 완고한 아비를 만나 권간을 들으려 하지 않을 뿐만 아니라 도리어 자녀를 죽이려 한다면 자녀 된 입장에서는 고대의 효자 우순(虞舜)처럼 조금도 원망하지 않고 효도를 다해야 한다. 부모의 잘못에 대하여 자녀로서 "아버지와 자식이 서로 숨겨줌은 천리와 인정의 지극히 당연한 것이다. 그러므로 정직하기를 구하지 않아도 정직함이 그 가운데 있는 것이다."[101] 정직함과 정직하지 않음의 가치 판단은 곧 윤리도덕 가치를 법도로 삼는 것이다.

부위자강과 상응하는 윤리도덕 규범은 효이다. 주희는 효제(孝悌)가 인의 근본이라는 것을 풀이할 때 말하였다. "인(仁)은 사랑이라는 뜻이며 사랑을 행함은 효제로부터 시작된다."[102] 또 말하였다. "친친(親親)·인민(仁民)·애물(愛物), 세 가지는 인을 행하는 일이다. 친친이 첫 번째 일이므로 효제라는 것은 인을 행하는 근본일 것이다!"[103] 인과 효제의 관계를 설명하였다. 아비를 섬길 때 자식은 효도를 다해야 하고 형에게 순종할 때는 공경해야 한다. 이렇게 사랑의 이치는 상존하여 쉬지 않으며 인을 하는 근본 또한 영원히 존속한다. 주희는 효제를 부위자강을 잇는 핵심으로 삼았고 "덕의 근본"과 인을 행하는 중요한 일환으로 보았다. 그의 제자인

---

100 『주자어류』 권27.
101 「자로(子路) 제13」, 『논어집주』 권7.
102 『주자어류』 권20.
103 위와 같음.

진경(陳敬)이 "효제는 인의 근본"을 물었을 때, 그는 그림을 그려서 보여주었다.(왼쪽 그림을 보라) 그는 인을 물의 근원으로 비유하여 효제는 물결이 반드시 거치는 첫 번째 못이며, 인민은 두 번째 못, 애물은 세 번째 못이라고 하였다.[104] 효제가 인을 실행하는 중요한 내용임을 알 수 있다.

주희는 효를 이렇게 규정하였다. 첫째, "부모를 잘 섬기는 것이 효이다."[105] 어떻게 해야 부모를 잘 섬기는가? "아버지가 살아 계시면 자식이 제 마음대로 할 수 없고"[106], "부모가 살아 계시면 먼 곳에서 놀지 않는다."는 것 같은 것이다. 반걸음을 뗄 때도 어버이의 사랑을 잊지 않는다. 그렇지 않으면 겨울에는 따뜻하게 하고 여름에는 서늘하게 해드리며, 저녁에는 잠자리를 보살피고 아침에는 안부를 여쭈어 매일 문안을 올리는 예를 멀리 떠나 굳게 지킬 수 없으면 효도를 저버리게 된다. 이 때문에 먼 곳에 가서 노는 것을 효도와 불효의 표지로 삼는다. 부친이 돌아가셨을 때 "3년간 부친의 도를 고치지 않도록 해야 효성스러움을 볼 수 있는 것이니, 그렇지 않다면 행한 것이 비록 선하다 하더라도 또한 효라 할 수 없는 것이다."[107] 이것이 곧 부모를 잘 섬기는 것이 효라는 것이다.

둘째, "몸가짐을 삼가고 씀씀이를 절약하여 부모를 봉양하는 것은 서인(庶人: 백성)의 효이다."[108] 또 말하였다. "사민(士民)들을 권유해서 효제충

---

104 위와 같음.
105 「학이 제1」, 『논어집주』 권1.
106 위와 같음.
107 위와 같음. 『주자어류』 권22에도 보임.
108 「시속(示俗)」, 『주희집』 권99, 5058쪽.

신의 일을 힘껏 닦아 들어가서 부모를 섬기고 나가면 장상을 섬기며 친족들에게 돈독하고 두터이 하며 향리의 이웃과 화목하게 지낸다."[109] 주희는 국가정권의 역량과 관직을 할 때의 기회를 이용하여 이르는 곳마다 효도를 창도하였다. 그는 「시속(示俗)」·「방문(榜文)」 등의 형식을 발포하여 반포하고 시행하여 사람들에게 효도를 준수하여 위반하지 못하게 하였다. 그렇지 않으면 "역천패리(逆天悖理: 천리를 거스르고 어김)"였다. 아울러 몇몇 구체적인 문제에 대해서도 규정하였다. 부모가 돌아가시면 삼 년간 상복을 입고 삼 년 내에는 "아름다운 복장이 편치 않고 음악을 들어도 즐겁지 않으며 맛있는 것을 먹어도 달지 않고", "거친 베와 검은 삼을 입고 거친 베로 된 두건을 쓰고 삼으로 만든 요질(腰絰)을 메고 베로 만든 신을 신고 술을 먹지 말고 고기를 먹지 말며 규방에 들어가지 않아"[110] 시종 효도를 관철할 수 있어야 했다.

셋째, 효제하여 위를 범하고 난을 일으키지 않아야 한다. 효는 사회의 윤리도덕으로 주로 부모에 대하여 말한 것이다. 효제를 행하는 사회의 효과는 효자가 충신을 내어 "사람이 부모에게 효도하고 어른을 공경하면 그 마음이 화순해서 윗사람을 범하는 것을 좋아하는 이가 적으니, 반드시 난을 일으키기를 좋아하지 않는다."[111] 또 말하였다. "그 사람됨이 효제하면 반드시 유순하고 공경하며, 유순하고 공경하면 반드시 윗사람을 범하고 난을 일으키는 일이 없다."[112] 효제를 하면 그 마음은 반드시 화순하고 유순하며 공경하게 되어 윗사람을 범하고 난을 일으켜 사회의 질서를 파괴하지 않을 것이다.

---

109 「효유형제쟁재산사(曉諭兄弟爭財産事)」, 『주희집』 권99, 5059쪽.
110 「효유거상지복준예율사(曉諭居喪持服遵禮律事)」, 『주희집』 권100, 5095~5096쪽.
111 「학이 제1」, 『논어집주』 권1.
112 『주자어류』 권20.

주희는 제(弟, 悌)를 이렇게 규정하였다. "형장(兄長)을 잘 섬기는 것이 제이다."[113] 아우[弟]로서 형장을 섬기려면 형장에게 복종해야 한다. "어버이는 내가 나온 곳이고, 형은 함께 나왔는데 나보다 먼저 나온 자이다. 그러므로 어버이를 섬기며 효도하고, 따라서 뵈며 공경하는 것이 사랑이 먼저 나타나는 것으로 사람에게 더욱 절실하다."[114] 형은 함께 부모에게서 났지만 아우보다 먼저 났으니 이 때문에 형을 섬김에 공경해야 한다.

군위신강은 삼강의 으뜸이다. 황제는 종법사회의 이익이 가장 집중되고 가장 높은 대표로 지고무상의 권위와 권력을 누린다. 그의 의지는 곧 법률이고 짐은 곧 국가이다. 임금이 신하에게 죽으라 하면 신하는 죽어야 한다. 황제는 전국에 관원을 파견하고 그를 대표하여 통치를 진행한다. "주현의 관원들은 모두 조정의 정령을 봉행해야 하는데, 이미 그렇게 하지 않고 주현에 항거해서 왕법을 지키지 않으며 조정을 두려워하지 않는다."[115] 중앙에서 지방까지 왕권의 통치망을 구성하였는데, 이는 중앙집권의 통치 형식이다. 왕권은 종법사회에서 실제로는 부권의 확대이며, 황제는 늘 전국의 군부로 존숭되고 그가 파견한 모든 관원은 그의 관할구역에서 이런 부권의 대표로 간주하여 "부모관(父母官)"으로 일컬어지며, 인민의 생사여탈이라는 대권(大權)을 장악하고 있다.

주희는 군위신강에 일련의 의례제도를 제정해주었다. 「천자지례(天子之禮)」에서는 천자는 이미 "팔병(八柄)으로 신하들을 부리고, 팔통(八統)으로 만민을 부린다. 포상은 경사스럽지 않음이 없고, 형벌은 위엄이 있지 않음이 없으며, 먼 곳의 사람들이 이르지 않음이 없고, 가까운 사람들이 복종

---

113 「학이 제1」, 『논어집주』 권1.
114 『논어혹문』 권1, 『사서혹문』.
115 「용암현권유방(龍巖縣勸諭榜)」, 『주희집』 권100, 5109쪽.

하지 않음이 없다."[116]고 설명하였다. 천자의 예는 지고무상하다. 천자의 지위와 권위를 높이고자 또한 「군신복의(君臣服議)」와 「민신예의(民臣禮議)」를 제정하였으며, 의관제도에서 의례상 황제의 권위를 보증하였다. 동시에 주희는 또한 그의 부모관으로서의 권력을 이용하여 「권유문」 등을 반포하여 신민들은 일을 참고 견디며 왕법을 준수하고 왕권통치에 복종해야 한다는 등을 규정하였으며 군위신강을 구체적으로 추행하게 하였다.

군위신강의 도덕규범은 충(忠)이다. 임금을 충으로 섬기고 아비를 효로 섬기는 것은 분리할 수 없다. "그러므로 아비를 섬기는 효로 인군을 섬기면 충(忠)이요, 공경으로 윗사람을 섬기면 순(順)이다. 충과 순을 잃지 않아야 윗사람을 섬길 수 있으니, 그런 후에야 그 작록을 보존하고 그 제사를 지킬 수 있다."[117] 이는 비록 『효경』의 말이지만 주희는 실로 이 뜻에 동의하고 아울러 『효경』의 이 사상을 발휘했다. "어버이에게 효도하므로 충심으로 가히 군주를 움직이며, 형을 섬겨 공경하기 때문에 순종으로 가히 어른을 움직인다 하니, 이것이 곧 근본이다."[118] 부권은 왕권의 불가침범에 사회윤리의 기초를 다져주었으며, 충은 곧 군위신강을 이어주는 정신적 지주이자 도덕행위 규범이 되었다.

주희는 충을 이렇게 규정하였다. 첫째, "자기(의 마음)를 다하는 것을 충이라 한다."[119] 혹자는 자기의 마음을 다하는 것을 충이라 하였는데, 무엇이 "자기를 다하는 것인가?" "자기의 마음을 다하여 숨김이 없는 것이 이른바 충이다."[120] 또 말하였다. "자기를 다하는 것은 다만 자기의 마음

---

116 「천자지례(天子之禮)」, 『주희집』 권100, 3644쪽.
117 「효경간어(孝經刊語)」, 『주희집』 권66, 3459쪽.
118 『주자어류』 권20.
119 「학이 제1」, 『논어집주』 권1.
120 『논어혹문』 권1, 『사서혹문』.

을 다하여 터럭 하나만이라도 다하지 않음이 없게 하려는 것이다."[121] 마음을 다하여 숨기고 속임이 없으면 자기의 마음에 터럭 하나라도 다하지 않음이 없다. 모름지기 자기를 다하여 십분 발휘함에 이르리니, 남과 이야기할 때 반만 이야기하고 다 말하려고 하지 않는 것은 곧 불충이다. 남과 일을 도모함에 모름지기 정직하게 그에게 이 일이 합당한가의 여부를 말하면서 함에 부합하지 않으면 곧 이 일은 결코 할 수 없다고 말해야 한다. 이 일은 아마 할 수 없거나 해도 무방하다고 하여 이렇게 양다리를 걸치는 것은 충을 다하지 않는 것이다. 충을 다하는 것은 자기의 마음을 다하여 모든 사심과 사욕을 없애어 임금에게 충성하는 것이다.

둘째, "충이라는 것은 성실하여 속이지 않는 것을 이른다."[122] 성실하여 속이지 않으며 성실하면서도 곧 박실(朴實)하다. "보통사람에게 있어서는 박실하고 남을 속이지 않는 것 역시 충이라 한다."[123] 충은 곧 박실하여 속이지 않는 것이다. 신민(臣民)이 군주를 대하는 것은 아들이 부친을 대하는 것과 같다. 아들은 부친이 곧은지 곧지 않은지 따질 수 없고, 신민은 군주가 좋은지 나쁜지 따질 수 없다. 혼암한 임금을 만나더라도 신민은 우순(虞舜)이 그랬던 것처럼 효도를 다해야 하고 충의 도를 다해야 할 따름이다. 그러나 주희는 임금은 임금의 도를 다하고 신하를 예로 부려야 하며, 신하는 신하의 도를 다하여 충성으로 섬겨야 한다고 주장하였다. 군신의 상하가 둘 다 그 도를 다하면 천하는 잘못 다스려질 리가 없다.

임금에게 충성하는 도덕행위 규범을 미루어 넓혀 사물의 위에 놓는 것을 서(恕)라고 부르며 곧 "자기(의 마음)를 미루어 남에게 미치게 하는 것을

121 『주자어류』 권20.
122 『주자어류』 권27.
123 『주자어류』 권21.

서(恕)라 한다."[124] 주희는 해석하여 말하였다. "자기 몸에 베풀어 보아 원하지 않는 것을 남에게 베풀지 않음은 충서(忠恕)의 일이다. 자기의 마음으로써 남의 마음을 헤아려 봄에 일찍이 똑같지 않음이 없으니, 그렇다면, 도가 사람에게서 멀리 있지 않음을 알 수 있다. 그러므로 자기가 하고자 하지 않는 것을 남에게 베풀지 않는다."[125] 자기를 미루어 남에게 미치는 것은 곧 "자기가 하고자 하지 않는 것을 남에게 베풀지 않는 것"이다. 밥을 먹는데 내가 먹고 싶은 것을 남에게도 먹게 하고 자기가 먹고 싶지 않은 것을 남에게도 먹게 하지 않는 것이다. 자기의 마음을 남에게 미루어 미치게 하여 "자기(의 마음)를 다하는 것은 충이고 자기(의 마음)를 미루는 것은 서여서"[126] 충과 서가 서로 이어져 있다. 이 의의에서 말하면 "서는 충에서 생겨난다." 또한 "충과 서 두 가지는 떨어질 수 없으니, 바야흐로 충을 행할 때 서를 찾을 수 없으며, 서에 이르렀을 때, 충은 그 사이에 행하여진다. 자기 몸에 베풀어 보아 원하지 않는 것을 또한 남에게 베풀지 않음은 충이 아니면 할 수 없다. 그러므로 충이 없으면 서를 해나갈 수 없다고 한다."[127]라고도 할 수 있다. 사람들이 충과 서를 해내면 인의 도덕 경지에 도달하니 "충과 서를 합한 것이 바로 인이다."[128]

부위부강(夫爲婦綱)은 삼강의 중요한 내용이다. "대체로 듣자 하니 사람의 큰 차례는 부부가 함께 거처함이 삼강의 으뜸이므로 이치상 폐할 수 없다."[129] 유가는 음이 먼저고 양이 뒤인 순서를 바꾸어 양이 높고 음은 낮으며 남자는 높고 여자는 낮다고 선양하여 여자를 "남에게 복종한

---

124 『중용장구』제13장 주.
125 위와 같음.
126 『주자어류』권27.
127 『주자어류』권63.
128 『주자어류』권27.
129 「권녀도환속방(勸女道還俗榜)」,『주희집』권100, 5097쪽.

다"고 해석했다. "시집가기 전에는 부친을 따르고 시집가서는 남편을 따르고 남편이 죽으면 아들을 따른다"는 삼종(三從)을 규정하였다. 주희는 동안(同安)에서 주부(主簿)로 임직할 때 현지의 시집가는 의례를 따르지 않고 혼사를 치르는 풍속을 "짝을 끌어다 아내로 삼는 것"으로 "예전(禮典)"을 파괴하였으며, "국장(國章)"을 더럽혔다고 생각하여 "『정화오례(政和五禮)』에서 사대부와 일반서민의 결혼과 관련된 의식을 검토하여 내려 보내 준수하게 하고 엄격히 시행하도록"[130]하는 규정을 강행하였다. 나중에 「권유방(勸諭榜)」에서도 규정하여 "남녀를 모이게 하여 주야로 섞이게 해서는" 안 된다고 하였다. 부녀는 문을 나설 때조차 제한을 받아야 했다.

부위부강에 상응하는 도덕규범은 절(節: 節槪)이다. 주희는 정이의 "굶어 죽는 것은 지극히 사소하고, 절개를 잃는 것은 지극히 큰 것이다."[131]라 한 설교를 찬양하고 아울러 힘껏 미루어 행하였다. 그는 몇 차례나 지방에 "보(保)의 내에 만일 효자와 순손(順孫)과 의부(義夫) 절부(節婦)가 일의 자취가 드러남이 있다면 삼가 갖추어 품신하여 마땅히 조목에 따라 정문하고 포상하여야 한다. 가르침을 따르지 않는 자는 삼가 품신하여 들어 법에 따라 다스려야 한다."고 요구했다. "남편이 죽었는데 개가한다면 모두 은혜를 저버리는 것이다."[132]라 하여 개가는 절개를 지키지 않는 것으로 생각하여 부녀에게 정절을 지킬 것을 요구했다. "이부(嫠婦, 과부) 진(陳)씨가 수절하여 시집가지 않아서 드디어 태종 황제께서 내려주는 안부 편지를 받았고 총애하여 관리가 되는 자격과 경력으로 삼아 마을의 입구에 정려를 내리고 부역을 면제하였으니 여기에서 넉넉한 풍속의 아름다움

---

130 「신엄혼례장(申嚴昏禮狀)」, 『주희집』 권20, 801쪽.

131 『하남정씨유서(河南程氏遺書)』 권22하, 『이정집(二程集)』, 301쪽.

132 「게시고령선생권유문(揭示古靈先生勸諭文)」, 『주희집』 권100, 5099쪽.

이 다른 군에서 미칠 바가 아님을 볼 수 있다."[133] 이런 예교는 무수한 젊은 부녀자들의 몸과 마음을 학대하고, 고대의 수많은 무고한 부녀자들의 생명을 삼키고 있었다.

삼강 및 그에 상응하는 충·효·절 등의 도덕규범은 사람들의 사상을 속박하는 족쇄로 군주 전제통치를 유지하는 사상적 무기이다. 모든 사람이 충성을 다하고 효도를 다한다면 "윗사람을 범하고 난을 일으키지 않아" 군주전제 통치는 만세에 영원토록 존속할 것이다.

2) 오상과 오행에서 인은 사덕을 포함한다

주희는 사람과 사람, 개인과 사회, 국가 사이의 관계를 조정하는 방면에서 삼강을 선양하였을 뿐만 아니라 또한 오상, 곧 인·의·예·지·신의 다섯 덕목을 창도하여 갖가지 사람 사이의 관계의 준칙을 처리하였으며 아울러 수양하는 원칙과 방법을 제고하였다.

주희는 인(仁)을 "사랑하는 이(理)이며 마음의 덕이다."[134]라 규정하였다. 무엇을 "사랑하는 이(理)"라 하는가? 선험적으로 사람을 사랑하는 도리와 원리를 갖추고 있는 것을 가리킨다. "혹자가 물었다. '인을 어떻게 사랑하는 이라고 합니까?' 말하였다. '사람은 오행의 빼어난 것을 받아서 태어나기 때문에 그 마음이 아직 발하지 않으면 인·의·예·지·신의 성(性)을 체로 삼고, 이미 발하였으면 측은·수오·공경·시비·성실의 정을 용으로 삼는다. 대체로 목(木)의 신(神)을 인이라고 하니 사랑하는 이이며 그것이 발하여 측은이 된다. …… 인이 사랑하는 이가 되는 것은 여기에서 유추할 수 있을 것이다."[135] 주희는 오상을 오행과 짝지으며

---

133 「지남강방문(知南康榜文)」, 『주희집』 권99, 5052쪽.
134 「학이 제1」, 『논어집주』 권1.

오상을 오행의 본성이라고 하였다. 사람은 오행의 기를 받는데 목의 신은 인으로 사랑하는 이를 갖추고 있으며 발하면 측은지심이 된다. 그래서 "이 인은 사랑한다는 뜻이다"[136]라 하였는데 사랑하는 도리를 이야기한 것이다.

인과 사랑의 관계는 전자가 체이고 후자는 용이다. "인은 사랑하는 이이고, 사랑은 인의 용이다. 아직 발하지 않았을 때는 다만 인으로 불리지만 인은 오히려 형체와 그림자가 없다. 이미 발한 후에야 바야흐로 사랑이라 불리며 사랑은 오히려 형체와 그림자가 있다."[137] 사랑 자체는 관념으로 형체와 그림자가 없으며 사랑이 사람의 감정으로 발하여져서야 형체와 그림자가 있다. "인은 사랑이다." 사랑은 삼강의 군신·부자·부부 사이로 표현되었는데 바로 "친친(親親)"이 기초가 되는 종법 등급 관계이다. "인이 성이 되는 것은 사랑의 이이다. 용에 나타나면 어버이를 섬기고 형을 따르며 백성을 인자로이 살피고 사물을 사랑하여 모두 그렇게 하는 일이다."[138] 인은 가장 먼저 사랑에서 나온다. 사랑은 어버이를 사랑하는 것보다 중한 것이 없고 다음은 형제·부부이며 그 다음은 임금을 섬기는 것으로 사람이 근원이며 모두 여기서 흘러나온다. 인으로 말미암아 효·제·충·신 하면 "윗사람을 범하고 난을 일으키지" 않는 효과를 거둘 수 있다. 이에 따라 힘껏 행하고 어버이를 가까이하며 백성을 인자로이 대하고 사물을 사랑한다면 이 모든 것이 인을 베풀어주는 것이다.

무엇을 "마음의 덕"이라 하는가? 마음에서 얻은 "사랑하는 이(理)"를

135 『논어혹문』 권1, 『사서혹문』.
136 『주자어류』 권20.
137 위와 같음.
138 『논어혹문』 권1, 『사서혹문』.

가리킨다. "인(仁)은 곧 사욕을 모두 없애 마음의 덕을 온전히 하고자 하는 것이다. 공부가 여기에 이르러 식사를 마칠 때까지 인을 어기지 않는 다면 존양이 익숙해져서 어디를 가더라도 천리가 유행하지 않음이 없을 것이다."[139] 마음의 덕은 사욕을 완전히 없앤 도덕심을 가리키며 마음의 이에 대한 회복이다.

인은 사랑하는 이와 마음의 덕일 뿐만 아니라 또한 "인은 천지가 사물을 내는 마음"[140]으로 이 마음을 가지고 천지 사이의 만물이 끝없이 나서 쉬지 않게 하는 것이다. 인은 사물을 내는 마음이며 또한 사람이 사람인 도리이기도 하다. "인(仁)은 사람이 사람인 이이다. 그러나 인은 이요, 사람은 물이니, 인의 이로써 사람의 몸과 합하여 말하면 도라는 것이다."[141] 사람이 사람인 도리는 곧 사람이 금수와 구별되는 관건으로 사람은 금수를 초월하여 사람 특유의 인애와 도덕심을 갖추고 있다.

인은 의(義)와 예·지(智) 세 가지를 포함한다. "인만 말하면 (나머지) 셋을 포함한다."[142] 이 세 가지는 곧 의·예·지이다. "지·예·의를 말하지 않은 것은, 인은 전체를 포함하여, 인을 행할 수 있으면 세 가지는 그 가운데에 있기 때문이다."[143] 인은 마치 맏형처럼 의·예·지를 관할한다. 인이 사덕의 으뜸이면서 사덕을 포함하고 있다면 인은 오상의 으뜸이며 오상을 포함한다. "대체로 인이라는 것은 오상의 으뜸이면서 네 가지를 포함하며 측은의 체로 사단을 관통한다."[144] 어째서 인이 사덕과 오상을 포함할 수 있는가? 이는 "인은 천지가 만물을 내는 마음으로써 얻기를 가장 먼저

---

139 「술이(述而) 제7」, 『논어집주』 권4.
140 『중용장구』 제20장 주.
141 「진심장구 하」, 『맹자집주』 권14.
142 『주자어류』 권56.
143 「공손추장구(公孫丑章句) 상」, 『맹자집주』 권3.
144 『논어혹문』 권1, 『사서혹문』.

하였다. 네 가지[義·禮·智·信]를 겸하여 통솔하니, (『周易』「乾卦·文言傳」에서) 이른바 '원은 선의 으뜸'"[145]이기 때문이다. 인은 천지가 만물을 내는 마음으로 가장 먼저 얻은 것이기 때문에 의·예·지·신을 겸하여 통솔한다. 동시에 마음은 사덕을 갖추고 인이 의·예·지를 통솔하는데, 인과 사단·오상의 관계를 설명한다.

바로 인이 사단과 오상을 포함하고 있기 때문에 인은 "어버이를 효성스럽게 섬기고 형을 공경하게 섬기며 사물이 미침에 서(恕)한 것"을 체현한다. 그뿐만 아니라 또한 "거처함에 공손하고 일을 집행함에 공경하며 남과 함께 할 때 충성스러운 것"[146]도 체현한다. 이는 공문(孔門)의 말을 인용한 것이지만 주희가 인은 일용하는 사이의 행위활동의 도덕 원칙이며, 효제·충서(忠恕)·공경·인의·예지 등 정치·윤리도덕 규범임을 설명하고 있다. 주희는 한편으로는 군신·부자·부부·형제·붕우 등 종법 등급관계를 통하여 사람과 사람 사이의 보편적으로 서로 친하고 서로 사랑하는 관계를 이야기한다. 다른 한편 그는 충·효·제·절(節) 등의 윤리도덕 규범을 통하여 종법 등급제도를 비호하고 있다.

주희는 의·예·지·신에 대하여서도 규정하였다. 그는 말하였다. "의(義)는 일의 마땅한 것이다."[147] 이는 적절한 것을 이야기하였다. "예는 천리의 절문(節文)이며, 인사의 의칙(儀則)이다."[148] 이는 두 가지 뜻을 내포하고 있다. 천리의 절문으로 "이(理)는 곧 예이며" 형상학적인 의의를 갖추고 있다. 인사의 의례와 규칙·규범으로 전장제도와 윤리도덕의 의의를 갖추고 있다. "지(知, 智)는 식(識)과 같다." 이는 지식과 지혜·식별을 가리킨

---

145 「공손추장구 상」, 『맹자집주』 권3.
146 「인설(仁說)」, 『주희집』 권67, 3543쪽.
147 「학이 제1」, 『논어집주』 권1.
148 『대학장구』 경1장 주.

것이다. "신(信)은 약신(約信, 約束)이다", "성실히 하는 것을 신이라 한다."[149] 약속을 지키고 성실히 한다는 뜻이다. 그는 다섯 가지를 총결하여 말하였다. "인은 곧 자애의 부류이며, 의는 곧 강단(剛斷)의 부류이고, 예는 곧 겸손이다. 지는 곧 명변이고, 신(信)은 곧 인의예지가 있는 것이며, 거짓을 일러 신이라 하지 않는다."[150]

인을 체로 삼는다면, 무엇이 인이고 무엇이 인이 아닌지를 식별하는 것은 바로 지(智)이다. 인을 인지하고 인의 윤리도덕에 따라 해나가면 매우 합당한데 이는 곧 의(義)이다. 인의 윤리도덕규범에 따라 해나갈 때 각종 인의 준칙에 부합하는 의식 예절에 익숙한 것은 예이다. 인의예지가 진실한 것이고 거짓이 아님을 아는 것은 바로 신(信)이다. 인의예지가 내포하는 것과 기능에서 말하면 자애·강단(剛斷)·겸손·명변과 진실이다. 애친의 각도에서 말하면 "곧 인의 근본이며, 어버이를 잘 따르는 것은 의의 근본이고, 그 어버이를 공경하는 것은 예의 근본이다. 이를 아는 것은 지의 근본이고, 이를 성실히 하는 것은 곧 신의 근본이다."[151] 어버이를 사랑하는 것은 인이고, 어버이에게 순종하는 것은 의이다. 어버이를 공경하는 것은 예이고, 어버이를 사랑할 줄 아는 것은 지이며, 어버이 사랑을 성실히 하는 것은 신이다. 인의예지신은 하나의 통일된 어버이를 사랑하는 각 층면의 시행과 전 과정이다.

인성(人性)의 시각에서 말하면 인의예지신은 사람이 나면서 갖추고 있는 인성이다. 그 발용(發用)에는 측은·수오·공경·시비·성실 등의 정이 있다. 주희는 말하였다. "대체로 목신(木神)을 인이라 하는데, 사랑하는 이이며 발하여져 측은이 된다. 화신(火神)을 예라 하는데, 경의 이이며 발하여

---

149 「학이 제1」, 『논어집주』 권1.

150 『주자어류』 권20.

151 『논어혹문』 권1, 『사서혹문』.

져 공경이 된다. 금신(金神)을 의(義)라고 하는데, 의(宜)의 이이며 발하여져 수오가 된다. 수신(水神)을 지라고 하는데, 별(別)의 이이며 발하여져 시비가 된다. 토신(土神)을 신이라고 하며 실제로 있는 이이며 발하여져 충신(忠信)이 된다."[152] 자연계의 목화금수토의 현상을 가지고 인의예지신의 윤리도덕 관념에 갖다 붙이면 오상의 설은 사회윤리와 보편, 영원을 초월하는 존재가 된다.

3) 오륜의 종법과 인륜의 천리

중국의 옛사람들은 복잡하게 얽혀 있는 사회와 사람 사이의 관계에서 다섯 가지의 가장 기본적인 사람 사이의 관계를 개괄해내었는데 "오륜"이라 일컫는다. 이 오륜을 제대로 파악하기만 하면 각종 복잡한 사람 사이의 관계를 추급할 수 있다. 이 오륜은 확실히 중국 종법등급을 핵심으로 하는 사회관계를 반영하였다. "부자유친과 군신유의, 부부유별, 장유유서, 붕우유신은 사람의 큰 윤리이다."[153] 오륜은 성인이 규정한 명위(名位)의 등급으로 사자(士者)의 개괄을 말한 것이 아니라 오륜을 제고하기 위한 권위성이다. 주희는 말하였다. "오품(五品)은 부자와 군신·부부·장유·붕우 다섯 가지의 명위 등급이다."[154] 사람들은 이런 명위 등급을 고칠 수 없고 또한 이런 명위 등급을 뛰어넘을 수도 없다. 그것은 후천적인 것이 아니고 사람이 나면서부터 결정된 것이기 때문이다. 오품은 또한 오교(五敎)라고도 할 수 있는데, 오교는 이 오품이 마땅히 그런 이가 되고 교령(敎令)이 되는 것을 가리킨다. 주희는 말하였다. "하늘이 이 백성을 낳

---

152 위와 같음.
153 『의례경전통해(儀禮經傳通解)』 권9.
154 「상서·순전(尚書·舜典)」, 『주희집』 권65, 3424쪽.

으면서 …… 군신·형제·부부·붕우의 윤리를 폈다. 그런즉 천하의 이가 이미 한 사람의 몸에 갖추어지지 않음이 없다."155 오륜은 하늘이 명한 것이며 인경효자신(仁敬孝慈信)은 곧 오륜 사이의 관계를 조정한 도덕 준칙으로 또한 하늘이 명한 것으로 사람이 나면서부터 가지고 있다.

오륜에 상응하는 친(親)·의(義)·별(別)·서(序)·신(信)은 오륜의 이이다. 이 다섯 가지의 이는 인심의 본연에서 나오며 본래부터 가지고 있는 것으로 나중에 강요된 것이 아니다. 주희는 오륜 가운데 가장 근본적인 것은 군신·부자의 두 인륜과 인의의 두 이(理)라고 생각하였다. "군신부자의 대륜(大倫)은 하늘의 경(經)이며, 땅의 의(義)로, 민이(民彝)라는 것이다."156 신하는 임금에게 충성하고 자식은 아비에게 효도하는 이 두 가지 윤리가 가장 중요하며 이에 상응하는 것이 인의의 두 이이다. "인은 아버지와 자식 사이보다 더 큰 것이 없고, 의는 군주와 신하 사이보다 더 큰 것이 없다. 이것을 일러 삼강의 핵심이요 오상의 근본이라고 하며, 인륜과 천리의 지극함도 천지의 사이에서 벗어날 수 없다고 하는 것이다."157 부자와 군신을 삼강의 요체로, 인의를 오상의 근본으로 생각하였다. 윤리를 위반하면 "이치를 거스르는 재앙은 장차 삼강과 구법(九法)을 무너뜨릴 것이다. 자식이면서 아비가 있는 줄을 모르고, 신하로서 군주가 있는 줄을 알지 못하여, 인심이 어긋나고 틀어지며 천지는 꽉 막혀, 이적(夷狄)은 더욱 강성해지고 금수는 더욱 번성하게 될 것이다."158 군신·부자 관계가 전도되거나 아비가 있고 임금이 있는 것을 알지 못하면 천하는 꽉 막히고 인심은 어그러져서 세계는 종말을 맞게 될 것이다.

---

155 「경연강의(經筵講義)」,『주희집』 권15, 572쪽.
156 「무오설의서(戊午說議序)」,『주희집』 권75, 3929쪽.
157 「계미수공주찰(癸未垂拱奏札) 1」,『주희집』 권13, 508쪽.
158 위와 같음, 509쪽.

물론 오륜과 오륜의 이는 하늘이 명한 것이고 사람의 마음이 본디 가지고 있는 것이지만 사람의 기찰(氣察)이 치우쳐져 있고 인욕에 의해 어두워졌기 때문에 이런 본디부터 있는 윤리 또한 가려져 드러나지 않으며 이 때문에 교육을 통하여 그 고유의 윤리도덕의 마음을 계발시킬 필요가 있다. "옛날 선대의 성왕이 이 때문에 학교를 세워 백성들을 가르친 것이다. 그 가르침이 되는 것은 반드시 쇄소응대진퇴(灑掃應對進退)의 사이에서 시작하여 …… 반드시 천하의 사람들로 하여금 모두 본성을 잃지 않고 그 윤리를 어지럽히지 않게 한 뒤에 그친다."¹⁵⁹ 성인은 관직을 설치하고 사람들을 교화하여 사람이 인의예지의 성을 잃지 않게 할 뿐만 아니라 또한 사람들로 하여금 인륜과 천리를 어지럽히지 않게 하여 사회의 질서를 유지한다.

　　하늘이 사람을 내고 오륜을 편 바에야 아무도 오륜의 바깥으로 달아나지 못할 것이니 불(佛)·도(道)가 삼강과 오륜의 폐기를 기도하더라도 사실 삼강과 오륜 사이에서 달아날 길이 없다. 주희는 말하였다. "세상에서는 단지 이러한 도리에서 달아나지 못한다. 부처와 노자는 비록 인륜을 없앴으나 그들은 도리어 그 스승을 공경하며 아비처럼 여기고, 그 제자를 자식처럼 여겼다. 나이 많은 사람을 사형(師兄)이라 부르고, 나이 어린 사람을 사제(師弟)라고 불렀으니, 단지 빌린 것을 지켰을 뿐이다."¹⁶⁰ 불·로가 비록 인륜을 멸하였지만 사실은 또한 인륜에 따라 사부와 제자·사형과 사제 사이의 관계를 처리해나간다. 오륜은 사람이 함께 가지고 있는 것이니 어떤 사람도 달아날 수가 없고 "구이(九夷)와 팔만(八蠻)"이라도 달아날 수가 없다. "아비의 자애며 자식의 효도와 같은 것으로 비록 동쪽의 구이와 팔만일지라도 또한 이러한 도리에서 벗어나지 못한다."¹⁶¹ 이는 오

---

159 「남검주우계현학기(南劍州尤溪縣學記)」, 『주희집』 권77, 4047쪽.
160 『주자어류』 권64.
161 『주자어류』 권16.

륜에 보편성의 의미를 부여한다. 나아가 오륜과 곤충이 가진 것으로 벌과 개미는 군신의 의가 있고, 호랑이와 늑대는 부자의 친함이 있으며, 저구(雎鳩)는 부부의 구별이 있어 인수(仁獸)와 의수(義獸) 등으로 일컬어진다. 주희는 금수와 곤충에 윤리도덕의 속성을 부여하였다. 이는 인륜과 천리가 보편성과 영원성을 갖추고 있음을 논증하기 위함이다.

윤리강상을 유지하기 위하여 주희는 국가 기구와 법률에도 모두 인륜을 선악·시비의 표준과 양형의 기준으로 삼아야 한다고 주장했다. 그는 복건 장주(漳州)에서 지부(知府)로 있을 때 "무릇 법정 소송의 판단은 반드시 인륜을 중시해야 한다."[162]라고 규정하였다. 그는 효종 조신(趙昚)에게 글을 올려 아뢸 때 황상에게 말했다. "안팎의 정사를 맡은 관리 가운데 형옥을 맡은 관리에게 조서를 내려" 어떤 사람이 고발장을 올리면 "반드시 먼저 존귀함과 비천함, 위와 아래를 논하고, 장유와 친소의 구분을 논한 다음에 일의 곡직을 따지는 말을 듣도록" 해야 한다. 무릇 "아랫사람이 윗사람을 범하거나", "비천한 자가 존귀한 자를 능멸한" 경우에 해당한다면 도리가 정직하다 하더라도 훈계하여 물리쳐야 한다. 도리에 조금이라도 "정직하지 않음"이 있으면 가중 처벌하여야 한다고 했다.[163] 이런 법률제도는 종법 등급사회의 윤리도덕에 파고들어 강렬한 윤리도덕성을 갖추었지만 당시 사회의 수요에 따른 것이다.

---

162 「주자수장실적기(朱子守漳實迹記)」, 『장주부지(漳州府志)』.

163 "신은 엎드려 바라옵건대 폐하께서는 안팎의 정사를 맡은 자들 가운데 옥사를 책임진 관리들에게 조서를 내려 반드시 먼저 존귀함과 비천함, 위와 아래를 논하고, 장유와 친소의 구분을 논한 다음에 일의 전말에 관한 말을 듣도록 하십시오. 아랫사람으로서 윗사람을 범한 자와 비천한 자가 존귀한 자를 능멸한 경우에는 비록 사람이 곧더라도 고려하지 말고, 곧지 않은 자는 일반인에 비해 죄를 가중 처벌하십시오. 그 사이에 불행하게도 사람을 죽이거나 해친 자는 비록 고려할만한 점이 있고 가련하게 여길 만해서, 따로 말을 올려 죄를 의논하게 된 경우에도 정상참작해서 처벌을 가볍게 하는[擬貸] 사례를 적용하지 못하게 하십시오."(「戊申延和奏札 1」, 『주희집』 권14, 533쪽).

제13장

심술왕패
원회도통

○

心術王覇 元會道統

주희 철학의 논리적 구조의 이기와 도기론 및 심성론의 사회역사 방면에서의 운용과 관철은 "심술"의 사정(邪正)·천리가 유행하는 "왕도"와 인욕이 횡행하는 "패도"의 다툼 및 도통론의 논증 등으로 전개되었다.

1. 제왕의 마음은 큰 근본

사회역사의 발전은 무엇으로 결정되는가? 이왕의 많은 사상가와 철학가들은 각종 주장을 제기한 적이 있으며 영웅이 시대적 추세를 만들거나 시대적 추세가 영웅을 만든다고 귀결하였다. 주희는 제왕이 역사적 발전을 결정할 뿐만 아니라 제왕의 심술은 천하만사의 큰 근본으로 한 국가의 정치가 좋고 나쁨, 사회의 강약과 성쇠 및 역사의 변천은 모두 제왕의 "심술"에서 결정된다고 생각하였다. 그는 말하였다. "대체로 천하의 큰 근본은 폐하의 마음입니다. …… 신이 문득 폐하의 마음이 천하의 큰 근본이라고 생각한 까닭은 무엇이겠습니까? 천하의 일들은 천변만화하여 그 단서가 끝이 없습니다만, 하나라도 임금의 마음에 근본을 두지 않은 것이 없으니, 이것은 '자연의 이치'입니다."[1] 또 말하였다. "저는 항상 천하의 모든 일에는 가장 근본이 되는 것이 있고, 또 모든 일에는 각각의 절실하고 중요한 곳이 있다고 생각합니다. 이른바 가장 근본이 되는 것이란 사실 군주의 마음 씀씀이에서 벗어나지 않고, 절실하고 중요한 곳은 반드시 큰 근본이 이미 확립된 후에야 미루어 볼 수 있습니다."[2] 천하만사의 큰 근본은 바로 황제의 마음("心術")이며, 천하사물의 천변만화는 황제의 심술에 근본하지 않음이 없다.

모든 사물 가운데 절실하고 중요한 곳은 또한 큰 근본에 의거하여 존재한다. 이 때문에 국가가 정사를 세우고 백성을 기르며, 군대를 다스리고, 사람을 쓰며, 천하를 평정하는 것 또한 황제의 심술에 근본하지 않음이 없다. 주희는 말하였다. "유능한 재상을 임용하고 사사로운 문벌을 두절하는 일은 정사를 세우는 요체입니다. 유능한 관리를 선발하고 부역을 가볍게 하는 것은 백성을 기르는 요체입니다. 장수를 공정하게 선발하고 가까이 두고 총애하는 사람의 의견을 따르지 않는 것은 군대를 다스리는 요체입니다. 경계가 되는 말을 즐겨 듣고 아첨으로 이끄는 말을 즐겨 듣지 않는 것은 여론을 듣고 인재를 등용하는 요체입니다. 이 몇 가지 단서를 미루어보면 나머지 것은 모두 알 수 있습니다. 그러나 큰 근본이 확립되지 않고도 이렇게 할 수 있는 사람은 없습니다. 이것이 바로 옛날부터 천하를 평안하게 하고 싶어 하는 사람이 먼저 마음을 바르게 하고 뜻을 성실하게 하여 그 근본을 세우는 데 급급했던 까닭입니다."[3] 모든 것이

---

1 「무신봉사(戊申封事)」, 『주희집』 권11, 461~462쪽.

2 「답장경부(答張敬夫)」, 『주희집』 권25, 1055쪽.

3 위와 같음.

다 이 "큰 근본" 곧 인주나 황제의 "심술"에서 결정되므로 황제는 무엇보다도 "마음을 바르게 하고 뜻을 성실하게 하는" 것을 가지고 큰 근본을 세워야 한다.

"대체로 천하의 모든 일은 하나의 마음에 근본을 두기"[4] 때문에 이 "하나의 마음"의 좋고 나쁨, 사악하고 바름은 지극히 중요하다. 황제의 "심술"이 좋고 바르면 천하 사람의 마음과 일이 모두 바르고 좋다. 반대로 제왕의 "심술"이 바르지 않으면 천하의 일이 모두 바르지 않다. 그는 말하였다. "신이 듣건대, 천하의 일은 그 근본이 한 사람에게 있고, 한 사람의 몸은 그 주재가 마음 하나에 달렸습니다. 그러므로 군주의 마음이 한 번 바르게 되면 천하의 일은 바르지 않음이 없게 되고, 군주의 마음이 한 번 사특하게 되면 천하의 일은 사특하지 않음이 없게 됩니다. 예를 들자면 외형이 단정하면 그림자도 곧고, 근원이 탁하면 말류가 더러운 것처럼 그 이치에는 필연적인 것이 있습니다."[5] 또 말하였다. "그러므로 임금의 마음이 바르다면 천하의 일이 하나라도 바른 데서 나오지 않음이 없게 되고, 임금의 마음이 바르지 않다면 천하의 일도 모두 바른 데서 나오지 못하게 됩니다."[6] 어떤 군주나 황제의 "심술"을 사회 만사의 사정(邪正)과 역사운동을 결정하는 요인으로 삼았다.

왜 인주의 마음이 올바르면 천하만사가 바르지 않음이 없는가? 이는 인주의 심술이 바르면 곧 동중서(董仲舒)가 말한 "(인주는 자기) 마음을 바로잡아 조정을 바르게 하고, 조정을 바로잡아 백관을 바르게 하고, 백관을 바로잡아 만민을 바르게 하고, 만민을 바로잡아 사방을 바로잡기"[7] 때문

---

4 「송장중륭서(送張仲隆序)」, 『주희집』 권75, 3935쪽.
5 「기유의상봉사(己酉擬上封事)」, 『주희집』 권12, 490~491쪽.
6 「무신봉사(戊申封事)」, 『주희집』 권11, 462쪽.
7 「경자응조봉사(庚子應詔封事)」, 『주희집』 권11, 451쪽.

이다. 인주의 마음이 바르기 때문에 조정과 백관·만민·사방이 바르다. 조정이 부패하는 현상이 없음에 따라 국가의 기강을 세울 수 있으며, 이는 또한 인주의 심술이 공평하고 정대함에 의지해야 한다. "그 근본은 심술을 바로잡아 기강을 확립하는 데에 달려 있다는 것은 저의 직분상 감히 언급할 수 있는 것이 아닙니다. 그러나 천하만사의 근본과 원류가 여기에 있으니, 피하여 말하지 않고자 해도 어쩔 수가 없습니다. …… 그러나 기강이란 저절로 확립될 수 없고 반드시 군주의 마음가짐이 공평 정대하고, 사사로이 편당을 만들거나 이랬다저랬다 하지 않은 다음이라야 이에 근거해서 확립될 수 있습니다."[8] 인주의 심술은 그물의 강(綱: 벼리)과 실의 기(紀: 실마리)와 같다. 강이 없으면 그물을 펼칠 수 없고 기가 없으면 실을 다스릴 수 없으며, 국가에 기강이 있어야 잘 다스릴 수 있다. 황제의 심술이 바르기만 하면 천하만사가 바르게 된다.

어떻게 해야 인주의 "심술"을 바르게 할 수 있는가? 이는 몇 가지 방면에서 착수해나갈 필요성이 있다. 무엇보다도 심술과 바르지 않음의 표준을 이해하여여야 한다. 주희는 천리에 부합하게 되면 바르게 되고 반대로 하면 곧 바르지 않게 된다고 생각하였다. 마음에는 도심과 인심의 다름이 있고 천리와 인심의 구별이 있기 때문에 이에 상응하는 공과 사(私), 사(邪)와 정의 구분이 있다. 주희는 말하였다. "신이 듣자 하니 임금이 천하의 일을 제어할 수 있는 것은 (임금의) 한마음에 근본을 두고 있으며, 마음을 주재하는 것에는 또한 천리와 인욕의 다름이 있다고 하였습니다."[9] 천리와 도심에서 출발하면 마음은 곧 "공평하고 또 바르게 되며" 반대로 사욕에서 출발하면 마음은 반드시 "사사롭고 또 사악해진다." 그 사이에 인심의 사욕이 이 둘 사이에 끼어들기 때문에 인주의 마음을 또한 어둡

---

8 위와 같음, 456쪽.

9 「신축연화주찰(辛丑延和奏札) 2」, 『주희집』 권13, 514쪽.

게 가리고 바르지 않게 한다. 인주의 심술을 바로잡게 하려면 또한 극기 공부로 마음에서 사욕을 물리치는 데서 마음을 바로잡는 데로 도달하여야 한다. 마음이 바르게 되었으면 예가 아니면 보고 듣고 말하고 움직이지 않아서 마음을 바르게 하여 천하를 바르게 할 수 있다.

다음은 엄격하면서도 공손하고 경외하는 것을 일삼고 성색과 재화를 경계하여야 한다. 주희는 말하였다. "인주의 마음을 바르게 하고자 한다면 엄숙하고 경외함을 급선무를 삼아야 하며, 성색과 재화의 이익을 지극히 경계한 연후에 할 수 있습니다."[10] 인주가 성색과 재화의 이익에 빠져 있다면 인주의 마음은 절로 바르지 않게 되고 또한 천하를 바로잡을 수 없을 것이다. 이 "먼저 힘쓸 것"과 "지극한 경계"의 공부를 하는 것만이, 인주의 "심술"을 바르게 할 수 있다.

인주의 마음은 이따금 스스로 바르게 할 수가 없고 현신과 스승의 도움을 필요로 한다. 주희는 말하였다. "군주의 마음은 스스로 바로잡을 수 없어서 반드시 현명한 신하를 가까이하고, 소인을 멀리하며, 의리가 귀결하는 곳을 밝히고, 개인적이고 사특한 통로를 막아버린 다음에야 바르게 될 수 있습니다. 옛 성왕들이 사부(師傅)의 관을 세우고, 빈우(賓友)의 지위를 설치하며, 간쟁(諫諍)의 직을 둔 까닭입니다. 이들이 앞뒤에서 국정을 자문케 하고, 좌우에서 보좌하게 한 것은 오직 군주의 마음이 잠시라도 바름을 잃을까 두려워해서입니다."[11] 현신을 가까이하고 소인을 멀리하는 것은 인주의 심술을 바르게 할 수 있는 유력한 조치이다. 의리를 이야기하고 사사로움과 사악함을 막는 것 또한 인주의 마음을 바르게 할 수 있는 방법이다. 인주의 심술이 바르게 되어야 천하만물이 바르게 되는데 그 원인은 바로 "실로 천하의 근본이 여기에 있기 때문이고 하나라

---

10 「답장경부(答張敬夫)」, 『주희집』 권25, 1056쪽.
11 「경자응조봉사」, 『주희집』 권11, 456쪽.

도 바르지 못하면 천하의 모든 일이 올바르게 될 수 없어서 삼가지 않을 수 없기"[12] 때문이다. 이 때문에 고대의 성왕들은 스승을 세우고 간관을 설치하였다. 이는 곧 하루아침에 인주의 심술이 바르게 되지 않아 바로잡을 수 없게 될까 두려워해서이다.

2. 왕도와 패도의 다스림

주희는 제왕의 심술은 사회역사 발전을 결정하는 요인이며 사회가 창성해지거나 동란이 일어나는 원인이라고 생각했다. 그는 이 관점을 가지고 살피면서 왕패(王霸)의 변을 전개했다.

주희는 하·상·주 삼대의 제왕의 심술이 가장 바르고 가장 좋아 도심으로 천하를 다스릴 수 있었기 때문에 천리가 유행하여 사회의 모든 것이 광명과 지선을 이루었으며 이것이 이른바 왕도정치로 인의 이상적인 경지를 실현하였다고 선양하였다. 삼대 이후 진한과 당에 이르러서는 제왕의 심술이 바르지 않았기 때문에 인욕이 횡행하여 사회의 모든 것이 다 혼란스럽고 암흑인 패도정치였다. 그는 말하였다. "대체로 사람은 다만 사람일 뿐이고, 도는 단지 도일 뿐이니, 어찌 삼대와 한·당의 구별이 있겠습니까? 다만 유자의 학문이 전해지지 않고, 요·순·우·탕·문·무 이래 서로 주고받은 마음이 천하에 밝혀지지 않았으므로, 한·당의 임금이 비록 알지 못하는 사이에 도에 맞을 때가 없을 수 없었지만, 그 전체는 오히려 다만 이욕에 있었을 따름입니다. 이것이 요·순·삼대가 본래 요·순·삼대인 이유이고, 한 고조와 당 태종이 본래 한 고조 당 태종이어서, 끝내

하나로 합치될 수 없는 까닭입니다."[13] 이른바 요·순 등 이래로 돌아가며 서로 주고받은 마음은 곧 "인심은 위태롭고 도심은 은미하니, 오직 정밀하고 일관되게 하여 그 중도를 진실로 잡아야 한다.(人心惟危, 道心惟微, 惟精惟一, 允執厥中)"는 이 요·순·우가 서로 전한 "밀지"를 가리킨다. 한·당 때는 이 밀지가 이미 천하에서 밝지 않아 암암리에 합치되는 것이 있긴 하였지만 전체적으로 보면 한·당의 제왕은 이욕 방면에 있기 때문에 패도정치이다. 이는 곧 왕도를 추존하고 패도를 폄훼하는 사상이다. 주희는 동중서의 의를 중시하고 이를 경시하며 도를 높이고 공을 낮추는 것을 빌려 왕도를 높이고 패도를 업신여기는 것을 설명하였다.

주희는 "옛 성인은 성심을 다하여 천리를 따라 천하가 스스로 복종하였는데 왕자(王者)의 도이다. 후세의 군자가 그 도를 행할 수 있으면 반드시 그 지위를 가지지 않아도 실로 이미 그 덕이 있게 될 것이다. 그러므로 그를 등용하면 왕자의 보좌가 되는데 바로 이윤(伊尹)과 태공(太公) 같은 사람이다. 등용하지 않으면 왕자의 학문이 되는데 바로 공자와 맹자 같은 사람이다. 제환공과 진문공 같은 사람은 인의를 빌려서 사욕을 이루었을 따름이다. 한때 요행히 왕자의 지위를 얻어 그 자리를 차지하긴 했어도 말미암은 바는 실로 패자의 도이다. 그래서 한선제(漢宣帝)는 스스로 '한가(漢家)는 왕도와 패도를 섞어서 썼다.'라 하였는데, 스스로 분명히 알았다."[14]라고 생각하였다. 왕도와 패도를 구별하는 표준은 인의를 말하는 것인가? 아니면 공리를 말하는 것인가? 인의를 말하면 "인의의 정치"를 행하는 것은 곧 왕도정치이다. 공리를 말하면 "공리의 정치"를 행하는 것은 곧 "패도정치"이다. 인의의 정치를 행하는 것은 곧 천리와 서로 부합하고, 공리를 행하거나 인의를 빌리는 것은 인욕이다. 왕도

---

13 「답진동보(答陳同甫)」,『주희집』 권36, 1600쪽.
14 『맹자혹문(孟子或問)』 권1,『사서집주』.

는 인의를 행하고 천리를 따르는데 곧 삼대의 제왕과 공·맹이다. 패도는 인의를 빌려서 사욕을 이루는 것으로 곧 제환공과 진문공, 한·당의 제왕이다.

왕도와 패도는 제왕에게만 적용되는 것이 아니라 각종 인물에게도 적용된다. 제왕이 천하를 다스림에 천리에 부합하면 곧 왕도이고, 제후가 지극히 공정하게 다스려 "터럭 하나의 사심도 없으면" 또한 왕도이다. 그러나 제후가 몇몇 제후국과 연합하여 다른 몇몇 제후국을 공격하는 것은 모두 인의를 빌려서 하는 것으로 공리의 마음에서 나왔다. 왕도와 패도의 구별은 첫째 "덕으로 인을 행하면 인이 나한테 있어서 오직 행하여질 것이며"[15], 둘째 "힘으로 인을 빌리는 자는 인이 자기에게 있는 것을 알지 못하고 빌리는 것이다."[16] 지극히 공정하여 사사로움이 없이 행하고 덕으로 인을 행하기만 하면 왕도에 부합하고, 일상생활에서 사물을 응접함에 공리의 마음이 있거나 힘으로 인을 빌리면 곧 패도이다.

주희는 인류사회의 역사를 제왕의 역사로 간주하였으며, 역사운동의 결정 요인은 제왕의 심술이라고 하였다. 제왕의 심술의 좋고 나쁨, 사악하고 바름은 심술이 천리를 따라 흘러나오거나 사욕에서 새어 나오는 것으로 정치가 왕도인가 패도인가를 결정하게 된다. 삼대의 성왕은 이 때문에 "인의를 급선무로 생각하고 공리를 다급히 여기지 않았다."[17] 전국시대에는 온 세상이 공리를 이야기하고 인의를 알지 못하였다. 진·한 이래 진시황은 매우 무도한 사람이었고, 유방(劉邦)은 심중에 이미 사사로운 뜻이 있었다. 조조(曹操)와 손권(孫權) 등은 도적이고, 당태종 또한 군신과 부자·부부의 의가 없는 사람으로 "태종의 마음은 하나의 생각도 인욕에

---

15 『맹자혹문』 권3, 『사서혹문』.

16 위와 같음.

17 「송장중륭서(送張仲隆序)」, 『주희집』 권75, 3935쪽.

서 나오지 않음이 없었을 것이다."[18] 유방과 이세민(李世民)은 선진의 관중(管仲)과 마찬가지로 많은 일을 하였지만 모두 천리에서 흘러나온 것이 아니다. 삼대의 성왕과 비교를 해본다면 삼대의 제왕은 금이고, 성인은 금 중의 금으로 곧 순수한 천리이다. 성인을 배웠는데 도달하지 못한 것은 금 가운데 아직 쇠가 섞여 있는 것이며 왕도시대의 사회의 광명이 진보한 것이다. 유방과 이세민은 본래 쇠로 금이 아니며 그들의 한두 가지 일이 천리에 부합한다고 한다면 또한 쇠 속에 금이 있는 것일 따름이며, 조조는 완전히 쇠이다.[19] 진·한에서 당까지는 패도의 시기로 사회는 어두웠고 퇴화하였다.

예에서 말하면 삼대에는 매우 좋은 예가 있었지만 한대에 이르러 보기가 어려워졌으며 한유(漢儒)는 삼대의 예에 대하여 또한 이해하지 못하였다. 이런 옛 예가 전하여지지 못한 상황에 대하여 주희는 마음에 근심이 가득했다. "어떻게 당당한 중국의 조정에서 천하의 유생에 이르기까지 한 사람도 이 예를 아는 자가 없단 말인가?"[20] 『주례』를 연구하면서 『주례』를 이해하지 못하고, 『예기』를 배우면서 『예기』를 이해하지 못한다면 이래서야 어떻게 예를 따르고 예를 행할 수 있겠는가!

왜 중국의 사회역사는 삼대와 한·당의 둘로 나뉘는가? 그 원인은 바로 요·순·우가 서로 전한 "십육자심전(十六字心傳)"에 있는데, 후래의 제왕에게는 전승되지 않았고 맹자 사후에 세인들은 이 학문이 있는지조차 알지 못하였다. 비록 몇몇 영웅호걸들이 그들 자질의 수양에 의존하여 가끔 한 마디 말과 한 가지 행동이 천리에 맞긴 하지만 근본적으로 말하면 아무래도 사욕에서 출발한 것이다. 요컨대 그들은 인심을 도심에 복종시킬

18 「답진동보」, 『주희집』 권36, 1592쪽.
19 위와 같음, 1603~1604쪽을 참고하여 보라.
20 『주자어류』 권84.

수 없었고 인욕을 완전히 없앨 수 없었으며 천리를 완전히 회복할 수 없었다. 인심을 위태로운 데서 편안하게 하고 도심을 은미한 데서 드러나게 하면 삼대의 왕도정치가 회복된다.

주희는 사회역사 발전이 송대에 이르러 주(周)·정(程)으로 말미암아 위로 공·맹이 전하지 못한 학문을 잇고 삼대의 "십육자심전"을 계승하였다고 생각하였다. 이 때문에 송대에는 왕도가 중흥하는 현상이 출현하였다. 고례(古禮)를 가지고 말하면 주·정 등이 실로 공·맹 이래 전하여지지 않은 학문을 얻음에 따라 삼대의 고례 또한 회복되게 되었다. 사마광(司馬光)의 『의례』와 『혼례』가 고례와 "그리 멀지 않다"고 한다면 이정은 고례에 완전히 부합할 것이다. 주희는 스스로 엄연히 고례를 회복하고 다시 정리하는 것으로 스스로를 기약하였다. 그는 고례에 의거하여 일련의 의례제도를 제정하고 아울러 스스로 이런 예는 천리에 부합한다고 하였다. "이 예는 확실히 천리의 당연함이니, 터럭 하나도 모자람이 없고 터럭 하나도 더할 것이 없다. 성인의 마음만이 하늘과 하나로 합치되므로 행실이 이러한 예로부터 나온다면 하늘과 더불어 합치되지 않음이 없다. 그 사이의 곡절·후박(厚薄)·심천(深淺)도 알맞지 않음이 없다."[21] 성인의 마음은 하늘과 합치되어 하나가 될 수 있으므로 성인이 예를 만들어내면 하늘과 서로 합치될 수 있다. 여기에서 주희는 스스로를 성인에 견주고 있다.

진량(陳亮)은 "일세(一世)를 밀어 넘어뜨린 지용(智勇)과 만고를 개척한 심흉"의 기개를 가지고 공·맹으로 자부하는 주희와 한바탕 왕도패도의 변을 전개시켜 당시의 사상계를 진동시켰다. 그는 "씩씩한 논조로 종횡무진" 주희를 논박하고 배척하였다. 그는 의(義, 天理)와 이(利, 人欲)는 절대 대립적인 것이 아니고 병존하는 것이라고 생각하였다. 바로 삼대 때에

---

21 위와 같음.

도 "왕도패도는 병용하였고", "의와 이는 둘 다 행하여졌다." 의가 이 가운데 있다고 한다면 패도는 왕도에서 근원하여 "패도에 섞였다고 한다면 그 도는 실로 왕도에 근본한다."[22] 사실상 의리는 이미 삼대의 제왕에게 존재하였고 또한 한·당의 제왕에게도 존재하였다. 진량은 주희는 삼대 이후 왕도는 중단되어 한 조각 암흑이라고 생각하였다고 했다. 사실 "한·당 임금의 본령은 넓고 크지 않음이 없기 때문에 그 나라를 천지와 함께 세울 수 있었으며 인물이 이에 힘입어 나고 번성하였다."[23]하여 결코 주희가 패도정치라고 한 것과 같지 않다. 주희는 삼대에서 송까지 대략 1500년간 "천지 또한 지난 때의 새는 곳을 막고 인심 또한 지난날의 해진 곳을 기웠다"[24]면 "만물이 어떻게 번식하고 도가 어떻게 늘 존속하였겠는가!"[25]라 생각하였으니, 이 어찌 서로 상충하지 않겠는가?

3. 원회운세(元會運世)는 순환한다

주희는 동정의 운동을 하나의 끝없는 무한운동으로 간주하였는데 합리적이긴 하지만 순환론을 지향한다는 혐의가 있었다. "기의 운행은 예로부터 한번 왕성해졌다가는 다시 쇠퇴해지고, 한번 쇠퇴해졌다가는 다시 왕성해진다. 다만 이렇게 순환해 갈 뿐이다."[26] 주희는 기의 운행이 한번 성하였다가 한번 쇠퇴하는 순환론을 사회역사에 운용하여 사회역사

---

22 「우갑진추서(又甲辰秋書)」, 『진량집(陳亮集)』 권20, 중화서국 1974년판 ,281쪽.

23 위와 같음, 281쪽.

24 「우갑진추서」, 『진량집』 권20, 중화서국 1974년판, 281쪽.

25 위와 같음.

26 『주자어류』 권1.

또한 "한번 잘 다스려지면 반드시 또한 한번 어지러워지고 한번 어지러 워지면 반드시 또한 한번 잘 다스려진다"[27]는 한 바퀴를 돌고나면 다시 시작한다는 순환운동을 이끌어냈다. 주희는 소옹(邵雍)의 역사 순환표를 계승하여 사회역사의 순환에 대하여 구체적으로 묘사하였다.

사회역사의 변화는 원회운세의 차서에 따라 끊임없이 반복된다. 1원 (元)은 12회(會)와 같으며 그것은 1년에 12개월이 있는 것과 같다. 1회 는 30운(運)과 같으며 한 달이 30일인 것과 같다. 1운은 12세(世)와 같은 데 하루에 12시진(時辰)이 있는 것과 같다. 1세는 30년과 같은데 한 시진 에 30분(分)이 있는 것에 비견된다. 인류사회의 역사는 바로 12회, 360운, 4,320세, 129,600년이 하나의 순환을 구성하여 1원이 된다. 앞의 1원과 뒤의 1원이 서로 맞물려 하나의 역사 시기를 이루며 순환 왕복한다. "제 1회와 제2회의 때에는 아직 사람과 사물이 없었다. 생각건대 땅 또한 단 단하게 존재하지도 않았을 것이다. 제3회의 때를 가리켜 사물을 열어준 다[開物]고 하니, 사람과 사물이 막 생겨났으며 이때는 인(寅)에 속한다. 술 (戌) 시에 이르면 사물을 닫아준다[閉物]고 하니 바로 사람이 사라지고, 사 물이 다 없어지는 때이다."[28] 1회는 18,000년과 같은데 이는 우주가 시 작된 21,600년 때는 아직 사람과 사물이 없었다는 것을 말하며, 제3회 때 곧 3만여 년이 지나서야 사람과 사물이 출현하였는데 사람들은 이를 개물(開物)의 시기라 일컫는다. 제1회를 자(子)라고 한다면 제2회는 축(丑) 이며, 개물의 제3회는 인(寅)이며, 묘회(卯會)와 진회·사회·오회·미회·신 회·유회를 거쳐 술회(戌會)에 이르면, 곧 86,400년의 폐물시기(閉物時期)로, 이는 "사람이 사라지고 사물이 다하는" 때로 곧장 해회(亥會)까지 이른다. 개물에 2회가 필요하고 폐물에도 2회가 필요하며, 자회에서 해회까지가

---

27 위와 같음.
28 『주자어류』 권24.

모두 12회로 1원이 된다. "1원이 다할 때가 되면 천지는 또 한 번 개벽한다."[29] 이는 곧 1원이 다하였을 때 천지세계는 소멸하며 이는 곧 "천지 사이가 완전히 없어지는 것으로" 이에 새로운 1원이 시작된다.

인류 사회역사의 1원은 12만여 년으로 반은 밝고 반은 어두워서 각자 5·6만 년은 좋고 5·6만 년은 좋지 않아 주야와 비슷하다. 이 "반은 밝고 반은 어두운 것"을 왕도패도와 억지로 짜 맞추어 사회역사에도 삼대와 한·당 둘로 나뉨이 있다고 생각하였다. 그러나 인류의 역사는 "요(堯)에서 지금까지 바야흐로 3천 년이며 소력(邵曆)은 1만 년이 1회이다."[30] 이는 곧 "1회"에서 아직도 다만 10분의 3만 지났다는 말이다. 5·6만 년이 광명이라고 한다면 이 3천 년은 모두 광명의 범위에 들 것이며 광명의 천리가 유행하는 시기일 것이다. 다만 주희는 또한 이 3천 년을 둘로 나누어 1,500년을 삼대의 광명시기로 뒤의 1,500년을 한·당의 암흑시기로 보았다.

1원은 또한 "개물"과 "폐물"로 나누어진다. 1원이 끝나면 새로운 1원이 시작되는데 이런 것은 소옹의 『황극경세(皇極經世)』의 상수학의 추단과 연역을 빌려 역사가 연진하는 과정이 있었다. 인류사회는 이미 원·회·운·세의 서열 운동에 비추어 1원 129,600년이 순환 왕복하며 운동한다.

4. 옛 성인의 도통을 잇다

주희는 전인의 사상자료를 계승하여 왕도패도의 변과 상응하며, 사회역사를 초월하는 영원한 도통을 구축하였다. 그는 말하였다. "상고시대

29 위와 같음.
30 『주자어류』 권100.

에 성신이 하늘의 뜻을 이어 궁극의 준칙을 세움으로부터 도통이 전하여 짐이 유래가 있게 되었다. 경서에 나타나는 것으로는, '진실로 그 중[中道]을 잡으라.'는 것은 요가 순에게 전하여 주신 것이요, '인심은 위태롭기만 하고 도심은 은미하기만 하니, 정히 하고 한결같이 하여야 진실로 그 중을 잡을 수 있다.'는 것은 순이 우에게 전하여 주신 것이다."[31] 이른바 "경서에 나타나는 것"은 "진실로 그 중을 잡으라(允執厥中)"는 것이 『논어』「요왈(堯曰)」편에 보이는 것으로, 요가 순에게 전수한 이 말은 "지극하고 극진할 것이다." "십육자심전"의 나머지 12자는 "진실로 그 중을 잡으라(允執厥中)"는 것을 설명하기 위한 것으로, 이는 이학가가 말한 "도통"의 내용과 실질이다. 이 "십육자심전"은 상고의 성신으로부터 전하여 내려온 것으로 요·순·우·탕·문·무·주공에서 공·맹에까지 이르는데, 맹자 이후로는 중단되었다.

당의 한유(韓愈)는 「원도(原道)」에서 도통설을 제기하였다. 그의 도통설에는 두 가지 주의할 만한 것이 있다. 첫째는 맹자의 앞을 6대(代)로 배열한 것으로 암암리에 불교 석가모니 전의 여섯 부처와 합치된다. 둘째, 한유의 앞에서는 일반인들은 모두 공자 이하로는 안연(顔淵)을 아성으로 생각하였고 문인들 또한 대부분 맹순(孟荀)을 병칭하여 맹자를 돌출시키지 않았다. 한유는 맹자를 위로 공자와 이어 맹자를 "아성"으로 하는 선하를 열었다. 한유의 도통의 계보는 그 마음 씀이 자기를 도통의 계승자로 생각하는 데 있었다. 그러나 주희는 근본적으로 인정하지 않고 『맹자』「진심 하」의 "요순에서 탕에 이르기까지(由堯舜至于湯)……"의 장에 주석을 달고 말하였다. "내가 살펴보건대, 이 말씀은 비록 감히 스스로 자기가 그 전통을 얻었다고 이르지 못하여 후세에 마침내 그 전함을 잃을까 걱정한

---

31 「중용장구서」, 『주희집』 권76, 3994쪽.

말씀인 듯하다. 그러나 바로 그 사양할 수 없는 것이 있음을 스스로 나타내신 것이요, 또 천리와 민이(民彝)가 민멸될 수 없으니, 백세의 아래에 반드시 장차 정신으로 이해하고 마음으로 터득할 자가 있을 것임을 나타내신 것이다. 그러므로 편의 끝에 여러 성인의 전통을 일일이 서술하고 이것을 마쳤으니, 그 전통이 있는 데가 있음을 밝힌 것이요, 또 후세의 성인을 무궁한 후대에 기다리신 것이니, 그 뜻이 깊다!"[32] 그는 맹자는 천리와 민이가 민멸될 수 없다고 한 것에 비추어 이 때문에 백세 이후라고 하더라도 반드시 도통을 정신으로 이해하고 마음으로 터득한 자가 있을 것이며 그렇다면 전하여지지 못한 학문을 터득한 자가 누구이겠는가라 생각하였다.

주희는 심사숙고 끝에 이에 대한 대답을 내놓았다. "송 원풍(元豊) 8년 (1085)에 하남의 정호(程顥) 백순(伯淳)이 죽자, 노공(潞公) 문언박(文彦博)이 그 묘에 쓰기를 '명도선생'이라 하였다. 이에 그의 아우인 이(頤) 정숙(正叔)이 다음과 같이 서(序) 하였다. '주공이 별세함에 성인의 도가 행하여지지 못하였고, 맹가가 죽음에 성인의 학문이 전하여지지 못하였다. 도가 행하여지지 못하여 백세에 선한 정치가 없었고, 학문이 전하여지지 못하여 천년에 진유가 없었으니, 선한 정치가 없더라도 사(士)는 오히려 선한 정치의 도를 밝혀서 남에게 사숙하여 후세에 전할 수 있거니와, 진유가 없으면 천하가 어둑하여 갈 곳을 알지 못해서, 인욕이 함부로 펼쳐지고 천리가 멸할 것이다. 선생은 1,400년 뒤에 태어나서 전해지지 않던 학문을 유경(遺經)에서 얻어 사문(道學)의 흥기를 자기의 책임으로 삼아, 이단을 분별하고 사설을 막아서 성인의 도가 다시금 환하게 세상에 밝혀지게 하셨으니, 맹자 이후로 한 사람일 뿐이다. 그러나 배우는 자가 도에 대해서 향할 바

---

32 「진심장구 하」, 『맹자집주』 권14.

를 알지 못한다면 이분의 공로를 누가 알겠으며, 그의 경지를 알지 못한다면 명도라는 이 명칭이 실정에 걸맞음을 누가 알겠는가!'"[33] 이는 주희의『사서집주』를 맺는말로 말은 간략한데 내포하고 있는 뜻은 넉넉하다.

첫째, 주희는 자각적으로 이 "마지막 편"을 빌려서 "성인들의 도통을 두루 서열 지어" 유가의 도통을 부각시켰다. 그 주지는 맹자 이후로 도통이 비록 중간에 단절된 적이 있지만 현재 이미 도통이 회복되어 단절되었던 학문을 계승한 후성(後聖)이 있다는 것을 설명하고자 함이었다. 이 "후성"의 "진유(眞儒)"는 바로 이정(二程)이다. 그는 말하였다. "하늘이 먼저 복희와 요순과 문왕을 먼저 내고 뒤에 공자를 내지 않아서는 또한 안 되고, 뒤에 또 맹자를 내지 않아서는 안 되고, 2,000년 뒤에 또 이정을 내지 않아서는 안 되는 것이다."[34] 이정이 위로 맹자의 도통과 전하여지지 않은 학통을 이었다고 분명하게 밝혔다.

둘째, 맹자부터 이정까지 1,400년간 도가 행하여지지 않았고 학통이 전하여지지 않았다. 이 때문에 사회적으로 훌륭한 다스림도 없고 진유도 없어 천하가 잘 다스려지는 정치도 없었을뿐더러 갈 곳 곧 가치지향도 알지 못하게 하였다. 이는 인욕이 횡행하고 패도정치로 천리가 차츰 사라져 없어지고 왕도정치가 없어지게 하였다.

셋째, 성인의 도를 세상에 다시 밝혀 반드시 이단을 변별하고 사설(邪說)을 물리치도록 하였다. 여기서 말하는 이단은 주로 불·도를 가리킨다. 사설은 주로 공리학파의 사상을 가리킨다. 그는『근사록(近思錄)』에서 한 권을 통째로 할애하여 묵자 및 불·로의 이단의 폐해를 대놓고 변별하였을 뿐만 아니라 「중용장구서」에서도 말하였다. "우리 도를 붙이고 있는 것은 언어와 문자의 사이에 지나지 않는다. 이단의 말은 날로 새로워지

---

33 「진심장구 하」,『맹자집주』권14.
34 『주자어류』권93.

고 달로 성하여, 노·불의 무리가 나옴에 이르러는 더욱 이치에 가까워 크게 참됨을 어지럽혔다." 불·로가 참됨을 어지럽혀 "이단"의 학문이 더욱 발전되게 하였다. 다행히도 이정이 나와서 "상고한 바가 있어 천년 동안 전하지 않던 전통을 이으시고, 근거한 바가 있어 이가(二家, 老·佛)의 옳은 듯하면서도 그름을 물리쳤다."[35] 여기서 이른바 이가(二家)는 불·로를 가리키며, 불·로의 "이설로 하여 그 사욕을 이루려고 해서, 사특함이 함께 일어나니 이루 다 바로잡을 수가 없는"[36] 것에 대한 상황은 반드시 이단을 변별하고 사설을 물리침을 통해서야 성인의 도를 세상에 다시 환하게 밝히고 전하여지지 않은 학문을 계승할 수 있게 된다.

주희는 이정만이 맹자의 도통을 계승하였다고 생각하였는데 확실히 일정한 근거가 있었다. 동시에 그는 스스로를 정이의 사전(四傳)제자로 도통의 계승자라 생각하였다. 그는 말하였다. "송의 덕이 융성하여 정치와 교육이 아름답고 밝았다. 이에 하남 정씨 두 부자가 나오시어 맹씨가 전한 것을 잇게 되었다. …… 그런 다음에 옛날 태학에서 사람을 가르치던 법과 성인의 경 및 현인의 전의 뜻이 찬란하게 다시 세상에 밝아지니, 비록 나[熹]의 불민함으로도 다행히 사숙하여 들음에 참여하였다."[37] 주희는 분명히 자기가 이정의 사숙제자이며 이정의 도통을 잇게 되었고 도통의 적전으로 여겨진다고 말하였다.

주희가 스스로 은밀하게 비교를 했다면 그의 제자들은 더욱 분명하게 주희가 도통의 계승자라고 말하였다. 황간(黃榦)은 말하였다. "주나라 이래로 도를 전하는 책임을 맡고 올바른 도통을 얻은 사람은 몇 사람에 지나지 않는다. 그리고 사도로 하여금 창창하게 비교적 드러나게 할 수 있

35 「중용장구서」, 『주희집』 권76, 3995쪽.
36 「진심장구 하」, 『맹자집주』 권14.
37 「대학장구서」, 『주희집』 권76, 3993쪽.

었던 사람은 한두 사람에 그칠 뿐이다. 공자 이후로 증자와 자사가 은미한 것을 이어 맹자에 이르러 비로소 드러났다. 맹자 이후로는 주자(周子)와 정자(程子) 그리고 장자가 그 단절된 것을 이었는데 선생에 이르러 비로소 드러났다."[38] 여기서 "비로소 드러난" 사람은 맹자와 주희 두 사람뿐이다. 이 두 사람은 모두 대성(大成)을 이었다는 뜻이 있으며 주희의 도통을 계승한 자의 지위는 확정되었다. 진순(陳淳)도 말했다. 도통은 "맹가 이후 실전되어 천하에서 속학으로 내달린 지 거의 1,400여 년으로 어둡고 깜깜하여 취생몽사하였는데도 자각하지 못하였다. 우리 송이 흥기하자 명성(明聖)이 서로 이어지고 태평한 세월이 오래되어 천지 진원(眞元)의 기가 다시 모여 이에 염계(濂溪) 선생과 하남의 이정 선생이 우뚝하게 선지와 선각의 자질을 갖고 서로 이어 나왔다."[39] 주돈이와 이정은 맹자를 바로 이어 속학과 어둠을 일소하여 끊어진 학문을 이었다. "주문공이 또 그 미언과 유지에 나아가 더욱 정하게 밝혀 맑게 빛나게 하였으니 위로는 성인들의 마음에 이르고 이래로는 백가를 통합하여 하나로 모이게 하였다. 대체로 이른바 제유의 학설을 집대성하고 주·정(周·程)의 적통을 이었으며 수사염락(洙泗濂洛)의 연원을 모았다."[40] 이미 이정이 맹자를 계승한 후성(後聖)이라 확정짓고 또 명확하게 주희를 이정의 도통을 계승한 자로 보았다.

주희가 도통을 이어 계승한 지위는 『송사』에서 「도학전(道學傳)」을 지음으로써 관방의 긍정을 획득하였다. "공자가 돌아가시고 증자가 홀로 그것을 전하였으며, (증자는) 자사에게 전하여 맹자에 이르렀는데 맹자가 돌아가시고는 전하여지지 않았다. 양한 아래로는 유자가 대도를 논하였으

---

38 「주자행장(朱子行狀)」, 『주자연보(朱子年譜)』 권4하.
38 「주자행장(朱子行狀)」, 『주자연보(朱子年譜)』 권4하.
39 「엄릉강의·사우연원(嚴陵講義·師友淵源)」, 『북계자의』.
40 위와 같음.

나 살피기는 하였어도 정밀하지 못하였다. 말은 하였으나 상세하지 않아 이단과 사설이 일어나 올라타 거의 크게 허물어지기에 이르렀다." 천여 년 후 송 중엽에 주돈이가 성현이 전하지 못한 학문을 얻었고 나중에 이정이 주돈이에게 배워 그 들은 것을 크게 넓혔다. "송이 남도(南渡)하자 신안(新安)의 주희가 정 씨가 바르게 전한 것을 얻었는데 그 학문이 더욱 가깝고 절실하였다. 대체로 격물치지를 우선으로 하여 선을 밝히고 몸을 성실히 하는 것을 요점으로 하였다. 무릇 『시』·『서』·육예(六藝)의 문장과 공·맹이 남긴 말이 진(秦)의 전화(戰火)로 잘못되고 한유(漢儒)에 의해 지리멸렬해지고 위·진·육조에 의해 침체된 것을 이때 환하게 크게 밝히니 정연하게 각자 제자리를 잡았다. 이는 송유의 학문이 제자(諸子)를 초월하여 위로 맹자를 이은 것이로다."[41] 이 「도학전서」의 단락에서 보면 역사적인 각도에서 이학(理學, 道學)이 탄생한 사상적 연원, 계승관계와 정주의 도학에서의 지위 및 왜 정주가 제자(諸子)를 뛰어넘어 위로 맹자를 이을 수 있었는가 하는 원인 등등을 논술하였는데 역사적인 학술 가치가 있지만 그 폐단은 당시의 사회경제와 정치에서 도학(理學)이 탄생한 근원을 찾을 수 없었다는 데 있다.

---

41 「도학전(道學傳) 1」, 『송사』 권427.

제14장

경사의 차제는
춘추를 정통으로

○

經史次第 春秋正統

중화민족은 역사의식을 갖춘 민족이다. 선사시기 대량의 문자기록과 2,500년의 정사(正史)는 세계에서도 극히 드문 경우이다. 그 가운데는 인류문화와 사회발전 원리·경제구조 및 도덕윤리·종교습속 등에 대한 가치 있는 보배로운 문헌을 포함하고 있다. 이런 문헌들은 오늘날 중국 내외의 사회와 인문학자들에게 결코 완전히 이용되지 않고 있으며 더욱이 완벽한 해석이 이루어지지 않았다.

역사는 첫째, 자연적이고 인류사회의 발전과정에서 이미 과거의 사실이 되었거나 남은 사적, 곧 객관적인 역사를 가리키는데, 주체적으로 인지하고 있는 대상이다. 둘째, 과거의 사실에 대한 기록을 가리킨다. 이런 기록은 일정한 사료를 기초로 하며 기록 주체의 분석과 종합 그리고 상상을 통하여 주체적인 가치관과 사학관이 함께 스며들어 객체 역사가 만들어낸 기록이나 모사본에 주관적인 요소를 주입한 것이다. 주희의 사학사상은 둘째 층면을 가지고 말하였다.

1. 사학 대상 범위

주희는 사학에 조예가 매우 깊었다. 『자치통감강목(資治通鑑綱目)』을 집성(輯成)하여 일련의 이학적 사학 이론을 제기하였는데 나중에 역사를 편수하는 자들의 표준이 되었다. 그의 견해에 따르면 사학은 곧 의리로 역사적인 사실의 기강을 바로잡는 것이지 결코 역사가 발전해온 까닭과 필연성을 탐구하는 것이 아니다. "동래(東萊)의 학문을 물었다. 말하였다. '백공은 역사에 대해서는 필요 이상으로 상세하고 경에 대해서는 오히려 그다지 이해를 하지 못하였다.' …… 의강(義剛)이 말하였다. '그 또한 강절(江浙) 사이의 일종의 사학을 이었기 때문에 그렇게 한 것입니다.' 말하였다. '역사가 무슨 학문인가? 다만 얕은 것을 볼 뿐이다.'"[1] 여조겸(呂祖謙)의 강절 사학은 경학을 기초로 하지 않는 천박한 사학이다. 이 때문에 주희는 여조겸을 비판하여 다만 "사람들에게 『좌전』과 사마천(司馬遷)의 『사기』를 보기를 권하고", "태사공(太史公)의 학문을 종사로 삼으며", "사마천을 받들고 대소도 모르며 흡사 공자와 비슷한 것으로 생각한다!"고 하였다. 사실 공자와 사마천 두 사람은 각자 다른 학술 영역에서 중화민족의 고대문명에 대하여 위대한 공헌을 하여 후인들의 존숭을 받았다. 그러나 주희는 소철(蘇轍)이 『고사(古史)』에서 사마천은 "천박하고 배운 바가 없으며, 소략하고 가벼이 믿는다."라 한 평가에 동의하여 "이 두 구절은 사마천의 가장 큰 단점"[2]이라고 생각하였다.

주희는 역사를 읽고 역사를 수찬하는 것 모두 지도사상이 있어야 한다고 생각하였다. 그렇지 않으면 "역사를 보는 것이 다만 사람이 서로를 때

---

1 『주자어류(朱子語類)』 권122.
2 『주자어류』 권123.

리는 것을 보는 것과 같다."³ 사서를 아무리 많이 보아도 "또한 역사에 의해 무너져" 사람을 나쁘게 보니 이 말에는 일리가 있다. 역사를 읽으며 그 가운데서 역사의 경험과 교훈을 총결하고 윤리도덕의 수양과 정조의 기질을 제고시킬 수 없었고 도리어 심술을 파괴하였다. 그는 이 지도사상의 표준은 바로 그의 역사철학의 핵심적인 하나의 이치라고 생각하였다. 무릇 천리의 바름에 부합하는 것은 곧 대경(大經)과 대법에 부합하며 이것이 곧 참된 사학(史學)이다.

이 때문에 주희가 이(理)를 철학의 영역에서 사학의 영역으로 끌어들였을 때 사학은 철학적 사변성을 갖추었을 뿐만 아니라 또한 일종의 천리와 역사적 사실이 통일된 사학 체계의 건립을 시도하였다. 그는 일군의 사학의 대상 범위, 평가 표준, 역사 수찬의 원칙과 역사를 읽는 방법 등 일련의 문제를 제기하여 이학 사학체계를 규범화하였다.

주희는 역사는 제왕과 장상의 역사를 가리키며, 역사를 수찬하는데도 그들의 활동을 서술의 주체로 삼아야 한다고 생각하였다. 주희의 「자치통감강목범례」⁴는 이런 사상을 충분히 체현하였다. 「자치통감강목범례」(이하 「범례(凡例)」로 간칭)에서는 기록하였다.

> 무릇 정통(正統)은 주(周)의 왕이 계승하면 아들 아무개가 즉위하였다 하고, 주석에서 바로 아무개 왕이라고 하였다. 진(秦)은 호칭을 고쳐 왕이라 하였고, 처음 천하를 통일하였을 때 호칭을 고쳐 황제라 하였고, 계승하면 아무개가 제위를 계승하였다고 하였다.(주: 胡亥로 본문을 따랐다) 한 이후는 창업이나 중흥을 하면 왕이 황제에 즉위하였다 하였고(주: 漢 高祖는 이미 漢王이라 칭하였고, 晉 元帝는 이미 晉王이라 칭하였으므로 단지 왕으로 칭하였다.

---

3 위와 같음.

오직 光武帝와 昭烈帝는 각각 그 호칭으로 기록하였다. 선왕을 계승하면 태자 아무개가 즉위

하였다고 하였고,(주: 태자가 아니면 또한 사안에 따라 기록하였다) 까닭이 있으면 사안

에 따라 기록하였다.

무릇 열국의 계승은 기록하지 않았으나 사건으로 인한 것은 주석에서

나타내었다. 그 까닭이 있는 경우에는 사안에 따라 기록하였다.(주: 燕의

平과 楚의 橫, 齊의 法章, 楚의 完 같은 경우이다)

무릇 국가에 임금이 없고 사방에서 주군에 근거하며 목수(牧守: 州郡의 장

관)라 칭한 경우는 모인(某人)이 스스로 아무개가 되다, 아무개라 자칭하

였다. 스스로 아무 관(官)을 총괄하였다 하였고,(주: 袁紹와 曹操 따위) 그 전

하여 세습한 것은 각각 그 사안에 따라 기록하였다.(주: 孫權과 袁尙 따위)

무릇 정통은 존립(尊立)을 모두 기록하였다.[5]

제왕 및 계승, 즉위, 호칭을 바꾼 것을 모두 역사에 기록하였다. 열국은

---

4 「자치통감강목범례(資治通鑑綱目凡例)」를 과연 주희가 지은 것인가에 대하여 예사의(倪士
毅)는 말한 적이 있다. "주자가『강목』을 지음에 권도(權度)가 정밀하고 간절하였으며 필삭
이 근엄하였다고 선배들이 상세히 논하였다. …… 오직「범례」는 세상에 여전히 거의 전하
지 않아 학자들이 서법에서 아직 그 요점을 살피지 못한 것이 있다. 지원(至元) 후 무인년에
벗인 주평중(朱平仲) 안(晏)이 사빈(泗濱)에서 돌아왔는데, 이듬해 봄에 기록한 판본을 꺼내
더니 조공(趙公) 계청(繼淸) 빈옹(貧翁)의 아들 가적(嘉績) 응(凝)에게서 얻어 비로소 펼치게
되어 마침내 절록하였다고 하였다."(『滄洲諸儒學案』,『宋元學案』) 주희가 손수 정한 것인가의
여부에 대해 회의를 나타내었다. 그러나 주희는 「답채계통(答蔡季通)」에서 말하였다. "『강목
(綱目)』의 범례는 수정해서 대략 정한 것이 매우 조리와 의의가 있었습니다. 이곳에 이르러
다시 생각해 보십시오."(『朱文公文集續集』권2) 주희가 손수 정하였다고 보았다. 왕백(王柏)
은 「범례후어(凡例後語)」에서 말하였다. "지금『강목』의 「범례」는 곧 주자가 스스로 정한 것
으로 그 대의가 환하여 실로 한결같이 주자에 근본하였다."(『資治通鑑綱目』권수) 이 「후어」
는 송 함순(咸淳) 을축년에 지어졌다. 주희의 제자 이방자(李方子)도 「자치통감강목후서」에
서 말하였다. "책을 지은 범례와 말을 세운 이동(異同)을 또한 뒤에 붙여 열거하여 보는 사
람이 참고할 수 있게 하였다." 「후서」는 가정(嘉定) 기묘년에 지어져 또한 「범례」가 주희에
의해 정하여졌음을 증명할 수 있는데, 주희의 사학사상을 대표하는 저작으로 삼을 수 있다.

5 『자치통감강목(資治通鑑綱目)』권수, 이하 무릇 「범례」를 인용한 것은 모두 이 책의 이 권에
보인다.

모두 기록하였으며 그 계승은 기록하지 않고 사안에 따라 주에 기록하였다. 국가에 임금이 없고 사방에서 주에 근거하여 웅(雄)이라고 일컬은 자도 역사에 기록하였다. 주희는 세 가지 상황으로 나누어 기록하는 방법을 달리했다. 그가 정통사상을 수호한다는 것을 표명하였다.

제왕과 후비(后妃) 태자 등의 활동을 역사에 기록한 것 외에 재상과 훈현(勳賢: 공훈이 있는 현명한 신하), 공신록에 기록된 신하의 자손, 귀척을 모두 역사에 기록하고 환자(宦者)의 봉작 또한 기록하였다. 정통이 아닌 경우 연고가 있으면 기록하였다. 통치계급인 최고계층 이외에 기타 관리는 "연고가 있지 않으면 기록하지 않았다." 기록하고 기록하지 않음으로 명확하게 주희 사학의 대상과 범위를 명확하게 나타내었다. 이 사학연구의 대상과 범위를 따르면 인민 군중의 사회정치활동과 생산투쟁활동, 과학실험활동 및 사회경제, 자연과학의 성취 등등은 모두 배제되었다. 심지어 중하층 관리의 활동마저 배척되어 제외되었다. 역사가 곧 통치계급 최고계층의 활동사가 되었고 군중이 참여하는, 사회발전의 역사가 아니다.

통치계급 최고계층의 정치 활동은 「범례」의 규정에 의하면 또한 다만 제왕의 활동을 기록하고 아울러 이것을 중심으로 원을 그려 이와 관련있는 "나머지 관직"을 개혁과 우호, 빙문 등의 활동에 참여시키면 곧 "연고가 있으면 기록하는" 범위에 속하게 된다. 기타 사회정치, 경제활동, 자연과학의 발명과 창조조차 안에 포함되지 않았다. 이렇게 역사는 곧 통치계급 최고계층을 주체적인 역사로 삼았는데, 그들은 역사의 주재자로 충분히 주희의 영웅이 시대의 추세를 만든다는 사학 관점을 체현하였다.

이렇게 되면 사학연구의 대상 범위가 매우 좁아지게 되고 생동감 있고 활발한 역사는 무미건조하게 변하고 변하지 않는 교사(郊祀) 등의 상례는 풍부하고 다채로운 역사 사실에 바짝 말라 딱딱한 통치자의 관례적인 교조를 남겨놓았다. 역사는 개별 영웅 인물이 연출하는 무대가 되었다. 이는 오랜 사학의 공통성이다.

2. 취사의 평가 표준

역사의 운동은 "천리"의 체현이다. 주희는 하·상·주 삼대는 "천리"가 유행하여 제왕의 "심술"이 가장 바르고 가장 좋았으며, 사회가 밝게 빛나고 지극히 선한 "왕도" 정치이며, 삼대 이후는 "인욕이 횡행하여 흐르고" 제왕의 "심술"이 바르지 않아 사회가 혼란하고 암흑 상태인 "패도"정치라고 생각하였다. 이 때문에 사람들은 역사를 "격물치지"와 같고 그 종지는 "궁리"를 위한 것이라 인지하였다. 이에 "이"(天理)가 역사 사실을 취사하고 포폄하며, 역사 저작을 평가하는 표준이 되었다. 그는 말하였다. "무릇 성현의 언행·고금의 득실·예악의 명수(名數), 그리고 아래로 식화(食貨)의 원류(源流), 군대와 형법 제도인데, 이것 역시 내가 헤아리지 않는 것이 없으며 정밀하고 개략할 수 있는 범위 안의 것이다. 만약 여러 경전의 글에서 고찰하고 뒤섞인 것들을 깊이 헤아려 그 원인을 탐구하지 않는다면 …… 천하의 이치를 반드시 아주 작은 것들까지도 다하여 하나로 관통할 수 있을 것이다."[6] 성현의 언행과 고금의 득실, 예악의 명교, 식화의 원류, 병형(兵刑) 법제 등등의 표준을 잘 저울질하면 "이"에 합치되거나 "이"에 합치되지 않는다. 그것을 역사운동에 두고 고찰한다면 "천리"의 상세한 것을 다하거나 "지리(至理)"에 합치되는 것이라면 기록되거나 기려지는 범위에 속하는 것이다. 동시에 사람들이 책을 읽으며 얻은 역

---

6 「복주주학경사각기(福州州學經史閣記)」, 『주희집』 권80, 4154~4155쪽.

사 지식과 역사적 사실을 평가하는 표준 또한 통일될 것이다.

이런 통일은 결코 사람이 인식하거나 객관적 역사 실제의 통일이 아니며, 역사 사실을 가르쳐주는 표준, 곧 "이"("天理")의 통일이다. 이 때문에 사람들의 역사에 대한 "격물치지"의 공은 "이"("天理")의 형상학 본체의 각도를 따라 역사를 인식하고 역사 사실을 평판하는 데 있다. 그는 역사 운동의 과정에서 하늘에 세성(歲星)이 출현하면 "천도"의 변천을 표명하며, 아래에서 정통이 단정하면 "인도"의 선악을 확정하고, 대강(大綱)이 거의 거행되면 역사의 귀감이 명백해지며, 뭇사람의 눈(의식을 분별하는 눈을 가리킴)이 다 떠지면 세밀한 도리가 밝게 된다고 생각하였다. 무릇 역사에 대하여 "격물치지"의 공부를 하는 학자들은 모두 이러한 감수성을 가지고 있다. 이는 곧 역사 사실이 "이(理)"를 따르게 해야 "이"로 돌아갈 수 있고, "이"를 가지고 역사를 통괄해야 "천리의 바름에 합치될"[7] 수 있다는 것을 말한다.

주희는 "이(理)"를 표준으로 삼아 이왕의 사학 저작들을 평가하였다. 그는 『좌전』이 "의리"의 방면은 전혀 이해하지 못하고 다만 "화복의 이해(利害)" 곧 "이(利)"만 이야기하고 "의"는 이야기하지 않아 자연히 "이"("天理")에 합치되지 않는다고 비판하였다. 『좌전』이 "이"에 합치되지 않는 까닭은 그 요점이 『좌전』의 호오(好惡)의 표준이 성인과 다른 데 있기 때문이다.

주희는 또한 절동(浙東)의 학자들이 사마천을 공자와 비슷한 지위까지 끌어올린 것에 불만을 가졌다. 그는 여조겸과 여조검(呂祖儉)이 사마천을 높인 것은 그들이 그 학문을 종주로 삼기 때문이라고 생각하였다. 사마천도 "인의"를 이야기하기는 하였지만 그 본의는 다만 "권모와 공리"에 있으며 "천리와 인의"에 있지 않았다. 이 때문에 『사기』에는 많은 내용이

---

7   이방자(李方子) 「자치통감강목후서(資治通鑑綱目後序)」, 『자치통감강목』 권수.

없고 소략하며 천박한 곳이 있다.

사마천의 『사기』는 공자라는 성인의 말을 따르지 않고 한결같이 자기의 설만 따라 "의리"를 이야기하지 않았다. 소철의 『고사(古史)』는 공자의 말에 따라 사마천의 잘못을 바로잡았다. 『사기』는 소략하고 천박하여 인의도덕이 아니라는 것을 알 수 있다. 곧 "이"의 표준에 부합하지 않는다.

"이"를 표준으로 주희는 송 전의 이 두 중요하고 권위 있는 역사 저작에 평가를 내리고 그 잘못을 지적하였는데 송대 사회가 윤리강상을 강화하려는 필요성에 부합한다. 당연히 그는 다른 역사저작에도 평가를 내렸다. 이를테면 사마광(司馬光)의 『자치통감』의 경우 그가 『자치통감강목』을 지은 동기를 서술할 때 말하였다. "『강목』의 주된 뜻에 관해 물었다. 말하였다. '주된 뜻은 정통(正統)에 있다.' 물었다. '주된 뜻이 정통에 있는 것은 어째서입니까?' 말하였다. '삼국 가운데 촉한을 바르다[正]고 해야 하기 때문이다. 그런데 온공(溫公)은 모년 모월에 제갈량(諸葛亮)이 쳐들어갔다고 썼는데, 이것은 머리와 발이 전도된 것이니 어떻게 가르침을 드러낼 수 있겠는가? 이로 인해 마침내 뜻을 일으켜 책을 만든 것이다. 이런 뜻으로 미루어보면 고쳐야 할 곳이 매우 많다.'"[8] "정통"과 "비정통"의 문제에서 주희는 사마광의 의견에 동의하지 않았으며, 이 때문에 역사 사실의 서술 및 평가에서 이견이 발생하게 되었다. 한 헌제(獻帝) 건안(建安) 25년(220) 10월에 위(魏)가 칭제(稱帝)하기 시작하여 10월 전은 헌제 건안으로 연호를 기록하고 10월 후에는 조비(曹丕)의 황초(黃初)로 연호를 기록해야 하지만 『통감』에서는 건안 25년 원월을 황초의 연호로 기록하기 시작하였다. 이는 신하로 임금을 덮은 것이며 군신 윤상의 가르침에 해를 끼쳤다. 촉한 선주 유비(劉備) 장무(章武) 3년 5월에 후주인 유

---

8 『주자어류』 권105.

선(劉禪)이 즉위하여 5월 이전은 장무로 연호를 기록하여야 하지만 『통감』에서는 이 해 원월에 후주의 연호인 건흥(建興)으로 기록하였다. 이는 자식이 아비를 덮는 것으로 부자의 윤상의 가르침에 해를 끼쳤다고 생각하였다.

『통감』이 군신과 부자 등의 대륜을 제대로 살피지 못하여, 곧 "의리" 방면에 미진한 점이 있는 것을 감안하였으므로 『자치통감강목』[9]을 지어 이를 바로잡아야 했다. 그는 말하였다. "『통감』이란 책은 요즘 자세히 살펴본 적이 있는데 정통과 비정통[正閏]의 사이와 명분의 실상에서 온당치

---

9 『자치통감강목』이 주희의 저작인가 하는 문제는 옛날에 다른 견해가 있었다. 어떤 사람은 주희의 『통감강목』에 대해 사실 아직 책으로 만들어지지 않았고, 일련의 계획과 일부 초안만 있었을 뿐이라고 생각하였다. 이 의견은 믿을 수 없을 것 같으며, 주희는 『통감강목』의 초고를 이미 완성하였으며 다만 아직 정리를 해야 할 필요가 있었을 뿐이다. 주희는 말하였다. "『강목』은 결국 정돈할만한 힘이 없으니, 우물을 버리게 될까 두렵습니다."(「答蔡季通」, 『朱文公續集』 권2) 또 말하였다. "『강목(綱目)』의 「범례」는 수정해서 대략 정한 것이 매우 조리와 의의가 있었습니다. 이곳에 이르러 다시 생각해 보십시오. 다만 책을 수정한 공이 매우 넓으니, 만약 완전히 지금 두 달처럼 일이 없는 몇 달의 시간을 얻을 수 있다면 조금은 이룰 수 있을 것입니다."(위와 같음) 이 두 편지로만 보면 아직 완성이 되지 않은 것 같고 여전히 저작 중이었던 것 같다. 그는 임택지(林擇之)에게 보낸 편지에서 곧 원고를 끝낼 것 같다고 설명하면서 말하였다. "『통감강목』에 대한 공부는 크고 넓어서, 처음에 꾀할 때 너무 급속하게 한 것을 심히 후회하며, 지금도 몸과 마음을 심히 소모하고 있습니다. 그러나 업(業)으로 이미 삼아서 중도에 그만두는 것을 용납하지 않으므로 내년 봄과 여름 사이에는 가까운 산사에 들어가야 할 것 같고, 인간사를 사절하고 한두 달을 기간으로 삼아 힘을 다해 그것을 완성해야 될 것입니다. 아마도 몸과 마음이 강하지 못하므로 그사이에 잠시 중단할 것 같은데, 곧 조항이 일관되지 않는 것을 깨달으면 이와 같이 해야 될 것입니다."(「林擇之」, 『朱文公文別集』 권6) 인사의 방해를 사절하고 정력을 집중하여 한두 달 내에 『통감강목』의 편수를 완성해야 할 필요성이 있다고 하였다. 자기의 심력이 강하지 못하여 신체가 좋지 못하게 될 것 같다고 설명하고 있다. 나중에 여조겸에게 보낸 편지에서는 『통감강목』이 기본적으로 원고가 완성되었다고 설명하였다. 그는 말하였다. "『강목』의 초고는 대략 갖추어졌습니다. 필사와 교정이 좋은 것이 완성되기를 기다리느라 몇 개월을 쉬고 있습니다. 이후로 약간의 과정만 더한다면 마음을 번거롭게 하는 지경까지는 이르지 않을 것입니다. 과거부터의 병폐는 책이 부담이 되어서가 아니라, 욕심과 조급함이 안에서부터 발동해서 그런 것입니다."(「答呂伯恭」, 『朱文公文集』 권33) 『통감강목』이 주희에 의해 정하여졌음을 알 수 있다. 그 가운데 몇몇 부분은 제자들에 의해 엮였지만 마지막으로 원고를 정한 것은 주희이다. 『통감강목』을 완성하지 않았다고 말할 수는 없을 것 같다.

못하다는 병통이 있습니다. 이에 따라 일찍이 가만히 『춘추』의 조례를 취하여 조금씩 은괄(檃栝: 도지개. 틀)을 가하여 따로 하나의 책을 만들었습니다. (그러나) 미처 완성하지 못하여 몸이 약해지고 눈이 점차 더 흐려져 초고(草藁)가 산더미와 같아서 일을 마치지 못하여 죽을 때까지의 한이 될까 크게 두렵습니다."[10] "따로 하나의 책을 만들었다"는 것은 곧 『자치통감강목』을 가리킨다.

그는 『자치통감』이 정통과 비정통 및 명분에 단점이 있다는 데 감안하여 『춘추』의 조례에 의거하여 『통감강목』을 엮었다. 이른바 "정윤(正閏)"과 "명분(名分)"을 주희는 이렇게 해석하였다. "신은 예전에 『자치통감』을 읽었는데 주나라 말기에 제후들이 왕이란 호칭을 참칭했는데도 그 호칭을 바로잡지 않았습니다. 한나라의 승상인 제갈량이 군사를 내어 적을 토벌했는데도, 오히려 쳐들어갔다고 기록하는 등 이런 서술들이 한둘이 아니어서 특히 이해하기 힘들었습니다. 또 사건의 시작과 끝, 상세함과 간략함에 대해서도 한결같이 평범한 문장으로 기록해서, 목록이 있어도 검사하고 찾아보기 힘들었습니다. 제 망령된 뜻으로 그 사실에 나아가 별도로 하나의 책을 만들었는데 세(歲)를 표기하면서 년(年)을 제일 앞에 쓰고, 그 뒤에 큰 줄기를 드러내었으며, 요점은 큰 글씨로 쓰고, 자세한 말은 작은 글씨로 주를 달았습니다. 시비와 득실을 평가한 대목에 이르러서는 옛 사서의 저술 방법을 써서 대충이나마 역사적 교훈을 서술하고 『자치통감강목』이라고 이름 붙였습니다."[11] 또 말하였다. "『통감거요(通鑑擧要)』는 상세하게 수미를 갖출 수 없어 검열을 제공할 수가 없을 것 같으니 이것이 『강목』을 지은 까닭입니다."[12]

---

10 「답이빈로(答李濱老)」, 『주희집』 권46, 2204쪽.

11 「사면강동제형주장 3·첩황(辭免江東提刑奏狀 3·貼黃)」, 『주희집』 권22, 926쪽.

12 「답반공숙(答潘恭叔)」, 『주희집』 권50, 2437쪽.

제후가 왕의 명호를 참칭하는 것은 곧 "윤(閏)"이지 "정(正)"이 아니다. 이런 "이(理)"가 아닌 일에 『통감』은 "정명(正名)"을 부여하여 왕이라 부르지 않고 원래의 이름을 되돌렸다. 이를테면 제갈량이 군사를 내어 적을 토벌한 것은 "순(順)"으로 "토(討)"나 "정(征)"이라고 해야 한다. "구(寇)"라 기록한 것은 순(順)을 범하였음을 가리켜 말한 것이다. 『통감』은 "정윤(正閏)"과 "명분"에 과실이 있어 곧 "의리"에 부합되지 않으며 "이"의 표준과도 어그러진다.

주희는 "이"("天理")를 역사 사실을 취사하고 역사저술을 평가하는 표준으로 삼았다. 이 "이"는 실질적으로 사회의 삼강오상과 윤리도덕의 승화(昇華)이다. 주희의 사변은 본래 현실적이고 구체적인 사회역사의 조건과 결부된 "이"를 구체적인 사회역사의 조건에서 벗어나게 하여 추상적인 관념과 보편적인 원칙으로 이화(異化)시킨 것이다. 그런 다음 거꾸로 사회역사를 주재하거나 역사의 척도를 가늠한다. 주희의 "이"는 곧 이런 사변 과정을 거쳐 만들어진 것이다. "이"가 일단 만들어져 나오자 "이"와 "사(史)"의 관계는 "이"가 "사"에서 나오거나 "이"와 "사"가 결합한 것이 아니라 "이"가 "사"를 통솔하게 되었다. 역사적인 객관 사실은 곧 "이"가 재단하는 자료가 되었다.

3. 경이 우선이고 사는 다음인 차제

"이"("天理")가 선험적으로 존재한다면 사람들은 어떻게 "이"를 인식하거나 "이"를 구하겠는가? 주희는 "이"는 역사 사실 자체에서 얻는 것이 아니라 『육경』에서 요구하는 것이라고 생각하였다. 경(經)과 사(史)를 모두 읽을 수 있기는 하지만 "의리의 요(要)"나 "의리의 지름길"을 먼저 구하고 난 다음에야 역사를 읽고 일의 변화의 득실을 의논할 수 있다. 경을 읽어 "의리"를 알아야만 마음에 "밝은 거울"이 있는 것처럼 역사 사실에 미혹되지 않을 수 있다. "요즘 사람들은 책을 (제대로) 읽는 적이 없으며, (읽는다 해도) 조잡한 책만 읽는다. 책을 읽을 때 먼저 『논어』와 『맹자』를 본 다음에 역사책을 본다면, 마치 밝은 거울이 여기에 있어서 아름다운 것과 추한 것이 숨겨질 수 없는 것과 같다. 만약 『논어』와 『맹자』·『대학』·『중용』을 철저하게 읽지 않고, 곧바로 역사책을 보면, 가슴속에는 (잣대가 되는) 저울이 하나도 없어서 대부분 미혹되게 된다."[13] 먼저 경을 읽어 "의리"를 밝히면 두 방면의 장점이 있다. 첫째는 심중에 저울이 있어서 역사 사실의 표준을 달아보고 가늠하여 복잡한 역사 사실에 호도되지 않게 될 것이다. "대체로 사서는 들쭉날쭉하면서 벽적함이 있는데, 경서는 차고 담박하니, 후학들의 마음가짐과 의지가 확고하지 못해 사서에 치우치지 않는 사람이 드물다. 이것은 또 마땅히 예방해야 할 것이다."[14] 둘째는 "의리"를 알면 마음이 밝은 거울 같아 역사상의 모든 아름답고 추악한 사건을 변별할 수 있다. 이것이 곧 "경이 먼저이고 사는 뒤"라는 설이다.

당연히 경을 읽는 것만으로는 꼭 "의리"를 알 수 없고 또한 체득해야 한다. 공자·맹자·자사 등이 『논어』·『맹자』·『중용』 등 경서에서 말한 "의리"는 또한 다만 지상(紙上)에 존재하는 것으로 스스로 전심으로 체인해 나가야 자기의 것으로 바꿀 수 있다. 그렇지 않으면 경서를 읽어도 사서를 재단하고 역사 저서를 평가할 수 없다.

이른바 "선경후사"론은 다음의 두 층면의 뜻을 포함하고 있다. 한 층면의 뜻은 경이 본이고 사는 말이라는 것이다. 주희는 여조겸을 "역사에

13 『주자어류』 권11.
14 「답여백공(答呂伯恭)」, 『주희집』 권33, 1459쪽.

대해서는 필요 이상으로 상세하고 경에 대해서는 오히려 그리 이해를 하지 못하였다."¹⁵고 비판하였다. 이 때문에 "화이차치(和而且治)"에 대하여 자세히 이해하지 못하였다. 이에 그는 "독서는 모름지기 경을 근본으로 한 다음에 사서를 읽어야 한다"고 주장하여 경·사를 서로 비교하여 경이 본이고 사는 말이라고 하였다. 먼저 경을 읽어 "의리"를 체득하고 나중에 서서를 읽어 "이"를 가지고 고금의 치란과 제도전장을 고찰한다. 본을 먼저 하고 말을 나중에 하면 이미 일반 자연규율에 부합할 뿐만 아니라 사서를 읽는 규율에도 부합되기 때문에 "선경후사"는 "이"에 부합된다.

다른 층면의 뜻은 경이 체이고 사는 용이라는 것이다. 학문은 "먼저 큰 근본을 세워야 한다." "큰 근본"은 곧 주희가 말한 "의거할 만한 곳", 발을 붙일 곳이거나 근본이다. 경을 읽는 것은 본이며 "체"이다. 사서를 읽고 여러 치란과 제도를 고찰하는 것은 "쓰이는 곳에서 공부로 삼는 것"으로 "용"이다. "경서를 보는 것은 역사책을 보는 것과 다르다. 역사는 표피적인 사물이고 중요한 것이 없으므로 기록해 두었다가 사람들에게 물어볼 수가 있다. 만약에 경서에 의문이 생기면 이것은 자신을 통절하게 하는 병폐이기"¹⁶ 때문이다. "사"는 "경"의 바깥에 붙어 있는 모피로 경의 "용"이다. 경을 먼저 하여 "의리"의 체를 세운 다음에 역사 사실의 용, 곧 『오경』은 이(理)를 말하였고, 『춘추』는 용을 말한" 뜻을 고찰하여야 하는데, 이렇게 해야만 일에 오류나 무익함이 발생하지 않게 된다.

그러나 "경본사말"과 "경체사용"은 경은 필요하고 사는 필요하지 않아 경과 사가 나누어질 수 있다는 것을 말한 것이 아니다. 경과 사의 상호 관계에서 경이 주이고 사가 부차적이며 경이 우선이고 사는 나중이라는

---

15 『주자어류』권122.
16 『주자어류』권11.

하나의 차서가 있다는 것을 말하였다. 이 때문에 그는 『육경』만 보고 사서의 편면은 보지 않는 것을 반대하였다. "호(浩)가 말하였다. '조서기(趙書記)는 스스로 자신의 견해를 가진 후에는 다만 『육경』과 『논어』·『맹자』만 보면 되고, 그 외의 역사서나 잡다한 학문은 전혀 볼 필요가 없다고 했습니다.' …… 말하였다. '그렇게 한다면 곧 옛날과 지금의 성공과 실패에 대해서는 알지 못할 것이므로, 곧 형공(荆公: 王安石)의 학문이다.'"[17] 그는 왕안석이 경학만 주로 하는 것에 불만을 가졌다. 또한 사마광과 여조겸이 사학을 주로 하여 경을 읽지 않는 편면을 반대하여 "백공은 사람들에게 『논어』를 읽히지 않는다."[18]라 하였다. "선생(朱熹)이 물었다. '저번에 백공을 보니 어떤 말을 하던가?' 말하였다. '여장(呂丈)은 역사를 보도록 권하였습니다.' 말하였다. '그의 이 뜻을 곧 이해할 수 없다.'"[19] 주희는 "선경후사"라는 전제하에 경사를 결합할 것을 주장하였다.

그는 왕안석이 제정한 경의고시(經義考試)는 사전(史傳)의 인용을 금지하였는데 이는 일종의 말류라고 생각하였다. 자서(子書)와 사서를 배우면서 "이(理)"를 형량(衡量)의 표준으로 삼지 않으면 속학으로 흘러든다. 이 두 가지 편면성은 모두 경사를 결합하지 않았다. 주희는 양가(兩家: 經과 史)를 말미암아 편면성을 피하였다.

이로 말미암아 그는 사서를 읽는 종지와 방법을 제기하였다. 그는 말하였다. "사서를 읽을 때는 큰 윤리와 큰 기회, 큰 치란과 득실을 보아야 한다."[20] "큰 윤리(大倫理)"는 종법사회의 윤리강상을 가리키며, "큰 기회(大機會)"는 시세(時勢), 곧 역사 발전의 필연적 추세를 가리키어 "성인은 실로

---

17 위와 같음.
18 『주자어류』 권122.
19 위와 같음.
20 『주자어류』 권11.

천하에 도모하지 못할 때는 없다고 본다. 그러나 그가 할 수 있을 만한 형세가 되지 못하면 또한 하지 못한다."[21] "큰 치란과 득실"은 역사의 경험적 교훈을 가리킨다. 사서를 읽을 때는 이 세 가지를 유기적으로 연계시켜 고찰해야 역사를 생생하게 볼 수 있으며 "의리"에 도움이 되는데 이는 역사를 읽는 종지이다.

사서를 읽는 방법은 "'역사를 읽는 법'을 물었다. 말하였다. '먼저 『사기』 및 『좌씨』를 읽고 서한과 동한 및 『삼국지』를 보고, 그다음에 『통감』을 본다.'"[22] 또 말하였다. "먼저 『논어』와 『맹자』·『중용』을 보고, 다시 다른 경전 한 권을 보고 나서 역사책을 보면 비로소 보기가 쉬워진다. 먼저 『사기』를 읽는데, 『사기』와 『좌전』은 (내용이) 서로 겹친다. 그다음에는 『좌전』을 보며, 그다음에 『자치통감』을 보고, 남은 힘이 있다면 전체 역사를 본다."[23] 이른바 방법은 실제로는 역사를 보는 차서이다. 여기에서도 그의 "선경후사"론을 꿰뚫고 있다.

주희는 "이"로 역사의 사학이론을 통괄하였는데, 도학사상이 유기적으로 구성된 부분이다. 그는 "이"("天理")를 최고의 표준 혹은 원칙으로 생각하여 사학의 대상 범위를 규정하고 역사 사실을 취사하였으며 역사저작을 평가하였다. 이 "이"("天理")는 객관적인 사실(史實) 외에도 선험적으로 원칙이며, 연후에 이 "이"("天理")를 역사에 주입하여 역사를 통솔하였다. 경서는 성인의 말로 "천리"의 체현이기 때문에 또 선경후사와 경본사말을 주장하였다. 이는 곧 주희의 사학사상 체계를 구성하였다.

---

21 『주자어류』 권108.

22 『주자어류』 권11.

23 위와 같음.

4. 정통을 밝히고 『춘추』를 본받다

주희 사학 이론의 논리적 기점이 "이"라고 한다면 그 발판이 되는 곳은 곧 역사를 편수하는 조례와 서법 등등이다. 그것은 『자치통감강목』과 「범례」 및 「사관수사례(史館修史例)」의 의례(義例)·서법 등의 고리를 통하여 또한 "이"(天理)를 체현하였으며, 그 논리적 기점으로 돌아가는데 이때의 기점은 곧 그 종점이 된다.

『자치통감강목』의 편찬 사상은 「범례」에 체현되어 있다. 「범례」는 19장(章) 137조(條)로 나누어진다. 그 핵심 사상은 정통을 밝히고 찬적(篡賊)을 배척하며, 강상을 세우고 명교를 부지하며, 역사의 폐단을 없애고 『춘추』를 본받는 것이다.

첫째, 정통을 밝히고 찬적(篡賊)을 배척한다. 주희는 중국 역사상 고대에서 송까지는 시간적 간격이 수천 년으로 "무릇 정통은 주·진(秦)·한·진(晉)·수·당"[24] 등 여섯 조대이며 기타 하·상·전국·삼국·위(魏)·남북조·오대 등은 모두 정통이 아니라고 생각하였다. 이 사상에 의하여 『통감강목』은 주 위열왕(威烈王) 23년부터 시작된다. 그리고 하·상 등의 조대는 이야기하지 않는다. "건안(建安) 25년(220) 이후부터는 위(魏)나라 연호를 물리치고 한나라의 정통에 이어 사마 씨[司馬光]와 달리하였다."[25] 조위(曹魏의 연호)를 쓰지 않고 촉한(蜀漢의 연호)을 써서 한의 계통을 이어 정통으로 삼았다. 정통성의 여부를 가지고 사실(史實)과 인물의 의로움과 의롭지 않음, 선하고 선하지 않음, 충성과 간사함을 평가하는 표준으로 삼았다.

"정통"은 "천리"에 합치하는 것으로 그 서법은 아름다움과 칭찬이 넘

---

24 「자치통감강목범례」, 『자치통감강목』 권수.
25 「자치통감강목범례·주」, 『자치통감강목』 권수.

칠 뿐만 아니라 등급도 삼엄하다. 각종 서법의 분수는 모두 매우 근엄하다고 일컫는다. 주희는 "정통"을 옹호하기 위하여 또한 사마광의 『통감』의 잘못을 바로잡았다. "시호(諡號)는 산 사람에 대한 칭호가 아닌데 『통감』에서는 시호를 훙(薨)과 졸(卒)의 위에 더하였으니 또한 잘못되었다. 지금 또한 바로잡는다."[26]

정통 외에 또한 무통(無統)·열국(列國)·건국(建國)·찬적(簒賊)·참국(僭國)·불성군(不成君) 등이 있다.

이른바 "무통"은 주진(周秦)·진한(秦漢)·한진(漢晉)·진수(晉隋)·수당(隋唐) 사이의 조대와 오대이다. 일반적으로 이때는 모두 분열과 할거의 국면이나 세력을 할거하는 사이의 겸병 전쟁, 혹은 농민의 대대적인 기의가 출현하였다. 하나의 통일을 이루지는 못하였지만 비교적 안정된 시대를 주희는 "무통"이라 일컬었다. 그 서법은 "정통"과는 구별하여 일컬었다. 이를테면 "정통을 붕(崩)이라 하고", "무통"은 "모왕 모가 죽었다(某王某殂)"라 하였다. 그러나 "무통"은 결코 "비정통(非正統)"이나 참국(僭國) 혹은 찬적이 아니다.

열국은 정통(왕조)에 의해 봉해진 제후국이다. 건국(建國)은 기의자가 스스로 왕이라 일컬은 것을 가리킨다.

"참국(僭國)"은 천하가 어지러운 때를 틈타 찬위하거나 한 지방을 할거하여 나라를 세운 것으로 어떤 상황은 "무통"에 상당한다.

"찬적"과 "참국"의 차이는 바로 "참국"은 어지러움을 틈타 찬위하여 대를 전한 것에 있다. "찬적"은 찬위하였는데 대를 전할 수 없었던 것을 가리킨다.

무릇 찬적으로 임금을 시해하면 휘(諱)를 숨기지 못하고 반드시 성명을

---

26 위와 같음.

그대로 써서 난신적자의 죄를 세인의 이목에 대대적으로 밝혀서 "참으로 그 모습을 숨길 수 없을 것이라고 하였다." "무릇 독으로 시해한 경우는 진독(進毒: 독을 올리다)이라는 글자를 추가하였는데", 왕망(王莽)과 양기(梁冀)의 무리와 같은 경우이다. 세인과 후세의 경계로 삼았다.

둘째, 강상을 세우고 명교를 부지한다. 「범례」에서는 군신·부자·부부·장유 등 큰 인륜을 두루 섭급하였으니 충·효·절 등의 도덕규범을 법도로 삼아 강상과 명교를 강화하였다.

군신 관계에 관하여. 주희는 진한 이후로는 왕후(王侯)의 죽음을 모두 졸(卒)이라 하였다. 『통감』에서는 옛 사서의 예를 그대로 따라 훙(薨)이라고 기록하였는데, 사마광이 타당치 않다고 생각하여 고치지 않은 것이다. 훙(薨)은 「범례」의 규정에 따르면 "해를 넘기지 않은 불성군(不成君)의 경우는 '훙'이라 하였으며" 혹은 무통의 왕공을 "모 왕공 모가 훙하였다(주: 위로 천자가 없으므로 그 신하들이 하는 말을 따른 것이다)"라 하였는데, 당연히 나라의 역사에 기록하여 넣을 수 없었다. 정통의 임금이 죽은 것을 "붕"이라 하며, "정통의 임금이 왕공으로 폐위되어 죽으면 졸(卒)이라 기록하여" "붕"이라 기록할 수 없었다. 왕공으로 폐위되면 신하이고 임금이 아니기 때문에 신하의 명호를 따를 수밖에 없다. 임금은 높고 신하는 낮으며 임금을 올리고 신하를 누르는 것이 각 고리에 스며들었다. 이는 주희의 군권론 사상을 체현하였다.

부자의 관계에 대하여. 「범례」에서는 기록하였다. "무릇 정통은 그 후(后)와 태자·제후왕을 폐위하면서 그 죄의 실상을 고찰할 수 없는 것은 '모인이 폐위되었다.(주: 이를테면 漢 彭越과 陳后의 경우이다.)'라 하였고, 죄상이 명백할 경우 '유죄(有罪)' 두 글자를 추가하였다. 죄가 없는 경우는 '모인을 폐위하였다.(주: 이를테면 漢 景帝가 薄后와 太子 榮을 폐한 경우이다.)'라 하였다." 유죄와 무죄에 상관없이 이미 폐출되어 아들로 복종을 하지 않을 수 없으면 또한 원망하는 말을 할 수 없었다. 자식은 부친에게 오직 "효"를 하여야 한다.

부부의 관계에 대하여. 「범례」의 주에서는 말하였다. "부인(婦人)의 의는 지아비가 죽으면 자식을 따르니 하물며 천하의 임금이겠는가?" 부녀에게 "삼종사덕(三從四德)"의 요구를 선양하였다. 주희는 "삼강오상"을 "하늘의 경(經), 땅의 의(義)"라 하여 "삼강오상"을 지키는 것이 곧 "천리"라 생각하고 여기서 역사로 드러내어 절대 위배할 수 없다고 하였다. 『통감』에서 사마광은 이 사상을 관철했지만 주희가 보기에는 아직도 미흡한 곳이 있었다. 이 방면에서 주희는 사마광보다 더욱 강렬하였음을 알 수 있다. 그는 『통감강목』에서 사실(史實)의 평가를 통하여 희로와 애증, 포폄을 그 속에 기탁하여 "강상을 세우는" 작용을 일으켰다.

동시에 그는 명교를 극력 선양하고 죽음으로 절개를 지키고 수절하는 것 등을 찬양하였다. 「범례」에는 기록하였다. "나라가 망하고 몸은 폐위되었으나 수절하여 뜻을 바꾸지 않다가 국통이 회복된 경우는 그 고호(故號)가 있으면 '붕(崩)'이라 기록하였다." 또 말하였다. "무릇 죽음으로 절개를 지킨 사람은 모두 문장의 예를 달리하여 포장(襃獎)함을 나타내었다.(주: 劉崇·翟義·劉映·龔勝·王經·劉諶·諸葛瞻)" "장수가 죽음으로 절개를 지켰다면 '그것을 위해 죽었다'라 하였다." "수절(守節)"과 "사절(死節)"에 대하여 이렇게 중시함으로써 그는 명교를 부지하여 세우려는 역량을 표명하였다. 윤기신(尹起莘)은 「자치통감강목발명서(資治通鑑綱目發明序)」에서 평론하였다. "하물며 이 책을 지은 것은 그 큰 경(經)과 그 법도를 세워 군부를 높이고 난적을 쳤으며, 정통을 높이고 참위(僭僞)를 억눌렀고, 명절(名節)을 기리고 사녕(邪佞)을 폐출하였으며, 중국을 귀하게 여기고 이적을 천하게 여기는 등 삼강오상의 대륜과 연결되지 않은 것이 없다. 실로 이른바 천지에 마음을 세워주고, 생민에 법도를 세워주고, 선성의 끊어진 학문을 이어주고, 후세에 태평을 열어준 것이다."²⁷『강목』의 기본 사상을 포괄하였는데 이런 사상은 모두 삼강오상과 연결되어 있다. 이 때문에 강상을 세우고 명교를 부지하는 것은『강목』의 중요한 특색이다. 하선(賀善)은 평가하여 말하였다. "그러나 대요는 명분을 변별하고 강상을 바로잡아 권계를 보이는 데 지나지 않을 따름이다."²⁸ 주희의 뜻에 자못 부합한다.

셋째, 역사의 폐단을 없애고『춘추』를 본받았다. 주희는 이왕의 역사적 폐단, 특히 북송 이래를 겨냥한 역사적 폐단에 비추어 비판을 제기하였다. 그는 말하였다. "역사가 심히 폐단이 많아『신종실록』은 모두 감히 쓰지 않는다. 전해 듣기로는 다만 사람들의 목록에 근거하였다고 한다. 다만 대조하는 것은 곧 올린 문자와 또 천자의 물음에 대답한 말을 사관(史館)에 올렸다."²⁹ "오늘날 역사를 편찬하는 사람들은 다만 원본에 따라 베껴 쓰기만 할뿐 감히 한 글자도 더하거나 빼지 않는다. 아마도 소성(紹聖) 초기부터 장돈(章惇)이 재상이 되었고, 채변(蔡卞)이 국사를 편찬하면서 장차 역사적인 사실로 제공을 중상하려 하였다. 이전의 사관 범순부(范純夫, 祖禹)와 황노직(黃魯直, 庭堅)이 이미 관직을 떠났지만, 각자 개봉부(開封府)의 경내에 거주하도록 하여 곧 가까이서 국사원(國史院)에 보고하고 문자를 취합하도록 하였다. 즐겁지 않은 여러 가지는 매 조목마다 황과 범에게 물었고, 또 반드시 그것이 그러한 까닭을 통하여 물을 만한 것이 없어져야 비로소 떠나도록 하였다. 후에 사관은 이것으로 인해 처벌하였으므로 감히 더하거나 덜어내려고 하지 않았다."³⁰ 신종과 철종 때에는 왕안석을 대표로 하는 신당과 문언박(文彥博)·사마광을 대표로 하는 구당이 왕안석

---

27 『자치통감강목』권수.

28 「자치통감강목서법서(資治通鑑綱目書法序)」,『자치통감강목』권수.

29 『주자어류』권128.

30 위와 같음.

의 변법에 이견을 보임으로써 당쟁을 형성하였다.

이는『신종실록』의 필법에 영향을 끼쳤다. 채변은 역사 사실을 이용하여 여러 사람을 중상하려 하였다. 이에 전 사관 범조우와 황정견은 이미 관직을 떠난 상황에서 여전히 질문을 받고 개봉을 떠나는 것이 허락되지 않았으며 아울러 대답을 내놓으라는 추궁을 받았다. 나중에 범조우는 영주(永州)로, 황정견은 검주(黔州)로 폄적되었다. 이 이후 사관은 감히 실제의 상황을 직필하지 못하고 원본[奏本]만 따를 뿐 한 자도 더하거나 빼지 못하였다. 이는 표면상으로 보면 실제에 부합하는 것 같다. 사실 긴요한 곳에서는 왜곡을 하거나 서로 숨기고 속였다.『어류』에서는 기록하였다. "오늘날 역사서를 지을 때 좌사와 우사에게는『기거주(起居注)』가 있고 재상 같은 중신에게는『시정기(時政記)』가 있으며, 대관(臺官)에게는『일력(日曆)』이 있고, 함께 사관에 보내어서 지은 곳을 참조하여 개정해서 실록에 넣어 역사서를 만든다. 대개 역사는 모두 사실적이지 않고, 중요한 곳은 감히 역사에 올리지 않고 문서로 통지하거나 보고하지도 않는다."[31] 『실록』이『기거주』와『시정기』및『일력』이 있지만, 역사적 사실의 경위는 결코 반영할 수 없고 특히 관건이 되는 곳을 조작하고 쓰지 않으며 또한 보고도 하지 않는데 이것이 곧 역사를 수찬하는 큰 폐단이다.

주희는 "대체로 역사가 모두 부실"한 병폐를 겨냥하여『춘추』의 뜻을 취하여 역사 사실을 존중할 것을 주장했다. 그는『사관수사례(史館修史例)』에서 구체적인 방법을 제기하였다.

> 먼저 역내(曆內) 연월일 아래에 전하는 사람의 성명을 찾아 연구하여 적당히 세워 총목을 배정한다.

---

31 『주자어류』권128.

다음으로는 장차 제명(題名)에 나아가 사람마다 임명하고 파직한 연월을 찾아 연구하여 본인의 성명 목차의 아래에 주석을 단다.

다음으로 장차 사람마다 비지(碑志)·행장(行狀)·주의(奏議)·문집(文集)의 따위를 취하여 본인 성명의 목차 아래에 덧붙인다.(모년에 태어나 모년에 죽었다고 각각 주석을 단다)

다음으로 장차 총목 안에는 문자와 사람의 성명을 찾고 수색하여 대략 관향(貫鄉)과 이력을 구비하고, 판에 새겨 여러 주(州)에 시행하여 찾고 방문하여 취하고 구하는 것을 알린다. 바로 전운사(轉運司)에게 맡겨 최독(催督)을 전일하게 하여, 매월 상순(上旬)에 사람을 보내 본원[사관]에 거듭 보내고, 덧붙여 전달하지 못하니 아마도 손실이 있을 것이다. 만일 본월(本月) 안에 문자를 수색하는 것이 없으면 또한 의뢰하는 한도에서 사람을 보내 거듭 보고한다.

여러 길로 거듭 문자를 보내고 안부(眼簿)에 이르는 것을 두는 것은 한 길에 한 단서이며, 한 달에 하나의 눈이다. 만일 거듭 이르는 것이 있으면 당일 내에 구쇄(勾鎖: 동그라미 표시)를 거두어 덧붙이고 총목의 본 성명 아래에 주석하는 것은 이전 범례에 의거한다.[32]

먼저 예에 따라 전을 세울 사람의 성명을 세우고 총목을 배정한 후 관직에 임명되고 파직된 연월을 주(注)로 단 다음 매 사람의 비지(碑志)와 행장·주의(奏議)·문집 등의 자료 및 자료를 전하여 보내고 등기하는 방법 등을 수집한다. 아마 남송 왕조 국사원(國史院)의 역사 편수 조례의 일부분일 것이다. 「수사례(修史例)」의 규정은 여러 주에 효시하고 수색하여 찾아 사료를 수집하는 작업에 대한 중시를 체현하였으며, 그의 역사의 폐단에

---

32 「사관수사례(史館修史例)」, 『주희집』 권74, 3887~3888쪽.

불만을 품고 사실을 구하는 정신을 반영하였다.

『춘추』를 본받는다는 것은 바로 『춘추』의 "의리"를 취하여 "이"로 회귀하는 것이다. 윤기신은 말하였다. "가만히 생각건대 『강목』을 지은 것은 세교(世敎)에 도움을 줄 것인데 아마 또한 『춘추』의 뜻에서 얻음이 있는 것 같으며, 모두 멋대로 흐르는 인욕을 막고 이미 없어진 천리를 보존한 것이니 어찌 강구하고 발양하지 않겠는가!"[33] "인욕을 막고 천리를 보존하는" 것은 곧 "천리"를 회복하는 것이다. 주희는 예를 들어 말하였다. "생각건대 『통감』은 위진(魏晉) 이후에는 오직 일국의 연기사(年紀事)를 주로 하여 그 임금을 '제(帝)'라고 하였으며, 그 나머지 나라의 임금은 모두 '주(主)'라고 하였다. 처음부터 정윤(正閏: 正統과 非正統)의 구별을 없게 하여 오히려 두 '제'가 있게 되는 혐의를 피하려고 하였다. 주 말기에 제후들이 모두 왕의 호칭을 참칭하였는데도 도리어 그대로 따르고 고치지 않았다. 이는 처음 필삭할 때에 의례를 정하지 않았기 때문에 이러한 잘못이 있는 것이다. 이제 특별히 이것을 바로잡아 대체로 『춘추』의 의리를 따랐다."[34] 『통감』은 위진 후에 비록 동시에 "두 제(帝)"가 있는 역사를 주의하기는 하였지만 "정윤(正閏)"을 구별하지는 않았다. 이를테면 주(周) 말의 각 제후국은 모두 왕을 일컬었는데, 의례(義例)가 정하여지지 않아 『통감』은 옛 설을 그대로 따라 왕이라 기록하고 특별히 개정을 가하여 "『춘추』의 의(義)"에 부합하게 하였다. 이렇게 "이"(天理)를 법도의 논리적 기점으로 삼아 『통감강목』을 통하여 "이"를 현현한 다음에 다시 그 논리의 종점인 "이"(天理)로 돌아갔다. 이는 곧 "역사의 보편적이지 못했던 것을 바르게 하였으며 일리의 순수함을 모아 귀결한"[35] 뜻이다.

---

33 「자치통감강목발명서(資治通鑑綱目發明序)」, 『자치통감강목』 권수.
34 「자치통감강목범례·주(資治通鑑綱目凡例·注)」, 『자치통감강목』 권수.
35 이방자(李方子) 「자치통감강목후서(資治通鑑綱目後序)」, 『자치통감강목』 권수.

5. 본받음과 본받을 수 없음

정주도학은 송 이후 역대 통치자들에 의해 관학으로 추앙받았기 때문에 주희의 사학 이론 또한 정종으로 받들어져 후기 종법 사회에 심원한 영향을 미쳤다.

"『춘추』 후 첫째가는 책"으로 받들어진 적이 있던 『자치통감강목』은 사마광과 호안국(胡安國)이 엮은 사서의 기초 위에서 이루어졌다. 주희는 말하였다. "그리하여 일찍이 지나치게 스스로를 헤아리지 못하고 문득 동지들과 함께 두 공이 편찬한 네 책을 바탕으로 따로 의례를 만들어 가감하고 교정하여 이 책을 만들었다."[36] "두 공의 네 책"은 사마광의 『자치통감』과 그 정요(精要)한 말을 모은 『목록』(30권) 및 『거요력(擧要歷)』(80권) 등 세 책과 호안국이 사마광의 유고(遺稿)를 따라 편수한 『거요보유(擧要補遺)』 한 책이다. 주희는 이 네 책을 더하고 덜고 개괄하여 『강목』을 완성했다. 그의 제자 조사연(趙師淵)은 편사(編寫)에 참가하여 "주문공을 종유하여 함께 『강목』을 논하고 교정한 적이 있는데 전후로 모두 여덟 책이다."[37] 주희의 『자치통감강목서』는 이때 완성되었을 것이다. 주희는 만년에도 반복적으로 수정하고 고쳤다. 죽은 후에 원고는 어린 아들인 주재(朱在)가 보존하여 왔다. 영종(寧宗) 가정(嘉定) 3년(1210) 이방자가 주재에게서 원고를 얻어내어 진덕수(眞德秀)의 열독을 거치고 주재의 교본(校本)을 취하여 비로소 천주(泉州)에서 상재되어 출간되었다.

대대로 주희의 사학사상 및 『자치통감강목』 등에 대한 평론이 있었지만 포폄이 달랐다. 남송의 왕백(王柏)은 이렇게 평가하였다. "주자가 혈구(絜矩)의 도를 미루고 권형의 붓에 붙여서 큰 글자로 쓴 강과 두 줄로 나누

---

36 「자치통감강목서」, 『주희집』 권75, 3947쪽.
37 「창주제유학안·조사연전(滄州諸儒學案·趙師淵傳)」, 『송원학안』 권69.

어 주를 단 항목이 서로 섞여 있어서 경전(經傳)의 체제를 갖추었다. 이는 사천(史遷: 司馬遷) 이래로 처음 있는 일이었다. …… 때문에 천리를 부지하고 인욕을 막아 백왕의 궤도(軌度)를 닦아서 만세의 법도가 되었다."[38] 왕백은 사마천의『사기』이래 "처음 있는 일" 곧『자치통감강목』이 아직은『사기』를 뛰어넘지 못하였다고 생각하였다면, 주희의 문인인 이방자는『통감강목』이『사기』를 뛰어넘었다고 생각하였다. 그는 말하였다. "크고 깊도다! 참으로『춘추』이래로 이런 경우는 아직 없었다. 인군으로 이 책을 통달하면 충분히 덕위(德威)의 근본을 밝히고 치란의 근원을 살필 수 있다. 인신으로 이 책을 통달하면 충분히 경사(經事)의 바름을 지키고 일이 변하여가는 권도를 이룰 수 있다. 대체로 이치를 궁구하여 그 쓸모를 다하는 일을 모두 종합한 것으로 만세 사필의 법도가 되는 규구(規矩)와 준승(準繩)이다."[39] 공자가『춘추』를 지었다고 한다면 주희는 직접『춘추』의 법을 계승하였다. 공자의 의는『사기』를 초월하여 만세 사필의 규구준승(법도)이 되었다. 우러를수록 더 높아지는 추세이다.

『자치통감강목』이 공자의『춘추』를 계승하였다는 것은 성현의 마음이 서로 전하여졌다는 것을 가리켜 말한 것이다. 원의 게혜사(揭傒斯)는 말하였다. "공자는 노(魯)의 역사를 따라『춘추』를 지어 만세의 법도가 되었고, 주자는 사마 씨의『통감』을 따라『강목』을 지어 백왕의 법통을 바로잡았다. 이는 천지의 경이며 군신의 의이고 성현의 마음이다."[40]『춘추』와『통감강목』은 각기 공헌한 것이 있는데, 전자는 "만세의 법도가 된" 것이다. 후자는 "백왕의 법통을 바로잡은" 것으로, 역사저술로 이 발전을 거쳐야 완벽해지게 된다. "주자가『춘추』를 조종으로 삼아 이 책을 편수한 것은

---

38 「자치통감강목범례후어(資治通鑑綱目凡例後語)」,『자치통감강목』권수.

39 「자치통감강목후서」,『자치통감강목』권수.

40 「자치통감강목서법서(資治通鑑綱目書法序)」,『자치통감강목』권수.

천하 후세에 불변의 큰 법도를 보여주기 위함이다."⁴¹

역대 통치자가 이렇게 『자치통감강목』을 선양한 까닭은 바로 『강목』이 후기 봉건사회에서 정치와 사상·윤리도덕의 통제를 강화하려는 필요성에 알맞았거나 부합하였기 때문이었다. 이 점에 대하여서는 몇몇 『통감강목』을 읽은 적이 있는 관료들 또한 이미 인식하였다. 명의 영록대부(營祿大夫) 소부(少傅) 병부상서(兵部尙書) 겸 화개전대학사(華蓋殿大學士) 양사기(楊士奇)는 말하였다. "그 책은 공자가 『춘추』를 지은 뜻으로 사람의 마음을 바로잡고 세교(世敎)를 심어서 다스리는 도에 도움을 주었다."⁴² "다스리는 도"에 도움을 주고 세교를 도왔다. 이 의의에서 말하면 『통감강목』은 후기 종법사회에서 실제로 정치 교과서의 작용을 일으켰다. "아아! 『강목』은 다스리는 도와 관련이 있는 책으로"⁴³ 단순한 사학 저작이 아니다.

당연히 『강목』의 영향 및 작용은 주로 "천도에 근본하여 인사를 바로잡고 왕도에 근본하여 패도(伯圖: 霸業)를 바로잡으며, 임금과 신하를 엄히 하고 안과 밖을 분별하며 악을 징계하고 선을 권장하였다. 그 요점은 어지러운 세상을 다스리고 정상을 회복하는 데로 귀결되었다. …… 명군과 현보(賢輔)로 하여금 그 공적을 빛나게 하고, 난신과 적자로 하여금 그 죄를 피할 곳이 없게 하였다. 그리고 무릇 고금의 제어하기 어려운 변란과 판단하기 어려운 의문을 모두 조사하고 결정하여 천리의 바름과 인심의 편안함에 합당하게 하고, 후세의 권모술수와 이해에 구차한 사사로움이 터럭만큼도 끼어들지 못하게 하였다."⁴⁴ 밝은 군신의 가르침과 내외를 변

---

41 원(元) 서소문(徐昭文)의 「자치통감강목고증서(資治通鑑綱目考證序)」, 『자치통감강목』 권수.

42 「자치통감강목람정오서(資治通鑑綱目覽正誤序)」, 『자치통감강목』 권수.

43 위와 같음.

44 「자치통감강목후서」, 『자치통감강목』 권수.

별함, 찬탈과 시해의 죄를 엄하게 다스려 통치 질서를 유지하여 지켰다. 다만 그것은 "정윤(正閏)"을 밝히고 "순역(順逆)"을 변별하여, 일정한 구체적 역사 조건하에서 객관적으로 대일통을 유지하여 지키는 작용을 하였다. 원대의 왕극관(汪克寬)은 말한 적이 있다. "자주자(子朱子)가 『자치통감』에 대하여 쓸 것은 쓰고 삭제할 것은 삭제하여 『강목』을 만들어 포폄과 버리고 취함을 한결같이 『춘추』의 서법을 따르고 계통을 달리하여 대일통의 뜻을 밝혔다."[45] 이후로 중국역사에는 진·남북조·오대처럼 분할하는 국면은 출현한 적이 없으며, 조대가 바뀌어도 시종 대일통을 유지하였다. 이것이 비록 역사 발전의 추세이기는 하지만 이것과 또한 절대 관계가 없는 것이 아니다. "내하외이(內夏外夷)를 나누는" 이런 잘못된 사상이 특정한 역사 조건과 역사 시기에 객관적으로 또한 작용을 일으킨 적이 있다. 송원교체기의 문천상(文天祥)과 사가법(史可法), 명청 교체기의 고염무(顧炎武)와 황종희(黃宗羲)·왕선산(王船山)·방이지(方以智) 등이 모두 이런 이하(夷夏)의 한계를 짓는 사상의 영향을 받았다. 역사에 대한 구체적인 문제와 구체적인 분석은 확실히 지극히 중요한 방법론의 문제이다. 이 때문에 주희의 사학사상과 역사저술에 일정한 역사적 지위를 부여하고, 그 일정한 역사에의 유익한 작용을 인정해야 한다.

---

45 「자치통감강목고이범례서」, 『자치통감강목』 권수.

제15장

인륜교육
소학 대학

○

人倫敎育 小學大學

주희는 중국의 저명한 철학가이자 또한 중요한 교육가이다. 그의 교육사상은 그의 철학사상과 서로 연결되어 철학사상은 교육활동에 종사하는 지도이고, 교육사상은 그 철학사상의 운용이다. 그는 교육사업에 몰두하여 약 50년간 적극적으로 강학활동에 종사하였다. 정치에 종사하는 기간에도 중단되지 않았다. 가는 곳마다 현학과 주학을 정돈하여 동안현학(同安縣學)과 한천정사(寒泉精舍), 무이정사(武夷精舍), 창주정사(滄州精舍), 고정서원(考亭書院)을 창립하였고, 백록동서원(白鹿洞書院)과 악록서원(岳麓書院)을 수복하였다. 학규를 제정하고 교재를 편찬하였다. 국가를 위해 대규모의 지식층을 배출해냈다. 그의 장기간에 걸친 교학실천을 통하여 형성한 교육사상은 후세에 거대한 영향을 끼쳤다.

1. 인륜의 목표를 밝히다

　주희가 교육의 첫 번째 목적을 마련한 것은 윤리도덕을 정돈하기 위함
이었다. "복주(福州)의 학교는 동남지방에서 가장 흥성하여, 제자 수도 늘
수백을 헤아렸다. 근년 이래로는 교양에 법도가 없어 스승과 학생이 서
로를 대하는 것이 마치 길가는 사람 보듯 막연해졌다. 이런 까닭에 풍속
이 날로 쇠퇴하고 사(士)의 기풍은 진작되지 않으니, 나이든 어른들은 그
것을 걱정하면서도 구제할 수가 없었다."[1] 복주는 본래 학문이 가장 성한
곳이었는데도 오히려 이와 같았으니 다른 곳은 생각만 해도 알 수 있다.
그는 이런 환경이 조성된 까닭이 "성학(聖學)이 전해지지 않자 세상의 사
(士)란 자들이 학문에 근본이 있음을 알지 못하여서이다."[2]라 생각하였다.
이런 상황은 진한(秦漢) 이래 여전히 존재하여 "가만히 생각해보니 진한
이래로 성학이 전하여지지 않자 유자들은 오직 장구와 훈고만 일삼을 줄
알고 다시 성인의 뜻을 탐구하여 성명도덕(性命道德)이 귀착할 곳을 밝힐
줄 알지 못하였다."[3] 주희가 보건대 바로 이러한 이유 때문에 이런 풍속
이 날로 쇠퇴해지는 현상이 출현하게 되었다. 그는 말하였다. "후세의 학
교의 설립은 비록 선왕 때와 다르지는 않지만, 스승이 교육하는 것과 제
자가 배우는 것은 모두 근본을 망각하고 말단을 쫓으며 이익만 생각하고
의리는 없으니 더 이상 선왕의 뜻이 없다. 이 때문에 학교라는 이름은 있
지만 그 실질은 드러나지 않게 되었으며, 그 결과 풍속은 날로 무너지고
인재는 날로 쇠퇴하였으니, 비록 한당(漢唐)의 가장 흥성했던 때마저 하은
주 삼대의 말세에도 미치지 못했다."[4] 학교와 교사의 교육목적이 이익을

1　「복주주학경사각기(福州州學經史閣記)」, 『주희집』 권80, 4153쪽.
2　위와 같음, 4154쪽.
3　「중용집해서(中庸集解序)」, 『주희집』 권75, 3956쪽.

품고 의를 버림으로 말미암아 근본을 잃고 말엽적인 것을 쫓게 되었다. 학교가 비록 아직 있기는 하지만 헛되이 설치한 것이나 다름이 없다. "도덕과 정치의 실제와는 상관이 없는 것으로 여기게 되었다."[5] 이로 인하여 교육은 한 대(代) 한 대 같지 않아 삼대의 말년보다도 못하게 되었다.

"학문에 근본이 있음을 알지 못함"과 "근본을 잃고 말엽적인 것을 쫓음"이란 것은 도대체 무엇인가? "내가 듣자니 그 사람이 여기에서 가르친 것은 의리를 밝히고 근본으로 돌아가 선왕이 남긴 가르치고 배우는 뜻을 따르지 않음이 없었다."[6] 선왕의 뜻을 따름과 의를 밝혀 근본으로 돌아감이 곧 교육의 근본과 목적임을 말하였다.

"선왕이 남긴 가르치고 배우는 뜻을 따르는" 측면에서 말하였다. "옛날에 성왕이 학교를 설립하여 그 백성을 가르쳤다. 가정에서 국가에 이르기까지 크고 작은 질서를 세워, 그 백성들이 모두 학교에 들어가 교육을 받도록 하였다. 백성들을 교육하는 구체적 내용은 모두 하늘이 부여해 준 인륜에 근거하여 등급과 층차에 따라 조절함으로써 그들을 개도하고 권면하여, 마음을 밝히고 몸을 닦으며, 부자·형제·부부·친구 사이에서 실천하고, 그것을 군신·상하·인민·사물에까지 넓혀 반드시 그 분수를 다하지 않음이 없었다. …… 이는 선왕이 학교의 직능이 정치의 근본이자 도덕이 귀결하는 곳이기 때문에 하루라도 없어서는 안 된다고 한 까닭이다."[7] 선왕이 학교를 설치하여 백성을 가르치며 계도하여 마음과 몸을 닦아 부자·형제·부부·친구 사이에서 행하고 그것을 군신과 인민에 미치게 하였다. "옛날의 군자가 이것으로 그 몸에 행하고 미루어 그

---

4 「정강부학기(靜江府學記)」, 『주희집』 권78, 4076쪽.

5 위와 같음.

6 「정강부학기(靜江府學記)」, 『주희집』 권78, 4077쪽.

7 위와 같음, 4076쪽.

자제를 가르침에 이것으로 말미암지 않음이 없었다. 이것은 풍속이 순후(淳厚)한 것이고, 덕업이 숭고한 까닭이다."[8] 마음을 밝게 하고 몸을 닦는데서 시작하여 오륜의 사이에서 미루어 행하여 의리가 아름답고 밝으며 풍속이 순후해져 풍속이 날로 피폐해지고 인재가 날로 쇠퇴해가는 상황을 개변시켰다.

"의를 밝혀 근본으로 돌아가는" 측면에서 보면 주희는 선왕의 학문은 바로 "인륜을 밝히는 것을 근본으로 삼는다"고 생각했다. "옛날에 성왕은 백성들의 군사(君師)를 만들어 관직을 설치하고 직책을 나누어 우두머리로 삼아 다스렸다. 백성을 가르치는 조목에는 '부모와 자식 사이에는 친함이 있어야 하며, 임금과 신하 사이에는 의리가 있어야 한다. 남편과 부인 사이에는 분별이 있어야 하고 , 윗사람과 아랫사람 사이에는 질서가 있어야 하고, 붕우 사이에는 신의가 있어야 한다.'는 다섯 가지일 뿐이다. 백성들에게 이 몸이 있으면 반드시 이 다섯 가지가 있으니, 하루라도 떠날 수 없다. 이 마음이 있으면 반드시 이 다섯 가지의 이치가 있으니, 하루라도 떨어져서는 안 된다. 이런 이유로, 성왕의 가르침은 백성들이 본래 가지고 있는 것으로 말미암아 그들을 이끌어 그 처음을 잊지 않도록 하였다."[9] 사람들이 하루도 부자와 군신·부부·장유·붕우의 다섯 관계를 떠날 수 없고, 또한 하루도 친(親)·의(義)·별(別)·서(序)·신(信)의 다섯 이(理)를 떠날 수 없기 때문에 주희는 이 다섯 가지의 성왕이 백성을 가르치는 조목을 「백록동서원학규」로 삼아 명시하였다. 나중에는 또 호남(湖南) 악록서원(岳麓書院)의 「서원교조(書院教條)」[10]를 지었다. 그는 말하였다. "위는 다섯 가지 가르치는 조목이다. 요순이 설(契)을 사도로 삼아 다섯

---

8 「보시방유(補試牓諭)」, 『주희집』 권74, 3872쪽.
9 「경주학기(瓊州學記)」, 『주희집』 권79, 4096쪽.
10 『신수악록서원지(新修岳麓書院志)』 권3.

가지 가르침을 경건하게 펼치니 바로 이것이다. 배우는 사람은 이것을 배울 따름이다."[11] 주희는 이 오륜을 다섯 가지 가르침으로 개괄하였다. "다섯 가지 가르침은 아버지와 아들은 친함이 있어야 하고, 임금과 신하는 의리가 있어야 하고, 남편과 부인은 분별이 있어야 하고, 어른과 어린이는 차례가 있어야 하고, 붕우는 신의가 있어야 한다는 것을 말한다."[12]

오륜을 밝히는 것은 주희 교육의 근본 목적이다. 그는 이를 일러 "일정한 기준[定本]"이라고 하였다. "성인이 사람들을 가르칠 때는 일정한 기준이 있었다. 순은 설을 사도(司徒)로 삼아 인륜을 가르치게 했으니, 부모와 자식 사이에는 친함이 있고, 임금과 신하 사이에는 의리가 있고, 남편과 부인 사이에는 분별이 있고, 어른과 어린아이 사이에는 순서가 있고, 친구 사이에는 신의가 있게 한 것이다. …… 모두 일정한 기준이다."[13] 이 일정한 기준은 향학이나 국학을 막론하고 모두 이를 교학의 목적으로 삼아야 했다. 주희는 이 오륜과 다섯 가르침을 "상(庠)과 서(序)·학(學)·교(校의 각급 학교)에서 모두 밝힐 따름이었다."[14] 전국 각급 학교에서 공동의 교육목적으로 삼았다. 이 교육목적의 지도 아래 주희는 어떤 사람을 양성하려 했는가? "옛날의 성왕들은 학교를 세워 천하 사람들을 가르쳤습니다. …… 반드시 기질의 치우침과 물욕의 가림을 물리치도록 해서 그들의 성을 회복하고, 윤리를 극진하게 한 다음에야 그쳤습니다."[15] 주희는 한편 모든 사람이 교육을 받아야 한다고 생각하면서 "천자에서 서인까지 한 사람도 배우지 않음이 없어야 한다."[16]고 하였다. 모든 사람이 다 교육을

---

11 「백록동서원게시(白鹿洞書院揭示)」, 『주희집』 권74, 3893쪽.
12 『의례경전통해(儀禮經傳通解)』 권9.
13 『주자어류』 권8.
14 「등문공장구(滕文公章句) 상」, 『맹자집주』 권5.
15 「경연강의(經筵講義)」, 『주희집』 권15, 573쪽.
16 위와 같음.

받아야 "천하 국가가 잘 다스려지는 날이 늘 많고 어지러운 날이 늘 적다."[17] 인륜을 밝혀서 위를 범하여 난을 일으키지 않으며, 한편으로는 교육을 통해서 사람들이 기질의 치우침과 물욕에 가림을 버리고 천명지성을 회복하게 하여 인륜을 다하고 학문을 갖춘 충효를 하는 사람을 양성한다. "학교를 설치한 것은 천하의 사람들이 충성을 하고 효를 하도록 가르치기 위함이다."[18] 이는 실로 도덕을 양성하는 것이다.

주희는 상이한 사람의 상황을 겨냥하여 같지 않은 양성 목표를 제기하였다.

성인의 덕과 현인의 학문에 관하여서 말하였다. "천하의 지성(至誠)은 성인의 덕의 성실함이 천하에 더할 수 없음을 이른다. 그 성을 다한다는 것은 덕이 성실하지 않음이 없기 때문에 인욕의 사사로움이 없어 자신에게 있는 천명을 살피고 행하여, 크고 작음과 정하고 거칢이 털끝만큼도 다하지 않음이 없다."[19] 성인은 천성적으로 가장 좋은 품덕을 가지고 있으며, 선천적인 성(誠)을 충분히 발휘할 수 있으면 인물의 성을 다하여 천지를 돕고 만물을 화육할 수 있으며, 모든 것을 통찰하여 밝게 비추지 않음이 없다. "덕이 성실하지 않음이 없고, 밝음이 비추지 않음이 없는 것은 성인의 덕이다."[20] 성인은 교육을 통하여 들어갈 필요가 없다. 현인의 경우는 교육을 통하여야 현인이 된다. "먼저 선을 밝게 한 뒤에 그 선을 성실히 하는 자는 현인의 배움으로 가르침을 말미암아 들어가는 자이니, 사람의 도이다. 성실해지면 밝지 않음이 없고, 밝아지면 성실함에 이를 수 있을 것이다."[21] 현인은 반드시 교육을 통하여 밝은데 이른다. 지극한

---

17 위와 같음.
18 『주자어류』 권109.
19 『중용장구』 제21장.
20 위와 같음.

성으로 말미암아 덕이 밝아지고 밝은 덕으로 말미암아 성을 실현하니 이는 후천적인 교화이다. "사람의 성은 같지 않음이 없으나 기는 다름이 있다. 이 때문에 오직 성인만이 그 성의 전체를 들어 다하는 것이요, 다음은 반드시 선한 단서가 발현되는 한쪽으로부터 모두 미루어 지극히 하여, 각각 그 지극함에 나아가는 것이다. …… 이것이 쌓여 능히 화함에 이르면, 지성의 묘함이 또한 성인과 다르지 않을 것이다."[22] 교육을 통해 들어가 또한 성인의 경계에 이를 수 있다.

성인(成人)의 양성에 관하여 말하였다. "성인은 전인(全人)이라는 말과 같다. …… 지혜는 이치를 연구할 수 있고 청렴은 마음을 수양할 수 있고 용기는 힘써 행할 수 있고 재예는 두루 응용할 수 있으며 또 예로 절제하고 악(樂)으로 화하여 덕이 안에서 이루어지고 문채가 밖으로 나타나게 한다면, 재주가 완전하고 덕이 갖추어져서 혼연[완전]하여 한 가지 선만으로 이름을 이룬 자취를 볼 수 없다. 중정하고 화락해서 순수하여 다시는 편벽되고 잡박한 가림이 없어져 그 사람됨이 또한 이루어질 수 있을 것이다."[23] 주희는 『논어』 「헌문(憲問)」의 지(知, 智)·욕(欲)·용(勇)·예(藝)·예(禮)·악(樂)의 여섯 가지에 주석을 달 때 지는 궁리, 염(廉)은 양심(養心), 통(通)은 역행(力行), 예는 범응(泛應)이라고 생각하였다. 이는 실은 격물궁리(格物窮理), 정심수신(正心修身), 천리접물(踐履接物)의 뜻에 조수(操守)와 예악의 규범을 더한 것이다. 안팎이 서로 수양하고 재주와 덕을 겸비하였으며, 중정(中正)하고 화락하여 치우치거나 잡박함이 없는 전인(全人)이 되었다. 주희는 또한 성인에 비해 한 등급이 낮은 사람도 있다고 생각하였다. "이러한 충신의 실상이 있으면 비록 그 재지와 예악이 갖추어지지 않음

---

21 위와 같음.
22 『중용장구』 제23장.
23 「헌문(憲問) 제14」, 『논어집주』 권7.

이 있더라도 또한 성인의 다음은 될 수 있다는 것이다."²⁴ 이는 안팎이 서로 수양한 공부에는 아직 도달하지 못하였기 때문이지만 그래도 교육을 통하여 전인이 될 수 있다.

중인(中人)의 양성에 관하여 그는 순열(荀悅)의 말을 인용하여 말했다. "교화가 행해지면 중인을 잡아당겨 군자의 경계로 나아가게 만들고, 교화가 피폐해지면 중인을 밀쳐 소인의 길로 떨어지게 만든다."²⁵ 교육을 통하여 중인으로 하여금 기질의 치우침과 물욕의 가림을 없애게 하여 마음을 바로 하고 몸을 수양하여 군자가 되도록 양성한다. 교육을 하지 않는다면 중인을 소인으로 밀어붙이는 것이다. 그는 군자와 소인 사이에 처한 중인은 불안정한 사람으로 중인을 선인으로 당길 수도 있지만 또한 중인을 악인으로 밀어낼 수도 있다고 생각했다. 이 중인에 대하여 말하자면 교화가 지극히 중요하다.

부자의 교육에 관하여 말하였다. "부유하기만 하고 가르치지 않으면 금수에 가까워진다. 그러므로 반드시 학교를 세워서 예의를 밝혀 가르쳐야 하는 것이다."²⁶ 부유하여 인하지 못하고 부유하나 교만 방탕한데도 교육을 하지 않으면 곧 금수와 차이가 없어 온갖 비리를 저지르게 될 것이다. "오늘날 공경의 자손으로서 가르치지 않은 것일 뿐이기 때문에 공경의 자손들은 교만하고 사치하며, 방탕하지 않음이 없다."²⁷ 이런 교만하고 사치하며 음일하여 금수에 가까운 사람은 예의를 밝히고 의리를 알도록 가르쳐야 선인이 되게 할 수 있다.

나태한 사람의 교육에 관하여 말하였다. "내가 늘 말했던 것처럼 천하

---

24 위와 같음.
25 『주자어류』 권108.
26 「자로(子路) 제13」, 『논어집주』 권7.
27 『주자어류』 권109.

의 일을 끝내 완성하지 못하는 이유는 다만 게으름과 사사로움 사이에서 무너졌기 때문일 뿐이다. 게으르면 사대부들은 일을 맡으려고 하지 않는다."²⁸ 그 표현은 "나는 그저 3년 동안의 관직을 해나갈 것만 알 뿐이라 한다. 누구나 한가한 일을 한가하게 이해하고 한가하게 번뇌를 토론할 줄 알 뿐이다. 내가 이해를 하지 못하여도 또한 관직 생활을 잘 해나간다. 그다음은 토호들과 상호(上戶)들이 무리를 지어 일어나 가로막으면서, 법대로 행하면 그들의 이익을 빼앗아갈까 걱정한다."²⁹ 첫째는 다만 3년간 관직 생활만 할 줄 알면서 일을 게을리해나가며 스스로 번뇌하는 일은 줄이고 한가로이 해나갈 따름이다. 둘째는 호가(豪家)와 상호의 저지로 일을 해나가려고 생각하면서도 해내지 못하는 것이다. 주희는 여기에는 반드시 교육을 진행하여 게으르고 사사로움을 풀어야 한다고 생각하였다. "사람에게 도가 있다는 것은 사람은 모두 병이(秉彝)의 성(性)을 가지고 있음을 말한 것이다. 그러나 가르침이 없으면 또한 방일하고 게을러져 이것을 잃게 된다. 그러므로 성인이 관을 설치하여 인륜을 가르치게 하셨으니, 또한 그 원래 있던 것을 이어서 이끌었을 뿐이다. …… 수고로운 자를 위로하며, (먼 곳에서) 오는 자를 오게 하고, 부정한 자를 바르게 해준다. 굽은 자를 펴주고, 도와서 세워주며, 날개가 되어 행하게 해서 스스로 그 본성을 얻게 한다. 따라서 진작시키고 경각하여 은혜를 베풀고, 그 방일하고 게을러 혹시라도 본성을 잃지 않게 하라 했다."³⁰ 사람이 방일하고 게으른 것은 가르침이 없는 실수에서 말미암은 것이다. 수고하는 자를 위로하고 부정한 자를 바르게 해주며 굽은 자를 펴주고 진작시키며 경각하게 해줄 수 있으면 그 방일하고 게으른 실수를 바로잡게 되어 "모든 일

---

28 위와 같음.
29 위와 같음.
30 「등문공장구 상」, 『맹자집주』 권5.

이 절로 가장 적절하고 좋은 곳이 있게끔"[31]하도록 하였다.

주희는 "인륜을 밝히는 것"을 교육목표로 삼았으며, 천리를 보존하고 인욕을 없애며 마음을 바르게 하고 몸을 수양하여 "충신(忠信)을 말하고 독경(篤敬)을 행하며 분노를 징계하고 욕심을 막으며 선한 데로 옮겨가고 허물을 고치는 것"[32]을 교육방법으로 삼았다. 성인의 덕이나 현인의 학문을 양성목표로 삼았다. 풍속이 날로 기려지고 인재가 날로 쇠퇴하는 국면을 정돈하였다. 국가의 각급 관리 인재를 양성하고 각 유형의 사람들에게 사람에 따른 교육의 시행을 진행하는 것이 주희가 교육을 마련한 종지이다. 그는 말하였다. "성현들이 사람들에게 학문을 가르치는데, 사람들로 하여금 문자를 엮고 문사나 짓게 하는 것이 아니다. 다만 과명과 작록의 계획에는 반드시 격물·치지·성의·정심·수신으로 미루어 나아고, 가재(家宰)의 집을 가지런히 다스리고 나라(제후국)를 다스려 천하(종주국)를 평정하게 할 수 있는데 이르러야 바야흐로 정당한 학문이다. 제군들은 여기서 학업을 익히고, 밤낮으로 여기서 강마하고 밝히라."[33] 이것이 곧 이른바 정당한 학문이다.

주희는 사람을 향원(鄕愿)처럼 영합을 잘하는 사람으로 양성하는 것에 반대하였다. 그는 말하였다. "그(런 부류의 사람)를 일러 향원(鄕原)이라 하니 공자께서는 덕인 것 같으면서도 덕이 아니기 때문에 덕의 적이라고 하신 것이다."[34] 거기에 대하여 매우 통절하게 미워하였다. "광견(狂狷)"처럼 강직하고 충정한 사(士)를 양성하려고 하였다. "대체로 성인은 본래 중도를 행하는 사람을 얻어 가르치려고 하였으나 이미 얻을 수 없고, 한

---

31 『주자어류』권109.

32 「백록동서원학규」, 『주희집』권74, 3893쪽.

33 「옥산강의(玉山講義)」, 『주희집』권74, 3895쪽.

34 「진심장구 하」, 『맹자집주』권14.

갓 근후하기만한 사람을 얻는다면 반드시 능히 스스로 분발하여 일어나 훌륭한 일을 하지 못할 것이다. 그러므로 이 광자나 견자를 얻어 가르치는 것만 못하다. 이들은 그래도 지조와 절개를 통하여 격려하고 억제하여 도에 나아가게 할 수 있기 때문이요, 끝내 여기에서 마칠 뿐임을 인정한 것은 아닐 따름이다."[35] 삼가고 도타운 사람은 좋은 사람이기는 하지만 나라의 일을 처리하는 데는 도움이 되지 않는다. 따라서 "광견"한 사람을 취한다. 광견한 사람이 한쪽으로 치우쳐 "뜻은 지극히 높으나 행동이 (말을) 가리지 못하고", "지식은 미치지 못하나 지킴[행동]은 넉넉한"[36] 등의 결함이 있기는 하지만 그 뜻과 절개를 따를 수 있어 가르쳐 도로 나아가게 하면 나라를 다스리는 인재가 될 수 있다. 이런 사람은 향원보다는 훨씬 낫다.

그는 말하였다. "성인이 중도를 행하는 사람을 얻어 함께 할 수 없다면 반드시 광자나 견자와 함께 하겠다는 것은 광자나 견자가 오히려 할 만하기 때문이다. 향원과 같은 경우는 말할 것도 없다."[37] 이는 "견자는 비록 중도(中道)는 아니지만, 이러한 사람은 끝까지 근골(筋骨)이 있어 …… 줄곧 절조(節操)가 있다. 광자는 지조가 격앙하다. 성인은 본래 중도를 얻어 함께 하고자 하였지만, 만년에 이르도록 오고 가면서도 이처럼 좋은 사람은 얻기가 어려웠고, 광견(狂狷) 같은 이가 오히려 훌륭한 일을 할 만한 자질이 있기 때문에 그를 다듬어 중도로 돌아가게 하려 한 것이다."[38] 광견한 사람은 교육을 통해서 중도의 사람이 될 수 있고, 향원은 근골이 없어서 교육으로 중도의 사람이 될 수 없다. "광자와 견자는 근골이 있는

---

35 「자로 제13」, 『논어집주』 권7.
36 위와 같음.
37 『주자어류』 권43.
38 위와 같음.

사람이다. 향원은 근골이 없는 사람이라 동쪽으로 가서 받들 사람을 취하고 서쪽으로 가서 전인(全人)을 가까이 하며 사람의 미간 사이의 표정을 보고서 두루 가로막으니 오직 사람들을 다칠까 두려울 뿐이다."[39] "그 힘쓰는 것을 삼감으로 여기는 것이니 풍속을 거슬리고서 영합하고자 하지 않고 오로지 풍속을 따르는 것에만 힘쓰고 사람들로 하여금 풍자하지 않음이 없게 하고자 하여 이윽고 기꺼이 광(狂)하지 않고 또 기꺼이 견(狷)하지 않아서 한마음이 단지 사람들을 기쁘고 좋게 할 수 있지만 자기의 견해가 천리의 시비와 함께할 수 있는 것을 이해하지 못한 것이다."[40]

주희의 향원의 형상에 대한 묘사는 대단히 날카롭다고 할 수 있다. 이처럼 남의 눈치를 봐가며 일을 하여 온갖 아첨으로 환심을 사는 사람은 남의 환심만 사려고 할 뿐 천리의 시비는 돌아보지 않는다. 이런 사람은 나라를 다스릴 수 없을 뿐만 아니라 나라에 해를 끼치며 바로 덕을 해치는 사람으로 배척된다. 주희는 광견한 사람을 찬미하여 이런 사람은 골기가 있어 교육하고 양성해야 하며 광견한 사람은 풍자라고는 전혀 없는 향원도 아니며 온몸이 풍자인 사람도 아니라고 생각하였다. 광견한 사람의 풍자에 대하여 주희는 명확하게 재단하여 그들을 "중도"로 돌아가게 하여 사회에서 필요로 하는 치국의 동량이 되어야 한다고 생각하였다.

2. 소학과 대학의 교육

주희는 사람의 연령과 심리 및 이해도에 따라 소학과 대학의 두 가지 학교를 세워야 한다고 주장하였다. 그는 말하였다. "대학은 대인(大人)의

---

39 『주자어류』 권61.
40 위와 같음.

학문입니다. 옛날의 가르치는 사람들은 소인[小子]의 학문이 있었고 대인의 학문이 있었습니다."⁴¹ 이 두 가지 다른 학교에 근거하여 다른 내용의 교육을 진행하였다.

1) 소학의 절목과 수작(酬酢)하는 일

주희는 8세에서 15세까지는 소학을 공부해야 할 시기라고 생각하였다. "사람이 태어나서 8세가 되면 왕공 이하 서인의 자제에 이르기까지 모두 소학에 들어가서 물 뿌리고 쓸며, 응하고 대답하며, 나아가고 물러가는 예절과 예·악·사·어·서·수의 글을 가르친다."⁴² 여기서는 두 방면의 문제를 말하였다. 첫째, 교육을 받는 범위로 왕공 이하 서인 자제에 이르기까지 모두 소학에 들어간다는 것으로, 교육의 보급을 위한 것 같다. 이른바 서인은 작록(爵祿), 곧 작위와 봉록이 없는 사람을 가리킨다. 『예기』「왕제(王制)」에 의하면 "서인으로 관직에 있는 자는 그 봉록을 이에 따라 차등으로 삼는다." 고대에는 서인도 관직 생활을 하였다. 송 때 서인은 일반적으로 관직을 하면 안 되는 사람을 가리켰는데, 그중에는 각 계층의 사람이 모두 있었다.

둘째는 교육 내용이다. "소자의 학문이란 물 뿌리고 쓸며, 응하고 대답하며, 나아가고 물러가는 예절과 시·서·예·악·사·어·서·수 등과 관련된 문자들입니다."⁴³ 쇄소(灑掃)와 응대(應對)·진퇴의 예절은 윤리도덕의 규범에 대한 실천을 가리킨다. 이를테면 "소학은 섬기는 것으로 임금을 섬기고, 아비를 섬기며, 형을 섬기고, 친구를 사귀는 등의 일이니, 법도에 따

---

41 「경연강의」, 『주희집』 권15, 572쪽.
42 「대학장구서」, 『주희집』 권76, 3992쪽.
43 「경연강의」, 『주희집』 권15, 572쪽.

라 실천하도록 가르칠 뿐이다."[44] 아동을 충·효·제·신(信) 등의 도덕 법
도에 따라 가르쳐나가는 것이다. 그러나 이는 다만 대개 "아이들을 가르
칠 때는 다만 대강의 의리나 일상적인 일에 대해서만 말한다. 간혹 물 뿌
리고 쓸고 응대하는 태도 등에 대해 어구를 만들어도 괜찮다."[45] 어린아
이는 어떻게 하는가 하는 것만 배우지, 그 안에서 이렇게 하는 도리를 알
지 못하고 분별하는 능력이 없기 때문이다. 이 때문에 아동에게 쇄소와
응대·진퇴의 일을 가르칠 때는 또한 특별히 삼가서 악습에 물드는 일을
면하도록 하여야 한다. 『어류』에서는 기록하였다. "성인은 아이들에게 물
뿌리고 쓸고 응대할 때, 일마다 삼가도록 가르쳤다. 나의 외가 조카들은
현명하든 아니든 한결같이 밖에 나가서는 반듯하고 단정한데, 그 집안의
어른이 원래부터 그렇게 가르쳤기 때문이다."[46] 어릴 때부터 쇄소·응대
를 잘 가르쳐야 커서 나쁜 습관이 생기지 않게 된다. "옛날에는 소자가 먹
고 말할 수 있을 때부터 가르쳤으며, 물 뿌리고 쓸고, 응대하는 태도에 이
르기까지 모두 익힌 바가 있었다. 그러므로 장성하면 (의리에 대해) 말해주기
쉬웠다. 요즘 사람들은 어릴 때부터 대구(對句)로 시 짓는 법을 가르치고,
조금 크면 공허한 문장이나 짓는 것을 가르치니, 이런 것은 모두 그 본성
과 자질을 망치는 것이다."[47] 어려서부터 좋은 기초를 다져야 한다.

　예·악·사·어·서·수는 이른바 육예(六藝)이다. 여기에는 국가에서 쓰이
는 예와 악이 있을 뿐만 아니라 실용적인 지식기능도 포괄한다. "옛사람
들은 모두 소학에서부터 배웠기 때문에 커서는 크게 힘이 들지 않았는
데, 그것은 예·악·사·어·서·수 같은 중요한 것은 다 배웠기 때문이다.

---

44 『주자어류』 권7.
45 위와 같음.
46 위와 같음.
47 위와 같음.

장성하게 되면 다시 대단한 것들은 배우지 않고, 이치를 궁구하고 앎을 이루는 공부를 한다. 그러나 요즘은 어려서 실수하기 때문에 부족한 것을 채우고자 해도 실로 어렵다."[48]

소학 교육의 내용은 주로 "소학에서 사람을 물 뿌리고 쓸며 응하고 대답하며 나아가고 물러나는 예절과 부모를 사랑하고 어른을 공경하며 스승을 높이고 벗을 친근히 하는 방도로 가르쳤다. 모두 몸을 닦고 집안을 가지런히 하고 나라를 다스리고 천하를 평정하는 근본이 되기 때문인데 반드시 어릴 때 강독하여 익히도록 한다."[49] 이런 것은 모두 "수작하고 헤아리며 따지는 일"[50]에 속한다. 동시에 주희는 또한 아동 교육 내용의 다양화에도 주의하였다. 쇄소·응대와 들어가면 효도하고 나가면 공경하는 것 외에도 "행하고 남는 힘이 있으면 시를 외고 서를 읽고 읊으며 노래 부르고 춤추며 발을 구르는"[51] 것도 괜찮다. 또 아동의 특징에 근거하여 "글을 가르칠 때는 그 길이에 구애되지 말고, 다만 문리가 끊어지는 곳에서 그친다. 문장의 기세가 끊어지지 않았다면, 비록 많더라도 몇 줄을 더 가르치는 것이 또한 무방하다."[52] "아이들에게 『시경(詩經)』을 읽게 할 때는 장을 나누어서는 안 된다."[53]라 하였다. 남녀의 구별에 근거하여 딸아이에게는 "조대고(曹大家: 曹氏에게 시집간 班昭를 높여 부르는 말. 家는 곧 姑를 가리킨다)의 『여계(女戒)』와 온공(溫公)의 『가범(家範)』 같은 것을 가르치는 것도 괜찮다."[54]라고 하였다.

---

48 위와 같음.

49 「제소학(題小學)」, 『주희집』 권76, 3991쪽.

50 「답여자약(答呂子約)」, 『주희집』 권47.

51 「소학제사」, 『주희집』 권76, 3990쪽.

52 『주자어류』 권7.

53 위와 같음.

54 위와 같음.

주희는 소학의 교육을 매우 중시하였다. 그는 소학 교육의 좋고 나쁨은 대학의 교육과 관계될 뿐만 아니라 어떤 사람을 길러내느냐 하는 문제와도 관계가 있다고 생각하였다. 대학교육은 소학 교육의 연장일 뿐만 아니라 또한 소학 교육 내용의 심화이기도 하다. 연장이라는 측면에서 보면 그는 "소학에서는 일을 배우고, 대학에서는 소학에서 배운 일의 까닭을 배운다."[55] "소학은 그 일을 직접 터득하는 것이고, 대학은 무엇 때문에 그렇게 해야 하는지 그 이치를 궁구하는 것이다."[56]라 하였다. 교육 내용의 심화라는 측면에서 보면 소학이 임금을 섬기고 아비를 섬기며 형을 섬기고 벗에 처하는 것을 가르치는 것이라면 "대학은 이 일의 이(理)를 발명하는 것이다."[57] 물었다. '대학과 소학의 내용은 분명하게 두 가지로 구분되는 것이 아니라 소학은 일을 배우는 것이고, 대학은 그 이치를 궁구해서 그 일을 완전하게 하는 것이 아닙니까?' 말하였다. '단지 하나의 일이다. 소학의 내용은 부모를 섬기고 어른을 섬기는 것을 배우니, 우선 이러한 일을 직접 이해하는 것이다. 대학은 그 바탕 위에서 부모를 섬기는 까닭이 무엇이고 어른을 섬기는 까닭이 무엇인지, 그 이치를 상세하게 궁구하는 것이다.'"[58] 이는 곧 일의 인식에 대한 심화이다.

소학은 틀을 만드는 단계로 교육은 매우 중요하다. 그는 말하였다. "옛날에는 소학에서 이미 아이들이 마음으로 스스로 안정되도록 길러서 이미 저절로 성현이 될 바탕은 지녔지만 성현의 다양한 지식과 식견만 가지지 못했을 뿐이다. 장성하게 되면, 대학에 들어가, 사물을 탐구하고 앎을 이루는 공부를 하게 하여 여러 가지 지식과 식견을 기르게 했다."[59] 소

---

55 위와 같음.
56 위와 같음.
57 위와 같음.
58 위와 같음.

학은 "성현"의 틀을 만드는 것이고, 대학은 이 위에서 가공하여 얼마간의 "지식과 식견"을 늘리게 하면 되는 것이고, 반대로 소학에서 틀이 잘 만들어지지 않으면 대학에서 채워나가기가 매우 어렵게 된다.

2) 대학의 준수(俊秀)는 치국의 도

주희는 15세 이후에는 대학을 공부할 시기라고 생각했다. "15세에 이르면 천자의 원자·중자로부터 공·경·대부·원사(元士)의 적자와 모든 백성의 준수한 자에 이르기까지 모두 태학에 들어가서 이치를 궁구하고 마음을 바르게 하며 몸을 닦고 사람을 다스리는 도[방법]를 가르쳤다. 이는 또 학교의 가르침에 크고 작은 절차가 나누어진 이유이다."[60] 이 말에는 두 방면의 뜻이 있다. 첫째는 교육을 받는 범위이다. 소학이 "서인의 자제에까지 이른다"고 한다면 대학은 다만 "모든 백성의 준수한" 자에 한정된다. 따라서 진정한 "백성의 준수한 자"가 대학에 들어가는 것은 매우 어렵다. 이렇게 대학교육의 면은 매우 좁다.

다른 것은 대학의 교육 내용으로 궁리와 정심·수기·치인이다. "대인의 학문은 바로 궁리와 수신·제가·치국·평천하의 도입니다."[61] 궁리와 수신·정심은 내적인 일로, 자신의 수양을 강구하는 것이다. 제가·치국·평천하는 외적인 일로 곧 치인(治人)이다. 소학과 대학의 교육 내용에 구별이 있음을 알 수 있다. "물었다. '소학과 대학은 어떤 것입니까?' 말하였다. '소학은 성을 함양하는 것이고, 대학은 그 이를 실천하는 것이다. 충신효제의 부류는 모름지기 소학에서 나온 것이다. 그러나 정심과 성의

---

59 위와 같음.
60 「대학장구서」, 『주희집』 권76, 3992쪽.
61 「경연강의」, 『주희집』 권15, 572쪽.

의 부류는 소학에서 어떻게 알 수 있겠는가. 모름지기 그 앎이 있은 연후에 이로써 실천하는 것이다. 대저 대학이 한 절 한 절은 순서대로 잘 펼쳐져 있으나, 반드시 여기에 이른 후에야 나아갈 수 있다. 이미 이르렀는데도 나아가지 않는 것은 불가하며, 아직 이르지도 못했는데 나아감을 구하는 것 역시 불가하다.'"[62] 소학과 대학의 교육 내용은 관계가 있는 것도 있고 구별되는 것도 있다. 이 때문에 소학의 교육은 대학의 교육을 대체할 수 없으며, 대학 교육 또한 소학 교육을 취하여 대신할 수 없다.

주희는 대학교육의 내용은 사회의 수요와 가능성의 필요성에 근거하여 출발할 수 있다고 생각하였다. 당시에는 인재가 날로 줄어들고 풍속이 날로 가려 삼대의 성인(聖人)의 교육을 회복해야 할 필요성이 있었다. 그는 말하였다. "대체로 주위 사람들은 고을의 세 가지 일로 백성을 교육하고 그를 대우함으로써 높인다. 그 덕은 여섯인데, 지(智)·인(仁)·성(聖)·의(義)·중(中)·화(和)라 한다. 그 행위도 여섯이니, 효(孝)·우(友)·목(睦)·인(婣, 姻)·임(任)·휼(恤)이라 한다. 그 예(藝)는 여섯이니, 예·악·사·어·서·수라 한다. 이는 학자가 주거하고 먹고 마시는 일상 생활하는 것에서, …… 그 덕업을 성취함에 있어서는, 또 모두 (학문과 사업이) 서로 도구가 되니 어느 하나에 치우치거나 어느 하나가 없어서는 안 된다. 이것이 선왕이 길러낸 인재가 많고 풍속이 아름다운 까닭이며, 후세 사람들이 미치지 않는 것이다."[63] 나중에 성학이 전하여지지 않게 되어 풍속이 허물어져 "그 이론이 성현의 영역에 들어가지 못하게 되었다. 이단의 잡학을 하는 사(士)들과 세상의 시류에 아부하려는 부류들이 또 이때를 틈타서 그 어그러지고 거짓된 이론들을 앞세워 편승하였다."[64] 이런 상황에 근거하여 주희는

---

62 『주자어류』권14.

63 「신주연산현학기(信州鉛山縣學記)」,『주희집』권78, 4090쪽.

64 「신주연산현학기」,『주희집』권78, 4090쪽.

"그 가르침을 하는 것은 또 모두 임금이 몸소 행하고 마음에 얻은 나머지에 근본하고, 민생이 일상 생활하는 이륜의 밖에서 구함을 기다리지 않았다. 이러므로 당세의 사람들이 배우지 않은 이가 없었고, 배운 자들은 그 성분에 고유한 바와 직분에 당연한 바를 알아서 각기 힘써 그 힘을 다하지 않음이 없었다."[65]라 생각하였다. 성인의 학문을 회복하는 것이 가능하다는 말이다.

대학의 궁리와 정심·수신·제가 등의 교육은 국가를 위해 있는 힘을 다할 수 있는 지식계층을 양성하기 위함이다. "국가가 건립한 학교 기관이 군국(郡國)에 널리 보급되었다. 대체로 다행히 천하의 사를 가르치는 것은 그들로 하여금 수신·제가·치국·평천하의 도를 알아 조정에서 등용하기를 기다리는 것이다."[66] 학교 교육을 통하여 재주와 학문이 있는 사를 양성하여 나라의 쓰임이 되게 하는 것이다.

3) 육경의 교본은 도를 전하고 학업을 가르치는 것

학교에서 무슨 과목을 가르치는가 하는 것은 또한 교육 내용의 중요한 방면이다. "옛날 성인이 『육경』을 지어서 후세 사람들을 교화했다. 『역』으로는 유명(幽明)의 이치를 꿰뚫었고, 『서』로는 정치의 실질을 기록했고, 『시』로는 성정(情性)의 올바름으로 이끌었으며, 『춘추』를 가지고 법과 경계의 엄격함을 드러냈다. 『예』를 가지고 행동을 바르게 하고, 『악』을 가지고 마음을 조화롭게 했다. 『육경』은 의리의 정미함과 고금의 득실을 관통하여 밝히고 궁극을 추구하였으니, 참으로 성하다 하겠다."[67] 곧 전통적

---

65 「대학장구서」, 『주희집』 권76, 3992쪽.
66 「송이백간서(送李伯諫序)」, 『주희집』 권75, 3953쪽.
67 「건녕부건양현학장서기(建寧府建陽縣學藏書記)」, 『주희집』 권78, 4081쪽.

788

인 유가 경전을 교본으로 삼았다. 고대의 스승은 『육경』을 도를 전하고 학업을 가르치며 의혹을 푸는 교본으로 삼았는데, 후세에서도 이렇게 하여야 한다. 『육경』 이외에 또 얼마간의 역사가 그런대로 볼 만하다.

유가는 『육경』을 주요 교본으로 삼았으니 결코 새로운 내용은 없었다. 그러나 주희의 유가 경전에 대한 해석은 오히려 자신만의 독보적인 견해가 있었다. 유명(幽明)의 이치를 통하게 하는 『역』을 가지고 말하면 "『역』이 지어진 것은 본래 다만 복서(卜筮) 때문이었다. …… 이것이 바로 『역』의 쓰임이다. 모든 사람이 이것으로 결정하니, 바로 성인이 집집마다 그렇게 하도록 한 것이다."[68] 『역』이 이미 복서 때문에 지어졌다면 『역』의 신성하여 위배할 수 없는 경서의 성질을 갖춘 것을 부정한 것이다. 고인들은 매우 순박하고 어리석어 의리를 알지 못하였고 이 때문에 『역』을 지었으며, 후인은 의리를 밝혀 모든 일을 이해하게 되었으며 점을 쳐서 의심스러운 사안을 결정하지 않고 의리로 판단하게 되었다.[69] 이런 『역』이 경이 되는 것을 뒤흔드는 언론은 당시에 몇몇 사람들의 반대에 맞닥뜨렸지만 그는 자신의 견해를 견지하였다. "『역』의 경우, 나는 성인이 단지 복서(卜筮)를 위해 만들었기 때문에 많은 해설이 있지 않다고 말했다. 그렇지만 이 말을 사람들에게 하기도 어렵고, 사람들이 기꺼이 믿으려 하지도 않는다. 지난번에 여러 사람이 와서 나와 논변하면서, 나는 많은 기력을 써가면서 그들과 분석하였는데, 이제 생각해보니 차라리 말하지 않는게 좋을 뻔했다. 그저 내버려 두면 믿을 수도 있고 믿지 않을 수도 있어서 해명하는 데 많은 기력을 낭비하지 않아도 된다. …… 공자가 당시에 사람들을 가르치면서 다만 『시』・『서』・집례(執禮)만 말하였고, 단지 '『시』를 배웠느냐?'라고만 하였다. …… 원래 사람들에게 『역』을 읽으라고 가르

---

68 『주자어류』 권66.
69 위와 같음.

친 적이 없다."[70] 이러한 세상과는 동떨어진 견해는 당시에 납득이 어려웠다.

『시』에 대하여 주희는 『시』 3백 편의 뜻을 한마디의 말로 대표할 수 있으니, "생각에 사악함이 없다(思無邪)"라는 견해를 뛰어넘어 "『시』 모두가 생각에 사악함이 없다는 것이 아니다."[71]라 하였다. 그것은 곧 "생각에 사악함이 없지" 않은 편장도 있다는 말이다. "성인이 정(鄭)의 소리는 음탕하다고 한 것은 대개 정 사람의 시가 주로 당시의 풍속이 남녀가 음탕하다는 것을 말하였기 때문에 이런 말이 있게 된 것이다. ……『시』의 말이 주로 당시 시골의 저속한 속담에서 나와 섞여서 그렇게 되었다."[72] 남녀가 음탕하고 시골의 말이 속되다고 한다면 어찌 "생각에 사악함이 없다!"고 할 수 있겠는가. 공자가 『시』를 산삭하였다는 것에 대해서도 주희는 회의적인 태도를 지녔다. 그는 말하였다. "어찌 성인께서 붓을 잡고 저것은 산거하고 이것은 남기고 하였겠는가! 또한 다만 전하여 오는 과정에서 말한 것일 뿐이다."[73] 공자가 『시』를 산삭한 것을 전설로 생각하여 결코 따를 수 없었다. 정·위(衛)의 『시』가 모두 "비루하고 속된 말"이고 "남녀가 음탕하게 서로 유혹하는 말"이라면 『시』의 경서로서의 지위에도 의문이 발생할 것이다.

『춘추』에 관하여 주희는 "반드시 이전의 유학자들이 말한 것과 같지는 않지만 글자마다 의미가 있다."[74]라 생각했다. 그는 말하였다. "생각건대 공자 당시에는 다만 이삼백 년의 일들을 갖추려고 했으므로 사료(史料)의

---

70 위와 같음.
71 『주자어류』 권80.
72 『주자어류』 권81.
73 『주자어류』 권80.
74 『주자어류』 권83.

문서를 취해 이곳에 써 놓았는데, 어찌 일찍이 어떤 일은 어떤 방식을 사용하고, 어떤 일은 어떤 체례를 사용한다고 말하였겠는가?"[75] 공자 당시에는 이삼백 년의 역사를 기록하려고 했지 결코 거기에 포폄을 깃들이지 않았다. "한두 글자로 의미를 탐구해가며 심지어 해와 달이나 작(爵)·씨(氏)·명(名)·자(字)에까지 모두 포폄을 붙여놓았다."[76]면 천착하고 부회한 것이다. "혹자가 『춘추』를 해석한 것이 있는데, 오로지 날과 달로 포폄을 삼아서 때와 달을 기록한 것은 폄하한 것으로 여기고, 날을 기록한 것은 칭찬한 것으로 여겼는데, 천착하여 완전히 의리가 없는 것이다."[77] 이런 것들은 모두 일리가 있다.

『예』에 관하여서는 "예학은 대부분 상고할 수 없는데, 대개 그 책이 온전하지 못하여 지나간 것과 다가올 것을 고찰함에 상고할 것이 점점 사라졌다. 그러므로 예를 배우는 자들 가운데는 우활한 자들이 많다. …… 기타 예에 관한 제도도 모두 그렇다. 대체로 현재까지 보존되어 있는 것은 다만 몇 개의 제목만 남아 있을 뿐이다."[78]라 하였다. 또 말하였다. "옛날의 예는 대단히 번잡했는데 후세의 사람들은 예에 대하여 갈수록 더욱 소략해졌다. 그러나 현재를 살아가면서 옛날의 예를 행하고자 한다면 또한 정(情)과 문이 서로 어울리지 않을까 걱정된다."[79] 이는 곧 『예』의 책은 이미 산실되어 온전하지 못하여 이미 고찰할 수 없다. 동시에 옛 예는 번잡하여 정과 문이 맞지 않아 이 때문에 옛 예를 행하기가 매우 어렵다는 말이다. "옛날의 예는 지금에 비해 실로 행하기 어렵다. 일찍이 이르기를

---

75 위와 같음.
76 위와 같음.
77 위와 같음.
78 『주자어류』 권84.
79 위와 같음.

후세에 위대한 성인이 일어나서 여러 가지를 한번 정리하고 사람들로 하여금 깨우치게 할지라도 반드시 고인과 같은 번거로움은 일일이 다할 수는 없을 것이다. 다만 예전의 큰 의미는 버릴 것이라고 하였다."[80] 심지어 삼례(三禮)는『의례』가 주이며, 대대(大戴: 戴德)의『예』와 소대(小戴: 戴聖)의『예』는『의례』가 전하여진 것이라고 생각하였다. 이 또한 역사와 서로 부합하는 것 같다.

이 외에『고문상서(古文尙書)』를 위서(僞書)라 의심하였는데, 청(淸) 고거학파(考據學派)의 긍정적인 반응을 이끌어내었다. 주희는 유가 경전을 교본으로 삼기는 해야 하지만 전통적인 설법을 대놓고 믿지는 않았는데 이는 송대의 사상 해방운동이 이어진 것이다.

3. 교학 방법 탐색

주희는 오랫동안 제자들에게 강의를 하면서 자신의 일련의 교학방법을 형성시켰다. 가르치는 것(敎)과 배우는 것(學)은 본래 두 가지 방면의 문제인데 여기서는 먼저 가르치는 방면을 가지고 말하겠다.

1) 가르침에는 반드시 법이 있고 배움에는 배우는 법이 있다

주희는 가르침 자체에는 일정한 방법이 있다고 생각하면서 "남을 가르치는 자는 모두 바꿀 수 없는 법칙이 있으니, 스스로 깎아내려 배우는 자가 잘하지 못함을 따름을 용납지 않음을 말한다."[81] 이런 일정한 규율성

---

80 위와 같음.
81 「진심장구 상」,『맹자집주』권13.

을 띤 교학 방법에 대하여서는 취학자에게 옮겨가 이런 방법을 깎아내려 버릴 수가 없다. 어렵지도 않고 쉽지도 않은 것만이 능한 자도 따르고 배우는 자도 노력을 통하여 또한 일정한 성과를 얻을 수 있는 방법으로 좋은 교육방법이다. 이 때문에 그는 특별히 교육방법을 중시했다. "나는 일찍이 소학의 규범을 만들어서, 법도로 아이들을 가르친다면 반드시 도움이 되리라고 생각했다."[82] 아이에게 공부를 가르치면서 (글의) 장단에만 제한된다면 자라서는 고칠 수 없다. "대체로 어릴 적에 책을 읽는 법은 종신토록 고칠 수가 없다. 사람들이 아이들에게 책 읽는 법을 가르칠 때, 글의 장단에 제한을 두었기 때문에 나중에 장성한 후에도 도무지 바뀌는 것을 본 적이 없다. 훈고를 할 때는 마땅히 옛 주석에 의거해야 한다."[83] 아이들은 싸움을 잘하는데, 그들을 덕을 숭상하도록 가르쳐야지 힘을 숭상하게 해서는 안 된다. "힘을 믿고 함부로 다른 사람을 때리려고 하는 경우에 관한 것이다. 대개 어려서부터 덕으로 가르쳤으며, 덕을 숭상해야 하고 힘을 숭상하지 않아야 할 것을 가르쳤다."[84] 이런 교육방법을 통하여 일정한 양성 목표에 이르게 한다. 당연히 가르치는 데는 반드시 일정한 방법이 있어야 하며, 이런 방법은 다만 사람이 성취에 이르게 하는 길이며 그것을 터득하는 묘함을 일러주는 것이 아니다. "군자가 사람을 가르침에 다만 그것을 배우는 법을 전수해 주고, 그것을 터득하는 묘는 말해 주지 않으니, 이는 마치 활 쏘는 자가 활을 당기기만 하고 쏘지는 않음과 같다. 그러나 말해 주지 않은 것이 이미 용약하여 앞에 나타나는 듯한 것이다."[85] 활쏘기를 가르치고 배우는 데는 일정한 방법이 있어 "활을

---

82 『주자어류』 권7.

83 위와 같음.

84 위와 같음.

85 「진심장구 상」, 『맹자집주』 권13.

잔뜩 당긴 뒤에 쏘는 것이 활 쏘는 법이다."[86] 활쏘기를 가르치는 데는 활쏘기를 가르치는 법이 있고 배움에는 배우는 법이 있어 "스승이 이것을 버리면 가르칠 수 없고, 제자가 이것을 버리면 배울 수가 없다." 교사가 방법을 버리면 교육을 진행할 수 없고 학생이 방법을 버리면 학습을 진행할 수 없으니, 이 방법은 장인이 규구(規矩: 그림쇠와 곱자)를 쓰는 것과 마찬가지로 필수불가결한 것이다. 주희는 교육방법의 중요성을 인식하였으며, 이는 그가 장기적으로 교육에 종사한 체험에서 우러나온 것이다.

2) 스스로 이해해나가고 함께 의논한다

교학은 토론법을 취하여야 한다. 그는 말하였다. "나는 요즘 강의하는 시간은 적고 실천하는 시간은 많으므로 모든 일에 대해 너희 스스로 이해하고, 살펴야 하며, 함양해야 한다. 책도 너희 스스로 읽어야 하며, 도리도 너희 스스로 연구해야 한다. 나는 단지 길을 이끌어주고 명확하게 밝혀주는 사람이니 의심되거나 어려운 점이 있으면 함께 의논할 뿐이다."[87] 주희는 책을 스스로 읽어나가고 스스로 탐구, 이해, 체득, 함양할 것을 강조하였다. 독립적으로 사고하고 자각적으로 학습할 것을 요구하였으며, 주입식은 반대하였다. 여기서 교사의 작용은 다만 하나의 "길을 이끌어주는 사람"이고 도맡아 하는 사람이 아니며, 난해한 문제가 있으면 교사와 학생은 함께 의논할 수 있다. 아울러 강의 시간을 조금 줄일 수 있고 "실천"은 좀 늘릴 수 있다고 주장하였다. "학문을 넓게 함은 지혜를 요약함만 못하고, 지혜를 요약함은 실천적으로 행함만 못하다."[88] 학업을

---

86 「고자장구 상」, 『맹자집주』 권11.
87 『주자어류』 권13.
88 위와 같음.

가르치고 의혹을 풀어줌에 실천이 많고 행함이 많아야 더욱 깊이 이해할 수 있음을 중시했다.

3) 재목에 따라 가르침을 베풀고 사람을 버리지 않는다

공자는 『논어』에서 그의 10대 제자를 덕행과 언어·정사·문학의 네 과(科)로 나누었다. 주희는 해석하여 말하였다. "그 장점을 지목하여 4과로 나누었으니, 공자께서 사람을 가르침에 각각 그 재질을 따랐음을 여기에서 볼 수 있다."[89] 그는 공자가 재목에 따라 가르침을 베푼 것을 빌려 자기의 교육사상을 발휘하였다. 그는 선생은 매 학생의 특성에 근거하여 과목을 분별하고 같지 않은 교육을 진행하여야 한다고 생각하였는데, 이는 학생을 재목으로 양성하는 중요한 방법이다. 그는 말하였다. "덕행은 체도(體道)에 잠심하여 속에서 잠자코 맞아 뜻이 독실하고 힘껏 행하여 말을 하지 않아도 믿는 것이다. 언어는 『시』와 『서』·『예』·『악』의 문의 뜻을 말할 수 있는 것이다. 대체로 부자께서는 사람을 가르침에 각자 그 장점에 따라 도로 들어가게 하였다."[90] 매 사람의 특성에 근거하여 도로 들어가게 하였다. 그는 비유를 들어 말하였다. "초목이 자랄 때에 파종하고 잘 북돋아 주어 사람의 힘이 이미 지극한데, 능히 스스로 변화하지 못하니, 이때 부족한 것은 비와 이슬이 번식시켜 길러주는 것일 뿐이다. 때맞춰 비가 내리면 그 변화함이 빨라지게 될 것이다. 사람을 교화시키는 묘함도 또한 이와 같다."[91] 사람의 성장은 초목이 자라는 것과 같아 때맞춰 내리는 비를 맞으면 변화하고 생장함이 빠를 수 있다. 사람 또한 특성에

---

89 「선진 제11」, 『논어집주』 권6.
90 『논어혹문』 권11, 『사서혹문』.
91 「진심장구 상」, 『맹자집주』 권13.

따라 교육을 진행하면 빠르게 성장할 수 있다. 이 때문에 그는 말하였다. "성현의 가르침을 베풂은 각기 그 재질에 따라, 작은 사람은 작게 이루어 주고 큰 사람은 크게 이루어주어, 버리는 사람이 없는 것이다."[92] 재목에 는 크고 작음이 있으며, 교육의 임무는 재목의 같지 않음에 근거하여 작은 것은 작은 재목으로 만들고 큰 것은 큰 재목을 만들어 모두 재목을 이 룰 수 있는 것이다. 이것이 바로 "각자 그 장점에 따라 가르친 것이다."[93] 라는 것이다.

4. 정밀한 생각 함영과 체찰

주희는 학습의 방법에 매우 주의하였으며, 또한 독서법을 이야기하기 를 좋아했다. 그의 제자는 이를 여섯 구절로 개괄하였다. 이는 순서점진 (循序漸進: 순서에 따라 점차 나아가는 것), 숙독정사(熟讀精思: 익숙하게 읽고 정밀하게 생각하 는 것), 허심함영(虛心涵泳: 마음을 비우고 푹 젖어 드는 것), 절기체찰(切己體察: 자기에게 절실하게 체험해 살피는 것), 착긴용력(著緊用力: 긴절하게 힘쓰는 것), 거경지지(居敬持志: 경에 거하며 뜻을 견지하는 것)이다. 주희의 독서법은 절기체찰에서 나왔는데 자 못 도리가 있고 사람을 계발할 수 있다. 여기서는 이렇게 몇 가지 관계로 총괄할 것이다.

1) 순서에 따라 점차 나아가야 하며 많은 것을 탐하면 소화를 시키지 못함

독서는 순서에 따라 점차 나아가야 하고 많은 것을 탐하여 소화를 시

---

92 위와 같음.
93 위와 같음.

키지 못하는 것을 반대한다. "이는 다만 자기 몸에 반성하고 자신을 닦아서 차례를 따라 점점 나아갈 뿐이다."[94] "순서에 따라 점차 나아가며, 숙독하고 정미하게 생각하는 것이 좋다."[95] 무엇을 일러 순서에 따라 점차 나아가는 것이라고 하는가? 주희는 『논어』와 『맹자』 두 책을 읽는 것을 예로 들었다. "두 책으로 말할 것 같으면 『논어』를 먼저 읽고 『맹자』를 나중에 읽는데, 한 책을 통달한 뒤에 다른 책에 미친다. 한 책으로 말하면, 편장과 문구, 앞뒤와 차례도 각기 차서가 있어 난잡할 수 없다. 노력이 이를 것을 헤아리고 그 과정(課程)에 맞도록 하여 삼가 이것을 지킨다. 글자는 의미를 찾고 구절은 그 뜻을 찾으며, 앞에서 얻지 못하면 그 뒤를 감히 구하지 아니하고, 여기에서 통하지 못하면 감히 저기에서 뜻을 세우지 않는다. 이처럼 순서에 따라 차츰차츰 나아가면 뜻이 정해지고 이치가 밝아져 경솔함과 등급을 뛰어넘는 근심이 없을 것이다."[96] 한 책 한 책씩 읽고 한 편 한 편씩 읽어서 그 의사를 환히 깨닫도록 힘써야 한다. 앞쪽을 아직 완전히 이해하지 않고는 뒤쪽을 보러 가거나, 이것에 아직 통하지 않았는데 저것을 하러 가서는 안 된다는 것을 말한다. 독서는 순서에 따라 점차 나아가 얕은 데서 깊은 데로 들어가야 한다. "대체로 배우는 사람이 책을 읽을 때는 힘써 끝까지 궁구해야 한다. '학문을 따르는 것(道問學)'은 큰일이다. 도리를 인식해서 사람이 되려는 것이다. 대체로 책을 볼 때는 보고 또 보아서 단락마다 구절마다 글자마다 이해해야 하고, 게다가 여러 풀이나 주석을 참조해서 가르침을 말한 것에 철저하게 통하여 도리를 자신의 마음과 서로 합치되도록 해야 한다."[97] 단락을 따라 구

---

94 「헌문 제14」, 『논어집주』 권7.
95 「독서지요(讀書之要)」, 『주희집』 권74, 3889쪽.
96 위와 같음.
97 『주자어류』 권10.

절을 따라 글자를 따라 철저하게 이해하여 점차 깊이 들어가 "성인의 말씀은 한 겹에 또 한 겹이 있으므로 모름지기 깊이 들어가서 보아야 한다. 만약 다만 피부 같은 껍질만 중요시하면 곧 착오가 생기므로 반드시 깊이 침잠해야 비로소 얻게 된다."[98] 그는 예를 들어 말하기를 독서는 밥 먹는 것과 흡사하여 잘 곱씹어야 보탬이 될 수 있다고 하였다. 밥은 한 입 한 입 씹어서 삼켜야 하고, 책은 한 편 한 편 궁구해야 완전히 이해할 수 있는데, 이렇게 해야 유익할 수 있다.

순서에 따라 점차 나아가는 것의 반대는 많은 것을 탐하는 것이다. "독서를 할 때는 많은 것을 탐내서는 안 되고, 스스로의 역량에 여유가 있도록 해야 한다."[99] "독서는 많은 것을 탐하여서는 안 된다. 예전에 주군에서 세금을 수납하는 것을 보았는데, 수만 초(鈔)를 모두 1결(結)로 삼았다. 갑자기 그 수치에 착오가 생겨도 더 이상 (그 수치의 잘못된 곳을) 미루어 찾아낼 수가 없었다. 그 후에 한 관리가 곧 세 가지 법을 마련해서 이십 초를 1결로 삼았다. 이것을 보면 책 읽는 방법을 알 수 있다."[100] 독서를 하면서 많은 것을 탐하는 것은 비유하자면 돈을 세는 것과 같아 한번 틀리면 미루어 찾아낼 곳이 없다. 독서는 밥을 먹는 것과 같아 "사람은 하루에 다만 세 끼의 식사를 할 수 있으며 십수 일의 밥을 한꺼번에 모두 먹을 수는 없는 것이다. 하루에는 다만 몇 단락만 볼 수 있고, 어느 정도의 공부만 할 수 있을 뿐이다. 또한 한계가 있으므로 대충해서 모든 것을 마치려고 해서는 안 된다."[101] 열흘 치 밥을 한꺼번에 먹을 수 없으니 이렇게 하면 밥을 먹어도 반드시 제대로 씹히지 않아 소화가 되지 않는다. "독

---

98 위와 같음.

99 위와 같음.

100 위와 같음.

101 위와 같음.

서는 많은 것을 탐하는 것이 가장 큰 병이다."¹⁰² 많은 것을 탐하여 소화를 시키지 못하는 것을 반대하였다.

2) 마음을 비우고 뜻을 오로지 하며 교만하고 인색함을 얻지 않는다

독서는 마음을 비워야 하고 교만함을 반대한다. "독서는 오직 마음을 비우고 뜻을 전일하게 하여 차례대로 점차 나아가야 효과를 얻을 수 있을 것이다. 백뢰(百牢)와 구정(九鼎)과 같은 것은 한입에 그 맛을 다 알 수 있는 것이 아니다."¹⁰³ 마음을 비워야 얻을 수 있다. "독서는 모름지기 마음을 비워야 얻을 수 있다."¹⁰⁴ 마음을 비우지 않으면 아무것도 얻지 못한다.

이른바 마음을 비운다는 것은 두 방면의 뜻이 있다. 한 방면은 먼저 의론을 세우지 않고 테두리를 씌우지 않는 것을 말한다. "글을 볼 때는 반드시 마음을 비워야 한다. 먼저 자신의 뜻을 세워 얼마 후에 많이 그르치지 않게 해야 한다. 또 말하였다. 마음을 비우고 자신에게 절실하게 하라. 마음을 비우면 도리를 분명하게 볼 수 있고, 자신에게 절실하게 하면 자연스럽게 (도리를) 몸소 인식하게 된다."¹⁰⁵ 마음을 비우고 책을 보아야 진정으로 책의 본래 뜻을 체득할 수 있다. 먼저 의론을 세운다면 먼저 테두리를 가지는 것으로 책 속의 참된 뜻을 깨달을 수 없다. "요즘 사람들은 책을 볼 때 먼저 자신의 생각을 세우고 난 후에 보고, 옛사람의 말을 모두 끌어다가 자신의 생각에 맞추어 넣는다. 이렇게 하는 것은, 단지 자신의

---

102 『주자어류』 권104.

103 「답유중칙(答劉仲則)」, 『주희집』 권54, 2737쪽.

104 『주자어류』 권104.

105 『주자어류』 권11.

생각을 미루어 넓히는 것뿐이니, 어떻게 옛사람의 생각을 알 수 있겠는 가?"[106] 이렇게 하면 무익할 뿐만 아니라 해롭기만 하다. "예전 사람들의 글을 볼 때, 그 의미를 미처 알지 못했을 때 곧장 쉽게 학설을 세우는 것은 특히 일을 해치는 것이다."[107] 먼저 의론을 세우지 않으면 자각적으로 독서를 하여 힘을 얻을 뿐만 아니라 또한 더욱 잘 의심이 가거나 어려운 문제를 해결할 수 있다. "책을 읽다가 어려운 곳을 만나면 또한 모름지기 마음을 비우고 의미를 찾아야 한다."[108] 이렇게 하면 도리를 밝게 구하게 된다.

다른 방면은 이 마음을 수습하여 마음을 오로지하여 뜻을 지극히 하고 사심으로 흔들리지 않도록 하여 마음을 비워야 한다. "지금 학자가 길이 나아가지 못하는 것은 단지 마음이 여기에 있지 않다는 것일 뿐이다. 일찍이 어려서 동안(同安)에서 있었을 때를 기억해보면, 밤에 종소리와 북소리를 들었는데 그것이 하나의 소리로 끊어지지 않음을 듣고서 이 마음이 이미 저절로 달려갔다. 이것으로 인해 공경하고 조심하여 이내 학문을 할 때는 반드시 마음을 오로지 하고 뜻을 지극히 해야 한다는 것을 알았다."[109] 독서는 마음을 오로지하고 정신이 내달려서는 안 된다. "대체로 배우는 사람은 반드시 이 마음을 거두어들여서 오로지 고요하고 순일하게 하며, 일상생활에서 움직이거나 고요할 때도 빠르게 내달리거나 어지럽게 흩어지지 않도록 해야 비로소 문장을 정밀하게 살필 수 있다. 이렇게 해야 비로소 요령이 생긴다."[110] 마음이 수습되고 관할하여 통섭하지

---

106 위와 같음.
107 위와 같음.
108 위와 같음.
109 『주자어류』 권104.
110 『주자어류』 권11.

않는다면 아예 책을 내려놓고 읽지를 않으며 먼저 생각을 고요하게 해나가야 한다. 이렇게 해야 독서의 효과를 거둘 수 있다. 주희의 이런 견해는 자못 일리가 있다.

마음을 비우는 것의 반면(反面)은 교만함으로 독서를 하며 학문을 할 때는 힘껏 교만함과 인색함을 경계해야 한다. "내가 어제 어떤 사람을 보았는데, 사소한 도리를 배워서는 곧 전혀 남에게 말하려 하지 않았다. 처음에는 다만 인색하나 이런 사물이 뱃속에 축적되면 어찌할 수 없다. 다만 내가 위대하다고 생각할 뿐만 아니라 곧 남을 업신여기고자 하니 바로 이것이 교만함이다."[111] 인색함은 가지고 있는 것을 끼고 지식을 농단하여 남을 가르쳐주지 않으려는 것이다. 교만함은 없는 것을 자랑하며 남에게 뽐내는 것이다. 교만은 자기만족으로 학술이 없는데도 경륜이 꽉 찼다고 느끼는 것이다. 인색함은 스스로 학문이 있다고 생각하면서 숨기고 남에게 보여주지 않는 것이다. 주희는 교만과 인색은 독서를 하고 학문을 하는데 가장 해로운 것이며, 양자는 또한 서로 이어져 있다고 생각하였다. "내가 생각건대 교만하고 인색함은 비록 기운이 차고 부족한 차이가 있으나, 그 형세는 항상 서로 연관된다. 교만은 인색함의 지엽이고, 인색은 교만함의 근본이다. 그러므로 일찍이 천하 사람들에게 증명해보니, 교만하면서 인색하지 않고, 인색하면서 교만하지 않은 자가 없었다."[112] 교(驕)와 인(吝)은 구별이 있기는 하지만 교만함은 인색함의 표현이고 인색함은 교만의 근본이라는 것으로 이는 확실히 견해를 갖추고 있다. 독서를 함에는 반드시 허심탄회해야 넓은 지식을 배울 수 있으며, 교만 인색은 독서의 적으로 그 결과는 얻는 것이 없다.

---

[111] 『주자어류』 권35.
[112] 「태백(泰伯) 제8」, 『논어집주』 권4.

3) 때로 예전에 들은 것을 익히면 절로 새로운 뜻이 생긴다

주희는 온고(溫故)와 지신(知新)을 해석하면서 말하였다. "온(溫)은 찾고 연역하는 것이다. 고(故)는 예전에 들은 것이고, 신(新)은 지금 터득한 것이다. 배움에 있어 예전에 들은 것을 때때로 익히고, 항상 새로 터득함이 있다."[113] 고(故)는 예전에 들은 것이고, 신(新)은 새로 터득한 것이다.

온고(溫故)라는 것은 바로 예전에 들은 것을 때때로 익히는 것이다. "고(故)라는 것은 옛날에 이미 얻은 것이다."[114] 곧 이미 얻은 도리이다. 때때로 푹 익히면 맛이 깊고 길어지며 절로 새로 터득함이 있음을 깨닫게 된다. "신(新)은 지금 비로소 얻은 것이다."[115] "온고하여 얻은 이 도리는 더욱 정밀하여 옛날에 본 것보다 나은 것 같다."[116]

온고와 지신은 서로 연결되어 있어 "예전에 들은 것을 익혀야 새것을 알 수 있다. (옛것을) 찾지 않고 새로운 앎을 추구한다면 또한 구할 수 없을 것이다."[117] 옛것을 익혀야 새것을 알 수 있으니 새로 아는 것은 예전에 안 것에서 얻어진다. "새로운 것은 다만 옛것 가운데의 도리일 뿐이니, 때로 익혀 익숙해진다면 차츰차츰 발하여져 나오게 된다."[118] 결코 옛것을 떠나는 것이 아니라 "'옛것을 익혀서 새로운 것을 안다.'는 말은 옛것을 떠나 달리 새로운 것이 있다는 것이 아니라 모름지기 늘 옛것을 다만 익히기만 하면 저절로 새로운 의미가 생기게 된다는 말이다."[119] 옛것을

---

113 「위정 제2」, 『논어집주』 권1.
114 『논어혹문』 권2, 『사서혹문』.
115 위와 같음.
116 『주자어류』 권24.
117 위와 같음.
118 위와 같음.
119 『주자어류』 권9.

떠나 새로운 것이 없으면 새로운 것이 어디에서 나오겠는가? 신(新)은 고(故)에 상대적으로 말한 것으로 온(溫)을 냉(冷)과 상대적으로 말한 것처럼 서로 의존한다.

옛것을 익히고도 새것을 알지 못하면 당연히 남의 스승이 될 수 없다. 그렇다면 어떻게 옛것을 익혔는데 새것을 알 수 없는가? 여기에는 두 가지 원인이 있다. 첫째는 옛날에 본 것이 먼저 들어와 쉬 떨치지 못하는 것으로 옛것을 떨쳐내지 못하면 새로 아는 것이 어디에서 오겠는가? "횡거(橫渠)는 '옛 견해를 씻어 버리고, 새로운 의미를 받아들인다.'고 말했다. 이 말은 매우 타당하다. 만약 예전에 본 것을 씻어 버리지 않는다면, 어디에서 새로운 의미를 얻어 오겠는가! 요즘의 배우는 사람들에게는 두 종류의 병폐가 있다. 하나는 (자신의) 사사로운 생각을 주장하는 것이고, 다른 하나는 예전에 먼저 받아들인 설이 있어서 비록 벗어나고 싶어도 또한 그것에 의해 저절로 그것을 찾게 되는 것이다."[120] "예전에 본 것"을 제거해야 새로운 뜻이 있을 수 있다. "흐린 물을 없앤 다음이라야 맑은 것이 나오는 것과 같다."[121] 다른 방면은 옛것을 익히는 것을 죽은 것으로 생각하는 것으로, 살아있는 것이 아닌 이미 죽은 옛것을 익히면 하나를 보고 열을 아는 것으로 새로운 문제를 사고할 수 없게 되어 절로 새로운 뜻이 없게 된다. "외우고 묻기만 하는 학문으로는 다른 사람의 스승이 될 수 없다는 것은 다만 이것이 죽은 것일 뿐이기 때문이다. 만일 새로운 것을 안다면 늘려서 펼치고, 같은 종류끼리 맞닿게 해서 확장할 것이니 언제나 살아있어 죽지 않을 것이다."[122] 옛것을 익히는 데서는 옛 설을 사수할 수 없으며 유연하게 이해를 하여야 학습하는 가운데 새로운 앎을 얻

---

120 『주자어류』 권11.

121 위와 같음.

122 『주자어류』 권24.

게 된다는 것을 강조하였다.

4) 배우고 생각함은 서로 보완해주어 한쪽만 폐할 수 없다

주희는 배움과 생각에 대한 관계를 매우 중시했다. "배움이란 그 일을 배우는 것이다. 예를 들어 독서도 배우는 것이지만 반드시 천천히 그 가운데 의리를 정밀하게 생각하여야 할 것이다. 또 이 일을 하는 것도 배우는 것이다."[123] "배움이란 몸으로 해나가는 것이다."[124] 배움은 두 방면의 뜻을 포함하고 있다. 첫째, 독서는 배우는 것이고, 둘째, 일하는 것을 배우는 것도 배우는 것이다. "배움이란 독서에만 그치는 것이 아니다. 일하는 것 역시 모두 배우는 것이다. 또 예를 들자면 한 가지 일을 배우면 반드시 다시금 생각을 거쳐야 할 것이다. 그러나 단지 살피고 생각만 하면서 배우지 않는다면 스스로의 마음은 반드시 평온치 못할 것이니, 이것이 바로 위태롭다는 것이다."[125] "생각이란 조용히 앉아서 생각하는 것일 뿐이다. …… 생각이란 단지 배운 일을 생각하는 것일 뿐이다."[126] 사고라는 뜻이다. "생각이라는 것은 바로 아직 미치지 못한 것이 있음을 아는 것일 따름이다."[127] 사고를 통하여 의리를 알 수 있게 된다.

배움과 생각은 서로 연결되어 있다. "배움과 생각이 서로 연결되어 있어야 이 일을 배우고 모름지기 곧 이 일이 어떻게 부합하는가 생각하게 된다."[128] "배우고 생각하지 않으면 독서를 하고도 도리가 어떠한가 생

---

123 위와 같음.
124 위와 같음.
125 위와 같음.
126 위와 같음.
127 『논어혹문』 권2, 『사서혹문』.
128 위와 같음.

각하지 않는 것과 같아"129 얻음이 없게 된다. 얻음이 없다(罔)는 것은 바로 "그 마음이 혼미하여 편안한 데 안주하지만 스스로 얻은 견해가 없는 것이다."130 독서하고 일하면서 그 도리를 사고하지 않으면 마음속이 호도되어 방향이 없게 된다. 반대로 "생각만 하고 배우지 않으면 위태롭게 되는 것은 비록 마음으로 생각은 하지만 일을 익숙하게 한 적이 없어 결국은 생경하게 되어 타당하지 못하게 될 것이다."131 위태롭다는 것은 "그 마음이 위험하고 급박하여 비록 그 얻은 것을 얻었지만 편안한 데로 나아가지 못하는 것이다. …… 위태롭다는 것은 일을 가지고 말한 것이며, 불안하다는 것은 이(理)가 불안한 것으로 끝내 위태로운 것이다."132 사고하면서 배우지 않으면 공허하고 위험하게 되어, 배움과 생각은 서로 믿고 의지한다. "사(思)는 학(學)자와 상대하여 말한 것이다. 이 일을 배우는 것은 곧 이 일을 생각하는 것이다. …… 이미 이 일을 생각했으면서도 이 일을 해나가지 못하고, 또한 익숙하지도 못하다면 흔들리어 불안한 것이다.

　예를 들어 어떤 사람이 활쏘기를 배웠는데, 비록 활과 화살 속의 많은 모양을 익히기는 했지만, 이것이 마땅히 어떠해야 하는지를 생각하지 못한다면 또한 안 될 것이다. 이미 많은 모양이 마땅히 어떠해야 하는지를 생각했음에도 오히려 활과 화살을 두고 표적을 향해 쏘지 않는다면 또한 어떻게 명중시킬 수 있겠는가?"133 생각과 배움의 관계는 사람이 활쏘기를 배우는 것과 같아 두 가지가 서로 결합이 되어야 활쏘기를 잘 배울 수

129　위와 같음.
130　위와 같음.
131　『논어혹문』 권2, 『사서혹문』.
132　위와 같음.
133　『주자어류』 권24.

있다. 독서도 마찬가지로 숙독하고 정밀하게 생각을 해야 실로 얻는 것이 있을 수 있다. "대체로 책을 보는 것은 먼저 숙독하여 그 말이 나의 입에서 나오는 것처럼 하도록 하고 계속 자세히 생각하여 그 뜻이 나의 마음에서 나오는 것처럼 하도록 한 뒤에야 얻는 것이 있을 따름이다."[134] 배우고 숙독하여 입에서 나오면 외워지고 이어서 정밀하게 생각을 해야 새로 얻는 것이 있다.

5) 자기에게 절실하게 체험하고 살펴 거듭 돌아가 체험한다

독서는 모름지기 체찰과 서로 결합하여야 한다. "배우는 사람은 마땅히 성현의 말씀으로 자신에게 돌이켜 구하고, 하나하나 몸소 살펴야 한다. 반드시 의심이 없을 정도로 분명하게 이해하고, 오래도록 쌓이면 저절로 깨닫게 된다."[135] 독서만 할 것이 아니라 자기의 몸에 돌이켜 구하여야 한다. "독서는 반드시 자신에게 절실하게 하고 몸소 경험해야 하며 다만 글로만 보아서는 안 된다."[136] "책을 읽을 때는 오로지 지면에서만 의리를 구해서는 안 된다. 반드시 돌이켜 자신의 몸에서 (손으로 스스로를 가리키셨다.) 추론하고 궁구해야 한다."[137] 자기와 연계를 시켜야만 진정 얻음이 있을 수 있다. 자기에게 절실하게 체험하고 살피지 않는다면 독서가 무슨 소용이 있겠는가? "예를 들어 인과 의·예·지에 대해 말한다면, 스스로 어떤 것이 인인지, 스스로 어떤 것이 의인지, 어떤 것이 예이고, 어떤 것이 지인지를 인식한 적이 있는가? 모름지기 스스로에게 나아가 몸소

---

134 「독서지요(讀書之要)」, 『주희집』 권74, 3889쪽.
135 『주자어류』 권11.
136 위와 같음.
137 위와 같음.

인식해야 한다. 예를 들어 '배우고 때때로 그것을 연습하면'이라는 구절을 읽었을 때, 스스로는 일찍이 어떻게 배운 적이 있는가? '또한 기쁘지 아니한가!'를 스스로 어떻게 연습한 적이 있는가?"[138] 다만 독서만 하여 자신의 몸에 연계시켜 체험해나가지 않는 것을 반대했다. 이런 상황에서 어떻게 적게 읽고 반복하여 체험을 할 수 있겠는가? "적게 보더라도 익숙하게 읽고, 반복해서 몸소 증명하며, 얻을 것을 상상하여 따질 필요는 없다. 다만 이 세 가지 일만은 그것을 지키되 일정함이 있어야 한다."[139] 체험을 하여 취할 만한 곳이 있는 것을 중시했다. 당연히 주희의 체험은 실로 인륜을 밝히는 것을 내용으로 하는 것에 대한 체험이다.

이 외에도 주희는 독서는 요점을 파악해야 한다고 주장하였다. "독서를 하는 방법은 모름지기 대의를 알아야 그 맛을 알 수 있는 것이다. 중요한 곳이 없다면 비록 이해를 했다고 하더라도 유익함이 없다."[140] 요긴한 곳이 없으면 과실을 딸 수 있다. 독서에는 비교가 있어야 한다고 주장했다. "문자를 볼 때는 제가(諸家)의 설에서 다르고 같은 곳을 잘 관찰해야 한다. 나는 옛날에 문자를 볼 때 오직 다르고 같은 곳만을 보았다. 예를 들어 사상채(謝上蔡, 良佐)의 설은 저것과 같고, 양귀산(楊龜山, 時)의 설은 이것과 같으며, 어떤 것이 얻음이 되고 어떤 것이 잃음이 되며, 얻음이 되는 까닭은 무엇이고 잃음이 되는 까닭은 무엇이라고 하는 것과 같다."[141] 비교를 통하여야 감별이 있을 수 있고 또한 비로소 정확하게 시비와 득실을 판단할 수 있다. 독서는 긴요하게 힘을 쓸 것을 주장했다. 곧 "나면서부터 아는 자질"이라고 해도 "통하지 않는 것이 있어서 배우고 힘껏 행

---

138 위와 같음.
139 『주자어류』 권10.
140 『주자어류』 권104.
141 『주자어류』 권8.

하는 공부"[142]를 해나가야 한다고 하였는데 이렇게 해야 얻는 것이 있을 수 있다. 결코 "통하지 않아 배워 알고 힘껏 행하는 자질"을 가지고 "나면서부터 알아 편안하게 행하는 공부"를 배울 수 없는데 그렇게 하면 얻는 것이 없을 것이다. 이 때문에 그는 말하였다. "대체로 학문을 할 때는 설령 총명한 자질을 지녔더라도, 반드시 우둔하게 공부해야 한다. 자질이 굼뜨고 둔한데도 총명한 사람이 하는 공부를 한다면 어떻게 얻을 수 있겠는가!"[143] 바로 자질이 총명해도 오히려 우둔한 공부를 해나가면 얻음이 있을 수 있고, 반대로 자질이 우둔하다 하더라도 오히려 또한 어려운 공부를 해나가지 않는다면 자연히 얻을 것이 없다는 말이다. 이런 것들은 모두 자못 견해가 있는 것이다.

---

142 위와 같음.
143 위와 같음.

제16장

조선과 일본의 관학에서
주자만 높이다

○

朝日官學 獨尊朱子

주희는 중국 송대의 대유로 이학을 집대성하였다. 그는 유·불·도의 3교를 융합시켜 자연·사회·인생의 전반적이고 넓고 큰 철학 논리 구조를 구축하였으며, 동아와 남아의 각국에 영향을 끼쳤다. 그래서 전조망(全祖望)은 그를 일컬어 "지극히 광대하고 매우 정미롭고 백대를 망라한"[1] 대가라고 하였다. 광대하다는 것은 그의 중국철학과 중국사상에 대한 중요한 철학 범주와 사상 명제에 자기의 이해와 해석, 전인이 발하지 못한 것을 발하고 전인이 보지 못한 것을 보고 몇몇 중요한 철학적 범주와 사상 명제를 제기한 것을 가리킨다. 그의 학문은 경학·사학·불학(佛學)·도학·문학·예학(禮學)·악률(樂律)에서 자연과학에 이르기까지 미치지 않은 곳이 없었다. 정미롭다는 것은 그가 각 철학범주와 사상의 명제에 대해 전인에 비하여 더욱 엄밀하고 체계적이며 자세한 해석을 가하고 각종 자연현상과 사회현상에 대한 관찰 또한 더욱 깊이 들어가

---

1 「회옹학안(晦翁學案)」, 『송원학안(宋元學案)』권48.

고 근엄하며 세밀한 이해를 한 것을 가리킨다. 그는 지극히 광대하고 매우 정미로웠기 때문에 백대를 망라하여 유가사상의 집대성자가 될 수 있었다. "자양선생(紫陽先生)이 제유를 집대성한 것 같은데 이르면"² "주자의 도는 실로 성현을 집대성하였다."³ 중국 철학발전을 새로운 단계로 끌어올렸으며, 송말에서 원명을 거쳐 청에 이르기까지 7백 년간 줄곧 관방의식 형태로 받들어졌다.

1. 만세의 규범을 세우다

역사는 왕왕 사람을 농락하곤 한다. 이 역대 통치자에 의해 대현으로 높여진 주희와 관방철학으로 받들어진 주자학설은 그가 생존해 있을 때는 오히려 연거푸 액운을 당하였다. 그의 도학사상이 중시되지 않았을 뿐만 아니라 "위학(僞學)"으로 내몰려 "과거에서 사(士)를 뽑는데 조금이라도 경의 훈[經訓]을 언급하면 모두 내침을 당하였고, 문장과 의론 가운데서 의리에 근거한 것은 폐기되고 훼손되었다. 『육경』과 『논어』·『맹자』가 모두 세상에서 크게 금지되었다."⁴ 주자학설을 이단과 위학으로 보았으며, 아울러 「위학역당적(僞學逆黨籍)」을 세워 주희를 위학과 역당의 중요한 사상적 영수로 생각하였다. 호굉(胡紘)은 상주하였다. "근년 이래 위학이 창궐하여 법도에 맞지 않는 일을 도모하여 상황(上皇)을 동요시키고 성덕(聖德)을 헐뜯고 무고하여 대란에 이를 지경입니다."⁵ 이러한 정치 비판

---

2 송(宋) 홍종룡(洪從龍)의 「송함순기사현지서(宋咸淳己巳縣志序)」, 『무원현지(婺源縣志)』 권1.

3 명(明) 왕의(王禕)의 「중건문공가묘기(重建文公家廟記)」, 『무원현지』 권66.

4 「도학숭출(道學崇黜)」, 『송사기사본말(宋史記事本末)』 권80. 또 『주자연보(朱子年譜)』 권4하에서 인용한 「행장(行狀)」.

5 위와 같음.

의 슬로건과 열거한 죄명은 사람을 사지로 내몰기에 충분하였다. 주희의 문도들에게 강압적으로 다른 사람으로 스승을 바꾸고 문을 지나면서도 들어가지 못하게 하였다. 심지어 의관을 바꾸고 저자의 가게 사이에서 무람없이 놀면서 스스로 역당의 사람이 아님을 구별하게 하였다. 역대로 모두 학술사상을 정치로 삼아 비판한 적이 있어서 통치자의 학술사상에 대한 두려움의 정도를 생각하여 알 수 있다. 주희 사후 장례 때 통치자도 이 일을 기회로 "일을 시끄럽게 할까" 두려워하면서 마음을 놓지 않았다. 이 때문에 우정언(右正言) 시강년(施康年)은 상주하였다. "'사방의 위학의 무리가 모임을 기약하여 위학의 스승을 장사지내는데 모여서 당시 사람들의 장단점을 함부로 이야기하지 않으면 당시의 정치적 득실을 어거지로 비판하니 바라옵건대 수신(守臣: 지방 장관)에게 단속하게 하십시오.' 그대로 따랐다."[6] 주희의 제자와 벗들이 송장할 때 "당시 사람들의 장단점"과 "당시의 정치적 득실"을 담론하는 것을 단속하고 감시하게 하였다. 당시 사람들이 단점이 없고 당시에 실정이 없었다고 한다면 무슨 "함부로 이야기하고" "어거지로 비판하는" 것을 두려워하겠는가? 단점이 있고 실정이 있었다면 어찌 "함부로 이야기하고" "어거지로 비판한다"고 하겠는가?

「위학역당적」에서 한데 엮여 언급되어 당적에 기재된 사람은 59인이다. 모두 정견이 다른 자나 당권자와 대립하는 사람으로 간주했다. 따라서 주희의 사상학설을 추숭하는 것은 근본적으로 입에 올릴 수도 없었다. 그가 제기한 몇몇 폐정을 개혁하자는 주장과 조치들은 실행하기 어렵긴 했지만 당시의 구체적인 역사 조건에서 어느 정도 적극적인 작용을 하였다. 그러나 역사의 발전과 시대의 변천에 따라 주희의 사상적 이론

---

6 「도학전(道學傳) 3·주희전(朱熹傳)」, 『송사』 권429. 「도학숭출(道學崇黜)」, 『송사기사본말(宋史紀事本末)』 권80에도 보임.

가치는 갈수록 사람들에 의해 인식되었으며 또한 갈수록 존숭되었다. 지난날의 "위학의 역당", "성덕을 헐뜯고 무고하는" 이단의 사설과 "법도가 아닌 일을 기도하고" "거의 대란에 이른" 대역의 더러운 행위가 일변하여 "성현의 심오한 뜻", "애군우국(愛君憂國)", "관방철학(官方哲學)"이 되었다. 주희는 공묘(孔廟)에 들게 되었는데, 그 자신이 이런 말을 하였다. "오늘날에만 기대할 뿐 아니라 또 장차 미래에 대해서도 소망을 갖습니다."[7] 이 말은 위에서 말한 변화로 볼 때 오히려 효험이 있다 하겠다.

남송 만년에는 이종(理宗) 조윤(趙昀)으로부터 시작하여 차츰차츰 정주(程朱)의 도학이 "도를 다스리는 데 도움이 되어"[8] "만세를 지나도 폐하여지지 않을 것"[9]이라는 것을 깨닫게 되었다. 나라를 다스리는 데 도움이 되고 위정의 훌륭한 법도로 떠받들어져 휘국공(徽國公)으로 바뀌어 봉하여지고, "추연(鄒兗)의 예를 썼으니"[10] 곧 맹자를 제사 지내는 예의에 따라 주희를 제사 지냈다. 도종(度宗) 조기(趙禥) 함순(咸淳) 5년(1269) 조칙으로 주희의 조적 고리를 궐리(闕里)로 삼아 "무원(婺源)에 문공의 궐리를 내렸다."[11] 곧 주희의 지위를 공자의 반열까지 높였다. 이종(理宗) 보경(寶慶) 3년(1227) 주희를 신국공(信國公)에 추봉한 때부터 문공에게 궐리를 내렸을 때까지는 주희가 세상을 떠난 때로부터 겨우 20에서 60여 년 사이의 일로 그의 사상은 통치자의 중시를 유발하여 살아있을 때 당했던 일과는 판이하게 달라졌다.

---

7 「무신봉사(戊申封事)」, 『주희집』 권11, 487쪽.

8 「이종보경삼년정월증태사추봉신국공제(理宗寶慶三年正月贈太師追封信國公制)」, 『무원현지(婺源縣志)』 권64.

9 「이종소정삼년구월개추봉휘국공제(理宗紹定三年九月改追封徽國公制)」, 『무원현지』 권64. 또한 「회암선생개봉휘국공제사(晦庵先生改封徽國公制祠)」, 『도명록(道命錄)』 권10에도 보인다.

10 「도학숭출(道學崇黜)」, 『송사기사본말(宋史紀事本末)』 권80.

11 「주자세가(朱子世家)」, 『무원현지』 권18.

원 왕조는 남북을 통일한 국가를 건립하였다. 원래 동남쪽의 절반만 유전되던 도학이 북방에서도 전하여지게 되었다. 원조는 "천하를 다스림에는 반드시 유술을 써야 한다"는 건의를 채택하여 공맹의 도를 빌려서 의식 형태의 통제를 강화하길 기도했다. 이 때문에 그들은 공자를 높이고 공묘를 세워 무공으로는 얻을 수 없는 효과를 거두었다. 문명이 낙후된 민족은 무력으로는 문명이 앞선 민족을 이길 수 있지만 문화적으로 반드시 문명이 앞선 민족에게 동화되게 되어 있다. 원 성종(成宗) 테무르(鐵穆耳) 대덕(大德) 11년(1307)에 공자를 "대성지성문선왕(大成至聖文宣王)"으로 높여 봉하고 전지 50대경(大頃)을 내렸으며, 이에 따라 주희 또한 중시되었다. 인종(仁宗) 아유르바르바다(愛育黎拔力八達) 연우(延祐) 연간(1314~1320)에 과거제를 회복하였으며 조칙으로 주희의 『사서집주』로 사자(士子)에게 시험을 치르기로 정함으로써 주희의 도학적 통치 지위는 점차 확립되어갔다.

혜종(惠宗) 토곤테무르(妥懽帖睦爾) 지원(至元) 원년(1335)에 조칙을 내려 주희의 사묘(祠廟)를 세워 "조칙으로 휘국(徽國) 문공(文公)의 사당을 세웠다."[12] 이후로 주희의 문묘는 역대 통치자들의 조배(朝拜)를 받았다. 지원 2년(1336) 주희의 5세손 주훈(朱勛)에게 무원으로 돌아가 주희의 사묘를 관리하라는 조칙을 내렸다. 혜종은 주희는 "성현의 오묘한 뜻을 경의 뜻에 싣고 이를 실로 앞서 밝혔으며 …… 임금을 사랑하고 나라를 걱정하였으며 그 경세제민의 뛰어남을 지고 정학(正學)이 오래 중원에 통하여 호를 바꿔 인묘(仁廟)에 추행(推行)한다."[13]라 하였다. 이에 지정(至正) 23년(1362) 주희의 봉호를 "제국공(齊國公)"으로 바꾸었다. 아들이 영광스럽게 되면서 부친이 귀하여져 주희의 부친인 주송(朱松)을 "헌정공(獻靖公)"으

---

12 위와 같음.
13 「원순제지정이십이년이월개봉제국공(元順帝至正二十二年二月改封齊國公)」, 『무원현지』 권64.

로 추시(追諡)하고 또 "월국공(粵國公)"으로 바꾸어 봉하였다.[14] 주희의 지위가 높아짐에 따라 그 조종 또한 영예롭게 되었다.

명 왕조가 건립된 후에 주원장(朱元璋)은 주학(朱學)을 추숭하였다. 주원장은 황제가 된 이듬해(1369)에 조칙으로 천하에 학교를 세우게 하고 마침내 예부(禮部)에 명하여 학교에 비석을 세우게 하였다. 조약 12관(款)을 개정하였는데 첫 번째 규정은 이렇다. "1, 국가에서는 경(經)을 밝히고 사(士)를 취하는데, 경을 말하는 자는 송유(宋儒)의 전주(傳注)를 종(宗)으로 하고, 문을 행하는 자는 전아하고 평실하며 순정함을 주로 한다. 지금 이후로는 반드시 『사서오경』과 『성리』, 『통감강목』, 『대학연의』, 『역대명신주의(奏議)』, 『문장정종(文章正宗)』 및 역대 고율(誥律)과 전제(典制) 등의 책을 반포하여 생도들에게 강해하도록 한다. 이단의 사설을 표절하거나 기이한 것을 드러내고 세운 것은 문장이 뛰어나더라도 수록하지 않는다."[15] 과거 시험에서 사를 취하는데, 주희 등 송유의 "전주를 종으로 삼고", 『사서오경』과 『성리』, 『자치통감강목』, 『대학연의』, 『명신주의』 등을 독서와 고시의 범위 및 표준답안으로 규정하였다. 빼어나다 하더라도 이단의 사설을 표절하고 기이한 것을 드러내고 세운 것은 일률적으로 취하지 않아 주학을 의식형태의 정통지위로 삼아 우뚝 솟아 흔들릴 수가 없었다.

명대에는 공자를 높이는 동시에 주자를 높이는 활동도 시행했다. 병과 급사중(兵科給事中) 대선(戴銑)은 이렇게 말한 적이 있다. "삼대 위로는 성인이 연이어 나왔으며 공자에 이르러 『육경』이 남긴 말과 서론(緖論)을 지어 『논어』와 『효경』 등 여러 책에 수록되어 나중에 이 도가 세상에 크게 행하여졌다. 삼대 아래로는 유현(儒賢)이 잇달아 나와 문공 주희에 이르러 여러 경서 및 『논어』·『맹자』·『대학』·『중용』과 자(子)·사(史) 등의 책에 주석

---

14 「유우(流寓)」, 『건양현지(建陽縣志)』 권12.
15 『송하잡초(松下雜抄)』 권하, 『함분루비적본(涵芬樓秘籍本)』.

을 달면서 나중에 공자의 도가 이미 밝혀진 데다가 어두운 것이 세상에서 다시 밝아졌다. 공자 같은 대성과 주자 같은 대현의 도덕과 일의 공은 서로 그리 멀지 않다."[16] 주희를 공자와 비슷하게 대성 대현이라 생각하였으며, 주희를 칭송하여 "계승하고 본받아 후세의 현자를 열어주고 이끌었다."[17]라 하였다. 천지의 마음을 세우고 생민의 명을 심었으며 끊겼던 성인의 학문을 잇고 만세의 태평함을 열었다. "주자는 군현(群賢)을 집대성하였다. 천하의 공묘에 종사되었으며 그 도학의 높고 밝음은 북두성처럼 하늘에서 아름답다."[18] 대선 등이 다만 주희를 대현이라고 생각하였다면 반황(潘璜)은 곧 주희를 공자라고 생각하였다. "주(周) 경술년에 공자가 났는데 송 경술년에 주자가 나서 『육경』과 사자(四子: 四書)가 하늘 한복판의 해와 달처럼 환하게 빛나기 때문에 천지의 마음을 세우고 생민의 명을 세웠다. 옛 성현을 잇고 올 후학을 열어주었으니 문이 여기에 있지 않겠는가!"[19] 공자와 주희가 태어난 해(의 간지)가 같으며 주희가 공자와 동등한 지위를 갖추고 있다고 설명하였다.

명대 관원의 선양과 명 정부의 추동으로 인하여 천하의 학궁에 명을 내려 주희를 제사 지내게 했다. "이제 천하의 학궁에서 선생을 받들어 두루 제사 지내게 되었다."[20] 주자를 제사 지내는 제도를 반포하여 공자와 마찬가지로 매년 춘추로 두 번 제사 지내고 제전(祭田)을 내리고 돈을 내어 수리하고 주자의 묘와 사당, 가묘와 서원 등을 확장하여 짓도록 규정하였다. 명대의 통치자들은 "주자를 중히 여기기 때문에 공자를 중히 여

---

16 명 대총(戴銃)의 「우숭유선사사소(優崇儒先祠嗣疏)」, 『무원현지(婺源縣志)』 권64.

17 명 왕중로(汪仲魯)의 「중수문공가묘기(重修文公家廟記)」, 『무원현지』 권66.

18 명 팽훈(彭勛)의 「중창무원주문공사기(重創婺源朱文公祠記)」, 『무원현지』 권66.

19 명 반황(潘璜)의 「중수문공묘기(重修文公廟記)」, 『무원현지』 권66.

20 명 왕의(王禕)의 「중수문공가묘기」, 『무원현지』 권66.

긴다"고 생각하여 이 때문에 주희의 후예는 공자의 후예와 마찬가지로 "재량으로 관직을 주어 세습하며 제사를 받들게 하였다."[21] 명대부터 주희를 추숭하는 범위를 주희의 후대까지 확대하여 명 대종(代宗) 주기옥(朱祁鈺)은 경태(景泰) 6년(1456) 조칙으로 주희의 후손들이 작록을 세습할 수 있게 하였다. "경태 6년 주자의 후손을 녹선하라 하여 이에 민(閩)에 사는 정(梃)은 한림오경박사로 삼았고, 무원에 사는 무(槑)를 국자생으로 삼았다."[22] 무종(武宗) 주후조(朱厚照) 정덕(正德) 연간(1506~1521)에는 "과신(科臣)인 대선과 왕원석(汪元錫), 어사 왕헌(王憲)이 선후로 주청하여 주자가 공자를 계승하였기 때문에 주자를 중시함을 반드시 공자를 중시하듯 하여야 한다고 했다. 공자의 적장(嫡長) 후예는 송이 남천할 때 따라서 절강(浙江)의 구주(衢州)에 머물렀다. 나중에 곡부로 옮겨간 자들은 모두 그 지서(支庶)로, 여러 조대에 걸쳐 녹음(錄蔭)되었다. 곡부의 자손은 공작의 지위를 세습하면서도 구주에는 주지 않았는데 대체로 퀼리가 중했기 때문이다.

지금 주자의 무원과 공자의 곡부, 민(閩)의 건안과 절의 구주는 일이 부절을 합친 것 같다. 주 씨 가운데 건안(建安)에 있는 자들은 은전이 이미 높아졌으며, 무원의 자손은 공 씨의 퀼리의 의례에 비추어 현명한 자를 추천하고 적장자 1인을 재량으로 박사 등 관직에 임명하여 제사 받드는 일을 관장하게 했다. 이에 지부(知府)인 장근(張芹)이 아뢰어 주서(朱墅)를 문공의 11대 적파손(嫡派孫)으로 지키고, 차자인 야(埜)의 후손을 무원에 머물게 하여 재량으로 음록(蔭錄)을 내리고 제사 받드는 일을 주관하게 하였다."[23] 무원을 곡부와 동등하게 하고 건안을 절강(浙江)의 구주(衢州: 南孔府)와 동등하게 하였다. 무원의 주희의 후예는 퀼리의 공자 의례에 준하

---

21 명 대선(戴銑)의 「우숭유선사사소(優崇儒先祠嗣疏)」,『무원현지』권64.

22 「주자세가」,『무원현지』권18.

23 위와 같음.

여 적장자 1인을 박사관에 임명하여 제사 지내는 일을 주관하게 하였다. 세종(世宗) 주후총(朱厚熜) 가정 2년(1523)에 조칙으로 주희의 11세손 주서 (朱墅)부터 시작하여 "한림원오경박사(翰林院五經博士)에 임명하여 …… 대대로 음록이 끊어지지 않도록 하였다."[24] 가정(嘉靖) 15년(1531) 조칙으로 "주자의 부친을 계성사(啓聖祠)에 종사하게" 하였다. 명조 말년인 의종(毅宗) 주유검(朱由檢) 숭정(崇禎) 15년(1642)에 조칙을 내렸다. "선유인 주자를 선현으로 칭하고 한당 제유의 윗자리에 둔다."[25] 이에 『무원현지』를 엮을 때 원 사람이 수찬한 『송사』의 체례를 확 바꾸어 주희를 「열전」에서 「세가」로 끌어올려 공자 및 왕자(王者)와 함께 나란히 열거했다.

청대에는 성조(聖祖) 현엽(玄燁)이 전통적인 공맹의 도와 이미 비판을 당한 적이 있는 정주의 도학을 이용하여 그 의식 형태의 통치 역량과 통치 질서의 안정을 강화하여 공자에게 "만세사표(萬世師表)"라는 편액을 걸어 주었다. 아울러 태학사(大學士) 웅석리(熊錫履)와 이광지(李光地) 등에게 명하여 『주자전서(朱子全書)』를 편집하게 하고 아울러 직접 「서」를 지었다. "주부자가 집대성함에 이르러 천백 년간 전하여지지 않았던 학문이 실마리를 찾았고 어리석음을 깨우쳐 억만세에 일정한 규범을 세워주었다. 이치를 궁구하여 앎에 이르고 자기의 몸에 되돌려 실천을 하였다. 『대학』을 해석하여 차제가 있도록 하였으며 치지에서 평천하까지, 명덕에서 지선까지 후인을 개발시켜주고 앞으로 올 사람을 가르쳐주지 않음이 없었다."[26] 현엽은 성인이 다시 일어난다고 하더라도 주희를 능가할 수는 없을 것이라고 생각하였다. 송유는 공맹의 전하여지지 않은 학문을 이었으며 주희는 그것을 집대성하였다. 그는 "천백 년간 전하여지지 않았던 학

24 「직관(職官) 2」, 『명사』 권73. 또 「세종기(世宗紀)」, 『명사』 권17.

25 「주자세가」, 『무원현지』 권18.

26 「주자전서서(朱子全書序)」(康熙 52년 癸巳年 여름 6월에 삼가 씀).

문의 실마리를 이었을" 뿐만 아니라 "억만세에 일정한 규범을 세워주었다." "이를 살펴보면 공맹의 후로 사문에 도움이 있다고 할 만할 것이니 그곳이 크다고 할 것이다."[27]

그는 주희를 공자에 비유하였고 아울러 대신들에게 어떻게 주희를 높일까를 논의하게 하였다. 그는 말하였다. "짐이 이미 깊이 그것을 알면서도 누군가를 말하지 않았는데 주자라고 한다면 마땅히 어떻게 드러내고 높일지를 그대들은 곧 구경(九卿)과 회동하여 함께 의논하여 아뢰고 공경할지어다."[28] 강희(康熙) 황제의 창도 하에 주희를 높이는 일은 갈수록 거세졌다. "주자는 공맹 이후 첫째가는 사람이다. 주자의 도는 위로 공맹을 잇고 아래로 주(周)·정(程)을 앞질렀으니 주자는 천하의 주자이며 만세의 주자이다."[29] "무원에 주자가 있는 것은 추(鄒)에 맹자가 있는 것과 같아, 곡부에 공자가 있는 것을 이은 것이다."[30] 이어서 각지에 모두 공맹을 제사 지내는 것처럼 주자를 제사 지내게 하였으며, 사람들은 공자를 높이면 주희도 높여야 하며 주희를 높이지 않으면 공자도 높이지 않아야 한다고 생각하였다. 이에 강희 51년(1712) 유지(諭旨)로 주희의 위패를 공묘(孔廟) 동무(東廡)의 선현의 열에서 대성전(大成殿)의 "10철(哲)의 다음"으로 옮기고 선성으로 배향하여 청조(淸朝)가 선현을 표장하는 지극한 뜻을 밝혔으며, 주희의 문묘에서는 매년 춘추 두 차례씩 제전을 행하였다.

근대의 증국번(曾國藩)은 "주자의 책을 일과(日課)로 삼고" 아울러 "유문(儒門)의 정주성도(程朱性道)의 학문을 궁구하여 알렸으며"[31], 주희의 『사서

27 「청강희임진년(淸康熙 51년)승사주자주의(淸康熙壬辰年升祀朱子奏議)」, 『무원현지』 권64.

28 위와 같음.

29 청 주정매(朱廷梅)의 「중수문공묘기건위재사기(重修文公廟暨建韋齋祠記)」, 『무원현지』 권64.

30 청 조굉은(趙宏恩)의 「중수문공사기(重修文公祠記)」, 『무원현지』 권66.

31 「증문정공전집서(曾文正公全集序)」.

집주』와 『근사록(近思錄)』을 "이사(二師)"로 받들었다. 이홍장(李鴻章)은 광서 (光緒) 8년(1882)에 특별히 『무원현지』에 「서」를 쓰고 주희의 "도덕과 문장 이 천고에 환하게 빛난다"[32]라 하였다. 장지동(張之洞)도 말하였다. "송유 는 강상을 중하게 여기고 의리를 변별하였는데 주자가 그것을 집성하였 다."[33] 주희가 "장차 미래에 희망을 갖는다"고 예언한 적이 있긴 하지만 이렇게 높은 지위까지 높여질 줄은 아마 그 또한 전혀 예상 밖이었을 것 이다.

2. 관방 의식 형태

주희의 도학사상이 높여진 데는 주객 두 방면의 원인이 있었다.

1) 도술(道術: 도덕학술)이 하나로 돌아가 주희의 학문만 높이다

송대의 고도로 집중된 중앙집권 군주 전제제도의 건립은 일종의 이론 형태를 통일된 사상 무기로 삼을 필요성이 있었다. 사람들의 가치 이상과 과거 고시의 답안 표준 및 형량(衡量)의 바르고 치우침, 이단 사설과 성인 의 말의 법도가 장기적인 탐색과 이해를 거쳐 정주도학을 찾게 되었다.

북송 초에는 유·불·도의 3교가 기본적으로 당의 겸용(兼容) 병축(幷蓄) 정책을 답습하였다. 그러나 한유(韓愈)가 유학을 중흥시킨 이래 구양수(歐 陽修)의 「본론(本論)」 같은 작품이 이어서 나와 사상계에서는 불·도에 대하 여 비판적인 태도를 지녔다. 이 시기에 이미 신유학―"이학(理學)"이 잉태

---

32 「광서임오현지서(光緒壬午縣志序)」, 『무원현지』 권1.
33 「동심(同心) 제1」, 『권학편(勸學篇)』 내편.

되기는 하였지만 일종의 완정한 이론형태로서의 "이학"은 결코 출현하지 않았고 한당 이래의 경학과 유학의 지도하에 있던 예법 형정이 역대 군주 전제정권에 의해 채택되기는 하였지만 일종의 이론 사유형태로서는 또한 불·도의 정치함과 사변에는 미치지 못하였다. 그렇다 하더라도 통치자는 여전히 유·불·도 3교를 하나로 귀속시켜 하나의 학설로 겸하여 수용하고 온축하기를 바랐다.

왕안석의 변법 때는 과거 시험에 통일된 지도사상과 내용 범위를 가질 것을 주장하였다. "지금은 인재가 부족한 데다 학술도 일치되지 않아 이론이 분분한데 도덕이 통일되지 않았기 때문이다. 도덕이 통일되면 학교를 정비해야 하고 학교를 정비하려면 공거법(貢舉法)을 바꾸지 않을 수 없다."[34] 도대체 무엇을 가지고 학술이 하나로 돌아가게 하는가? "제(帝: 宋神宗)가 왕안석에게 말한 적이 있다. '지금 경을 이야기하는 사람은 사람마다 다르니 어떻게 도덕을 통일시키겠는가? 경이 지은 경을 반포하고 행하여 학자들이 하나로 돌아가도록 하라.' (熙寧) 8년에 왕안석의 『서』·『시』·『주례의(周禮義)』를 학관에 반포하였다. 이를 『삼경신의(三經新義)』라 한다."[35] 이것이 곧 『삼경신의』로 사상을 통일한 내용이며, 학교의 교본과 과거 시험의 표준 답안 그리고 답지를 평가하는 표준이 모두 『삼경신의』를 표준으로 삼았다. 이는 당시로써는 필요한 조치였으며 변법의 이론적 기초였다. 나중에 마단림(馬端臨)은 이를 이해하지 못하고 "도덕을 통일시키는 것"은 "이사(李斯)가 분서(焚書)를 건의한 것이다."[36]라 생각하였는데 이 비평은 조금 과도하다. 변법이 실패함에 따라 왕안석의 "신학"을 가지고 "도덕을 통일하는" 조령은 폐지되었다. 끝내 송은 주희의 『사서집주』를 학교의 교과

---

34 「선거지(選擧志)」, 『송사』 권155.

35 「선거지」, 『송사』 권157.

36 「선거고(選擧考) 4」, 『문헌통고(文獻通考)』.

서와 과거 시험의 표준답안으로 삼지 않았다. 그러나 이는 결코 하나의 학설로 통일시킬 필요성이 없다고 말하는 것은 아니다. 국가의 통일과 각종 모순이 심화함에 따라 통치자는 여전히 하나의 학설로 이미 파괴된 도덕 신앙과 가치 이상을 채울 필요성이 있었는데 정주이학이 이 필요성에 알맞았다.

주희는 마음에 책임의식을 품고 사상을 통일할 필요성을 자각한 적이 있다. "오늘날 경의 뜻을 공부하는 사람들은 경문은 전혀 돌아보지 않고, 스스로 주장을 세우는 데만 힘쓸 뿐이어서 마음이 조금이라도 담대해지면 감히 신기하고 괴상한 이론을 만들어내려고 한다. 시관(試官)이 이런 제목을 명하자마자 이미 괴상한 이론을 세우려고만 한다. 제목을 내놓으면서도 경문에 근거를 두고 글의 편단을 구성하려 하지 않고, 모두 단장취의하면서 억지로 갖다 붙이니 이것이 무슨 의리란 말인가? …… 드디어 후학들이 경의 뜻을 등지고 신기한 것만을 다투면서 주관하는 관리[主司]의 뜻에나 영합하려는 마음에 부박한 것을 경쟁적으로 기르도록 할 뿐이었으니 결국 어떻게 할 것인지 근심스럽고 근심스럽다! 왕개보의 『삼경의』는 본래 성인의 뜻은 아니지만 오히려 배우는 이들이 통일할 필요성을 알도록 만들었다."[37] 그는 후생들이 경을 어기고 의를 위배하여 자의적으로 기이한 설을 만든다고 비판하였다. 이런 의의에서 말하면 신종이 왕안석에게 『삼경신의』를 만들게 한 뜻은 좋다. 다만 왕안석의 학문이 바르지 않아 신종의 뜻을 발명할 수 없었던 것이 안타깝다. 왕안석의 『삼경신의』와 『자설(字說)』은 천하의 학자들로 하여금 위아래로 근거하여 지켜 감히 헛소리를 하지 않게끔 할 수가 없었다. "나는 늘 말하길 제목을 가지고 이해를 하려고 해서는 안 된다고 하였는데, 이것은 모두 도술이

---

37 『주자어류(朱子語類)』 권109.

통일되지 못해서 이렇게 된 것이다."[38] 왕 씨의 학설이 비판을 받은 후로부터 주희는 세상에 있을 때 또한 "도술이 일치하지 않는" 상황을 당면하고 "통일의 중요성"을 알았다.

송 말기에서 원에 이르기까지 주희의 도학 이론의 가치는 점차 사람들에게 중시되었다. 원조에서 과거로 사를 취할 때는 흠정(欽定)『사서집주』를 시험의 내용과 표준답안으로 삼았다. 명초의 주원장과 주체(朱棣: 永樂帝 成祖)는 모두 이학을 창도하였다. 주원장은 천하에 학교를 세우고 주희의 『사서집주』와 『오경』을 명제로 사에게 시험을 치르도록 하는 조령을 내렸다. "나중에 과거의 정식(定式)을 반포하였는데 초장에는 『사서』의 뜻 3도(道)와 경의(經義) 4도를 가지고 시험을 쳤다. 『사서』는 주자의 『집주』를 주로 하였고, 『역』은 『정전(程傳)』과 주자의 『본의(本義)』를 주로 하였으며, 『서』는 채 씨(蔡氏)의 『전』 및 옛 주소(注疏)를 주로 하였다. 『시』는 주자의 『집전』을 주로 하였으며, 『춘추』는 좌씨(左氏)와 공양(公羊)·곡량(穀梁)의 3전 및 호안국(胡安國)과 장흡(張洽)의 『전』을 주로 하였고, 『예기』는 옛 주소를 주로 하였다."[39] 과거의 필독서와 시제의 범위 및 표준으로 삼았다. 주체는 호광(胡廣) 등에게 칙령으로 『오경대전』, 『사서대전』, 『성리대전』을 찬수하여 송원이학의 제유의 설을 모으게 했다. 설선(薛瑄)은 말하였다. "『사서집주』와 『장구(章句)』, 『혹문(或問)』은 모두 주자가 여러 현인이 의론을 말한 것을 모아서 의리의 권형으로 절충하여 지극히 넓고 지극히 크며, 지극히 정밀하여 앞선 성현의 마음을 발휘하여 거의 빠진 것이 없게 하였다. 학자들은 다만 주자의 정밀한 생각에 의거하여 숙독하여 순서에 따라 차츰차츰 나아가야 했다."[40] "명 초에는 제유가 모두 주자 문인의 지

---

38 위와 같음.
39 「선거 2」, 『명사』 권70.
40 『독서록(讀書錄)』 권1.

류와 말류로 …… 선유의 정전을 지켜 감히 틀린 것을 고치지 않았다."[41] 주자학은 마침내 확고부동하게 되었으며『사서집주』는 법전화되었다.

정주도학이 "통일된 학술", "통일된 도덕"의 이론형태가 된 까닭은 정주가 요·순·우·탕·문·무·주공·공·맹의 도를 집대성했기 때문이다. "정 씨의 도는 주 씨에 이르러 비로소 밝아졌으며, 주 씨의 도는 금 씨(金氏, 履祥)와 허 씨(許氏, 衡)에 이르러 더욱 높이 쓰였다. 백 년 이래 학자들은 종사로 여기는 방향이 있어 이설로 옮겨감이 없게 되어 도술은 반드시 하나에서 나왔으니 이 도에 공을 세웠다고 할 만하겠다."[42] 정주도학은 이미 관방의 의식형태가 되어 명 중엽에 왕양명(王陽明)의 심학(心學)이 유전되기도 하였지만 주학의 정통적인 지위를 흔들지 못하여 "왕수인(王守仁) 만년에 조야에서는 더욱 은밀히 주를 정학(正學)으로 높였다."[43] 이로써 왕양명이『주자만년정론(朱子晚年定論)』을 고심하여 지은 까닭을 엿볼 수 있는데, 주자학을 빌려와서 자기가 "정학"이라 증명하였다.

청대가 끝날 때까지 송명이학이 관방 의식형태로 받들어진 데는 두 가지 원인이 있었다. 첫째는 유가의 도통과 도통의 심결이 있으며, 둘째는 다스리는 데 도움이 되었기 때문이다. 도통방면에서 말하면 주희가 창립한 신유학—이학은 그 사변적이고 정치한 이론형태로 거칠고 소략하며 천박한 천명론을 대체하여 유가의 저작을 경전화하여 유가사상이 진정코 "독존"의 지위를 얻게 하고, 공자가 절대권위와 형량시비의 표준이 되게 하였기 때문이다. 고염무(顧炎武)는 말하였다. "국가에서는 경술로 사를 뽑았는데『오경』과『사서』·『이십일사(二十一史)』·『통감』·『성리』등 여러 책 외에는 학궁(學宮)에 열거하지 않았으며, 경서의 전주(傳注)는 또한 송유

41 「유림전(儒林傳)」,『명사』권282.
42 「의원유림전(擬元儒林傳)」,『왕문충공집(王文忠公集)』권11.
43 「유림전」,『명사』권282.

가 편정한 것을 표준으로 삼았다. 이는 곧 옛사람이 백가를 물리치고 공씨만을 높인 뜻이다."⁴⁴ 이학을 표지로 하는 유학의 독존적인 지위가 절대적으로 확립되었으며, 기타 사상은 모두 이단의 사설로 경을 떠나고 도를 배반한 것으로 간주하였다. 당연히 공자의 절대권위를 수립한 것은 바로 주희와 이학의 절대권위를 세우기 위함이었다. "정주의 말은 또한『육경』·『논어』·『맹자』의 말이다."⁴⁵ "대체로 주자가 탄생하고 5백여 년에 이르러 그 도가 비로소 크게 드러났다. …… 공자의 대체를 갖출 수 있었던 사람은 단연 공(公) 한 사람을 받들 뿐이다. 대체로 공의 궁리치지는 공자의 문을 넓힌 것이다. 공의 주경(主敬)과 존성(存誠)은 공자의 예를 요약한 것이다. 공의 반궁실천(反躬實踐)은 공자의 하학(下學)이다. 공이 일생 동안 부지런하고 분주하게 주석을 달고 고정하여 편차한 책은 수만 권에 부족하지 않으며 스스로 한 권의 책도 지은 적이 없는 것은 공자의 술이부작(述而不作)과 같다. 아아! 풍성하도다!"⁴⁶ 주희는 곧 성인이 되었다.

통치 방면에서 말하면, 송 이종(理宗)은 말하였다. "짐이 스스로 학문을 함에 연원이 환히 드러났으며 (주자의) 유편(遺編)을 여러 번 되풀이하여 읽은 적이 있는데 다스림에 도움이 됨을 알았다."⁴⁷ 원대에 이르러『송사』를 편수하면서 이렇게 생각하였다. "후세의 군주가 천덕과 왕도의 다스림을 회복하고자 한다면 반드시 여기서 법도를 취하여야 할 것이다."⁴⁸ 왕도의 다스림을 회복하고자 하는 사람이 취할 법으로 다스림에 도움이 됨에 의심의 여지가 없을 것이다. 강희(康熙) 황제는 명확하게 주자의 책

---

44 『일지록(日知錄)』권18에서 인용.
45 명 정국빈(鄭國賓)의「중수문공궐리기(重修文公闕里記)」,『무원현지』권66.
46 청 조굉은(趙宏恩)의「중수문공사기」,『무원현지』권66.
47 「송이종보경삼년정월증태사추봉신국공제(宋理宗寶慶三年正月贈太師追封信國公制)」,『무원현지』권64.
48 「도학전」,『송사』권427.

을 모은 목적을 표명하였다. "짐이 일생동안 배운 것은 천하를 다스리는 것으로 서생이 앉아서 쉽게 입론하는 것을 보는 것이 아니었다. 지금 주자의 책을 모음에 후세에서 주자의 책을 빌려 스스로 이름을 붙일까 하여 짐은 삼가 전술하되 창작을 하지 않는다."[49] 이는 곧 이학이 정치권력과 서로 결합하여, 특히 문명이 낙후된 민족이 문명이 앞선 민족을 이긴 후에 문명이 앞선 민족이 본래 이미 비판을 당하였던 관방 의식형태를 다시 공고히 할 때 반드시 더욱 엄혹한 문화 전제주의를 채택하는 정책이다. 정주사상을 핵심으로 하는 송명이학의 추진을 강제하면서 그 배타성과 독재성·독존성이 더욱 강렬하여져 "이가 사람을 죽일 수 있다"는 정도에 이르렀음을 말한다.

2) 삼강을 강화하여 세교를 유지하다

삼강오상은 역대 통치자에 의해 제창되었으며 또한 주희 사상의 중요 내용이기도 하다. 삼강오상은 종법사회를 유지하는 주요 사슬로 부위자강과 부위부강은 바로 부자·부부를 중심으로 하는 종족 관계이며, 그것은 혈연관계를 기초로 하여 건립된 등급 관계이다. 군위신강은 부자를 중심으로 하는 종법 관계의 연속과 확대이다. 이렇게 하면 군신·부자·부부 등급 관계를 주축으로 하고 종법 관계를 기초로 하는 정치제도를 구성하여 전국과 전체 인민을 종법 가족관계의 그물에 집어넣어 사회의 주요특징이 된다.

주희는 종법 가족제도를 공고히 하기 위하여 『고금가제례(古今家祭禮)』와 『가례(家禮)』 등의 책을 편찬하였을 뿐만 아니라 아울러 「걸반강예서장

---

49 「주자전서서(朱子全書序)」, 강희 52년(1713) 계사년 여름 8월에 삼가 씀.

(乞頒降禮書狀)」와 「걸증수예서장(乞增修禮書狀)」·「신엄혼례장(申嚴婚禮狀)」 등 등을 짓고 송 왕조가 제정한 『정화오례신의(政和五禮新儀)』를 반포할 것을 요청하기도 했다. 그는 가례가 폐기된 것을 탄식하였다. "아아! 예가 폐기된 지 오래되었다. 사대부가 어려서부터 몸에서 익히지 못했기 때문에 장성해도 집에서 행하여지지 못한다. 장성해서 집에서 행하여지지 못하기 때문에 벼슬에 나아가 조정에서 논의하거나 군현에서 시행할 수 없고, 물러나도 향리에서 가르칠 것이 없고, 자손에게 전해도 혹 그 직분이 닦이지 않았음을 모른다."[50] 예제를 회복하고 정돈하여 모든 사람이 따라 행하는 데 편하게 해야 한다고 주장하였다. 왜 가례를 행하려고 하는가? 그는 말하였다. "대개 사람이 태어남에 조상이 없을 수 없다. 그러므로 근본에 보답하고 처음으로 돌아가려는 마음은 혈기를 가진 이라면 없을 수 없는 것이다. 옛 성왕들은 없을 수 없는 것(마음)을 따라 전례를 제정하였는데 그 정성을 다하고 그 은혜와 사랑을 독실하게 하였으며 의리가 있고 예수(禮數)가 있었으며 본말이 상세하였다."[51] 진(秦)의 분서갱유 때 예가 가장 먼저 파괴되었으며 한유(漢儒)가 조금씩 더 이어 붙였는데 남은 것이라곤 겨우 하나둘뿐이었다. 예는 근본에 보답하고 처음으로 돌아가는 것으로, 인륜도덕이 반드시 갖추어야 할 것이며, 주희는 송 왕조의 정치권력을 통하여 가례가 반포되기를 희망했다.

삼강오상은 종법 가족제도와 통치를 공고히 하기 위한 중요한 수단으로 원 인종(仁宗) 아유르바르바다는 "유자는 숭상할 만하니 삼강오상의 도를 유지할 수 있기 때문이다."[52]라 이해한 적이 있다. 강희제 현엽은 말하였다. "자양(紫陽)의 주자가 특히 일어나 진작시켰다. …… 중니의 세교를

---

50 「발삼가예범(跋三家禮範)」, 『주희집』 권83, 4284쪽.
51 「발고금가제례(跋古今家祭禮)〉, 『주희집』 권81, 4169쪽.
52 「곡부공묘비문(曲阜孔廟碑文)」.

유지하는 고충을 조술하고 아울러 수천 년 이래 잠자코 계합하는 데 잠심할 수 있었으니 이는 짐이 옛 학문을 돈독히 높이고 백성을 새롭게 하는 지극한 뜻이다."[53] 군주의 권력이 곧 가장의 권력의 확대이므로 종법 가족제도를 통하여 더욱 공고히 하여 둘이 서로 결합하면 위에서 아래로 내려가는 등급 질서가 구성된다. 청 건가(乾嘉: 乾隆·嘉慶) 연간에 정요전(程瑤田)은 「항주횡당호씨족보서(杭州橫塘胡氏族譜叙)」에서 말하였다. "종법에는 백 세가 되도록 바뀌지 않는 종(宗)이 있고 오 세면 바뀌는 종이 있다. 다른 조상에게서 나온 것을 종통으로 잇는 것은 백 세가 되도록 바뀌지 않는 것이다. 고조를 종통으로 하여 잇는 것은 오 세면 바뀌는 것이다. 그 족인들은 매번 서로 말하기를 우리 가문은 모세 모년을 모조라 하여 아무개로부터 와서 여기에 있게 되었다고 한다. 『예기』에서는 별자(別子)는 조(祖)가 된다고 하였다. 지금까지 전하여지면 무릇 약간의 세가 될 것이다. 적자끼리 종자(宗子)로 서로 잇는데 이를 일러 대종(大宗)이라 한다. 대종은 높여 통괄하여 겨레를 거두는 것이다."[54] 한 대종이 1향(鄕)에 있고, 한 촌(村)에 겨레가 모여 살면서 1향과 1촌의 등급통치를 구성한다. 대종은 소종(小宗)들을 거느리고 소종들은 각기 군제(群第)를 거느리고 서로 효제(孝弟)를 면려한다. 종법제 가족전통 제도는 군주 전제제도의 명운과 이어진다. 이 때문에 주희의 이학이 관방 의식형태가 되는 것은 인연이 없는 것이 아니다.

3) 예교를 강화하여 이(理)로 사람을 죽이다

주희 도학의 정치 기능은 군주제에 합리성을 논증해주기 위한 것이다. 천리와 인욕의 변(辯)에서 볼 때 원의 통치자는 주희의 천리와 인욕이 충

---

53 「자치통감강목전서어제서(資治通鑑綱目全書御制序)」, 『무원현지』 권64..
54 「종법소기(宗法小紀)」, 『통예록(通藝錄)』.

돌하고 융합하며, 상대적으로 통일하는 관계에서 서로 충돌하는 방면을 돌출시켜 "천리와 인욕을 병립하는 것을 용납지 않는" 방면을 강화하고 "인욕을 완전히 혁신하고", "천리를 완전히 회복하는" 것을 힘껏 선양하여 모든 정사(正邪)와 시비·미추(美醜)·선악·공사·의리 등 도덕규범을 몽땅 천리와 인욕의 관계 속으로 집어넣었다. 천리는 곧 천경지의(天經地義)로 신성불가침적인 것이며, 인욕은 곧 대역부도(大逆不道)로 완전히 혁신하여 멸절시켜야 할 것이다. 심지어 "존천리, 멸인욕"을 정치의 전제와 문화의 전제를 강화하기 위한 도구로 삼아 인성과 개성을 압살하였다.

종법사회에서 "존천리, 멸인욕"은 사회의 재화(災禍)를 조성하였는데, 첫째가 대대적으로 문자옥을 일으킨 것이다. 군주 전제통치를 강화하고 모든 불만을 일소하기 위해 통치자의 통치와 관방 의식형태의 의식과 언론을 반대하면 "인욕"이라 할 수 있어서, "인욕"의 범위가 확대되었다. 그들은 책 한 권·시 한 수·문장 한 편, 심지어 글자 한 자에까지 죄명을 짜 넣었다. 오죽하면 이단의 사상을 가진 사람을 참살하고 연좌되어 얽힌 사람이 수백 수천 명에게까지 이르렀음이겠는가! 바로 자칭 "짐은 언어와 문자를 하지 않는 것에서 죄인"인 건륭기에 오히려 문자옥을 가장 많이 만들었다. 유진우(劉震宇)의 "치평신책안(治平新策案)" 같은 것이다. 강서(江西) 무주(撫州) 금계현(金溪縣)의 생원 유진우는 자신이 지은 만세토록 이치를 돕는 『치평신책』 1권을 호남순무(湖南巡撫) 범시수(范時綏)에게 바쳤다. 건륭 18년(1753) 홍력(弘曆)은 비답을 내렸다. "함부로 국가의 제도를 헐뜯었고 마음에 실로 패역이 자리 잡고 있다." 그 즉시 참형에 처하였다.[55] 마음에 반역이 자리 잡은 것을 인욕이라 여기고 이단이라 여기고 대역무도한 것이라 여겨 죽임을 당했다.

55 『청대문자옥당(淸代文字獄檔)』 제1집, 북평고궁박물원문헌관(北平故宮博物院文獻館) 편, 민국 29년(1931) 5월 국립북평연구원 출판.

채현(蔡顯)의 "한어·한한록안(閑漁·閑閑錄案)" 같은 것도 있다. 채현은 강소(江蘇) 화정현(華亭縣) 사람으로 옹정(雍正) 때의 거인(擧人)이며, 『한한록』을 지었다. 그 가운데 "비바람은 좋아하는 것을 따르고, 남북은 어둑하여 분간하기 어렵네(風雨從所好, 南北杳難分)" 및 벗인 승려[袈裟] 소조(小照)에게 지어준 시에 "조장국에 교화 행하지 마라, 풍우는 용왕이 진노하려는 것(莫敎行化鳥場國, 風雨龍王欲怒嗔)" 등의 구절이 있었다. 건륭 홍력에 의해 마음속에 그 말을 숨기고 기꺼이 악한 역도와 무리를 지었다고 판단되어 능지처참형을 당하고 가속은 공신의 가노로 적몰되었다.[56] 이 두 가지 일 또한 정통 어용문인인 소여(蘇輿)에 의해 "사특(邪慝)"[57]하다고 지목된 것이다. 『청대문자옥당』은 1책 8집(輯)으로 65안(案)을 수록하였다. 훼손을 당한 책은 헤아릴 길이 없다. 근인 천나이치엔(陳乃乾)의 『분서총록(焚書總錄)』에는 전체가 훼손된 서목이 2,453종, 뽑혀서 훼손된 서목이 420종, 깎여서 훼손된 서판(書板)의 목록이 50종, 깎여나간 석각의 목록이 24종으로 총계 약 3천 종이 수록되어 있다. 이는 통치자가 이학의 멸인욕을 이용하여 사람을 죽이고 책을 훼손한 나쁜 결과이다.

둘째, 대대적으로 삼강오상을 천리라고 창도하여 삼강오상을 위배하면 인욕으로, "굶어죽는 것은 작은 일이고 절개를 잃는 것은 지극히 크다"는 설교를 추진하였다. 예교(禮敎)에서 해를 가장 많이 그리고 가장 심하게 당한 사람은 부녀자였다. 주희의 조적(祖籍: 원적 또는 관향)은 원래 안휘(安徽)로 『휴령현지(休寧縣志)』에 의하면 명대의 절부(節婦)와 열부(烈婦)는 4백여 명이었다. 청 도광(道光) 연간의 여자로 "불행히 남편이 죽고 따라

---

56 『청대문자옥당』제2집, 위와 같음.

57 소여는 「익교총편서(翼敎叢編序)」에서 말하였다. "건륭 조에 유진우가 지은 책에서 의복제도를 바꾸고 채현 등이 지은 책의 글에서 원망하고 비방하여 모두 바로잡아 형법으로 밝혔다. 황령(皇靈)의 위엄이 혁혁하여 멀리서 가까이서 두려워 떨고 사특함이 일어나지 않아 성학이 더욱 창성하였다."(『翼敎叢編』光緖 24년 武昌 중각본)

죽거나 목을 맨 자, 칼로 죽거나 모여 살고, 곡기를 끊은 자가 자주 보였다."[58] "처자의 몸으로 자살을 하여 끝내 시집을 가지 않고 생을 마친"[59] 자가 2천여 명에 달하였다.[60] 주희의 고리(故里)인 강서 무원에는 절열(節烈)·절부·절효 등의 패방(牌坊)이 107곳 있다. 현성(縣城)에는 도광 18년에 세운 "효정절열총방(孝貞節烈總坊)"이 있는데, 송 이래의 절열·절부·절효가 2,656명에 달하며 광서 4년(1878)에 이르러서는 7천 1백여 명에 이른다고 기록되어 있다.[61]

주희가 장기간 활동한 복건 민남(閩南) 일대에서는 영향이 더욱 깊다. 부녀자들은 외출을 할 때 화건(花巾)으로 얼굴을 가려야 했는데 "문공두(文公兜)"라고 하였다. 부녀자가 신는 연혜(蓮鞋)의 바닥에는 나무를 덧대어 걸을 때 소리가 나도록 했는데 "목두극(木頭屐)"[62]이라고 했다. "관혼상제는 문공의 가례를 따라야 했으며"[63], "민간의 관혼상제에는 주자의 가례를 많이 준비해놓고 문질(文質)이 때로 변하여도 어기는 자가 없었다."[64] 첫째 부녀자에 대한 제한과 기시(歧視: 불평등)이다. 둘째는 결혼과 상제(喪祭) 때 모두 엄격하게 주희의 가례를 따라 일을 처리하여 백성의 소질을 높이는 것이다. 셋째는 "천주의 풍속에서 길흉의 의절은 거의 주자의 가례를 따르고",[65] "제전(祭奠)에는 주문공의 예를 썼다."[66] 주희의 예교가 민간으로 깊이 들어가 향리에서 봉행되어 민남 일대의 백성들은 감히 "하

---

58 『휴령현지(休寧縣志)』권1.

59 위와 같음.

60 위와 같음, 권16.

61 『중수무원현지(重修婺源縣志)』권50.

62 「풍속지(風俗志)」, 『복건통지(福建通志)』권21.

63 「풍속」, 『오부리지고(五夫里志稿)』권2.

64 「풍속」, 『동안현지(同安縣志)』권4.

65 「풍속」, 『숭안현지(崇安縣志)』권9.

66 「풍속」, 『천주부지(泉州府志)』권20.

늘을 거슬러 이치를 어기고", "법을 범하고 어기지" 않고 "예를 지키고
의를 돈독히 함이 여항에 넘치는" 고을이 되도록 하였다. "동안(同安)에는
주자가 주부가 된 이래 성현의 심신의 학문을 가지고 사(士)들을 열어주
어 …… 예의가 널리 행하여졌고 습속이 순박하고 돈후해졌으며"[67], 천주
(泉州)는 "바닷가의 추로(海濱鄒魯)"[68]로 기려졌다. 바로 이 "존천리, 거인욕"
의 "예의의 나라"에서 예교는 여전히 잔혹하게 부녀자의 심신을 집어삼
키고 있다. 『복건통지(福建通志)』의 기록에 의하면 민남 20개 현의 불완전
한 통계로 명·청 양조의 미혼처로 수절하고 망부를 위해 순절한 사람이
명대에는 307명이고, 청대에는 632명이다. 그중 주희의 영향을 가장 깊
이 받은 동안과 진강(晉江)·우계(尤溪) 세 현은 명대에는 201명을 차지했
고 청대에는 458명을 차지했다. 진강 성곽의 정표와 정절의 비방(碑坊)은
눈길이 닿는 곳이면 어디든지 있는데 어떤 곳은 두 비방 사이가 겨우 3척
(尺)밖에 되지 않는다.[69]

　대진은 "이(理)에서 나오지 않으면 욕(欲)에서 나오고 욕에서 나오지 않
으면 이에서 나온다"라는 말에 대답할 때 말하였다. "사람이 법으로 죽
어도 오히려 불쌍한 자가 있는데 이(理)로 죽으면 그 누가 불쌍해하겠는
가?"[70] 대 씨는 "이라는 것은 혹리가 말하는 법이라는 것과 같다. 혹리는
법으로 사람을 죽이고 후세의 유자는 이로 사람을 죽여 차츰차츰 법을
버리고 이를 논하니 죽어도 더 이상 구원할 수 없다."[71]라 생각하였다. 혹
리는 법으로 사람을 죽이고 후세의 유자는 이로 사람을 죽였다. 후세 유

67　「풍속」, 『동안현지』 권4.

68　「풍속」, 『진강현지(晉江縣志)』 권10.

69　뤄창페이(羅常培)의 「주희가 민남의 풍속에 끼친 영향(朱熹對于閩南風俗之影響)」, 국립 중산
　　　대학(中山大學) 어력소주간(語歷所周刊) 1권 4기를 참고하여 보라.

70　「이(理)」, 『맹자자의소증(孟子字義疏證)』 권 상, 중화서국 1961년판, 10쪽.

71　「여모서(與某書)」, 『대동원집(戴東原集)』 권9.

자의 이는 혹리의 법과 같아 이가 적법한 살인의 기능을 가지게 되었는데 이는 이가 권력과 서로 결합함으로써 말미암은 나쁜 결과이다. 이 의의에서 말하면 어찌 이가 사람을 죽이는 데 그칠 것이며 마음과 기(氣) 또한 사람을 죽일 수 있을 것이다.[72]

3. 조선과 일본의 관학

주희의 사상은 원 이후 관방 의식형태가 되었으며, 이후 한국과 일본·베트남 등의 나라로 전파되어 또한 점차 관방 의식형태가 되어 국가의 이론사유의 발전을 촉진시켰다.

1) 조선 이조(李朝)의 관방 철학

한국 역사에서 고려 말의 안향(安珦, 1243~1306)은 최초로 정주도학을 끌어들인 학자이다. 그는 국자사업(國子司業)과 유학제거(儒學提擧), 집현전대학사 등의 관직을 역임하였으며 고려 충선왕(忠宣王)을 따라 원조에 사행하면서 정주도학을 알게 되었다. 충렬왕(忠烈王) 15년(1289) 안향은 충렬왕을 따라 원의 대도에 이르렀는데, 신간 『주자전서』를 얻었다. 다음 해에 귀국하여 주자학을 전하여 들이고[73] 아울러 국자감에서 정주도학을 강

---

72 안원(顔元)은 정주이학이 사람을 죽이고, 육왕심학(陸王心學)도 사람을 죽일 수 있다고 생각하였다. "과연 왕학(王學)이 그치고 주학만 행하여진다면 사람을 죽이지 않겠는가! 과연 주학이 그치고 왕학만 행하여진다면 사람을 죽이지 않겠는가!"(「閱張氏王學質疑評」), 『習齋記餘』 권6, 『顔元集』 중화서국 1987년판, 494쪽).

73 김충렬(金忠烈)의 『고려유학사상사(高麗儒學思想史)』, 타이베이 동대도서공사(東大圖書公司) 1992년판, 273~274쪽을 보라.

학하여 주자학을 공자사상의 정수라고 하였다. 백이정(白頤正, 1260~1340)은 정주의 학문을 배워서 터득한 다음 고려로 돌아왔다. "정주의 학문이 비로소 중국에 행하여지고 아직 동방에는 미치지 못하였는데 이정은 원에서 그것을 배워 터득하여 동쪽으로 돌아왔다."[74] 그는 원의 대도에 10여 년간 있으면서 대량의 정주의 책을 가지고 귀국하였으며 아울러 이를 이제현(李齊賢)과 박충좌(朴忠佐) 등에게 전수하여 정주의 학문이 유전되게 하였다. 권부(權溥, 1262~1346)는 안향의 제자라고 하는데, 조선 초 성리학의 대가인 권근(權近)의 조부이자 이제현의 장인이다. 그는 1302~1309년에 두 번 원으로 가 주자학을 중시하였다. 『주자사서집주본』을 간행하여 성리학을 보급하고 『주자사서집주본』을 과거시험의 교본으로 삼을 것을 건의하였는데 이는 고려의 유학이 주자학을 처음 도입한 것이다.

우탁(禹倬, 1263~1342)은 경사(經史)에 정통하였으며, 역학을 깊이 연구하였다. "(『주역』) 『정전(程傳)』이 처음 들어왔을 때 동방에는 아는 자가 없었는데, 우탁이 문을 닫고 몇 개월을 연구한 끝에 드디어 풀었다. 교수와 생도들이 이학을 공부하였다."[75] 그는 정주의 역학을 연구하고 교수하여 이론적 사변을 성리학에 전수하였다. 이색(李穡, 1328~1396)은 이제현의 문인으로 여러 차례 원으로 가서 중국의 저명한 학자들과 광범위하게 교유를 맺었으며 성균관 대사성에 임명되어 주자학을 가르친 적이 있다. "정주의 성리학이 비로소 흥기되게 하였다."[76] 정몽주(鄭夢周, 1337~1392)는 국학에서 성리성(性理性)을 교수하였다. 이색은 그를 일컬어 "동방 이학의 조종이다"[77]라 하였다. 정주의 학문을 행하는 데 남김없이 힘을 쏟았다. 정

---

74 『동국통감(東國通鑑)』, 충숙왕(忠肅王) 원년 춘 정월 조.

75 『고려사(高麗史)』 「열전」 권22, 우탁(禹倬) 조.

76 『고려사』 「열전」 권28, 이색(李穡) 조.

77 『고려사』 「열전」 권30, 정몽주(鄭夢周) 조.

도전(鄭道傳, 1342~1398)은 조선 왕조의 개국 공신으로 그는 공맹과 정주의 도를 창명하여 고려 오백 년래 국교의 지위를 누려온 불교사상을 이단으로 배척하고 사학을 그치고 천리를 밝혔으며 인심을 바로잡았다. 그 문인인 권근(權近, 1352~1409)은 정도전의 학문을 이었는데, 두 사람은 이조 초기에 조선의 주자학에서 쌍벽을 이루었다. 권근은 조선의 주자학을 탐구하고 발전시켜 성리학이 전하여 들어온 지 백 년래 만에 이론 탐구의 집대성자가 되었다.

이전의 학자들이 여전히 유·불을 겸하여 존숭하였다고 한다면 성리가 전하여 들어온 후에는 점차 유·불이 상대적으로 나뉘어져 불교에 대하여 비판적 입장을 지녔지만 성리학 자체는 아직 분파가 이루어지지 않았다. 성리학에 대한 해석이 깊어지고 성리학이 현실적인 인간 문제를 처리하는 것이 다름에 따라 점차 이기관과 성정관(性情觀)·가치관(價値觀) 및 역사관에의 분기가 출현하였고 다른 학파를 형성하게 되었는데 대체로 네 계열로 나눌 수 있다. 곧 주리파와 주기파, 절충파와 실학파이다.

고려 말에 전래된 정주성리학(性理學으로 약칭)은 유학의 발전을 새로운 단계로 매진시켰다. 이는 유학이 조선의 현실과 서로 결합하여 국가의 지도사상의 이념적 기초가 되어 조선조의 전장제도와 윤리도덕·가치관념·심리구조와 생활방식에 영향을 끼쳤다.

성리학은 일반적으로 한·당 이래 훈고사장(訓詁詞章)의 학문과 구별되는 송의 "성명의리(性命義理)"의 학문을 가리키며, 줄여서 성리학이라고 한다. 유승국(柳承國) 교수는 "성리학은 송대에 성립되었으며, 또한 송학·도학·이학·정주학·주자학 등으로도 일컬어진다. 종래의 유학이 말한 '수신·제가·치국·평천하'는 실천적이고 윤리적인 면을 중시하는데, 성리학에서는 인간 행위준칙의 원리와 근거를 더욱 중시한다. 이 때문에 다만 윤리 방면의 문제만 말하지 않고 철학적 성격을 더욱 갖추었으며,

그래서 매우 윤리적인 학문이 되었다. 한 걸음 더 나아가 성리학자들은 인간본성과 우주 형이상학인 원리를 더욱 탐구하였고, 이 때문에 다시 이기와 성정의 문제를 도출해내었다."[78]라 생각하였다.

필자는 성리학은 원전 유학에서 아직도 윤리도덕 층차에 머물고 있는 심성의 학문이라고 생각한다. 형상학 본체론의 층차에서 관조를 주어 전통 유가의 심성을 핵심으로 하는 윤리도덕학과 가치이상(社會 理想과 人格 理想을 포괄함)을 이성적인 역량을 갖춘 형상학 본체론 사유의 위에 구축하게 하였다. 심성과 본체·윤리와 천도의 연결 및 사람과 생존세계·의의세계·가능한 세계의 관계를 해석하여 유가 도덕학설이 형상성과 정체성을 띤 논증을 얻게 하였다. 전통 유학 내부의 논리적 구조와 가치 구조·도덕 구조 등은 이 조정을 거쳐 새로운 생명을 얻는다. 성리학의 탄생은 유학 내부의 일차적 창조성의 전환을 명시하고 있다. 이 전환은 이학 유학의 일대 학풍을 열어 단계적 의의를 갖추고 있으며, 동시에 전통유학을 원래 가지고 있는 형식에 형상학 본체론의 철학을 끌어들이게 하는데, 형이상의 도나 이(太極)이다. 아울러 형상학의 도(理·太極)의 높이에 서서 거듭 도덕적 심성학이나 "성명의리"의 학문 등 실천이성을 살펴보고 왕도의 다스림을 열기를 시도한다.

중국 성리학의 함축된 의미는 다음과 같다. 도체나 성리를 가리켜 자연·사회·인생 현상의 그렇게 되는 까닭의 형상학적인 본체라고 생각한다. 궁리를 정수로 하는, 곧 "이(理)를 궁구하고 성(性)을 극진히 하여 천명(天命)에 이른다"는 것으로 심성의 근거를 추구하여 천도에 합치된다. 정(靜)을 주로 하고 경에 머무는 존양공부로 천리를 보존하고 인욕을 막아 오직 정밀하고 일관되게 하여 그 중도를 실로 잡아서 수신·제가·치국·평

---

78 『한국유학사(韓國儒學史)』, 타이베이 상무인서관(商務印書館) 1989년판, 130쪽.

천하의 목적, 즉 "천지를 위하여 마음을 세우고, 백성을 위하여 명을 세우며, 옛 성인의 끊어진 학문을 이어주고, 만세에 태평함을 열어주는" 것을 자기의 임무로 삼는다. 성현이 되는 것을 인격적 이상과 궁극적인 관심으로 삼는다.

한국의 성리학은 조선조 초기의 유학이 고려 말의 실용을 특징으로 하는 전장제도와 사장의 학문을 주로 하는 한·당의 학풍을 계승하였기 때문에 이론적이고 철학 형식의 송명 성리학으로 전환되어갔다. 유승국 교수는 "한국의 성리학파 학자는 많은 문제에서 인간에 대하여 오히려 더 많은 관심을 기울였다. 이 때문에 이학을 인간 성리 문제로 보는 동시에 선악·사정(邪正)과 직접 연결된 의리 문제로 보았다. 부언하자면 한국의 성리학파는 인간 성리 문제를 탐구하는 동시에 현실적인 역사와 사회 상황 중의 행위준칙과 규범의 방면에 대하여 모두 제시하고 동시에 구비한 것이 있다."[79]라 생각했다.

필자의 생각에 한국의 성리학은 송명이학을 계승하고 흡수하는 중에 전통적인 유학의 이성과 인간윤리를 실천하는 것을 중시하는 층면에 대한 전환을 실행하였으며, 전통 유학의 이성과 인간윤리의 실천을 그렇게 되는 까닭의 이의 형상학 본체론의 층차로 끌어올리기도 했다. 그 철학 이론 사유의 형식을 부각시켜 이로 인해 실천이성과 인간윤리가 이론적 역량을 얻게 하였다. 조선조 사회와 실제적으로 결합하는 가운데 이기·성정 등의 체용·본말·발승(發乘) 등의 문제를 둘러싸고 송명이학을 발전시켰다. 또한 한국 유학의 이성과 인간윤리의 실천을 중시하는 특징을 보존하였다.

중국과 한국의 성리학은 상호 흡수하고 상호 삼투하며 각자 현실사회

---

79 위와 같음.

문제를 해결하고 치세의 도를 찾아가는 과정에서 성리학을 발전시켰다. 성리학은 현실사회 이론의 필요성에 적응하는 중에 각자 다른 면과 각도와 특징을 치중하는 것을 부각하였다. 바로 이런 이론의 발전은 적극적이고 생동적인 양방향성을 출현시켰다.

성리학의 문화정신은 내성외왕(內聖外王)의 원융(圓融)이다. 공자는 이성을 실천하는 인간성을 중시하였다. 주체적으로 내재한 도덕수양(仁)이든 도덕 율령(天)을 막론하고 모두 상호 의존적이었는데 이는 도덕실천의 순서와 귀속의 필요성이다. 맹자는 주체적인 자아의 마음에 권위를 세워주어 만물이 모두 나에게 갖추어지게 했다. 이 때문에 그 사상적 논리 결구는 곧 "그 마음을 다하는 자는 그 성을 아니, 그 성을 알면 하늘을 알게 될 것이다. 그 마음을 보존하여 그 성을 기름은 하늘을 섬기는 것이다.(盡其心者, 知其性也, 知其性, 則知天矣. 存其心, 養其性, 所以事天也)"[80]라는 것이다. 이는 곧 마음을 다함(盡心)―성을 앎(知性)―하늘을 앎(知天), 혹은 마음을 보존함(存心)―성을 기름(養性)―하늘을 섬김(事天)의 3단 논리구조이다. 비록 심(心)―성(性)―천(天)의 3단 논리 구조는 같지만 논리 구조에는 관계가 내재되어 있어 연결이 다르다. 전자는 마음을 다함(盡心)·성을 앎(知性)·하늘을 앎(知天)은 하나의 평면적이고 연속적인 하나의 일체 원융과정으로 첫째 단계의 구조에 도달할 수 있으면 둘째 단계의 구조로 나아갈 수 있어서 심(心)=성(性)=천(天)이라 표현할 수 있다.

후자의 마음을 보존함(存心)―성을 기름(養性)―하늘을 섬김(事天)은 선후의 층차·등급 층차의 함의를 내포하고 있어 곧 "존(存)은 잡고 버리지 않음을 이르고, 양(養)은 순히 하고 해치지 않음을 이른다. 사(事)는 받들고 어기지 않는 것이다."[81] 하늘(의 뜻)을 받들고 하늘을 어기지 않아 하늘

---

80 「진심장구(盡心章句) 상」, 『맹자집주』 권13.

81 위와 같음.

을 주체적으로 받들 대상물로 삼으면 하늘은 주체적인 권위의 역량에 있는 것과는 달라 심(心) → 성(性) → 천(天)으로 표현할 수 있다. 이는 하늘을 주체적인 "지(知)"의 대상으로 삼는 것과는 다르다. 주체가 그 마음(心)의 전체를 극진히 하면 주체적인 지(知)의 대상이 되는 하늘(天)은 마음을 다하는 데 포함이 된다. 그러므로 전자의 사유 경로가 육·왕(陸·王)과 서로 원융한다는 후자의 사유 경로는 정·주(程·朱)와 서로 원통(圓通)한다. 정·주와 육·왕은 공맹의 체험이 다름으로 말미암아 두 방향의 길을 열었으며 결코 하나는 직관(直貫)이고 하나는 "뒤범벅"이 되는 것이 아니다. 그 기본 문화정신은 모두 내성외왕의 원융이다.

송명시기에 이기의 선후와 이기의 동정에 대한 논쟁은 실로 형이상의 본체의 이(理: 太極)가 천지만물의 본원이 되거나 혹은 이 이론에 근거한 전제의 성립 여부의 문제와 관련되어 있다. 이퇴계(1502~1571)는 "조선의 주자"와 "동방 백세지사(百世之師)"[82]로 그가 주자학을 받아들였을 때 중국 명대의 조단(曹端)과 설선(薛瑄) 등은 스스로 동정하지 못하는 태극이나 사람을 "사리(死理)"와 "사인(死人)"이라 비판하였다. 이미 사리와 사인이라면 "만물의 근원"·"만물의 영(靈)"을 가지고 있을 수 없다. 퇴계는 이 도전에 맞서 활리(活理: 太極)를 구원하고서야 이(理)를 계속 전개하고 이가 천지만물의 본원이나 근거가 되는 이론적 전제를 거듭 새로이 확립할 수 있었다. 퇴계는 조단의 이(太極)는 스스로 동정할 수 있다는 설을 받아들였다. "태극이 동정이 있는 것은 태극이 스스로 동정하는 것이며, 천명의 유행은 천명이 스스로 유행하는 것이다. 어찌 또 그렇게 시키는 자

---

82 졸저 『퇴계철학입문(退溪哲學入門)』(한국어), 서울: 여강출판사(驪江出版社) 1990년판을 참고하여 보라. 또한 『주희와 퇴계 사상 비교 연구(朱熹與退溪思想比較研究)』, 타이베이 문진출판사(文津出版社) 1995년판. 또한 『퇴계서절요(退溪書節要)』 중국인민대학출판사 1989년판을 보라.

가 있겠는가!"[83] 동정은 태극(理)이 본래부터 가지고 있는 속성과 기능이다. 이공호(李公浩: 養中의 字)가 주희의 이는 정의(情意)가 없고 조작이 없다고, 곧 이는 스스로 동정하지 못하여 음양만물을 화생할 수 없다고 하였을 때 퇴계는 답하였다. "주자는 '이에 동정이 있기 때문에 기에 동정이 있다. 이에 동정이 없다면 기가 어떻게 스스로 동정을 가지겠는가?'라 말한 적이 있습니다. 이를 알면 이러한 의문은 없을 것입니다. 대개 정의가 없다 운운한 것은 본연의 체(體)이고, 능히 발하고 능히 낳는다는 것은 지극히 묘한 용(用)을 말한 것입니다."[84] 퇴계가 인용한 주희의 이 말의 본의는 형상학 본체의 이가 동정을 포함한 것은 동정의 기의 그렇게 되는 까닭을 말한 것이지만 그렇게 되는 이 자신은 곧 동정이 아니라는 것이다. 퇴계는 이는 스스로 동정할 수 있고 동정은 이 자신이 갖추고 있는 기능이라는 것을 천명하였다. "(주자가) '태극에 동정이 있는 것은 바로 천명이 유행하는 것이다.' 하였으니 진실로 이 말씀대로이다."[85] 이 천명 또한 태극에 동정이 있는 것은 천명이 유행하는 것이라는 뜻에 의거하여 인신된 것이다.

형이상의 "본연지체"인 이가 스스로 동정할 수 있는 근거는 정 가운데 동이 있고 동 가운데 정이 있다는 이론이다. "만약 천리로 본다면 동에 정이 없을 수 없는 것은 정에 동이 없을 수 없는 것과 같습니다. …… 다만 한 번 동하고 한 번 정하는 것이 서로 뿌리가 되고 경과 의를 양쪽으로 잡아서 중간에 끊어지는 것을 용납하지 않는 뜻을 본다면 비록 정(靜)자를 놓더라도 원래 죽은 물건이 아니어서 지극히 정한 가운데에 절로 동

---

83 「답이달이천기(答李達李天機)」, 『도산전서(陶山全書)』(1), 한국정신문화연구원 1980년판, 376쪽 하.

84 「답이공호·답목(答李公浩·答目)」, 『도산전서』(3), 185쪽 하.

85 「천명도설후서(天命圖說後叙)」, 『도산전서』(3), 233쪽 하.

의 단서가 있습니다."[86] 동과 정은 서로 연계되어 있어 한쪽만 폐할 수 없다. 정은 동이 아님이 아니며 정 가운데 동이 있기 때문에 고요하여 동하지 않는 이에 동의 단서가 있고 이 때문에 정은 결코 죽은 이가 아니라 살아있는 이이다.

이가 스스로 동정한다는 것은 주자에 대한 발전일 뿐만 아니라 또한 퇴계의 "사단칠정"의 변의 필요성이다. 퇴계는 말하였다. "대체로 이가 발함에 기가 따른다, 함은 이를 주로 하여 말한 것일 뿐 이가 기에서 벗어난다고 하는 것이 아니니 바로 사단입니다. 기가 발하여 이가 탄다, 함은 기를 주로 하여 말한 것일 뿐 기가 이에서 벗어난다고 하는 것이 아니니 바로 칠정입니다."[87] 이가 발함에 기가 따르고 기가 발함에 이가 타서 이와 기가 서로 발한다. 발한다는 것은 이미 발한 것을 가리켜 말하였으며 아직 발하지 않은 것이 아니다. 이미 발한 것은 곧 동이고 이는 스스로 움직이지 않으며 동하는 원인은 이가 아닌 것 외에 이가 다만 스스로 동할 뿐이다. "사단은 이가 발하여 기가 따르고, 칠정은 기가 발하여 이가 타는 것입니다. 이로 기가 따르지 않으면 나올 수가 없고, 기인데 이가 타지 않으면 이욕에 빠져서 금수가 되는 것이니, 이것은 바뀔 수 없는 확고한 이치입니다."[88] 이가 발하였는데 기가 따르지 않거나 기가 발하였는데 이가 타지 않는 것은 모두 일종의 병폐다. 같은 이인데 이가 발함이 없거나 기가 발함이 없으면 또한 기가 따르고 이가 탐이 없으며 또한 이루어지지 못하고 이욕에 빠지게 된다.[89]

86 「정재기(靜齋記)」, 『도산전서』(3), 269쪽 상.

87 「답기명언(答奇明彦: 四端七情을 논한 두 번째 편지)」『도산전서』(2), 49쪽 하.

88 「답이중굉문목(答李仲宏問目)」, 『도산전서』(3), 89쪽 상.

89 졸저 『주자와 퇴계의 이 동정론 비교(朱子與退溪理動靜論之比較)』, 『주희와 퇴계 사상의 비교 연구(朱熹與退溪思想比較研究)』, 타이베이(臺北): 문진출판사(文津出版社) 1995년판, 304~327쪽을 참고하여 보라.

한국의 성리학자들은 퇴계가 이는 스스로 동정할 수 있다는 설을 제기
한 이후로 비교적 많은 학자가 이 관점을 받아들이고 발휘하였다. 주희
의 이와 동정 사이에서 몇몇 완비되지 못한 곳은 한국 성리학자들의 발
달을 거쳐 완비되어 갔다. 이런 완비는 실로 창조이다. 한국의 성리학자
들은 인간의 성리를 중시하였고 형상학 본체의 현담(玄談)만 주로 하지 않
았다. 그들은 인간과 존재의 근거가 되는 이 형상학 본체론 문제를 탐구
토론할 때 왕왕 인간의 성리 문제까지 실현되어야 한다고 여겼다. 그리
고 이기라는 이 형이상에 속한 이의 세계와 형이하에 속한 기의 세계 및
심성에 속한 사단칠정의 관계에 대한 문제에 논쟁을 전개했다. 이퇴계
는 정지운(鄭之雲)의 「천명도(天命圖)」에 있는 "사단은 이에서 발하고 칠정
은 기에서 발한다"는 명제를 "사단은 이가 발한 것이고 칠정은 기가 발
한 것이다"[90]라고 고쳤다. 이는 정이와 주희의 "성은 곧 이이다"를 형이
상의 층차로 귀속시키고, 정(情)은 곧 기이다 하는 것을 형이하의 층차로
귀속시킨 구분 및 주희의 이와 기는 떨어지지 않고 섞이지 않아 "이와 기
는 결코 두 가지 사물이 아니다"라는 사상에 의거한 것으로, 이와 기·사
단과 칠정을 나누어서 이(理) → 사단·기(氣) → 칠정의 이분(二分)을 구성
하였다. 주희도 "사단은 이가 발한 것이고 칠정은 기가 발한 것이다."[91]라
말한 적이 있어 퇴계의 독창적인 견해와 서로 부합한다. 퇴계가 정지운
의 말을 고친 것은 비록 문자적으로는 의미가 같지만 오히려 한국성리학
의 주리와 주기 두 분야의 유래를 유도하였으며, 한국 성리학의 독특한
사단칠정 논변을 전개하였다.

　　퇴계의 정지운에 대한 수정은 실은 곧 이와 기 한 방면의 발동으로 호

---

90 「천명도설후서·부도(天命圖說後叙·附圖)」, 『증보퇴계전서』(2), 성균관대학교 대동문화연구
　　원(大東文化研究院), 325하~326상.
91 『주자어류』 권53.

발이 아니며 기대승(奇大升, 1527~1572)의 논란을 자아냈다. 기대승은 이기혼륜설(理氣渾淪說)을 주장하였다. "자사(子思)는 이기가 묘하게 합한 가운데로 나아가 혼륜하여 말하였으니 정은 실로 이기를 겸하며 선악을 가지고 있습니다."[92] 퇴계의 이기는 사단과 칠정이라는 이분설을 비판하였다. "이제 만일 사단은 이에서 발하므로 선하지 않음이 없고 칠정은 기에서 발하므로 선·악이 있다고 한다면, 이는 이와 기가 뚜렷이 두 가지가 되는 것입니다." 퇴계는 "사단이 발하는 것은 순리(純理)이므로 선이 아님이 없고, 칠정이 발하는 것은 기를 겸하므로 선·악이 있다."라 고친 적이 있다. 이가 발한 사단의 정은 아무것도 섞이지 않은 순정(純情)이고, 기가 발한 칠정의 정은 선과 악이 섞인 정이다. 기대승은 퇴계의 이 수정은 "비록 앞의 설보다는 조금 나은 듯하나 저의 의견으로는 아무래도 온당하지 않은 듯합니다."라고 생각하였다. "온당치 못한" 까닭은 "맹자가 이른바 사단이란 것은 본래 순수하게 천리가 발하는 것이지만 그렇다고 칠정 밖에서 나오는 것이 아니라 바로 칠정 가운데서 발하여 절도에 맞는 묘맥(苗脈)인 것입니다. 그렇다면 사단과 칠정을 상대로 들어서 같이 말하여 순리라느니 기를 겸했다느니 해서야 되겠습니까. 인심·도심을 논하게 되면 혹 이렇게 말할 수 있겠지만 사단·칠정에 대하여서는 이렇게 말할 수 없을 듯하기"[93] 때문이다.

　기대승의 뜻에 따르면 이기는 함께 발하고 서로 따라 시공(時空)의 선후와 좌우의 구별이 없다. 이는 칠정 중에 절도에 맞는 것은 이가 발한 사단으로 곧 선(善)이고, 칠정 중에 절도에 맞지 않는 것은 기가 발한 것으로 악이 있다는 것이라는 말이다. 기대승은 형이상의 본체인 도리의 발동은 인간의 심성의 정에 정착하여 칠정을 통하여 나타내어야 하며, 기의 발

---

92 「사칠이기왕복서(四七理氣往復書)」, 『고봉집(高峰集)』, 한국동양철학회(韓國東洋哲學會) 영인.
93 위와 같음, 408쪽 상.

동 또한 칠정으로 체현되어야 한다고 생각하였다. 이 의의에서 말하면 사단은 칠정의 이기가 함께 발하는 가운데 이가 발한 것이다. 이로 말미암아 기대승은 주희가 "사단은 이가 발한 것이고 칠정은 기가 발한 것"이라 한 것에 대하여 새로운 이해와 해석을 내놓았다. 이는 "대설(對說)이 아니고 인설(因說)입니다. 대설은 곧 좌와 우를 말하는 것과 같은 것을 가지고 상대적으로 말함이고, 인설은 상과 하를 말하는 것과 같은 것으로 이어서 말하는 것입니다. 성현의 말씀에는 대설과 인설의 다름이 있으니 살피지 않을 수 없습니다."[94] 이기가 함께 발하고 그대로 따른다는 설은 칠정이 사단을 포함한다는 설을 전개하였다.

퇴계는 기대승과의 사단칠정 논변에서 다른 의견에 주의하고 흡수하여 자기의 관점을 수정하였다. "칠정을 사단과 대립시켜 각각 구분되는 것으로 말한다면, 칠정과 기의 관계는 사단과 이의 관계와 같습니다. 그 발하는 것이 각각 혈맥이 있고, 그 이름이 다 가리키는 바가 있으므로 주가 되는 바에 따라 나누어 속할 수 있는 것입니다. 나도 칠정이 이와 상관없이 외물이 우연히 모여들어 감응하여 움직인다고는 생각지 않습니다. 또 사단이 외물에 감응하여 움직이는 것도 실로 칠정과 다르지 않습니다. 다만 사단은 이가 발하여 기가 따르고, 칠정은 기가 발하여 이가 타는 것일 뿐입니다."[95] 사단칠정의 도덕원칙과 정감의 변론에서 형상학 본체의 이기의 변으로 끌어올려 인간성의 도덕원칙과 정감이 형상학 본체론의 지탱을 얻도록 하였으며 우주본체와 인간 윤리가 서로 융합되게 하였다. 이 융합은 퇴계가 주희의 이와 기는 "확실히 두 가지 사물"의 "섞이지 않는 것"과 이와 기가 나누어지지 않는다는 "떨어지지 않는다"는 것을 원통시키도록 촉진시켜 이와 기가 호발(互發)하도록 하였다. 퇴계는 만년

---

94 「고봉답퇴계재론사단칠정(高峰答退溪再論四端七情) 제1서(改本)」, 『고봉집』.
95 「답기명언론사단칠정(答奇明彦論四端七情) 제2서」, 『증보퇴계전서』(1), 417쪽 상~하.

에 지은 『성학십도(聖學十圖)』에서 사단과 칠정의 관계를 "이가 발함에 기가 따르고, 기가 발함에 이가 탄다"[96]라 규정하였다. 이렇게 퇴계는 이기의 단방향에서 이기호발설로 전환하였다.

이이(李珥: 栗谷, 1536~1584)는 퇴계의 이기호발설에 동의하지 않고 기가 발하고 이가 탄다는 설만 이야기하였다. 그는 말하였다. "주자의 뜻도 '사단은 오로지 이만 말하였고 칠정은 기를 겸하여 말한 것이다.'라 한데 지나지 않을 따름이니, 사단은 이가 먼저 발하고 칠정은 기가 먼저 발한다고 말한 것이 아닙니다. 퇴계는 이에 근거하여 이론을 세워 '사단은 이가 발함에 기가 따르고 칠정은 기가 발함에 이가 탄다.'고 하였으니, 기가 발함에 이가 탄다는 말은 옳습니다. 그러나 이는 단지 칠정만이 그러한 것이 아니고 사단 역시 기가 발함에 이가 타는 것입니다."[97] 율곡은 한편으로는 퇴계가 주희의 요체를 아직 이해하지 못하였다고 비판하면서 한편으로는 칠정이 기가 발함에 이가 타는 것일 뿐 아니라 사단 또한 기가 발함에 이가 타는 것이라고 생각하였다. 그는 예를 들어 말하였다. "어린 아이가 우물에 빠진 것을 본 뒤에야 측은한 마음이 발하는 것이니 이를 보고서 측은해하는 것은 기(氣)로 이는 기가 발한다는 것이며, 측은한 마음의 근본은 인(仁)이니 이것이 이가 탄다는 것입니다. 이것은 사람의 마음만이 그러한 것이 아니요, 천지의 조화도 기가 화(化)함에 이가 타지 않음이 없습니다."[98] 사단과 칠정이 모두 기가 발함에 이가 타는 것이라 하였다.

율곡이 퇴계의 이기호발설을 비판한 까닭은 다음과 같다. 첫째, 퇴계가 비록 주희의 이와 기는 확실히 두 사물이라는 것과 이와 기는 두 가지로

---

96 『성학십도(聖學十圖)』 제6 「심통성정도(心統性情圖)」, 『증보퇴계전서』(1), 204쪽 하.
97 「답성호원(答成浩原)」, 『율곡전서(栗谷全書)』, 성균관대학교 대동문화연구원, 198쪽 하.
98 「답성호원」, 『율곡전서』(1), 198쪽 하.

나눌 수 없다는 것을 원통시키기를 기도하기는 하였지만 율곡이 보기에 퇴계의 이가 발함에 기가 따르고 기가 발함에 이가 탄다는 것은 여전히 둘로 나눈 것이다. "이른바 이와 기가 호발한다고 한다면 이것은 이와 기 두 물건이 각각 마음속에 근거를 두고 아직 발하지 않았을 때 이미 인심 과 도심의 묘맥(苗脈)이 있어 이가 발하면 도심이 되고 기가 발하면 인심 이 되는 것입니다. 그렇다면 우리 마음에는 두 근본이 있는 것이니, 어찌 크게 틀린 것이 아니겠습니까. 주자는 '마음의 허령 지각(虛靈知覺)은 하나 일 뿐이다.'라고 하였는데, 형은 어디에서 이러한 이와 기가 호발한다는 말을 얻었습니까!"[99] 사실 퇴계와 율곡은 모두 주희의 텍스트를 근거로 두 사람이 이해한 각도에 따라 주(主)와 차(次)가 달라져서 이견이 생기게 되었다. 퇴계는 이(理)는 형상학의 본체이며 곧 자연사물의 이와 윤리도 덕의 이가 승화한 것으로 이런 승화는 이가 구체적인 사물과 윤리의 이 를 초월하게 하였으며 절대적인 이로 이화(異化)시켰다고 생각하였다. 이 이화과정에서 동할 수 있는 이가 발동하여 기가 따를 수 있고, 조작할 수 있는 기가 발동하여 이가 탈 수 있다. 율곡은 이가 발하고 기가 발하는 것 이 반드시 두 근본적인 곤경에 빠지면 이원적으로 나누어 선 상태로 돌 아가는데 이는 곧 주희의 이가 형상학의 본체가 되는 조작이 없고 깨끗 하며 공활한 세계의 의의로 돌아가는 것이라고 생각하였다. 조작이 없기 때문에 반드시 조작이 있는 기에 의지해야 하며 이는 곧 편안하게 기의 위에서 이의 활동을 전개하여 "이는 함이 없고 기는 함이 있기 때문에 기 가 발하면 이가 탄다"[100]는 관점을 얻게 되었다. 여기에서 율곡은 결코 이 를 깎아내리지 않고 이를 기가 발하게 하는 까닭이라고 하였다.

둘째, 퇴계 이기호발설의 치우친 실수는 "퇴계의 호발(互發) 두 글자 같

---

99 위와 같음.
100 「성학집요(聖學輯要) 2」, 『율곡전서』(1), 457쪽 상.

은 것은 말의 표현상에 실수가 있는 것이 아니고 아마 이와 기가 서로 떨어지지 못하는 묘리를 깊이 보지 못한 것인 듯합니다."[101]라 하였다. 또 말하였다. "퇴계의 병폐는 다만 호발(互發) 두 자에 있을 따름입니다."[102] "이기의 묘리[妙]"는 이와 기가 떨어지지 않고 그 근원이 하나임을 가리킨다. "이와 기의 묘리는 알기도 어렵고 말하기도 어렵습니다. 이의 근원은 하나일 뿐이요, 기의 근원도 하나일 뿐입니다. 기가 유행하여 고르지 못하면 이 역시 유행하여 고르지 못하니, 기는 이를 떠날 수 없고 이도 기를 떠날 수 없습니다. 이와 같다면 이와 기는 하나입니다."[103] "이기의 묘리"는 주리와 주기의 한계를 초월하여 그 떨어지지 않는 통일성을 강조한 것이다. 율곡의 이해에 따르면 "이와 기는 혼연히 간격이 없어서 원래부터 서로 뗄 수 없다."[104] 그 사상은 더욱 기대승의 이기혼연설에 접근하지만 또한 다름이 있다. "이(理)는 형이상의 것이고 기(氣)는 형이하의 것이니, 이 두 가지는 서로 떨어질 수 없습니다. 이미 서로 떨어질 수 없다면 그 발용(發用)도 하나이니 서로 발용함이 있다고 말할 수 없습니다."[105] 이는 율곡이 "체와 용은 근원이 하나"라는 데 대한 깨달음이며 아울러 이 사유방법에 의거해서 기가 발함에 이가 탄다는 의론을 천명하여 퇴계의 이기호발설을 비판하였다.

  셋째, 율곡은 퇴계의 호발설에 의거한다면 도심인심과 성정 등의 이론 문제를 해석하는 데 있어서 자기모순의 곤경에 빠지게 될 것이라고 생각하였다. "대체로 퇴계는 안에서 나오는 것을 도심이라고 하고 밖에서 감

---

101 「답성호원」, 『율곡전서』(1), 210쪽 하.
102 위와 같음, 202쪽 하.
103 위와 같음, 204~205쪽 하상.
104 「성학집요 2」, 『율곡전서』(1), 456쪽 상.
105 「답성호원」, 『율곡전서』(1), 202쪽 상.

응되는 것을 인심이라고 하셨으나 저는 인심과 도심이 모두 안에서 나오고 동하는 것은 모두 밖의 감응에서 유래한 것이라고 생각하니, 이것을 과연 서로 합하는 것이라 하여 끌어다 붙일 수 있겠습니까?"[106] 도심이 안에서 나오고 인심이 밖에서 감응한다면 도심과 인심을 둘로 나누고 근원이 둘이 되게 하는 것이다. 율곡의 수정은 양자를 통일시켜 도심과 인심이 모두 밖에서 감응하고 피차와 내외로 나누어지지 않는 것이다.[107] 성정에 있어서는 "기질지성과 본연지성은 결코 두 개의 성이 아닙니다. 다만 기질상에 나아가 이(理)만을 가리킬 때는 본연지성이라 하고, 이와 기를 합하여 명명할 때는 기질지성이라고 한 것입니다. 성이 이미 하나라면 정이 어찌 두 갈래의 근원이 있겠습니까. 오직 두 가지 성이 있은 뒤라야 두 가지 정이 있는 것입니다. 만약 퇴계의 말대로라면 본연지성은 동쪽에 있고 기질지성은 서쪽에 있어서 동쪽으로부터 나오는 것을 도심이라 하고 서쪽으로부터 나오는 것을 인심이라 하는 것이니, 이것이 어찌 이치이겠습니까?"[108] 도심과 인심은 하나의 마음에 근본하고 본연지성과 기질지성은 하나의 성에서 근원하여 두 근본과 두 근원이 있다고 말할 수 없다.

　퇴계와 율곡은 이와 기의 사단칠정이 발하고 타는 것에서 도심과 인심·본연지성과 기질지성·선과 악의 논증을 전개하였다. 아울러 퇴계와 율곡 철학의 논리적 결구의 핵심 범주─이기로 말미암아 그 사상의 각개 층면을 추급(推及)하여 그 철학적 정체성(整體性)과 원융성(圓融性)을 구성하였다.

---

106 위와 같음.

107 졸고 「주자와 퇴계, 율곡의 도심 인심설 비교(朱子與退溪·栗谷道心人心說之比較)」, 『퇴계학보(退溪學報)』 제60집, 1988년호를 참고삼아 보라.

108 「답성호원」, 『율곡전서』(1), 210~211쪽 하상.

율곡이 기발이승설로 퇴계의 이기호발설을 비판한 문제에 대하여 어려서부터 율곡과 사적인 교유가 매우 독실했던 성혼(成渾: 자 浩原, 호 牛溪, 1535~1598)은 또한 율곡과 논변을 전개하였다. 따라서 퇴계와 기고봉의 이후를 이은 사칠논변의 두 번째 고조를 형성하였다. 우계는 기본적으로 퇴계를 지지하는 입장이었다. 그는 말하였다. "이제 사단과 칠정의 그림을 만들면서 이(理)에서 발한다거나 기(氣)에서 발한다고 하는 것이 어찌 불가한 일이겠습니까? 이와 기의 호발(互發)은 바로 천하의 정해진 이치입니다. 그렇다면 퇴옹(退翁)의 견해는 역시 정당한 것이 아니겠습니까!"[109] 이기호발설이 천하의 보편적인 원리와 정리(定理)라고 생각하였다. 이미 정리라면 좇아서 행할 수 있을 것이다. 그러나 우계는 "기가 따른다거나 이가 탄다는 설은 너무 장황하게 끌어대어 명분과 사리에 맞지 않는 듯합니다. 어리석은 저의 생각에는 사단과 칠정을 대거(對擧)하여 말한다면 사단은 이에서 발하고, 칠정은 기에서 발한다고 하는 것이 옳다고 하겠습니다."[110]라 생각하였다. 사실 기가 따르고 이가 탄다는 설은 결코 사족이 아니므로 끌어다 쓸 생각이었으나 이와 기가 틀림없이 두 사물이라는 것을 초월하여 이기의 단방향에서 발동하여 이기가 서로 의지하고 서로 발한다는 쪽으로 전환하였다. 기가 따르고 이가 타는 것은 실로 서로 의지하는 것이 드러난 것이다. 따르고 탄다는 것을 이야기하지 않으면 퇴계가 최초의 정지운이 말한 "사단은 이가 발한 것이고 칠정은 기가 발한 것"을 수정한 단계로 돌아갈 것이다.

이기호발을 긍정한 것은 율곡이 이가 발함에 기가 따른다는 것을 부정한 것에 대한 부정이다. 이 부정은 한층 더 깊은 의의상에서의 전개이

---

109 「여율곡론이기 제1서·별지(與栗谷論理氣第一書·別紙)」, 『우계선생집(牛溪先生集)』 권4, 『파산세고(坡山世稿)』, 파산세고간행위원회, 139쪽.

110 「여율곡론이기 제1서·별지」, 『우계선생집』 권4, 『파산세고』 139쪽.

다. 인심도심과 성정·선악 등과 같은 것이다. 우계는 말하였다. "전일에 주자의 인심과 도심에 관한 설명을 읽어 보니, '형기(形氣)의 사사로움에서 생기기도 하고 성명(性命)의 바른 데에 근원을 두기도 한다.'는 의논이 있어 퇴계의 뜻에 부합되는 듯하였으므로 개연히 여러 의론이 없던 순(舜) 때도 이미 이처럼 이와 기가 호발한다는 말이 있었으니, 퇴계의 견해는 바꿀 수 없는 이론이라고 여겼습니다."[111] "생기기도 하고(或生)"와 "근원을 두기도 한다(或原)"는 것은 주희가 말한 인심은 형기의 사사로움에서 생겨나고, 도심은 성명의 바른 데서 근원을 둔다는 것을 가리켜서 말한 것이다. 성명의 바름에 근원한 도심은 순선(純善)으로 악함이 없으며, 형기의 사사로움에서 생겨난 인심은 선도 있고 악도 있다. "'사단의 정은 이가 발함에 기가 따른 것으로 본래 순선(純善)으로 악이 없으니, 반드시 이가 발하여 그대로 이루어지지 못하고 기에 가려진 뒤에야 흘러가서 불선이 되는 것이다. 그리고 칠정의 정은 기가 발함에 이가 탄 것으로 이것 역시 불선함이 없으나 만약 기가 발하여 절도에 맞지 않아서 이를 멸하게 되면 방종하여 악이 된다.'고 하였습니다. 이 의론을 추구해 보면 이발과 기발이 당초에는 모두 선하지 않음이 없고, 기가 절도에 맞지 않아야 비로소 악으로 흐른다고 말한 것입니다. 인심과 도심의 말이 이미 저와 같이 이발과 기발로 나누어졌고 예로부터 성현들이 모두 이것을 주장해 왔으니, 퇴옹의 입론은 지나치다고 하지 않을 수 있겠습니까."[112] 사단칠정은 모두 정이다. 이가 발한 것은 순선이고 기의 발함에도 선이 있다. 악은 이의 발함이 끝나지 않은 것과 기가 발하여지지 않은 것에서 생겨난 것으로, 어떻게 선악이 있게 되었는가 하는 문제를 해석하였다. 이렇게 이발기발의 형상학적 본체 문제에서 심성·선악의 인간성 문제를 관통시

---

111 위와 같음, 제2서, 『우계선생집』 권4, 『파산세고』 141쪽.
112 위와 같음, 제1서, 『우계선생집』 권4, 『파산세고』 139쪽.

켜 전체적인 사고와 이해로 삼았다.

　고려 말에서 조선 초까지는 주자학이 전파되고 개창한 시기이다. 이황(李滉: 退溪)과 이이(李珥: 栗谷)가 발전시키고 창신한 시기에 이르러 주자학을 조선사회의 실제와 수요와 서로 연결하여 조선의 특색을 띤 주자학으로 발전시키고 창신하였다. 이울러 사변성과 인간성·실천성을 가지고 서로 원융시킨 것이 특징이다. 조선 후반기는 조선 주자학이 비판받고 쇠락한 시기이다. 주자학은 조선의 관방 의식형태로써 점차 경직되고 독단화하였다. 주희 사상에 대해 "한 자라도 의심을 하는" 사람이 있으면 모두 "사문난적"으로 간주했다. 다만 사회의 모순이 격화되고 내외의 위기가 가중됨에 따라 양반 출신의 지식인들에게 국가의 운명을 구하도록 촉구하였다. 주자학의 "고루하고 좁음"을 비판하고 "기추(機樞)를 크게 변화시켜" "경세치용"의 학풍을 세워 실제생활에 유용한 학문을 연구할 것을 주장하였다. 아울러 정통 주자학에 대항하는 한학(漢學)과 양명학파(陽明學派)가 출현하였다. 관방 의식형태로 보면 주자학은 여전히 정통지위를 가지고 있어서 아직 다른 학파들이 주자학의 지위를 대신 취하지 못했다.

　중국과 고려 말에서 조선조에 이르는 성리학의 상호작용이라는 의의에서 말하면 자신의 특징을 가지고 있다. 첫째, 두 나라의 성리학자들은 모두 중국의 전통적인 유학 윤리학설에 형상학 본체론의 증명이 결핍된 한계성을 돌파했다. 무극이며 태극(理·道)인 형상학 본체에서 윤리도덕으로 부연하여 형상학 본체가 인간 도덕에서 수행되도록 하였다. 주희가 표현한 정의(情意)가 없고 조작이 없는 정결하고 공활한 세계로 반드시 조작이 있고 작위가 있는 기에 괘탑하고 안돈해야 했다. 천명지성 또한 기질지성을 안돈처로 삼을 필요성이 있고, 도심 또한 인심을 괘탑처로 삼았기 때문에 사물마다 하나의 태극이 있고 사람마다 하나의 태극이 있다. 그러나 조작이 없는 이가 어떻게 기에 괘탑하는가? 사람이 말을 타는 비유이기는 해도 하나의 움직이지 않는 사람(死理·死人)이 어떻게 말을 타는가 하는 난제가 있었다. 명대의 조단과 설선이 난제를 해결함으로써 조선의 성리학자들에게 영향을 끼쳤다. 이퇴계는 조선의 사단칠정 등 인간도덕을 구축하는 데 대한 필요성을 근거로 이기호발의 이론을 제기하였으며, 주희의 이는 스스로 동하지 못한다는 이론을 이가 스스로 동정한다는 이론으로 수정하여 주희와 조단·설선의 사상을 융합시켰다. 비록 나중에 율곡이 퇴계의 이기호발설을 비판하기는 하였지만 결코 퇴계의 이가 스스로 동정할 수 있다는 것을 비판의 목표로 삼은 것이 아니라 이와 기가 서로 떨어지지 않는다는 묘리에 대하여 깊고 절실한 체득이 없다고 생각한 것이다. 중국과 조선 성리학의 상호 교융(交融)은 일종의 창조적인 발전일 뿐만 아니라 또한 상호 반응하고 상호 간에 끌어올리는 과정이기도 하다.

둘째, 두 나라의 성리학이 상호 반응하는 것은 모두 원전 텍스트의 본의를 회복하는 것을 종지로 한다. 중국의 학술사상은 패턴이 전환될 때마다 새로운 사조가 출현하였는데 모두 의거한 원전의 새로운 선택에 수반하여 선진의 각가는 사상의 창조 개발 시기였지만 유가 또한 의거한 원전이 있었다. 이를테면 유가는 "육예를 법도로 삼아"『역』·『시』·『서』·『예』·『악』·『춘추』에 대한 해석이다. 양한의 경학은 이 육경이나 오경(『樂經』은 제외)을 원전으로 삼았으며, 한 왕조에서는 오경박사를 세워 하나의 경을 해석하고 전수하여 고문경학과 금문경학의 논쟁이 있었으며 경학의 사조를 형성하였다. 위진의 현학은 양한의 명물(名物) 훈고 학풍을 일소하고 의리를 이야기하였으며 삼현(三玄:『易經』·『道德經』·『南華經(莊子)』)을 원전으로 삼고,『주역』과『노자』·『장자』에 대한 해석을 통하여 사상을 발휘하였다. 수당 불교의 각 종파는 각기 그 종파가 의지하는 경전이 있었다. 송대 왕안석의 "신학(新學)"은 삼경(三經:『詩經新義』·『書經新義』·『周禮新義』)에 대한 새로운 해석을 통하여 "신학" 사상체계를 구축하여 송대 학술사상계에 60여 년간 영향을 끼쳤다. 주·장·정·주의 성리학의 구축은 『논어』·『맹자』 및 원래 『예기』의 두 편이었던 『대학』·『중용』을 경전으로 삼아 『사서』로 병칭하여 『오경』과 나란히 하여 『사서』의 해석을 가지고 성리학사상을 천술하였다. 주희가 말한 "사단은 이가 발한 것이고, 칠정은 기가 발한 것"은 곧 『맹자』 「공손추(公孫丑)」 편의 「사람은 모두 차마 하지 않는 마음을 가지고 있다(人皆有不忍之心)」 장의 사단의 해석에서 나왔다.

조선조의 성리학이 의거한 원전은 중국 성리학과 같다. 다른 점이라면 주희의 『사서』 등에 대한 원전의 해석으로 말미암아 조선 성리학과 중국 명대 성리학이 의거한 것이 되었다는 것이다. 이 점은 한인(漢人)이 『오경』에 대하여 단 주(注)에 당인(唐人)이 단 소(疏)가 의거한 것과 마찬가지다. "소는 주를 깨뜨리지 않는다.(疏不破注)" 이는 곧 이퇴계와 기고봉·이율곡과 성우계의 두 차례에 걸친 사단칠정의 논변에서 논변의 쌍방이 모두 원전에 대한 해석이나 이해를 근거로 한다. 아울러 각자 자기의 이해를 원전에 부합하는 본의로 삼았다는 것을 말한다. 그 의거한 원전이 공통된 것이기 때문에 공통된 원전에 대한 해석과 이해가 차이와 쟁론을 발생시키기도 하였으나 여전히 성리학 범위 내의 각파에 속한다.

셋째, 원전에 대한 다른 해석과 이해로 말미암아 중국 성리학의 이본론(理本論)과 심본론(心本論) 및 기본론(氣本論)을 형성하였으며, 조선 성리학의 주리파와 주기파를 형성하였다. 주리와 주기의 칭위는 퇴계가 제기한 "기질지성이 비록 이·기가 섞여 있다 하더라도 어찌 기를 가리켜 말할 수 없겠습니까? 하나는 이가 주가 되기 때문에 이에 나아가 말한 것이고, 하나는 기가 주가 되기 때문에 기에 나아가서 말한 것일 뿐입니다. 사단에 기가 없는 것이 아닌데도, '이의 발'이라고만 하고, 칠정에 이가 없는 것이 아닌데도 '기의 발'이라고만 하였는데 그 뜻 또한 이와 같습니다."[113]라 한 데서 유래하였다. 그 뜻은 각자 치중하는 곳과 깊이 살핌에 다른 각도와 방면이 있고 주리와 주기의 구별이 있다. 이는 곧 이가 발함에 기가 탄다는 것에서 말하면 이가 주가 되어 곧 주리이며, 기가 발함에 이가 탄다는 것에서 말하면 기가 주가 되어 곧 주기가 된다는 말이다. 율곡은 바로 한결같이 이 의의에서 인신하여 주리와 주기의 구분을 확립하였다. "기가 본연의 이(理)에 순한 것은 본래 기발(氣發)이나 기가 이에게 명령을 들으므로 그 중한 것이 이에 있어서 주리(主理)라고 말하며, 기가 본연의 이에서 변한 것은 본래 이에 근원하였으나 이미 기의 본연이 아니니 이에게 명령을 듣는다고 말할 수 없으므로 그 중한 것이 기에 있어서 주기(主氣)라고 말하는 것입니다."[114] 진정 조선조 성리학의 주리와 주기 양파의 발전을 열었으며, 아울러 중국의 이본론(理本論)과 기본론(氣本論)과 대응하면서도 상호작용을 한다.

2) 일본에 전파되어 주자를 관학으로 삼다

주자학이 일본에 전하여진 것은 비교적 이른 대략 가마쿠라(鎌倉, 1185~1333) 시기다. 주희가 사망한 해이거나 사후 10여 년 내외가 된다.[115] 1211년 일본의 승려 슌조(俊芿)는 귀국하면서 중국에서 불전(佛典) 1,200여 권을 지니고 돌아왔다. 그 가운데 주희의 『사서집주』 초간본이 있었다. 선승(禪僧) 엔니 벤엔(円爾弁円 : 聖一國師)이 1241년 일본으로 귀국할 때 경적 수천 권을 지니고 돌아왔는데 그 가운데 『논어정의(論語精義)』 3책, 『맹자정

---

113 「답기명언론사단칠정 제2서」, 『증보퇴계전서』(1), 416쪽 하.
114 「답성호원」, 『율곡전서』(1), 210쪽 상.
115 일본 동양문고(東洋文庫)에서 소장하고 있는 주희의 『중용장구』의 초본(抄本)으로, 권말에 "정치(正治) 2년 3월 4일, 오에 무네미츠(大江宗光)"라는 지어(識語)가 있다. 정치 2년은 1200년으로 곧 주희가 죽은 해이다.

의』3책,『회암집주맹자(晦庵集注孟子)』3책,『회암대학(晦庵大學)』1책,『문공가례(文公家禮)』1책,『회암중용혹문(晦庵中庸或問)』7책,『회암대학혹문』3책이 있었다. 또한 여조겸(呂祖謙)의 『여씨가숙독시기(呂氏家塾讀詩記)』와 『호문정춘추해(胡文定春秋解)』 등 송학도 포함되어 있었다. 순조 귀국 30년 후에 일본에서는 송판(宋版) 주희 『논어집주』를 복각하고 "누항자(陋巷子)"라 서명(署名)하였다. 이는 일본이 중국 주자학 저작을 인쇄한 시초이며 주자학이 일본으로 전래된 중요한 표지이다.

주자학의 일본 전래는 당시 중일 해상 교통의 발달 및 중일 승려의 빈번한 내왕과 연관이 있다. 이때 선승이 활동한 중심지는 다음과 같다. 첫째, 가마쿠라의 건장사(建長寺)와 원각사(圓覺寺)·수복사(壽福寺)·정지사(淨智寺)·정묘사(淨妙寺) 등 "오산(五山)", 둘째, 나중의 교토(京都) 남선사(南禪寺)와 천룡사(天龍寺)·건인사(建仁寺)·동복사(東福寺)·만수사(萬壽寺)의 "오산"이다. 선승들은 불전을 강론하는 동시에 유가의 문학과 역사도 강론하였다. 동시에 송학과 주자학을 연구하여 주자학의 영향이 확대되도록 촉진하였다. 선승들이 유불을 겸하여 경영하는 문화사업에 종사하였기 때문에 일본 문화사상 "오산한문학(五山漢文學)" 시대를 형성하였다.[116] 넓은 의미에서 말하면 "오산십찰(五山十刹)"의 승려가 주체가 된 한문학 창작과 정주도학의 연구 그리고 한적(漢籍)의 교주(校注)·인쇄 등의 활동을 가리킨다. 고칸 시렌(虎關師鍊, 1277~1346)과 주간 엔게츠(中岩円月, 1299~1375)·기도 슈신(義堂周信, 1324~1388)·젯카이 주신(絶海中津, 1335~1405)은 걸출한 학문승들이다. 그들은 내외전에 두루 통하였으며 유불을 원융하였다. 이때까지만 해도 주자학은 아직 불교에서 벗어나지 못하고 종속된 상황이었다.

중국 송대의 승려들이 일본에 가서 선학과 정주도학을 전수한 것도 주

---

116 "오산한문학" 시대는 위로 한세기(漢世紀)의 헤이안(平安)시대 문학을 가리키며, 17세기 초기 에도막부(江戸幕府) 전의 역사시기에 이른다.

자학의 전파에 또한 중요한 작용을 하였다. 그들의 주자학에 대한 이해와 해석은 일본의 선승보다 깊었다. 그 가운데 난계 도륭(蘭溪道隆)은 1246년에 제자들을 거느리고 일본으로 갔다. 2년 뒤 막부의 집정자 호조 도키요리(北條時賴)는 가마쿠라 아와후네(粟船)의 상락사(常樂寺)에서 그를 영접하였다. 호조 도키요리는 1253년 고부쿠로 지고쿠(巨福呂地獄) 골짜기에 거복산(巨福山) 건장사(建長寺)를 건립하고 난계 도륭을 개산조로 삼았다. 난계 도륭은 왕왕 선종의 도량을 빌려 정주도학을 천술하였다. 나중에 송원의 선승으로 일본에 간 올암 보령(兀庵普寧: 1260년에 渡日)이 심성의 강학에 더욱 힘을 썼고, 대휴 정념(大休正念, 1269년 도일), 무학 조원(無學祖元, 1279년 도일), 일산 일녕(一山一寧, 1299년 도일) 등은 정주도학을 잘 알아 선승의 신분으로 선학과 도학을 전수하여 주자학이 일본에 흡수되어 일본 문화사상 새로운 내용을 구성하도록 하였다.

송학은 주자학을 포함하여 약 14~15세기에 점차 독립적인 사상 형태로 발전했다. 현혜 법인(玄惠法印, ?~1350)은 정주의 학문을 신봉하여 조정에서 강석을 열었다. 부름을 받아 고다이고 천황(後醍醐帝)의 시독이 되어 주주(朱注)에 의거하여 경서를 강하였으며 조야에 영향을 끼쳤다. 나중의 "한적화훈(漢籍和訓: 한적을 고유의 일본어로 새겨서 읽는 일)", 이를테면 기요 하라슈(岐陽方秀, 1363~1424)의 『사서』 화훈과 게이안 겐주(桂庵玄樹, 1447~1505)가 "게이안 표점(桂庵標點)"으로 훈독한 주희의 『사서집주』는 주자학이 더욱 많은 사람들에게 이해되도록 하였다. 15세기 중기에는 전문적으로 송학을 연구한 저작이 출현하였는데, 운쇼오 잇케이(雲章一慶, 1386~1463)의 『이기성정도(理氣性情圖)』와 『일성오성례유도(一性五性例儒圖)』 같은 것은 정주 등의 이기설을 연구한 전저이다. 기요하라노 요리나라(清原業忠, 1409~1467)가 편저한 『역학계몽강의(易學啓蒙講義)』는 주자의 『역학계몽』을 해석한 것이다. 기요하라노 노부카타(清原宣賢, 1475~1550)는 『역계몽통석초(易啓蒙通釋

抄)』·『중용초(中庸抄)』·『대학청진(大學聽塵)』·『논어청진(論語聽塵)』 등을 지었다. 송학(주자학 포함)은 한걸음 더 나아가 일본화하였다. 15세기 중후기에 기요 하라슈를 대표로 하는 경사(京師) 주자학파를 형성하였다. 게이안 겐쥬를 대표로 하는 살남학파(薩南學派)는 게이안이 사쓰마(薩摩)의 시마즈 다다마사(島津忠昌)의 요청에 응하여 가고시마(鹿兒島), 사쓰마·휴가(日向) 등지에서 시마즈 씨의 가신들에게 주자학을 강학하여 주자학이 사쓰마 남쪽 지방에서 매우 빨리 전파되고 흥성되도록 하였다.

미나미무라 바이겐(南村梅軒)을 대표로 하는 해남학파(海南學派, 南學派라고 도 한다). 미나미무라는 도사(土佐) 지방의 영주 기라(吉良) 씨의 초빙에 응하여 기라 씨 및 가신에게 주자학을 강학하였다. 그가 초안한 『백개조(百個條)』(家法)에서는 인·의·예·지·신 등의 조문을 관통하였다. 기요하라노 요리나라와 이치조 가네요시(一條兼良, 1402~1481)를 대표로 하는 박사공경파(博士公卿派). 이치조 카네요시는 주자학으로 일본의 고전과 신토(神道)를 해석하고 한당의 구주(舊注)를 사용하는 것을 반대하여 완전히 주희의 신주를 썼으며, 신(神)·유(儒)·불(佛)의 일치를 주장했다. 주자학의 성리지변(性理之辨)과 명분지설(名分之說)은 무가(武家)의 수요에 적응하였을 뿐만 아니라 차츰 공가(公家)의 수요에도 맞추어갔으며, 이 의의에서 공가와 무가는 융합을 지향하였다. 고다이고 천황의 궁정에서 송학의 강연을 개설하였는데 일본사에서 말하는 "건무중흥(建武中興)"은 곧 송학을 의식형태의 이론적 기초로 삼았다. 이 때문에 17세기 초 에도(江戸) 막부는 주자학을 관방의 의식형태로 삼았는데 이런 원인이 없지 않을 것이다.

주자학은 에도 막부(1603~1868)를 관통하여 260년간 관학이 되었다. 에도 초기를 대표하는 인물은 후지와라 세이카(藤原惺窩, 1561~1619)로 어렸을 때 선승(禪僧)이 되었다가 나중에 조선 사자로 퇴계의 재전제자인 허잠지(許箴之) 및 조선 퇴계학파의 주자학자인 강항(姜沆)의 영향을 받아 불교를 버리고 환속하여 주자학자가 되었으며, 강항의 도움을 받아『사서오경왜훈(四書五經倭訓)』을 완성하였다. 그는 "유교와 불교는 도를 달리한다(儒佛不同道)"는 사상을 받아들여 불교의 세간을 벗어난 사상을 비판하였으며, 주자학으로 "이(理)"의 관념과 "이일분수(理一分殊)"의 사상을 해석하였다. 일본의 신토(神道)와 유도(儒道)의 조화(調和)를 주장하였으며, 양자는 "이름은 같지 않은데 마음은 하나이다."[117] 후지와라 세이카는 주자학이 마지막으로 선을 벗어나 독립적으로 발전되게 하였다.

세이카의 문인은 매우 많은데 하야시 라잔(林羅山, 1583~1657)을 으뜸으로 친다. 하야시 라잔은 이에야쓰(家康)와 히데타다(秀忠)·이에미쓰(家光)·이에쓰나(家綱)의 네 쇼군을 두루 섬겼다. 그는 막번체제(幕藩體制)와 주자학을 가지고 일본의 정치기구와 의식형태를 정돈하였다. 그는 이기융합론으로 불교를 비판하였다. 불교가 명문을 위배하고 정도(政道)를 문란케 하였다고 질책하였다. 그는 주자학의 독존적인 지위를 수호하였고 "이학(異學)"을 배척하여 주자학이 통치의식 형태가 되도록 하였다.

후지와라 세이카와 하야시 라잔 이후로 일본의 주자학은 많은 학파를 형성하였으며 분파의 각도가 같지 않기 때문에 명칭 또한 서로 같지 않다. 일본 주자학가의 이의 범주에 대한 다른 이해와 발전에 의거하여 객체경험이파(客體經驗理派)와 주체도덕이파(主體道德理派)로 나눈다.[118] 전자는 주자학 중의 객체적이고 합리적인 사유를 강조하여 경험과 합리성의 방향을 향하여 발전해나갔고, 후자는 주자학 중의 주체적인 윤리도덕 방면에 치중하였다. 일본의 신토(神道)와 서로 결합하여 가치 합리성의 방향을 지향하여 발전해나갔다.

---

117 「천대무등탁(千代茂登卓)」,『속유림군서유총(續儒林群書類叢)』권10.
118 리쑤핑(李蘇平)의『성인과 무사─중일의 전통문화와 현대화의 비교(聖人與武士─中日傳統文化與現代化之比較)』, 중국 인민대학출판사 1992년판, 48~49쪽을 참고하여 보라.

객체경험이파를 가지고 말한다면 가이바라 에키켄(貝原益軒, 1630~1714)
은 소년기부터 『사서』를 배우기 시작하여 36세 때 『학부통변(學部通辨)』을
읽은 후 주·왕(陽明)을 겸하여 익히는 것을 버리고 주자학만 익혔으며 아
울러 양명학을 비판하였다. 그는 일본 사회의 실제 수요에 의거하여 주
자학을 흡수하였다. 그는 회의와 비판의 정신으로 주자학을 대하였으며
『신사록(愼思錄)』과 『대의록(大疑錄)』을 완성하였다. 그는 "이 몸이 있어야
이 성(性)도 있으며, 이 몸이 없으면 성이 깃들 곳이 없어 망한다."고 주장
하였다. 지행상호작용설(知行相互作用說)에 미쳐서는 이기의 관계에서 떨
어지고 합친다고 말할 수도 없고 선후를 논할 수도 없으며 이(理)는 곧 기
(氣)의 이이며, 이기는 확실히 하나의 사물이라고 주장하였다. 주희의 이
기는 확실히 두 사물이라는 것과 다르다. 그는 주희의 "격물궁리"를 강조
하고 격물치지에서 출발하여 자연과학 연구를 중시하여 『대화본초(大和本
草)』를 지어서 일본의 약초와 식물학의 토대를 열었다. 그는 궁리 정신을
경험 실험과 서로 결합하여 주자학에 경험 합리성의 품격을 부여하고 서
방의 근대 자연과학을 전래하는 매개체가 되게 했다.

가이바라 에키켄은 "유용한 학문", 곧 경세치용의 학문을 추구했기 때
문에 그의 격물궁리의 이(理)는 만사만물에 깃든 이, 곧 경험적인 이를 가
리키며 실용 가치를 갖추고 있다. 그의 경험 합리성의 품격은 아라이 하
쿠세키(新井白石, 1657~1725)에 의해 계승 발전된다. 아라이 하쿠세키는 주
희의 "궁리" 사상을 발양하였으며, 그의 "궁리"에는 이런 몇 방면의 함의
를 가지고 있다. 첫째, 진리에 대한 추구로 객체 사물을 체험하는 수단과
경로이다. 둘째, 궁리를 역사연구에 운용하는 것으로 일본 사회역사 발
전에 대한 법칙을 추구하는 것이다. 그는 역사적 사건에 대해 편년으로
기술하고 윤리적 평가만 한다고 생각하여 결코 역사의 인과관계는 명시
하지 않았다. 그는 궁리의 합리적 품격과 실증적인 정신을 가지고 "신대

(神代)"의 역사를 연구하였다. 무릇 신의 일에 속하는 것은 모두 사람의 일에 속하며 일본 역사상 이른바 "신대"는 중국의 주말 진초 시대에 상당한다고 생각하였다. 이와 일본사를 신통사(神統史)로 보는 것은 합리적인 고증을 갖추고 있다. 셋째, 궁리를 자연과학의 연구에 운용하는 것으로 경험과학에 대하여 받아들이는 것이며 일본 서학(西學)의 원조가 되었다. 『서양기문(西洋記聞)』을 써서 서방의 자연과학과 기술을 선전하였다. 아라이 하쿠세키는 주자의 "궁리"의 실천정신을 가지고 현실적인 실제 고찰의 기초 위에서 본초학·지리학·군사학에 대하여 모두 연구하고 논저를 써내어 일본 주자학이 서방 과학기술을 받아들이게 되는 사상적 기초가 되었다.

일본 주자학의 다른 추세는 주체도덕이파로 그 대표 인물은 야마자키 안사이(山崎暗齋, 1618~1682)이다. 유년시절에 유가의 『사서』를 읽었으며, 나중에 삭발하여 중이 되었다가 25세에 환속하고 33세 때 조선 이퇴계『자성록(自省錄)』과 『주자서절요(朱子書節要)』를 숙독하고 크게 계발되어 주자학을 신봉하였다. 48세 이후에 에도 막부의 원로 호시나 마사유키(保科正之)의 요청에 응하여 빈사(賓師)가 되었다. 나중에 교토로 돌아가 오로지 저작과 교육만 일삼았으며, 실력을 갖춘 기몬(崎門) 학파를 형성하였다.

기몬 학파의 학풍은 첫째, 주자학을 독실하게 믿어 주자학을 영원불변의 진리로 보았으며 다른 사상은 배척하였다. 그는 강상 명교와는 서로 용납지 않는 불교를 비판하였으며 아울러 주자와 상이한 육왕사상을 비판하였다. 주자학 신봉을 종교 교의처럼 함을 의심치 않았다.[119]

둘째, "경내의외(敬內義外)"의 설을 창도하였다. 야마자키 안사이는 원명

---

119 야마자키 안사이(山崎暗齋)는 말하였다. "주자를 배우다가 그릇되는 것은 주자와 함께 그릇되는 것이니 무슨 유감이 있겠는가?"(『야마자키 안사이 학파(山崎暗齋學派)』, 『일본사상대계(日本思想大系)』에서 인용, 이와나미 서점(岩波書店) 1980년판, 563쪽).

때의 이학가들이 주자학을 순학술로 연구하여 실행하지 않았다고 생각하였다. 그는 "경으로 안을 바르게 하고, 의로 밖을 반듯하게 한다(敬以直內, 義以方外)"는 설에 의거하여 경은 마음의 공부일 뿐만 아니라 더욱 중요한 것은 신체의 역행이라고 생각하며 경을 행하고 경에 머무는 실천 공부를 강조하였으며, 의는 독실한 것으로 그 도덕 실천성을 강조하였다. 동시에 그는 경과 의의 안과 밖은 마음과 몸을 가리킨다는 것을, 안은 몸을 가리키고 밖은 "가(家)·국(國)·천하(天下)"를 가리키며, "경내(敬內)"는 곧 몸을 수양하는 것이고, "의외(義外)"는 곧 "치국(治國)"이라고 수정하였다. 이 수정은 사람의 자주적인 능동성과 도덕의 실용성을 부각하였다.

야마자키 안사이는 몸은 오륜 오상과 연결되어 있으며 일용하고 실천하는 중에 거경과 수련을 진행해야 모여서 정의로운 도덕행위가 될 수 있으며, 정의로 가·국·천하를 바로잡을 수 있다고 생각하였다. 그는 자기의 "경의내외(敬義內外)"에 대한 새로운 해석을 "야마자키 경의(山崎敬義)"라 일컬었으며 학문의 종지로 삼았다. "야마자키 경의"는 당시 일본의 수요에 적합하였고 주자학의 윤리도덕사상을 실용윤리방향으로 발전시켰다. 기몬학파의 특질이 되었고, 주자학을 일본화시켰으며 혹은 일본화한 주자학이라 일컫는다.

셋째, "스이가신토(垂加神道)"를 창건했다. 야마자키 안사이는 주자의 도덕가치를 이성화한 기초 위에 일본 본토의 신토와 주자학의 이론을 융합시켜 주자학의 태극과 음양·오행학설을 "스이가신토"의 이론기초로 삼았다. 선양도(宣揚道)는 곧 음양의 두 신이 낳은 천조대신(天照大神)의 도로 이를 일본 고대 신의 전설로 부회하여 신토 체계를 건립하였는데 곧 "스이가신토"이다. "스이가"라는 것은 신수(神垂)는 기도를 우선으로 하고 명가(冥加: 눈에 보이지 않는 부처의 가호)는 정직함을 근본으로 하는 것을 가리킨다. "가(嘉: 생각건대 곧 안사이)의 자찬(自贊)에서, 신수는 기도이고,

명가는 정직이며, 내 지키기를 바라니, 종신토록 어기지 말라.(神垂祈禱, 冥加正直, 我願守之, 終身勿弐)라 하였다."[120] 야마자키 안사이가 "스이가신토"를 창건한 본의는 일본의 신토교와 주자의 유가윤리를 서로 융합시키는 것을 힘껏 도모하여 주자학의 도덕형상학의 이를 일본 신토의 본원인 신국(神國)의 근거로 보는 데 있다. 다른 신들은 모두 이 이의 체현으로 "이"는 신을 화생하고 신은 이를 체현하는데, 이것이 그의 신리(神理)가 융합된 "스이가신토"의 핵심적 내포다. "스이가신토"는 신토교가 도쿠가와(德川) 시대에 가장 영향력 있는 종교가 되게 하였을 뿐만 아니라 또한 에도 막부 말기의 존황(尊皇) 운동사상의 연원 중 하나가 되어 왕정복고에 추동 작용을 일으켰다.

야마자키 안사이의 문하에서는 인재들이 많이 배출되었는데, "기몬삼걸(崎門三傑)"로 불리는 사토 나오카타(佐藤直方)·아사미 케사이(淺見絅齋)·미야케 쇼사이(三宅尚齋) 등이 있다. 그들은 야마자키 안사이를 계승하였으며 안사이의 신토에 대한 견해는 상이하다.

오쓰카 다이야(大塚退野, 1677~1750)는 구마모토(熊本) 주자학파의 대표로, 나카에 도주(中江藤樹)의 양명학을 신봉한 적이 있는데 나중에 이퇴계의 『자성록』과 『주자서절요』의 학습을 통하여 퇴계를 신봉하였고 퇴계로 말미암아 주자학을 신봉하였다. 주자가 한 말과 행위를 얻어 심흉에 기억하여 주자가 한 말과 행위를 믿고 행하기를 40년 동안이나 바꾸지 않았다. 그의 문인 야부 고잔(藪孤山)은 오쓰카 다이야는 『주자서절요』를 얻어서 읽고 초연히 마음에서 얻음이 있어 그 책이 신명하다고 여겨 삼가 신봉하였다고 하였다. 오쓰카 다이야는 말하였다. "'면재(勉齋)의 주자 행장은 『절요』가 주자를 다한 것만 못하다.' 선생 또한 말하였다. '백세 이래

---

120 『야마자키안사이전집(山崎暗齋全集)』 상권, 일본 고전학회본(古典學會本), 4쪽.

자양(紫陽)의 실마리를 이은 자는 바로 퇴계이다.'"[121] 그는 주자학을 강론하고 주자학을 전파하여 구마모토 주자학파를 형성하였다. 그의 문인으로는 야부 고잔·요코이 쇼난(橫正小楠)·모토다 히가시노(元田東野: 히가시노는 호이고 이름은 나가자네[永孚]) 등이 있으며 모두 후대에까지 전하여져 메이지 유신 때 많은 영웅 인물을 냈다.

일본의 주자학은 전파와 흡수단계·발전 성숙 단계를 거쳐 불교를 대치하여 막부를 수호하는 관방 의식형태가 되었다. 도쿠가와 제5대 쇼군 도쿠가와 쓰나요시(德川綱吉, 1646~1709)에 이르러, 충효사상을 집정 원칙으로 삼아 1682년 5월 전국 주요 장소에 "충효패(忠孝牌)"를 세웠다. 패 위에는 7조목의 계율을 새겼다. 충효를 장려함, 불충과 불효를 처벌함, 부부·형제·친속은 화목하게 서로 처함 같은 것이다. 아울러 준기수법(遵紀守法) 등을 강조하여, 에도 막부 이래 일찍이 없었던 안정기가 출현하였다. 그러나 일본 유학에서 상이한 학파가 출현함에 따라 몇몇 원래 주자학자들은 연구 과정에서 주자학에 대하여 회의가 일어 비판하기에 이르렀다. 방향을 전환하여 양명학을 연구하거나 공맹의 원전에서 유학의 참된 요체를 탐구하기도 하였으며 서방의 자연과학과 기술을 배우기도 하는 등 양명학파·고학파(古學派)와 난학(蘭學) 등을 형성하였다.

3) 삼국의 주자학설 비교

중국과 조선·일본 삼국은 가까운 이웃으로 산수가 서로 의지하기도 하고 바다를 사이에 두고 멀리서 바라보기도 한다. 이런 지리적 환경과 빈번한 학술 교유 때문에 동아유교문화권을 형성하였다. 이 때문에 삼국

---

[121] 「송적언례서(送赤彦禮序)」『고잔유고(孤山遺稿)』 권9.

의 주자학은 유학의 발전으로서 서로 같은 곳도 있고, 다른 나라의 법도 및 본토의 문화·사회 환경과 결합하는 과정에서 상이성이 표현되기도 하였다.

삼국 주자학의 서로 같은 점을 가지고 이야기하면 첫째, 주자학을 관방 의식형태로 삼은 것이다. 중국은 원대부터 시작하여 주자학을 과학 (科學: 科擧 학문)에서 사인(士人)을 취하는 표준으로 삼았다. 아울러 주자학을 국가의 전장제도와 문화사상·윤리도덕·이론사유의 지도사상과 가치취향으로 삼았다. 심지어 독존적인 지위를 획득하면서 기타의 사상은 이단사설로 간주되었다. 조선에서는 고려 말에 주자학 전래 후 곧장 불교사상을 비판하는 유력한 무기가 되었으며 아울러 조선의 이씨 왕조를 건립하고 공고히 하는 데 공헌하였다. 조선 초에는 정도전과 권근 등이 주자학을 제도를 개혁하고 새로 세우는 이념으로 삼았다. 16세기에 이퇴계와 이율곡 등은 주자학을 철학 사유·윤리도덕·정치문화·교육제도 및 백성의 일용생활 방면에서 통치 지위를 차지하게 하였고, 주자학이 조선의 전통문화에 깊숙이 융합되도록 하여 이조의 관방 의식형태가 되게 하였다.

주자학은 일본 전래 후 사회정치·문화교육과 윤리도덕 방면에서 매우 깊은 영향을 끼친 적이 있다. 에도 시대로 진입하면서 주자학은 정치와 서로 결합하여 수신·제가의 공부와 치국·평천하의 이념이 되었다. 에도 막부 250여 년간 관방 의식형태가 되었다. 관방 의식형태로써 공동의 특징은 정치권력과 상호 결합하고 통치집단의 각광과 중시 및 사회현실의 수요를 획득하였다.

둘째, 주자학을 치용(致用)의 학문으로 삼았다. 중국의 유학은 세상에 뛰어드는 실행 정신을 갖추고 있어서 현세의 수양을 가지고 성(聖)의 경지를 달성하였다. 주자학은 도덕 형상학이며 백성에게는 일용의 학문이다. 조선에서는 주자학을 받아들였을 때 곧 새 왕조의 일련의 정치·경제 제도의 개혁을 위해 봉사하였으며, 실리정신을 조선의 현실과 결합시켜 국가관리와 교육의 보급·윤리도덕·가례 등 방면의 개혁을 실천하였다.

주자학은 일본 전래 이후에 곧 묵묵히 한당의 구주를 지켜온 훈고학을 비판하는 무기가 되었다. 오산의 선승들은 주자학을 연구하면서 막부 정권과 결합하여 막부정치와 외교고문도 충당하고 또 주자학도 전수하면서 차츰 주도적인 사상이 되어갔다. 에도 시기의 주자학은 막부체제와 문화교육·윤리도덕 등을 공고히 하는데, 모두 절실한 효용을 가졌다.

셋째, 주자학을 군체 도덕정신으로 삼았다. 중·조·일은 유가 문화권의 성원으로, 모두 "군체가 첫째이며, 개인은 둘째"라는 정신을 가지고 있다. 한국의 교육 헌장은 국가가 강성해야만 자아의 발전이 있다고 강조하였으며 국민의 헌신적 정신을 발휘할 것을 요구한 적이 있다. 이는 곧 군체 도덕정신을 지도로 삼는 것이다. 한국 새마을운동의 "근면"·"자조"·"협동"의 3원칙 또한 주자학의 군체 도덕이념에 기반하고 있다. 일본의 군체의식(혹은 團隊精神이라고도 함)은 전후 경제적 성공의 동력이었다. 개체는 모 기업의 단체에 속하며, 단체 내의 성원은 개인이 소속된 기업 단체에 충성하고 헌신해야 한다. 다만 일본의 군체 정신은 차분(差分)적 성질을 갖추고 있어 단체 내에서는 "화합을 귀히 여김"을 창도하고 단체 외에서는 경쟁을 제창하였다.

삼국 주자학의 상이한 점을 가지고 말하면 첫째, 형상학 도덕 이성의 정신이다. 주자학의 가장 절실한 목표는 격물 궁리하는 이성주의의 특징이다. 이 이는 이미 형이상의 우주본체로 보편적으로 존재하는 근거이며 가장 심층적인 가치 원천이다. 주자학의 이를 추구하는 정신은 중화민족의 가장 심층적인 생존방식과 문화핵심을 반영하였고, 그 전환된 자각적인 생존 지혜와 가치 관념에서 말미암았다. 이는 사물이 "그렇게 되는 까닭"으로 행위의 "마땅히 그러한" 것과 화합한 본체이며 선험적인 가치 원칙과 경험적인 조리 질서의 관통과 통섭이다. 이 이에 대한 "격치(格致)"와 궁구는 그 목적이 이와 성의 원칙적인 지도하에 덕행의 실천에 종사하는 것을 위하여, 도덕주체의 자각적인 처리를 통하여 만물이 가지고 있는 가치 및 인생의 의의를 실현하는 것이었다. 정결하고 공활한 이 세계를 궁극적인 존재와 궁극적인 관심으로 삼았다. 아울러 자연·사회·인생을 통섭하는 철학 논리 구조를 구축하였다.

조선의 주자학은 인간의 현실과 본체를 보존하여 가지는 것을 탐구할 때 인간의 사회현실 문제, 이를테면 직접 선악·사정과 연관된 의리 문제, 인성의 내원·성질과 수양 문제, 성정의 관계와 미발이발의 문제, 성정과 이기의 발하고 타는 문제 등등에 더욱 관심을 가졌다. 대체는 현실의 사람을 둘러싸고 전개되는 현실 역사적이며 사회적 상황에서의 도덕행위 준칙과 윤리규범 등의 탐구이다. 이를테면 사단칠정의 논쟁 같은 것이다. 조선의 주자학은 주자학 중에서 이성을 실천하고 인간윤리를 중시하는 층면을 발전시켰다.

조선의 주자학이 인간의 윤리적 층면을 중히 여겼다고 한다면 일본의 주자학은 "격물궁리"의 궁구하는 방면을 중시하여 일본의 주자학도 인간윤리를 중시하기는 하였지만 백성이 날로 쓰는 이의 궁구에 더욱 관심을 쏟았다. 이를테면 가이바라 에키켄은 네덜란드 사람들의 외과수술을 칭찬하여 "저 나라의 풍속과 궁리는 왕왕 외치에 뛰어나 병을 치료하는 데 신기한 효험이 있다."[122]라 하였다. 친히 의약학과 박물학·산학 등 자연과학의 연구에 종사하면서 "민생에서 날로 쓰는 학문"을 제창하였으며, 형상학 본체로서의 이의 철학 논리 구조의 사고는 소홀히 하였다. 이

---

122 『가이바라 에키켄(貝原益軒)』 「실구소(室鳩巢)」, 『일본사상대계』 34, 이와나미서점 1977년 판, 503쪽.

는 일본 문화의 "직관적"[123]이거나 "즉물주의(即物主義)"[124]라고 하는 사유 방식과 상관이 있다. 일본·조선의 주자학은 중국의 형이상학적인 도덕적 이성을 중시하는 것과는 달리 형이하학적인 실천이성을 중시했다.

둘째, 윤리도덕관념의 치중이다. 정주도학은 도덕적인 수양을 중시했다. 이정은 "함양에는 경을 써야 하고, 학문에 나아가는 것은 치지에 있다."[125]라 창도하였다. 경에는 세 가지 뜻이 있는데, 주일(主一)과 지중(持中) 그리고 직내(直內)는 함양의 공부와 경계를 이야기하였다. 경에 함영하여 주일(主一)에 도달하면 경은 실책이 없어 중에 부합한다. 거경(居敬)은 곧 "조존한사(操存閑邪)"와 "함영존양(涵泳存養)"의 공부이다. 경(敬)의 종지는 천리를 밝히는 것이다. 사덕과 사단 중에서 중국의 주자학은 인이 사덕의 으뜸임을 강조하며, 인은 사덕을 포괄한다. 사단에서는 측은(지심)을 강조하는데, 측은은 수오·사양·시비의 3단을 통섭한다. 조선의 주자학자들은 사단칠정의 문제에서 들어가 윤리도덕의 수양문제를 중시하였으며, 인의예지로 행위를 지도하여 사람의 기질을 바꾸어 성인의 경지에 이르도록 하였다. 그들은 충효를 강조하여 충효를 근본으로 삼았고 아울러 "충은 예의 근본"을, 『주자가례』를 구국의 수단 중 하나로 생각했다.

일본의 주자학은 충효를 이야기하였지만 "성(誠)"을 강조하였다. 에도 시기에 기몬 학파의 사토 나오카타·미야케 쇼사이·아사미 게사이는 "성"을 중심으로 하는 윤리사상에 비판을 가하기도 했다. 그러나 에도 시대 후기에 진입하면서 성은 윤리사상의 주류가 되었다. 요시다 쇼인(吉田松陰, 1830~1859)은 성은 실(實)·일(一)·구(久)의 함의를 갖추고 있다고 생각했다.

---

123 쌍싸이무(桑賽姆)의 『일본문화사(日本文化史)』, 창문사(創文社) 1976년판, 5쪽.

124 미나모토 료엔(源了圓)의 「일본인의 자연관(日本人的自然觀)」, 『임류강좌(岩流講座)』 「철학(哲學) 5·자연과 우주(自然與宇宙)」, 이와나미서점 1985년판, 348~374쪽.

125 『하남정씨유서(河南程氏遺書)』 권18, 『이정집(二程集)』, 188쪽.

실은 실한 마음으로 실행해가는 것이다. 내심(內心)과 외표(外表)가 하나이고 외부사회와 주체적인 원망(願望)이 하나이며, 내외가 둘이 아니면 성(誠)이다. 부모가 잡념 없이 아이를 사랑하면 이는 나면서부터 갖추고 있는 것이다. 천지의 심정에서 얻으면 곧 성이며, 이런 성의 마음을 가지고 상호간에 대하면 곧 호성(互誠)이다. 성은 도덕의 근본이며, 성의 윤리와 경의 윤리를 서로 비교해보면 성의 윤리는 정욕에 대한 비교적 관대하고 비교적 정감을 갖춘 색채가 된다. 중국에서 성을 이야기하면 왕왕 도덕 정감이 도덕형상학으로 전환되어 성에 형이상의 본체의 성질을 부여한다.

셋째, 다른 학파의 충돌과 융합. 주자학은 역사의 사조로써 필연적으로 다른 사상·학파와 관계가 발생하기 마련이다. 어떻게 자기 학파와의 상이함에 대처하겠는가? 중국 유학은 비록 매우 큰 포용성을 갖추고 있지만 통치자는 왕왕 모종의 사상을 가지고 사상을 통일하고 다른 사상의 존재를 배척하며 아울러 다른 사상을 이단사설로 생각하고 경을 위반하고 도를 떠난 것 등으로 생각하려고 하였다. 주희 본인으로 보면 그는 불교와 도덕사상에 대하여 비판을 진행하기는 하였으나 결코 맹목적으로 부정하지는 않았다. 유·불·도 삼교를 융합한 입장을 취하여 불도(佛道)의 정신을 흡수하여 자신의 도학철학의 논리적 구조를 세웠는데 바로 이런 것 때문에 어떤 학자들은 그를 "양유음석(陽儒陰釋: 겉으로는 유교인데 속으로는 불교임)"이라 비판하였다. 주자학은 수당에서 송초에 이르기까지 외래인 인도 불교의 도전과 본토 도교의 전통 유교에 대한 도전에 성공적으로 대응하여 유·불·도 삼교가 충돌 융합하는 가운데 화합하여 새로운 이론형태의 이학이 되었다. 아울러 당 이래 유·불·도 삼교의 문화를 통합한 겸용과 병축(幷蓄)의 방법을 실제 상황에 적용하여 송명이학의 새로운 학풍과 새로운 시대를 개창하였다. 그러나 원·명·청의 통치자들이 주자학을 관방 의식형태로 삼은 이후에 주자학은 차츰 경직되어 생명의 활력을 잃게 되었다. 특히 독존적인 형식의 출현으로 기타 학파의 생존을 배척하였다. 이렇게 권력과 상호 결합한 결과 "이(理)로 사람을 죽이는" 재난을 낳게 되었다. 이렇게 법을 초월하고 법을 대신함에 사회는 정의와 공평을 잃게 되었다.

조선의 주자학은 반불의 유력한 무기가 되어 불교를 이단으로 보았다. 주자학으로 불교를 이기고 대치하여 주도적인 사상이 된 것이 특징이다. 주자학은 관방 의식형태로써 기타 일체의 학설을 배척하였다. "파사현정"이라는 사상정책의 지도하에서 양명학 및 각종 학파에 모두 "타파"해야 할 줄을 그어 이런 소위 "사(邪)"교에 대하여 잔혹한 진압을 진행하였다. 이렇게 하여 조선의 양명학·고한학(古漢學)은 모두 발전하지 못하게 되었다. 이는 중국의 주희가 육구연의 심학에 대처하는 태도와 명대에 관방 의식형태를 차지한 주자학자들이 왕양명의 심학에 대체한 태도와는 판이하게 다르다. 전통적인 화랑도와 동학 등에 대해서도 배척하는 태도를 취하였다.

일본 주자학은 중국·조선과 또 달라서 주자학은 오산선승들이 일본에 전래했을 뿐만 아니라 선승에 의하여 연구되고 전파되었다. 주자학과 선교는 융합적이어서 처음부터 불교를 배척하여 불교를 이단으로 생각하지 않았다. 일본 고유의 신기숭배(神祇崇拜: 原始神道)에 대해서도 격렬히 부정하지 않았으며 상호 포용성과 공존성을 표현하였다. 가마쿠라(鎌倉)·무로마치(室町) 시대에 신·유·불 삼교일치의 사상을 주장하였다. 에도 시대에 이르러 일본 주자학은 선(禪)에서 벗어나 독립하여 불교의 출세주의에 대하여 비판을 진행하였다. 그러나 일본 고유의 신토에 대해서는 모두 보호·융합하는 태도를 취하여 신유(神儒)의 일치와 합일을 주장하였다. 이를테면 야마자키 안사이의 스이가신토(垂加神道) 같은 경우이다. 일본의 신토 제파(兩部神道·山王神道·伊勢神道·唯一神道) 또한 모두 유학을 흡수하고 서로 융합하였다. 조선의 주자학과 서로 비교해보면 일본의 주자학은 그 학파와 신도에 대하여 일종의 "후덕한 재물"로 정신을 두루 포용해야 일본의 고한학과 양명학으로 하여금 일종의 사학이 충분히 발전하게 할 수 있다.

중국·조선·일본 삼국 주자학의 비교를 통하여 삼국 주자학에 비록 공통성이 있음을 알 수 있다. 하지만 주자학이 전파국에서 뿌리를 내리고 발전하여 반드시 소재한 나라의 사회실제와 서로 결합하고 전파국의 전통문화·사유방식·풍속습관·행위방식 및 사회의 수요와 서로 융합하였다. 그 결과 이 때문에 일본에는 일본화한 주자학이 있고 조선에는 조선화한 주자학이 있으며, 주자학이 다원화한 현상으로 드러나게 하였음을 발견할 수 있다. 이런 현상을 연구하는 것은 바로 각 국가·각 민족문화의 미세한 부분까지 깊숙이 들어가는 공부이며, 각 국가·각 민족의 문화 혈맥·생명 지혜를 체인하는 중요한 방법이다.

후기

　나의 주희 사상과의 인연은 결코 우연이 아니다. 1960년 나는 중국인
민대학을 졸업하고 학교에 남아 철학과의 중국철학사 교학연구실에서
가르쳤다. 교학연구실에서는 나에게 중국철학통사를 가르치는 것 외에
도 송·원·명·청 철학의 연구에 집중하도록 배정하였다. 당시만 해도 교
학연구실에는 전문적으로 이 방면의 철학을 연구하는 교원이 없었기 때
문에 나의 도움을 필요로 하는 곳으로 보내졌다. 전체적인 고찰과 탐색
을 거쳐 나는 주희의 사상을 연구대상으로 선택하였다.[1] 1962년 가을 말
의 일이었을 것이며, 나의 연구 계획을 교학연구실 주임인 인밍(尹明) 선
생에게 종합적으로 보고했다. 이렇게 하여 나는 주희의 사상자료를 수집
하고 연구하며 자료 카드를 작성하는 일을 시작하였다.

　1960년에서 1964년 가을까지 철학과 학부와 대학원에서 강의하며 중
국철학사 원전 선독 및 지도 외에도 송명이학가가 거의 모두 『주역』을
연구하고 있는 점을 고려하여 『주역』을 빌려 나의 철학사상을 발휘하고
나의 철학 틀을 구축했다. 따라서 베이징대학의 웨이젠공(魏建功) 교수의

1　졸저 『심학의 길을 향해 가다－육구연 사상의 발자취(走向心學之路－陸九淵思想的足迹)』 「전
　언(前言)」, 중화서국 1992년판, 1쪽을 참고하여 보라.

『문자음운훈고(文字音韻訓詁)』를 선택과목으로 이수할 때 『주역』의 주석을 달기 시작했다. 나는 1949년 전 초중고교의 매년 여름과 겨울방학이 될 때마다 읍의 상생(庠生: 秀才)인 장부시(張步禧)·장쉐징(張學精) 부자가 연 사숙에서 경서 등을 읽은 적이 있기 때문에 『주역』의 주석은 순리대로 진척되었다. 이 기초 위에 『주역사상연구(周易思想研究)』(1980년 湖北人民出版社 출판)의 초고를 썼다. 이 기간에 나는 선진에서 근대에 이르는 10여 편의 문장을 신문 잡지에 발표하였는데, 자산계급의 개인주의적인 명리 사상을 가진 사람으로 간주되었다.

1964년 가을에 후난(湖南) 샹탄양호공사(湘潭良湖公社)로 가서 사청공작(四清工作)에 참가하였다. 1965년에 베이징 하이뎬 구(海淀區) 치엔사 동(前沙洞)의 대대에 이르러 반은 농사를 짓고 반은 공부를 하면서 문화대혁명 및 장시(江西) 위장 현(余江縣)의 중국인민대학 "오칠간교(五七干校)"의 노동에 이르기까지도 나는 끊임없이 주희의 사상을 탐색했다. 1972년에 장시의 간교에서 베이징으로 돌아왔다. 중국인민대학은 해체되었고 철학과는 베이징사범대학으로 옮겨가서, 나는 베이징사범대의 풍부한 옛 장서를 이용하여 주희의 생애를 다룬 지방지 및 관련 자료를 열독하고 아울러 초고를 작성하기 시작했다. 1979년 50만 자의 『주희사상연구(朱熹思想研究)』의 수정이 끝나고 아울러 인민출판사에서 출판할 계획이었다. 1980년 저장성(浙江省) 사회과학연구소가 항저우(杭州)에서 송명이학연토회(宋明理學研討會)를 개최하였다. 중국사회과학출판사의 편집자 황더즈(黃德志)가 이 회의에 참석하여 나는 그녀와 『주희사상연구』의 원고를 이야기하기 시작하였다. 황 선생은 자기 출판사에서 책을 출간하기를 바랐다. 나는 (人民出版社 編輯인) 진춘펑(金春峰) 선생에게 해명하기 미안한 생각이 들었는데 황 선생은 매우 자신감 있게 이 일은 자기가 처리하겠노라고 이야기했다. 나중에 황 선생은 진 선생과 협의를 이루어내어 『주희사상연구』는 1981년 9월에 중국사회과학출판사로 바꾸어 출판되었다.

1981년 10월 15일부터 21일까지 중국철학사학회와 저장성 사회과학 연구소에서 연합하여 전국송명이학토론회를 개최하여[2] 항저우 신신호텔(新新飯店)에서 거행하였다. 미국의 천룽제(陳榮捷, Chan Wing-tsit) 교수와 드 배리(de Bary) 교수, 캐나다의 친자이(秦嘉懿) 교수, 독일의 위페이허(余培荷) 교수, 일본의 야마노이 유(山井涌) 교수 및 홍콩의 류수셴(劉述先) 교수, 중국 대륙의 펑유란(馮友蘭) 교수·허린(賀麟) 교수·쑨수핑(孫叔平) 교수·장다이녠(張岱年) 교수 등 269명이 회의에 참가하였다. 이 회의에서 천룽제 교수는 나의 『주희사상연구』와 『주역사상연구』 두 책을 보고 나더러 1982년 미국 하와이에서 열리는 주희사상국제연토회에 참가해줄 것을 요청하였다. 주희역학사상 논문을 한 편 쓰도록 주선해주기도 하였다. 나중에 한 권위자가 『주자대전(朱子大傳)』(수정난의 저작으로 2016년 국내에서 『주자 평전』으로 출판)의 서평을 쓴 것을 명분으로 사실 확인도 하지 않고 "미국 하와이대학에서 '주희학술국제연토회'를 개최하였는데, 대륙의 모 군(某君)이 참가 요청을 받아 이 사람의 학술적 지위를 높여주기 위해 중국사회과학출판사에서 그가 새로 탈고한 『주희사상연구』를 매우 급하게 인쇄하여 학술회의에 가지고 가서 회의에 참석한 사람에게 증여했다고 했다. 뜻밖에 이 책의 내용은 매우 형편이 없다.", "이 조잡한 작품을 국내외에 있는 이 방면의 전문가들에게 나누어주는 것은 실로 대륙 학술계로써는 망신이고 체면이 깎인다. 따라서 급히 『주자대전』을 대대적으로 표양하여 …… 이로써 그 『주희사상연구』가 조성한 더러움과 치욕을 씻어야 한다!"[3] 어쩌고저쩌고 하였다. 나

---

2 졸작 「송명이학의 몇 가지 문제에 관하여(關于宋明理學的幾個問題)」를 참고하여 보라. 졸저 『송명이학 논리 구조의 진화(宋明理學邏輯結構的演化)』 부록, 타이베이(臺北) 만권루도서공사(萬卷樓圖書公司) 1993년판, 493~509쪽을 참고하여 보라.

3 「나의 수(景南)가 지은 『주지대전』에 대한 평가(我對束著朱子大傳的評價)」, 『서성(書城)』 1994년.

는 당초 사실을 판명하여 소문을 바로잡으려 했다. 다만 걱정스레 스스로 "나는 나이가 고령이라 손과 팔이 떨려 글씨도 거의 제대로 쓸 수가 없어서 분별하기가 힘들다."[4]라 하였다. 이왕 이렇게 된 바에야 구태여 글을 써서 답을 하느라 떨리는 손과 팔을 다시 움직일 필요가 있겠는가!

『주희사상연구』가 출판된 후 1981년 12월 미국의 저명한 학자인 천룽제 교수가 편지를 보내왔다. "이 책의 학술적 수준은 매우 높아 있는 힘을 다하여 공부하여 학문을 하였다.", 그 "학문을 하는 엄격함은 사용한 재료가 모두 첫 번째 것이며 매번 새로운 견해가 있어 사람을 존경하게 한다." 일본의 『아사히신문(朝日新聞)』에서는 1982년 6월 13일의 학술란에 전문적인 글을 발표하여 『주희사상연구』의 내용을 소개하고 매우 좋은 평가를 내렸다. 일본의 『국가학회잡지(國家學會雜志)』제96권, 제11·12호에서는 와타나베 히로시(渡邊浩) 교수의 문장을 발표하였는데 매우 좋은 평가를 내렸다. 홍콩의 『경보월간(鏡報月刊)』에서는 1983년 제7기에 페이원(非聞)의 「중년의 학자 대륙에서 굴기하다―『주희사상연구』의 작자 장리원을 찾다(中年學者在大陸崛起―訪『朱熹思想硏究』作者張立文)」라는 글을 발표하여 지적하였다. "30여 년 동안 대륙에서는 주자의 연구에 관한 전저가 한 권도 출판된 적이 없을 뿐만 아니라 보편적으로 주자를 논술한 소책자조차 한 권도 찾아보기 어려우며, 특히 '문혁' 기간에는 유교와 공자를 크게 비난하였으며 공자에게서 주자까지 연좌되어 '대유(大儒)'라는 고깔을 씌워 '역사의 쓰레기 더미에 던져버리고' 일고의 가치도 없게 여겼다. 해외의 학자들은 모두 대륙에는 주자를 연구하는 사람이 없다고 생각할 것이 아닌가? 장리원의 50여만 자에 달하는 전문저작 『주희사상연구』가 발표되었다는 것은 대륙의 주자에 대한

---

4 위와 같음.

연구가 결코 중단된 적이 없다는 것을 설명한다." 또 말하였다. "대륙의
학술적 분위기는 10년간의 참사를 만난 후에 장리원이 주자라는 이 '대
유'에 대하여 지은 이런 분석 연구는 특히 사람에게 청신함을 느끼게 한
다. …… 이 책은 철학의 기본 개념의 연구로 하여금 다만 주요한 범주
의 논증에만 머무르지 않고 범주 사이의 연결 및 결합 방식이라는 다른
연구에 치중하여 이로부터 각기 서로 상이한 철학적 논리 구조나 철학
체계를 설명하려고 시도했다. 이런 연구 방법은 각각의 철학적 체계를
본래의 면목으로 되돌릴 수 있다. 그런 까닭에 『주희사상연구』는 중국
적 향기가 물씬 풍기는 저작이며 중국철학사·사상사에서의 중요한 인
물의 연구에 새로운 활로를 개척하였다."

　　대륙의 『인민일보』와 『광명일보(光明日報)』에서도 그 학술 가치와 1949년
이후 첫 번째 주희 사상 연구의 작용을 긍정적으로 보도하였다. 당연히 이
책에 대한 비판도 따랐다. 대륙 사회과학의 가장 권위 있는 잡지는 일반적
인 서평과는 구별되는 심상치 않은 위치에서 학겸(學謙)이라 서명한 「『주
희사상연구』를 평함」(1983년 제4기)이란 장문의 글을 발표하였다. 이 글에서
는 졸저가 유물주의와 유심주의라는 "이 두 개념에 편차를 발생시켰다"
고 비판하였는데, 무슨 편차인가? "엥겔스가 당시에 비평한 적이 있는 카
를 니콜라이 스타케(Carl Nicolai Starcke)의 관점과 동명이곡이라고 할 수 있
는" 것이 있다고 하였다. 이는 곧 『주희사상연구』와 스타케의 『루트비히
포이어바흐』의 관점은 동일한 엄중한 오류를 범하고 있다는 말이다. 따
라서 엥겔스는 『루트비히 포이어바흐와 독일고전철학의 종말』을 써서 전
체 철학의 최고 문제와 유물주의와 유심주의를 나누는 표준문제를 제기
하고 스타케의 오류를 비판하였다. 『주희사상연구』는 스타케와 "동명이
곡"인 데다 엥겔스가 스타케를 비판한 후에 발생하였으므로 의심의 여지
없이 "반마르크스주의"의 고깔을 씌울 수 있다. 이에 학겸은 비판하여 말

하였다. "이는 개인의 학풍·도덕·명예에 관계될 뿐만 아니라 더욱이 인민의 이익에 관계된다. 엥겔스는 우리에게 '마르크스는 자기의 가장 좋은 것이 노동자들에게는 아직 아주 좋지 않다고 생각했지만, 그는 노동자에게 제공되는 것은 가장 좋은 것이 아니라고 생각하였는데 그것은 곧 범죄이다.'라 알린 적이 있다." 예봉이 가리킨 것은 곧『주희사상연구』는 범죄를 저질렀다는 것이다.

이런 비판에 직면하여 나는 반응을 보이지 않을 수 없었다. 그러나 나의「주희사상연구에 관한 몇 가지 인식」은 1984년 제2기가 되어서야 발표되었다. "답변하는 동안 중국 철학의 논리 구조론을 천술할 필요성이 있다고 생각했다. 이때 마침 홍콩 중문대학(中文大學)에서 초청을 받아 필자가 1984년 '신아서원의 공설인 선생이 방문한 학인(新亞書院龔雪因先生訪問學人)'의 강석을 맡음으로써 마침내 이「중국 철학의 논리 구조론(中國哲學邏輯結構論)」을 짓게 되었다."[5] 이는 나의『주희사상연구』가「주희 철학의 논리적 구조」라는 장을 써서 내가 중국철학사를 연구하는 방법론을 천술하고, 아울러 그 방법론에 따라『중국 철학 범주 발전사(天道篇·人道篇)』및「도」·「이」·「기」·「심」·「성」·「천(天)」 등의 저술이 있게 되었기 때문에 반응을 보인 것이다.

상술한 여러 가지를 감안하여 쾅야밍(匡亞明) 교수가『중국사상가평전』2백 권을 펴내는 웅대한 계획을 내놓았을 때 나는 적극적으로 지지하였으며, 아울러『주희 평전』을 맡게 되어, 주희 사상에 대한 심도 있는 각 층면의 연구를 도모했다. 쾅 교수는 생전에 이미『주희 평전』에 여러 차례나 관심을 보였고 나 또한 쾅 교수가 살아있을 때 원고를 넘기고자 하는 생각이 간절하였다. 그러나 나는『주희 평전』을 저술하는 기간에 두 차례

---

5 졸저 「후기」,『중국 철학의 논리 구조론－중국문화철학발미(中國哲學邏輯結構論－中國文化哲學發微)』, 중국사회과학출판사 1989년판, 419쪽을 보라.

나 입원하였으며(北京腫瘤醫院), 입원 기간에 장광쒜(蔣廣學)·홍슈핑(洪修平) 교수가 병원으로 문병을 왔다. 나는 속으로 반드시 이 책을 완성하고 말겠다고 결심하였다. 그들이 나에게 거듭 역량껏 하라고 당부를 했음에도 오히려 나는 이 책을 더 잘 쓰겠다는 자신감이 충만해졌다. 이 때문에 나는 수술을 하고 퇴원을 한 후에도 글쓰기를 견지했고, 마침내 완성을 했으면서도 여전히 시간을 끌었다. 내가 원고를 건넸을 때 쾅 교수는 이미 세상을 떠나 삼가 이 책으로 애도를 표하는 바이다. 이 기간에 또한 판푸언(潘富恩) 교수와 난징(南京)대학 중국사상가연구센터의 여러 교수의 관심과 지지·도움을 받았는데, 삼가 감사의 뜻을 나타낸다.

1997년 9월 18일
베이징 중국인민대학 정원(靜園)에서
장리원